Täter auf der Schulbank

Veröffentlichungen des Bayerischen Polizeimuseums

Band 2

Herausgegeben von Ansgar Reiß

Sven Deppisch

Täter auf der Schulbank

Die Offiziersausbildung der Ordnungspolizei und der Holocaust

Tectum Verlag

Sven Deppisch

Täter auf der Schulbank. Die Offiziersausbildung der Ordnungspolizei und der Holocaust
Veröffentlichungen des Bayerischen Polizeimuseums; Bd. 2

Zugl. Diss. Ludwig-Maximilians-Universität München 2016
ISBN: 978-3-8288-4050-8
Umschlagabbildungen:
Hörsaal der Landpolizeischule Fürstenfeldbruck
BayHStA München, 4 H 1904.
Stempel der Polizei-Offizier- und Schutzpolizeischule Fürstenfeldbruck
BayHStA München, Polizeischule FFB 123.

Druck und Bindung: CPI buchbücher.de, Birkach
Printed in Germany

Besuchen Sie uns im Internet
www.tectum-verlag.de

FSC
www.fsc.org
MIX
Papier aus verantwortungsvollen Quellen
FSC® C083411

Bibliografische Informationen der Deutschen Nationalbibliothek
Die Deutsche Nationalbibliothek verzeichnet diese Publikation in der Deutschen Nationalbibliografie; detaillierte bibliografische Angaben sind im Internet über http://dnb.ddb.de abrufbar.

Inhaltsverzeichnis

Vorwort

Die vorliegende Studie ist eine überarbeitete und erweiterte Fassung meiner Dissertation, mit der ich im Frühjahr 2016 an der Ludwig-Maximilians-Universität (LMU) in München promoviert wurde. Es ist mir nicht möglich, all jene aufzuzählen, die dieses Werk ermöglichten. Leider kann ich nicht sämtliche Menschen namentlich erwähnen, die mich während meiner Recherchen berieten und unterstützten. Doch können sie gewiss sein, dass ich ihnen allen für ihre Hilfe sehr dankbar bin. Dennoch möchte ich die Gelegenheit nutzen, um Einzelnen meinen Dank auszusprechen:

In erster Linie danke ich meinem Doktorvater Professor Dr. Thomas Raithel vom Institut für Zeitgeschichte (IfZ) in München. Er lieferte mir wichtige Impulse und Anregungen für mein Forschungsprojekt. Auch dem Leiter des IfZ, Professor Dr. Andreas Wirsching, bin ich zu Dank dafür verpflichtet, dass er das Zweitgutachten für meine Dissertation erstellte. Außerdem bedanke ich mich bei PD Dr. Christian Schwaabe, der meiner Bitte nachkam und die Aufgabe übernahm, mich in der Politischen Wissenschaft zu prüfen.

Ohne die Hilfe der Polizei wäre das vorliegende Werk nicht in dieser Form entstanden. Daher möchte ich vor allem dem ehemaligen Leiter der Polizeifachhochschule Fürstenfeldbruck, Hermann Vogelgsang, deren amtierenden Leiter, Ingbert Hoffmann, und ihrem Team danken. Namentlich erwähnt seien hier insbesondere Dr. Holger Nitsch, Fabian Weth, Jürgen Roese, Sven Herbst und Günter Scherer. Auch dem Präsidium der Bayerischen Bereitschaftspolizei in Bamberg, vor allem Dr. Albin Muff und Helmut Wolf, danke ich für ihre Unterstützung und ihr ausgeprägtes Interesse an meiner Arbeit. Ebenfalls dankbar bin ich Wolfgang Wenger, dem ehemaligen Pressesprecher des Polizeipräsidiums München.

Ferner bedanke ich mich bei den Mitarbeiterinnen und Mitarbeitern der von mir aufgesuchten Archive, Fachbibliotheken und weiteren Anlaufstellen. Zu nennen sind hier unter anderem Dr. Christoph Bachmann und Robert Bierschneider (Staatsarchiv München), Gerhard Fürmetz (Bayerisches Hauptstaatsarchiv München), Dr. Martina Haggenmüller (Bayerisches Hauptstaatsarchiv München – Kriegsarchiv), Ines Matschke (Bundesarchiv Berlin-Lichterfelde), Dr. Peter Gohle (Bundesarchiv Ludwigsburg), Ute Schumacher (Institut für Stadtgeschichte Frankfurt), Doris Kock (Deutsche Hochschule der Polizei in Münster-Hiltrup), Hans Peter Wollny (Deutsche Dienststelle (WASt)), Michael Volpert (Archiv des Erzbistums München und Freising), Amy Schmidt, Paul Brown und Eric van Slander (National Archives and Records Administration) sowie Vincent Slatt, Ron Coleman und Megan Lewis (United States Holocaust Memorial Museum). Ein besonderer Dank gilt außerdem Dr. Gerhard Neumeier vom Stadtarchiv Fürstenfeldbruck.

Ich danke auch dem Deutschen Historischen Institut (DHI) in Washington D. C. für ein Forschungsstipendium, das mir die Gelegenheit gab, im Frühjahr 2013 in den hiesigen Archiven forschen zu können. Ebenso will ich mich beim Graduate Center der Ludwig-Maximilians-Universität (LMU) dafür herzlich bedanken, dass es mir meine Arbeit in ihrer Endphase durch ein Abschlussstipendium sehr erleichterte.

Nicht zuletzt danke ich meinen Eltern dafür, dass sie mich über all die Jahre hinweg in jeder Hinsicht darin unterstützten, ermutigten und bestärkten, mein Forschungsvorhaben in die Tat umzusetzen.

Sven Deppisch München, Juli 2017

1. Einleitung

1.1 Dunkle Vergangenheit im Schatten – Die verspätete Auseinandersetzung mit der Rolle der Polizei im Nationalsozialismus

> „In fließendem Deutsch antwortet auf unsere Fragen der Judenälteste im Getto von Sm., einer einstmals mittleren Großstadt vor Moskau. Die Stadt selbst ist nicht mehr; sie wurde heftig umkämpft und hat daher schwer gelitten. In einem der wenigen noch einigermaßen bewohnbaren Stadtteile sind die Juden nun unter sich – im Getto. Besagter Judenältester hat einstmals Deutschland mit seiner Anwesenheit beglückt und ist dann nach den Frühlingsstürmen des Jahres 1933 ausgerückt in das wirkliche, gelobte Paradies. Er ist ein echter Jude: seine Klagen gelten nicht etwa der neuen Lage und den Deutschen, sondern seinen eigenen Rassegenossen, die er beschimpft und denunziert in der leicht erkennbaren Absicht, sich hieraus Vorteile zu verschaffen. Geradezu widerlich ist seine Lobhudelei auf das ‚gutte Deitschland', so daß wir ihm verbieten müssen, unser Vaterland überhaupt mit seinem dreckigen Munde zu nennen. Nun ist diese Judenpracht vorbei – vorbei Freizügigkeit und Herrendünkel, bevorzugte Stellungen und Schmarotzertum. Sie wissen sehr wohl, was ihnen blüht, diese nur durch Ausrottung zu vertreibende Pest!"[1]

Dieses Zitat stammt nicht aus der Feder eines Kriegsberichterstatters des „Dritten Reichs". Weder ein Mitglied der Waffen-SS noch ein Aufseher eines Konzentrationslagers (KZ) brachten diese Zeilen zu Papier. Hier schrieb auch kein führender Propagandist oder Ideologe des NS-Staats. Den Mitte Dezember 1941 veröffentlichten Text hatte Polizeioberleutnant Erich Bürkner verfasst, der überraschend ehrlich und deutlich darauf hinwies, dass die Judenvernichtung in dieser Phase des Ostkriegs in vollem Gange war. Er war ein Offizier der Ordnungspolizei, der sich wie viele seiner Kollegen im „auswärtigen Einsatz" befand, von dem zahlreiche „Gesetzeshüter" als Massenmörder zurückkehrten. Tausende Polizisten beteiligten sich während des Zweiten Weltkriegs maßgeblich an den Verbrechen der NS-Diktatur. Es waren deutsche Ordnungskräfte, die in den besetzten Gebieten Osteuropas agierten, an

1 Erich Bürkner, Streiflichter aus der Sowjet-Union. Nach Tagebuchblättern von Oberleutnant der SchP. E. Bürkner, in: Die Deutsche Polizei, 15.12.1941, Nr. 24, S. 424 f., hier: S. 424. Offensichtlich handelt es sich bei der genannten Stadt um Smolensk, die rund 370 km von Moskau entfernt ist. Sie fiel an die deutschen Besatzungstruppen nach einer Kesselschlacht mit der Roten Armee, die von Anfang Juni bis zum 5. August 1941 tobte, und wurde dabei fast komplett zerstört. Vgl. u. a. Gerhard Schreiber, Der Zweite Weltkrieg, 4. Aufl., München 2007, S. 60; Lothar Gruchmann, Der Zweite Weltkrieg. Kriegführung und Politik, 11., durchges. und akt. Aufl., München 2005, S. 131 und 133; Dieter Pohl, Die Herrschaft der Wehrmacht. Deutsche Militärbesatzung und einheimische Bevölkerung in der Sowjetunion 1941–1944, Quellen und Darstellungen zur Zeitgeschichte, Bd. 71, 2. Aufl., München 2009, S. 123; Christian Hartmann, Unternehmen Barbarossa. Der deutsche Krieg im Osten 1941–1945, München 2011, S. 58; Ders., Wehrmacht im Ostkrieg. Front und militärisches Hinterland 1941/42, Quellen und Darstellungen zur Zeitgeschichte, Bd. 75, München 2009, S. 254.

den Erschießungsgruben abertausende jüdische Opfer töteten und so ihren schrecklichen Beitrag zur Verfolgung und Vernichtung des europäischen Judentums leisteten. Daneben bildeten sie eine zentrale Säule der deutschen Besatzungspolitik und bereiteten einer Entwicklung den Weg, der über Ghettos und Deportationszüge letztlich in die Vernichtungslager führte. Ohne die Polizei wäre der Holocaust nicht möglich gewesen.

Diese Tatsache und das obige Zitat passen so gar nicht in das Bild, das die Deutschen von ihrer Polizei haben. In der Populärkultur erscheint der Polizist meist als „Freund und Helfer" oder als heldenhafter Ermittler, der mit kriminalistischem Spürsinn und rechtsstaatlichem Idealismus für Gerechtigkeit und gegen Verbrecher kämpft. Kriminalromane und Fernsehsendungen verpassen der Ordnungsmacht ein glorifizierendes Image, an dem die Exekutive in ihrer eigenen Öffentlichkeitsarbeit anzuknüpfen versucht. Trotzdem werden Staatsdiener bei Demonstrationen regelmäßig durch Randalierer gezielt angefeindet oder sogar tätlich angegriffen, weil sie in ihnen vielmehr Vertreter eines brutalen Polizeistaats zu erkennen glauben. Obwohl sie durch das Fehlverhalten einzelner Beamter immer wieder am medialen Pranger steht, vertrauen die Bundesbürger dennoch keiner Institution so sehr wie der deutschen Polizei.[2] Schließlich geht die breite Öffentlichkeit davon aus, dass Gesetzeshüter eher Verbrechen verhindern oder zumindest aufklären, anstatt selbst welche zu begehen.

Umso erstaunlicher ist es, dass die dunkle Vergangenheit der deutschen Ordnungsmacht nach Ende des Zweiten Weltkriegs viele Jahrzehnte lang nicht nur der Gesellschaft allgemein, sondern auch speziell der Forschung verborgen blieb. Allenfalls erschien die Polizei als Komparse der deutschen Geschichte, wie etwa während der Studentenunruhen der späten sechziger Jahre, bei der gescheiterten Geiselbefreiung im Rahmen des Olympia-Attentats in München 1972 oder im Kampf gegen die Rote Armee Fraktion (RAF) und weitere linke Terrorgruppen.[3] Aber von solchen Ausnahmen einmal abgesehen, blickten deutsche Historiker lange Zeit kaum in das „Auge des Gesetzes". Vor allem dessen Rolle im „Dritten Reich" war über einige Dekaden hinweg kaum Gegenstand wissenschaftlicher Studien. Stattdessen ließen sich Wissenschaft, Medien und Öffentlichkeit von der Legende der „sauberen" Polizei allzu leicht blenden, obwohl die NS-Diktatur schon frühzeitig gerne als „Polizeistaat" bezeichnet wurde.[4] Erst wenige Jahre vor Ende des vergangenen Jahrtausends löste sich diese Paradoxie auf, als die Forschung ganz allgemein die nationalsozialistischen Täter für sich entdeckte. Das war aber großteils einem wachsenden Interesse an der Geschichte der deutschen Polizei zu verdanken. Nun offenbarte sich, dass sich die Polizeigeschichts- und die Täterforschung nicht nur ergänzten, sondern auch eine Entwicklung vollzogen hatten, die zuweilen parallel verlaufen war.[5]

---

2 Der Global Trust Report 2013 – eine Studie der Gesellschaft für Konsumforschung (GfK) – gibt an, dass 81 % der Deutschen ihrer Polizei vertrauen, womit die Ordnungsmacht mit deutlichem Abstand an der Spitze aller Behörden steht. Vgl. GfK Verein, Jahresbericht 2012/13, Nürnberg 2013, S. 34 f.

3 Vgl. u. a. Gerd Langguth, Die Protestbewegung in der Bundesrepublik Deutschland 1968–1976, Köln 1976; Simon Reeve, Ein Tag im September. Die Geschichte des Geiseldramas bei den Olympischen Spielen in München 1972, München 2006; Stefan Aust, Der Baader-Meinhof-Komplex, Hamburg 1985.

4 Wie geläufig der Begriff des „Polizeistaats" in den ersten Nachkriegsdekaden war, zeigt z. B. das Buch des Politikwissenschaftlers Brian Chapman, in dem er sich mit dem Phänomen in seiner semantischen und historischen Dimension auseinandersetzt. Vgl. Brian Chapman, Der Polizeistaat, München 1972.

5 Zur Entwicklung der Täterforschung im Folgenden vgl. u. a. Gerhard Paul, Von Psychopathen, Technokraten des Terrors und „ganz gewöhnlichen" Deutschen. Die Täter der Shoah im Spiegel der Forschung, in: Ders. (Hrsg.), Die Täter der Shoah. Fanatische Nationalsozialisten oder ganz normale Deutsche?, Dachauer Symposien zur Zeitgeschichte, Bd. 2, Göttingen 2002, S. 13–90; Michael Wildt, Von Apparaten zu Akteuren. Zur Entwicklung der NS-Täterforschung, in: Angelika Benz/Marija Vulesica

In den ersten Nachkriegsjahren machte die deutsche Gesellschaft vor allem Adolf Hitler und seine Führungsriege, aber auch die Geheime Staatspolizei (Gestapo) und die Schutzstaffel (SS) exklusiv für die Verbrechen des NS-Regimes verantwortlich. Im Nürnberger Prozess hatten die alliierten Richter nicht nur ranghohe Funktionäre des „Tausendjährigen Reiches" zu langjährigen Haftstrafen oder gar zum Tode verurteilt, sondern auch beide Institutionen der Gewalt zu verbrecherischen Organisationen erklärt. Das bot den Deutschen eine willkommene Gelegenheit, ausschließlich die politische Elite des NS-Staats und ihre Handlanger für den Holocaust und andere Massenverbrechen verantwortlich zu machen. Nun verbreitete sich die Ansicht, die Deutschen seien von regelrecht übermenschlichen Dämonen verführt und ins Verderben gebracht worden, ohne dass sie etwas gegen die diabolischen Kräfte hätten ausrichten können.[6] Hitler und seine Entourage wie auch Heinrich Himmlers Geheimpolizei und dessen Weltanschauungstruppe fungierten als Stellplätze der Schuld, auf denen die Deutschen ihren moralischen Ballast abladen konnten. Sie trösteten sich nur allzu bereitwillig mit der vermeintlichen Tatsache, dass das Zusammenspiel von diabolischer NS-Führung, SS und politischer Polizei jedwede Opposition absolut unmöglich gemacht habe. Während sich die breite Öffentlichkeit so der eigenen Verantwortung entzog, machten sich Einzelne an eine frühe Typologie der NS-Verbrecher. Als einer der ersten versuchte der Soziologe Eugen Kogon in seinem 1946 erschienenen Werk „Der SS-Staat", die Täter der SS, aber auch der Gestapo zu analysieren, nachdem die Nationalsozialisten ihn mehrere Jahre lang im KZ Buchenwald terrorisiert hatten. Er beschrieb seine Peiniger als gescheiterte Existenzen, die geistig, kulturell und sozial deklassiert und gerade deswegen barbarisch sowie brutal gegenüber ihren Opfern gewesen seien.[7] Indes arbeiteten ehemalige Staatsdiener des „Dritten Reichs" daran, ihre Vergangenheit rein zu waschen und die Legende von der „sauberen" Polizei in Umlauf zu bringen. Denn während Gestapo und SS aus dem Nürnberger Prozess als Inkarnation des Bösen hervorgegangen waren, hatten Kriminal- und Ordnungspolizei in Nürnberg noch nicht einmal auf der Anklagebank gesessen, obwohl die Alliierten sehr wohl über deren Verbrechen informiert gewesen waren.[8]

(Hrsg.), Bewachung und Ausführung. Alltag der Täter in nationalsozialistischen Lagern, Geschichte der Konzentrationslager 1933–1945, Bd. 14, Berlin 2011, S. 11–22. Ferner: Peter Longerich, Tendenzen und Perspektiven der Täterforschung. Essay, in: Aus Politik und Zeitgeschichte (APuZ) 14/15 (2007), S. 3–7; Ulrich Herbert, Wer waren die Nationalsozialisten? Typologien des politischen Verhaltens im NS-Staat, in: Gerhard Hirschfeld/Tobias Jersak (Hrsg.), Karrieren im Nationalsozialismus. Funktionseliten zwischen Mitwirkung und Distanz, Frankfurt am Main/New York 2004, S. 17–42, hier: S. 19–26. Wie sich die Forschung zur Geschichte der Polizei im Nationalsozialismus entwickelte, skizziert ferner: Herbert Reinke, Die deutsche Polizei und das „Dritte Reich". Anmerkungen zur Geschichte und Geschichtsschreibung, in: Harald Buhlan/Werner Jung (Hrsg.), Wessen Freund und wessen Helfer? Die Kölner Polizei im Nationalsozialismus, Schriften des NS-Dokumentationszentrums der Stadt Köln, Bd. 7, Köln 2000, S. 51–63; Ders., „Restauration" oder „Ein neuer Anfang": Zur Polizeigeschichte und -geschichtsschreibung des „Dritten Reiches" und der Bundesrepublik, in: Bundeskriminalamt (Hrsg.), Das Bundeskriminalamt stellt sich seiner Geschichte. Dokumentation einer Kolloquienreihe, Köln 2008, S. 143–159.

6 Vgl. Wildt, Apparaten, S. 12.

7 Vgl. Eugen Kogon, Der SS-Staat. Das System der deutschen Konzentrationslager, 44. Aufl., München 2006, S. 363–381.

8 Wie Richard Breitman ausführt, wussten die USA und Großbritannien über die Massenverbrechen der Nationalsozialisten recht gut Bescheid. Seit Oktober 1939 fingen britische Geheimdienste den Funkverkehr der Ordnungspolizei ab und erfuhren so, dass auch dieses Exekutivorgan während des Krieges an Massakern in Osteuropa beteiligt war. Gegenüber den USA teilten sie diese Informationen jedoch nur in Ansätzen, weshalb ihre amerikanischen Kollegen über konkrete Einzelheiten relativ we-

Stattdessen nutzten Funktionäre des nationalsozialistischen Polizeistaats das Gerichtsverfahren als Kulisse, um der Welt eine alternative Version der Wahrheit zu präsentieren. „Der Gedanke an eine Vernichtung bestimmter Bevoelkerungsteile ist uns Offizieren der Ordnungspolizei nie gekommen und nie gesagt worden", wie der ehemalige SS-Gruppenführer und Generalleutnant der Polizei, Adolf von Bomhard, 1946 in einer eidesstattlichen Versicherung erklärte.[9] Die uniformierten Staatsdiener seien lediglich mit dem Katastrophenschutz in der Heimat, militärischen Kampfeinsätzen an der Front oder der „Aufrechterhaltung der oeffentlichen Ordnung und Sicherheit" in den besetzten Gebieten betraut gewesen.[10] Allenfalls habe die Polizei ab und an „im Rahmen der *Amtshilfe*" Deportationszüge begleitet.[11] Auch die frühesten Werke zur Polizei des NS-Staats konstruierten ganz in diesem Stil eine eigenwillige Version der jüngsten Geschichte. Der frühere Generalleutnant der Ordnungspolizei Paul Riege meinte z. B. in seinem Machwerk „Kleine Polizei-Geschichte" aus dem Jahre 1954, dass innerhalb der uniformierten Staatsmacht ein regelrechter Widerstand gegen Himmlers Politik geherrscht habe.[12] Der „Reichsführer-SS und Chef der Deutschen Polizei" (RFSSuChdDtPol) habe es, Riege zufolge, nicht verstanden, „die deutsche Ordnungspolizei zu einem willfährigen Instrument seiner Machtbestrebungen zu machen".[13] Ferner schrieb der ehemalige Generalleutnant und Befehlshaber der Ordnungspolizei im Reichskommissariat Niederlande, Dr. Heinrich Lankenau, im Jahre 1957, dass die zentrale Aufgabe der Polizei während des Zweiten Weltkriegs lediglich im Luftschutz gelegen habe.[14]

Selbst die ersten Versuche, die Vergangenheit der uniformierten Polizei wissenschaftlich seriös aufzuarbeiten, waren nicht immun gegen diese Geschichtsklitterung. So erwähnt etwa das 1957 erschienene Standardwerk des Bundesarchivs „Zur Geschichte der Ordnungspolizei" von Hans-Joachim Neufeldt, Jürgen Huck und Georg Tessin die Untaten der Staatsdiener in grüner Uniform mit keiner Silbe. Dieses Defizit hatte nicht zuletzt darin seinen Ursprung, dass das Bundesarchiv etwa Adolf von Bomhard als fachkundigen Berater zum Thema zu Rate gezogen und seine „Expertise" eingeholt hatte.[15] Mit einer objektiven Suche nach dem tatsächlichen Wirken der Ordnungsmacht in den besetzten Gebieten hatte das herzlich wenig gemein. Andere Studien dieser Zeit erkannten zwar ebenfalls nicht, wie sehr die Polizei wirklich im Holocaust involviert war. Doch sie deuteten bereits in die richtige

nig wussten. Doch auch aus pragmatischen Gründen unterließen es die Westalliierten, die Ordnungspolizei in der Nachkriegszeit für ihre Verbrechen zur Verantwortung zu ziehen. Vgl. Richard Breitman, Staatsgeheimnisse. Die Verbrechen der Nazis – von den Alliierten toleriert, München 2001.

9 Affidavit SS-82: Eidesstattliche Versicherung des Generalleutnants der Ordnungspolizei Adolf von Bomhard vom 13. Juli 1946, in: Der Prozess gegen die Hauptkriegsverbrecher vor dem Internationalen Militärgerichtshof Nürnberg 14. November 1945–1. Oktober 1946 (IMT), Bd. 42, Nürnberg 1949, S. 636–652, hier: S. 642.

10 Ebd., S. 641.

11 Ebd., S. 643. Hervorhebung im Original.

12 Vgl. Paul Riege, Kleine Polizei-Geschichte, Kleine Polizei-Bücherei, Bd. 15/16, Lübeck 1954, S. 45 f.

13 Ebd., S. 46.

14 Vgl. Bernhard Heinrich Lankenau, Polizei im Einsatz während des Krieges 1939/1945 in Nordrhein-Westfalen, Bremen 1957, S. 5 und 167. Zur Person Lankenaus ferner: Christoph Spieker, Traditionsarbeit. Eine biografische Studie über Prägung, Verantwortung und Wirkung des Polizeioffiziers Bernhard Heinrich Lankenau 1891–1983, Villa ten Hompel. Schriften, Bd. 12, Essen 2015; Ders., Export von Münster nach Den Haag: BdO Dr. Heinrich Lankenau (1891–1983), in: Alfons Kenkmann/Ders. (Hrsg.), Im Auftrag. Polizei, Verwaltung und Verantwortung. Begleitband zur gleichnamigen Dauerausstellung, Villa ten Hompel. Schriften, Bd.1, Essen 2001, S. 176–191.

15 Vgl. Hans-Joachim Neufeldt/Jürgen Huck/Georg Tessin, Zur Geschichte der Ordnungspolizei 1936–1945, Schriften des Bundesarchivs, Bd. 3, Koblenz 1957, S. VI.

Richtung. So kam Ermenhild Neusüß-Hunkel in ihrer frühen Studie zur SS aus dem Jahre 1956 zu dem Schluss, dass das Personal der judenmordenden Einsatzgruppen zu einem hohen Anteil aus Ordnungspolizisten bestanden habe.[16] Da aber weder sie noch andere Forscher diesen Ansatz weiter verfolgten und es versäumten, die Rolle der Polizei kritisch zu hinterfragen, blieb das Lügengebilde der polizeilichen Apologeten in den Folgejahren weiterhin intakt.

An der Langlebigkeit dieser Geschichtsmythen änderte sich kaum etwas, als Ende der fünfziger Jahre die Verbrechen einzelner Polizeieinheiten durch bundesdeutsche Strafprozesse in den Fokus der Öffentlichkeit rückten. Mit dem Ulmer Einsatzgruppenprozess des Jahres 1958 richtete sich die mediale Aufmerksamkeit erstmals auf die polizeilichen Täter, ohne deren Funktion und Tätigkeit im NS-Staat generell zu durchleuchten. Als im gleichen Jahr die Zentrale Stelle der Landesjustizverwaltungen zur Aufklärung nationalsozialistischer Verbrechen in Ludwigsburg ihre Arbeit aufnahm und seither auch gegen NS-Gewaltverbrecher aus den Reihen der Polizei ermittelte, fingen große Teile der Gesellschaft an, sich für das „Dritte Reich" zu interessieren. Weitere Gerichtsverfahren in den sechziger Jahren, wie etwa der Prozess gegen Adolf Eichmann in Jerusalem 1961 oder der Frankfurter Auschwitz-Prozess von 1963 bis 1966, verstärkten noch diese aufkeimende Wissbegierde.[17] Dabei führten diese Rechtsfälle zu einem neuen Bild von den NS-Tätern, das die Öffentlichkeit allmählich von den angeblich diabolischen Monstern abbrachte.

Insbesondere die Philosophin Hannah Arendt war dafür verantwortlich, die in Eichmann den „neuen Typus des Verwaltungsmörders" zu erkennen glaubte.[18] Dieser pedantische Bürokrat entstammte nicht mehr einer teuflischen Parallelwelt, sondern war in der Realität deutscher Amtsstuben zu verorten. Ihn trieben weder Antisemitismus noch Rassenhass an, sondern vielmehr absoluter Gehorsam und egoistisches Karrierestreben. Rasch eroberten Arendts Diktum von der „Banalität des Bösen" und der Topos des „Schreibtischtäters" die mediale wie auch die wissenschaftliche Debatte.[19] Mehr noch entstand daraus das Konstrukt einer

16 Vgl. Ermenhild Neusüß-Hunkel, Die SS, Hannover/Frankfurt am Main 1956, S. 99.

17 Vgl. Paul, Psychopathen, S. 20; Wildt, Apparaten, S. 12.

18 Hannah Arendt, Eichmann in Jerusalem. Ein Bericht von der Banalität des Bösen, 2. Aufl., München 2007, S. 398 [Künftig: Arendt, Eichmann (2007)]. Das englische Original wurde 1963 veröffentlicht, während die erste deutsche Fassung ein Jahr später erschien. Vgl. Dies., Eichmann in Jerusalem. A Report on the Banality of Evil, New York 1963; Dies., Eichmann in Jerusalem. Ein Bericht von der Banalität des Bösen, München 1964.

19 Zu den Kontroversen um Arendts Buch und die Person Eichmanns vgl. u. a. Albert Wucher, Eichmanns gab es viele. Ein Dokumentarbericht über die Endlösung der Judenfrage, München/Zürich 1961; Die Kontroverse Hannah Arendt, Eichmann und die Juden, München 1964; Hans E. Holthusen, Hannah Arendt, Eichmann und die Kritiker, in: Vierteljahrshefte für Zeitgeschichte (VfZ) 13/2 (1965), S. 178–190; Shiraz Dossa, Hannah Arendt on Eichmann. The Public, the Private and Evil, in: The Review of Politics 46/2 (1984), S. 163–182; Gideon Hausner, Gerechtigkeit in Jerusalem, München 1967; Stephen J. Whitfield, Into the dark. Hannah Arendt and totalitarianism, Philadelphia 1980; Bernard J. Bergen, The Banality of Evil. Hannah Arendt and „The Final Solution", Lanham 1998; Gary Smith (Hrsg.), Hannah Arendt Revisited. „Eichmann in Jerusalem" und die Folgen, Frankfurt am Main 2000; Yaacov Lozowick, Hitlers Bürokraten. Eichmann, seine willigen Vollstecker und die Banalität des Bösen, Zürich/München 2000; Harry Mulisch, Strafsache 40/61. Eine Reportage über den Eichmann-Prozeß, 3. Aufl., Berlin 2002; Irmtrud Wojak, Eichmanns Memoiren und die „Banalität" des Bösen, in: Joachim Perels/Rolf Pohl (Hrsg.), NS-Täter in der deutschen Gesellschaft, Diskussionsbeiträge des Instituts für Politische Wissenschaft der Universität Hannover, Bd. 29, Hannover 2002, S. 17–39; Christian Volk, Urteilen in dunklen Zeiten. Eine neue Lesart von Hannah Arendts „Banalität des Bösen", Berlin 2005; Habbo Knoch, Verschobene Schuld. Täterbilder und historische Fotografien in einem Il-

„Vernichtungsmaschinerie" als Deutungsmuster dafür, warum NS-Herrschaft und Judenmord eine so ungeheure Eigendynamik entfalten konnten.[20] In einem solch technokratischen System hätten mediokre Akteure als kleine Zahnrädchen in einem gewaltigen Apparat fungiert, was unter der Führung einzelner Machthaber zwangsläufig zu einem bürokratisch geplanten und fabrikmäßig durchgeführten Massenmord geführt habe. Anstatt sich also mit den eigentlichen Tätern zu befassen, suchten Wissenschaftler die Schuld in einer pervertierten Moderne.[21] Holocaustforscher der ersten Stunde wie Raul Hilberg oder Gerald Reitlinger wandelten auf diesem Pfad, wobei sie den einzelnen Menschen fast aus den Augen verloren. Obwohl sie in ihren Werken durchaus darstellten, dass sich auch die uniformierte Staatsgewalt an der Shoah beteiligt hatte, wirkten derlei Hinweise wie Randnotizen – so als hätte es sich bei den Verbrechen der Ordnungspolizei um einzelne Entgleisungen gehandelt.[22]

Weiterhin waren Wissenschaft und Öffentlichkeit in dieser Phase wenig daran interessiert, das gängige Bild zu hinterfragen, das seit 1945 von der Polizei des NS-Staats existierte. Sofern sich Historiker und Laienforscher überhaupt mit der Vergangenheit der deutschen Ordnungsmacht auseinandersetzten, konzentrierten sie sich hauptsächlich auf die Zeit vor der „Machtergreifung" oder nach dem Zusammenbruch des „Tausendjährigen Reiches". Die Geschichtswissenschaft überließ dieses Feld seinerzeit aber noch einem Autorenkreis, der sich vorwiegend aus aktiven oder ehemaligen Polizeibeamten zusammensetzte. Diese neigten in ihren eher populärwissenschaftlichen Arbeiten dazu, ein allzu romantisierendes Bild von der Polizeiarbeit und der staatlichen Institution selbst zu zeichnen.[23] Je nachdem wie ihre Wer-

---

lustriertenbericht zum Eichmann-Prozess, in: Gerhard Paul (Hrsg.), Visual History. Ein Studienbuch, Göttingen 2006, S. 303–316.

20 Hans Mommsen verwendete den Begriff der „Vernichtungsmaschinerie", um den NS-Staat als technokratischen Moloch zu charakterisieren. Vgl. Hans Mommsen, Hannah Arendt und der Prozeß gegen Adolf Eichmann, in: Arendt, Eichmann (2007), S. 9–48, hier: S. 26.

21 Vgl. Wildt, Apparaten, S. 12–14; Paul, Psychopathen, S. 20–30.

22 Vgl. Raul Hilberg, The Destruction of the European Jews, London 1961. In der deutschen Version: Ders., Die Vernichtung der europäischen Juden, 3 Bde., 10. Aufl., Frankfurt am Main 2007; Gerald Reitlinger, The Final Solution. The Attempt to Exterminate the Jews of Europe 1939–1945, London 1953. In der deutschen Version: Ders., Die Endlösung. Hitlers Versuch der Ausrottung der Juden Europas 1939–1945, Berlin 1956. Zwar ließe sich Reitlinger auch jener Autorengruppe zurechnen, die in den Tätern gescheiterte Existenzen erblickte. Ihm zufolge waren etwa die meisten Angehörigen der Einsatzgruppen „Menschen, die es im normalen Leben zu nichts gebracht hatten". Ebd., S. 215. Jedoch schreibt er bereits von der „Mordmaschinerie in Auschwitz" und noch häufiger ist bei ihm die Rede von der „Todesfabrik". Ebd., S. 166, 168, 174, 322, 332, 429 f., 486 und 519.

23 Vgl. z. B. Eugen Raible, Geschichte der Polizei. Ihre Entwicklung in den alten Ländern Baden und Württemberg und in dem neuen Bundesland Baden-Württemberg unter besonderer Berücksichtigung der kasernierten Polizei (Bereitschaftspolizei), Stuttgart 1963; Lothar Danner, Ordnungspolizei Hamburg. Betrachtungen zu ihrer Geschichte 1918 bis 1933, Hamburg 1958; Otto Ernst Breibeck, Bayerns Polizei im Wandel der Zeit. Achthundert Jahre bayerische Polizeigeschichte, München 1971; Horst-Adalbert Koch, Zur Organisationsgeschichte der deutschen Polizei 1927–1939, in: Feldgrau. Mitteilungen einer Arbeitsgemeinschaft 5/5 (1957), S. 141–143; Ders., Die Landespolizei 1932. Standortübersicht der kasernierten Polizeieinheiten (einschl. Schulen) der Länderpolizei 1932. Ein Beitrag zur Organisationsgesichte der deutschen Polizei 1920–1932, in: Feldgrau. Mitteilungen einer Arbeitsgemeinschaft 9/2 (1961), S. 42–44 [Künftig: Koch, Landespolizei 1932/2]; Ders., Die Landespolizei 1932, in: Feldgrau. Mitteilungen einer Arbeitsgemeinschaft 9/3 (1961), S. 91 f. [Künftig: Koch, Landespolizei 1932/3]; Josef Falter, Chronik des Polizeipräsidiums München, hrsg. v. Münchner Sicherheitsforum e.V., 2. Aufl., München 1995. An einer ersten Überblicksdarstellung zur gesamten Geschichte der deutschen Polizei versuchten sich 1986 ferner der Jurist Robert Harnischmacher und Arved Semerak, der ehemalige Polizeipräsident von Hamburg. Jedoch verharrt das Autorenduo in einer überwiegend rechtsgeschichtlichen Perspektive, weshalb sie sich dem Thema nur recht oberflächlich annähern. Vgl.

ke thematisch ausgerichtet waren, konnten sie die NS-Zeit aber nicht vollständig umschiffen. Während sich die polizeilichen Literaten weitestgehend darüber ausschwiegen, welche Rolle die deutsche Polizei beim Judenmord gespielt hatte, erwähnten sie jedoch wie selbstverständlich, dass sie während des Zweiten Weltkriegs zur „Partisanenbekämpfung" eingesetzt gewesen war.[24] Dadurch wahrten sie den Schein und konnten die Ordnungsmacht weiterhin als harmlosen „Freund und Helfer" inszenieren. Daran änderte sich auch nichts, als politisch motivierte Publikationen aus der Deutschen Demokratischen Republik (DDR) an diesem Image zu kratzen versuchten. Zu ihnen zählte vor allem ein 1965 erschienenes „Braunbuch", das hunderte belastete Personen aufführt, die in der Bundesrepublik Deutschland (BRD) bedeutende Positionen bekleideten, obwohl sie durch ihre Tätigkeit im „Dritten Reich" deutlich belastet waren.[25] Der „Klassenfeind" zeigte sich aber immun gegen diese Form der antifaschistischen Propaganda. Eine seriöse polizeigeschichtliche Täterforschung lag seinerzeit also noch immer in weiter Ferne.

Zu den ersten Impulsgebern, die das ändern wollten, gehörte das Institut für Zeitgeschichte (IfZ). In dessen Gutachten zum Frankfurter Auschwitzprozess aus dem Jahre 1964 machte insbesondere Hans Buchheim deutlich, dass die Ordnungsmacht im „Dritten Reich" eng mit der SS verbunden gewesen war. Dabei konzentrierte er sich zwar im Wesentlichen auf die Gestapo, versuchte sich jedoch erstmals daran, die Struktur des NS-Polizeistaats und seiner Organe nachzuzeichnen.[26] In den sechziger Jahren befassten sich weitere Mitarbeiter der Münchner Forschungsanstalt ebenfalls mit Himmlers Polizei und gingen dabei etwa der Frage nach, welche Rolle sie in den besetzten Gebieten gespielt hatte. Dass sie deutlich stärker als bisher angenommen aktiv am Judenmord in Polen beteiligt gewesen war, zeigte z. B. ein Gutachten von Martin Broszat und Werner Präg aus dem Jahre 1967.[27]

Solche Vorstöße inspirierten in den nächsten Jahren weitere Forscher, am gängigen Image der uniformierten „Saubermänner" zu kratzen. Trotzdem fanden sich auch in den sechziger und siebziger Jahren nur wenige Abhandlungen zu diesem Themenkomplex. In dieser Pha-

---

Robert Harnischmacher/Arved Semerak, Deutsche Polizeigeschichte. Eine allgemeine Einführung in die Grundlagen, Stuttgart 1986.

24 Vgl. z. B. Raible, Geschichte, S. 102; Harnischmacher, Polizeigeschichte, S. 103. Nach Kriegsende erschienen einige Werke, die hinsichtlich des „auswärtigen Einsatzes" der Ordnungspolizei lediglich auf den Kampf gegen „Banden" hinweisen. Vgl. u. a. Georg Tessin, Die Stäbe und Truppeneinheiten der Ordnungspolizei, in: Neufeldt, Geschichte, S. 3–110, hier: S. 17 f. [Künftig: Tessin, Stäbe und Truppeneinheiten].

25 Vgl. Norbert Podewin (Hrsg.), Braunbuch. Kriegs- und Naziverbrecher in der Bundesrepublik und in Berlin (West). Reprint der Ausgabe 1968 (3. Aufl.), Berlin 2002. Ferner befassten sich Forscher aus der DDR auch in anderen Schriften mit der Polizei des NS-Staats. Vgl. u. a. Norbert Müller, Zum Charakter und zum Kriegseinsatz der faschistischen Ordnungspolizei, in: Militärgeschichte 23 (1984), S. 515–520.

26 Vgl. Hans Buchheim/Martin Broszat/Hans-Adolf Jacobsen u. a., Anatomie des SS-Staates, 6. Aufl., München 1994; Hans Buchheim, Die Höheren SS- und Polizeiführer, in: VfZ 11/4 (1963), S. 362–391; Ders., SS und Polizei im NS-Staat, Staatspolitische Schriftenreihe, Duisdorf bei Bonn 1964; Ders., Die Aufnahme von Polizeiangehörigen in die SS und die Angleichung ihrer SS-Dienstgrade an ihre Beamtenränge (Dienstgradangleichung) in der Zeit des Dritten Reichs, in: Gutachten des Instituts für Zeitgeschichte, Bd. II, Stuttgart 1966, S. 172–181.

27 Vgl. Martin Broszat/Werner Präg, Grundzüge der Besatzungspolitik und Judenverfolgung, der Verwaltungs- und Polizeiorganisation im Generalgouvernement, mit besonderer Berücksichtigung des Distrikts Lublin und der Beteiligung der Ordnungspolizei (Gendarmerie) an Tötungsaktionen gegen Juden. Gutachten von Dr. Martin Broszat und Werner Präg für die Staatsanwaltschaft bei dem Landgericht Amberg im Ermittlungsverfahren gegen Bruno Muttersbach, [München] 1967.

se konzentrierte sich die Geschichtswissenschaft abseits der großen Funktionäre insbesondere auf die Einsatzgruppen der Sicherheitspolizei (Sipo) und des Sicherheitsdienstes der SS (SD). Derlei Studien konnten sich jedoch nicht davon lösen, eine Analyse dieser Einheiten und Organisationen stets eng an die Führungsfiguren des NS-Regimes zu knüpfen und deren Machtspielräume in den Vordergrund zu stellen.[28] Selbst im Standardwerk von Helmut Krausnick und Hans-Heinrich Wilhelm über „Die Truppe des Weltanschauungskrieges" verkamen die ausführenden Organe überwiegend zu einem anonymen Kollektiv, ohne dass die Autoren dessen subalterne Angehörigen bis auf wenige kollektivbiographische Angaben eingehender analysierten.[29]

Obwohl sie durchaus medial rezipiert wurden, führten solche Studien noch nicht dazu, dass Wissenschaft und Öffentlichkeit umdachten und erkannten, welches Potential und welche Sprengkraft in diesem Thema steckten. Die Geschichtsforschung verhedderte sich stattdessen in einen Streit zwischen Intentionalisten und Funktionalisten. Erstere waren davon überzeugt, dass der Antisemit Hitler als mächtiger Diktator seit vielen Jahren einen Plan gehegt hatte, die europäischen Juden auszurotten, was er letztlich auch in die Tat hatte umsetzen lassen. Dagegen wendeten letztere ein, dass der Holocaust kein von langer Hand geplantes Vorhaben gewesen war. Bei ihm hatte es sich ihnen zufolge um das Ergebnis unzähliger Kompetenzstreitigkeiten gehandelt, in denen sich untergeordnete Funktionäre mit ihren antijüdischen Maßnahmen bis hin zum Völkermord gegenseitig zu übertreffen versucht hatten. Während seinerzeit beide Parteien nicht erkannten, dass sich ihre Positionen keineswegs ausschließen, sondern vielmehr ergänzen, konnte sich diese Erkenntnis in der heutigen Fachwelt längst durchsetzen.[30]

Seit der zweiten Hälfte der siebziger Jahre wuchs daneben das akademische Interesse an einer allgemeinen Geschichte der deutschen Polizei. Die Forschung hatte bis dahin die uniformierte Exekutivgewalt vergangener Jahrhunderte vorwiegend aus einer rechts- und verwaltungswissenschaftlichen Perspektive betrachtet oder sich auf ihre institutionelle Organisation konzentriert. Nun fingen Historiker an, sich jenseits dieser disziplinären Grenzen zu bewegen.[31] Dennoch wagten sich seinerzeit nur wenige Wissenschaftler über das 19. Jahrhundert hinaus, wodurch die zeitgeschichtliche Rolle der Polizei weiterhin kaum thematisiert

28 Vgl. z. B. Erhard Moritz/Wolfgang Kern, Aggression und Terror. Zur Zusammenarbeit der faschistischen deutschen Wehrmacht mit den Einsatzgruppen der Sicherheitspolizei und des SD bei der Aggression gegen Polen, in: Zeitschrift für Geschichtswissenschaft (ZfG) 22/12 (1974), S. 1314–1325. Bei diesem Aufsatz handelt es sich um ein Produkt der marxistischen Geschichtsschreibung aus der DDR, das weniger ein rein wissenschaftliches als vielmehr ein politisches Interesse verfolgt. So werfen die beiden Autoren der Bundesrepublik vor, „das verbrecherische Wesen des imperialistischen Systems und seiner Gewaltorgane zu verschleiern". Ebd., S. 1315.

29 Vgl. Helmut Krausnick/Hans-Heinrich Wilhelm, Die Truppe des Weltanschauungskrieges. Die Einsatzgruppen der Sicherheitspolizei und des SD 1938–1942, Quellen und Darstellungen zur Zeitgeschichte, Bd. 22, Stuttgart 1981. In seinem Abschnitt der Studie liefert Wilhelm lediglich einen ganz knappen kollektivbiographischen Überblick von den Führern der Einsatzgruppe A. Vgl. Hans-Heinrich Wilhelm, Die Einsatzgruppe A der Sicherheitspolizei und des SD 1941/42. Eine exemplarische Studie, in: ebd., S. 279–636, hier: S. 281–285.

30 Vgl. dazu Ian Kershaw, Der NS-Staat. Geschichtsinterpretationen und Kontroversen im Überblick, 3. Aufl., Reinbek bei Hamburg 2002, S. 152–206; Wildt, Apparaten, S. 14.

31 Vgl. Herbert Reinke, Polizeigeschichte in Deutschland. Ein Überblick, in: Peter Nitschke (Hrsg.), Die Deutsche Polizei und ihre Geschichte. Beiträge zu einem distanzierten Verhältnis, Schriftenreihe der Deutschen Gesellschaft für Polizeigeschichte e.V., Bd. 2, Hilden 1996, S. 13–26, hier: S. 13 f.

wurde.[32] Einzelne Autoren wurden erst in den achtziger Jahren auf die Polizei des „Dritten Reichs“ aufmerksam – also in jenem Jahrzehnt, in dem die letzten Beamten in Pension gingen, die bereits im NS-Staat ihren Dienst verrichtet hatten. Dieser Generationswechsel war auch ein Grund dafür, dass innerhalb der bundesdeutschen Ordnungsmacht allmählich ein Umdenken einsetzte. Denn in dieser Phase veröffentlichten historisch interessierte Polizisten verschiedene Werke, in denen sie sich zumindest graduell der nationalsozialistischen Staatsgewalt und ihren Verbrechen annäherten.[33] In erster Linie waren es jedoch Historiker, die dieses bisher vernachlässigte Thema aufgriffen und eingehender behandelten.

Ruth Bettina Birn etwa untersuchte in ihrer Studie aus dem Jahre 1986 „Die Höheren SS- und Polizeiführer“, die dem obersten Polizeichef Himmler direkt unterstellt waren und die Vernichtungsaktionen der Polizeieinheiten koordiniert hatten. Diese wichtigen Repräsentanten des NS-Polizeiapparats charakterisierte sie als linientreue und energische Ideologen, die sich bedingungslos loyal dem Willen des Reichsführers-SS unterwerfen mussten.[34] Die meist älteren Offiziere der SS und Polizei seien großteils bereits im Ersten Weltkrieg an der Front gewesen und grundsätzlich stark militärisch sozialisiert worden. Eine Vielzahl von ihnen habe einen sozialen Abstieg erfahren, weil ihre wirtschaftlichen Möglichkeiten und ihre Bildungschancen durch Krieg und Nachkriegszeit deutlich gelitten hätten. Dies habe sich laut Birn im SS-Staat jedoch geändert. Denn wer mit der Tugendlehre und der Ideologie Himmlers übereingestimmt, sich daneben durch Leistungswillen und tatkräftigen Einsatz für das NS-Regime verdient gemacht habe, habe im Imperium des Reichsführers-SS aufsteigen und eine enorme Machtfülle entfalten können. Wenngleich Birn in ihrer Kollektivbiographie versuchte, den Menschen hinter den Höheren SS- und Polizeiführern zum Vorschein zu bringen, blieben diese mächtigen Akteure in ihrer Schrift dennoch Marionetten Himmlers, die sich nur schwer seinem Einfluss entziehen konnten.[35]

Auch andere Autoren fingen an, das gängige Bild von den angeblich unbescholtenen Staatsbürgern in Uniform zu hinterfragen. Zu ihren Werken zählt etwa das Buch „Parteisoldaten“, in dem sich Helmut Fangmann, Udo Reifner und Norbert Steinborn mit der Hamburger Polizei im NS-Staat auseinandersetzten, wobei sie erstmals auch das Wirken der Polizeibataillone näher thematisierten.[36] Diese hätten vor allem die besetzten Gebiete gesichert und sei-

---

32 Zu den Studien, die sich mit der Geschichte der Polizei bis ins 19. Jahrhundert beschäftigen, zählen z. B. folgende Werke: Wolfram Siemann, „Deutschlands Ruhe, Sicherheit und Ordnung“. Die Anfänge der politischen Polizei 1806–1866, Studien und Texte zur Sozialgeschichte der Literatur, Bd. 14, Tübingen 1985; Norbert Finzsch, Städtische Sicherheit und ländliche Unsicherheit. Soziale Probleme und Stadt-Land-Beziehung im Rheinland im frühen 19. Jahrhundert, in: Herbert Reinke (Hrsg.), „... nur für die Sicherheit da...“? Zur Geschichte der Polizei im 19. und 20. Jahrhundert, Frankfurt am Main 1993, S. 137–157; Wolfgang R. Krabbe, Von der „guten Policey“ zur gegliederten Lokalverwaltung. Die Verwaltung deutscher Städte seit dem 18. Jahrhundert, in: Reinke, Sicherheit, S. 158–169; Ders., Die lokale Polizeiverwaltung in der preußischen Provinz Westfalen (1815–1914), in: Blätter für deutsche Landesgeschichte 119 (1983), S. 141–157; Wolfgang Brunbauer, Bayerische Skandalchronik. Polizei und Kriminalität im München des frühen 19. Jahrhunderts, Rosenheim 1984.

33 Vgl. z. B. Kurt Kraus, Geschichte der Frankfurter Polizei in Wort und Bild, Frankfurt 1981, S. 116–128, besonders: S. 126 f.; Helmut Lieber, Geschichte der Polizei des Birkenfelder Landes. Vom Fürstentum zum Landkreis, Schriftenreihe der Kreisvolkshochschule Birkenfeld, Bd. 20, Birkenfeld 1987, S. 259–317, besonders: S. 311.

34 Vgl. Ruth Bettina Birn, Die Höheren SS- und Polizeiführer. Himmlers Vertreter im Reich und in den besetzten Gebieten, Düsseldorf 1986, S. 399.

35 Vgl. ebd., S. 350–395.

36 Vgl. Helmut Fangmann/Udo Reifner/Norbert Steinborn, „Parteisoldaten“. Die Hamburger Polizei im „3. Reich“, Hamburg 1987, S. 117–122.

en im „Bandenkampf" zum Einsatz gekommen, unter dessen Deckmantel es aber auch zu Verbrechen gegen die Zivilbevölkerung gekommen sei.[37] Hinsichtlich des Judenmords verwies das Autorentrio jedoch lediglich auf die Einsatzgruppen, in denen in erheblichem Umfang auch Ordnungspolizisten tätig gewesen seien, oder auf einzelne Fallbeispiele von Hamburger Polizeieinheiten.[38] Aus dieser Studie wie auch aus weiteren seinerzeit veröffentlichten Werken konnte der Leser lediglich schließen, dass auch „Gesetzeshüter" abscheuliche Verbrechen begangen hatten.[39] Der eigentliche Anteil von Schutzpolizei und Gendarmerie am Holocaust blieb weiterhin im Dunkeln.

Diesen Aspekt erhellte hingegen Heiner Lichtenstein in seinem 1990 erschienenen Buch „Himmlers grüne Helfer". Auf Grundlage einiger Gerichtsverfahren gegen Polizeieinheiten und ihre Angehörigen, denen er als Reporter beigewohnt hatte, veranschaulichte er, wie die Ordnungspolizei vor allem in den Ostgebieten gemordet hatte und wie die Täter nach Kriegsende problemlos wieder in den bundesdeutschen Beamtenapparat gelangt waren. Zwar verfolgte Lichtenstein nicht den Anspruch, die Motive der Mörder zu ergründen oder gar psychologische Profile zu erstellen. Aber indem er eine Reihe von Einzelfällen schilderte, brachte er stärker als bisher jene Legende ins Wanken, die der Polizei des totalitären Systems stets ihre „Sauberkeit" attestiert hatte.[40]

Zu ihrem Sturz kam es jedoch erst zu Beginn der neunziger Jahre durch Impulse von „außen". Denn in der Wendezeit entstand eine Reihe von Werken, die sich verstärkt den Tätern am Ende und in der Mitte der Karriereleiter zuwendeten und gezielter nach deren Motiven fragten. Arbeiten ausländischer Wissenschaftler stellten viele althergebrachte Paradigmen auf den Prüfstand, die daraufhin einer Revision bedurften. So rüttelte etwa der kanadische Historiker Robert Gellately am sogenannten Gestapo-Mythos. In seinen Studien zur Geheimen Staatspolizei konnte er nachweisen, dass sie keineswegs allgegenwärtig und allmächtig gewesen war, wie die deutsche Nachkriegsgesellschaft landläufig behauptet hatte. Stattdessen zeichnete er das Bild einer Politischen Polizei, die weder personell noch technisch dazu in der Lage gewesen war, die gesamte Bevölkerung des NS-Staats flächendeckend und umfassend zu überwachen. Vielmehr offenbarte sich, dass es der Gestapo erst durch die Mithilfe von willfährigen Denunzianten gelungen war, ihren Terror gegen unliebsame „Gemeinschaftsfremde" und aufsässige „Volksgenossen" zu entfalten.[41]

Weitere Studien wie etwa von Gisela Diewald-Kerkmann oder Eric A. Johnson bestätigten dies. Sie zeigten aber gleichzeitig, dass die Dimensionen des deutschen Denunziantentums auch nicht überschätzt werden dürfen.[42] Dennoch führten solche Denkanstöße dazu, dass

---

37 Vgl. ebd., S. 117.

38 Vgl. z. B. ebd., S. 118–120.

39 Zu diesen Werken gehört z. B. die Quellenedition „Schöne Zeiten". Vgl. Ernst Klee/Willi Dreßen/Volker Rieß (Hrsg.), „Schöne Zeiten". Judenmord aus der Sicht der Täter und Gaffer, 3. Aufl., Frankfurt am Main 1988.

40 Vgl. Heiner Lichtenstein, Himmlers grüne Helfer. Die Schutz- und Ordnungspolizei im „Dritten Reich", Köln 1990.

41 Vgl. Robert Gellately, Die Gestapo und die deutsche Gesellschaft. Die Durchsetzung der Rassenpolitik 1933–1945, Paderborn 1993; Ders., Allwissend und allgegenwärtig? Entstehung, Funktion und Wandel des Gestapo-Mythos, in: Gerhard Paul/Klaus-Michael Mallmann (Hrsg.), Die Gestapo. Mythos und Realität, Darmstadt 2003, S. 47–70 [Künftig: Paul, Gestapo (2003)]; Ders., Die Gestapo und die „öffentliche Sicherheit und Ordnung", in: Reinke, Sicherheit, S. 94–115.

42 Vgl. Gisela Diewald-Kerkmann, Politische Denunziation im NS-Regime oder Die kleine Macht der „Volksgenossen", Bonn 1995; Dies., Denunziantentum und Gestapo. Die freiwilligen „Helfer" aus der Bevölkerung, in: Paul, Gestapo (2003), S. 288–305; Eric A. Johnson, Der nationalsozialistische Terror.

einerseits die Rolle der Gesellschaft im Nationalsozialismus stärker ins Blickfeld der Wissenschaftler geriet und andererseits ein regelrechter Boom der Gestapo-Forschung einsetzte. Obwohl auf diesem Wege die bislang mystifizierte Geheimpolizei wieder ins Zentrum gelangte, befreite der Forschungstrend sie allmählich von der Aura des omnipotent Bösen. Die in der Folgezeit entstandenen Studien stellten sie stattdessen als eine Exekutive dar, die aus menschlichen Wesen bestand, die zwar meist opportunistisch und bis zum äußersten auf den eigenen Vorteil bedacht waren und die Chancen zu nutzen wussten, die ihnen das Regime bot. Jedoch hätten sich ihre Beamten nicht wesentlich vom Rest der Bevölkerung unterschieden, was ihre Verbrechen noch schlimmer erscheinen ließ.[43]

Nicht nur die längst verrufenen Akteure standen nun stärker im Vordergrund, sondern auch jene, die sich bislang im toten Winkel der Forschung befunden hatten. Der deutsch-australische Historiker Konrad Kwiet untersuchte in seinem Aufsatz „Auftakt zum Holocaust" im Jahre 1993 das Kriegstagebuch des Polizeibataillons 322 und stellte so exemplarisch das mörderische Treiben der Ordnungspolizei in Osteuropa nach. Dadurch befasste sich erstmals ein Wissenschaftler mit dieser Institution der Gewalt, von der die deutsche Historikerzunft bis dahin kaum Notiz genommen hatte. Darüber hinaus offenbarte er dem Leser, dass auch weitere Einheiten der uniformierten Polizei ähnlich tief in den Judenmord verstrickt gewesen waren, so dass nicht davon ausgegangen werden konnte, es handle sich bei dem untersuchten Polizeiverband um eine bedauernswerte Ausnahme.[44]

Zum Durchbruch der polizeigeschichtlichen Täterforschung verhalfen aber die Arbeiten zweier Amerikaner: Der Holocaustforscher Christopher R. Browning befasste sich in seinem 1993 erschienenen Buch „Ganz normale Männer" eingehend mit dem Hamburger Reserve-Polizeibataillon 101, das während des Zweiten Weltkriegs insbesondere in Polen zehntausende Juden systematisch umgebracht hatte. Er kam zu dem Schluss, dass diese Ordnungspolizisten „gewöhnliche" Männer gewesen seien, die aufgrund von situativen Faktoren ihre

Gestapo, Juden und gewöhnliche Deutsche, Berlin 2001; Ders./Karl-Heinz Reuband, Die populäre Einschätzung der Gestapo. Wie allgegenwärtig war sie wirklich?, in: Paul, Gestapo (2003), S. 417–436.

43 Im Zuge der jüngeren Gestapoforschung sind z. B. folgende Werke entstanden: Gerhard Paul/Klaus-Michael Mallmann (Hrsg.), Die Gestapo im Zweiten Weltkrieg. „Heimatfront" und besetztes Europa, Darmstadt 2000 [Künftig: Paul, Gestapo (2000)]; Klaus Mlynek, Gestapo Hannover meldet … Polizei- und Regierungsberichte für das mittlere und südliche Niedersachsen zwischen 1933 und 1937, Veröffentlichungen der Historischen Kommission für Niedersachsen und Bremen, Bd. 39, Hildesheim 1986; Gerd Steinwascher, Gestapo Osnabrück meldet … Polizei- und Regierungsberichte aus dem Regierungsbezirk Osnabrück aus den Jahren 1933 bis 1936, Osnabrücker Geschichtsquellen und Forschungen, Bd. 36, Osnabrück 1995; Albrecht Eckhardt/Katharina Hoffmann, Gestapo Oldenburg meldet … Berichte der Geheimen Staatspolizei und des Innenministers aus dem Freistaat und Land Oldenburg 1933–1936, Veröffentlichungen der Historischen Kommission für Niedersachsen und Bremen, Bd. 209, Hannover 2002; Joachim Kuropka, Meldungen aus Münster 1924–1944. Geheime und vertrauliche Berichte von Polizei, Gestapo, NSDAP und ihren Gliederungen, staatlicher Verwaltung, Gerichtsbarkeit und Wehrmacht über die politische und die gesellschaftliche Situation in Münster, Münster 1992; Carsten Dams/Michael Stolle, Die Gestapo. Herrschaft und Terror im Dritten Reich, München 2008. Ferner: George C. Browder, Hitler's Enforcers. The Gestapo and the SS Security Service in the Nazi Revolution, Oxford 1996; Das „Hausgefängnis" der Gestapo-Zentrale in Berlin. Terror und Widerstand 1933–1945, hrsg. v. der Stiftung Topographie des Terrors, Berlin 2005.

44 Vgl. Konrad Kwiet, Auftakt zum Holocaust. Ein Polizeibataillon im Osteinsatz, in: Wolfgang Benz/Hans Buchheim/Hans Mommsen (Hrsg.), Der Nationalsozialismus. Studien zur Ideologie und Herrschaft, Frankfurt am Main 1993, S. 191–208. In der englischen Originalversion: Ders., From the Diary of a Killing Unit, in: John Milfull (Hrsg.), Why Germany? National Socialist Anti-Semitism and the European Context, Providence/Oxford 1993, S. 75–90.

Verbrechen begangen hätten. Gruppen- und Anpassungsdruck sowie Sozialdynamik und Verrohung, die innerhalb des Verbandes geherrscht hätten, seien für die Polizisten wesentlich einflussreicher gewesen als Rassenhass und Antisemitismus. Ideologische Schulung und nationalsozialistische Verhetzung traten bei Browning in den Hintergrund, weil sie seiner Ansicht nach keine große Wirkung entfaltet hatten.[45]

In diesem Punkt stimmte der amerikanische Soziologe Daniel Jonah Goldhagen überein, der sich mit derselben Polizeieinheit beschäftigt hatte. In seinem 1996 erschienenen Werk „Hitlers willige Vollstrecker" bezweifelte er ebenfalls, dass die NS-Ideologie und eine entsprechende Indoktrination besonders wirkungsmächtig gewesen seien. Allerdings schlussfolgerte er, dass die Reservepolizisten vielmehr „ganz gewöhnliche Deutsche" gewesen seien, die ihre jüdischen Opfer nur deshalb umgebracht hatten, weil die Täter das einfach schon lange gewollt hätten. Goldhagen zufolge sei die gesamte deutsche Gesellschaft bereits lange vor Hitlers Machtübernahme von einem „eliminatorischen Antisemitismus" durchdrungen gewesen, der auf nichts Geringeres als die Vernichtung des Judentums abgezielt habe.[46] Diese spezielle Variante der These vom deutschen Sonderweg stieß bei deutschen Forschern auf herbe Kritik, weil Goldhagen in seiner Arbeit sehr selektiv argumentierte und seine Ergebnisse pauschal auf ein ganzes Volk übertrug. Sein Buch war hingegen bei einer großen Leserschaft enorm beliebt. Denn ihm kommt unzweifelhaft das Verdienst zu, den Giftschrank geöffnet und den Tätern endlich ein Gesicht gegeben zu haben.[47] Mit Browning und Goldhagen verließ der Leser erstmals die behagliche Amtsstube des Schreibtischtäters und trat an die Erschießungsgruben heran. Damit verfolgte er nun die Tötungspraxis hautnah und ungeschönt, ohne sich hinter einer ominösen Mordmaschinerie verstecken zu können. Jene Männer, die unmittelbar für das Leid ihrer Opfer verantwortlich waren, erhielten einen Namen. Sie waren nicht mehr die pathologisch brutalen SS-Schergen vergangener Zeiten, sondern erschienen als Polizeibeamte viel wirklicher.

Was als Debatte zwischen zwei Forschern begonnen hatte, schlug in eine große wissenschaftliche Kontroverse um, die schnell eine breite Öffentlichkeit erreichte. Das begünstigte der Umstand, dass sich Mitte der neunziger Jahre das Interesse von Hitlers mächtigen Führungsfiguren auf die subalternen Täter verlagerte, die geradezu aus der Nachbarschaft oder gar der eigenen Familie stammen könnten. Auch die „Wehrmachtsausstellung" konfrontier-

---

45 Vgl. Christopher R. Browning, Ganz normale Männer. Das Reserve-Polizeibataillon 101 und die „Endlösung" in Polen, 5. Aufl., Reinbek bei Hamburg 2009.

46 Vgl. Daniel Jonah Goldhagen, Hitlers willige Vollstrecker. Ganz gewöhnliche Deutsche und der Holocaust, München 2000. Im Jahre 2009 ging Goldhagen noch einen Schritt weiter, indem er das Konzept des sogenannten „Eliminatorismus" entwickelte, mit dem er nicht nur den Holocaust, sondern sämtliche Völkermorde zu erklären versuchte. Vgl. dazu Ders., Schlimmer als Krieg. Wie Völkermord entsteht und wie er zu verhindern ist, München 2009, S. 24–32.

47 Zur Rezeption der Thesen von Goldhagen und der daraus entstandenen Debatte vgl. u. a. Christopher R. Browning, Die Debatte über die Täter des Holocaust, in: Ulrich Herbert (Hrsg.), Nationalsozialistische Vernichtungspolitik 1939–1945. Neue Forschungen und Kontroversen, Frankfurt am Main 1998, S. 148–169; Dieter Pohl, Die Holocaust-Forschung und Goldhagens Thesen, in: VfZ 45/1 (1997), S. 1–48; Norbert Frei, Goldhagen, die Deutschen und die Historiker. Über die Repräsentation des Holocaust im Zeitalter der Visualisierung, in: Martin Sabrow/Ralph Jessen/Klaus Große Kracht (Hrsg.), Zeitgeschichte als Streitgeschichte. Große Kontroversen nach 1945, München 2003, S. 138–151, hier: S. 140 und 145; Volker Ullrich, Eine produktive Provokation. Die Rolle der Medien in der Goldhagen-Kontroverse, in: Sabrow, Zeitgeschichte, S. 152–170, hier: S. 152 und 161 f.; Julius H. Schoeps (Hrsg.), Ein Volk von Mördern? Die Dokumentation zur Goldhagen-Kontroverse um die Rolle der Deutschen im Holocaust, 2. Aufl., Hamburg 1996; Sabine Manke, Die Bilderwelt der Goldhagen-Debatte. Kulturwissenschaftliche Perspektiven auf eine Kontroverse um Geschichte, Marburg 2004.

te die Deutschen in dieser Phase damit, dass die Massenverbrechen des NS-Regimes nicht nur von einer kleinen Gruppe von politischen Funktionären geplant, sondern auch von vielen Helfershelfern aus dem einfachen Volk begangen worden waren.[48] Auf diesem Nährboden gedieh ein neuer Bereich der Geschichtswissenschaft, der jedoch nicht auf diese beschränkt blieb: Die „Neuere Täterforschung" bezog wesentlich stärker als bisher die Erkenntnisse und Methoden aus anderen Disziplinen ein.[49] Anleihen machte eine neue Generation von Forschern insbesondere bei der Soziologie oder der Sozialpsychologie. Dazu trug vor allem das Milgram-Experiment zur Gehorsamsbereitschaft gegenüber Autorität oder auch das Stanford-Prison-Experiment von Philip Zimbardo bei, in dem der Psychologe 1971 die Sozialdynamik innerhalb eines Gefängnisses simuliert hatte.[50] Die Diskussion um die „normalen" Täter inspirierte auch Sozialwissenschaftler wie etwa Harald Welzer, Christoph Schneider und Rolf Pohl zu eigenen Untersuchungen. Sie befassten sich ebenfalls mit den Angehörigen von Polizeibataillonen, wichen aber großteils von Brownings und Goldhagens Interpretationen ab und stellten auch deren Normalitätsbegriff grundsätzlich infrage.[51] So fruchtbar diese Impulse für die Täterforschung wahrhaftig waren, kam es bislang jedoch nur ansatzweise zu einer interdisziplinären Zusammenarbeit.[52]

Die eigentlichen Nutznießer dieser Entwicklungen waren aber andere: Von den jüngsten Debatten profitierten all jene Wissenschaftler, die zwar noch nicht offiziell vom Forschungsfeld der „Polizeigeschichte" sprachen, aber mit ihren Studien den Grundstein dafür legten, dass sich diese Disziplin allmählich formieren konnte. Es waren vor allem jene Historiker, die in dieser Phase bereits an verwandten Themen arbeiteten oder diese seinerzeit für sich

48 Zur „Wehrmachtsausstellung" und deren Rezeption sowie zu den Verbrechen der deutschen Armee vgl. u. a. Hannes Heer/Klaus Naumann (Hrsg.), Vernichtungskrieg. Verbrechen der Wehrmacht 1941–1944, Hamburg 1995; Walter Manoschek (Hrsg.), Die Wehrmacht im Rassenkrieg. Der Vernichtungskrieg hinter der Front, Wien 1996; Christian Hartmann/Johannes Hürter/Ulrike Jureit (Hrsg.), Verbrechen der Wehrmacht. Bilanz einer Debatte, München 2005.

49 Für einen Streifzug durch die „Neuere Täterforschung" vgl. Gerhard Paul/Klaus-Michael Mallmann, Sozialisation, Milieu und Gewalt. Fortschritte und Probleme der neueren Täterforschung, in: Mallmann/Paul (Hrsg.), Karrieren der Gewalt. Nationalsozialistische Täterbiographien, Veröffentlichungen der Forschungsstelle Ludwigsburg der Universität Stuttgart, Bd. 2, Darmstadt 2004, S. 1–32.

50 Vgl. Stanley Milgram, Das Milgram-Experiment. Zur Gehorsamsbereitschaft gegenüber Autorität, Hamburg 1974; Philip Zimbardo, Das Stanford-Gefängnis-Experiment. Eine Simulationsstudie über die Sozialpsychologie der Haft, 3. Aufl., Goch 2005.

51 Vgl. u. a. Harald Welzer, Täter. Wie aus ganz normalen Menschen Massenmörder werden, 5. Aufl., Frankfurt am Main 2011; Christoph Schneider, Täter ohne Eigenschaften? Über die Tragweite sozialpsychologischer Modelle in der Holocaust-Forschung, in: Mittelweg 36. Zeitschrift des Hamburger Instituts für Sozialforschung 20/5 (2011), S. 3–23; Rolf Pohl, Ganz normale Massenmörder? Zum Normalitätsbegriff in der neueren NS-Täterforschung, in: Markus Brunner/Jan Lohl/Ders. u. a. (Hrsg.), Volksgemeinschaft, Täterschaft und Antisemitismus. Beiträge zur psychoanalytischen Sozialpsychologie des Nationalsozialismus und seiner Nachwirkungen, Gießen 2011, S. 19–56; Ders., Gewalt und Grausamkeit. Sozialpsychologische Anmerkungen zur NS-Täterforschung, in: Joachim Perels/Ders. (Hrsg.), NS-Täter in der deutschen Gesellschaft, Diskussionsbeiträge des Instituts für Politische Wissenschaft der Universität Hannover, Bd. 29, Hannover 2002, S. 69–117, hier: S. 82–93. Ferner: Thomas Blass, Psychological Perspectives on the Perpetrators of the Holocaust: The Role of Situational Pressures, Personal Dispositions, and Their Interactions, in: Holocaust and Genocide Studies 7/1 (1993), S. 30–50.

52 Für die Kooperation von Historikern und Sozialwissenschaftlern ist z. B. folgendes Werk zu nennen, das sich den Tätern aus der Wehrmacht anzunähern versucht: Sönke Neitzel/Harald Welzer, Soldaten. Protokolle vom Kämpfen, Töten und Sterben, Bundeszentrale für politische Bildung. Schriftenreihe, Bd. 1139, Bonn 2011.

entdeckten. Während die Goldhagen-Debatte in vollem Gange war, veröffentlichte Ulrich Herbert im Jahre 1996 seine Biographie über Dr. Werner Best, der rechten Hand von SD-Chef Reinhard Heydrich. Den Gestapo-Theoretiker und Reichsbevollmächtigten von Dänemark charakterisierte er als Vertreter einer Akademikerkaste, die einer besonderen Generation angehört habe, die von völkisch-nationalistischen und antisemitischen Ideen angezogen worden sei und zu einer kühlen Sachlichkeit geneigt habe. Herbert argumentierte auf Ebene deren Sozialisation. Dabei hob er spezifisch generationelle Prägungen hervor, die juristisch versierte Rationalisten aus der Mitte der Gesellschaft zu idealen Vollstreckern von Diktatur und Völkermord hätten werden lassen.[53]

An seine Studie knüpften Jens Banach und Michael Wildt an, die mit ihren strukturgeschichtlichen Analysen zum Führungskader von Sicherheitspolizei und SD diesen Ansatz auf breiterer Basis vertieften und Herberts Ergebnisse weitgehend bestätigten. Sie zeigen deutlich, dass einige bürokratisch-intellektuelle Planer aus dem Vernichtungskrieg als brutale Mörder hervorgingen.[54] In eine ähnliche Richtung weisen auch die Werke von Patrick Wagner über die Kriminalpolizei in der NS-Diktatur, die zwar ebenfalls Teil der Sicherheitspolizei, nicht jedoch Gegenstand bisheriger Forschungen war. Dadurch verloren auch die Kriminalisten des „Dritten Reichs" ihren zuvor unangetasteten Nimbus.[55] „Vom Fußvolk der ‚Endlösung'" entfernte ihn hingegen Klaus-Michael Mallmann 1997 in seinem gleichnamigen Aufsatz, in dem er die Ordnungspolizei als gesamte Institution und nicht nur einzelne Einheiten ins Zentrum rückte. Darin widmete er sich dem „auswärtigen Einsatz" der Polizeibataillone in Osteuropa, ihren Verbrechen wie auch ihren Angehörigen und deren Tatmotiven.[56]

Eine erste Überblicksdarstellung über „Die Polizei im NS-Staat" legte Friedrich Wilhelm im gleichen Jahr vor.[57] Darin konzentrierte er sich vor allem auf die Frage, wie sich die Organisation der Staatsmacht im Übergang von der Weimarer Republik zum „Dritten Reich"

---

53 Vgl. Ulrich Herbert, Best. Biographische Studien über Radikalismus, Weltanschauung und Vernunft, 1903–1989, Bonn 1996. Zur Biographie von Werner Best ferner: Sebastian Werner, Werner Best – Der völkische Ideologe, in: Ronald Smelser/Enrico Syring/Rainer Zitelmann (Hrsg.), Die braune Elite 2. 21 weitere biographische Skizzen, 2., akt. Aufl., Darmstadt 1999, S. 13–25.

54 Vgl. Jens Banach, Heydrichs Elite. Das Führerkorps der Sicherheitspolizei und des SD 1936–1945, 3., durchges. u. erw. Aufl., Paderborn 2002; Michael Wildt, Generation des Unbedingten. Das Führungskorps des Reichssicherheitshauptamtes, Hamburg 2002.

55 Vgl. Patrick Wagner, Volksgemeinschaft ohne Verbrecher. Konzeptionen und Praxis der Kriminalpolizei in der Zeit der Weimarer Republik und des Nationalsozialismus, Hamburger Beiträge zur Sozial- und Zeitgeschichte, Bd. 34, Hamburg 1996; Ders., Hitlers Kriminalisten. Die deutsche Kriminalpolizei und der Nationalsozialismus zwischen 1920 und 1960, München 2002; Ders., Das Gesetz über die Behandlung Gemeinschaftsfremder. Die Kriminalpolizei und die „Vernichtung des Verbrechertums", in: Wolfgang Ayaß/Reimar Gilsenbach/Ursula Körber u. a., Feinderklärung und Prävention. Kriminalbiologie, Zigeunerforschung und Asozialenpolitik, Beiträge zur nationalsozialistischen Gesundheits- und Sozialpolitik, Bd. 6, Berlin 1988, S. 75–100; Ders., Feindbild „Berufsverbrecher". Die Kriminalpolizei im Übergang von der Weimarer Republik zum Nationalsozialismus, in: Frank Bajohr/Werner Johe/Uwe Lohalm (Hrsg.), Zivilisation und Barbarei. Die widersprüchlichen Potentiale der Moderne, Hamburger Beiträge zur Sozial- und Zeitgeschichte, Bd. 26, Hamburg 1991, S. 226–252; Ders., Kriminalpolizei und „innere Sicherheit" in Bremen und Nordwestdeutschland zwischen 1942 und 1949, in: Frank Bajohr (Hrsg.), Norddeutschland im Nationalsozialismus, Forum Zeitgeschichte, Bd. 1, Hamburg 1993, S. 239–265.

56 Vgl. Klaus-Michael Mallmann, Vom Fußvolk der „Endlösung". Ordnungspolizei, Ostkrieg und Judenmord, in: Tel Aviver Jahrbuch für deutsche Geschichte 26 (1997), S. 355–391.

57 Vgl. Friedrich Wilhelm, Die Polizei im NS-Staat. Die Geschichte ihrer Organisation im Überblick, 2., durchges. und verb. Aufl., Paderborn 1999.

und besonders nach Himmlers Aufstieg zum obersten Polizeichef strukturell und funktionell verändert hatte. Unter dem Eindruck der vorangegangenen Debatten um Brownings und Goldhagens Werke thematisierte er in seiner Studie auch, wie insbesondere Sicherheitspolizei und SD, aber auch die Ordnungspolizei an den Verbrechen des NS-Regimes beteiligt gewesen waren. Der ehemalige „Truppenarzt an der Ost- und Westfront"[58] hatte die Zeichen der Zeit erkannt. Er wies Himmlers Polizei nun als Institution aus, von der zahlreiche Gräueltaten ausgegangen waren. Schon zuvor hatte er sich mit den „Gesetzeshütern" des NS-Staats befasst. In seiner Dissertation aus dem Jahre 1989 hatte Wilhelm bereits „Die württembergische Polizei im Dritten Reich" analysiert. Dabei hatte er auch versucht, ihren Beamtenapparat prosopographisch zu fassen. Anstatt jedoch einzelne „Ordnungshüter" und deren Verbrechen genauer zu durchleuchten, hatte er sich darauf beschränkt, die polizeiliche Personalpolitik der Nationalsozialisten allgemein zu skizzieren. So resümierte er seinerzeit, dass sich ein Großteil der württembergischen Verwaltungs- und Oberbeamten bemüht habe, „sich in seiner Amtsführung nach Möglichkeit nicht der für den totalitären Staat typischen Methoden bedienen zu müssen".[59] Eine solch eigenwillige Interpretation trat bereits vor der Jahrtausendwende immer mehr in den Hintergrund.

In den 2000er Jahren etablierte sich eine Sektion innerhalb der Geschichtswissenschaft, die sich wie ganz selbstverständlich auf die NS-Verbrecher in der Polizei konzentriert. Sie weist zunehmend auf den arbeitsteiligen Charakter der deutschen Besatzungsherrschaft hin, die auf einer Vielzahl unterschiedlicher Akteursgruppen fußte. Nicht nur Polizisten und SS-Männer, sondern auch Angehörige der Wehrmacht und der Zivilverwaltung sowie einheimische Kollaborateure kooperierten bei ihren Verbrechen miteinander. Gleichzeitig entwickelten sie dabei einen großen Eifer, um sich möglichst aus dem Ämter- und Kompetenzwirrwarr hervorzuheben.[60] Dadurch konnten die Täter aus der Polizei einerseits überhaupt erst aktiv werden, sich dabei andererseits als kühle „Praktiker" und „Vollstrecker" inszenieren. Solche Befunde bereicherten die polizeiorientierte Historiographie, deren Erkenntnisse wiederum die allgemeine NS- und Holocaustforschung voranbrachten. Den Themenkomplex entdeckten auch bundesdeutsche Ordnungshüter für sich, die sich nun zunehmend für die dunkle Vergangenheit der eigenen Institution interessierten.[61] Durch das konstruktive Miteinander zwischen Polizeibeamten und Wissenschaftlern entstand bis heute eine beachtliche Fülle von Aufsätzen, Sammelbänden und Monographien, die sich wie Mosaiksteine in das große Bild von den polizeilichen NS-Schergen und ihren Organisationen fügen. Mittlerweile liegen zahlreiche Forschungsbeiträge vor, die sich mit einzelnen Polizeibataillonen, deren Angehörigen und den von ihnen verübten Gräueltaten befassen.[62] In

58 Ebd., S. 4.

59 Ders., Die württembergische Polizei im Dritten Reich, Dissertation, Stuttgart 1989, S. 334.

60 Vgl. dazu u. a. Christian Gerlach, Kalkulierte Morde. Die deutsche Wirtschafts- und Vernichtungspolitik in Weißrußland 1941 bis 1944, Hamburg 1999; Dieter Pohl, Die Kooperation zwischen Heer, SS und Polizei in den besetzten sowjetischen Gebieten, in: Hartmann, Verbrechen, S. 107–116; Andrej Angrick, Das Beispiel Charkow: Massenmord unter deutscher Besatzung, in: Hartmann, Verbrechen, S. 117–124.

61 Vgl. Reinke, Restauration, S. 147 f. Als Beispiel für eine solche wissenschaftliche Arbeit eines Polizeibeamten wäre hier zu nennen: Hans Kirsch, Sicherheit und Ordnung betreffend. Geschichte der Polizei in Kaiserslautern und in der Pfalz 1276–2006, Studien zur pfälzischen Geschichte und Volkskunde, Bd. 1, Kaiserslautern 2007.

62 Vgl. z. B. Stefan Klemp, Freispruch für das „Mord-Bataillon". Die NS-Ordnungspolizei und die Nachkriegsjustiz, Studien zum Nationalsozialismus, Bd. 5, Münster 1998; Ders., „50 Kommunisten aufgehängt, 350 Häuser niedergebrannt". Der Einsatz des Reserve-Polizei-Bataillons 64 auf dem Balkan

den vergangenen Jahren erschien darüber hinaus sogar eine Reihe von populärwissenschaftlichen Werken, die aus der Feder von deutschen oder ausländischen Autoren stammen und sich ebenfalls mit der Polizei des „Dritten Reichs" auseinandersetzen. Diese Titel wenden sich meist an militärhistorisch interessierte Leser und bemühen sich, mithilfe von Bildmaterial der Ordnungspolizei eine Gestalt zu verleihen, wenngleich ihr Mehrwert für die Forschung eher überschaubar ist.[63] Allmählich wurde die Zeit reif, die einzelnen Teile des Puzz-

1941–1943, in: Kenkmann, Auftrag, S. 200–224; Andrej Angrick/Martina Voigt/Silke Ammerschubert u. a., „Da hätte man schon ein Tagebuch führen müssen". Das Polizeibataillon 322 und die Judenmorde im Bereich der Heeresgruppe Mitte während des Sommers und Herbstes 1941. Mit einer Auseinandersetzung über die rechtlichen Konsequenzen, in: Helge Grabitz/Klaus Bästlein/Johannes Tuchel (Hrsg.), Die Normalität des Verbrechens. Bilanz und Perspektiven der Forschung zu den nationalsozialistischen Gewaltverbrechen, Festschrift für Wolfgang Scheffler zum 65. Geburtstag, Reihe Deutsche Vergangenheit, Bd. 112, Berlin 1994, S. 325–385; Martin Hölzl, Buer und Belzec. Die Polizeibataillone 65 und 316 und der Mord an den Juden während des Zweiten Weltkrieges, in: Stefan Goch (Hrsg.), Städtische Gesellschaft und Polizei. Beiträge zur Sozialgeschichte der Polizei in Gelsenkirchen, Schriftenreihe des Instituts für Stadtgeschichte. Beiträge, Bd. 12, Essen 2005, S. 260–285; Karl Schneider, „Auswärts eingesetzt". Bremer Polizeibataillone und der Holocaust, Essen 2011; Jan Kiepe, Das Reservepolizeibattaillon 101 vor Gericht. NS-Täter in Selbst- und Fremddarstellungen, Veröffentlichungen des Hamburger Arbeitskreises für Regionalgeschichte (HAR), Bd. 25, Hamburg 2007; Leonid Rein, Das 322. Polizeibataillon und der Mord an den weißrussischen Juden, in: Wolfgang Schulte (Hrsg.), Die Polizei im NS-Staat. Beiträge eines internationalen Symposiums an der Deutschen Hochschule der Polizei in Münster, Schriftenreihe der Deutschen Gesellschaft für Polizeigeschichte e.V., Bd. 7, Frankfurt am Main 2009, S. 219–237; Michael Okroy, „Man will unserem Batl. was tun …" Der Wuppertaler Bialystok-Prozeß 1967/68 und die Ermittlungen gegen Angehörige des Polizeibataillons 309, in: Kenkmann, Auftrag, S. 301–317; Wolfgang Kopitzsch, Hamburger Polizeibataillone im Zweiten Weltkrieg, in: Angelika Ebbinghaus/Karsten Linne (Hrsg.), Kein abgeschlossenes Kapitel: Hamburg im „Dritten Reich", Hamburg 1997, S. 293–318 [Künftig: Kopitzsch, Polizeibataillone (1997)]; Ders., Hamburger Polizeibataillone im Zweiten Weltkrieg. Broschüre zur Ausstellung „Keine Bilder des Vergessens – Hamburger Polizeibataillone im Zweiten Weltkrieg" der Landespolizeischule Hamburg in der Diele des Hamburger Rathauses vom 6. bis 27. Februar 1998, Hamburg 1998 [Künftig: Kopitzsch, Polizeibataillone (1998)]; Ders., Polizeieinheiten in Hamburg in der Weimarer Republik und im Dritten Reich, in: Nitschke, Polizei, S. 139–167; Ders., Bandenbekämpfung, Geiselerschießungen, Umsiedlungen, Endlösung. Hamburger Polizeibataillone im Zweiten Weltkrieg, in: Förderverein „Freundeskreis zur Unterstützung der Polizei Schleswig-Holstein e.V." (Hrsg.), Täter und Opfer unter dem Hakenkreuz. Eine Landespolizei stellt sich der Geschichte. Eine Dokumentation der gemeinsamen Veranstaltungsreihe des Innenministeriums des Landes Schleswig-Holstein und der Verwaltungsfachhochschule Altenholz „Staatsgewalt ohne Moral – Täter und Opfer unter dem Hakenkreuz", Kiel 2001, S. 247–273; Ders., Das Polizeibataillon 307 (Lübeck) „im Osteinsatz" 1940–1945. Eine Ausstellung der Landespolizei Schleswig-Holstein, Polizeidirektion Schleswig-Holstein Süd (Lübeck) in Zusammenarbeit mit der Landespolizei Hamburg, Landespolizeischule, Lübeck [2002] [Künftig: Kopitzsch, Polizeibataillon 307]; Edward B. Westermann, „Ordinary Men" or „Ideological Soldiers"? Police Battalion 301 in Russia, 1942, in: German Studies Review 21/1 (1998), S. 41–68; Klaus Dönecke, Polizeireiter und Judenmord in der Ukraine – Die 1. Schwadron der Polizei-Reiterabteilung II, in: Carsten Dams/Ders./Thomas Köhler (Hrsg.), „Dienst am Volk"? Düsseldorfer Polizisten zwischen Demokratie und Diktatur, Forum Polizeigeschichte. Schriftenreihe der Dokumentations- und Forschungsstelle für Polizei- und Verwaltungsgeschichte der Fachhochschule für öffentliche Verwaltung NRW, Bd. 1, Frankfurt am Main 2007, S. 279–299; Ders./Hermann Spix, Das Reserve-Polizeibataillon 67 und die „Aktion Zamość". Ein Recherchebericht, in: Medaon – Magazin für jüdisches Leben in Forschung und Bildung 13 (2013), S. 1–8; Philippe Müller, Zusammenarbeit im Vernichtungskrieg. Einsatzgruppe B und Polizeibataillon 322 in Weissrussland 1941–42, Saarbrücken 2010.

63 Vgl. dazu z. B. Rolf Michaelis, Der Einsatz der Ordnungspolizei 1939–1945. Polizei-Bataillone – SS-Polizei-Regimenter, Dresden 2010; Ders., Die Volksdeutschen in Wehrmacht – Waffen-SS – Ordnungspolizei, Berlin 2011; Ders., Letten in der Ordnungspolizei und Waffen-SS 1941–1945, Berlin 2009;

les zusammenzusetzen und sich so einen genaueren Überblick über die institutionellen Strukturen und die darin herrschenden Mentalitäten sowie die Dimensionen der Verbrechen und die sie auslösenden Motive zu verschaffen.

In diesem Sinne schufen Stefan Klemp und Wolfgang Curilla umfangreiche Nachschlagewerke, die insbesondere für die polizeigeschichtliche Holocaustforschung unverzichtbar geworden sind. Beide Autoren dokumentieren in ihren verdienstvollen Arbeiten, welche Verbrechen die Ordnungspolizei während des Zweiten Weltkriegs begangen hatte. Um die blutige Spur freizulegen, welche die Polizeieinheiten besonders in den besetzten Ostgebieten hinterlassen hatten, werteten sie zahlreiche Verfahrensakten aus. Dadurch offenbarten sie, wie sehr die vermeintlich „saubere" Polizei an Hitlers Vernichtungskrieg beteiligt gewesen und wie skandalös die deutsche Nachkriegsjustiz mit den Kriegsverbrechern und Massenmördern umgegangen war.[64] Aus dem Dickicht der Paragraphen und orientiert an den Forschungsergebnissen der jüngsten Vergangenheit brachten sie ein ganzes Bündel an Motiven zum Vorschein. Sie wiesen auf Täter hin, die freiwillig getötet hätten und nach Kriegsende anscheinend ohne Gewissensbisse an ihre Schreibtische zurückgekehrt seien. Neben linientreuen, gehorsamen, ideologisch gefestigten und fanatischen Offizieren hätten sich die Mannschaften der Polizeibataillone aus radikalen Schlägertypen und pathologischen Mördern, aber auch aus „Otto Normalverbrauchern" zusammengesetzt, von denen sich viele an das massenhafte Töten gar nicht erst gewöhnen mussten. Vielmehr hätten sie ihre Opfer etwa deshalb umgebracht, weil sie sadistisch veranlagt gewesen seien, ihre Macht über Leben und Tod genossen hätten, sich aus eigenem Antrieb heraus hätten bereichern wollen oder schlicht weil es ihnen von ihren Vorgesetzten befohlen worden sei.[65]

Solche Interpretationen machten das Unansehnliche allmählich sichtbar. Sie ließen keinen Zweifel daran, dass diese Form der Polizeigeschichte nicht bloß einen Trend darstellte. Stattdessen bildete sie einen eigenständigen Fachbereich heraus. Er ließ sogar ganze Zentren entstehen, die sich insbesondere in Nord- und Nordwestdeutschland anschickten, der jungen Disziplin ein Forum zu bieten. Als eine der ersten und bedeutendsten Stätten polizeihistorischer Forschung fungiert seit Mai 2001 der Geschichtsort Villa ten Hompel in Münster, der jedoch nicht nur Fachleute und Polizisten, sondern auch die gesamte Gesellschaft erreichen möchte.[66] Dieses Ziel verfolgte insbesondere die Dauerausstellung „Im Auftrag", die das Wir-

Werner Regenberg, Panzerfahrzeuge und Panzereinheiten der Ordnungspolizei 1936–1945, Wölfersheim-Berstadt 1999; Gordon Williamson, World War II German Police Units, Men-at-Arms, Bd. 434, Oxford 2006; Michel Ingressi, Die Ordnungspolizei. Les Forces de l'Ordre sous le 3éme Reich, Pulnoy 1996. Ferner vorwiegend für die Feldgendarmerie, die Geheime Feldpolizei und das Feldjägerkorps: Gordon Williamson, German Military Police Units 1939–45, Men-at-Arms, Bd. 213, London 1989.

64 Vgl. Stefan Klemp, „Nicht ermittelt". Polizeibataillone und die Nachkriegsjustiz. Ein Handbuch, Villa ten Hompel. Schriften, Bd. 5, 2., überarb. und erw. Aufl., Essen 2011; Wolfgang Curilla, Die deutsche Ordnungspolizei und der Holocaust im Baltikum und in Weißrussland 1941–1944, 2., durchges. Aufl., Paderborn 2006; Ders., Der Judenmord in Polen und die deutsche Ordnungspolizei 1939–1945, Paderborn 2011. Daneben entstanden im Ausland weitere Handbücher zur Ordnungspolizei und ihren Einheiten, die jedoch qualitativ nicht an die zuvor genannten heranreichen. Für die Forschung stellen sie trotzdem sehr wichtige Beiträge dar. Vgl. Phil Nix/Georges Jerome, The Uniformed Police Forces of the Third Reich 1933–1945, 2. ed., 3. print., Stockholm 2006; Massimo Arico, Ordnungspolizei vol 1.: Encyclopedia of the German Police Battalions September 1939/July 1942, Stockholm 2011; Ders., Ordnungspolizei. Ideological war and Genocide on the East front 1941–1942, Stockholm 2012.

65 Vgl. Klemp, Polizeibataillone, S. 479, 482 und 486; Curilla, Judenmord, S. 875–894.

66 Vgl. Alfons Kenkmann, Vom Schreibtischtäterort zum Lernort. Überlegungen zur Nutzung der Ordnungspolizei-Residenz in der historisch-politischen Bildungsarbeit, in: Ders. (Hrsg.), Villa ten Hompel. Sitz der Ordnungspolizei im Dritten Reich. Vom „Tatort Schreibtisch" zur Erinnerungsstätte?,

ken der Ordnungspolizei gerade für den Raum Westfalen illustrierte. Der gleichnamige Sammelband, bei dem Alfons Kenkmann und Christoph Spieker als Herausgeber fungieren, offenbart in seinen einzelnen Beiträgen, wie breit das Spektrum des Themenkomplexes ist.[67] Das bestätigen auch weitere Sammelbände, die seither meist aus lokalen Initiativen entstanden und vorwiegend an ortsansässige Rezipienten adressiert waren.[68] Zum ersten Mal machte jedoch die Ausstellung „Ordnung und Vernichtung" einem breiten Publikum das Thema zugänglich. Diese Schau, die vor allem die Deutsche Hochschule der Polizei (DHPol) in Münster-Hiltrup ausgearbeitet hatte, war im Jahre 2011 im Deutschen Historischen Museum (DHM) in Berlin zu sehen und gastierte seither an weiteren Standorten in der ganzen Bundesrepublik. Der gleichnamige Begleitband, den Florian Dierl, Mariana Hausleitner, Martin Hölzl und Andreas Mix herausgaben, öffnet dem Betrachter einen tiefer gehenden Zugang zur Vergangenheit des deutschen Exekutivorgans. Auf ähnliche Weise fungierten auch Medienberichte, TV-Dokumentationen und Konferenzen, die dieses wichtige Ereignis für die deutsche Polizeihistoriographie begleiteten.[69] Seit der Jahrtausendwende belegen daneben weitere Ausstellungen und deren Begleitbände, wie die Polizei auf lokaler Ebene an der NS-Herrschaft partizipierte.[70] All das zeigt also, dass die uniformierte Ordnungsmacht des „Dritten Reichs" nicht nur in den Bücherregalen, sondern auch in der wissenschaftlichen Forschungslandschaft und Erinnerungskultur der Bundesrepublik angekommen ist.

Über Länder- und Fachgrenzen hinweg entwickelte sich bis heute eine beachtliche Fülle an Theorien, die erklären sollen, warum so viele deutsche Polizisten aus dem nationalsozialistischen Rassen- und Vernichtungskrieg als Täter hervorgehen konnten. Es ist zwar nicht

---

Agenda Geschichte, Bd. 9, Münster 1996, S. 115–137; Tom Hefter, Historisch-politische Bildungsarbeit für die Polizei im Geschichtsort Villa ten Hompel – Erfahrungen und Perspektiven, in: Schulte, Polizei, S. 687–703.

67 Vgl. Kenkmann, Auftrag.

68 Vgl. u. a. Norbert Schloßmacher (Hrsg.), „Kurzerhand die Farbe gewechselt". Die Bonner Polizei im Nationalsozialismus, Veröffentlichungen des Stadtarchivs Bonn, Bd. 66, Bonn 2006; Dams, Dienst.

69 Vgl. Florian Dierl/Mariana Hausleitner/Martin Hölzl u. a. (Hrsg.), Ordnung und Vernichtung. Die Polizei im NS-Staat. Eine Ausstellung der Deutschen Hochschule der Polizei, Münster, und des Deutschen Historischen Museums, Berlin, 1. April bis 31. Juli 2011, Dresden 2011; Schulte, Polizei; Ders., Die Polizei im NS-Staat: Ein dreijähriges Projekt der Deutschen Hochschule der Polizei zur Entgrenzung staatlicher Gewalt im Nationalsozialismus, in: Wolf Kaiser/Thomas Köhler/Elke Gryglewski, „Nicht durch formale Schranken gehemmt". Die deutsche Polizei im Nationalsozialismus, Materialien für Unterricht und außerschulische politische Bildung, hrsg. v. der Bundeszentrale für politische Bildung und der Deutschen Hochschule der Polizei, Bonn 2012, S. 8 f., hier: S. 8.

70 Vgl. u. a. Buhlan, Freund; Kerstin Rahn/Astrid Köhler, „Der Ordnung verpflichtet …". Polizeiliches Handeln in Hannover zwischen Weimarer Republik und Gründung der Bundesrepublik Deutschland, Katalog zur Ausstellung „Der Ordnung verpflichtet …" im Niedersächsischen Hauptstaatsarchiv Hannover. Oktober – Dezember 2003, Veröffentlichungen der Niedersächsischen Archivverwaltung Inventare und kleinere Schriften des Hauptstaatsarchivs in Hannover, Heft 6, Hannover 2003; Transparenz und Schatten. Düsseldorfer Polizisten zwischen Demokratie und Diktatur. Katalog zur Dauerausstellung im Polizeipräsidium Düsseldorf, hrsg. v. Verein Geschichte am Jürgensplatz e.V., Düsseldorf 2008; Bernhard Springfeld/Hans Wrobel, Polizei. Gewalt. Bremens Polizei im Nationalsozialismus, hrsg. v. Senator für Inneres und Sport der Freien Hansestadt Bremen, Bremen 2011; Herbert Diercks, Dokumentation Stadthaus. Die Hamburger Polizei im Nationalsozialismus. Texte, Fotos und Dokumente, Hamburg 2012; KZ-Gedenkstätte Neuengamme (Hrsg.), Polizei, Verfolgung und Gesellschaft im Nationalsozialismus, Beiträge zur Geschichte der nationalsozialistischen Verfolgung in Norddeutschland, Bd. 15, Bremen 2013; Joachim Schröder, Die Münchner Polizei und der Nationalsozialismus. Ausstellungskatalog, hrsg. v. Polizeipräsidium München/Kulturreferat der Landeshauptstadt München, Veröffentlichungen des Bayerischen Polizeimuseums, Bd. 1, Essen 2013.

bekannt, wie tief der eingangs zitierte Oberleutnant Erich Bürkner in die Massenverbrechen der Ordnungspolizei verstrickt war. Das lässt sich aus seinem Tagebucheintrag nicht entnehmen, der in der Zeitschrift „Die Deutsche Polizei“ erschien. Ebenso wenig ist überliefert, mit welcher Einheit er seinerzeit in der westlichen Sowjetunion eingesetzt war und was er dort genau tat. Bekannt ist hingegen, dass er bereits im Jahre 1940 in Norwegen mit einer Polizeiformation gegen norwegische, aber „auch schwedische und finnische Freischärler“ gekämpft hatte.[71] Als Bürkner dann in seinem Tagebuch 1941 über den Einsatz in Smolensk berichtete, offenbart sich, dass er nicht nur von radikal antisemitischen, sondern auch antikommunistischen Ansichten erfüllt gewesen sein muss. So stellte er gefangengenommene Angehörige der Roten Armee und die einfache russische Bevölkerung als verschlagene, zerlumpte und asoziale Wesen dar, die mehr mit Tieren als mit Menschen gemeinsam hätten.[72]

Wie kam ausgerechnet ein Polizeioffizier zu einer solch menschenverachtenden Denkweise, die zwei zentrale Feindbilder der NS-Ideologie beinhaltete? Wurde er mit derartigen Glaubenssätzen bereits in der Jugend sozialisiert oder legte er sie sich erst im Laufe seines „auswärtigen Einsatzes“ zu? Da er wie alle seine Kollegen dem massiven Trommelfeuer der NS-Propaganda ausgesetzt war, vermuten einige Forscher, dass das Regime sie möglicherweise gezielt zu überzeugten Nationalsozialisten und radikalen Antisemiten erzogen haben könnte. Mit der „Weltanschaulichen Schulung“ schuf es ein eigenes Unterrichtsfach, in dem die Exekutivkräfte intensiv mit den Prinzipien der NS-Ideologie konfrontiert werden sollten. Mehr noch verbarg sich dahinter ein ganzes System, das daran arbeitete, Himmlers Mannen politisch zu indoktrinieren.[73] Dazu entstanden in den vergangenen Jahren mehrere Studien, die ergründen wollten, ob sich viele Angehörige aus SS und Polizei deshalb so bereitwillig am Judenmord beteiligt hatten, eben weil sie zuvor weltanschaulich geschult worden waren.

1.2 Forschungsstand und Fragestellung

Als einer der ersten Historiker überhaupt versuchte Karl-Heinz Heller, die weltanschauliche Schulung innerhalb der Ordnungspolizei genauer zu untersuchen. In seiner 1970 an der Universität von Cincinnati eingereichten Doktorarbeit stellt er überblicksartig dar, wie das dahinterstehende System aufgebaut war und welche Inhalte in jenen Propagandaschriften vermittelt wurden, die gezielt an uniformierte Beamte adressiert waren. Heller ist davon überzeugt, dass die politische Indoktrination bei den Ordnungspolizisten durchaus gefruchtet habe, wobei besonders die jüngeren Staatsdiener empfänglich gewesen seien, die im NS-Staat sozialisiert worden waren. Unter Himmlers Einfluss hätten sie sich zu bedingungslos gehorsamen Multiplikatoren der NS-Ideologie entwickelt und neue politisch orientierte Aufgaben übernommen. Neben den Schulungsmaßnahmen habe sie das mental ebenso geprägt wie ihre Kooperation mit anderen Exekutivorganen des „Dritten Reichs“. Dass sie bereits in der Vorkriegszeit mit der Gestapo bereitwillig zusammenarbeiteten, wertet Heller daher als ein weiteres Indiz dafür, wie erfolgreich das Regime sie konditioniert habe. Diesen Prozess und seine Wirkungsmacht überschätzt er jedoch deutlich. Obwohl er darauf hinweist, dass die uniformierte Ordnungsmacht etwa „Fremdarbeiter“ und Juden massiv drangsalierte, verkennt er aber grundsätzlich ihre Rolle im NS-Staat. Er sieht in ihr lediglich einen willfähri-

71 E. Bürkner, Unser Bataillon im Kampf, in: Die Deutsche Polizei, 15.10.1940, Nr. 20, S. 340.

72 Vgl. Ders., Streiflichter, S. 424 f.

73 Zur weltanschaulichen Schulung siehe Kapitel 4.2 und 5.1.4.4.

gen Erfüllungsgehilfen von Himmlers Geheimpolizei und der SS, unter deren beider Obhut sie dann während des Zweiten Weltkriegs militärische Einsätze durchgeführt habe. Von den zahlreichen Massenmorden der Polizeibataillone in den besetzten Gebieten ist in seinen Arbeiten indes nichts zu lesen.[74]

Eine der ersten deutschsprachigen Studien zur weltanschaulichen Schulung legte Thorsten Bastian Bach im Jahre 1997 vor. In seiner Magisterarbeit zeichnet er nach, wie sie allgemein und speziell in Westfalen organisiert war. Er skizziert, welche Institutionen und Personen dafür verantwortlich waren, „Gesetzeshüter" ideologisch zu beeinflussen. Anschließend zeigt er exemplarisch auf, mit welchen Unterrichtsmaterialien und Lehrkräften das gelingen sollte. Dabei blickt Bach sogar über den Tellerrand der politischen Indoktrination hinaus und analysiert, allerdings äußerst fragmentarisch, was außerdem noch zum ordnungspolizeilichen Unterricht gehörte. Wenngleich er diesen Versuch unternimmt, bleibt er jedoch in Ansätzen stecken, da er sich hauptsächlich auf die weltanschauliche Schulung konzentriert, ohne aber diesen Schritt näher zu begründen. Weil er ihr somit einen exponierten Platz zuweist und von den restlichen Fächern und Inhalten absondert, relativiert Bach dadurch automatisch die Rolle der übrigen polizeilichen Ausbildung. Um zu ergründen, ob sie die Beamten beeinflussen konnte, betrachtet er vor allem ausgewählte Selbstzeugnisse von einzelnen Polizisten. Letztlich nimmt er an, dass die weltanschauliche Schulung erfolgreich auf die deutschen Staatsdiener eingewirkt habe, weil sie mit der NS-Ideologie konform gegangen seien, den im Unterricht verwendeten Jargon übernommen und die Terrorpolitik des Regimes vollstreckt hätten.[75]

Im Jahre 2000 verfasste zudem Carsten Westerkamp im Rahmen eines Ratsanwärterlehrgangs an der DHPol eine Seminararbeit, die sich an Bachs Studie orientiert. Dabei berücksichtigt er aber auch sozialpsychologische Ansätze. Er vermutet, dass die weltanschauliche Schulung dabei geholfen habe, unter den Angehörigen der Polizeibataillone ein starkes Gefühl von Zusammengehörigkeit herauszubilden. Diese integrative Solidarität sei also institutionell gefördert worden, was dazu beigetragen habe, dass die eingeschworene Gemeinschaft der Beamten gegen ihre außenstehenden Opfer vorging.[76] Wie für solche sozialwissenschaftlichen Interpretationen typisch, erscheint diese These durchaus plausibel, bleibt aber hochgradig spekulativ, weil sie kaum zu beweisen ist.

Thomas Köhler untersucht ferner in einem 2001 erschienenen Aufsatz den Inhalt von einzelnen Büchern, deren Autoren teilweise selbst aus den Reihen der Polizei des „Dritten Reichs" stammten. Diese Machwerke stellten ein Gemisch aus heroischen Kriegsberichten und Versatzstücken des nationalsozialistischen Weltbildes dar. Köhler geht bei seiner Studie nicht nur davon aus, dass das „‚Gefahrenpotential' ideologischer Verführung und Indoktrination

---

74 Vgl. Karl-Heinz Heller, The Reshaping and Political Conditioning of the German Ordnungspolizei. 1933–1945. A Study of Techniques used in the Nazi State to conform Local Police Units to National Socialist Theory and Practice, Michigan 1971. Ferner in einer gerafften Version: Ders., The Remodeled Praetorians: The German Ordnungspolizei as Guardians of the „New Order", in: Otis C. Mitchell (Hrsg.), Nazism and the Common Man. Essays in German History (1929–1939), 2. Aufl., Washington D. C. 1981, S. 45–64.

75 Vgl. Thorsten Bastian Bach, Die Ordnungspolizei 1936–1945 und ihre weltanschauliche „Schulung", dargestellt an regionalen Beispielen, Magisterarbeit, Münster 1997, S. 162–167.

76 Vgl. Carsten Westerkamp, Weltanschauliche Schulung und Veränderung der Lehrpläne der Polizei im Dritten Reich und deren Auswirkung auf die Polizei, Seminararbeit im Rahmen des Seminars „Hundert Jahre Bildungsarbeit in der Deutschen Polizei, Münster 2000, S. 27 f.

durch Literatur […] ungemein hoch" sei.[77] Er gelangt letztendlich zu der Ansicht, in solchen Schriften habe tatsächlich „die Gefahr einer erfolgreichen ‚weltanschaulichen Schulung' per Buch" gelegen.[78] Schließlich könnte es auf den polizeilichen Leser sehr authentisch gewirkt haben, wenn ihm ein Kollege in solchen Publikationen von seinen persönlichen Erfahrungen an der Front berichtet. Anders als dies im gemeinschaftlichen Unterricht möglich gewesen sei, habe der Rezipient so eine engere Beziehung zum Autor und damit zu dessen Botschaft aufbauen können. Auch die inhaltlich-stilistische Machart der Bücher könnte beim Leser einen stärkeren Eindruck hinterlassen haben, was möglicherweise sogar zu einer echten Übernahme der NS-Ideologeme geführt habe. Trotz solcher Spekulationen muss jedoch auch Köhler eingestehen, dass es kaum möglich ist, einen empirischen Beweis für solche Thesen zu liefern.[79]

Besonders nach der Jahrtausendwende entstanden weitere wissenschaftliche Werke, die daran erinnern, dass sich die politische Indoktrination nicht exklusiv an die Ordnungspolizei, sondern Himmlers gesamten Machtbereich gerichtet hatte. Im Jahre 2003 erschien der Sammelband „Ausbildungsziel Judenmord?", dessen vier Essays darauf abzielten, die „‚Weltanschauliche Erziehung' von SS, Polizei und Waffen-SS im Rahmen der ‚Endlösung'" näher zu beleuchten.[80] In seiner Einleitung weist das Autorenquartett zu Recht darauf hin, dass sich die Geschichtswissenschaft lange mit der antisemitischen Indoktrination nur äußerst rudimentär auseinandersetzte.[81] Die vier Historiker unterscheiden nicht zwischen „weltanschaulicher Schulung" und „weltanschaulicher Erziehung", da es sich dabei um zwei geradezu synonyme Begriffe handle. Darunter verstehen sie ein holistisches Konzept, das seine Adressaten mit unterschiedlichen Methoden mental zu erreichen versuchte, aber nichts mit einer „Gehirnwäsche" gemein habe. Die so vermittelten antisemitischen Ideologeme stellten jedoch nur einen Gegenstand von vielen dar, mit denen Himmlers Schulungsapparat seine Exekutivkräfte konfrontiert habe.[82] Dementsprechend weist die Forschergruppe einerseits darauf hin, dass „sich der Nachweis direkter Tatrelevanz in der Mehrzahl der Fälle nicht erbringen lässt".[83] Andererseits behauptet sie aber, dass „Wechselwirkungen zwischen Schulung und Gewaltpraxis evident sind".[84]

Als einer von ihnen konzentriert sich Richard Breitman in seinem Aufsatz „Gegner Nummer eins" ebenfalls auf die antijüdischen Inhalte der weltanschaulichen Schulung. Er versucht zu ergründen, welchen Stellenwert sie im SS- und Polizeiapparat besaßen, indem er skizziert, wie die Schulen der Sicherheitspolizei und des SD solche judenfeindlichen Themen behandelten.[85] Er kommt zu dem Schluss, die SS-Führung habe diesen Unterricht als äußerst hilfreich eingeschätzt, um die Polizeischüler auf den Judenmord vorzubereiten.[86] Ohne die-

77 Thomas Köhler, Anstiftung zu Versklavung und Völkermord. „Weltanschauliche Schulung" durch Literatur. Lesestoff für Polizeibeamte während des „Dritten Reichs", in: Kenkmann, Auftrag, S. 130–156, hier: S. 132.

78 Ebd., S. 156.

79 Vgl. ebd., S. 154 f.

80 Vgl. Jürgen Matthäus/Konrad Kwiet/Jürgen Förster u. a., Ausbildungsziel Judenmord? „Weltanschauliche Erziehung" von SS, Polizei und Waffen-SS im Rahmen der „Endlösung", Frankfurt am Main 2003.

81 Vgl. Dies., Einleitung, in: Dies., Ausbildungsziel, S. 7–17, hier: S. 7 f.

82 Vgl. ebd., S. 14.

83 Ebd., S. 11.

84 Ebd., S. 13.

85 Vgl. Richard Breitman, „Gegner Nummer eins". Antisemitische Indoktrination in Himmlers Weltanschauung, in: Matthäus, Ausbildungsziel, S. 21–34.

86 Vgl. ebd., S. 34.

se Kausalität näher zu erläutern, attestiert Breitman der weltanschaulichen Schulung mit Blick auf die antisemitischen Botschaften sogar, dass sie bei den Männern „zumindest die psychischen Hemmschwellen beseitigt hatte, an Massenmorden mitzuwirken".[87]

Den umfangreichsten Beitrag lieferte Jürgen Matthäus, der insgesamt eine ganze Reihe von Aufsätzen zur „weltanschaulichen Erziehung" verfasste, die alle eine ähnliche Argumentation verfolgen: Im Rahmen ihres Dienstes hätten sich Polizisten schon seit Beginn der NS-Herrschaft in unterschiedlicher Weise daran beteiligt, antisemitische Maßnahmen durchzuführen, indem sie etwa Juden verhafteten und in Konzentrationslager sperrten. Dabei sei es zu einer engen Kooperation zwischen den verschiedenen Zweigen des SS- und Polizeiapparats gekommen. Durch diese praktische Erfahrung sei es den Ordnungshütern ganz normal erschienen, ihre jüdischen Opfer zu diskriminieren. Zu dieser routinemäßigen Gewaltausübung sei zusätzlich ein politisierender Unterricht gekommen, der den Beamten systematisch und kontinuierlich die theoretischen Grundlagen der judenfeindlichen NS-Ideologie vermittelt habe. Nach dem Vorbild der SS sollten gemeinsam begangene Feierlichkeiten zudem dabei mithelfen, Inhalte und Werte solcher Lehreinheiten zu vertiefen.[88] Mit dieser Mischung aus antijüdischer Arbeitspraxis und indoktrinierten Dogmen seien die Angehörigen von SS und Polizei während des Zweiten Weltkriegs in die besetzten Gebiete gezogen, wo sie sich in ihren antisemitischen Vorurteilen bestätigt gesehen hätten.[89] Die spezielle Pädagogik habe den Männern dabei grundsätzlich nicht vorgeschrieben, was sie zu tun hätten, sondern vielmehr zu einer bestimmten „Haltung" verholfen, durch die sie die Massaker an den Juden als rechtens ansehen sollten.[90] Matthäus betont darüber hinaus, dass „die von der ‚weltanschaulichen Erziehung' vermittelten Ideen und Zielsetzungen den SS-Männern und Polizisten die Teilnahme am Massenmord" leichter gemacht hätten.[91] In einem anderen Werk geht er sogar davon aus, „daß die enge, frühzeitig hergestellte Wechselwirkung zwischen Theorie und Praxis in der ‚Judenfrage' bestehende Hemmschwellen herabsetzte und die wachsende Radikalität polizeilicher Maßnahmen miterzeugte".[92]

In seinen Arbeiten begreift Matthäus „weltanschauliche Erziehung" generell nicht nur als seminarähnlichen Unterricht, da er auch Kameradschafts- und Filmabende sowie Truppenbesuche ranghoher NS-Funktionäre in seine Überlegungen miteinbezieht. Ein solch weit gefasstes Begriffsverständnis wirft dann allerdings die Frage auf, warum er neben den antisemitischen Aspekten weder die übrigen Themen der ideologischen Indoktrination noch andere Fächer, Inhalte und Wertekomplexe der gesamten Ausbildung berücksichtigt. Außerdem differenziert er nur unzureichend zwischen den einzelnen Gliedern von Himmlers Machtapparat. Dadurch entsteht der Eindruck, es habe in der „weltanschaulichen Erziehung" von SS, Sicherheits- und Ordnungspolizei keinerlei Unterschiede gegeben, ohne dass er dies jedoch durch eine genaue Analyse belegt. In einem weiteren Artikel gibt er einerseits an, es lasse sich „empirisch, methodisch und analytisch nur schwer fassen", ob sie überhaupt für

87 Ebd., S. 32. Konrad Kwiet argumentiert ähnlich. Vgl. Konrad Kwiet, Paul Zapp – Vordenker und Vollstrecker der Judenvernichtung, in: Mallmann, Karrieren, S. 252–263, hier: S. 254–256.

88 Vgl. Jürgen Matthäus, Die „Judenfrage" als Schulungsthema von SS und Polizei. „Inneres Erlebnis" und Handlungslegitimation, in: Ders., Ausbildungsziel, S. 35–86, hier: S. 42–47.

89 Vgl. ebd., S. 68 f.

90 Ebd., S. 80.

91 Ebd., S. 71.

92 Ders., „Warum wird über das Judentum geschult?" Die ideologische Vorbereitung der deutschen Polizei auf den Holocaust, in: Paul, Gestapo (2000), S. 100–124, hier: S. 123.

die Verbrechen direkt von Belang gewesen sei.[93] „Daß die im Unterricht vermittelten Stereotypen unmittelbar oder in jedem Fall tatauslösend wirkten", sei allerdings „wenig wahrscheinlich".[94] Andererseits behauptet er in einer anderen Schrift, die „weltanschauliche Erziehung" habe „auf Untergebene wie Vorgesetzte, als Tatantrieb wie spätere Rechtfertigung" gewirkt.[95] Da er diesen Konnex nicht wirklich beweisen kann, verweist Matthäus lediglich darauf, welch großen Stellenwert sie für Himmler und seine Führungsriege besessen habe. Schon allein deshalb sei es „extrem unwahrscheinlich", „dass ideologische Indoktrination [...] keinen Platz haben soll" auf der breiten „Skala tatrelevanter Faktoren".[96] Ähnlich dieser Position gehen weitere Autoren ebenfalls davon aus, dass die weltanschauliche Schulung durchaus einflussreich gewesen sei und das Handeln der Täter merklich mitbestimmt habe.[97]

Auch Edward B. Westermann glaubt in seiner 2005 erschienenen Dissertation daran, dass die weltanschauliche Schulung sehr wirkungsvoll gewesen sei. Ähnlich wie Matthäus beschränkt er sich in seiner Studie jedoch nicht nur auf den ideologisch geprägten Unterricht. Vielmehr nimmt er darüber hinaus zahlreiche weitere Maßnahmen in den Blick, mit denen die Nationalsozialisten versucht haben sollen, auf die Mentalität der Ordnungspolizisten nachhaltig einzuwirken, um sie so auf den Vernichtungskrieg vorzubereiten. Dabei erweitert der Autor den Fokus, indem er betont, dass diese Initiativen auf zwei zentralen Komponenten gefußt hätten: Einerseits hebt er hervor, Himmlers Apparat habe die Staatsgewalt eng mit der SS verflechten und sie in deren Geiste erziehen können. Andererseits habe er die uniformierte Polizei noch wesentlich stärker militarisiert, als dies schon vor 1933 der Fall gewesen sei. Der NS-Staat habe den Beamten also sowohl ein militärisches Standesbewusstsein als auch die Prinzipien der SS-Ideologie erfolgreich eingebläut. In der Kombination dieser beiden Faktoren habe sich innerhalb der Ordnungspolizei eine neue Organisationskultur herausgebildet, welche die Taten ihrer Einheiten und lokalen Dienststellen in Osteuropa ermöglicht habe.[98] Zwar erscheint diese These durchaus plausibel, bietet sie doch einen breite-

---

93 Ders., Ausbildungsziel Judenmord? Zum Stellenwert der „weltanschaulichen Erziehung" von SS und Polizei im Rahmen der „Endlösung", in: ZfG 47/8 (1999), S. 677–699, hier: S. 682.

94 Ebd., S. 699.

95 Ders., „Weltanschauliche Erziehung" in Himmlers Machtapparat und der Mord an den europäischen Juden, in: Theresienstädter Studien und Dokumente (2004), S. 306–336, hier: S. 327.

96 Ebd., S. 328.

97 Vgl. u. a. Reiner Zilkenat, „Am Ende dieses Krieges steht das judenfreie Europa". Die „Mitteilungsblätter für die weltanschauliche Schulung der Ordnungspolizei" und der Holocaust, in: Horst Helas/Dagmar Rubisch/Ders. (Hrsg.), Neues vom Antisemitismus: Zustände in Deutschland, Rosa Luxemburg Stiftung, Texte, Bd. 46, Berlin 2008, S. 151–172, hier: S. 154 und 156 f.; Wolfram Wette, Der Krieg gegen die Sowjetunion – ein rassenideologisch begründeter Vernichtungskrieg, in: Wolf Kaiser (Hrsg.), Täter im Vernichtungskrieg. Der Überfall auf die Sowjetunion und der Völkermord an den Juden, Berlin/München 2002, S. 15–38, hier: S. 34 f.; Dams, Gestapo, S. 44; Isabel Heinemann, „Rasse, Siedlung, deutsches Blut". Das Rasse- und Siedlungshauptamt der SS und die rassenpolitische Neuordnung Europas, Moderne Zeit. Neue Forschungen zur Gesellschafts- und Kulturgeschichte des 19. und 20. Jahrhunderts, Bd. 2, Göttingen 2003, S. 591 f.; Torsten Schäfer, „Jedenfalls habe ich auch mitgeschossen". Das NSG-Verfahren gegen Johann Josef Kuhr und andere ehemalige Angehörige des Polizeibataillons 306, der Polizeireiterabteilung 2 und der SD-Dienststelle von Pinsk beim Landgericht Frankfurt am Main 1962–1973. Eine textanalytische Fallstudie zur Mentalitätsgeschichte, Villigst Perspektiven, Bd. 11, Hamburg 2007, S. 269–272; Bastian Hein, Elite für Volk und Führer? Die Allgemeine SS und ihre Mitglieder 1925–1945, Quellen und Darstellungen zur Zeitgeschichte, Bd. 92, München 2012, S. 310 f. Ferner: Saul Friedländer, Das Dritte Reich und die Juden. Verfolgung und Vernichtung 1933–1945, Bundeszentrale für politische Bildung. Schriftenreihe, Bd. 565, Bonn 2007, S. 15.

98 Vgl. Edward B. Westermann, Hitler's Police Battalions. Enforcing Racial War in the East, Lawrence 2005, besonders: S. 58–123.

ren Erklärungsansatz zum mentalen Innenleben der uniformierten Staatsmacht. Gleichwohl bleibt Westermann in dessen Analyse recht vage. Denn er stellt nur unzureichend dar, wie diese beiden Sphären miteinander verflochten gewesen sein sollen. Dessen ungeachtet ist festzuhalten, dass auch er der weltanschaulichen Schulung eine große Bedeutung beimisst.

In seinem 2014 erschienenen Werk „Ganz normale Organisationen" analysiert Stefan Kühl eingehend das berühmte Reserve-Polizeibataillon 101 aus organisationssoziologischer Perspektive und widmet sich dabei unter anderem ebenfalls der weltanschaulichen Schulung.[99] Seiner Ansicht nach habe diese kaum vermocht, die Glaubenssätze der Staatsdiener zu beeinflussen. Die Schulungen und Hetzschriften hätten aber auch gar nicht dahingehend gewirkt, sie zu Massenverbrechen an jüdischen Opfern zu motivieren. Vielmehr seien weite Teile der deutschen Gesellschaft schon in der Frühphase des „Dritten Reichs" davon ausgegangen, das Gros der „Volksgenossen" billige die sich schrittweise steigernde antisemitische Politik des NS-Regimes. Aus dieser Annahme heraus sei es dem Einzelnen zunehmend schwerer gefallen, sich öffentlich dagegen zu positionieren, weshalb er lieber geschwiegen oder sogar zumindest pro forma deren Jargon übernommen habe. In diesem allgemeinen Klima habe die weltanschauliche Schulung dann den Weg dafür geebnet, die Angehörigen der Polizeieinheiten annehmen und letztendlich fraglos akzeptieren zu lassen, dass es zum legitimen Aufgabenspektrum der polizeilichen Organisation gehöre, Juden zu töten. Als diese es dann von ihren Mitgliedern tatsächlich erwartet habe, hätten sie deshalb die entsprechenden Befehle ausgeführt, ohne sie weiter zu hinterfragen. Derlei Kommandos hätten sie aber erst dadurch praktisch vollstrecken können, weil es ganz generell ein wesentliches Kennzeichen der polizeilichen Organisation dargestellt habe, Gewalt auszuüben.[100] Der Autor lässt allerdings offen, wie genau sich ein solcher Prozess vollzogen haben soll. Wie es sich für eine soziologische Arbeit gehört, muss der Leser eher auf vage Theorien als auf handfeste Beweise vertrauen. Ohne dafür empirische Belege zu liefern, geht Kühl darüber hinaus davon aus, er könne sein systemtheoretisches Konzept für das Reserve-Polizeibataillon 101 einfach abstrahieren und auf sämtliche Einheiten der Ordnungspolizei und anderer Waffenträger übertragen.[101] Insgesamt erinnern seine Erklärungsmodelle zudem häufig an jene, die Harald Welzer bereits zuvor entwickelt hatte.[102]

Während also einige Wissenschaftler die weltanschauliche Schulung als mehr oder minder einflussreich bewerten, widersprechen dem jedoch andere. Wie bereits erwähnt, bezweifeln etwa Christopher R. Browning und Daniel Jonah Goldhagen, dass der politisch-ideologische Unterricht in den Polizeieinheiten besonders wirkungsvoll war.[103] Peter Longerich ist dahingehend ähnlich skeptisch.[104] Alexander Primavesi mutmaßt darüber hinaus, dass die uniformierte Ordnungsmacht Ende der dreißiger Jahre gar nicht dafür ausgebildet gewesen sei, Himmlers Rassenpolitik in Osteuropa zu vollstrecken, weshalb sie diese menschenverachtende Praxis erst im Einsatz habe erlernen müssen.[105] Daneben sind in der Literatur auch Stimmen von ehemaligen Polizisten des NS-Staats zu vernehmen, die behaupten, dass sie die

99 Vgl. Stefan Kühl, Ganz normale Organisationen. Zur Soziologie des Holocaust, Berlin 2014.

100 Vgl. ebd., S. 102–119.

101 Vgl. z. B. ebd., S. 88 f. und 325.

102 Vgl. dazu Welzer, Täter.

103 Vgl. Browning, Männer, S. 237–241; Goldhagen, Vollstrecker, S. 222 f.

104 Vgl. Peter Longerich, Politik der Vernichtung. Eine Gesamtdarstellung der nationalsozialistischen Judenverfolgung, München 1998, S. 308.

105 Vgl. Alexander Primavesi, Die Ordnungspolizei als Bewachungsmannschaft von jüdischen Ghettos, in: Nitschke, Polizei, S. 168–173, hier: S. 168.

weltanschauliche Schulung nur gelangweilt habe. Allerdings sind solche subjektiven und teils apologetischen Nachkriegspositionen eher mit Vorsicht zu genießen.[106] Zu einem ambivalenteren Urteil gelangt Klaus-Michael Mallmann. Die Botschaften der politischen Indoktrination hätten ihm zufolge einerseits weder in der Ausbildung dominiert noch die polizeilichen Adressaten fanatisiert. Diesen hätten sie aber andererseits die Möglichkeit aufgezeigt, mit ihren Opfern ungestraft tun zu können, was zuvor undenkbar schien.[107]

Für die SS-Angehörigen in den Konzentrationslagern glaubt Karin Orth ferner zu wissen, dass weniger die weltanschauliche Schulung dafür verantwortlich gewesen sei, dass sie so brutal und skrupellos gegen Häftlinge vorgingen. Vielmehr hätten die Täter soziale Netzwerke innerhalb dieser Terrorstätten unterhalten, die auf einer gemeinsam praktizierten Gewalt basierten, die den Akteuren jedwede Empathie für ihre Opfer genommen habe.[108] Hans Buchheim meint sogar, dass es „in der SS keine strenge ideologische Schulung oder Lerndisziplin" gegeben habe, „die sich auch nur entfernt mit der kommunistischen vergleichen ließe". Der kümmerliche weltanschauliche Unterricht habe „kaum Einfluß auf das Denken der SS-Angehörigen" ausgeübt, die darin stattdessen genauso „gegammelt" hätten, wie es auch bei den Vertretern anderer Organisationen des NS-Staats der Fall gewesen sei.[109]

Weil die weltanschauliche Schulung eben in Himmlers gesamten Machtbereich stattfand, taucht das Thema auch in Werken auf, die sich mit anderen Waffenträgern auseinandersetzen, welche die Forschung deutlich früher als die Ordnungspolizei für sich entdeckte. Das gilt insbesondere für die Waffen-SS. In seiner Pionierarbeit zu dieser NS-Eliteorganisation analysiert Bernd Wegner sehr intensiv, wie sie ihr Führerkorps an den eigens dafür eingerichteten SS-Junkerschulen ausbildete und dort wie auch später politisch indoktrinierte. Er stellt dabei heraus, dass die Ausbildung überwiegend militärisch ausgerichtet gewesen sei, was insbesondere während des Krieges alle anderen Themenkomplexe deutlich in den Schatten gestellt habe. Dazu zählte auch die weltanschauliche Schulung, die insgesamt darauf abgezielt habe, eine homogene Truppe von SS-Führern zu schaffen.[110] Darüber hinaus sollte sie die Adressaten „zu einer bestimmten *Haltung* dem Leben gegenüber" erziehen.[111] Dahinter habe sich sogar „ein fächerübergreifendes pädagogisches Prinzip" der SS verborgen, das auch die übrigen Unterrichtsdisziplinen erfasst habe.[112] Letztlich ist Wegner jedoch davon überzeugt, dass die weltanschauliche Schulung in den Junkerschulen und erst recht in den Einheiten der Waffen-SS keinen hohen Stellenwert genossen habe und daher nicht besonders

106 Vgl. u. a. Stephen Campbell, SS-Polizei. Memories of Poland, Washington D. C. 2007, S. 17; Karl Schneider, Zwischen allen Stühlen. Der Bremer Kaufmann Hans Hespe im Reserve-Polizeibataillon 105, Schriftenreihe Erinnern für die Zukunft, Bd. 4, Bremen 2007, S. 27 und 37.

107 Vgl. Mallmann, Fußvolk, S. 378.

108 Vgl. Karin Orth, Die Konzentrationslager-SS. Sozialstrukturelle Analysen und biographische Studien, München 2004, S. 131 f. und 151; Dies., Experten des Terrors. Die Konzentrationslager-SS und die Shoah, in: Paul, Täter, S. 93–108, hier: S. 96; Dies., Egon Zill – ein typischer Vertreter der Konzentrationslager-SS, in: Mallmann, Karrieren, S. 264–273, hier: S. 266 f.

109 Hans Buchheim, Befehl und Gehorsam, in: Ders., Anatomie, S. 213–320, hier: S. 231.

110 Vgl. Bernd Wegner, Hitlers Politische Soldaten: Die Waffen-SS 1933–1945. Leitbild, Struktur und Funktion einer nationalsozialistischen Elite, 9. Aufl., Paderborn 2010, S. 135–203.

111 Ebd., S. 166. Hervorhebung im Original.

112 Ebd., S. 168.

erfolgreich gewesen sei.[113] Auch Robert Lewis Koehl denkt, dass viele Männer in der Waffen-SS den ideologischen Unterricht als wenig nützlich angesehen hätten.[114]

Weitere Studien zur Waffen-SS attestieren der weltanschaulichen Schulung hingegen eine größere Wirkungsmacht. Martin Cüppers etwa ist der Ansicht, die „Wegbereiter der Shoah" seien in diesem Unterricht hauptsächlich mit antisemitischen Ideologemen und Parolen massiv konfrontiert worden, welche die Teilnehmer begeistert aufgenommen hätten. Ein bereits vorhandener Judenhass sei dabei häufig radikalisiert und auf eine einheitliche Linie gebracht worden.[115] Auf eine ähnliche Weise interpretiert auch René Rohrkamp die „weltanschauliche Erziehung" der Waffen-SS. Sie habe darauf abgezielt, die Moral der Truppe aufrechtzuerhalten und ihre Angehörigen weltanschaulich einheitlich auszurichten.[116] Der ideologische Unterricht habe Lerninhalte aufgegriffen, die den Männern bereits in der Schule oder anderen NS-Organisationen vermittelt worden seien.[117] Er sei so angelegt gewesen, dass die Angehörigen von Himmlers Elitetruppe simple Botschaften einstudieren sollten, um diese jederzeit abrufen zu können. Rohrkamp spricht sogar von einem *„mind controlling"*, das während des Krieges in den einzelnen Einheiten der Waffen-SS erfolgt sei.[118]

Jens Westemeier weist darauf hin, dass die Führer der Waffen-SS bereits sehr stark von der NS-Ideologie beseelt gewesen seien, noch ehe sie überhaupt in Himmlers Elitetruppe gelangten. Sie hätten also schon früher die Werte der SS geteilt und sich deshalb überhaupt erst in ihr zusammengefunden. Die weltanschauliche Schulung an den SS-Junkerschulen habe ihre diffusen Ansichten dann systematisiert und damit den Grundstein für eine langjährige Indoktrination gelegt. Die so geschaffene und kollektiv geteilte Ideologie sei letztlich dafür verantwortlich, dass die Führer der Waffen-SS während des Krieges derart unbarmherzig und brutal gegen ihre Gegner vorgingen und unzählige Kriegsverbrechen verübten.[119] Ferner sieht Jürgen Förster in der weltanschaulichen Erziehung der Waffen-SS „eine Maßnahme zur geistigen Standardisierung einer heterogenen Truppe".[120] Seiner Ansicht nach seien die dabei vermittelten Werte „tatsächlich zentrale Faktoren für die mörderische Effizienz der Täter".[121] Allerdings hätten sich NS-Propaganda und Versuche zur politischen Indoktrination zumindest in der Endphase des Krieges kaum auf das Kampfgeschehen ausgewirkt.[122]

---

113 Vgl. ebd., S. 167 f. und 193 f.

114 Vgl. Robert Lewis Koehl, The Black Corps. The Structure and Power Struggles of the Nazi SS, Madison 1983, S. 238.

115 Vgl. Martin Cüppers, Wegbereiter der Shoah. Die Waffen-SS, der Kommandostab Reichsführer-SS und die Judenvernichtung 1939–1945, Veröffentlichungen der Forschungsstelle Ludwigsburg der Universität Stuttgart, Bd. 4, Darmstadt 2005, S. 104 und 124. Ähnlich argumentiert Cüppers auch in einem weiteren Werk. Vgl. Ders., „... auf eine so saubere und anständige SS-mäßige Art". Die Waffen-SS in Polen 1939–1941, in: Klaus-Michael Mallmann/Bogdan Musial (Hrsg.), Genesis des Genozids. Polen 1939–1941, Veröffentlichungen der Forschungsstelle Ludwigsburg der Universität Stuttgart, Bd. 3, Darmstadt 2004, S. 90–110, hier: S. 94 f.

116 Vgl. René Rohrkamp, „Weltanschaulich gefestigte Kämpfer". Die Soldaten der Waffen-SS 1933–1945. Organisation – Personal – Sozialstrukturen, Krieg in der Geschichte (KRiG), Bd. 61, Paderborn 2010, S. 518.

117 Vgl. ebd., S. 415.

118 Ebd., S. 441. Hervorhebung im Original.

119 Vgl. Jens Westemeier, Himmlers Krieger. Joachim Peiper und die Waffen-SS in Krieg und Nachkriegszeit, KRiG, Bd. 71, Paperborn 2014, S. 72 f.

120 Jürgen Förster, Die weltanschauliche Erziehung in der Waffen-SS. „Kein totes Wissen, sondern lebendiger Nationalsozialismus", in: Matthäus, Ausbildungsziel, S. 87–113, hier: S. 110.

121 Ebd., S. 113.

122 Vgl. ebd., S. 113.

Mit „Himmlers Lehrer“ legte der Erziehungswissenschaftler Hans-Christian Harten im Jahre 2014 eine erste Monographie vor, die sich ausführlich mit der weltanschaulichen Schulung in der gesamten SS auseinandersetzt. Darin untersucht er zunächst, wie das entsprechende Schulungswesen aufgebaut war. Er beschreibt außerdem, wie die Männer in den Lehranstalten und Einheiten, aber auch innerhalb der Totenkopfverbände in den Konzentrationslagern konkret politisch indoktriniert wurden. Ferner befasst er sich auch noch mit den propagandistischen Schriften. Schließlich führt er eine kollektivbiographische Analyse zu jenen Lehrkräften durch, die für den ideologischen Unterricht verantwortlich waren und in der Arbeit insgesamt im Zentrum stehen.[123] Harten zufolge „gibt es keinen direkten Zusammenhang zwischen weltanschaulicher Schulung und genozidalem Handeln der SS, wohl aber einen indirekten“. Nach Ansicht des Autors schuf sie nämlich „einen legitimatorischen Rahmen, der das Überschreiten zivilisatorischer Grenzen erleichterte“. Bedauerlicherweise konzentriert sich Harten dabei nur auf die Schutzstaffel, weshalb er die Ordnungspolizei sowie ihre institutionellen und schulischen Eigenarten nicht berücksichtigt, „die mit der SS-Schulung nur begrenzt in Einklang gebracht werden konnten“, ohne dass er dies jedoch in seiner Arbeit nachweist.[124] Außerdem erwähnt er zwar beiläufig, dass es auch noch andere Ausbildungsgegenstände innerhalb der SS gab. Leider geht er aber auf diese nicht näher ein, weshalb zwangsläufig der Eindruck entsteht, die weltanschauliche Schulung habe alles andere überragt.[125]

Freilich verbietet es sich, die Erkenntnisse aus solchen Studien zur SS einfach auf die Ordnungspolizei zu übertragen. Doch können sie dabei helfen, den Gesamtrahmen zu erfassen, innerhalb dessen Himmler versuchte, die Mentalität seiner Untergebenen zu beeinflussen. Allerdings vermochten es die bisherigen Studien nicht, genau zu belegen oder zumindest Indizien dafür vorzubringen, welche Wirkungsmacht die politische Indoktrination nun tatsächlich besaß. Dass diese sehr einflussreich gewesen sei, heben insbesondere jene Arbeiten hervor, die sich ausschließlich auf die weltanschauliche Schulung konzentrieren, was daher nicht allzu überraschend ist. Es scheint fast so, als schlössen einige Autoren vom schrecklichen Ergebnis des millionenfachen Massenmords auf mögliche ideologische Ursachen, die sie dann eben zu einem erheblichen Teil im politisch-weltanschaulichen Unterricht zu erkennen glauben. Wer hingegen versucht, diesen in einen größeren Kontext einzuordnen, schätzt seinen Einfluss in vielen Fällen jedoch geringer ein, wobei auch hier adäquate Belege oder Argumente meist fehlen.

Die Fachwelt ist sich also insgesamt uneins darüber, wie wirkungsmächtig die weltanschauliche Schulung tatsächlich war. Fraglich ist allerdings, warum sich die bisherigen Studien fast ausschließlich auf dieses Unterrichtsfach konzentrieren. Freilich liegt es nahe, diese Disziplin genauer unter die Lupe zu nehmen, weil sie immerhin dazu angelegt war, SS-Männer und Polizisten mental an der NS-Ideologie auszurichten. Insofern ist es durchaus legitim, eingehend zu analysieren, mit welchen Inhalten und nach welchen Methoden das konkret geschehen sollte, aber auch wie erfolgreich sich dieses Unterfangen gestaltete. Denn das NS-Regime betrachtete die weltanschauliche Schulung offensichtlich als zentrales Instrument, um seine Exekutivkräfte mental zu beeinflussen und sie im Geiste der „braunen“ Ideologie zu erziehen. Insbesondere für die Polizeibeamten genügte es jedoch nicht, deren Themen und

123 Vgl. Hans-Christian Harten, Himmlers Lehrer. Die Weltanschauliche Schulung in der SS 1933–1945, Paderborn 2014.

124 Ebd., S. 10. Harten kündigt darin jedoch eine eigene Studie zur „Polizeischulung“ an.

125 Vgl. ebd., S. 9 und 43.

Glaubenssätze zu kennen. Nur allein damit konnten sie ihren Beruf nicht ausüben. Da die weltanschauliche Schulung nicht für sich allein stand, blieb daher bislang unklar, in welchem Kontext sie genau eingebettet war. Wer die Studien zum Thema liest, könnte daher den Eindruck bekommen, die Ausbildung der Ordnungspolizisten habe ausschließlich aus Rassenhass und Antisemitismus bestanden.

Aber war das wirklich so? Besaß die weltanschauliche Schulung gegenüber allen anderen Fächern tatsächlich ein so enormes Gewicht in der polizeilichen Ausbildung? Um diese Fragen klären zu können, muss die weltanschauliche Schulung zunächst einmal in der gesamten Polizeiausbildung kontextualisiert werden. Damit dies gelingen kann, ist es aber erforderlich, sich einmal genauer anzusehen, welche Fächer und Inhalte in den Lehranstalten der uniformierten Ordnungsmacht insgesamt gelehrt wurden. Auf diese Weise offenbart sich auch, ob sich die NS-Ideologie noch in weiteren Disziplinen niederschlug. Bisher widmete sich die Geschichtswissenschaft kaum der Frage, wie der NS-Staat seine Polizeibeamten ausbildete. Publikationen zur Polizei im „Dritten Reich" streifen dieses Thema zwar immer wieder. Doch stand es bislang nie im Mittelpunkt.[126] Es wirkt beinahe so, als wollten ihre Autoren es nur der Vollständigkeit halber erwähnt haben.

Dennoch existieren einzelne Werke, die sich zwar nicht ausschließlich, aber zumindest etwas detaillierter mit dem polizeilichen Ausbildungswesen befassen. In seiner Arbeit zum Führerkorps der Sicherheitspolizei und des SD behandelt Jens Banach unter anderem, wie Himmlers Machtapparat dessen Angehörigen ideologisch zu erziehen versuchte. Daneben beschreibt er aber auch, wie die leitenden Kriminal- und Gestapobeamten ausgebildet wurden. Er stellt in erster Linie dar, wie die einzelnen Ausbildungsabschnitte konzipiert waren, welche Vorschriften es dazu gab und wie sie sich im Laufe der Zeit veränderten. Auf die unterrichteten Fächer, deren konkrete Inhalte und die damit vermittelten Werte geht er aber nur rudimentär ein.[127] Auch andere Werke zur Sicherheitspolizei und ihrer Organe vertiefen diese wichtigen Gesichtspunkte nicht weiter.[128] Für die Ordnungspolizei liegen zwar einzelne Werke vor, welche die Ausbildung nicht gänzlich außer acht lassen, aber es dennoch versäumen, die unterrichteten Disziplinen und Inhalte genauer zu beleuchten.[129]

Es ist erstaunlich, dass sich die Forschungsgemeinde bisher nur ziemlich oberflächlich mit dieser bedeutsamen Thematik auseinandersetzte. Das mangelnde Interesse an der Geschichte des polizeilichen Ausbildungswesens ist umso bemerkenswerter, weil sich ihr sogar eine Dauerausstellung widmet, die seit November 2001 in der DHPol allgemein über „100 Jahre Bildungsarbeit in der Polizei" informiert.[130] Im gleichnamigen Katalog unterstreicht der Präsident der damaligen Polizei-Führungsakademie, Rainer Schulte, „dass die Aus- und Fort-

---

126 Vgl. u. a. Christopher R. Browning, Die Entfesselung der „Endlösung". Nationalsozialistische Judenpolitik 1939–1942, Berlin 2006, S. 343; Lichtenstein, Helfer, S. 149; Jim G. Tobias, „Ihr Gewissen war rein; sie haben es nie benutzt". Die Verbrechen der Polizeikompanie Nürnberg, Hefte zur Regionalgeschichte, Bd. 1, Nürnberg 2005, S. 12.

127 Vgl. Banach, Elite, S. 97–121, 260–276 und 312–324.

128 Vgl. u. a. Wildt, Generation, S. 257 f. und 268–270; Ders., Radikalisierung und Selbstradikalisierung 1939. Die Geburt des Reichssicherheitshauptamtes aus dem Geist des völkischen Massenmords, in: Paul, Gestapo (2000), S. 11–41, hier: S. 13; Wagner, Volksgemeinschaft, S. 237 und 245 f.; Ders., Kriminalisten, S. 77 f. und 81 f.

129 Vgl. u. a. Fangmann, Parteisoldaten, S. 89–94; Bach, Ordnungspolizei, S. 84–91.

130 Vgl. 100 Jahre Bildungsarbeit in der Polizei. Katalog zur Dauerausstellung, hrsg. v. der Polizei-Führungsakademie, Münster 2002.

bildung der Polizei zunehmend von der weltanschaulichen NS-Schulung dominiert wurde".[131] Möglicherweise trugen solche Thesen dazu bei, dass einige Wissenschaftler seither zu ermitteln versuchen, wie „nationalsozialistisch" die Polizeiausbildung im „Dritten Reich" wirklich war. Solche Impulse führten dennoch nicht dazu, dass die Forschung über den ideologischen Tellerrand blickte und das Thema ganzheitlich auffasste.

Genau an diesem Punkt setzt die vorliegende Studie an. Um zu ermitteln, wie genau sich die Ausbildung der uniformierten Polizei während der NS-Herrschaft gestaltete, sind zwei verschiedene Ansätze denkbar: Zum einen ist es möglich, für einen lokal eingegrenzten Raum exemplarisch zu analysieren, wie dort sämtliche Beamtengruppen auf ihren Dienst vorbereitet wurden. In diesem Sinne kann etwa für eine politisch definierte Region bestimmt werden, wie dieser Prozess sowohl für die Wachtmeister als auch für die Polizeioffiziere konkret ablief. Das ließe sich z. B. für die Länder Preußen, Sachsen oder Bayern oder aber für bedeutende Großstädte wie etwa Berlin, Hamburg oder München rekonstruieren. Zum anderen ist es ebenso möglich, sich weniger auf eine bestimmte Region zu fokussieren, sondern vielmehr einen speziellen Bereich der Ordnungspolizei auszuwählen und dessen Ausbildung genauer zu beleuchten. Jenseits lokaler Grenzen kann das allgemein etwa für die Wachtmeister, die Oberbeamten oder auch für bestimmte Zweige der uniformierten Staatsgewalt untersucht werden, zu denen unter anderem die Schutzpolizei, die Gendarmerie, die Gemeindepolizei oder die Wasserschutzpolizei gehörten.[132] Während die erste Methode verspricht, ein spartenübergreifendes Bild für die gesamte Polizei zu liefern, fängt dieses allerdings nur einen räumlich begrenzten Ausschnitt ein, von dem keineswegs auf die allgemeine Situation im gesamten Deutschen Reich geschlossen werden kann. Die zweite Vorgehensweise kann zwar nicht sämtliche Sparten genauer analysieren, macht es aber möglich, sich eingehender auf einen Bereich zu konzentrieren, ohne dabei an geographisch definierte Kriterien gebunden zu sein.

Die vorliegende Arbeit fußt hauptsächlich auf letzterem Ansatz. Ihre Leitfrage lautet: Wie wurden die Offiziere der Ordnungspolizei ausgebildet und welchen Einfluss hatte das möglicherweise auf diese Männer, von denen sich viele an den nationalsozialistischen Massenverbrechen beteiligten? In erster Linie untersucht die Studie also jenen Prozess, mit dem der NS-Staat versuchte, aus einfachen Staatsdienern führende „Polizeisoldaten" des Vernichtungskriegs zu schaffen. Während die Mannschaften und Wachtmeister dezentral beschult wurden, existierten im „Dritten Reich" nur zwei zentrale Lehranstalten, die sich um die angehenden Führungskräfte der Schutzpolizei und der Gendarmerie kümmerten, welche die beiden wichtigsten Zweige der uniformierten Polizei waren: die Polizei-Offizierschule in Berlin-Köpenick sowie die Polizei-Offizier- und Schutzpolizeischule in Fürstenfeldbruck.[133] Die-

131 Rainer Schulte, „100 Jahre Bildungsarbeit in der Polizei". Die Tradition der Polizeigeschichte an der Polizei-Führungsakademie, in: ebd., S. 5–7, hier: S. 7.

132 Zu den einzelnen Zweigen der nationalsozialistischen Ordnungspolizei siehe Kapitel 2.2.

133 Dabei handelte es sich um die offiziellen Titel dieser Institutionen, die im Folgenden jeweils einfach als „Polizeischule" bezeichnet werden. Anders als im heutigen Sprachgebrauch verzichtete die zeitgenössische Amtssprache auf ein Fugen-s, so dass die Quellen etwa von einer „Polizeioffizierschule" oder „Offizieranwärtern" sprechen. In der vorliegenden Studie wird diese Schreibweise jedoch nur dann übernommen, wenn auf die Quellensprache oder konkrete Amtsbezeichnungen verwiesen werden soll. Dass die beiden Schulen in Berlin-Köpenick und Fürstenfeldbruck exklusiv dafür zuständig waren, den Offiziersnachwuchs der Ordnungspolizei auszubilden, erwähnt die Literatur nur äußerst knapp. Auf diese Institutionen geht sie aber nicht näher ein. Vgl. z. B. Raible, Geschichte, S. 96 f.; Nix, Police Forces, S. 103 f. Auch Philip W. Blood kommt in seiner Studie zur „Bandenbekämpfung" kurz auf die Offiziersschulen der Ordnungspolizei zu sprechen. Dabei unterlaufen ihm jedoch einige Feh-

se beiden bedeutenden Lehrstätten besuchten sämtliche Offiziere der Ordnungspolizei, die der NS-Staat seit Mitte der dreißiger Jahre ausbildete. Während die Berliner Institution in der zweiten Kriegshälfte mehrfach umziehen musste, um andernorts ihren Lehrbetrieb fortzuführen, blieb ihre „Schwester" bis zum Zusammenbruch des „Tausendjährigen Reiches" im oberbayerischen Fürstenfeldbruck (FFB), das auch kurz „Bruck" genannt wird. Diese Bildungsanstalten waren exklusiv dafür verantwortlich, spezielle Offiziersanwärterlehrgänge (OAL) abzuhalten. Für angehende Polizeiführer bildete ein solcher Kurs die bedeutendste Ausbildungsstation.

„Das formal wichtigste Medium ideologischer Indoktrinierung von SS und Polizei" stellten ihre Bildungsanstalten dar, wie Jürgen Matthäus glaubt.[134] Sollte dieser Befund tatsächlich zutreffen, müsste er sich gerade an den Offiziersschulen der Ordnungspolizei nachweisen lassen. Vor diesem Hintergrund ist besonders interessant, dass der eingangs zitierte Erich Bürkner noch vor seinem „auswärtigen Einsatz" den 8. OAL besucht hatte, der vom 3. November 1938 bis 28. April 1939 an der Polizeischule Fürstenfeldbruck stattgefunden hatte.[135] Doch auch die vorliegende Studie wird nicht abschließend klären können, inwiefern die weltanschauliche Schulung ihn und Hunderte seiner Kollegen tatsächlich beeinflusste oder wie sie überhaupt mit den Verbrechen zusammenhing, die zahlreiche dieser leitenden „Gesetzeshüter" verübten. Obwohl die Arbeit sich nicht ausschließlich auf den politisch-ideologischen Unterricht konzentriert, sondern die gesamte Ausbildung eingehend analysiert, die an der Brucker Lehranstalt stattfand, vermag sie es trotzdem nicht, diese Fragen endgültig zu beantworten. Vielmehr geht es darum, zu ermitteln, wie wahrscheinlich es ist, dass es dem NS-Regime gelang, auf diesem Wege Polizisten zu Tätern zu erziehen.

Da sich die Untersuchung auf diese Bildungsanstalten und ihre Offiziersanwärterlehrgänge konzentriert, kombiniert sie daher die beiden genannten Ansätze miteinander und schafft dadurch gewissermaßen einen dritten Weg. Denn indem sie die Ausbildungspraxis an den obersten Schulen der uniformierten Polizei beleuchtet, wählt sie einen institutionellen Zugang, der zugleich einen prozeduralen Kern besitzt. Dieser zeichnet sich dadurch aus, dass er auf eine bestimmte Gruppe von Polizeibeamten ausgerichtet und gleichzeitig lokal eingeschränkt ist, weil es im Nationalsozialismus nur diese beiden Schulen gab, die für die Offiziersausbildung der Ordnungspolizei zuständig waren. Ihre Geschichte nachzuzeichnen, ist deshalb das zentrale Ziel dieser Studie. Sie bezieht ihre Relevanz nicht bloß aus dem Umstand, dass dieses Thema bislang noch nicht erforscht wurde. Die Arbeit schafft auch damit einen wissenschaftlichen Mehrwert, dass sie sich mit den Polizeioffizieren und dadurch mit einer immens wichtigen Tätergruppe der nationalsozialistischen Vernichtungspolitik befasst, welche die Forschung bisher recht vernachlässigte. Die folgende Tabelle zeigt, welche Dienstgrade diese Rangklasse dabei konkret umfasste:

---

ler. So behauptet er etwa, dass die Polizisten in Berlin-Köpenick und Fürstenfeldbruck lediglich ihre Grundausbildung erhalten hätten, wobei ihnen für jeweils mehrere Wochen am Stück die einzelnen Inhalte in aufeinanderfolgenden thematischen Blöcken vermittelt worden seien. Als Offiziersschulen nennt Blood hingegen Fürstenfeldbruck, Mariaschein und Eberswalde, ohne klarzustellen, dass es sich dabei nur um eine Momentaufnahme handelte. Vgl. Philip W. Blood, Hitler's Bandit Hunters. The SS and the Nazi Occupation of Europe, Washington D. C. 2006, S. 159 f.

134 Matthäus, Ausbildungsziel, S. 684.

135 Vgl. dazu u. a. Bayerisches Hauptstaatsarchiv München (BayHStA München), Polizeischule FFB 122, Polizeischule FFB: Beurteilungsliste für die Abschlußprüfung des 8. Offz.-Anwärterlehrg., [April 1939].

Tabelle 1: Dienstgradvergleich zwischen Polizei und SS (Stand 1944)[136]

Polizeirangklassen	Dienstgrade der Polizeivollzugsbeamten	Vergleichsdienstgrade der SS	SS-Rangklassen
Mannschaften	Anwärter	SS-Mann	SS-Mannschaften
	Unterwachtmeister	SS-Sturmmann	
	Rottwachtmeister	SS-Rottenführer	
Unterführer und Beamte ohne Offiziersrang	Wachtmeister	SS-Unterscharführer	SS-Unterführer
	Oberwachtmeister	SS-Scharführer	
	Revieroberwachtmeister	SS-Oberscharführer	
	Hauptwachtmeister	SS-Hauptschaarführer	
	Meister	SS-Sturmschaarführer	
Offiziere und Beamte im Offiziersrang	**Leutnant**	**SS-Untersturmführer**	**SS-Führer**
	Oberleutnant	**SS-Obersturmführer**	
	Hauptmann	**SS-Hauptsturmführer**	
	Major	**SS-Sturmbannführer**	
	Oberstleutnant	**SS-Obersturmbannführer**	
	Oberst	**SS-Standartenführer**	
	Oberst (in Sonderstellung)	**SS-Oberführer**	
Generale und Beamte im Generalsrang	Generalmajor	SS-Brigadeführer	Höhere SS-Führer
	Generalleutnant	SS-Gruppenführer	
	General	SS-Obergruppenführer	
	Generaloberst	SS-Oberstgruppenführer	

Mit den polizeilichen Oberbeamten setzte sich zwar vor allem Daniel Schmidt intensiv auseinander. In seinen Arbeiten zeigt er auf, wie sie in der Weimarer Republik und in der ersten Hälfte des „Dritten Reichs" insbesondere im Ruhrgebiet agierten. Allerdings beziehen sich seine Analysen vorwiegend auf die Zwischenkriegszeit. Dadurch lässt er jenen zentralen Zeitabschnitt weitgehend unberücksichtigt, der für die vorliegende Studie besonders wichtig ist. Darüber hinaus streift er lediglich die Offiziersausbildung, die er zwar hauptsächlich für die Weimarer Zeit umreißt, aber nicht ihrer Bedeutung entsprechend würdigt, was insbesondere für die NS-Diktatur gilt.[137] Ähnlich wie bei Schmidt spiegelt sich auch in der vorliegenden Arbeit Himmlers Personalpolitik wider. Schon allein deshalb geraten einzelne Offiziere in den Fokus. Doch hauptsächlich konzentriert sie sich auf den genauen Ausbil-

136 Diese Tabelle beruft auf: Dieter Deuster, Deutsche Polizei-Uniformen 1936–1945, Stuttgart 2009, S. 41. Sie listet Rangklassen und Dienstgrade von Vollzugsbeamten der Ordnungspolizei im Vergleich zu jenen der SS auf, wobei sie den Stand des Jahres 1944 abbildet. Obwohl einzelne Dienstgrade aufseiten der verschiedenen Polizeisparten während des „Dritten Reichs" häufig anders lauteten, blieben die Titel der Offiziersränge weitgehend bestehen, wie Dieter Deuster ausführlich darlegt. Vgl. ebd., S. 29–36. Wenn also im Folgenden von „Offizieren" die Rede ist oder konkrete Dienstgrade genannt werden, sind die oben genannten Bezeichnungen und Positionen gemeint. Sie beziehen sich stets auf die Ordnungspolizei.

137 Vgl. Daniel Schmidt, Schützen und Dienen. Polizisten im Ruhrgebiet in Demokratie und Diktatur 1919–1939, Villa ten Hompel. Schriften, Bd. 9, Essen 2008; Ders., Keine Kommissare. Preußische Polizeioffiziere zwischen soldatischem Selbstverständnis und polizeilicher Professionalität 1919 bis 1935, in: Militärgeschichtliche Zeitschrift 69 (2010), S. 37–58; Ders., Das preußische Polizeioffizierskorps zwischen Weimarer Republik und NS-Staat. Eine polizeiliche Funktionselite auf dem Weg in die Diktatur, in: Oranienburger Schriften 1 (2015), S. 56–65.

dungsprozess, der an den beiden obersten Polizeischulen in Berlin-Köpenick und Fürstenfeldbruck stattfand.

An dieser Stelle sei erwähnt, dass neben diesen beiden „Kaderschmieden" der uniformierten Ordnungsmacht noch zwei weitere existierten: Die Offizierschule der Ordnungspolizei in Eberswalde ging am 9. August 1943 aus der hiesigen Reichsfeuerwehrschule hervor.[138] Sie war darauf spezialisiert, die leitenden Brandbekämpfer auszubilden, die im Bombenkrieg immer wichtiger wurden. Damit richtete sich die nordöstlich der Reichshauptstadt gelegene Bildungsstätte jedoch eigens an die Feuerschutzpolizei, die eine besondere Sparte der Vollzugspolizei darstellte und unter der Aufsicht eines der beiden Generalinspekteure des Feuerlöschwesens stand.[139] Seit Anfang März 1944 bestand außerdem noch eine Polizeioffizierschule des Wirtschaftsverwaltungsdienstes in Weimar, in der dieser administrative Sonderzweig seinen Führungsnachwuchs heranzog. Dabei sollten die Beamten für ihren Einsatz in den besetzten Gebieten militärisch, aber vor allem auf dem Sektor der Truppenverwaltung ausgebildet werden.[140] An der Offiziersausbildung von Schutzpolizisten und Gendarmen des Vollzugsdienstes hatten diese Lehranstalten jedoch keinen Anteil, weshalb sie in der weiteren Untersuchung nicht berücksichtigt werden.

Wer sich mit den Offiziersschulen der uniformierten Polizei im „Dritten Reich" befasst, wird feststellen müssen, dass die Literaturbasis für diesen speziellen Bereich ziemlich überschaubar ist. Zwar gibt es mittlerweile zahlreiche Publikationen, welche die Geschichte einzelner Polizeischulen behandeln. Doch nahmen die meisten von diesen Institutionen erst in der Nachkriegszeit ihren Dienst auf, weshalb sich die NS-Zeit schon allein darum kaum in diesen Werken wiederfindet. Außerdem handelt es sich bei ihnen meist um Zeitschriftenaufsätze und Festschriften aus den Reihen der Polizei, die anlässlich eines Jubiläums entstanden. Sie bringen daher die institutionsinterne Perspektive zur Geltung, die nicht zuletzt wegen des festlichen Anlasses die eigene Vergangenheit wenig kritisch reflektiert. Darüber hinaus ist diesen Werken gemein, dass sie nur unzureichend ausweisen, woher genau die darin enthaltenen Informationen stammen. Deshalb sind sie für die wissenschaftliche Forschung lediglich als Quellen zur polizeieigenen Sicht zu nutzen.[141]

---

138 Vgl. Runderlass (RdErl.) des (d.) Reichsführers-SS und Chefs der Deutschen Polizei im Reichsministerium des Innern (RFSSuChdDtPol. im RMdI.) vom (v.) 09.08.1943, in: Reichsministerialblatt der inneren Verwaltung (RMBliV), 18.08.1943, Nr. 33, Sp. 1321. Ferner zur Reichsfeuerwehrschule: Eberhard Wühle, Die Reichsfeuerwehrschule in Eberswalde, in: Eberswalder Jahrbuch für Heimat-, Kultur- und Naturgeschichte 2009, S. 80–89. Der fast exakte Artikel findet sich auch in: Ders., Die Reichsfeuerwehrschule in Eberswalde, in: Feuerwehrchronik 3 (2010), S. 61–65. URL: http://www.fw-chronik.de/PDF-Rundbrief/FC-2010-03.pdf. (zuletzt eingesehen am 15.07.2017).

139 Seit September 1943 existierten zwei Generalinspekteure des Feuerlöschwesens, die ihren Machtbereich unter sich aufteilten. Während einer von ihnen neben anderen Aufgaben auch die Eberswalder Schule betreute, inspizierte sein Amtskollege die restlichen Feuerwehrschulen. Vgl. RdErl. d. RFSSuChdDtPol. im RMdI. v. 10.09.1943, in: RMBliV, 29.09.1943, Nr. 39, Sp. 1513 f.; RdErl. d. RFSSuChdDtPol. im RMdI. v. 10.09.1943, in: RMBliV, 29.09.1943, Nr. 39, Sp. 1514–1516. Ferner: Hans-Joachim Neufeldt, Entstehung und Organisation des Hauptamtes Ordnungspolizei, in: Ders., Geschichte, S. 3–115, hier: S. 89 f.

140 Vgl. Im Auftrag (I. A.) Heuer: Bek. d. Chefs d. Wirtschaftsverwaltungsamtes im Hauptamt Ordnungspol. v. 08.03.1944, in: Befehlsblatt des Chefs der Ordnungspolizei (BefBlO.), 18.03.1944, Nr. 11, S. 80; Bundesarchiv Berlin-Lichterfelde (BAB), R 19/238, Wünnenberg (Chef der Ordnungspolizei) an die Polizei-Offizierschule des Wirtschaftsverwaltungsdienstes in Weimar: Dienstanweisung für die Offizierschule des Wirtschaftsverwaltungsdienstes, 28.04.1944.

141 Vgl. u. a. 10 Jahre Polizei-Institut Hiltrup, Jubiläumsausgabe der Mitteilungen 2/3 (1955); 20 Jahre Polizei-Institut Hiltrup 1945–1965, Die Polizei 7 (1965); Horst Schult, 40 Jahre „Hiltrup". Von der Zen-

Während zur Polizeischule Berlin-Köpenick keinerlei nennenswerte Publikationen existieren, gestaltet sich die Situation für ihre Brucker „Schwester“ nur wenig besser. Anlässlich ihres zehnjährigen Bestehens veröffentlichte die damalige Bayerische Polizeischule bereits im Jahre 1963 einen Sammelband, dessen Aufsätze sich ganz unterschiedlichen Themen rund um die Ausbildung widmen. Sie stammen aus der Feder von Polizeibeamten.[142] Wichtig für die vorliegende Studie sind besonders die beiden Beiträge von Polizeischulrat Klaus Schwarz und Polizeirat a. D. Ludwig Link über die Geschichte der polizeilichen Ausbildung in Bayern und der Polizeischule Fürstenfeldbruck.[143] Ein Schwachpunkt des Buches ist allerdings, dass die darin gemachten Angaben ebenfalls nicht oder allenfalls nur unzureichend belegt sind. Ansonsten existieren zur Brucker Bildungsanstalt keine weiteren Publikationen, die sich wissenschaftlich mit ihrer Vergangenheit auseinandersetzen.

Inspiriert von den Recherchen zur vorliegenden Studie verfasste eine Projektgruppe der heutigen Polizeifachhochschule Fürstenfeldbruck innerhalb von nur wenigen Wochen eine Arbeit über die Münchner Polizei im „Dritten Reich“.[144] In einem Kapitel versuchten die bayerischen Polizeischüler auch, die Geschichte ihrer Lehranstalt grob zu überfliegen. Außerdem befassten sie sich mit der weltanschaulichen Schulung, wofür sie vor allem einschlägige Studien zum Thema heranzogen. An diesen orientieren sich die Beamten auch, als sie nach einer Antwort auf die Frage suchten, wie sich diese auf die Adressaten auswirkte. Die polizeilichen Autoren schlussfolgern, dass die politische Indoktrination durchaus einflussreich gewesen sei, eben weil sich Vertreter und Einheiten der Ordnungspolizei aktiv an den antijüdischen Gewaltverbrechen des NS-Regimes beteiligten.[145]

Insgesamt ist auch die Geschichte von Fürstenfeldbruck während des „Dritten Reichs“ noch recht dürftig erforscht. Nur wenige Arbeiten befassen sich z. B. mit der Frage, wie die Nationalsozialisten in der oberbayerischen Kommune herrschten. Zu nennen sind hier insbesondere der von Ferdinand Kramer und Ellen Latzin herausgegebene Sammelband „Fürstenfeldbruck in der NS-Zeit“[146] und der Begleitband zur Ausstellung „'... was Menschen fähig sind'. Nationalsozialismus im Brucker Land“, die Ende 2010 bis Anfang 2011 im Bauernhof-

tral-Polizeischule zur Polizei-Führungsakademie. Inhalt, Geschichte und Perspektiven einer Idee, Schriftenreihe der Polizei-Führungsakademie 3/4 (1985); 50 Jahre Polizeiliche Bildungsarbeit in Münster-Hiltrup. Festschrift, Schriftenreihe der Polizei-Führungsakademie 3/4 (1995); Die Geschichte der Polizeischule Münster (Westf.) 1920–1960, hrsg. v. Landes-Polizeischule „Carl Severing“ Münster, Ahlen 1961; 40 Jahre Hessische Polizeischule (HPS) 1951–1991, hrsg. v. Direktor der Hessischen Polizeischule, Wiesbaden 1991; 50 Jahre Hessische Polizeischule, hrsg. v. Hessische Polizeischule, Wiesbaden-Kohlheck 2000; 50 Jahre Landespolizeischule Niedersachsen in Hann. Münden 1946–1996, hrsg. v. Landespolizeischule Niedersachsen, Hann. Münden 1996; 50 Jahre Akademie der Polizei Baden-Württemberg 1953–2003. Festschrift zum Jubiläum, hrsg. v. Akademie der Polizei Baden-Württemberg, Freiburg 2003.

142 Vgl. Georg Boxberger (Hrsg.), 10 Jahre Bayerische Polizeischule, hrsg. v. Bayerischen Polizeischule, Bad Godesberg 1963.

143 Vgl. Klaus Schwarz, Die Geschichte des Klostergebäudes Fürstenfeld nach 1803, in: ebd., S. 19–30; Ludwig Link, Rückblick auf die Ausbildung der staatlichen Polizei in Bayern, in: Boxberger, 10 Jahre, S. 31–37.

144 Vgl. Fachhochschule für öffentliche Verwaltung und Rechtspflege in Bayern – Fachbereich Polizei, Die Rolle der Polizei in München zur NS-Zeit, unveröffentlichter Projektabschlussbericht, Fürstenfeldbruck 2011, S. 1.

145 Vgl. ebd., S. 91 f.

146 Vgl. Ferdinand Kramer/Ellen Latzin (Hrsg.), Fürstenfeldbruck in der NS-Zeit. Eine Kleinstadt bei München in den Jahren 1933 bis 1945, Fürstenfeldbrucker Historische Studien, Bd. 1, Regensburg 2009.

museum Jexhof zu sehen war.[147] Auch Klaus Wollenberg befasst sich in einem umfangreichen Aufsatz mit der Brucker Historie, wobei er ebenfalls die Situation Fürstenfeldbrucks in der nationalsozialistischen Ära umreißt.[148] Darüber hinaus beherbergt die Zeitschrift „Amperland" einzelne Beiträge, die weitere Erkenntnisse liefern. Nicht zuletzt integriert die Arbeit neben der allgemeinen polizeigeschichtlichen Literatur auch Standardwerke und Überblicksdarstellungen, die sich mit dem Nationalsozialismus, dem Zweiten Weltkrieg und dem Holocaust sowie den Folgen auseinandersetzen.[149]

1.3 Quellenlage und Methode

Die vorliegende Studie untersucht, wie die Offiziere der Ordnungspolizei im Nationalsozialismus ausgebildet wurden und welche Rolle dabei vor allem ihre beiden obersten Lehranstalten spielten. Weil sich die Forschung mit diesem vielschichtigen Thema bislang nicht auseinandersetzte, sprechen in ihr daher hauptsächlich die Quellen. In erster Linie wertete der Verfasser vorwiegend behördliche und bisher kaum beachtete Unterlagen aus. Von der Polizeischule Berlin-Köpenick sind aber leider nur sehr wenige Quellen überliefert, die sich in den Beständen „Hauptamt Ordnungspolizei" (R 19) und „Truppen und Schulen der Ordnungspolizei/Chef der Bandenkampfverbände" (R 20) im Bundesarchiv Berlin-Lichterfelde (BAB) befinden. Offenbar wurden die meisten ihrer Akten gegen Ende des „Dritten Reichs" vernichtet oder gingen in den Wirren des „Totalen Krieges" unwiederbringlich verloren. Der klägliche Rest macht es daher nahezu unmöglich, angemessen zu rekonstruieren, was sich genau innerhalb der Mauern dieser bedeutenden Institution zutrug.[150] Schon allein aufgrund dieser schlechten Quellenlage konzentriert sich die Arbeit hauptsächlich auf ihre oberbayerische „Schwester".

---

147 Vgl. Reinhard Jakob (Hrsg.), „... was Menschen fähig sind". Nationalsozialismus im Brucker Land, Ausstellung im Bauernhofmuseum Jexhof 28. Mai 2010 bis 9. Januar 2011, Jexhof-Hefte 26, Fürstenfeldbruck 2010.

148 Vgl. Klaus Wollenberg, Reich und Republik. Die Entwicklung von Weimar bis Bonn (1918–1992), in: Hejo Busley/Toni Drexler/Carl A. Hoffmann u. a. (Hrsg.), Der Landkreis Fürstenfeldbruck. Natur – Geschichte – Kultur, Fürstenfeldbruck 1992, S. 220–335.

149 Vgl. u. a. Kurt Bauer, Nationalsozialismus. Ursprünge, Anfänge, Aufstieg und Fall, Wien/Köln/Weimar 2008; Magnus Brechtken, Die nationalsozialistische Herrschaft 1933–1939, 2., durchges. und bibliogr. akt. Aufl., Darmstadt 2012; Gruchmann, Weltkrieg; Schreiber, Weltkrieg; Longerich, Politik; Dieter Pohl, Holocaust. Die Ursachen – das Geschehen – die Folgen, Freiburg im Breisgau 2000; Ders., Verfolgung und Massenmord in der NS-Zeit 1933–1945, Darmstadt 2003; Wolfgang Benz, Der Holocaust, 7. Aufl., München 2008; Alexander Brakel, Der Holocaust. Judenverfolgung und Völkermord, Augsburg 2012; Friedländer, Reich; Wolfgang Benz/Hermann Graml/Hermann Weiß (Hrsg.), Enzyklopädie des Nationalsozialismus, 4. Aufl., München 2001; Annette Weinke, Die Nürnberger Prozesse, München 2006; Norbert Frei, Der Führerstaat. Nationalsozialistische Herrschaft 1933 bis 1945, 6., erw. und akt. Neuaufl., München 2001; Ders., Vergangenheitspolitik. Die Anfänge der Bundesrepublik und die NS-Vergangenheit, 2. Aufl., München 2003. Ferner: Werner Bergmann, Geschichte des Antisemitismus, München 2002; Wolfgang Benz, Was ist Antisemitismus?, Bundeszentrale für politische Bildung. Schriftenreihe, Bd. 455, Bonn 2004.

150 Das Bundesarchiv Berlin-Lichterfelde beherbergt z. B. nur wenige Quellen, die über die einzelnen Lehrgänge für Offiziersanwärter informieren, die an der Berliner Lehranstalt stattfanden: Im Bestand R 19 finden sich die Akten des 2. OAL (R 19/19a), 5. OAL (R 19/19b), 17. OAL (R 19/19d), 18. OAL (R 19/19e) und 21. OAL (R 19/21a). Im Vergleich zu den Unterlagen der Polizeischule FFB sind in diesen allerdings zahlreiche wichtige Dokumente nicht überliefert, wozu etwa Erfahrungsberichte zählen.

Die überlieferten Akten der Polizeischule Fürstenfeldbruck sind ungleich umfangreicher und ergiebiger, was sie zu einem idealen Untersuchungsgegenstand macht. Doch anscheinend schrumpften auch sie infolge des Krieges und in der Nachkriegszeit. Trotzdem ergeben sie einen opulenten Bestand, den das Bayerische Hauptstaatsarchiv (BayHStA) in München beherbergt. Dieser macht einen Großteil der verwendeten Quellen aus und stammt aus der polizeilichen Bildungsstätte selbst. Dadurch ist es möglich, den genauen Ausbildungsprozess und dessen Inhalte sowie schulinterne Vorgänge zu rekonstruieren. Darüber hinaus kann mithilfe dieser Akten auch aufgezeigt werden, wie Himmlers Ausbildungsapparat allgemein aufgebaut war. Ferner wurden dazu Unterlagen aus dem Hauptamt Ordnungspolizei und den Lehranstalten der uniformierten Staatsmacht hinzugezogen, die sich in den Beständen R 19 und R 20 des Berliner Bundesarchivs befinden.

Ergänzende Informationen lieferten zudem Quellen aus osteuropäischen Archiven, die als Mikrofilme im United States Holocaust Memorial Museum (USHMM) in Washington D. C. vorhanden sind. Hierzu zählen vor allem Akten aus dem Bestand „Deutsche Polizeieinrichtungen in den okkupierten Gebieten" (Records of German Police Agencies in the Occupied Territories), deren Originale das Zentrale Staatsarchiv bzw. „Sonderarchiv" in Moskau (Osobyi Archive (Moscow)) beherbergt.[151] Einzelne Sachverhalte zur Brucker Lokalgeschichte konnten zudem noch mit Material aus dem Staatsarchiv München (StAM) und dem Stadtarchiv Fürstenfeldbruck (StadtA FFB) rekonstruiert werden. Dazu dienten auch zeitgenössische Lokalzeitungen, zu denen vor allem die „Fürstenfeldbrucker Zeitung" und das „Fürstenfeldbrucker Tagblatt" gehörten.

In erster Linie fragt die so entstandene Studie also danach, wie die nationalsozialistische Ordnungspolizei ihre Oberbeamten beschulte, was am Beispiel der Polizeischule Fürstenfeldbruck aufgezeigt werden soll. Aufgrund dieses Schwerpunkts muss sie hingegen darauf verzichten, diese Frage analog für die Sicherheitspolizei und andere Waffenträger des NS-Staats zu beantworten. An einigen Stellen blickt die Arbeit thematisch dennoch über den Tellerrand hinaus und muss Aspekte des Ausbildungswesens ansprechen, die nicht exklusiv den Offiziersnachwuchs der uniformierten Ordnungsmacht betrafen. Allerdings kann nicht erschöpfend behandelt werden, wie die übrigen Ranggruppen und Spezialzweige der „grünen" Polizeibeamtenschaft ausgebildet wurden, da dies den Rahmen deutlich sprengen würde. Darüber hinaus will die Arbeit aber zumindest ansatzweise die Epochengrenzen von 1933 und 1945 in beide Richtungen überschreiten, damit Kontinuitäten und Zäsuren von der Weimarer Zeit bis in die Bundesrepublik hinein aufgezeigt werden können. Während die Nachkriegszeit verhältnismäßig viel Material bereithält, ist die Quellenbasis für die Zeit vor 1933 ziemlich überschaubar. Das ist nicht zuletzt darauf zurückzuführen, dass die Bayerische Landespolizei bei der Machtübernahme der Nationalsozialisten zahlreiche Akten vernichtete.[152] Dennoch war es möglich, zahlreiche Unterlagen zu dieser Ordnungsmacht zu sichten, die sich im Kriegsarchiv in München befinden, das eine Abteilung des Bayerischen Hauptstaatsarchivs (BayHStA – Kriegsarchiv) ist. Ebenso verfügt die DHPol über eine bestens ausgestattete Polizeigeschichtliche Sammlung (PG), in der vor allem zeitgenössisches Schrifttum der deutschen Polizei eingesehen werden konnte.[153]

151 Es handelt sich dabei konkret um den Bestand mit der Signatur: RG-11.001M.15 (Fond 1323).

152 Vgl. dazu etwa Emil Schuler, Die Bayerische Landespolizei 1919–1935. Kurze geschichtliche Übersicht, München 1964, S. 43.

153 An dieser Stelle möchte ich mich insbesondere bei Doris Kock herzlich bedanken, die mich in der DHPol in Münster-Hiltrup mit Rat und Tat sehr unterstützte.

Die Studie analysiert die Offiziersausbildung der uniformierten Polizei im Nationalsozialismus aus geschichtswissenschaftlicher Perspektive. Bei solch einem Thema scheint es sich anzubieten, sich ihm interdisziplinär anzunähern und dabei etwa die Erziehungswissenschaft oder die Schulforschung zu berücksichtigen.[154] Diese Disziplinen können eine solche Arbeit zweifelsohne inspirieren und wichtige Impulse liefern, um das Innenleben der Polizeischulen besser verstehen zu können. In diesen fand allerdings eine derart spezielle Berufsausbildung von Erwachsenen statt, dass die Erkenntnisse solcher Fachrichtungen nur äußerst bedingt übertragbar sind. Außerdem lässt sich aus den überlieferten Quellen zwar rekonstruieren, welche Inhalte den Polizeischülern im Unterricht vermittelt wurden, wohingegen sich nur wenig darüber aussagen lässt, auf welche Weise das konkret erfolgte. Solche Lücken vermag darüber hinaus auch die äußerst vielfältige Polizeiwissenschaft nicht zu schließen, die sich zwar ebenfalls mit historischen Aspekten, in erster Linie aber mit der Ausbildung und dem Dienst der heutigen deutschen Ordnungsmacht auseinandersetzt.[155]

Die vorliegende Arbeit vereint verschiedene methodische Ansätze in sich. Grundsätzlich verbindet sie Polizeigeschichts- und Holocaustforschung miteinander, wobei sie konkret der Täterforschung zuzurechnen ist. Innerhalb dieser Rubrik stellt sie in erster Linie eine institutionsgeschichtliche Studie dar, was sich auf unterschiedlichen Ebenen zeigt. Zum einen befasst sie sich mit der deutschen Ordnungspolizei als Institution und nimmt dabei vorwiegend deren Ausbildungsapparat und -praxis unter die Lupe. Empirisch konzentriert sie sich zum anderen hauptsächlich auf die Polizeischule Fürstenfeldbruck. Damit eröffnen sich verwaltungsgeschichtliche Perspektiven, die neue Einblicke sowohl in die nationalsozialistische als auch die polizeiliche Bürokratie liefern. Dabei darf Folgendes jedoch nicht vergessen werden: Institutionen werden nicht nur durch rechtliche Konstrukte und durch ihre Funktionen determiniert, sondern auch durch die Menschen, die in ihnen wirken. Um dem Rechnung zu tragen, bedient sich die Studie auch soziologischer und sozialpsychologischer Modelle, die sich mit struktur- und gesellschaftsgeschichtlichen Elementen verbinden. Das zeigt sich insbesondere in jenen Kapiteln, die sich mit dem Personal der Lehranstalt sowie dessen inner- und außerschulischen Interaktionen befassen. Um die so gewonnenen Erkenntnisse innerhalb der Geschichte des Nationalsozialismus zu kontextualisieren, behandelt die Arbeit nicht zuletzt kulturgeschichtliche und politikwissenschaftliche Gesichtspunkte. Diese Kombination multiperspektivischer Ansätze soll die verschiedenen Aspekte der polizeilichen Offiziersausbildung sowie ihrer exponierten Lehranstalt erhellen und zu einem größeren Gesamtbild zusammenfügen.

Als hilfreich für die Analyse erweist sich ein Modell von Rafael Behr, das zwischen einer *Police Culture* und einer *Cop Culture* unterscheidet. Mit ihm beschreibt der Soziologe, wie einerseits die bürokratische Polizeiorganisation von oben eine offizielle Polizeikultur vorgibt,

154 Vgl. dazu u. a. Werner Helsper/Jeanette Böhme (Hrsg.), Handbuch der Schulforschung, 2., durchges. und erw. Aufl., Wiesbaden 2008; Rudolf Tippelt/Aiga von Hippel (Hrsg.), Handbuch Erwachsenenbildung/Weiterbildung, 4., durchges. Aufl., Wiesbaden 2010.

155 Vgl. dazu u. a. Reinhard Mokros, Polizeiwissenschaft und Polizeiforschung in Deutschland. Versuch einer kritischen Bestandsaufnahme, Kriminologischpolizeiwissenschaftliche Arbeitspapiere der Ruhr-Universität Bochum, Bd. 2, 2., überarb. und erg. Aufl., Holzkirchen 2013; Bernhard Frevel, Polizei, Politik und Wissenschaft, in: APuZ 48 (2008), S. 3–9, hier: S. 5–9; Joachim Kersten, „Polizeiwissenschaft". Eine programmatische Standortbestimmung, in: SIAK-Journal – Zeitschrift für Polizeiwissenschaft und polizeiliche Praxis 1 (2012), S. 4–18. URL: http://www.bmi.gv.at/cms/BMI_SIAK/4/2/1/2012/ausgabe_1/files/Kersten_1_2012.pdf. (zuletzt eingesehen am: 15.07.2017). Ferner: Géza Finszter/László Korinek, Polizeiwissenschaften. Strukturen des polizeilichen Berufs am Beispiel ungarischer Entwicklungen, in: Monatsschrift für Kriminologie und Strafrechtsreform 92/5 (2009), S. 454–470.

die aus normativen Leitbildern besteht und sich hauptsächlich nach außen richtet, um die Institution der Polizei möglichst vorteilhaft in der Öffentlichkeit darzustellen. Andererseits pflegen die auf der Straße eingesetzten Beamten untereinander eine inoffizielle Polizistenkultur, welche auf praktischen Handlungsmustern basiert, die sie in ihrem dienstlichen Alltag und nicht auf den Polizeischulen erlernen, wie Behr ausführt. Aus diesen Erfahrungen entsteht ihm zufolge eine *Cop Culture*, die hauptsächlich aus kriegerischen, aggressions- und gewaltbereiten Männlichkeitsentwürfen, einem ausgeprägten Korpsgeist sowie einem klaren Freund-Feind-Denken besteht. Motiviert von seinem Gerechtigkeitsverständnis und geleitet von Tugenden wie Gehorsam, Ehre und Kameradschaft identifiziert sich der einzelne Polizist, so Behr, mit seiner Schicksalsgemeinschaft und kämpft zusammen mit ihr gegen Gegner, welche die bestehende Ordnung bedrohen würden. Polizeikultur und Polizistenkultur schließen sich aber nicht per se aus, sondern bedingen sich vielmehr wechselseitig.[156]

Da es sich auf die bundesrepublikanische Polizei bezieht, lässt sich dieses soziologische Modell zwar nicht so einfach auf jene Verhältnisse übertragen, die in den Offiziersschulen der nationalsozialistischen Ordnungspolizei herrschten. Trotzdem liefert es wichtige Impulse, um die Kultur innerhalb der Brucker Bildungsstätte besser verstehen zu können. Schließlich handelte es sich bei ihr auch um eine bürokratische Institution, deren Aufgabe theoretisch darin bestand, die einzelnen Polizeischüler zu Trägern jener Polizeikultur heranzuformen, die Himmlers Polizeiapparat auf dem Reißbrett erschaffen hatte. So gesehen diente die Polizeischule gewissermaßen als Medium, um dieses theoretische Konstrukt möglichst in die Praxis zu transferieren und die Offiziersanwärter dadurch zu idealtypischen Repräsentanten des NS-Staats zu erziehen. Insofern wird die Studie überprüfen, ob das tatsächlich zutrifft, wobei sie sich an Behrs Modell auch hinsichtlich ihres Aufbaus orientiert. Damit beruht sie auf einem Top-down-Ansatz, der vom übergeordneten institutionellen und normativen Komplex des Ausbildungswesens über die Polizeischule Fürstenfeldbruck als dessen Organ hin zu den einzelnen Polizisten selbst verläuft. Dadurch wird der Leser gleichzeitig von der abstrakten Polizeikultur des NS-Staats hin zur konkreten Polizistenkultur des Brucker Personals geführt. Eine zentrale Frage wird deshalb auch sein, inwieweit beide Sphären miteinander vereinbar waren und sich vielleicht sogar interdependent zueinander verhielten.

Zunächst liefert das folgende 2. Kapitel einen knappen Überblick, der die Geschichte der deutschen Polizei von der Weimarer Demokratie bis in die junge Bundesrepublik umreißt, sich jedoch aus naheliegenden Gründen auf die Periode der NS-Herrschaft konzentriert. Dieses Kapitel ist notwendig, um den allgemeinen Kontext aufzuzeichnen, in dem die Arbeit zu verorten ist. Der Fokus liegt vor allem auf der allgemeinen Organisation, Entwicklung und Einsatzpraxis der uniformierten Polizei, zu der in erster Linie die Schutzpolizei und die Gendarmerie zählten. Kriminal- und verwaltungspolizeiliche Belange können dabei und in der übrigen Arbeit ebenso wenig behandelt werden wie die einzelnen Sonderdienstzweige.

---

156 Vgl. Rafael Behr, Cop Culture – Der Alltag des Gewaltmonopols. Männlichkeit, Handlungsmuster und Kultur in der Polizei, 2. Aufl., Wiesbaden 2008; Ders., Cop-Culture – Rahmenbedingungen historisch-politischen Lernens aus der Sicht der Polizeikulturforschung, in: Kaiser, Schranken, S. 14–20; Ders., Polizeiarbeit – immer noch Männersache? Tradition, Hegemonie und die Folgen der Geschlechterdebatte in der Polizei?, in: Peter Leßmann-Faust (Hrsg.), Polizei und Politische Bildung, Wiesbaden 2008, S. 117–147. Ferner: Thomas Schweer/Hermann Strasser, Einblick: Cop Culture und Polizeikultur, in: Schweer/Strasser/Steffen Zdun (Hrsg.), „Das da draußen ist ein Zoo, und wir sind die Dompteure". Polizisten im Konflikt mit ethnischen Minderheiten und sozialen Randgruppen, Wiesbaden 2008, S. 11–38.

Das 3. Kapitel analysiert anschließend, wie das Ausbildungswesen in der Weimarer Republik aufgebaut war. Dabei werden sowohl das preußische als auch das bayerische System untersucht. Die Studie leuchtet letzteres jedoch stärker aus, da in ihm schon damals die Polizeischule Fürstenfeldbruck eine wichtige Rolle spielte. Insgesamt soll geklärt werden, wie beide Länder ihre Polizeioffiziere ausbildeten und wie sich dieser Prozess im Laufe der Zeit veränderte. Darüber hinaus befasst sich die Arbeit intensiv mit der Offiziersschule der Bayerischen Landespolizei. An ihrem Beispiel zeigt sie auf, welche thematischen Schwerpunkte sich inner- und außerhalb der Ausbildung herauskristallisierten, welche die Mentalität der Beamten prägten. Schließlich skizziert sie, wie sich der polizeiliche Ausbildungsapparat im Übergang von der Weimarer Republik zum „Dritten Reich" wandelte und welche Folgen dies für die Führungskräfte, die obersten Lehranstalten und den polizeilichen Nachwuchs hatte. Zeitlich beginnt das Kapitel mit dem Jahre 1918 und endet erst im Herbst 1935, als die Landespolizei in die Wehrmacht überführt wurde und damit die alten Strukturen des Weimarer Polizeisystems endgültig aufgebrochen waren. Wenngleich es nur eine „Vorgeschichte" des nationalsozialistischen Schulsystems erzählt, ist es durchaus vonnöten, sich eingehend mit dem Weimarer Modell auseinanderzusetzen. Denn wie sich zeigen wird, bildete es organisatorisch und ideell den Kern für Himmlers Ausbildungskonzept.

Mit diesem befasst sich dann das 4. Kapitel, das seinen administrativen Rahmen beschreibt. Zunächst stellt es dar, welche Stellen und Funktionäre ab Mitte 1936 im Hauptamt Ordnungspolizei damit betraut waren, die polizeiliche Ausbildung zu organisieren. Danach richtet sich der Blick auf die bereits eingehend erwähnte weltanschauliche Schulung, weil Himmler ihr in seinem reformierten Ausbildungssystem einen besonderen Stellenwert einräumte. Das hielt auch für die Polizeioffiziere neue Aufgaben bereit. Anschließend zeigt die Arbeit auf, welche Vorschriften der nationalsozialistische Polizeiapparat hervorbrachte, um zu regeln, wie der Offiziersersatz der uniformierten Ordnungsmacht beschaffen sein sollte. Dabei offenbart sich nicht nur, nach welchen Kriterien er seine angehenden Führungskräfte auswählte und welche Stationen sie in ihrer Ausbildung durchliefen, sondern auch, wie stark sich diese Aspekte insbesondere während des Krieges veränderten. Ein kurzer geschichtlicher Überblick zu den beiden Polizeischulen von Berlin-Köpenick und Fürstenfeldbruck soll daraufhin skizzieren, wie diese Institutionen organisiert waren, wie sie sich bis Kriegsende entwickelten und welche Kurse dort stattfanden. Ferner wird beleuchtet, wie die Offiziersanwärterlehrgänge beschaffen waren. An dieser Stelle wird auch geschildert, welche Vorschriften es zu diesen Kursen gab und wie genau ihr Ablauf geregelt war. Letztlich zeigt die Studie, aus welchen Einzelteilen diese Lehrgänge bestanden, in welche Disziplinen sie sich aufgliederten und wie sich diese bis Kriegsende veränderten.

Das 5. Kapitel widmet sich daraufhin sehr ausführlich der Frage, welche Fächer an der Polizeischule Fürstenfeldbruck unterrichtet und welche Inhalte dabei konkret vermittelt wurden. Der Verfasser wertete dazu die zahlreichen Lehr- und Stoffverteilungspläne aus, die sich in den Lehrgangsunterlagen der jeweiligen Kurse befinden. Weitere Informationen lieferten zusätzliche Unterrichtsmaterialien, die der Polizeiapparat zu bestimmten Fächern und Themen veröffentlichte. Es ist notwendig, sich mit den einzelnen Fachgebieten und Inhalten der Offiziersanwärterlehrgänge sehr detailliert und systematisch auseinanderzusetzen. Nur so kann geklärt werden, welche Einflüsse auf die Schüler im Rahmen der Ausbildung einwirkten und welche Wissens- und Wertekomplexe ihnen dabei begegneten. Gerade dieser Zugang ist neu, weil er im Vergleich zu anderen Untersuchungen die einzelnen Fachgebiete gleichwertig gewichtet und dadurch erst einmal aufführt, welche Themen insgesamt den Unterricht bestimmten. Um die einzelnen Disziplinen besser von einander abzugrenzen, wurden sie gebündelt und in vier Kategorien eingeteilt. So lassen sich thematische Schwerpunkte besser ausmachen. Dabei kann auch ergründet werden, welche Ziele das Ausbildungssystem mit den jeweiligen Sachgebieten verfolgte, mit denen die angehenden Polizeiführer während eines Lehrgangs konfrontiert waren. Allerdings kam es dabei immer wieder vor, dass sich die Fächer inhaltlich überschnitten. Das weist darauf hin, wie sehr sich die einzelnen Unterrichtsaspekte ergänzten, interdependent zueinander verhielten und dadurch Synergien entwickeln sollten. Danach versucht das Kapitel zu ergründen, ob die Schüler alle im Unterricht vermittelten Inhalte und Werte so verinnerlichen konnten, wie es sich der Polizeiapparat erhoffte. Dabei können insbesondere die Erfahrungsberichte des Schulleiters verraten, wie er seine Offiziersanwärter bewertete und wie sehr Wunsch und Wirklichkeit tatsächlich miteinander vereinbar waren. Letztlich wird auch noch skizziert, wie der nationalsozialistische Polizeiapparat seine aktiven Oberbeamten weiterbildete.

Auf die Peripherie blickt anschließend das 6. Kapitel, das die Polizeischule Fürstenfeldbruck abseits des regulären Lehrbetriebs genauer unter die Lupe nimmt. An dieser Stelle interessiert nicht nur, wie diese Institution materiell ausgestattet war und über welche Gebäude, Anlagen und Gerätschaften sie verfügte. Die Studie fragt auch danach, welchen politischen, wirtschaftlichen, gesellschaftlichen und kulturellen Stellenwert sie in Fürstenfeldbruck besaß und wie sie mit der Kommune, ihren Amtsträgern und der Bevölkerung interagierte. Darüber hinaus soll gezeigt werden, dass es durchaus Themen gab, mit denen sich die Bildungsanstalt außerhalb des Unterrichts befasste. Dazu zählten einerseits Feste und Gedenkveranstaltungen, andererseits aber auch thematische Schwerpunkte, die sich besonders infolge des Krieges herausbildeten und die Lebens- sowie die Gedankenwelt der Brucker Polizeibeamten beeinflussten. Ebenso werden außergewöhnliche Fälle beleuchtet, die darüber Auskunft geben, welches Verhalten diese Akteure teilweise an den Tag legten und was das über das polizeiliche Wertesystem insgesamt offenbart.

Das 7. Kapitel befasst sich dann noch intensiver mit den Personen, die an der Polizeischule Fürstenfeldbruck tätig waren. Um einen Eindruck davon zu erhalten, welche Männer an dieser „Kaderschmiede" unterrichteten oder unterrichtet wurden, werden prosopographische und individualbiographische Ansätze miteinander verknüpft. Der erste Teil dieses Abschnitts wertet vier ausgewählte Offiziersanwärterlehrgänge sozialstatistisch aus, von denen drei vor und einer nach Kriegsbeginn stattfanden. Deren Teilnehmer konnten namentlich über die entsprechenden Lehrgangsunterlagen ermittelt werden, die sich im erwähnten Bestand der Polizeischule Fürstenfeldbruck befinden. Die so getroffene Auswahl ist nicht ganz repräsentativ für alle angehenden Polizeiführer, die zwischen 1936 und 1945 einen Kurs in Fürstenfeldbruck absolvierten, weil sie als „Klumpenstichproben" aus dem gesamten Personenpool aller Lehrgangsteilnehmer erhoben wurden. Mit Blick auf die Grundgesamtheit tritt dadurch zwar ein sogenannter Klumpeneffekt ein, da anscheinend die einzelnen Absolventen innerhalb eines Kurses ziemlich homogen, die Lehrgänge zueinander jedoch recht inhomogen waren. Das liegt schon allein daran, dass diese Kurse zu unterschiedlichen Zeiten an der Brucker Bildungsanstalt stattfanden. Weil das NS-Regime seine Auswahlkriterien besonders während des Krieges mehrfach änderte, unterschieden sich daher auch die einzelnen Lehrgänge über ihre Teilnehmer untereinander. Doch auch der administrative und gesetzliche Rahmen änderte sich für die einzelnen Kurse, da insbesondere in der zweiten Kriegshälfte andere Ausbildungsstandards galten als zuvor.[157] Daher wurden die vier „Klumpen" nicht zufällig ausgewählt. Bei den ersten drei Kursen handelte es sich nämlich gleichzeitig

157 Siehe dazu Kapitel 4.3.

um die ersten drei Offiziersanwärterlehrgänge, welche die Polizeischule Fürstenfeldbruck überhaupt abhielt, während der vierte ein Kurs war, der nach Kriegsbeginn, aber noch vor dem Überfall auf die Sowjetunion startete. Diese Vorgehensweise bot sich an, da es weniger darum geht, den insgesamt „typischen" Offiziersanwärter, sondern vielmehr den „typischen" Teilnehmer dieser bestimmten Kurse zu ermitteln, um diese miteinander zu vergleichen. Denn die Lehrgänge werden dabei als Teilgesamtheiten analysiert, was dann eine Vollerhebung für die vier ausgewählten Kurse ermöglicht. So ergibt sich für diese Samples ein nahezu vollständiges Bild. Die so gewonnenen Erkenntnisse erlauben es zwar nicht, auf den gesamten Führungsnachwuchs zu schließen, den das NS-Regime bis Kriegsende an sämtlichen Offiziersschulen der Ordnungspolizei heranzog. Da eine solche Analyse ihren Rahmen beileibe sprengen würde, verfolgt die vorliegende Studie diesen Anspruch aber auch keineswegs. Vielmehr konzentriert sie sich schließlich auf den Ausbildungsprozess.

Um auf eine relativ homogene Quellenbasis zurückzugreifen, verwendete der Verfasser hauptsächlich die parteilich-institutionellen Personalakten der SS-Offiziere (SSO) sowie des Rasse- und Siedlungshauptamtes (RS), die das ehemalige Berlin Document Center (BDC) im Bundesarchiv Berlin-Lichterfelde beherbergt.[158] Mithilfe vor allem dieser, aber auch weiterer Unterlagen konnte eine Großzahl der betreffenden Lehrgangsteilnehmer ermittelt und sozialstatistisch erfasst werden.[159] Ohne den Anspruch auf Vollständigkeit erheben zu können, wurden die erhobenen Daten für die ausgewählten Kurse ausgewertet und die allgemeinen Ergebnisse mit den konkreten Lebensgeschichten einzelner Teilnehmer angereichert.

Durch die hohe Anzahl an nüchternen Zahlen und Daten besteht die Gefahr, allzu schnell aus den Augen zu verlieren, dass sich dahinter Menschen mit individuellen Biographien verbergen. Im weiteren Verlauf stellt die Studie deshalb einzelne Vertreter der Schulgemeinschaft gesondert heraus. Diese stammen nicht zwangsläufig aus den statistisch erfassten Lehrgängen, da sich der Blick auch auf Offiziersanwärter richtet, die andere Kurse besuchten. Gleichzeitig wurden aber vor allem herausragende Angehörige des Stammpersonals der Polizeischule Fürstenfeldbruck aufgrund ihrer Position ausgewählt. Dazu zählen insbesondere die verschiedenen Leiter dieser Bildungsstätte sowie einzelne Lehrkräfte, die durch ihr Wirken inner- und außerhalb der Schule auf sich aufmerksam machten. Ihre Namen konnten aus zahlreichen Dokumenten entnommen werden, die sich im Archivbestand der Polizeischule Fürstenfeldbruck befinden. Zeitgenössische Adressbücher von Fürstenfeldbruck ergänzten diese Personengruppe durch weitere Vertreter des Stammpersonals.[160]

Die Werdegänge einzelner Polizisten exemplarisch nachzuzeichnen, ermöglichten insbesondere Personalakten der Polizei. Wenngleich das Bundesarchiv Berlin-Lichterfelde zahlreiche Personalunterlagen der Ordnungspolizei im Bestand R 19 beherbergt, existiert für ein

158 Nähere Angaben zu diesen BDC-Beständen sind aufgeführt in: Archives of the Holocaust. An international collection of selected documents, Vol. 11: Berlin Document Center, Part 1, edited by Henry Friedlander/Sybil Milton, New York/London 1992, S. XI. Offiziell wird das Rasse- und Siedlungshauptamt mit RuSHA abgekürzt. Für den BDC-Bestand ist hingegen „RS" geläufig, das für die entsprechenden Akten im Folgenden auch verwendet wird.

159 Zur sozialstatistischen Methode vgl. u. a. Konrad H. Jarausch/Gerhard Arminger/Manfred Thaller, Quantitative Methoden in der Geschichtswissenschaft. Eine Einführung in die Forschung, Datenverarbeitung und Statistik, Darmstadt 1985. Ferner: Harald Weber, Klumpengröße und Varianz beim Klumpenstichproben-Verfahren, Dissertation, Trier 1981.

160 Insbesondere das Stadtadressbuch von Fürstenfeldbruck des Jahres 1939 war für die Untersuchung relevant. Vgl. StadtA FFB, Adressbuch für Stadt und Landkreis Fürstenfeldbruck, Fürstenfeldbruck 1939. Darüber hinaus beherbergt das Stadtarchiv Fürstenfeldbruck auch die Stadtadressbücher der Jahre 1930, 1936 und 1949, die ebenfalls wichtige Informationen lieferten.

derartiges Material aber keine zentrale Anlaufstelle. In der Bundesrepublik Deutschland liegt die Polizeihoheit nämlich bei den Ländern. Dort sind die Polizeibehörden gesetzlich dazu verpflichtet, ihre Personalakten nach bestimmten Vorgaben an die jeweiligen Archive abzugeben. Diese Praxis gestaltet sich in den einzelnen Bundesländern jedoch recht unterschiedlich.[161] Da die Lehrer und vor allem die Schüler der Polizeischule Fürstenfeldbruck aus dem gesamten Reichsgebiet stammten, war es daher unmöglich, eine flächendeckende Recherche vorzunehmen. Die Personalakten einzelner Vertreter dieses Personals konnten aber mithilfe einer Datenbank ermittelt werden, die der Verfasser eigens für diese aufwändige Suche erstellte. Sie beinhaltet vor allem die Namen und Geburtsdaten von insgesamt über 7.800 Männern, die aus den Lehrgangsunterlagen und sonstigen Sachakten der Brucker Polizeischule entnommen werden konnten. Diese Datensätze ermöglichten es, sowohl im Berliner Bundesarchiv als auch in zahlreichen Landes- und Kommunalarchiven einige Polizisten und damit auch ihre Personalakten ausfindig zu machen. In ihrem Umfang und Informationsgehalt sind sie jedoch recht unterschiedlich beschaffen. Auch stammten diese Beamten eben nicht nur aus den systematisch untersuchten Lehrgängen, weshalb eine statistische Analyse nicht in Betracht kam. Einzelne Männer sollen mithilfe dieses Materials lediglich ein Gesicht erhalten. Darum stehen ihre individuellen Biographien dabei im Vordergrund.

Zu den entsprechenden Quellen zählen beispielsweise die Personalunterlagen des Bayerischen Staatsministeriums des Innern (Bestand MInn), die sich im Bayerischen Hauptstaatsarchiv befinden. Bei ihnen handelt es sich jedoch meist nur um innenministerielle Personalnebenakten, die häufig nur Informationen zu einzelnen Beamten für die Zeit nach Kriegsende enthalten. Sie bilden für die Studie aber einen unverzichtbaren Quellenbestand, da die eigentlichen Personalakten entweder nicht zugänglich oder nicht überliefert sind. Als besonderer Glücksfall erwies es sich daher, dass der Verfasser erstmals jene Personalakten auswerten konnte, welche die Fachhochschule für öffentliche Verwaltung und Rechtspflege in Bayern – Fachbereich Polizei (BayFHVR Pol) in Fürstenfeldbruck beherbergt.[162] Mithilfe dieser Unterlagen war es möglich, die Lebenswege insbesondere von ehemaligen Kommandeuren und Lehrkräften zu untersuchen, die während der NS-Zeit und oftmals auch darüber hinaus an der Polizeischule Fürstenfeldbruck tätig gewesen waren. Ergänzende Informationen dazu lieferten personenbezogene Quellen der National Archives and Records Administration (NARA) in College Park/Maryland. Die Werdegänge der wichtigsten Beamten im Generalsrang konnten außerdem mithilfe des mehrbändigen Nachschlagewerks „Die

161 Vgl. dazu u. a. Katharina Tiemann (Hrsg.), Archivischer Umgang mit Personalakten. Ergebnisse eines spartenübergreifenden Fachgesprächs im Westfälischen Archivamt, Texte und Untersuchungen zur Archivpflege, Bd. 16, Münster 2004; Christoph Schmidt, Richtlinien zur Anbietung und Archivierung von Personalakten und Unterlagen des LBV. Erarbeitet von der Projektgruppe „Archivierungsmodell Personalverwaltung" des Landesarchivs Nordrhein-Westfalen, Düsseldorf 2009–2014, S. 27 f. URL: http://www.archive.nrw.de/lav/abteilungen/fachbereich_grundsaetze/BilderKartenLogosDateien/Behoerdeninformation/Beh__rdeninfo_Personalverwaltung_Stand_2014.pdf. (zuletzt eingesehen am: 15.07.2017); Richtlinien zur Übernahme von Personalakten der staatlichen Behörden des Landes Rheinland-Pfalz durch die Landesarchivverwaltung Rheinland-Pfalz. URL: http://www.landeshauptarchiv.de/unser-auftrag/staatliche-behoerden/anbietung-und-aussonderung/richtlinien-fuer-die-anbietung-von-personalakten/. (zuletzt eingesehen am: 15.07.2017); Aussonderung von Personalakten bei der Polizei. URL: http://www.landesarchiv-bw.de/sixcms/media.php/120/47207/Behoerden_Auswahl_PolizeiPersonalakten.pdf. (zuletzt eingesehen am: 15.07.2017).

162 An dieser Stelle möchte ich dem ehemaligen Präsidenten der Fachhochschule für öffentliche Verwaltung und Rechtspflege in Bayern, Hermann Vogelgsang, ganz herzlich dafür danken, dass ich diese und auch weitere Unterlagen sichten und für diese Arbeit wissenschaftlich auswerten durfte.

Generale der Waffen-SS und der Polizei" von Andreas Schulz, Günter Wegmann und Dieter Zinke rekonstruiert werden.[163] Insgesamt kann jedoch die Lebens- und Gedankenwelt dieser Menschen nur bis zu einem gewissen Punkt analysiert werden, da von ihnen leider kaum Egodokumente wie Briefe oder Tagebücher vorliegen.[164] Allenfalls in einzelnen Personal- und Spruchkammerakten konnten entsprechende Selbstzeugnisse aufgefunden werden.

Angesichts der enormen Fülle an einzelnen Daten kann es jedoch nicht darum gehen, alle Biographien des betreffenden Personals en detail aufzuschlüsseln und zu Papier zu bringen. Das verbietet sich sowohl zwecks Übersichtlichkeit als auch aus Platzgründen. Schon allein deshalb beschränkt sich die Studie auf ausgewählte Schüler und Angehörige des Brucker Stammpersonals, die dennoch in einigen Fällen eingehender präsentiert werden müssen, um ihr gesamtes Tätigkeitsspektrum einfangen zu können. Auch dieser Abschnitt zielt also keineswegs darauf ab, das gesamte Personal der Brucker Polizeischule erschöpfend zu analysierten. Schließlich handelt es sich dabei um tausende Lehrer und Schüler, die zwischen 1936 und 1945 dort tätig waren. Schon gleich gar nicht kann es diese Studie leisten, das gesamte Offizierskorps der Ordnungspolizei strukturgeschichtlich zu untersuchen, wie es Jens Banach und Michael Wildt für die leitenden Beamten der Sicherheitspolizei und des SD taten.[165] Vergleichbare Projekte für die uniformierte Polizei müssen weiterhin ein Desiderat bleiben, wenngleich Daniel Schmidt zumindest für das Ruhrgebiet zur Zwischenkriegszeit wichtige Ansatzpunkte lieferte.[166] Denn die „grüne" Ordnungsmacht zählte im Jahre 1944 insgesamt 21.460 Führungskräfte, was eine adäquate Analyse nicht gerade leicht macht.[167]

Das 8. Kapitel wirft anschließend einen Blick darauf, wie insbesondere die polizeilichen Oberbeamten in der Nachkriegszeit ausgebildet wurden. Weiterhin steht dabei vor allem die Polizeischule Fürstenfeldbruck im Zentrum. Zumindest punktuell soll ermittelt werden, was dieses Ausbildungssystem von seinen Vorgängern unterschied und welche Gemeinsamkeiten sich auch viele Jahre nach Ende des „Dritten Reichs" ausmachen lassen. Das 9. Kapitel synthetisiert sodann die Studienergebnisse und ordnet sie in einen übergeordneten Kontext ein, indem sie mit anderen Theorien und Thesen der interdisziplinären Täterforschung in Bezug gebracht werden. Ziel ist es dabei, die Grenzen von Fürstenfeldbruck zu verlassen und die bisher gewonnenen Erkenntnisse zu abstrahieren. Daran schließt letztlich das 10. Kapitel als resümierender Schlussteil an. Im Folgenden sollen nun erst einmal die wichtigsten his-

163 Vgl. Andreas Schulz/Günter Wegmann/Dieter Zinke, Die Generale der Waffen-SS und der Polizei. Die militärischen Werdegänge der Generale, sowie der Ärzte, Veterinäre, Intendanten, Richter und Ministerialbeamten im Generalsrang, Deutschlands Generale und Admirale. Teil V: Die Generale der Waffen-SS und der Polizei 1933–1945, Bd. 1–6, Bissendorf 2003–2012.

164 Ludwig Eiber präsentiert in einem Aufsatz ein Beispiel für die äußerst spärlichen Egodokumente aus den Reihen der Ordnungspolizei. Vgl. Ludwig Eiber, „… ein bißchen die Wahrheit". Briefe eines Bremer Kaufmanns von seinem Einsatz beim Reserve-Polizeibataillon 105 in der Sowjetunion 1941, in: 1999. Zeitschrift für Sozialgeschichte des 20. und 21. Jahrhunderts 6/1 (1991), S. 58–83.

165 Vgl. Banach, Elite; Wildt, Generation. Darüber hinaus erstellte etwa René Rohrkamp eine sozialstatistische Studie über die Soldaten der Waffen-SS, in der er sich nicht gesondert auf das Offizierskorps konzentriert. Vgl. Rohrkamp, Kämpfer.

166 Vgl. Schmidt, Polizisten, S. 179–228.

167 Vgl. Jan Erik Schulte, SS-Mentalität und Karrierismus. Das SS-Führerkorps als neue Funktionselite im nationalsozialistischen Staat, in: Till Kössler/Helke Stadtland (Hrsg.), Vom Funktionieren der Funktionäre. Politische Interessenvertretung und gesellschaftliche Integration in Deutschland nach 1933, Veröffentlichungen des Instituts für soziale Bewegungen. Schriftenreihe B: Darstellungen, Bd. 30, Essen 2004, S. 77–108, hier: S. 106.

torischen Etappen der deutschen Polizei von der Weimarer Republik bis in die zweite deutsche Demokratie skizziert werden.

2. Die Geschichte der deutschen Polizei von der Weimarer Republik bis in die Nachkriegszeit

2.1 Schlachtfeld Demokratie – Die Polizei in der Weimarer Republik

Die deutsche Polizei moderner Gestalt erblickte zu Beginn der Weimarer Republik das Licht der Welt. In Deutschland hatte es jedoch lange zuvor schon Kräfte gegeben, die polizeiliche Aufgaben erfüllten und sich sogar bis ins Mittelalter zurückverfolgen lassen. Während die frühen Städte zu lokalen Machtzentren anwuchsen, bildeten sie ein neues Rechtsbewusstsein heraus und schufen eine zunehmend komplexer werdende Verwaltung, die spezielle Ordnungsorgane institutionalisierte. Erstmals im 15. Jahrhundert nennen Quellen den Begriff der *„policey"*, der sich in der Frühen Neuzeit zum Synonym für das gesamte Staatswesen und dessen Verwaltung sowie für „die gute Ordnung" entwickelte.[168] Allerdings bezog sich diese öffentliche Ordnung darauf, die Machtposition der Landesfürsten und später der absolutistischen Herrscher wenn nötig mit Gewalt zu sichern. Insofern war die Polizei in Händen des Obrigkeitsstaats seither ein Instrument zur Sozialdisziplinierung, mit dessen Hilfe das Gemeinwesen dazu gezwungen werden sollte, sich mit der bestehenden Ordnung abzufinden. Nicht zuletzt hatte die Polizei dabei die Aufgabe, unter diesen autoritären Verhältnissen soziale Unruhen oder gar Aufstände zu unterdrücken.[169]

Als Konsequenz kam der Polizei der Frühen Neuzeit eine umfassende Wohlfahrts- und Schutzfunktion zu. Auch der preußische König Friedrich II. wollte diese aufrechterhalten, indem er seine Exekutive verstärkt militärisch ausrichtete. Das äußerte sich etwa darin, dass der Monarch die Ordnungsmacht mit ausgedienten Angehörigen der Armee besetzte. Dieser Prozess schlug sich auch in Organisation, Rekrutierung und Ausbildung des Personals nieder und prägte den Charakter der Sicherheitsorgane entscheidend. Die Polizei des 19. Jahrhunderts trat institutionell aus dem Schatten der Armee heraus und spezialisierte sich zunehmend. So entstand vielerorts eine Kriminalpolizei, die ihre Fahndungsmethoden fortwährend verfeinerte. Im Jahre 1868 löste König Ludwig II. von Bayern ferner aus dem Heer die Gendarmerie heraus, die seit Januar 1813 die Ordnung auf dem Lande und die Grenzen zu sichern hatte. Ähnlich dem bayerischen Muster emanzipierten sich auch in anderen Ländern regionale und kommunale Polizeikräfte allmählich von den Streitkräften. Solche Inno-

---

168 Zu den Anfängen polizeiähnlicher Strukturen auf dem Gebiet des heutigen Deutschlands vgl. Harnischmacher, Polizeigeschichte, S. 4–17; Breibeck, Polizei, S. 3–27; Krabbe, Policey, S. 158 f.; Manfred Biernath, Die Bayerische Polizei. Geschichte, Sozialstruktur und Organisation, Dissertation, München 1977, S. 7–35.

169 Vgl. Peter Nitschke, Die Polizierung aller Lebensbereiche: Sozialdisziplinierung und ihre polizeilichen Implikationen in der Prämoderne, in: Ders., Polizei, S. 27–45. Ferner: Siemann, Ruhe; Biernath, Polizei, S. 35–37; Alf Lüdtke, „Willkürgewalt des Staates"? Polizeipraxis und administrative Definitionsmacht im vormärzlichen Preußen, in: Reinke, Sicherheit, S. 35–55.

vationen dürfen jedoch nicht darüber hinwegtäuschen, dass die Ordnungshüter bis Ende des Kaiserreichs maßgeblich unter dem Einfluss des Militärs standen.[170]

Im 18. und vor allem im 19. Jahrhundert entwickelte sich nicht nur eine Polizeiorganisation neuen Zuschnitts, sondern auch ein modernes Rechtsverständnis. Es entzog der Polizei zunehmend die Aufgaben der Wohlfahrtspflege und rückte vielmehr die Gefahrenabwehr in den Vordergrund. Der Staat formulierte als vorrangige Aufgabe der Polizei, Sicherheit und Ordnung aufrechtzuerhalten, und stellte ihre Arbeit auf eine gesetzliche Grundlage. Bereits das Preußische Allgemeine Landrecht von 1794 unterschied die staatlichen Aufgaben in Wohlfahrtspflege und Gefahrenabwehr, wobei für letztere die Polizei zuständig war.[171] Im Königreich Bayern schlug sich diese neue Interpretation polizeilicher Tätigkeit aber erst im Polizeistrafgesetzbuch des Jahres 1861 nieder.[172] Im Kaiserreich befand sich die Ordnungsmacht jedoch in einem Spannungsfeld: Einerseits kam ihr die Aufgabe zu, die Bevölkerung vor Gefahren zu schützen und dadurch den sozialen Frieden im Zeitalter von Urbanisierung und Industrialisierung zu bewahren. Andererseits ging sie zuweilen recht brutal gegen Arbeiterbewegung und Sozialdemokratie vor, die sich als Gegenmodell zum konservativen Bürgertum verstanden und die bestehende Ordnung zu bedrohen schienen. Doch gerade diese Arbeiterklasse diente nun als Reservoir, um neues Personal für den Polizeidienst zu rekrutieren, da der Bedarf nicht mehr nur durch ehemalige Angehörige der Armee gedeckt werden konnte. So führte unter anderem diese veränderte Einstellungspraxis dazu, dass sich die Staatsgewalt von innen heraus allmählich zu zivilisieren begann und aus dem Dunstkreis des Militärs befreite.[173]

---

170 Vgl. dazu Harnischmacher, Polizeigeschichte, S. 31–71. Zur Entwicklung der einzelnen Polizeizweige insbesondere in Bayern ferner: Manfred Teufel, Vom Werden der deutschen Kriminalpolizei. Ein polizeihistorischer Abriß mit prosopographischen Anmerkungen, in: Nitschke, Polizei, S. 72–97, hier: S. 72–87; Biernath, Polizei, S. 45 f. sowie 57–59; Breibeck, Polizei, S. 52–55 und 62 f.; Falter, Chronik, Bd.1, S. 14–23; Christoph Bachmann, Die Münchner Gendarmerie 1798–1898, in: Michael Farin (Hrsg.), Polizeireport München 1799–1999, München 1999, S. 12–35, hier: S. 18; Hans-Joachim Hecker, Strafjustiz und Polizei in Bayern im 19. und 20. Jahrhundert, in: Farin, Polizeireport, S. 106–111, hier: S. 106–108. Zur Entwicklung der Polizei in Preußen und anderen europäischen Staaten ferner: Hsi-Huey Liang, The rise of modern police and the European state system from Metternich to the Second World War, Cambridge 1992, besonders: S. 62–76.

171 Vgl. dazu Peter Preu, Polizeibegriff und Staatszwecklehre. Die Entwicklung des Polizeibegriffs durch die Rechts- und Staatswissenschaften des 18. Jahrhunderts, Göttinger Rechtswissenschaftliche Studien, Bd. 124, Göttingen 1983, besonders: S. 274–328; Harnischmacher, Polizeigeschichte, S. 39. Ferner: Ralph Jessen, Polizei, Wohlfahrt und die Anfänge des modernen Sozialstaats in Preußen während des Kaiserreichs, in: Geschichte und Gesellschaft 20 (1994), S. 157–180; Albrecht Funk, Die Entstehung der modernen Polizei in Preußen 1870–1890. Bezugspunkte einer historischen Polizeianalyse, in: Reinke, Sicherheit, S. 56–70.

172 Vgl. Biernath, Polizei, S. 54 f. Ferner zur rechtlichen Lage der Münchner Polizei im 19. Jahrhundert: Gerhard Bauschinger, Das Verhältnis von städtischer Selbstverwaltung und königlicher Polizei in München im 19. Jahrhundert, Dissertation, München 1968.

173 Vgl. Ralph Jessen, Preußische Polizei und Arbeiterschaft im Kaiserreich, in: Nitschke, Polizei, S. 46–71. Ferner: Ders., Polizei im Industrierevier. Modernisierung und Herrschaftspraxis im westfälischen Ruhrgebiet 1848–1914, Kritische Studien zur Geschichtswissenschaft, Bd. 91, Göttingen 1991, S. 126–137 und 157–170 [Künftig: Jessen, Polizei im Industrierevier]; Schmidt, Polizisten, S. 59–61; Thomas Lindenberger, Straßenpolitik. Zur Sozialgeschichte der öffentlichen Ordnung in Berlin 1900 bis 1914, Politik- und Gesellschaftsgeschichte, Bd. 39, Bonn 1995; Andreas Roth, Jugendlichdelinquenz, Polizei und Strafjustiz in Berlin während des Kaiserreiches, in: Reinke, Sicherheit, S. 222–241. Das mitunter radikale Vorgehen der Polizei gegen die deutsche Arbeiterschaft entdeckte auch die marxistische

Der Zusammenbruch des Kaiserreichs zum Ende des Ersten Weltkriegs erstreckte sich nicht nur auf die politische Ordnung, sondern erfasste auch die innerstaatlichen Sicherheitsorgane. In der Novemberrevolution von 1918 kapitulierte die kaiserliche Polizei gegenüber den militärischen und zivilen Aufständischen, da sie zur Gegenwehr weder ausreichend gerüstet noch zahlenmäßig in der Lage war. Insofern blieb ihr nichts anderes übrig, als sich selbst aufzulösen und der neuen Reformbewegung ihren Lauf zu lassen.[174] Die rasch entstehenden Arbeiter- und Soldatenräte beendeten endgültig die Ära der monarchistischen Ordnungskräfte und schufen neue polizeiliche Institutionen, die ihr Personal aus den eigenen Reihen rekrutierten. Sie sollten sich jedoch alsbald ebenso als eine Übergangslösung entpuppen wie der Einsatz von Restbeständen der untergegangenen Monarchie sowie zwielichtigen Freikorps und Einwohnerwehren durch die provisorische Reichsregierung. Die anschließende Gründung der Weimarer Republik zwang die deutsche Polizei dazu, sich in den Dienst der demokratischen Staatsform zu stellen, deren Ideale zu übernehmen und ein entsprechendes Selbstbild zu entwickeln.[175]

Wie in allen deutschen Ländern gestaltete sich die Suche nach einer neuen Identität auch in Bayern durchaus schwierig und langwierig: Nachdem Kurt Eisner, der erste Ministerpräsident des Freistaats Bayern, am 21. Februar 1919 einem Attentat des Rechtsradikalen Anton Graf von Arco auf Valley zum Opfer gefallen war, proklamierten linke Revolutionäre am 7. April die Münchner Räterepublik.[176] Unter den chaotischen Verhältnissen litt auch die Schutzmannschaft der Landeshauptstadt, die in kürzester Zeit mehrere Polizeipräsidenten kommen und gehen sah. Sie konnte auch nicht verhindern, dass ein gewalttätiger Mob in der Nacht vom 28. auf den 29. April 1919 die Münchner Polizeidirektion stürmte und zahlreiche Kriminalakten sowie Teile des Erkennungsdienstes zerstörte. Der Sicherheitsapparat war unter diesen Verhältnissen fast vollständig zusammengebrochen.[177] Der nach Bamberg geflohenen Regierung unter Johannes Hoffmann von der Sozialdemokratischen Partei Deutschlands (SPD) gelang es, mithilfe von Reichswehr und konterrevolutionären Freikorps schrittweise die Kontrolle über Bayern zurückzugewinnen. Als die Truppen herannahten, ereignete sich am 30. April 1919 der berüchtigte „Geiselmord“ im Luitpold-Gymnasium. Anhänger der kommunistischen Räterepublik erschossen dabei zehn Gefangene, unter denen sich auch einige Mitglieder der rechtsextremen Thule-Gesellschaft befanden.[178] Diese Gräueltat diente den „Weißen Truppen“ als Legitimation, um Anfang Mai 1919 in München ein-

Geschichtsschreibung für sich, wie der folgende Titel belegt: Dieter Fricke, Bismarcks Prätorianer. Die Berliner politische Polizei im Kampf gegen die deutsche Arbeiterbewegung (1871–1898), Berlin 1962.

174 Vgl. Jürgen Siggemann, Die kasernierte Polizei und das Problem der inneren Sicherheit in der Weimarer Republik. Eine Studie zum Auf- und Ausbau des innerstaatlichen Sicherheitssystems in Deutschland 1918/19–1933, Frankfurt am Main 1980, S. 19 f. Ferner: Peter Leßmann-Faust, Weimarer Republik: Polizei im demokratischen Rechtsstaat am Beispiel Preußens, in: Hans-Jürgen Lange (Hrsg.), Staat, Demokratie und Innere Sicherheit in Deutschland, Studien zur Inneren Sicherheit, Bd. 1, Opladen 2000, S. 29–50, hier: S. 29 f.

175 Vgl. Peter Leßmann, Die preußische Schutzpolizei in der Weimarer Republik. Streifendienst und Straßenkampf, Düsseldorf 1989, S. 17–43. Zur Rolle der Freikorps und Einwohnerwehren als Vorläufer der ordentlichen Polizeiorgane ferner: Siggemann, Polizei, S. 46–76. Zu den Einwohnerwehren speziell in Bayern: David Clay Large, The Politics of Law and Order. A History of the Bavarian Einwohnerwehr, 1918–1921, Transactions of the American Philosophical Society, Bd. 70/2, Philadelphia 1980.

176 Vgl. Franz Menges, Vom Freistaat zur Reichsprovinz (1918–1933), in: Manfred Treml (Hrsg.), Geschichte des modernen Bayern. Königreich und Freistaat, 3. neu bearb. Aufl., München 2006, S. 161–286, hier: S. 184–187.

177 Vgl. Biernath, Polizei, S. 61 f.; Falter, Chronik, Bd. 1, S. 42.

178 Vgl. Rudolf Herz/Dirk Halfbrodt, Revolution und Fotografie München 1918/19, Berlin 1988, S. 183.

zumarschieren. Rasch eroberten sie die Stadt zurück und schlugen die „Rote Armee" der Räterepublik vernichtend. Dabei gingen sie äußerst brutal gegen die Verantwortlichen, aber auch gegen unbeteiligte Zivilisten vor, von denen viele den Tod fanden.[179] Damit hatten Militär und Freikorps die Münchner Räterepublik gewaltsam beseitigt. Ein ähnliches, wenngleich nicht ganz so brutales Schicksal ereilte im Jahre 1919 auch die übrigen Räterepubliken, die etwa in Berlin, Bremen, Hamburg und im Ruhrgebiet entstanden waren.[180]

Vor dem Eindruck dieser chaotischen Zustände bemühte sich die Regierung des Freistaats darum, schleunigst die Lage zu stabilisieren und dazu eine schlagkräftige Polizeitruppe zu schaffen. Als rechtliche Grundlage für den Aufbau einer neuen Ordnungsmacht diente ihr die Weimarer Reichsverfassung vom 11. August 1919, die den einzelnen Ländern die Polizeihoheit gewährte. Bis auf wenige Ausnahmen sollte damit das Reichsministerium des Innern nahezu keine Handhabe besitzen, um Einfluss auf die deutsche Ordnungsmacht zu nehmen.[181] Das bayerische Staatsministerium des Innern richtete am 11. November 1919 unter der Leitung von Major Hans von Seißer die „Staatliche Polizeiwehr" ein, die sich größtenteils aus ehemaligen Offizieren und Soldaten der alten Armee sowie Freikorpskämpfern zusammensetzte. Sie sollte aber nur wenige Monate bis September 1920 bestehen bleiben, da die Interalliierte Militärkontrollkommission (IMKK) in ihr eine getarnte Armee zu erkennen glaubte.[182] In der Note von Boulogne vom 22. Juni 1920 drängte die Entente die einzelnen deutschen Länder dazu, ihre paramilitärischen Sicherheitsorgane wieder aufzulösen. Der Versailler Vertrag begrenzte schließlich die Reichswehr auf 100.000 Mann, die nicht über das Hintertürchen wieder aufgestockt werden sollte. Daher mussten die Länder ihre Polizeiorgane umfunktionieren, wozu ihnen die alliierten Siegermächte insgesamt 150.000 Polizisten zubilligten.[183] Das bedeutete auch das Ende der neu eingerichteten Sicherheitspolizei in Preußen. Sie hatte vor allem gegen innere Unruhen und Revolten einzuschreiten und wie in den übrigen Ländern in geschlossenen Polizeieinheiten operiert, was ein Novum in der deutschen Geschichte darstellte. An ihre Stelle rückte die bereits im Kaiserreich existierende „Ordnungspolizei", die jedoch in den verschiedenen Ländern unterschiedliche Namen erhielt, meist aber als „Schutzpolizei" bezeichnet wurde.[184]

---

179 Vgl. Walter Nickmann/Joachim Schröder, Revolution und „Ordnungszelle Bayern", in: Schröder, Polizei, S. 17–22, hier: S. 17–19; Menges, Freistaat, S. 189 f.

180 Vgl. Gunther Mai, Die Weimarer Republik, München 2009, S. 24. Ferner zur Geschichte der Räterepublik in Hamburg und deren Folgezeit: Danner, Ordnungspolizei, S. 10–23. Zur „Sozialistischen Republik Bremen": Schneider, Polizeibataillone, S. 31 f.

181 Vgl. Neufeldt, Entstehung, S. 5–7.

182 Vgl. Biernath, Polizei, S. 63; Johannes Schwarze, Die bayerische Polizei und ihre historische Funktion bei der Aufrechterhaltung der öffentlichen Sicherheit in Bayern von 1919–1933, Miscellanea Bavarica Monacensia, Bd. 72, München 1977, S. 20 f. Ferner zur Geschichte der Polizeiwehr: Klaus Wild, Die Polizeiorganisation in Nürnberg und Fürth von 1919 bis 1945. Der Weg vom Staatspolizeiamt zum Polizeipräsidium, Masterarbeit, Münster 2011, S. 23 f.

183 Vgl. Johannes Buder, Die Reorganisation der preußischen Polizei 1918–1923, Europäische Hochschulschriften. Reihe III: Geschichte und ihre Hilfswissenschaften, Bd. 294, Frankfurt am Main/Bern/New York 1986, S. 244–251; Schwarze, Polizei, S. 55.

184 Vgl. Ludwig Dierske, Sicherheitskräfte in Preußen zu Beginn der Weimarer Republik, in: APuZ 47 (1969), S. 31–55, hier: S. 44 f. Ferner zur preußischen Sicherheitspolizei: Leßmann, Schutzpolizei, S. 44–90. Zur Geschichte der Ordnungspolizei in einzelnen Ländern u. a.: Manfred Teufel, Die südwestdeutsche Polizei im Obrigkeits- und Volksstaat. Zur Geschichte der Polizei in Baden, Württemberg und Hohenzollern. Daten – Fakten – Strukturen. 1807–1932, Holzkirchen 1999, S. 125–139 und 156–168; Danner, Ordnungspolizei.

In der Weimarer Republik unterteilte sich die exekutive Staatsgewalt in Schutzpolizei, Gendarmerie, Kommunal-, Kriminal- und Verwaltungspolizei. Der preußischen Schutzpolizei gaben vor allem der sozialdemokratische Innenminister Carl Severing und der Leiter der Polizeiabteilung Wilhelm Abegg ihre Gestalt. Beiden schwebte eine Ordnungsmacht vor, die sich von ihren militärischen Ursprüngen und Traditionen lösen und dadurch zu einem bürgernahen Instrument der Demokratie avancieren sollte. Ihnen genügte es aber nicht, die Polizei lediglich zu entmilitarisieren. Auch wollten sie deren Angehörigen zu professionellen Staatsdienern heranformen, weshalb in Preußen zahlreiche Polizeischulen entstanden, die als Vorbild für ähnliche Institutionen in den übrigen Ländern fungierten. Tatsächlich gelang es, neue Ordnungskräfte außerhalb des Militärs zu rekrutieren und dadurch die Staatsmacht weiter zu zivilisieren. Trotz aller Reformversuche ließen sich die ambitionierten Pläne der preußischen Politik und deren idealistische Vision von der Polizei als „Freund und Helfer" nur ansatzweise verwirklichen. Auch künftig operierten die kasernierten Polizeieinheiten im geschlossenen Einsatz gegen Aufständische und Demonstranten.[185]

Dabei zeigte sich schon früh, dass eine schlagkräftige Polizeitruppe in den einzelnen Ländern absolut notwendig war, um die junge Demokratie zu schützen: Im Kapp-Putsch vom 13. März 1920 versuchte eine republikfeindliche Allianz aus militärischen und politisch rechtsextremen Kräften, die Weimarer Regierung gewaltsam zu stürzen. Dadurch wollte sie etwa verhindern, dass die Reichswehr ihre Personalstärke derart drastisch reduzieren musste, wie es der Versailler Vertrag verlangte.[186] Zwar scheiterte der Staatsstreich, doch offenbarte sich dabei, dass nicht nur solche radikalen Kreise die neue politische Ordnung bedrohten. Denn auch große Teile der Sicherheitspolizei insbesondere in Preußen hatten die antirepublikanischen Verschwörer unterstützt. Dadurch erwiesen sie sich nicht gerade als zuverlässige Garanten des neuen Staatswesens.[187]

In dieser Umbruchphase ging aus der bayerischen Polizeiwehr zunächst die „Staatliche Ordnungspolizei" hervor, die aber nicht lange unter diesem Namen firmieren sollte. Das Innenministerium des Freistaats benannte sie am 20. November 1920 in „Bayerische Landespolizei" um. Sie bestand hauptsächlich aus kasernierten Einheiten und setzte sich zu einem erheblichen Teil aus dem Personal der ehemaligen Polizeiwehr zusammen. Aus dieser neuen Bereitschaftspolizei rekrutierte der Staat außerdem seine Nachwuchskräfte für den polizeilichen Einzeldienst, der auf „Streife" und auf den Revieren in Städten und Gemeinden sowie in ländlichen Gegenden für Ordnung sorgte. Denn neben der Landespolizei existierte noch die Gemeindepolizei, die sich aus der auf dem Lande zuständigen Gendarmerie und der städtischen Schutzmannschaft zusammensetzte.[188] Weil das „Reichsgesetz über die Schutzpolizei der Länder" vom 17. Juli 1922 die einzelnen Länder dazu drängte, die Rechtsverhältnisse ihrer Ordnungshüter zu klären, verabschiedete das bayerische Parlament am 26. August 1922 sein Landespolizeibeamtengesetz. Wie die entsprechenden Gesetze der anderen

185 Vgl. Volkmar Götz, Polizei und Polizeirecht, in: Kurt G. A. Jeserich/Hans Pohl/Georg-Christoph von Unruh (Hrsg.), Deutsche Verwaltungsgeschichte, Bd. 4: Das Reich als Republik und in der Zeit des Nationalsozialismus, Stuttgart 1985, S. 397–420, hier: S. 399–409 [Künftig: Götz, Polizei (Weimarer Republik)].

186 Vgl. Ulrich Kluge, Die Weimarer Republik, Paderborn 2006, S. 62 f.; Horst Möller, Die Weimarer Republik. Eine unvollendete Demokratie, 9. Aufl., München 2008, S. 153 f.

187 Vgl. Buder, Reorganisation, S. 190–204; Leßmann, Schutzpolizei, S. 78–85; Siggemann, Polizei, S. 143; Danner, Ordnungspolizei, S. 35–45.

188 Vgl. Biernath, Polizei, S. 63; G. Sagerer/Emil Schuler, Die Bayerische Landespolizei von 1919–1935, München 1954, S. 6; Schwarze, Polizei, S. 23.

Länder bestimmte es unter anderem, dass sich die eingestellten Polizisten dazu verpflichten mussten, zwölf Jahre lang, aber eben auch nicht länger, in der Polizei zu dienen – eine Regelung, die einigen Gesetzeshütern künftig Probleme bereitete.[189]

Alle Reformen innerhalb der Polizei konnten allerdings nicht darüber hinwegtäuschen, dass Revolutionszeit und Räterepublik auch ihre Spuren bei den Polizeibeamten hinterlassen hatten, denen der Kapp-Putsch als Vorlage dafür diente, selbst auf die Politik Einfluss zu nehmen. Zu den größten Republikgegnern im bayerischen Polizeiapparat zählte der neue Münchner Polizeipräsident Ernst Pöhner. Er gehörte zu jenen Kräften, die den sozialdemokratischen Ministerpräsidenten Hoffmann zum Rücktritt zwangen. Dessen Nachfolger, Gustav Ritter von Kahr, etablierte die „Ordnungszelle Bayern", die einen idealen Sammelplatz für rechtsextreme und erzkonservative Kreise bot.[190] Mit dafür verantwortlich war auch Pöhner, der diesem Milieu nicht nur wohlwollend gegenüberstand, sondern sogar „Fememörder" wie die terroristische Organisation Consul unterstützte, die eine Reihe von politischen Morden verübt hatte. In seiner Polizeidirektion waren daneben einige Polizisten anzutreffen, die mit der Nationalsozialistischen Deutschen Arbeiterpartei (NSDAP) sympathisierten oder sich in ihr sogar aktiv betätigten. Selbst nachdem er und von Kahr im September 1921 von ihren Ämtern zurückgetreten waren, hielt diese unrühmliche Liaison weiter an.[191]

Die Gegner des Parlamentarismus sahen sich erst recht in ihrer ablehnenden Haltung bestärkt, als es im Deutschen Reich zu teils gewaltsamen Krawallen kam, in denen radikale Kräfte beider politischer Lager gegen die Weimarer Republik opponierten. Großangelegte Streiks von Arbeitern und gewaltsame Demonstrationen vorwiegend linker Akteure forderten bereits in der Frühphase des demokratischen Staates einen entschlossenen Einsatz seiner jungen Polizei. Zahlreiche solcher polizeilichen Aktionen fanden vor allem im Ruhrgebiet, in Norddeutschland, in Bayern und in Sachsen statt.[192] Eine besondere Rolle nahm dabei der Mitteldeutsche Aufstand vom März 1921 ein: Zu einem bewaffneten Konflikt eskalierte ein Generalstreik der Arbeiterschaft in der Provinz Sachsen, den die Kommunistische Partei Deutschlands (KPD) initiiert hatte. Diesen konnten einige Hundertschaften der preußischen Schutzpolizei mit großer Waffengewalt, aber ohne wesentliche Mithilfe der Reichswehr beenden.[193] Der Erfolg der Operation etablierte die Polizei in Preußen als Hüterin der

189 Vgl. BayHStA München – Kriegsarchiv, Landespolizei FFB Bund 1, Akt 6, Landespolizeibeamtengesetz (LBG) vom 26.08.1922, in: Gesetz- und Verordnungs-Blatt für den Freistaat Bayern, 30.08.1922, Nr. 39, S. 427–432, hier: S. 427.

190 Vgl. Nickmann, Revolution, S. 19 f.

191 Vgl. Ders., Die Auswüchse des „Pöhner-Systems": Polizei und Fememorde, in: Schröder, Polizei, S. 25–29; Ders./Joachim Schröder, Die Münchner Polizei und die NSDAP, in: Schröder, Polizei, S. 31–37, hier: S. 35 f.; Schwarze, Polizei, S. 38; Hermann Wilhelm, Dichter, Denker, Fememörder. Rechtsradikalismus und Antisemitismus in München von der Jahrhundertwende bis 1921, Berlin 1989, S. 129–131 sowie 137.

192 Vgl. u. a. Siegfried Zaika, Polizeigeschichte. Die Exekutive im Lichte der historischen Konfliktforschung. Untersuchungen über die Theorie und Praxis der preußischen Schutzpolizei in der Weimarer Republik zur Verhinderung und Bekämpfung innerer Unruhen, Polizei Praxis, Bd. 1, Lübeck 1979, S. 66–134; Schmidt, Polizisten, S. 74 f.; Frank Jochims, Auf dem Weg zu einer demokratischen Polizei. Gelsenkirchener Schutzpolizei 1918–1928, in: Goch, Gesellschaft, S. 98–153, hier: S. 118–131. Recht ausführlich setzt sich insbesondere Schwarze mit links- und rechtsextremen Straftaten und Demonstrationen in Bayern und der Reaktion der hiesigen Polizei auseinander. Vgl. Schwarze, Polizei, S. 25 f., 87–103 sowie 150–155 und 217–227.

193 Vgl. Christian Knatz, „Ein Heer im grünen Rock"? Der Mitteldeutsche Aufstand 1921, die preußische Schutzpolizei und die Frage der inneren Sicherheit in der Weimarer Republik, Quellen und Forschungen zur Brandenburgischen und Preußischen Geschichte, Bd. 19, Berlin 2000, insbesondere S. 393;

inneren Sicherheit und führte dazu, dass sie in dieser Funktion endgültig die Armee beerbte. Deswegen besaß sie im Deutschen Reich eine Vorreiterrolle, an der sich andere Länder orientierten. Der militärische Charakter des geschlossenen Einsatzes hintertrieb jedoch Severings liberales Polizeikonzept. Mehr noch zementierte der Mitteldeutsche Aufstand den paramilitärischen Charakter der demokratischen Ordnungsmacht und sorgte dafür, dass diese auch in Zukunft in derlei Strukturen agierte.[194] Eine weitere Bewährungsprobe für die Polizei war der „Hamburger Aufstand" im Oktober 1923, bei dem die KPD in der hanseatischen Metropole revoltierte, indem sie z. B. einige Polizeidienststellen gewaltsam stürmte und besetzt hielt. Mit ihrem aussichtslosen Umsturzversuch scheiterten die Kommunisten letztlich auch am Widerstand der Staatsmacht. Allerdings kamen dabei über 100 Menschen ums Leben. Allein die Hamburger Polizei hatte 17 Tote und 69 Verletzte zu beklagen.[195]

Angesichts solcher Einsätze gegen vorwiegend kommunistische Gruppierungen nimmt es nicht wunder, dass viele Polizisten den Feind vor allem am linken politischen Rand verorteten. Umso stärker tangierte es dann die Ordnungsmacht, dass eine echte Gefahr von rechts den Status quo bedrohte. Einen Höhepunkt der polizeilichen Intervention stellte der Hitler-Putsch vom 8. und 9. November 1923 dar: Die gesellschaftliche Stimmung hatte sich in Deutschland aufgrund der wirtschaftlich prekären Lage zunehmend verschlechtert, die durch Reparationen an die Siegermächte und eine verheerende Inflation bedingt war. Die Besetzung des Ruhrgebiets durch französisch-belgische Truppen im Januar 1923 verschärfte die Situation zusätzlich und radikalisierte die nationalistischen Gruppierungen. Als das Deutsche Reich unter Reichskanzler Gustav Stresemann im September den „passiven Widerstand" gegen die Besatzer aufgab, strebte der bayerische Ministerpräsident Eugen Ritter von Knilling nach einem nationalen Umsturz und verhängte den Ausnahmezustand. Für dieses Vorhaben bildete sein neuer Generalstaatskommissar Gustav von Kahr zusammen mit dem Landeskommandeur der Reichswehr Otto von Lossow und dem Kommandeur der Bayerischen Landespolizei Hans von Seißer ein „Triumvirat". Adolf Hitler wollte ihnen mithilfe von Weltkriegsgeneral Erich Ludendorff und seiner Kampfverbände zuvorkommen. Bei einer Versammlung im Münchner Bürgerbräukeller am 8. November 1923 drängte er die Dreierherrschaft dazu, seinen Staatsstreich gegen die Reichsregierung in Berlin zu unterstützen. Wenige Stunden später widerriefen von Kahr, von Lossow und von Seißer ihre Zusagen und bereiteten Einheiten von Reichswehr und Landespolizei auf den Gegenschlag vor. Dessen ungeachtet marschierte Hitler mit seinen Anhängern zur Feldherrnhalle, um die „nationale Revolution" zu erzwingen. Dort angekommen kam es zu einem Schusswechsel mit der Landespolizei, bei dem vier Polizisten und 16 Putschisten starben. Die Drahtzieher Hitler und Ludendorff wurden wenig später verhaftet und kamen 1924 mit weiteren Umstürzlern vor Gericht, wobei der „Hitler-Prozess" in Skandalurteilen endete. Nur für die wenigsten Sympathisanten der NS-Bewegung innerhalb der Polizei zog ihre Mithilfe bei dem Putschversuch berufliche Konsequenzen nach sich. Auch der spätere Reichsinnenminister Wilhelm Frick verblieb im Staatsdienst. Er erhielt lediglich eine Bewährungsstrafe, obwohl er mithil-

Ders., Ein Sieg über Aufrührer und Reformer. Der Mitteldeutsche Aufstand von 1921 als verpaßte Chance der preußischen Schutzpolizei, in: ZfG 46/1 (1998), S. 28–39, hier: S. 29. Ferner: Zaika, Polizeigeschichte, S. 81–105.

194 Vgl. Knatz, Heer, S. 392 f.

195 Vgl. Danner, Ordnungspolizei, S. 63–106; Zaika, Polizeigeschichte, S. 128–134; Erwin B. Boldt, Die verschenkte Reform. Der Neuaufbau der Hamburger Polizei zwischen Weimarer Tradition und den Vorgaben der britischen Besatzungsmacht (1945–1955), Hamburger Arbeitskreis für Regionalgeschichte (HAR), Bd. 12, Hamburg 2002, S. 87–112.

fe der Putschisten die Münchner Polizeidirektion als dessen neuer Chef hatte übernehmen wollen, in der er seit 1917 beschäftigt war. Der bayerischen Ordnungsmacht hätte nun bewusst werden müssen, wie sehr auch Rechtsextreme das bestehende Gefüge bedrohten. Dennoch sanktionierte sie weiterhin jene Aktivitäten wesentlich härter, die von der politischen Linken ausgingen.[196]

Zwischen 1924 und dem Ausbruch der Weltwirtschaftskrise kehrte eine Phase relativer Ruhe ein, da sich dank der Währungsreform von 1923 und weiterer Initiativen die ökonomische Lage wieder verbesserte. Diese Atempause stellte sich aber auch deshalb ein, weil die republikanische Politik schärfer auf den Extremismus reagierte und die Polizei beherzter gegen radikale Störer einschritt.[197] Außerdem halfen technische Innovationen dabei, die Arbeit der Ordnungsmacht zu erleichtern. Dazu müssen etwa der Aufbau eines gesamtdeutschen Polizeifunknetzes und der Einsatz von Wasserwerfern gezählt werden.[198] Da die Alliierten Mitte der zwanziger Jahre mit der beamtenrechtlichen Organisation der Polizei jedoch noch immer nicht vollends zufrieden waren, veranlassten sie die einzelnen Landesregierungen, ein neues gesetzliches Fundament für ihre Exekutivgewalt zu schaffen.[199] Am 12. April 1928 brachten so z. B. das Bayerische Polizeibeamtengesetz und die Verordnung über die uniformierte Staatspolizei einige organisatorische Reformen für die Landespolizei des Freistaats: Die augenscheinlichste Neuerung lag darin, dass sich die uniformierte Polizei nur noch aus Schutzpolizei und Gendarmerie zusammensetzte. Die kasernierten Einheiten der Landespolizei existierten fortan unter dem Namen „Bereitschaftspolizei", während die bisherige Schutzmannschaft als Einzeldienst der Schutzpolizei bezeichnet wurde.[200]

Abbildung 1: Panzerwagen der Bayerischen Landespolizei (Bayerisches Polizeimuseum, Fotosammlung)

Infolge der Weltwirtschaftskrise sollte aber ab dem Jahre 1929 diese relative Ruhe- und Reformphase ein jähes Ende finden. Die ökonomische Not verwandelte sich in politische Radikalität und führte zu brutalen Konfrontationen zwischen Links- und Rechtsextremen auf Deutschlands Straßen. Dadurch verschlechterte sich auch die Situation der Polizei dramatisch, die den Gewaltexzessen kaum Einhalt zu bieten vermochte. Stattdessen reagierte sie im geschlossenen Einsatz oftmals mit überzogener Härte auf die Krawallmacher, ging aber auch gegen Unbeteiligte vor und radikalisierte sich auf diese Weise selbst. Hinzu kommt, dass

196 Vgl. Walter Nickmann, Der Hitler-Ludendorff-Putsch, in: Schröder, Polizei, S. 39–45; Günter Neliba, Wilhelm Frick. Der Legalist des Unrechtsstaates. Eine politische Biographie, Paderborn 1992, S. 30–40 [Künftig: Neliba, Wilhelm Frick (1992)]; Ders., Wilhelm Frick – Reichsinnenminister und Rassist, in: Smelser, Elite 2, S. 80–90, hier: S. 80 f. [Künftig: Neliba, Wilhelm Frick (1999)]; Schwarze, Polizei, S. 165–180.

197 Vgl. Walter Nickmann, Die Münchner Polizei und die Republik (1923–1933), in: Schröder, Polizei, S. 47–53, hier: S. 47–50.

198 Vgl. Schwarze, Polizei, S. 104–123.

199 Vgl. Teufel, Polizei, S. 262–264.

200 Vgl. Polizeibeamtengesetz vom 12.04.1928 und Verordnung über die uniformierte Staatspolizei vom 12.04.1928, in: Bayer. Beamtengesetz und Polizeibeamtengesetz, bearb. v. Heinrich Schmitt, München 1931. Ferner: Schwarze, Polizei, S. 40.

die Ordnungskräfte trotz aller technischen Neuheiten innerhalb des Polizeiwesens teilweise schlechter ausgerüstet waren als ihre Gegner.[201]

Außerdem versuchten Kommunisten und Nationalsozialisten besonders in der Krisenphase zum Ende der Weimarer Republik die Polizei zu infiltrieren und dadurch ideologisch auszuhöhlen.[202] Während die KPD dabei nur geringe Erfolge erzielen konnte, gelang es den Kräften aus der NSDAP wesentlich besser, die Gesetzeshüter für sich zu vereinnahmen.[203] Innerhalb einiger Polizeibehörden gründeten sich im gesamten Reichsgebiet sogar nationalsozialistische Zellen, denen vorwiegend Polizeioffiziere beitraten. Wenngleich solche Beamte mit ihrer Nähe zur NS-Bewegung eher eine Minderheit darstellten, ging auch von ihnen eine unmittelbare Gefahr für die Organisation des Staatswesens und Teile der Gesellschaft aus. Denn darüber hinaus beteiligten sich einzelne „Gesetzeshüter" bereits in dieser Phase an politisch motivierten Morden an linken Aktivisten.[204] Die Empfänglichkeit einiger Polizisten für die Parolen Hitlers kam nicht von ungefähr. Mit den Nationalsozialisten teilten sie ein gemeinsames Feindbild, das der Kommunismus war.[205] Zudem wirkte die Vision von einem starken Mann an der Spitze des deutschen Staates besonders auf das Korps der Polizeioffiziere sehr attraktiv, das zu einem großen Teil autoritär und antidemokratisch eingestellt war.[206] Viele Beamte fühlten sich von der Weimarer Demokratie im Stich gelassen. Das polizeiliche Vorgehen gegen Kriminelle schien der Rechtsstaat aus ihrer Sicht eher zu behindern als zu fördern.[207]

Es frustrierte die Polizisten aber auch, dass sie zwar für den demokratischen Staat ihr Leben riskierten, von ihm aber nur schlecht bezahlt und unzureichend versorgt wurden. Bereits zu Beginn der Weimarer Republik war die Dienstzeit in der Schutzpolizei auf zwölf Jahre begrenzt, um zu verhindern, dass die Ordnungsmacht überalterte. Diese Regelung manifestierte sich auch im „Reichsgesetz über die Schutzpolizei der Länder" vom 17. Juli 1922. Demnach verpflichteten sich die Wachtmeister in den einzelnen Ländern, sich für diese Zeitdauer als unmittelbare Staatsbeamte in den öffentlich-rechtlichen Dienst zu stellen, ohne jedoch lebenslänglich und unkündbar angestellt zu werden. In eigenen Gesetzen bestätigten

---

201 Vgl. Schwarze, Polizei, S. 121–133 sowie 207–217; Leßmann, Schutzpolizei, S. 265–274 und 286–295; Daniel Schmidt, Die Bürgerkriegsarmee. Gelsenkirchener Schutzpolizei und politischer Extremismus 1928–1932, in: Goch, Gesellschaft, S. 212–231, hier: S. 218–229. Ferner: Helmut Timmermann, Die Polizei im Regierungsbezirk Arnsberg 1816–1988, hrsg. v. Regierungspräsidenten Arnsberg, Arnsberg 1989, S. 87. Timmermanns Werk ist allerdings nur bedingt für wissenschaftliche Zwecke brauchbar, da der ehemalige Polizist in seinem Text keinerlei Quellenbelege vornimmt, sondern lediglich einzelne Schlüsseldokumente abdruckt.

202 Vgl. Schwarze, Polizei, S. 145 und 221.

203 Vgl. Leßmann, Schutzpolizei, S. 295–330; Hsi-Huey Liang, Die Berliner Polizei in der Weimarer Republik, Veröffentlichungen der Historischen Kommission zu Berlin, Bd. 47, Berlin/New York 1977, S. 93–97 und 103–108. Ferner: Fangmann, Parteisoldaten, S. 29 f.

204 Solche NS-Zellen und politische Verbrechen zeigen sich etwa am Beispiel der Hamburger Polizei. Vgl. Danner, Ordnungspolizei, S. 213–224. Zu NS-Zellen und mit der NS-Bewegung sympathisierenden Beamten ferner: Christoph Graf, Politische Polizei zwischen Demokratie und Diktatur. Die Entwicklung der preußischen Politischen Polizei vom Staatsschutzorgan der Weimarer Republik zum Geheimen Staatspolizeiamt des Dritten Reiches, Einzelveröffentlichungen der Historischen Kommission zu Berlin, Bd. 36, Berlin 1983, S. 92–107; Werner Jung, Ein gleitender Übergang. Die Kölner Polizeiführung zwischen „Preußenschlag" und Machtergreifung, in: Buhlan, Freund, S. 64–144, hier: S. 85 f.

205 Vgl. Alfons Kenkmann, Vom Ordnungshüter zum Ordnungspartner. Ein Streifzug durch die Polizei im 20. Jahrhundert, in: Goch, Gesellschaft, S. 36–52, hier: S. 41.

206 Vgl. Springfeld, Polizei, S. 16–18 sowie 24; Liang, Polizei, S. 97–103.

207 Vgl. Wagner, Volksgemeinschaft, S. 141 f.

die Länder diesen Sachverhalt, wie etwa das preußische Schutzpolizeibeamtengesetz vom 16. August 1922 offenbart. An dieser Personalpolitik änderte sich recht wenig, als die Alliierten gegen das Reichsschutzpolizeigesetz des Jahres 1922 intervenierten und die einzelnen Länder dazu zwangen, eine neue legale Grundlage zu schaffen. Das preußische Polizeibeamtengesetz vom 31. Juli 1927 löste zwar seinen gesetzlichen Vorgänger ab, räumte aber nur einer begrenzten Anzahl an Staatsdienern die Möglichkeit ein, ihren Beruf auf Lebenszeit auszuüben. Ferner eröffnete es den übrigen Männern die Chance, in anderen Bereichen des Polizeidienstes zu verbleiben und so etwa in der Kriminalpolizei oder in der Gendarmerie unterzukommen. Allerdings waren davon nur wenige Beamte betroffen, da die Mehrzahl der Schutzpolizisten nach ihrer zwölfjährigen Dienstzeit weiterhin entlassen werden konnte.[208]

Diese prekären Rechtsverhältnisse verunsicherten die Wachtmeister sehr, da ihre Zukunft nach dem Polizeidienst ungewiss war und nicht genügend freie Stellen in der polizeilichen Verwaltung existierten. Mit dafür verantwortlich war die rigide Sparpolitik der Regierung. Sie führte dazu, dass zahlreiche Beamtenstellen abgebaut wurden. Viele andere fanden sich in der freien Wirtschaft nicht zurecht, weil sie unzureichend qualifiziert und für Arbeitgeber daher unattraktiv waren. Gerade während der Weltwirtschaftskrise scheiterten auch zahlreiche Versuche von ehemaligen Ordnungshütern, sich selbstständig zu machen. Lediglich die Polizeioffiziere blieben von diesem Schicksal verschont, weil sie ohnehin auf Lebenszeit im Dienst verbleiben konnten und anschließend berechtigt waren, eine Pension zu beziehen. Diese verfehlte Personalpolitik spielte links- und vor allem rechtsradikalen Kräften in die Karten, als sie mehr oder minder erfolgreich versuchten, die Polizei zu unterwandern.[209]

Der „Altonaer Blutsonntag" vom 17. Juli 1932 offenbarte besonders deutlich, wie ohnmächtig die Weimarer Polizei war. Anlässlich einer Demonstration der NSDAP in der preußischen Stadt kam es zu Zusammenstößen zwischen Nationalsozialisten und Kommunisten. Bei den anschließenden Schießereien mit der Ordnungsmacht starben insgesamt 18 Menschen.[210] Dass die Polizeikräfte anscheinend nicht in der Lage waren, Sicherheit und Ordnung zu gewährleisten, diente Reichskanzler Franz von Papen als Vorwand für einen Staatsstreich gegen die Führung des größten Landes der Weimarer Republik. Beim „Preußenschlag" vom 20. Juli 1932 entmachtete er per Notverordnung die preußische Regierung unter Ministerpräsident Otto Braun und ließ sich von Reichspräsident Paul von Hindenburg als „Reichskommissar" einsetzen. Papen verhängte den militärischen Ausnahmezustand, so dass Reichswehrverbände das preußische Innenministerium übernehmen konnten. Das Militär nahm zudem das Berliner Polizeipräsidium sowie die Zentrale der Schutzpolizei ein und brachte deren Leiter dazu abzudanken. Zu dieser Maßnahme griff von Papen schon allein deshalb, um sich die Kontrolle über die preußische Schutzpolizei zu sichern und Innenminister Severing seiner Machtbasis zu berauben. Mit dieser Vorgehensweise hatte er nicht nur der preußischen Ordnungsmacht den Todesstoß versetzt, da sie die drohende Konfrontation mit der Reichswehr umgehen und hilflos mit ansehen musste, wie die Politik sie zu ihrem Spielball

208 Vgl. Leßmann, Schutzpolizei, S. 120–136.

209 Vgl. ebd., S. 136–150; Ders., Die Besatzung des „Bollwerks Preußen". Personal und personalpolitische Probleme der preußischen Schutzpolizei in der Weimarer Republik, in: Geschichte im Westen 8/1 (1993), S. 7–23, hier: S. 16.

210 Vgl. Danner, Ordnungspolizei, S. 234 f. Zum detaillierten Ablauf ferner: Léon Schirmann, Altonaer Blutsonntag 17. Juli 1932. Dichtungen und Wahrheit, Hamburg 1994; Ders., Der Verlauf des Altonaer Blutsonntags vom 17. Juli 1932 und die Geschichtsschreibung, in: Informationen zur Schleswig-Holsteinischen Zeitgeschichte 22 (1992), S. 45–64.

degradierte. Er hatte dadurch auch den Weg für die künftige zentralistische Herrschaftspraxis der Nationalsozialisten geebnet.[211]

Noch vor der „Machtergreifung" entließ die preußische Kommissariatsregierung zahlreiche unliebsame Polizeiführer, die als Anhänger der demokratischen Parteien nun in dem Ruf standen, in der Vergangenheit zu einseitig gegen rechte Extremisten vorgegangen zu sein. Ihre Posten besetzte sie stattdessen mit republikfeindlichen Polizeioffizieren, die zusammen mit ihren untergebenen Beamten den Terror der Sturmabteilung (SA) tolerierten oder sogar aktiv unterstützten.[212] Nach der Machtübernahme gingen die Nationalsozialisten ans Werk, die Polizei nach ihren Vorstellungen zu reformieren und als personelles Reservoir für die deutschen Streitkräfte zu verwenden. Das Schicksal der einzelnen Landespolizeien war letztlich besiegelt, als Hitler diese per Gesetz aus den Verwaltungen der einzelnen Länder herauslöste und auf das Reich übertrug. Diese rechtliche Maßnahme trat am 1. April 1935 in Kraft und führte dazu, dass die kasernierten Polizeibereitschaften bis zum 15. Oktober 1935 fast komplett in die Wehrmacht eingegliedert wurden.[213] Damit hatten die neuen Machthaber aber keineswegs das Schicksal der deutschen Ordnungsmacht besiegelt. Vielmehr schlugen sie nur ein neues Kapitel in deren Geschichte auf, das gleichzeitig zu ihrem schrecklichsten werden sollte.

2.2 Von Ordnungshütern zu Massenmördern – Die Polizei im NS-Staat

Die deutsche Polizei war seit Beginn des „Dritten Reichs" ein zentrales Instrument der nationalsozialistischen Terrorpolitik. Bereits in den ersten Monaten beteiligte sie sich maßgeblich daran, politische Gegner der NS-Bewegung zu verfolgen. Als brutale Schläger aus SA und SS vor allem Sozialdemokraten und Kommunisten malträtierten, sah sie tatenlos dabei zu. Mehr noch nahm die Exekutive aktiv an solchen Aktionen teil, indem sie massenhaft Vertreter linkspolitischer Parteien oder Gewerkschaftler verhaftete und an ihre rechtsextremen Widersacher auslieferte oder gar selbst in Polizeigefängnisse sperrte.[214] Im Frühjahr 1933 institutionalisierten Preußen und weitere Länder diese unheilvolle Liaison, indem sie eine Hilfspolizei unterhielten, die sich aus Angehörigen von SA, SS und Stahlhelm rekrutierte und die „reguläre" Ordnungsmacht unterstützte. Während sie offiziell Schutz- und Sicherungsaufgaben wahrnehmen sollte, ging sie hauptsächlich rabiat gegen ihre politischen Kontrahenten

211 Vgl. Ludwig Biewer, Der Preußenschlag vom 20. Juli 1932. Ursachen, Ereignisse, Folgen und Wertung, in: Blätter für deutsche Landesgeschichte 119 (1983), S. 159–172; Leßmann, Schutzpolizei, S. 363–370. Ferner: Ludwig Dierske, War eine Abwehr des „Preußenschlages" vom 20. Juli 1932 möglich?, in: Zeitschrift für Politik 17/3 (1970), S. 197–245.

212 Vgl. Leßmann, Schutzpolizei, S. 370–378; Liang, Polizei, S. 182.

213 Vgl. Gesetz über die Landespolizei vom 29.03.1935, in: Reichsgesetzblatt (RGBl), 30.03.1935, Nr. 37, S. 460. Ferner: Sagerer, Landespolizei, S. 12; Springfeld, Polizei, S. 97; Georg Tessin, Deutsche Verbände und Truppen 1918–1939. Altes Heer, Freiwilligenverbände, Reichswehr, Heer, Luftwaffe, Landespolizei, Osnabrück 1974, S. 462 f. [Künftig: Tessin, Deutsche Verbände]. In der entmilitarisierten Zone erfolgte dieser Schritt erst am 1. April 1936. Vgl. ebd., S. 466 f.

214 Vgl. Gerhard König/Inge König, Das Polizeipräsidium Berlin-Alexanderplatz. Seine Geschichte – Seine Polizei – Seine Häftlinge (1933–1945), Berlin 1997, S. 56 f.; Springfeld, Polizei, S. 53–59. Ferner: Ulrich Josten, Preußische Polizei und nationalsozialistische Machtergreifung in Bonn, in: Schloßmacher, Farbe, S. 25–40, hier: S. 35 f.

vor, bis der NS-Staat sie bis Ende 1933 aus Kostengründen wieder auflöste.[215] Rechtlich gründeten die Nationalsozialisten das zügellose Vorgehen von Polizei und Parteiorganisationen auf der „Verordnung des Reichspräsidenten zum Schutz von Volk und Staat" vom 28. Februar 1933. Als Reaktion auf den Reichstagsbrand des Vorabends schafften sie mit ihr etliche Grundrechte wie etwa die Meinungs- und die Versammlungsfreiheit ab. Zudem führten sie die „Schutzhaft" ein, mit der die Exekutivkräfte ihre Opfer ohne Gerichtsbeschluss zeitlich unbefristet inhaftieren konnten.[216] Die Symbiose von staatlichen und parteilichen Gewaltorganen kam nicht zuletzt deshalb zustande, weil viele Polizisten mit Hitlers Visionen sympathisierten oder diesen zumindest neutral begegneten, da sie sich selbst vor Sanktionen fürchteten. Als sie den Beamtenapparat politisch „säuberten", entfernten die Nationalsozialisten daher nur eine geringe Anzahl an Gesetzeshütern aus dem Dienst. Dazu diente ihnen formalrechtlich das Gesetz zur Wiederherstellung des Berufsbeamtentums vom 7. April 1933. Lediglich 7,3 % der Offiziere und nur 1,7 % der Wachtmeister der preußischen Schutzpolizei verloren bis Ende 1933 ihre Posten.[217]

Obwohl sie mit den Ordnungshütern in der Weimarer Republik negative Erfahrungen gemacht hatten und ihnen skeptisch gegenüberstanden, wussten die neuen Gewalthaber ganz genau, wie wichtig diese Exekutivkräfte für ihre Herrschaft sein würden.[218] Daher ergriffen sie Maßnahmen, die bereits im „Preußenschlag" ihren Anfang genommen hatten. Die NSDAP setzte in den einzelnen Ländern ihre Reichsstatthalter ein und brachte sie damit strukturell unter ihre Obhut. Danach legte das Gesetz über den Neuaufbau des Reiches vom 30. Januar 1934 den rechtlichen Grundstein für eine deutsche „Reichspolizei".[219] Um ihre Kontrolle entbrannte in den ersten Jahren des „Dritten Reichs" ein erbitterter Machtkampf zwischen dem neuen preußischen Ministerpräsidenten Hermann Göring, Reichsinnenminister Wilhelm Frick und dem Reichsführer-SS Heinrich Himmler.[220] Letzterer begann im März 1933 seine Karriere als Polizeipräsident von München und dadurch auf einem verhältnismäßig niederen Posten. Doch recht schnell gelang es ihm, zum Leiter der Bayerischen Politischen Polizei zu avancieren und die Grundlagen für den nationalsozialistischen Polizeistaat zu legen, indem er etwa Ende März 1933 das erste Konzentrationslager in Dachau errichten ließ. Nach dem Vorbild dieses „Modell-KZ" entstanden im gesamten Deutschen Reich weitere dieser rechtsfreien Räume, in denen die Opfer von Himmlers Polizeigewalt systematisch gequält, gefoltert und ermordet wurden. Damit er seinen Machtbereich weiter ausdehnen konnte,

215 Vgl. Bernd-A. Rusinek, Unsicherheit durch die Organe der Sicherheit. Gestapo, Kriminalpolizei und Hilfspolizei im „Dritten Reich", in: Reinke, Sicherheit, S. 116–133, hier: S. 120–122; Wilhelm, Polizei, S. 47 f.

216 Vgl. Thomas Raithel/Irene Strenge, Die Reichstagsbrandverordnung. Grundlegung der Diktatur mit den Instrumenten des Weimarer Ausnahmezustands, in: VfZ 48/3 (2000), S. 413–460, hier: S. 416–419. Zur Schutzhaft vgl. u. a. auch Josten, Polizei, S. 36; Robert Gellately, Hingeschaut und weggesehen. Hitler und sein Volk, Bundeszentrale für politische Bildung, Schriftenreihe, Bd. 416, 2. Aufl., Bonn 2004, besonders: S. 56 f.

217 Vgl. Leßmann, Schutzpolizei, S. 388. Allerdings machen andere Studien geltend, dass zumindest in manchen Regionen weitaus mehr Polizisten ihre Ämter verloren. Vgl. Springfeld, Polizei, S. 38 f.; Schmidt, Polizisten, S. 356–358. Ohne einen Beleg dafür zu liefern, sagt Timmermann aus, dass „sehr viele Polizeibeamte aller Dienstgrade [zwangsentlassen] wurden, weil sie nicht als ‚linientreu' galten". Timmermann, Polizei, S. 103.

218 Vgl. Florian Dierl, Die Ordnungspolizei, in: Ders., Ordnung, S. 30–41, hier: S. 33.

219 Vgl. Neufeldt, Entstehung, S. 7.

220 Vgl. Neliba, Wilhelm Frick (1992), S. 247–251.

vereinnahmte der Reichsführer-SS bis 1934 die Politische Polizei in den übrigen Ländern.[221] Im Herbst 1935 konnte er Hitler schließlich von seinem kriminalpräventiven und radikalen Polizeikonzept überzeugen. Dadurch gelang es ihm, letztlich auch Frick im Rennen um die Oberaufsicht über die innerdeutsche Staatsmacht auszustechen.[222]

Hitler ernannte den Reichsführer-SS Heinrich Himmler am 17. Juni 1936 nun auch zum „Chef der Deutschen Polizei im Reichsministerium des Innern". Formal war er damit zwar noch Frick unterstellt. Tatsächlich verfügte Himmler aber uneingeschränkt über die zentralen parteilichen und polizeilichen Ordnungskräfte des NS-Staats. Damit war er „der mächtigste Machtträger des Dritten Reiches".[223] Nach seinem Amtsantritt als oberster Polizeichef startete er die größte Polizeireform der deutschen Geschichte: Zunächst einmal führte er jenen Prozess fort, der bereits mit dem „Preußenschlag" begonnen hatte. Er zentralisierte die gesamte Polizei unter seiner Führung. Durch diese „Verreichlichung" schuf er erstmals eine Reichspolizei und beendete damit endgültig die polizeiliche Hoheit der Länder.[224] Ferner wollte Himmler ein „Staatsschutzkorps" aus weltanschaulich gefestigten „Polizeisoldaten" ins Leben rufen, indem er SS und Polizei miteinander fusionierte. Diese „Verschmelzung" der parteilichen Organisation mit der staatlichen Exekutive erfolgte in der Praxis dadurch, dass einerseits SS-Männer für den Polizeidienst rekrutiert wurden und andererseits Polizisten der Schutzstaffel beitraten. Zwar gelang es dem Reichsführer-SS bis Kriegsende nicht vollständig, sein „Staatsschutzkorps" zu verwirklichen. Auf ideologischer und personeller Ebene fand zwischen beiden Institutionen der Gewalt dennoch ein reger Austausch statt.[225]

Der wichtigste Punkt seines Reformprogramms war jedoch, dass Himmler die Polizei in zwei Bereiche aufspaltete: Nach dem Prinzip *divide et impera* unterteilte er seine Staatsgewalt in eine Sicherheits- und eine Ordnungspolizei. Für beide Sparten richtete er jeweils eine übergeordnete Behörde ein, die nach dem Vorbild der SS-Institutionen als „Hauptämter" bezeichnet wurden.[226] Den Chef des SD, Reinhard Heydrich, ernannte er zum Leiter der Sicherheitspolizei (Sipo).[227] Sie umfasste die Gestapo, die 1933 aus der Politischen Polizei hervorge-

221 Vgl. Peter Longerich, Heinrich Himmler. Biographie, München 2010, S. 158–178. Zur Biographie von Heinrich Himmler ferner: Ebd.; Josef Ackermann, Heinrich Himmler – „Reichsführer-SS", in: Ronald Smelser/Enrico Syring/Rainer Zitelmann (Hrsg.), Die braune Elite 1. 22 biographische Skizzen, 4., akt. Aufl., Darmstadt 1999, S. 115–133.

222 Vgl. Patrick Wagner, Der Kern des völkischen Maßnahmenstaates – Rolle, Macht und Selbstverständnis der Polizei im Nationalsozialismus, in: Schulte, Polizei, S. 23–48, hier: S. 23 f.; Neufeldt, Entstehung, S. 12–15.

223 Heinz Wagner, Die Polizei im Faschismus, in: Udo Reifner/Bernd-Rüdeger Sonnen (Hrsg.), Strafjustiz und Polizei im Dritten Reich, Frankfurt am Main/New York 1984, S. 161–172, hier: S. 166.

224 Die „Verreichlichung" fand erst ihren Abschluss, als die Beamten, Angestellten und Arbeiter innerhalb des Polizeiapparats durch die zwei Gesetze über Finanzmaßnahmen auf dem Gebiete der Polizei vom 19. März 1937 und vom 28. März 1940 in den Reichshaushalt übernommen wurden. Vgl. Wilhelm, Polizei, S. 90 f.; Neufeldt, Entstehung, S. 19 f.

225 Ausführlicher zum Prozess der „Verreichlichung" der Polizei und ihrer „Verschmelzung" mit der SS vgl. z. B. Wilhelm, Polizei, S. 73–76 und 90–96; Deuster, Polizei-Uniformen, S. 18.

226 Vgl. Dams, Gestapo, S. 28.

227 Zum SD vgl. u. a. Michael Wildt (Hrsg.), Nachrichtendienst, politische Elite, Mordeinheit. Der Sicherheitsdienst des Reichsführers SS, Hamburg 2003; George C. Browder, The SD: The Significance of Organization and Image, in: George L. Mosse (Hrsg.), Police Forces in History, Sage Readers in 20th Century History, Bd. 2, London/Beverly Hills 1975, S. 205–229. Ferner zum Aufstieg der Sicherheitspolizei und des SD: Ders., Foundations of the Nazi Police State. The Formation of Sipo and SD, Kentucky 1990.

gangen war.[228] Nachdem sie bereits in der Anfangsphase des „Dritten Reichs" die Reichsgrenzen überwacht hatte, beanspruchte sie Anfang Mai 1937 offiziell, exklusiv für diesen Bereich zuständig zu sein. Deshalb integrierte sie die Grenzpolizei in sich, die schon in der Weimarer Republik existiert und nun auch politisch-polizeiliche Kompetenzen wahrzunehmen hatte. Dadurch ist es nur bedingt möglich, sie von ihrer Dachorganisation abzugrenzen.[229] Zur Sicherheitspolizei gehörte außerdem die Kriminalpolizei, die damit aus der herkömmlichen Struktur des Polizeiapparats herausgelöst war und künftig zusammen mit der Gestapo den präventiv ausgerichteten Kampf gegen Verbrecher und Staatsfeinde führen sollte.[230] Beide Organe des NS-Terrors verübten vor allem seit 1937 zahlreiche Gewaltakte im Rahmen dieser „vorbeugenden Verbrechensbekämpfung".[231] Nach Entwürfen von Heydrich fusionierte Himmler am 27. September 1939 die Sicherheitspolizei mit dem SD zum Reichssicherheitshauptamt (RSHA) und schuf damit einen riesigen Verwaltungsapparat unter Heydrichs Obhut, der als zentrale Behörde des Rassen- und Vernichtungskriegs fungierte.[232] Auf ihren Chef verübten tschechoslowakische Agenten am 27. Mai 1942 ein Attentat in Prag, an dessen Folgen er wenige Tage später starb.[233] Nach einer kurzen Interimsphase übernahm Ernst Kaltenbrunner am 30. Januar 1943 die Leitung des RSHA. Für seine Rolle bei den Massenverbrechen des Regimes verurteilte ihn der Internationale Militärgerichtshof in Nürnberg zum Tode und ließ ihn am 16. Oktober 1946 hinrichten.[234]

Den zweiten Zweig der Staatsgewalt bildete die Ordnungspolizei (Orpo), welche die uniformierten Polizeizweige unter ihrem Dach vereinte und auch als „grüne" Polizei bekannt war. An der Spitze des Hauptamts Ordnungspolizei stand der Polizeigeneral Kurt Daluege, bis ihn Himmler im Sommer 1943 loswerden wollte und seines Amtes enthob, da er gegen die vollständige „Verschmelzung" von SS und Polizei interveniert hatte. Wegen seiner Verantwortung für Kriegsverbrechen in Tschechien verurteilte ein Prager Gericht den SS-Oberstgruppenführer am 23. Oktober 1946 zum Tod, wobei die Strafe noch am selben Tag vollstreckt

228 Neben den bereits in Kapitel 1. genannten Titeln zur Gestapo vgl. u. a. Gerhard Paul, Die Gestapo, in: Dierl, Ordnung, S. 54–65; Martin Faatz, Vom Staatsschutz zum Gestapo-Terror. Politische Polizei in Bayern in der Endphase der Weimarer Republik und der Anfangsphase der nationalsozialistischen Diktatur, Studien zur Kirchengeschichte der Neuesten Zeit, Bd. 5, Würzburg 1995; Graf, Polizei.

229 Vgl. Buchheim, SS, S. 148–155. Ferner: Thomas Sandkühler, Von der „Gegnerabwehr" zum Judenmord. Grenzpolizei und Zollgrenzschutz im NS-Staat, in: Christian Gerlach (Hrsg.), „Durchschnittstäter". Handeln und Motivation, Beiträge zur Geschichte des Nationalsozialismus, Bd. 16, Berlin 2000, S. 95–154, hier: S. 97–100.

230 Neben den bereits in Kapitel 1. genannten Werken zur Kriminalpolizei vgl. u. a. Thomas Roth, Die Kriminalpolizei, in: Dierl, Ordnung, S. 42–53; Ders., „Verbrechensbekämpfung" und soziale Ausgrenzung im nationalsozialistischen Köln. Kriminalpolizei, Strafjustiz und abweichendes Verhalten zwischen Machtübernahme und Kriegsende, Schriftenreihe des NS-Dokumentationszentrums der Stadt Köln, Bd. 15, Köln 2010; Ders., Verbrechensbekämpfung und Verfolgung sozialer Randgruppen – zur Beteiligung lokaler Kriminalpolizeien am NS-Terror, in: Schulte, Polizei, S. 539–588; Ders., „Verbrechensbekämpfung" und Verfolgung. Zur Praxis der Bonner Kriminalpolizei 1933–1945, in: Schloßmacher, Farbe, S. 221–289; Ders., Die Kölner Kriminalpolizei: Organisation, Personal und „Verbrechensbekämpfung" eines lokalen Kripo-Apparates 1933–1945, in: Buhlan, Freund, S. 299–369.

231 Vgl. Wagner, Kriminalisten, S. 88–108; Ders., Volksgemeinschaft, S. 254–298.

232 Vgl. Wildt, Generation, S. 276–281.

233 Vgl. dazu Miroslav Ivanov, Das Attentat auf Heydrich, Augsburg 2000. Zur Biographie von Reinhard Heydrich ferner: Günther Deschner, Reinhard Heydrich. Biographie eines Reichsprotektors, 5., überarb. und erg. Aufl., Wien 2008; Ders., Reinhard Heydrich – Technokrat der Sicherheit, in: Smelser, Elite 1, S. 98–114.

234 Zur Biographie von Ernst Kaltenbrunner vgl. Peter Black, Ernst Kaltenbrunner – Chef des Reichssicherheitshauptamtes, in: Smelser, Elite 1, S. 159–172.

wurde.[235] In der Funktion als Dalueges ständiger Vertreter leitete der SS-Obergruppenführer Alfred Wünnenberg von Ende August 1943 bis Kriegsende die Zentralbehörde der Ordnungspolizei.[236] Die uniformierte Polizei bestand vor allem aus der Schutzpolizei des Reiches, der Schutzpolizei der Gemeinden und der Gendarmerie, die auf dem Lande zuständig war. Unter dem Dach der Ordnungspolizei sammelten sich bis Kriegsende außerdem die Wasserschutzpolizei, die Feuerschutzpolizei, die Luftschutzpolizei, die Verkehrspolizei, die Technische Nothilfe (Teno), die Kolonialpolizei, Teile der Verwaltungspolizei sowie diverse Hilfspolizeien.[237] Obwohl die Bedeutung dieser Sonderzweige besonders während des Krieges zunahm, bildeten Schutzpolizei und Gendarmerie den eigentlichen Kern der uniformierten Staatsgewalt. Die Ordnungspolizei war unter anderem dafür zuständig, Großveranstaltungen und Paraden abzusichern, verwaltungspolizeiliche Wohlfahrtsaufgaben wahrzunehmen, Verkehrswege zu sichern und – wie ihr Name schon vermuten lässt – allgemein für „Ruhe und Ordnung" zu sorgen.[238]

Hatte sich die deutsche Polizei bereits in der Anfangsphase des NS-Regimes maßgeblich daran beteiligt, politische Gegner zu verfolgen, konzentrierten sich die Staatsdiener seit Mitte der dreißiger Jahre verstärkt auf andere Feindgruppen: Nach den Olympischen Sommerspielen von 1936 gerieten zunehmend rassisch definierte Gegner in ihren Fokus, aber auch jene Teile der Bevölkerung, die nach Ansicht der Nationalsozialisten in der deutschen „Volksgemeinschaft" nichts zu suchen hatten. Zu diesen zählten vor allem Homosexuelle,[239]

235 Zur Biographie von Kurt Daluege vgl. Caron Cadle, My honor is loyalty. The biography of S.S. General Kurt Daluege, Princeton 1979; Dies., Kurt Daluege – Der Prototyp des loyalen Nationalsozialisten, in: Smelser, Elite 2, S. 66–79; Neufeldt, Entstehung, S. 107; Schulz/Wegmann, Generale, Bd. 1, Bissendorf 2003, S. 194–200. Ferner: T. Friedmann (Hrsg.), SS-Obergruppenführer und General der Polizei Kurt Daluege. Der Chef der Ordnungspolizei. Dokumentensammlung, Haifa 1997. Eine knappe zeitgenössische Biographie von Daluege liefert: Institut für Zeitgeschichte – Archiv (IfZ Archiv), 11/Dc 011.003, Der Chef der Ordnungspolizei, hrsg. v. Hauptamt Ordnungspolizei, [Berlin 1941].

236 Zur Biographie von Alfred Wünnenberg vgl. Schulz/Zinke, Generale, Bd. 6, Bissendorf 2012, S. 558–573; Neufeldt, Entstehung, S. 115.

237 Zu den einzelnen Polizeigliedern vgl. u. a. Deuster, Polizei-Uniformen, S. 21–359; Peter Bröhl, Wasserschutzpolizei in drei Zeitepochen. Zur Geschichte der Wasserschutzpolizei auf dem Rhein von 1920 bis 1953, Villa ten Hompel Aktuell, Bd. 8, Frankfurt am Main 2006; Ders., Die Bonner Wasserschutzpolizei in der NS-Zeit, in: Schloßmacher, Farbe, S. 323–357; Frank Sparing, Verwaltungspolizei und Verfolgung – Beispiele aus Düsseldorf, in: Dams, Dienst, S. 175–202.

238 Vgl. Longerich, Himmler, S. 251; Wilhelm, Polizei, S. 84.

239 Vgl. u. a. Bernadette Schenk, Die Verfolgung der Homosexuellen, in: Schröder, Polizei, S. 111–119; Albert Knoll, Ein Schandfleck für das dritte Reich. Homosexuelle als Opfer von Verfolgung und Vernichtung während der Diktatur des Nationalsozialismus in Bayern, in: Farin, Polizeireport, S. 220–239; Jürgen Müller, „Bekämpfung der Homosexualität als politische Aufgabe!" Die Praxis der Kölner Kriminalpolizei bei der Verfolgung der Homosexuellen, in: Buhlan, Freund, S. 492–518; Burkhard Jellonnek, Staatspolizeiliche Fahndungs- und Ermittlungsmethoden gegen Homosexuelle. Regionale Differenzen und Gemeinsamkeiten, in: Paul, Gestapo (2003), S. 343–356. Ferner: Michael Schwartz (Hrsg.), Homosexuelle im Nationalsozialismus. Neue Forschungsperspektiven zu Lebenssituationen von lesbischen, schwulen, bi-, trans- und intersexuellen Menschen 1933 bis 1945, Zeitgeschichte im Gespräch, Bd. 18, München 2014; Burkhard Jellonnek/Rüdiger Lautmann (Hrsg.), Nationalsozialistischer Terror gegen Homosexuelle. Verdrängt und ungesühnt, Paderborn 2002; Stefan Maiwald/Gerd Mischler, Sexualität unter dem Hakenkreuz. Manipulation und Vernichtung der Intimsphäre im NS-Staat, Wiesbaden 2002, S. 169–193.

„Berufsverbrecher“[240] und „Asoziale“,[241] wozu NS-Ideologen vor allem „Zigeuner“ zählten.[242] Die Ordnungsmacht war zwar bereits vor Ende der Weimarer Republik repressiv gegen diese Gesellschaftsgruppen vorgegangen. Damit besaß nicht nur ihr Status als Subjekte polizeilicher Verfolgung eine lange Tradition, sondern auch ihre Funktion als Feindbilder der staatlichen Exekutive. Schon um die Jahrhundertwende und gerade in den „wilden“ Zwanzigern überwachten die Gesetzeshüter etwa bestimmte öffentliche Plätze in den Städten, an denen sich bevorzugt Schwule und Lesben trafen.[243] Ferner verfügte die Polizeidirektion München seit 1899 über eine „Zigeunerpolizeistelle“, die als Nachrichtendienst über Sinti und Roma fungierte und Bayern damit zu einer Vorreiterrolle im Deutschen Reich verhalf.[244] Doch im „Dritten Reich“ bekämpften vor allem Gestapo und Kriminalpolizei diese Minderheiten noch wesentlich schärfer und brachten die Verhafteten in Konzentrations- und Vernichtungslager, wo viele von ihnen wegen der lebensfeindlichen Zustände starben oder einfach ermordet wurden.[245] Nicht zuletzt taten sich aber Heydrichs Polizisten gerade dabei hervor, schon in den dreißiger Jahren die jüdische Bevölkerung übel zu diskriminieren. So sabotierten sie

---

240 Der Begriff „Berufsverbrecher“ war ein Synonym für Wiederholungstäter. Kriminalisten hatten ihn bereits in der Weimarer Republik verwendet. Die Strafverfolger des NS-Staats verstanden darunter jene Delinquenten, die ihre Verbrechen gewerbsmäßig auszuüben schienen. Vgl. u. a. Julia Hörath, Terrorinstrument der „Volksgemeinschaft“? KZ-Haft für „Asoziale“ und „Berufsverbrecher“ 1933 bis 1937/38, in: ZfG 60/6 (2012), S. 513–532.

241 Der Begriff des „Asozialen“ war nicht eindeutig definiert. Vielmehr subsumierten die NS-Ideologen darunter einige soziale Randgruppen wie z. B. „Arbeitsscheue“, Obdachlose, Bettler, Alkoholiker oder Prostituierte. Vgl. u. a. Wolfgang Ayaß, „Asoziale“ im Nationalsozialismus, Stuttgart 1995; Ders., „Asoziale“ – die verachteten Verfolgten, in: Dachauer Hefte 14 (1998), S. 50–66; Ders., Die Einweisung von „Asozialen“ in Konzentrationslager. Die „Aktion Arbeitsscheu Reich“ und die kriminalpolizeiliche Praxis bei der Verhängung von Vorbeugungshaft, in: Dietmar Sedlaczek/Thomas Lutz/Ulrike Puvogel u. a. (Hrsg.), „minderwertig“ und „asozial“. Stationen der Verfolgung gesellschaftlicher Außenseiter, Zürich 2005, S. 89–103; Ders., „Ein Gebot der nationalen Arbeitsdisziplin“. Die Aktion „Arbeitsscheu Reich“ 1938, in: Ders., Feinderklärung, S. 43–74; Thomas Roth, Die „Asozialen“ im Blick der Kripo – Zur kriminalpolizeilichen Verfolgung von Landstreichern, Bettlern, „Arbeitsscheuen“ und Fürsorgeempfängern nach 1933, in: Buhlan, Freund, S. 424–464; Joachim Schröder, Vorgehen gegen „Gemeinschaftsfremde“, „Volksschädlinge“ und ausländische Zwangsarbeiter, in: Ders., Polizei, S. 93–101, hier: S. 93–95.

242 Vgl. u. a. Martin Luchterhandt, Der Weg nach Birkenau. Entstehung und Verlauf der nationalsozialistischen Verfolgung der „Zigeuner“, Schriftenreihe der Deutschen Gesellschaft für Polizeigeschichte e.V., Bd. 4, Lübeck 2000; Guenter Lewy, „Rückkehr nicht erwünscht“. Die Verfolgung der Zigeuner im Dritten Reich, München/Berlin 2001; Sybil Milton, Vorstufe zur Vernichtung. Die Zigeunerlager nach 1933, in: VfZ 43/1 (1995), S. 115–130; Frank Sparing, NS-Verfolgung von „Zigeunern“ und „Wiedergutmachung“, in: APuZ 22/23 (2011), S. 8–15.

243 Vgl. z. B. Stephan R. Heiß, Die Polizei und Homosexuelle in München zwischen 1900 und 1933. Schlaglichter auf ein schwieriges Verhältnis zwischen Obrigkeit und Subkultur, in: Farin, Polizeireport, S. 194–207; Jens Dobler, Zwischen Duldungspolitik und Verbrechensbekämpfung. Homosexuellenverfolgung durch die Berliner Polizei von 1848 bis 1933, Schriftenreihe der Deutschen Gesellschaft für Polizeigeschichte e.V., Bd. 6, Frankfurt am Main 2008.

244 Vgl. Fabian Frese/Joachim Schröder, Die „Dienststelle für Zigeunerfragen“ der Münchner Kriminalpolizei, in: Schröder, Polizei, S. 103–109, hier: S. 103; Reimar Gilsenbach, Die Verfolgung der Sinti – ein Weg, der nach Auschwitz führte, in: Ayaß, Feinderklärung, S. 11–41, hier: S. 16–19; Lewy, Rückkehr, S. 19 f.; Luchterhandt, Weg, S. 30–36; Rainer Hehemann, Die „Bekämpfung des Zigeunerunwesens“ im Wilhelminischen Deutschland und in der Weimarer Republik, 1871–1933, Frankfurt am Main 1987, S. 285–294; Wagner, Kriminalisten, S. 143.

245 Vgl. z. B. Frank Sparing, Die Dienststelle für Zigeunerfragen bei der Kriminalpolizeileitstelle Köln, in: Buhlan, Freund, S. 519–574, hier: S. 525–560; Luchterhandt, Weg, S. 235–306; Wagner, Kriminalisten, S. 143–148;

etwa in den Jahren 1934 und 1935 generell das jüdische Vereinsleben, indem sie unter anderem jene Zusammenschlüsse verboten und jenen Repräsentanten ein Redeverbot auferlegten, die sich für einen Verbleib im Deutschen Reich aussprachen. Um die Juden loszuwerden, protegierten sie jedoch insgeheim jene Organisationen, die ihre Mitglieder dazu ermunterten und aktiv dabei unterstützten, aus Deutschland auszuwandern.[246] An solchen Praktiken beteiligten sich auch ehemalige uniformierte Staatsdiener. Denn seit Beginn der NS-Herrschaft wechselten viele von ihnen zur Gestapo oder Kriminalpolizei.[247]

Während die Sicherheitspolizei bereits in den Friedensjahren rücksichtslos gegen ihre Gegner vorging, fungierte die Ordnungspolizei eher als ihr Erfüllungsgehilfe, der aber schon in der Vorkriegszeit aktiv daran mitwirkte, Juden und andere Opfer zu verfolgen.[248] Schutzpolizei und Gendarmerie waren diejenigen Instanzen, die Juden verhafteten und anschließend an die Gestapo übergaben, welche sie dann in Konzentrationslager steckte. Bei der „Reichskristallnacht“ vom 9. auf den 10. November 1938 hielten sich Dalueges Beamten hingegen eher zurück und unterstützten den Pogrom durch ihre Passivität. Während die Sicherheitspolizei insgesamt etwa 30.000 männliche Juden verhaftete und in Konzentrationslager brachte, verwüsteten Parteischläger zahlreiche jüdische Geschäfte, Wohnungen sowie Synagogen und steckten sie oftmals in Brand. Die Ordnungspolizisten sollten hingegen lediglich dann intervenieren, wenn Plünderer sich in diesem Chaos bereichern wollten. Darüber hinaus hatten sie zusammen mit der Feuerwehr einzugreifen, wenn die Flammen die umliegenden „deutschen“ Bauwerke bedrohten.[249]

Ebenfalls im Jahre 1938 zeigte sich aber, dass sich die uniformierte Staatsgewalt noch wesentlich aktiver an der nationalsozialistischen Terrorpolitik beteiligen sollte. Nachdem die Landespolizei und damit auch deren Personal in die Wehrmacht überführt worden waren, hatten im Jahre 1936 für den geschlossenen Einsatz nur noch vereinzelte Verbände der Schutzpolizei existiert, die seitdem durch neue Kräfte verstärkt wurden.[250] Wenngleich es im NS-Staat keine politischen Straßenkämpfe zwischen Linken und Rechten mehr gab, wurden sie etwa bei Großveranstaltungen oder im Katastrophenfall eingesetzt.[251] Sie bildeten den Grundstock für die späteren Polizeibataillone, die jeweils etwa 500 Mann stark waren und zunächst aus vier, dann drei Kompanien sowie dem Bataillonsstab bestanden. Im Laufe der Zeit wuchs ihre Anzahl, so dass es während des Krieges insgesamt mindestens 130 dieser paramilitärischen Einheiten gab.[252] Ähnlich wie die neu aufgestellten Einsatzgruppen von Sicherheitspo-

246 Vgl. Hans Mommsen, Der nationalsozialistische Polizeistaat und die Judenverfolgung vor 1938, in: VfZ 10/1 (1962), S. 68–87, hier: S. 71–73.

247 Vgl. Schmidt, Polizisten, S. 407.

248 Vgl. Peter Nitschke, Polizei und Gestapo. Vorauseilender Gehorsam oder polykratischer Konflikt?, in: Paul, Gestapo (2003), S. 306–322, hier: S. 312–317; Klaus-Michael Mallmann/Gerhard Paul, Die Gestapo. Weltanschauungsexekutive mit gesellschaftlichem Rückhalt, in: Paul, Gestapo (2000), S. 599–650, hier: S. 626. Ferner: Daniel Schmidt, „Vom Prügelknaben eines verrotteten Systems zum ersten Instrument des Staates“. Die Eingliederung der Gelsenkirchener Schutzpolizei in den NS-Staat 1933–1938, in: Goch, Gesellschaft, S. 232–259, hier: S. 256.

249 Vgl. Jürgen Matthäus, An vorderster Front. Voraussetzungen für die Beteiligung der Ordnungspolizei an der Shoah, in: Paul, Täter, S. 137–166, hier: S. 149–151; Kaiser, Schranken, S. 123; Longerich, Politik, S. 202–206; Westermann, Police Battalions, S. 54. Ferner: Pohl, Verfolgung, S. 26; Thomas Köhler, „Mama, wieso löscht die Feuerwehr denn nicht?“ Die Feuerwehren als Pogromakteure am 9. und 10. November 1938 – eine Fallstudie aus Nordwestdeutschland, in: KZ-Gedenkstätte Neuengamme, Polizei, S. 50–60, hier: S. 53–58.

250 Vgl. Deuster, Polizei-Uniformen, S. 26.

251 Vgl. Link, Rückblick, S. 36.

252 Vgl. Klemp, Polizeibataillone, S. 75–77, 80 und 85 f.

lizei und SD kamen sie zum ersten Mal bereits beim „Anschluss" Österreichs im März 1938 zum „auswärtigen Einsatz". Im Herbst marschierten sie auch in das Sudetenland ein und halfen im März 1939 dabei, die übrige Tschechoslowakei zu besetzen. Stets folgten sie im Windschatten der Wehrmacht in diese Gebiete, um dort für „Ruhe und Ordnung" zu sorgen und anschließend Polizeistrukturen einzurichten, die sich an jenen des Deutschen Reichs orientierten.[253]

Nach ähnlichem Muster verfuhr die Ordnungspolizei auch während des Zweiten Weltkriegs, wodurch ihr in den neuen Besatzungsgebieten eine Reihe von bedeutsamen Aufgaben zukam. So war sie etwa seit dem Überfall auf Polen dafür verantwortlich, wichtige Gebäude und Objekte, aber auch Bahnanlagen und Brücken zu bewachen, Pass- und Verkehrskontrollen durchzuführen, Razzien und Festnahmen im großen Stil vorzunehmen, besondere Personen und öffentliche Veranstaltungen zu schützen sowie Nachschubwege zu sichern.[254] Ein weiteres Tätigkeitsfeld erwuchs ihr daraus, dass Himmler seit 7. Oktober 1939 als „Reichskommissar für die Festigung deutschen Volkstums" fungierte. Hitler hatte ihm nach Ende des Polenfeldzugs dieses neue Amt verschafft, in dem er dafür zuständig war, im eroberten Nachbarland ganze Bevölkerungsgruppen umzusiedeln.[255] An den Polizeibataillonen und Einsatzgruppen lag es nun, Himmlers „Umvolkungspolitik" zu realisieren, indem sie einerseits Polen und Juden aus den frisch annektierten Gebieten in das Generalgouvernement abschoben und andererseits diese freigewordenen Regionen mit Reichs- und Volksdeutschen kolonisierten.[256] Hauptsächlich bedeutete dies für die „Polizeisoldaten", dass sie die jüdische Bevölkerung gewaltsam in Ghettos pferchten und beauftragt waren, diese speziellen Wohngebiete zu bewachen.[257] Damit die Nationalsozialisten sie wirtschaftlich ausbeuten konnten, verpflichteten sie deren Bewohner ab 26. Oktober 1939 dazu, Zwangsarbeit zu leisten.[258] Die uniformierte Polizei zählte zu denjenigen Kräften, die nun dafür verantwortlich waren, entsprechende Arbeitslager und deren Insassen zu bewachen.[259]

Wie für die anderen Waffenträger des NS-Staats war der deutsche Überfall auf Polen für die Ordnungspolizei aber auch der „Auftakt zum Vernichtungskrieg".[260] Als ihre Einheiten im September 1939 in Polen einrückten, verübten sie zahlreiche Verbrechen an der einheimischen Zivilbevölkerung, die sich schon in dieser Phase gezielt gegen Juden richteten. Dabei entwickelten viele uniformierte Staatsdiener eine bemerkenswerte Eigeninitiative. Den Polizeioffizieren kam schon seinerzeit eine Schlüsselrolle zu, wenn es darum ging, ihre Männer zu radikalisieren. Wenn sich Schützen weigerten, bei Massenerschießungen Säuglinge

---

253 Vgl. Nix, Police Forces, S. 256 f.; Tessin, Stäbe und Truppeneinheiten, S. 9–11; Deuster, Polizei-Uniformen, S. 26. Zu der Aufstellung der Einsatzgruppen und deren ersten Einsätzen vgl. Wilhelm, Polizei, S. 133 f.

254 Vgl. Wlodzimierz Borodziej, Terror und Politik. Die deutsche Polizei und die polnische Widerstandsbewegung im Generalgouvernement 1939–1944, Veröffentlichungen des Instituts für Europäische Geschichte Mainz Abteilung Universalgeschichte, Beiheft 28, Mainz 1999, S. 43. Ferner: Bernhard Daenekas, Verbrechen deutscher Polizeieinheiten im Zweiten Weltkrieg – aus der Sicht eines Ermittlungsbeamten, in: Archiv für Polizeigeschichte 9 (1993), S. 21–24, hier: S. 23; Klemp, Polizeibataillone, S. 79.

255 Vgl. Longerich, Himmler, S. 449 f.

256 Vgl. ebd., S. 455–466; Diercks, Dokumentation, S. 63; Cadle, honor, S. 180.

257 Vgl. Primavesi, Ordnungspolizei, S. 168–170.

258 Vgl. Brakel, Holocaust, S. 57; Reitlinger, Endlösung, S. 76 f.

259 Vgl. Broszat, Grundzüge, S. 23 und 41; Curilla, Judenmord, S. 92.

260 Zum Begriff: Jochen Böhler, Auftakt zum Vernichtungskrieg. Die Wehrmacht in Polen 1939, Bundeszentrale für politische Bildung. Schriftenreihe, Bd. 550, Bonn 2006, S. 247.

zu töten, gab es durchaus Fälle, in denen die Oberbeamten so lange auf sie einwirkten, bis sie es schließlich doch taten.[261] Anders als lange Zeit angenommen, gehörten also nicht nur die Einsatzgruppen der Sicherheitspolizei und des SD, Verbände der Waffen-SS sowie Teile der Wehrmacht zu den Vollstreckern der „Umvolkungspolitik".[262] Die Polizeibataillone der uniformierten Ordnungsmacht standen ihnen an Brutalität und Vernichtungseifer in nichts nach. Während sie ihre Verbrechen in Polen noch relativ unkoordiniert und häufig eigenmächtig verübten, bremsten die weiteren „Blitzkriege" in Nord- und Westeuropa das mörderische Treiben der uniformierten Staatsdiener ein wenig. Doch nachdem diese Regionen erobert waren, verfolgte der Polizeiapparat auch dort unbarmherzig seine Opfer.[263]

Der deutsche Überfall auf die Sowjetunion am 22. Juni 1941 sollte das Töten jedoch zu einem systematischen Massenmord ausweiten. Bei Beginn des „Unternehmens Barbarossa" folgten Einsatzgruppen und Polizeibataillone abermals der Wehrmacht in die eroberten Gebiete. Hinter der Front zogen sie von Ort zu Ort, um dort jeweils nach einer ähnlichen Prozedur zu verfahren. In den Kommunen trieben sie zunächst alle jüdischen Männer zusammen und brachten sie in entlegene Waldgebiete, zu Gruben oder anderen Plätzen, um sie dort in Massenerschießungen umzubringen. Ab Mitte August 1941 gingen die Mörder in Po-

261 Vgl. Klaus-Michael Mallmann, „... Mißgeburten, die nicht auf diese Welt gehören". Die deutsche Ordnungspolizei in Polen 1939–1941, in: Ders., Genesis, S. 71–89, hier: S. 72–80.

262 Zur Rolle der Einsatzgruppen im Zweiten Weltkrieg und im Holocaust vgl. u. a. Richard Rhodes, Die deutschen Mörder. Die SS-Einsatzgruppen und der Holocaust, Bergisch Gladbach 2004; Andrej Angrick, Im Windschatten der 11. Armee. Die Einsatzgruppe D, in: Paul, Gestapo (2000), S. 481–502; Ders., Die Einsatzgruppe D und die Kollaboration, in: Kaiser, Täter, S. 71–84; Ders., Otto Ohlendorf und die SD-Tätigkeit der Einsatzgruppe D, in: Wildt, Nachrichtendienst, S. 267–302; Ralf Ogorreck, Die Einsatzgruppen und die „Genesis der Endlösung", Reihe Dokumente - Texte - Materialien. Zentrum für Antisemitismusforschung der Technischen Universität Berlin, Bd. 12, Berlin 1996; Klaus-Michael Mallmann/Jochen Böhler/Jürgen Matthäus, Einsatzgruppen in Polen. Darstellung und Dokumentation, Veröffentlichungen der Forschungsstelle Ludwigsburg der Universität Stuttgart, Bd. 12, Darmstadt 2008; Klaus-Michael Mallmann, Menschenjagd und Massenmord. Das neue Instrument der Einsatzgruppen und -kommandos 1938–1945, in: Paul, Gestapo (2000), S. 291–316; Dorothee Weitbrecht, Ermächtigung zur Vernichtung. Die Einsatzgruppen in Polen im Herbst 1939, in: Mallmann, Genesis, S. 57–70; Christian Gerlach, Kontextualisierung der Aktionen eines Mordkommandos - die Einsatzgruppe B, in: Kaiser, Täter, S. 85–95; Wolfram Wette, Sowjetische Erinnerungen an den deutschen Vernichtungskrieg, in: Paul Kohl, Der Krieg der deutschen Wehrmacht und der Polizei 1941–1944. Sowjetische Überlebende berichten, Frankfurt am Main 1995, S. 315–337, hier: S. 323–326; Hans-Heinrich Wilhelm, Die Einsatzgruppen und die „Endlösung der Judenfrage", in: Karl Dietrich Bracher/Manfred Funke/Hans-Adolf Jacobsen (Hrsg.), Nationalsozialistische Diktatur 1933–1945. Eine Bilanz, Bundeszentrale für politische Bildung. Schriftenreihe, Bd. 192, Bonn 1986, S. 591–617; Edmund Dmitrow, Die Einsatzgruppen der deutschen Sicherheitspolizei und des Sicherheitsdienstes zu Beginn der Judenvernichtung im Gebiet von Lomza und Bialystok im Sommer 1941, in: Ders./Pawel Machcewicz/Tomasz Szarota (Hrsg.), Der Beginn der Vernichtung. Zum Mord an den Juden in Jedwabne und Umgebung im Sommer 1941. Neue Forschungsergebnisse polnischer Historiker, Veröffentlichungen der Deutsch-Polnischen-Gesellschaft Bundesverband e.V., Bd. 4, Osnabrück 2004, S. 95–208.

263 Vgl. u. a. Jörgen Trolle, Die verschwundene Ordnungsmacht. Gestapo-Terror gegen die dänische Polizei vom 19.09.1944 bis Mai 1945, Frankfurt am Main 1994; Guus Meershoek, Machtentfaltung und Scheitern. Sicherheitspolizei und SD in den Niederlanden, in: Paul, Gestapo (2000), S. 383–402; Stefan Klemp/Herbert Reinke, Kölner Polizeibataillone in den Niederlanden während des Zweiten Weltkrieges, in: Buhlan, Freund, S. 263–276; Stefan Klemp, Einsatz im Westen - Deutsche Polizeibataillone in Holland 1940 bis 1945, in: Johannes Houwink ten Cate/Alfons Kenkmann (Hrsg.), Deutsche und holländische Polizei in den besetzten niederländischen Gebieten. Dokumentation einer Arbeitstagung, Villa ten Hompel Aktuell, Bd. 2, Münster 2002, S. 29–66.

lizeiuniform dazu über, auch jüdische Frauen und selbst Kinder zu töten.[264] Auf diese Weise beteiligten sich deutsche „Gesetzeshüter" an den schlimmsten Verbrechen des NS-Regimes, wozu etwa das Massaker von Babij Jar gehörte. In dieser Schlucht bei Kiew erschossen am 29. und 30. September 1941 nicht nur Angehörige der Einsatzgruppe C sowie der Wehrmacht, sondern auch Einheiten des Polizeiregiments Süd insgesamt 33.771 Juden.[265] In der „ersten Tötungswelle" ermordeten die deutschen Truppen in ihrem „auswärtigen Einsatz" bis Anfang des Jahres 1942 insgesamt mehr als 500.000 Menschen.[266]

An solchen Massenmorden beteiligten sich zwar keineswegs alle Polizisten. Allerdings sind die Beispiele rar, in denen sich uniformierte Beamte aktiv gegen die Vernichtungspolitik des NS-Staats stellten oder sich zumindest weigerten, verbrecherische Befehle auszuführen.[267] Die allermeisten Angehörigen der Polizeibataillone befolgten sie jedoch und gewöhnten sich rasch an ihre mörderische Tätigkeit. An vielen Tätern ging das Morden jedoch nicht spurlos vorbei und führte dazu, dass sich bei einigen Männern psychische oder psychosomatische Krankheiten entwickelten, während andere dem Alkohol verfielen oder sich sogar das Leben nahmen.[268] Weil es insbesondere für die Schützen sehr belastend war, wehrlose Zivilisten und sogar kleine Kinder zu erschießen, sah Himmler sich dazu veranlasst, andere Methoden zu entwickeln, um das europäische Judentum zu vernichten. Außerdem erschien ihm die bisherige Vorgehensweise nicht effizient genug, weil ihm das Morden schlichtweg nicht schnell genug ging. Deshalb einigte sich Heydrich mit weiteren Vertretern der NS-Bürokratie auf der Wannsee-Konferenz vom 20. Januar 1942, wie die „Endlösung der Judenfrage" rationalisiert werden sollte.[269] Doch diese war zu diesem Zeitpunkt schon längst im Gange, da

264 Vgl. Kwiet, Auftakt, S. 196 f.; Pohl, Verfolgung, S. 75; Ders., Die deutsche Militärbesatzung und die Eskalation der Gewalt in der Sowjetunion, in: Christian Hartmann/Johannes Hürter/Peter Lieb u. a. (Hrsg.), Der deutsche Krieg im Osten 1941–1944. Facetten einer Grenzüberschreitung, Quellen und Darstellungen zur Zeitgeschichte, Bd. 76, München 2009, S. 73–93, hier: S. 81 f. und 85. Ferner: Jürgen Matthäus, Jenseits der Grenze. Die ersten Massenerschießungen von Juden in Litauen (Juni–August 1941), in: ZfG 44/2 (1996), S. 101–117.

265 Vgl. Welzer, Täter, S. 166–169; Pohl, Verfolgung, S. 77.

266 Vgl. Dierl, Ordnungspolizei, S. 41; Benz, Holocaust, S. 60 f.

267 Solche Beispiele werden etwa geschildert in: Lennart Westberg, Zwei Polizistenschicksale im Zweiten Weltkrieg – Befehlsverweigerung und Widerstand, in: Archiv für Polizeigeschichte 5 (1991), S. 80–83; David H. Kitterman, Those Who Said „No!": Germans Who Refused to Execute Civilians during World War II, in: German Studies Review 11/2 (1988), S. 241–254, hier: S. 243–247; Kwiet, Auftakt, S. 204.

268 Zu den jeweiligen Folgen vgl. Wolfram Wette, Einleitung: Zivilcourage. Empörte, Helfer und Retter in den bewaffneten Formationen des NS-Staates, in: Ders. (Hrsg.), Zivilcourage. Empörte, Helfer und Retter aus Wehrmacht, Polizei und SS, Frankfurt am Main 2004, S. 15–32, hier: S. 22; Mallmann, Einsatzgruppen, S. 76; Guido Knopp, Die SS. Eine Warnung der Geschichte, München 2003, S. 234. Zum Alkoholkonsum in den SS- und Polizeieinheiten ferner: Edward B. Westermann, Stone-Cold Killers or Drunk with Murder? Alcohol and Atrocity during the Holocaust, in: Holocaust and Genocide Studies 30/1 (2016), S. 1–19; Jürgen Matthäus/Christopher R. Browning, Evidenz, Erinnerung, Trugbild – Fotoalben zum Polizeibataillon 101 im „Osteinsatz", in: Martin Cüppers/Matthäus/Andrej Angrick (Hrsg.), Naziverbrechen. Täter, Taten, Bewältigungsversuche, Veröffentlichungen der Forschungsstelle Ludwigsburg der Universität Stuttgart, Bd. 25, Darmstadt 2013, S. 135–190, hier: S. 147 f.; Schäfer, NSG-Verfahren, S. 281–283.

269 Vgl. Wolf Kaiser, Die Wannsee-Konferenz. SS-Führer und Ministerialbeamte im Einvernehmen über die Ermordung der europäischen Juden, in: Heiner Lichtenstein/Otto R. Romberg (Hrsg.), Täter – Opfer – Folgen. Der Holocaust in Geschichte und Gegenwart, Bundeszentrale für politische Bildung. Schriftenreihe, Bd. 335, 2., erw. Aufl., Bonn 1997, S. 24–37, hier: S. 24 f.

im Dezember 1941 die „zweite Tötungswelle“ bereits angelaufen war und vor allem zwischen Frühjahr 1942 und Herbst 1943 zu einem noch wesentlich größeren Massenmorden führte.[270]

Nachdem das NS-Regime dazu übergegangen war, die jüdischen Opfer in Vernichtungslagern wie Auschwitz und Majdanek massenhaft umzubringen, war damit das mörderische Treiben der Ordnungspolizei noch lange nicht beendet. Zusammen mit den anderen Besatzungskräften ging sie stattdessen noch energischer gegen Juden in den annektierten Territorien vor. Seitdem die Beamten in grüner Uniform nach Ende des Polenfeldzugs begonnen hatten, die neu errichteten jüdischen Ghettos zu bewachen, kam es immer wieder zu spontanen oder angeordneten Morden.[271] Schon seit Herbst 1941 hatte sich die Staatsgewalt auch maßgeblich daran beteiligt, Juden aus dem „Altreich“ und anderen europäischen Besatzungsgebieten in den „Osten“ zu verschleppen, wo sie in den zugewiesenen Wohnvierteln das gleiche Schicksal erwartete. Als das NS-Regime diese Ghettos in den Jahren 1942 bis 1944 auflöste, ermordeten insbesondere Himmlers „Polizeisoldaten“ deren Bewohner noch vor Ort oder trieben sie brutal in die Deportationszüge, die sie dann auf ihrem Weg in die Vernichtungslager eskortierten, was oftmals von weiteren Gewaltakten begleitet war.[272] Zusammen mit der Waffen-SS löschten Einheiten der Ordnungspolizei z. B. im Frühjahr 1943 das Warschauer Ghetto aus, wobei sie insgesamt über 56.000 Juden deportierten oder kurzerhand selbst umbrachten.[273] Im Zuge der „Aktion Reinhardt“ ermordeten SS und Polizei zwischen Juli 1942 und Oktober 1943 hauptsächlich in den eigens dafür errichteten Vernichtungslagern Belzec, Sobibor und Treblinka im Generalgouvernement über zwei Millionen Juden.[274] Bis Kriegsende töteten die „Herrenmenschen“ insgesamt etwa sechs Millionen Juden. Die uniformierte Polizei hatte an diesem beispiellosen Verbrechen einen immens hohen Anteil und ermöglichte durch ihre unterschiedlichen Taten überhaupt erst den Holocaust. Wolfgang Curilla schätzt, dass sie mit dazu beitrug, weit über 66 % aller jüdischen Opfer zu ermorden.[275] „Neben SS-Angehörigen und Hilfswilligen in den Vernichtungslagern stellte die deutsche Ordnungspolizei“, so der Historiker, „das entscheidende Instrument bei der Durchführung des Judenmords dar“.[276] Zudem glaubt Stefan Klemp, dass fast sämtliche Polizeibataillone an strafbaren Handlungen mitwirkten, wobei ihre Angehörigen bis zu einer Million Menschen unmittelbar durch Erschießungen umbrachten.[277]

Die Anzahl der Ordnungspolizisten wuchs durch den „auswärtigen Einsatz“ rasant an, zu dem rund ein Drittel von ihnen während des Krieges ausgerückt sein soll.[278] Befanden sich

270 Vgl. Mallmann, Fußvolk, S. 372.

271 Vgl. Primavesi, Ordnungspolizei, S. 171 f.

272 Vgl. Andreas Determann, Wegbegleiter in den Tod. Zur Funktion der Ordnungspolizei bei den Deportationen jüdischer Bürger „in den Osten“, in: Kenkmann, Villa, S. 28–53, hier: S. 30–35; Stefan Klemp, „I Would Have Liked to Travel Once on Such a Transport“. German Policemen as Guards on Deportation Trains from Italy to Auschwitz, in: Yad Vashem Studies 41/1 (2013), S. 99–127.

273 Vgl. Stefan Klemp, Vernichtung. Die deutsche Ordnungspolizei und der Judenmord im Warschauer Ghetto 1940–43, Münster/Berlin 2013, S. 7.

274 Vgl. Brakel, Holocaust, S. 105–111; Christopher R. Browning, Der Weg zur „Endlösung“. Entscheidungen und Täter, Bonn 1998, S. 128–141. Ferner: Bogdan Musial, Die Verfolgung und Vernichtung der Juden im Generalgouvernement. Die Zivilverwaltung und die Shoah, in: Paul, Täter, S. 187–203, hier: S. 196–198.

275 Vgl. Curilla, Judenmord, S. 852.

276 Ebd., S. 898.

277 Vgl. Klemp, Polizeibataillone, S. 79 und 85.

278 Vgl. Hans-Gerd Jaschke, Geschichte der deutschen Polizei vor und nach 1945: Kontinuitäten und Brüche, in: Bundeskriminalamt, Bundeskriminalamt, S. 37–61, hier: S. 46.

im Jahre 1938 noch rund 62.000 Beamte in der uniformierten Staatsmacht, waren es zu Beginn des Krieges über 131.000, um Anfang des Jahres 1942 auf 276.500 Polizisten anzusteigen.[279] Allein 91.500 von ihnen kamen aus der Polizeireserve, die nach Kriegsbeginn aus dem 1937 eingerichteten „Verstärkten Polizeischutz" (VPS) hervorgegangen war. Dieser hatte sich aus Männern der Jahrgänge von 1901 bis 1909 rekrutiert, die eigentlich zivilen Berufen nachgingen und gemäß einer Notdienstverordnung vom 15. Oktober 1938 im Mobilmachungsfall als Polizeireservisten die Berufsbeamten unterstützen sollten. Sie hatten ihre Ausbildung in eigenen Hundertschaften erhalten, die das Regime nach Kriegsbeginn in Reserve-Polizeibataillone umwandelte, die von aktiven Offizieren geleitet wurden.[280] Nicht zuletzt ihretwegen gelang es der Ordnungspolizei ansatzweise, jene personellen Verluste zu kompensieren, die sie 1935 anlässlich des Aufbaus der neuen deutschen Armee erlitten hatte. Zwar konnte sie es verkraften, dass sie zu Beginn des Krieges hauptsächlich aus der Gendarmerie noch einmal rund 8.100 Mann an die Wehrmacht abgeben musste, die nun in der Feldgendarmerie dienten, welche die deutsche Militärpolizei darstellte.[281] Trotz ihrer zunehmenden Stärke plagte Dalueges Staatsgewalt allerdings ein chronischer Personalmangel, der aus ihren wachsenden Aufgaben resultierte, weshalb sie nicht besonders wählerisch sein durfte.[282]

Dennoch versammelten sich während des Zweiten Weltkriegs insgesamt etwa 2,8 Millionen Mann unter dem Dach der Ordnungspolizei.[283] Diese waren jedoch keineswegs nur in den genuin polizeilichen Dienststellen und Behörden im „Altreich" oder den „auswärts" eingesetzten Einheiten tätig. Einen Großteil davon bildeten die deutsche Feuerwehr und andere Sonderdienstzweige, die während des Bombenkriegs immer wichtiger wurden.[284] Dazu gesellten sich einheimische Hilfspolizisten in den annektierten Ostgebieten, die in sogenannten „Schutzmannschaften" (Schumas) eingesetzt waren und für die deutschen Besatzer arbeiteten. Sie fungierten hauptsächlich als Polizeikräfte vor Ort oder als Truppenpolizeien, die von deutschen Polizeioffizieren angeführt in den Kampf gegen Partisanen zogen, aber auch als lokale Erfüllungsgehilfen Massenmorde an der jüdischen Bevölkerung ausführten.[285]

---

279 Vgl. Browning, Männer, S. 24 f.; Neufeldt, Entstehung, S. 98.

280 Vgl. Wilhelm, Polizei, S. 86; Schneider, Stühlen, S. 20 f.; Ders., Bremer Polizeibataillone, S. 118–126; Mallmann, Fußvolk, S. 364 f.; Tessin, Stäbe und Truppeneinheiten, S. 12 f.; Thomas Roth/Michael Schröders, Sozialstruktur und Einsatzprofil der Bonner Schutzpolizei: die „Stammrolle Ordnungspolizei". Ein Werkstattbericht, in: Schloßmacher, Farbe, S. 137–192, hier: S. 146.

281 Vgl. Nix, Police Forces, S. 308; Westermann, Friend, S. 645; Williamson, Military Police, S. 6; Robert E. Witter, Die deutsche Militärpolizei im Zweiten Weltkrieg, Wölfersheim-Berstadt 1995, S. 9.

282 Vgl. z. B. Goldhagen, Vollstrecker, S. 221; Westermann, Police Battalions, S. 87 und 156.

283 Vgl. Florian Dierl, Das Hauptamt Ordnungspolizei 1936 bis 1945. Führungsspitze und die Befehlshaber in den Wehrkreisen, in: Kenkmann, Auftrag, S. 159–175, hier: S. 159. Neufeldt kommt inklusive Hilfspolizeikräfte für 1943 und 1944 auf eine Gesamtzahl von über 3,5 Millionen Angehörigen der Ordnungspolizei. Vgl. Neufeldt, Entstehung, S. 101.

284 Vgl. Neufeldt, Entstehung, S. 99–101.

285 Vgl. u. a. Knut Stang, Kollaboration und Massenmord. Die litauische Hilfspolizei, das Rollkommando Hamann und die Ermordung der litauischen Juden, Frankfurt am Main 1996, S. 113–189; Yuri Radchenko, „We Emptied our Magazines into Them". The Ukrainian Auxiliary Police and the Holocaust in Generalbezirk Charkow, 1941–1943, in: Yad Vashem Studies 41/1 (2013), S. 63–98; Dieter Pohl, Ukrainische Hilfskräfte beim Mord an den Juden, in: Paul, Täter, S. 205–234; Ders., Nationalsozialistische Judenverfolgung in Ostgalizien 1941–1944. Organisation und Durchführung eines staatlichen Massenverbrechens, Studien zur Zeitgeschichte, Bd. 50, München 1996, S. 92 f. und 277 f.; Katrin Reichelt, Kollaboration und Holocaust in Lettland 1941–1945, in: Kaiser, Täter, S. 110–124; Jürgen Matthäus, „Reibungslos und planmäßig". Die zweite Welle der Judenvernichtung im Generalkommissariat Weißruthenien (1942–1944), in: Jahrbuch für Antisemitismusforschung 4 (1995), S. 254–274,

Dabei kollaborierten sie auch mit deutschen Polizeistationen, die ortsgebunden in den besetzten Territorien eingerichtet und im Einzeldienst mit dafür verantwortlich waren, diese Landstriche rücksichtslos zu „befrieden".[286]

Damit die „Polizeisoldaten" so schrecklich effizient gegen ihre Opfer vorgehen konnten, bedurfte es eines besonderen Systems, das ihre Einsätze möglichst präzise koordinierte. Über die grausamen Operationen der Polizeiverbände bestimmten die verantwortlichen Institutionen in Berlin. Während die Einsatzgruppen ihre Befehle aus dem RSHA erhielten, entschied das Hauptamt Ordnungspolizei über die Einsätze seiner Polizeibataillone. Nach diesem Schema waren auch die Befehlswege für die beiden Polizeizweige geteilt und hierarchisch gegliedert, was sich in Dalueges Machtbereich folgendermaßen gestaltete: Bereits seit 1. September 1936 war in jedem Wehrkreis ein Inspekteur der Ordnungspolizei (IdO) dafür zuständig, alle Kräfte der uniformierten Staatsgewalt sowie deren Aus- und Fortbildung zu kontrollieren. In den besetzten Gebieten und in besonders luftgefährdeten westdeutschen Regionen hießen sie hingegen Befehlshaber der Ordnungspolizei (BdO), die jedoch ihre Einheiten nicht nur beaufsichtigen, sondern auch befehligen konnten.[287] Auf Distriktebene unterstanden ihnen dazu Kommandeure der Ordnungspolizei (KdO), denen die mobilen Polizeiverbände sowie die stationären Schutzpolizei- und Gendarmeriedienststellen des jeweiligen Distrikts unterstellt waren.[288] Analog dazu existierten solche Ämter auch für Heydrichs Apparat, die sich in Inspekteure bzw. Befehlshaber und Kommandeure der Sicherheitspolizei unterteilten (IdS/BdS und KdS).[289]

Weil Heinrich Himmler seinen Einfluss auf das „Staatsschutzkorps" vergrößern wollte und sich daher mit diesem Befehlsweg nicht begnügte, richtete er einen zweiten ein. Damit er die Vernichtungsaktionen noch effizienter durchführen konnte, bediente er sich deshalb der Höheren SS- und Polizeiführer (HSSPF), die in den eroberten Territorien dafür zuständig waren, die gemeinsamen Einsätze von SS- und Polizeieinheiten zu koordinieren. Ein Erlass des Reichsinnenministers hatte diese mächtigen Funktionäre bereits am 13. November 1937 innerhalb des Deutschen Reichs geschaffen. Unabhängig von der inneren Verwaltung fungierten sie in den einzelnen Wehrkreisen als regionale Vertreter des Reichsführers-SS, dem sie

hier: S. 259; Deuster, Polizei-Uniformen, S. 418 f. Ferner: Frank Golczewski, Organe der deutschen Besatzungsmacht: die ukrainischen Schutzmannschaften, in: Wolfgang Benz/Johannes Houwink ten Cate/Gerhard Otto (Hrsg.), Die Bürokratie der Okkupation. Strukturen der Herrschaft und Verwaltung im besetzten Europa, Nationalsozialistische Besatzungspolitik in Europa 1939–1945, Bd. 4, Berlin 1998, S. 173–196.

286 Vgl. Martin C. Dean, The German Gendarmerie, the Ukrainian Schutzmannschaft and the „Second Wave" of Jewish Killings in Occupied Ukraine: German Policing at the Local Level in the Zhitomir Region, 1941–1944, in: German History 14/2 (1996), S. 168–192; Ders., Collaboration in the Holocaust. Crimes of the Local Police in Belorussia and Ukraine, 1941–44, New York 2000; Wolfgang Curilla, Schutzpolizei und Judenmord. Die Dienststelle des Kommandeurs der Schutzpolizei in Riga, in: Alfred Gottwaldt/Norbert Kampe/Peter Klein (Hrsg.), NS-Gewaltherrschaft. Beiträge zur historischen Forschung und juristischen Aufarbeitung, Publikationen der Gedenk- und Bildungsstätte Haus der Wannsee-Konferenz, Bd. 11, Berlin 2005, S. 247–264; Erich Haberer, The German police and genocide in Belorussia, 1941–1944. Part I: Police deployment and Nazi genocidal directives, in: Journal of Genocide Research 3/1 (2001), S. 13–29; Thomas Geldmacher, „Wir als Wiener waren ja bei der Bevölkerung beliebt". Österreichische Schutzpolizisten und die Judenvernichtung in Ostgalizien 1941–1944, Wien 2002.

287 Vgl. Gabriele Lotfi, Der Befehlshaber der Ordnungspolizei in Münster und der Luftschutz im Zweiten Weltkrieg, in: Kenkmann, Villa, S. 78–98, hier: S. 78–81; Wilhelm, Polizei, S. 84 f.

288 Vgl. Browning, Männer, S. 27.

289 Vgl. Banach, Elite, S. 174–235; Dams, Gestapo, S. 35–37.

unmittelbar unterstellt waren. Da sie den gesamten SS- und Polizeiapparat in ihrem jeweiligen Gebiet leiteten, verkörperten sie die von ihrem Dienstherrn angestrebte „Verschmelzung" von SS und Polizei.[290] Ohne auf das Hauptamt Ordnungspolizei oder das RSHA angewiesen zu sein, konnten sie direkt Befehle an die BdO und BdS erteilen, wenn ihre Kräfte miteinander oder auch zusammen mit SS-Einheiten operieren sollten. In einigen Besatzungsgebieten unterstanden Himmlers Vertretern zudem noch SS- und Polizeiführer (SSPF), die in den Distrikten vor allem dafür verantwortlich waren, die Befehle an die KdO und KdS weiterzugeben.[291] Wo jedoch solche Zwischeninstanzen fehlten, erhielten die Kommandeure der Ordnungs- und Sicherheitspolizei ihre Direktiven unmittelbar von den HSSPF. Dadurch besaßen sie ähnlich wie die Befehlshaber der beiden Polizeizweige in den annektierten Gebieten eine wesentlich größere Machtfülle als ihre Kollegen im „Altreich". Die Befehlsstrukturen von Himmlers Polizeiapparat waren also durch ein duales System gekennzeichnet.[292]

Es war auch dieser Organisation zuzuschreiben, dass die Ordnungspolizei so umfangreich am Holocaust mitwirken konnte. In ihr Fadenkreuz gerieten aber nicht nur jüdische Opfer. Gerade in der zweiten Kriegshälfte konzentrierte sie sich verstärkt darauf, insbesondere in Osteuropa einen Feind zu bekämpfen, den das NS-Regime schon fürchtete, noch ehe die deutschen Streitkräfte in die Sowjetunion einmarschierten. In seinem Erlass über die Ausübung der Kriegsgerichtsbarkeit vom 13. Mai 1941 ordnete Hitler bereits an, dass Partisanen „durch die Truppe im Kampf oder auf der Flucht schonungslos zu erledigen" seien.[293] Die Invasoren machten sich darauf gefasst, es mit aus ihrer Sicht illegitimen Kombattanten zu tun zu bekommen, welche die deutschen „Blitzkrieger" aus dem Hinterhalt attackieren könnten. Deshalb kündigte das Oberkommando der Wehrmacht (OKW) wenige Tage später an, nur durch „rücksichtsloses und energisches Durchgreifen gegen bolschewistische Hetzer, Freischärler, Saboteure, Juden und restlose Beseitigung jedes aktiven oder passiven Widerstandes" den bevorstehenden Krieg gewinnen zu können.[294] Seit Beginn des „Unternehmens Barbarossa" bestimmte diese Strategie auch das Auftreten der deutschen Armee in der Sowjetunion, die dort nicht nur beim Judenmord mit SS und Polizei eng kooperierte. Auch bei der „Bandenbekämpfung" interagierten sie miteinander. Dabei waren gerade die mobi-

290 Vgl. Birn, Höheren SS- und Polizeiführer, besonders: S. 9–20; Buchheim, Höheren SS- und Polizeiführer, S. 362–364 und 367 f.; Thomas Köhler, Himmlers Weltanschauungselite: Die Höheren SS- und Polizeiführer West – eine gruppenbiographische Annäherung, in: Schulte, Polizei, S. 51–79, hier: S. 52 f.; Ders., Himmlers verlängerter Arm in Rheinland und Westfalen – Die Höheren SS- und Polizeiführer West, in: Dams, Dienst, S. 203–233, hier: S. 203 f.; Curilla, Ordnungspolizei, S. 55; Nanno in 't Veld, Höhere SS- und Polizeiführer und Volkstumspolitik: ein Vergleich zwischen Belgien und den Niederlanden, in: Benz, Bürokratie, S. 121–138, hier: S. 122; Tino Jacobs, Himmlers Mann in Hamburg. Georg Henning Graf von Bassewitz-Behr als Höherer SS- und Polizeiführer im Wehrkreis X 1943–1945, Veröffentlichung der Forschungsstelle für Zeitgeschichte in Hamburg, Hamburg 2001, S. 43.

291 Vgl. Andreas Mix, Organisatoren und Praktiker der Gewalt. Die SS- und Polizeiführer im Distrikt Warschau, in: Timm C. Richter (Hrsg.), Krieg und Verbrechen. Situation und Intention: Fallbeispiele, Villa ten Hompel Aktuell, Bd. 9, München 2006, S. 123–134, hier: S. 123–126; Jacobs, Mann, S. 47 f.

292 Vgl. Deuster, Polizei-Uniformen, S. 19.

293 Dokument 050-C: I. A. Keitel: Erlass über die Ausübung der Kriegsgerichtsbarkeit im Gebiet „Barbarossa" und über besondere Massnahmen der Truppe vom 13. Mai 1941, in: IMT, Bd. 34, Nürnberg 1949, S. 249–255, hier: S. 253.

294 Richtlinien des OKW vom 19.5.1941 für das Verhalten der deutschen Truppen in der Sowjetunion, in: Europa unterm Hakenkreuz. Die Okkupationspolitik des deutschen Faschismus (1938–1945). Achtbändige Dokumentenedition, Bd. 5: Die faschistische Okkupationspolitik in den zeitweilig besetzten Gebieten der Sowjetunion (1941–1944), Berlin 1991, S. 134 f., hier: S. 134.

len Tötungsverbände der Polizei in den rückwärtigen Heeresgebieten dafür zuständig, jedweden Widerstand rigoros niederzuschlagen, um dadurch für „Ruhe und Ordnung" zu sorgen und die besetzten Gebiete dauerhaft zu „befrieden". Der Kampf gegen Partisanen und der Genozid an den Juden waren während des Ostkriegs aus Sicht der Täter stets eng miteinander verknüpft und beeinflussten sich wechselseitig.[295]

Hitlers Streitkräfte allgemein und speziell die Ordnungspolizei waren aber schon seit Beginn des Zweiten Weltkriegs für diesen scheinbar unsichtbaren Gegner sensibilisiert. Bereits vor dem Überfall auf Polen war die Wehrmacht davon ausgegangen, es beim Einmarsch in das Nachbarland mit einem hinterlistig kämpfenden Feind zu tun zu bekommen. Nach Start der Offensive hatte Himmler seinen Einsatzgruppen am 3. September befohlen, jedwede Aufständische kurzerhand zu erschießen. Beide Waffenträger hatten dann in den ersten Wochen in den eroberten Gebieten gewütet und dabei Widerständler sowie Zivilisten umgebracht. Das wohl bekannteste Beispiel für diesen frühen Terror lieferte der „Bromberger Blutsonntag". Angehörige der deutschen Truppen hatten mehrere hundert polnische Einwohner von Bromberg umgebracht, nachdem Polen in der Stadt einige Volksdeutsche getötet hatten. Auch an diesem Massenmord war die uniformierte Ordnungsmacht beteiligt.[296] Polizeibataillone hatten daneben seit Herbst 1939 gegen polnische „Banden" gekämpft.[297] Zum Aufgabenfeld der „Polizeisoldaten" im eroberten Polen hatten auch noch im Jahre 1940 solche paramilitärischen Operationen gehört, bei denen sie bereits in den ersten Wochen des Feldzugs und der Besetzung hunderte Menschen exekutiert hatten.[298] Um ihrem Terror gegen angebliche Aufständische einen legalen Anstrich zu verpassen, unterhielt die deutsche Staatsgewalt außerdem eigene Standgerichte, welche die Beschuldigten nur allzu häufig zum Tode verurteilten.[299] Auf dem Balkan gingen die deutschen Besatzer seit Frühjahr 1941 vehement gegen den hiesigen Widerstand vor, wobei sich vor allem die Wehrmacht hervortat, die von Polizeieinheiten unterstützt wurde.[300] Wenngleich es also nicht gänzlich irrational und unbegründet war, dass sich die Deutschen vor „Freischärlern" fürchteten, gab es in der Sowjetunion in der zweiten Jahreshälfte 1941 jedoch noch keine nennenswerten Untergrundaktivitäten.[301] Denn Josef Stalin und seine Kommunistische Partei der Sowjetunion (KPdSU) waren auf einen Weltanschauungskampf mit Deutschland nicht vorbereitet.[302] Im Rundfunk rief der sowjeti-

295 Vgl. Bogdan Musial, Sowjetische Partisanen 1941–1944. Mythos und Wirklichkeit, Paderborn 2009, S. 380–383 [Künftig: Musial, Partisanen (2009)]; Jürgen Matthäus, Die Beteiligung der Ordnungspolizei am Holocaust, in: Kaiser (Hrsg.), Täter, S. 166–185, hier: S. 182. Ferner zur Kooperation der einzelnen Besatzungsorgane: Jürgen Kilian, Das Zusammenwirken deutscher Polizeiformationen im „Osteinsatz" am Beispiel des rückwärtigen Gebietes der Heeresgruppe Nord, in: Schulte, Polizei, S. 305–335.

296 Vgl. Wildt, Generation, S. 432–447. Ferner: Westermann, Police Battalions, S. 131 f.

297 Vgl. Martin Broszat, Nationalsozialistische Polenpolitik. 1939–1945, Schriftenreihe der Vierteljahrshefte für Zeitgeschichte, Bd. 2, Stuttgart 1961, S. 58 f.; Tessin, Stäbe und Truppeneinheiten, S. 17.

298 Vgl. Edward B. Westermann, „Friend and Helper": German Uniformed Police Operations in Poland and the General Government, 1939–1941, in: The Journal of Military History 58/4 (1994), S. 643–662, hier: S. 651 und 657.

299 Vgl. Borodziej, Terror, S. 85 f.; Kopitzsch, Bandenbekämpfung, S. 261.

300 Vgl. Walter Manoschek, Partisanenkrieg und Genozid. Die Wehrmacht in Serbien 1941, in: Ders., Wehrmacht, S. 142–167, hier: S. 147–152.

301 Vgl. Timm C. Richter, „Herrenmensch" und „Bandit". Deutsche Kriegsführung und Besatzungspolitik als Kontext des sowjetischen Partisanenkrieges (1941–44), Zeitgeschichte – Zeitverständnis, Bd. 3, Münster 1998, S. 6–11.

302 Vgl. Leonid D. Grenkevich, The Soviet Partisan Movement 1941–1944. A Critical Historiographical Analysis, London/Portland 1999, S. 71.

sche Diktator daher erst am 3. Juli 1941 sein gesamtes Volk dazu auf, einen rigorosen Partisanenkrieg gegen die Eindringlinge zu führen. In der Frühphase des Krieges gestaltete sich dies jedoch recht schwierig, da die Wehrmacht die westlichen Teile der Union der Sozialistischen Sowjetrepubliken (UdSSR) und damit auch die Rote Armee überrannt hatte. Daher bildeten zunächst versprengte Soldaten sowie Anhänger und Funktionäre der KPdSU kleine Gruppen, die jedoch in erste Linie versuchten, hinter den feindlichen Linien schlichtweg zu überleben.[303] Ihre hilflosen Sabotageakte und wenigen Anschläge aus dem Hinterhalt konnten die Besatzer nie ernsthaft gefährden und verliefen daher eher erfolglos.[304]

Doch auf jede ihrer anfangs noch kleinen Aktionen reagierten die deutschen Besatzer sehr empfindlich. Die NS-Führung erkannte in ihnen aber zunächst weniger eine Gefahr, als vielmehr eine willkommene Gelegenheit dafür, „auszurotten, was sich gegen uns stellt".[305] Der Kampf gegen Partisanen diente dem Deutschen Reich also als Vorwand, um gegen Juden und andere Minderheiten sowie die einheimische Zivilbevölkerung der Besatzungsgebiete drakonisch vorzugehen. Indem die „Herrenmenschen" ihre unbewaffneten Opfer einfach zu „Banditen" oder „Heckenschützen" erklärten, versuchten sie nach außen und für sich selbst, ihre Verbrechen als rechtmäßige Kriegsakte gegen angeblich kriminelle und heimtückisch kämpfende Gegner zu legitimieren.[306] Allerdings stellte es völkerrechtlich gesehen nicht per se ein Kriegsverbrechen dar, wenn die deutschen Besatzer gefangene Partisanen erschossen. Ähnliches galt seinerzeit sogar für Gewaltakte gegen Zivilisten in den eroberten Gebieten. Denn unter bestimmten Voraussetzungen war es durchaus rechtmäßig, Geiseln zu erschießen, um damit potentielle Widerstandskämpfer abzuschrecken, oder nachträgliche Kriegsrepressalien durchzuführen. Diese rechtliche Grauzone missbrauchten die Nationalsozialisten dazu, um ihr mörderisches Treiben in den besetzten Territorien als legitimes Vorgehen zu kaschieren. Unter dem Deckmantel von „Partisanenbekämpfung" und „Geiselerschießung" begingen sie zahllose Verbrechen an unschuldigen Menschen.[307] Mit dem Völkerrecht ließ sich insbesondere nicht vereinbaren, dass die Besatzer befahlen, bei „Sühnemaßnahmen" für jeden getöteten Deutschen jeweils 100 zivile Geiseln zu erschießen. Eine solch brutale

303 Vgl. Bernd Bonwetsch, Sowjetische Partisanen 1941–1944. Legende und Wirklichkeit des „allgemeinen Volkskrieges", in: Gerhard Schulz (Hrsg.), Partisanen und Volkskrieg. Zur Revolutionierung des Krieges im 20. Jahrhundert, Göttingen 1985, S. 92–124, hier: S. 92; Bogdan Musial (Hrsg.), Sowjetische Partisanen in Weißrußland. Innenansichten aus dem Gebiet Baranovici 1941–1944. Eine Dokumentation, Schriftenreihe der Vierteljahrshefte für Zeitgeschichte, Bd. 88, München 2004, S. 16–18 und 33 [Künftig: Musial, Partisanen (2004)]; Hannes Heer, Die Logik des Vernichtungskrieges. Wehrmacht und Partisanenkampf, in: Ders., Vernichtungskrieg, S. 104–138, hier: S. 107 f.

304 Vgl. Jürgen Kilian, Wehrmacht und Besatzungsherrschaft im russischen Nordwesten 1941–1944. Praxis und Alltag im Militärverwaltungsgebiet der Heeresgruppe Nord, KRiG, Bd. 75, Paderborn 2012, S. 508.

305 Dokument 221-L: Aktenvermerk vom 16. Juli 1941 über eine Besprechung Hitlers mit Rosenberg, Lammers, Keitel und Göring, in: IMT, Bd. 38, Nürnberg 1949, S. 86–94, hier: S. 88.

306 Vgl. Richter, Herrenmensch, S. 40–45; Heer, Logik, S. 111; Pohl, Herrschaft, S. 283–287; Moritz Felix Lück, Partisanenbekämpfung durch SS und Polizei in Weißruthenien 1943: Die Kampfgruppe von Gottberg, in: Kenkmann, Auftrag, S. 225–248, hier: S. 225 f.; Walter Manoschek, „Wo der Partisan ist, ist der Jude, und wo der Jude ist, ist der Partisan". Die Wehrmacht und die Shoah, in: Paul, Täter, S. 167–185, hier: S. 170.

307 Vgl. Peter Lieb, Konventioneller Krieg oder NS-Weltanschauungskrieg? Kriegführung und Partisanenbekämpfung in Frankreich 1943/44, Quellen und Darstellungen zur Zeitgeschichte, Bd. 69, München 2007, S. 253–256; Dieter Blumenwitz, Okkupation und Revolution in Slowenien (1941–1946). Eine völkerrechtliche Untersuchung, Studien zu Politik und Verwaltung, Bd. 81, Wien/Köln/Graz 2005, S. 49–53; Kopitzsch, Polizeibataillone (1998), S. 18.

und unverhältnismäßige Praxis gegen echte oder vermeintliche Partisanen beschränkte sich aber keineswegs auf die Sowjetunion, sondern bestand etwa auch auf dem Balkan sowie in Griechenland, Italien und Westeuropa.[308] Gegen den Slowakischen Nationalaufstand des Jahres 1944 und die damit einhergehende Partisanenbewegung ging die Okkupationsmacht ebenfalls erbarmungslos vor.[309]

Abbildungen 2 und 3: Diskriminierung einer Frau durch Polizisten im „auswärtigen Einsatz" (Bayerisches Polizeimuseum, Fotosammlung)

Bereits in der Frühphase des Ostkriegs begaben sich die deutschen Truppen auf die Jagd nach „Banden", was jedoch bloß zu recht dürftigen Erfolgen führte. Weil sie nur wenigen Partisanen habhaft wurden, reagierten sie ihren Frust stattdessen an der unbeteiligten Zivilbevölkerung ab.[310] Ab Frühjahr 1942 verschlechterte sich deren Situation noch mehr, da die Besatzer nun noch schärfer gegen „Freischärler", aber vor allem unbewaffnete Einwohner vorgingen. Dabei ermordeten sie zahlreiche Menschen, vergewaltigten Frauen und plünderten oder zerstörten sogar ganze Dörfer. Indirekt profitierten die Guerillagruppen von diesem Terror, da er ihnen neue Mitglieder in die Arme trieb. Auch Moskau unterstützte sie nun stärker in ihrem Kampf gegen die Deutschen, wofür sie mehr Personal sowie Material

308 Vgl. Carlo Gentile, Wehrmacht und Waffen-SS im Partisanenkrieg: Italien 1943–1945, KRiG, Bd. 65, Paderborn 2012, S. 36. Zur „Partisanenbekämpfung" in den Niederlanden ferner: Christoph Spieker, Enttäuschte Liebe: Funktionswandel der Ordnungspolizei in den Niederlanden, in: Houwink ten Cate, Polizei, S. 67–83, hier: S. 83.

309 Vgl. Oldrich Sladek, Standrecht und Standgericht. Die Gestapo in Böhmen und Mähren, in: Paul, Gestapo (2000), S. 317–339, hier: S. 334–336.

310 Vgl. Kilian, Wehrmacht, S. 517–519.

erhielten und unter einem Dach organisiert waren.[311] Darüber hinaus kämpften gegen die Besatzer ziemlich heterogene Akteursgruppen, die teilweise sogar zwischen den Kriegsparteien wechselten, indem sie etwa mit den Deutschen kollaborierten und gleichzeitig im Widerstand aktiv waren.[312] Diese unklaren Verhältnisse erschwerten es, zwischen „Freund" und „Feind" zu unterscheiden, was die Invasoren noch weiter verunsicherte.

Im Sommer 1942 brachte Himmler die „Bandenbekämpfung" unter seine Kontrolle, weshalb SS- und Polizeieinheiten nun in Großunternehmen noch schärfer gegen die „Freischärler" in Aktion traten.[313] Eine besondere Position bekleidete dabei der HSSPF Russland-Mitte, Erich von dem Bach-Zelewski, den der oberste Polizeichef im Oktober 1942 damit betraute, die Partisanenbekämpfung zu koordinieren. Am 21. Juni 1943 ernannte ihn der Reichsführer-SS dann zum „Chef der Bandenkampfverbände", die es in dieser Form allerdings nie gab.[314] Stattdessen waren weiterhin Verbände aus SS und Polizei dafür zuständig, gegen die irregulären Kämpfer vorzugehen. Mit Erlass vom 9. Juli 1942 fasste Himmler jedoch jeweils drei Polizeibataillone zu Regimentern zusammen, die er am 24. Februar 1943 in „SS-Polizeiregimenter" umbenannte, weil er so ihren „auswärtigen Einsatz" würdigen wollte. Trotz der Sigrunen blieben sie aber wie bisher dem Hauptamt Ordnungspolizei unterstellt.[315] Obwohl sie gerade in der zweiten Kriegshälfte zuweilen auch direkt an der Front gegen reguläre Armeen kämpften, machten diese vergrößerten Polizeiformationen vorwiegend Jagd auf ihre vermeintlich unsichtbaren Kontrahenten.[316]

Die „Polizeisoldaten" unternahmen ab Sommer 1942 und besonders im Jahre 1943 großangelegte Operationen, um systematisch gegen Partisanen, aber auch nach wie vor gegen Juden vorzugehen. Insbesondere 1943 bekämpfte Hitlers Besatzungsapparat echte und vermeintliche „Banden" noch radikaler.[317] An zahlreichen solcher Großeinsätze war gerade die Ordnungspolizei maßgeblich beteiligt.[318] Mehrere Polizeieinheiten vernichteten z. B. beim „Unternehmen Hornung" südlich der weißrussischen Stadt Sluzk in der Zeit vom 8. bis 26. Februar 1943 insgesamt 12.897 Menschen, unter denen sich ungefähr 3.300 Juden befanden.[319] Zwischen 20. Mai und 21. Juni 1943 töteten Verbände der uniformierten Staatsgewalt beim

311 Vgl. Alexander Brakel, „Das allergefährlichste ist die Wut der Bauern." Die Versorgung der Partisanen und ihr Verhältnis zur Zivilbevölkerung. Eine Fallstudie zum Gebiet Baranowicze 1941–1944, in: VfZ 55/3 (2007), S. 393–424, hier: S. 403; Heer, Logik, S. 119–122; Musial, Partisanen (2009), S. 147–175.

312 Vgl. Bernhard Chiari, Deutsche Herrschaft in Weißrussland. Überlegungen zum lokalen und historischen Umfeld, in: Kaiser, Täter, S. 137–159, hier: S. 151 f.

313 Vgl. Heer, Logik, S. 124 f.; Jörn Hasenclever, Wehrmacht und Besatzungspolitik in der Sowjetunion. Die Befehlshaber der rückwärtigen Heeresgebiete 1941–1943, KRiG, Bd. 48, Paderborn 2010, S. 164.

314 Vgl. Richter, Herrenmensch, S. 58. Zur Biographie von Erich von dem Bach-Zelewski ferner: Ruth Bettina Birn, „Neue" oder alte Täterforschung? Einige Überlegungen am Beispiel von Erich von dem Bach-Zelewski, in: Totalitarismus und Demokratie 7/2 (2010), S. 189–212; Matthias Barelkowski, Vom „Schlagetot" zum „Kronzeugen" nationalsozialistischer Verbrechen. Die Karriere des Erich von dem Bach-Zelewski, in: Hans-Jürgen Bömelburg/Eugeniusz Cezary Król/Michael Thomae (Hrsg.), Der Warschauer Aufstand 1944. Ereignis und Wahrnehmung in Polen und Deutschland, Paderborn 2011, S. 129–170.

315 Vgl. Wilhelm, Polizei, S. 161 und 163.

316 Vgl. Tessin, Stäbe und Truppeneinheiten, S. 16; Cadle, honor, S. 180.

317 Vgl. Hasenclever, Wehrmacht, S. 164; Gerlach, Morde, S. 884–918.

318 Vgl. Curilla, Ordnungspolizei, S. 705–744.

319 Vgl. ebd., S. 725 f.; Gerlach, Morde, S. 901; Lück, Partisanenbekämpfung, S. 240; Klemp, Polizeibataillone, S. 46.

„Unternehmen Cottbus“ nahe Borissow mindestens 9.796 Menschen, wobei noch bis zu 3.000 weitere Opfer hinzukamen, welche die „Polizeisoldaten“ in Minenfelder getrieben hatten.[320]

Generell waren diese brutalen Aktionen militärisch nur bedingt von Erfolg gekrönt. Außerdem töteten die deutschen Truppen ab Anfang 1943 nicht mehr alle Untergrundkämpfer, sondern deportierten viele von ihnen zusammen mit noch mehr Zivilisten zur Zwangsarbeit ins Deutsche Reich.[321] Allein in Weißrussland erlitten etwa 380.000 Menschen dieses Schicksal.[322] Durch diese abermals verschärfte Besatzungspolitik erhielt die Partisanenbewegung noch mehr Zulauf aus der einheimischen Bevölkerung, weshalb sich die sowjetischen Guerillagruppen 1943 noch stärker gegen die deutsche Fremdherrschaft zur Wehr setzten.[323] Mit den „Herrenmenschen“ lieferten sie sich in dieser Phase vor allem einen „Schienenkrieg“, bei dem sie besonders im August 1943 und Juni 1944 zahlreiche Anschläge auf Eisenbahnlinien und die Infrastruktur verübten, um den deutschen Nachschub zu behindern. Allerdings konnten auch solche größeren Sabotageakte nicht darüber hinwegtäuschen, dass sich die Aktivitäten der Partisanen militärisch insgesamt nur geringfügig auswirkten.[324] Indem sie viele deutsche Kräfte im Hinterland banden und somit von den Fronten fernhielten, hatten sie dennoch einen nicht zu verachtenden Anteil daran, dass es der Roten Armee im Herbst 1944 gelang, die Heeresgruppe Mitte vernichtend zu schlagen.[325]

Die irregulären Kämpfer zahlten im „Vaterländischen Volkskrieg“ jedoch einen hohen Preis. Vor allem die Zivilbevölkerung in den Ostgebieten litt unter den Repressalien der Invasoren. Als „Hochburg“ des „Bandenkampfes“ war davon insbesondere Weißrussland betroffen, das während des Zweiten Weltkriegs um die 345.000 Opfer zu beklagen hatte. Allein im Zuge der „Bandenbekämpfung“ brachten die Besatzer in der Sowjetunion insgesamt etwa 500.000 Menschen um, wobei es sich bei den meisten Opfern um Unbeteiligte und nur bei einem Bruchteil um echte Partisanen handelte.[326] Es lässt sich zwar kaum ermitteln, für wie viele Tote dabei allein die uniformierte Polizei verantwortlich war. Doch dürfte sie enorm an diesen Massenmorden beteiligt gewesen sein, da ihren Verbänden eine zentrale Rolle in der „Bandenbekämpfung“ zukam.

Daneben verübte die Ordnungspolizei gerade in Osteuropa auch noch zahlreiche weitere Verbrechen an anderen Opfergruppen. Einige ihrer Einheiten und lokalen Dienststellen verfolgten zusammen mit den Einsatzgruppen beispielsweise „Zigeuner“, die sich während des Zweiten Weltkriegs in den besetzten Gebieten aufhielten. Ähnlich wie viele ihrer jüdischen Opfer erklärten die Besatzer sie kurzerhand zu Partisanen, die sie ebenfalls entweder an Ort und Stelle erschossen oder in die Vernichtungslager deportierten. Damit waren sie in einen

320 Vgl. Gerlach, Morde, S. 902; Curilla, Ordnungspolizei, S. 733–735; Lück, Partisanenbekämpfung, S. 237 f.

321 Vgl. Pohl, Militärbesatzung, S. 88.

322 Vgl. Kaiser, Schranken, S. 176.

323 Vgl. Alexander Hill, The War behind the Eastern Front. The Soviet Partisan Movement in North-West Russia 1941–1944, London/New York 2005, S. 150–153.

324 Vgl. Sebastian Stopper, „Die Straße ist deutsch.“ Der sowjetische Partisanenkrieg und seine militärische Effizienz, in: VfZ 59/3 (2011), S. 385–411, hier: S. 397–409; Gerlach, Morde, S. 866 und 868; Bonwetsch, Partisanen, S. 112.

325 Vgl. Richter, Herrenmensch, S. 26 f.

326 Vgl. Christian Hartmann, Verbrecherischer Krieg – verbrecherische Wehrmacht? Überlegungen zur Struktur des deutschen Ostheeres, in: Ders., Krieg, S. 3–71, hier: S. 25. Dieser Beitrag findet sich ebenso in: Ders., Verbrecherischer Krieg – verbrecherische Wehrmacht? Überlegungen zur Struktur des deutschen Ostheeres 1941–1944, in: VfZ 52/1 (2004), S. 1–75, hier: S. 24 f.

Massenmord involviert, der insgesamt etwa 500.000 Sinti und Roma das Leben kostete.[327] Bereits nach dem Polenfeldzug waren deutsche Gendarmeriebeamte im eroberten Nachbarland daran beteiligt, vom NS-Regime als „unwertes Leben" eingestufte Menschen im Zuge der „Euthanasie", aber auch „Asoziale" zu töten.[328] Außerdem ermordete die „grüne" Polizei sowjetische Kriegsgefangene, wie ein exemplarischer Fall belegt, bei dem das Polizeibataillon 306 im September 1941 nahe des polnischen Biala Podlaska ca. 5.000 gefangene Rotarmisten erschoss.[329] Etwa zur gleichen Zeit hatte die uniformierte Exekutive darüber hinaus die Wehrmacht darin unterstützt, das russische Leningrad einzukesseln, das die Armee von nun an bis zum Frühjahr 1944 belagerte und über eine Millionen Einwohner dabei gezielt verhungern, beschießen oder an den erbärmlichen Zuständen zugrunde gehen ließ.[330] Der NS-Polizeistaat entfaltete seinen Terror aber auch gegenüber Opfern, die nicht aus militärischen oder rassistischen Gründen ins Visier gerieten. Nach dem Attentat auf Reinhard Heydrich und dessen Tod waren es hauptsächlich Kräfte der Ordnungspolizei, die als „Vergeltung" das tschechische Dorf Lidice am 10. Juni 1942 völlig zerstörten. Während sie die männlichen Einwohner noch an Ort und Stelle erschossen, wirkten sie auch daran mit, die Frauen ins KZ Ravensbrück und die meisten Kinder ins Vernichtungslager Chelmno zu deportieren, wo sie ebenfalls großteils ermordet wurden.[331]

Nicht zuletzt bedingt durch das schwindende Kriegsglück richtete sich in der zweiten Kriegshälfte die Gewalt des NS-Staats immer stärker gegen das eigene Volk. Zu den „Endphaseverbrechen" kam es auch deshalb, weil sich das Regime davor fürchtete, in den chaotischen Verhältnissen des „Totalen Krieges" könnten sich die „Feinde im Innern" gegen die politische Führung, den Staatsapparat und auch die „Volksgenossen" richten. Dadurch schufen sich die Nationalsozialisten eine neue Dolchstoßlegende. Um nun gegen diese angebliche Gefahr anzugehen, verschärfte die Polizei ihren Terror im „Altreich". Das fiel ihr nicht besonders schwer, da in dieser Phase ehemalige Mitglieder von Einsatzgruppen oder Polizeibataillonen ins deutsche Kernland zurückkehrten, die im „Osten" Mordeinsätze absolviert und sich dadurch an extreme Formen von Gewalt gewöhnt hatten. Damit war die Büchse

327 Vgl. Erich Haberer, The German police and genocide in Belorussia, 1941–1944. Part II: The „second sweep": Gendarmerie killings of Jews and Gypsies on January 29, 1942, in: Journal of Genocide Research 3/2 (2001), S. 207–218, hier: S. 212–215; Martin Holler, Ausmaß und Verlauf der Roma-Verfolgung im Operationsgebiet der Heeresgruppe Nord 1941–1944, in: Schulte, Polizei, S. 239–261, hier: S. 249–255; Michail Krausnick, Der nationalsozialistische Völkermord an den Sinti und Roma, in: Lichtenstein, Täter, S. 223–254, hier: S. 236–239 und 244–249; Pohl, Verfolgung, S. 112–115; Lewy, Rückkehr, S. 199–225; Klemp, Kommunisten, S. 209.

328 Vgl. Volker Rieß, Zentrale und dezentrale Radikalisierung. Die Tötungen „unwerten Lebens" in den annektierten west- und nordpolnischen Gebieten 1939–1941, in: Mallmann, Genesis, S. 127–144, hier: S. 130–132 und 137.

329 Vgl. Dieter Pohl, Von der „Judenpolitik" zum Judenmord. Der Distrikt Lublin des Generalgouvernements 1939–1944, Münchner Studien zur neueren und neuesten Geschichte, Bd. 3, Frankfurt am Main 1993, S. 91. Torsten Schäfer schreibt, dass diesem Massenmord sogar mindestens 6.000 sowjetische Kriegsgefangene zum Opfer gefallen seien. Vgl. Schäfer, NSG-Verfahren, S. 86.

330 Vgl. Lichtenstein, Helfer, S. 26. Ferner: Johannes Hürter, Die Wehrmacht vor Leningrad. Krieg und Besatzungspolitik der 18. Armee im Herbst und Winter 1941/42, in: Hartmann, Krieg, S. 95–153, hier: S. 109–112; Pohl, Verfolgung, S. 37.

331 Vgl. Stefan Klemp, Rücksichtslos ausgemerzt. Die Ordnungspolizei und das Massaker von Lidice, Villa ten Hompel Aktuell, Bd. 17, Münster 2012, S. 20–23; Lichtenstein, Helfer, S. 194.

der Pandora bereits geöffnet, als diese Polizisten zurück in Deutschland auf ähnliche Weise besonders auf Ausländer, aber auch auf abtrünnige „Volksgenossen" Jagd machten.[332]

Der Krieg erweiterte das polizeiliche Aufgabenfeld, indem er zu einem Anstieg der Kriminalität führte. Darüber hinaus kam die Polizei verstärkt an der „Heimatfront" zum Einsatz, weil sie nun gegen Delikte einschreiten musste, die es zuvor so nicht gegeben hatte. Da die politische Führung aufgrund der Mangelwirtschaft Lebensmittel rationieren musste, entstand etwa ein florierender Schwarzmarkthandel, gegen den Kriminalpolizei und Gestapo vorzugehen versuchten.[333] Die Staatsgewalt richtete ihren Fokus aber besonders auf Fremd- und Zwangsarbeiter. Das tat sie vor allem dann, wenn diese aus Osteuropa stammten und damit permanent verdächtigt waren, vom kommunistischen Gedankengut beseelt zu sein. So willkommen sie den deutschen Rüstungs- und Landwirtschaftsbetrieben auch waren, überwachte die Ordnungsmacht ihren Alltag streng, weil sie sich vor Sabotageakten oder Aufständen fürchtete. Sexuelle Beziehungen zwischen männlichen Arbeitskräften und deutschen Frauen sanktionierte die Polizei besonders hart, was vor allem für Osteuropäer meist den Tod bedeutete.[334] Darüber hinaus trug sie die „Bandenbekämpfung" nun auch in die deutschen Städte hinein. Denn in der Schlussphase des Krieges kämpfte sie in mobilen Einheiten gegen entflohene Sklavenarbeiter und einzelne revoltierende Gruppen mit den gleichen Brachialmethoden wie im „auswärtigen Einsatz".[335] Auch die uniformierte Staatsgewalt machte Jagd auf Ausländer, die angeblich geplündert hatten und deshalb standrechtlich erschossen wurden.[336] Um die Bevölkerung und die Infrastruktur vor entflohenen Kriegsgefangenen, Fremd- und Zwangsarbeitern sowie mit dem Fallschirm abgesprungenen feindlichen Flugzeugbesatzungen, Spionen und Saboteuren zu schützen, wurde 1942 zudem die Stadt- und Landwacht aufgestellt. Sie gehörte ebenfalls zur Ordnungspolizei, bis sie Mitte Januar 1945 aufgelöst und zumindest teilweise in den „Volkssturm" übernommen wurde.[337]

Ebenso wenig schreckte die Polizei davor zurück, gewaltsam gegen junge „Volksgenossen" vorzugehen. Bereits in den Friedensjahren hatte die Diktatur nonkonformistische Jugendliche verfolgt, weil sie sich außerhalb der NS-Organisationen formierten und angeblich politisch subversiv verhielten. In der Endphase des „Tausendjährigen Reiches" intensivierten Himmlers Repressionsorgane ihr Engagement, solche Zusammenschlüsse dauerhaft zu unterbinden.[338] Infolge des Krieges stieg zudem die Jugendkriminalität deutlich an. Auf sie reagierte der NS-Staat scharf, indem er neue Gesetze schuf oder bestehende verschärfte und straffällig gewordene Minderjährige schlimmstenfalls sogar mit dem Tod bestrafte. In weniger schwerwiegenden Fällen sperrte er die heranwachsenden Delinquenten in herkömmli-

332 Vgl. Gerhard Paul/Alexander Primavesi, Die Verfolgung der „Fremdvölkischen". Das Beispiel der Staatspolizeistelle Dortmund, in: Paul, Gestapo (2003), S. 388–401; Kaiser, Schranken, S. 220; Wagner, Kern, S. 36; Roth, Verbrechensbekämpfung, S. 133.

333 Vgl. Springfeld, Polizei, S. 144–147.

334 Vgl. Hans-Dieter Schmid, Die Geheime Staatspolizei in der Endphase des Krieges, in: Geschichte in Wissenschaft und Unterricht 51/9 (2000), S. 528–539, hier: S. 530 f.; Horst-Pierre Bothien, Kreuzbergweg 5. Zur Bonner Gestapo (1938–1945), in: Schloßmacher, Farbe, S. 291–310, hier: S. 304–306. Ferner: Birn, Höheren SS- und Polizeiführer, S. 162 f.

335 Vgl. Severin Roeseling, Konkurrenz, Arbeitsteilung, Kollegialität – Zum Verhältnis von Polizei und Gestapo in Köln, in: Buhlan, Freund, S. 198–229, hier: S. 220.

336 Vgl. Lotfi, Befehlshaber, S. 94 f.

337 Vgl. Manfred Teufel, Land- und Stadtwacht – eine kriegsbedingte Polizeiverstärkung, in: Archiv für Polizeigeschichte 28 (1999), S. 53–66, hier: S. 53 f. und 64 f.

338 Vgl. Alfons Kenkmann, Störfaktor an der „Heimatfront". Jugendliche Nonkonformität und die Gestapo, in: Paul, Gestapo (2000), S. 179–200.

che Gefängnisse, um sie nach der Haft wieder in die „Volksgemeinschaft" integrieren zu können. Weil aber eine solche Strafe nicht bei jedem die erhoffte Wirkung zeigte, wurden auf Himmlers Anweisung darüber hinaus seit 1940 in Moringen und Uckermark polizeiliche Jugendschutzlager eingerichtet. Diese besonderen Konzentrationslager unterstanden dem Reichskriminalpolizeiamt und zielten darauf ab, ihre jungen Insassen zu disziplinieren, indem sie unter Drill und Terror stundenlang Zwangsarbeit leisten mussten, die Duzende nicht überlebten.[339]

Daneben betrieb die Gestapo seit 1940 sogenannte Arbeitserziehungslager (AEL), in denen sie „Arbeitsscheue" sperrte, die wegen einer angeblich mangelhaften Arbeitsmoral verhaftet und vorwiegend bei Großbauprojekten in der Rüstungsindustrie eingesetzt wurden. Die Insassen sollten durch brutalen Terror und Schwerstarbeit diszipliniert werden, damit sie wieder in ihren Betrieben einsatzbereit waren. Vor allem ausländische Zwangsarbeiter starben zu Tausenden in diesen KZ-ähnlichen Haftstätten, von denen rund 200 existierten.[340] Während in der Regel ein Vertreter der Sicherheitspolizei ein solches Lager leitete, setzten sich die Wachmannschaften aus aktiven Beamten, vor allem aber aus Reservisten der Ordnungspolizei zusammen, die ihre Opfer barbarisch drangsalierten. Bedingt durch einen allgemeinen Personalmangel innerhalb der deutschen Staatsmacht musste die Gestapo in der zweiten Kriegshälfte dann neues Personal aus „volksdeutschen" Schutzmannschaften und Aushilfskräften rekrutieren.[341] Ab 1943 unterhielt Himmlers Geheimpolizei mit den „Erweiterten Polizeigefängnissen" einen weiteren Lagertyp, in dem sie temporär sämtliche dem Regime unliebsamen Menschen zu stecken versuchte, die mangels Arrestmöglichkeiten andernorts nicht inhaftiert werden konnten.[342] Ordnungspolizisten waren sogar in einigen regulären Konzentrationslagern als Wachen eingesetzt oder unterhielten in der Frühphase des NS-Regimes selbst solche Terrorstätten.[343] In der ersten Kriegshälfte mussten etwa die Schüler der Polizeischule Heidenheim zahlreiche Sklavenarbeiter bewachen, die im Außenlager des KZ Dachau untergebracht waren, das sich auf dem Gelände der ostwürttembergischen Lehranstalt befand.[344] All dies zeigt sehr deutlich, dass die uniformierte Polizei bis zum vollständigen Zusammenbruch des „Dritten Reichs" eine der einflussreichsten Täterorganisationen

339 Vgl. Ulrike Jureit, Erziehen, Strafen, Vernichten. Jugendkriminalität und Jugendstrafrecht im Nationalsozialismus, Münster/New York 1995, S. 58–86; Wagner, Volksgemeinschaft, S. 376–378.

340 Vgl. Gabriele Lotfi, Stätten des Terrors. Die „Arbeitserziehungslager" der Gestapo, in: Paul, Gestapo (2000), S. 255–269, hier: S. 255–258 und 263–267. Ferner: Dies., KZ der Gestapo. Arbeitserziehungslager im Dritten Reich, Stuttgart/München 2000; Hellmuth Auerbach, Arbeitserziehungslager 1940–1944 mit besonderer Berücksichtigung der im Befehlsbereich des Inspekteurs der Sicherheitspolizei und des SD Düsseldorf liegenden, speziell des Lagers Hunswinkel bei Lüdenscheid, in: Gutachten, Bd. 2, S. 196–201; Detlef Korte, Das „Arbeitserziehungslager Nordmark" in Kiel (1944/45), in: Bajohr, Norddeutschland, S. 266–279; Berliner Geschichtswerkstatt (Hrsg.), Arbeitserziehungslager Fehrbellin. Zwangsarbeiterinnen im Straflager der Gestapo, Brandenburgische Historische Hefte der Brandenburgischen Landeszentrale für politische Bildung, Bd. 17, Potsdam 2004.

341 Vgl. Lotfi, Stätten, S. 262 f.; Dies., Der Einsatz der Ordnungspolizei in Arbeitserziehungslagern der rheinisch-westfälischen Gestapo, in: Kenkmann, Villa, S. 11–27, hier: S. 18–26.

342 Vgl. Elisabeth Thalhofer, Entgrenzung der Gewalt. Gestapo-Lager in der Endphase des Dritten Reiches, Paderborn 2010, S. 346–348.

343 Vgl. Diercks, Dokumentation, S. 25 und 68; Springfeld, Polizei, S. 57–59.

344 Vgl. Alfred Hoffmann, Verschwunden, aber nicht vergessen. KZ-Nebenlager in der Polizeischule Heidenheim. Eine Dokumentation, Heidenheim 1996, S. 33; Ders., Heidenheim an der Brenz, in: Wolfgang Benz/Barbara Distel (Hrsg.), Der Ort des Terrors. Geschichte der nationalsozialistischen Konzentrationslager, Bd. 2: Frühe Lager, Dachau, Emslandlager, München 2005, S. 347–349; Ders., Heidenheim an der Brenz, in: Wolfgang Benz/Barbara Distel (Hrsg.), Der Ort des Terrors. Geschich-

war, der unzählige Menschen inner- und besonders außerhalb Deutschlands zum Opfer fielen. Noch in der Schlussphase der Diktatur vollstreckte sie unnachgiebig deren totalitäre Vernichtungspolitik. Es war die deutsche Ordnungspolizei, welche die NS-Herrschaft überhaupt erst ermöglichte und diese als eine ihrer zentralen Säulen bis Kriegsende stabilisierte. Für ihre Angehörigen war der Untergang des braunen Polizeistaats zwar ebenso eine Zäsur wie für den Rest der deutschen Gesellschaft. Für viele „grüne" Staatsdiener war damit aber die Karriere keineswegs beendet.

2.3 Das Erbe des „Dritten Reichs" – Die Polizei in der Nachkriegszeit

Der Zusammenbruch des NS-Staats stellte für die deutsche Polizei keine „Stunde Null" dar. Die Hypotheken der Vergangenheit lasteten auf ihr sehr schwer. Dennoch verliefen die weiteren Lebenswege von Himmlers „Polizeisoldaten" recht unterschiedlich: Viele Polizeibeamte erlebten das Kriegsende nicht mehr, weil sie im „auswärtigen Einsatz" gefallen waren. Weitere gerieten in Kriegsgefangenschaft, von denen einige an das Ausland ausgeliefert, dort vor Gericht gestellt und in etlichen Fällen zum Tode verurteilt wurden.[345] Während häufig gerade führende Vertreter von SS und Polizei stattdessen untertauchten oder Selbstmord begingen, biederten sich andere den Siegermächten an, um im Staatsdienst bleiben oder wiedereingesetzt werden zu können.[346] Dieses Ziel war in vielen Fällen keineswegs unrealistisch. In den einzelnen Besatzungszonen versah zwar zunächst die Militärpolizei der jeweiligen Siegermacht ihren Dienst, um wieder geordnete Verhältnisse zu schaffen. Dazu bedienten sie sich aber bald auch deutscher Ordnungshüter.[347] Das stellte aber nur eine Übergangslösung dar.

In der unmittelbaren Nachkriegszeit versuchten die Alliierten sehr ambitioniert, ein neues Deutschland aufzubauen, das nach ihren vier „Ds" gestaltet sein sollte. So wollten sie auch die deutsche Staatsgewalt dezentralisieren, denazifizieren, demilitarisieren und demokratisieren.[348] Die Ordnungsmacht in der Sowjetischen Besatzungszone (SBZ) und später in der DDR vollzog hingegen eine gesonderte Entwicklung, die an dieser Stelle aber nicht weiter vertieft werden soll.[349] Weil sie sich am jeweiligen System ihrer Heimatländer orientierten, bildeten die drei westlichen Siegermächte in den von ihnen kontrollierten Besatzungszonen

te der nationalsozialistischen Konzentrationslager, Bd. 6: Natzweiler, Groß-Rosen, Stutthof, München 2007, S. 108–109.

345 Vgl. Curilla, Judenmord, S. 860–865.

346 Vgl. Stephan Linck, Der Ordnung verpflichtet: Deutsche Polizei 1933–1949. Der Fall Flensburg, Paderborn 2000, S. 167.

347 Vgl. Biernath, Polizei, S. 69.

348 Vgl. Dinah Kemmerich, Entstehung, Entwicklung und Bedeutung der „Zentral-Polizeischule Hiltrup/Westf." im Kontext der Reorganisation der deutschen Polizei durch die britische Besatzungsmacht 1945–1949, Schriftenreihe der Deutschen Hochschule der Polizei III/2008, Dresden 2008, S. 22.

349 Zur Polizei in SBZ und DDR vgl. u. a. Thomas Lindenberger, Volkspolizei. Herrschaftspraxis und öffentliche Ordnung im SED-Staat 1952–1968, Zeithistorische Studien, Bd. 23, Köln 2003; Ders., Öffentliche Polizei im Staatssozialismus: Die Deutsche Volkspolizei, in: Lange, Staat, S. 89–110; Ders., Vaters kleine Helfer. Die Volkspolizei und ihre enge Verbindung zur Bevölkerung 1952–1965, in: Gerhard Fürmetz/Herbert Reinke/Klaus Weinhauer (Hrsg.), Nachkriegspolizei. Sicherheit und Ordnung in Ost- und Westdeutschland 1945–1969, Forum Zeitgeschichte, Bd. 10, Hamburg 2001, S. 229–253; Richard Bessel, Volkspolizei zwischen Krieg und Sozialismus, in: Archiv für Polizeigeschichte 11 (1993), S. 86–92.

jedoch ebenfalls recht unterschiedliche Polizeiorganisationen heraus.[350] Gemein war ihnen aber, dass sie der neuen Staatsmacht eine dezentrale und damit kommunalisierte Gestalt verpassten.[351]

Im von Briten kontrollierten Gebiet erhielt jeweils die Kommunalverwaltung die Kompetenzen der ehemaligen Verwaltungspolizei, die sie beispielsweise an die neu eingerichteten Ordnungsämter übertrug. Die einzelnen Länder waren in Polizeibezirke unterteilt, die jeweils von einem Polizeichef geleitet und einem bürgerschaftlichen Polizeiausschuss kontrolliert wurden. Während in Großstädten von nun an Stadtkreispolizeien für die Vollzugsaufgaben zuständig waren, übernahmen Regierungsbezirkspolizeien diese hingegen in kleineren Gemeinden und auf dem Land.[352] Zudem entstand eine Einheitspolizei, in der die Kriminal- in die Schutzpolizei integriert wurde, die zugleich mit der Gendarmerie fusionierte.[353]

In der französischen Zone wurde die Polizei zunächst kommunalisiert, wenig später aber verstaatlicht und zentralisiert, was im Saarland schon frühzeitig geschehen war, da es nicht unter der Obhut des alliierten Kontrollrats stand.[354] Seit Anfang 1946 war sie also in den einzelnen Ländern jeweils wieder dem Innenministerium unterstellt. Während sich Württemberg-Hohenzollern eher am angelsächsischen Modell orientierte, unterschieden die übrigen von Franzosen kontrollierten Länder nicht konsequent zwischen Polizei und Verwaltung, so dass auch die Verwaltungspolizei weiterbestehen blieb.[355]

In der amerikanischen Besatzungszone lag die Zuständigkeit für die neue deutsche Ordnungsmacht ebenfalls bei den Kommunen. Alle Gemeinden von mehr als 5.000 Einwohnern erhielten eine eigene Polizei, die ein Polizeichef unter der Obhut des jeweiligen Bürgermeisters führte. Für alle kleineren Ortschaften sowie auf dem Land war aber die Landpolizei zuständig, wie sie in Bayern hieß.[356] Während der Name dieser staatlichen Polizei in Hessen dagegen Gendarmerie lautete, wurde sie in Württemberg-Baden indes Landespolizei genannt.[357] Zunächst war sie in einzelne Regierungsbezirke aufgeteilt und unterstand den zuständigen Regierungspräsidenten, bevor die Amerikaner sie im Januar 1946 auf Landesebene organi-

350 Zu den einzelnen westlichen Besatzungszonen vgl. u. a. Falco Werkentin, Die Restauration der deutschen Polizei. Innere Rüstung von 1945 bis zur Notstandsgesetzgebung, Frankfurt am Main/New York 1984, S. 25–43; Herbert Reinke/Gerhard Fürmetz, Polizei-Politik in Deutschland unter alliierter Besatzung, in: Lange, Staat, S. 67–86, hier: S. 73–82.

351 Vgl. Gerhard Fürmetz/Herbert Reinke/Klaus Weinhauer, Nachkriegspolizei in Deutschland. Doppelte Polizeigeschichte 1945–1969, in: Dies., Nachkriegspolizei, S. 7–33, hier: S. 9 [Künftig: Fürmetz: Nachkriegspolizei in Deutschland].

352 Vgl. Stefan Noethen, Die Gelsenkirchener Polizei zwischen Kriegsende und Verstaatlichung 1945–1953, in: Goch, Gesellschaft, S. 286–313, hier: S. 291–295 [Künftig: Noethen, Gelsenkirchener Polizei]; Jeffrey S. Richter, „Entpolizeilichung" der öffentlichen Ordnung. Die Reform der Verwaltungspolizei in der britischen Besatzungszone 1945–1955, in: Fürmetz, Nachkriegspolizei, S. 35–50, hier: S. 35–37; Werkentin, Restauration, S. 40.

353 Vgl. Linck, Ordnung, S. 201–203. In Schleswig-Holstein war die Kriminalpolizei aber nur kurzfristig innerhalb der Einheitspolizei angesiedelt. Vgl. ebd., S. 209.

354 Vgl. Carsten Dams, Die Polizei in Deutschland 1945–1989, in: APuZ 48 (2008), S. 9–14, hier: S. 10.

355 Vgl. Reinke, Polizei-Politik, S. 73; Werkentin, Restauration, S. 42.

356 Vgl. Werkentin, Restauration, S. 27 f. Zur Bayerischen Landpolizei ferner: Jose Raymund Canoy, The Discreet Charm of the Police State. The Landpolizei and the Transformation of Bavaria 1945–1965, Studies in Central European Histories, Vol. 41, Leiden/Boston 2007.

357 Vgl. Harnischmacher, Polizeigeschichte, S. 121. Zur Landespolizei in Württemberg-Baden ferner: Friedrich Wilhelm, Der Neuaufbau der Polizei in der amerikanischen Besatzungszone Baden-Württembergs, in: Archiv für Polizeigeschichte 14 (1994), S. 83–88, hier: S. 84 und 87.

sierten und den jeweiligen Innenministern unterordneten.[358] Daneben sorgten die Amerikaner auch dafür, dass sich die Staatsgewalt in ihrem Einflussbereich ebenfalls von den verwaltungspolizeilichen Aufgaben trennte und sie auf kommunale Behörden übertrug.[359] Sowohl in Hessen als auch in Bayern existierte zudem jeweils noch eine eigene Grenzpolizei, die vor allem die deutsch-deutsche Grenze zu schützen hatte.[360]

Zwischen Ende der vierziger und Anfang der fünfziger Jahre übergaben alle westlichen Besatzungsmächte die Polizeihoheit wieder an die einzelnen Länder.[361] Das führte dazu, dass die Ordnungsmacht auf Länderebene bald zentralisiert und ab 1951 wieder verstaatlicht wurde. Im Gegensatz zur Reichspolizei des NS-Staats war die Polizei in den einzelnen Bundesländern dezentral organisiert, aber bald nicht mehr kommunalisiert, wie es Amerikaner und Briten zuvor in ihren Besatzungszonen eingerichtet hatten.[362] Nachdem die BRD am 23. Mai 1949 gegründet worden war, blieb die Polizei weiterhin Ländersache. Konnte bereits für die jeweiligen Besatzungszonen konstatiert werden, dass sich in ihnen unterschiedliche Polizeiorganisationen herausgebildet hatten, lässt sich ein solcher Prozess erst recht in den elf westdeutschen Bundesländern feststellen. Sogar ehemals in einer Zone zusammengefasste Länder entwickelten jeweils ihr eigenes System, das sich mehr oder minder stark an den Polizeikonzepten der Siegermächte orientierte und auch von jenen der innerdeutschen Nachbarn abwich. Ähnlich wie in der Weimarer Republik gaben sie einigen Zweigen ihrer Staatsgewalt zudem ganz andere Namen als die übrigen Länder. Weil die Bundesländer nun jeweils für ihre Ordnungsmacht zuständig waren, schufen sie ab Ende der vierziger Jahre darüber hinaus auch ihre eigenen Polizeigesetze, welche die alliierten Vorschriften ablösten. Die Polizeisysteme der einzelnen Länder waren also sehr vielfältig und sie sind es nach wie vor. Deshalb kann es an dieser Stelle nicht geleistet werden, deren Besonderheiten aufzuzeigen und sie eingehend miteinander zu vergleichen. So groß ihre Unterschiede en detail auch sein mögen, verbinden sie jedoch gemeinsame Aufgaben und Ziele.[363] Zudem ist auch die Grundstruktur der jeweiligen Organisation grenzübergreifend gleich. Jedes Bundesland verfügt über eine Schutz-, Kriminal-, Wasserschutz- und Bereitschaftspolizei sowie ein Landeskriminalamt.[364]

358 Vgl. Reinke, Polizei-Politik, S. 79.

359 Vgl. Christian Groh, Kommunale Polizei im Wiederaufbau. Sozialgeschichte der Pforzheimer und Heilbronner Polizei von 1945 bis 1959, Quellen und Studien zur Geschichte der Stadt Pforzheim, Bd. 4, Ubstadt-Weiher 2003, S. 34–40.

360 Vgl. Biernath, Polizei, S. 72; Harnischmacher, Polizeigeschichte, S. 122 und 170.

361 Vgl. Harnischmacher, Polizeigeschichte, S. 116.

362 Vgl. 100 Jahre, S. 77. Ferner: Stefan Noethen, Alte Kameraden und neue Kollegen. Polizei in Nordrhein-Westfalen 1945–1953, Villa ten Hompel. Schriften, Bd. 3, Essen 2003, S. 116 f.; Linck, Ordnung, S. 216.

363 Zur Entwicklung der Polizeien in den einzelnen Bundesländern vgl. u. a. Harnischmacher, Polizeigeschichte, S. 135–192. Einen wichtigen Überblick zur Polizeiorganisation in den einzelnen Bundesländern liefern zudem die Einzelbeiträge des „Handbuchs der Polizeien Deutschlands“. Vgl. Hermann Groß/Bernhard Frevel/Carsten Dams (Hrsg.), Handbuch der Polizeien Deutschlands, Wiesbaden 2008.

364 Vgl. Harnischmacher, Polizeigeschichte, S. 120. Zur Einrichtung und Geschichte des Landeskriminalamts Nordrhein-Westfalen ferner: Maria Wego, Die Geschichte des Landeskriminalamtes Nordrhein-Westfalen, Schriftenreihe der Deutschen Gesellschaft für Polizeigeschichte e.V., Bd. 1, Hilden 1994; Dies., Entstehung und Entwicklung des Landeskriminalamtes Nordrhein-Westfalen, in: Nitschke, Polizei, S. 174–189.

Obwohl es den dezentralen Konzepten der Alliierten widersprach, erhielt auch der Bund seit Beginn der fünfziger Jahre seine eigenen Polizeiorgane.[365] Dazu gehört das am 8. März 1951 eingerichtete Bundeskriminalamt (BKA), das unter anderem dafür verantwortlich ist, den Informationsaustausch zwischen den Landeskriminalämtern und bei Bedarf einen landesübergreifenden Einsatz zu koordinieren.[366] Der am 16. März 1951 gegründete Bundesgrenzschutz (BGS) stellte eine kasernierte Polizeitruppe dar, deren Hauptaufgabe es war, die Grenze zur DDR zu sichern. Nach der deutschen Wiedervereinigung sollte er sich den ehemaligen Grenzschutz der DDR, aber auch die Bahnpolizei einverleiben und im Jahre 2005 schließlich in Bundespolizei umbenannt werden.[367] Die Bahnpolizei war bereits von den Alliierten für die einzelnen Besatzungszonen zur polizeilichen Kontrolle des Eisenbahnbetriebs sowie dessen Anlagen eingerichtet und Anfang der fünfziger Jahre von der Deutschen Bundesbahn übernommen worden. Außerdem untersteht dem Bundestagspräsidenten noch eine eigene „Polizei beim Deutschen Bundestag", die bis 1989 Hausinspektion des Deutschen Bundestages hieß und die Aufgabe hat, das Parlament und dessen Immobilien zu schützen.[368]

Neben der rein dezentralen Organisation scheiterte insgesamt auch das Vorhaben der Siegermächte, die deutsche Polizei grundlegend zu denazifizieren. Dafür gab es eine Reihe von Gründen: In der unmittelbaren Nachkriegszeit existierten in Deutschland kaum noch einheimische Polizeikräfte, da viele von ihnen beim Einmarsch der Alliierten geflohen oder anderweitig untergetaucht waren. Für den Vollzugsdienst verblieben nur noch wenige aktive Beamte und Reservisten sowie jene ehemaligen Staatsdiener, welche die Nationalsozialisten bei ihrer Machtübernahme 1933 entlassen hatten und nun häufig in leitende Positionen gelangten. Vielmehr versuchten aber freiwillige Hilfspolizisten das Chaos zu ordnen, die dafür jedoch nicht ausgebildet und nur unzureichend bewaffnet waren. In der gefährlichen Umbruchphase nach der deutschen Kapitulation mussten einige sogar dafür mit ihrem Leben bezahlen. Wenngleich mit den Hilfspolizisten und den vom NS-Regime verdrängten Beamten neue Kräfte in die Ordnungsmacht gelangten, war dieser personelle Neuanfang nur von kurzer Dauer. Denn der große Personalmangel führte dazu, dass in die Staatsgewalt wieder Männer zurückkehren konnten, die zuvor noch als Himmlers „Polizeisoldaten" gedient hatten. Unter ihnen befanden sich sogar Polizisten, die teilweise schwer belastet waren, weil sie sich an Kriegsverbrechen und am Judenmord beteiligt hatten. Die Alliierten wollten zwar verhindern, dass solche Bewerber wieder in den Dienst gelangten. Auch Angehörige der Gestapo und der NSDAP sowie SS-Führer sollten dazu keine Chance mehr haben, sondern stattdessen verhaftet und in ein Internierungslager verbracht werden. Theoretisch war es ehemaligen Polizeioffizieren nicht mehr möglich, wieder ihr Amt zu bekleiden. Denn unter einen automatischen Arrest fiel jeder Offizier von Ordnungs- und Kriminalpolizei, der den Rang eines Oberleutnants oder einen höheren Dienstgrad besessen hatte. Betroffen waren außerdem jene polizeilichen Oberbeamten, die gleichzeitig der Schutzstaffel angehört und einen entsprechenden Dienstgrad innegehabt hatten. Praktisch gelangten aber auch solche

365 Vgl. dazu Hans Lisken/Hans-Jürgen Lange, Die Polizeien des Bundes, in: Lange, Staat, S. 151–166, hier: S. 152–156.

366 Vgl. Manfred Klink, Bundeskriminalamt, in: Groß, Handbuch, S. 516–554, hier: S. 516 f. und 521 f.; Harnischmacher, Polizeigeschichte, S. 193–196.

367 Vgl. Andreas Peilert/Willy Kösling, Bundespolizei – vormals Bundesgrenzschutz, in: Groß, Handbuch, S. 555–590, hier: S. 555–557. Ferner zur Entstehung des BGS: Arved F. Semerak, Entstehung und Entwicklung des Bundesgrenzschutzes bis zum Einsatz in Mogadischu, in: Nitschke, Polizei, S. 258–274, hier: S. 259–267; Harnischmacher, Polizeigeschichte, S. 200–208.

368 Vgl. Harnischmacher, Polizeigeschichte, S. 210–215.

Kandidaten bereits 1945 wieder in den Staatsdienst, weil sie ihre Vergangenheit verheimlichten oder darüber logen. Wenn ihre Personalunterlagen während des Krieges abhanden gekommen waren, hatten sie ein umso leichteres Spiel, sich als unschuldige Beamte in den politischen Prüfverfahren zu inszenieren, in denen die Siegermächte Nationalsozialisten aufzuspüren versuchten.[369]

Die westalliierte wie auch die deutsche Entnazifizierungspolitik scheiterte auch deshalb, weil sich die Spruchkammerverfahren als ungeeignet erwiesen, die Täter aus den Reihen der Polizei auszusondern. Stattdessen konnten viele von ihnen weiterhin ihren Beruf ausüben, wozu später auch die junge Bundesrepublik selbst beitrug. Dafür verantwortlich war insbesondere der Umstand, dass der Bundestag am 11. Mai 1951 das Gesetz zum Artikel 131 des Grundgesetzes (GG) verabschiedete. Es verschaffte ehemaligen Beamten des „Dritten Reichs" einen Anspruch darauf, wiedereingestellt zu werden, sofern sie nach Kriegsende ihr Amt verloren hatten und seitdem nicht wieder oder nicht gemäß ihrer früheren Position beschäftigt worden waren. Auf diese Weise gelangten auch schwer belastete Akteure wieder in den Staatsdienst, die ihre Karrieren einfach fortführen konnten.[370]

Der Anteil der einstigen Staatsdiener des „Dritten Reichs" in der bundesdeutschen Ordnungsmacht konnte dabei teilweise ziemlich hoch ausfallen. In der Polizei von Bonn etwa lag dieser Anfang der fünfziger Jahre bei über 60 %, wobei fast alle Oberbeamten bereits im NS-Staat gedient hatten.[371] Obwohl die ehemaligen Angehörigen der Gestapo ausdrücklich von den gesetzlichen Regelungen ausgeschlossen waren, konnte schätzungsweise knapp die Hälfte von ihnen als „131er" wieder für die Staatsgewalt tätig werden.[372] Etlichen von ihnen war es sogar möglich, sensible Posten im 1950 in Köln errichteten Bundesamt für Verfassungsschutz zu bekleiden, wodurch sie in diesem Inlandsgeheimdienst erneut die eigene Bevölkerung überwachen konnten.[373] Auch war es für die meisten Kriminalisten des NS-Staats problemlos möglich, nach Kriegsende rasch wieder ihren Weg zurück in den Polizeidienst zu finden.[374] Zahlreiche hochrangige Vertreter von Heydrichs Sicherheitspolizei gelangten

369 Vgl. Noethen, Gelsenkirchener Polizei, S. 289 und 303 f.; Ders., Die Bonner Polizei 1945–1953, in: Schloßmacher, Farbe, S. 371–410, hier: S. 374–376 [Künftig: Noethen, Bonner Polizei I]. Ferner: Ders., Die Bonner Polizei und das Kriegsende 1945, in: Schloßmacher, Farbe, S. 359–369, hier: S. 368 [Künftig: Noethen, Bonner Polizei II].

370 Vgl. Martin Hölzl, Legenden mit Langzeitwirkung. Die deutsche Polizei und ihre NS-Vergangenheit, in: Dierl, Ordnung, S. 90–101, hier: S. 94; Klaus Weinhauer, Schutzpolizei in der Bundesrepublik. Zwischen Bürgerkrieg und Innerer Sicherheit: Die turbulenten sechziger Jahre, Paderborn 2003, S. 121–125. Stefan Noethen zeigt am Beispiel von Nordrhein-Westfalen detailliert auf, welche konkreten Inhalte und Konsequenzen das Gesetz zum Artikel 131 des GG für die hiesige Polizei besaß. Vgl. Noethen, Kameraden, S. 365–414. Zu den allgemeinen Regelungen zum Artikel 131 des GG ausführlicher: Frei, Vergangenheitspolitik, S. 69–100. Zur Wiedereinstellung von belasteten Polizisten ferner: Gregor Wensing, Belastete Polizeibeamte im Nachkriegsdeutschland, in: Egon Thiel/Ders. (Hrsg.), Im Dienste der Sicherheit. Die Polizei in Deutschland nach 1945. Begleitschrift zur 15. Ausstellung des Rheinischen Sammlerkreises in Zusammenarbeit mit der Deutschen Gesellschaft für Polizeigeschichte im Kultur- und Medienzentrum der Stadt Pulheim vom 4.–5. Mai 2013, Pulheim 2013, S. 41–44, hier: S. 42.

371 Vgl. Stefan Noethen, Die Reorganisation der Polizei im Nachkriegsdeutschland am Beispiel der Stadt Bonn, in: Thiel, Dienste, S. 45–46, hier: S. 45; Ders., Bonner Polizei I, S. 400.

372 Vgl. Dams, Gestapo, S. 191 f.

373 Vgl. Patrick Wagner, Ehemalige SS-Männer am „Schilderhäuschen der Demokratie"? Die Affäre um das Bundesamt für Verfassungsschutz 1963/64, in: Fürmetz, Nachkriegspolizei, S. 169–198, hier: S. 170–175.

374 Vgl. Ders., Die Resozialisierung der NS-Kriminalisten, in: Ulrich Herbert (Hrsg.), Wandlungsprozesse in Westdeutschland. Belastung, Integration, Liberalisierung 1945–1980, Moderne Zeit. Neue For-

sogar in exponierte Stellen des BKA, obwohl sich unter ihnen einige Täter befanden, die im „auswärtigen Einsatz“ Einheiten geleitet oder teilweise selbst gemordet hatten.[375] Einige dieser Männer bemühten sich seit Anfang der fünfziger Jahre auch darum, die kriminalpräventiven Konzepte des NS-Staats in der Bundesrepublik zu reaktivieren, indem sie erneut Jagd auf „Berufsverbrecher“ machen und diese in Vorbeugehaft nehmen wollten. In den sechziger Jahren scheiterten solche Initiativen jedoch letztlich am Widerstand der Justiz.[376] Dennoch war es den Tätern von einst sogar Jahrzehnte nach Kriegsende noch möglich, ihre Opfer weiter zu schikanieren und zu verfolgen. Homosexuelle, aber auch Sinti und Roma sahen sich auch nach 1945 vonseiten der Staatsmacht kriminalisiert.[377]

Aus naheliegenden Gründen schwiegen sich die Täter beharrlich über ihre kompromittierte Vergangenheit aus und deckten auch andere Kollegen. Als Einzelne ins Visier der deutschen Strafverfolger gerieten, bildeten sich sogar konspirative Zirkel aus ehemaligen Polizisten des NS-Regimes, die es sich zur Aufgabe machten, ihre alten „Kameraden“ vor den Ermittlungen zu warnen, was diese sehr erschwerte. In den entsprechenden Dienststellen waren jene Staatsanwälte und Polizeibeamten überaus unbeliebt, die gegen mutmaßliche NS-Verbrecher in deren Reihen ermittelten. Es kam durchaus vor, dass diese Polizeibehörden die Recherchen erheblich behinderten, indem sie etwa Personalunterlagen zurückhielten oder in Teilen zerstörten. Außerdem sprachen sich Verdächtige dahingehend ab, was sie bei der Vernehmung oder vor Gericht zu sagen hatten, um möglichst straffrei aus den Verfahren hervorzugehen. Bei solchen Gelegenheiten bekannte sich kaum ein Angeklagter zu seiner Schuld.[378] „Die Solidargemeinschaft der Täter“ bestand also auch nach Kriegsende lange fort.[379]

Während die DDR gerichtlich gegen belastete Polizisten wesentlich entschlossener vorging und schärfer urteilte, litt die strafrechtliche Verfolgung in Westdeutschland an zahlreichen weiteren Schwierigkeiten, die meist selbstgemacht waren: Obwohl bereits durch alliierte Kriegsverbrecherprozesse bekannt geworden war, dass die Ordnungspolizei für zahlreiche Verbrechen verantwortlich zeichnete, wurden die allermeisten bundesdeutschen Verfahren erst in den späten fünfziger und frühen sechziger Jahren begonnen. Die Untaten der NS-Schergen drohten dadurch bald zu verjähren, was beim Tatbestand des Totschlags im Mai 1960 auch tatsächlich geschah. Die Verjährungsfrist für Mord hingegen verschob der Bundestag zunächst und verlängerte sie dann, bis sie 1979 vollständig wegfiel. Hinzu kam, dass sich in der Gesellschaft bereits in der unmittelbaren Nachkriegszeit sowohl ein „Gnadenfieber“ als auch eine Schlussstrichmentalität breitgemacht hatten, was sich in den fünfziger Jahren noch verstärkte. Gegen die ehemaligen „Polizeisoldaten“ verhandelten zudem häufig Richter und Staatsanwälte, die selbst aufgrund ihrer NS-Vergangenheit belastet und daher wenig ambitioniert waren, wirklich für Gerechtigkeit zu sorgen. Weil sich die oftmals äußerst umfangreichen und langwierigen Ermittlungen schwierig gestalteten und häufig schlampig geführt wurden, waren viele Fälle von vornherein zum Scheitern verurteilt und wurden

schungen zur Gesellschafts- und Kulturgeschichte des 19. und 20. Jahrhunderts, Bd. 1, Göttingen 2002, S. 179–213, hier: S. 184.

375 Vgl. dazu Dieter Schenk, Auf dem rechten Auge blind. Die braunen Wurzeln des BKA, Köln 2001.

376 Vgl. Wagner, Kriminalisten, S. 171–183; Ders., Ein ziemlich langer Abschied. Das Bundeskriminalamt und die konzeptionellen Traditionen der NS-Kripo, in: Bundeskriminalamt, Bundeskriminalamt, S. 95–110, hier: S. 101–104.

377 Vgl. Joachim Schröder, Neue Polizei – neues Denken? Kontinuitäten und Wendepunkte, in: Ders., Polizei, S. 179–185, hier: S. 179–183; Sparing, Dienststelle, S. 560 f. Ferner: Lewy, Verfolgung, S. 331–336.

378 Vgl. Willi Dreßen, Probleme und Erfahrungen der Ermittler bei der Aufklärung von NS-Gewaltverbrechen, in: Archiv für Polizeigeschichte 14 (1994), S. 75–83, hier: S. 78–82.

379 Lichtenstein, Helfer, S. 207.

daher in ihrer Mehrzahl eingestellt.[380] Das lag nicht zuletzt daran, dass sich viele Beschuldigte erfolgreich auf einen angeblichen Befehlsnotstand beriefen. Dementsprechend behaupteten sie, die verbrecherischen Befehle deshalb nicht verweigert, sondern ausgeführt zu haben, weil sie sonst selbst getötet worden wären. Allerdings konnte bislang kein einziges Ereignis ermittelt werden, bei dem das tatsächlich der Fall war. Doch die Strafverfolger gestanden den Staatsdienern zu, zur Zeit der Taten fälschlicherweise davon überzeugt gewesen zu sein, sich im Befehlsnotstand zu befinden, was als sogenannter Putativnotstand bezeichnet wird.[381] Wenngleich sich die deutsche Gesellschaft in den sechziger und siebziger Jahren zunehmend für die NS-Vergangenheit interessierte, führten diese Impulse nicht dazu, dass die deutsche Justiz polizeiliche Verbrechen adäquat aufarbeitete. Stattdessen sorgte eine Strafrechtsreform im Jahre 1968 dafür, dass Haupttäter zu einfachen Gehilfen degradiert wurden. Die ohnehin zahlenmäßig überschaubaren Prozesse gegen die Angehörigen von Polizeieinheiten endeten meist in Freisprüchen. Nur sehr wenige Täter wurden überhaupt verurteilt.[382]

Die Alliierten mussten sich aber nicht nur von ihrem Wunschbild einer entnazifizierten Polizei, sondern auch recht bald vom Ideal einer entmilitarisierten deutschen Staatsgewalt verabschieden. Dabei hatten die Anfänge in der frühen Besatzungszeit ziemlich vielversprechend ausgesehen. In dieser Phase schafften sie z. B. die militärischen Ränge für Polizeioffiziere ab und ersetzten sie durch weniger martialisch klingende Dienstgrade. So wurde etwa aus einem Leutnant zunächst ein Inspektor und zu Beginn der fünfziger Jahre schließlich ein Kommissar, wie er auch heute noch existiert.[383] Solche Titel können aber nicht darüber hinwegtäuschen, dass die Ordnungsmacht rasch wieder Züge einer Ersatzarmee im Landesinnern erhielt.

Ursächlich dafür waren zunächst einmal die chaotischen Verhältnisse, die in Deutschland nach dem Zusammenbruch des „Tausendjährigen Reiches“ herrschten. In den Nachkriegswirren stieg die Kriminalität stark an, mit der es naturgemäß die Polizei aufnehmen musste. Daran hatte nicht zuletzt der Schwarzmarkt einen großen Anteil. Er florierte seinerzeit, weil die Bevölkerung vor allem unter der prekären wirtschaftlichen Situation litt, in der Lebensmittel und andere dringend benötigte Waren besonders im Winter knapp waren, weil die Alliierten sie streng rationierten. Da die Menschen sich mit zusätzlichen Gütern versorgen wollten, entstand recht schnell der illegale Handel, in dessen Peripherie es zu weiteren Verbrechen wie Diebstählen und Einbrüchen kam.[384] Solche und weitere Straftaten gingen nicht nur von Deutschen, sondern oftmals auch von Displaced Persons (DPs) aus, die als ausländische Kriegsgefangene, KZ-Häftlinge, Juden, Fremd- oder Zwangsarbeiter unter dem NS-Terror gelitten hatten und nach Kriegsende in Deutschland verblieben waren. Aber auch Soldaten und andere Vertreter der Besatzungsmächte wurden häufig gegenüber der einheimischen Bevölkerung straffällig.[385]

380 Zu den Ursachen für das Scheitern der meisten Verfahren vgl. Klemp, Polizeibataillone, S. 421–447.

381 Vgl. ebd., S. 18, 60 f. und 446 f.

382 Vgl. Andreas Mix, Erfolgsstory oder Skandalgeschichte? Die strafrechtliche Aufarbeitung der Polizeiverbrechen, in: Dierl, Ordnung, S. 78–89, hier: S. 86–88.

383 Vgl. Noethen, Gelsenkirchener Polizei, S. 308.

384 Vgl. Volker Zimmermann, Sicherheit und Ordnung in der Übergangsgesellschaft – Die Schutzpolizei in Düsseldorf nach dem Zweiten Weltkrieg (1945/46), in: Dams, Dienst, S. 335–356, hier: S. 336 f.

385 Vgl. Gerhard Fürmetz, „Besondere Gefährdung der Polizeibeamten“ – Alltägliche Gewalt gegen Polizisten im frühen Nachkriegsdeutschland, in: Alf Lüdtke/Herbert Reinke/Michael Sturm (Hrsg.), Polizei, Gewalt und Staat im 20. Jahrhundert, Studien zur Inneren Sicherheit, Bd. 14, Wiesbaden 2011, S. 131–144, hier: S. 134; Werkentin, Restauration, S. 30–34. Zur damaligen Sicherheitslage und Kri-

Um diesen Missständen entgegenzutreten, mussten die Siegermächte eine neue Polizeikonzeption implementieren, die jedoch von ihrem ursprünglichen Ideal einer unmilitärischen Ordnungsmacht nach und nach immer deutlicher abweichen sollte. Trotz des großen Personalmangels innerhalb der deutschen Staatsgewalt wollten etwa die Briten in ihr keine früheren Offiziere und Berufssoldaten der Wehrmacht sowie Angehörige der Landespolizei beschäftigen. Für sie waren diese zu eng mit der deutschen Armee verbunden gewesen. Bis 1950 ließ die Militärregierung diese Restriktionen jedoch wieder fallen.[386] Obwohl sie zunächst beschlossen hatte, die deutschen Gesetzeshüter insgesamt in ihrer Zone nicht mit Schusswaffen auszustatten, musste sie diese Position angesichts der zunehmenden Schwerkriminalität bereits im Herbst 1945 revidieren. Nur wenige Monate nach dem Zusammenbruch des „Dritten Reichs" erhielten zumindest einige Polizisten von ihren ehemaligen Gegnern unter bestimmten Auflagen wieder Pistolen und Gewehre. Erst als sich der Kalte Krieg verschärfte, ließen die Westmächte ihre letzten Bedenken fallen und erlaubten es der gesamten Ordnungsmacht, Schusswaffen zu tragen. Für diesen Sinneswandel war maßgeblich der Umstand verantwortlich, dass die deutsche und westalliierte Schicksalsgemeinschaft ein gemeinsames Feindbild hatte.[387]

Denn im Nachkriegsdeutschland konnte der Antikommunismus nahtlos fortbestehen, der bereits in der Weimarer Republik existiert hatte und im „Dritten Reich" sogar zur Staatsdoktrin erhoben worden war. Auch nach dessen Zusammenbruch fürchteten sich große Teile der deutschen Politik und der Gesellschaft davor, dass es zu einem kommunistischen Umsturz kommen könnte. Der sich allmählich verschärfende Ost-West-Konflikt tat ein Übriges, um diese Angst noch weiter zu schüren. Der Beginn des Koreakriegs im Juni 1950 führte der jungen Bundesrepublik vor Augen, dass sich ein solcher Stellvertreterkrieg auch an der deutsch-deutschen Grenze ereignen könnte.[388] Damals verfügte sie aber noch nicht über eine eigene Armee. Dennoch musste sie auf den Umstand reagieren, dass die DDR mit der Kasernierten Volkspolizei (KVP) zuvor schon quasimilitärische Verbände eingerichtet hatte, aus denen am 18. Januar 1956 die Nationale Volksarmee (NVA) hervorgehen sollte. Von den Westalliierten ermächtigt bauten die einzelnen Länder der BRD deshalb zu Beginn der fünfziger Jahre mit der Bereitschaftspolizei wieder kasernierte Polizeieinheiten auf, aus denen sich außerdem auch der Nachwuchs für den Einzeldienst rekrutierte. In Form des BGS bekam auch der Bund seine eigene Grenz- und Truppenpolizei, die teilweise in die am 12. November 1955 gegründete Bundeswehr überführt wurde.[389] Auf diesem Wege erhielt die deutsche Ordnungsmacht erneut einen militärischen Zuschnitt.

Weil die alten antikommunistischen Feindbilder fortlebten und die Polizei remilitarisiert wurde, brachte dies aber schon bald im Landesinnern einige Probleme mit sich, die darauf hindeuten, dass zahlreiche Gesetzeshüter wenig demokratisch eingestellt waren. Die deut-

minalität speziell in Flensburg ferner: Linck, Ordnung, S. 286–317. Zur Kriminalität im Pforzheim und Heilbronn der Nachkriegsjahre ferner: Groh, Polizei, S. 138–179.

386 Vgl. Stefan Kaufmann, Stunde Null? Abgelehnte Wiedereinstellungsgesuche Düsseldorfer Polizisten 1945–1951, in: Dams, Dienst, S. 357–379, hier: S. 361 f.

387 Vgl. Noethen, Gelsenkirchener Polizei, S. 296–298.

388 Vgl. Werkentin, Restauration, S. 104–107 und 112.

389 Vgl. Fritz Kopp, Chronik der Wiederbewaffnung in Deutschland. Daten über Polizei und Bewaffnung 1945–1958. Rüstung der Sowjetzone – Abwehr des Westens, Sonderausgabe für das Bundesministerium für gesamtdeutsche Fragen, Köln 1958, S. 5–8; Raible, Geschichte, S. 128–138; Kraus, Geschichte, S. 146. Zur Wiederaufrüstung in der DDR über die Polizei ferner: Kurt Arlt, Zur Aufstellung militärisch ausgebildeter Polizeiformationen in der SBZ/DDR 1948 bis 1952, in: Nitschke, Polizei, S. 207–230.

sche Staatsgewalt sah sich in der jungen Bundesrepublik nämlich mit neuen gesellschaftlichen Phänomenen konfrontiert, die aus ihrer Sicht die innere Sicherheit und Ordnung bedrohten. Insbesondere die junge Generation schickte sich an, gegen das traditionelle Gesellschafts- und Wertesystem in Deutschland aufzubegehren und für einen Wandel einzutreten. Zu Beginn der fünfziger Jahre ging die Polizei gegen Kundgebungen von politisch linksgerichteten Organisationen vor, zu denen vor allem die KPD und die Freie Deutsche Jugend (FDJ) zählten. Bei solchen Einsätzen orientierte sich die neu aufgestellte Bereitschaftspolizei an Verhaltensweisen, die noch aus der Weimarer Ordnungsmacht stammten. Ihr kompromissloses Einschreiten führte sogar zu einem Fall außergewöhnlicher Härte, der in der Geschichte der Bundesrepublik einmalig ist: Bei einer Demonstration in Essen tötete die Polizei am 11. Mai 1952 einen Teilnehmer und verletzte weitere, nachdem der Einsatzleiter seinen Untergebenen befohlen hatte, gezielt mit der Schusswaffe gegen die Menge vorzugehen.[390]

In der zweiten Hälfte der fünfziger Jahre führten die „Halbstarken-Krawalle“ zum Aufruhr einer jugendlichen Subkultur. Auf sie reagierte die Polizei ziemlich ratlos und mit übertriebener Härte, indem sie gegen Aufläufe der mehr oder minder stark aufsässigen Jugendlichen gewaltsam vorging.[391] Ähnlich verhielt sich die Münchner Stadtpolizei anlässlich der „Schwabinger Krawalle“ im Juni 1962, als sie rabiat gegen mehrere tausend meist junge Menschen einschritt. Nachdem diese ursprünglich gegen die aus ihrer Sicht ungerechtfertigte Festnahme von Straßenmusikern protestiert hatten, provozierten sie fünf Tage lang gezielt die Staatsmacht, indem sie etwa den Verkehr blockierten. Orientiert an überkommenen Einsatzkonzepten, Leit- und Feindbildern trat die Polizei der Menge entschieden entgegen und löste die Versammlungen brachial auf.[392] Eine derartige Eskalation wollte die bayerische Landeshauptstadt künftig vermeiden. Daher entwickelte deren Polizeipräsident Manfred Schreiber mit der „Münchner Linie“ ein liberaleres Konzept, nach dem die Ordnungsmacht mäßigend auf Protestler einzuwirken und dadurch den Einsatz von Gewalt möglichst zu verhindern hatte. Wenngleich sich diese Vorgehensweise in der Folgezeit in München durchaus bewährte, spitzte sich andernorts das politische Protestgeschehen weiter zu.[393] Die Staatsgewalt stieß vor allem ab Mitte der sechziger Jahre mit jungen Bundesbürgern zusammen, weil obsolete Denk- und Verhaltensweisen das polizeiliche Vorgehen in Westdeutschland auch weiterhin bestimmten. Diese prägten z. B. die Einsätze der Ordnungsmacht anlässlich der „Beatkrawalle“ in den Jahren 1965 bis 1967. Als ihre Gegner betrachtete die Polizei in dieser Phase ins-

390 Vgl. Udo Behrendes/Manfred Stenner, Bürger kontrollieren die Polizei?, in: Leßmann-Faust, Polizei, S. 45–88, hier: S. 60. Ferner: Belinda Davis, Polizei und Gewalt auf der Straße. Konfliktmuster und ihre Folgen im Berlin des 19. und 20. Jahrhunderts, in: Lüdtke, Polizei, S. 81–103, hier: S. 97 f.

391 Vgl. Thomas Grotum, Autoritätsverlust? Die westdeutsche Polizei und jugendliches Protestverhalten in den 1950er Jahren, in: Ute Schneider/Lutz Raphael (Hrsg.), Dimensionen der Moderne. Festschrift für Christof Dipper, Frankfurt am Main 2008, S. 529–546, hier: S. 529–541; Ders., Jugendliche Ordnungsstörer. Polizei und „Halbstarken“-Krawalle in Niedersachsen 1956–1959, in: Fürmetz, Nachkriegspolizei, S. 277–302, hier: S. 287–294.

392 Vgl. Michael Sturm, „Wildgewordene Obrigkeit“? Die Rolle der Münchner Polizei während der „Schwabinger Krawalle“, in: Gerhard Fürmetz (Hrsg.), „Schwabinger Krawalle“. Protest, Polizei und Öffentlichkeit zu Beginn der 60er Jahre, Villa ten Hompel. Schriften, Bd. 6, Essen 2006, S. 59–105, hier: S. 59–71; Stefan Hemler, Aufbegehren einer Jugendszene. Protestbeteiligte, Verlauf und Aktionsmuster bei den „Schwabinger Krawallen“, in: Fürmetz, Krawalle, S. 25–57, hier: S. 31–43.

393 Vgl. Michael Sturm, Tupamaros München: „Bewaffneter Kampf“, Subkultur und Polizei 1969–1971, in: Klaus Weinhauer/Jörg Requate/Heinz-Gerhard Haupt (Hrsg.), Terrorismus in der Bundesrepublik. Medien, Staat und Subkulturen in den 1970er Jahren, Campus Historische Studien, Bd. 42, Frankfurt am Main 2006, S. 99–133, hier: S. 113 f. Zu den konkreten Münchner Reformen ferner: Ders., Obrigkeit, S. 100–104.

besondere nonkonformistische Jugendgruppen, zu denen etwa die „Gammler" und die „Rocker" zählten. Mit geschlossenen Verbänden schritt sie aber vor allem gegen protestierende Studenten recht gewaltsam ein, da sie fürchtete, dass die politisch ausgerichteten Demonstrationen von Kommunisten gelenkt sein könnten. Zu einem Umdenken konnte sie sich nur sehr zögerlich durchringen.[394]

Dass die Polizei der ersten Nachkriegsdekaden an den traditionellen Mentalitäten und Verfahrensweisen festhielt, muss in einem größeren Kontext gesehen werden. Denn sie vermied es lange, sich seriös und ohne verklärendes Pathos ihrer Rolle im „Dritten Reich" zu stellen. Stattdessen verherrlichte sie die Weimarer Ordnungsmacht als Idealtyp der deutschen Polizei, an deren Vorbild sie sich orientieren wollte, um sich dadurch möglichst stark vom nationalsozialistischen Terrororgan abzugrenzen. Zum Weimarer Beispiel bekannten sich besonders jene vor 1912 geborenen Führungsbeamten, die bereits in den zwanziger Jahren in den Polizeidienst getreten und darin sozialisiert worden waren. In den fünfziger und frühen sechziger Jahren versuchten diese „Patriarchen", wie Klaus Weinhauer sie nennt, am Berufs- und Männlichkeitsbild sowie am Führungsstil der ersten deutschen Demokratie festzuhalten und diese in die zweite hineinzuretten. Für sie waren traditionelle Tugenden wie etwa Disziplin, Tatkraft, Sauberkeit, Ordnung sowie ein kameradschaftlicher Gemeinsinn und Zusammenhalt essentiell. Der Oberbeamte sollte sich demgemäß besonders als fachkundiger, verantwortungsbewusster, gerechter und vorbildlicher Führer hervortun. An politischen und allzu stark militärischen Attributen waren sie bei den bundesdeutschen Gesetzeshütern aber nicht mehr interessiert, um sich dadurch von den ideologisch geleiteten „Polizeisoldaten" des NS-Staats abgrenzen zu können.[395]

Anfang der siebziger Jahre bemühten sich dagegen die meist erst nach Kriegsende in die Polizei gelangten „Modernisierer" darum, das „Weimarer Modell" zu überwinden und die Ordnungsmacht zu reformieren. Diese hauptsächlich im höheren Dienst beschäftigten Beamten waren vorwiegend in den zwanziger Jahren geboren und setzten mehr auf das Ideal eines teamorientierten, leistungsbereiten, flexiblen und eigenständigen Polizisten. Ihm sollte seine Behörde ganz offen alle wichtigen Informationen für seinen Einsatz kommunizieren und ihn nicht mehr nur als gehorsamspflichtigen Befehlsempfänger wahrnehmen. Damit knüpften sie an einen Prozess an, der sich bereits Mitte der fünfziger und Anfang der sechziger Jahre vor dem Hintergrund des gesellschaftlichen Wandels vollzogen und technisch-organisatorische Fortschritte innerhalb der Polizei erzielt hatte. Zumindest im urbanen Raum orientierte sie sich seinerzeit weg vom unzeitgemäßen Fuß- hin zum motorisierten Funkstreifendienst und zugleich von kleineren hin zu personalstärkeren und effizienteren Großrevieren. Auch solche Maßnahmen halfen dabei, den Einfluss der „Patriarchen" zu reduzieren und die Polizei insgesamt zu modernisieren. Denn gerade ältere Polizisten waren es, die den studentischen Protestlern sehr ablehnend gegenüberstanden und sich einen starken Staat wünschten, der entschieden gegen diese vermeintliche Bedrohung vorgehen sollte. Im Gegensatz dazu kritisierten die „Modernisierer" eine solch autoritäre Interpretation von Staat und Gesellschaft. Stattdessen plädierten sie dafür, gelassener auf die neue Demonstrationskultur zu reagieren.[396]

Die konservativen Ansichten sollten sich innerhalb der Ordnungsmacht jedoch auch noch in den siebziger Jahren als sehr hartnäckig erweisen. Als die „Patriarchen" in dieser Dekade

394 Vgl. Weinhauer, Schutzpolizei, S. 283–315.
395 Vgl. ebd., S. 102–116 und 127–145.
396 Vgl. ebd., S. 116–120, 223–237 und 321 f.

in Pension gingen, verlor die Staatsgewalt zwar an militärischen Charakterzügen. Doch erst als die „Modernisierer“ ihnen im nächsten Jahrzehnt nachfolgten, wandelten sich auch zentrale Elemente der polizeilichen Denkweisen und Selbstdefinitionen.[397] Im Zuge des allgemeinen politischen und bürokratischen Strukturwandels in der Bundesrepublik seit Ende der sechziger Jahre vollzogen sich dennoch essentielle Reformen innerhalb der deutschen Polizei. Sie zielten darauf ab, diese zu einer zivileren und bürgernahen Institution zu formen. In den siebziger Jahren wurde sie personell deutlich verstärkt, professioneller organisiert und mit erweiterten rechtlichen Kompetenzen sowie neuen computerbasierten Technologien ausgestattet, die sich auch auf die Fahndungs- und Einsatzkonzepte auswirkten. Der linksextremistische Terrorismus bremste diesen Wandel zwar deutlich, konnte ihn aber letztlich nicht aufhalten.[398] Vielmehr sollten außergewöhnliche Kriminalfälle und Anschläge wie das Attentat auf die Olympischen Spiele 1972 dazu führen, dass sich die Polizei ausdifferenzierte. So erhielt der BGS mit der Grenzschutzsondergruppe (GSG) 9 eine eigene Spezialeinheit, während jede Länderpolizei ein Mobiles Einsatzkommando (MEK) und ein Sondereinsatzkommando (SEK) bekam. Zugleich erlangte die Staatsgewalt auf Landesebene noch einmal einen zentralistischeren Zuschnitt, indem etwa die einzelnen Gemeinden der ehemals amerikanisch besetzten Länder ihre Kommunalpolizeien bis Mitte des Jahrzehnts auflösten und verstaatlichten.[399] Als letzte Kommune verabschiedete sich München im Jahre 1975 von ihrer Stadtpolizei.[400] Die deutsche Ordnungsmacht löste sich in dieser Phase darüber hinaus zunehmend von der Ansicht, für einen möglichen Bürgerkrieg in Deutschland gewappnet sein zu müssen.[401] Einen wichtigen Grundstein dafür hatten die Notstandsgesetze des Jahres 1968 gelegt. Diese Grundgesetzänderung regelte unter anderem, dass neben der Polizei bei inneren Unruhen auch die Bundeswehr eingesetzt werden konnte. In der Folge entledigte sich die Polizei ihres paramilitärischen Charakters und fokussierte sich verstärkt auf den Einzeldienst in den Revieren.[402] Bis zu dieser liberalen Exekutivgewalt war es ein langer Weg, der erst um die Wendezeit dazu führte, dass sich die deutsche Polizei allmählich ihrer Vergangenheit stellte.[403]

397 Vgl. Ders., Zwischen „Partisanenkampf“ und „Kommissar Computer“: Polizei und Linksterrorismus in der Bundesrepublik bis Anfang der 1980er Jahre, in: Ders., Terrorismus, S. 244–270, hier: S. 264.

398 Vgl. Werkentin, Restauration, S. 194–201.

399 Vgl. Weinhauer, Partisanenkampf, S. 247.

400 Vgl. Fürmetz, Nachkriegspolizei in Deutschland, S. 8.

401 Vgl. Werkentin, Restauration, S. 188.

402 Vgl. Udo Behrendes, Orientierungspunkte auf dem Weg von der Staats- zur Bürgerpolizei, in: Schloßmacher, Farbe, S. 411–462, hier: S. 435 f. Ferner: Werkentin, Restauration, S. 141–184.

403 Siehe dazu Kapitel 1.1.

3. Die Offiziersausbildung der Weimarer Polizei 1918 bis 1935

3.1 Die Anfänge des polizeilichen Ausbildungswesens in Preußen und Bayern

Während des 19. Jahrhunderts verschwendete der deutsche Obrigkeitsstaat kaum Gedanken darauf, die Angehörigen seiner Ordnungsmacht adäquat auszubilden. Weder die staatliche Schutzmannschaft noch die auf dem Lande zuständige Gendarmerie verfügten über ein einheitliches System, das die ehemaligen Offiziere und Unteroffiziere der Armee auf ihre neuen polizeilichen Aufgaben angemessen vorbereitete. Ihre Ausbildung blieb recht rudimentär, da sie in nur wenigen Tagen die rechtlichen Dienstvorschriften einstudieren mussten und hernach mit älteren Polizisten auf Streife gingen oder in den Revieren ein paar Wochen lang praktische Erfahrungen sammelten.[404] Zwar gründete Bayern im Jahre 1867 die ersten vier Gendarmerieschulen und lieferte damit den Anstoß dafür, dass auch die übrigen Länder ihre bisherige Praxis überdachten und ähnliche Institutionen einrichteten.[405] Wie jedoch das Beispiel der Münchner Lehranstalt verdeutlicht, reichten die dreimonatigen Kurse keineswegs aus, um ehemalige Militärs zu versierten Ordnungshütern auszubilden. Deshalb blieb den frisch gebackenen Gendarmen nichts anderes übrig, als sich selbstständig in ihren neuen Beruf einzuarbeiten.[406]

Doch um die Jahrhundertwende fand ein Wandel statt, weil nun in einzelnen Städten besondere Bildungsanstalten entstanden, in denen die polizeiliche Ausbildung systematisiert werden sollte. Vor allem in Preußen gründeten einzelne Gemeinden oder kommunale Verbunde zahlreiche solcher Schulen, die in wenigen Wochen versuchten, ihre Ordnungskräfte einsatzfähig zu bekommen.[407] Die Staatsmacht erachtete diesen Schritt als notwendig, da einige militärisch sozialisierte Beamte im Kaiserreich immer wieder gewalttätig gegen die Bevölkerung vorgegangen waren. Das lag schon allein daran, dass diese Polizisten offensichtlich nicht ausreichend mit den rechtlichen Grundlagen ihres Handelns vertraut waren. Darüber hinaus rekrutierte die Ordnungsmacht ihre neuen Angehörigen zunehmend aus der Arbeiterschaft, die zwar nicht derart militärisch geprägt, aber damit auch herzlich wenig für den Beruf diszipliniert waren. Außerdem sollten die Staatsdiener eine ständig wachsende Fül-

404 Vgl. Stefan Windisch, Die Entstehung der ersten Polizeischulen am Beispiel Preußens, Seminararbeit für das Seminar „Hundert Jahre Bildungsarbeit in der Deutschen Polizei", Münster 2001, S. 1–5.

405 Ludwig Link erklärt, dass eine Gendarmerieschule in Schwaben bereits 1835 für kurze Zeit existiert habe. Im Jahre 1867 seien dann in Oberbayern, Rheinpfalz, Oberpfalz und Mittelfranken jedoch die eigentlichen Gendarmerieschulen gegründet worden. Vgl. Link, Rückblick, S. 31. Adam Leppert nennt ebenfalls 1867 als Geburtsjahr dieser Bildungsstätten. Vgl. Adam Leppert, Kleine Chronik der bayerischen Polizei. Mit einem Vorspann und drei Einschüben, in: Farin, Polizeireport, S. 130–148, hier: S. 134. Petra Tetzlaff schreibt hingegen, dass die erste bayerische Gendarmerieschule erst im Jahre 1878 entstanden sei. Vgl. Petra Tetzlaff, Das Ausbildungswesen der preußischen Polizei zur Zeit der Weimarer Republik, Schriftliche Hausarbeit zur Ersten Staatsprüfung für das Lehramt an der Grundschule und Hauptschule, Münster 1973, S. 3.

406 Vgl. Bachmann, Gendarmerie, S. 33.

407 Vgl. Windisch, Entstehung, S. 10–14.

le an Gesetzen und Vorschriften erfassen und versuchen, jenen hohen Ansprüchen an professionelle und kompetente Hüter des Gemeinwesens gerecht zu werden, welche die wilhelminische Gesellschaft immer lauter artikulierte.[408] Zwar halfen die neuen Lehranstalten dabei mit, die Polizei ansatzweise zu liberalisieren und ihre Vertreter fachlich zu professionalisieren. Trotzdem verlief ihre vorwiegend rechtliche Ausbildung in den einzelnen Schulen recht unterschiedlich. Denn der preußische Staat ging erst kurz vor Beginn des Ersten Weltkriegs dazu über, die entsprechenden Lehrgänge und deren Inhalte zu vereinheitlichen.[409] Der Kriegsausbruch führte aber dazu, dass die meisten der jungen polizeilichen Lehranstalten geschlossen werden mussten.[410] Bis dahin hatten es die neuen Polizeischulen jedoch nicht verstanden, die notdürftig ausgebildeten Beamten tatsächlich zu bürgernahen und zivilisierten Exekutivkräften zu formen, da in ihnen noch immer ein starker militärischer Drill herrschte.[411]

Daran änderte sich nach 1918 zunächst recht wenig. Die neuen Sicherheitskräfte waren vorwiegend damit beschäftigt, die chaotischen Verhältnisse einigermaßen zu ordnen, die nach Kriegsende landesweit herrschten. Improvisiert und unsystematisch liefen daher die ersten Versuche ab, in dieser Phase die Ordnungshüter des neuen Staates heranzubilden.[412] Die kritische Lage der Revolutionszeit führte der Politik vor Augen, wie wichtig es war, eine zuverlässige und gut ausgebildete Exekutive zu unterhalten, um sie bei inneren Unruhen einzusetzen. Neben dem individuellen Training der einzelnen Anwärter für den polizeilichen Einzeldienst galt es daher, die junge Sicherheitspolizei in den einzelnen Ländern auf den geschlossenen Einsatz vorzubereiten. Praktische Übungen dominierten daher die Ausbildung in der Frühphase der Weimarer Republik, die seinerzeit immer noch recht improvisiert erschien und oftmals nur auf dem Kasernenhof stattfand. Einige Polizisten simulierten dort Tumulte, denen ihre Kollegen begegnen mussten. Dabei legten die Ausbilder großen Wert darauf, dass ihre Schützlinge körperlich leistungsfähig waren, ihre Waffen zu benutzen wussten und auch ihren Elementarunterricht nicht vernachlässigten. Dieser bestand aus Grundfertigkeiten, wie Lesen, Schreiben und Rechnen, erstreckte sich aber auch auf andere Disziplinen, die sich aus Geschichte, Erd- und Staatsbürgerkunde zusammensetzten, wobei rechtliche Aspekte eher in den Hintergrund traten.[413]

Den innenpolitischen Wirren war es geschuldet, dass insbesondere der geschlossene Einsatz von Polizeiverbänden immer stärker aus dem Themenpool der polizeilichen Ausbildung herausragte. Weil sich die Polizeioffiziere der neuen Demokratie aus ehemaligen Vertretern der alten Armee rekrutierten, verfügten sie aber über keinerlei polizeiliches Fachwissen. Um diese Defizite zu kompensieren, werteten sie zunächst frühere Einsätze aus und organisierten Planspiele. In denen sollten ihre Rekruten lernen, wie sie in der Truppe gegen Aufständische vorzugehen hatten. Daneben mussten sich die Offiziere selbst weiterbilden, um ein theoretisches Know-how zu erlangen. Weil sie auch als Lehrkräfte für den polizeilichen Fachunterricht fungierten, hatten sie ferner die entsprechenden pädagogischen Fähigkeiten zu erwerben. So sollten die Polizeiführer eine besondere Beziehung zu ihren Männern aufbauen, deren Qualität sich dann im gemeinsamen Einsatz zeigte. Um ihre Untergebenen auf Kurs zu bringen und das hierarchisch geordnete Verhältnis aus Befehl und Gehorsam zu fes-

408 Vgl. Jessen, Polizei im Industrierevier, S. 200–202.
409 Vgl. Windisch, Entstehung, S. 15 f. Erst ab 26. November 1913 galten mit dem „Lehrplan für die Preußischen Polizeischulen" einheitliche Standards in ganz Preußen.
410 Vgl. Tetzlaff, Ausbildungswesen, S. 10.
411 Vgl. Leßmann, Schutzpolizei, S. 225.
412 Vgl. Tetzlaff, Ausbildungswesen, S. 14.
413 Vgl. Siggemann, Polizei, S. 123–126.

tigen, bedienten sich die Polizeioffiziere eines harten militärischen Drills und ließen ihre Schüler unerbittlich exerzieren.[414] Dadurch offenbarte sich bereits in der unmittelbaren Nachkriegszeit, dass die polizeiliche Ausbildung in der Weimarer Republik stark militärisch geprägt war. Das sollte sich bis zu deren Ende kaum ändern.[415]

Nach dem raschen Ende der Sicherheitspolizei ergriffen die preußischen Polizeireformer die Gelegenheit, ein neues Polizeischulwesen aufzubauen. Es orientierte sich an ihrem liberalen Sicherheitskonzept, ohne dabei jedoch die Konflikte auf den Straßen zu vergessen. Staatliche Unterrichtsanstalten lösten die bisherigen kommunalen Lehrstätten ab, wodurch die Ausbildung einheitlicher gestaltet werden konnte.[416] Der Erlass über die „Richtlinien für die Organisation der Schutzpolizei“ vom 20. November 1920 unterstellte dem jeweiligen Oberpräsidenten unmittelbar eine Polizeischule, die in den einzelnen Provinzen ansässig war.[417] In Preußen entstanden zwischen 1921 und 1926 insgesamt zehn dieser sogenannten Provinzialpolizeischulen, auf denen die Anwärter ihre Karrieren in der Schutzpolizei begannen.[418] Im größten Land der Weimarer Republik existierten im Laufe der Zeit außerdem noch insgesamt vier Landjägereischulen. Auf ihren Dienst auf dem Lande bereiteten sie die Gendarmen vor, die seit 1920 als Landjäger bezeichnet wurden. Hinzu kamen noch Polizeiberufsschulen, die in den größeren Standorten dafür zuständig waren, die Beamten dienstbegleitend weiterzubilden.[419] Daneben gab es auch noch eine Reihe besonderer Fachinstitutionen, die sich auf Sonderdienstzweige oder Teilgebiete der Polizei spezialisiert hatten und dem preußischen Innenministerium direkt unterstellt waren. Zu ihnen zählten z. B. die Polizeischule für Leibesübungen in Spandau sowie die Polizeischule für Technik und Verkehr und auch die Sanitätsfachschule, die beide in Berlin ansässig waren.[420]

In der Anfangsphase fanden allgemein verkürzte Kurse statt, um jene Gesetzeshüter an einer Polizeischule auszubilden, bei denen dies noch nicht geschehen war, da sie erst nach Kriegsende in die Ordnungsmacht gelangt waren.[421] Für die übrigen Bewerber verlief die reguläre preußische Polizeiausbildung nach folgendem Muster: Die jungen Wachtmeisteranwärter besuchten einen Lehrgang an einer Provinzialpolizeischule, der ihnen das grundlegende Wissen für ihren Dienst in der Bereitschaftspolizei vermittelte. Andere Kurse zielten darauf ab, Oberwachtmeister für den Einzeldienst oder Polizeimeister zu stellvertretenden Revierleitern auszubilden. Für die angehenden Ordnungshüter aber bestand der einjährige Lehrgang neben dem allgemeinbildenden und dem Polizeifachunterricht auch noch aus sportlichen sowie waffen- und schießtechnischen Disziplinen. Meisterten die Schüler am Ende auch noch die obligatorische Abschlussprüfung, stand ihnen der Weg frei, zu Polizei-

414 Vgl. ebd., S. 128–133.

415 Vgl. u. a. Leßmann, Schutzpolizei, S. 231–247; Mariana Hausleitner, Die Polizei in der Weimarer Republik, in: Dierl, Ordnung, S. 16–29, hier: S. 20; Fangmann, Parteisoldaten, S. 16; Lieber, Geschichte, S. 221; Bach, Ordnungspolizei, S. 22 f.

416 Vgl. Kai Ditzel, Polizeientwicklung in der Weimarer Republik. Die Ausbildung in der preußischen Schutzpolizei, Seminararbeit für das Seminar: Entwicklungszüge der Polizei in Deutschland und die Konsequenzen für das professionelle Selbstverständnis und Handlungsentscheidungen, Münster 1996, S. 5.

417 Vgl. Leßmann, Schutzpolizei, S. 98. Ferner: Horst Möller, Die preußischen Oberpräsidenten der Weimarer Republik als Verwaltungselite, in: VfZ 30/1 (1982), S. 1–26, hier: S. 2.

418 Vgl. Leßmann, Schutzpolizei, S. 227. Die einzelnen Schulen und deren Personalstärke sind aufgeführt in: L. Donald Maus, History Writ in Steel. German Police Markings 1900–1936, Galesburg 2009, S. 175.

419 Vgl. Tetzlaff, Ausbildungswesen, S. 51–53 und 27 f.

420 Vgl. Ditzel, Polizeientwicklung, S. 5.

421 Vgl. Tetzlaff, Ausbildungswesen, S. 14–17; Buder, Reorganisation, S. 521 f. und 525 f.

wachtmeistern befördert zu werden und an den einzelnen Standorten ihren Dienst in einer Polizeibereitschaft anzutreten. Dort sammelten die frisch gebackenen Staatsdiener in den nächsten sechs bis sieben Jahren praktische Erfahrungen im polizeilichen Vollzugsdienst, wobei sie aber auch ihre fachliche Ausbildung nicht vernachlässigten.[422]

Gleichzeitig besuchten die Beamten nämlich mindestens drei Jahre lang die an jedem größeren Standort existierende Polizeiberufsschule, auf der sie hauptsächlich ihr Allgemeinwissen erweiterten. Je nach Schulabschluss stiegen sie auf unterschiedlichen Ebenen ein: Absolventen der Volksschule gingen zunächst in die einjährige Vorstufe, bevor sie in die Unterstufe kamen, die aus zwei Klassen bestand. Anschließend gelangten sie in die dreiklassige Mittelstufe. Nachdem sie diese Hürde gemeistert hatten, konnten die Beamten einerseits zurück an die Provinzialpolizeischule gehen, um dort einen viermonatigen Lehrgang zu durchlaufen, aus dem sie im siebten Dienstjahr als Oberwachtmeister hervorgehen sollten. Wer jedoch die vorherigen Stufen absolviert hatte, konnte andererseits an der Polizeiberufsschule freiwillig auch noch die Oberstufe besuchen, in die Polizisten mit mittlerer Reife und Abiturienten ohne weitere Zwischenschritte gelangten. Wenn ein Beamter auch diese drei Klassen erfolgreich mit einer Abschlussprüfung überstanden hatte, war es ihm möglich, nach Ende seiner zwölfjährigen Dienstzeit in eine andere Beamtenlaufbahn innerhalb des preußischen Staatsapparats zu wechseln. Nachdem sie sich bereits in der Oberstufe und im praktischen Dienst bewährt hatten, konnten geeignete Kandidaten aber auch gleich die Offizierslaufbahn einschlagen. Das preußische Ausbildungssystem ermöglichte es dadurch sogar Volksschulabsolventen, sich aus eigener Kraft bis in das Korps der Polizeiführer hochzuarbeiten. Abiturienten hatten es auf diesem Weg indes deutlich leichter. Sie waren lediglich dazu verpflichtet, nach dem ersten Dienstjahr an einem verkürzten Kurs in den Fächern Staatsbürgerkunde und Volkswirtschaftslehre teilzunehmen.[423]

Der allgemeinbildende Unterricht setzte sich an den Polizeiberufsschulen aus einer Reihe von Fächern zusammen, die unterschiedlich gewichtet waren – je nachdem, in welcher Stufe sich der Kurs befand. Im Laufe der achtklassigen Ausbildung befassten sich die Schüler mit den Disziplinen Deutsch, Rechnen, Geschichte, Arbeitskunde, Heimat- und Erdkunde, Mathematik, Staatsbürgerkunde und Volkswirtschaftslehre sowie einer Fremdsprache.[424] Grundsätzlich sollten sich die Polizisten durch diese Fächer und deren Inhalte ein fundiertes Allgemeinwissen aneignen, mithilfe dessen sie ihren aktiven Dienst meistern konnten. Doch um dieses Ziel erreichen zu können, genoss vor allem die Staatsbürgerkunde eine herausragende Position. Sie sollte dem Beamten nicht nur die rechtlichen Kenntnisse zur Weimarer Verfassung vermitteln. Vielmehr bezweckte sie, ihn zu einem überzeugten Verfechter der deutschen Demokratie zu erziehen, womit sie die Rolle der politischen Bildung einnahm.[425] Ferner zielte der Unterricht an den Polizeiberufsschulen darauf ab, die Schutzpolizisten zu loyalen Repräsentanten der preußischen Tugenden zu machen, die pflichtbewusst, dienst-

---

422 Vgl. Ditzel, Polizeientwicklung, S. 10 f. Zur Ausbildungsstruktur in Hamburg ferner: Boldt, Reform, S. 82–86.

423 Vgl. O. Rausch, Die Polizeiberufsschule im Dienste der Ausbildung der Schutzpolizei, in: Die Polizei, 05.12.1926, Nr. 23, S. 681–686, hier: S. 684; Leßmann, Schutzpolizei, S. 228 f.; Ditzel, Polizeientwicklung, S. 11 f.; Tetzlaff, Ausbildungswesen, S. 27 f. Ferner: Franz-Josef Menker, Polizeigrundausbildung in der demokratischen Frühphase der preußischen Polizei. Drill kontra Bildung – dargestellt am Beispiel der Polizeischulen in Münster, in: Archiv für Polizeigeschichte 8 (1992), S. 70–76, hier: S. 73.

424 Vgl. Tetzlaff, Ausbildungswesen, S. 32. Ferner zu den einzelnen Lehrinhalten: Ebd., S. 33–40.

425 Vgl. ebd., S. 36 f.

freudig, gehorsam, bescheiden, willensstark und zuverlässig sein sollten.[426] Diese Eigenschaften und das vermittelte Wissen sollten dem Beamten aber nicht nur bei seiner Polizeiarbeit, sondern auch nach Ablauf seiner regulären zwölfjährigen Dienstzeit von Nutzen sein.

Im Vergleich zu Preußen schulte Bayern seine Polizeibeamten anders. In der unmittelbaren Nachkriegsphase bildete die bayerische Ordnungsmacht ihre Angehörigen zunächst recht behelfsmäßig und einseitig aus, um sie vorwiegend auf den geschlossenen Einsatz vorzubereiten. Die entsprechenden Maßnahmen reichten dabei über militärischen Drill, Sport, Gefechts- und Schießübungen kaum hinaus.[427] Polizeifachliche wie allgemeinbildende Inhalte spielten eine eher untergeordnete Rolle. Doch die Staatliche Polizeiwehr machte sich bereits erste Gedanken darüber, wie sie ihre führenden Beamten in den einzelnen Standorten ausbilden könnte. Am 20. November 1919 veröffentlichte sie „Vorläufige Richtlinien für geistige und praktische Fortbildung der Angehörigen der staatlichen Polizeiwehr", die ein polizeiliches Ausbildungssystem entwarfen, das auf rechtliche und polizeifachliche Inhalte fokussiert war.[428] Dennoch vertraute sie offenbar weiterhin mehr auf den militärischen Erfahrungsschatz der ehemaligen Armeeangehörigen.[429] Nachdem aus ihr Ende 1920 die Bayerische Landespolizei hervorgegangen war, kam weiterhin den einzelnen Kommandos die Aufgabe zu, den polizeilichen Nachwuchs auszubilden. Dafür unterhielten sie eigene Sondereinheiten. Das neue Aufgabenfeld strapazierte die einzelnen Dienststellen jedoch arg.[430] Außerdem wohnte diesem Konzept inne, dass die einzelnen Standorte dezentral ausbildeten, weshalb dies recht uneinheitlich vonstatten ging. Darum entwarf das Landespolizeiamt unter der Leitung von Hans von Seißer ein neues Konzept, nach dem die Beamten künftig professioneller herangebildet werden sollten. Obwohl es sich im Laufe der Weimarer Jahre mehrfach veränderte, blieb seine Struktur im Wesentlichen erhalten:

Am 1. März 1921 nahm eine Polizeivorschule in Eichstätt ihren Betrieb auf, die den Schülern das grundlegende Wissen für ihren Beruf vermittelte, bis die Nationalsozialisten sie am 10. August 1933 auflösten.[431] In der Weimarer Zeit blieb diese Institution jedoch nicht die einzige ihrer Art. Dafür sorgte vor allem die bereits erwähnte Reform der Landespolizei des Jahres 1928.[432] Am 15. März 1928 richtete das Landespolizeiamt zunächst einzelne Ausbildungsabteilungen in den Standorten Nürnberg-Fürth, Augsburg und Würzburg ein, die ab dem

426 Vgl. ebd., S. 29 f.

427 Vgl. Schuler, Landespolizei, S. 15–17.

428 Vgl. Link, Rückblick, S. 32 f. Zur Rekrutierung, Einstellung und Laufbahn von Angehörigen der Staatlichen Polizeiwehr ferner: Schwarze, Polizei, S. 68–70.

429 Auf diesen Umstand deuten auch die dürftigen Unterlagen hin, die über die Ausbildung in der Polizeiwehr aus dem Jahre 1919 überliefert sind. Vgl. dazu BayHStA München – Kriegsarchiv, Landespolizeiamt 134, Ausbildung, 1919.

430 Vgl. Sagerer, Landespolizei, S. 7.

431 Vgl. Link, Rückblick, S. 33 f. Ferner: Helmut Reis, Chronik der Jägerkaserne in Eichstätt von der Planung 1893 bis zum Jahre 1933, Eichstätt 1986, S. 225–296. Abweichende Angaben macht dagegen Link zum allgemeinen Ausbildungsgang der Polizeianwärter. Allerdings belegt er nicht, woher seine Informationen stammen. So schreibt er, die Anwärter seien ursprünglich erst dann an die Polizeivorschule gelangt, nachdem sie zunächst etwa ein Jahr lang an ihrem jeweiligen Standort eine Grundausbildung erhalten hätten, was später in den Ausbildungsabteilungen erfolgt sei. Vgl. Link, Rückblick, S. 34. Zur Auflösung der Polizeivorschule Eichstätt ferner: BayHStA München – Kriegsarchiv, Landespolizei Inspektion 392, Doehla (Inspektion der uniformierten Staatspolizei im Staatsministerium des Innern (StMdI)) an Verteiler: Auflösung der Pol.Vorschule Eichstätt, 20.07.1933.

432 Siehe dazu Kapitel 2.1.

16. April die truppenpolizeiliche Grundausbildung der bayerischen Anwärter übernahmen.[433] Offenbar gründete die Landespolizei diese Instanzen, damit sie die Anwärter einheitlich auf den paramilitärischen Bereitschaftsdienst vorbereiten konnten und um sie den nachfolgenden Stationen der Ausbildung vorzuschalten. Bereits am 12. April 1928 war eine weitere Polizeivorschule in Bamberg entstanden, die ihre Eichstätter „Schwester" entlastete. Seither begannen die bayerischen Polizisten ihre Karriere also an der oberfränkischen Bildungsanstalt, bis auch diese am 1. Oktober 1934 ihren Betrieb einstellen musste.[434]

In den ersten sechs Monaten besuchten die Anwärter also die Polizeivorschule in Bamberg, um dort hauptsächlich körperlich fit und mit ihren Waffen vertraut gemacht zu werden. Dort lernten sie aber auch, wie die Ordnungsmacht organisiert war und welche Rolle sie im Staate spielte. Im zweiten Halbjahr wechselten sie dann nach Eichstätt. Dort wurden sie in den allgemeinbildenden Fächern Deutsch, Rechnen, Erdkunde, Geschichte und Staatsbürgerkunde unterrichtet, erhielten aber auch einen Überblick über das Strafrecht und die rechtlichen Grundlagen ihres Handelns. Am Ende des Lehrgangs mussten sie eine schriftliche Prüfung ablegen. Wer diese Klausur bestand, kam in eine Hundertschaft der Bereitschaftspolizei und diente dort fünf Jahre lang. Im ersten dieser Dienstjahre vertiefte der Beamte in einem Standortkurs, was er bisher gelernt hatte. Doch im Zentrum dieses Ausbildungsabschnitts standen jene Inhalte, die er für den geschlossenen Einsatz in seiner Polizeieinheit benötigte. Vom dritten bis sechsten Dienstjahr waren keine weiteren Maßnahmen vorgesehen, um die Gesetzeshüter in dieser Zeit weiterzubilden, die sich nun ausschließlich auf den praktischen Polizeidienst konzentrierten. Allerdings fand an den einzelnen Standorten regelmäßig ein Dienstunterricht statt. Dieser zählte jedoch nicht zur eigentlichen Ausbildung, da er sich an alle Beamten richtete und nicht schulmäßig organisiert war.[435]

Weil die einzelnen Bereitschaften dafür zuständig waren, ihre Angehörigen weiterzubilden und insbesondere auf den geschlossenen Einsatz vorzubereiten, vermittelten sie vorwiegend militärische Inhalte. Einzeln und in der Gruppe strebten die Beamten danach, ihr Leistungsvermögen zu verbessern, indem sie etwa ausgiebig Sport trieben und Schießübungen abhielten. Darüber hinaus brachte ihnen der jeweilige Einheitsführer bei, aufeinander abgestimmt im Verband zu agieren.[436] Daneben lernten die Polizisten, sich gemeinsam im Gelände zurechtzufinden und notfalls Gefechte zu führen. Außerdem ließen die Offiziere ihre Untergebenen ausgiebig exerzieren und marschieren, was sie jedoch auch nicht übertreiben sollten. Das Bayerische Innenministerium warnte die verantwortlichen Polizeiführer davor, ihre Untergebenen mit dem militärischen Drill zu sehr zu beanspruchen, weil das die Aus-

433 Vgl. BayHStA München – Kriegsarchiv, Landespolizeiamt 45, In Vertretung (I. V.) Forster (Landespolizeiamt beim StMdI) an u. a. Kommando der L.P. Nürnberg-Fürth: Ausbildungsabteilungen, 28.03.1928. Weitere Details liefern ferner die Anhänge zu diesem Schreiben, die im selben Akt folgen. Ferner: Schuler, Landespolizei, S. 19.

434 Dies bestätigt Mitte 1931 folgendes Dokument: Vgl. BayHStA München – Kriegsarchiv, Landespolizei München 1523, I. A. Pirner (StMdI – Polizeiwirtschaftstelle) an u. a. Polizeidirektion München: Bereitschaftspolizei; Ausbildung und Beurteilung der Offiziersanwärter vor Einberufung zum Offiz.-Anwärterkurs, 17.06.1931. Ferner: Reis, Chronik, S. 262; Schwarze, Polizei, S. 66. Zur Auflösung der Bamberger Vorschule ferner: Link, Rückblick, S. 35 f.

435 Vgl. BayHStA München – Kriegsarchiv, Landespolizei München 564, I. V. Doehla (Landespolizeiamt beim StMdI) an u. a. die Herren Chefs: Neuregelung des Schulwesens, 27.06.1930. Ludwig Link beschreibt einen ähnlichen Ablauf. Vgl. Link, Rückblick, S. 35.

436 Vgl. BayHStA München – Kriegsarchiv, Landespolizei München 307, I. A. Pirner (StMdI) an u. a. sämtliche Polizeidirektionen und Staatspolizeiämter: Bereitschaftspolizei; Ausbildung der Polizeitruppe 1932/33, 22.09.1932.

bildung der Hundertschaften gefährde.[437] Denn auch der allgemeinbildende sowie der Polizeiunterricht sollten an den einzelnen Standorten nicht zu kurz kommen, da die Bereitschaftspolizei diese zumindest im ersten Dienstjahr der Beamten systematisch betrieb.[438]

Damit bildete der Freistaat seine Polizisten etwas anders aus, als dies bei den preußischen Beamten der Fall war. Diese besuchten parallel zu ihrem Bereitschaftsdienst auch noch mehrere Jahre lang eine Polizeiberufsschule. Deren Lehrgänge bereiteten die Ordnungshüter letztlich darauf vor, im polizeilichen Einzeldienst etwa in den Revieren verwendet zu werden, was in Bayern die Lehranstalt in Fürstenfeldbruck erst Mitte der zwanziger Jahre übernahm. Wer sich für einen solchen Dienst eignete, konnte das gesamte siebte Dienstjahr diese Bildungsanstalt besuchen, um danach den Polizeidienst auf Lebenszeit fortzuführen.

Anders als für die Oberbeamten schrieb das Bayerische Polizeibeamtengesetz vom 26. August 1922 den Wachtmeistern vor, dass sie nur zwölf Jahre lang in der Landespolizei dienen konnten.[439] Um diesen Männern den Übergang in ein Leben nach dem Polizeidienst zu erleichtern, konnten sie besondere Fortbildungskurse absolvieren, die sie befähigten, in andere Behörden, wie etwa Post und Bahn, oder in die freie Wirtschaft zu wechseln. Allerdings war es einigen Gesetzeshütern nach sieben Dienstjahren ebenso möglich, in den polizeilichen Einzeldienst bei der Gendarmerie oder der Schutzmannschaft zu wechseln. Der Gendarmerie- und Polizeischule in Fürstenfeldbruck kam die Aufgabe zu, diese Kandidaten in sogenannten Einheitslehrgängen auf ihren neuen Berufsabschnitt vorzubereiten.[440] Vom 1. September 1928 bis 28. Februar 1929 fand der erste dieser speziellen Kurse statt, auf den bis 1936 noch acht weitere folgen sollten.[441]

Im August 1925 schuf das Landespolizeiamt für die Brucker Lehranstalt eine eigene, wenngleich vorläufige Dienstvorschrift.[442] Sie bestimmte, dass diese Institution dem Bayerischen Staatsministerium des Innern unmittelbar unterstellt war. Nur in Ausnahmefällen sollte sie ihre Lehrer und Schüler mobilisieren, damit diese als geschlossener Verband eingesetzt werden könnten. Um den Dienstbetrieb weiter zu ordnen, untergliederte sich die bayerische Bildungsanstalt in vier Lehrabteilungen. In ihnen waren die verschiedenen Lehrgangstypen beheimatet, welche sich an eine Klientel richteten, die im Polizeiapparat unterschiedliche Funktionen ausübten.[443]

---

437 Vgl. BayHStA München – Kriegsarchiv, Landespolizei München 307, I. A. Pirner (StMdI) an u. a. an sämtliche Polizeidirektionen und Staatspolizeiämter: Bereitschaftspolizei; Ausbildung der Polizeitruppe 1931/32, 01.10.1931.

438 Vgl. BayHStA München – Kriegsarchiv, Landespolizei München 290, Entwurf: Landespolizeiamt beim StMdI: Bestimmungen über den allgemeinbildenden Unterricht und den Polizeiunterricht bei der Bereitschaftspolizei, 03.09.1930.

439 Vgl. Schwarze, Polizei, S. 24.

440 Vgl. ebd., S. 77; Schuler, Landespolizei, S. 19 f.

441 Vgl. dazu BayHStA München, Polizeischule FFB 170, Grundbuch der Lehrgangsteilnehmer 1926 bis 1933 sowie BayHStA München, Polizeischule FFB 171, Grundbuch der Lehrgangsteilnehmer 1933 bis 1938. Ferner zu den Einheitslehrgängen I bis IV: BayHStA München – Kriegsarchiv, Landespolizeiamt 371 bis 374. Ludwig Link zufolge habe das Polizeibeamtengesetz vom 12. April 1928 dazu geführt, dass aus den zuvor verkürzten Anstellungslehrgängen einjährige Einheitslehrgänge geworden seien. Er zählt nur acht solcher Kurse. Vgl. Link, Rückblick, S. 35.

442 Da anderslautende Dokumente nicht überliefert oder zumindest nicht bekannt sind, kann davon ausgegangen werden, dass die genannte Dienstvorschrift tatsächlich in den folgenden Jahren den Lehrbetrieb in Fürstenfeldbruck regelte. Vgl. BayHStA München – Kriegsarchiv, Landespolizei FFB Bund 7, Abschrift: Landesgendarmeriedirektion an Landespolizeiamt beim StMdI: Dienstvorschrift für die Gendarmerie- und Polizeischule Fürstenfeldbruck, 25.08.1925.

443 Vgl. ebd., S. 2.

Denn ferner bestimmte die Dienstvorschrift, dass die Brucker Polizeischule in erster Linie dafür zuständig war, geeignete Wachtmeister auf den Einzeldienst vorzubereiten, in dem sie als Gendarmen oder Schutzmänner tätig sein sollten. Ebenso beschulte die Lehranstalt jene Polizisten, die für Vorrückungsstellen in der Landespolizei infrage kamen. Das für ihren bevorstehenden Dienst erforderliche Allgemein- und Fachwissen erweiterten beide Beamtengruppen, indem sie in Fürstenfeldbruck jeweils fünfmonatige Kurse besuchten. Damit kam der Brucker Institution eine wichtige Scharnierfunktion zu. Sie war es, die darüber zu befinden hatte, ob sich die einzelnen Polizeibeamten tatsächlich dafür eigneten, künftig in Revieren und anderen Dienststellen zu arbeiten, nachdem sie bisher nur in den kasernierten Einheiten gedient hatten. Ihre Lehrgänge kümmerten sich aber nicht nur um die fachliche Kompetenz der Staatsdiener, sondern zielten ebenso darauf ab, dass sie sich sittlich und moralisch weiterentwickelten. Freigeister hatten in der bayerischen Landespolizei allerdings einen schweren Stand und sollten auch in Fürstenfeldbruck dazu erzogen werden, sich in die hierarchische Gemeinschaft der Ordnungsmacht einzufügen. „Unverbrüchlicher Gehorsam gegen die Gesetze und Anordnungen seiner Vorgesetzten ist selbstverständlich für denjenigen, der selbst Hüter der Gesetze sein soll", wie die Vorschrift unmissverständlich klarmachte.[444]

Abbildung 4: Lehrgang an der Gendarmerie- und Polizeischule Fürstenfeldbruck (Bayerisches Polizeimuseum, Fotosammlung)

Die Lehrgänge selbst verliefen nach dem gleichen Schema, das die polizeiliche Ausbildung in Bayern und jenseits des Freistaats bestimmte: Die Schüler mussten ausreichend Sport treiben, um für den militärischen Exerzier- und Waffendienst körperlich gestählt zu sein. Im Vordergrund stand aber eher der Fachunterricht, der sie mit dem nötigen polizeifachlichen Know-how versorgte, vor allem aber mit den rechtlichen Bestimmungen vertraut machte. Daneben galt es, die Allgemeinbildung der Beamten zu verbessern und sie im Geiste der Staatsbürgerkunde zu erziehen. Dies sollte „den persönlichen Wert des Mannes" erhöhen und ihm dabei helfen, sich beruflich und privat nach Ende seines Polizeidienstes zurechtzufinden.[445] Inhaltlich bauten die Kurse auf dem auf, was die Polizisten bereits in den Bereitschaften und auf der Polizeivorschule gelernt hatten. Daran anzuknüpfen, war die Aufgabe des Lehrpersonals, das den Schülern stets ein Vorbild sein sollte. Der jeweilige Vorgesetzte war dazu angehalten, sich fürsorglich und empathisch um seine Schützlinge zu kümmern, aber gleichzeitig streng zu ihnen zu sein, um die als „Manneszucht" bezeichnete Disziplin nicht durch schädliche „Weichheit" zu gefährden.[446] Damit dies erfolgreich vonstatten gehen konnte, leitete der Chef der Schule nicht nur ihre Dienstgeschäfte, sondern auch die gesamte Ausbildung am Standort und teilte Stundenpläne für die jeweiligen Kurse ein. Außerdem

444 Ebd., S. 1.
445 Ebd., S. 1.
446 Ebd., S. 1.

erstellte er mithilfe seines Lehrpersonals die entsprechenden Lehrpläne, die das Innenministerium jedoch erst genehmigen musste.[447]

Nachdem Hans von Seißer 1930 in den Ruhestand gegangen und auf ihn zunächst der Ministerialdirigent Christian Pirner als Kommandeur der Landespolizei gefolgt war, übernahm im Frühjahr 1933 der Polizeigeneral Heinrich Doehla dieses Amt.[448] Im gleichen Jahr reformierte er nun als Inspekteur der uniformierten Staatspolizei das bayerische Ausbildungssystem. Dazu setzte er z. B. zum 1. Juni mit Dr. Oskar Lossen einen Kommandeur der Polizeischulen ein, dem die Bildungsanstalten der bayerischen Landespolizei unterstanden. Ihm kam die Aufgabe zu, diese zu überwachen, um sicherzustellen, dass sie die Ausbildung einheitlich durchführten.[449] Allerdings sollte dieses Amt nicht lange bestehen, da es der Polizeiapparat bereits am 1. August 1934 wieder auflöste.[450] Darüber hinaus machte Doehla die Brucker Schule nun exklusiv dafür verantwortlich, ihre Schüler für den Einzeldienst polizeifachlich vorzubereiten. Erwarben die Beamten zuvor einen Teil der dafür benötigten Kenntnisse bereits auf der Polizeivorschule und in den Hundertschaften, mussten sich diese Institutionen nun darauf beschränken, ihnen lediglich das zu vermitteln, was sie unbedingt für ihren Bereitschaftsdienst brauchten. Damit schrumpften jedoch die intellektuellen Anforderungen, welche die Polizei des jungen NS-Staats an ihre Vertreter stellte. Denn letztlich hatte das neue Ausbildungskonzept zur Folge, dass die Polizisten erst dann umfassend in den polizeifachlichen und gesetzlichen Gebieten unterrichtet wurden, wenn sie in ihrem siebten Dienstjahr nach Fürstenfeldbruck gelangten. Bis dahin aber wurden sie fast ausschließlich rein militärisch ausgebildet und entsprechend gedrillt, um sie noch effizienter für den geschlossenen Einsatz zu trainieren.[451] Da sich die Ordnungsmacht nach der Machtübernahme der Nationalsozialisten ausnahmslos auf diesen zu konzentrieren hatte, löste der neue bayerische Innenminister Adolf Wagner den Einzeldienst endgültig aus ihrem Aufgabenfeld.[452] Das war ein Vorbote dafür, dass die Landespolizei 1935 als Personalreservoir für die

447 Vgl. ebd., S. 2–6.

448 Vgl. Schuler, Landespolizei, S. 38.

449 Vgl. BayHStA München – Kriegsarchiv, Landespolizei FFB Bund 1, Akt 2, Doehla (Inspektion der uniformierten Staatspolizei im StMdI) an u. a. sämtliche Schulen und sonstige Verbände der Landespolizei: Kommandeur der Polizeischulen, 24.05.1933. Ferner: Abschied von der Polizeihauptschule, in: Fürstenfeldbrucker Zeitung, 16./17.07.1933, Nr. 164, S. 4.

450 Vgl. BayHStA München – Kriegsarchiv, Landespolizei Inspektion 393, I. A. von Bomhard (Landespolizei-Inspektion Bayern) an Landespolizeien: Organisation, 24.07.1934.

451 Vgl. BayHStA München – Kriegsarchiv, Landespolizei FFB Bund 1, Akt 2, Doehla (Inspektion der uniformierten Staatspolizei im StMdI) an die Landespolizeien: Richtlinien für den polizeilichen Fachunterricht bei der bayerischen Landespolizei, 05.12.1933. Dieses Schreiben basiert im Wesentlichen auf den „Bestimmungen über den polizeilichen Fachunterricht bei der Polizeivorschule und den Verbänden der Landespolizei ab 1. Oktober 1933“. Vgl. dazu BayHStA München – Kriegsarchiv, Landespolizei FFB Bund 1, Akt 4, I. A. und I. V. von Bomhard (Inspektion der uniformierten Staatspolizei im StMdI) an die Landespolizeien: Vorläufige Bestimmungenfür den allgemeinbildenden Unterricht und Übergangsbestimmungen für die geistige Ausbildung bei der Landespolizei ab Oktober 1933, 20.09.1933. Wenn auch nur allzu pauschal, findet sich bereits in der Literatur der Hinweis darauf, dass die Ausbildung der Bereitschaftspolizei in der Frühphase des „Dritten Reichs“ zusätzlich militarisiert wurde. Vgl. u. a. Ingo Löhken, Polizei-Uniformen der Süddeutschen Staaten 1872–1932. Baden, Bayern, Hessen, Württemberg, Reichslande, Friedberg 1988, S. 90.

452 Vgl. BayHStA München – Kriegsarchiv, Landespolizei FFB Bund 1, Akt 2, Wagner (StMdI) an u. a. die Landespolizeien: Aufgaben und Verwendung der Landespolizei, 24.08.1933. Dies bestätigt Wagner in einem weiteren Schreiben aus dem Jahre 1934: BayHStA München – Kriegsarchiv, Landespolizei FFB Bund 1, Akt 2, Wagner (StMdI) an u. a. die Herren Kommandeure der Landespolizeien: Aufgaben und Verwendung der Landespolizei, 11.10.1934.

Wehrmacht diente. Für diesen Zweck war es daher nicht abträglich, dass die einzelnen Einheiten bereits im Vorfeld noch intensiver militärisch ausgebildet wurden. Das beschnitt jedoch das Aufgabenspektrum der Brucker Bildungsstätte, weil sie nun nicht mehr Wachtmeister aus den Bereitschaften schulte und gleichzeitig ausreichend Kräfte im Einzeldienst vorhanden waren.[453]

3.2 Die Ausbildung von preußischen und bayerischen Polizeioffizieren

Preußen und Bayern handhabten nicht nur unterschiedlich, wie ihre mittleren Beamten ausgebildet werden sollten. Auch der Werdegang der Polizeioffiziere gestaltete sich in den beiden Ländern verschiedentlich. In Preußen waren für die Ausbildung der Oberbeamten besondere Institutionen zuständig, die dem Innenministerium des Landes direkt unterstellt waren: Dazu gehörte allen voran die Höhere Polizeischule in Eiche bei Potsdam, die dafür verantwortlich war, den preußischen Offiziersnachwuchs anzulernen. Das Polizeiinstitut in Berlin-Charlottenburg übernahm hingegen die Aufgabe, bereits aktive Führungskräfte in besonderen Kursen fortzubilden. Auch die anderen Länder des Weimarer Bundesstaates richteten ähnliche Lehranstalten ein, wobei sie sich durchaus am preußischen Vorbild orientierten. Im württembergischen Stuttgart eröffnete etwa eine Polizeioffiziersschule, die als Teil der bestehenden Polizeifachschule fungierte. In der sächsischen Stadt Meißen entstand im Jahre 1922 darüber hinaus eine bedeutende Landespolizeischule.[454] So sehr das Ausbildungswesen von Preußen auch über seine Grenzen hinaus ausgestrahlt haben mag, setzten andere Länder aber auch eigene Akzente in ihrem System, wie ein Blick auf Bayern zeigt.

Wer in Preußen die Karriereleiter weiter nach oben steigen wollte, nachdem er bereits die Oberstufe auf der Polizeiberufsschule gemeistert hatte, musste erneut die Schulbank drücken. Geeignete Kandidaten konnten dann die Höhere Polizeischule in Eiche besuchen, die am 20. Mai 1921 offiziell gegründet, Anfang Dezember 1930 jedoch an das Berliner Polizeiinstitut angeschlossen wurde. Sie bildete die preußischen Offiziersanwärter aus, die dazu ab 1923 einen neunmonatigen Lehrgang besuchten, nachdem sie zuvor schon verkürzte Kurse abgehalten hatte.[455] Infolge des preußischen Polizeibeamtengesetzes vom 31. Juli 1927 regelte eine Vorschrift später, dass angehende Führungskräfte zusätzlich noch drei Monate lang an der Spandauer Polizeischule für Leibesübungen zubringen mussten, bevor sie nach Eiche gelang-

453 Vgl. BayHStA München – Kriegsarchiv, Landespolizei FFB Bund 1, Akt 2, Wagner (StMdI) an u. a. die Landespolizeien: Aufgaben und Verwendung der Landespolizei, 24.08.1933.

454 Vgl. Götz, Polizei (Weimarer Republik), S. 407; Ditzel, Polizeientwicklung, S. 5. Zur Ausbildung an der Landespolizeischule Meißen ferner: Joachim Unger, Die sächsische Schutzpolizei zwischen 1919 und 1933. Historischer Abriss und Bestandsaufnahme, in: Oranienburger Schriften 1 (2015), S. 66–85, hier: S. 76 f. Manfred Teufel beschreibt zudem, wie die polizeiliche Ausbildung in Württemberg organisiert war. Vgl. Teufel, Polizei, S. 118 f., 162 f. und 289–293. Lothar Danner informiert über das Ausbildungswesen der Hamburger Ordnungspolizei. Vgl. Danner, Ordnungspolizei, S. 132–136. Darüber hinaus liefert Major Horst-Adalbert Koch in seinen beiden Aufsätzen eine Übersicht über die einzelnen Schulen und Bereitschaften der jeweiligen Landespolizeien. Vgl. Koch, Landespolizei 1932/3, S. 42–44 sowie Ders., Landespolizei 1932/3, S. 91 f.

455 Vgl. Wegweiser durch die Polizei, 5. Aufl., [Berlin] 1931, S. 23; Ditzel, Polizeientwicklung, S. 12; Leßmann, Schutzpolizei, S. 226. Zur Geschichte und zum Ausbildungsbetrieb der Höheren Polizeischule in Eiche ferner: Rainer Lambrecht, Von der Kaserne zum Behördensitz. Aus der Geschichte einer Militär- und Polizeiunterkunft in Potsdam-Eiche, Potsdam 2010, S. 43–67.

ten. Dadurch dauerte ihr Offiziersanwärterlehrgang insgesamt ein Jahr lang.[456] Daneben veranstaltete die Höhere Polizeischule weitere Lehrgänge, um die bereits aktiven Polizeiführer fachlich fortzubilden, damit diese einen höheren Dienstgrad erlangen konnten. Dementsprechend gab es Kurse für Oberleutnante und Hauptleute sowie für Majorsanwärter der Schutzpolizei, für Kommissaranwärter der Kommunal- sowie der Kriminalpolizei und für Kandidaten, die in den höheren Aufsichtsdienst der Landjägerei übertreten wollten.[457]

Die neunmonatigen Offiziersanwärterlehrgänge in Eiche verfolgten dagegen das Ziel, aus den Schülern Führungskräfte zu schaffen, die größere Polizeieinheiten, Bereitschaften oder Reviere leiten bzw. auch als Führergehilfen in einem Polizeikommando fungieren sollten. Dafür mussten sie in den Kursen bestimmte Eigenschaften kultivieren, die sie nach Ansicht der preußischen Ordnungsmacht zu einer Führerpersönlichkeit machten. Ebenso wichtig war es, dass die angehenden Offiziere dazu in der Lage waren, ihren Untergebenen selbst als Lehrer zu dienen, um ihnen sowohl theoretisches Wissen als auch praktische Fertigkeiten vermitteln zu können. Ferner zielten die Lehrgänge darauf ab, die Anwärter „zur geistigen Durchdringung des Staatswesens und der Gesetze über die materielle Rechtskenntnis hinaus“ zu führen.[458] Die Ausbildung der Offiziersanwärter umfasste dabei folgende Fächer: Polizeiverwendung, Waffenausbildung, Körperschulung, Verfassungs- und Verwaltungsrecht, Beamtenrecht, Polizeirecht, bürgerliches Recht, Gewerbe- und Arbeitsrecht, Strafrecht, Kriminalistik, Verkehrswesen und Polizeidienstlehre.[459] Wenngleich die Höhere Polizeischule die zentrale Einrichtung war, die den polizeilichen Führernachwuchs für Preußen erzog, besuchten auch Beamte ihre Kurse, die von außerhalb kamen.[460] So befanden sich nicht nur Braunschweiger, Oldenburger und Thüringer, sondern auch einige Chinesen in den insgesamt 17 Offiziersanwärterlehrgängen, die zwischen 1923 und 1932 in Eiche stattfanden.[461]

Seit dem 1. Januar 1927 war das Polizeiinstitut in Berlin-Charlottenburg dafür zuständig, die leitenden Beamten ab dem Rang eines Hauptmanns in speziellen Seminaren weiterzubilden, an denen sie freiwillig teilnahmen. Nach Ansicht führender Polizeivertreter zielten diese Kurse darauf ab, „mustergültige Führer, Erzieher und Lehrer der Polizeibeamtenschaft heranzubilden“.[462] Die oberste Lehranstalt der preußischen Polizei war aus der Forschungsabteilung der Höheren Polizeischule in Eiche hervorgegangen.[463] Ihre Mitarbeiter erforschten daher eine Reihe polizeiwissenschaftlicher Fachgebiete. Dabei versuchten sie etwa, die „Grundlagen aller polizeilichen Tätigkeit nach rechtlichen, psychologischen und soziologischen Gesichtspunkten“ zu ermitteln.[464] Ferner analysierten sie, wie sich die Polizeien im In- und Ausland geschichtlich entwickelt hatten und wie sie organisatorisch aufgebaut waren. Außerdem erforschte diese Institution kriminalwissenschaftliche Probleme, systematisierte

456 Vgl. Vorschrift für die staatliche Polizei Preußens (V.f.d.P.), Nr. 23: Bestimmungen über Einstellung und Beförderung der Polizeiwachtmeister und Polizeimeister und Ergänzung der Polizeioffiziere, 1. Neudruck, Berlin 1930, S. 38; Ditzel, Polizeientwicklung, S. 13.

457 Vgl. Friedrich Wolfstieg/Otto Schmahel, Der preußische Polizeibeamte. Eine Einführung in den Polizeiberuf, Lübeck/Berlin 1930, S. 101 sowie 109–112. Ferner: Kemmerich, Entstehung, S. 42.

458 Wolfstieg, Polizeibeamte, S. 109.

459 Vgl. ebd., S. 109.

460 Vgl. Zaika, Polizeigeschichte, S. 63.

461 Vgl. Polizeihauptmann Garski, Die Polizeioffiziersanwärterlehrgänge an der Höheren Polizeischule. Tabellen und graphische Darstellungen, in: Die Polizei, 05.03.1933, Nr. 5, S. 106 f., hier: S. 106.

462 Wolfstieg, Polizeibeamte, 105. Vgl. dazu außerdem Paul Riege, Die preußische Polizei. Kurze Darstellung ihrer Entwicklung und heutigen Form, 3., wesentlich erw. Aufl., Berlin 1932, S. 52 f.

463 Vgl. Ditzel, Polizeientwicklung, S. 13.

464 Wolfstieg, Polizeibeamte, S. 104.

das Polizeirecht, unterhielt eine Lehrmittelsammlung und versorgte polizeiliche Behörden und Schulen in Preußen mit Lehrmaterialien.[465]

Eine derartige Forschungsanstalt existierte in Bayern nicht. Der Freistaat tüftelte stattdessen an einem eigenen System, um seinen Nachwuchs an Oberbeamten auszubilden.[466] Um diesen musste er sich verstärkt kümmern, nachdem er sich in der Anfangsphase der Weimarer Republik fast ausschließlich auf seine Wachtmeister konzentriert hatte. Erst im September 1922 veröffentlichte das Landespolizeiamt entsprechende Richtlinien, die genau regelten, wie der Werdegang eines bayerischen Offiziersanwärters aussah.[467] Ihren Bedarf an neuen Führungskräften stillte die bayerische Ordnungsmacht, indem sie zunächst aus den kasernierten Bereitschaften geeignete Kandidaten auswählte, die sich in ihrem bisherigen Dienst bewährt hatten. Später suchte sie sich freiwillige, polizeilich aber noch unerfahrene Bewerber, die sie gleich als Offiziersanwärter einstellte, sofern sie sich dazu eigneten. Wer ein Polizeiführer werden wollte, musste jedoch schon 1922 nachweisen, dass er eine neunklassige Mittelschule erfolgreich absolviert hatte. War dies jedoch nicht der Fall, mussten die Bewerber zwei Prüfungen ablegen, die während ihrer Ausbildungszeit anstanden und grundlegendes Wissen in den Fächern Deutsch, Geschichte, Erdkunde, Mathematik, Physik und Chemie sowie Grundkenntnisse in den Fremdsprachen Englisch oder Französisch abfragten. Zu Beginn ihrer Ausbildung traten sämtliche Bewerber jedoch bei einem Kommando der Landespolizei ein, wo sie wie alle übrigen Polizeianwärter zunächst als Hilfswachtmeister eingestellt waren. Nachdem ihnen dort mindestens sechs Monate lang elementare Kenntnisse für den Polizeidienst vermittelt und sie auch körperlich trainiert wurden, verbrachten sie das nächste halbe Jahr an der Polizeivorschule. An dieser Institution erweiterten sie ihr Wissen, wobei die Absolventen der Mittelschule besondere Kurse anstelle des Elementarunterrichts besuchten, der für die übrigen Kandidaten aus den Fächern Deutsch, Recht- und Schönschreiben, Rechnen, Erdkunde, Geschichte und Staatsbürgerkunde bestand. Danach kehrten die Anwärter wieder zu ihren jeweiligen Standorten zurück, wo sie dem praktischen Dienst nachgingen. Nach insgesamt 18 Monaten wurden sie dann zu Unterwachtmeistern befördert.

Wenn sich ein Beamter zum Polizeiführer eignete, schlug ihn sein Chef beim Landespolizeiamt vor. Sobald diese Behörde zugestimmt hatte, mussten die nun offiziell zu Offiziersanwärtern ernannten Männer einen fünfmonatigen Grundkurs an der Gendarmerie- und Polizeischule absolvieren. Er baute auf dem Stoff der Polizeivorschule auf. Dieser Kurs war gewissermaßen der erste Teil des Offiziersanwärterlehrgangs, auch wenn er seinerzeit noch nicht so hieß. Anschließend gelangte der einzelne Beamte wieder zu seinem Kommando zurück. Nach einem mindestens sechsmonatigen praktischen Dienst besuchte er den offiziellen Lehrgang für Offiziersanwärter. Dieser umfasste ursprünglich einen Fächerkanon, der sich aus Gesetzeskunde, Naturwissenschaften, Geschichte, Erdkunde, Volkswirtschafts- sowie Gesundheitslehre zusammensetzte, aber auch gerade den Polizeitruppendienst und den Sport einbezog. Einen Großteil der Inhalte vermittelten Hochschullehrer in Form von Vorträgen. Nach fünf Monaten legte der Schüler eine theoretische und eine praktische Prüfung ab. Sofern er diese erfolgreich bestanden hatte, stieg er zum Oberwachtmeister auf. Bevor ihn dann der Innenminister zum Leutnant ernennen konnte, fand alljährlich eine Wahl statt,

465 Vgl. ebd., S. 104 und 113 f.

466 Helmut Reis skizziert bereits, wie die bayerische Landespolizei ihre Polizeioffiziere ausbildete. Von den für die vorliegende Studie eingesehenen Quellen weicht seine Darstellung allerdings inhaltlich ab, wofür er aber leider auch keine Belege anführt. Vgl. Reis, Chronik, S. 338 f.

467 Vgl. BayHStA München – Kriegsarchiv, Landespolizei München 308, I. A. von Seißer (StMdI – Landespolizeiamt) an u. a. Verteiler II: Der Ausbildungsgang zum Polizei-Offizier, 28.09.1922.

bei der sämtliche Offiziere des jeweiligen Kommandos über jeden einzelnen Kandidaten abstimmen mussten. Fiel diese Wahl zu seinen Gunsten aus, konnte er nun seine Karriere im Korps der bayerischen Polizeioffiziere beginnen.[468]

So sah zumindest in der Frühphase der Weimarer Republik der ideale Weg aus, den die bayerischen Anwärter gehen mussten, um zu Oberbeamten aufzusteigen. In den folgenden Jahren änderte sich dieses Konzept jedoch mehrfach. Deshalb muss festgehalten werden, dass der Ausbildungsprozess für die Polizeiführer des Freistaats insgesamt nicht konstant blieb. Hinsichtlich der Offiziersausbildung entwickelte sich das bayerische System stattdessen vielmehr zu einer Dauerbaustelle, auf der die Verantwortlichen ständig etwas nachzubessern hatten. Bereits 1925 mussten beispielsweise nur noch jene Anwärter die Polizeivorschule besuchen, die kein Reifezeugnis einer Mittelschule besaßen. Die Gendarmerie- und Polizeischule fiel als Ausbildungsstation vollständig heraus. Stattdessen dauerte ein Offiziersanwärterlehrgang mit nun insgesamt 20 Monaten allerdings doppelt so lange und war in zwei einzelne Kurse gegliedert.[469]

Zu Beginn ihrer Herrschaft schickten sich die Nationalsozialisten ebenfalls an, dem bayerischen Ausbildungskonzept abermals eine neue Struktur zu verpassen. Im August 1933 skizzierte Heinrich Doehla, wie er sich den künftigen Werdegang der Offiziersanwärter vorstellte: Sie begannen ihre Karriere in der Landespolizei direkt auf der Polizeivorschule Bamberg, wo sie vier Monate lang eine Grundausbildung erhielten und anschließend die nächsten zwei Monate auf einem Truppenübungsplatz zubrachten. Im folgenden halben Jahr sammelten sie an der Polizeivorschule erste Erfahrungen als Ausbilder, um anschließend nach München zu gelangen und dort einen Offiziersanwärterlehrgang zu absolvieren. Nach insgesamt zweieinhalb Jahren hatten sie ihre Ausbildung abgeschlossen und verrichteten danach ihren Dienst in einer Hundertschaft, in der sie zu Leutnanten befördert wurden, sobald dafür eine Stelle frei war.[470]

Diese Regelungen unterschieden sich von den zuvor gültigen Richtlinien dadurch, dass die Anwärter nun nicht mehr ihren praktischen Dienst in der Schutzpolizei ableisten mussten, was zuvor noch ein zentraler Abschnitt der Ausbildung gewesen war. 1931 hatte das bayerische Innenministerium noch bestimmt, dass die Polizisten wie bisher in einer Hundertschaft zu dienen hatten, nachdem sie von der Polizeivorschule abgegangen waren, um danach erst an die Offiziersschule zu gelangen.[471] Das neue Ausbildungskonzept vom Sommer 1933 erschien dagegen verschult, rückte es doch scheinbar die theoretischen Inhalte in den Vordergrund. Obwohl der praktische Bereitschaftsdienst tatsächlich wegbrach, ging die Landespolizei jedoch eher dazu über, die jungen Staatsdiener wochenlang auf dem Truppenübungsplatz zu drillen. Darüber hinaus leisteten sie anschließend einen kurzen Dienst in der Münchner Polizeidirektion ab, während sie ihren Offiziersanwärterlehrgang besuchten. Die-

468 Vgl. BayHStA München – Kriegsarchiv, Landespolizei München 308, I. A. von Seißer (StMdI – Landespolizeiamt) an u. a. Verteiler II: Der Ausbildungsgang zum Polizei-Offizier, 28.09.1922.

469 Vgl. BayHStA München – Kriegsarchiv, Landespolizei München 1523, Entwurf: von Seißer (Landespolizeiamt beim StMdI): Bestimmungen über Einstellung und Beförderung in der L.P., 13.03.1925, S. 4.

470 Vgl. BayHStA München – Kriegsarchiv, Landespolizei Inspektion 40, Doehla (StMdI – Inspektion der uniformierten Staatspolizei) an die Landespolizeien: Dienstlicher Werdegang der Offiziersanwärter, 16.08.1933.

471 Vgl. BayHStA München – Kriegsarchiv, Landespolizei Inspektion 32, I. A. Pirner (StMdI – Polizeiwirtschaftstelle) an u. a. Polizeidirektion München: Bereitschaftspolizei; Ausbildung und Beurteilung der Offiziersanwärter vor Einberufung zum Offiz.-Anwärterkurs, 17.06.1931.

se Reform konnte also nicht kaschieren, dass sich der militärische Drill für die künftigen Führungskräfte zulasten des praktischen Polizeidienstes nur noch weiter verstärkte.[472]

Inwiefern dieses Verfahren aus dem Jahre 1933 aber überhaupt zum Tragen kam, ist unklar. Schließlich sollte die Landespolizei knapp zwei Jahre später in die Wehrmacht überführt werden. Deshalb darf stark bezweifelt werden, dass es tatsächlich Oberbeamte gab, die auf diesem Wege in eine Führungsposition gelangten. Allenfalls bei einem Lehrgang könnte dies der Fall gewesen sein. Das neue Reglement verdeutlicht aber, wie sehr sich die nationalsozialistische Ministerialbürokratie schon damals auf dem Feld des polizeilichen Erziehungswesens austobte, weshalb sich dessen Struktur ständig veränderte. Der rastlose Reformprozess ließ indes die Tendenz erkennen, dass die Landespolizei noch mehr als bisher militarisiert wurde, um sie besser in die Armee integrieren zu können.

Adolf Wagner ging bereits im Januar 1934 dazu über, die Ausbildungszeit auf zwei Jahre zu verkürzen, um die polizeiliche Offiziersausbildung an jener der Reichswehr anzupassen.[473] Zur gleichen Zeit veröffentlichte seine Behörde mit der Polizeivorschrift Nr. 9 sogar neue „Offizier-Ergänzungsbestimmungen". Sie beschrieben genau, wie jemand zum Oberbeamten ausgebildet werden sollte und wie sein Werdegang dabei konkret auszusehen hatte. Diese Vorschrift setzte zwar die vorherigen Regelungen außer Kraft, orientierte sich inhaltlich jedoch stark an diesen. Dementsprechend regelten die neuen Bestimmungen etwa, wie die Bewerber ausgewählt und eingestellt werden sollten oder wie die Offizierswahl zu erfolgen hatte. Dabei unterschieden sich diese Verfahren kaum von dem, was die bayerische Landespolizei schon zuvor praktiziert hatte.[474]

Der dienstliche Werdegang sah nun aber wieder anders aus: Zunächst durchliefen die Offiziersanwärter eine praktische Ausbildung im Truppendienst, die an der Polizeivorschule Bamberg neun Monate beanspruchte. Danach besuchten sie zehn Monate lang die Offiziersschule in München, wobei sie noch einmal zwei weitere Monate in besonderen Bereichen geschult wurden. Schließlich gelangten sie dann in die sogenannte Lehrhundertschaft der obersten bayerischen Bildungseinrichtung, wo sie noch ein Vierteljahr lang zubrachten und den Einsatz im Polizeiverband übten, bevor sie endlich ihre Ausbildung abschließen konnten.[475] Wenngleich die einzelnen Etappen wieder anders angeordnet waren, ähnelten sie dennoch dem bisherigen Ausbildungssystem, das schon für die demokratische Polizei gegolten hatte. Das ist aber nicht weiter überraschend. Den Nationalsozialisten war es eben nicht möglich, das Rad vollkommen neu zu erfinden. Aber ein Jahr später sollte noch eine weitere Reform folgen, die den bisherigen Experimenten ein Ende bereitete. Im Frühjahr 1935 plante das Reichsinnenministerium, die Offiziere der Landespolizei so ähnlich auszubilden, wie es die Wehrmacht mit ihrem Führungsnachwuchs tat.[476] Nach all dem verwirrenden Hin und Her hatte sich spätestens dann das Schulkonzept der Landespolizei überlebt.

---

472 Vgl. BayHStA München – Kriegsarchiv, Landespolizei Inspektion 40, Doehla (StMdI – Inspektion der uniformierten Staatspolizei) an die Landespolizeien: Dienstlicher Werdegang der Offiziersanwärter, 16.08.1933. Zum Einzeldienst in der Münchner Polizeidirektion vgl. ferner BayHStA München – Kriegsarchiv, Landespolizei Inspektion 40, [unleserlich] (Offizierschule der L.P.) an Landespolizei-Inspektion Bayern: Ausbildung der Oberfähnriche der L.P., 08.11.1934.

473 Vgl. BayHStA München – Kriegsarchiv, Landespolizei Inspektion 32, Abdruck: Wagner (StMdI) an Inspektion der uniformierten Staatspolizei: Dienstlicher Werdegang der Pol.Offizieranwärter, 25.01.1934.

474 Vgl. BayHStA München – Kriegsarchiv, Landespolizei Inspektion 32, StMdI, Pol.Vorschrift 9: Offizier-Ergänzungsbestimmungen der uniformierten Staatspolizei (O.E.B.), München 1934, S. 8–17 und 26 f.

475 Vgl. ebd., S. 18–25.

476 Vgl. BayHStA München – Kriegsarchiv, Landespolizei Inspektion 32, I. V. Daluege (Reichs- und Preußisches Ministerium des Innern) an u. a. StMdI – Landespolizei-Inspektion: Werdegang der Fahnen-

Wesentlich beständiger zeigte sich in den Weimarer Jahren dagegen jenes Verfahren, mit dem der bayerische Polizeiapparat seine neuen Führungskräfte rekrutierte. Wer die Offizierslaufbahn in der Landespolizei einschlagen wollte, musste sich schriftlich oder mündlich bei derjenigen Polizeidirektion bewerben, die seinem Wohnsitz am nächsten lag. Anhand der eingereichten Unterlagen nahm der jeweilige Schutzpolizeichef eine vorläufige Auswahl vor. Geeignete Kandidaten mussten sich sodann bei ihm vor Ort persönlich vorstellen und zudem ärztlich untersuchen lassen. Anschließend hatten sie eine praktische Prüfung zu absolvieren, in der sie zeigen sollten, was sie körperlich zu leisten imstande waren. Bewältigten sie auch diese Hürden, entschied das Bayerische Innenministerium darüber, welche Bewerber eingestellt und zu Polizeiführern ausgebildet werden sollten. Damit es überhaupt erst dazu kommen konnte, hatte der einzelne Bewerber von vornherein eine Reihe von Kriterien zu erfüllen: Er sollte zwischen 18 und 21 Jahren alt, mindestens 1,68 m groß und körperlich topfit sein. Generell hatte keine Chance, wessen Sehkraft zu sehr eingeschränkt war. Seit mindestens fünf Jahren musste der Kandidat außerdem die deutsche Reichsangehörigkeit besitzen. Ebenso war es wichtig, dass er darüber hinaus auch die Hochschulreife besaß, die er durch das Abgangszeugnis einer neunklassigen höheren Lehranstalt nachwies.[477]

Im Übrigen sollten diese Kriterien sogar beim Übergang zum „Dritten Reich" noch bestehen bleiben. Nachdem die Nationalsozialisten an die Macht gelangt waren, hatten sie an die Bewerber aber zusätzliche Ansprüche. Nun verlangten sie von den Kandidaten, dass sie die „arische Abstammung" beglaubigen konnten und außerdem „einem nationalen Verband (SA., SS., Stahlhelm, freiwilliger Arbeitsdienst)" angehören mussten.[478] Äußerst erstaunlich ist dabei allerdings, dass sie diese Kriterien auf einem Dokument aufführten, das auf den 12. Mai 1932 datiert ist. Ganz offensichtlich bedienten sich die neuen Machthaber also eines Schreibens, in dem noch ihre demokratischen Vorgänger aufgelistet hatten, was sie von den angehenden Offizieren erwarteten. Die Nationalsozialisten passten es nachträglich einfach an und hefteten dann das überarbeitete Schriftstück vom 23. Dezember 1933 schlicht über das Original aus dem Vorjahr.[479] Damit modifizierten sie lediglich jene Anforderungen, die schon zuvor gegolten hatten. Indem sie einfach ein älteres Schreiben aus der verhassten „Systemzeit" instrumentalisierten, ließen sie aber eine große Chance verstreichen, bereits in der „Revolutionsphase" ihre eigenen Akzente zu setzen. Gleichzeitig dokumentiert dieser Vorgang, dass sich im Übergang von der Weimarer Republik zum NS-Staat nur die rassisch-politischen Anforderungen an das polizeiliche Führungspersonal änderten, die übrigen Kriterien aber ansonsten noch gleich blieben. Doch auch diese Regelungen sollten bereits nach nur einem

junker, 30.03.1935.

477 Vgl. BayHStA München – Kriegsarchiv, Landespolizei München 1523, I. A. Pirner (StMdI – Polizeiwirtschaftstelle) an u. a. Polizeidirektion München: Bereitschaftspolizei; Einstellung von Polizeioffizieranwärtern (Beilage 1 mit 2 Anlagen: Verfahren bei der Einstellung von Polizeioffizieranwärtern), 12.05.1932. Ähnliche Kriterien und Einstellungsverfahren galten auch für die Bewerber in Preußen. Vgl. dazu V.f.d.P., Nr. 23, S. 4–13.

478 BayHStA München – Kriegsarchiv, Landespolizei München 1523, I. A. Pirner (StMdI – Polizeiwirtschaftstelle) an u. a. Polizeidirektion München: Bereitschaftspolizei; Einstellung von Polizeioffizieranwärtern (Beilage 1 mit 4 Anlagen: Verfahren bei der Einstellung von Polizeioffizieranwärtern), 12.05.1932, S. 1.

479 Das Original befindet sich ebenfalls im Akt und trägt den gleichen Titel wie die neuere Version. Im Akt BayHStA München – Kriegsarchiv, Landespolizei München 484 befindet sich das gleiche Dokument. In diesem Exemplar wurden maschinengeschriebene Textstreifen eingeklebt, welche die genannten Stellen hinzufügten.

Monat überarbeitet und am 25. Januar 1934 von der bereits erwähnten Polizeivorschrift Nr. 9 abgelöst werden.[480]

Für ihre angehenden Führer regelte die bayerische Ordnungsmacht ferner, welche Dienstgrade und Titel sie während ihrer Ausbildung trugen. Nachdem ein Kandidat seinen Dienst in der Landespolizei angetreten hatte, galt er solange als Offiziersanwärter, bis er zu einem entsprechenden Lehrgang einberufen wurde, was in der Regel am 1. April des Jahres erfolgte. Von nun an war er ein „Polizeifahnenjunker", wobei er den Dienstrang eines Unterwachtmeisters innehatte. Zur Hälfte des Kurses hatten die Schüler eine Zwischenprüfung erfolgreich zu absolvieren, um hernach zu Fähnrichen ernannt zu werden. Nachdem sie auch noch am Ende des Lehrgangs die Offiziersprüfung gemeistert hatten, wurden sie als Oberfähnriche bezeichnet und bekleideten den Rang eines Hauptwachtmeisters, bevor sie dann in freien Planstellen zu Leutnanten aufstiegen.[481]

Alle Ausbildungsstationen waren für sich genommen wichtig. Doch die bedeutendste war sicherlich der Offiziersanwärterlehrgang, da er den angehenden Führungskräften all das vermitteln sollte, was sie von den einfachen Wachtmeistern unterschied. Doch so oft wie sich das bayerische Ausbildungssystem allgemein veränderte, taten das auch diese speziellen Kurse, die ebenso wenig eine gleichbleibende Form entwickeln konnten. Erste Lehrgänge für angehende Polizeiführer fanden bereits im Jahre 1923 statt. Diese wirkten noch recht improvisiert, weshalb sich diese Vorgehensweise nicht als eine dauerhafte Lösung erwies. Darum sah sich die Ordnungsmacht des Freistaats dazu gezwungen, auch dieses Prozedere zu systematisieren, wobei sich die Reform allerdings sehr langwierig gestaltete. So entstand erst im Jahre 1926 in München die Offiziersschule der Bayerischen Landespolizei, die das Gebäude der früheren Kadettenanstalt in der Marskaserne bezog.[482] Mit dieser zentralen Lehranstalt verfügte Bayern über die wichtigste Instanz, um das eigene polizeiliche Führungspersonal zu erziehen. Zu dieser bedeutenden Institution sind insgesamt aber nur wenige Quellen überliefert. Darüber hinaus stammen die meisten von ihnen aus den Jahren von 1933 bis 1935. Trotz dieser Widrigkeiten lassen sich dennoch jene Fachbereiche und Inhalte rekonstruieren, in denen die „Kaderschmiede" der bayerischen Landespolizei ihre Anwärter ausbildete.

Abbildung 5: Offiziersschule der Bayerischen Landespolizei München (Bayerisches Polizeimuseum, Fotosammlung)

480 Dieser Hinweis findet sich auf dem folgenden Exemplar: BayHStA München – Kriegsarchiv, Landespolizei Inspektion 276, I. A. Pirner (StMdI – Polizeiwirtschaftstelle) an u. a. Polizeidirektion München: Bereitschaftspolizei; Einstellung von Polizeioffizieranwärtern, 12.05.1932.

481 Vgl. BayHStA München – Kriegsarchiv, Landespolizei München 1501, Entwurf: Abkommen zwischen dem bayerischen Staatsministerium des Innern und den württembergischen Ministerium des Innern über die Ausbildung der württembergischen Polizei-Offizieranwärter auf der Polizeioffizierschule München, [1933].

482 Vgl. BayHStA München – Kriegsarchiv, Landespolizeiamt 175, I. A. von Seißer (StMdI – Landespolizeiamt) an u. a. Landespolizeiamt: Pol.-Offz. Lehrgang 1923, 27.02.1923; BayHStA München – Kriegsarchiv, Landespolizeiamt 12, von Seißer (Landespolizeiamt) an die Herren Chefs: Ausbildung der Offz.-Anwärter, 25.05.1925. Ferner: Schuler, Landespolizei, S. 19. Link meint dagegen, dass die Offiziersschule bereits 1923 ihren Betrieb aufgenommen habe: Link, Rückblick, S. 35.

Zwischen 1926 und 1935 hielt die Münchner Offiziersschule einige Kurse für angehende Oberbeamte ab, die grundsätzlich ähnlich aufgebaut waren. Aber der jeweilige Fächerkanon war mitunter recht unterschiedlich gestaltet, so dass von einer einheitlichen und konsequenten Offiziersausbildung keine Rede sein kann. Höchstwahrscheinlich ist dies darauf zurückzuführen, dass der Polizeiapparat seine eigenen Ausbildungsvorschriften ständig überarbeitete. Weil in den Fachplänen immer wieder die gleichen oder zumindest ähnliche Motive ausgemacht werden können, scheinen das Landespolizeiamt und die Lehranstalt versucht zu haben, ihr System zu perfektionieren oder zumindest an die jeweiligen Erfordernisse anzupassen. Als die Bildungsanstalt 1926 ihren Betrieb aufnahm, unterrichteten die Lehrkräfte z. B. folgende Fächer: Polizeitaktik, Waffen- und Schießkunde, Polizeidienst, Pionierdienst, Nachrichtenwesen, Kriegs- und Heeresgeschichte, Wirtschaftsgeographie und Gesundheitslehre, aber auch Flug- sowie Kraftfahrwesen, Geländebesprechungen, Exerzierübungen, Sport und eine Fremdsprache.[483] In einem späteren Kurs sollten zwar bestimmte Disziplinen auch weiterhin vertreten sein, wozu allen voran die Polizeiverwendungslehre, der Sport, die Waffen- und Schießkunde sowie die Geländelehre und diverse Geländeübungen zählten, die generell einen Großteil der Unterrichtszeit beanspruchten. Andere Fächer fehlten nun allerdings wie etwa der Pionierdienst, das Nachrichtenwesen, die Wirtschaftsgeographie und auch die Gesundheitslehre, während hingegen beispielsweise der Innendienst, die Polizei- und auch die Staatskunde neu hinzukamen.[484] In weiteren Lehrgängen wurden im Vergleich dazu wiederum ganz andere Disziplinen unterrichtet.[485]

Obwohl die Münchner Schule in ihren einzelnen Kursen mitunter recht unterschiedliche Fächer behandelte, zeigt sich aber bei allen ziemlich deutlich, dass die militärischen Aspekte in der Ausbildung eindeutig dominierten. Besonders gut lässt sich das in der Übergangsphase von der Weimarer zur nationalsozialistischen Polizei beobachten, weil für diese Zeit auch entsprechende Lehrpläne überliefert sind, die über die genauen Inhalte der einzelnen Disziplinen informieren. Darin nahm gerade die Polizeitaktik eine besondere Position ein. In diesem Fach sollte der Offiziersnachwuchs nicht nur lernen, kleine Einheiten zu führen. Der einzelne Schüler erhielt seinerzeit bereits einen „Überblick über das Wesen des Krieges und seine Mittel“.[486] Neben theoretischen Grundbegriffen behandelte der Unterricht etwa, wie der Einheitsführer mit seinem Verband einen Gegner anzugreifen oder abzuwehren hatte, wobei er auch den Rückzug thematisierte. Im Zentrum des Faches stand also der geschlossene Einsatz, der immer mehr einem militärischen Gefecht ähnelte und sich mehr oder weniger gegen innerdeutsche Unruhestifter richtete. Wenngleich der Lehrplan zwischen der polizeilichen und der militärischen Taktik unterschied, konnte ein solcher Unterricht die Polizeioffiziere bereits zum Ende der Weimarer Republik auf ihren späteren Einsatz in der Wehrmacht vorbereiten.[487] Dazu gesellte sich der praktische Dienst, der auch als Truppendienst bezeichnet wurde. Er war darauf angelegt, die angehenden Polizeiführer im Exerzier- und

483 Vgl. BayHStA München – Kriegsarchiv, Landespolizeiamt 12, von Seißer (Landespolizeiamt) an die Herren Chefs: Ausbildung der Offz.-Anwärter, 25.05.1925, S. 2 f.

484 Vgl. BayHStA München – Kriegsarchiv, Landespolizeiamt 28, Stundenplan für den Offizier-Anwärter-Lehrgang 1926/28, [1926].

485 Vgl. u. a. BayHStA München – Kriegsarchiv, Landespolizeiamt 175, Offizier-Anwärter-Kurs 1925/26. Ausbildungs – Ziele – und Zeit, [1925]; BayHStA München – Kriegsarchiv, Landespolizeiamt 175, Stundenplan für den Offiziers-Anwärter Kurs 1925/26, [1925].

486 BayHStA München – Kriegsarchiv, Landespolizei München 1501, Taktik (endgültiger Lehrplan), [1933], S. 3.

487 Vgl. ebd., S. 3–6 sowie BayHStA München – Kriegsarchiv, Landespolizei München 1513, Lehrplan für den Unterricht in der Taktik, 19.03.1934, S. 1–5.

Schießdienst und damit gleichzeitig zu Ausbildern zu schulen, die später einmal ihre Untergebenen ebenfalls in diesem Bereich trainieren sollten. In diesem Sinne zielte diese Disziplin darauf ab, die Offiziersanwärter zu Zugführern auszubilden.[488] Auf diesen Fächern baute die Waffen- und Schießkunde auf, die sowohl den praktischen Umgang mit dem Schießgerät behandelte als auch theoretisches Wissen über Kriegswaffen vermittelte.[489]

Damit waren die militärischen Inhalte aber noch lange nicht vollständig abgedeckt. Das Lehrpersonal brachte den künftigen Polizeiführern in weiteren Disziplinen bei, wie sie in der „freien Wildbahn" zurechtkamen. Wie sie etwa fließende Gewässer mit behelfsmäßigen Brücken überwinden oder kleinere Objekte in die Luft sprengen konnten, erfuhren sie in der Pionierlehre. Sie erklärte ihnen außerdem, wie Feldbefestigungen gebaut werden mussten, zu denen z. B. Schützenlöcher und -gräben gehören.[490] Die Geländelehre vermittelte den Schülern ferner ein grundlegendes Wissen darüber, wie sie sich mittels Karte und anderen Hilfsmitteln in unbekanntem Terrain zurechtfinden oder wie sie ihre Umgebung möglichst detailliert beschreiben konnten, um ihre Einsatzlage richtig zu beurteilen.[491] In der Nachrichtenmittelkunde lernten sie dann, welche verschiedenen Möglichkeiten es innerhalb der Polizei und des Heeres gab, um Botschaften zu übermitteln, zu denen etwa der Funk- oder Telegraphenverkehr gehörte.[492] Daneben zeigte die Kriegsgeschichte, wie sich die Schlachtentaktik seit den Anfängen des deutschen Heerwesens bis zum Ende des Ersten Weltkriegs verändert hatte, wobei die Lehrer historische und militärtaktische Aspekte miteinander vereinten.[493]

Schließlich gab es noch eine Reihe weiterer Fächer, die zwar nicht vorwiegend militärisch ausgerichtet waren, aber dafür sorgen sollten, dass sich bei den Schülern eine bestimmte Mentalität herausbildete. Dazu zählte in erster Linie der Unterricht im Innendienst, bei dem die Lehroffiziere ihre Schüler mit den wesentlichen Aufgaben und Vorschriften vertraut machten, welche die dienstlichen Obliegenheiten bestimmten. Dieses Wissen benötigten sie für ihre alltäglichen Dienstgeschäfte. Hauptsächlich zielte dieser Unterricht jedoch darauf ab, sie zu tugendhaften und charakterstarken Polizeioffizieren zu erziehen, die später einmal ihren Untergebenen selbst als Erzieher dienen und ihre Einheit verantwortungsvoll führen sollten. „Die Pflichterfüllung des deutschen Heeres im Weltkrieg" hatte ihnen als Leitmotiv zu dienen, wobei sich die Beamten an den „drei Haupttugenden des Soldatentums: Vaterlandslie-

488 Vgl. BayHStA München – Kriegsarchiv, Landespolizei München 1513, Lehrplan für den praktischen Dienst, [1934]; BayHStA München – Kriegsarchiv, Landespolizei München 1501, Truppendienst (endgültiger Lehrplan), [1933].

489 Vgl. BayHStA München – Kriegsarchiv, Landespolizei München 1501, Waffen- und Schießkunde (endgültiger Lehrplan), [1933]; BayHStA München – Kriegsarchiv, Landespolizei München 1513, Lehrplan für den Unterricht in der Waffen- und Schießkunde, [1934].

490 Vgl. BayHStA München – Kriegsarchiv, Landespolizei München 1513, Lehrplan für den Unterricht in der Pionierlehre, [1934]; BayHStA München – Kriegsarchiv, Landespolizei München 1501, Pionierlehre (Endgültiger Lehrplan), [1933].

491 Vgl. BayHStA München – Kriegsarchiv, Landespolizei München 1513, Lehrplan für den Unterricht in der Geländelehre, [1934]; BayHStA München – Kriegsarchiv, Landespolizei München 1501, Geländelehre (endgültiger Lehrplan), [1933].

492 Vgl. BayHStA München – Kriegsarchiv, Landespolizei München 1501, Nachrichtenmittelkunde (endgültiger Lehrplan), [1933]; BayHStA München – Kriegsarchiv, Landespolizei München 1513, Lehrplan für den Unterricht in der Nachrichtenmittelkunde, [1934].

493 Vgl. BayHStA München – Kriegsarchiv, Landespolizei München 1501, Kriegsgeschichte (endgültiger Lehrplan), [1933]; BayHStA München – Kriegsarchiv, Landespolizei München 1513, Lehrplan für den Unterricht in der Kriegsgeschichte, [1934].

be, Pflichttreue und Kameradschaft" zu orientieren hatten.[494] An diesen Tenor knüpfte die Staatsbürgerkunde an. Sie verdeutlichte den Anwärtern schon zu Beginn der NS-Herrschaft, wie sich die Nationalsozialisten den idealen Staat vorstellten und wie sie diesen errichten wollten. Zwar behandelte das Fach unter anderem auch, welche unterschiedlichen Staatsformen existierten oder wie die deutsche Rechtsordnung gegliedert war. Doch bereits 1934 konfrontierte es die Polizisten mit der „Volksgemeinschaft", dem „Führerprinzip", der „Rassenfrage" oder der „Überwindung des Liberalismus und Marxismus". Ferner sollten sie begreifen, dass die „Neuordnung des deutschen Staatswesens" einherging mit der „Einschränkung der Individualrechte" und der „Beseitigung der politischen Parteien".[495] Solche Inhalte ließen keinen Zweifel daran, dass die Polizei und ihre Schulen längst in der Diktatur angekommen waren, wenngleich die Staatsbürgerkunde bereits in der Weimarer Republik darauf ausgerichtet gewesen war, die Polizisten politisch zu erziehen.[496]

Die eigentlichen Aufgaben und Tätigkeitsfelder der Staatsgewalt behandelte lediglich die Polizeikunde, die daneben auch das Strafrecht und das Gerichtswesen unter die Lupe nahm. Im Unterricht erfuhren die Beamten außerdem, welche rechtlichen Aspekte sie bei einem geschlossenen Einsatz zu beachten hatten und wie der Dienstbetrieb eines Polizeireviers organisiert war.[497] Dieses scheinbar zentrale Fach war in den Kursen insgesamt jedoch eher randständig, weil die truppenpolizeilichen Inhalte ohnehin überwogen. Wie wenig die polizeifachlichen Belange im Übergang von der ersten deutschen Demokratie zum „Dritten Reich" zählten, zeigte sich noch deutlicher, als die Polizeikunde im Jahre 1934 in den Lehrplänen überhaupt nicht mehr auftauchte.[498] Insofern entwickelte sich die Offiziersausbildung zu Beginn des NS-Regimes dahingehend, dass die militärischen Schwerpunkte nahezu alle rechtlichen Themen in den Hintergrund drängten oder sogar ganz verschluckten. Denn in den Lehrgängen der Weimarer Jahre hatte ein Unterricht im Beamten-, Verwaltungs- und Polizeirecht noch fest zum Repertoire gezählt. Das waren also genau jene Disziplinen, in denen die Polizisten lernten, in welchem gesetzlichen Rahmen sie sich überhaupt bewegten. Ein Vergleich mit den Lehrplänen des frühen „Dritten Reichs" offenbart jedoch auch, dass sich die meisten Fächer und Inhalte seit den zwanziger Jahren ansonsten kaum verändert hatten und nun im neuen System der Nationalsozialisten einfach weiterhin fortbestanden.[499]

Ähnlich wie die Polizeikunde und die rechtlichen Fächer zählte auch die Volkswirtschaftslehre zu jenen Gebieten, die ebenfalls spätestens 1934 aus dem Fächerkanon verschwanden.

494 BayHStA München – Kriegsarchiv, Landespolizei München 1513, Lehrplan für den Unterricht im Innendienst, [1934] sowie BayHStA München – Kriegsarchiv, Landespolizei München 1501, Innendienst (endgültiger Lehrplan), [1933].

495 BayHStA München – Kriegsarchiv, Landespolizei München 1513, Lehrplan für den Unterricht in der Staatsbürgerkunde, [1934]. Vgl. dazu BayHStA München – Kriegsarchiv, Landespolizei München 1501, Staatsbürgerkunde (endgültiger Lehrplan), [1933].

496 Siehe dazu Kapitel 3.3.

497 Vgl. BayHStA München – Kriegsarchiv, Landespolizei München 1501, Polizeikunde (endgültiger Lehrplan), [1933].

498 Dies geht hervor aus BayHStA München – Kriegsarchiv, Landespolizei Inspektion 40, [unleserlich] (Pol.Offizierschule) an Kommandeur der Polizei-Schulen: Lehrplan für den Unterricht an der Pol.Offz. Schule, 25.04.1934.

499 Vgl. z. B. BayHStA München – Kriegsarchiv, Landespolizei München 1523, von Seißer (Landespolizeiamt im StMdI) an Leiter des Offizier-Anwärter-Kurses Pol.Major Hunglinger: Lehrplan des Offiz. Anw.Kurses (Anlage: Lehrplan für den Offizier-Anwärter-Lehrgang), 09.04.1929; BayHStA München – Kriegsarchiv, Landespolizei München 1523, I. V. Doehla (Landespolizeiamt beim StMdI) an u. a. Offiz.Anwärter-Kurs: Polizei-Offiziers-Anwärter-Kurs (Anlage: Lehrpläne), 07.04.1930.

In ihr erhielten die Schüler einen knappen Überblick über ökonomische Grundbegriffe und Theorien, was vor allem ihrer Allgemeinbildung nützen sollte.[500] Nicht zuletzt gehörten auch die Leibesübungen in den Lehrplan, die vor allem aus Disziplinen der Leichtathletik, des Geräteturnens und des Geländesports sowie aus diversen Mannschaftssportarten bestanden. Daneben trainierten die Schüler noch verschiedene Polizeigriffe, um sich auch ohne Waffen verteidigen zu können.[501] Schließlich gab es auch noch einen Schwimmunterricht, der im Müllerschen Volksbad oder in der Militärschwimmschule stattfand, die seinerzeit auf dem Oberwiesenfeld lag.[502] An der Polizeireitschule in München übten die Gesetzeshüter ferner, auch im Sattel eine gute Figur abzugeben, bis diese besondere Lehranstalt am 1. September 1935 ihren Betrieb einstellen musste.[503] Ebenfalls in der Landeshauptstadt befand sich die Kraftwagenwerkstätte Bayern-Süd, in der die Anwärter lernten, verschiedene Kraftfahrzeuge zu lenken, wozu vor allem das Automobil und das Motorrad zählten. Dort konnten sie auch gleich den Führerschein erwerben.[504] Letztlich wohnten sie noch einigen Vorträgen bei, die sich mit dem noch jungen Flugverkehr, dem Gasschutz oder dem Sanitätswesen auseinandersetzten. Vor diesem Hintergrund frischten sie ihre Kenntnisse in Erster Hilfe auf und durften mitunter sogar fliegen, um dabei zu lernen, wie sie sich in einem Flugzeug orientieren konnten. Außerdem erfuhren sie mehr über den Luftschutz und die Tätigkeit der Luftpolizei.[505]

---

500 Vgl. BayHStA München – Kriegsarchiv, Landespolizei München 1501, Volkswirtschaftslehre (endgültiger Lehrplan), [1933].

501 Vgl. BayHStA München – Kriegsarchiv, Landespolizei München 1513, Lehrplan für die Ausbildung in den Leibesübungen, [1934]; BayHStA München – Kriegsarchiv, Landespolizei München 1501, Leibesübungen, [1933].

502 Vgl. BayHStA München – Kriegsarchiv, Landespolizei München 1529, Offizierschule an Kommandeur der Polizeischulen: Gebühren, 09.02.1934; BayHStA München – Kriegsarchiv, Landespolizei München 1529, Entwurf: Offizieranwärterkurs an Landespolizei-Offizierschule München: Militärschwimmschule, 22.06.1935.

503 Vgl. BayHStA München – Kriegsarchiv, Landespolizei München 1528, I. A. u. I. V. Pohl (Landespolizeiamt beim StMdI) an u. a. den Herrn Chef der Pol.Reitschule München und im Abdruck an den Offizier-Anwärter-Kurs: Reitausbildung der Offizier-Anwärter 1928, 02.07.1929; BayHStA München – Kriegsarchiv, Landespolizei München 1528, von Cochenausen (Kriegschule München – Kommando) an Landespolizei-Offizierschule München: Reitunterricht an die Fähnriche der Landespolizei-Offizierschule, 03.09.1935; BayHStA München – Kriegsarchiv, Landespolizei München 1513, Lehrplan über die Ausbildung im Reiten, [1934]; BayHStA München – Kriegsarchiv, Landespolizei München 1501, Reiten, [1933].

504 Vgl. BayHStA München – Kriegsarchiv, Landespolizei München 1528, I. V. Doehla (Landespolizeiamt beim StMdI) an u. a. Leiter des Pol.Offiz.Anw.Kurses: Kraftfahrausbildung der Pol.Offz.Anw., 14.10.1930; BayHStA München – Kriegsarchiv, Landespolizei München 1528, Doehla (Inspektion der uniformierten Staatspolizei im StMdI) an u. a. Kommandeur der Polizeischulen: Ausbildung der Fahnenjunker und Fähnriche im Reiten und im Steuern von Kraftfahrzeugen, 21.07.1933; BayHStA München – Kriegsarchiv, Landespolizei München 1513, Lehrplan für die Ausbildung im Kraftfahrwesen, [1934]; BayHStA München – Kriegsarchiv, Landespolizei München 1501, Kraftfahrwesen, [1933]. Weitere organisatorische Details zur Kraftfahrausbildung finden sich in BayHStA München – Kriegsarchiv, Landespolizei Inspektion 33.

505 Vgl. BayHStA München – Kriegsarchiv, Landespolizei München 1501, Einzelvorträge, [1933]; BayHStA München – Kriegsarchiv, Landespolizei München 1513, Einzelvorträge, [1934].

Abbildung 6: Polizeiskischule „Schwarzenkopf" (Bayerisches Polizeimuseum, Fotosammlung)

Abseits des lehrplanmäßigen und fachgebundenen Unterrichts beinhalteten die Lehrgänge darüber hinaus noch besondere Lehreinheiten. In erster Linie übten die Schüler den praktischen Einzel- und den polizeilichen Truppendienst, wofür sie in der Polizeidirektion München knapp einen Monat lang zubrachten. Daneben absolvierten sie einen Skikurs, den die Offiziersschule auf der Schwarzenkopfhütte in Spitzingsee abhielt. Auch besuchten die Beamten einen Kurs im Gasschutz, der direkt in der Landeshauptstadt stattfand.[506] Er befasste sich z. B. mit der Frage, wie Giftgast theoretisch im Kampf eingesetzt oder wie eine verseuchte Örtlichkeit gereinigt werden könnte, um die Ordnungshüter auf einen solchen Katastropheneinsatz vorzubereiten.[507] Vor 1933 lernten die Offiziersanwärter auch den Gendarmeriedienst näher kennen. Einige Wochen lang sammelten sie an verschiedenen Revieren auf dem Lande praktische Erfahrungen, nachdem sie bereits in Dienststellen in der Großstadt eingesetzt waren.[508] Doch dies änderte sich nach der „Machtergreifung", da dem Bayerischen Innenministerium nun der Dienst der angehenden Oberbeamten in der Polizeidirektion anscheinend ausreichte.[509] Am Ende des Lehrgangs hatten die Anwärter eine schriftliche und eine mündliche Prüfung zu absolvieren, die ihr theoretisches Wissen und vor allem ihr praktisches Können in den zentralen Fächern auf die Probe stellte.[510] Die folgende Tabelle zeigt, welche Prüfungen die Schüler an der Münchner Offiziersschule ablegen mussten:[511]

506 Vgl. BayHStA München – Kriegsarchiv, Landespolizei Inspektion 40, [unleserlich] (Offizierschule der L.P.) an Landespolizei-Inspektion Bayern: Ausbildung der Oberfähnriche der L.P., 08.11.1934.

507 Vgl. BayHStA München – Kriegsarchiv, Landespolizei München 1515, Doehla (Landespolizei-Inspektion Bayern) an Kommandeur der L.P.-Offizierschule München: Gasschutzkurs der Oberfähnriche, 15.02.1935.

508 Vgl. BayHStA München – Kriegsarchiv, Landespolizei München 587, Abschrift: Dr. Stützel (StMdI) an u. a. Polizeidirektion München: Ausbildung der Pol.Offz.Anwärter im Gendarmeriedienst, 19.02.1932.

509 Vgl. BayHStA München – Kriegsarchiv, Landespolizei Inspektion 34, I. A. Doehla (StMdI) an u. a. Landespolizei München: Ausbildung der Polizeioffiziersanwärter im Gendarmeriedienst, 07.07.1933.

510 Vgl. BayHStA München – Kriegsarchiv, Landespolizei München 1513, Abdruck: I. A. Doehla (StMdI) an u. a. Reichszwischenbefehlsstelle für die Polizei im Amte Stuttgart: Offizierprüfung 1934 an der L.P.-Offizierschule München, 14.11.1934.

511 Die folgende Aufstellung beruht auf BayHStA München – Kriegsarchiv, Landespolizei Inspektion 40, Abdruck: Doehla (Inspektion der uniformierten Staatspolizei im StMdI) an u. a. Kommandeur der

Tabelle 2: Fächer- und Prüfungsplan an der Offiziersschule München (Stand: 1933)			
Lehrfach	**Zwischenprüfung**	**Offiziersprüfung**	**Wertung**
Taktik	schriftliche Prüfung	2 schriftliche Prüfungen	vierfach
Innerer Dienst/Truppendienst	praktische Prüfung	praktische Prüfung	dreifach
Waffen- und Schießkunde	schriftliche Prüfung	schriftliche Prüfung	zweifach
Kriegsgeschichte	schriftliche Prüfung	schriftliche Prüfung	zweifach
Polizeikunde	schriftliche Prüfung	schriftliche Prüfung	einfach
Staatsbürgerkunde	schriftliche Prüfung	schriftliche Prüfung	einfach
Innendienst	schriftliche Prüfung	schriftliche Prüfung	einfach
Pionierlehre	schriftliche Prüfung	schriftliche Prüfung	einfach
Geländelehre	schriftliche Prüfung	schriftliche Prüfung	einfach
Nachrichtenmittelkunde	schriftliche Prüfung	schriftliche Prüfung	einfach
Volkswirtschaft		mündliche Prüfung	einfach
Leibesübungen	praktische Prüfung	praktische Prüfung	einfach
Reiten			
Kraftfahren			
Einzelvorträge in Flugwesen, Gasschutz, Sanitätswesen usw.			

Generell hatten es die Lehrkräfte selbst in der Hand, ihren Unterricht mit Inhalten zu füllen. Dazu mussten sie sich insbesondere an den gängigen Gesetzestexten und deren Kommentaren orientieren. Ein noch größeres Gewicht besaßen aber die polizeidienstlichen und militärischen Fachbücher und -zeitschriften, vor allem jedoch die zahlreichen Heeresdienstvorschriften (HDv).[512] Dass gerade diese einen wichtigen Schwerpunkt des Unterrichts darstellten, unterstreicht erneut, wie sehr sich die polizeiliche Offiziersausbildung an derjenigen der Armee anlehnte und damit auch den Einsatz der Ordnungsmacht in diese Richtung lenkte.

Damit war die Tätigkeit der Offiziersschule München jedoch noch lange nicht erschöpft. Sie organisierte außerdem noch verschiedene Kurse, die das Ziel verfolgten, die bereits aktiven Führungskräfte fachlich weiterzubilden. Vom 3. November 1931 bis 30. April 1932 veranstaltete sie etwa einen Fortbildungskurs für Polizeioffiziere, „die sich zur Heranbildung von Führergehilfen, als Lehrer für Offiziers- und Offiziersanwärterkurse und für höhere Führerstellen der Schutzpolizei eignen".[513] Auch im jungen NS-Staat fanden ähnliche Lehrgänge statt, die sich an ausgewählte Beamte richteten, die sich auf diesem Wege für höhere Posten innerhalb des Polizeiapparats qualifizieren konnten.[514] Diese waren nun Teil einer theoreti-

Pol.Offizierschule: Bestimmungen für die Ausbildung der Polizeioffizieranwärter auf der Polizeioffizierschule (Beilage 1), [1933].

512 Eine Auswahl der verwendeten Lehrmittel ist enthalten in BayHStA München – Kriegsarchiv, Landespolizei Inspektion 41.

513 BayHStA München – Kriegsarchiv, Landespolizei München 308, I. A. Pirner (StMdI) an u. a. Polizeischule FFB: Bereitschaftspolizei; Fortbildung der Polizeioffiziere, 10.10.1931, S. 1. Weitere solcher „Offiziersfortbildungskurse" sind für die Weimarer Jahre dokumentiert in: BayHStA München – Kriegsarchiv, Landespolizeiamt 121 und 122.

514 Vgl. u. a. BayHStA München – Kriegsarchiv, Landespolizei München 1511, Abdruck: I. A. von Bomhard (Landespolizei-Inspektion Bayern) an u. a. die Landespolizei-Inspektion beim Sächsischen Ministerium d. Innern: Führergehilfenausbildung an der Pol.Offizierschule München, 25.07.1934; BayHStA München – Kriegsarchiv, Landespolizei München 1511, Abdruck: Doehla (Inspektion der uniformierten Staatspolizei im StMdI) an u. a. die Herren Kommandeure der Landespolizeien: Offizierfortbildungskurs 1934, 13.01.1934.

schen Sonderausbildung, welche die Polizeiführer in der Übergangsphase vom demokratischen zum totalitären Staat zu absolvieren hatten, um etwa zu Hauptleuten aufsteigen zu können.[515] Ihr juristisches Fachwissen konnten die Oberbeamten ab 1928 vertiefen, indem sie spezielle polizeirechtliche Kurse besuchten. Sie sollten ausgewählte Kandidaten etwa dazu befähigen, in den Bereitschaften künftig über diverse Rechtsgebiete zu lehren.[516]

Aber nicht nur die Hundertschaften benötigten fähiges Führungspersonal, sondern auch die Sonderdienstzweige. Für sie schrieb das Landespolizeiamt jedoch nur wenige Stellen aus, auf die sich interessierte Offiziere dann selbst bewerben konnten. Geeignete Kandidaten mussten eine Spezialausbildung absolvieren, um z. B. in der Flugüberwachung, im nachrichten- oder kraftfahrtechnischen Dienst oder in den berittenen Zügen eingesetzt zu werden.[517] Ausgewählte Oberbeamte konnten ihre Kenntnisse im Gasschutz erweitern, indem sie dazu an besonderen Lehrgängen teilnahmen. Dort lernten die angehenden Gasschutzoffiziere etwa, wie sie mit Schutzkleidung und Atemmasken umzugehen hatten, um sich bestmöglich vor der unsichtbaren Gefahr zu schützen.[518] Wer ferner ein Waffenoffizier werden wollte, musste bei einem der beiden Polizeiwirtschaftsämter einen 14-tägigen Kurs besuchen, damit er dieses besondere Amt ausüben konnte.[519]

Nachdem sie einen Lehrgang für Offiziersanwärter erfolgreich absolviert hatten, war damit die Ausbildung der polizeilichen Führungskräfte grundsätzlich nicht beendet. Nun waren die einzelnen Standorte gefordert, Angebote zu schaffen, um ihre Offiziere polizeifachlich und sportlich weiterzubilden. Die jeweiligen Kommandos hatten also dafür zu sorgen, dass vor Ort regelmäßig Seminare und Vorträge stattfanden, in denen die Beamten auf den neuesten Stand gebracht und ihre Fähigkeiten trainiert wurden. Oftmals richteten sich diese Maßnahmen jedoch nicht exklusiv an die Offiziere. Vielmehr waren sie an die gesamten Angehörigen einer Dienststelle adressiert, so dass auch Wachtmeister daran teilnahmen. Insofern öffnete ein erfolgreich abgeschlossener Lehrgang an der Offiziersschule eine Türe. Wer sie durchschritten hatte, befand sich innerhalb der Polizei in einem höheren Rang und verfügte damit über eine mächtige sowie verantwortungsvolle Position. Das bedeutet allerdings nicht, dass er damit für immer ausgelernt hatte. Stattdessen musste er sich ständig weiterbilden und daher an seinem Standort weitere kleine Kurse besuchen, um seiner besonderen Rolle im Polizeiapparat gerecht zu werden.[520] Daran sollte sich auch in Zukunft nichts ändern.[521]

515 Über diese Sonderausbildung informiert insbesondere BayHStA München – Kriegsarchiv, Landespolizei München 1514. Weitere Dokumente zu Fortbildungskursen der Jahre 1932 bis 1934 liefert zudem BayHStA München – Kriegsarchiv, Landespolizei München 1531.

516 Vgl. BayHStA München – Kriegsarchiv, Landespolizeiamt 125, Lossen an das Landespolizeiamt: Erfahrung über den polizeirechtlichen Kurs, 29.10.1928. Der gesamte Akt dokumentiert umfangreich diese polizeirechtlichen Kurse: BayHStA München – Kriegsarchiv, Landespolizeiamt 125.

517 Vgl. BayHStA München – Kriegsarchiv, Landespolizeiamt 34, von Seißer (Landespolizeiamt) an die Herren Chefs nach Verteiler II: Offizierausbildung, 29.04.1927.

518 Vgl. BayHStA München – Kriegsarchiv, Landespolizei München 484, I. A. Pirner (StMdI – Polizeiwirtschaftstelle) an u. a. die Polizeivorschule Bamberg: Bereitschaftspolizei; Gasschutzlehrgang, 21.03.1932.

519 Vgl. BayHStA München – Kriegsarchiv, Landespolizei München 484, Abschrift: Doehla (Inspektion der uniformierten Staatspolizei im StMdI) an u. a. Landespolizei München: Ausbildung von Waffenoffizieren, 04.04.1934.

520 Informationen zu solchen Aus- und Weiterbildungsmaßnahmen, die in den einzelnen Standorten stattfanden, finden sich u. a. in folgenden Akten: BayHStA München – Kriegsarchiv, Landespolizei München 12, 34 und 587.

521 Siehe dazu Kapitel 5.3.

Damit sich die Offiziere gerade in der kalten Jahreszeit kontinuierlich fortbilden konnten, organisierte die bayerische Ordnungsmacht alljährlich eine sogenannte Winterausbildung.[522] Bereits Ende 1920 mussten sich die Oberbeamten in den einzelnen Standorten selbstständig und mithilfe älterer Kollegen weiterbilden. In dieser Anfangsphase dienten besondere Seminare dazu, die ehemaligen Militärs für den Polizeiberuf ausreichend umzuschulen. Daneben hatten die Offiziere auch noch weitere Aufgaben zu bewältigen.[523] Bei niedrigen Temperaturen sollten die Führungskräfte ihre freie Zeit nutzen, indem sie ihr theoretisches Wissen erweiterten und dieses auch in Prüfungen unter Beweis stellten. Das theoretische Wissen vermittelten ihnen Vorträge, die ihre Vorgesetzten oder versierte Gastredner hielten. Die Leutnante und Oberleutnante mussten jedoch auch selbst vor dem versammelten Offizierskorps des jeweiligen Standorts ein kurzes Referat halten. Derlei Vorträge befassten sich unter anderem mit einzelnen Facetten des militärisch-taktischen Polizeieinsatzes, dem allgemeinen Dienstgeschäft, aktuellen Tages- oder Ausbildungsfragen oder historischen Ereignissen.[524] Außerdem musste jeder Offizier bis zum Major schriftlich eine taktische Aufgabe lösen und dabei auf dem Papier mit seiner Einheit innere Unruhen bekämpfen, die nur allzu häufig linksextreme Parteien entfacht hätten.[525] Im Laufe des Ausbildungsjahres hatten möglichst alle Polizeiführer darüber hinaus an militärischen Übungen, Planspielen und Geländebesprechungen teilzunehmen, die diese Theorie in die Praxis umsetzten. Dabei simulierten sie verschiedene Situationen wie etwa den „Angriff auf Aufrührer", den „Kampfeinsatz in der Großstadt" oder die „Säuberung und Befriedung einer größeren Ortschaft nach Niederschlagung eines großen Aufstandes".[526] Dergestalt bildete die bayerische Landespolizei ihre Offiziere auch in der Übergangszeit von der Weimarer Republik hin zum NS-Staat fort.[527] Wie sich später noch zeigen wird, sollte diese Praxis während des „Dritten Reichs" auch noch in ähnlicher Form bestehen bleiben.[528]

3.3 Die Dominanz der Polizeitaktik im Weimarer Ausbildungswesen

So facettenreich das Themenspektrum im Unterricht an den Polizeischulen auf den ersten Blick auch erscheinen mag, gestaltete sich die Ausbildungspraxis wesentlich einseitiger. Selbst einer der Väter des liberalen preußischen Polizeikonzepts, Wilhelm Abegg, sah es als notwendig an, dass sich die einzelnen Bildungsanstalten maßgeblich um die „Manneszucht" der

522 Die theoretische Ausbildung in den Wintermonaten erfolgte nicht nur für die Offiziere, sondern auch für die Mannschaften. Vgl. Schwarze, Polizei, S. 76.

523 Vgl. BayHStA München – Kriegsarchiv, Landespolizei München 544, [unleserlich, Der Chef] (Polizeitruppenkommando München) an u. a. Abschnitt I–III: Ausbildung der Oberbeamten, 05.11.1920.

524 Einige Listen mit Vortragsthemen sind enthalten in: BayHStA München – Kriegsarchiv, Landespolizei München 15 sowie Landespolizeiamt 123 und 126.

525 Eine Auswahl solcher taktischen Aufgaben findet sich ferner in: BayHStA München – Kriegsarchiv, Landespolizei München 13, 14 und 17.

526 BayHStA München – Kriegsarchiv, Landespolizei München 15, Landespolizei München – Abschnittskommando III an Kommando der Schutzpolizei München: Theoretische Ausbildung d.Pol.Offze. im Ausbildungsjahr 1932/33, 04.11.1932, S. 3 f.

527 Vgl. u. a. BayHStA München – Kriegsarchiv, Landespolizei München 1511, Doehla (Inspektion der uniformierten Staatspolizei im StMdI) an die Herren Kommandeure der Landespolizeien: Theoretische Ausbildung der Pol.Offiziere im Winterhalbjahr 1933/34, 06.10.1933.

528 Siehe dazu Kapitel 5.3.

Beamten kümmern sollten.[529] Geprägt waren solche Gedanken von den Großeinsätzen der Polizei gegen vorwiegend linkspolitische Gegner, welche die junge Demokratie zu stürzen versuchten. Die Politik begrüßte es daher, dass gerade solche Inhalte in der polizeilichen Ausbildung dominierten, die sich auf den geschlossenen Einsatz bezogen. Die einzelnen Schutzpolizisten sollten die Republik notfalls mit rabiater Waffengewalt verteidigen, wobei gerade Polizeioffiziere zu lernen hatten, ihre Untergebenen dabei siegreich einzusetzen.[530]

Um diese Aufgabe meistern zu können, musste die Polizei der Weimarer Republik allerdings erst ein Konzept zum polizeilichen Kampfeinsatz entwickeln, da dieses Sachgebiet vor Ende des Ersten Weltkrieges schlichtweg nicht existiert hatte. Bis dato war letztendlich die Armee dafür verantwortlich gewesen, innerdeutsche Unruhen niederzuschlagen, was allerdings nur selten vorkam.[531] Taktische Verhaltensregeln der Polizei bei Aufläufen und Tumulten waren dementsprechend über grobe Ansätze nicht hinausgekommen.[532] Das änderte sich jedoch, als in den Jahren von 1919 bis 1924 große Aufstände und Streiks dazu führten, dass sich die Staatsgewalt eingehend damit befassen musste, wie sie auf solche Situationen reagieren sollte. Deshalb schufen vor allem Vertreter des preußischen Offizierskorps eine einheitliche Polizeiverwendungslehre, die auch als Polizeitaktik bekannt und maßgeblich von derartigen Szenarien geprägt war. Besonders in der zweiten Hälfte der zwanziger Jahre manifestierte sie sich in zahlreichen Verordnungen, Lehrbüchern und sonstigen Schriften. Dabei taten sich insbesondere das Polizeiinstitut in Charlottenburg und die Höhere Polizeischule in Eiche hervor. Letztere war es auch, die den Begriff „Polizeiverwendung“ prägte, um damit ein eigenes Fach zu begründen. In ihm studierten die Anwärter, wie sie die ihnen unterstellten Wachtmeister und Einheiten zu führen hatten, um bei Kundgebungen, Krawallen und Kampfeinsätzen in Innenstädten oder im freien Gelände möglichst effizient gegen die Aggressoren vorzugehen.[533] Das Polizeiinstitut hingegen war maßgeblich daran beteiligt, eine allgemeingültige Polizeiverwendungslehre zu entwickeln.[534] Das preußische Innenministerium beauftragte die wichtigste polizeiliche Forschungsanstalt sogar damit, Vorschriften auszuarbeiten, nach denen die Beamten polizeitaktisch und an der Waffe ausgebildet werden sollten.[535] Die 1929 für Preußen veröffentlichte Vorschrift zur „Polizeiverwendung“ setzte sich hingegen relativ nüchtern mit dem mehr oder minder alltäglichen Dienst der Staatsgewalt auseinander. Neben der Organisation von Revieren und sonstigen Gliedern der Ordnungsmacht behandelte sie, wie ihre Vertreter gegenüber Menschenaufläufen und auf Katastrophen zu reagieren hatten. Der geschlossene Einsatz gegenüber gewalttätigen Gruppen spielte in ihr aber keine Rolle.[536]

529 Vgl. Leßmann, Schutzpolizei, S. 94.

530 Vgl. Ders., Mit „Manneszucht“ gegen „irregeleitete Volksgenossen“. Bildung und Ausbildung der preußischen Schutzpolizei in der Weimarer Republik, in: Reinke, Sicherheit, S. 71–93, hier: S. 83–85.

531 Vgl. Zaika, Polizeigeschichte, S. 48; Danner, Ordnungspolizei, S. 143; Jochims, Weg, S. 100. Daniel Schmidt weist jedoch darauf hin, dass bereits während des Kaiserreichs die Polizei im Ruhrgebiet zusammen mit der Armee bei Streiks einschritt. Vgl. Schmidt, Polizisten, S. 60.

532 Vgl. Siegfried Zaika, Polizeiliche Einsatzlehre von der Jahrhundertwende bis zum Dritten Reich, in: Nitschke, Polizei, S. 98–118, hier: S. 99–105.

533 Vgl. Ders., Polizeigeschichte, S. 33 und 66. Wie Lothar Danner für die Hamburger Ordnungspolizei festhält, bildete sie ihre Oberbeamten in der Polizeitaktik aus, indem sie sich nicht nur mit den Großeinsätzen der Weimarer Frühphase, sondern auch mit Schlachten des Ersten Weltkriegs auseinandersetzte. Vgl. Danner, Ordnungspolizei, S. 150 f.

534 Vgl. Wolfstieg, Polizeibeamte, S. 104 und 114.

535 Vgl. Zaika, Polizeigeschichte, S. 62.

536 Vgl. V.f.d.P., Nr. 8/I: Polizeiverwendung Teil I, Berlin 1929.

In der Theorie sollte die Polizei vorwiegend präventiv tätig werden, also Unruhen am besten gar nicht erst entstehen lassen und nur notfalls mit Waffengewalt gegen Aufständische vorgehen. Sie musste versuchen, potentielle Gefahrenherde zu beseitigen, indem sie etwa Personen oder Gebäude nach Waffen durchsuchte, Razzien durchführte und die Rädelsführer vorzeitig festnahm. Bei Ausständen, politischen Umzügen und Kundgebungen sollte sie sich ebenfalls zurückhalten. War es aber unvermeidlich, gegen die Unruhestifter gewaltsam einzuschreiten, hatte die Staatsgewalt nicht davor zurückzuschrecken, die Schusswaffe zu gebrauchen. Denn im Ernstfall kam ihr die Aufgabe zu, Tumulte restlos niederzuschlagen, um dadurch Sicherheit und Ordnung wiederherzustellen. Dabei hatte sie jedoch darauf gefasst zu sein, selbst von bewaffneten Aufständischen oder gar Heckenschützen angegriffen zu werden. Um sich auf solche Szenarien vorzubereiten, hielten die Polizeischulen und Bereitschaften zahlreiche Planspiele ab und übten darin vor allem den Straßen- und Gebäudekampf. In solchen praktischen Simulationen trafen die Beamten gedanklich meist auf kommunistische Gegner, mit deren Kampfweise sich die polizeilichen Taktiker intensiv beschäftigten.[537]

Dadurch kultivierte die Polizei jedoch ein Feindbild, das sich häufig in der zeitgenössischen Fachliteratur fand, die sich ab Mitte der zwanziger Jahre intensiv mit polizeitaktischen Belangen auseinandersetzte – ironischerweise also in einer relativ ruhigen Zeit, in der es keine innerdeutschen Unruhen gab. Diese befasste sich umso stärker mit den Aufständen der Weimarer Frühphase, je weiter die Zeit seither vorangeschritten war.[538] Zu den fachlichen Publikationen gehörten z. B. Titel wie die „Polizei-Taktik" der beiden Polizeioffiziere Botho Elster und Herbert Jilski oder die zweibändigen „Aufgaben aus der Polizeiverwendungslehre" von Cassian Freiherr von Montigny und Franz Beyer.[539]

Ziemlich unterschiedlich spiegelte sich die Polizeiverwendung in den beiden wichtigsten Standardwerken der preußischen Polizeiliteratur wider. Das „Polizei-Handbuch" von Polizeischuldirektor Friedrich Retzlaff konzentrierte sich durchgehend auf verfassungs- und polizeirechtliche Belange, ohne auf die Polizeitaktik einzugehen.[540] Obwohl auch „Das Lehrbuch für die Polizeischulen" von Polizeioberst Willi Neese neben den Feldern Kriminalistik und Erste Hilfe vorwiegend die verschiedenen Rechtsbereiche behandelte, widmete hingegen die Ausgabe des Jahres 1930 dem Thema ein großes Kapitel. Darin klärte es das Fachpublikum über die polizeilichen Gegner auf. Diese seien entweder „harmlose Schaulustige, die einer polizeilichen Sperrkette gegenüberstehen; [...] Aufrührer oder öffentliche Friedensstörer" oder sogar „mit M.G. und Gewehren bewaffnete, gut organisierte, unter einheitlicher Führung stehende Banden, die auf gewaltsamem Wege die Reichs- und Staatsverfassung ändern wollen".[541] Wenngleich es zwar zunächst vernünftig erscheinen mag, dass der Autor zwischen diesen Gruppen unterschied, überraschen jedoch der Jargon und das dahinterstehende Bedrohungsszenario, das er von den staatsgefährdenden „Banden" zeichnete. Dies

537 Vgl. Zaika, Polizeigeschichte, S. 135–210.

538 Vgl. Knatz, Heer, S. 377. Weitere Ausführungen über die zeitgenössische Literatur zur Polizeiverwendung finden sich bei ebd., S. 373–386 und generell bei Zaika, Polizeigeschichte.

539 Vgl. Botho Elster/Herbert Jilski, Polizei-Taktik. Übungsbuch für den praktischen Unterricht, Berlin 1928; Cassian Freiherr von Montigny/Franz Beyer, Aufgaben aus der Polizeiverwendungslehre, 2 Bde., Berlin 1931.

540 Vgl. Friedrich Retzlaff, Polizei-Handbuch, 33. Aufl., Lübeck 1928.

541 Willi Neese, Das Lehrbuch für die Polizeischulen, 10. verb. u. vermehrte Aufl., Berlin 1930, S. 611.

verwundert sogar noch mehr, wenn man sich vor Augen hält, dass die Polizeiverwendung in früheren Ausgaben überhaupt keine Rolle gespielt hatte.[542]

Recht schnell konnte sich eine derartige Denkweise in der polizeilichen Fachliteratur etablieren. Sie schlug sich dort zwar besonders in der zweiten Hälfte der zwanziger Jahre nieder, offenbarte sich in einschlägigen Werken aber auch deutlich früher. Insbesondere der „Mitteldeutsche Aufstand" des Jahres 1921 fand sich sehr häufig als zentrales Motiv in den zeitgenössischen Schriften. Ihre Autoren stammten aus den Reihen der Polizei und werteten dabei hauptsächlich die Vorgehensweise ihrer Berufsgenossen aus. Unter ihnen befanden sich auch einige Lehroffiziere, die an der Höheren Polizeischule oder anderen Bildungsinstanzen tätig waren und mit ihren Schriften die Polizeiverwendungslehre maßgeblich prägten.[543] Zu diesen literarischen Urvätern aus Eiche gehörte z. B. der Polizeimajor Karl von Oven, der zahlreiche Schriften zum Polizeikampf publizierte.[544] Eines seiner Bücher beinhaltete Aufgaben aus der Polizeitaktik, in denen auch Musterlösungen dafür enthalten waren, welche Befehle ein verantwortlicher Offizier erteilen sollte. Es skizzierte dabei die fiktive Lage, dass im Reich Aufstände ausgebrochen seien, welche die Polizei nun niederschlagen müsse, wobei es konkret auf den Mitteldeutschen Aufstand verwies.[545] Zwar begrüßte es von Oven, dass sich Mitte der zwanziger Jahre solche Situationen nicht mehr ereignet hätten. Dennoch plädierte er dafür, die Polizei nun erst recht für den geschlossenen Kampfeinsatz adäquat auszubilden,

> „denn je besser gerüstet und auf alle Möglichkeiten vorbereitet die Schutzpolizei ist, um so mehr trägt sie zur immer weiter fortschreitenden Genesung und Gesundung unseres Volkes bei. Eine gute, für alle Lagen verwendungsbereite Schutzpolizei wirkt allein schon durch ihr Vorhandensein abschreckend auf staatsfeindliche Elemente und hält sie davon ab, sich mit Gewalt gegen die bestehende Staatsordnung zu wenden. Je mehr wir also wünschen, möglichst selten oder nie mehr die harte und schwerste Pflicht der Polizei, den Kampf gegen Volksgenossen, erfüllen zu müssen, um so mehr müssen wir für einen derartigen Kampf bereit sein."[546]

Mit Karl Fendel-Sartorius wollte der Leiter der Hessischen Landespolizeischule in Darmstadt ebenfalls etwas zum Thema beisteuern. In einer Schrift versuchte er bestimmte Grundsätze für den Polizeikampf aufzustellen, wobei er sich eingehend mit innerstädtischem „Straßen- und Häuserkampf" und dem „Bandenkrieg" auseinandersetzte.[547] „Das polizeiliche Gefecht im freien Gelände" sparte er dabei jedoch aus, „weil dessen Grundsätze dem größten Teil der Beamtenschaft noch von Kriegs- und Friedenszeiten her bekannt sind und außerdem hier die vorhandenen militärischen Gefechtsvorschriften nach einiger Umstellung zur Not ver-

542 Vgl. u. a. Ders., Das Lehrbuch für die Polizeischulen, 3. verb. u. vermehrte Aufl., Berlin 1923; Ders., Das Lehrbuch für die Polizeischulen, 4. verb. u. vermehrte Aufl., Berlin 1924.

543 Vgl. Zaika, Polizeigeschichte, S. 65; Kemmerich, Entstehung, S. 42; Jochims, Weg, S. 136.

544 Vgl. u. a. Karl von Oven, Straßenkampf – Gedanken zur Polizeiführerausbildung – Die Tätigkeit der beteiligten Polizeikommandos bei der Vorbereitung des großen Aufsichtsdienstes – Vorausdisponieren in Kampfverhältnissen, 2. Aufl., Berlin/Lübeck/Hamburg 1928. Zur Biographie von Karl von Oven ferner: Schmidt, Polizisten, S. 192–194.

545 Vgl. Karl von Oven, Polizeiverwendung dargestellt an Aufgaben. Buch I: Im landespolizeilichen Einsatz, Lübeck 1927, S. 3.

546 Ebd., S. 3.

547 Karl Fendel-Sartorius, Die Schutzpolizei und ihre Gefechtsgrundsätze, 2. Aufl., Darmstadt 1922, S. 43.

wandt werden können".[548] Auch bayerische Autoren, wie etwa Oberleutnant Max Kreutzer, ließen Polizisten in ihren Büchern gegen Widerständler und Aufständische kämpfen.[549]

Selbst das preußische Innenministerium analysierte bereits 1921 in einer Denkschrift, wie sich die Polizei anlässlich des Mitteldeutschen Aufstands verhalten hatte. Die Schrift „Die Märzunruhen 1921 und die preußische Schutzpolizei" stellte fest, dass nahezu alle Kommunen des Aufruhrgebietes „unter kommunistischem Terror" gestanden hätten.[550] Als äußerst brutal beschrieb sie die linksextremen Gegner, gegen die sich die Polizeiverbände schließlich durchgesetzt hätten. Eine zentrale Aufgabe der Schutzpolizei sei dabei der „Kampf gegen die großen Banden, die sich abseits der Hauptstraßen plündernd, brandschatzend und mordend auf dem flachen Lande" herumgetrieben hätten, und deren „Vernichtung" gewesen.[551] Letztlich sei es aber den vielen kleinen Polizeieinheiten gelungen, die „[r]estlose Befriedung des gesamten Aufruhrgebiets" zu erwirken, wobei die Staatsmacht „größere Säuberungsaktionen" durchgeführt und das „Bandenunwesen" erfolgreich bekämpft habe.[552]

Ein ähnliches Vokabular verwendete auch der Polizeimajor Walter Drobnig. In seinem 1929 erschienenen Buch „Der mitteldeutsche Aufstand 1921" plädierte er dafür, dass die Ordnungsmacht gegenüber den Aufrührern schneller und energischer hätte durchgreifen müssen. Auch er sprach anlässlich des Polizeieinsatzes von „Bandenbekämpfung", „Befriedungsaktionen" und „Säuberungsunternehmungen".[553] Trotz einiger Fehler sei dies insgesamt erfolgreich verlaufen, was allerdings auch den polizeilichen Gegnern zu verdanken gewesen sei. Der dezentrale „Bandenkrieg" sei auch deswegen gescheitert, weil die Aufständischen ihn unkoordiniert und uneinheitlich geführt hätten.[554] Selbst bei solchen Einsätzen dürfe insbesondere der Polizeioffizier aber nie vergessen, dass sein Handeln stets auf den geltenden Gesetzen basieren und er sich deshalb gegenüber der revoltierenden Bevölkerung ruhig und überlegt verhalten müsse. Auch im Eifer des Gefechts habe ihm bewusst zu sein, „daß die Aufstandsbekämpfung sich nicht gegen Feinde, sondern gegen irregeleitete Volksgenossen richtet".[555]

Nicht nur der Mitteldeutsche Aufstand diente den literarischen Polizeitaktikern als Vorlage, um auf Basis eines Polizeieinsatzes diverse Übungen, Planspiele und theoretische Aufgaben zu entwickeln. Das Buch „Der Kampfeinsatz der Schutzpolizei bei inneren Unruhen" beschäftigte sich mit den Hamburger Oktoberunruhen des Jahres 1923. Es stammte aus der Feder des Polizeioberleutnants Wilhelm Hartenstein, der an den Ereignissen in der hanseatischen Metropole selbst beteiligt gewesen war.[556] Bevor er sich darin recht ausführlich dem Aufstand und daran orientierten Aufgaben für den Unterricht widmete, setzte er sich mit der Frage auseinander, wie sich Kommunisten bei inneren Unruhen taktisch verhielten. Über das Mittel des Streiks zielten diese darauf ab, den bewaffneten Aufstand zu proben, um letzt-

548 Ebd., S. 3 f.

549 Vgl. Max Kreutzer, Der Einsatz der Schutzpolizei im Stadtgebiet, München 1932.

550 Die Märzunruhen 1921 und die preußische Schutzpolizei. Mit einem Beiheft: Von der Schutzmannschaft zur Schutzpolizei. Amtliche Denkschrift des Ministeriums des Innern, Berlin 1921, S. 16.

551 Ebd., S. 10.

552 Ebd., S. 15.

553 Walter Drobnig, Der mitteldeutsche Aufstand 1921. Seine Bekämpfung durch die Polizei, Lübeck/Berlin/Hamburg 1929, S. 130 und 147.

554 Vgl. ebd., S. 159 f.

555 Ebd., S. 173.

556 Vgl. Wilhelm Hartenstein, Der Kampfeinsatz der Schutzpolizei bei inneren Unruhen, Charlottenburg 1926, S. 3. Zum Niederschlag des Hamburger Aufstandes in der polizeifachlichen Literatur ferner: Boldt, Reform, S. 129 f.und 143.

lich eine Rätediktatur zu errichten. Damit sie diese verwirklichen konnten, gründeten die linksextremistischen Akteure „Partisanenabteilungen", in denen sie dezentral operierten. Nachdem sie zunächst wichtige Örtlichkeiten besetzt hätten, seien sie darauf aus, sich „innerhalb eines Aufstandsgebietes" zu größeren Einheiten zu formieren und daraufhin größere Areale zu erobern.[557] Hartenstein plädierte dafür, entschieden gegen diese Formationen vorzugehen, da sie enorm gefährlich seien. „Für die Schutzpolizei kommt somit alles darauf an, so schnell wie möglich mit den einzelnen Partisanenabteilungen fertig zu werden", wie der Offizier klarstellte.[558] Ferner sprach er vom „Banditenwesen", das sich unter dem Deckmantel des kommunistischen Aufruhrs formiere,[559] und ließ sich über „bewaffnete Banden"[560] oder „die bolschewistische Gefahr"[561] aus. Um den geschlossenen Einsatz und seine Eigenheiten zu beschreiben, bedienten sich die polizeilichen Literaten also zuweilen eines Jargons, der erst nach Ende der ersten deutschen Demokratie seinen Siegeszug antreten sollte.

Die Weimarer Polizeiführer verwendeten einen Wortschatz, der jedoch wesentlich älter war als die Polizeiverwendung. In ihren Schriften fanden sich Begriffe, aber auch Denkweisen und Feindbilder, die eine lange Tradition besaßen. Um die gefürchteten „Banden" zu bekämpfen, hatten sich schon im Dreißigjährigen Krieg lokale Initiativen auf deutschem Boden formiert. In der Folgezeit übernahmen staatliche Stellen diese Aufgabe und verfeinerten zunehmend ihre Methoden. Als dann im Deutsch-Französischen Krieg von 1870/71 die „Franktireurs" gegen die deutschen Truppen bewaffneten Widerstand leisteten und einen „Volkskrieg" führten, ging das deutsche Militär gegen die irregulären Verbände unerbittlich vor. Das Narrativ der heimtückisch aus dem Hinterhalt operierenden „Freischärler" blieb den Deutschen aber noch lange erhalten und sollte auch weiterhin ihre Kriegsführung gegen Partisanen beeinflussen. Im 19. Jahrhundert entstanden Strategien und Taktiken zur „Bandenbekämpfung", welche die Armee unermüdlich theoretisch und praktisch einstudierte. Die Streitkräfte und eigens dafür eingerichtete Polizeiorgane konnten sie in militärischen Operationen in den deutschen Kolonien und während des Ersten Weltkriegs testen, was oftmals zu einem äußerst brutalen Umgang mit Widerständlern, aber auch der Zivilbevölkerung führte. In der unmittelbaren Nachkriegszeit lebten die dahinterstehenden Konzepte in den Freikorps fort, die sie etwa im Kampf gegen die Münchner Räterepublik anwendeten. Aber auch die Armee ließ nicht von ihnen ab, als sie in den oberschlesischen Aufständen von 1919 bis 1921 gegen polnische Partisanen vorging.[562] Auf die deutschen Streitkräfte und vor allem auf die deutsche Ordnungsmacht warfen all diese Ereignisse einen langen Schatten. Noch über Jahrzehnte hinweg prägten sie nicht nur Mentalitäten und Feindbilder der Polizei, sondern auch deren berufliches Vokabular, was sich gerade in der Ausbildung ihrer Oberbeamten zeigte.[563]

Eine solche eher mit der NS-Ideologie assoziierte Wortwahl beschränkte sich allerdings nicht auf das Gebiet der Polizeitaktik, sondern erfasste auch andere Themen und Disziplinen, die in den Polizeischulen der Weimarer Republik gelehrt wurden. Ein Standardwerk zur Staatsbürgerkunde von Friedrich Ehringhaus und Heinrich Münscher versuchte, seinen Lesern ein fundamentales Wissen darüber zu vermitteln, wie das politische System der Wei-

557 Hartenstein, Kampfeinsatz, S. 16 f.
558 Ebd., S. 18.
559 Ebd., S. 19.
560 Ebd., S. 35.
561 Ebd., S. 34.
562 Vgl. dazu Blood, Bandit Hunters, S. XII, 3–28 und 31.
563 Siehe dazu Kapitel 5., 8. und 9.

marer Demokratie organisiert war. Die historischen und verfassungsrechtlichen Grundlagen sollten den Gesetzeshütern nicht nur dazu dienen, ihre Allgemeinbildung zu verbessern. Mehr noch zielte der Polizeiapparat darauf ab, ihre Angehörigen dadurch zu loyalen und überzeugten Repräsentanten des Staates zu erziehen. Während sich dabei das Buch beispielsweise mit dem Wahlrecht, dem Rechts- und dem Finanzwesen sowie der Rolle der Reichswehr und der Kirche in Weimar recht sachlich befasste, behandelte es andere Themen hingegen nicht ganz so neutral. Es hetzte z. B. über den Versailler Vertrag und den „Inhalt dieses Gewaltfriedens". Denn Deutschland habe zahlreiche Gebiete verloren, „obwohl die Länder und ihre Bewohner der Geschichte und der Blutsgemeinschaft nach vielfach zu ihm gehören".[564] Außerdem habe die Entente das Land „völlig wehrlos gemacht unter dem Mäntelchen der Rüstungseinschränkungen, die bis jetzt kein anderer Staat eingeführt hat".[565] Neben dieser „Verstümmelung Deutschlands" sei es „der leitende Gedanke des Schmachvertrages", den deutschen Außenhandel zu zerstören.[566] „Auf lange Zeit hinaus müssen wir die sauer verdienten Erträgnisse unseres Fleißes an den Feindbund zahlen, obwohl von Jahr zu Jahr sich deutlicher herausstellt, daß nicht wir, sondern unsere Feinde den Krieg gewollt haben", wie das Autorenduo klarzustellen meinte. Daher sei jeder Deutsche dazu angehalten, „die Kriegsschuldlüge zu bekämpfen und die schweren und unträglichen Bestimmungen des Londoner Abkommens ändern zu lassen".[567] Einen ähnlichen Tenor besaßen dann auch weitere Bücher zur „Staatsbürgerkunde", die zu Beginn des „Dritten Reichs" erschienen.[568] Der Ausgang des Ersten Weltkriegs und dessen Konsequenzen für das Deutsche Reich waren Themen, über welche die polizeiliche Literatur häufiger diskutierte. Insbesondere die Frage nach den deutschen Reparationszahlungen fand sich in einigen Werken wieder. Ein zweiteiliger Beitrag des „Deutschen Polizei-Archivs" etwa rechnete Lehrern und Schülern der Polizei vor, wie hoch diese ausfielen und welche Lasten dadurch für den Reichshaushalt entstanden.[569]

Innerhalb der Weimarer Polizei kursierten auch verschiedene Ansichten über Kriminalität und ihre Ursachen, die später die Nationalsozialisten zu Leitmotiven der polizeilichen Arbeit erhoben. Diese waren meist begründet auf pseudowissenschaftlichen Theorien und Forschungen, zu denen etwa die Kriminalbiologie oder die Eugenik zählten, die auf erbhygienischen und gesundheitspolitischen Konzepten basierte.[570] Wenngleich sie diese Denkmodelle auf eine radikalere Weise weiterentwickelten und umsetzten, waren diese pseudo-

564 Friedrich Ehringhaus/Heinrich Münscher, Staatsbürgerkunde und Volkswirtschaftslehre (früher „Kleine Staatsbürgerkunde"). Ein übersichtliches Lehr- und Lernbuch für die Fachschulen des Heeres, der Marine und Polizei, sowie für Beamte, Studenten und Schüler, 5. verb. und vermehrte Aufl., Göttingen 1926, S. 84.

565 Ebd., S. 85.

566 Ebd., S. 87.

567 Ebd., S. 92.

568 Vgl. z. B. Christian Zinßer, Deutsche Staatsbürgerkunde. Eine leicht verständliche Einführung in die Staatsbürgerkunde des neuen Deutschlands zum Gebrauch an Grund-, Fortbildungs- und Fachschulen, Lehrlingskursen, Arbeitslagern usw., Leipzig 1933, S. 85.

569 Vgl. R. Vick, Deutschlands Reparationsverpflichtungen, in: Deutsches Polizei-Archiv, 10.08.1927, Nr. 15, S. 270–272 und Ders., Deutschlands Reparationsverpflichtungen, in: Deutsches Polizei-Archiv, 10.09.1927, Nr. 17, S. 309.

570 Durch seine Studien an Häftlingen begründete der Gefängnisarzt Dr. Theodor Viernstein Anfang der zwanziger Jahre die Kriminalbiologie, die im „Dritten Reich" zu einer äußerst populären Wissenschaft aufstieg. Die Ergebnisse der kriminalbiologischen Forschung dienten auch den Polizeidienststellen als theoretisches Rüstzeug für ihr Vorgehen gegen Straftäter. Vgl. z. B. Wolfgang Burgmair/Nikolaus Wachsmann/Matthias M. Weber, „Die soziale Prognose wird damit sehr trübe ..." – Theodor Viernstein und die Kriminalbiologische Sammelstelle in Bayern, in: Farin, Polizeireport, S. 250–287; Tho-

genetischen Vorstellungen und Maßnahmen also keineswegs eine Erfindung von NS-Ideologen. Das zeigt ein Blick in Fachzeitschriften und Ausbildungsmaterialien der Polizei aus den zwanziger Jahren. In der Zeitschrift „Deutsches Polizei-Archiv" widmete sich im Jahre 1926 z. B. Kriminaldirektor Dr. Schuppe verschiedenen Theorien, die der Frage nachgingen, ob es einen „Verbrechertypus" gebe, der durch körperliche Merkmale auf einen kriminellen Charakter hinweise.[571] Der Jurist Dr. H. Lindenau vermutete, es sei durchaus möglich, „daß mit dem Körperbau auch die verbrecherische Veranlagung zusammenhängt".[572] Ein Beitrag des Rechtsanwalts Dr. Max Alsberg feierte das Buch „Der Berufsverbrecher" von Dr. Robert Heindl, in dem der Autor für ein härteres Vorgehen gegen Wiederholungstäter eintrat.[573]

Der Berliner Jurist Heindl zählte z. B. Mörder, Räuber, Einbrecher, Diebe, Erpresser, Betrüger und Mädchenhändler zum Kreise dieser angeblich unverbesserlichen Delinquenten.[574] Aber auch Bettler reihte er in diese Verbrechergilde ein, die er als lästige, listige und verschlagene Gauner charakterisierte, die „glänzend auf Kosten der Mitmenschen leben und reichliche Rücklagen auf die Bank tragen".[575] Über Sinti und Roma meinte er zu wissen, „daß jeder Zigeunerbesuch mit Bettel beginnt und mit Diebstahl endet". Wer der Ansicht sei, „daß diese schwarzhaarigen, hundeäugigen, schmutzigen Gesellen einer romantischeren Vergangenheit angehören und nur mehr in Operetten und altmodischen Romanen vorkommen", solle einen Blick in das „Zigeunerbuch der Polizeidirektion München" werfen. Bei den angeblich kriminellen „Nomaden" sei aber das Mittel der Sicherungsverwahrung nicht direkt anwendbar. „Denn wenn man einmal beginnen würde, einige von ihnen als professionelle Diebe und Betrüger lebenslänglich einzusperren, würden sämtliche Zigeunerwagen Richtung Grenze nehmen."[576] Mit solchen Gedankengängen legte Heindl einen Grundstein dafür, wie später die nationalsozialistischen Kriminalisten über diese Menschen denken und mit ihnen umgehen sollten.

Auch der württembergische Kriminal-Obersekretär Lutz widmete sich 1926 in einer Artikelserie intensiv dem „Zigeunerproblem".[577] Weil ein Landjäger am 7. August in Oberndorf am Neckar durch „Zigeunerhand" ermordet worden sei, hätten weite Teile der Gesellschaft den Staat „zur Ausrottung der zur Landplage gewordenen Zigeunerbanden gefordert". Lutz wendete sich an den Leser, um ihn „mit dem Wesen und den bösen Eigenschaften der Zigeuner" vertraut und zugleich „Vorschläge zur Lösung des Zigeunerproblems" zu machen. Hierbei argumentierte der Kriminalist nicht nur mit rassistischen Begrifflichkeiten, indem er z. B. über „rasseechte Zigeuner" sprach. Mehr noch verwies er darauf, dass der Begriff „Zigeuner" ungarischen Ursprungs sei und „so viel bedeutet wie Betrüger und Lügner", womit er „treffend gekennzeichnet" sei. Der Polizist charakterisierte seinen Gegner als arbeitsscheu-

mas Kailer, Vermessung des Verbrechers. Die Kriminalbiologische Untersuchung in Bayern, 1923–1945, Bielefeld 2011.

571 Dr. Schuppe, Das Zigeunerproblem, in: Deutsches Polizei-Archiv, 25.09.1926, Nr. 17/18, S. 308–310.

572 H. Lindenau, Körperbau und Verbrechen, in: Deutsches Polizei-Archiv 10.01.1926, Nr. 1, S. 8 f. hier: S. 9.

573 Vgl. Max Alsberg, Der Berufsverbrecher, in: Deutsches Polizei-Archiv 25.08.1926, Nr. 16, S. 284 f.

574 Vgl. Robert Heindl, Der Berufsverbrecher. Ein Beitrag zur Strafrechtsreform, 5. Aufl., Berlin 1927, S. 222–313. Zu Heindl ferner: Wagner, Volksgemeinschaft, S. 19–25.

575 Heindl, Berufsverbrecher, S. 255.

576 Ebd., S. 261 f.

577 Vgl. Lutz, Das Zigeunerproblem, in: Deutsches Polizei-Archiv 25.02.1926, Nr. 4, S. 66–68; Ders., Das Zigeunerproblem, in: Deutsches Polizei-Archiv 10.03.1926, Nr. 5, S. 93 f.; Ders., Das Zigeunerproblem, in: Deutsches Polizei-Archiv 10.06.1926, Nr. 11, S. 191 f.

en Kriminellen, der „sehr oft freilich unter dem Deckmantel irgend eines Hausierergewerbes" bei jeder Gelegenheit das Gesetz breche und dabei auf Kosten der Gemeinschaft lebe. „Seine Neigung zum Diebstahl ist grenzenlos", wie Lutz ferner zu wissen glaubte, der sodann auch auf zahlreiche Raubmorde verwies, die angeblich auf das Konto der ungebetenen Gäste gingen. Daraufhin befasste er sich eingehend mit den geltenden gesetzlichen „Möglichkeiten zu einer durchgreifenden Bekämpfung des Zigeunerunwesens".[578] Dazu verwies er etwa auf die Mittel der Polizei, „Zigeuner" energisch zu überwachen, in Arbeitshäuser zu verbringen oder gar aus dem Reichsgebiet abzuschieben.[579] Weil sich dies jedoch zuweilen recht schwer gestalten würde, plädierte Lutz für eine deutlich härtere Gangart der Ordnungsmacht und schärfere Gesetze gegen diese „Ausnahmemenschen"[580] und „Schmarotzer am arbeitenden Volk".[581]

Wenngleich die Reaktion der staatlichen Behörden auf die Präsenz von Sinti und Roma in Deutschland keineswegs die Inhalte der Fachorgane dominierten, fanden sich auch andernorts Bezüge zu diesem Kontext und ähnlichen Themenkomplexen. Ein Artikel der Zeitschrift „Die Bayerische Polizei" vom Dezember 1929 aus der Feder von Kriminal-Oberinspektor Daumerlang berichtete über „Einige praktische Ergebnisse aus dem Vollzug des bayer. Zigeuner- und Arbeitsscheuengesetz". Der im Polizeipräsidium Nürnberg-Fürth tätige Beamte würdigte dieses Gesetz, das am 5. August 1926 in Kraft getreten und gegen „Asoziale" sowie jene Menschen gerichtet war, „bei dem die Arbeitsunlust zur Gewohnheit geworden ist".[582]

Obwohl sich die Schriften zur Polizeitaktik nicht über Reparationen, Verbrechertypen oder „Zigeuner" ausließen, bezeugen all diese Themen, welche Gedankenwelten in der Polizei allgemein und speziell in ihrer Ausbildung existierten. Zwar lässt sich nicht nachweisen, ob sich diese Vorstellungen auch auf die Einsatzpraxis auswirkten. Allerdings zeigt die angesprochene Themenpalette recht deutlich, dass führende Repräsentanten der Polizei schon in der Weimarer Demokratie eine Weltanschauung kultivierten, die viele Parallelen zur NS-Ideologie aufwies und es der Ordnungsmacht dadurch erleichterte, sich in das „Dritte Reich" zu integrieren. Die Ausbildungspraxis an den Polizeischulen belegt zumindest, wie stark sich das „Auge des Gesetzes" an militärischen Konzepten und Traditionen orientierte, dabei aber auch gegen den „Feind im Innern" zu Felde zog.

Ähnlich wie der Rest des Weimarer Bundesstaats fürchtete sich auch Bayern davor, dass es zu gewaltsamen Unruhen kommen könnte, gegen die dann die Staatsgewalt entschlossen einschreiten müsste. Daher befasste sich die Ordnungsmacht des Freistaats intensiv mit der Polizeiverwendung, deren theoretische Konzepte sie besonders in ihren Schulen umfassend behandelte. Die Stabsoffiziere der Bayerischen Landespolizei mussten z. B. bereits im September 1921 zumindest auf dem Papier gegen „kommun[istische] Kampforganisationen" kämpfen, die in Sachsen und Thüringen eine „Rätediktatur" eingerichtet hätten.[583] Abseits des regulären Unterrichts hörten die Münchner Offiziere am 19. Februar 1930 in der Polizeidirektion einen Vortrag, der sich Walter Drobnigs Buch „Der mitteldeutsche Aufstand 1921"

578 Lutz, Das Zigeunerproblem, in: Deutsches Polizei-Archiv 25.02.1926, Nr. 4, S. 66–68, hier: S. 66.

579 Vgl. ebd., S. 66 f.

580 Ders., Das Zigeunerproblem, in: Deutsches Polizei-Archiv 10.06.1926, Nr. 11, S. 191.

581 Ders., Das Zigeunerproblem, in: Deutsches Polizei-Archiv 10.03.1926, Nr. 5, S. 94.

582 Daumerlang, Einige praktische Ergebnisse aus dem Vollzug des bayer. Zigeuner- und Arbeitsscheuengesetz, in: Die Bayerische Polizei 12 (1929), S. 187 f.

583 BayHStA München – Kriegsarchiv, Landespolizeiamt 119, von Seißer (Chef des Landespolizeiamts) an u. a. Chef München: Theoretische Ausbildung der Pol.-Stabsoffiziere, 26.09.1921.

widmete.[584] Um sich mit diesem Ereignis und dem gescheiterten Hitler-Putsch von 1923 im Unterricht zu beschäftigen, forderte die Gendarmerie- und Polizeischule Fürstenfeldbruck schon im September 1925 entsprechende Erfahrungsberichte an, welche die beiden Unruheszenarien analysierten.[585] Außerdem informierte die Ordnungsmacht der Landeshauptstadt gelegentlich ihre Führungskräfte über neue Literaturtitel zur Polizeitaktik oder wies auf deren Rezensionen hin. Das Kommando der Münchner Schutzpolizei machte seine Offiziere beispielsweise auf eine Kritik aufmerksam, die am 17. April 1929 in der Zeitschrift „Deutsche Wehr" erschienen war und das Buch „Der Einsatz der Schutzpolizei im Aufruhrgebiet" unter die Lupe nahm.[586]

Noch größeren Wert legte die Bayerische Landespolizei darauf, den geschlossenen Einsatz gegen Unruhestifter auch praktisch zu üben. Das tat sie, indem sie sich in Situationen hineinversetzte, die für die Anfangsphase der Weimarer Republik geradezu klassisch waren. Solche Übungen handelten davon, dass die Ordnungsmacht möglichst effektiv gegen Aufstände im Landesinnern vorgehen musste. Die Münchner Schutzpolizei versetzte sich etwa am 25. November 1932 bei einem Planspiel in die Lage, die „Kräfte des gut organisierten und bewaffneten grünen Kampfbundes" stoppen zu müssen. Diese würden versuchen, in Bayern einzufallen, nachdem in Nord- und Mitteldeutschland „unter Leitung einer radikalen gelben Partei schwere Unruhen ausgebrochen" seien. In der Gegend um Weilheim und Murnau hatten nun einige Polizeieinheiten aus der Landeshauptstadt den Aufständischen entgegenzutreten und diese aufzuhalten.[587] Die Staatsgewalt schritt in solchen Szenarien aber nicht nur gegen solch abstrakte Gegner ein, sondern führte zuweilen auch einen „Kampf gegen kommunistischen Aufruhr" und „bewaffnete rote Banden", die plündernd und brandschatzend nach München zögen, wovon ein weiteres Planspiel handelte.[588] Zahlreiche weitere solcher Übungen skizzierten stets den gleichen Hintergrund: Kommunistische Gruppen, Arbeiter, Erwerbslose oder Bauern würden einen bewaffneten Aufstand proben, teilweise ihre Gegner ermorden und mitunter sogar Arbeiter- und Soldatenräte bilden, weil die angespannte wirtschaftliche Lage oder linksradikale Hetzer aus dem In- oder Ausland sie dazu getrieben hätten. Die Polizei müsse unerbittlich gegen diesen gefährlichen Mob vorgehen und die Situation unter Kontrolle bringen.[589]

584 Vgl. BayHStA München – Kriegsarchiv, Landespolizei München 586, Schnitzlein (Kommando der Schutzpolizei München) an u. a. Abschnitte I–IV: Vortrag, 17.02.1930.

585 Vgl. BayHStA München – Kriegsarchiv, Landespolizeiamt 893, Abschrift: Lauer (Polizeischule FFB) an Landespolizeiamt beim StMdI: Erfahrungsbreichte, 03.09.1925.

586 Vgl. BayHStA München – Kriegsarchiv, Landespolizei München 586, Schnitzlein (Kommando der Schutzpolizei München) an u. a. Abschnitte I–III: Polizeitaktisches Lehrbuch, 24.04.1929.

587 BayHStA München – Kriegsarchiv, Landespolizei München 483, von Imhoff (Kommando der Schutzpolizei München) an u. a. Abschnitt IV: Übung am 25.11.32, 25.11.1932, S. 1 f. Vgl. ferner BayHStA München – Kriegsarchiv, Landespolizei München 483, Kommando der Schutzpolizei München: Kommandobefehl, 25.11.1932.

588 BayHStA München – Kriegsarchiv, Landespolizei München 483, I. V. [unleserlich] (Landespolizei München – Abschnittskommando II) an u. a. Chef: Abschnittsübung am 11.7.1932 – Lage für die Abschnittsübung am 11.7.1932 (Anhang), 08.07.1932, S. 1.

589 Vgl. u. a. BayHStA München – Kriegsarchiv, Landespolizeiamt 120, [unleserlich] (Kommando der Landespolizei München): Abschnittsübung am Freitag, 18.11.1927, 15.11.1927; BayHStA München – Kriegsarchiv, Landespolizeiamt 120, Henigst (L.P. München): Planübung am 18.1.28, [1928]; BayHStA München – Kriegsarchiv, Landespolizei München 483, Rahmenübung am 14.10.30, [1930]; BayHStA München – Kriegsarchiv, Landespolizeiamt 127, Wild (Landespolizei München – Stat.Verst. West 2): Polizeitaktische Planübung am 26.11.29 3.30 Nachm. (Pol.Kasino), 21.11.1929; BayHStA München – Kriegsarchiv, Landespolizeiamt 127, [unleserlich] (Landespolizei München – Abschnitt II): Pol.tak-

Abbildung 7: Übung in der Polizeiverwendung in Grafenwöhr (1930) (Bayerisches Polizeimuseum, Fotosammlung)

Solche Planspiele operierten aber nicht nur mit linken Kräften im Landesinnern, sondern konnten zuweilen sogar die Feindmächte des Ersten Weltkriegs wiederauferstehen lassen. Eine Übung im Februar 1928 spielte z. B. vor dem fiktiven Hintergrund, Frankreich habe seinem deutschen Nachbarn „überraschend nach kolonialen Differenzen den Krieg erklärt".[590] Die Reichswehr sei deswegen über Luxemburg nach Belgien marschiert, wo es zur entscheidenden Schlacht gekommen sei. Da aber andere französische Einheiten die deutsche Grenze passiert hätten, seien einheimische Polizeikräfte herbeigeeilt, um die Eindringlinge zu stoppen.[591] Es sollte nicht das einzige Mal sein, dass sich die Polizisten in die Lage versetzten, Deutschland werde von seinen west- oder osteuropäischen Nachbarstaaten attackiert, weshalb die Staatsgewalt den äußeren Feind im Landesinnern entgegenzutreten habe.[592] Zwar waren derlei Gedankenspiele rein hypothetisch und dienten militärischen Lernzwecken. Doch ließen sie die alten Weltmächte wieder aufeinanderprallen, die noch wenige Jahre zuvor in dem bis dahin schlimmsten Krieg gegenübergestanden und sich unerbittlich bekämpft hatten. Während derlei Planspiele vorwiegend an die geschlossenen Bereitschaften und damit an deren Wachtmeister adressiert waren, mussten aber gerade auch ihre Vorgesetzten beweisen, dass sie dazu imstande waren, ihre Einheit ordnungsgemäß zu führen. Um sich selbst weiterzubilden, veranstalteten die Offiziere zudem ihre eigenen Übungsreisen oder Geländebesprechungen. Diese führten sie in ländlichen Gegenden durch. Vorwiegend waren sie polizei- und militärtaktisch angelegt und frischten die Kenntnisse der Oberbeamten in diesen Gebieten auf.[593]

---

tische Planübung am 28.1.1930, 24.01.1930; BayHStA München – Kriegsarchiv, Landespolizeiamt 127, [unleserlich] (Kommando der Schutzpolizei München) an den Chef des Landespolizeiamts beim StMdI: Offiziersausbildung (Anlage: Planübung am 31.1.30), 27.01.1930; BayHStA München – Kriegsarchiv, Landespolizeiamt 127, [unleserlich] (Polizeidirektion – Kommando der Schutzpolizei München) an StMdI: Offiziersausbildung (Anlage: Planübung am 3.12.1930, 27.11.1930); BayHStA München – Kriegsarchiv, Landespolizeiamt 127, Rohmeder (Landespolizei München – Abschnitt I): Geländebesprechung am 13.11.30, November 1930; BayHStA München – Kriegsarchiv, Landespolizei München 483, von Oelhafen (Landespolizei München – Abschnittskommando II): Lage für die Abschnitts-Rahmenübung am 27.5.1932, [1932].

590 BayHStA München – Kriegsarchiv, Landespolizeiamt 120, [unleserlich] (Kommando der Landespolizei München bei der Polizeidirektion München) an Chef des Landespolizeiamtes beim StMdI: (Anlage: Plan-Übung am 2.2.1928), 30.01.1928.

591 Vgl. ebd.

592 Vgl. u. a. BayHStA München – Kriegsarchiv, Landespolizeiamt 124, [unleserlich] (Kommando der Schutzpolizei München) an Chef des Landespolizeiamtes beim StMdI: Offiziersausbildung (Anlage: Planspiel am 15.1.29), 12.01.1929; BayHStA München – Kriegsarchiv, Landespolizeiamt 127, [unleserlich] (Offiz.Anwärterkurs) an StMdI: (Anlage: Polizeitaktische Planübung am 5.12.1930, 02.12.1930); BayHStA München – Kriegsarchiv, Landespolizeiamt 127, [unleserlich] (Kommando der Schutzpolizei München) an Landespolizeiamt beim StMdI: Offz.Ausbildung (Anlage: Plan-Übung am 14.2.30), 08.02.1930.

593 Vgl. u. a. BayHStA München – Kriegsarchiv, Landespolizei München 484, von Imhoff (Kommando der Schutzpolizei München) an u. a. Kommando: Übungsreise 1931, 04.05.1931; BayHStA München

Ihren Einsatz im Gelände trainierten die angehenden Offiziere hauptsächlich auf dem Truppenübungsplatz in Grafenwöhr, aber auch auf dem Exerzierplatz der Schutzpolizei Nürnberg-Fürth.[594] Zuweilen musste die Münchner Offiziersschule allerdings umdisponieren, da ihr diese Liegenschaften nicht immer zur Verfügung standen. Stattdessen unternahm sie dann einen Abstecher in die unmittelbare Nachbarschaft, um ihre Übungen in der Umgebung der Polizeischule Fürstenfeldbruck abzuhalten.[595] Um ihre Oberfähnriche zu Zugführern auszubilden, verlegte die Münchner Offiziersschule etwa im März 1935 einen Lehrgang dorthin, wo die Polizisten einen Monat lang kaserniert untergebracht waren. Zeitgleich befanden sich an der Brucker Bildungsstätte auch 52 Fahnenjunker der preußischen Landespolizei, die nahe der bayerischen Landeshauptstadt zu Gruppenführern geschult wurden.[596] Die Bayerische Landespolizei suchte Ende der zwanziger Jahre sogar ein Gelände mit geeigneten Bauten, auf dem sie den Straßen- und Häuserkampf simulieren konnte.[597] Zuweilen fanden derartige Übungen auch in der freien Natur statt. Die Münchner Ordnungsmacht nutzte dafür z. B. ein Waldstück, das sich südlich der Landeshauptstadt nahe der Gemeinde Fasanengarten befand. Dort hielt sie etwa Anfang März 1928 ein Planspiel ab, bei dem sich einige kasernierte Einheiten in die Lage versetzen mussten, dieses Gebiet nach bewaffneten Aufständischen zu durchkämmen und diese schließlich zu verhaften. Die Unruhestifter hätten sich dort versammelt, um das Gefängnis Stadelheim zu stürmen und die Häftlinge zu befreien.[598]

Abseits solcher Szenarien bereiteten sich die Polizisten auf besondere Einsätze vor, indem sie etwa trainierten, den Schienenverkehr und Bahnhöfe abzusichern. Bei einer entsprechenden Übung vom 11. Dezember 1928 eskortierten einige Beamte aus mehreren Standorten einen Eisenbahnzug, den sie mit Waffengewalt vor Angreifern schützten, die den Zug oder die Gleise überfallen wollten. Dabei simulierten sie Gefechte, die sie für sich entscheiden konnten.[599] Bei dieser Gelegenheit ging es den verantwortlichen Offizieren unter anderem darum, die teilnehmenden Polizeiverbände auf „ein systematisches Bekämpfen der einzelnen Wi-

---

– Kriegsarchiv, Landespolizei München 587, [unleserlich] (II./München): Geländebesprechung der Offiziere, 18.09.1935.

594 Vgl. u. a. BayHStA München – Kriegsarchiv, Landespolizei Inspektion 35, I. A. Pirner (StMdI – Polizeiwirtschaftstelle) an das Wehrkreiskommando VII: Benützung des Truppenübungsplatzes Grafenwöhr im September 31, 13.06.1931. Ferner dazu die beiden Akten BayHStA München – Kriegsarchiv, Landespolizei München 310 und 1527.

595 Vgl. u. a. BayHStA München – Kriegsarchiv, Landespolizei München 71, I. A. Forster (Landespolizeiamt beim StMdI) an u. a. den Offizier-Anwärter-Kurs: Ausbildung der Offiz.Anwärter, 06.07.1928; BayHStA München – Kriegsarchiv, Landespolizei München 71, von Seißer (Landespolizeiamt beim StMdI) an u. a. den Offizier-Anwärter-Kurs: Ausbildung der Offizier-Anwärter, 13.06.1927.

596 Vgl. BayHStA München – Kriegsarchiv, Landespolizei München 1515, Doehla (Landespolizei-Inspektion Bayern) an u. a. Kommandeur der Pol.-Hauptschule FFB: Besondere Anordnungen für die Geländeübungen der L.P.-Offizierschule München in Fürstenfeldbruck, 25.02.1935.

597 Vgl. BayHStA München – Kriegsarchiv, Landespolizei München 481, von Seißer (Landespolizeiamt beim StMdI) an u. a. Kommando der Landespolizei München: Übungen im Strassenkampf, 15.01.1929.

598 Vgl. BayHStA München – Kriegsarchiv, Landespolizei München 481, Abdruck: Schnitzlein (Kommando der Landespolizei München bei der Polizeidirektion München) an u. a. Kommando: Polizeiliche Vorführung am 6.3.1928 – Befehl für 6.3.28, 05.03.1928.

599 Vgl. BayHStA München – Kriegsarchiv, Landespolizei München 481, Abschrift: I. A. von Imhoff (Landespolizei München – Abschnittskommando III) an den Chef der Landespolizei München: Bahnschutzübung am 11.12.1928, 19.12.1928.

derstandsnester" zu trainieren.[600] In seinem Bericht schlug Polizeihauptmann Bergen sogar vor, ein Schienenfahrzeug so zu modifizieren, dass es in der Lage sei, eine zusätzliche Achse vor den Zug rollen zu lassen. Sollte sich am Gleis eine Sprengladung befinden, wollte er sie auf diese Weise detonieren lassen, um dadurch die Gefahr für den Zug zu bannen. Seiner Ansicht nach sollte die Polizei sogar damit rechnen, einen Gegner bekämpfen zu müssen, der mit Flugzeugen angreift, weshalb sie sich auch für diesen Fall zu wappnen habe.[601]

Die Offiziersausbildung der Landespolizei war mitunter so stark infanteristisch ausgerichtet, dass selbst das Bayerische Innenministerium monierte, der Unterricht müsse ausgeglichener sein. Nach einem Bericht der Behörde habe ein Lehrgang von 1925/26 gezeigt, dass der Stoff und die Prüfungsaufgaben zu sehr militärisch geprägt gewesen seien, während die eigentlichen polizeilichen Inhalte dadurch ins Hintertreffen gerieten. Rechtliche Themen etwa seien kaum durchgenommen worden. Nur aus dem „Polizeidienst" hätten die Lehrer ein paar Aufgaben gestellt, die allerdings „nur den bescheidensten Ansprüchen" genügten.[602] Dementsprechend erschien es dem Ministerium so, als orientierten sich die Kurse für angehende Polizeiführer an jenen, die an der Infanterieschule des Reichsheers stattfanden, was sich jedoch ändern müsse.[603] Aber es blieb bei dem Wunsch. Denn auch in der Folgezeit sollten die Lehrgänge weiterhin primär militärisch ausgerichtet sein und sich in der Übergangsphase zum „Dritten Reich" sogar noch stärker die Armee zum Vorbild nehmen.

Organisation und Ausbildung der Polizei erhielten im NS-Staat von Anfang an ein noch stärkeres militärisches Gepräge.[604] Nicht zuletzt zeigt sich das daran, dass im März 1934 an der Wehrkreisprüfung ausgewählte Offiziere der Landespolizei teilnahmen, die zuvor einen eigenen Vorbereitungskurs absolviert hatten.[605] Bayerische Oberbeamte hatten diese besondere Prüfung zwar bereits in den Weimarer Jahren absolviert, um hinsichtlich ihres militärischen Know-hows nicht von den Führungskräften der Armee abgehängt zu werden.[606] In der Übergangsphase von der Weimarer Demokratie zum „Dritten Reich" besaß diese Maßnahme dennoch einen großen Symbolcharakter, drückte sich in ihr doch aus, wie sehr die Armee bereits daran arbeitete, sich die Landespolizei einzuverleiben. In diesem Zeichen standen auch zahlreiche Ausbildungsmaßnahmen, die sich an Wachtmeister und Polizeioffiziere gleichermaßen richteten. Beide Beamtengruppen wurden dabei hauptsächlich in Verbänden der Reichswehr ausgebildet. Einzelne Offiziere der Landespolizei nahmen beispielsweise an deren Truppenübungen teil, wobei sie dies möglichst gut verschleiern muss-

---

600 BayHStA München – Kriegsarchiv, Landespolizei München 481, Abschrift: Triendl (Landespolizei München): Beilage – 2 – zu Bericht L.P. München Abschnitt III vom 19.12.1928, S. 4.

601 Vgl. BayHStA München – Kriegsarchiv, Landespolizei München 481, Abschrift: Bergen (Landespolizei München): Beilage 1 zu Bericht L.P. München Abschnitt III vom 19.12.28, S. 7.

602 BayHStA München – Kriegsarchiv, Landespolizeiamt 186, Abschrift: Stützel (StMdI) an Landespolizeiamt: Ausbildung der Polizeioffizieranwärter, 10.10.1928, S. 1.

603 Vgl. ebd., S. 1–3.

604 Auf diese Tatsache verweist die Forschung in erster Linie dann, wenn sie darauf eingeht, welche Rolle der Polizei beim Aufbau der Wehrmacht zukam. Vgl. u. a. Kraus, Geschichte, S. 121; Harnischmacher, Polizeigeschichte, S. 102; Linck, Ordnung, S. 47; Noethen, Kameraden, S. 27; Schmidt, Polizisten, S. 367–375; Westermann, Police Battalions, S. 72 f.

605 Vgl. BayHStA München – Kriegsarchiv, Landespolizei München 1511, I. A. von Bomhard (Inspektion der uniformierten Staatspolizei im StMdI) an u. a. die Herren Kommandeure (Chef) der Landespolizeien München, Nürnberg-Fürth: Wehrkreisprüfung 1934, 01.03.1934.

606 Vgl. BayHStA München – Kriegsarchiv, Landespolizeiamt 119, I. V. Reiss (Landespolizeiamt beim StMdI) an u. a. die Herrn Chefs nach Verteiler II: Ausbildung der Offiziere, 26.09.1924. Etliche dieser Aufgaben zu den Wehrkreisprüfungen der Jahre 1924 und 1925 finden sich in: BayHStA München – Kriegsarchiv, Landespolizeiamt 119.

ten. Das taten sie etwa dadurch, dass sie extra die Uniform der Reichswehr oder auch deren Abzeichen anlegten, die sie eigens dafür von ihren Polizeidienststellen erhalten hatten. „Die außenpolitische Lage macht strengste Geheimhaltung und Tarnung der vorgesehenen Abordnungen erforderlich", wie Doehla diese Camouflage rechtfertigte.[607] Auf ähnliche Weise vertuschten seinerzeit auch preußische Behörden solche militärischen Aktivitäten zum Training ihrer Ordnungsmacht.[608]

Es sollte jedoch nicht ohne Folgen bleiben, dass schon die Weimarer Republik ihre Polizisten derart militärisch ausrichtete, was sich Anfang der dreißiger Jahre im Rahmen der Ausbildung noch verstärken sollte.[609] Wie mangelhaft vorbereitet die preußische Schutzpolizei ihren rechts- und linksradikalen Gegnern gegenüberstand, lässt sich daran ablesen, dass der Ausbildungsapparat die wirkliche politische Gefahr gehörig unterschätzte. Der Leiter der Höheren Polizeischule in Eiche, Oberst Hardt, hielt es etwa für zeitgemäß, wenn die Beamten 1927 in der Polizeiverwendung die Schlacht von Cannae nachspielten, die im Jahre 216 v. Chr. stattgefunden hatte.[610] Anstatt sich um notwendige Ausbildungsreformen zu bemühen, pflegte die Weimarer Staatsgewalt seit ihrer Frühphase eine verhängnisvolle und langlebige Polizistenkultur, die durch kriegerische Männlichkeitsideale und antikommunistische Feindbilder bestimmt war.[611] Einige Ordnungshüter hielten dem schikanösen Drill durch ihre Vorgesetzten nicht stand und quittierten vorzeitig den Dienst. Bei anderen lagen die Nerven blank, so dass sie im Einsatz leichter zur Schusswaffe griffen. Gerade in den Straßenschlachten zwischen den Anhängern von NSDAP und KPD fiel es einigen Beamten nicht besonders schwer, die an den Schulen gelernte Theorie in die Tat umzusetzen. In Berlin etwa ereigneten sich Ende der zwanziger Jahre einige Vorfälle, bei denen Vertreter der Staatsmacht gerade bei kommunistischen Kundgebungen vorschnell das Feuer eröffneten.[612] So verursachte die Polizei am 22. März 1927 eine Panik, als ein Beamter bei einer solchen Demonstration in Charlottenburg einen Teilnehmer erschoss. Daraufhin stellten sich seine Kollegen in Schützenlinie auf und gaben ebenfalls ein paar Schüsse auf die zivilen Akteure ab. Bei ähnlichen Begebnissen starben im Kugelhagel der Staatsdiener zuweilen auch unbeteiligte Passanten. Außerdem half das hohe Aufgebot der Polizeibeamten auch nicht dabei, solche Situationen zu deeskalieren. Vielmehr stachelte es die Massen erst richtig an.[613] Anstatt aber ihre Taktik zu überdenken, sahen sich die Polizeioffiziere in ihrer harten Linie bestätigt und legten nun noch größeren Wert darauf, die Beamten an der Waffe auszubilden. Damit erweckten sie gegenüber ihren Untergebenen den Eindruck, als sei der geschlossene Einsatz gleichbedeutend mit Krieg auf deutschen Straßen.[614]

Dass die polizeiliche Ausbildung in der Weimarer Republik so stark auf die innerdeutschen Kampfeinsätze ausgerichtet war, lag nicht zuletzt an der allgemeinen Personal- und Bildungspolitik. Denn in den Polizeischulen fungierten großteils Offiziere als Lehrkräfte, die aus der

607 BayHStA München – Kriegsarchiv, Landespolizei München 1511, Doehla (Inspektion der uniformierten Staatspolizei im StMdI) an die Herren Kommandeure der Landespolizeien: Richtlinien für die Ausbildung im Sommerhalbjahr 1934, 16.03.1934, S. 8.

608 Vgl. Schmidt, Prügelknaben, S. 249 f.

609 Vgl. Ders., Weichenstellung für das „Dritte Reich" – Die Landespolizeiinspektion West in Düsseldorf, in: Dams, Dienst, S. 115–144, hier: S. 130 f.

610 Vgl. Leßmann, Schutzpolizei, S. 265.

611 Vgl. Daniel Schmidt, Die Straße beherrschen, die Stadt beherrschen. Sozialraumstrategien und politische Gewalt im Ruhrgebiet 1929–1933, in: Lüdtke, Polizei, S. 225–248, hier: S. 231 f.

612 Vgl. Leßmann, Schutzpolizei, S. 248–251.

613 Vgl. Liang, Polizei, S. 118 f.

614 Vgl. Leßmann, Schutzpolizei, S. 275–277.

alten Armee stammten und wie das Gros ihrer Kollegen rein militärisch und nicht polizeilich sozialisiert waren. Im demokratischen Staat taten diese „alten Hasen" nun das, was sie im Militär gelernt hatten, und übertrugen deren Prinzipien auf den Polizeiapparat. In Spitzenpositionen innerhalb des Ausbildungssystems gelangten einige Polizeiführer, die maßgeblich daran beteiligt waren, den Mitteldeutschen Aufstand von 1921 niederzuschlagen. Einige dieser erfahrenen „Praktiker" leiteten sogar Polizeischulen, an denen sie oftmals freie Hand hatten und daher die Lehrinhalte vorwiegend auf den geschlossenen Einsatz ausrichteten.[615]

In den Ausbildungsstätten herrschte daher ein Kasernenhofton. Ihre Lehroffiziere waren pädagogisch und didaktisch meist unerfahren und deshalb wenig kompetent. Hinzu kam noch, dass in Preußen erst ab 1926 hinreichende Ausbildungspläne und Vorschriften existierten, die den polizeifachlichen Unterricht organisierten. Dennoch kam diesen höheren Beamten die Aufgabe zu, die neuen Gesetzeshüter des demokratischen Staates heranzubilden und sie mit den polizeilich-rechtlichen Grundlagen vertraut zu machen, die für ihren Beruf unabdingbar waren. Da sie über diese Kenntnisse selbst nicht verfügten, konzentrierten sie sich jedoch vielmehr darauf, ihre Schüler in der Polizeiverwendung nach militärischem Vorbild auszubilden. Daher drillten solche Offiziere die jungen Anwärter, indem sie diese ausgiebig exerzieren ließen, aber auch diverse Planspiele und Übungen veranstalteten. Für den geschlossenen Einsatz bei Unruhen war es auch noch wichtig, dass die Polizisten körperlich fit waren und mit ihren Waffen umzugehen verstanden.[616] Grundsätzlich verlangten die Lehroffiziere von ihren Schülern, sich ihrem Regime vollständig zu unterwerfen sowie bedingungslos gehorsam und diszipliniert zu zeigen. Der minutiös und uniform geregelte Alltag an den Polizeischulen tat ein Übriges, um jeden Anflug von Individualität der jungen Anwärter im Keim zu ersticken.[617] „Die äußere und innere Organisation der Polizeischule verschlingt alles, was an Selbstbewußtsein und Selbstsicherheit aus dem bürgerlichen Leben mitgebracht worden ist", wie Dr. Erwin Palm zur Situation der Anwärter in seiner 1933 veröffentlichten Dissertation ausführte.[618] In ihr beschrieb er jene uniformierenden sozialen Prozesse, die er an polizeilichen Lehranstalten der Weimarer Republik zu finden glaubte, wobei sich in seinem Werk realistische und idealistische Ausführungen vermischten. Der an der Polizeischule Bonn tätige Hauptmann und promovierte Soziologe sah in einer solchen Bildungsstätte eine Institution,

> „die den Polizeischüler äußerlich und innerlich zu formen hat zu einem in allen Waffen- und Körperübungen bis zum motorischen Ablauf aller Handhabungen geschulten und selbstsicheren, in seiner äußeren Haltung genormten, an bedingungslosen Gehorsam gewöhnten Kollektivbeamten, der der militärisch integrierten Bereitschaftspolizei reibungslos eingegliedert werden kann".[619]

Mit dem liberalen Konzept Severings von einer bürgernahen Polizei hatte eine solche Ausbildung herzlich wenig gemein, sondern kultivierte an den polizeilichen Bildungsanstalten eher ein prekäres Klima. Erst nachdem die Polizeischulen ab 1921 ihren Dienstbetrieb aufgenommen hatten, erhielt die Ordnungsmacht in der Folgezeit Führungskräfte des demokra-

615 Vgl. Knatz, Heer, S. 367–369 sowie 371.
616 Vgl. Leßmann, Schutzpolizei, S. 239–243.
617 Vgl. Menker, Polizeigrundausbildung, S. 75 f.
618 Erwin Palm, Die Polizeischule. Eine soziologische Studie, Dissertation, Berlin 1933, S. 62.
619 Ebd., S. 55.

tischen Staats, die jedoch erst Anfang der dreißiger Jahre höhere Ränge bekleideten. Sie konnten nicht mehr verhindern, dass sich der militärische Geist in den Lehrstätten, Revieren und Einheiten der Polizei weiterhin breitmachte.[620]

Darüber hinaus stammten die jüngeren Polizeioffiziere zwar nicht mehr aus dem Heer. Aber gerade deshalb waren sie unerfahren darin, eine Einheit zu kommandieren. Ironischerweise lernten sie genau dies an der Höheren Polizeischule, wobei ihre Ausbildung wieder sehr militärisch und auf polizeitaktische und waffentechnische Gesichtspunkte ausgerichtet war. Diesen Unterricht erteilten wiederum jene polizeilichen Pädagogen, die zuvor in der Armee gedient hatten.[621] An dieser allgemeinen Praxis stießen sich zuweilen einzelne Medien, denen der exzessive Drill an den polizeilichen Bildungsanstalten nicht verborgen geblieben war. Zwar versuchte der preußische Innenminister, diesem Treiben entgegenzuwirken. Doch scheiterte er letztlich an den Lehroffizieren, die oftmals nur deshalb in ihre Posten gelangt waren, weil sie an die Schulen strafversetzt wurden.[622]

Die primär martialische Mentalität der Weimarer Polizeioffiziere stellte allerdings auch aus anderen Gründen ein ernstes Problem dar. Denn diese Führungskräfte beeinflussten ihre Untergebenen nicht nur, indem sie diese militärisch drillten und dadurch disziplinieren wollten. Sie entwickelten auch ein Berufsethos, das zwischen zwei Mentalitäten anzusiedeln war: Einerseits begriffen sich die ehemaligen Vertreter der kaiserlichen Streitkräfte immer noch als eine Militärelite, die einen entsprechend martialischen Korpsgeist pflegte. So traten sie dann auch gegenüber ihren Wachtmeistern und in der Öffentlichkeit auf, indem sie sich der alten Symbole und Verhaltensweisen bedienten. Einige dieser militärischen Nostalgiker behandelten ihre Untergebenen wie ihre persönlichen Laufburschen oder sangen kaisertreue und kriegsverherrlichende Lieder. Severing sah sich 1920 sogar dazu genötigt, den Polizeioffizieren zu verbieten, ein Monokel oder den Freikorpsorden zu tragen.[623] Andererseits wollten sie auf diese Weise verhindern, gegenüber den Truppenführern der Armee als Offiziere zweiter Klasse wahrgenommen zu werden. Viele Polizeiführer fühlten sich in ihrem neuen Beruf degradiert und minderwertig. Denn sie konnten ihre Karriere in der Reichswehr nicht fortführen, während es ihren ehemaligen Kameraden in dieser Hinsicht besser erging. Damit ihr Ansehen gegenüber den Offizieren der Armee nicht abnahm und um dieses auch in der zivilen Bevölkerung zu verbessern, gründeten sie Interessensvertretungen. So entstand etwa am 8. August 1922 die „Vereinigung der Polizei-Offiziere Preußens". Das war ebenfalls ein Ausdruck dafür, dass sich die Führungskräfte der Ordnungsmacht gegenüber den Reichswehroffizieren ebenbürtig fühlen wollten.[624]

Allerdings vermochten solche Maßnahmen nur bedingt, der Identitätskrise der preußischen Polizeioffiziere entgegenzuwirken. Wie bereits der Kapp-Putsch zeigte, standen zahlreiche Offiziere der Sicherheitspolizei nicht loyal hinter der neuen Republik, sondern sehnten sich auch später in der Schutzpolizei vielmehr nach einem starken Staat unter autoritärer oder gar monarchischer Führung. Ihnen erschien die demokratische Politik aber nicht nur deshalb suspekt, weil sie die Verhältnisse der wilhelminischen Ära zurückhaben wollten. Vielmehr waren sie mit der liberalen preußischen Polizeipolitik unzufrieden. Einige Vertreter des polizeilichen Offizierskorps besaßen neben ihren antirepublikanischen und revanchistischen auch rechtsradikale sowie antisemitische Ansichten und betätigten sich darüber hin-

620 Vgl. Leßmann, Schutzpolizei, S. 175.
621 Vgl. Tetzlaff, Ausbildungswesen, S. 41.
622 Vgl. Leßmann, Schutzpolizei, S. 251–253.
623 Vgl. ebd., S. 179 f.; Ders., Besatzung, S. 10.
624 Vgl. Ders., Schutzpolizei, S. 193–198; Liang, Polizei, S. 82.

aus in entsprechenden Organisationen wie etwa dem Wehrverband „Stahlhelm".[625] Dass allzu viele Oberbeamte der preußischen Schutzpolizei nicht bereit waren, die Weimarer Demokratie zu verteidigen, zeigt sich allein daran, dass sie den „Papenputsch" vom Juli 1932 ausdrücklich begrüßten.[626] Der Systemwechsel hin zum nationalsozialistischen Polizeistaat sollte vielen von ihnen jedoch bald wieder zu einem neuen Selbst- und Standesbewusstsein verhelfen.

3.4 Das Ende des Weimarer Ausbildungssystems und sein Übergang zum NS-Staat

Zu Beginn des „Dritten Reichs" schaffte es die Offiziersschule der Landespolizei in München noch einmal, ihren Einfluss auszubauen. Obwohl sie in erster Linie die bayerischen Polizeiführer ausbildete, gelangten in ihre Kurse nun auch Beamte, die aus anderen Ländern stammten.[627] Verantwortlich dafür war ein Entschluss des Reichsinnenministeriums vom 9. November 1933, demzufolge die bayerischen Nachbarländer ihre Offiziersanwärter künftig nach München entsenden sollten.[628] Daher besuchten ab dem Jahre 1934 einige Polizisten aus Württemberg, Baden und Sachsen einen Lehrgang in der bayerischen Landeshauptstadt.[629] Andere Anwärter gelangten aus Thüringen, Hessen oder gar Hamburg in die oberste Polizeischule des Freistaats.[630] Damit diese grenzüberschreitenden Kurse überhaupt zustande kamen, hatte das Bayerische Innenministerium ein Abkommen mit den Innenministerien anderer Länder geschlossen, damit sie ihre Staatsdiener in München ausbilden lassen konnten. Das hatte jedoch zur Folge, dass sich Ministerialbeamte und Offiziersanwärter außerhalb des Freistaats an den bayerischen Maßstäben orientieren mussten, um den Anforderungen zu genügen.[631] Zumindest in der Endphase der deutschen Landespolizeien fungierte die Münchner

625 Vgl. Leßmann, Schutzpolizei, S. 202–207; James F. Richardson, Berlin Police in the Weimar Republic: A Comparison with Police Forces in Cities of the United States, in: Mosse, Police Force, S. 79–93, hier: S. 86 f.; 100 Jahre, S. 33.

626 Vgl. Eric D. Kohler, The Crisis in the Prussian Schutzpolizei 1930–32, in: Mosse, Police Force, S. 131–150, hier: S. 148–150.

627 Vgl. Schuler, Landespolizei, S. 19.

628 Vgl. BayHStA München – Kriegsarchiv, Landespolizei Inspektion 32, Abdruck: I. A. und I. V. von Bomhard (StMdI – Inspektion der uniformierten Staatspolizei) an u. a. das Sächsische Ministerium des Innern: Ausbildung der Pol.Offizieranwärter auf der Pol.Offizierschule München, 13.11.1933.

629 Vgl. BayHStA München – Kriegsarchiv, Landespolizei München 1518, Doehla (Landespolizei-Inspektion Bayern) an Kommandeur der Landespolizei-Offizierschule München: Württembergische und badische Offizieranwärter, 11.12.1934; BayHStA München – Kriegsarchiv, Landespolizei München 1518, Geheim: Landespolizei-Abteilung Dresden an Landespolizei-Offizier-Schule München, Marskaserne: Offz.-Anw. Lehrgang München, 14.12.1934.

630 Vgl. BayHStA München – Kriegsarchiv, Landespolizei München 1513, Doehla (Landespolizei-Inspektion Bayern) an den Kommandeur der L.P.-Offizierschule München: Ausbildung hamburgischer, thüringischer und hessischer Offizieranwärter an der L.P.Offizierschule München, 08.12.1934.

631 Vgl. u. a. BayHStA München – Kriegsarchiv, Landespolizei München 1501, Entwurf: Abkommen zwischen dem bayerischen Staatsministerium des Innern und den württembergischen Ministerium des Innern über die Ausbildung der württembergischen Polizei-Offizieranwärter auf der Polizeioffizierschule München, [1933]; BayHStA München – Kriegsarchiv, Landespolizei München 1501, Abkommen zwischen dem bayerischen Staatsministerium des Innern und der Landespolizei-Inspektion beim sächsischen Ministerium des Innern über die Ausbildung der sächsischen Pol.Offizieranwärter auf der Pol.Offizierschule München, [1934].

Schule auch jenseits der bayerischen Grenzen als „Kaderschmiede“ für polizeiliche Führungskräfte.

Allerdings hatte die Offiziersschule München seinerzeit ihren Zenit bereits überschritten. Im Oktober 1935 war schließlich ihr Ende gekommen, als sie in die Hände der Wehrmacht gelangte, die sich seinerzeit noch im Aufbau befand.[632] Selbst ihre Lehrmittel musste sie an die neue Münchner Kriegsschule abgeben.[633] Hitlers Armee konnte sich sogar die Teilnehmer des allerletzten Offiziersanwärterlehrgangs der bayerischen Landespolizei einverleiben, noch ehe dieser Kurs überhaupt abgeschlossen war.[634] Ähnlich wie der ehemaligen Vorzeigeanstalt des Freistaats erging es zahlreichen Weimarer Polizeischulen, die im noch jungen „Dritten Reich“ entweder aufgelöst wurden oder an die Wehrmacht fielen. Um diese schnellstmöglich zu einer schlagkräftigen Streitmacht aufzubauen, griff das Regime zu einem Trick, der zwar die Wiederaufrüstung behelfsmäßig kaschierte, sich aber nachhaltig zulasten der Polizei auswirkte: Bereits am 1. April 1933 hatte das preußische Innenministerium mehrere Landespolizeiinspektionen „zur Vorbereitung und Durchführung der Abwehr innerer Unruhen und für andere Aufgaben“ eingerichtet, für die es spezielle Direktiven gab.[635] Nach diesem Vorbild entstanden im Jahre 1933 auch in anderen Ländern solche zentralen Kommandostellen. Sie waren hauptsächlich dafür verantwortlich, die Polizeibereitschaften militärisch auszubilden. Diese Einheiten sammelten sich nun begrifflich unter der neuen „Landespolizei“. Allerdings handelte es sich bei ihr nicht mehr um die bayerische Landespolizei der Weimarer Jahre, weshalb diese beiden Institutionen nicht miteinander verwechselt werden dürfen. Vielmehr wollten die Nationalsozialisten nunmehr die kasernierten Polizeien der einzelnen Länder einheitlich bezeichnen, woraus aus bayerischer Sicht die verwirrende Namensgleichheit resultiert. Die paramilitärischen Einheiten wurden am 7. September 1933 von der Revierpolizei getrennt, die weiterhin den Einzeldienst verrichtete.[636]

Indem die kasernierten Bereitschaften dann am 1. Oktober 1935 geschlossen in die Wehrmacht überführt wurden, gelangten mit ihnen etwa 56.000 Polizisten in die deutsche Armee. Damit verlor die Ordnungsmacht nicht nur einen erheblichen Teil ihres Personals an das Militär, sondern auch zahlreiche Gerätschaften, Ausrüstungsgegenstände, Fahrzeuge, Waffen und Immobilien, zu denen eben einige Polizeischulen zählten.[637] Unter ihnen befand sich auch die Höhere Polizeischule in Eiche.[638] In den Anfangsjahren des „Dritten Reichs“ führ-

632 Vgl. u. a. BayHStA München – Kriegsarchiv, Landespolizei München 1502, Wehrkreiskommando VII an u. a. L.P. Offizierschule München: Übernahme der L.P.-Offizierschule München, 11.09.1935.

633 Vgl. BayHStA München – Kriegsarchiv, Landespolizei München 1530, Abschrift: Brennecke (Wehrkreiskommando VII) an u. a. Kriegschule München: Lehrmittel der L.P.Offz.Schule, 26.08.1935.

634 Vgl. BayHStA München – Kriegsarchiv, Landespolizei München 1513, Schnellbrief: I. A. Garski (Oberbefehlshaber des Heeres – Kommando der Landespolizei) an die L.P.-Offizierschule, 09.08.1935; BayHStA München – Kriegsarchiv, Landespolizei München 1513, [unleserlich] (L.P.-Offizierschule) an die Kriegsschule: Auflösung der L.P.Offizierschule München, 27.08.1935.

635 RdErl. d. MdI. (KdR.) v. 26.03.1933, in: Ministerialblatt der inneren Verwaltung (MBliV), 05.04.1933, Nr. 18, Sp. 399 f., hier: Sp. 399. Vgl. Harald Buhlan, Organisation, Personal und Standorte der staatlichen Polizeiverwaltung Köln in der NS-Zeit. Mit einer Skizze zur Aufgabenwahrnehmung durch Schutz- und Verwaltungspolizei, in: Ders., Freund, S. 145–197, hier: S. 171. Ferner Schmidt, Weichenstellung, S. 118.

636 Vgl. Wilhelm, Polizei, S. 66–68; Faatz, Staatsschutz, S. 416 f.

637 Vgl. Wilhelm, Polizei, S. 69 f.; Richard Bessel, Die „Modernisierung“ der Polizei im Nationalsozialismus, in: Bajohr, Norddeutschland, S. 371–386, hier: S. 378. Ferner: Erich Radecke, Die Landespolizei als Kadertruppe für die Wehrmacht – Anmerkungen zur Uniformierung, in: Archiv für Polizeigeschichte 4 (1991), S. 41–43, hier: S. 43; Tessin, Deutsche Verbände, S. 462.

638 Vgl. Riege, Polizei-Geschichte, S. 44.

te sie wie bisher Lehrgänge durch, in denen sie die neuen Offiziere der Schutzpolizei ausbildete.[639] Gerade diese Institution hatte sich aber schon im Visier der Nationalsozialisten befunden, bevor sie die Macht übernahmen. Bereits im November 1932 hatten sich nationalsozialistisch gesinnte Polizeioffiziere angeschickt, die preußischen Lehranstalten im Geiste der braunen Bewegung umzugestalten, was eben besonders für diese Einrichtung galt.[640] Wenngleich diese Führungskräfte ihr Ziel nicht wirklich erreichen konnten, gelang es den neuen Machthabern aber dennoch, die Höhere Polizeischule für ihre Zwecke zu instrumentalisieren und in die Armee einzugliedern. Seit dem 15. Oktober 1936 fungierte sie als Unteroffiziersschule des Heeres.[641]

Zwar hatte sich die Wehrmacht mit Eiche und München die zentralen Lehranstalten der Weimarer Polizei einverleibt. Aber dennoch wirkte sich deren Erziehungskonzept indirekt auf den neuen Dienstherrn aus, da im Herbst 1935 mit den kasernierten Bereitschaften auch zahlreiche Polizeioffiziere in die Armee gelangten und ihre Karrieren dort einfach fortsetzten. Gerade sie fungierten in der späteren „Blitzkriegstruppe" oftmals als Ausbilder, wobei ihr polizeilicher Erfahrungsschatz sie zu interdisziplinären Experten machte. Dabei hatten sie es der nationalsozialistischen Wehrpolitik zu verdanken, dass sie erstmals oder wieder in die Armee aufstiegen, nachdem sie sich zuvor in der Polizei häufig zweitklassig gefühlt hatten.[642] Von den neuen Verhältnissen im „Dritten Reich" konnten sie jedoch noch anderweitig profitierten. Im Jahre 1942 amtierten insgesamt 97 Generäle in der Wehrmacht, die bis 1935 noch in der innerdeutschen Ordnungsmacht gedient hatten.[643]

Der Systemwechsel ging auch am Polizeiinstitut in Berlin-Charlottenburg nicht spurlos vorbei, das seit Anfang September 1933 nicht mehr wie bisher für die Schutzpolizei verantwortlich war. Die immer noch führende preußische Lehranstalt trat diesen Aufgabenbereich nun vollständig an die Höhere Polizeischule in Eiche ab.[644] Diese war bereits am 1. April 1933 wieder aus dem Institut herausgelöst und dem Innenministerium unterstellt worden.[645] Während ihre „Kollegin" letztlich an die Wehrmacht fiel, bildete das Polizeiinstitut ab Frühjahr 1933 gezielt Beamte fort, die in der Kriminalpolizei und der Gestapo tätig waren.[646] Dank ihrer neuen Funktion konnte sich diese Einrichtung im Vergleich zu anderen Bildungsstätten der Weimarer Republik relativ lange halten. Doch vier Jahre später übertrug ihr Heinrich Himmler eine neue Aufgabe. Seit dem 1. April 1937 fungierte sie als Führerschule der Sicherheitspolizei, die nun deren Chef, Reinhard Heydrich, direkt unterstand. Seine Vollzugsbeamten sollten von da an in dieser Anstalt „durch weltanschauliche und körperliche Erziehung und durch einheitliche berufliche Schulung" zu Führungskräften ausgebildet werden.[647]

639 Vgl. z. B. RdErl. d. MdI. v. 08.05.1933, in: MBliV, 17.05.1933, Nr. 28, Sp. 578e–578h; RdErl. d. MdI. v. 08.09.1933, in: MBliV, 13.09.1933, Nr. 47, Sp. 1040a f.; RdErl. d. MdI. v. 21.12.1933, in: MBliV, 27.12.1933, Nr. 63, Sp. 1525 f.

640 Vgl. Graf, Polizei, S. 86 f.

641 Vgl. Lambrecht, Kaserne, S. 76.

642 Vgl. Schmidt, Kommissare, S. 55 f.

643 Vgl. Browning, Männer, S. 24.

644 Vgl. RdErl. d. MdI. v. 22.08.1933, in: MBliV, 30.08.1933, Nr. 45, Sp. 989–991.

645 Vgl. RdErl. d. MdI. (KdR.) v. 10.03.1933, in: MBliV, 15.03.1933, Nr. 14, Sp. 265 f.

646 Vgl. Bericht über die Tätigkeit des Polizeiinstituts in Berlin-Charlottenburg für die Zeit vom 1.6.1933 bis 31.3.1935, hrsg. v. Polizeiinstitut Berlin-Charlottenburg, [Berlin 1935], S. 8–48.

647 RdErl. d. RFSSuChdDtPol. im RMdI. v. 06.04.1937, in: RMBliV, 14.04.1937, Nr. 15, Sp. 567 f., hier: Sp. 568. Vgl. auch Jens Banach, Die Rolle der Schulen der Sicherheitspolizei und des SD, in: Florian von Buttlar/Stefanie Endlich/Annette Leo (Hrsg.), Fürstenberg-Drögen. Schichten eines verlassenen Ortes, Reihe Deutsche Vergangenheit, Bd. 106, Berlin 1994, S. 88–96, hier: S. 90; Ders., Elite, S. 108.

Während das bayerische Ausbildungswesen bis 1935 fast vollständig zum Erliegen kam, reformierten die Nationalsozialisten hingegen die preußischen Polizeiberufsschulen. Als kommissarischer Innenminister Preußens verpflichtete Hermann Göring die Leiter dieser Bildungsstätten im Frühjahr 1933 dazu, künftig nur noch Lehrkräfte zu beschäftigen, die ihre Unterrichtstätigkeit mit den Zielen der braunen Bewegung in Einklang brachten. So hatten sie ihre Schüler „zu hingebender Pflichterfüllung, zu Achtung und Verehrung der deutschen Vergangenheit und deutschen Volkstums, zu echter Vaterlandsliebe und zu Opferbereitschaft für die Gesamtheit der Nation zu erziehen".[648] Diese Aufgabe wurde sogar schriftlich fixiert und in die Dienstverträge aufgenommen, welche die neu einzustellenden Lehrer unterzeichnen mussten.[649] Zwei Tage nachdem die Nationalsozialisten auf dem Reichsparteitag im September 1935 ihre Nürnberger Rassegesetze verkündet hatten, verschärften sie erneut die Kriterien, nach denen sie künftig das Personal für die Polizeischulen aussuchten. Per Erlass regelte der neue Reichsinnenminister Wilhelm Frick, dass niemand mehr als Polizeilehrer eingestellt werden dürfe, der selbst Jude oder mit einer Jüdin verheiratet sei.[650] Von einer solchen rassischen Auslese war die Ordnungsmacht aber schon zuvor erfasst worden. Wenn ein Bewerber bei der Polizei eingestellt werden wollte, musste er bereits seit 1933 seine „einwandfreie arische Abstammung" nachweisen können.[651] Außerdem verbot Göring, bestimmte Lehrbücher im polizeilichen Unterricht zu verwenden, die noch in der Weimarer Republik als wichtige Hilfsmittel gedient hatten und nun vernichtet werden mussten.[652] Ferner ordnete er an, dass die Ausbildung an den Erziehungsanstalten künftig nach neuen Lehrplänen zu erfolgen habe.[653] Durch einen Erlass vom 20. Mai 1933 sorgte er dafür, dass die preußischen Polizeischulen ihm unmittelbar unterstellt wurden.[654] Um das preußische Berufsschulwesen weiter zu vereinheitlichen, fand dazu ab dem 19. Februar 1934 eine zweitägige Konferenz im Polizeiinstitut Berlin-Charlottenburg statt, auf der sich die jeweiligen Schulleiter austauschten.[655] Allerdings war dies allenfalls eine Etappe auf dem Weg, an dessen Ende letztlich das gesamtdeutsche polizeiliche Ausbildungswesen „verreichlicht" werden sollte. Nachdem das erfolgt war, löste die neuorganisierte Staatsgewalt schließlich die alten Berufsschulen im Laufe des Jahres 1938 auf, da sie diese offensichtlich nicht mehr benötigte.[656]

Dabei konnte die neue Ordnungsmacht nicht einfach ignorieren, dass sie trotz aller bisheriger Reformen mit dem Erbe der dezentralen Weimarer Polizeipolitik konfrontiert war. Die Entscheidungsträger der NS-Diktatur mussten vielmehr dazu übergehen, die bislang in den einzelnen Ländern bestehenden Unterschiede zu nivellieren, die aus der föderalen Struktur des einst demokratischen Staates resultierten. Daher war es z. B. notwendig, die in den einzelnen Ländern bisher unterschiedlich verlaufenden Lehrgänge an einem einheitlichen Konzept auszurichten und somit quasi „gleichzuschalten". Erst Mitte der dreißiger Jahre schuf der Polizeiapparat dafür einheitliche Richtlinien, die reichsweit gültige Standards begründeten, während er gleichzeitig die bereits erfolgten polizeilichen Ausbildungsmaßnahmen an-

648 RdErl. d. MdI. (KdR.) v. 21.02.1933, in: MBliV, 01.03.1933, Nr. 10, Sp. 192.

649 Vgl. RdErl. d. MdI. (KdR.) v. 10.04.1933, in: MBliV, 19.04.1933, Nr. 23, Sp. 468.

650 Vgl. RdErl. d. Reichs- und Preußischen Ministers des Innern (RuPrMdI.) v. 17.09.1935, in: MBliV, 25.09.1935, Nr. 39, Sp. 1134–1138, hier: Sp. 1134.

651 RdErl. d. MdI. v. 16.08.1933, in: MBliV, 23.08.1933, Nr. 44, Sp. 974.

652 Vgl. z. B. RdErl. d. MdI. (KdR.) v. 15.03.1933, in: MBliV, 22.03.1933, Nr. 16, Sp. 322; Schmidt, Prügelknaben, S. 253; Leßmann, Schutzpolizei, S. 401.

653 Vgl. RdErl. d. MdI. v. 26.04.1933, in: MBliV, 03.05.1933, Nr. 26, Sp. 512 f.

654 Vgl. RdErl. d. MdI. v. 20.05.1933, in: MBliV, 31.05.1933, Nr. 30, Sp. 610 f., hier: Sp. 610.

655 Vgl. RdErl. d. MdI. v. 16.01.1934, in: MBliV, 24.01.1934, Nr. 4, Sp. 119 f.

656 Vgl. RdErl. d. RFSSuChdDtPol. im RMdI. v. 16.05.1938, in: RMBliV, 25.05.1938, Nr. 22, Sp. 892e f.

erkannte. Weil der jeweilige berufliche Bildungsgang aber für ein unterschiedliches Niveau unter den deutschen Beamten sorgte, hatten einzelne Ordnungshüter und Ranggruppen spezielle Kurse zu besuchen, um etwaige Lücken aufzufüllen.[657]

Allerdings war damit noch längst nicht geklärt, wie die nationalsozialistische Polizei zu neuen Kräften gelangen sollte. Noch ehe Himmler am 17. Juni 1936 zum obersten Polizeichef aufstieg, bildete die Ordnungsmacht ihren Wachtmeisternachwuchs verstärkt in Hundertschaften aus, in denen die Männer insgesamt ein Jahr lang zubrachten und dort theoretisch wie praktisch an ihren späteren Dienst herangeführt wurden. Dadurch schwand allerdings der Einfluss der Schutzpolizeischulen auf das Ausbildungswesen immer mehr, weil sie nur noch wenige Arten von Lehrgängen anbieten konnten.[658] Solche Lehranstalten hatte das Regime bereits im Jahre 1934 neueingerichtet. Zwischen Mai 1934 und September 1935 hatten sie allein in Preußen 30 Schutzpolizeianwärterlehrgänge mit insgesamt 2.087 Wachtmeistern durchgeführt, von denen 1.959 ihren Kurs erfolgreich absolvierten. Darüber hinaus hatte die Schutzpolizeischule in Berlin auch noch weitere Lehrgänge veranstaltet, die unter anderem an Kommissar- oder Obermeisteranwärter adressiert waren.[659] Doch auch ihre kurze Hochphase endete wenig später. Gleich zu Beginn der NS-Herrschaft hatten sich die neuen Machthaber außerdem dafür eingesetzt, dass „alte Kämpfer“ der NSDAP oder ihrer Organisationen bevorzugt eine Stelle in der Ordnungsmacht erhielten. Bei dieser Personalpolitik tat sich in Preußen besonders Kurt Daluege hervor, der seit Mai 1933 als Ministerialdirektor im preußischen Innenministerium und Leiter der Polizeiabteilung unter dem neuen Ministerpräsidenten Hermann Göring tätig war.[660]

Weiteres Personal rekrutierte die Schutzpolizei im Jahre 1935 zwar zunächst noch aus den Reihen der aktiven Beamten der Landespolizei.[661] Das trug allerdings nur bedingt dazu bei, die großen personellen Verluste zu kompensieren, welche die Ordnungsmacht erlitten hatte, als sie einen Großteil ihrer Männer an die Wehrmacht hatte abgeben müssen. Daher griff die Schutzpolizei noch stärker auf linientreue Gefolgsleute des NS-Regimes zurück, indem sie sich beispielsweise des SA-Feldjägerkorps bediente. In seiner Funktion als Oberster SA-Führer in Preußen hatte Göring es am 1. Oktober 1933 gegründet, nachdem er die Hilfspolizei seines Landes kurz zuvor aufgelöst hatte. Um dadurch arbeitslos gewordene Mitglieder der SA wieder zu beschäftigen, hatte er sie in dieser neuen Parteipolizei untergebracht, die gegen jene Angehörigen der NSDAP oder ihrer Gliederungen einschritt, die durch undiszipliniertes Verhalten oder Straftaten drohten, den Ruf der neuen Machthaber in der Öffentlichkeit zu schädigen.[662] Die Schutzpolizei nahm das SA-Feldjägerkorps mit Wirkung vom

657 Vgl. RdErl. d. RuPrMdI. v. 08.06.1937, in: RMBliV, 16.06.1937, Nr. 24, Sp. 959–967. Ferner: BAB, R 39/166, I. A. von Bomhard (RFSSuChdDtPol) an den HSSPF in Wien: Anerkennung von Lehrgängen, 10.07.1939, S. 265–271. Zu den konkreten Inhalten der einheitlichen Vorschriften siehe Kapitel 4.3 und 4.5.

658 Vgl. RdErl. d. RuPrMdI. v. 05.05.1936, in: RMBliV, 13.05.1936, Nr. 22, Sp. 639 f.

659 Vgl. Major Wenner, Ausbildung der Schutzpolizei, in: Hans Kehrl (Hrsg.), Jahrbuch der deutschen Polizei 1936, Leipzig 1936, S. 60–73, hier: S. 61 f.

660 Vgl. BAB, R 19/390, Entwurf: Daluege (Preußisches Ministerium des Innern) an Göring, 10.01.1934, Bl. 5–8. Ferner: Shlomo Aronson, Reinhard Heydrich und die Frühgeschichte von Gestapo und SD, Stuttgart 1971, S. 80; Cadle, Kurt Daluege, S. 70; Westermann, Police Battalions, S. 38.

661 Vgl. RdErl. d. RuPrMdI. v. 15.11.1935, in: MBliV, 20.11.1935, Nr. 47, Sp. 1400.

662 Vgl. Hans Buchheim, SA-Hilfspolizei, SA-Feldpolizei und Feldjägerkorps und die beamtenrechtliche Stellung ihrer Angehörigen, in: Gutachten des Instituts für Zeitgeschichte, Bd. I, Stuttgart 1958, S. 335–340, hier: S. 338; Wilhelm, Polizei, S. 51. Ferner: Westermann, Police Battalions, S. 68 f.

1. November 1935 vollständig in ihre Reihen auf.[663] In Preußen wandelte sie am 1. April 1936 dessen Bereitschaften in „Schutzpolizeihundertschaften" um, sofern sie sich in Standorten mit staatlicher Polizeiverwaltung befanden.[664] Um die SA-Feldjäger bestmöglich in die Ordnungsmacht integrieren zu können, mussten sie bis Mitte der dreißiger Jahre aber noch spezielle Kurse oder sogar die Polizeiberufsschule besuchen.[665]

All diese personalpolitischen Maßnahmen waren allerdings nur eine Übergangslösung. Die neuen Machthaber mussten vielmehr eine Strategie entwickeln, um geregelter an polizeiliche Nachwuchskräfte zu gelangen. Das galt vor allem für die Offiziere der schon bald „verreichlichten" Ordnungsmacht, um deren Aus- und Fortbildung sich Berlin ganz besonders bemühte. Dazu hatten die Nationalsozialisten aber zunächst einmal neue Strukturen zu schaffen, um ihren Polizeiapparat auch auf dieses Ziel auszurichten. In diesem neuen System sollte Fürstenfeldbruck eine zentrale Bedeutung zukommen.

663 Vgl. RdErl. d. RuPrMdI. v. 28.11.1935, in: MBliV, 04.12.1935, Nr. 49, Sp. 1429. Wilhelm Frick hatte dies bereits im Frühjahr 1935 initiiert. Zu den Hintergründen und zum weiteren Verlauf vgl. Buchheim, SA-Hilfspolizei, S. 339.

664 RdErl. d. RuPrMdI. v. 09.04.1936, in: RMBliV, 15.04.1936, Nr. 18, Sp. 512a–512e, hier: Sp. 512a. Ferner: Buhlan, Organisation, S. 181.

665 Vgl. RdErl. d. RuPrMdI. v. 05.12.1935, in: MBliV, 11.12.1935, Nr. 50, Sp. 1464c f.; RdErl. d. RuPrMdI. v. 20.03.1936, in: RMBliV, 25.03.1936, Nr. 15, Sp. 389–392.

4. Die Ausbildung von Polizeioffizieren 1936 bis 1945: System – Orte – Vorschriften

4.1 Das Hauptamt Ordnungspolizei und seine Rolle im Ausbildungssystem

Die zentrale Behörde der uniformierten Staatsmacht war das Hauptamt Ordnungspolizei, das Himmler per Erlass vom 26. Juni 1936 einrichtete.[666] Diese Zentralinstanz war ein Produkt der „Verreichlichung", da sie einerseits die bisherigen Kompetenzen der Länder und andererseits die des Reichsinnenministeriums auf dem Gebiet der uniformierten Polizei in sich bündelte.[667] Sie unterstand dem Chef der Ordnungspolizei, Kurt Daluege, und untergliederte sich in verschiedene Abteilungen, die ebenfalls als Ämter bezeichnet wurden. Ursprünglich setzte sich das Hauptamt Ordnungspolizei zusammen aus dem Amt „Verwaltung und Recht" sowie dem „Kommandoamt". Während jenes für den Haushalt, die Unterkünfte, wirtschaftliche und rechtliche Belange verantwortlich war, befasste sich dieses mit der allgemeinen Organisation, den Personalien sowie dem Einsatz und der Ausbildung der uniformierten Staatsdiener.[668] Daneben waren Daluege noch drei sogenannte Generalinspekteure direkt unterstellt, die gewissermaßen als seine Mitarbeiter im Außendienst fungierten und unterschiedliche Bereiche der uniformierten Polizei vor Ort überwachten. Je einer dieser Inspizienten war anfangs zuständig für die Schutzpolizei des Reiches, für die Gendarmerie und die Gemeindepolizei sowie für die Polizeischulen.[669]

Dieses Grundgerüst sollte bis zum Zusammenbruch der NS-Diktatur zwar großteils bestehen bleiben. Doch seitdem Himmler diesen Verwaltungsapparat geschaffen hatte, veränderte sich seine Struktur grundlegend. Das offenbarte sich insbesondere während des Krieges. Da sich das Aufgabenspektrum der gesamten uniformierten Staatsmacht ständig ausdehnte, musste sich auch die Zentralbehörde zunehmend ausdifferenzieren. Dieser Prozess lief fortwährend ab und veränderte ständig ihr Gesicht, weshalb von einer festen Gestalt des Hauptamtes Ordnungspolizei kaum gesprochen werden kann. So entstanden fortwährend neue Ämter und Referate, aber auch Generalinspekteure und Inspekteure, während sich innerhalb der Behörde einzelne Zuständigkeiten verlagerten. Neue Aufgaben kamen hinzu, zu denen beispielsweise das Feuerlöschwesen, der Luftschutz und die militärische Organisa-

666 Vgl. RdErl. d. RFSSuChdDtPol. im RMdI. v. 26.06.1936, in: RMBliV, 15.07.1936, Nr. 31, Sp. 946–948, hier: Sp. 947.

667 Neufeldt liefert einen knappen Überblick darüber, wie die Polizeikompetenzen innerhalb des Reichsinnenministeriums und der Länder auf das Hauptamt Ordnungspolizei übergingen. Vgl. Neufeldt, Entstehung, S. 5–20.

668 Vgl. u. a. USHMM, RG-11.001M.15, Reel 406, Fond 1323-2-1, Chef der Ordnungspolizei: Geschäftsverteilungsplan des Hauptamtes Ordnungspolizei, 01.09.1936. Das gleiche Dokument findet sich ebenso in: BAB, R 19/5a. Ein Dokument ähnlichen Inhalts ist ferner: BAB, R 19/459, Chef der Ordnungspolizei: Geschäftsverteilungsplan des Hauptamtes Ordnungspolizei, 01.09.1936.

669 Vgl. Neufeldt, Entstehung, S. 33 f. Ferner zu Aufbau und Funktion des Hauptamts Ordnungspolizei sowie den Generalinspekteuren: Dierl, Hauptamt, S. 166–170.

tion der Polizeieinheiten gehörten.[670] Wegen dieser Aufgabenfülle entstanden z. B. im Dezember 1940 innerhalb des Kommandoamtes drei Amtsgruppen, denen die einzelnen Ämter untergeordnet waren, die nun Gruppen hießen.[671] Nachdem Himmler im August 1943 auch den Posten des Reichsinnenministers übernommen hatte, übertrug er zudem einige Kompetenzen seiner neuen Behörde auf die Sicherheits- und die Ordnungspolizei. Daneben erweiterte er die Spielräume des RSHA, indem er ihm einige Aufgaben anvertraute, die er dem Hauptamt Ordnungspolizei zuvor entrissen hatte.[672] Bis Kriegsende wirkte sich Himmlers Reformeifer auch auf den Ausbildungsapparat deutlich aus und führte dazu, dass er immer komplexere Formen annahm, was es dem Betrachter erschwert, sich einen Überblick zu verschaffen.

Als zentrale Instanz in Fragen der Ausbildung bestimmte das Kommandoamt, welche Themen und Inhalte in welcher Form den Polizeischülern zu vermitteln waren. Das galt während des Krieges noch mehr als zu Friedenszeiten, da diese hauptsächlich mit Offizieren besetzte Dienststelle unter anderem auch dafür verantwortlich war, die Polizeieinheiten und deren Angehörige fronttauglich zu machen.[673] Das Kommandoamt hatte aber nicht nur diesen kriegsbedingten Mehraufwand zu bewältigen. Auch die allgemeinen Reformen innerhalb des Hauptamts Ordnungspolizei tangierten alle Referate, die sich mit der Ausbildung befassten. Ende 1936 entstand innerhalb des Kommandoamtes das „Ausbildungsamt“, das einen Großteil jener Kompetenzen übernahm, die zuvor noch dem „Generalinspekteur der Schulen“ zugestanden hatten. Dieses Amt gliederte sich im November 1937 um und erhielt im Dezember 1940 sogar einen neuen Titel, weshalb es seitdem als Gruppe „Ausbildungswesen“ firmierte. Sie war für die Aus- und Fortbildung der gesamten Ordnungspolizei zuständig und betreute auch deren Lehrstätten und sonstige Liegenschaften.[674] Konkret hatte die Abteilung dabei eine Fülle von Aufgaben zu meistern. Sie musste unter anderem Lehrgänge organisieren, militärische Übungen des Führungspersonals und seiner Nachwuchskräfte arrangieren, das Material für den Unterricht bereitstellen, Bauvorhaben der Polizeischulen mitverwalten und Statistiken zur Ausbildung führen.[675]

Allerdings konnte die Gruppe „Ausbildungswesen“ nicht darauf einwirken, wie die besonderen Zweige der Polizei ihre Ausbildung organisierten. Innerhalb des Kommandoamtes bildeten sie eigene Ämter, die diese Aufgabe übernahmen. Zu diesen Sonderzweigen gehörten etwa das Nachrichten-, das Kraftfahr- und das Feuerlöschwesen, die ebenfalls Himmlers Reformwut unterworfen waren. Ähnlich erging es auch dem als Körperschulung bezeichneten

670 Vgl. z. B. USHMM, RG-11.001M.15, Reel 406, Fond 1323-2-2, Chef der Ordnungspolizei: Geschäftsverteilungsplan des Hauptamtes Ordnungspolizei, 01.05.1939; USHMM, RG-11.001M.15, Reel 406, Fond 1323-2-3, Geschäftsverteilungsplan des Kommando-Amtes, Juli 1943. Ferner zur Organisation des Hauptamtes Ordnungspolizei und zu ihrem permanenten strukturellen Wandel: Neufeldt, Entstehung, S. 28–37.

671 Vgl. Neufeldt, Entstehung, S. 51.

672 Vgl. BayHStA München, Polizeischule FFB 2, Schnellbrief: mit der Führung beauftragt (m. d. F. b.) Wünnenberg (Chef der Ordnungspolizei) an u. a. die Schulen, Anstalten usw.: Neugliederung des Hauptamtes Ordnungspolizei, 22.09.1943; Wilhelm, Polizei, S. 180–182.

673 Vgl. Neufeldt, Entstehung, S. 50 und 52.

674 Vgl. USHMM, RG-11.001M.15, Reel 406, Fond 1323-2-1, Chef der Ordnungspolizei: Geschäftsverteilungsplan des Hauptamtes Ordnungspolizei, 01.09.1936, S. 69–72; Neufeldt, Entstehung, S. 53 und 70 f.

675 Vgl. USHMM, RG-11.001M.15, Reel 406, Fond 1323-2-2, Chef der Ordnungspolizei: Geschäftsverteilungsplan des Hauptamtes Ordnungspolizei, 01.05.1939, S. 72.

Sport, der über ein eigenes Amt verfügte.[676] Das bedeutet aber keineswegs, dass diese Bereiche streng voneinander abgegrenzt waren und keinerlei Berührungspunkte zueinander aufwiesen. Immerhin war die Gruppe „Ausbildungswesen" dafür verantwortlich, einheitliche Richtlinien, Vorschriften, Lehr- und Prüfungsordnungen für die Vollzugspolizei herauszuarbeiten.[677] Insofern musste sie darin auch Inhalte behandeln, die sich mit den speziellen Gebieten der Ordnungspolizei befassten, damit die Lehrkräfte ihre Schüler darüber informieren konnten. Wie noch zu zeigen sein wird, gehörten z. B. die nachrichten- und kraftfahrtechnischen Themenfelder ebenso zur Offiziersausbildung wie der Sport, wobei solche Komplexe sogar einen ziemlich breiten Raum einnahmen.[678] In den Kursen sollten die Lehrer auch feststellen, ob sich ein Anwärter besonders für einen speziellen Dienst eignete und unter anderem als Funker oder im Luftschutz eingesetzt werden konnte.

Wie komplex der Kompetenzwirrwarr innerhalb des Hauptamts Ordnungspolizei war, zeigt ferner ein Blick auf die drei ursprünglichen Generalinspekteure: Diese hatten zunächst jeweils in ihrem Bereich zu überwachen, wie die allgemeine Ausbildung vonstatten ging.[679] Bereits 1936 war der Generalinspekteur der Schulen dafür zuständig, die Bildungsstätten und Ausbildungshundertschaften der Ordnungspolizei zu inspizieren, wovon jedoch einzelne spezielle Lehranstalten ausgenommen waren.[680] Dabei fielen ihm zahlreiche Aufgaben zu, die sich darauf erstreckten, den allgemeinen Dienstbetrieb und die Organisation dieser Institutionen zu ermöglichen, gleichzeitig aber auch an den Chef der Ordnungspolizei über seine Eindrücke und Tätigkeiten zu berichten. So musste er beispielsweise gewährleisten, dass die Polizeischüler eine adäquate Unterkunft und eine angemessene Kost erhielten. Auch an Kleidung, Waffen und sonstiger Ausrüstung durfte es ihnen nicht mangeln, damit dies möglichst nicht ihre Ausbildung störte. Daneben oblag es dem Generalinspekteur, die Kommandeure und Stabsoffiziere der Schulen zu beurteilen, aber auch die Truppenübungsplätze der Ordnungspolizei zu begutachten. Er sollte außerdem darauf achten, dass das Führungskorps und dessen Nachwuchs einheitlich ausgebildet wurden, weshalb er auch die Offiziersschulen besonders aufmerksam beäugte. Damit war er scheinbar einer der wichtigsten Funktionäre in Himmlers polizeilichem Ausbildungsapparat.[681] Bereits Ende 1936 übernahm jedoch das Kommandoamt die Kompetenzen des Generalinspekteurs der Schulen, die er damit im Ausbildungswesen nur für kurze Zeit innehatte. Nunmehr beschränkte sich seine Funktion darauf, die Lehranstalten der Ordnungspolizei und den Stand der Ausbildung zu kontrollieren, indem er etwa die Schulen besichtigte oder Übungen und Planspielen beiwohnte.[682]

Allerdings sollte es nicht das einzige Mal bleiben, bei dem der Generalinspekteur der Schulen bestimmte Aufgaben an andere Stellen abgeben musste. Denn der andauernde Reformei-

676 Vgl. z. B. die Gliederung des Kommandoamtes bei: Neufeldt, Entstehung, S. 66–68 und 71 f. Seit September 1943 bezeichneten sich u. a. der Luftschutz, die Feuerschutzpolizei, das Nachrichtenverbindungs- und das Kraftfahrwesen als Inspektionen, die sich aus der Amtsgruppe I lösten, um von nun an als eigenständige Organe innerhalb des Kommandoamts zu fungieren. Vgl. ebd., S. 51 und 57.

677 Vgl. dazu z. B. USHMM, RG-11.001M.15, Reel 406, Fond 1323-2-2, Chef der Ordnungspolizei: Geschäftsverteilungsplan des Hauptamtes Ordnungspolizei, 01.05.1939, S. 72.

678 Siehe dazu Kapitel 5.1.

679 Vgl. RdErl. d. RFSSuChdDtPol. im RMdI. v. 04.02.1937, in: RMBliV, 10.02.1937, Nr. 6, Sp. 233 f.

680 Dazu zählte etwa die Technische Polizeischule sowie Sport-, Reit- und Skischulen der Polizei. Vgl. USHMM, RG-11.001M.15, Reel 406, Fond 1323-2-1, Chef der Ordnungspolizei: Geschäftsverteilungsplan des Hauptamtes Ordnungspolizei, 01.09.1936, S. 69.

681 Vgl. BAB, R 19/459, Chef der Ordnungspolizei, Geschäftsverteilungsplan des Hauptamtes Ordnungspolizei, 01.09.1936, S. 153. Ferner: Dierl, Hauptamt, S. 169.

682 Vgl. Neufeldt, Entstehung, S. 86 f.

fer Himmlers machte auch vor den Sondergesandten der „grünen“ Polizei nicht Halt: Seit 8. November 1940 oblag es dem „Generalinspekteur der Schutzpolizei des Reiches“, den gesamten Ersatz für seine Polizeisparte auszubilden, womit er auch jene Rechte erhielt, die bisher dem Chef der Ausbildungsbataillone zugestanden hatten.[683] Außerdem beaufsichtigte er ab März 1941 auch noch einen Großteil der Schutzpolizeischulen.[684] Daneben überwachte der „Generalinspekteur der Gendarmerie und der Schutzpolizei der Gemeinden“ bereits seit Ende des Vorjahres alle Lehrstätten, die für seine Polizeizweige vorhanden waren.[685] Die Machtfülle des Generalinspekteurs der Schulen schrumpfte dadurch drastisch, dem nun aber die Aufgabe zukam, das Kolonialpolizeiamt im Hauptamt Ordnungspolizei zu leiten, was jedoch ebenfalls nur von kurzer Dauer war.[686]

In der zweiten Kriegshälfte erodierten seine Kompetenzen noch stärker. Im April 1943 fielen auch die Offiziers- und Unterführerschulen der Ordnungspolizei sowie die Polizeilehrbataillone an den Generalinspekteur der Schutzpolizei. Für die Polizeiausbildungsbataillone (PAB) war fortan dessen Kollege verantwortlich, der die Aufsicht über Gendarmerie und Gemeindepolizei innehatte. Stattdessen musste der Generalinspekteur der Schulen dafür sorgen, dass Polizeiregimenter schnellstmöglich aufgestellt und ausgebildet werden konnten. Als hätte das nicht gereicht, vervollständigte der Chef der Ordnungspolizei das Ämter- und Kompetenzchaos, indem er im September 1944 die ursprünglichen Aufgaben der drei Generalinspekteure noch stärker aufweichte und ihnen stattdessen einzelne geographische Gebiete zuwies. Seine Gesandten teilten nun das „Altreich“ und die besetzten Territorien unter sich auf und erschienen dort als Funktionäre, die in ihren Gebieten sämtliche Dienststellen und Einheiten inspizierten, ohne wie bisher für einzelne fachlich abgegrenzte Bereiche zuständig zu sein. Das galt allerdings nicht für den Generalinspekteur der Schutzpolizei, der weiterhin die Offiziers- und Waffenschulen unter seiner Obhut hatte.[687] Zusammenfassend lässt sich also festhalten, dass sich während des „Dritten Reichs“ die Aufgaben des Generalinspekteurs der Schulen grundlegend änderten, was zu einem schier unübersichtlichen Durcheinander an Zuständigkeiten führte.

Wenngleich innerhalb des Hauptamts Ordnungspolizei grundsätzlich eine große Personalfluktuation herrschte, änderte sich jedoch nicht allzu häufig, wer als Generalinspekteur der Schulen amtierte.[688] Zunächst übernahm der Generalmajor der Polizei Karl Pfeffer-Wildenbruch im Juni 1936 diesen Posten, den er bis 31. August 1943 innehatte.[689] Sein Nachfolger war ab November 1943 kein Geringerer als Adolf von Bomhard, der einige Jahre lang das

683 Vgl. RdErl. d. RFSSuChdDtPol. im RMdI. v. 08.11.1940, in: RMBliV, 13.11.1940, Nr. 46, Sp. 2061 f.

684 Vgl. RdErl. d. RFSSuChdDtPol. im RMdI. v. 17.03.1941, in: RMBliV, 26.03.1941, Nr. 13, Sp. 485.

685 Vgl. RdErl. d. RFSSuChdDtPol. im RMdI. v. 22.10.1940, in: RMBliV, 30.10.1940, Nr. 44, Sp. 1992 f.

686 Vgl. RdErl. d. RFSSuChdDtPol. im RMdI. v. 14.01.1941, in: RMBliV, 22.01.1941, Nr. 4, Sp. 105 f. Bereits im März 1943 wurde das Kolonialpolizeiamt wieder aufgelöst. Vgl. Neufeldt, Entstehung, S. 38 und 73 f. Zu den einzelnen Änderungen ferner: Ebd., S. 87 f.

687 Vgl. BAB, R 19/281, Abschrift: m.d.F.a. Wünnenberg (Chef der Ordnungspolizei) an u. a. die Herren Generalleutnante der Polizei von Bomhard, Becker, Meyßner: Zuständigkeit der Generalinspekteure I-S, I-G, I-Sch, 13.09.1944, Bl. 42; Neufeldt, Entstehung, S. 87–89; Nix, Police Forces, S. 23 f.

688 Zu den einzelnen Generalinspekteuren der Schulen vgl. Nix, Police Forces, S. 24.

689 Vgl. BAB, SSO – Karl Pfeffer-Wildenbruch. Von Oktober 1939 bis Mitte November 1940 fungierte Pfeffer-Wildenbruch in Personalunion als Generalinspekteur der Schulen und als Kommandeur der SS-Polizei-Division. Vgl. Schulz/Zinke, Generale, Bd. 3, Bissendorf 2008, S. 483–494, besonders: S. 486 f. Während in diesem Buch jedoch davon die Rede ist, dass Pfeffer-Wildenbruch erst ab Anfang August bzw. September 1936 als Generalinspekteur fungierte, datiert Neufeldt dieses Ereignis auf Juni 1936. Vgl. Neufeldt, Entstehung, S. 112.

Kommandoamt geleitet hatte und nun ein schweres Erbe antrat.[690] Denn es war ihm in der zweiten Kriegshälfte nicht mehr möglich, ernsthaft mitzubestimmen, wie der Nachwuchs der Ordnungspolizei gefördert werden sollte, da seine Kompetenzen seinerzeit bereits beschnitten waren. In den letzten Kriegsmonaten von Februar bis Mai 1945 löste ihn dann noch Generalleutnant Emil Höring auf seinem Posten ab, der jedoch am Zerfall des „Tausendjährigen Reiches" auch nichts mehr zu ändern vermochte.[691] Seit April 1943 war stattdessen der Generalinspekteur der Schutzpolizei dafür verantwortlich, die Offiziersschulen der uniformierten Ordnungsmacht zu beaufsichtigen. Während Generalleutnant der Polizei Georg Schreyer bis Ende Juni 1943 diese Aufgabe übernahm, beerbte ihn bis Kriegsende sein ranggleicher Kollege Herbert Becker.[692]

Als wäre dies noch nicht verwirrend genug, nahm vor allem die „Weltanschauliche Schulung" innerhalb des Hauptamtes Ordnungspolizei eine Sonderstellung ein: Seit 1937 war sie organisatorisch innerhalb des Ausbildungsamts mit dem „Allgemeinbildenden Unterricht" zusammengefasst. Als Gruppe „Weltanschauliche Erziehung" löste sie sich im April 1940 jedoch aus diesem heraus und bildete eine eigenständige Abteilung innerhalb des Kommandoamtes. Dieser Schritt verdeutlicht, wie wichtig es für Himmler und Daluege war, die uniformierten Gesetzeshüter politisch zu indoktrinieren. Einen weiteren Machtzuwachs erfuhr die Abteilung, als sie sich im Februar 1943 den Allgemeinbildenden Unterricht einverleibte, der bis dahin in der Gruppe „Ausbildungswesen" platziert war. Im November 1944 wurde die dadurch gestärkte Abteilung noch in Gruppe „Weltanschauliche Führung" umbenannt, was sich auf ihren Aufgabenbereich jedoch inhaltlich nicht auswirkte. Grundsätzlich hatte sie den politisch-weltanschaulichen Unterricht aller Polizisten zu bewerkstelligen, weshalb sie sich um dessen Organisation kümmerte, Lehrpläne und -materialien ausarbeitete, aber auch das Schulungspersonal betreute.[693] In den letzten Kriegsmonaten weitete sie ihre Kontrolle noch mehr aus, indem ihr Leiter, Oberstleutnant Dr. Werner Zwingelberg, in Personalunion die Abteilung „Weltanschauliche Erziehung" im Bundesamt des „Kameradschaftsbundes der Deutschen Polizei" leitete.[694]

Daneben unterhielt das Hauptamt Ordnungspolizei ab 17. Oktober 1939 eigens einen „Inspekteur für die weltanschauliche Schulung". Er unterstand dem Chef der Ordnungspolizei und hatte dafür zu sorgen, dass die Schulungsleiter und ähnliche Lehrkräfte einheitlich ausgebildet wurden. Um diese Posten zu besetzen, konnte er geeignete Kandidaten vorschlagen, hatte diese aber auch regelmäßig zu beurteilen. Außerdem musste er vor Ort den politisch-weltanschaulichen Unterricht in den einzelnen Dienststellen inspizieren und seinem Vorgesetzten darüber berichten.[695] Zum ersten Amtsträger bestimmte Himmler den SS-Oberführer Dr. Joachim Caesar. Anhand dieser Personalwahl zeigt sich, wie eng die uniformierte Polizei seinerzeit bereits mit der SS verbunden war. Denn Caesar amtierte zugleich als Chef des Schulungsamtes im SS-Hauptamt und brachte nun sein ganzes Fachwissen in die unifor-

---

690 Zur Biographie von Adolf von Bomhard vgl. BAB, SSO – Adolf von Bomhard. Ferner: Schulz/Wegmann, Generale, Bd. 1, Bissendorf 2003, S. 130–134, besonders: S. 132 f.; Neufeldt, Entstehung, S. 107; Martin Hölzl, Grüner Rock und weiße Weste: Adolf von Bomhard und die Legende von der sauberen Ordnungspolizei, in: ZfG 50/1 (2002), S. 22–43; Florian Dierl, Adolf von Bomhard – „Generalstabschef" der Ordnungspolizei, in: Mallmann, Karrieren, S. 56–65.

691 Vgl. BAB, SSO – Emil Höring. Zur Biographie von Emil Höring ferner: Schulz/Wegmann/Zinke, Generale, Bd. 2, Bissendorf 2005, S. 304–307. Siehe dazu auch Kapitel 7.4.

692 Vgl. Nix, Police Forces, S. 23; Neufeldt, Entstehung, S. 106 f. und 114.

693 Vgl. Neufeldt, Entstehung, S. 70–72.

694 Vgl. I. A. Flade: RdErl. d. RFSSuChdDtPol. v. 23.09.1944, in: BefBlO, 30.09.1944, Nr. 39, S. 334 f.

695 Vgl. RdErl. d. RFSSuChdDtPol. im RMdI. v. 17.10.1939, in: RMBliV, 25.10.1939, Nr. 43, Sp. 2177 f.

mierte Polizei mit ein.[696] Allerdings war ihm sehr wohl bewusst, dass es keine leichte Aufgabe war, die Beamten weltanschaulich auf Kurs zu bringen, da sich dies sogar innerhalb der SS nicht einfach gestaltete. Im gleichen Jahr beklagte er sich nämlich darüber, dass die SS-Männer im Unterricht von Rassenpolitik nichts mehr wissen wollten. „Allmählich machte sich bei den Männern eine Ermüdung diesen Themen gegenüber bemerkbar, und so wurde die Schulung ausgedehnt auf die Grundlagen des nationalsozialistischen Weltanschauungsbildes", wie Caesar erklärte.[697] Seiner Ansicht nach habe sich aber auch diese Vorgehensweise als unwirksam entpuppt.[698] Trotz dieser Rückschläge arbeitete der Inspekteur für die weltanschauliche Schulung bis Kriegsende darauf hin, die Polizeibeamten ideologisch Himmlers Eliteorden anzugleichen.

Caesar übte dieses Amt bis zum 9. Mai 1942 aus, bis Adolf von Bomhard seine Nachfolge antrat, der aber weiterhin als Generalinspekteur der Schulen fungierte und zeitweise beide Ämter parallel ausübte. Von Anfang Januar 1944 bis Ende April 1945 arbeitete nach ihm der Generalmajor der Waffen-SS Ernst Fick auf diesem besonderen Posten, der ebenso wenig wie Caesar der Polizei, sondern vielmehr der Schutzstaffel angehörte.[699] Dabei war der Amtsinhaber nicht auf sich allein gestellt, sondern arbeitete stets intensiv mit der Gruppe „Weltanschauliche Erziehung" zusammen. Während diese den politisch-weltanschaulichen Unterricht inhaltlich herausarbeitete, kontrollierte der Inspekteur vor Ort, wie ihn die einzelnen Dienststellen konkret umsetzten. Darüber hinaus war er auch dafür verantwortlich, die Kommandeure der polizeilichen Bildungsstätten, die zuständigen Lehrkräfte wie auch die Schulungsredner selbst weltanschaulich zu schulen. So sollten sie auf eine gemeinsame Linie gebracht werden, damit sie künftig ihre Untergebenen im Geiste des Nationalsozialismus ausrichten konnten.[700] Zwar gab Dalueges Behörde vor, wie dies zu erfolgen hatte. Doch waren es vor allem lokale Akteure, die diese Maßnahmen durchführen mussten.

4.2 Das System der weltanschaulichen Schulung innerhalb der Ordnungspolizei

Der vorangegangene Blick auf das Hauptamt Ordnungspolizei offenbart, dass die weltanschauliche Schulung darin eine Sonderrolle spielte. Doch bestand diese nicht nur darin, in der Zentralbehörde ein eigenes Amt und einen speziellen Inspekteur zu stellen. Daneben existierte innerhalb der uniformierten Exekutive ein hierarchisch gegliedertes System, das sich jenes der Schutzstaffel zum Vorbild nahm und darauf ausgerichtet war, jeden ihrer Beamten in den einzelnen Dienststellen, Einheiten und Schulen ideologisch zu beeinflussen. Dabei war es Himmler zuzuschreiben, dass die weltanschauliche Schulung innerhalb der Ordnungsmacht eine so herausragende Rolle spielte. Er plante, gerade durch sie den gesamten SS- und Polizeiapparat zu erfassen, um dessen Angehörige einheitlich zu einem ideologisch unbeirrbaren „Staatsschutzkorps" zu erziehen.[701] Dazu musste in der Ordnungspolizei

696 Zur Person von Joachim Caesar vgl. BAB, SSO – Joachim Caesar. Ferner: Hein, Elite, S. 230 f. Zum Amt des Inspekteurs für die weltanschauliche Schulung ferner: Dierl, Hauptamt, S. 169 f.

697 Zit. nach Heinz Höhne, Der Orden unter dem Totenkopf. Die Geschichte der SS, München 2002, S. 146.

698 Vgl. ebd., S. 146.

699 Vgl. I. V. Winkelmann: RdErl. d. ChefsOP. v. 11.02.1944, in: BefBlO, 19.02.1944, Nr. 7, S. 33. Zur Biographie von Ernst Fick ferner: BAB, SSO – Ernst Fick; Schulz/Wegmann, Generale, Bd. 1, Bissendorf 2003, S. 304–307. Neufeldt, Entstehung, S. 108; Nix, Police Forces, S. 25 f.; Harten, Lehrer, S. 56.

700 Vgl. Nix, Police Forces, S. 25.

701 Vgl. Banach, Elite, S. 114 f.

jedoch zunächst einmal jenes System geschaffen werden, das die politische Indoktrination so besonders machte. Seine Anfänge gingen allerdings nicht auf die Polizei zurück.

Innerhalb des Rasse- und Siedlungshauptamts der SS (RuSHA) existierte seit Anfang 1935 ein Schulungsamt, das damit betraut war, die weltanschauliche Schulung der SS zu organisieren.[702] Seine wichtigsten Kräfte waren die Schulungsleiter, die aber bereits seit Anfang 1933 existierten und von den Rassereferenten des RuSHA aus den einzelnen SS-Oberabschnitten geworben wurden. Bevor sie wöchentlich in den einzelnen Dienststellen und Einheiten vor Ort ihre ideologischen Kurse abhalten konnten, durchliefen sie eine eigene Ausbildung in speziellen Lagern, die sie durch Wehrsport und weltanschaulichen Unterricht auf die Linie der SS ausrichtete. Um danach selbst über die Inhalte der NS-Ideologie referieren zu können, benötigten die Schulungsleiter einheitliche Vorgaben und geeignete Hilfsmittel. Deshalb versorgte sie das RuSHA mit Vorschriften und einschlägigem Material.[703] Allerdings war es für die Propagandisten durchaus schwierig, bei den SS-Angehörigen die gewünschten Ergebnisse zu erzielen und diese nicht mit den immergleichen Parolen zu langweilen. Wie bereits erwähnt, entging auch Caesar als Leiter des Schulungsamtes dieses Problem nicht. Dennoch wurde seine Behörde immer wichtiger für Himmlers Pläne, einen SS- und Polizeiapparat aufzubauen, der über die gleiche weltanschauliche Identität verfügte. Weil die Ergebnisse der Schulungen jedoch zu wünschen übrig ließen und die finanzielle Situation des RuSHA ziemlich prekär war, löste Himmler im August 1938 das Schulungsamt aus ihm heraus und gliederte es in das SS-Hauptamt ein.[704]

Schon bevor eine einheitliche Organisation existierte, die darauf ausgerichtet war, die deutsche Polizei mental zu beeinflussen, drang das nationalsozialistische Gedankengut in ihre Dienststellen und Einheiten ein. Hatten sich einzelne Anhänger der NS-Bewegung bereits vor der „Machtergreifung" bemüht, auf ihre Kollegen ideologisch einzuwirken, lief dieser Prozess ab 1933 systematischer ab.[705] Zum einen gelangten in die Polizei nun Partei-, SA- und SS-Angehörige, die ihre politischen Ansichten nicht verbargen, sondern vielmehr dafür warben. Zum anderen versuchte auch die NS-Führung, die Mentalität der Beamten in ein einheitliches Korsett zu schnüren. Dabei tat sich besonders der „Kameradschaftsbund Deutscher Polizeibeamten" hervor, der seit 1933 als Einheitsgewerkschaft der Ordnungsmacht fungierte und möglichst alle Polizisten des NS-Staats unter seinem Dach zusammenfassen wollte. In der Frühphase des „Dritten Reichs" organisierte er sämtliche politisch-weltanschaulichen Kurse der Polizei, welche die einzelnen Ortsgruppen durchführten.[706] Dazu verfügte er über eine eigene Abteilung „Schulungswesen" und veröffentlichte seine Verbandszeitschrift „Der Deutsche Polizeibeamte", die ab 1938 schlicht „Die Deutsche Polizei" hieß.[707] Am 1. Ja-

702 Vgl. Harten, Lehrer, S. 55. Harten zeigt auf, dass dieses Amt in anderer Form bereits seit Herbst 1934 existierte und im Frühjahr 1935 dann offiziell zum Schulungsamt umfunktioniert wurde. Vgl. ebd., S. 51–55. Ferner: Wulff E. Brebeck/Frank Huismann/Kirsten John-Stucke u. a. (Hrsg.), Endzeitkämpfer. Ideologie und Terror der SS, Schriftenreihe des Kreismuseums Wewelsburg, Bd. 8, Berlin/München 2011, S. 102. Dagegen schreibt Matthäus, dass das Schulungsamt innerhalb des RuSHA erst seit Anfang 1936 existierte. Vgl. Matthäus, Judenfrage, S. 37.

703 Vgl. Heinemann, Rasse, S. 66–68; Harten, Lehrer, S. 44–52.

704 Vgl. Heinemann, Rasse, S. 99 f.

705 Vgl. Breitman, Gegner, S. 23.

706 Vgl. Fangmann, Parteisoldaten, S. 71 f. Ferner: Cadle, Honor, S. 145; Roth, Verbrechensbekämpfung, S. 75.

707 Vgl. Kriminalkommissar Bartsch, Die Arbeit der Abteilung Schulung im Kameradschaftsbund, in: Der Deutsche Polizeibeamte, 15.10.1933, Nr. 4, S. 138 f. Ferner: Matthäus, Judenfrage, S. 38; Westerkamp, Schulung, S. 5.

nuar 1935 wurde der Kameradschaftsbund jedoch in den Reichsbund der Deutschen Beamten (RDB) eingegliedert und verlor mit Himmlers Aufstieg zum obersten Polizeichef an Einfluss.[708]

Seine Seminare fanden zunächst noch nicht unter dem Signum der weltanschaulichen Schulung statt, sondern vermengten hauptsächlich allgemeinbildende und polizeifachliche Aspekte. Dennoch bezweckten sie bereits, die Gesetzeshüter mit den Prinzipien und Zielen der neuen Machthaber vertraut zu machen. Darüber hinaus veranstaltete der Verband im Winterhalbjahr regelmäßig weltanschauliche Schulungslehrgänge, die meist im „Polizeihaus Kurmark" in Babelsberg gastierten.[709] Bei einem solchen Kurs trafen sich 300 Ortsgruppen- und Schulungswarte vom 6. bis 20. Januar 1935 in der Staatsschule für Führertum und Politik im thüringischen Egendorf.[710] Dort hörten sie zahlreiche Vorträge zu Themen wie etwa „Der Weg des deutschen Arbeiters", „Die Notwendigkeit und Grundlage des Rassewesens" oder „Der Arbeitsdienst als Schule der deutschen Volksgemeinschaft und des Nationalsozialismus der Tat", die von sportlichen Aktivitäten und Ausflügen flankiert waren.[711] Mit diesem Wissen gelangten die Beamten zu ihren Dienststellen zurück und bemühten sich, das Gelernte auch anderen Kollegen beizubringen.

Doch genügten diese dezentral initiierten Schulungen den Nationalsozialisten offensichtlich nicht. So erklärte Kurt Daluege bereits am 20. Juni 1934, „daß die Polizei in ihrer Gesamtheit vom nationalsozialistischen Gedankengut durchdrungen sein muß, damit sie die ihr vom Staat übertragenen großen Aufgaben im Sinne unseres Führers erfüllen kann".[712] In seiner damaligen Funktion als Befehlshaber der Polizei in Preußen bekräftigte er, jeder Staatsdiener müsse sich außerhalb der weltanschaulichen Kurse und außerhalb seines Dienstes selbstständig weiterbilden. Zu diesem Zweck solle der Beamte täglich den Völkischen Beobachter oder eine nationalsozialistische Lokalzeitung lesen. Besonders wünschte sich Daluege, dass die Vorgesetzten dabei ein gutes Vorbild für ihre Untergebenen abgäben.[713]

Zwar organisierte der Polizeiapparat weiterhin seinen eigenen weltanschaulichen Unterricht. Doch offenbar war diesen Maßnahmen in der Frühphase des „Dritten Reichs" nicht der erhoffte Erfolg beschieden. Anscheinend lockten die Kurse des Kameradschaftsbundes

---

708 Vgl. Umgestaltung des Kameradschaftsbundes, in: Der Deutsche Polizeibeamte, 01.02.1935, Nr. 3, S. 91–94, hier: S. 91; RdErl. d. RuPrMdI. zgl. i. N. d. PrMPräs. (LP.) v. 29.01.1935, in: MBliV, 06.02.1935, Nr. 6, Sp. 160–162.

709 Vgl. u. a. RdErl. d. RuPrMdI. v. 25.07.1935, in: RMBliV, 31.07.1935, Nr. 31, Sp. 980d; RdErl. d. RFSSuChdDtPol. im RMdI. v. 29.07.1936, in: RMBliV, 12.08.1936, Nr. 35, Sp. 1104h; RdErl. d. RFSSuChdDtPol. im RMdI. v. 31.08.1937, in: RMBliV, 08.09.1937, Nr. 36, Sp. 1496d; RdErl. d. RFSSuChdDtPol. im RMdI. v. 25.07.1938, in: RMBliV, 10.08.1938, Nr. 33, Sp. 1304b.

710 Vgl. Der weltanschauliche Schulungslehrgang des Kameradschaftsbundes Deutscher Polizeibeamten auf der Staatsschule für Führertum und Politik in Egendorf/Th. vom 6. bis 20. Januar 1935, in: Der Deutsche Polizeibeamte, 01.02.1935, Nr. 3, S. 88 f. Ferner: Westerkamp, Schulung, S. 6 f. Ein ähnlicher Lehrgang hatte bereits vom 28. Oktober bis 4. November 1934 in Berlin stattgefunden. Vgl. RdErl. d. MdI. zgl. im N. d. Pr. MPräs. (LP.) v. 10.10.1934, in: MBliV, 17.10.1934, Nr. 42, Sp. 1252d.

711 Der weltanschauliche Schulungslehrgang des Kameradschaftsbundes Deutscher Polizeibeamten auf der Staatsschule für Führertum und Politik in Egendorf/Th. vom 6. bis 20. Januar 1935, in: Der Deutsche Polizeibeamte, 15.02.1935, Nr. 4, S. 128–130, hier: S. 128 f. Vgl. ferner Der weltanschauliche Schulungslehrgang des Kameradschaftsbundes Deutscher Polizeibeamten auf der Staatsschule für Führertum und Politik in Egendorf/Th. vom 6. bis 20. Januar 1935, in: Der Deutsche Polizeibeamte, 01.03.1935, Nr. 5, S. 165–167, hier: S. 165 f.

712 RdErl. d. MdI. v. 28.06.1934, in: MBliV, 11.07.1934, Nr. 28, Sp. 937 f.

713 Vgl. ebd., Sp. 937 f.; Schmidt, Prügelknaben, S. 253.

anfänglich nur wenige Beamte und führten nicht zu dem gewünschten Ergebnis.[714] Weiterhin gab es keine zentrale Instanz, die sich professionell um die politische Indoktrination der Polizisten kümmerte. Erst mit Himmlers Amtsantritt als Chef der Deutschen Polizei sollte sich das ändern. Der Reichsführer-SS betraute das Schulungsamt des RuSHA im April 1937 damit, auch die gesamte deutsche Polizei im Geiste der NS-Ideologie zu erziehen, was die Arbeitslast der Behörde erheblich vergrößerte.[715]

Mit einem zentralen Erlass vom 15. April 1937 ordnete Himmler offiziell die weltanschauliche Schulung in der Ordnungspolizei an. Für die einzelnen Zweige der Staatsgewalt war jedoch unterschiedlich geregelt, wie lange der ideologische Unterricht dauern sollte. Den Ausbildungshundertschaften der Schutzpolizei standen z. B. vier Stunden pro Woche für die weltanschauliche Schulung, Nationalpolitik und Geschichte zur Verfügung. Mit einer Wochenstunde weniger mussten sich hingegen entsprechende Einheiten der Wasserschutzpolizei begnügen, während die Schutzpolizeihundertschaften wöchentlich lediglich einen 90-minütigen Unterricht erhielten. Die politische Indoktrination der Gendarmen fand indes bloß einmal im Monat statt und erstreckte sich nur auf etwa eine Stunde.[716] Auch wenn sich Himmlers Ideologen in den folgenden Jahren noch mehr bemühten, sie zu vereinheitlichen und ihr mehr Zeit zu verschaffen, zeigen insbesondere diese Anfänge, wie heterogen die weltanschauliche Schulung in den einzelnen Gliedern der Ordnungspolizei organisiert war. Ferner klagte der Reichsführer-SS in der Folgezeit darüber, dass manche Dienststellen die ideologischen Kurse nicht immer wie angeordnet abhielten und etwa die Verwaltungsbeamten ihnen nicht beiwohnten.[717]

Das RuSHA arbeitete eigene Lehrpläne für diesen Unterricht heraus, die das Hauptamt Ordnungspolizei aber erst absegnen musste. Die Schulungsleiter aus der SS-Behörde waren den jeweiligen IdO unterstellt, wobei die größeren Polizeischulen selbst über eine solche Lehrkraft verfügen konnten. Jedem Schulungsleiter unterstanden zusätzliche Schulungslehrer und -redner, deren Einsatz er mit den einzelnen Dienststellen koordinierte und selbstständig überwachte. Darüber hinaus beaufsichtigte er auch Kameradschaftsabende und weitere politische Kurse, die der Kameradschaftsbund veranstaltete. Hinsichtlich ihrer Themen musste sich die Polizeigewerkschaft mit dem Schulungsleiter abstimmen, um die weltanschauliche Schulung möglichst abwechslungsreich zu gestalten. Nicht zuletzt sollte er intensive Kontakte zur NSDAP und SS pflegen. Seine Berichte gelangten über den zuständigen IdO an Daluege, in denen er festhielt, welche Erfahrungen er und sein Team in den einzelnen Schulungen gemacht hatten.[718] Seine Lehrkräfte konnte der Schulungsleiter direkt in den Einheiten und Schulen rekrutieren. Diese eigneten sich für die neuen Aufgaben etwa dann, wenn sie dort zuvor Geschichte und Nationalpolitik unterrichtet hatten.[719]

Um die Schulungsleiter auf ihr neues Tätigkeitsfeld in der Polizei einzustimmen, veranstaltete das Hauptamt Ordnungspolizei bereits ab 18. März 1937 einen ersten Lehrgang in der

714 Vgl. Fangmann, Parteisoldaten, S. 71.

715 Vgl. Heinemann, Rasse, S. 96 f.; Westermann, Men, S. 45.

716 Vgl. RdErl. d. RFSSuChdDtPol. im RMdI. v. 15.04.1937, in: RMBliV, 28.04.1937, Nr. 17, Sp. 665–668, hier: S. 666. Ferner: Weltanschauliche Schulung der Ordnungspolizei, in: Der Deutsche Polizeibeamte, 15.05.1937, Nr. 10, S. 365 f.; Longerich, Politik, S. 308.

717 Vgl. RdErl. d. RFSSuChdDtPol. im RMdI. v. 13.08.1941, in: RMBliV, 20.08.1941, Nr. 34, Sp. 1499 f.

718 Vgl. RdErl. d. RFSSuChdDtPol. im RMdI. v. 15.04.1937, in: RMBliV, 28.04.1937, Nr. 17, Sp. 665–668, hier: Sp. 666–668.

719 Vgl. RdErl. d. RFSSuChdDtPol. im RMdI. v. 19.07.1937, in: RMBliV, 28.07.1937, Nr. 30, Sp. 1256 f.

SS-Schule in Berlin-Grunewald.[720] Vom 3. bis 8. Mai 1937 wohnten 450 Offiziere einem weltanschaulichen Schulungslehrgang des RuSHA bei, der in einem Saal des Reichstags in Berlin stattfand.[721] Auch der Kameradschaftsbund veranstaltete seinerzeit eigene Kurse, die sich an die Schulungsleiter bei den IdO wendeten.[722] Ausgestattet mit dem nötigen Know-how gingen die Lehrkräfte des RuSHA offiziell jedoch erst Ende 1937 ans Werk.[723] Damit sich die Schulungsleiter untereinander austauschen und über neue Themen weiterbilden konnten, hielt das Hauptamt Ordnungspolizei während des Krieges vereinzelt Arbeitstagungen ab. Bei einer solchen konferierten sie im November 1940 nicht nur über „grundsätzliche Erziehungsfragen", sondern erhielten auch einen „Überblick über die sich anbahnende Neuordnung Europas".[724]

Außerdem bildete die uniformierte Staatsmacht ihre eigenen Lehroffiziere weiter, die sie in den eigenen Bildungsanstalten weltanschaulich schulte. Weil das Hauptamt Ordnungspolizei es für notwendig hielt, ihren Unterricht auf einen einheitlichen Stand zu bringen, veranstaltete es zweiwöchige Arbeitstagungen für diese Lehrkräfte. Vom 17. bis 29. November 1941 fand im „Polizeihaus Kurmark" die erste dieser Konferenzen statt, bei der 20 Teilnehmer einige Vorträge zu typischen Themen der NS-Ideologie hörten und selbst Lehrproben hielten.[725] Unter den prominenten Rednern referierte etwa der Chef des Schulungsamtes Caesar über „Das Führungsprinzip und die Führerauslese in Volk, Partei und Staat", während eine der Lehrproben „Die völkerfeindliche jüdische Plutokratie" behandelte.[726] Das Hauptamt Ordnungspolizei war daneben auch darauf bedacht, sein hauseigenes Personal ideologisch schulen zu lassen, weshalb es für Offiziere und Mannschaften getrennt voneinander monatlich einen politisch-weltanschaulichen Vortrag organisierte.[727]

Während die ideologische Indoktrination in Friedenszeiten hauptsächlich darauf abzielte, die Polizisten mental auf eine einheitliche Linie zu bringen, beabsichtigte Himmlers Machtapparat während des Krieges, seine Vertreter noch stärker auf den „auswärtigen Einsatz" vorzubereiten. Für die weltanschauliche Schulung erwies sich der Zweite Weltkrieg daher als Härtetest. Um diesen bestehen zu können, veröffentlichte Dalueges Hauptamt am 2. Juni 1940 entsprechende „Richtlinien für die Durchführung der weltanschaulichen Schulung der Ord-

720 Vgl. Polizei und Weltanschauung. Einweisung der Schulungsleiter der SS, in: Der Deutsche Polizeibeamte, 01.04.1937, Nr. 7, S. 222.

721 Vgl. RdErl. d. RFSSuChdDtPol. im RMdI. v. 21.06.1937, in: RMBliV, 30.06.1937, Nr. 26, Sp. 1040e; SS und Polizei wachsen zusammen, in: Der Deutsche Polizeibeamte, 15.05.1937, Nr. 10, S. 329 f. Ferner: Matthäus, Judenfrage, S. 46.

722 Vgl. RdErl. d. RFSSuChdDtPol. im RMdI. v. 04.08.1937, in: RMBliV, 11.08.1937, Nr. 32, Sp. 1356l.

723 Vgl. Heinemann, Rasse, S. 97.

724 BAB, R 19/461, I. V. Winkelmann (Der Chef des Kommandoamtes) an alle Ämter: Arbeitstagung der Pol.-Schulungsleiter im Reichsministerium des Innern, 07.11.1940, S. 31.

725 Vgl. BAB, R 19/461, Schnellbrief: I. V. Daluege (RFSSuChdDtPol) an u. a. den HSSPF in München: Arbeitstagungen für Lehroffiziere der Ordnungs-Polizei in der „Nationalsozialistischen Lehre", 06.11.1941, S. 44 und 47 f.

726 BAB, R 19/461, 1. Arbeitstagung für Lehroffiziere der Ordnungspolizei vom 17. bis 29. November 1941 im Polizeihaus Kurmark in Babelsberg, [1941], S. 54.

727 Vgl. u. a. BAB, R 19/244, Bracht (Chef des Amtes Verwaltung und Recht) an die Amtsgruppenleiter, Gruppenleiter und Untergruppenleiter: k.A., 23.03.1942; BAB, R 19/244, I. V. Flade (Chef der Ordnungspolizei) an u. a. Kommandoamt: Weltanschauliche Schulung, 23.10.1944; BAB, R 19/244, I. V. Flade (Chef der Ordnungspolizei) an u. a. Kommandoamt: Monatsvorträge im Hauptamt Ordnungspolizei, 13.11.1944; BAB, R 19/244, Kdo. Stabskomp. an u. a. Amtsgruppe I, II, San.-Amt.: Weltanschauliche Schulung, 05.12.1944.

nungspolizei während der Kriegszeit".[728] Darin waren diejenigen Grundsätze festgehalten, nach denen sämtliche Polizisten politisch indoktriniert werden sollten. In den heimischen Dienststellen und in den besetzten Gebieten müssten sich diese wie bisher mit den Prinzipien der NS-Ideologie vertraut machen. Während des Krieges sei es jedoch viel wichtiger, die Beamten über tagesaktuelle Ereignisse an den Fronten und auf der politischen Bühne zu informieren. Sie müssten dabei immer den Gesamtkontext im Auge behalten. Außerdem sollten sie sich „im Umgang mit der Bevölkerung als politisch geschulte Organe der nationalsozialistischen Staatsführung bewähren".[729]

In dieser Phase war das besonders für jene Zielgruppe des ideologischen Unterrichts zentral, die jenseits der „Heimatfront" diente. Gerade in den Polizeiverbänden gewann die weltanschauliche Schulung zunehmend an Wert. In diesen Einheiten kam bestimmten Offizieren die Aufgabe zu, den entsprechenden Unterricht abzuhalten. Insbesondere die Kompanieführer waren dafür zuständig, Tages-, Wochen- und Monatsschulungen durchzuführen, die allesamt dem manipulativen Konzept folgten. Je nach ihrem Typ, bemühten sich die verschiedenen Lehreinheiten darum, die Polizisten über aktuelle politische Geschehnisse zu informieren, ihr weltanschauliches Wissen aufzufrischen oder sie mental auf den Kampfeinsatz einzustimmen. Gemein war ihnen jedoch, dass sie darauf abzielten, die Beamten emotional anzusprechen und so zu überzeugten Nationalsozialisten zu formen.[730] Um solche Unterrichtsstunden möglichst einheitlich zu gestalten, erhielten die Lehroffiziere der Polizeibataillone zahlreiche Unterlagen, aber auch organisatorische und thematische Vorgaben.[731] Unmittelbar vor Mordaktionen hielten darüber hinaus zumindest manche Vorgesetzte mehr oder minder improvisierte Reden, die beabsichtigten, die untergebenen Männer mit ideologischen Botschaften zu den Massenverbrechen zu motivieren.[732]

Für die übrigen uniformierten Staatsdiener im Einzeldienst und in den Schulen wichen die Vorgaben in den Richtlinien nur geringfügig ab. Daher liegt der Schluss nahe, dass die weltanschauliche Schulung in der gesamten Ordnungspolizei homogen organisiert war. Auch

728 Vgl. BAB, R 19/308, I. V. Daluege (RFSSuChdDtPol) an u. a. die Kommandeure der Polizeischulen Berlin-Köpenick und FFB: Richtlinien für die Durchführung der weltanschaulichen Schulung der Ordnungspolizei während der Kriegszeit, 02.06.1940, Bl. 250–255.

729 Ebd., Bl. 251.

730 Vgl. ebd., Bl. 251–253.

731 Vgl. u. a. BAB, R 19/308, Schnellbrief: I. A. von Bomhard (RFSSuChdDtPol) an u. a. Kommandeur des Polizeiausbildungsbataillons (PAB) FFB: Weltanschauliche Schulung der Ordnungspolizei, 22.10.1940, Bl. 85 f.; BAB, R 19/308, Schnellbrief: I. A. von Grolman (RFSSuChdDtPol) an u. a. die HSSPF: Ausbildung der geschlossenen Formationen der Ordnungspolizei und der Pol.-Reservisten des Einzeldienstes, 14.01.1941, Bl. 265 f.; BAB, R 19/308, Schnellbrief: I. A. von Bomhard (RFSSuChdDtPol) an u. a. die HSSPF: Wochenschulung bei den Polizei-Bataillonen, Polizei-Ausbildungs-Bataillonen und Schulen der Ordnungspolizei, 08.02.1941, Bl. 267 f.; BAB, R 19/308, Abschrift: Schnellbrief: I. A. von Grolman (RFSSuChdDtPol): Tagesschulung, 06.03.1941, Bl. 269; BAB, R 19/308, I. V. Daluege (RFSSuChdDtPol) an u. a. die HSSPF: Wochenschulung bei den Polizei-Btl. und den Schulen der Ordnungspolizei, 03.02.1942, Bl. 274; BAB, R 19/308, I. A. von Bomhard (RFSSuChdDtPol) an u. a. die HSSPF: Wochenschulung bei den Pol.-Batl. und den Schulen der Ordnungspolizei, 17.07.1942, Bl. 284; BAB, R 19/391, Schnellbrief: I. A. von Bomhard (RFSSuChdDtPol) an u. a. Kommandeure der Polizeischulen Berlin-Köpenick und FFB: Weltanschaulich-politische Schulung des Offizierskorps der Ordnungspolizei, 20.03.1941, Bl. 47; BAB, R 19/391, Schnellbrief: I. A. von Grolman (RFSSuChdDtPol) nachrichtlich an u. a. Kommandeur der Polizeischule Berlin-Köpenick: Weltanschauliche Schulung der Ordnungspolizei, 22.02.1941, Bl. 49.

732 Vgl. Konrad Kwiet, Von Tätern zu Befehlsempfängern. Legendenbildung und Strafverfolgung nach 1945, in: Matthäus, Ausbildungsziel, S. 114–138, hier: S. 130.

außerhalb der Polizeibataillone kam den Offizieren immer mehr die Aufgabe zu, den politisch-ideologischen Unterricht durchzuführen. Deshalb wandelten sich auch die Kompetenzen der Schulungsleiter dahingehend, dass sie nun Polizeiführer verstärkt auf ihr neues Tätigkeitsfeld vorbereiteten, indem sie diese etwa mit Material versorgten und in grundsätzlichen Fragen berieten. Durch Besuche vor Ort konnten sie sich dann ein Bild davon machen, wie gründlich die Lehroffiziere ihr Handwerk beherrschten.[733] Damit sich das gesamte Offizierskorps darüber hinaus während des Krieges weltanschaulich weiterbildete, erhielten seine Mitglieder aus Berlin eigens ausgewählte Propagandawerke, die ausschließlich für ihre Augen bestimmt waren.[734]

Anhand der Richtlinien versuchte die uniformierte Polizei in den folgenden Jahren, ihre Angehörigen ideologisch vollständig auf den „Endsieg" des Nationalsozialismus einzuschwören. Das Hauptamt Ordnungspolizei war so sehr von ihnen überzeugt, dass sie in den Grundzügen bestehen blieben, als die Behörde im August 1944 eine neue Version ausarbeitete.[735] In ihr fanden sich großteils die ursprünglichen Richtlinien des Jahres 1940 wieder. Doch akzentuierte sie einige ideelle Aspekte noch deutlicher. Sie hob vor allem noch stärker die zentrale Rolle des Offiziers hervor, die ihm in der Schulungsarbeit zukam. Mit seinen indoktrinierenden Maßnahmen sollte er nicht nur ein Plansoll, sondern vielmehr die gesamte Lebens- und Gedankenwelt seiner Untergebenen erfüllen. Die weltanschaulichen Aspekte der Ausbildung besäßen den gleichen Stellenwert wie die militärischen und polizeilichen. Daher müsse der Polizeiführer besonders während des „Totalen Krieges" noch intensiver als bisher auf seine Männer einwirken. Denn gerade in der stressigen Situation des Kampfeinsatzes sollte er seine Polizisten politisch motivieren und ermutigen können.[736] Generell komme ihm die Aufgabe zu, aus ihnen „fanatische und gläubige Nationalsozialisten" zu schaffen.[737] Gemeinsam müssten sie „nicht nur Bejaher, sondern […] aktivste Propagandisten der Weltanschauung sein, deren Symbol sie an ihrer Uniform tragen".[738] Damit dies gelingen konnte, hatten die jeweiligen Kommandeure ihre Offiziere umfassend zu unterstützen. Die Leiter der einzelnen Dienststellen, Einheiten und Schulen mussten darüber hinaus einen besonderen Polizeiführer auswählen, der ihnen als sogenannter WE-Offizier in allen Angelegenheiten zur Seite stand, die sich – wie der Titel schon besagt – mit der Weltanschaulichen Erziehung befassten.[739]

---

733 Vgl. BAB, R 19/308, I. V. Daluege (RFSSuChdDtPol) an u. a. die Kommandeure der Polizeischulen Berlin-Köpenick und FFB: Richtlinien für die Durchführung der weltanschaulichen Schulung der Ordnungspolizei während der Kriegszeit, 02.06.1940, Bl. 252–254.

734 Vgl. z. B. USHMM, RG-11.001M.15, Reel 80, Fond 1323-2-121, I. A. Ebeling (BdO Hamburg) an u. a. Polizeipräsident Hamburg: Weltanschaulich-politische Schulung des Offizierkorps der Ordnungspolizei, 09.04.1941, Bl. 23.

735 Wie zufrieden das Hauptamt Ordnungspolizei mit seinen Richtlinien war, dokumentiert das folgende Schreiben: Vgl. BAB, R 19/244, WE an u. a. die Herren Generalinspekteure: Weltanschauliche Erziehung der Ordnungspolizei, 11.08.1944.

736 Vgl. BAB, R 19/244, Richtlinien für die Durchführung der weltanschaulichen Erziehung der Ordnungspolizei, [11.08.1944], S. 1–11.

737 Ebd., S. 10.

738 Ebd., S. 1.

739 Vgl. ebd., S. 10; BAB, R 19/244, Abschrift: I. V. Wünnenberg (RFSSuChdDtPol) an u. a. alle Befehlshaber der Ordnungspolizei: Politisch-weltanschauliche Führung, 06.02.1945. Ähnlich den WE-Offizieren der Ordnungspolizei existierten seit Ende 1943 auch in der Wehrmacht NS-Führungsoffiziere (NSFO), die sich ebenfalls um die politische Indoktrination zu kümmern hatten. Vgl. dazu Arne W. G. Zoepf, Wehrmacht zwischen Tradition und Ideologie. Der NS-Führungsoffizier im Zweiten Weltkrieg, Europäische Hochschulschriften, Reihe III: Geschichte und ihre Hilfswissenschaften, Bd. 366,

Grundsätzlich ging es Himmler aber nicht nur darum, dass seine Lehrkräfte in der Lage waren, die Wesenskerne der NS-Ideologie durchzudeklinieren, über die sie nicht nur theoretisch Bescheid wissen sollten. Die Beamten hatten die dargebotenen Inhalte gemeinschaftlich zu erleben, damit sie das Publikum nicht nur rational, sondern vielmehr emotional erreichten. Dies erforderte von den Rednern nicht nur, selbstbewusst in den Kursen aufzutreten, den Stoff eloquent zu präsentieren und die Zuhörer mit einem spannenden Vortrag zu begeistern. Darüber hinaus sollten die Staatsdiener gemeinsam über die behandelten Themen diskutieren und sie gefühlsmäßig verinnerlichen. Ein Lehroffizier durfte sich daher nicht damit begnügen, nur seine Schulungseinheiten abzuhalten, sondern musste vielmehr einen ganzheitlichen Ansatz verfolgen, der auch die Freizeit der Männer erfasste.

Weitere Richtlinien des Hauptamts Ordnungspolizei regelten daher, wie das insbesondere in den Einheiten und Schulen zu geschehen hatte. Gerade während des Kriegs sollten die Polizisten ihre freie Zeit dazu nutzen, um auf andere Gedanken zu kommen, sich zu erholen und einen Ausgleich vom oftmals nervenaufreibenden Dienst zu erhalten.[740] Solche Mußestunden nutzte der Polizeiapparat aber auch dazu, um seine Angehörigen emotional anzusprechen. Das fiel ihm leicht, weil die Beamten diese Ruhephasen meist gemeinsam verbrachten. Insbesondere „Kameradschaftsabende" und sonstige Feiern boten Gelegenheiten, sich untereinander auszutauschen und dabei abseits des regulären Dienstes besser kennenzulernen.[741] Bei einem Gläschen am Abend war es möglich, Freundschaften aufzubauen oder zu pflegen, was insgesamt den Korpsgeist unter Mannschaften und Führern stärkte. Dabei sollten die Verantwortlichen aber darauf achten, diese Zusammenkünfte „nicht allein als Bierabende durchzuführen, sondern den Männern durch geschickte Plangestaltung ein bleibendes Erlebnis zu vermitteln", wozu auch Musik und Gesang zählten.[742] Denn Himmler wollte unbedingt verhindern, dass daraus „öde Saufabende werden, die unserer nicht würdig sind", weshalb er die zuständigen Führer dazu anhielt, das gesellige Beisammensein penibel vorzubereiten.[743]

Neben weiteren Vorträgen zu einer bunten Palette an Themen konnte der Einheitsführer auch Lese- und Erzählabende organisieren. Filme und Dias sollte er einsetzen, um seine Untergebenen zu unterhalten und gleichzeitig weiterzubilden. Mitunter gaben polizeiliche Laiendarsteller auch ein Schauspiel zum Besten, für dessen Kulissen handwerklich geschickte Kameraden sorgen konnten, die außerdem auch andere Werkarbeiten anfertigten, wozu etwa diverse Utensilien oder auch Spielgeräte gehörten. Nicht zuletzt verbrachten die Männer ihre freie Zeit, indem sie miteinander etwas spielten oder ihren Hobbys nachgingen. Sportliche Aktivitäten und Ausflüge, aber auch der Besuch von Konzerten, Museen und Ausstellungen erweiterte das Freizeitangebot noch mehr. Wann immer er es einrichten konnte, sollte sich der Vorgesetzte an diesen Veranstaltungen beteiligen, um seinen Untergebenen ein Vorbild zu sein und sie dadurch zu prägen.[744]

Frankfurt am Main 1988; Frank Vossler, Propaganda in die eigene Truppe. Die Truppenbetreuung in der Wehrmacht 1939–1945, KRiG, Bd. 21, Paderborn 2005, S. 167–190.

740 Besonders Torsten Schäfer führt exemplarisch aus, wie die Angehörigen der Polizeieinheiten im „auswärtigen Einsatz" ihre Freizeit gestalteten. Vgl. Schäfer, NSG-Verfahren, S. 275–283.

741 Vgl. Matthäus, Judenfrage, S. 40.

742 BAB, R 19/308, Anlage zum Erlass vom 25. November 1941 – O – Kdo. II WE (4) Nr. 321-7/1941: Dienstanweisung für Singeleiter, [25.11.1941], Bl. 272.

743 USHMM, RG-11.001M.15, Reel 81, Fond 1323-2-222, Abschrift von Abschrift: Himmler (Der Reichsführer-SS): Richtlinien für Kameradschaftsabende, 22.02.1941, Bl. 15 f., hier: Bl. 15.

744 Vgl. BAB, R 19/308, I. V. Daluege (RFSSuChdDtPol) an u. a. die Kommandeure der Polizeischulen Berlin-Köpenick und FFB: Richtlinien für die Freizeitgestaltung bei den Pol.-Batl., Pol.-Ausbildungs-

So ausgeklügelt all diese Maßnahmen auch erscheinen mögen, konnten sie jedoch nicht verhindern, dass auch während des Krieges die Klagen darüber nicht abrissen, die Vorträge stießen auf nur dürftiges Interesse.[745] Nachdem das Hauptamt Ordnungspolizei erneut von einem solchen Misserfolg erfahren hatte, bestand die Behörde sogar darauf, dass die ferngebliebenen Offiziere und ihre Gründe benannt werden sollten.[746] Selbstverständlich reichen solche Episoden keineswegs aus, um daraus abzuleiten, die weltanschauliche Schulung sei vollkommen erfolglos verlaufen und habe die Ordnungspolizisten nicht tangiert. Dennoch ist es bezeichnend, wenn sich die Verantwortlichen über die Jahre hinweg darüber beschwerten, dass die Adressaten von solchen Veranstaltungen wenig begeistert waren. Ein wichtiges Indiz liefert dieser Befund also allemal, deutet doch einiges darauf hin, dass Wunsch und Wirklichkeit nicht immer miteinander vereinbar waren. Zumindest scheint es gerade während des Krieges so gewesen zu sein, dass die Ordnungspolizei andere Prioritäten setzte. Lässt sich dies auch in der Ausbildung ihrer Offiziere beobachten? Bevor diese Frage geklärt werden kann, ist im Folgenden jedoch erst zu beleuchten, wie diese überhaupt organisiert war und wie sich die Lehrgänge gestalteten, aus denen die Polizeiführer des NS-Staats hervorgingen.

4.3 Ausbildungsvorschriften für den polizeilichen Offiziersersatz des NS-Staats

In der Frühphase des „Dritten Reichs“ konzentrierte sich das Regime hauptsächlich darauf, eine neue und schlagkräftige Armee aufzubauen.[747] Obwohl die Landespolizei sehr dazu beitrug, die deutschen Streitkräfte personell aufzurüsten, indem sie ihre kasernierten Bereitschaften im Oktober 1935 in die Wehrmacht eingliederte, kümmerte sich die NS-Führung indes aber kaum um ihre eigenen Bedürfnisse. Schon bevor dieser Transfer abgeschlossen war, klagte das Reichsinnenministerium daher über einen enorm großen Mangel, der an Führungskräften innerhalb der Schutzpolizei herrsche.[748] Noch ehe Himmler den Machtpoker um die deutsche Ordnungsmacht gewinnen konnte, mussten die Nationalsozialisten also Konzepte entwickeln, nach denen die neuen Offiziere der uniformierten Polizei ausgebildet werden sollten. Dafür musste es verbindliche Vorschriften geben, die genau festlegten, was die NS-Diktatur von ihren künftigen Polizeiführern verlangte und welche Stationen brauchbare Kandidaten durchlaufen mussten, um ihren Wunschberuf ergreifen zu können.

Bataillonen und Schulen, 18.09.1940, Bl. 257–260. Ferner: BAB, R 19/308, I. A. Dr. Zwingelberg (RFSSuChdDtPol) an u. a. die Kommandeure der Polizeischulen Berlin-Köpenick und FFB: Richtlinien für die Freizeitgestaltung bei den Polizei-Bataillonen, Polizei-Ausbildungs-Bataillonen und Schulen, 14.10.1940, Bl. 262–264; Schäfer, NSG-Verfahren, S. 276–278.

745 Dies bestätigt auch Rahn, Ordnung, S. 28 f. Thorsten Bastian Bach ist dagegen der Ansicht, dass sich die Zuhörer durchaus für den Unterricht in der weltanschaulichen Schulung interessierten. Sein Urteil fußt auf einzelnen Tätigkeitsberichten von Schulungsleitern, in denen die polizeilichen Propagandisten subjektiv bewerten konnten, wie erfolgreich ihre Lehreinheiten abgelaufen waren. Bach räumt jedoch selbst ein, dass ihre Bilanzen schon allein aus pragmatischen Gründen geschönt gewesen seien, um ihre eigene Karriere nicht zu gefährden. Schließlich hätten sich negative Ergebnisse nachteilig auf diese auswirken können, da die Berichte in die Personalakten gelangten und als Leistungsnachweise ihrer Schulungsarbeit dienten. Vgl. Bach, Ordnungspolizei, S. 159 f.

746 Vgl. BAB, R 19/244, I. V. Diermann (Chef der Ordnungspolizei) an u. a. Chef des Kdo.-Amtes: Weltanschauliche Schulung, 20.03.1944.

747 Siehe dazu Kapitel 3.4.

748 Vgl. BAB, R 19/19a, Schnellbrief: I. A. Kehrl (Reichs- und Preußischer Minister des Innern) an u. a. die Regierungspräsidenten, 09.04.1935, Bl. 3.

Wer jedoch erwartet, dass diese Dekrete bis zum Zusammenbruch des „Dritten Reichs" unverändert blieben oder sich zumindest nicht grundlegend wandelten, irrt gewaltig. Rasch sollte sich zeigen, dass der Reichsführer-SS und das Hauptamt Ordnungspolizei die entsprechenden Richtlinien ständig veränderten und an die jeweilige Situation anpassten – ähnlich wie dies schon für die Weimarer Polizei festgestellt werden konnte. Das hatte zur Folge, dass es in den Jahren 1936 bis 1945 eine Vielzahl von Erlassen gab, die sich mit der Offiziersausbildung befassten und sich daher nur schwer überblicken lassen. Oftmals veränderten sie sich inhaltlich nur in Nuancen. Andere Vorschriften stellten diesen Themenkomplex auf eine geradezu vollständig neue Grundlage. Insgesamt wirkt die große Fülle an unterschiedlichen Vorgaben auf den heutigen Betrachter ziemlich verwirrend, was vermutlich auch bei den zeitgenössischen Adressaten nicht anders gewesen sein dürfte. Deswegen soll im Folgenden versucht werden, die komplexen Vorschriften und ihre häufigen Reformen inhaltlich aufzuschlüsseln, nach denen der nationalsozialistische Polizeistaat seine künftigen Polizeioffiziere auswählte und ausbildete.

Erstmals schilderte Reichsinnenminister Wilhelm Frick am 16. März 1936 in einem Erlass, welche Ansprüche er an die angehenden Führungskräfte der Schutzpolizei stellte und wie ihr beruflicher Werdegang künftig aussehen sollte.[749] Nachdem er zum Chef der Deutschen Polizei aufgestiegen war, übernahm Heinrich Himmler dieses Konzept, ohne daran etwas Grundlegendes zu ändern. Zu Beginn seiner Amtszeit ergänzte er es zunächst nur in wenigen Details.[750] Auf Fricks Version baute daher auch ein Erlass des Reichsführers-SS vom 13. April 1938 auf, in dem er nach dem „Anschluss" Österreichs darlegte, wie er sich den Offiziersnachwuchs der Ordnungspolizei vorstellte:

Er sollte sich aus loyalen Nationalsozialisten zusammensetzen, die sich durch ihren Charakter, ihr Können und ihre Leistungen sowie ihre Allgemeinbildung für höhere Positionen innerhalb der Ordnungsmacht empfahlen. Die Bewerber mussten deutsche Staatsbürger sein und eine „arische Abstammung" nachweisen können, das Zeugnis einer neunklassigen höheren Schule – also das Abitur – besitzen, höchstens 22 Jahre alt und mindestens 1,70 m groß sein. Darüber hinaus war es wichtig, dass sie unbescholten und nicht verheiratet waren. Auch hatten sie für den Polizeidienst tauglich, körperlich fit und gesund zu sein. Wer zudem über das Reichssportabzeichen, das SA-Sportabzeichen, ein Freischwimmerzeugnis oder den Grundschein der Deutschen Lebensrettungsgesellschaft verfügte, hatte größere Chancen, tatsächlich eingestellt zu werden. Außerdem musste der Kandidat seinen zweijährigen Wehrdienst makellos abgeleistet haben, zum Unteroffizier der Reserve ernannt worden sein und zudem als Reserveoffiziersanwärter geeignet erscheinen. Unabdingbar war es für ihn aber, dass er die Mitgliedschaft in der NSDAP oder einer ihrer Unterorganisationen erworben hatte, noch bevor er in die Wehrmacht eingetreten war. Alternativ dazu konnte er auch seinen freiwilligen Arbeitsdienst absolviert haben oder sich zumindest von der zuständigen Kreisleitung der NSDAP bescheinigen lassen, dass er politisch zuverlässig ist. Letztlich musste er auch noch eine Prüfung bestehen, in der er bewies, dass er sich zum Polizeiführer eignete.[751]

749 Vgl. RdErl. d. RuPrMdI. v. 16.03.1936, in: RMBliV, 25.03.1936, Nr. 15, Sp. 396g–396aa. Im folgenden Akt findet sich eine Reihe von Dokumenten aus dem Reichsministerium des Innern, die offenbaren, wie dieser Erlass maßgeblich unter Dalueges Einfluss entstand: BAB, R 19/390, Bl. 28–56.

750 Vgl. u. a. RdErl. d. RFSSuChdDtPol. im RMdI. v. 24.07.1936, in: RMBliV, 29.07.1936, Nr. 33, Sp. 1048c; RdErl. d. RFSSuChdDtPol. im RMdI. v. 30.07.1936, in: RMBliV, 05.08.1936, Nr. 34, Sp. 1080e.

751 Vgl. RdErl. d. RFSSuChdDtPol. im RMdI. v. 13.04.1938, in: RMBliV, 20.04.1938, Nr. 17, Sp. 724a–724g, hier: Sp. 724a f.

Die Aspiranten für die Offizierslaufbahn mussten sich je nach ihrem Wohn- oder Dienstort selbst bei dem für sie zuständigen Kommando der Schutzpolizei bewerben. Zu den Unterlagen zählten neben dem Einstellungsgesuch etwa der „Ariernachweis", ein tadelloses polizeiliches Führungszeugnis, das Reifezeugnis, ein handschriftlich selbstverfasster Lebenslauf, ein Nachweis über die Mitgliedschaft in der Partei oder einer ihrer Gliederungen sowie der ausgefüllte Fragebogen der Polizei. Entsprach ein Bewerber den Ansprüchen, lud ihn das Kommando ein, damit er dort medizinisch untersucht werden und in einer Sportprüfung seine körperliche Leistungsfähigkeit unter Beweis stellen konnte. Bei dieser Gelegenheit lernte er auch den Kommandeur kennen, der sich dabei persönlich von dem Bewerber einen Eindruck verschaffte. Ihm kam nun die Aufgabe zu, die geeigneten Kandidaten auszuwählen und nach Berlin zu melden. Der Reichsführer-SS nahm unter den vorgeschlagenen Männern eine weitere Auswahl vor und entschied darüber, welche Bewerber nun das zuständige Kommando als Wachtmeister und Offiziersanwärter einzustellen hatte.[752]

Auffällig daran ist, wie sehr dieses Reglement jenem ähnelte, das für den Wachtmeisterersatz der Schutzpolizei galt. Dieser musste unter Himmler fast die gleichen Kriterien und Unterlagen vorweisen wie die Offiziersanwärter. Im Unterschied zu den angehenden Führungskräften besaßen die künftigen Wachtmeister allerdings kein Abitur und der Polizeiapparat rekrutierte passende Kandidaten vornehmlich aus der Wehrmacht, wo sie zwei bis fünf Jahre lang gedient hatten.[753] Weil die Anwärter erst nach ihrem Wehrdienst in die Ordnungsmacht gelangten, ist dies für Edward B. Westermann ein Beleg dafür, dass es im NS-Staat zu einer weiteren Militarisierung der deutschen Polizei gekommen sei.[754] Dieses Argument ist zwar nicht von der Hand zu weisen. Allerdings darf dabei nicht vergessen werden, dass die Reichsregierung bereits am 16. März 1935 die allgemeine Wehrpflicht wieder eingeführt hatte.[755] Von diesem Schritt war also die gesamte Gesellschaft und nicht spezifisch die Ordnungspolizei betroffen. Deshalb lag es in der Natur der Sache, dass auch sie dadurch zwangsläufig militarisiert wurde. Später bevorzugte Himmlers Polizeiapparat allerdings Bewerber, die aus der SS-Verfügungstruppe stammten und nach vierjähriger Dienstzeit zur grün uniformierten Staatsgewalt wechseln wollten.[756] Ansonsten hoben sich die gewöhnlichen Wachtmeister jedoch kaum von den angehenden Offizieren ab, was die Anforderungen anbelangt, die der Reichsführer-SS an sie stellte. Deshalb kann festgehalten werden, dass es sich bei den Führungskräften der Ordnungspolizei in dieser Hinsicht keineswegs um eine Elite handelte.

Nachdem die Offiziersanwärter in den einzelnen Kommandos eingestellt waren, begann ihre Ausbildung, die laut Himmlers Erlass vom 13. April 1938 insgesamt 21 Monate umfasste und sich auf verschiedene Abschnitte erstreckte: Im ersten halben Jahr mussten sie ihre grundlegende polizeiliche Schulung sowie eine Reserveübung bei der Wehrmacht absolvieren, um danach drei Monate lang eine Zug- und Gruppenführerausbildung in der Ordnungs-

752 Vgl. ebd., Sp. 724b–724f. Ferner finden sich z. B. in den folgenden Akten des Polizeipräsidiums Bochum einige Schreiben, mit denen die Behörde geeignet erscheinende Bewerber nach Berlin meldete: Landesarchiv Nordrhein-Westfalen (NRW) Abteilung Westfalen – Staatsarchiv Münster (LAW – STAM), Polizeipräsidien (PP), 294, 295, 297, 298, 299 und 300.

753 Vgl. RdErl. d. RFSSuChdDtPol. im RMdI. v. 25.08.1936, in: RMBliV, 02.09.1936, Nr. 38, Sp. 1180c–1180s, hier: Sp. 1180c–1180e.

754 Vgl. Westermann, Police Battalions, S. 73 f.

755 Vgl. Bauer, Nationalsozialismus, S. 290 f.

756 Vgl. u. a. RdErl. d. RFSSuChdDtPol. im RMdI. v. 30.07.1937, in: RMBliV, 04.08.1937, Nr. 31, Sp. 1320a–1320q; RdErl. d. RFSSuChdDtPol. im RMdI. v. 08.04.1938, in: RMBliV, 13.04.1938, Nr. 16, Sp. 648a–648c; RdErl. d. RFSSuChdDtPol. im RMdI. v. 03.06.1939, in: RMBliV, 07.06.1939, Nr. 23, Sp. 1215–1228.

macht hinter sich zu bringen. In drei weiteren Monaten fand nun auf einer Polizeioffiziersschule der erste Teil ihres Lehrgangs statt, nach dessen Ende die Teilnehmer ein Vierteljahr lang auf einem Polizeirevier dienten. Noch einmal sechs Monate umfasste der zweite Teil des Offiziersanwärterlehrgangs, der wieder an einer der höchsten Lehranstalten der Ordnungspolizei erfolgte und mit einer Abschlussprüfung endete. Nachdem die Absolventen daraufhin auch noch zwei andere Reserveübungen gemeistert hatten und zu Leutnanten der Reserve aufgestiegen waren, konnten sie letztlich zu Leutnanten der Schutzpolizei befördert werden, sobald entsprechende Stellen für sie frei waren.[757]

Bis sie diesen vorläufigen Höhepunkt ihrer Karriere erreichten, bekleideten sie im Laufe ihrer Ausbildungszeit verschiedene Dienstgrade, wie die wenige Wochen später veröffentlichten Laufbahnrichtlinien dokumentieren. Diesen zufolge begann ein Offiziersanwärter seinen Werdegang in der Regel als Wachtmeister. Sofern er nicht schon zuvor einen höheren Rang besessen hatte, wurde er zum Oberwachtmeister befördert und gleichzeitig zum Junker der Schutzpolizei ernannt, nachdem er seinen Zug- und Gruppenführerlehrgang absolviert hatte. Bestand er dann den Offiziersanwärterlehrgang auch noch erfolgreich, stieg er zum Revieroberwachtmeister und Oberjunker auf, bis er von seinem Standort eine freie Planstelle als Leutnant der Schutzpolizei zugewiesen bekam.[758] Dabei besaßen die Kommandeure der beiden Polizeioffiziersschulen das Recht, die ihnen anvertrauten Offiziersanwärter zu Junkern und schließlich zu Oberjunkern zu ernennen. In die entsprechenden Polizeidienstgrade konnten sie jedoch anschließend nur vom jeweiligen Kommandeur der Schutzpolizei ihres Heimatstandorts erhoben werden.[759] Die Gendarmerie erhielt ihre Oberbeamten aus dem Offizierskorps der Schutzpolizei.[760]

Bei einer Analyse von Himmlers Ausbildungskonzept sticht ins Auge, wie sehr es dem bisherigen Modell glich, das schon in der Weimarer Republik die Laufbahn der Polizeiführer bestimmt hatte.[761] In der Übergangsphase zum NS-Staat hatten sich die neuen Machthaber seiner bedient und es zwar mit nationalsozialistischen Kriterien angereichert, jedoch nicht wesentlich reformiert. Davon zeugt auch der bereits erwähnte Erlass Fricks über den Offiziersersatz der Schutzpolizei vom 16. März 1936. Der Reichsführer-SS nutzte dieses Konzept vielmehr als Orientierungshilfe, nachdem er zum Chef der Deutschen Polizei aufgestiegen war. Das manifestiert sich auch in der Tatsache, dass Himmler wenig später analog für die angehenden Führungskräfte der Wasserschutzpolizei ähnliche Regeln schuf.[762] Bis auf einzelne Zusätze und Korrekturen änderte er an den Vorschriften für den regulären Offiziersnachwuchs auch in der Folgezeit zunächst recht wenig.[763] Allerdings versuchte Himmler schon bald, die neuen Polizeiführer wesentlich schneller in Amt und Würden zu bringen, indem er die Dauer ihrer Ausbildung um ein Jahr reduzierte, sofern sie bereits zu Reserveoffi-

757 Vgl. RdErl. d. RFSSuChdDtPol. im RMdI. v. 13.04.1938, in: RMBliV, 20.04.1938, Nr. 17, Sp. 724a–724g, hier: Sp. 724f.

758 Vgl. RdErl. d. RFSSuChdDtPol. im RMdI. v. 30.05.1938, in: RMBliV, 08.06.1938, Nr. 24, Sp. 957 f., hier: Sp. 957; Deuster, Polizei-Uniformen, S. 32 f.

759 Vgl. RdErl. d. RFSSuChdDtPol. im RMdI. v. 19.06.1939, in: RMBliV, 28.06.1939, Nr. 26, Sp. 1334.

760 Vgl. Regierungs-Assessor Daniel, Die Reichsgrundsätze über Einstellung, Anstellung und Beförderung und ihre Anwendung auf die Polizeivollzugsbeamten, in: Die Polizei, 20.02.1938, Nr. 4, S. 68–70, hier: S. 69.

761 Siehe dazu Kapitel 3.2.

762 Vgl. RdErl. d. RFSSuChdDtPol. im RMdI. v. 07.08.1936, in: RMBliV, 12.08.1936, Nr. 35, Sp. 1104e–1104h.

763 Vgl. z. B. RdErl. d. RFSSuChdDtPol. im RMdI. v. 25.05.1938, in: RMBliV, 01.06.1938, Nr. 23, Sp. 913; RdErl. d. RFSSuChdDtPol. im RMdI. v. 09.12.1938, in: RMBliV, 14.12.1938, Nr. 51, Sp. 2114.

zieren der Wehrmacht ernannt waren. Diese mussten nur noch zwei bis drei Monate lang ihren Revierdienst ableisten und nur ein halbes Jahr lang eine Polizeioffiziersschule besuchen.[764]

Diese Maßnahme war exemplarisch für ein zentrales Problem des Systems, nach dem die Ordnungsmacht des „Dritten Reichs" zu ihren Führungskräften gelangte. Während sich in der Vorkriegszeit nur relativ wenig daran veränderte, welche Ansprüche sie an ihre Offiziersanwärter stellte, variierte unterdessen stark, welche einzelnen Stationen diese durchlaufen mussten und wie viel Zeit dafür jeweils vorgesehen war. Das zeigte sich bereits am Erlass des Reichsinnenministers aus dem Frühjahr 1936, der für die künftigen Polizeiführer eine insgesamt zweieinhalbjährige Ausbildung vorsah: Diese begann seinerzeit mit einem dreimonatigen Dienst in einer Hundertschaft der Schutzpolizei, in der die frisch gebackenen Ordnungshüter vor allem militärisch, aber auch polizeilich beschult wurden. Als Unterführer hatten sie in der Gemeinschaft der Wachtmeister gleichzeitig einen Kameradschaftsgeist sowie ein Gespür dafür zu entwickeln, welche Mentalität jene Männer besaßen, die sie später einmal befehligen sollten. Danach dienten sie ein ganzes Jahr lang auf einem Polizeirevier und anschließend noch einmal zwei Monate bei einem Abschnitts- oder Standortskommando der Schutzpolizei, wo sie die verschiedenen Tätigkeiten und den Berufsalltag der Ordnungsmacht eingehend kennenlernten. Daraufhin folgte ein neunmonatiger Offiziersanwärterlehrgang, der mit einer Abschlussprüfung endete. Im Laufe der gesamten Ausbildungszeit musste ein Kandidat außerdem noch seine drei Reserveübungen mit einer Gesamtdauer von vier Monaten ableisten, wodurch er nachwies, dass er sich zum Reserveleutnant eignete. Meisterte der Anwärter all diese Hürden erfolgreich, konnte er zum Leutnant der Schutzpolizei befördert werden.[765]

Nachdem er diese Regelung bereits im Frühjahr 1938 überarbeitet hatte, veröffentlichte Himmler am 31. März 1939 einen weiteren Erlass, durch den sich erneut änderte, wie viel Zeit für die einzelnen Ausbildungsabschnitte eingeplant war: Die Offiziersanwärter hatten nun drei bis sechs Monate lang ihre Grundausbildung in einer Hundertschaft und einer Schule der Schutzpolizei, danach jeweils ein Vierteljahr lang zunächst ihre Zug- und Gruppenführerausbildung und schließlich den ersten Teil ihres Offiziersanwärterlehrgangs zu absolvieren. Für die nächsten ein bis drei Monate leisteten sie Dienst auf einem Revier, um danach ihren Kurs an der Polizeioffiziersschule fortzuführen, der noch einmal drei bis vier Monate beanspruchte. Hinzu kamen noch die obligatorischen Reserveübungen, sofern sie nicht bereits bewältigt waren.[766]

Es sollte nicht das letzte Mal sein, dass sich die Rahmenbedingungen veränderten, unter denen die Polizeiführer in spe ausgebildet wurden. Das zeigt sich nicht zuletzt daran, dass die Prinzipien der nationalsozialistischen Rassenlehre noch vor Kriegsbeginn zunehmend an Bedeutung gewannen, wenn es darum ging, geeignetes Personal für leitende Positionen in der Ordnungspolizei auszuwählen. Nach Himmlers Erlass vom 31. März 1939 mussten sich die Bewerber als fähig erweisen, in die Schutzstaffel aufgenommen zu werden. Daher kamen die Männer nicht umhin, sich von einer SS-Annahmekommission untersuchen zu lassen, noch ehe das die Polizeiärzte tun konnten. Außerdem hatten die Kandidaten auch gleich eine schriftliche Erklärung abzugeben, mit der sie sich dementsprechend verpflichteten, in die

764 Vgl. RdErl. d. RFSSuChdDtPol. im RMdI. v. 01.09.1938, in: RMBliV, 07.09.1938, Nr. 37, Sp. 1459 f.

765 Vgl. RdErl. d. RuPrMdI. v. 16.03.1936, in: RMBliV, 25.03.1936, Nr. 15, Sp. 396g–396aa, hier: Sp. 396l f.

766 Vgl. RdErl. d. RFSSuChdDtPol. im RMdI. v. 31.03.1939, in: RMBliV, 05.04.1939, Nr. 14, Sp. 788g–788p, hier: Sp. 788o.

Allgemeine SS einzutreten, sobald dies von ihnen verlangt werde.[767] Während des Krieges vollzog sich diese Praxis jedoch nicht einheitlich. Ein weiterer Erlass regelte zwar, dass jeder Ordnungspolizist beantragen konnte, in die SS aufgenommen zu werden, der seit dem 1. Juli 1940 einen Offiziersrang bekleidete.[768] Aber nicht jeder Offiziersanwärter konnte vor Besuch des Lehrgangs dahingehend untersucht werden, ob er für Himmlers Elitegarde überhaupt infrage kam. Dies hatte dann während des laufenden Kurses zu geschehen, damit möglichst jeder Teilnehmer nach dessen Ende nicht nur zum Leutnant ernannt, sondern auch gleichzeitig in die SS aufgenommen werden konnte. Allerdings durften auch jene Bewerber an einem Offiziersanwärterlehrgang teilnehmen, bei denen sich zuvor schon herausgestellt hatte, dass sie für die Schutzstaffel untauglich waren und somit auch nicht zu SS-Führern aufsteigen konnten.[769]

Der Anteil an Führungskräften aus der SS erhöhte sich im Offizierskorps der Ordnungspolizei jedoch auch auf anderem Wege: Grundsätzlich versuchte das NS-Regime über Presse und Rundfunk, junge Männer als polizeiliche Führungskräfte anzuwerben.[770] So veröffentlichten Zeitungen bereits seit 1936 diverse Artikel, die darauf abzielten, Interessenten für das Offizierskorps der Schutzpolizei zu rekrutieren.[771] Daneben war aber vor allem jeder Angehörige der uniformierten Staatsmacht dazu aufgerufen, den polizeilichen Nachwuchs „unter den rassisch und erbbiologisch wertvollsten Volksgenossen vor allem auf dem Lande“ zu rekrutieren, weshalb besonders die Gendarmerie und die Schutzpolizei der Gemeinden dafür verantwortlich waren.[772] Da die Ordnungsmacht noch vor Kriegsbeginn verstärkt SS-Mitglieder einstellen wollte, hatte sie in den einzelnen Kommunen möglichst eng mit der Schutzstaffel, aber auch mit der Hitler-Jugend (HJ) zusammenzuarbeiten. Unter deren Angehörigen sollte sie rechtzeitig für den Eintritt in die Polizei werben, so dass diese Kandidaten gleich nach Ende ihres verpflichtenden Wehrdienstes dorthin eingestellt werden konnten. Wer unter den Abiturienten dabei die Offizierslaufbahn einschlagen wollte, musste bei Himmlers Elitegarde beantragen, in die SS-Verfügungstruppe eingestellt zu werden. Gleichzeitig sollte er darum ersuchen, zur SS-Junkerschule und zur Offizierslaufbahn der uniformierten Polizei zugelassen zu werden.[773] Diese Rekrutierungsversuche scheinen aber nur mäßig erfolgreich gewesen zu sein.[774]

Der Reichsführer-SS sprach seit Mitte der dreißiger Jahre davon, dass künftig „der *Nachwuchs des Offizierkorps der Polizei* ausschließlich *aus den Führerschulen der SS* kommen werde“.[775] Er strebte also noch in der Vorkriegszeit danach, möglichst alle neuen Offiziere der Schutzpolizei durch Männer zu stellen, die von den SS-Junkerschulen in Bad Tölz und Braun-

767 Vgl. RdErl. d. RFSSuChdDtPol. im RMdI. v. 31.03.1939, in: RMBliV, 05.04.1939, Nr. 14, Sp. 788g–788p, hier: Sp. 788h–788m. Ferner: Brebeck, Endzeitkämpfer, S. 110.

768 Vgl. RdErl. d. RFSSuChdDtPol. im RMdI. v. 12.11.1940, in: RMBliV, 04.12.1940, Nr. 49, Sp. 2167.

769 Vgl. RdErl. d. RFSSuChdDtPol. im RMdI. v. 11.06.1942, in: MBliV, 24.06.1942, Nr. 25, Sp. 1313 f.

770 Vgl. RdErl. d. RFSSuChdDtPol. im RMdI. v. 03.06.1939, in: RMBliV, 07.06.1939, Nr. 23, Sp. 1215–1228, hier: Sp. 1226.

771 Vgl. z. B. Wer kann Offizier der Schutzpolizei werden?, in: Fürstenfeldbrucker Zeitung, 19./20.04.1936, Nr. 91, S. 5; LAW – STAM, PP, 293, Auszug: Westfälische Landeszeitung, 07.04.1936, Nr. 97: Offizierslaufbahn der Schutzpolizei. Antrag aus Westfalen an das Kommando der Schutzpolizei in Dortmund.

772 BAB, R 19/390, Merkblatt für die Nachwuchswerbung der Ordnungspolizei, hrsg. v. RFSSuChdDtPol, September 1938, Bl. 62.

773 Vgl. ebd., Bl. 62; Westermann, Police Battalions, S. 100.

774 Vgl. Schmidt, Polizisten, S. 404 f.

775 SS und Polizei wachsen zusammen, in: Der Deutsche Polizeibeamte, 15.05.1937, Nr. 10, S. 329 f., hier: S. 330. Hervorhebung im Original. Vgl. ferner Dokument 1992(A)-PS: Vortrag Himmlers über We-

schweig abgegangen waren.[776] Ein erheblicher Teil deren Absolventen blieb tatsächlich nicht in der Verfügungstruppe, sondern diente fortan in der uniformierten Polizei. Nachdem Anfang Februar 1936 der erste Lehrgang in Braunschweig zu Ende gegangen war, traten 30 der 147 Absolventen in den Polizeidienst über, was einem Anteil von etwa 20 % entspricht.[777] Ende 1937 befanden sich insgesamt 40,1 % der an den „Kaderschmieden" der SS ausgebildeten Führer in der „grünen" Staatsmacht.[778] Allein 32 % der frisch gebackenen Eliteoffiziere des Jahres 1938 arbeiteten künftig als „Gesetzeshüter".[779] Generell fand sich in der Ordnungspolizei ein Großteil der 1.138 SS-Führer wieder, die in der Vorkriegszeit eine SS-Junkerschule besucht hatten.[780] Insofern gelangten in die Ordnungspolizei also zahlreiche Angehörige der späteren Waffen-SS, die keinen polizeilichen Werdegang vorweisen konnten. Damit mangelte es ihnen an Erfahrung im Polizeiberuf, in dem sie nun einmal nicht ausgebildet und sozialisiert waren.

Zu Beginn des Jahres 1938 richtete das Hauptamt Ordnungspolizei deshalb besondere Kurse ein, in denen gezielt SS-Führer zu Polizeioffizieren umgeschult wurden. Diese sogenannten Offiziersausbildungslehrgänge für Oberleutnante und Leutnante der Schutzpolizei fanden an den beiden Schulen in Berlin-Köpenick und Fürstenfeldbruck statt.[781] Aber der Beginn des Krieges setzte diesem Kurstyp ein jähes Ende, was einen herben Rückschlag für Himmlers Pläne bedeutete, auf diese Weise die SS mit der Polizei zu „verschmelzen".[782] Diverse Theoretiker des NS-Staats kolportierten noch während des Krieges, dass die neuen Polizeiführer weiterhin primär aus den SS-Junkerschulen hervorgehen würden.[783] Auch in der Nachkriegszeit glaubten einzelne Forscher bereitwillig dieser Aussage, ohne sie genau auf ihre Richtigkeit zu überprüfen.[784] Wenngleich sie eindeutig falsch ist, kann jedoch angenom-

---

sen und Aufgabe der SS und der Polizei, in: IMT, Bd. 29, Nürnberg 1948, S. 206–234, hier: S. 228; Westermann, Police Battalions, S. 99; Schmidt, Polizisten, S. 404.

776 Zu den SS-Junkerschulen vgl. u. a. Jay Hatheway, In Perfect Formation. SS Ideology and the SS-Junkerschule Tölz, Atglen 1999; Bernhard Kiekenap, SS-Junkerschule. SS und SA in Braunschweig, Braunschweig 2008, S. 115–164; Wegner, Soldaten, S. 149–171. Ferner, wenn auch mit Vorsicht zu genießen: Richard Schulze-Kossens, Militärischer Führernachwuchs der Waffen-SS. Die Junkerschulen, Osnabrück 1982. Richard Schulze-Kossens war der letzte Kommandeur der SS-Junkerschule Tölz und befasste sich in diesem apologetischen Werk vorwiegend mit seiner ehemaligen Wirkungsstätte. Bereits im Jahre 1979 hatte er dazu einen Aufsatz veröffentlicht, der im Wesentlichen in sein Buch einfloss. Vgl. Ders., Führernachwuchs der Waffen-SS. Die SS-Junkerschulen, in: Deutsches Soldatenjahrbuch 27 (1979), S. 386–399.

777 Vgl. Jens Westemeier, Die Junkerschulgeneration, in: Jan Erik Schulte/Peter Lieb/Bernd Wegner (Hrsg.), Die Waffen-SS. Neue Forschungen, KRiG, Bd. 74, Paderborn 2014, S. 269–285, hier: S. 279 und 281.

778 Vgl. Wegner, Soldaten, S. 143.

779 Vgl. Hatheway, Formation, S. 131.

780 Vgl. Westemeier, Junkerschulgeneration, S. 284.

781 Vgl. RdErl. d. RFSSuChdDtPol. im RMdI. v. 23.11.1937, in: RMBliV, 01.12.1937, Nr. 48, Sp. 1840b–1840d; RdErl. d. RFSSuChdDtPol. im RMdI. v. 21.04.1938, in: RMBliV, 27.04.1938, Nr. 18, Sp. 756n–756p; RdErl. d. RFSSuChdDtPol. im RMdI. v. 21.04.1938, in: RMBliV, 27.04.1938, Nr. 18, Sp. 756p f.; RdErl. d. RFSSuChdDtPol. im RMdI. v. 02.08.1939, in: RMBliV, 09.08.1939, Nr. 32, Sp. 1656f f. sowie BAB, R 19/284, Chronik der Polizeioffiziersschule Berlin-Köpenick, [1936–1943], Bl. 98 f., 102 und 106.

782 Vgl. RdErl. d. RFSSuChdDtPol. im RMdI. v. 12.09.1939, in: RMBliV, 20.09.1939, Nr. 38, Sp. 1980c f. Ferner: BAB, R 19/11, Gudewill (Ausbildungsamt) an u. a. Chef des Kommandoamtes, 28.08.1939.

783 Vgl. Werner Best, Die Deutsche Polizei, Darmstadt 1941, S. 80, 96 und 109 f.; Theodor Maunz, Gestalt und Recht der Polizei, Hamburg 1943, S. 31.

784 Als Beispiele wären hier zu nennen: Neusüß-Hunkel, SS, S. 45; Rohrkamp, Kämpfer, S. 198; Fangmann, Parteisoldaten, S. 102. Der ehemalige Leiter der SS-Junkerschule Braunschweig, Paul Hausser, behaup-

men werden, dass so mancher SS-Führer unmittelbar als Offizier in die Ordnungsmacht gelangte. Solche Umsteiger waren auf ihr neues Tätigkeitsfeld aber fachlich kaum vorbereitet, was ihre berufliche Integration immens erschwert haben dürfte. Letztendlich musste sich Himmler also von dieser personalpolitischen Maßnahme rasch verabschieden und zusätzliche Quellen anzapfen, um weitere Führungskräfte für die Ordnungspolizei zu rekrutieren.

Eine weitere Möglichkeit, seinen Bedarf an Offizieren zu stillen, sah Himmlers Machtapparat darin, auf geeignete Wachtmeister zurückzugreifen, die sich bereits aktiv im Dienst befanden. Diese etwas älteren Beamten konnten sich für höhere Positionen empfehlen, wenn sie bisher überdurchschnittliche Leistungen und Führungskompetenzen an den Tag gelegt hatten. Während weiterhin Abiturienten bevorzugt wurden, gelangten nun auch Männer in die engere Auswahl, welche die Oberstufenprüfung der Polizeiberufsschule bestanden hatten, die mittlere Reife besaßen oder einfach Reserveoffiziersanwärter der Wehrmacht waren. Vielversprechende Kandidaten mussten eine Vorprüfung ablegen und anschließend einen Gruppen- und Zugführerlehrgang durchlaufen, bevor sie zu einem Offiziersanwärterlehrgang kamen.[785]

Unter den neuen Gegebenheiten des noch jungen Krieges sah sich die Ordnungsmacht im Frühjahr 1940 erneut dazu gezwungen, die Vorschriften für ihren Offiziersersatz zu reformieren: Die Anwärter sollten nun durch bereits aktive Wachtmeister und Absolventen der SS-Junkerschulen gestellt werden, wobei Reserveoffiziersanwärter der Wehrmacht nicht mehr infrage kamen. Stattdessen rekrutierte die Ordnungspolizei ihr Führungspersonal verstärkt aus ihren eigenen Einheiten, die sich bereits im „auswärtigen Einsatz" befanden. Neben den regulären Polizeibataillonen und der SS-Polizei-Division dienten auch die erst vor kurzem errichteten Polizeiausbildungsbataillone als personelles Reservoir. Deren Angehörige sollten zwar möglichst Abiturienten sein. Doch auch andere Kandidaten konnten ausgewählt werden, wenn sie entsprechend vorgeschult waren und zudem intellektuell, physisch und ideologisch ins Muster passten. Gemein war ihnen, dass sie neben einer militärischen Grundausbildung und einer besonderen Schulung nun mindestens drei Monate lang an der Front dienen mussten, bevor sie zu Offizieren ernannt werden konnten.[786] Bis diese Anwärter Führungspositionen bekleiden konnten, sollte es aber noch einige Zeit dauern. Laut Daluege waren von Kriegsbeginn bis Mitte April 1940 insgesamt 700 Männer zu Polizeiführern ernannt worden, während sich zu ihnen recht bald noch einmal 353 Offiziere gesellen sollten.[787]

Bemerkenswert an dieser Reform ist, dass die angehenden Polizeiführer bereits zu Beginn des Krieges den Revierdienst gegen den „auswärtigen Einsatz" tauschten. Bei diesem sammelten sie nicht nur Erfahrungen auf dem militärischen Feld, sondern erlebten auch hautnah, auf welche Aufgaben sie ihre Offiziersausbildung vorbereiten sollte. Das ist schon allein deshalb beachtlich, weil sich der Schwerpunkt der Ausbildung immer mehr von der „Heimatfront" auf die echten Schlachtfelder verlagerte. Ursprünglich verfolgte der Polizeiappa-

---

tet in seiner apologetischen Schrift über die Waffen-SS „Soldaten wie andere auch", Himmler habe sogar gewollt, dass alle Offiziersanwärter der Polizei an den Lehranstalten seiner „Elitegarde" ihre militärische Grundausbildung erhalten sollten. Aber Daluege habe dieses Vorhaben abgelehnt, weshalb stattdessen SS-Führer nach ihrem Aufenthalt auf den SS-Junkerschulen zur Polizei kommandiert worden seien. Ob es sich dabei um eine zutreffende Aussage oder vielmehr um eine Nachkriegslegende handelt, kann nicht zweifelsfrei geklärt werden, da Hausser dafür keine Quelle nennt. Vgl. Paul Hausser, Soldaten wie andere auch. Der Weg der Waffen-SS, Osnabrück 1966, S. 44.

785 Vgl. RdErl. d. RFSSuChdDtPol. im RMdI. v. 11.11.1937, in: RMBliV, 17.11.1937, Nr. 46, Sp. 1772c; RdErl. d. RFSSuChdDtPol. im RMdI. v. 26.06.1939, in: RMBliV, 05.07.1939, Nr. 27, Sp. 1400c f.

786 Vgl. BAB, R 19/390, Entwurf: Daluege (Chef der Ordnungspolizei) an von Bomhard, 21.03.1940, Bl. 79.

787 Vgl. BAB, R 19/390, Entwurf: Daluege (Chef der Ordnungspolizei) an Himmler, 13.04.1940, Bl. 80.

rat das Ziel, die Beamten auf ihren Dienst im Inneren des eigenen Landes vorzubereiten, die dort dann für „Ruhe und Ordnung" sorgen sollten. Weil sich jedoch während des Krieges die deutschen Grenzen gewaltig verschoben hatten, zählten plötzlich weite Teile Europas gewissermaßen auch zum Landesinneren des Deutschen Reichs. In erster Linie orientierte sich Himmlers neues Konzept also daran, was auf den europäischen Kriegsschauplätzen geschah, weshalb es nun in den einzelnen Stationen der Ausbildung galt, Ordnungshüter in „Polizeisoldaten" zu verwandeln und sie möglichst effektiv für den Fronteinsatz zu trainieren. Doch scheint dies nicht immer genügt zu haben. So erklärte Daluege im weiteren Verlauf des Krieges, dass bereits aktive Offiziere darin Erfahrungen sammeln müssten, in den Polizeieinheiten einen Zug zu leiten, bevor sie zu Kompanieführern ausgebildet werden könnten. Daher entschied der Chef der Ordnungspolizei, „daß Leutnante und Oberleutnante in die Bataillone geschickt werden, die im Bandenkampf eingesetzt sind".[788]

Lange bevor Daluege zu dieser Maßnahme griff, musste er bereits feststellen, dass zahlreiche seiner Anwärter keineswegs so gut vorgebildet waren, wie er sich das für sein Führerkorps erhoffte. Ende 1941 richtete die Ordnungspolizei deshalb entsprechende Vorbereitungslehrgänge ein, die dazu dienten, ihre Teilnehmer auf den eigentlichen Offiziersanwärterlehrgang einzustimmen. Ähnlich wie in der Zug- und Gruppenführerausbildung dominierten darin jedoch rein militärische Inhalte, während die ideologische Indoktrination oder typisch polizeidienstliche Themen eher in den Hintergrund traten.[789] Diese Kurse fanden in Polizeischulen oder Lehreinheiten statt, die in der Regel mit der Grundausbildung betraut waren. Bevor etwa die Teilnehmer des 25. OAL nach Fürstenfeldbruck gelangten, mussten sie zunächst einmal den ersten Vorbereitungslehrgang überstehen, den das Polizeilehrbataillon Dresden-Hellerau im Dezember 1941 veranstaltete.[790] An der Gendarmerieschule in Deggingen folgte fast zeitgleich der nächste dieser Kurse, zu dem die Kandidaten für den 27. OAL vom 4. November bis zum 17. Dezember 1941 antreten mussten.[791] Nur wenig mehr als einen Monat dauerte auch der 3. Vorbereitungslehrgang, der in der Polizeiunterkunft in Mariaschein bei Aussig abgehalten wurde.[792] Weitere solcher Kurse sollten auch künftig dazu beitragen, unterschiedliche Typen von Polizeiführern auszubilden.[793]

Die kurze Dauer dieser Lehrgänge verrät, dass sie binnen weniger Wochen Grundlagen schaffen mussten, auf denen dann die Polizeioffiziersschulen aufbauen konnten. Derlei Kur-

788 BAB, R 19/391, Entwurf: Daluege (Chef der Ordnungspolizei) an den HSSPF Ukraine, Russland-Mitte und Ostland, 06.04.1943, Bl. 62.

789 In den Akten der Polizeischule Fürstenfeldbruck befinden sich einzelne Erfahrungsberichte über solche Vorbereitungslehrgänge. In ihnen gehen die Autoren hauptsächlich darauf ein, wie sich die Teilnehmer in den militärischen Disziplinen präsentierten. Vgl. z. B. BayHStA München, Polizeischule FFB 126, Schnellbrief: I. A. Winkelmann (RFSSuChdDtPol): Vorbereitungslehrgang für Offizieranwärter beim Pol.-Lehr-Bataillon Dresden-Hellerau, 19.11.1941.

790 Vgl. ebd., S. 2.

791 Warum der 2. Vorbereitungslehrgang zeitlich eher anfing und zum Abschluss kam als der erste dieser Lehrgänge, ist nicht bekannt. Vgl. BayHStA München, Polizeischule FFB 127, Lagerbauer (Gendarmerieschule Deggingen) an RFSSuChdDtPol: Erfahrungsbericht über den in der Zeit v. 4.11.41 bis 17.12.41 an der Gend.-Schule in Deggingen/Württ. stattgefundenen 2. Vorb.Lehrgangf. Offiziersanwärter, 20.12.1941.

792 Dieser Lehrgang dauerte vom 4. März bis 18. April 1942. Vgl. BayHStA München, Polizeischule FFB 128, Lagerbauer (Polizeiunterkunft Mariaschein) an RFSSuChdDtPol: Erfahrungsbericht über den in der Zeit vom 4.3.42–18.04.42 an der Pol. Unterkunft in Mariaschein b.Aussig stattgefundenen 3. Vorb. Lhrg.f.Offz.Anwärter, 18.04.1942.

793 So war etwa der 4. Vorbereitungslehrgang für Reserve-Offiziersanwärter an der Polizeischule Heidenheim beheimatet. Vgl. dazu BAB, R 19/27, 28 und 29.

se dienten aber auch dazu, ungeeignete Kandidaten von vornherein auszusieben und nur Polizisten für einen Offiziersanwärterlehrgang zu empfehlen, die geeignet erschienen, ihn auch tatsächlich erfolgreich zu beenden.[794] Das Lehrpersonal dieser Vorbereitungskurse hatte also die Aufgabe, eine Vorauswahl zu treffen und letztlich den obersten Bildungsanstalten der uniformierten Polizei zu ersparen, monatelang Rekruten zu beschulen, die dem Apparat Himmlers nicht geeignet erschienen. Zudem sollten etwaige Defizite bereinigt und Wissenslücken so gut wie möglich geschlossen werden. So wichtig sie auch waren, um die Polizisten auf die Offiziersanwärterlehrgänge inhaltlich und mental vorzubereiten, aber auch zwischenmenschlich miteinander vertraut zu machen, hielten sich die Erfolge solcher Maßnahmen für den Ausbildungsstand der Schüler allerdings eher in Grenzen.[795]

Nachdem sich diese Kurse nur ansatzweise bewährt hatten, ging der Polizeiapparat noch einen Schritt weiter und richtete 1942 zusätzliche Auswahllehrgänge ein. Der erste dieser vorbereitenden Kurse fand wieder an der Gendarmerieschule in Deggingen für jene Polizisten statt, die am 31. OAL teilnehmen sollten.[796] Nunmehr siebten die Ausbilder ihnen ungeeignet erscheinende Teilnehmer aus, indem sie diese sehr kritisch bewerteten. Wer die Kriterien für einen Polizeiführer nicht erfüllte, musste wieder zu seiner Dienststelle zurückkehren. Dabei griff das Lehrpersonal zuweilen hart durch: Von den 382 Männern, die zum 1. Auswahllehrgang abgeordnet waren, bestanden lediglich 152 mit Erfolg.[797] Auch den 4. Auswahllehrgang überstand nur etwa die Hälfte aller Kandidaten.[798] Diese Zahlen verdeutlichen, was auch dem Regime allmählich klar werden musste: Ohne eine kritische Vorauswahl würden weiterhin etliche Kandidaten an die Offiziersschulen gelangen, die sich aus Sicht des Polizeiapparats einfach nicht zum Führungspersonal eigneten. Das änderte jedoch nichts an dem Problem, dass die Ordnungspolizei dringend auf neue Offiziere angewiesen war. Überstanden nur wenige Polizisten einen vorbereitenden Kurs, erhöhte dies zwar die Wahrscheinlichkeit, dass sie einen Lehrgang für Offiziersanwärter meistern konnten. Aber deren geringe Anzahl löste kaum die personellen Probleme der „grünen" Polizei während des Zweiten Weltkriegs.

Angesichts dieser enormen Schwierigkeiten mutet es daher paradox an, dass sich die uniformierte Ordnungsmacht in den Friedensjahren noch recht wählerisch gab. Zuweilen meldeten die einzelnen Schutzpolizeikommandos derart viele Kandidaten für einen Offiziersanwärterlehrgang, dass diese eine schriftliche Vorprüfung absolvieren mussten, die aus einem

794 Vgl. etwa BAB, R 19/308, BdO. Nimwegen an Dienststellen: Abschrift von Schnellbrief: I. A. Pretzell (RFSSuChdDtPol) an PP.: 9. Vorbereitungslehrgang für Offizier-Anwärter, 20.11.1943, Bl. 221.

795 Dies geht u. a. aus einem Erfahrungsbericht über den 26. Reserve-OAL hervor. Vgl. BayHStA München, Polizeischule FFB 147, I. V. [unleserlich] (Polizeischule FFB) an RFSSuChdDtPol: Erfahrungsbericht über den Ablauf des 26.Res.OAL, 01.11.1944, S. 3.

796 Vgl. BayHStA München, Polizeischule FFB 130, Lagerbauer (Gendarmerieschule Deggingen) an RFSSuChdDtPol: 1. Auswahllehrgang für Offizieranwärter an der Polizeischule (Gend,) Deggingen/Würt-tbg., 17.10.1942; BayHStA München, Polizeischule FFB 130, Schnellbrief: I. A. Grünwald (RFSSuChdDtPol) an u. a. Polizeischule FFB: 31. Offizieranwärterlehrgang, 22.10.1942, S. 2. Weitere Kurse dieser Art fanden mitunter auch wieder in Mariaschein statt, wie etwa der 3. und 4. Auswahllehrgang beweisen. Vgl. BayHStA München, Polizeischule FFB 132, Schnellbrief: I. A. Henke (RFSSuChdDtPol) an u. a. Polizeischule FFB: 4. Auswahllehrgang für Offizieranwärter, 30.03.1943, S. 1.

797 Vgl. BayHStA München, Polizeischule FFB 130, Lagerbauer (Gendarmerieschule Deggingen) an RFSSuChdDtPol: 1. Auswahllehrgang für Offizieranwärter an der Polizeischule (Gend,) Deggingen/Würt-tbg., 17.10.1942, S. 2 f. Hier darf aber nicht unerwähnt bleiben, dass einige Männer nicht eintrafen, die zu diesem Lehrgang abgeordnet waren. Dennoch ist die Zahl der Entlassenen mit 147 recht hoch.

798 Vgl. BayHStA München, Polizeischule FFB 133, [unleserlich] (Polizeischule Mariaschein) an RFSSuChdDtPol: 4. Auswahllehrgang für Offizieranwärter, 18.06.1943, S. 11.

Aufsatz, einer polizeirechtlichen und einer weltanschaulichen Arbeit bestand. Auf diese Weise konnte das Hauptamt Ordnungspolizei unter ihnen die Besten auswählen, die dann an einem solchen Kurs teilnehmen durften, was etwa beim 14. OAL der Fall war.[799] Diese Praxis war also in der Vorkriegszeit anscheinend noch möglich. Das ist aber ziemlich befremdlich angesichts der Tatsache, dass Himmlers Imperium fortwährend über einen großen Bedarf an geeignetem Führungspersonal in den Reihen der Ordnungspolizei klagte.[800]

Während des Zweiten Weltkriegs war dieser so groß, dass das NS-Regime verstärkt auf Polizeireservisten zurückgreifen musste.[801] Daher versuchte Himmlers Machtapparat beispielsweise, Wachtmeister der Reserve für den aktiven Dienst in der Schutzpolizei zu gewinnen, die sich dafür freiwillig melden und eigens zu diesem Zweck organisierte Anwärterlehrgänge besuchen mussten.[802] Darüber hinaus richtete er weitere Kurse ein, in denen geeignete Beamte zu Reserveoffizieren ausgebildet wurden, um dem chronischen Mangel an zuverlässigen Führungskräften entgegenzuwirken. Solche Reserve-Offiziersanwärterlehrgänge (Reserve-OAL) veranstalteten nicht nur die beiden Polizeioffiziersschulen in Fürstenfeldbruck und Berlin-Köpenick, sondern auch die Lehranstalten in Mariaschein und Deggingen sowie das Polizeilehrbataillon Dresden-Hellerau.[803] Zuweilen konnten solche Kurse komplett aus Reservisten bestehen, die ursprünglich in der SA gedient hatten. Auf diesem Wege gelangten erneut Vertreter der Partei in den Polizeidienst.[804]

Seit Ende des Jahres 1940 richtete das Hauptamt Ordnungspolizei darüber hinaus einige Revier-Offiziersanwärterlehrgänge (Revier-OAL) ein. Diese Kurse erfolgten zunächst an der Schutzpolizeischule Berlin-Schöneberg und der Polizeischule Fürstenfeldbruck, später aber auch an der Schutzpolizeischule im polnischen Pelplin. Sie zielten darauf ab, Polizeimeister zu Revierleutnanten für den aktiven Dienst auszubilden.[805] Damit knüpfte die Ordnungsmacht an die Obermeisteranwärterlehrgänge an, die bereits in der Vorkriegszeit zentral in der Schöneberger Lehranstalt stattgefunden hatten.[806] In ihnen waren die Teilnehmer dazu

---

799 Vgl. RdErl. d. RFSSuChdDtPol. im RMdI. v. 10.03.1939, in: RMBliV, 15.03.1939, Nr. 11, Sp. 572p–572r.

800 Zum Personalmangel im Offizierskorps der Ordnungspolizei vgl. auch Westerkamp, Schulung, S. 23. Im „Dritten Reich“ litten ebenso die unteren Rangklassen der uniformierten Staatsgewalt, aber auch die Sicherheitspolizei unter personellen Engpässen, die sich während des Zweiten Weltkriegs noch verschlimmerten. Vgl. dazu Bach, Ordnungspolizei, S. 87; Linck, Ordnung, S. 36; Dams, Gestapo, S. 63 f.; Mallmann, Gestapo, S. 619.

801 Vgl. Link, Rückblick, S. 37.

802 Vgl. u. a. RdErl. d. RFSSuChdDtPol. im RMdI. v. 20.09.1940, in: RMBliV, 25.09.1940, Nr. 39, Sp. 1843–1849; RdErl. d. RFSSuChdDtPol. im RMdI. v. 06.03.1941, in: RMBliV, 12.03.1941, Nr. 11, Sp. 428b–428d; RdErl. d. RFSSuChdDtPol. im RMdI. v. 18.09.1941, in: RMBliV, 24.09.1941, Nr. 39, Sp. 1712f–1712i.

803 Vgl. u. a. RdErl. d. RFSSuChdDtPol. im RMdI. v. 22.08.1941, in: RMBliV, 27.08.1941, Nr. 35, Sp. 1540l–1540o; RdErl. d. RFSSuChdDtPol. im RMdI. v. 10.12.1941, in: RMBliV, 17.12.1941, Nr. 51, Sp. 2232i–2232l; I. A. Eggebrecht: RdErl. d. RFSSuChdDtPol. v. 24.03.1944, in: BefBlO, 01.04.1944, Nr. 13, S. 103.

804 Vgl. z. B. BAB, R 20/70, Schnellbrief: I. A. Winkelmann (RFSSuChdDtPol) an u. a. StMdI: Reserveoffizier-Anw.-Lehrgang für Wachtmeister (SB) der Reserve der Schutzpol. und Gend. (SA-Führer), 31.08.1942.

805 Vgl. RdErl. d. RFSSuChdDtPol. im RMdI. v. 08.11.1940, in: RMBliV, 13.11.1940, Nr. 46, Sp. 2084e–2084h; RdErl. d. RFSSuChdDtPol. im RMdI. v. 05.12.1940, in: RMBliV, 11.12.1940, Nr. 50, Sp. 2216–2216b; RdErl. d. RFSSuChdDtPol. im RMdI. v. 18.09.1941, in: RMBliV, 24.09.1941, Nr. 39, Sp. 1712i–1712m. Ferner: RdErl. d. RFSSuChdDtPol. im RMdI. v. 03.10.1940, in: RMBliV, 09.10.1940, Nr. 41, Sp. 1916a f. sowie RdErl. d. RFSSuChdDtPol. im RMdI. v. 21.01.1943, in: MBliV, 27.01.1943, Nr. 4, Sp. 115–122.

806 Vgl. u. a. RdErl. d. RFSSuChdDtPol. im RMdI. v. 19.02.1938, in: RMBliV, 02.03.1938, Nr. 9, Sp. 337.

erzogen worden, kleinere Polizeireviere zu führen, die Leiter von großen Dienststellen zu vertreten und kleinere Einheiten zu befehligen.[807] Ferner ermöglichte das Regime ab Ende des Jahres 1940 auch Meistern und Hauptwachtmeistern der Gendarmerie, an Bezirks-Offiziersanwärterlehrgängen (Bezirks-OAL) teilzunehmen, die allerdings an einer Gendarmerieschule stattfanden.[808] Analog zur Schutzpolizei fußten diese Kurse also auf jenen, die es zuvor schon für Obermeisteranwärter der Gendarmerie gegeben hatte.[809] Bei den Revier- und Bezirks-Offizieren handelte es sich um Männer, die für den regulären Dienst zu alt waren, aber stattdessen in den heimischen Dienststellen jene Polizeiführer ersetzen sollten, die dadurch zum „auswärtigen Einsatz" geschickt werden konnten.[810]

In der zweiten Kriegshälfte überarbeitete Himmler abermals sein Ausbildungskonzept, indem er per Erlass vom 28. März 1943 noch einmal neu regelte, welche einzelnen Etappen die Polizisten nehmen mussten, um zu Führungskräften aufzusteigen.[811] Doch im Vergleich zu den bisherigen Anweisungen stellte diese Vorschrift die Offiziersausbildung auf eine fast völlig neue Grundlage: Weil es sich besonders während des Krieges recht schwierig gestaltete, neue Polizeiführer zu rekrutieren, versuchte die Ordnungsmacht alle Kanäle anzuzapfen, die ihr zur Verfügung standen. Die IdO und BdO, die Kommandos der Schutzpolizei sowie die Polizeiregimenter hatten sogenannte Nachwuchsoffiziere einzusetzen, die geeignete Kandidaten erfassen und danach betreuen mussten. Sie sollten dabei vor allem Bewerber auswählen, die möglichst schon einen Kampfeinsatz absolviert und dabei erste Erfahrungen an der Front gesammelt hatten. Grundsätzlich hatten sie ein tadelloses und kameradschaftliches Verhalten, Führereigenschaften und außerordentliche Leistungen an den Tag zu legen, charakterlich gefestigt, schuldenfrei sowie geistig und körperlich fit zu sein. Die künftigen Offiziere sollten außerdem überzeugte Nationalsozialisten sein, die eine „soldatische Erscheinung" und möglichst eine Sportauszeichnung besaßen, mindestens 1,68 m groß waren und dabei auch noch geeignet erschienen, in die SS aufgenommen zu werden. Unwichtig war es jedoch nun, ob ein Kandidat verheiratet, verlobt oder ledig war. Aus Himmlers Sicht musste sich dessen Frau nur geeignet erweisen, die Gattin eines Offiziers zu sein, was die Polizei eigens überprüfte. Ebenso wenig spielte es eine Rolle, welchen Schulabschluss die angehenden Führungskräfte erworben hatten, wobei sie lediglich die deutsche Sprache sicher beherrschen mussten. Da das Regime auch bereits erfahrene Beamte bis zu einem Alter von 40 Jahren rekrutieren wollte, mussten diese zudem über ein polizeirechtliches Grundwissen verfügen.[812]

Weil Himmler auf all diese Aspekte großen Wert legte, ermahnte er Vorgesetzte und Nachwuchsoffiziere dazu, künftig nur noch Bewerber zu melden, die diese Kriterien auch wirklich erfüllten. Schließlich hätten die Dienststellen in der Vergangenheit immer wieder Kandidaten vorgeschlagen, die daran gemessen völlig ungeeignet gewesen seien, Offiziere der uniformierten Polizei zu werden.[813] Das verdeutlicht, wie sehr der Reichsführer-SS darum bemüht war, dass sich die Qualität des Führungsnachwuchses nicht verschlechterte. Aller-

807 Vgl. Wenner, Ausbildung, S. 71.
808 Vgl. RdErl. d. RFSSuChdDtPol. im RMdI. v. 17.12.1940, in: RMBliV, 25.12.1940, Nr. 52, Sp. 2304–2314.
809 Vgl. z. B. RdErl. d. RFSSuChdDtPol. im RMdI. v. 03.06.1937, in: RMBliV, 09.06.1937, Nr. 23, Sp. 918–927.
810 Vgl. Nix, Police Forces, S. 46. Ferner: Link, Rückblick, S. 36; Schmidt, Polizisten, S. 149.
811 Zum Erlass vgl. auch Westerkamp, Schulung, S. 23.
812 Vgl. BAB, R 19/10, I. V. [unleserlich] (RFSSuChdDtPol) an u. a. die Schulen: Offiziernachwuchs, 28.03.1943, Bl. 111 f.
813 Vgl. ebd., Bl. 114.

dings zeigen die genannten Anforderungen auch, wie sehr er seine bisherigen Ansprüche an dieses Personal herunterschraubte, um auf eine möglichst breite Auswahl zurückgreifen zu können. Trotzdem beklagte das Hauptamt Ordnungspolizei wenige Monate später, dass ihm Dienststellen und Einheiten nicht so viele geeignete Kandidaten vorschlügen, wie die Behörde gehofft hatte, was sie den Nachwuchsoffizieren anlastete.[814] Das bedeutet aber keineswegs, dass die oberste Institution der uniformierten Staatsmacht nicht wählerisch war. Denn obwohl sich der Personalmangel immer weiter verschlimmerte, rief sie die Offiziersschulen sogar noch wenige Monate vor Kriegsende dazu auf, mit ihren Anwärtern trotz der prekären Umstände nicht allzu nachsichtig zu sein und sie unnachlässig streng zu bewerten. Die Ordnungspolizei sei daran interessiert, „lieber weniger, aber gute Offiziere zu haben als viele und darunter solche, die ihrer Stellung nicht gewachsen sind".[815]

Damit die unterschiedlichen Typen von Bewerbern einheitlich auf die Offizierslaufbahn vorbereitet werden konnten, wandelte Himmler in seinem Erlass auch den Ausbildungsgang ab, der sich nun in fünf Einzelabschnitte unterteilte: Reservisten aus dem 7.500-Mann-Ersatz von Wehrmacht und Waffen-SS erhielten zunächst eine dreimonatige Grundausbildung in vorwiegend militärischen Fächern. Danach absolvierten sie ihre Gruppenführerausbildung gemeinsam mit Unterführern und Männern aus den Einheiten und Dienststellen der Polizei sowie mit Angehörigen der Feldgendarmerie, die auf diesem Gebiet noch Defizite aufwiesen oder sich noch nicht im Kriegseinsatz befunden hatten. Für diesen ebenfalls dreimonatigen Ausbildungsabschnitt waren die jeweiligen IdO und BdO zuständig. Anschließend hatten sich die Anwärter noch einmal ein Vierteljahr lang an der Front zu bewähren und dabei als Gruppenführer in den Polizeieinheiten am Kriegsgeschehen teilzunehmen. Nachher mussten alle Polizisten einen zweimonatigen Vorbereitungslehrgang absolvieren, um einheitlich ausgerichtet und auf den Offiziersanwärterlehrgang eingestimmt zu werden, der anschließend noch einmal vier bis fünf Monate dauern und seine Teilnehmer zu Zugführern ausbilden sollte.[816] Während die genannten Personengruppen auf diesem Wege zu Polizeiführern aufstiegen, galten ganz andere Regeln für Revier- und Bezirks-Offiziere, die in die aktive Laufbahn in der Ordnungspolizei übertreten wollten. Diese mussten einen viermonatigen Sonderlehrgang auf einer Offiziersschule besuchen und sich zu Kompanieführern ausbilden lassen, damit sie danach sogleich in den „auswärtigen Einsatz" geschickt werden konnten.[817]

Grundsätzlich scheinen die insgesamt älteren Revier- und Bezirksoffiziere aber nicht dem entsprochen zu haben, was sich der Polizeiapparat zu Friedenszeiten unter geeigneten Polizeiführern vorgestellt hatte. Da der Personalbedarf während des Krieges jedoch enorm anstieg, lockerte Himmler die Kriterien und ließ nun auch Kandidaten an Sonderlehrgängen

814 Vgl. BAB, R 19/23, Vermerk: RFSSuChdDtPol: Offizier-Nachwuchs, 22.09.1943, Bl. 11.

815 BAB, R 19/26, I. V. Flade (Chef der Ordnungspolizei) an Offizierschulen der Ordnungspolizei Mariaschein, Fürstenfeldbruck und Eberswalde: Beurteilung des Offiziernachwuchses, 21.01.1945, Bl. 7.

816 Vgl. BAB, R 19/10, I. V. [unleserlich] (RFSSuChdDtPol) an u. a. die Schulen: Offiziernachwuchs, 28.03.1943, Bl. 112 f. Seit November 1944 ließ Alfred Wünnenberg auch die Reserveoffiziersanwärter nach ähnlichem Muster ausbilden. Vgl. m. d. F. b. Wünnenberg: RdErl. d. ChefsO. v. 21.11.1944, in: BefBlO, 02.12.1944, Nr. 49, S. 478 f. Am 25. Januar 1943 erhielt die Ordnungspolizei insgesamt 7.500 Reservisten, von denen 5.000 aus der Wehrmacht und 2.500 aus der Waffen-SS stammten. Vgl. Tessin, Stäbe und Truppeneinheiten, S. 16.

817 Vgl. BAB, R 19/10, I. V. [unleserlich] (RFSSuChdDtPol) an u. a. die Schulen: Offiziernachwuchs, 28.03.1943, Bl. 113.

teilnehmen, die sich zuvor nicht für die aktive Offizierslaufbahn geeignet hatten.[818] Dadurch bestand allerdings die Gefahr, dass das Offizierskorps in dieser entscheidenden Phase zunehmend überalterte. Das war auch dem Hauptamt Ordnungspolizei bewusst.[819] Anfang Mai 1944 kam die Behörde zu dem Schluss, dass es besser sei, die Sonderlehrgänge für Revier- und Bezirksoffiziere wieder einzustellen, weil dafür nicht mehr genügend qualifizierte Teilnehmer vorhanden seien.[820] Doch bis zur Kapitulation des Deutschen Reichs fanden weiterhin solche Kurse statt, weil die „Not am Mann" so groß war.[821]

Wie dringlich Himmler in der zweiten Kriegshälfte nach neuen Führungskräften suchte, zeigt sich auch daran, dass das Hauptamt Ordnungspolizei seinerzeit noch auf eine weitere Kategorie von Staatsdienern zurückgriff. Ab 1943 rekrutierte die Zentralbehörde immer mehr Verwaltungsbeamte der Polizei, damit diese das Offizierskorps aufstockten. Geeignete Kandidaten konnten sich zu Reserveoffizieren ausbilden lassen, wobei sie fast die gleichen Ausbildungsabschnitte durchlaufen mussten, wie sie der Reichsführer-SS in seinem Erlass vom 28. März 1943 bereits für die Vollzugspolizisten vorgeschrieben hatte. Nachdem sie ihre Rekruten- und Unterführerausbildung sowie ihren Truppendienst absolviert hatten, besuchten diese polizeilichen Bürokraten also einen Reserve-Offiziersanwärterlehrgang.[822] Während einzelne von ihnen solche Kurse zusammen mit aktiven Polizisten bestritten, bestanden andere Lehrgänge ausschließlich aus Verwaltungsbeamten der Ordnungspolizei. Ein Beispiel für letzteren Fall ist der 20. Reserve-OAL, der vom 1. Juni bis 1. Oktober 1943 an der Gendarmerieschule Deggingen stattfand und aus „Schreibtischtätern" Polizeiführer der Reserve machte, die anschließend erneut in den „auswärtigen Einsatz" gelangten.[823]

Letztlich griff die Ordnungspolizei auch noch auf Angehörige aus der HJ zurück, um ihr Führungskorps in den letzten Kriegsmonaten aufzustocken. Das Ergänzungsamt der Waffen-SS wählte ab Oktober 1944 etwa 100 Hitlerjungen pro Monat aus, die dann in speziellen Kursen in nur drei und später vier Wochen militärisch vorgeschult werden sollten, um festzustellen, ob sie für Führungspositionen in der Ordnungsmacht geeignet waren. Ende Oktober 1944 fand der erste dieser Lehrgänge an der Gendarmerieschule Bad Ems statt. Neben der militärischen Ausbildung wartete auf die Teilnehmer eine weltanschauliche Schulung, wobei ihnen auch noch die für die HJ typischen Ausbildungsinhalte begegneten, welche die Reichsjugendführung unter Artur Axmann bestimmt hatte.[824] Es ist jedoch unklar, wie vie-

818 Vgl. u. a. RdErl. d. RFSSuChdDtPol. im RMdI. v. 29.11.1940, in: RMBliV, 04.12.1940, Nr. 49, Sp. 2188b–2188d; RdErl. d. RFSSuChdDtPol. im RMdI. v. 06.07.1942, in: MBliV, 15.07.1942, Nr. 28, Sp. 1476–1476d.

819 Vgl. BAB, R 19/20, Entwurf: Hitschler (P) an u. a. P 2, Bl. 9; BAB, R 19/20, Entwurf: von Bomhard (Der Chef des Kommandoamts) an Pfeffer-Wildenbruch: Zulassung von Revieroffizieren etc. zu einem Sonderlehrgang an den Polizeioffizierschulen, 01.08.1942, Bl. 12.

820 Vgl. BAB, R 19/23, Abschrift: Kdo. II. an Kdo. I Herrn Oberst Flade, 04.05.1944, Bl. 28.

821 Vgl. u. a. BAB, R 19/10, Schnellbrief: I. A. Rogalski (Chef der Ordnungspolizei) an u. a. die Polizeischule Pelplin: Durchführung des 23. Rev.-Offz.-Anw.-Lehrganges, 01.12.1944, Bl. 187.

822 Vgl. BAB, R 19/101, I. V. Winkelmann (Chef der Ordnungspolizei) an u. a. die HSSPF: Zulassung und Ausbildung der Polizei-Verwaltungsbeamten für die Reserve-Offizierlaufbahn, 05.05.1943, Bl. 95–97. Ferner: Link, Rückblick, S. 37.

823 Vgl. BAB, R 19/101, Entwurf: Kleinhans an Strehmel, 22.11.1943, Bl. 118. Ferner: BAB, R 19/101, Schnellbrief: I. A. Winkelmann (RFSSuChdDtPol) an u. a. Kommandeur der Polizeischule Deggingen: 20. Reserveoffizier-Anwärter-Lehrgang, 01.06.1943, Bl. 99 f.

824 Vgl. BAB, R 19/308, I. V. Flade (Chef der Ordnungspolizei) an u. a. die HSSPF: Offiziernachwuchs aus der Hitlerjugend, 04.10.1944, Bl. 237.

le dieser Kurse tatsächlich stattfanden. Sie waren ohnehin nicht mehr als ein Akt der Verzweiflung.

All diese Maßnahmen und die vorherigen Reformen verweisen auf einen wichtigen Sachverhalt: Zwischen 1933 und 1945 änderten sich vielfach die umfangreichen Vorschriften, welche die Ausbildung des Offiziersersatzes regelten, so dass diese während der NS-Herrschaft nicht nach einheitlichen Standards erfolgte. In diesem Zeitraum variierten insgesamt der Aufbau der einzelnen Ausbildungsabschnitte und die Anforderungen, welche die Ordnungspolizei an ihre Führungskräfte stellte. Dieser ständige Wandel blieb nicht folgenlos. Indem die Entscheidungsträger immer wieder an den Stellschrauben drehten, sorgten sie dafür, dass keine dauerhaft gültigen Richtlinien existierten, weshalb sich der Ausbildungsapparat laufend umgewöhnen musste. Bei diesen Maßgaben handelte es sich also lediglich um Momentaufnahmen, so dass während des „Dritten Reichs" nicht von *der* Offiziersausbildung gesprochen werden kann.

Dieser Umstand führte auch dazu, dass die einzelnen Lehrgänge über die gesamte Dauer der NS-Diktatur hinweg nicht einheitlich organisiert waren. Unterschiedlich war daher beispielsweise das Leistungsniveau, das die Teilnehmer in den jeweiligen Kursen offenbarten, zu denen sie auch ziemlich unterschiedliche Qualifikationen mitbrachten. Ein solches Missverhältnis wirkte sich darauf aus, mit welchem Wissensstand und welchen Fähigkeiten die einzelnen Staatsdiener die Schulen wieder verließen. Mitte 1942 kritisierte dies auch Major Lenger, der im Hauptamt Ordnungspolizei für die personellen Angelegenheiten der Polizeioffiziere zuständig war. Er beklagte, dass sich die Qualität der angehenden Führungskräfte laufend verschlechtert habe, weshalb er sich dagegen aussprach, die Anforderungen an diese Bewerber noch weiter herabzusetzen. Dabei stellte er fest, „daß die Männer, die die Lehrgänge zur Zeit als ‚Beste' bestehen, etwa das Niveau der Männer haben, die bei den vor dem Kriege abgehaltenen Offizier-Anwärter-Lehrgängen unter dem Durchschnitt lagen". Dadurch ergebe sich „ein geradezu katastrophales Bild".[825] Ungeachtet dieser Probleme sahen sich die Polizeioffiziersschulen sowohl in den Friedens- als auch in den Kriegsjahren herausgefordert, das unterschiedlich beschaffene Personal in ihren Lehrgängen zu Führungskräften auszubilden.

4.4 Die Offiziersschulen der Ordnungspolizei

4.4.1 Die Polizei-Offizierschule Berlin-Köpenick

Um die Offiziere der Ordnungspolizei überhaupt ausbilden zu können, musste der NS-Staat jedoch erst einmal entsprechende Institutionen gründen. Da sich die Wehrmacht im Jahr 1935 die Höhere Polizeischule in Eiche und weitere Lehranstalten der Landespolizei einverleibt hatte, verfügte die innerstaatliche Exekutive nicht mehr über eine eigene Bildungsstätte, um ihren Führungsnachwuchs zu schulen. Als Notlösung erwies es sich daher, einen Offiziersanwärterlehrgang an der Schutzpolizeischule in Berlin-Schöneberg abzuhalten, der dort von Anfang Juli bis 21. Dezember 1935 stattfand.[826] Das Reichsinnenministerium hatte daher die Aufgabe, schleunigst einen adäquaten Ersatz zu finden. Denn es zeigte sich schnell, dass die Staatsgewalt wesentlich mehr Polizeiführer brauchte und ein einmaliger Lehrgang

825 BAB, R 19/20, Entwurf: Lenger (P (2)): Vermerk, 04.06.1942, Bl. 1.

826 Vgl. RdErl. d. RuPrMdI. v. 05.06.1935, in: MBliV, 12.06.1935, Nr. 24, Sp. 772c f.

dafür keinesfalls ausreichte. Um sie derweil auf einen bevorstehenden weiteren Kurs für Offiziersanwärter vorzubereiten, mussten ausgewählte Beamte vom 10. November 1935 bis 14. Januar 1936 in größeren Standorten einen besonderen Dienst verrichten. Zum Einsatz kamen sie zunächst als Unterführer in einer Hundertschaft und dann als Streifenbeamte in einem Polizeirevier, wo sie auch im Geschäftszimmerdienst ausgebildet wurden.[827]

Abbildung 8: Polizei-Offizierschule Berlin-Köpenick (Privatarchiv Sven Deppisch)

Danach konnten die Polizisten am 2. OAL teilnehmen, der am 1. Februar 1936 begann.[828] Dieses Datum war aber nicht nur für sie, sondern auch für den gesamten Polizeiapparat sehr bedeutend. Denn mit Beginn des Kurses nahm auch jene Einrichtung ihren Lehrbetrieb auf, die in den folgenden Jahren eine der bedeutendsten Erziehungsanstalten der uniformierten Ordnungsmacht werden sollte: die Polizei-Offizierschule Berlin-Köpenick. Reichsinnenminister Wilhelm Frick hatte sie per Erlass vom 14. Januar 1936 eingerichtet und seiner Behörde direkt unterstellt. Diese „Kaderschmiede" sollte in der Reichshauptstadt sämtliche Offiziersanwärter und bereits amtierende Offiziere aus- und fortbilden, sofern sie sich im Vollzugsdienst innerhalb der Schutz- oder Gemeindepolizei befanden. Verwaltungsbeamte gehörten damit nicht zur Zielgruppe der neuen Schule, die sich in der Polizeiunterkunft in der Kaiser-Wilhelm-Straße 73/86 befand.[829] Diese Adresse änderten die Nationalsozialisten im Frühjahr 1939 in Kirdorfstraße, die sie nach dem Industriellen Emil Kirdorf tauften, der schon frühzeitig die NSDAP gefördert hatte und 1938 verstorben war.[830] Bis zu diesem Zeitpunkt waren im Gebäude anfangs noch andere Dienststellen der Polizei untergebracht, von

827 Vgl. BAB, R 19/19a, Schnellbrief: I. A. [unleserlich] (Reichs- und Preußischer Minister des Innern) an u. a. die Regierungspräsidenten, 02.11.1935, Bl. 18.

828 Vgl. RdErl. d. RuPrMdI. v. 30.12.1935, in: RMBliV, 08.01.1936, Nr. 2, Sp. 28f f. Die Chronik der Polizeischule Berlin-Köpenick nennt zwar auch einen „1. Offizier-Lehrgang für die Schutzpolizei". Da zu diesem Kurs aber keine weiteren Erlasse oder sonstigen Dokumente vorliegen und er außerdem nicht als Offiziersanwärterlehrgang bezeichnet wird, scheint es sich dabei um einen einmaligen Sonderkurs gehandelt zu haben. Daher wird er im Folgenden auch nicht zu den regulären Offiziersanwärterlehrgängen gezählt. Vgl. BAB, R 19/284, Chronik der Polizeioffiziersschule Berlin-Köpenick, [1936–1943], Bl. 85.

829 Vgl. BAB, R 19/284, Chronik der Polizeioffiziersschule Berlin-Köpenick, [1936–1943], Bl. 2 f. Dort ist auch der genannte Erlass abgedruckt: Schnellbrief: I. V. Grauert (Reichs- und Preußischer Minister des Innern): Einrichtung der Polizeioffizierschule in Berlin-Köpenick, 14.01.1936. Ferner: RdErl. d. RuPrMdI. v. 21.01.1936, in: RMBliV, 29.01.1936, Nr. 5, Sp. 136.

830 Vgl. Helmut Böhme, „Kirdorf, Emil", in: Neue Deutsche Biographie 11 (1977), S. 666–668.

denen die meisten jedoch dem Lehrbetrieb nach und nach weichen mussten.[831] Heute existiert das Bauwerk der ehemaligen Offiziersschule noch immer und beherbergt das Finanzamt von Treptow-Köpenick in der Seelenbinderstraße 99, die seit 1947 diesen Straßennamen trägt.[832]

Als erster Kommandeur der Berliner Bildungsstätte fungierte seit Frühjahr 1936 der Polizeimajor Reiner Ließem, bis er am 9. Mai 1938 zur Kölner Schutzpolizei versetzt wurde, die er seitdem leitete.[833] Seine Nachfolge trat Oberstleutnant Konrad Ritzer an, der die Lehranstalt jedoch nur ein Jahr lang führte und anschließend ab Mai 1939 als Chef des Stabes beim BdO in Prag amtierte.[834] In dieser Position löste er den Oberstleutnant der Gendarmerie Hans-Dietrich Grünwald ab, der nun stattdessen der Berliner Schule vorstand. Diese Aufgabe nahm er bis Mitte September 1942 wahr, wobei Grünwald während dieser Zeit häufig zu anderen Dienststellen abgeordnet war. Anschließend leitete er jene Amtsgruppe des Kommandoamts, die sich im Hauptamt Ordnungspolizei mit Fragen zur Organisation und Ausbildung befasste.[835] Als Kommandeur der Offiziersschule beerbte ihn am 15. Oktober 1942 der Gendarmerieoberst Herbert Jilski, der zuvor die Schule für Auslandsverwendung in Oranienburg geleitet hatte.[836] Sein neues Amt hatte er dann bis September 1943 inne.[837] Anschei-

831 Vgl. BAB, R 19/284, Chronik der Polizeioffiziersschule Berlin-Köpenick, [1936–1943], Bl. 5–7.

832 Vgl. Homepage des Finanzamts Treptow-Köpenick. URL: http://www.berlin.de/sen/finanzen/steuern/finanzaemter/treptow-koepenick/. (zuletzt eingesehen am 15.07.2017).

833 Vgl. BAB, R 19/284, Chronik der Polizeioffiziersschule Berlin-Köpenick, [1936–1943], Bl. 3 und 18. Zur Biographie von Reiner Ließem ferner: Schulz/Zinke, Generale, Bd. 3, Bissendorf 2008, S. 37–42; Buhlan, Organisation, S. 173.

834 Vgl. BAB, R 19/284, Chronik der Polizeioffiziersschule Berlin-Köpenick, [1936–1943], Bl. 18 und 26. Zur Biographie von Konrad Ritzer ferner: Schulz/Zinke, Generale, Bd. 4, Bissendorf 2009, S. 284–290; Michael Buddrus (Hrsg.), Mecklenburg im Zweiten Weltkrieg. Die Tagungen des Gauleiters Friedrich Hildebrandt mit den NS-Führungsgremien des Gaues Mecklenburg 1939–1945. Eine Edition der Sitzungsprotokolle, Quellen und Studien aus den Landesarchiven Mecklenburg-Vorpommerns, Bd. 10, Bremen 2009, S. 1059.

835 Vgl. BAB, R 19/284, Chronik der Polizeioffiziersschule Berlin-Köpenick, [1936–1943], Bl. 26 und 44. Zur Biographie von Hans-Dietrich Grünwald ferner: Schulz/Wegmann, Generale, Bd. 1, Bissendorf 2003, S. 459–462.

836 Vgl. BAB, R 19/284, Chronik der Polizeioffiziersschule Berlin-Köpenick, [1936–1943], Bl. 44. Zur Biographie von Herbert Jilski ferner: Schulz/Wegmann/Zinke, Generale, Bd. 2, Bissendorf 2005, S. 370 f.

837 Das schreiben zumindest Schulz, Wegmann und Zinke. Vgl. Schulz/Wegmann/Zinke, Generale, Bd. 2, Bissendorf 2005, S. 371. Ob diese Angabe verlässlich ist, kann leider nicht restlos geklärt werden, weil sie dazu keine Belege anführen und auch der Verfasser keine weiteren Quellen darüber finden konnte. Mithilfe von Nix und Jerome kann diese Frage auch nicht geklärt werden, weil Jilski bei ihnen überhaupt nicht genannt wird und sie im Vergleich zur Schulchronik oftmals völlig unterschiedliche Personen und Amtszeiten angeben. So listen sie unter den Kommandeuren den Generalmajor Fritz Freitag auf, der zunächst vom 20. April bis 30. Oktober 1939 als Nachfolger von Ritzer und noch einmal vom 30. September 1942 bis 8. Mai 1943 die Schule als Nachfolger Grünwalds geleitet haben soll, der hier Grunewald geschrieben wird. Vgl. Nix, Police Forces, S. 103 f. Selbst Schulz und Wegmann führen Freitags erste angebliche Amtszeit in der Berliner Schule auf, obwohl sie im gleichen Band an anderer Stelle aussagen, dass Grünwald vom 2. Mai 1939 bis 1. Oktober 1942 als deren Kommandeur fungierte. Vgl. Schulz/Wegmann, Generale, Bd. 1, Bissendorf 2003, S. 345 und 460. Ein Blick in die Chronik der Polizeischule Berlin-Köpenick verrät hingegen, dass Grünwald von Mai 1939 bis zum 11. September 1942 ihr Leiter war. Freitag war aber höchstwahrscheinlich nur sein Stellvertreter, der das Amt lediglich in dessen Abwesenheit ausübte. Vgl. BAB, R 19/284, Chronik der Polizeioffiziersschule Berlin-Köpenick, [1936–1943], Bl. 26, 44 und 66–84.

nend plante der Polizeiapparat, Oberst Albert Buchmann zu seinem Nachfolger zu ernennen. Doch dieser galt seit dem 27. Dezember 1942 als im „auswärtigen Einsatz" verschollen.[838]

Die „Kaderschmiede" in der Reichshauptstadt verstand sich laut ihrer Chronik als „eine Pflanzstätte echten deutschen Geistes, die die ihr anvertrauten deutschen Männer in unverfälschtem Nationalsozialismus erzieht. Aufbauend auf Soldatentum, Wehrgeist und Gemeinschaftsgeist vermittelt sie gleichzeitig besondere für den Offizierberuf der Schutzpolizei unerläßliche Kenntnisse allgemeiner und fachwissenschaftlicher Art." Auch wenn die Schule sich gewiss nicht vor der Außenwelt versteckte, lag ihr viel daran, „entsagungsvolle Arbeit im Stillen" zu leisten, „ohne groß an die Öffentlichkeit zu treten". Gemäß dem Leitspruch der Lehranstalt „Du bist nichts – Dein Volk ist alles!", sollten die angehenden Offiziere nicht nur zu polizeilichen Fachkräften ausgebildet werden. Vielmehr versuchte sie die künftigen Polizeiführer zu gehorsamen Dienern der deutschen „Volksgemeinschaft" zu erziehen. Dieses Ziel sei dann erreicht, „wenn sie in jedem ihrer Männer den unerschütterlichen Willen weckt, seinem Volk und damit auch seiner Mannschaft nicht nur vorleben, sondern auch, wenn es das Schicksal fordert, vorsterben zu wissen".[839]

Die Nationalsozialisten hatten wahrhaftig große Pläne mit der Polizeischule Berlin-Köpenick und wollten sie zur bedeutendsten Bildungsanstalt der Ordnungspolizei erheben. Sie sollte als zentrale Instanz allein dafür zuständig sein, das Offizierskorps der uniformierten Ordnungsmacht mit neuen Mitgliedern zu versorgen. Pathetische Phrasen konnten jedoch nicht verbergen, dass das Geschehen an dieser Institution wie auch an anderen Erziehungsanstalten der uniformierten Staatsgewalt geprägt war durch einen bürokratisch farblosen Alltag. Die meisten der Lehroffiziere hatten bereits Erfahrungen in der polizeilichen Lehre gesammelt, da sie zuvor an der Höheren Polizeischule in Eiche oder an Provinzialpolizeischulen tätig gewesen waren.[840] Wenngleich die wenigsten von ihnen in Berlin-Köpenick also Neuland betraten, gab es innerhalb des Stammpersonals eine gehörige Fluktuation, da ständig neue Kräfte an die Schule gelangten und andere sie wieder verließen.[841] Naturgemäß wechselten die Polizeischüler aber noch wesentlich häufiger. Sie waren im Gebäudekomplex kaserniert untergebracht und wurden dort auch verpflegt.[842] Ihr Aufenthalt war davon bestimmt, gemeinsam die jeweiligen Lehrgänge zu meistern und insbesondere für die Prüfungen, mehr noch aber für ihren späteren Dienst als Führungsfiguren der Ordnungspolizei zu lernen. Einzelne Ausflüge und Feste lockerten diesen monotonen Alltag auf, der jedoch hauptsächlich von der schulischen Lernatmosphäre dominiert war.[843]

Dennoch ragen aus der Chronik der Berliner Polizeischule einzelne Ereignisse heraus: Dazu zählen z. B. die Olympischen Spiele im Sommer 1936, bei denen der Lehrbetrieb zum Erliegen kam, weil ausländische Sportler seinerzeit in der Schulkaserne einquartiert waren.[844] Von ihrer besten Seite zeigte sich die Bildungsstätte, als die Stadt Berlin ihre 700-Jahrfeier beging. Bei dieser Gelegenheit unterhielten einzelne Kurse das Publikum, indem die Polizis-

838 Nix hingegen meint, dass Buchmann vom 8. Mai 1943 bis Kriegsende die Berliner Schule geleitet habe. Vgl. Nix, Police Forces, S. 104. Das ist unzutreffend, da Buchmann seit Ende des Jahres 1942 vermisst wurde. Vgl. BAB, R 19/284, Chronik der Polizeioffiziersschule Berlin-Köpenick, [1936–1943], Bl. 45. Siehe zu Buchmann auch Kapitel 7.4.

839 BAB, R 19/284, Chronik der Polizeioffiziersschule Berlin-Köpenick, [1936–1943], Bl. 9.

840 Vgl. ebd., Bl. 4.

841 Dieser Umstand schlug sich in der Stellenbesetzung der Schule nieder. Vgl. ebd., Bl. 53–84.

842 Vgl. ebd., Bl. 2.

843 Vgl. ebd., Bl. 10–51.

844 Vgl. ebd., Bl. 11.

ten ihr sportliches Können demonstrierten. Als der italienische Diktator Benito Mussolini im September 1937 der Reichshauptstadt einen Staatsbesuch abstattete, waren ferner alle Lehrgänge zum Absperrdienst eingeteilt.[845] Die Sudetenkrise im Herbst 1938 führte dazu, dass der Unterricht erneut unterbrochen werden musste, da einige Vertreter des schulischen Stammpersonals im Nachbarland zum Einsatz kamen.[846] Im September 1939 war das erneut der Fall, als die deutschen Truppen in Polen einmarschierten. Daran beteiligten sich einige Offiziere und Wachtmeister der Berliner Lehranstalt, indem sie während des Feldzugs in Einheiten und Dienststellen der Ordnungspolizei, aber auch der Wehrmacht eingesetzt waren. Damit der Ausbildungsbetrieb wieder fortgesetzt werden konnte, kehrten der Kommandostab und die Lehroffiziere Ende des Monats wieder zu ihrer Wirkungsstätte zurück.[847] Allerdings gelangten während des Zweiten Weltkriegs immer wieder einzelne Angehörige des Stammpersonals in den „auswärtigen Einsatz".[848]

Dass die Polizeischule Berlin-Köpenick einen besonderen Stellenwert für den nationalsozialistischen Polizeistaat besaß, lässt sich daran ablesen, wie geschäftig sie in den folgenden Jahren war. Im Vergleich zur Lehranstalt in Fürstenfeldbruck war ihre Berliner „Schwester" zunächst die bedeutendere Institution, da sie eine wesentlich höhere Anzahl an Lehrgängen erreichte. Neben den regulären Lehrgängen für Offiziersanwärter gab es dort eine Reihe weiterer Kurse, in denen etwa Wachtmeister der Reserve zu Polizeiführern erzogen werden sollten. Außerdem hielt die Schule weitere Lehrgänge ab, in denen sie Beamte fortbildete, die sich bereits im Rang eines Offiziers befanden. Damit eröffnete Köpenick auch Polizisten die Möglichkeit, die Karriereleiter noch weiter nach oben zu steigen. Deshalb lässt sich zweifelsfrei feststellen, dass die Reichshauptstadt zwischen 1936 und 1942 die oberste Polizeischule der uniformierten Polizei beheimatete.

Abbildung 9: Offizierschule der Ordnungspolizei Oranienburg (Privatarchiv Daniel Popielas, Welzow/Großräschen)

Während des Krieges wandelte sich die schulische Organisation in kurzer Zeit jedoch mehrfach. Am 16. November 1942 änderte Himmler den Namen der Lehranstalt in „Offizierschu-

845 Vgl. ebd., Bl. 16.
846 Vgl. ebd., Bl. 22 f.
847 Vgl. ebd., Bl. 30–32.
848 Vgl. z. B. ebd., Bl. 42 f.

le der Ordnungspolizei Berlin-Köpenick".[849] Aus welchem Grund dies geschah, ist nicht ganz klar. Anzunehmen ist aber, dass sich der Behördenapparat darum bemühte, das Schulwesen weiter zu vereinheitlichen, da er bald auch die Polizeischule in Fürstenfeldbruck umbenannte. Auch ist nicht bekannt, warum knapp ein halbes Jahr später die Berliner Institution ihren Standort wechselte. In einem Runderlass gab der Reichsführer-SS lediglich bekannt, dass die Offiziersschule am 1. Juni 1943 von Berlin-Köpenick nach Oranienburg in die Unterkunft der Polizeischule für Auslandsverwendung umziehen musste, die im hiesigen Barockschloss am Luisenplatz 4 ansässig war.[850] Bereits 1937 hatte diese Lehranstalt ihren Standort von Berlin-Tempelhof in den Prunkbau verlegt.[851] Zuvor hatte sich darin seit 1935 eine Kaserne befunden, die zunächst die SS-Totenkopf-Wachtruppe Brandenburg und die Kommandantur des benachbarten KZ Sachsenhausen beherbergte.[852] Im Oranienburger Schloss errichtete die Ordnungspolizei dann am 1. April 1941 eine Kolonialpolizeischule, die jedoch in der zweiten Kriegshälfte der Offiziersschule Platz machte, nachdem Hitler seine Pläne für neue deutsche Kolonien nach der Niederlage von Stalingrad begraben musste.[853]

Abbildung 10: Offizierschule der Ordnungspolizei Mariaschein (Bayerisches Polizeimuseum, Fotosammlung)

Lange konnte die Bildungseinrichtung an diesem Standort allerdings nicht verweilen. Denn bereits am 19. Februar 1944 ordnete das Hauptamt Ordnungspolizei an, die Offiziersschule

849 Vgl. RdErl. d. RFSSuChdDtPol. im RMdI. v. 16.11.1942, in: RMBliV, 25.11.1942, Nr. 47, Sp. 2172.

850 Vgl. RdErl. d. RFSSuChdDtPol. im RMdI. v. 18.05.1943, in: RMBliV, 26.05.1943, Nr. 21, Sp. 853 f. Auch die Chronik der Polizeischule Berlin-Köpenick schweigt sich über die konkreten Hintergründe des Umzugs aus. Vgl. BAB, R 19/284, Chronik der Polizeioffiziersschule Berlin-Köpenick, [1936–1943], Bl. 50.

851 Vgl. Stefan Klemp, Die Oranienburger Polizeieinheiten von 1936 bis 1945. Stand der Forschung, in: Oranienburger Schriften 1 (2015), S. 86–97, hier: S. 86.

852 Vgl. Hans Biereigel, Oranienburg. Eine Stadt mit vielen Gesichtern, Erfurt 2010, S. 39 und 44.

853 Vgl. RdErl. d. RFSSuChdDtPol. im RMdI. v. 10.03.1941, in: RMBliV, 19.03.1941, Nr. 12, Sp. 452g–452k, hier: Sp. 452g; Eröffnung der Kolonialpolizeischule in Oranienburg, in: Die Deutsche Polizei, 01.06.1941, Nr. 11, S. 211. Ferner: Klemp, Oranienburger Polizeieinheiten, S. 89–92; Wieland Niekisch, Von Oranienburg nach Afrika? Die kurze Geschichte der „Kolonialpolizeischule" im hiesigen Schloss von 1941–1943. Einblick in ein Arbeitsthema des Zentrums für Zeitgeschichte, in: Oranienburger Schriften 6 (2011), S. 51–55; Karsten Linne, Deutschland jenseits des Äquators? Die NS-Kolonialplanungen für Afrika, Schlaglichter der Kolonialgeschichte, Bd. 9, Berlin 2008, S. 130; Westermann, Police Battalions, S. 81 f. Daneben zur Kolonialpolizeischule Oranienburg: BAB, R 19/240.

ins Sudetenland nach Mariaschein bei Aussig zu verlegen, um dort die Räumlichkeiten der Schutzpolizeischule zu beziehen.[854] Bereits seit Februar 1941 hatten in der Polizeiunterkunft Mariaschein einzelne Lehrgänge für Offiziersanwärter stattgefunden, wobei diese Zweigstelle der Berliner Institution bereits Ende des Jahres vorerst wieder ihre Tore schloss.[855] Warum sich die Zentralbehörde zu dem erneuten Ortswechsel entschied, ist dem Erlass nicht zu entnehmen. Notwendig scheint der Umzug allerdings gewesen zu sein, um der Schule für Luftschutzführer Platz zu machen, die nun von Berlin-Schöneberg ins Oranienburger Schloss zog.[856] Dafür spricht der Umstand, dass die Zentralbehörde der uniformierten Polizei diese Einrichtung am 1. April 1944 zur „Polizeiakademie für Luftschutzführung" aufwertete, was offensichtlich dem Bombenkrieg geschuldet war.[857] Im Mai 1944 erhielt die Offizierschule der Ordnungspolizei in Mariaschein dann offiziell ihren Namen.[858] Offen bleibt jedoch, was mit ihr im letzten Kriegsjahr geschah. Sicher ist hingegen, dass die Blütezeit der einst wichtigsten Lehranstalt der uniformierten Polizei längst vorüber war. Bereits durch ihren ersten Umzug von Köpenick nach Oranienburg hatte sich das Machtgefüge zugunsten ihres oberbayerischen Pendants verschoben, das nun zur wichtigsten Schule der nationalsozialistischen Ordnungspolizei aufstieg.

Die Bilanz der Polizeischule Berlin-Köpenick fällt insgesamt durchwachsen aus: Der hauseigenen Chronik und den Erlassen des Polizeiapparats zufolge veranstaltete sie mit samt ihren Nachfolgeanstalten zwischen Februar 1936 und Mai 1944 zusammengenommen 26 Offiziersanwärterlehrgänge. Von den insgesamt 2.692 Teilnehmern absolvierten 1.991 diese Kurse erfolgreich, was einem Anteil von rund 74 % entspricht.[859]

Abbildung 11: Lehrgang in Mariaschein (1942) (Bayerisches Polizeimuseum, Fotosammlung)

854 Vgl. I. V. Winkelmann: RdErl. d. ChefsOP. v. 19.02.1944, in: BefBlO, 11.03.1944, Nr. 10, S. 57.

855 Vgl. BAB, R 19/284, Chronik der Polizeioffiziersschule Berlin-Köpenick, [1936–1943], Bl. 37 f. und 40.

856 Vgl. I. V. Winkelmann: RdErl. d. ChefsOP. v. 19.02.1944, in: BefBlO, 11.03.1944, Nr. 10, S. 57.

857 Vgl. RdErl. d. RFSSuChdDtPol. v. 29.03.1944, in: MBliV, 05.05.1944, Nr. 18, Sp. 415–417.

858 Vgl. I. A. Flade: RdErl. d. ChefsO. v. 20.05.1944, in: BefBlO, 27.05.1944, Nr. 21, S. 177.

859 Diese Daten basieren auf den statistischen Angaben in der hauseigenen Chronik. Vgl. ebd., Bl. 48 und 85–127. Allerdings zeigt ein Vergleich mit den Erlassen, die im RMBliV zu den einzelnen Lehrgängen verfügbar sind und die vorliegenden Informationen ergänzen, dass die darin enthaltenen Angaben zur Dauer der Kurse oftmals von den Daten der Chronik abweichen. Während z. B. in der Chronik zu lesen ist, dass der 3. OAL am 24. März 1937 endete, wollte der entsprechende Erlass den Lehrgang erst am 21. Mai 1937 abschließen lassen. Derlei Widersprüche kommen dadurch zustande, dass die polizeilichen Behörden aus diversen Gründen oftmals Kurse verkürzten oder verlängerten. Heute lassen sich solche Diskrepanzen jedoch nur schwer auflösen. Vgl. ebd., Bl. 87; RdErl. d. RFSSuChdDtPol. im RMdI. v. 23.07.1936, in: RMBliV, 29.07.1936, Nr. 33, Sp. 1048c f., hier: Sp. 1048c sowie RdErl. d. RFSSuChdDtPol. im RMdI. v. 27.01.1937, in: RMBliV, 03.02.1937, Nr. 5, Sp. 204a.

Tabelle 3: Offiziersanwärterlehrgänge an der Polizeischule Berlin-Köpenick und ihren Nachfolgeanstalten 1936 – 1944							
Lehrgang	**Ort**	**Beginn**	**Ende**	**Laufzeit ca.**	**Teilnehmer**	**Absolventen**	**Erfolgsquote**
"1." OAL	Schöneberg	01.07.1935	21.12.1935	6 Monate	30	k.A.	k.A.
2. OAL	Köpenick	01.02.1936	29.06.1936	5 Monate	76	43	57 %
3. OAL	Köpenick	24.08.1936	24.03.1937	7 Monate	48	42	88 %
4. OAL	Köpenick	04.01.1937	18.12.1937	11,5 Monate	56	55	98 %
5. OAL	Köpenick	02.11.1936	30.06.1937	8 Monate	138	87	63 %
6. OAL	Köpenick	03.04.1937	26.02.1938	11 Monate	176	173	98 %
7. OAL	Köpenick	03.08.1937	28.07.1938	12 Monate	122	102	84 %
9. OAL	Köpenick	01.08.1938	13.05.1939	9,5 Monate	61	40	66 %
10. OAL	Köpenick	03.11.1938	26.07.1939	9 Monate	66	33	50 %
11. OAL	Köpenick	01.02.1939	22.07.1939	5,5 Monate	74	70	95 %
11b. OAL	Köpenick	22.03.1939	29.07.1939	4,5 Monate	18	17	94 %
12. OAL	Köpenick	03.10.1939	20.12.1939	2,5 Monate	114	103	90 %
13. OAL	Köpenick	10.01.1939	30.07.1939	6,5 Monate	63	49	78 %
14. OAL	Köpenick	04.10.1939	21.12.1939	2,5 Monate	115	100	87 %
15. OAL	Köpenick	02.10.1939	31.01.1940	4 Monate	31	28	90 %
16. OAL	Köpenick	02.01.1940	13.07.1940	6,5 Monate	293	166	57 %
17. OAL	Köpenick	23.07.1940	31.01.1941	6,5 Monate	174	100	57 %
18. OAL	Köpenick	15.10.1940	20.05.1941	7 Monate	118	71	60 %
19. OAL	Köpenick	12.02.1941	12.07.1941	5 Monate	152	121	80 %
20. OAL	Mariaschein	20.02.1941	19.07.1941	5 Monate	200	138	69 %
23. OAL	Mariaschein	18.08.1941	20.12.1941	4 Monate	151	115	76 %
24. OAL	Köpenick	18.08.1941	20.12.1941	4 Monate	174	137	79 %
26. OAL	Köpenick	06.01.1942	01.08.1942	7 Monate	98	75	77 %
29. OAL	Köpenick	20.08.1942	31.03.1943	7,5 Monate	87	77	89 %
34. OAL	Köpenick	06.04.1943	k.A.	k.A.	k.A.	k.A.	k.A.
37. OAL	Oranienburg	29.11.1943	12.05.1944	5,5 Monate	57	49	86 %
40. OAL	Mariaschein	k.A.	k.A.	k.A.	k.A.	k.A.	k.A.
				Gesamt:	2.692	1.991	74 %

Leider sind für die Lehrgänge der Jahre 1943 und 1944 kaum verlässliche Daten vorhanden. Doch schon anhand der obigen Übersicht fällt auf, dass die einzelnen Lehrgänge nicht nach einem einheitlichen Muster organisiert waren: Das zeigt sich bereits daran, dass ihre Reihenfolge teilweise recht chaotisch war. So startete z. B. der 5. OAL, ehe der 4. OAL überhaupt begonnen hatte.[860] Auch ist nicht ganz klar, warum es einen 11b. OAL gab, der aus der übrigen Zählweise gänzlich herausfiel. Er begann einige Wochen, nachdem der eigentliche 11. OAL mit 74 Schülern gestartet war, umfasste selbst aber nur 18 Teilnehmer. Warum Dalueges Bürokraten diesen kleinen Lehrgang so unkonventionell nummerierten, ist nicht bekannt. Zwar liegt der Gedanke nahe, dass er dazu gedacht war, den offiziellen Kurs personell aufzustocken. Doch unterschieden sich die Laufzeiten der beiden Lehrgänge deutlich voneinander. Während der 11. OAL noch vor Beginn des Krieges regulär endete, musste der 11b. OAL Ende September 1939 vorzeitig eingestellt werden, wobei er allen Teilnehmern bis auf einen trotzdem angerechnet wurde.[861] Anscheinend beherbergte dieser Kurs eine kleine Gruppe von

860 Möglicherweise kommt diese Diskrepanz dadurch zustande, dass die Chronisten nicht immer sauber trennten, ob die gesamte Ausbildung oder ob ein Lehrgang für die Offiziersanwärter begann. Es könnte aber auch sein, dass sie zwischen dem 1. und 2. Teil der Kurse nicht immer unterschieden.

861 Vgl. BAB, R 19/284, Chronik der Polizeioffiziersschule Berlin-Köpenick, Bl. 104 f.

Nachzüglern, die noch zeitnah ausgebildet werden sollte, ohne dabei aber die bestehende Nummernfolge noch mehr durcheinanderzubringen. Denn noch bevor diese beiden Kurse überhaupt begannen, war der 13. OAL längst angelaufen.[862]

Bemerkenswert ist auch die enorme Spannbreite der Teilnehmerzahlen, so dass zwischen 18 und 293 Polizisten einen Lehrgang besuchten. Dabei verliefen nur wenige Kurse sehr erfolgreich, die bis zu 98 % der Schüler bestehen konnten, während andere desaströse Ergebnisse erzielten und sogar 50 % der Teilnehmer ausschieden. Daneben ist aber besonders erstaunlich, dass die einzelnen Kurse unterschiedlich lange dauerten, wobei der kürzeste lediglich vier und der längste zwölf Monate beanspruchte. Diese Befunde erhärten den Verdacht, dass die Berliner Institution nicht in der Lage war, ihre Schüler nach allgemeingültigen Standards auszubilden. Hinzu kommt, dass sich offensichtlich auch die Rahmenbedingungen von Mal zu Mal änderten. Das hatte jedoch nicht die Lehranstalt zu verschulden, sondern ging auf das Konto der Himmlerschen Polizeipolitik. Insofern zeigt sich, dass die Experimente des Reichsführers-SS in der Offiziersausbildung auch den Lehrbetrieb beeinträchtigten. Unter diesen Bedingungen konnten die Anwärter gar nicht nach einheitlichem Muster ausgebildet werden, weshalb sie sich – wie bereits festgestellt – auch in ihrer Qualität stark unterschieden. Auch ihre oberbayerische „Kollegin" musste versuchen, mit diesen Widrigkeiten zurechtzukommen.

4.4.2 Die Polizei-Offizier- und Schutzpolizeischule Fürstenfeldbruck

Im Vergleich zu ihrer Berliner Schwesterinstitution hatte die Bildungsstätte in Fürstenfeldbruck schon in der Weimarer Republik polizeiliche Nachwuchskräfte herangebildet.[863] Noch wesentlich älter als dieser Bestimmungszweck war jedoch ihr Gebäude, das ursprünglich nicht Gesetzes-, sondern Glaubenshüter beherbergte. Die spätere Offiziersschule der Ordnungspolizei befand sich im ehemaligen Zisterzienserkloster Fürstenfeld, das im Jahre 1263 entstanden war. Herzog Ludwig II. gründete es, nachdem er seine Frau Maria von Brabant hatte hinrichten lassen, weil sie ihm angeblich untreu gewesen war. Als sich jedoch herausstellte, dass seine Gattin unschuldig war, wendete er sich an Papst Alexander IV., um seine Eifersuchtstat zu sühnen. Der Pontifex trug ihm auf, entweder einen Kreuzzug nach Jerusalem zu unternehmen oder in Oberbayern ein Kloster zu stiften. Ludwig, der seit seiner überstürzten Tat den Beinamen „der Strenge" trug, entschied sich für letzteren Bußakt. In dem so entstandenen Stift lebten und wirkten seither Mönche vom Orden der Zisterzienser. Die in die Jahre gekommene Klosteranlage musste Ende des 17. Jahrhunderts neu gebaut werden, was der bayerische Kurfürst Max Emanuel ausdrücklich unterstützte, indem er seinen Hofbaumeister Giovanni Antonio Viscardi mit dem aufwändigen Projekt betraute. Im Jahre 1691 begannen die Bauarbeiten, die sich

Abbildung 12: Polizei-Offizier- und Schutzpolizeischule Fürstenfeldbruck (Privatarchiv Sven Deppisch) – vgl. S. 380

862 Vgl. ebd., Bl. 103.
863 Siehe dazu Kapitel 3.1.

jedoch durch Geldmangel und Kriege verzögerten, so dass die neue Anlage erst am 16. Juli 1741 eingeweiht werden konnte. Im Zuge der Säkularisation fiel das Kloster mit all seinem Besitz am 17. März 1803 an den bayerischen Staat und nach Ende des Ersten Weltkriegs an den Wittelsbacher Ausgleichsfonds.[864]

Dieser bedeutende Hort der oberbayerischen Frömmigkeit diente jedoch schon seit dem 19. Jahrhundert nicht mehr primär religiösen Zwecken. Seit dem 28. Mai 1818 befand sich in dem Gebäude zunächst ein Militärinvalidenhaus, bis dieses im Jahre 1868 nach Benediktbeuern verlegt wurde. Bereits ab 1848 fungierte der geschichtsträchtige Bau als Garnisonsstandort für zahlreiche Truppenteile, nach deren Abzug er vom 1. April 1894 bis in das Jahr 1918 die Unteroffiziersschule der königlich-bayerischen Armee beherbergte. Insofern fand innerhalb der Mauern des Brucker Prachtbaus schon sehr früh ein Unterricht für bayerische Waffenträger statt. Nach Ende des Ersten Weltkriegs musste die militärische Bildungsanstalt jedoch einem Landesschülerheim weichen, das sich in der Immobilie seit dem Jahre 1921 befand. Es diente einigen Schülern als Unterkunft, die täglich nach München pendelten, um dort das Wittelsbacher Gymnasium zu besuchen. Bereits im Frühjahr 1924 beschloss das bayerische Kultusministerium aber, ihre Herberge wieder aufzulösen, womit das Gebäude kurzzeitig ungenutzt blieb, bis es die Ordnungsmacht des Freistaats wenig später bezog.[865]

Die Polizeischule Fürstenfeldbruck ging aus der Gendarmerieschule München hervor, die bereits 1867 entstanden war und sich in der Arcisstraße 37 befand.[866] Bereits Anfang der zwanziger Jahre plante das Bayerische Innenministerium, diese Lehrstätte auszubauen, um mehr Schüler als bisher aufnehmen zu können, da sich zu Beginn der Weimarer Republik die Aufgaben der Polizei deutlich erweitert hatten. So sollte eine neue Gendarmerie- und Polizeischule entstehen, die für die bayerische Landes- und die Gemeindepolizei sowie für die Gendarmerie des Freistaats den Ersatz heranbildete, den zuvor noch die Reichswehr gestellt hatte. Davor mussten die Anwärter jedoch Lehrgänge an einer Polizeivorschule überstehen und mehrere Jahre in der kasernierten Landespolizei ihren Dienst leisten. Anschließend sollten die Polizisten dann die neue Lehranstalt besuchen, in der sie einen Kurs mit einer Dauer von vier bis fünf Monaten zu absolvieren hatten. Da die Räumlichkeiten der alten Gendarmerieschule in München jedoch nicht ausreichten, um dieses Vorhaben zu realisieren, musste sich der Freistaat einen anderen Standort suchen.[867]

---

864 Vgl. Peter Pfister, Kirchengeschichte: Kloster Fürstenfeld, katholische Pfarreien in der Neuzeit, Wallfahrten, in: Busley, Landkreis, S. 366–394, hier: S. 367 und 372 f. Zur Entstehungsgeschichte des Klosters Fürstenfeld ferner: Clemens Böhne, Die ersten Jahre des Klosters Fürstenfeld, in: Amperland 1 (1965), S. 28–30.

865 Vgl. StadtA FFB, Josef Reiss, Chronik der Stadt Fürstenfeldbruck, S. 72–74; Schwarz, Geschichte, S. 23–28. Wie Wollenberg schreibt, wurde die Unteroffiziersschule schon im Jahre 1918 aufgelöst, während die letzten Truppenteile der königlich-bayerischen Armee die Kaserne erst am 14. September 1920 verließen. Vgl. Wollenberg, Reich, S. 227. Dagegen ist im Heft zum Jubiläum des 25-jährigen Bestehens dieser Schule zu lesen, dass deren Schulbetrieb bis ins Jahr 1919 noch lief. Vgl. BayHStA München – Kriegsarchiv, Amtsbücherei (AB) 3852, 25 Jahre. 1894–1919. B. Unteroffizierschule Fürstenfeldbruck, Fürstenfeldbruck [1919], S. 12. Zur Geschichte der Unteroffiziersschule ferner: Rolf Klingenschmidt, Motive und Entwicklung der allgemein-schulischen Unteroffiziersausbildung in der königlich bayerischen Armee von 1866 bis 1914, Diplomarbeit, Neubiberg 1997, S. 90–117. Zum Landesschülerheim ferner: StadtA FFB, Gotthard Kraus, Chronik von Fürstenfeldbruck (für die Jahre 1900–1937), Fürstenfeldbruck 1938, S. 177 f.; StadtA FFB, A 2-3/2.15; StadtA FFB, S 34/182, E. H., Besuch im Bayer. Landesschülerheim Fürstenfeldbruck, in: Münchener Zeitung, 07.11.1921.

866 Vgl. Link, Rückblick, S. 31.

867 Vgl. BayHStA München, MInn 73197, Abdruck: Dr. Schweyer (StMdI) an Landesgendarmeriedirektion: Ausbau der Gendarmerieschule, 10.11.1921, S. 1–3. Ferner: BayHStA München, MInn 73197,

Es war keineswegs selbstverständlich, dass die Wahl dabei auf Fürstenfeldbruck fiel, als es um die Frage ging, wo die Gendarmerie- und Polizeischule errichtet werden sollte. Jahrelang debattierte der Bayerische Landtag intensiv darüber, weil Ingolstadt als möglicher Standort ebenfalls zur Diskussion stand. Das dafür vorgesehene Gebäude des ehemaligen Garnisonslazaretts war jedoch viel zu klein und daher ungeeignet. Das Parlament entschied sich für Fürstenfeldbruck, weil die Marktgemeinde nahe der bayerischen Landeshauptstadt lag und ihre Klosteranlage baulich deutlich attraktiver war. Dadurch sollte gewährleistet werden, dass der Ausbildungsbetrieb reibungslos und in größtmöglicher Nähe zu den führenden Polizeidienststellen ablaufen konnte, die in München ansässig waren.[868]

Am 25. April 1924 berief das Bayerische Innenministerium den Gendarmerieoberst Laur zum Vorstand der Münchner Gendarmerieschule, der diese Institution auch leitete, nachdem sie ins Fürstenfelder Klostergebäude umgezogen war.[869] Am 16. Mai 1924 bezog sie also jene Räumlichkeiten, in denen sich zuvor noch das Landesschülerheim befunden hatte. Doch musste das Gebäude umfassend saniert werden, so dass der Lehrbetrieb seinerzeit noch nicht vollständig möglich war.[870] Trotzdem gelang es dem Lehrpersonal, bereits Ende Juli einen Kurs mit 87 Gendarmen zu beenden.[871] Zu dieser Zeit zählte die frisch gebackene Bildungsstätte der bayerischen Ordnungsmacht lediglich acht Offiziere, einen Polizeisekretär und 36 Wachtmeister sowie drei Pferde und einen Lastwagen.[872] Bis 1933 sollte sich ihr Personalbestand auf etwa 50 bis 60 Führungskräfte und Beamte erhöhen.[873] Offiziell war der Umzug der Münchner Lehranstalt nach Fürstenfeldbruck erst

Abbildung 13: Oberst der Gendarmerie Laur (BayFHVR Pol)

[unleserlich] (Gendarmerieschule) an Landesgendarmeriedirektion: Neubeschaffung von Einrichtungsgegenständen, 31.01.1923; Schwarz, Geschichte, S. 28. Siehe dazu auch Kapitel 3.1.

868 Vgl. Stenographischer Bericht über die Verhandlungen des Bayerischen Landtags, Bd. 8, 01.08.1923, Nr. 211, S. 911–920; StadtA FFB, A 1-3/22, Stepf (Vorstand der Gendarmerieschule) an Stadtrat FFB: Gend.- und Polizei-Schule, 09.12.1921; StadtA FFB, A 2-3/2.15, Bayerischer Landtag, III. Tagung 1922/23, Beilage 3727: Dr. Schweyer (StMdI) an Präsidenten des Bayerischen Landtags: Errichtung und Unterbringung der Gendarmerie- und Polizeischule in der ehemaligen Unteroffizierschule zu Fürstenfeldbruck, 20.07.1923.

869 Vgl. StAM, Landbauamt München 3305, Abschrift: Schweyer (StMdI) an Landes-Gendarmeriedirektion: Errichtung einer Polizei- und Gendarmerieschule (Polizeihauptschule) in Fürstenfeldbruck, 26.04.1924.

870 Vgl. StAM, Landbauamt München 3305, Laur (Gendarmerieschule FFB) an Landbauamt München: Baufallwendungen, 22.05.1924; Wollenberg, Reich, S. 227. Ferner: StAM, Landbauamt München 3305, [unleserlich] (Landbauamt München) an Regierung von Oberbayern – Kammer des Innern: Gendarmerie- und Polizeischule in Fürstenfeldbruck, 18.08.1924.

871 Vgl. Schwarz, Geschichte, S. 29. Anscheinend handelte es sich dabei um einen Lehrgang, der bereits in München begonnen hatte, noch bevor die Schule nach Fürstenfeldbruck umzog. Allerdings nennt Klaus Schwarz dafür keine Quelle.

872 Vgl. BayHStA München – Kriegsarchiv, Landespolizeiamt 893, Entwurf: I. A. Forster (Landespolizeiamt beim StMdI) an u. a. StMdI: Stärkenachweisung für Polizei- und Gendarmerie-Schule Fürstenfeldbruck Gruppe Landespolizei, 02.07.1924.

873 Vgl. Link, Rückblick, S. 34.

Abbildung 14: Oberregierungsrat Spatz (BayFHVR Pol)

im Frühjahr 1925 abgeschlossen. Der Freistaat dokumentierte dies, indem er einen neuen Namen für sie fand, die nun „Gendarmerie- und Polizeischule Fürstenfeldbruck" hieß. Darin manifestierte sich, dass sie nicht mehr nur Angehörige der Gendarmerie, sondern seither auch jene weiterer Polizeizweige aus- und weiterbildete.[874] Dadurch sollte sie bald stark expandieren und sich als eine feste Größe im Ausbildungswesen der bayerischen Ordnungsmacht etablieren. Das blieb sie auch, nachdem Schulleiter Laur im April 1930 aus dem Amt geschieden war, der anschließend als Kommandeur der Gendarmerieabteilung von Schwaben agierte und 1936 in seinem Ruhestand in Heidelberg starb.[875] Seine Nachfolge als Leiter der Brucker Bildungsanstalt trat Oberregierungsrat Spatz an, der sie dann bis Mitte März 1933 leitete, als die Nationalsozialisten nicht nur die Macht in Deutschland, sondern auch die Polizei des Freistaats übernahmen.[876] Ihn löste Oberstleutnant Emil Gunzelmann ab, der aber schon am 1. September 1933 wieder seinen Schreibtisch räumen musste, an dem nun Major Dr. Oskar Lossen bis ins Jahr 1936 Platz nahm, der zuvor als Kommandeur der Polizeischulen in Bayern amtiert hatte.[877]

Zu Beginn des „Dritten Reichs" vollzog sich ein umfangreicher Reformprozess, der auch vor der Lehranstalt in Fürstenfeldbruck nicht Halt machte. Seit dem 27. Mai 1933 wurde sie offiziell als „Polizeihauptschule" bezeichnet, was an ihren Kompetenzen jedoch nichts änderte.[878] Am 19. Mai 1933 ordnete Adolf Wagner als kommissarischer bayerischer Innenminister außerdem an, dass sich der Schulleiter künftig als „Kommandeur" zu bezeichnen habe. Diese Maßnahme galt für alle Polizeischulen und unterstrich sprachlich, dass die neuen Herrscher planten, die Ordnungsmacht noch weiter zu militarisieren.[879] Bereits am 13. März 1933 waren zwei Münchner NS-Funktionäre extra nach Fürstenfeldbruck gefahren, um noch am selben Tag die Hakenkreuzfahne über dem Gebäude der polizeilichen Lehranstalt wehen zu lassen. Wenngleich diese Aktion auf einem allgemeinen Erlass aus Berlin fußte, stand die Brucker Institution damit ziemlich schnell unter dem zentralen Zeichen des Nationalsozialismus.[880] Äußerst frühzeitig bekannte sie sich jedoch auch demonstrativ zur braunen Bewe-

874 Vgl. Bek. d. Staatsmin. d. Inn. v. 29. April 1925 Nr. 2003 d 41 üb. die Gendarmerie- u. Polizeischule in Fürstenfeldbruck, in: Bayerische Staatszeitung und Bayerischer Staatsanzeiger, 29.04.1925, Nr. 97, S. 1. Ferner: Schwarze, Polizei, S. 77; Schuler, Landespolizei, S. 19.

875 Vgl. Der frühere Kommandeur der Polizeihauptschule Oberst Lauer, in: Fürstenfeldbrucker Zeitung, 04./05.10.1936, Nr. 230, S. 3.

876 Vgl. Oberregierungsrat Spatz beurlaubt, in: Fürstenfeldbrucker Zeitung, 18.03.1933, Nr. 65, S. 3; Schwarz, Geschichte, S. 29.

877 Vgl. Personalveränderungen an der Polizeihauptschule Fürstenfeldbruck, in: Fürstenfeldbrucker Zeitung, 05.08.1933, Nr. 181, S. 3. Ferner: Schwarz, Geschichte, S. 29. Siehe zu Oskar Lossen auch Kapitel 7.3.

878 Vgl. Schwarz, Geschichte, S. 29.

879 Vgl. BayHStA München – Kriegsarchiv, Landespolizei FFB Bund 1, Akt 2, Wagner (StMdI) an u. a. Kommandos der Landespolizeien und Schulen: Landespolizei, Schutzmannschaft und Gendarmerie, 19.05.1933.

880 Vgl. Die Hitlerfahne auf der Gendarmerie- und Polizeischule, in: Fürstenfeldbrucker Zeitung, 14.03.1933, Nr. 61, S. 3. Die Nationalsozialisten hissten Hakenkreuzfahnen zur gleichen Zeit auch auf anderen Po-

gung. *„Brucker Gendarmerie- und Polizeischüler sind die ersten in Bayern, die mit Hakenkreuzfahne marschieren u. die Hakenkreuzbinde tragen!"*, wie die Lokalpresse meldete, nachdem eine Gruppe von Lehrgangsteilnehmern am 10. April zusammen mit der SA sowie den Krieger- und Schützenvereinen durch den Ort geschritten war.[881] Die NS-Flagge hatten zuvor schon in der Nacht vom 9. auf den 10. März sowohl das Bezirksamt als auch das Rathaus in Fürstenfeldbruck gehisst, womit die Behörden offensichtlich auf die „Machtergreifung" in der bayerischen Landeshauptstadt reagierten. Anlässlich dieses Ereignisses sei, wie die Lokalpresse meldete, „ein Großteil der Gendarmerieschule in Extrazügen nach München und Augsburg befördert worden", wobei nicht näher ausgeführt wurde, was konkret geschah.[882]

Es scheint, als wäre nach dem Systemwechsel der Schulbetrieb zunächst noch nahezu unverändert vonstattengegangen. Das lag vor allem daran, dass weiterhin Einheitslehrgänge stattfanden, welche die Beamten auf den Einzeldienst vorbereiteten. Auch stand die Lehranstalt zunächst noch unter der Obhut der Landespolizei.[883] Als das Reich diese Anfang 1935 in seinen Haushalt übernahm, musste Bayern aber weiterhin für die Kosten der Schule aufkommen. Das Innenministerium reduzierte sie allerdings, indem es der Lehranstalt einige Stellen strich, weil sie ausschließlich Beamte für den Dienst in der Revierpolizei ausbildete, die mit den kasernierten Bereitschaften nichts mehr zu tun hatten.[884] Als die NS-Führung diese Einheiten in die Wehrmacht eingliederte, schied auch die damalige Polizeihauptschule Fürstenfeldbruck am 1. April 1935 aus dem polizeilichen Verwaltungssystem aus.[885] Die Inspektion der Landespolizei versetzte daraufhin das Stammpersonal zu einzelnen bayerischen Abteilungen, wobei die meisten Beamten nach München kamen.[886] Auf den Tag genau ein Jahr später nahm aber die Schule ihren Dienstbetrieb offiziell wieder auf, während der Kasernenkomplex in der Zwischenzeit nicht bewohnt war und ungenutzt blieb.[887]

Nachdem er den umfangreichen Reformprozess begleitet hatte, arbeitete Kommandeur Lossen darauf hin, dass seine Institution recht bald schon wieder eine zentrale Rolle im Polizeiapparat in Bayern und sogar darüber hinaus spielte. Gleichzeitig sorgte er aber auch dafür, dass die NS-Ideologie immer stärker in die Polizeischule einzog. So vereidigte er das Stammpersonal seiner Lehranstalt am 28. August 1934 auf Adolf Hitler.[888] Damit vollzog er ein acht Tage zuvor verabschiedetes Gesetz, das von jedem Beamten und Soldaten der Wehr-

---

lizei- und öffentlichen Gebäuden. Vgl. Jung, Übergang, S. 88 f.; Schmidt, Polizisten, S. 341.

881 Brucker Gendarmerie- und Polizeischüler sind die ersten in Bayern, die mit Hakenkreuzfahne marschieren u. die Hakenkreuzbinde tragen!, in: Fürstenfeldbrucker Zeitung, 11.04.1933, Nr. 85, S. 4. Hervorhebung im Original.

882 Hanns Groß, Hakenkreuz und Schwarz-Weiß-Rot über Fürstenfeldbruck, in: Fürstenfeldbrucker Zeitung, 11.03.1933, Nr. 59, S. 3.

883 Vgl. u. a. BayHStA München, MInn 73330, Gunzelmann (Polizeischule FFB) an Kommandeur der Gendarmerie: Gend.-Lehrgänge, 08.06.1933.

884 Vgl. BayHStA München – Kriegsarchiv, Landespolizei Inspektion 196, Abdruck: Wagner (StMdI) an Staatsministerium der Finanzen: Aufstellung des Haushalts 1935, 13.02.1935, S. 2 und 23 f.

885 Vgl. BayHStA München, Polizeischule FFB 73, Abschrift: I. A. Martius (StMdI) an Polizeischule FFB: Ausscheiden der Pol.Hauptschule Fürstenfeldbruck aus der Verw. der Landespolizei, 25.03.1935.

886 Vgl. BayHStA München – Kriegsarchiv, Landespolizei Inspektion 394, Entwurf: Doehla (Landespolizei-Inspektion) an u. a. L.P.Gruppe München: Versetzung des Stammpersonals d. Pol.Hauptschule Fürstenfeldbruck, 30.03.1935.

887 Vgl. BayHStA München, MInn 71981, [unleserlich] (Verwaltnung der staatlichen Baudarlehen) an StMdI: Verwaltung des staatl. Baudarlehens der Stadt Fürstenfeldbruck, bisher verwaltet von der Polizeihauptschule, 07.12.1937.

888 Vgl. Die Polizeihauptschule leistet den Eid auf den Führer, in: Fürstenfeldbrucker Zeitung, 30.08.1934, Nr. 198, S. 4.

macht verlangte, den „Führereid“ zu schwören.[889] Darüber hinaus bekräftigte der erfahrene Gendarm schon Mitte 1935 gegenüber dem Bayerischen Innenministerium, dass in den Kursen für die zukünftigen Staatsdiener „Unterrichtsgebiete wie nat.soz. Weltanschauung und Staatsauffassung, ferner körperliche und sportliche Schulung, Übungen in der Befehlsgebung und im Auftreten vor der Front usw. nicht fehlen dürfen“.[890] Damit griff Lossen der allgemeinen Entwicklung voraus, noch ehe sich Himmler überhaupt daranmachen konnte, die weltanschauliche Schulung offiziell in der Polizei zu etablieren.[891]

Beinahe parallel zu dessen Aufstieg zum obersten Polizeichef verlief auch jener der Brucker Lehranstalt, deren Liegenschaften per „Gesetz über Finanzmaßnahmen auf dem Gebiete der Polizei“ vom 19. März 1937 auf das Reich übergingen.[892] Wenig später verfügte Himmler per Runderlass vom 11. Mai 1937, dass die bayerische Polizeihauptschule von nun an den Titel „Polizeioffizier- und Schutzpolizeischule in Fürstenfeldbruck“ führen sollte. Sie avancierte damit knapp eineinhalb Jahre, nachdem die zentrale Bildungsstätte in Berlin-Köpenick ihren Betrieb aufgenommen hatte, zur zweiten „Kaderschmiede“ der uniformierten Staatsmacht. Die dadurch aufgewertete Einrichtung war nun dem IdO Bayern-Süd untergeordnet, der im Bayerischen Innenministerium angesiedelt war, weshalb die Behörde weiterhin einen, wenn auch kleinen Einfluss geltend machen konnte. Was die Ausbildung der Offiziersanwärter anbelangt, unterstand sie jedoch unmittelbar dem Chef der Ordnungspolizei.[893] Seit August 1941 war sie ihm dann vollständig untergeordnet und künftig nur noch als „Polizeioffizierschule Fürstenfeldbruck“ bekannt.[894]

Wenngleich sie offiziell erst ab Frühjahr 1937 Offiziere ausbilden sollte, hielt sie bereits ab Februar 1934 einen einjährigen Fortbildungskurs ab, der sich an aktive Oberbeamte der Landespolizei richtete, die nicht in die Wehrmacht, sondern in die Schutzpolizei oder in die Gendarmerie wechseln wollten.[895] Von Anfang November 1935 bis Mitte Februar 1936 fand ein weiterer Lehrgang dieser Art statt. In den Folgemonaten kamen noch weitere einzelne Kurse hinzu, in denen Offiziere aus- oder weitergebildet wurden.[896] Solche Maßnahmen stellten jedoch eine Ausnahme dar. Grundsätzlich fanden bis August 1936 hauptsächlich noch Einheitslehrgänge statt, die danach endgültig an der Polizeischule Fürstenfeldbruck eingestellt wurden.[897] Fast parallel dazu endete auch die Amtszeit von Dr. Oskar Lossen, auf den Major Dr. Fritz Schade am 6. Dezember 1936 als neuer Kommandeur nachfolgte, der vom Polizei-

889 Vgl. Gesetz über die Vereidigung der Beamten und der Soldaten der Wehrmacht vom 20.08.1934, in: RGBl, 22.08.1934, Nr. 98, S. 785.

890 BayHStA München, MInn 73330, Lossen (Polizeischule FFB) an StMdI: Polizei- und Gendarmeriefachprüfung; § 2 der MB. vom 3.5.34 Nr. 2393 c 22/MABl. S. 62, 03.06.1935, S. 3.

891 Siehe dazu Kapitel 4.2.

892 Dies regelte § 6 des Gesetzes. Vgl. Gesetz über Finanzmaßnahmen auf dem Gebiete der Polizei vom 19.03.1937, in: RGBl, 20.03.1937, Nr. 37, S. 325–327, hier: S. 326. Zum Gesetz siehe auch Kapitel 2.2.

893 Vgl. RdErl. d. RFSSuChdDtPol. im RMdI. v. 11.05.1937, in: RMBliV, 19.05.1937, Nr. 20, Sp. 762. Ferner: BayHStA München, Polizeischule FFB 73, Abschrift: I. A. Martius (StMdI) an u. a. Polizeischule FFB: Ernennung von Beamten der Schutzpolizei, 11.08.1937, S. 3.

894 Vgl. RdErl. d. RFSSuChdDtPol. im RMdI. v. 08.08.1941, in: RMBliV, 13.08.1941, Nr. 33, Sp. 1450.

895 Vgl. Der 8. Einheitslehrgang an der Polizeihauptschule feiert Abschied, in: Fürstenfeldbrucker Zeitung, 20.07.1935, Nr. 166, S. 4.

896 Vgl. „Der Polizeibeamte – Träger echten, wahren Soldatentums“, in: Fürstenfeldbrucker Zeitung, 15.08.1936, Nr. 188, S. 4.

897 Vgl. dazu BayHStA München, Polizeischule FFB 171, Grundbuch der Lehrgangsteilnehmer 1933 bis 1938.

präsidium Nürnberg an die Lehranstalt kam und sie bis zum 31. März 1939 leitete.[898] Nur wenige Tage nach dessen Amtsantritt führte sie mit dem 4. OAL dann vom 7. Januar bis 18. Dezember 1937 ihren ersten Offiziersanwärterlehrgang durch.[899] Damit begann dieser Kurs also zu einer Zeit, in der sie zumindest ihrem Namen nach noch überhaupt keine Offiziersschule war. Für den Dienstbetrieb war das aber offensichtlich belanglos. Rasch scheint sie sich in Himmlers Polizeiapparat integriert zu haben, der seine neue „Kaderschmiede" schon bald nicht nur dafür benötigte, neues Führungspersonal zu erhalten.

In noch stärkerem Maße als ihr Pendant in der Reichshauptstadt bildete die Polizeischule Fürstenfeldbruck auch gewöhnliche Polizeianwärter aus. In der Vorkriegszeit war sie dafür zuständig, diejenigen Wachtmeister der Schutzpolizei zu schulen, die aus Bayern, der Pfalz, Württemberg und Baden stammten. Damit gehörte sie zu denjenigen Bildungsstätten, die über das gesamte Reichsgebiet verteilt waren und für ihren Einflussbereich einzelne Kurse für Schutzpolizeianwärter und Lehrgänge zur Anstellung auf Lebenszeit abhielten.[900] Zu Zug- und Gruppenführern erzog sie ferner aktive Wachtmeister aus dem ganzen Reich, die sich dadurch für einen Offiziersanwärterlehrgang erst qualifizieren mussten.[901] Nicht zuletzt ist dabei auch zu beachten, dass Fürstenfeldbruck zu jenen zehn Standorten in ganz Deutschland gehörte, die eine Polizeiausbildungsabteilung beherbergten. Eine solche Einheit bestand jeweils aus drei Hundertschaften und diente dazu, neue Nachwuchskräfte für die Ordnungspolizei zu schulen, die dann bei Kriegsbeginn vor allem in den Polizeibataillonen eingesetzt wurden.[902]

Auch beteiligte sich die Polizeischule Fürstenfeldbruck personell und logistisch am „Anschluss" Österreichs: An diesem ersten „auswärtigen Einsatz" nahmen einige ihrer Offiziere und Lehrer schon allein deshalb teil, weil sie Daluege und seiner Bürokratie zur Verfügung stehen mussten. Gleichzeitig konnte das Bayerische Innenministerium über ihre 2. Ausbildungshundertschaft bestimmen, um sie ebenfalls im Nachbarland einzusetzen. Bevor der Einmarsch beginnen konnte, sammelten sich jedoch Einheiten von Wehrmacht, Sicherheits- und Ordnungspolizei in Bayern, wobei z. B. ein Wachbataillon mit 400 Mann am 11. und 12. März 1938 in den Unterkunftsräumen der Brucker Schule einquartiert war.[903] Deshalb fuhr Kommandeur Schade den schulischen Dienstbetrieb etwas herunter. Im Frühjahr 1938 musste ein Lehrgang für den „Anschluss" des Nachbarlandes unterbrochen werden. Das Bayerische Innenministerium wies die Polizeischule am 11. März per Funkspruch an, die Teilnehmer zu ihren Standorten zurückzuschicken. Dort angekommen mussten einige dieser Polizisten in das benachbarte Alpenland mit einmarschieren. Ende des Monats nahm die

898 Vgl. BayFHVR Pol FFB, Ordner 15d – Fritz Schade, Entwurf: Leiter der Landpolizeischulen: Bescheinigung, 12.12.1952; BayHStA München, MInn 71981, Dr. Schade (Polizeischule FFB): Erläuterungen zu den Erinnerungen des Rechnungshofs des Deutschen Reichs – Mü.Nr. J B 564/37 vom 12.11.37 – zur Rechnung 1936 der Pol.Hauptschule Fürstenfeldbruck über Verwaltungseinnahmen sächliche und allgemeine Haushaltsausgaben, 18.12.1937, S. 2. Siehe zu Fritz Schade auch Kapitel 7.3.

899 Vgl. dazu allgemein BayHStA München, Polizeischule FFB 121.

900 Vgl. u. a. RdErl. d. RFSSuChdDtPol. im RMdI. v. 09.05.1939, in: RMBliV, 17.05.1939, Nr. 20, Sp. 1084 f. Eine Liste von Polizeischulen des „Dritten Reichs" findet sich bei Nix und Jerome. Vgl. Nix, Police Forces, S. 104–107.

901 Vgl. u. a. RdErl. d. RFSSuChdDtPol. im RMdI. v. 13.05.1938, in: RMBliV, 18.05.1938, Nr. 21, Sp. 876h–876k.

902 Vgl. Wilhelm, Polizei, S. 157; Tessin, Stäbe und Truppeneinheiten, S. 9.

903 Vgl. BayHStA München, Polizeischule FFB 13, Dr. Schade (Polizeischule FFB): Sonderbefehl, 14.03.1938; BayHStA München, MInn 71981, Entwurf: I. A. [unleserlich] (StMdI) an RFSSuChdDtPol: Polizeilicher Einsatz in Österreich, 11.06.1938.

Lehranstalt ihren Betrieb wieder auf, wobei die in Österreich eingesetzten Beamten erst Mitte April 1938 wieder hinzustießen.[904] Auf diese Weise konnten die angehenden Führungskräfte der Polizei praktische Erfahrungen sammeln, wozu sie in der Folgezeit noch ausreichend Gelegenheit erhalten sollten.

Seinerzeit rückte an der Brucker Lehranstalt immer stärker die Aufgabe ins Zentrum, die Offiziersanwärter der Ordnungspolizei heranzubilden. Das ging aber zulasten der übrigen Lehrgänge, die an einfache Polizeianwärter und erfahrene Beamte adressiert waren. So kam es, dass die meisten dieser Kurse während des Jahres 1938 ausliefen. Josef Raith berichtet etwa, dass am 1. April 1938 zwei Hundertschaften von Anwärtern der Schutzpolizei von Fürstenfeldbruck nach Ludwigshafen verlegt worden seien, wobei er selbst zu den versetzten Beamten gezählt habe. Dass es zu diesem Umzug kam, schreibt er Himmlers Reformprogramm zu.[905] Hinzu kommt, dass er mit seinen Kameraden wahrscheinlich die oberbayerische Lehrstätte verlassen musste, um den Offiziersanwärtern zu weichen, die im Frühjahr 1938 in Fürstenfeldbruck weilten. Seinerzeit befanden sich dort insgesamt drei Lehrgänge, deren Teilnehmer zu Polizeiführern ausgebildet werden sollten.[906] Darüber hinaus löste die Ordnungspolizei am 1. Oktober 1938 die Brucker Polizeiausbildungsabteilung auf und verlagerte sie zusammen mit ihrer gesamten Ausrüstung nach Heidenheim an der Brenz. Die knapp 230 Planstellen besetzten vorwiegend Beamte aus Württemberg und Baden, fünf Offiziere stammten jedoch aus Fürstenfeldbruck, von denen etwa Major Erich Petrasch die Aufgabe übernahm, die neue Ausbildungsabteilung zu leiten. Viele weitere Brucker Polizisten wurden gleichzeitig zu anderen Dienststellen versetzt. Um die so entstandenen Lücken zu füllen, fasste die Ordnungspolizei ihre beiden Schulen in Stuttgart und Karlsruhe zusammen und verlegte ihr Personal wenig später nach Fürstenfeldbruck.[907]

Obwohl es etwas chaotisch anmutet, scheint dieser Umbauprozess dazu beigetragen zu haben, dass sich die oberbayerische Lehranstalt allmählich voll und ganz auf die Offiziersausbildung konzentrieren konnte. Die personelle Fluktuation sollte aber auch in der Folgezeit nicht ausbleiben. Davon zeugt exemplarisch der Umstand, dass sie nach Fritz Schade am 1. April 1939 abermals einen neuen Kommandeur erhielt. Doch auch der damalige Oberstleutnant Gerret Korsemann sollte nur ein paar Monate lang bleiben und die Schule bereits Anfang Oktober wieder verlassen.[908] Dafür gab es zwar auch dieses Mal personalpolitische Gründe. Doch waren sie anders gelagert als bisher.[909]

904 Vgl. BayHStA München, Polizeischule FFB 120, Abdruck: Dr. Schade (Polizeischule FFB) an RFSSuChdDtPol: Erfahrungsbericht über die Durchführung des 1. Offz.-Ausbildungslehrg. für Ltn.d.Schutzpolizei, 01.07.1938, S. 1 f.

905 Vgl. Josef Raith, Am Anfang stand der königl.bayerische Gendarm… Geschichte der Ludwigshafener Polizei, Ludwigshafen 1986, S. 97 und 159.

906 Dabei handelte es sich um den 6. und 7. OAL sowie den 1. Offiziersausbildungslehrgang.

907 Vgl. BayHStA München, Polizeischule FFB 189, Abdruck von Schnellbrief: I. V. Daluege (RFSSuChdDtPol) an u. a. StMdI: Auflösung der Pol.-Ausbildungsabteilung Fürstenfeldbruck und Aufstellung der Pol.-Ausbildungsabteilung Heidenheim a.d.Brenz, 30.08.1938, S. 1–4. Ferner liefert BayHStA München, MInn 71981 weitere Informationen darüber, wie Beamte aus Fürstenfeldbruck und München zur Polizeischule Heidenheim versetzt wurden.

908 Zur Biographie von Gerret Korsemann vgl. Schulz/Wegmann/Zinke, Generale, Bd. 2, Bissendorf 2005, S. 569–576. Siehe dazu auch Kapitel 7.3.

909 Sowohl bei Nix und Jerome als auch bei Schulz und Wegmann findet sich der Hinweis, dass der damalige Oberstleutnant Fritz Freitag von Oktober 1939 bis Dezember 1940 als Kommandeur der Polizeischule Fürstenfeldbruck fungiert habe. Damit wäre er also auf Gerret Korsemann gefolgt. Allerdings wird diese Aussage jeweils nicht belegt. Es konnte auch keine Quelle gefunden werden, die sie bestätigt. Vgl. Nix, Police Forces, S. 104; Schulz/Wegmann, Generale, Bd. 1, Bissendorf 2003, S. 345.

Denn wenige Wochen nach Kriegsbeginn kam es an der Polizeischule Fürstenfeldbruck zu einer grundlegenden Zäsur, die aus dem enormen Personalmangel in der Ordnungspolizei resultierte: Auf Hitlers Befehl und infolge eines Schnellbriefs von Kurt Daluege vom 11. Oktober 1939 gelangten 26.000 ungediente Wehrpflichtige der Jahrgänge 1918 bis 1920 und ältere ungediente Freiwillige der Jahrgänge 1909 bis 1912 als Ersatzkräfte in die uniformierte Staatsgewalt. Die Rekruten fasste sie in insgesamt 38 Polizeiausbildungsbataillonen zusammen, um sie auf ihren bevorstehenden „auswärtigen Einsatz" vorzubereiten.[910] Diese speziellen Einheiten unterstanden Daluege unmittelbar, der den damaligen Generalinspekteur der Schutzpolizei, Generalleutnant Arthur Mülverstedt, als Chef der Ausbildungsbataillone einsetzte. Er hatte zu gewährleisten, dass alle Männer einheitlich erzogen und ausgebildet wurden. Da diese Neulinge militärisch völlig unerfahren waren, hatten die einzelnen Ausbilder eben diese Defizite zu beseitigen und sie entsprechend zu erziehen. Den Verantwortlichen ging es darum, die Polizeianwärter später als militärisch, aber auch weltanschaulich geschulte Schützen an die Front zu schicken.[911] Allerdings erhielten Abiturienten die Chance, auf beschleunigtem Wege die Offizierslaufbahn einzuschlagen, weshalb die Ausbildungsbataillone indirekt auch als eine Quelle für den Führungsnachwuchs fungierten.[912]

Für die Brucker Institution wirkte sich das in mehrerlei Hinsicht aus: Zunächst einmal bestimmte Daluege sechs Vertreter des Stammpersonals zu Kommandeuren von verschiedenen Ausbildungseinheiten: Major Hans Hösl übernahm ein Bataillon in München. Das Polizeiausbildungsbataillon Heidenheim unterstand Hauptmann Georg Weißig. Nach Wien kam Major Georg Hahn als Kommandeur der hiesigen Einheit. Hauptmann Ewald Denninghaus wurde nach Wiesbaden entsandt und Major Albert Buchmann leitete nun eine Ausbildungseinheit in Rathenow. Wesentlich wichtiger war jedoch, dass Major Martin Diez an der Schule in Fürstenfeldbruck verblieb, um dort ein eigenes Polizeiausbildungsbataillon zu kommandieren.[913] Ein großer Teil des Brucker Stammpersonals unterstützte ihn dabei, aus den unerfahrenen Anwärtern aktive Repräsentanten der Ordnungspolizei zu formen. Aus München und Augsburg kamen noch weitere Wachtmeister an die Bildungsstätte, um das Ausbildungspersonal zu verstärken.[914]

Ihre neue Funktion hatte jedoch zur Folge, dass an der Polizeischule Fürstenfeldbruck seit November 1939 die Offiziersanwärterlehrgänge fast vollständig zum Erliegen kamen. Es wurden nur noch diejenigen Kurse regulär zu Ende gebracht, die vor Kriegsbeginn dort begonnen hatten. Vorübergehend fanden in der oberbayerischen Einrichtung also keine Lehrgänge mehr für angehende Oberbeamte statt, weil nun vielmehr im Vordergrund stand, die

910 Vgl. BayHStA München, Polizeischule FFB 23, Schnellbrief: I. A. Daluege (Reichsminister des Innern) an u. a. Kommandeur der Polizeischule FFB: Verstärkung der Polizei durch ungediente Wehrpflichtige, 11.10.1939, S. 2 f. Zur Aufstellung der Polizeiausbildungsbataillone ferner u. a.: Klemp, Polizeibataillone, S. 75 f.; Wilhelm, Polizei, S. 86 und 157; Tessin, Stäbe und Truppeneinheiten, S. 14 f.

911 Vgl. BayHStA München, Polizeischule FFB 112, Schnellbrief: I. V. Daluege (RFSSuChdDtPol) an u. a. Kommandeur der Polizeischule FFB: Aufstellung von Ausbildungs-Bataillonen, 31.10.1939, S. 2–5.

912 Vgl. BAB, R 19/281, Abschrift von Schnellbrief: I. A. von Bomhard (Reichsminister des Innern): Verstärkung der Polizei durch ungediente Wehrpflichtige, 24.10.1939, Bl. 12; BayHStA München, Polizeischule FFB 174, I. A. Dr. Gudewill (RFSSuChdDtPol) an u. a. Polizeischule FFB: Beschaffung von besonderen Ausbildungsvorschriften usw. für mit dem Reifezeugnis eingestellte Polizeianwärter, 04.05.1940.

913 Vgl. BayHStA München, Polizeischule FFB 21, Abschrift von Schnellbrief: I. V. Daluege (RFSSuChdDtPol) an u. a. die Polizeischule FFB: Aufstellung der Ausbildungs-Bataillone. Anlage: Tabelle, 01.11.1939. Siehe zu Martin Diez auch Kapitel 7.3.

914 Vgl. BayHStA München, MInn 71981, I. A. Hoffmann (IdO Bayern-Süd) an u. a. Polizeischule FFB: Aufstellung von Polizei-Ausbildungsbatl., 08.11.1939, S. 1 f.

Polizeikräfte an der Front mit den noch unerfahrenen Rekruten zu verstärken. Daher hatte sie von nun an knapp ein Jahr lang die Aufgabe, am Standort die neue Anwärtereinheit zu beherbergen und auszubilden. Auf vier Kompanien waren ursprünglich 512 Mann verteilt, welche die Lehrstätte rasch zu kampfbereiten „Polizeisoldaten" zu erziehen hatte.[915] Es fällt jedoch auf, dass es zu einer immensen Fluktuation innerhalb des Personals kam, während die Ausbildungseinheit in Fürstenfeldbruck weilte.[916] Verzeichnisse über ihre Angehörigen zeigen, dass sie aus dem gesamten „großdeutschen" Reichsgebiet kamen, wenngleich Bayern und Österreich geographische Schwerpunkte bildeten.[917] Dass ihr neuer Bestimmungszweck für die polizeiliche Institution tatsächlich eine große Zäsur darstellte, zeigte sich auch formell. Denn ab dem 17. November 1939 erschienen keine Kommandobefehle mehr, weil der Kommandeur der Brucker Ausbildungseinheit, Martin Diez, seitdem nur noch Bataillonsbefehle veröffentlichte.[918]

Der HSSPF im Wehrkeis VII, Friedrich Karl Freiherr von Eberstein, vereidigte die Rekruten am 20. April 1940 – also an Hitlers Geburtstag – auf dem Hof der Polizeiunterkunft „Hansaheime" in München. Danach marschierten sie durch die Stadt, um im Löwenbräukeller gemeinsam das Mittagessen einzunehmen.[919] Da jedoch nicht alle Rekruten bei dieser Gelegenheit vereidigt werden konnten, fanden zu einem späteren Zeitpunkt weitere dieser Zeremonien direkt in Fürstenfeldbruck statt, denen lokale und regionale Prominenz aus Polizei und Partei beiwohnte.[920] Danach konnten Diez und sein Lehrpersonal damit beginnen, ihre Rekruten auszubilden. Dabei konzentrierten sie sich hauptsächlich auf militärische Aspekte. Davon künden auch die „Richtlinien für die Ausbildung der Polizei-Bataillone", nach denen die einheitliche Ausbildung zu erfolgen hatte. Den neuen Anwärtereinheiten kam die Aufgabe zu, ihre Angehörigen „zur Härte zu erziehen, damit sie den hohen Anforderungen entsprechen können, die der Krieg an die Polizei stellt".[921] Daher stand der Gefechtsdienst im Vordergrund der Lehrgänge, gegen den formale Inhalte nur eine Nebenrolle spielten. Den Unterricht gestalteten die Offiziere des Ausbildungsbataillons, wobei der Kommandeur persönlich dafür verantwortlich war, seine Oberbeamten weiterzubilden.[922]

---

915 Vgl. BayHStA München, Polizeischule FFB 13, Diez (PAB FFB): Bataillonsbefehl Nr. 1, 17.11.1939.

916 Davon zeugen die Bataillonsbefehle, die in BayHStA München, Polizeischule FFB 13 und 14 gesammelt sind. Aber insbesondere der Akt BayHStA München, Polizeischule FFB 56 zeigt, wie stark das Personal des Polizeiausbildungsbataillons Fürstenfeldbruck rotierte.

917 Solche Verzeichnisse der Angehörigen des Polizeiausbildungsbataillons Fürstenfeldbruck finden sich in BayHStA München, Polizeischule FFB 22 und 70.

918 Vgl. BayHStA München, Polizeischule FFB 13, Diez (PAB FFB): Bataillonsbefehl Nr. 1, 17.11.1939.

919 Vgl. BayHStA München, Polizeischule FFB 14, Diez (PAB FFB): Bataillonsbefehl über die Durchführung der Vereidigung der Rekruten, 19.04.1940. Ein von Daluege gezeichneter Schnellbrief regelte den Ablauf der Vereidigung der Polizeiausbildungsbataillone. Vgl. BayHStA München, Polizeischule FFB 55, Schnellbrief: I. V. Daluege (RFSSuChdDtPol) an u. a. alle IdO: Vereidigung der Rekruten in den Polizei-Ausbildungs-Bataillonen, 11.03.1940.

920 Vgl. z. B. BayHStA München, Polizeischule FFB 14, Diez (PAB FFB): Bataillonsbefehl Nr. 48 über die Durchführung der Vereidigung, 30.07.1940; BayHStA München, Polizeischule FFB 173, Diez (PAB FFB) an Gruppenkommandeur der PAB Gruppe Süd: Tätigkeitsbericht gemäß Gruppenbefehl Nr. 13 Ziffer 9 vom 23.2.1940, 23.08.1940, S. 1.

921 BayHStA München, Polizeischule FFB 178, Schnellbrief: I. V. Daluege (RFSSuChdDtPol) an u. a. Polizeischule FFB: Richtlinien für die Ausbildung der Pol.-Bataillone. Anlage, 23.01.1940, S. I.

922 Vgl. ebd., S. II f.

Abbildung 15: Martin Diez und Herbert Scholz vor dem Polizeibataillon 253 (Privatarchiv Daniel Popielas, Welzow/Großräschen)

Abbildung 16: Martin Diez und Herbert Scholz schreiten die Front ab (Privatarchiv Daniel Popielas, Welzow/Großräschen)

Am 6. Dezember 1940 übergab der bisherige Kommandeur Diez seinem Nachfolger, Major Herbert Scholz, das Polizeiausbildungsbataillon Fürstenfeldbruck, das Himmler per Erlass am gleichen Tag in das Polizeibataillon 253 umbenannte.[923] Nach nur wenigen Monaten hatte die Schule also eine mehrere hundert Mann starke Einheit hervorgebracht, die zwar noch einige Tage vor Ort verweilte, Anfang des Jahres 1941 jedoch nach Norwegen zum „auswärtigen Einsatz“ abmarschierte. Sie reiste dazu am 2. Januar vom Brucker Bahnhof aus mit der Eisenbahn nach Rügen, wo sie zunächst im Seebad „Prora“ der NS-Freizeitorganisation „Kraft durch Freude“ (KdF) Unterkunft bezog, bevor sie über Saßnitz und Trelleborg durch das schwedische Nachbarland nach Norwegen übersetzte.[924] Dorthin entsandte Daluege ebenfalls die Polizeibataillone 251, 252 und 255, die auch aus solchen Ausbildungseinheiten hervorgegangen waren und zusammen mit der Brucker Einheit die Polizeibataillone 9, 105 und 131 ablösten.[925] Wie die drei anderen Verbände unterstand das Polizeibataillon 253 dem BdO in Oslo. Es wurde nach Halden in Marsch gesetzt. Nachdem es in Norwegen angelangt war, setzte es 1941 zunächst die Ausbildung fort und ließ seine Männer zudem im Skifahren trai-

923 Vgl. BayHStA München, Polizeischule FFB 14, Diez (PAB FFB): Bataillonsbefehl Nr. 73, 05.12.1940; BayHStA München, Polizeischule FFB 14, Scholz (Polizeibataillon 253): Batl.-Tagesbefehl Nr. 1, 09.12.1940. Ferner: BayHStA München, Polizeischule FFB 20, Abschrift: Daluege (Chef der Ordnungspolizei) an u. a. die HSSPF: Aufstellung von Pol. Bataillonen aus Pol.Ausb.-Bataillon., 29.10.1940. Das gleiche Dokument ist ebenfalls enthalten in BayHStA München, Polizeischule FFB 30. Abweichende und teilweise widersprüchliche Angaben zum Polizeibataillon 253 machen indes: Klemp, Polizeibataillone, S. 363–365; Arico, Ordnungspolizei, S. 377.

924 Vgl. BayHStA München, Polizeischule FFB 14, Scholz (Polizeibataillon 253): Sonderbefehl, 30.12.1940; BayHStA München, Polizeischule FFB 14, Scholz (Polizeibataillon 253): Bataillons-Befehl Nr. 6, 31.12.1940; BayHStA München, Polizeischule FFB 21, Schnellbrief: I. A. Winkelmann (RFSSuChdDtPol) an u. a. die HSSPF: Ablösung der in Norwegen eingesetzten Pol.-Batl. 9, 105 und 131 durch die Pol.-Batl. 252, 253 und 255, 21.11.1940.

925 Das Polizeibataillon 251 wurde an der Polizeischule in Deggingen aufgestellt, während das Polizeibataillon 252 aus dem Polizeiausbildungsbataillon Wiesbaden hervorging. Aus Mariaschein kam das Polizeibataillon 255. Das in Tilsit entstandene Polizeibataillon 254 war das einzige dieser Polizeieinheiten, das nicht nach Norwegen, sondern Holland zum Einsatz kam. Vgl. BayHStA München, Polizeischule FFB 20, Abschrift: Daluege (Chef der Ordnungspolizei) an u. a. die HSSPF: Aufstellung von Pol. Bataillonen aus Pol.Ausb.-Bataillon., 29.10.1940, S. 2 f. Ferner: BayHStA München, Polizeischule FFB 21, Schnellbrief: I. A. Winkelmann (RFSSuChdDtPol) an u. a. die HSSPF: Ablösung der in Norwegen eingesetzten Pol.-Batl. 9, 105 und 131 durch die Pol.-Batl. 252, 253 und 255, 21.11.1940.

nieren, wofür das norwegische Bergland ideal geeignet war.[926] Im folgenden Winter soll die 3. Kompanie der Einheit im nordfinnischen Salla sowjetische Kriegsgefangene erschossen haben, wobei es der deutschen Nachkriegspolizei nicht gelang, die Täter zu ermitteln.[927] Während das Polizeibataillon 253 noch in Halden stationiert war, formierte es am 9. Juli 1942 mit den Polizeibataillonen 252 und 313 zusammen das Polizeiregiment 28, das jedoch nur bis November bestehen blieb und dann aufgelöst wurde. Daraufhin mussten die einzelnen Bataillone in andere Regimenter eingegliedert werden.[928] So soll das Polizeibataillon 253 schließlich in das Polizeiregiment 15 gekommen sein, wobei jedoch bislang keine näheren Angaben verfügbar sind, welche Rolle es darin konkret spielte.[929]

Als die ehemalige Ausbildungseinheit aus Fürstenfeldbruck abrückte, begleiteten sie einzelne Lehroffiziere nach Skandinavien, zu denen etwa die Oberleutnante Theodor Brecht, Ludwig Zeiler und Kurt Brändel gehörten.[930] Sofern das Polizeibataillon 253 sie nicht übernahm oder sie zurück zu ihren ursprünglichen Standorten kamen, blieben die Angehörigen des Stammpersonals jedoch an der Brucker Schule und nahmen ab Ende Dezember 1940 wieder den gewohnten Dienst auf.[931] Zu diesem Zeitpunkt kamen auch andere Offiziere wieder zu ihrer alten Wirkungsstätte zurück, um zusammen mit neuen Polizeiführern aus dem gesamten Reichsgebiet die vakanten Stellen an der Institution zu besetzen, damit dort der Ausbildungsbetrieb wieder beginnen konnte.[932] Die Lehranstalt war zunächst damit beschäftigt, den 6. Zugführeranwärterlehrgang für Wachtmeister der Reserve durchzuführen, der gleich am 7. Januar 1941 startete.[933] Der erste neue Offiziersanwärterlehrgang begann mit dem 21. OAL jedoch erst am 3. März 1941.[934]

Nachdem er das hiesige Ausbildungsbataillon erfolgreich vorangebracht hatte, übernahm Diez als Interimskommandeur vorläufig die Dienstgeschäfte der Polizeischule Fürstenfeldbruck.[935] Als sein Nachfolger kam Oberstleutnant Arno Hagemann jedoch schon am 12. März 1941 von der Polizeiverwaltung Chemnitz zur Lehranstalt, die er von nun an bis Kriegsende leitete.[936] Unter seiner Obhut konnte sie ihre Machtposition in Himmlers Polizeiapparat aus-

---

926 Vgl. BayHStA München, Polizeischule FFB 21, Schnellbrief: I. A. Winkelmann (RFSSuChdDtPol) an u. a. die HSSPF: Ablösung der in Norwegen eingesetzten Pol.-Batl. 9, 105 und 131 durch die Pol.-Batl. 252, 253 und 255, 21.11.1940. S. 4.

927 Vgl. Klemp, Polizeibataillone, S. 364 f.

928 Vgl. ebd., S. 530; Arico, Ordnungspolizei, S. 377. Josef Falter schreibt dagegen, dass das Polizeibataillon 253 bis ins Jahr 1943 in Norwegen geweilt habe und von dort aus nach Italien gekommen sei. Bei Ende des Zweiten Weltkriegs seien die Polizisten dort von Engländern und Amerikanern gefangen genommen worden. Vgl. Falter, Chronik, Bd. 1, S. 75.

929 Vgl. Klemp, Polizeibataillone, S. 526 und 530.

930 So lässt der Kommandobefehl vom 21. Dezember 1940 darauf schließen, dass mindestens fünf Vertreter des Schulpersonals im Polizeibataillon 253 eingesetzt wurden. Vgl. BayHStA München, Polizeischule FFB 14, I. V. Schwahn (Polizeischule FFB): Kommandobefehl Nr. 1, 21.12.1940.

931 Vgl. BayHStA München, Polizeischule FFB 14, Diez (PAB FFB): Bataillonsbefehl Nr. 74, 06.12.1940.

932 Vgl. BayHStA München, Polizeischule FFB 14, I. V. Schwahn (Polizeischule FFB): Kommandobefehl Nr. 1, 21.12.1940.

933 Vgl. RdErl. d. RFSSuChdDtPol. im RMdI. v. 05.12.1940, in: RMBliV, 11.12.1940, Nr. 50, Sp. 2216b–2216e.

934 Vgl. BayHStA München, Polizeischule FFB 14, Diez (Polizeischule FFB): Befehl über die Unterbringung des 21. Offizier-Anwärter-Lehrgangs, 25.02.1941.

935 Vgl. BayHStA München, Polizeischule FFB 14, Diez (Polizeischule FFB): Kommando-Befehl Nr. 7, 18.01.1941.

936 Vgl. BayHStA München, Polizeischule FFB 14, Diez (Polizeischule FFB): Kommando-Befehl Nr. 12, 27.02.1941. Siehe zu Arno Hagemann auch Kapitel 7.3.

bauen. Bis zur bedingungslosen Kapitulation des Deutschen Reichs trat sie immer mehr aus dem Schatten ihrer Berliner „Schwester" heraus, deren Einfluss besonders in der zweiten Kriegshälfte zunehmend schwand. Obwohl es zumindest so scheint, als hätten die beiden Offiziersschulen offiziell nicht miteinander konkurriert, dürfte es den Verantwortlichen der oberbayerischen Institution durchaus gelegen gekommen sein, in einer so entscheidenden Phase des „Totalen Krieges" diese Lücke zu füllen.

Denn während die Polizeischule Fürstenfeldbruck in den Friedensjahren noch vergleichsweise wenige Offiziersanwärterlehrgänge abgehalten hatte, fand der Großteil dieser Kurse dort erst seit Frühjahr 1941 statt. Um auch begrifflich zu unterstreichen, dass sie nun den Schwerpunkt besaß, den Führungsnachwuchs heranzuschulen, wurde sie wie ihr Berliner Pendant am 16. November 1942 in „Offizierschule der Ordnungspolizei" umgetauft.[937] Von den insgesamt 22 Brucker Lehrgängen dieser Art begannen allein 15, nachdem das hiesige Polizeiausbildungsbataillon seinen Standort verlassen hatte. Für den Zeitraum von Anfang 1937 bis April 1945 lassen sich insgesamt 2.133 Teilnehmer nachweisen, die einen der Kurse der oberbayerischen Einrichtung besuchten, aus denen schließlich 1.693 Offiziere hervorgehen sollten, was einer Quote von 79 % entspricht. Damit lag die Polizeischule Fürstenfeldbruck zwar etwas besser als ihr Berliner Pendant. Doch wäre es nicht zulässig, deshalb darauf zu schließen, dass sich deren Ausbildungsmethoden, Lehrgänge oder Schüler qualitativ wesentlich voneinander unterschieden hätten. Ähnlich wie in der Reichshauptstadt waren auch die Brucker Kurse recht ungleich aufgebaut: Zwischen 34 und 213 Mann konnte ein solcher Lehrgang umfassen. Während ihn in einem Fall nur 62 % als Offiziere beenden konnten, scheinen in zwei Kursen sämtliche Teilnehmer bestanden zu haben. Diese merkwürdig erscheinende Erfolgsquote könnte aber auch darauf zurückzuführen sein, dass in den entsprechenden Quellen tatsächlich nur die Absolventen aufgeführt werden, so dass dann eine derart fabelhafte Bilanz von 100 % nicht verwundert. Darüber hinaus fällt ebenso für Fürstenfeldbruck auf, dass manche Kurse nur wenige Monate und andere ein ganzes Jahr andauerten, was zu den bereits genannten qualitativen Konsequenzen führte.[938]

937 Vgl. Schwarz, Geschichte, S. 29.

938 Siehe dazu Kapitel 4.4.1.

Tabelle 4: Offiziersanwärterlehrgänge an der Polizeischule Fürstenfeldbruck 1937 – 1945

Lehrgang	Beginn	Ende	Laufzeit ca.	Teilnehmer	Absolventen	Erfolgsquote
4. OAL	07.01.1937	18.12.1937	11,5 Monate	40	39	98 %
6. OAL	01.04.1937	23.03.1938	12 Monate	73	70	96 %
7. OAL	03.08.1937	28.07.1938	12 Monate	34	33	97 %
8. OAL	03.11.1938	29.04.1939	6 Monate	60	56	93 %
10. OAL	04.11.1938	06.04.1939	5 Monate	110	68	62 %
12. OAL	16.04.1939	30.03.1940	11,5 Monate	133	133	100 %
14. OAL[939]	k.A.	k.A.	k.A.	k.A.	k.A.	k.A.
21. OAL	03.03.1941	16.08.1941	5,5 Monate	213	147	69 %
22. OAL	01.09.1941	20.12.1941	3,5 Monate	175	158	90 %
25. OAL	06.01.1942	01.04.1942	3 Monate	59	49	83 %
27. OAL	06.01.1942	01.08.1942	7 Monate	68	57	84 %
28. OAL	21.04.1942	16.10.1942	6 Monate	116	91	78 %
30. OAL	22.09.1942	31.03.1943	6,5 Monate	42	42	100 %
31. OAL	02.11.1942	31.03.1943	5 Monate	91	80	88 %
32. OAL	12.01.1943	11.08.1943	7 Monate	96	95	99 %
33. OAL	06.04.1943	30.10.1943	7 Monate	178	147	83 %
35. OAL	24.08.1943	17.12.1943	4 Monate	95	79	83 %
36. OAL	01.11.1943	28.04.1944	6 Monate	159	135	85 %
38. OAL	03.04.1944	15.09.1944	5,5 Monate	100	85	85 %
39. OAL	15.05.1944	20.10.1944	5,5 Monate	83	71	86 %
41. OAL	02.10.1944	16.03.1945	5,5 Monate	70	58	83 %
42. OAL	18.12.1944	25.05.1945	ca. 4 Monate[940]	138	0	0 %
			Gesamt:	2.133	1.693	79 %

Außerdem gesellten sich während des Krieges dazu noch einige Reserve- und Revier-Offiziersanwärterlehrgänge.[941] In den Friedensjahren hatte die Polizeischule Fürstenfeldbruck auch noch drei Offiziersausbildungslehrgänge zu beherbergen, die darauf abzielten, SS- zu Polizeiführern umzuschulen.[942] Zwischen 1941 und 1944 fanden an ihr zudem noch einzelne Kurse für Ärzte und Zahnmediziner der Polizei statt, damit diese mit einer grundlegenden Ausbildung zu den Polizeieinheiten an die Front geschickt werden konnten.[943] Daher war sie stets vollständig ausgelastet und stand ihrer Berliner „Schwester" dahingehend in nichts nach.

Generell ist aber die Frage nicht ganz eindeutig zu beantworten, wie viele Offiziersanwärterlehrgänge es in Berlin-Köpenick und Fürstenfeldbruck zwischen 1936 und 1945 überhaupt gab. Denn die Ordnungspolizei nummerierte diese Kurse nicht einheitlich aufeinanderfolgend. Nach offizieller Zählweise veranstalteten alle Offiziersschulen insgesamt 42 solcher Lehrgänge. Allerdings gab es noch den bereits erwähnten 11b. OAL. Darüber hinaus teilte der Polizeiapparat einige Kurse auf zwei Lehranstalten auf, so dass sie meist zeitgleich so-

939 In den Lehrgangsunterlagen der Polizeischule Fürstenfeldbruck finden sich keinerlei Angaben zum 14. OAL. Allerdings erwähnen ihn einige Kommandobefehle aus dem Jahre 1939. Vgl. dazu BayHStA München, Polizeischule FFB 13.

940 Der 42. OAL sollte bis Ende Mai 1945 andauern, musste jedoch wahrscheinlich im April abgebrochen werden, weil das Kriegsende die ursprünglichen Pläne durchkreuzte.

941 Vgl. dazu BayHStA München, Polizeischule FFB 139, 140, 141, 142, 143, 144, 145, 146, 147 und 148.

942 Vgl. dazu BayHStA München, Polizeischule FFB 120.

943 Über diese Kurse informieren die Akten BayHStA München, Polizeischule FFB 135, 145 und 148.

wohl in Köpenick also auch in Fürstenfeldbruck stattfanden. Daraus entstanden aber praktisch zwei separate Kurse, die keine engeren Berührungspunkte aufwiesen, obwohl sie dem Namen nach zusammengehörten. Diese Prozedur gab es zumindest beim 4., 6., 7., 10. und 12. OAL. Auch der 14. OAL könnte aufgespalten worden sein, was einzelne Dokumente in den Brucker Akten andeuten.[944] Ob das tatsächlich so war, ist allerdings höchst fraglich, da keinerlei weiterführenden Unterlagen zu diesem Lehrgang existieren. Dieses Durcheinander führte also dazu, dass die Ordnungspolizei insgesamt nicht 42, sondern eigentlich 48 Offiziersanwärterlehrgänge veranstaltete, in denen sich insgesamt 4.825 gezählte Schüler einfanden, von denen sich am Ende soweit bekannt nur 3.684 behaupten konnten, was einen Anteil von rund 76 % bedeutet. Dabei handelt es sich dennoch um eine beachtliche Zahl von Absolventen. Das zeigt erneut, dass die Ordnungspolizei keineswegs jeden in ihr Offizierskorps aufnahm, aber gleichzeitig den Ausschuss möglichst gering halten wollte.

Der 42. OAL war dann auch der letzte Offiziersanwärterlehrgang, der in Fürstenfeldbruck gastierte. Dieser sollte eigentlich vom 18. Dezember 1944 bis 25. Mai 1945 dauern, musste aber wahrscheinlich im April vorzeitig eingestellt werden, weil auch die Polizeischule nicht ignorieren konnte, dass der Krieg längst verloren war. Das führte aber auch dazu, dass kein einziger der 138 Teilnehmer den Kurs bestehen und somit zu den Absolventen gezählt werden konnte.[945] Kurz vor dessen Ende suchte das Hauptamt Ordnungspolizei so verzweifelt nach neuen Offizieren, dass es dabei auch auf ausländische Kräfte zurückgriff. Daher beauftragte es die Brucker Institution noch im Januar 1945 damit, 20 niederländische Oberbeamte weiterzubilden, „die als ‚Freiwillige der deutschen Polizei' übernommen worden sind".[946] Die meisten von ihnen stammten aus der niederländischen Wehrmacht und waren im praktischen Polizeidienst nur wenig erfahren. Doch das machte dem Besatzungsapparat nichts aus. Der Großteil dieser Offiziere sollte mit dem Polizei-Freiwilligen-Bataillon „Niederlande" an die Front geschickt werden.[947] Die Zentralbehörde der uniformierten Polizei stellte einen Lehrgang auf die Beine, der am 19. Februar begann und ursprünglich am 12. Mai 1945 enden sollte.[948] Zwar standen die militärischen Fächer ganz klar im Vordergrund des Kurses, der sich stark am Schema der deutschen Offiziersanwärterlehrgänge orientierte.[949] Doch der deutsche Polizeiapparat legte auch großen Wert darauf, seine niederländischen Gäste weltanschaulich zu schulen. Dadurch sollten sie erkennen, dass Europa vereint „gegen seine bolschewistisch-plutokratischen Gegner" sowie insbesondere „den" Juden kämpfen und den Kontinent nach dem Kriege gemeinsam wieder aufbauen müsse.[950] Die deutsche Niederlage

944 So weisen einzelne Kommandobefehle aus dem Jahre 1939 auf diesen 14. OAL hin, wobei über ihn keine weiteren Unterlagen vorliegen. Vgl. dazu BayHStA München, Polizeischule FFB 13.

945 Vgl. BayHStA München, Polizeischule FFB 138, Schnellbrief: I. A. Rogalski (Chef der Ordnungspolizei) an u. a. Polizeischule FFB: 42. Offizier-Anwärter-Lehrgang, 25.11.1944, S. 1.

946 BAB, R 20/95, I. A. Vockensohn (Chef der Ordnungspolizei) an Polizeischule FFB: Ausbildung von Offizieren der niederländischen Polizei, 10.01.1945, Bl. 1. Vgl. ferner BayHStA München, Polizeischule FFB 16, Hagemann (Polizeischule FFB): Kommando-Sonderbefehl für den Heldengedenktag am 11.3.1945, 10.03.1945.

947 Vgl. BAB, R 20/95, Abschrift der Fernschrift: BdO Niederlande an Chef der Ordnungspolizei: Ausbildung von Offz. der niederl. Polizei bei einer Waffenschule, [1945], Bl. 2.

948 Vgl. BAB, R 20/95, Schnellbrief: I. V. Flade (Chef der Ordnungspolizei) an BdO Niederlande sowie Polizeischule FFB: 1. Sonderausbildungslehrgang für Führer der Freiwilligen der Deutschen Polizei, 24.01.1945, Bl. 5.

949 Vgl. BAB, R 20/95, Hagemann (Polizeischule FFB) an Chef der Ordnungspolizei: Ausbildung von Offizieren der niederländischen Polizei, 16.01.1945, Bl. 4.

950 BAB, R 20/95, Polizeischule FFB: Lehrplan für nat.soz. Lehre, [1945], Bl. 22.

machte solche Pläne zwar zunichte. Dennoch ist es bemerkenswert, dass auch dieser außergewöhnliche Lehrgang noch Anfang April 1945 im Gange war.[951] Obwohl die Fronten immer näher rückten, arbeitete die oberste Schule der Ordnungspolizei bis kurz vor dem Zusammenbruch des „Dritten Reichs" immer noch sehr intensiv daran, führende „Polizeisoldaten" auszubilden, um doch noch den „Endsieg" erringen zu können.

Das nahende Kriegsende dürfte den letzten Kursen allerdings auch deshalb ein Ende bereitet haben, weil ihrer Stätte nun ein bedeutenderer Verwendungszweck zugedacht war. Denn ebenfalls Anfang April 1945 flüchteten Teile des Hauptamts Ordnungspolizei in das Gebäude der Brucker Polizeischule, um sich vor der heranrückenden Roten Armee in Sicherheit zu bringen. Die Zentralbehörde hatte schon seit Sommer 1942 einzelne Dienststellen und Ämter ausgelagert, weil sie kriegsbedingt ständig expandieren musste und im Gebäudekomplex des Reichsinnenministeriums zu wenig Platz vorhanden war. So zogen manche von ihnen in die Räumlichkeiten der ehemaligen Polizeischule Berlin-Köpenick. Ab Mitte 1943 sah sich das Hauptamt jedoch auch außerhalb von Berlin nach Unterkünften um, damit es bei einem möglichen Bombenangriff verschiedene Ausweichstellen beziehen konnte. Ihre Glieder wanderten nun z. B. in das Gebäude der Offiziersschule in Eberswalde, vor allem aber in ein großes Ausweichlager ins brandenburgische Biesenthal.[952] Weil sich die Kriegslage im Frühjahr 1945 zunehmend verschlechterte, teilte Alfred Wünnenberg seine Behörde in zwei Bereiche auf. Der Arbeitsstab Nord floh nach Flensburg, während der größere Arbeitsstab Süd versuchte, Mitte April in der Polizeischule Fürstenfeldbruck unterzukommen. Da der Tross unterwegs beschossen wurde und er deshalb einen Umweg nehmen musste, verzögerte sich aber seine Ankunft, so dass er dort erst am 24. April eintraf. Am Zielort angekommen wurden die meisten Angehörigen allerdings entlassen. Der Reststab zog schon am 27. April weiter nach Tirol, wo er wenige Tage später in amerikanische Gefangenschaft geriet.[953]

Amerikanische Truppen besetzten am 29. April 1945 auch Fürstenfeldbruck, womit sie die Stadt nicht nur von der lokalen NS-Herrschaft befreiten, sondern auch die „Kaderschmiede" der Ordnungspolizei schlossen. Allerdings entwickelten die Besatzer recht schnell Pläne, was mit dem Gebäude geschehen sollte. Noch im Mai funktionierten sie es in ein Lazarett um, in dem bis zu 1.200 deutsche Kriegsgefangene untergebracht waren.[954] Die amerikanische Militärregierung übertrug daraufhin der Stadt Fürstenfeldbruck schon im Juli die Aufgabe, die ehemalige Offiziersschule zu verwalten.[955] Bereits einen Monat zuvor hatten die Amerikaner darüber nachgedacht, sie weiterhin als polizeiliche Bildungsstätte zu nutzen und neue deut-

951 Vgl. BAB, R 20/95, Hagemann (Polizeischule FFB): Unterrichtsbefehl Nr. 8, 08.04.1945, Bl. 36.

952 Vgl. Jürgen Huck, Ausweichstellen und Aktenschicksal des Hauptamtes Ordnungspolizei im 2. Weltkrieg, in: Neufeldt, Geschichte, S. 117–144, hier: S. 121–129.

953 Vgl. ebd., S. 136–141. Ferner: Stephan Linck, „Festung Nord" und „Alpenfestung". Das Ende des NS-Sicherheitsapparates, in: Paul, Gestapo (2000), S. 569–595, hier: S. 577. Reiss und Wollenberg machen hingegen andere Angaben. So sei aus dem Reichsinnenministerium bereits am 13. April 1945 der Fuhrpark der Abteilung Ordnungspolizei in Fürstenfeldbruck angekommen und habe sich in der Polizeischule einquartiert, während zehn Tage später eine weitere Kolonne eingetroffen sei. Vgl. StadtA FFB, Reiss, Chronik, S. 95; Wollenberg, Reich, S. 266.

954 Vgl. StadtA FFB, Reiss, Chronik, S. 100; Schwarz, Geschichte, S. 29; Wollenberg, Reich, S. 267. Unterschiedliche Angaben gibt es über die Zahl der im Lazarett beherbergten Kriegsgefangenen. Während Schwarz von etwa 1.200 ausgeht, nennt Reiss insgesamt 1.600 Mann. Vgl. Schwarz, Geschichte, S. 29; StadtA FFB, Reiss, Chronik, S. 100.

955 Vgl. StadtA FFB, A 1-3/22, Uhl (Bürgermeister FFB): Beglaubigter Auszug aus der Niederschrift über die Stadtratssitzung vom 16. Juli 1945, 19.07.1945.

sche Gesetzeshüter auszubilden. Das war anscheinend den chaotischen Verhältnissen der unmittelbaren Nachkriegszeit geschuldet. Obwohl sich dieses Vorhaben nicht sofort realisieren ließ, strebten die Besatzer jedoch schon in dieser Phase danach, dass die Brucker Institution bald wieder zur wichtigsten Lehranstalt der bayerischen Ordnungsmacht aufsteigen sollte.[956] Da der Freistaat seinerzeit schnellstens wieder geeignete Sicherheitskräfte benötigte, gründete er im Kloster Fürstenfeld schon am 21. Juli 1946 wieder eine Schule, die der neuen bayerischen Landpolizei angehörte und am 15. August ihren ersten Lehrgang startete.[957]

Beinahe ununterbrochen sollte Fürstenfeldbruck also über drei Epochen hinweg Polizisten für das jeweilige System schulen. Auch wenn sie bereits in der Weimarer Zeit und später in der Bundesrepublik eine bedeutende Institution der bayerischen Polizei darstellte, besaß sie ihren höchsten Stellenwert zweifelsohne jedoch im „Dritten Reich". Sie war nicht nur eine der beiden obersten Lehranstalten, sondern in der zweiten Kriegshälfte sogar die wichtigste Schule der Ordnungspolizei. Dabei bildete sie viele hundert Offiziere aus, von denen einige nicht nur an der „Heimatfront" dienten, sondern vielmehr in den besetzten Gebieten um den „Endsieg" rangen und Hitlers Vernichtungspolitik exekutierten. Um diese Männer aber überhaupt erst auf ihre Führungspositionen vorzubereiten, musste die Brucker Polizeischule sie nach einem klaren Schema ausbilden, das auf einem einheitlichen Reglement fußte.

4.5 Die Offiziersanwärterlehrgänge: Organisation – Aufbau – Ablauf

Der Führungsriege innerhalb des NS-Polizeiapparats war bereits in den Anfangsjahren des „Dritten Reichs" klar, dass sie sich nicht damit begnügen konnte, lediglich grob festzuschreiben, was sie vom Nachwuchs der Polizeiführer verlangte und welche Stationen geeignete Bewerber durchlaufen mussten, um ins Offizierskorps aufgenommen zu werden.[958] Sie war auch gut beraten, konkrete Regeln aufzustellen, nach denen sich die beiden bedeutendsten Bildungseinrichtungen der Ordnungspolizei zu richten hatten, um die Lehrgänge für eben diese Offiziersanwärter möglichst einheitlich zu gestalten. Denn sie stellten den wichtigsten Teil der Ausbildung dar. Die Nationalsozialisten arbeiteten deshalb verbindliche Vorschriften aus, damit in diesen Kursen gleiche Bedingungen herrschten und ihre Absolventen ein einigermaßen homogenes Niveau erreichten. Kurz nachdem Heinrich Himmler zum obersten Polizeichef aufgestiegen war, erarbeitete noch sein Rivale, Wilhelm Frick, einen Erlass, der diese Lücke schloss:

Am 25. Juni 1936 trat die „Lehr- und Prüfungsordnung" in Kraft, die für das gesamte Reichsgebiet einheitlich regelte, wie die Schulen und Einheiten der Ordnungspolizei ihre Lehrgänge künftig zu organisieren hatten. Diese Polizeidienstvorschrift (PDV) Nr. 2 schickte das Reichsministerium des Innern sodann an die Bildungsstätten und weitere Behörden, wobei sie seither aber nur als Entwurfsversion existierte. Allerdings sollten zunächst nur die preußischen Dienststellen darüber berichten, wie sie mit ihr zurechtkamen und welche Punkte sie verbessern würden.[959] Da die Ministerialbürokratie in der Folgezeit einige Details der Lehr- und Prüfungsordnung änderte, scheinen sich einzelne ihrer Vorgaben in der Praxis zunächst

956 Vgl. BayHStA München, MInn 92274, Home-Office an Ministerialdirektor Fisher: concering police-school of Fürstenfeldbrook, 19.06.1945.
957 Vgl. Schwarz, Geschichte, S. 30; StadtA FFB, Reiss, Chronik, S. 142. Siehe dazu auch Kapitel 8.
958 Siehe dazu Kapitel 4.3.
959 Vgl. RdErl. d. RuPrMdI. v. 25.06.1936, in: RMBliV, 01.07.1936, Nr. 29, Sp. 857 f.

nicht vollständig bewährt zu haben.[960] Allerdings zeigt dieser Umstand erneut, dass der nationalsozialistische Polizeistaat auf dem Feld der Ausbildung vor allem in der zweiten Hälfte der dreißiger Jahre großzügig experimentierte. In ihrem grundsätzlichen Konzept blieb die PDV 2 jedoch bestehen und fungierte bis zum Zusammenbruch des „Dritten Reichs" als wichtigste Richtschnur für die Lehrstätten der uniformierten Staatsgewalt. Himmlers Polizeiapparat scheint die Lehr- und Prüfungsordnung jedoch Mitte 1939 noch einmal geringfügig überarbeitet zu haben, da die archivalisch überlieferten Exemplare offensichtlich aus dieser Zeit stammen.[961] Nach diesen Korrekturen änderte sich ihr Grundgerüst bis in die zweite Kriegshälfte nicht mehr. Der Reichsführer-SS veröffentlichte am 26. März 1943 zwar eine neue Prüfungsordnung, wobei diese bis auf wenige Nuancen ihrer Vorgängerin entsprach.[962] Endgültig scheint diese Version jedoch erst am 15. Juli 1943 in Kraft getreten zu sein.[963]

Inhaltlich schrieb die Lehrordnung vor, wie die zuständigen Dienststellen ihre Lehrgänge abzuhalten hatten: In der Regel waren die Landesregierungen bzw. Regierungspräsidenten dafür zuständig, geeignete Kandidaten zu Kursen einzuberufen, die dann an Lehranstalten stattfanden, die sich in ihrem jeweiligen Machtbereich befanden. Bei den Polizeioffiziersschulen in Berlin-Köpenick und Fürstenfeldbruck war das jedoch anders. Hier oblag es dem Reichsführer-SS und konkret dem Ausbildungsamt im Hauptamt Ordnungspolizei, die einzelnen Offiziersanwärterlehrgänge einzurichten.[964] Deren Teilnehmer stammten aus dem gesamten Reichsgebiet, weshalb sie mitunter recht unterschiedliche Vorkenntnisse zu den Kursen mitbrachten. Die beiden Institutionen besaßen den Auftrag, diesen heterogenen Wissensstand auf ein einheitliches Niveau zu bringen und die Schüler zu Führungskräften auszubilden. Dabei bauten ihre Lehrgänge auf jenen Inhalten und Normen auf, mit denen die Staatsdiener bereits in den Parteiorganisationen, im Arbeitsdienst und in der Wehrmacht, besonders aber im vorangegangenen Polizeidienst konfrontiert worden waren. Insofern knüpften solche Kurse an die bisherige Erziehung der Polizisten an und erweiterten ihr Wissen auf den verschiedenen Fachgebieten.[965]

Weil aus Sicht von Himmlers Polizeiapparat mit seinen Offizieren auch würdige Repräsentanten des NS-Staats aus den Lehrgängen hervorgehen sollten, zielten diese darauf ab, ihren Teilnehmern ein entsprechendes Wertesystem zu vermitteln. Laut Lehrordnung galt es in

960 Vgl. u. a. RdErl. d. RFSSuChdDtPol. im RMdI. v. 18.02.1937, in: RMBliV, 24.02.1937, Nr. 8, Sp. 312a–312f; RdErl. d. RFSSuChdDtPol. im RMdI. v. 08.06.1937, in: RMBliV, 16.06.1937, Nr. 24, Sp. 958 f.; RdErl. d. RFSSuChdDtPol. im RMdI. v. 24.11.1937, in: RMBliV, 01.12.1937, Nr. 48, Sp. 1832; RdErl. d. RFSSuChdDtPol. im RMdI. v. 22.12.1937, in: RMBliV, 29.12.1937, Nr. 52, Sp. 2022 f. Ferner: Bach, Ordnungspolizei, S. 89.

961 Vgl. dazu BAB, R 19/273, PDV 2 I: Lehr- und Prüfungsordnung für die Pol.Offizierschulen, die Schutzpol.- und Gendarmerieschulen und die Schutzpol.Ausbildungsabteilungen. Erster Teil: Lehrordnung, [1939] sowie BAB, R 19/274, PDV 2 II: Lehr- und Prüfungsordnung für die Pol.Offizierschule, die Schutzpol.Schulen, die Gend.Schulen und die Pol.Ausbildungshundertschaften. Zweiter Teil: Prüfungsordnung, [1939].

962 Vgl. Prüfungsordnung für die Offizierschulen der Ordnungspolizei und die Polizeischulen (Schutzpol. u. Gend.), hrsg. v. Reichsführer SS und Chef der Deutschen Polizei im Reichsministerium des Innern. O-Kdo. I Ausb. (1) 6 Nr. 1-2/43 vom 26. März 1943, Lübeck 1943.

963 Darauf lässt zumindest der folgende Schnellbrief schließen: Vgl. BAB, R 19/10, Schnellbrief: I. A. Grünwald (RFSSuChdDtPol) an u. a. die Kommandeure der Offizierschulen der Ordnungspolizei in Oranienburg und FFB: Prüfungsordnung für die Offizier-Schulen der Ordnungspolizei und die Polizeischulen (Schutzpolizei und Gendarmerie), 01.07.1943, Bl. 128.

964 Vgl. BAB, R 19/273, Lehrordnung, [1939], S. 41.

965 Vgl. ebd., S. 61.

erster Linie, die Anwärter „zu starken, charaktervollen Persönlichkeiten zu erziehen", die sich daneben auch geistig, moralisch und körperlich weiterentwickelten.[966] In diesem Sinne sollten sie auch einen standesgemäßen Habitus und einen ausgeprägten Sinn für Kameradschaft an den Tag legen. Die Kurse waren darauf ausgerichtet, jeden einzelnen Schüler „zum Führer, Ausbilder, Erzieher und Kameraden der ihm in seinem Beruf anvertrauten deutschen Männer heranzubilden".[967] Außerdem versuchten sie jene Fähigkeiten zu vermitteln, mit deren Hilfe es dem Polizeiführer anschließend gelingen sollte, sich selbstständig und fortlaufend weiterzubilden. Letztlich sollte jeder Offiziersanwärterlehrgang nichts weniger als „die Pflegestätte echt nationalsozialistischer und damit wehrhafter und soldatischer Gesinnung sein".[968] Für seine Schöpfer schuf er die Basis dafür, das Denken seiner Führungskräfte möglichst uniform zu gestalten und im Geiste der NS-Ideologie auszurichten. Auf diese Weise umschrieb Himmlers Polizeiapparat auch gleich, welche *Corporate Identity* er seinem Offizierskorps zugedachte.[969] Für ihn stellte es dann auch keinen Widerspruch dar, dass er einerseits selbstbewusste Charaktere heranbilden wollte, die andererseits aber möglichst umfassend an die Weltanschauung des Nationalsozialismus angepasst werden sollten.

Um dieses theoretische Konzept auch praktisch umzusetzen, bestimmte die Lehrordnung ganz grob, welche Fächer und Inhalte in den Lehrgängen unterrichtet werden mussten. An diesen Lehrplänen hatten sich dann die Polizeioffiziersschulen zu orientieren, um für jeden neuen Kurs eigene Stoff- und Stundenpläne zu erstellen, die für jede Disziplin genau regelten, welcher Themenkomplex zu welchem Zeitpunkt behandelt werden sollte. Gleichzeitig waren der Kommandeur und seine Lehrkräfte dazu angehalten, diese Pläne stets mit aktuellen Gesetzen und Erlassen zu ergänzen.[970] Es lag also in den Händen der Bildungsanstalten und ihres Personals, die allgemeinen Vorgaben aus Berlin in die Tat umzusetzen. Als Richtschnur dienten den Lehroffizieren für die einzelnen Fächer zwar Lehrpläne und Stoffgliederungen, aber sie mussten ihre Unterrichtsstunden selbst mit Inhalten füllen. Die Freiräume des Schulleiters waren dabei allerdings überschaubar, da er zwar für jeden Kurs einen eigenen Lehrplan entwerfen, diesen dann aber vom Ausbildungsamt absegnen lassen musste.[971]

Damit endete noch lange nicht die Kontrolle, die das Hauptamt Ordnungspolizei über die „Kaderschmieden" ausübte. Über jeden Lehrgang musste der Kommandeur eine Reihe von Berichten verfassen, um sie der Zentralinstanz vorzulegen: Ein erster Report dokumentierte, wann genau ein Kurs begann und wann er voraussichtlich endete. Er führte auf, wie viele Teilnehmer den Lehrgang besuchten, welche Lehrkräfte darin zum Einsatz kamen und wie viele Unterrichtsstunden ihnen jeweils zur Verfügung standen.[972] Ein weiteres Schreiben offenbarte, wie die Gruppen- und Zugführerausbildung verlaufen war. Der Schulleiter hatte Berlin ferner darüber zu informieren, welche Ergebnisse die einzelnen Prüfungen hervorgebracht und welche Leistungen die jeweiligen Teilnehmer dabei gezeigt hatten.[973] Außerdem musste er wenigstens acht Tage vor Beginn des schriftlichen Abschlussexamens bekanntgeben, wo und wann genau welche Prüfung stattfinden sollte. Ein finaler Erfahrungsbericht

966 Ebd., S. 63.
967 Ebd., S. 63.
968 Ebd., S. 63.
969 Vgl. ebd., S. 63.
970 Vgl. ebd., S. 39.
971 Vgl. z. B. BAB, R 20/69, Gudewill (Leiter des Ausbildungsamtes beim Chef der Ordnungspolizei) an Kommandeur der Polizeischule FFB Schade, 01.11.1938.
972 Vgl. BAB, R 19/273, Lehrordnung, [1939], S. 43.
973 Vgl. Prüfungsordnung (1943), S. 10.

zog schließlich Bilanz zum abgeschlossenen Kurs und führte auf, welche Kosten dabei insgesamt entstanden waren.[974] Darin nannte er einerseits nackte Zahlen, indem er etwa darlegte, wie viele Offiziersanwärter den Kurs bestanden hatten. Andererseits beschrieb er, welchen Eindruck er vom Lehrgang hatte und machte darüber hinaus Vorschläge, was konkret an der Ausbildung verbessert werden könnte. Gerade diese abschließenden Berichte waren es, die den Reichsführer-SS und den Chef der Ordnungspolizei am meisten interessiert haben dürften. Schließlich hielten diese Schriftstücke fest, was die obersten Polizeiführer des Landes von ihrem Offiziersnachwuchs zu erwarten hatten.[975]

Laut Lehrordnung hatten die Schulen dafür zu sorgen, dass ihre Unterkünfte möglichst vollständig belegt und die Lehrgänge nicht für längere Zeit unterbrochen waren. Für gewöhnlich sollten die Lehroffiziere drei Jahre lang durchgehend an einer Bildungsstätte tätig sein und nur in dringenden Ausnahmefällen während eines laufenden Kurses ihre Wirkungsstätte wechseln.[976] Dadurch wollte die Ordnungsmacht sicherstellen, dass der Ausbildungsbetrieb ungestört ablaufen konnte und nicht durch einen zu häufigen Personalwechsel behindert wurde. Jede Lehrkraft sollte durchschnittlich 24 Stunden pro Woche unterrichten, wobei eine Unterrichtsstunde 45 Minuten dauerte.[977] Dabei stellte der Polizeiapparat bestimmte Ansprüche an seine Erzieher, die er größtenteils aus dem aktiven Offizierskorps rekrutierte. Der ideale Lehrer sollte polizeirechtlich äußerst gründlich vorgebildet sowie pädagogisch talentiert sein und sich überhaupt für die Lehrtätigkeit interessieren. Er hatte auf seine Schüler einzugehen und sie weniger auf die Prüfung als vielmehr auf die dienstliche Praxis vorzubereiten.[978] Damit es den Lehroffizieren leichter fiel, diese Prinzipien zu verinnerlichen und ihre didaktischen Fähigkeiten zu schulen, veröffentlichte Dalueges Behörde das „Merkblatt für den Dienstunterricht in der Ordnungspolizei" sowie das Buch „Der Polizeifachunterricht".[979] Des Weiteren war jeder Fachlehrer dazu verpflichtet, nach jeder Stunde schriftlich in einem Klassenbuch zu protokollieren, welche Themen er soeben behandelt hatte. Daneben musste er jeden Schüler dahingehend bewerten, was der Einzelne in seinem Unterricht geleistet hatte. Auf diesem Urteil fußte das Gesamtergebnis, das der Teilnehmer am Ende des Lehrgangs erzielte.[980]

Darüber hinaus besagte die Lehrordnung, dass die polizeilichen Ausbildungsstätten eine eigene Bücherei unterhalten mussten, die vor allem Lehrbücher, Gesetzestexte, Dienstvorschriften und Fachzeitschriften beherbergte.[981] Daher besaß auch die Polizeischule Fürstenfeldbruck ihre eigene Bibliothek, für die sie eine ganze Reihe von verwaltungsrechtlichen Printmedien abonniert hatte. Zu diesen gehörten unter anderem das „Reichsgesetzblatt", das „Gesetzes- und Verordnungsblatt", die „Deutschen Verwaltungsblätter" oder die „Bayerische Verwaltungsschule". Dazu gesellten sich einige polizeiliche Periodika, wobei hier insbeson-

974 Vgl. BAB, R 19/273, Lehrordnung, [1939], S. 43.

975 In den meisten Lehrgangsakten im Bestand Polizeischule FFB finden sich solche Erfahrungsberichte. Siehe dazu Kapitel 5.2.

976 Vgl. ebd., S. 45. In der ursprünglichen Version der Lehrordnung war festgehalten, dass ein Lehrer mindestens zwei Jahre lang an der Polizeischule bleiben soll. Dies wurde jedoch handschriftlich verbessert.

977 Vgl. ebd., S. 47. Auch an dieser Stelle findet sich eine Reihe handschriftlicher Notizen, die mehrfach die Stundenzahl korrigierten.

978 Vgl. ebd., S. 45.

979 Vgl. RdErl. d. RFSSuChdDtPol. im RMdI. v. 28.02.1939, in: RMBliV, 08.03.1939, Nr. 10, Sp. 536a–536d.

980 Vgl. BAB, R 19/273, Lehrordnung, [1939], S. 47. Leider ist keines dieser Klassenbücher aus den Polizeioffiziersschulen überliefert.

981 Vgl. ebd., S. 47 und 49.

dere das „Polizeibeamtenblatt", die „Kriminalistischen Monatshefte", das „Deutsche Polizeiarchiv" oder „Der Deutsche Polizeibeamte" zu nennen wären. Die schulische Bücherei verfügte aber auch über diverse Spezialschriften, die sich mit besonderen Themen befassten und daher für einzelne Fächer wichtige Informationsquellen waren. In diese Kategorie fielen etwa die „Verkehrsblätter", der „Deutsche Polizeisport" und das „Reichssportblatt" oder auch die „Deutsche Luftwacht" sowie die „Sirene".[982] Solche Publikationen lieferten aber nicht nur Texte, die für den Unterricht interessant waren. Um sie unter anderem in der Waffenausbildung zu verwenden, waren die Lehrer auch dazu aufgerufen, Bilder und Skizzen aus Fachzeitschriften wie der „Deutschen Wehr", dem „Militärwochenblatt" oder dem „Gas- und Luftschutz" per Projektor an die Wand zu werfen.[983]

Als Informationsquellen für die militärische Ausbildung der angehenden Polizeioffiziere dienten aber vor allem die zahlreichen Dienstvorschriften der Polizei (PDV), des Heeres (HDv) und der Luftwaffe (LDv).[984] Diese reichten thematisch von der „Gasschutzausbildung bei der Ordnungspolizei"[985] und der „Sachenentgiftungsfibel"[986] über die „Reitvorschrift"[987] bis hin zum „Feldkochbuch".[988] Daneben sammelte die Schule weitere Schriften: Dazu zählten „Dokumente zur Vorgeschichte des Krieges", die das Auswärtige Amt 1939 veröffentlicht hatte.[989] Ebenfalls für den europäischen Krieg gedacht waren etwa das „Unterrichtsbuch für den Soldaten",[990] die „Richtlinien für die Sicherstellung der Wasserversorgung im Luftschutz"[991] oder das „Taschenbuch für den Winterkrieg", welches das Oberkommando des Heeres (OKH) im November 1942 herausgebracht hatte.[992] Außerdem sammelte die hauseigene Bibliothek noch Lokalblätter, wozu etwa die „Fürstenfeldbrucker Zeitung", das „Brucker Wochenblatt" oder die Zeitschrift „Bayernland" zählten.[993] An anderer Stelle wird auch noch deutlich werden, dass vor Ort noch zahlreiche Publikationen vorhanden waren, die dazu dienen sollten, den Schülern die Kernelemente der NS-Weltanschauung zu vermitteln.[994]

Mithilfe dieser Literatur sollten sich die Lehroffiziere adäquat auf den Unterricht vorbereiten können. Um diesen möglichst anschaulich zu gestalten, durfte auch eine Lehrmittelsammlung nicht fehlen, die zahlreiche Hilfsmittel beherbergte. Schautafeln und Karten, aber

---

982 Vgl. BayHStA München, Polizeischule FFB 13, Nachweisung über die an die Polizeihauptschule gelieferten Gesetzblätter, Zeitungen etc. und ihre Verteilung, o. D.

983 Vgl. BayHStA München, Polizeischule FFB 14, Diez (PAB FFB): Bataillonsbefehl Nr. 20, 28.03.1940.

984 Welche dieser Dienstvorschriften in Fürstenfeldbruck verwendet wurden, ist besonders aus zahlreichen Kommando-, Unterrichts- und Bataillonsbefehlen in den Akten BayHStA München, Polizeischule FFB 14 und 179 ersichtlich.

985 BayHStA München, Polizeischule FFB 14, Diez (PAB FFB): Bataillonsbefehl Nr. 12, 15.02.1940. Dabei handelte es sich um die PDV 4.

986 BayHStA München, Polizeischule FFB 131, Hagemann (Polizeischule FFB): Unterrichtsbefehl Nr. 8, 12.04.1943. Diesen Titel trug die LDv 772/3.

987 BayHStA München, Polizeischule FFB 132, Hagemann (Polizeischule FFB): Unterrichtsbefehl Nr. 12, 19.05.1943. Dies war die HDv 12.

988 BayHStA München, Polizeischule FFB 14, Diez (PAB FFB): Bataillons-Befehl Nr. 13, 17.02.1940. Das war der Titel der HDv 86.

989 BayHStA München, Polizeischule FFB 14, Diez (PAB FFB): Bataillonsbefehl Nr. 12, 15.02.1940.

990 BayHStA München, Polizeischule FFB 14, Diez (PAB FFB): Bataillonsbefehl Nr. 44, 12.07.1940.

991 BayHStA München, Polizeischule FFB 14, Diez (PAB FFB): Bataillonsbefehl Nr. 29, 18.05.1940.

992 BayHStA München, Polizeischule FFB 131, Hagemann (Polizeischule FFB): Unterrichtsbefehl Nr. 8, 12.04.1943.

993 Vgl. BayHStA München, Polizeischule FFB 13, Nachweisung über die an die Polizeihauptschule gelieferten Gesetzblätter, Zeitungen etc. und ihre Verteilung, o. D.

994 Siehe dazu Kapitel 5.1.4.4.

auch Musterformulare und Waffenmodelle sollten die Dozenten möglichst häufig verwenden, um das Gelernte bei den Schülern noch weiter zu vertiefen. Darauf zielte auch der Einsatz von Filmen und Dias ab, die bei der Technischen Polizeischule in Berlin erhältlich waren. Doch sollten die Schüler vor allem ihre eigenen Lehrbücher dazu nutzen, die umfangreichen Gesetze, Vorschriften und Erlasse zu studieren, nach denen sie sich in ihrem Beruf zu richten hatten.[995] Hierzu zählten insbesondere zentrale Rechtstexte, wie etwa das Strafgesetzbuch, die Strafprozessordnung oder das Polizeiverwaltungsgesetz. Neben diesen mussten die Offiziersanwärter auch weitere Vorschriften zur Polizeischule mitbringen. Dazu gehörten die Reichsgewerbeordnung, die Straßenverkehrsordnung sowie diverse Polizei- und Heeresdienstvorschriften.[996] Die Teilnehmer hatten sich diese Literatur auf eigene Kosten zu besorgen, wobei die Schulen dafür gelegentlich eine Sammelbestellung aufgaben.[997] Darüber hinaus mussten die Anwärter zu den Lehrgängen einige Bekleidungs- und Ausrüstungsstücke mitbringen. Von ihren Dienststellen sollten sie etwa mit Tschako, Dienstmütze und Stahlhelm, aber auch mit Badehose, Trainingsanzug, Signalpfeife und Handfessel ordentlich ausgestattet sein. Aber auch Waffen wie Karabiner, Seitengewehr und Pistole sowie eine entsprechende Munition durften nicht fehlen, weil die Polizeischulen besonders während des Krieges nicht über ausreichende Mittel verfügten, um ihre Schüler selbst ausstaffieren zu können.[998]

Bevor der Lehrgang tatsächlich begann, mussten sich die angereisten Anwärter an der Polizeischule registrieren lassen. Daraufhin unterteilten die entsprechenden Lehroffiziere die Teilnehmer in zwei oder mehrere Abteilungen gleicher Größe, die sie wiederum in mehrere Züge bzw. Klassen aufgliederten. Jede Lehrabteilung erhielt einen Leiter, der von weiteren Mitgliedern des Stammpersonals unterstützt wurde. Der Schulleiter legte per Kommandobefehl fest, wie die Lehrer genau verteilt waren und in welchen Hörsälen sie die einzelnen Teilgruppen unterrichteten. Zuvor mussten die Unterkünfte jedoch erst bezogen, die Schulordnung bekannt gegeben und die Schüler ärztlich untersucht werden. Aber auch Waffen, Kleidung und Gerätschaften wurden inspiziert und auf ihre Vollständigkeit überprüft. Nachdem der Kommandeur und sein Personal den neuen Lehrgang traditionell begrüßt hatten, war der Lehrbetrieb startbereit.[999] Während des Krieges ging die Polizeischule in Fürstenfeldbruck allerdings dazu über, von ihren Schülern noch einen Aufsatz und ein Diktat anfertigen zu lassen, um sich ein Bild von ihren intellektuellen Fähigkeiten zu verschaffen. Auf

995 Vgl. BAB, R 19/273, Lehrordnung, [1939], S. 47, 49 und 51.

996 Vgl. z. B. BayHStA München, Polizeischule FFB 125, [unleserlich] (Schutzpolizeidienstabteilung Apolda): Abordnung des Hauptwachtmeisters der Schutzpolizei Schreck zum 22. Offizieranwärter-Lehrgang nach Fürstenfeldbruck, 28.08.1941.

997 Vgl. u. a. RdErl. d. RFSSuChdDtPol. im RMdI. v. 23.07.1936, in: RMBliV, 29.07.1936, Nr. 33, Sp. 1048c f., hier: Sp. 1048d sowie RdErl. d. RFSSuChdDtPol. im RMdI. v. 02.11.1938, in: RMBliV, 09.11.1938, Nr. 46, Sp. 1840d–1840f, hier: Sp. 1840e. Ferner: BAB, R 19/273, Lehrordnung, [1939], S. 49 und 51;

998 Vgl. BayHStA München, Polizeischule FFB 125, [unleserlich] (Schutzpolizeidienstabteilung Apolda): Abordnung des Hauptwachtmeisters der Schutzpolizei Schreck zum 22. Offizieranwärter-Lehrgang nach Fürstenfeldbruck, 28.08.1941.

999 Vgl. u. a. BayHStA München, Polizeischule FFB 124, Diez (Polizeischule FFB): Kommandobefehl für die Zugführerausbildung des mit RdErl.v.6.2.41 (RMBliV. S.248 b) angeordneten 21. Offizieranwärterlehrgang, 03.03.1941; BayHStA München, Polizeischule FFB 125, I. V. Hösl (Polizeischule FFB): Kommandobefehl für die Zugführerausbildung des mit RdErl. vom 23.7.1941 (RMBliV.S.1384a) angeordneten 22. Offizieranw.Lehrganges, 29.08.1941. Ferner: BayHStA München, Polizeischule FFB 132, Entwurf: Hagemann (Polizeischule FFB) an RFSSuChdDtPol: 33. Offizieranwärterlehrgang, 16.11.1943, S. 1.

diese Weise konnte sie diejenigen Polizisten ausfindig machen, die für die Offizierslaufbahn überhaupt nicht geeignet waren und sodann zu ihren Standorten zurückkehren mussten. Hatten sie diese erste Hürde jedoch gemeistert, konnte die Ausbildung beginnen.[1000]

Generell bestand ein Offiziersanwärterlehrgang aus zwei Teilen: der Zugführerausbildung und der lehrplanmäßigen Ausbildung. Der erste Teil kam einer militärischen Grundausbildung gleich und stand am Anfang eines jeden Kurses. Er erfüllte dabei zwei wesentliche Funktionen: Zum einen bereitete dieser Abschnitt die Schüler auf die physischen Anforderungen vor, die der gesamte Lehrgang, aber auch der spätere Berufseinsatz an sie stellte. In erster Linie sollte die Zugführerausbildung dazu beitragen, die „Führerpersönlichkeit" der Polizisten herauszubilden.[1001] Zum anderen konnte sich das Schulpersonal bei dieser Gelegenheit schon ein Bild vom Leistungsvermögen der Schüler machen und sich zumindest ansatzweise auf die Bedürfnisse einzelner Männer konzentrieren. Je nachdem wie lange der gesamte Kurs dauerte, sollte dieser Ausbildungsabschnitt sechs bis zehn Wochen umfassen, wobei der Lehrgang davon allein knapp zwei Wochen lang auf einem Truppenübungsplatz zubrachte. Das besagen zumindest die amtlichen Vorgaben aus Berlin. Tatsächlich konnte die Zugführerausbildung an der Polizeischule Fürstenfeldbruck zuweilen auch einen längeren Zeitraum für sich beanspruchen. Sie endete jedoch stets mit einer sogenannten Besichtigung, die ein kleines Manöver darstellte, in dem die Teilnehmer zeigen mussten, was sie bereits gelernt hatten. Hernach mussten die Ausbilder jeden Schüler dahingehend beurteilen, ob er sich vollends, nur bedingt oder überhaupt nicht dazu eignete, den Lehrgang weiter zu besuchen. Ein Teilnehmer schied dann aus, wenn er im gesamten Lehrgangsabschnitt nicht dahingehend überzeugen konnte, später einmal einen guten Offizier abzugeben. Ob er bereits in dieser Phase seine Heimreise antreten musste, entscheid jedoch letztlich der Kommandeur.[1002] War dies jedoch nicht der Fall, hatten die Polizeischüler die erste Hürde gemeistert.

Die Zugführerausbildung war vorwiegend auf die Praxis ausgerichtet und sollte den Teilnehmern ein rein militärisches Know-how und vor allem Fertigkeiten vermitteln, die sie im Kampfeinsatz benötigten. Sie bestand in der Regel aus der Waffen-, Exerzier- und Geländeausbildung, schloss aber auch weitere Disziplinen mit ein wie die Kartenkunde, den Waffenunterricht, die Schießlehre und die Körperschulung. Die folgende Tabelle zeigt, wie sich die einzelnen Wochenstunden verteilten:[1003]

1000 Vgl. z. B. BayHStA München, Polizeischule FFB 141, Hagemann (Polizeischule FFB) an RFSSuChdDtPol: Erfahrungsbericht über die Durchführung des mit RdErl.v.14.5.41 (RMBliV.S.932 b) angeordneten 6.Rev.Offizieranwärterlehrganges, 20.11.1941, S. 2 f.

1001 BayHStA München, Polizeischule FFB 123, Abschrift: [unleserlich] (Polizeischule FFB): Ausbildungsplan für die Gruppen- und Zugführerausbildung für 11 Wochen, 21.05.1938, S. 1.

1002 Vgl. ebd., S. 1 f.; Prüfungsordnung (1943), S. 14 f.

1003 Vgl. BayHStA München, Polizeischule FFB 124, Lehrstoffverteilungsplan für den Offizieranwärter-Lehrgang, [1941], S. 1; BayHStA München, Polizeischule FFB 131, Lange (Polizeischule FFB): Lehrstoffverteilungsplan für die Gruppen- und Zugführerausbildung des 32. Offz.-Anw.-Lehrgangs, in der Zeit vom 12.1.43–28.2.43, [1943].

Tabelle 5: Teil 1 des Offiziersanwärterlehrgangs: Zugführerausbildung (Stand: 1941)		
Fach		Wochenstunden
1.	Waffen- und Exerzierausbildung	10
2.	Geländeausbildung	20
3.	Gelände- und Kartenkunde	3
4.	Waffenunterricht	2
5.	Schießlehre	2
6.	Schießdienst	2
7.	Körperschulung	4
8.	Zur Verfügung des Lehrgangs	2
	Gesamt:	45

Dieser Fächerkanon hatte also mit der eigentlichen Polizeiarbeit wenig gemein und war rein militärischer Art. Es ist wichtig, sich zu vergegenwärtigen, dass in den ersten Wochen eines polizeilichen Offiziersanwärterlehrgangs fast ausschließlich militärische Gesichtspunkte zentral waren und erst der zweite Teil des Kurses eine größere Themenauswahl bot.

Dieser folgende Abschnitt nahm deutlich mehr Zeit in Anspruch und kann sogar als das eigentliche Kernstück der gesamten Ausbildung angesehen werden. Er umfasste bis zu 19 Fächer und vermittelte viel stärker als bisher einen theoretischen Lehrstoff. Die Lehrabteilungen blieben weiter bestehen und behielten ihre grundlegende Organisation bei. Während auch die Lehrer ihren Klassen zugewiesen blieben, änderte sich jedoch ihre Position dahingehend, dass sie sich von militärischen Ausbildern zu unterrichtsorientierten Pädagogen wandelten. So stellte das Stammpersonal für jede Abteilung einen Hörsaaloffizier, der den Anwärtern „Lehrer und Erzieher, aber auch Freund und Helfer sein“ sollte.[1004] Ferner zählte es zu seinen Aufgaben, sich auch in der Freizeit um seine Schüler zu sorgen sowie bei den Mahlzeiten und bei Vorträgen anwesend zu sein.[1005]

Nachdem die Lehrinhalte im zweiten Teil des Offiziersanwärterlehrgangs neu ausgerichtet waren, endete damit jedoch noch lange nicht die militärische Zugführerausbildung. Weiterhin existierten ihre Disziplinen fort, wenngleich sie in andere Fächer einflossen oder unter anderem Namen firmierten. Dennoch schmälerte sich nun der militärische Schwerpunkt des Kurses ein wenig, da sich jetzt rechtliche, polizeidienstliche und politisch-weltanschauliche Fächer hinzugesellten. Auch für den zweiten Teil des Kurses veröffentlichte der Schulleiter stets einen Kommandobefehl.[1006] In diesem hielt er fest, welcher Lehrer für welches Fach verantwortlich war und wie viele Wochenstunden ihm dabei zur Verfügung standen. Für die einzelnen Fachgebiete erhielten die Lehrkräfte eigene Lehrmappen. Daneben existierte für jede Disziplin ein eigener Lehrstoffverteilungsplan, der genau aufführte, welche

1004 BayHStA München, Polizeischule FFB 124, I. V. Diez (Polizeischule FFB): Kommandobefehl für die Durchführung des II. Teils des mit RdErl. vom 6.2.1941 RMBLiV.S.248c angeordneten 21. Offizieranwärterlehrganges, 10.04.1941, S. 3.

1005 Vgl. ebd., S. 3.

1006 Es gab jedoch auch Lehrgänge, in denen der Kommandobefehl beide Teile der Ausbildung zusammenfassend behandelte.

Themen sie in den jeweiligen Unterrichtseinheiten zu behandeln hatten.[1007] Zuweilen orientierte sich die Brucker Schule an einem solchen Konzept, das ihre Berliner Schwesterinstitution herausgegeben hatte.[1008] Ferner nahm der Kommandeur auch Einfluss darauf, wie der Unterricht en detail abzulaufen hatte, indem er wöchentlich Unterrichtsweisungen erteilte und Dienstpläne erstellte.[1009]

Gab es mitunter auch abweichende Regelungen für einzelne Lehrgänge, so bestand der lehrplanmäßige Unterricht an den Polizeioffiziersschulen bis zur zweiten Kriegshälfte aus den folgenden Fächern:[1010]

Tabelle 6: Teil 2 des Offiziersanwärterlehrgangs: Lehrplanmäßiger Unterricht (Stand: 1941)

	Fach	Bewertungszahl	Wochenstunden
1.	Taktik, Großer Aufsichtsdienst	5	7
2.	Luftschutz	3	4
3.	Kriegsgeschichte	-	1
4.	Nationalpolitik, weltanschauliche Schulung	2	3
5.	Strafrecht, Strafprozessrecht	2	3
6.	Allgemeines Polizeirecht	2	2
7.	Besonderes Polizeirecht	2	4
8.	Verkehrsrecht	2	1
9.	Bürgerliches Recht, Verwaltungsrecht, Beamtenrecht	1	2
10.	Kriminalistik	-	1
11.	Revierkunde	1	1
12.	Unterrichtslehre	-	2
13.	Lebenskunde	-	1
14.	Waffenwesen	-	1
15.	Kraftfahrwesen	-	1
16.	Nachrichtenwesen	-	1
17.	Körperschulung	2	3
18.	Zugführerausbildung	3	11
19.	Wirtschaftswesen	-	insgesamt 4[1011]
	Gesamt:	25	49

1007 Vgl. u. a. ebd.; BayHStA München, Polizeischule FFB 128, Hagemann (Polizeischule FFB): Kommandobefehl für die Durchführung der Zugführerausbildung des mit RdErl.v.26.3.1942 (MBliV. S. 660) angeordneten 28. Offizieranwärterlehrganges, 21.04.1942.

1008 Vgl. BayHStA München, Polizeischule FFB 14, I. V. Diez (Polizeischule FFB): Kommandobefehl für die Durchführung des II. Teils des mit RdErl. vom 6.2.1941 RMBLiV.S.248c angeordneten 21. Offizieranwärterlehrganges, 10.04.1941.

1009 Vgl. dazu u. a. BayHStA München, Polizeischule FFB 123, Herzog (Polizeischule FFB): Dienstplan für die Zeit vom 6.II. mit 11.II.1939, 03.02.1939; BayHStA München, Polizeischule FFB 124, I. V. Diez (Polizeischule FFB): Unterrichtsweisung Nr. 6, 05.04.1941 sowie BayHStA München, Polizeischule FFB 124, I. V. Stüber (Polizeischule FFB): Dienstplan für den 21. Offizieranwärterlehrgang für die Zeit v. 6.5.–10.5.41, 05.05.1941.

1010 Diese Aufstellung stammt aus: BayHStA München, Polizeischule FFB 124, Abdruck: Grünwald (Polizeischule Berlin-Köpenick) an u. a. Kommandeur: Lehrstoffverteilungsplan für den 20. Offizier-Anwärter-Lehrgang Mariaschein, 28.02.1941, S. 3.

Wie diese Übersicht zeigt, zogen in den zweiten Abschnitt des Lehrgangs solche Fächer ein, die für die eigentliche Polizeiarbeit relevant waren. Trotzdem veranschaulicht diese Tabelle auch recht deutlich, dass die Ordnungspolizei weiterhin ihr Hauptaugenmerk auf die militärische Ausbildung richtete. Im Übrigen mussten die Polizeischüler fast täglich an der Frühgymnastik teilnehmen, was ferner belegt, dass die Bildungsstätten sehr auf deren körperliche Fitness achteten. Dennoch ist kaum zu übersehen, dass der nun geltende Lehrplan den Unterricht viel stärker als bisher vom Exerzierplatz ins Klassenzimmer verlagerte. Rechtliche und polizeidienstliche Inhalte nahmen darin einen wesentlich breiteren Raum ein als bisher. In dieser Phase des Kurses zählten also nicht mehr ausschließlich militärisches und sportliches Können, sondern auch intellektuelle Leistungen auf unterschiedlichen Gebieten.

Praktische und theoretische Ausbildungsinhalte waren in den beiden Abschnitten des Lehrgangs aber ohnehin nicht klar voneinander abgegrenzt. Dies war schon allein deshalb nicht erwünscht, weil das Lehrpersonal zu jeder Zeit beide Ebenen bedienen sollte, um den Schülern weniger reines Lehrbuchwissen, sondern vielmehr eingeübte und zweckdienliche Fertigkeiten für den späteren Berufsalltag zu vermitteln. Allerdings ist nicht zu übersehen, dass es durchaus einen praktischen Schwerpunkt in der Zugführerausbildung gab, während der lehrplanmäßige Unterricht überwiegend im zweiten Abschnitt stattfand. Das Gewicht verschob sich also von der praktischen Ausbildung hin zum theoretischen Unterricht, was auch darauf schließen lässt, welche Akzente das polizeiliche Schulsystem dadurch setzte. Denn der erste Teil des Kurses prüfte einerseits, was die Wachtmeister physisch zu leisten vermochten. Zu schwache Rekruten mit einer unzureichenden Kondition hatten nur wenige Wochen Zeit, ihre körperlichen Defizite auszugleichen. Auch wer andererseits auf dem militärischen Gebiet versagte, eignete sich nicht für die Offizierslaufbahn. Um überhaupt Führungsaufgaben in der Ordnungspolizei wahrnehmen zu können, war es nach Ansicht des Polizeiapparats unabdingbar, eine hinreichende körperliche Leistungsfähigkeit zu besitzen, Befehlen zu gehorchen und „im Felde“ zurechtzukommen. Erst im zweiten Teil des Lehrgangs warteten auf die Beamten intellektuell anspruchsvollere Fachbereiche, die ihnen das rechtliche Fundament ihrer beruflichen Tätigkeit offenbarten und ihr Handeln theoretisch unterfütterten.

Im Jahre 1943 mussten die Offiziersschulen jedoch ihr Konzept an die Verhältnisse des sich verschärfenden Krieges anpassen, was sich besonders auf den zweiten Ausbildungsabschnitt auswirkte. Ähnlich wie in der Prüfungsordnung änderte sich in dieser Phase also der thematische Aufbau der Offiziersanwärterlehrgänge, deren inhaltliche Breite nunmehr deutlich eingeschränkt war. Die Anzahl der bis dato 19 Fächer verringerte sich auf 13, wobei einige Disziplinen nahezu unverändert blieben, andere jedoch zusammengefasst und umstrukturiert wurden, neu hinzukamen oder sogar komplett wegfielen. Dies war auch darauf zurückzuführen, dass die wichtigsten Bildungsstätten der Ordnungspolizei damit zurechtkommen mussten, deutlich weniger Zeit zur Verfügung zu haben, um aus Anwärtern tatsächlich Führungskräfte zu formen. Himmler reduzierte die Kursdauer auf wenige Monate, die zu Friedenszeiten etwa ein Dreivierteljahr umfasst hatte. Wenngleich die Lehrpläne einzelner Kurse durchaus von der allgemeinen Struktur abweichen konnten und noch weniger Fächer anboten, setzten sich die Offiziersanwärterlehrgänge ab 1943 aus folgenden Disziplinen zusammen:[1012]

1011 Insgesamt nur vier Stunden waren während des gesamten Lehrganges eingeschoben.

1012 Die Tabelle beruht auf dem 36. OAL. Vgl. BayHStA München, Polizeischule FFB 134, Hagemann (Polizeischule FFB): Kommandobefehl für die Durchführung des 36. Offizieranwärterlehrganges, 20.12.1943. Im 35. OAL gab es z. B. nur zehn Fächer, da Disziplinen wie Kartenkunde oder Waffenwesen quasi

Tabelle 7: Fächerplan eines Offiziersanwärterlehrgangs (Stand: 1943)		
Fach		**Wochenstunden**
1.	Taktik (Führerschulung)	14
2.	Geländedienst und Zugführerausbildung	14
3.	Geländekunde (Feldkunde)	3
4.	Waffenwesen	3
5.	Pionierwesen	2
6.	Nachrichten- und Kraftfahrwesen	1
7.	Körperschulung einschließlich Bajonett	2
8.	Reitausbildung	2
9.	Nationalsozialistische Lehre	2
10.	Luftschutz	4
11.	SS- und Polizeigerichtsbarkeit	2
12.	Pflichtenlehre	1
13.	Kriegsgeschichte	1
	Gesamt:	51

Die Fächer Taktik, Waffenwesen, Nationalsozialistische Lehre, Luftschutz, Körperschulung und Kriegsgeschichte blieben als solche erhalten. Allerdings nannte der Lehrplan von nun an die Zugführerausbildung in einem Zug mit dem Geländedienst, der zuvor nur eine ihrer Komponenten gewesen war. Diese längst etablierte Disziplin aus dem militärischen Kanon firmierte seit Mitte 1944 sogar unter dem Titel „Ausbildungsdienst".[1013] Außerdem bildete die Feldkunde eine eigenständige Disziplin. Der polizeiliche Lehrbetrieb hob auf diese Weise hervor, wie wichtig es ihm war, dass sich die angehenden Offiziere im Einsatzgebiet zurechtfinden und ihre untergebenen Männer somit sicher durchs Feindesland dirigieren konnten. Auch das strategische Know-how werteten die Lehrkräfte auf, indem sie neben der Taktik auch das Fach Kleine Taktik unterrichteten und diesen Themenkomplex zusätzlich erweiterten. Die Fächer Nachrichten- und Kraftfahrwesen wurden hingegen fusioniert und in ihrer Stundenzahl reduziert. Neu hingegen waren aber etwa das Pionierwesen und die Reitausbildung, was die praxisnahen Militärfelder der Offiziersschulung zusätzlich verstärkte. Daran lässt sich ablesen, dass der Polizeiapparat in den letzten Kriegsjahren eindeutig jene Disziplinen bevorzugte, welche die konkrete Kampfweise und die technisch-militärischen Fertigkeiten seiner Offiziere betrafen.

Einen Kahlschlag mussten daher auch die rechtlichen Fächer über sich ergehen lassen: Zwar stieg die SS- und Polizeigerichtsbarkeit zu einem eigenen Fach auf. Doch alle übrigen Rechtsdisziplinen fielen komplett weg. Offensichtlich sollten die Polizeioffiziere des „Totalen Krieges" nur wissen, in welchem rechtlichen Rahmen sie im „auswärtigen Einsatz" handelten. Damit büßten die Lehrgänge den größten Teil ihrer Rechtskunde ebenso ein wie jene Fächer, die überhaupt erst erkennen ließen, dass es sich um die Ausbildung von Polizeibe-

nebenbei unterrichtet werden mussten. Vgl. BayHStA München, Polizeischule FFB 133, Hagemann (Polizeischule FFB): Unterrichtsbefehl Nr. 26, 05.11.1943.

1013 Vgl. BayHStA München, Polizeischule FFB 135, Entwurf: I. V. [unleserlich] (Polizeischule FFB) an RFSSuChdDtPol: Erfahrungsbericht (38. OAL.), 20.09.1944, S. 2.

amten handelte.[1014] Denn auch die Tage der Revierkunde waren gezählt. Ganz verschwand diese Disziplin allerdings nicht aus dem Unterricht, da sich einige ihrer Inhalte in einem neuen Fach wiederfanden. Die Pflichtenlehre avancierte zu einem Amalgam aus Revier- und Lebenskunde sowie der Unterrichtslehre. Diese Disziplinen verkümmerten somit zu einem Einheitsfach, während die weltanschauliche Schulung weiterhin zentral für die ideologische Indoktrination der Polizeibeamten blieb und zusammen mit der Kriegsgeschichte fortbestehen konnte. Von den Stoffplänen verschwanden zudem die Kriminalistik sowie das Haushalts- und Wirtschaftswesen. Derart stark war die Offiziersausbildung mittlerweile auf den Primat des Militärischen ausgerichtet. Doch hatten Lehrgänge dieser Art kaum mehr etwas damit gemein, führende „Gesetzeshüter" auszubilden, wie dies noch in den Friedensjahren und während der „Blitzkriegserfolge" der Fall war. In den letzten Jahren des Krieges zählte es nur, möglichst schnell einigermaßen militärisch versierte Führungskräfte für Hitlers Vernichtungskrieg heranzuzüchten.

Während ihrer Ausbildungszeit mussten die Offiziersanwärter eine Reihe von schriftlichen Aufgaben und Prüfungen meistern. Im Laufe ihres Lehrgangs hatten sie einige Klassenarbeiten in einzelnen Fächern zu schreiben, zu denen etwa Taktik, Polizeirecht, Strafrecht, Luftschutz und Nationalsozialistische Lehre zählten.[1015] Wer jedoch zum Polizeiführer aufsteigen wollte, war dazu verpflichtet, sowohl eine Zwischen- als auch eine Abschlussprüfung erfolgreich zu absolvieren. Letztere unterteilte sich in schriftliche, mündliche und praktische Elemente.[1016] In besonderen Kommandobefehlen legte der Schulleiter für jeden Kurs fest, an welchen Terminen die einzelnen Prüfungen stattfinden sollten, damit die Schulgemeinschaft genügend Zeit hatte, um sich angemessen darauf vorzubereiten.[1017] Außerdem bestimmte er darüber, welche Themen die Zwischenprüfung zu behandeln hatte, die er etwa zur Mitte des Lehrgangs ansetzte.[1018] Wer darin die erforderliche Punktzahl nicht erreichte, musste die Schule verlassen und zu seiner Heimatdienststelle zurückkehren. Letztlich entschied jedoch Himmler selbst darüber, ob ein Teilnehmer wegen mangelhafter Leistungen, aus gesundheitlichen Gründen oder bei schwerem Fehlverhalten seine Ausbildung vorzeitig beenden musste. Dies war auch dann der Fall, wenn ein Offiziersanwärter freiwillig zurücktreten wollte, was nur möglich war, wenn er ein polizeiärztliches Attest vorweisen konnte, das seinen schlechten Gesundheitszustand bescheinigte.[1019]

Ähnliche Vorrechte machte der oberste Polizeichef auch für die Abschlussprüfung geltend. Über den genauen Zeitpunkt der einzelnen Tests hatte der Kommandeur nicht nur Teilnehmer und Lehroffiziere, sondern auch den Reichsführer-SS zu informieren, indem er dazu einen eigenen Prüfungsbefehl veröffentlichte.[1020] Die Abschlussprüfung bestand zunächst aus je einer schriftlichen Arbeit in den Fächern Polizeitaktik, Strafrecht, Polizeirecht und Nationalsozialistische Lehre. Für die Klausuren aus den ersten Disziplinen hatten die Prüflinge jeweils vier Stunden zur Verfügung. In der Nationalsozialistischen Lehre mussten sie sich

1014 Ähnliches stellen Bach, Westerkamp und Link für die gesamte Ordnungspolizei fest. Vgl. Bach, Ordnungspolizei, S. 90; Westerkamp, Schulung, S. 22; Link, Rückblick, S. 37.

1015 Vgl. BAB, R 19/274, Prüfungsordnung, [1939], S. 131; Prüfungsordnung (1943), S. 20.

1016 Vgl. Prüfungsordnung (1943), S. 5–9.

1017 Vgl. u. a. BayHStA München, Polizeischule FFB 124, I. V. Diez (Polizeischule FFB): Kommandobefehl für die Durchführung des II. Teils des mit RdErl. vom 6.2.1941 RMBLiV.S.248c angeordneten 21. Offizieranwärterlehrganges, 10.04.1941.

1018 Vgl. BAB, R 19/274, Prüfungsordnung, [1939], S. 97; Prüfungsordnung (1943), S. 15.

1019 Vgl. BAB, R 19/274, Prüfungsordnung, [1939], S. 97 und 99.

1020 Vgl. ebd., S. 101.

mit nur drei Stunden begnügen.[1021] Allerdings kam es in einzelnen Lehrgängen durchaus vor, dass das Lehrpersonal seine Schüler in anderen Fächern schriftlich prüfte, wobei sich gelegentlich auch die Zeitdauer änderte, die ihnen für die einzelnen Arbeiten zur Verfügung stand.[1022] Das änderte aber nichts daran, dass bestimmte Fächer einen besonderen Stellenwert besaßen, wenn es darum ging, zu ermitteln, ob ein Teilnehmer im Lehrgang erfolgreich war oder letztlich scheiterte. Erreichte jemand in der Polizeitaktik oder in zwei anderen Hauptfächern nur die Note „mangelhaft", galt die Abschlussprüfung grundsätzlich als nicht bestanden. Zu den Hauptfächern zählten die Zugführerausbildung, die Polizeitaktik, der Luftschutz, das Straf- und Strafprozessrecht sowie das Allgemeine und das Besondere Polizeirecht.[1023]

Dieser Prüfungsplan sollte sich mit den Jahren jedoch verändern, so dass die Polizeischulen in einzelnen Lehrgängen ganz andere Tests anordneten. Während des Krieges orientierte sich die Bildungsanstalt in Fürstenfeldbruck zumindest zeitweise an einem Lehrplan, der von der Polizeischule Mariaschein stammte. Welche Arbeiten z. B. die Teilnehmer des 21. OAL schreiben mussten, zeigt exemplarisch die folgende Tabelle:[1024]

Tabelle 8: Prüfarbeiten innerhalb eines Offiziersanwärterlehrganges (Stand: 1941)

Unterrichtsfach	vor der Zwischenprüfung	nach der Zwischenprüfung	schriftliche Abschlussprüfung
Polizeitaktik	2	1	1
Luftschutz	1	-	-
Strafrecht	1	-	1
Nationalsozialistische Lehre	1	-	1
Allgemeines Polizeirecht	1	-	-
Besonderes Polizeirecht	-	1	-
Verkehrsrecht	-	-	1
Gesamt:	6	2	4

Nachdem die Brucker Schule auch ihre Lehrpläne in der zweiten Kriegshälfte umstellen musste, prüfte sie ihre Anwärter in der Abschlussprüfung seitdem in den Fächern Taktik, Luftschutz, Pionierwesen und Nationalsozialistische Lehre. Während letzteres Fach also auf die weltanschauliche Schulung der Prüflinge abzielte, behandelten die übrigen drei Themenkom-

1021 Vgl. ebd., S. 133; Prüfungsordnung (1943), S. 20.

1022 Vgl. u. a. BayHStA München, Polizeischule FFB 124, Abdruck: Grünwald (Polizeischule Berlin-Köpenick) an u. a. Kommandeur: Lehrstoffverteilungsplan für den 20. Offizier-Anwärter-Lehrgang Mariaschein, 28.02.1941, S. 4; BayHStA München, Polizeischule FFB 124, Hagemann (Polizeischule FFB): Prüfungsbefehl für die Abschlußprüfung des 21. Offizieranwärterlehrganges, 11.07.1941.

1023 Vgl. BAB, R 19/274, Prüfungsordnung, [1939], S. 133. Während des Krieges existierten jedoch andere Hauptfächer, die sich in der Prüfungsordnung des Jahres 1943 aus Nationalsozialistischer Lehre, Taktik und Führerschulung, Zugführerausbildung, Straf- und Strafprozessrecht sowie Luftschutz zusammensetzten. Für sie galten ähnliche, aber geringfügig abweichende Regeln. Vgl. Prüfungsordnung (1943), S. 18.

1024 Vgl. BayHStA München, Polizeischule FFB 124, Abdruck: Grünwald (Polizeischule Berlin-Köpenick) an u. a. Kommandeur: Lehrstoffverteilungsplan für den 20. Offizier-Anwärter-Lehrgang Mariaschein, 28.02.1941, S. 4.

plexe erneut, wie die späteren Offiziere an der Front oder im Katastrophenfall agieren sollten.[1025]

Nicht erst während des Krieges folgten auf das schriftliche Examen grundsätzlich mündliche Prüfungen, die nun jedoch in sämtlichen Fächern des Lehrgangs abgehalten werden konnten. Im Beisein des Kommandeurs und des Lehrgangsleiters führte sie der jeweilige Fachlehrer für sein Unterrichtsgebiet durch.[1026] Dabei sollten nur diejenigen Teilnehmer geprüft werden, die mit ihren bisherigen Leistungen nicht vollständig überzeugen konnten. Wer in welchem Fach einen mündlichen Test ablegen musste, entschied der Schulleiter persönlich.[1027] Er konnte einen Schüler allerdings auch durchfallen lassen, sofern dessen bisherige Ergebnisse zu schlecht ausgefallen waren. Sofern ein Teilnehmer zur mündlichen Prüfung nicht zugelassen war oder die Abschlussprüfung nicht bestand, konnte er nur noch ein weiteres Mal den gesamten Lehrgang wiederholen. Dazu musste der Kommandeur aber davon überzeugt sein, dass der Kandidat den Kurs beim nächsten Versuch tatsächlich erfolgreich meistern könnte.[1028] In Ausnahmefällen gab es jedoch einzelne Kandidaten, die sogar an mehr als zwei Offiziersanwärterlehrgängen teilnahmen, obwohl sie nicht die Leistung erbrachten, die der Polizeiapparat von ihnen verlangte.[1029]

Neben dem Schuloberhaupt waren die unterrichtenden Fachlehrer des Lehrgangs grundsätzlich dafür verantwortlich, die gesamten Prüfungen zu organisieren und nach deren Ende abschließend jeden einzelnen Schüler zu bewerten. Sie errechneten also das Gesamtergebnis, das jeder Anwärter während des Kurses und vor allem in den Zwischen- und Abschlussprüfungen schriftlich wie mündlich erzielt hatte.[1030] Damit sie sich ein endgültiges Urteil darüber bilden konnten, ob die Kandidaten tatsächlich zu Polizeiführern qualifiziert waren, mussten sich diese zuvor aber nicht nur auf den theoretischen Gebieten beweisen.

Um die praktischen Fähigkeiten seiner Schüler zu inspizieren, nahm der Kommandeur eine sogenannte Abschlussbesichtigung vor, die den Lehrgang endgültig abschloss. Sie überprüfte deren Können im praktischen Polizeidienst und im Sport, vor allem aber vermischten sich in ihr Elemente der Waffen-, Gelände- und Gefechtsausbildung.[1031] Noch mehr als zum Ende des ersten Kursabschnitts mussten die Offiziersanwärter beweisen, dass sie tatkräftig in der Gruppe agieren konnten, weshalb die Schulen an diese finale Übung bestimmte Ansprüche stellten. Sie sollte ein anschauliches und eingehendes Bild des Leistungsstandes der Anwärter geben und insbesondere deren Führereigenschaften offenlegen. Der Ablauf folgte grundsätzlich demselben Reglement: Der Lehrgangsleiter hatte zunächst „ein klar ge-

1025 Vgl. BayHStA München, Polizeischule FFB 134, Hagemann (Polizeischule FFB): Prüfungsbefehl für die Abschlußprüfung des 36. Offizieranwärterlehrganges, 17.03.1944.

1026 Vgl. BAB, R 19/274, Prüfungsordnung, [1939], S. 109 und 111; Prüfungsordnung (1943), S. 9. Ferner u. a.: BayHStA München, Polizeischule FFB 124, Hagemann (Polizeischule FFB): Prüfungsbefehl für die Abschlußprüfung des 21. Offizieranwärterlehrganges, 11.07.1941.

1027 Vgl. Prüfungsordnung (1943), S. 9. Dieser Umstand ist z. B. aus der Abschlussprüfung des 32. OAL ersichtlich, bei dem auch einzelne Junker konkret zur mündlichen Prüfung antreten mussten. Vgl. BayHStA München, Polizeischule FFB 131, Hagemann (Polizeischule FFB): Niederschrift über die Abschlußprüfung des 32. OAL, 11.08.1943, S. 1 f.

1028 Vgl. Prüfungsordnung (1943), S. 14.

1029 Beispielsweise besuchte der österreichische Gendarmeriehauptwachtmeister Oskar Stromberger insgesamt drei solcher Kurse, von denen er keinen einzigen erfolgreich meistern konnte. Vgl. BAB, R 20/69, Entwurf: Polizeischule FFB an Kommandeur der Gendarmerie beim Reichsstatthalter in Kärnten: Beförderungsberechtigung von Teilnehmern an Offiz.-Anw.-Lehrgängen, 08.04.1942.

1030 Vgl. BAB, R 19/274, Prüfungsordnung, [1939], S. 99, 101 und 111, Prüfungsordnung (1943), S. 10.

1031 Vgl. Prüfungsordnung (1943), S. 9.

gliedertes und zeitlich berechnetes Programm aufzustellen", nach dem die Schüler ihr Können vorführen mussten.[1032] Die Abschlussübung begann damit, dass sich die Prüflinge in einer Linie aufstellten, wobei die jeweiligen Lehrgangsoffiziere und Unterführer sich zu ihren Zügen gesellten. Die Teilnehmer erhielten Waffen und weitere Ausrüstungsstücke. Platzpatronen, aber auch Attrappen kamen zum Einsatz, die echte Handgranaten imitierten. Zudem hatte das Stammpersonal der Schule das Übungsgelände zuvor mit Flaggen abgesteckt, „um anschauliche Lagen und Gefechtsbilder zu ermöglichen".[1033] Bei einem solchen Lehrstück sollten aber keineswegs harmlose Situationen des polizeilichen Dienstgeschehens simuliert werden. Zwar begann es damit, dass die Lehrkräfte praktische Proben im Exerzieren und Schießen sowie im Kartenlesen und in der Körperschulung durchführten, womit sie quasi den praktischen Lernstoff wiederholten.[1034]

Doch in erster Linie stellte eine Abschlussbesichtigung ein militärisches Planspiel dar, in dem die Teilnehmer diverse Kampfszenen nachstellten, wie sie tatsächlich im Krieg vorkamen. Dazu musste ein zweiter Lehrgang, der sich noch mitten in der Ausbildung befand, eine feindliche Truppe mimen und dadurch die Prüflinge herausfordern. Nachdem der verantwortliche Lehroffizier die Aufgabe gestellt und die Angriffsziele bekannt gegeben hatte, begannen die fiktiven Gefechte. „Der Feind, der durch Flaggen oder Schützen dargestellt wird, muß tatsächlich kriegsmäßig wahrnehmbar sein", wie eine Vorschrift der Polizeischule Fürstenfeldbruck erklärte.[1035] Das Planspiel sollte also möglichst realistisch sein. Deshalb mussten die Offiziersanwärter genau über die Lage informiert werden, wobei sie erfuhren, mit welcher Feindstärke sie zu rechnen und welchen Auftrag sie zu erfüllen hatten. War dies geschehen, gab der zuständige Übungsleiter das Signal zum Start.[1036]

Das Ziel der Simulation lag meist darin, gegnerische Kampfverbände oder „Banden" zu besiegen. Deswegen war das Szenario recht simpel gehalten, wie der Plan zur Besichtigung des 21. OAL belegt: „Bereitstellung und Angriff aus 800 m Entfernung, Durchstreifen eines Waldgebietes, Sicherung in der Bewegung, Durchsuchen eines Gehöftes", lauteten die einzelnen Aufträge.[1037] Die polizeiliche Lehrstätte übte also bis zum Ende des Kurses, wie vor allem Partisanen durch einen paramilitärischen Polizeiverband möglichst effizient bekämpft werden sollten. So unterschiedlich die Manöver auch waren, folgten sie dennoch dem gleichen Grundschema. Denn zentral war dabei stets, die Polizisten durch simulierte Kämpfe in Aktion zu sehen, um dadurch zu überprüfen, wie sie sich im Gefecht mit feindlichen Kräften verhalten und nach welcher Taktik sie im Ernstfall vorgehen würden. Als Kulisse für solche Kriegsspiele diente der Polizeischule Fürstenfeldbruck oftmals der eigene Exerzierplatz in

1032 BayHStA München, Polizeischule FFB 124, Hagemann (Polizeischule FFB): Kommandobefehl. Anlage: Richtlinien für die Durchführung der Abschlußbesichtigung der Gruppen- u. Zugführer-Ausbildung des 21. Offizier-Anwärter-Lehrganges, 28.03.1941, S. 1.

1033 Ebd., S. 1.

1034 Vgl. BayHStA München, Polizeischule FFB 124, Weißig (Polizeischule FFB): Die Besichtigung des 21. Offizier-Anwärter-Lehrganges, 29.03.1941; BayHStA München, Polizeischule FFB 124, Stüber (Polizeischule FFB): Abteilungs-Befehl für die Abschlussbesichtigung der Zugführerausbildung, 02.04.1941.

1035 BayHStA München, Polizeischule FFB 124, Hagemann (Polizeischule FFB): Kommandobefehl. Anlage: Richtlinien für die Durchführung der Abschlußbesichtigung der Gruppen- u. Zugführer-Ausbildung des 21. Offizier-Anwärter-Lehrganges, 28.03.1941, S. 1.

1036 Vgl. ebd., S. 2.

1037 BayHStA München, Polizeischule FFB 124, Weißig (Polizeischule FFB): Die Besichtigung des 21. Offizier-Anwärter-Lehrganges, 29.03.1941.

Maisach.[1038] Dafür kamen aber auch weitere Lokalitäten in der nächsten Umgebung infrage, die bereits während eines Lehrgangs als Schauplätze für diverse Geländeübungen herhielten. Die Abschlussbesichtigung des 28. OAL fand etwa in Landsberied statt.[1039] Ins nahegelegene Wildmoos verschlug es hingegen den 33. OAL, der sein Manöver auf dem Jexhof startete.[1040] Aber auch die Gegend um Gelbenholzen und Holzhausen war sehr beliebt, um dort solche Übungen durchzuführen.[1041]

Beobachtet wurden die Prüflinge dabei nicht nur vom Kommandeur und von den Lehroffizieren, sondern auch von weiteren Zuschauern aus den Reihen und außerhalb der Polizei. Nachdem die Besichtigung erfolgreich zu Ende gegangen war, erhielten die Polizeischüler in einer feierlichen Zeremonie ihre Urkunden, wobei sie zu Offizieren der Schutzpolizei ernannt wurden.[1042] Diese Verleihung übernahm meist ein hochrangiger Vertreter der uniformierten Ordnungsmacht. Dazu zählten z. B. der Generalinspekteur der Schutzpolizei, Generalleutnant Georg Schreyer[1043] und Generalmajor Wilhelm von Grolman, der seinerzeit die Amtsgruppe II im Kommandoamt leitete, die mit personellen Angelegenheiten befasst war.[1044] Aber auch der damalige Generalinspekteur der Polizeischulen, Karl Pfeffer-Wildenbruch, konnte Ende Juli 1942 die Absolventen auf diesem Wege persönlich auszeichnen.[1045] Eine besondere Ehre für die Polizeischule war es, wenn der Chef der Ordnungspolizei höchst persönlich erschien, um der Besichtigung beizuwohnen und die frisch gebackenen Polizeioffiziere zu küren. So nutzten Kurt Daluege und sein Nachfolger, Alfred Wünnenberg, auch die Gelegenheit, sich von ihrem Führungsnachwuchs selbst ein Bild zu machen.[1046]

1038 Vgl. BayHStA München, Polizeischule FFB 124, Stüber (Polizeischule FFB): Abteilungs-Befehl für die Abschlussbesichtigung der Zugführerausbildung, 02.04.1941. Zum Maisacher Exerzierplatz siehe auch Kapitel 6.1.

1039 Vgl. BayHStA München, Polizeischule FFB 128, Hagemann (Polizeischule FFB): Kommandobefehl Nr. 28 für die Abschlußbesichtigung des 28.Offz.-Anw.-Lehrganges, 13.10.1942.

1040 Vgl. BayHStA München, Polizeischule FFB 132, Hagemann (Polizeischule FFB): Kommandobefehl Nr. 28 für die Abschlußbesichtigung des 33.Offiz.-Anw.-Lehrganges, 26.10.1943.

1041 So war es etwa beim 25. OAL. Vgl. BayHStA München, Polizeischule FFB 126, Entwurf: Hagemann (Polizeischule FFB) an RFSSuChdDtPol: Erfahrungsbericht über die Durchführung des mit RdErl. vom 10.12.41 (MBliV. S. 2232 b) angeordnete 25. Offiz.Anw.Lehrg., 02.04.1942, S. 5.

1042 Die Vorschriften besagten zwar, dass sämtliche Schüler, die an der Abschlussprüfung teilgenommen hatten, ihre Zeugnisse auf dem Dienstweg – also über ihre Heimatdienststellen – erhalten sollten. Vgl. BAB, R 19/274, Prüfungsordnung, [1939], S. 115 und 117; Prüfungsordnung (1943), S. 13. Dennoch verlieh die Polizeischule Fürstenfeldbruck diese Urkunden meist am letzten Tag des Lehrgangs, an dem auch die Abschlussbesichtigung stattfand.

1043 Vgl. BayHStA München, Polizeischule FFB 128, Hagemann (Polizeischule FFB): Kommandobefehl Nr. 28 für die Abschlußbesichtigung des 28.Offz.-Anw.-Lehrganges, 13.10.1942. Zur Biographie von Georg Schreyer ferner: Schulz/Zinke, Generale, Bd. 5, Bissendorf 2011, S. 123–134, besonders: S. 130.

1044 Vgl. BayHStA München, Polizeischule FFB 125, Entwurf: Hagemann (Polizeischule FFB): Kommandobefehl Nr. 45 für die Besichtigung des 22. Offz.A.Lehrganges i.Geländedienst, 17.12.1941; BayHStA München, Polizeischule FFB 15, Hagemann (Polizeischule FFB): Kommandobefehl Nr. 9 für die Beförderung u. Überreichung der Urkunden am 31. März 1942 durch Herrn General von Grolman, 30.03.1942. Zur Biographie von Wilhelm von Grolman ferner: Schulz/Wegmann, Generale, Bd. 1, Bissendorf 2003, S. 455–458, besonders: S. 457.

1045 Vgl. BayHStA München, Polizeischule FFB 127, Hagemann (Polizeischule FFB) an RFSSuChdDtPol: Erfahrungsbericht über die Durchführung des 27. Offiz.Anw.Lehrg., 07.08.1942, S. 1.

1046 So machte sich Daluege etwa davon ein Bild, wie sich der 21. OAL im Gelände verhielt. Vgl. BayHStA München, Polizeischule FFB 14, Hagemann (Polizeischule FFB): Kommandobefehl Nr. 28 für die Besichtigung des 21. Offz.Anw.Lehrganges in der Zugführerausbildung und im Geländedienst, 12.08.1941. Wünnenberg wohnte z. B. der Abschlussbesichtigung des 33. OAL bei. Vgl. BayHStA München, Poli-

Stand jedoch keiner der hochrangigen Laudatoren zur Verfügung, verlieh der Kommandeur schon einmal selbst seinen Schützlingen die begehrte Urkunde, die offiziell dokumentierte, dass sie den Lehrgang gemeistert hatten.[1047] Wenig begeistert war Arno Hagemann aber davon, wenn sich der hiesige IdO anschickte, diese Dokumente zu überreichen. Er beklagte sich beim Hauptamt Ordnungspolizei darüber, dass der zuständige HSSPF auf diesem Wege versuche, seinen Einfluss gegenüber der Bildungsanstalt geltend zu machen, obwohl sie direkt der Berliner Zentralbehörde unterstellt sei. Daher sollte sie ihm als Kommandeur genehmigen, stattdessen selbst die Urkunden verleihen zu dürfen.[1048] Es ist nicht ganz klar, ob sich Hagemann generell am doppelten Dienstweg oder speziell am damaligen IdO, Generalleutnant Otto von Oelhafen, stieß. Reibereien zwischen der Schulleitung und den neuen Funktionären des Himmlerschen Polizeiapparats offenbart diese Episode aber allemal. Die Intervention des Brucker Kommandeurs scheint jedoch nicht allzu erfolgreich verlaufen zu sein, da spätere Anwärter im September 1944 ihre Zeugnisse aus den Händen des neuen BdO Bayern-Süd, Generalmajor Ludwig Mühe, erhielten.[1049]

Damit hatten die neuen Polizeiführer aber so oder so einen bedeutenden Abschnitt ihrer beruflichen Sozialisation und ihres Lebens abgeschlossen, nach dem sie jene Rolle einnehmen konnten, die ihnen Himmler in seinem Polizeistaat zudachte. In den abgeschlossenen Offiziersanwärterlehrgängen hatten die Schulen sie mit einer Vielzahl an Fächern und Themen konfrontiert, von denen der oberste Polizeichef hoffte, dass sie die Beamten zu versierten und linientreuen „Polizeisoldaten" formen würden. Gerade diese Ausbildungsinhalte zeugen nämlich vom Wertesystem innerhalb der gesamten Ordnungspolizei, weshalb sich das folgende Kapitel eingehend mit ihnen befasst.

zeischule FFB 132, Hagemann (Polizeischule FFB): Kommandobefehl Nr. 28 für die Abschlußbesichtigung des 33.Offiz.-Anw.-Lehrganges, 26.10.1943.

1047 Kommandeur Arno Hagemann nahm z. B. beim 32. OAL persönlich die Verleihung vor. Vgl. BayHStA München, Polizeischule FFB 15, Hagemann (Polizeischule FFB): Kommando-Befehl Nr. 21 für die Abschlußbesichtigung des 32. Offz.-Anw.-Lehrganges und die Verleihung der Ernennungsurkunden, [1943].

1048 Vgl. BAB, R 19/26, P an Chef des Kommandoamtes: Aushändigung von Ernennungsurkunden bei Ernennungen zum Polizei-Offizier an der Offizierschule der Ordnungspolizei in Fürstenfeldbruck, 06.05.1943, Bl. 1.

1049 Vgl. BayHStA München, Polizeischule FFB 16, I. V. Koschmieder (Polizeischule FFB): Kommandobefehl Nr. 21 für die Abschlußbesichtigung des 38. Offiz.-Anw.-Lehrganges am 13. und 14. September 1944, 11.09.1944. Zur Biographie von Ludwig Mühe ferner: Schulz/Zinke, Generale, Bd. 3, Bissendorf 2008, S. 229–232, besonders: S. 231 f.

5. Die Offiziersausbildung der Ordnungspolizei 1936 bis 1945: Fächer – Inhalte – Resultate

5.1 Der Fächerkanon in den Offiziersanwärterlehrgängen und seine Themen

5.1.1 Die militärischen Fächer

5.1.1.1 Die Formale Zugführerausbildung

Angesichts der militärischen Tradition der Polizei und ihrer Rolle im Zweiten Weltkrieg überrascht es nicht, dass die militärischen Fächer und Inhalte einen besonderen Stellenwert im Ausbildungssystem der uniformierten Ordnungsmacht des „Dritten Reichs" besaßen.[1050] Das galt jedoch erst recht für die Offiziersanwärterlehrgänge. Spätestens seit dem Überfall auf Polen waren die Beamten weniger dazu bestimmt, Paragraphen auswendig zu können oder den Verkehr zu regeln. Sie sollten stattdessen ihren Teil dazu beitragen, dass sich der braune „Arm des Gesetzes" nach den besetzten Gebieten Europas ausstrecken konnte. Doch ohne eine fundierte militärische Ausbildung konnten „Ganovenjäger" und Verkehrspolizisten nicht in den „auswärtigen Einsatz" geschickt werden. Das Ziel des polizeilichen Ausbildungsapparats war es daher, aus einfachen „Gesetzeshütern" fähige Kämpfer zu formen, was dazu führte, dass die militärischen Inhalte den größten Teil der Unterrichtszeit beanspruchten. Während des Zweiten Weltkriegs bestand letztlich kein Zweifel mehr daran, dass eine solche Ausbildung in erster Linie darauf ausgerichtet war, die angehenden Polizeioffiziere auf ihren Einsatz im Truppenverband vorzubereiten.[1051] Die militärischen Fächer setzten sich zusammen aus Formaler Zugführerausbildung, Polizeitaktik, Nachrichtenwesen, Waffenwesen, Körperschulung und Luftschutz. Dabei verdienen es gerade die ersten beiden Disziplinen, genauer betrachtet zu werden:

Die Formale Zugführerausbildung war das praktische Herzstück dieser Fächergruppe, da sie bereits den ersten Ausbildungsabschnitt dominierte. Sie hämmerte den künftigen Führungskräften der Ordnungspolizei ein, wie sie sich im geschlossenen Einsatz zu verhalten hatten. Das „Auftreten vor der Front" war in der Offiziersausbildung sogar derart wichtig, dass es die Schulleiter in einigen Kommandobefehlen im Titel des Faches aufführten.[1052] Weil die einzelnen Übungseinheiten so zeitintensiv waren, reservierten die zuständigen Ausbilder im

---

1050 Vgl. dazu Westermann, Police Battalions, S. 70 und 76–79.

1051 So schrieb der Brucker Kommandeur, Arno Hagemann, nach dem 32. OAL Folgendes: „Es steht zu erwarten, daß sie auch in einem künftigen Einsatz, worauf die Ausbildung in der Hauptsache abgestellt war, sich als Offiziere bewähren." BayHStA München, Polizeischule FFB 131, Hagemann (Polizeischule FFB) an RFSSuChdDtPol: Erfahrungsbericht über die Durchführung des 32. O.A.L., 18.08.1943, S. 6.

1052 Im Kommandobefehl vom 10. April 1941 z. B. lautet der vollständige Titel des Faches „Formale Zugführerausbildung, Auftreten vor der Front". Vgl. BayHStA München, Polizeischule FFB 124, I. V. Diez zweiten Teil des Lehrgangs dafür wöchentlich einen ganzen Schultag. Damit hatten die Anwärter ausreichend Gelegenheit, um von morgens bis abends trainieren zu können. Es kam jedoch in bestimmten Lehrgängen vor, dass diese Ausbildung nur am Vormittag stattfand, dafür aber an mehreren Tagen in der Woche zu absolvieren war.[1053] Die Formale Zugführerausbildung setzte sich grundsätzlich zusammen aus der Exerzier- und der Geländeausbildung, wobei wöchentlich beide Teile auf dem Plan standen. Sie orientierten sich dabei an den Inhalten der übrigen militärischen Fächer.[1054] Daher ist es kaum möglich, die einzelnen Inhalte ausschließlich einem Fach zuzuschreiben, weil sich die einzelnen Disziplinen ergänzten.

Die Exerzierausbildung bestand aus rein militärischem Drill. Dazu gehörte zunächst einmal, dass sich die Polizeischüler die verschiedenen Befehle einzuprägen und nach ihnen zu handeln hatten. Auch mussten die Anwärter lernen, wie sie richtig militärisch grüßten oder wie sie sich bei Vorbeimärschen und Paraden ordnungsgemäß verhielten.[1055] Als Grundlage dafür dienten diverse Heeresdienstvorschriften und Merkblätter, welche die Schüler eingehend zu studieren hatten.[1056] Grundsätzlich unterrichteten die Ausbilder ihre Schüler dabei einzeln und im Zugverband. Sie zielten darauf ab, dass die angehenden Offiziere die Kommandosprache möglichst gut einübten, damit sie diese später bei ihren Untergebenen richtig anwenden konnten. Darüber hinaus sollten sie sich im Dienst und vor allem bei öffentlichen Veranstaltungen von ihrer besten Seite präsentieren, um die Ordnungspolizei als Institution des NS-Staats in ein gutes Licht zu rücken.

Ein noch wichtigerer Bestandteil dieser Ausbildung war es, dass die Polizisten lernten, mit den verschiedenen Waffen richtig umzugehen. So trainierten sie nicht nur, am Schießstand Pistole, Karabiner und Maschinengewehr fachgemäß zu handhaben, sondern übten ebenso, Handgranaten zu werfen. Es ging dabei aber nicht darum, dass die Schüler mit diesen Waffen einfach nur zurechtkamen. Die Polizeischule veranstaltete mehrfach ein Schulschießen, bei dem die einzelnen Schützen ihr Können unter Beweis stellen mussten.[1057] Da es sich dabei um kleine Wettbewerbe handelte, spornte es die Kontrahenten zusätzlich an. An ihnen nahmen sämtliche Schüler teil, was im Übrigen auch in der gesamten Zugführerausbildung der Fall war. Insofern trainierte der gesamte Kursus gemeinsam unter freiem Himmel, was keineswegs selbstverständlich war. Denn beim Unterricht in den theoretischen Fächern war ein Lehrgang in verschiedene Klassen aufgeteilt – schon allein deshalb, weil die Hörsäle nur begrenzt Platz boten.

(Polizeischule FFB): Kommandobefehl für die Durchführung des II. Teils des mit RdErl. vom 6.2.1941 RMBLiV.S.248c angeordneten 21. Offizieranwärterlehrganges, 10.04.1941, S. 2.

1053 Vgl. BayHStA München, Polizeischule FFB 128, Stundenplan 28. Offizier-Anwärterlehrgang I. und II. Teil, [1942]. Der 27. OAL dient ferner als Beispiel dafür, dass sich die Zugführerausbildung auch über mehrere Vormittage erstrecken konnte. Vgl. BayHStA München, Polizeischule FFB 127, Stundenplan für 27. Offizieranwärterlehrgang, [1942].

1054 Vgl. z. B. BayHStA München, Polizeischule FFB 128, Stundenplan 28. Offizieranwärterlehrgang II. Teil, [1942] sowie BayHStA München, Polizeischule FFB 124, Abdruck: Grünwald (Polizeischule Berlin-Köpenick) an u. a. Kommandeur: Lehrstoffverteilungsplan für den 20. Offizier-Anwärter-Lehrgang Mariaschein, 28.02.1941, S. 23.

1055 Vgl. BAB, R 19/273, Lehrordnung, [1939], Bl. 139.

1056 Vgl. u. a. BayHStA München, Polizeischule FFB 124, Lehrstoffverteilungsplan für den Offizieranwärter-Lehrgang, [1941].

1057 Vgl. BAB, R 19/273, Lehrordnung, [1939], Bl. 139; BayHStA München, Polizeischule FFB 124, Abdruck: Grünwald (Polizeischule Berlin-Köpenick) an u. a. Kommandeur: Lehrstoffverteilungsplan für den 20. Offizier-Anwärter-Lehrgang Mariaschein, 28.02.1941, S. 23.

Auch an der Geländeausbildung nahm der gesamte Kurs geschlossen teil. In diesem Fach ging es einerseits darum, den Stoff und die Erfahrungen aus der Exerzierausbildung zu verfestigen. Daneben unterwiesen die Ausbilder ihre Schüler darin, Meldungen zu erstatten, Landkarten richtig zu lesen, sich im Felde zu orientieren und Skizzen anzufertigen, in denen sie markante Punkte im Gelände oder feindliche Einheiten festhielten.[1058] Noch wichtiger war es für die Polizisten, im Übungsgelände diese Fähigkeiten praktisch zu trainieren. In mehrere Züge aufgeteilt musste der Lehrgang als einheitlich geordnete Gruppe funktionieren, in der sich die einzelnen Mitglieder aufeinander verlassen konnten. Dafür war es jedoch nicht nur erforderlich, diejenigen Befehle zu beherrschen, welche die Schüler zuvor einstudiert hatten. Auch war es aus Sicht der Polizei notwendig, dass sie sich gegenseitig vertrauten und mehr noch einen Kameradschaftsgeist entwickelten und stärkten, weshalb die Ausbilder ihre Schützlinge in der Gemeinschaft trainierten und erst einmal marschieren ließen. Diese ausgedehnten Marschübungen erfüllten einen weiteren Zweck, da die Schüler dabei auch noch ihre Kondition verbesserten. Die Lehroffiziere unterwiesen sie bei dieser Gelegenheit auch darin, wie eine marschierende Gruppe zu sichern war. Zudem übten sie Aufklärungsaufgaben.[1059]

Es wäre niemals möglich gewesen, den Polizeischülern diese praktischen Facetten des Polizeieinsatzes nur im Hörsaal zu vermitteln. Sie mussten vielmehr in der freien Natur durchexerziert werden, damit die Anwärter ein Gefühl dafür erhielten, wie sie sich im Ernstfall zu verhalten hatten. Deshalb diente der Polizeischule Fürstenfeldbruck das umliegende Gelände als Schauplatz für ihre Militärausbildung. Die Lehrgänge übten in nahegelegenen Ortschaften wie Mammendorf, Maisach, Olching, Esting, Emmering, Aubing, Rothschwaig, Adelshofen, Odelzhausen, Hoflach und Neuried. Aber auch im benachbarten Wildmoos und auf dem Jexhof waren die Offiziersanwärter zugange.[1060] Dabei ist es ziemlich unwahrscheinlich, dass diese kleinen Manöver von der Bevölkerung unbemerkt blieben. Doch auf Geheimniskrämerei scheint die Schule ohnehin nicht ausgewesen zu sein. Schließlich fügte sie sich, wie noch zu zeigen sein wird, in die Stadt Fürstenfeldbruck ein und trat gegenüber den „Volksgenossen" durchaus selbstbewusst auf. Die Brucker Lehranstalt stellte dabei gerne zur Schau, dass die Ordnungspolizei auch militärisch den NS-Staat repräsentierte.[1061]

Abbildung 17: Polizeitaktische Übung (wahrscheinlich Münsingen, 1940) (Privatarchiv Sven Deppisch)

Trainingsgelände für militärische Manöver lagen in Hohenfels bei Parsberg in der Oberpfalz oder in

1058 Vgl. BAB, R 19/273, Lehrordnung, [1939], Bl. 139.

1059 Vgl. BayHStA München, Polizeischule FFB 124, Abdruck: Grünwald (Polizeischule Berlin-Köpenick) an u. a. Kommandeur: Lehrstoffverteilungsplan für den 20. Offizier-Anwärter-Lehrgang Mariaschein, 28.02.1941, S. 23 f.

1060 Vgl. dazu die verschiedenen Dienstpläne in BayHStA München, Polizeischule FFB 128. Für jede Woche stellte die Schule einen Dienstplan auf, in dem die konkreten Inhalte der Geländeausbildung, aber auch die Örtlichkeiten aufzufinden waren, an denen sie durchgeführt wurde. Ferner: BayHStA München, Polizeischule FFB 16, Hagemann (Polizeischule FFB): Kommandobefehl Nr. 12 für die Geländeübung am 25. Mai 1944, 24.05.1944.

1061 Siehe dazu Kapitel 6.2 und 6.3.

Abbildung 18: Polizeitaktische Übung (wahrscheinlich Münsingen, 1940) (Privatarchiv Sven Deppisch)

Münsingen, wo etwa das Polizeiausbildungsbataillon Fürstenfeldbruck zum Gefechtsschießen antrat.[1062] Das beliebteste Ziel für solche Zwecke war jedoch der Truppenübungsplatz in Königsbrück bei Dresden. Der dorthin verlegte Lehrgang konnte außerhalb der gewohnten Umgebung auf einem Terrain üben, das den Teilnehmern unbekannt war und sie daher vor eine neue Situation stellte. Außerdem trafen sie dort gelegentlich auf Offiziersanwärter aus Berlin-Köpenick, mit denen sie gemeinsam üben konnten. Um die Ausbildung in Königsbrück zeitlich effizient zu gestalten, orientierte sich die Brucker Lehranstalt an Plänen, die vom Polizeilehrbataillon Dresden-Hellerau stammten, das sich gleich in der Nähe der Anlage befand. Minutiös durchgeplante Bataillonsübungen standen dabei ebenso auf dem Programm wie etwa eine Lehrvorführung zum Kampf gegen Feldbefestigungen. Aber auch Nachrichten- und Meldeübungen sowie ein Gefechtsschießen zählten zu den Bestandteilen der Belehrungsreise.[1063] Darüber hinaus erfuhren die Schüler, wie Infanteriewaffen praktisch einzusetzen waren und wie Pioniere genau arbeiteten.[1064] Somit diente der Aufenthalt auf dem Truppenübungsplatz nicht nur der Zugführerausbildung. Vielmehr bot er den Ausbildern die Gelegenheit, ihre Schüler auch in weiteren militärischen Belangen zu unterrichten.

In der zweiten Kriegshälfte mussten die Offiziersanwärter in größerem Umfang Gefechtsübungen durchführen. Diese verfolgten das Ziel, die künftigen Polizeiführer auf den Kampf an den Fronten vorzubereiten, der sie häufig nach Ende des Lehrgangs in den Polizeieinheiten erwartete. Die meisten Lehrgänge mussten mehrfach solche praktischen Übungen absolvieren. Bei einem solchen Manöver mimte der 33. OAL z. B. im Mai 1943 in der Gegend von Schöngeising und Holzhausen einen Teil des SS-Polizeiregiments 26 und hatte gegen seine Kollegen vom 32. OAL anzutreten, der zur gleichen Zeit an der Polizeischule gastierte. Dieser musste bei dem Probescharmützel den Feind darstellen, den der andere Kurs spielerisch

1062 Vgl. z. B. BayHStA München, Polizeischule FFB 16, Hagemann (Polizeischule FFB): Kommandobefehl Nr. 11, 22.05.1944; BayHStA München, Polizeischule FFB 18, Diez (PAB FFB): Bataillonsbefehl für die Verlegung des A./Fü. auf den Truppenübungsplatz Münsingen, 02.09.1940; BayHStA München, Polizeischule FFB 136, Hagemann (Polizeischule FFB): Kommandobefehl Nr. 11: Verlegung des 38. u. 30. OAL. nach dem Truppenübungsplatz Hohenfels bei Parsberg/Oberpfalz, 22.05.1944.

1063 Vgl. z. B. BayHStA München, Polizeischule FFB 128, Entwurf: Hagemann (Polizeischule FFB) an RFSSuChdDtPol: Erfahrungsbericht über die Durchführung des 28. Offiz.Anw.Lehrg., 22.10.1942, S. 4; BayHStA München, Polizeischule FFB 128, Wirth (Polizei-Lehr-Bataillon Dresden-Hellerau): Zeitplan für den Aufenthalt auf dem Truppenübungsplatz Königsbrück, 14.09.1942; BayHStA München, Polizeischule FFB 128, Wirth (Polizei-Lehr-Bataillon Dresden-Hellerau) an u. a. Kommandeur: Tagesbefehl Nr. 59, 07.09.1942. Ferner: BayHStA München, Polizeischule FFB 130, Wirth (Polizei-Lehr-Bataillon Dresden-Hellerau) an u. a. Kommandeur: Zeitplan für Truppenübungsplatz Königsbrück vom 18.1.–24.1.1943, 14.01.1943; BayHStA München, Polizeischule FFB 132, Entwurf: Hagemann (Polizeischule FFB) an RFSSuChdDtPol: 33. Offizieranwärterlehrgang, 16.11.1943, S. 1.

1064 Vgl. BayHStA München, Polizeischule FFB 129, Entwurf: Hagemann (Polizeischule FFB) an RFSSuChdDtPol: Erfahrungsbericht über die Durchführung des 30. und 31. Offizieranwärterlehrganges, 06.04.1943, S. 3.

zu vernichten hatte.[1065] Ein weiteres Übungsgefecht ließ die beiden Lehrgänge in die Rolle von Bataillonen des Polizei-Schützenregiments 36 schlüpfen.[1066] Nur wenige Wochen später versetzten sie sich gedanklich in ganz andere Einheiten hinein und stellten sich vor, als SS-Polizeiregiment 22 im Kampfeinsatz zu agieren.[1067] Zumindest eines der Teams trug dabei Stahlhelme, um sich nicht zu verletzen und das Szenario etwas authentischer zu gestalten. Damit das Manöver noch realistischer erschien, beschossen sich die Polizisten mit Platzpatronen, die sie aus schweren Maschinengewehren abfeuerten. Außerdem warfen sie Übungshandgranaten. Die konkurrierenden Gruppen mussten den Ernstfall so wirklichkeitsgetreu wie möglich nachstellen und versuchen, den Gegner zu besiegen, indem sie geschickt taktierten. Einige Lehroffiziere leiteten die einzelnen Kompanien an oder schlüpften in die Rolle von Schiedsrichtern, während das übrige Ausbildungspersonal dem Kriegsspiel lediglich als Zuschauer beiwohnte.[1068] Dabei darf nicht unterschätzt werden, welchen Zweck diese Trainingsgefechte verfolgten: Im Rahmen solcher fiktiven Szenarien simulierten die angehenden Offiziere, in Einheiten der Ordnungspolizei gegen feindliche Kräfte zu kämpfen. Was an der sicheren „Heimatfront" spielerisch geprobt werden konnte, wurde für sie alsbald zur alltäglichen Praxis in den besetzten Gebieten – sofern die Polizisten nicht schon längst ihre eigenen Erfahrungen im „auswärtigen Einsatz" gesammelt hatten.[1069]

Die Zugführerausbildung erhielt in der zweiten Kriegshälfte noch größeres Gewicht, da sie nun zusätzliche Wochenstunden für sich in Beschlag nahm und dadurch andere Disziplinen innerhalb der Lehrgänge ins Hintertreffen gerieten. Noch stärker als zuvor war sie in dieser Phase darauf ausgerichtet, aus den „Gesetzeshütern" militärisch versierte „Polizeisoldaten" zu formen, die auf alle taktischen Raffinessen im Kampf mit den Gegnern vorbereitet waren. Da der Himmlersche Machtapparat immer mehr Ordnungspolizisten zu den Kursen abordnete, die bereits an den europäischen Fronten eingesetzt gewesen waren, dürfte ihnen diese Ausbildung entgegen gekommen sein. Denn diese „Praktiker" wussten aus erster Hand, welche Aufgaben die uniformierte Staatsmacht vor Ort zu erledigen hatte, aber auch welche Gefahren auf sie dabei lauerten. Hinzu kam, dass sich das Fach nun noch intensiver mit dem „Gefechtsdienst" befasste, zu dem etwa der „Graben- und Bunkerkampf" sowie die „Fliegerabwehr" zählten. Stärker ins Zentrum rückte auch die „Ausbildung an Sonderwaffen", zu denen z. B. Maschinengewehre und Granatwerfer, aber auch „Beutewaffen" gehörten.[1070] Solche und andere Aspekte, wie etwa eine eigene „Kampfschule" oder eine „Nachtausbildung", verdeutlichen, wie sehr der Ausbildungsapparat in dieser Phase darum bemüht war, dem ohnehin bereits vorhandenen militärischen Schwerpunkt zusätzliches Gewicht zu verschaffen.[1071]

1065 Vgl. BayHStA München, Polizeischule FFB 11, Hagemann (Polizeischule FFB): Kommandobefehl Nr. 14 für die Gefechtsübung am 31.5.1943, 27.05.1943.

1066 Vgl. BayHStA München, Polizeischule FFB 15, Hagemann (Polizeischule FFB): Kommando-Befehl Nr. 16 für die Gefechtsübung am 22.6.1943, 21.06.1943.

1067 Vgl. BayHStA München, Polizeischule FFB 15, Hagemann (Polizeischule FFB): Kommando-Befehl Nr. 20 für die Gefechtsübung am 27.7.1943, 23.07.1943.

1068 Vgl. ebd. Ferner: BayHStA München, Polizeischule FFB 15, Hagemann (Polizeischule FFB): Kommandobefehl Nr. 7 für die Gefechtsübung am 14.4.1943, 08.04.1943.

1069 Siehe dazu Kapitel 4.3 und 7.1.

1070 BayHStA München, Polizeischule FFB 134, Ludewig (Polizeischule FFB): 3. Zugführerausbildung, [1943].

1071 BayHStA München, Polizeischule FFB 135, [unleserlich] (Polizeischule FFB): Stoffverteilungsplan für die Ausbildung des 38. OAL. (Zugausbildung im Rahmen der Komp.u.Komp.-Ausbildung), [1944].

Diese Erkenntnis wird außerdem noch dadurch gestützt, dass die Brucker Polizeischule in der zweiten Kriegshälfte auch noch das Fach „Feldkunde" unterrichtete. In ihm befassten sich die angehenden Polizeiführer vor allem damit, Landkarten richtig zu lesen und sich mit deren Hilfe zu orientieren.[1072] Was zuvor noch Teil der Geländeausbildung gewesen war, wurde aus dieser herausgelöst und als eigenständiges Ausbildungsfach etabliert, um die Schüler gezielter darin zu unterweisen, mit Karten richtig umzugehen. Offenbar hatten viele Polizisten damit noch einige Probleme, was die Feldkunde beheben sollte.[1073] Hier lernten die Anwärter jedoch nicht nur, Pläne richtig zu studieren und selbst zu zeichnen. Sie setzten sich auch mit den Karten des Gegners auseinander, indem sie z. B. erfuhren, wie sie russisches Kartenmaterial benutzen konnten.[1074] Gegenstand des Unterrichts war es ferner, mit diversen Hilfsmitteln wie Planzeiger und Marschkompass richtig umzugehen.[1075] Auch in Prüfungen mussten die Schüler dieses Können unter Beweis stellen, in dem sie beispielsweise ein Polizeibataillon sicher durch das Gelände um Fürstenfeldbruck lotsten.[1076] All diese Fertigkeiten waren für einen Polizeiführer im Kampfeinsatz überlebenswichtig. Damit allein konnte er allerdings nicht in den „auswärtigen Einsatz" ziehen. Er musste auch noch wissen, wofür er dieses Können benötigte, welche Aufgaben ihn im Feindesland erwarteten und wie er sie mit seiner Einheit konkret zu erledigen hatte. Darum kümmerte sich ein weiteres Fach.

5.1.1.2 Die Polizeiverwendung/Polizeitaktik

Während die Zugführerausbildung nahezu rein praktisch ausgerichtet war, fungierte die Polizeitaktik hingegen als theoretisches Kernstück der militärischen Ausbildung. Ein Blick in die Quellen verrät jedoch, dass nicht trennscharf zwischen diesen beiden Fachdisziplinen unterschieden werden kann, da sie sich inhaltlich stark überschnitten.[1077] Dies ist damit zu erklären, dass sie beide den geschlossenen Einsatz behandelten und sich deshalb auch die

1072 Vgl. BayHStA München, Polizeischule FFB 134, Stengel (Polizeischule FFB): 4. Feldkunde, [1943]; BayHStA München, Polizeischule FFB 135, [unleserlich] (Polizeischule FFB): Lehrstoffverteilungsplan für Feldkunde, [1944]; BayHStA München, Polizeischule FFB 136, [unleserlich] (Polizeischule FFB): Lehrstoffverteilungsplan für Feldkunde, 18.05.1944.

1073 Vgl. BayHStA München, Polizeischule FFB 134, Entwurf: Hagemann (Polizeischule FFB) an RFSSuChdDtPol: Erfahrungsbericht, 10.05.1944, S. 2.

1074 Vgl. BayHStA München, Polizeischule FFB 134, Stengel (Polizeischule FFB): 4. Feldkunde, [1943].

1075 Vgl. BayHStA München, Polizeischule FFB 135, [unleserlich] (Polizeischule FFB): Lehrstoffverteilungsplan für Feldkunde, [1944], S. 2. Ferner: BAB, R 20/70, Gelände- und Kartenkunde, [1942].

1076 Vgl. z. B. BayHStA München, Polizeischule FFB 135, Polizeischule FFB: 4. Hörsaalarbeit (Feldkunde), 21.07.1944; BayHStA München, Polizeischule FFB 135, Polizeischule FFB: Mündliche Prüfung. Feldkunde, 13.09.1944, S. 4.

1077 Bestimmte Lehrgänge differenzierten zwischen beiden Fächern. Vgl. z. B. BayHStA München, Polizeischule FFB 124, I. V. Diez (Polizeischule FFB): Kommandobefehl für die Durchführung des II. Teils des mit RdErl. vom 6.2.1941 RMBLiV.S.248c angeordneten 21. Offizieranwärterlehrganges, 10.04.1941, S. 2; BayHStA München, Polizeischule FFB 124, Abdruck: Grünwald (Polizeischule Berlin-Köpenick) an u. a. Kommandeur: Lehrstoffverteilungsplan für den 20. Offizier-Anwärter-Lehrgang Mariaschein, 28.02.1941, S. 6 und 23 f. Dagegen gab es jedoch Kurse, die nur eine dieser Disziplinen in den Lehrplänen aufführten, obwohl die entsprechenden Kommandobefehle wiederum beide Fächer auflisteten. Vgl. u. a BayHStA München, Polizeischule FFB 126, Lutz (Polizeischule FFB): Lehrstoffverteilungsplan für Taktik, Kriegsgeschichte u. Lebenskunde im 25. Offizier-Anwärter-Lehrgang, [1942]; BayHStA München, Polizeischule FFB 127, 1. Polizeitaktik. Großer Aufsichtsdienst, [1942]; BAB, R 19/273, Lehrordnung, [1939], Bl. 139.

entsprechenden Lehrkräfte miteinander abstimmen mussten.[1078] Ergänzt haben sie sich allemal. Denn ohne das entsprechende Hintergrundwissen über ihre taktischen Möglichkeiten, wären die Polizeiverbände kaum handlungsfähig gewesen. Aus diesem Grund beschäftigte sich die Polizeitaktik noch einmal genauer mit den Grundlagen des Militärwesens, weshalb sie zunächst den Stoff der praktischen Zugführerausbildung wiederholte.[1079] Es kam auch nicht von ungefähr, dass jeweils für beide Fächer mehr Unterrichtsstunden vorgesehen waren, als für alle übrigen Disziplinen der Offiziersanwärterlehrgänge. Während die Zugführerausbildung im Jahre 1941 elf Stunden erhielt, verfügte ihr theoretisches Nachbarfach über sieben Stunden pro Woche.[1080] Nach der Lehrplanreform des Jahres 1943 standen ihnen hingegen jeweils 14 Wochenstunden zur Verfügung, was mehr als die Hälfte der gesamten Unterrichtszeit betrug.[1081] Allein dieses Gewicht innerhalb der Kurse verdeutlicht, wie sehr diese beiden Fächer die Ausbildung dominierten.

Da die Zugführerausbildung fast ausschließlich dahingehend konzipiert war, die militärischen Verhaltensweisen in der Praxis einzustudieren, überrascht es nicht, dass sich die Quellen nur in vergleichsweise wenigen Worten über dieses Fach aussprechen. Wesentlich mehr verraten sie aber über die theoretisch angelegte Polizeitaktik. Das ist nicht verwunderlich, wenn man sich vor Augen hält, welche Aufgaben den angehenden Offizieren aus ihr erwuchsen. Für sie war es nicht zuletzt deshalb immens wichtig, sich so gut wie möglich in diesem Fach auszukennen, weil sie es in der Regel waren, die später einmal ihren Untergebenen in den Polizeibataillonen dessen Grundlagen beizubringen hatten. Denn etwa der Gefechtsdienst sowie diverse Schießübungen und Planspiele gehörten zu den wichtigsten Bestandteilen der Ausbildung, welche die Einheiten der Ordnungspolizei vor und während ihres „auswärtigen Einsatzes" absolvieren mussten.[1082] Schon allein deshalb ist es lohnenswert, sich eingehender mit dieser Disziplin auseinanderzusetzen.

Die künftigen Polizeiführer des „Dritten Reichs" befassten sich in der Polizeitaktik zunächst mit Themen, die schon in der Weimarer Republik einen bedeutenden Aspekt in der Offiziersausbildung dargestellt hatten.[1083] An diese Tradition knüpften die Nationalsozialisten etwa dadurch an, dass sie das Unterrichtsfach bis 1939 noch als „Polizeiverwendung" bezeichneten, bevor es während des Krieges nur noch unter dem Namen „Polizeitaktik" fir-

1078 So mussten die Zugführer auch am Taktikunterricht ihrer Einheiten teilnehmen. Vgl. BayHStA München, Polizeischule FFB 124, I. V. Diez (Polizeischule FFB): Kommandobefehl für die Durchführung des II. Teils des mit RdErl. vom 6.2.1941 RMBLiV.S.248c angeordneten 21. Offizieranwärterlehrganges, 10.04.1941.

1079 Vgl. z. B. BayHStA München, Polizeischule FFB 127, 1. Polizeitaktik. Großer Aufsichtsdienst, [1942].

1080 Vgl. BayHStA München, Polizeischule FFB 124, Abdruck: Grünwald (Polizeischule Berlin-Köpenick) an u. a. Kommandeur: Lehrstoffverteilungsplan für den 20. Offizier-Anwärter-Lehrgang Mariaschein, 28.02.1941, S. 3.

1081 Vgl. BayHStA München, Polizeischule FFB 134, Hagemann (Polizeischule FFB): Kommandobefehl für die Durchführung des 36. Offizieranwärterlehrganges, 20.12.1943.

1082 Vgl. u. a. BayHStA München, MInn 73335, I. V. Daluege (RFSSuChdDtPol) an u. a. Polizeischule FFB: Richtlinien für die Gefechtsausbildung der geschlossenen Einheiten der Ordnungspolizei für den Osten, 16.01.1942 (Das gleiche Dokument ist ebenfalls enthalten in BAB, R 19/308); BayHStA München, MInn 73336, I. A. Grünwald (RFSSuChdDtPol) an u. a. Polizeischule FFB: Durchführung von Schulgefechts- und Gefechtsschießen der geschlossenen Pol.-Einheiten sowie der für den Osteinsatz bereitgestellten Kräfte der Ordnungspolizei, 08.02.1943. Ferner: Kwiet, Auftakt, S. 192; Longerich, Politik, S. 307; Schäfer, NSG-Verfahren, S. 260; Tobias, Gewissen, S. 12; Michaelis, Einsatz, S. 19.

1083 Siehe dazu Kapitel 3.2 und 3.3.

mierte.[1084] Die Schüler sollten z. B. einzeln und in der Einheit lernen, wie sie Straßen und öffentliche Plätze zu räumen und abzuriegeln hatten.[1085] Solche Aspekte gehörten zum „Großen Aufsichtsdienst".[1086] Dieser stellte eine Form des geschlossenen Polizeieinsatzes dar und war darauf ausgerichtet, einen Polizeiverband einzusetzen, um etwa Demonstrationen oder sonstige Veranstaltungen zu sichern. Damit grenzte er sich vom bewaffneten Polizeikampf ab, wobei dieser Unterschied bereits in den zwanziger Jahren bestanden hatte.[1087] Nicht nur gedanklich, sondern auch praktisch übten die Anwärter beispielsweise, Straßen abzusperren oder zu räumen.[1088] So bereiteten sich die Polizisten darauf vor, bei Massenveranstaltungen einzugreifen und Menschenmengen notfalls zurückzuhalten oder im Katastrophenfall zu helfen.[1089]

Nachdem sie diese Themengebiete bearbeitet hatten, referierten die Lehroffiziere über die „Aufgaben der Polizei im Frieden und im Kriege unter besonderer Berücksichtigung der Truppenpolizei", wobei sie speziell auf deren „Gegenüber und Gegner" eingingen.[1090] Danach lernten die Schüler, wie ein Polizeibataillon und seine Glieder aufgebaut waren. Dabei schloss der Unterricht auch motorisierte Verbände mit ein.[1091] Zur Polizeitaktik gehörte es aber auch, die Beamten über taktische Grundbegriffe der Polizei aufzuklären. Der Unterricht zielte darauf ab, den Schülern das „taktische Handwerkszeug einschl. der taktischen Truppenzeichen" zu vermitteln.[1092] Sodann konzentrierte sich die Disziplin darauf, die uniformierten Staatsdiener theoretisch auf das Gefecht vorzubereiten. Dazu gehörte unter anderem, die Lage richtig beurteilen zu können, in der sich ihre Einheit befand, und auf dieser Basis Entscheidungen zu fällen. Die Ausbilder nahmen außerdem durch, wie ein Gefechtsplan erstellt und wie dementsprechend Befehle erteilt werden mussten. Ähnlich wie in der Geländeausbildung behandelte das Fach, wie sich die Männer bei Märschen zu verhalten hatten und wie sie ein Gebiet genau erkunden sollten. Hier tauchten einige Themen erneut auf, zu denen z. B. Angriff und Abwehr, aber auch der Stadtkampf zählten, was abermals untermauert, wie sehr

1084 Im 8. OAL aus dem Jahre 1938 hieß das Fach noch „Polizeiverwendung". Vgl. BayHStA München, Polizeischule FFB 122, [Korsemann] (Polizeischule FFB) an RFSSuChdDtPol: Erfahrungsbericht über die Durchführung des 8. Offz.-Anwärter-Lehrg., 08.05.1939, S. 2.

1085 Vgl. BayHStA München, Polizeischule FFB 143, Polizeischule FFB: Stoffverteilungsplan. Waffendienst und Unterführerausbildung, 17.11.1941, S. 3.

1086 Wie stark die Zugführerausbildung und die Polizeitaktik inhaltlich miteinander verwandt waren, zeigt sich auch daran, dass letzteres Fach in den Kommandobefehlen folgenden vollständigen Titel trug: „Polizeitaktik, Großer Aufsichtsdienst (einschl. Gel[ände-]Bespr[echungen] u. Planspielen)". Damit überlappten sich Themen und Inhalte der beiden Fächer recht deutlich. BayHStA München, Polizeischule FFB 124, I. V. Diez (Polizeischule FFB): Kommandobefehl für die Durchführung des II. Teils des mit RdErl. vom 6.2.1941 RMBLiV.S.248c angeordneten 21. Offizieranwärterlehrganges, 10.04.1941, S. 2.

1087 Vgl. dazu etwa Danner, Ordnungspolizei, S. 145; Tetzlaff, Ausbildungswesen, S. 40 f.

1088 Vgl. BayHStA München, Polizeischule FFB 124, Abdruck: Grünwald (Polizeischule Berlin-Köpenick) an u. a. Kommandeur: Lehrstoffverteilungsplan für den 20. Offizier-Anwärter-Lehrgang Mariaschein, 28.02.1941, S. 24.

1089 Vgl. u. a. ebd., S. 6.

1090 Ebd., S. 6. Vgl. ferner z. B. BayHStA München, Polizeischule FFB 136, Koschmieder (Polizeischule FFB): Stoffverteilungsplan. Taktik, 22.05.1944.

1091 Vgl. BayHStA München, Polizeischule FFB 127, 1. Polizeitaktik. Großer Aufsichtsdienst, [1942].

1092 BayHStA München, Polizeischule FFB 124, Abdruck: Grünwald (Polizeischule Berlin-Köpenick) an u. a. Kommandeur: Lehrstoffverteilungsplan für den 20. Offizier-Anwärter-Lehrgang Mariaschein, 28.02.1941, S. 6.

sich Polizeitaktik und Zugführerausbildung inhaltlich ähnelten.[1093] Der Lehrplan des 38. OAL zeigt besonders deutlich, wie intensiv sich die Schüler mit den unterschiedlichen Formen des Angriffs auseinandersetzten, dabei aber auch defensive Verhaltensweisen wie Rückzug und Verteidigung nicht außer Acht ließen.[1094]

Auch weitere Kurse beschäftigten sich mit derlei Themen, die sie jedoch nicht nur theoretisch behandelten. Sie übten etwa, wie ein Vorposten aufzustellen war oder wie sich die gesamte Einheit zum Kampf bereitmachte.[1095] Die „Polizeisoldaten" trainierten ferner, Ortschaften zu erobern, aber auch wie sie diese gegenüber Feinden halten konnten. Die Anwärter simulierten auch noch den Stadtkampf, wobei all diese Übungsszenarien ebenso gut innerhalb der Zugführerausbildung angesiedelt sein konnten. Dadurch wird erneut klar, dass sie von der Polizeitaktik nicht sauber zu trennen war.[1096] Planspiele besaßen einen so großen Stellenwert, dass einige Lehrgänge dafür sogar mehrtägige Übungsreisen unternahmen. In den Friedensjahren bot sich den Teilnehmern dazu eine Gelegenheit bei Ausflugsfahrten, bei denen sie auch andere Ziele ansteuerten, wie etwa Schauplätze der NS-Bewegung oder Museen. Dabei konnten sie gleich noch diversen Vorträgen beiwohnen. Bei einer solchen Reise nach Franken hielten der 2. und 3. Offiziersausbildungslehrgang im Juni 1939 kleinere Manöver ab. In Kitzingen etwa fand eine Geländebesprechung statt, bei der sich die Anwärter über den „Einmarsch in eine nicht befriedete Stadt" informierten und anschließend offenbar dieses Szenario aktiv durchspielten.[1097]

An polizeitaktischen Fachbüchern und Regelwerken mangelte es den polizeilichen Pädagogen und ihren Schützlingen gewiss nicht. Zu den zahlreichen Publikationen gehörten z. B. das „Merkblatt für die Ausbildung der geschlossenen Polizeieinheiten im Polizeikampf" oder „Die kampfbereite Kompanie".[1098] Weitere Literaturtitel waren „Die Gruppe im Gefecht" und die „Gefechtstaktik des verstärkten Bataillons", die beide aus der Feder von Fritz Kühlwein stammten.[1099] Ferner widmete sich die PDV Nr. 41 aus dem Jahre 1943 eingehend der Frage, wie der Einheitsführer seine Polizeitruppe in deutschen Innenstädten und auf dem Lande oder im „auswärtigen Einsatz" zu führen hatte. Sie umriss, wodurch sich ein guter Leiter auszeichne und welche Aufgaben der uniformierten Polizei beim Katastrophenschutz und beim

1093 Vgl. BayHStA München, Polizeischule FFB 124, Abdruck: Grünwald (Polizeischule Berlin-Köpenick) an u. a. Kommandeur: Lehrstoffverteilungsplan für den 20. Offizier-Anwärter-Lehrgang Mariaschein, 28.02.1941, S. 6; BayHStA München, Polizeischule FFB 136, Koschmieder (Polizeischule FFB): Stoffverteilungsplan. Taktik, 22.05.1944.

1094 Vgl. BayHStA München, Polizeischule FFB 135, Ludewig (Polizeischule FFB): Lehrstoffverteilungsplan für Taktik, 19.06.1944.

1095 Vgl. BayHStA München, Polizeischule FFB 124, Abdruck: Grünwald (Polizeischule Berlin-Köpenick) an u. a. Kommandeur: Lehrstoffverteilungsplan für den 20. Offizier-Anwärter-Lehrgang Mariaschein, 28.02.1941, S. 23.

1096 Vgl. BayHStA München, Polizeischule FFB 127, 1. Polizeitaktik. Großer Aufsichtsdienst, [1942] sowie BayHStA München, Polizeischule FFB 126, Lutz (Polizeischule FFB): Lehrstoffverteilungsplan für Taktik, Kriegsgeschichte u. Lebenskunde im 25. Offizier-Anwärter-Lehrgang, [1942].

1097 BayHStA München, Polizeischule FFB 120, Abschrift: Korsemann (Polizeischule FFB) an RFSSuChdDtPol: Übungsreise des 2. und 3. Offizierausbildungslehrganges, 07.06.1939, S. 1.

1098 Vgl. Merkblatt für die Ausbildung der geschlossenen Polizeieinheiten im Polizeikampf, hrsg. v. Chef der Ordnungspolizei, Berlin 1941; Friedrich Altrichter/Friedrich Wilhelm Eichendorff, Die kampfbereite Kompanie. Praktische Anleitung für die Gefechtsausbildung, 4., neubearb. Aufl., Berlin 1940.

1099 Vgl. Fritz Kühlwein, Gefechtstaktik des verstärkten Bataillons, Berlin 1936; Ders., Die Gruppe im Gefecht (Einheitsgruppe). Ein Handbuch für Lehrer und Schüler (Fortsetzung des „Felddienst-ABC für den Schützen"), 9., durchges. Aufl., Berlin 1937.

Großen Aufsichtsdienst zukämen.[1100] Zentral behandelte sie jedoch alle Formen des militärischen Kampfes, die auch im polizeitaktischen Unterricht maßgeblich waren. Dazu führte sie auf, was der leitende Offizier eines Polizeiverbandes zu beachten hatte, wenn er seine Untergebenen angreifen, abwehren, marschieren, aufklären oder in einer Stadt kämpfen ließ.[1101] Grundsätzlich stellte sie klar, dass die zentrale Aufgabe der Ordnungspolizei außerhalb des eigenen Territoriums „die Befriedung und Sicherung der von der Wehrmacht errungenen und in die Reichshoheit übernommenen Gebiete“ sei.[1102] Was darunter genau zu verstehen war, erklärte die Vorschrift ebenfalls:

> „Besondere Unruhegebiete, vor allem, wenn Kampfhandlungen stattgefunden haben, sind einer gründlichen *Befriedung* zu unterziehen. Aufgabe der Befriedung ist die Unschädlichmachung aller noch vorhandenen, den bisherigen Kampfhandlungen entgangenen Gegner, die Sicherstellung gegnerischer Waffen und Kampfmittel, die Erfassung der gegnerischen Führungsunterlagen, des Propaganda- und Beweismaterials sowie die Zerstörung der gegnerischen Versorgungsbasis.“[1103]

Letztlich ziele ein Militäreinsatz der Ordnungspolizei also auf „die Vernichtung des Feindes“ ab, wobei sie „den Polizeigegner unschädlich machen und die bedrohte Gemeinschaftsordnung schützen“ wolle.[1104]

Mit „Der Unterführer in der Polizeiverwendung“ schuf Alfons Illinger im Jahre 1938 vielleicht das wichtigste polizeitaktische Fachbuch des „Dritten Reichs“. Den damaligen Hauptmann der Schutzpolizei hatte nach eigenen Angaben sein ehemaliger Kommandeur, Dr. Oskar Lossen, dazu angeregt, dieses Werk zu veröffentlichen, das sich jedoch weniger an Offiziersanwärter als vielmehr an Unterführer richtete. Illinger zufolge beruhte es auf den Erfahrungen, die er als Lehrer für Polizeiverwendung an der Brucker Institution gesammelt hatte.[1105] Auf einen theoretischen Teil folgten praktische Aufgaben samt Lösungen, die sich beispielsweise damit befassten, Menschenmengen zu geleiten und aufzulösen, Straßen abzusperren oder Plätze und Säle zu räumen. Das Buch skizzierte außerdem einzelne Szenarien, in denen eine Polizeieinheit ein Gehöft, ein Waldstück oder einen Landstrich um Fürstenfeldbruck durchsuchen musste, um gegen Verbrecher vorzugehen.[1106] Dabei operierte sie gegen einen „Schlupfwinkel früherer Angehöriger von Rotfrontkämpferverbänden“,[1107] „lichtscheues Gesindel“[1108] oder eine „Einbrecherbande“, wobei gerade letztere als schwerbewaffnete und plündernde Gruppe dargestellt wurde.[1109] In diesem Fall besagte der Text im üblichen Vokabular, dass die Polizisten „die Bande unschädlich zu machen“ hätten,

1100 Vgl. PDV 41: Vorschrift für die Führung und Verwendung der Polizeitruppe. Entwurf, Lübeck 1943,S. 10–58. Ferner: Zaika, Einsatzlehre, S. 115–117.

1101 Vgl. PDV 41, S. 81–222.

1102 Ebd., S. 1.

1103 Ebd., S. 4. Hervorhebung im Original.

1104 Ebd., S. 71. Anhand der Quellen lässt sich nachweisen, dass die PDV 41 in der Polizeischule Fürstenfeldbruck tatsächlich verwendet wurde. Vgl. BayHStA München, Polizeischule FFB 131, Hagemann (Polizeischule FFB): Unterrichtsbefehl Nr. 8, 12.04.1943.

1105 Vgl. Alfons Illinger, Der Unterführer in der Polizeiverwendung, Lübeck [1938], S. 3 f.

1106 Vgl. ebd., S. 55–111.

1107 Ebd., S. 89.

1108 Ebd., S. 98.

1109 Ebd., S. 102.

wobei sie unter anderem Handgranaten mitführen sollten, um einen möglichen „Angriff auf Widerstandsnester" durchführen zu können.[1110]

Bemerkenswert an Illingers Lehrbuch ist, dass es den Polizeischülern bereits 1938 die taktischen Finessen vermittelte, mit denen sie in der Truppe Wälder zu durchkämmen hatten. Das sollte auf viele von ihnen während des Zweiten Weltkriegs in den besetzten Gebieten tatsächlich zukommen.[1111] Auffallend ist auch, dass es seine Leser schon in den Friedensjahren explizit auf den „Einsatz im totalen Krieg" gegen die Sowjetunion einschwor.[1112] In den verschiedenen fiktiven Einsatzlagen baute es eine Drohkulisse auf, welche die „Polizeisoldaten" offensichtlich dafür sensibilisieren sollte, im Ernstfall auf alles gefasst zu sein und rücksichtslos gegen ihre Gegner vorzugehen. In einem Fall sei es in Fürstenfeldbruck „als Folgeerscheinung von vielen Terrorangriffen der feindlichen Luftwaffe, der zermürbenden Wirkung der feindlichen Ferngeschütze, und der Wühlarbeit ausländischer kommunistischer Agenten in den letzten Tagen zu einer ernsten Beunruhigung der Bevölkerung gekommen".[1113] Daraufhin habe es „Ausschreitungen gewisser Kreise" gegeben, an denen sich ein Großteil der Belegschaft eines Eisenwerks maßgeblich beteiligt habe, in dessen Nähe sogar „eine Polizeistreife aus dem Hinterhalte niedergeschossen" worden sei.[1114] Um der Lage in der Fabrik wieder Herr zu werden, müsse eine Polizeieinheit schnellstmöglich eine „Säuberungsaktion" durchführen.[1115] Damit war zwar lediglich gemeint, dass die Beamten schleunigst die bewaffneten Aufrührer aus dem Gebäude schaffen sollten. Doch solch vage Begrifflichkeiten sollten bald im „auswärtigen Einsatz" eine neue Semantik erhalten.

Beinahe prophetisch wirkt es, wenn Illinger anschließend eine Kulisse entwarf, vor der er darstellen wollte, wie eine Polizeitruppe wichtige Betriebe zu sichern und zu verteidigen habe.[1116] In seinem Fachbuch beschwor er im Jahr vor Kriegsbeginn eine politische Krise herauf, die sich zwischen einem blauen Weststaat und einem roten Oststaat ereignete. Letzterer sei darauf aus, „durch Grenzverletzungen offensichtlich einen Krieg zu provozieren", da „es schon zu verschiedenen Überfällen von roten Banden, die sich aus linksgerichteten Freiwilligenwehrverbänden zusammensetzen, auf blaue Zollstationen an der Grenze gekommen" sei.[1117] Was rückblickend frappierend an den von Deutschland fingierten Angriff auf den Sender Gleiwitz erinnert, mit dem die NS-Diktatur den Polenfeldzug rechtfertigen wollte, endete auch im polizeitaktischen Lehrbuch in einem Krieg. In einem weiteren Szenario informierte es seine Leser, wie die „Bekämpfung von Spreng- bzw. Terrortrupps" zu erfolgen hatte.[1118] Diese würden per Fallschirm aus Flugzeugen abspringen, um Sabotageakte im Hinterland zu verüben. Im skizzierten Fall befänden sich derlei Kräfte des roten Oststaats hinter den feindlichen Linien des blauen Weststaats, wo sie einige Eisenbahnanlagen zerstörten, um sowohl den Vormarsch als auch den Nachschub des westlichen Gegners zu behindern. Die Aufgabe der Polizeieinheit bestand nun darin, einen weiteren Anschlag zu vereiteln und die verantwortliche Gruppe zu vernichten.[1119] Insgesamt zeichnete Illinger also ein zukünfti-

1110 Ebd., S. 106 f.

1111 Das zeigt sich besonders deutlich im Abschnitt „Durchstreifen eines Waldstückes nach versteckten Verbrechern". Vgl. ebd., S. 97–102.

1112 Ebd., S. 111.

1113 Ebd., S. 112 f.

1114 Ebd., S. 113.

1115 Ebd., S. 115.

1116 Vgl. ebd., S. 140–157.

1117 Ebd., S. 142.

1118 Ebd., S. 157.

1119 Vgl. ebd., S. 158–170.

ges Aufgabenfeld der Polizei, das in der Form erst einige Monate später während des Zweiten Weltkrieges existieren sollte. Dabei bediente er sich eines Jargons, der schon in der Weimarer Ordnungsmacht kursiert hatte. Daher mag es nicht wirklich verwundern, dass die Schrift des Brucker Lehrers in ihrem hinteren Teil für polizeitaktische Standardwerke der zwanziger Jahre warb, auf die sich noch die Staatsgewalt des „Dritten Reichs" in ihrer Ausbildung stützte.[1120]

Im Jahr 1943 gesellte sich zur Polizeitaktik noch die „Führerschulung" hinzu, die aus Vorträgen bestand.[1121] Diese Referate knüpften inhaltlich an die Themen des Unterrichts an, so dass die Schüler Informationen über das „Waldgefecht" oder das „Zusammenwirken mit anderen Waffen" erhielten.[1122] Andere Reden gingen über den blanken Taktikunterricht hinaus. So standen z. B. Themen auf dem Programm, wie der „Kampf gegen Minensperren", der „Gaskampf" oder „Grundsätzliches über Befriedung, Objekt- und Katastrophenschutz".[1123] Neben diesen Aspekten rund um das Gefechtsgeschehen erhielten die Polizisten auch einen Einblick in bestimmte Facetten des Dienstes innerhalb einer Polizeieinheit. Die Referenten klärten ihr Publikum darüber auf, welche Strafgewalt ein Bataillonskommandeur oder ein Kompaniechef besaß. Es erfuhr auch, wie ein Kriegstagebuch zu führen war und welchen Sinn diese Chronik überhaupt hatte.[1124]

Bereits zu Friedenszeiten versuchte Himmler, einen möglichst umfassenden Überblick über seinen Einflussbereich zu erhalten. Der Herr über den gewaltigen SS- und Polizeiapparat wollte gerade während des Krieges darüber Bescheid wissen, wie die Einsätze seiner Polizeieinheiten in den eroberten Gebieten verliefen. Doch interessierte ihn auch, wie die Arbeit in den Befehlsstäben und Dienststellen der Ordnungspolizei vonstatten ging. In der Anfangsphase des Kriegs bestimmte er deshalb, dass die Polizeibataillone ausführliche Kriegstagebücher und kleinere Tätigkeitsberichte anzufertigen hatten. Diese Dokumente waren auch ein Bestandteil der polizeilichen Ausbildung und darum „eine unentbehrliche Unterlage für die Geschichtsschreibung", weshalb sie gewissenhaft gepflegt werden sollten.[1125]

Ausgewählten Offizieren kam die Aufgabe zu, diese Tagebücher zu führen, weshalb die Chronisten auch über den Inhalt von Besprechungen sowie die Lage in den Einheiten und Dienststellen unterrichtet werden mussten. Der Chef der Ordnungspolizei legte großen Wert darauf, dass die Einträge „täglich noch unmittelbar unter dem Eindruck des Geschehens niedergeschrieben werden".[1126] Dabei galt es, die besonderen Vorkommnisse möglichst detailliert darzulegen und nicht nur Befehle zu dokumentieren, sondern auch die jeweiligen Rahmenbedingungen zu schildern, damit der Leser nachvollziehen konnte, warum die Befehlshaber so handelten, wie sie es taten. So musste etwa in das Kriegstagebuch eingetra-

1120 Zu den beworbenen Werken zählen etwa „Der mitteldeutsche Aufstand 1921" von Walter Drobnig und „Polizeiverwendung in Verhältnissen des Geländekampfes dargestellt an Aufgaben" von Karl von Oven. Vgl. ebd., S. 171. Siehe dazu auch Kapitel 3.3.

1121 Vgl. BayHStA München, Polizeischule FFB 133, Polizeischule FFB: Stoffverteilungsplan für Taktik und Führerschulung, [1943], S. 2.

1122 Ebd., S. 2. Vgl. ferner BayHStA München, Polizeischule FFB 135, Ludewig (Polizeischule FFB): Lehrstoffverteilungsplan für Taktik, 19.06.1944.

1123 BayHStA München, Polizeischule FFB 133, Polizeischule FFB: Stoffverteilungsplan für Taktik und Führerschulung, [1943], S. 2.

1124 Vgl. ebd., S. 2.

1125 BayHStA München, Polizeischule FFB 6, I. V. Daluege (RFSSuChdDtPol) an u. a. Kommandeur der Polizeischule FFB: Bestimmungen für die Führung von Kriegstagebüchern und Tätigkeitsberichten, 23.05.1940, S. 3.

1126 Ebd., S. 4.

gen werden, wie sich die militärische Lage gestaltete, aber auch wie die Truppe auf die erteilten Instruktionen reagierte. Dieses Stimmungsbild innerhalb eines Polizeibataillons war zu ergänzen durch Ausführungen darüber, wie sich das Verhalten des Gegners und das der einheimischen Bevölkerung entwickelten. Die Chronisten mussten den Ablauf von Einsätzen und besonderen Ereignissen unter Angabe von Uhrzeit, Datum und Ort möglichst detailliert beschreiben. Sie hatten z. B. aufzuführen, wie viel Munition die Einheit verbraucht hatte und wie das aktuelle Wetter war. Ebenso sollten sie Skizzen, Karten und Fotografien sammeln, aber auch die einheitsinterne Kommunikation und den Funkverkehr dokumentieren. Je eine Kriegsrangliste der Offiziere, eine Verlustliste sowie eine Tabelle über die Einsatz- und Verpflegungsstärke der Polizeitruppe gehörten ebenso zu einer solchen Chronik. Kurzum sollte das gesamte Geschehen innerhalb einer solchen Einheit dokumentiert werden. An den Vorgesetzten lag es dann, zu überprüfen, ob die zuständigen Offiziere diese Kriegstagebücher und Tätigkeitsberichte auch wirklich zuverlässig führten. Dies war nicht nur für das jeweilige Polizeibataillon wichtig. Denn nachdem es größere Einsätze beendet oder sein Operationsgebiet verlassen hatte, mussten diese Dokumente unmittelbar an Daluege geschickt werden.[1127]

Auch wenn nur wenige der Tagebücher erhalten geblieben sind, da die Funktionäre des Hauptamts Ordnungspolizei diese Unterlagen kurz vor Kriegsende vernichteten, steht außer Frage, dass die Berichterstatter die Vorgaben umsetzten, die sie in ihrer Ausbildung erhalten hatten. Dabei waren diese Aufzeichnungen und vor allem die darin enthaltenen Lichtbilder für das Hauptamt Ordnungspolizei zunächst jedoch noch zu nüchtern, da es die Kriegserlebnisse seiner Einheiten für die Propaganda missbrauchen wollte. Deshalb ordnete die Behörde im Mai 1941 an, Fotografien zu erstellen, welche die Arbeit der Polizei einfingen. Auch informierte das Hauptamt darüber, welche Motive es als geeignet ansah. Dazu zählten etwa „der hilfsbereite Reviereinzelbeamte im Umgang mit der Bevölkerung des besetzten Gebiets, wie er Auskunft gibt, wie er in die Straßenbahn hilft, wie er Kinder schützt, […] im Luftschutz bei der Schadensbekämpfung, bei der Betreuung Obdachloser“ und weitere Szenen inszenierter Freundlichkeit.[1128] Ferner sollten die Aufnahmen zeigen, wie Polizisten Gebäude durchsuchten, Festnahmen durchführten oder Gefangene bewachten. Aber auch Polizeieinheiten während des Marsches oder in ihrer Unterkunft sowie „der Polizeibeamte im Dienste der Umsiedlung“ waren Szenen, die der Polizeiapparat begehrte, um damit den Einsatz des eigenen Berufsstandes in den eroberten Regionen zu glorifizieren.[1129] Indem diese Vorgaben auch in den Polizeischulen kursierten und anscheinend Gegenstand der Ausbildung waren, erhielten die angehenden Offiziere einen Eindruck davon, wie wichtig es für die deutsche Polizei war, sich gegenüber den „Volksgenossen“ richtig in Szene zu setzen. Dadurch wurden sie nicht nur zu Chronisten der Kriegseinsätze, sondern auch zu Multiplikatoren eines geschönten Selbstbildes erzogen.

1127 Vgl. ebd., S. 4–8 sowie Muster II–V. Der Chef der Ordnungspolizei beanstandete jedoch Mitte 1942, dass die meisten Kriegstagebücher nicht ausführlich genug geführt würden und insbesondere Berichte über die Erfahrungen fehlten, welche die Einheiten im Einsatz gemacht hätten. Vgl. BayHStA München, Polizeischule FFB 6, I. V. von Bomhard (Chef der Ordnungspolizei) an u. a. Kommandeur der Polizeischule FFB: Berichterstattung an den Chef der Ordnungspolizei, 31.07.1942, S. 2.

1128 BayHStA München, Polizeischule FFB 6, I. A. Schlake (RFSSuChdDtPol) an u. a. Kommandeur der Polizeischule FFB: Bilder und Skizzen für kriegsgeschichtliche Zwecke der Ordnungspolizei, 27.05.1941, S. 3.

1129 Ebd., S. 3.

Im Unterricht der Polizeitaktik kamen noch weitere Themen hinzu, die das bereits Gelernte nicht nur vertieften. Sie sorgten dafür, dass sich militärisches Know-how mit ideologisch- und kriegsbedingten Feindbildern mischte, wodurch das Fach den Schülern unmissverständlich klarmachte, welchen Zweck ihre paramilitärische Ausbildung letztlich verfolgte. So stand etwa der „Schutz lebenswichtiger und kriegswichtiger Betriebe"[1130] ebenso auf dem Lehrplan wie die „Durchsuchung von Wäldern und Ortschaften".[1131] Dieser Fokus kam nicht von ungefähr: Denn gerade während des Zweiten Weltkriegs hinterließ die „Partisanenbekämpfung" im Unterricht zunehmend ihre Spuren und dominierte diesen regelrecht.[1132] Vor allem in der zweiten Kriegshälfte befassten sich die Lehrgänge ausgiebig mit diesem Komplex, indem sie sich z. B. mit „Wesen und Kampfesweise der Banden", der „Führung in der Bandenbekämpfung" sowie der „Vernichtung der Banden durch Einkesselung" und dem „Einsatz von Jagdkommandos" auseinandersetzten.[1133]

Die Polizeitaktik besaß nicht zuletzt deshalb einen besonderen Stellenwert in der Offiziersausbildung, weil sich ihre Prüfungsaufgaben vorwiegend mit dem Kampf gegen „Partisaneneinheiten" und „Banden" befassten.[1134] Solche Klausuren skizzierten meist konstruierte Fälle, in denen militärische Einsätze von Polizeieinheiten beschrieben wurden, welche die Schüler zu beurteilen hatten. Ein Szenario lautete beispielsweise, dass ein bestimmter Teil Deutschlands besetzt sei, wobei die Zivilverwaltung und der Stab des BdO diese Region gemeinsam kontrollierten. Des Weiteren seien Polizeibataillone „im gesamten Gebiet zur Aufrechterhaltung der Ordnung und Niederschlagung von Aufständen eingesetzt". Auch wenn sich die Bevölkerung „anfangs in ihr Schicksal gefügt" habe und den Anordnungen bereitwillig nachgekommen sei, häuften sich nun kleinere Aufstände aufgrund einer Lebensmittelknappheit.[1135] Daraufhin folgten Streiks und Schießereien, die das Ausland unterstütze. Ein Polizeibataillon solle nun Schlimmeres verhindern, indem es dafür sorge, dass sich die aufständischen Gruppen in München und Umgebung nicht vereinigen könnten. Deshalb habe die Einheit den Auftrag erhalten, eine feindliche Abteilung, die sich auf dem Weg vom Am-

1130 BayHStA München, Polizeischule FFB 124, Abdruck: Grünwald (Polizeischule Berlin-Köpenick) an u. a. Kommandeur: Lehrstoffverteilungsplan für den 20. Offizier-Anwärter-Lehrgang Mariaschein, 28.02.1941, S. 6.

1131 BayHStA München, Polizeischule FFB 126, Lutz (Polizeischule FFB): Lehrstoffverteilungsplan für Taktik, Kriegsgeschichte u. Lebenskunde im 25. Offizier-Anwärter-Lehrgang, [1942]. Vgl. ferner BayHStA München, Polizeischule FFB 143, Polizeischule FFB: Lehrstoff-Verteilungsplan für die Taktik, 13.11.1941; BAB, R 20/70, Taktik, [1942].

1132 Ab dem Jahre 1942 fand sich dieses Thema explizit in den Lehrstoffplänen. Vgl. z. B. BayHStA München, Polizeischule FFB 126, Lutz (Polizeischule FFB): Lehrstoffverteilungsplan für Taktik, Kriegsgeschichte u. Lebenskunde im 25. Offizier-Anwärter-Lehrgang, [1942]. Der Stoffplan des 35. OAL aus dem Jahre 1943 sieht für die „Bandentätigkeit und ihre Bekämpfung" sogar schon zwei Wochen vor. BayHStA München, Polizeischule FFB 133, Polizeischule FFB: Stoffverteilungsplan für Taktik und Führerschulung, [1943], S. 1.

1133 BayHStA München, Polizeischule FFB 135, Ludewig (Polizeischule FFB): Lehrstoffverteilungsplan für Taktik, 19.06.1944.

1134 Die beiden Formulierungen „Partisaneneinheiten" und „Bandeneinheiten" finden sich in einer Hörsaalarbeit des 36. OAL. BayHStA München, Polizeischule FFB 134, Polizeischule FFB: Hörsaalarbeit (Taktik), Abt. A., 29.03.1944, S. 1. Allerdings wurden diese Termini nicht regelmäßig verwendet. Stattdessen tauchen in den meisten dieser Klausuren „Banden" oder „Feinde" auf, wie die weiteren Beispiele zeigen.

1135 BayHStA München, Polizeischule FFB 124, Denngínghaus (Polizeischule FFB): Hörsaalarbeit (Pol. Taktik), 26.06.1941, S. 1.

mersee in die Landeshauptstadt befinde, „unschädlich zu machen".[1136] Nun beschrieb der Aufgabentext, wie sich das fiktive Polizeibataillon in dieser Situation verhielt und den Kampf gegen den Gegner durchfocht. Auch in München selbst kam ein weiterer imaginärer Polizeitrupp zum Einsatz, um gegen „die gegnerischen Banden" und die dort herrschenden Unruhen zu kämpfen.[1137] Die Aufgabe der Prüflinge war es, die militärische Lage zu analysieren und zu beurteilen. Dabei legten die Lehrer großen Wert darauf, dass die Schüler es verstanden, sich in den Kommandeur der Polizeieinheit hineinzuversetzen sowie dessen Anordnungen und Befehle schriftlich festzuhalten.[1138]

Obwohl es sich dabei nur um eine Fiktion handelte, befremdet es dennoch, dass diese schriftliche Prüfung wie selbstverständlich das Bild eines besetzten Bayerns zeichnete, in dem sich Polizeibataillone in den paramilitärischen „Bandenkampf" stürzten. Solche Gedankenspiele resultierten jedoch nicht erst aus dem „auswärtigen Einsatz" während des Zweiten Weltkriegs. Zwar hatte eine Aufgabe aus dem Jahre 1936 nicht explizit von „Banden" gesprochen, sondern vielmehr „Aufrührer" gegen die Polizei aufmarschieren lassen, dennoch war durch sie ein Lehrgang bereits seinerzeit mit einem ganz ähnlichen Szenario konfrontiert gewesen.[1139] Die Ordnungsmacht des NS-Staats versetzte sich also schon recht früh in die Lage hinein, im eigenen Land gegen eine hungernde Bevölkerung und gegen Aufständische gewaltsam vorzugehen, als wären es feindliche Partisanen. Das tat sie offensichtlich, damit sich die angehenden Offiziere besser auf solche Situationen vorbereiten konnten, die in den besetzten Gebieten tatsächlich auf sie warteten.

Auch in anderen Fällen setzten sich die Anwärter mit ähnlichen Situationen auseinander. Meist konstruierten die Lehrer gedachte Kampfhandlungen, in denen Polizeibataillone gegen feindliche „Banden" im Großraum München und vor allem in Fürstenfeldbruck zu Felde zogen.[1140] Häufig zu finden war das Szenario eines „militärisch besiegten Staates, in dem noch Banden sich in den Wäldern aufhalten, die nachts die Dörfer überfallen und die Bevölkerung ausplündern".[1141] Es veranschaulicht, wie sehr sich die Polizei vor Partisanen und angeblich unehrenhaft kämpfenden Feinden hinter der eigenen Front fürchtete, was sich auch in der Offiziersausbildung unübersehbar niederschlug. Noch deutlicher zeigt sich dies 1942 in einer Prüfungsaufgabe des 27. OAL, in der stärkere Partisaneneinheiten den Nachschub zur Front erheblich gestört hätten, weil sie Nachschubkolonnen angegriffen und Straßen vermint hätten. Auch in diesem erdachten Fall kam einem Polizeibataillon die Aufgabe zu, die irregulären Kombattanten zu vernichten.[1142] Der Partisanenkampf war zu Beginn des Jahres 1944 auch Thema einer Hörsaalarbeit, welche die erste Abteilung des 36. OAL zu bearbeiten hatte und folgende Lage skizzierte: „Die Banden treten in kleineren, mittleren und größeren

1136 Ebd., S. 2.

1137 BayHStA München, Polizeischule FFB 124, Denngingh aus (Polizeischule FFB): Lage München (Stadtkampf), 03.07.1941, S. 1.

1138 Vgl. ebd.

1139 BayHStA München, Polizeischule FFB 19, Lossen (Polizeischule FFB) an u. a. Offz.Kurs: Geländebesprechung, [1936].

1140 So z. B. auch in BayHStA München, Polizeischule FFB 124, Polizeischule FFB: 3. Prüfungsaufgabe (Pol. Taktik), 25.07.1941; BayHStA München, Polizeischule FFB 127, Polizeischule FFB: Hörsaalarbeit (Pol. Taktik), 07.05.1942.

1141 BayHStA München, Polizeischule FFB 124, Taktik Lehrabtlg. A, [1941]. Vgl. auch BayHStA München, Polizeischule FFB 124, Taktik Lehrabt. B, [1941]; BayHStA München, Polizeischule FFB 124, Polizeischule FFB: Geländebesprechung am 1.8.41 in Gegend Lenggries, 30.07.1941.

1142 Vgl. BayHStA München, Polizeischule FFB 127, Polizeischule FFB: 3. Prüfungsaufgabe (Pol.Taktik), 13.06.1942.

Einheiten unter guter Führung auf, sind ausreichend und gut bewaffnet, stehen unter einheitlicher Leitung und stören seit Wochen den Frontnachschub auf Straßen und Eisenbahnen erheblich, besonders westlich Kaufbeuren und ostwärts Weilheim."[1143] In dieser Gegend komme das SS-Polizeiregiment 5 gegen die Partisanen zum Einsatz, dessen erstem Bataillon die Aufmerksamkeit der schriftlichen Arbeit galt. Die Prüflinge hatten sich in den Leiter dieser Einheit hineinzudenken und zu überlegen, welche Befehle sie in seiner Position erteilen würden.[1144]

Die zweite Abteilung des 36. OAL sah sich mit der Aufgabe konfrontiert, mit einem Polizeibataillon den Durchbruch der „Heimatfront" durch die „feindliche Winteroffensive" zurückzuschlagen und das Gebiet zu „befrieden".[1145] Infolge „der feindlichen Großoffensiven" und durch den Rückzug der 18. Armee, so eine weitere Prüfung, habe sich die „Bandenbewegung" neu formiert, die nun „im rückwärtigen Armeegebiet" zunehmend Überfälle begehe. Da der „Chef der Bandenbekämpfung [...] eine größere Säuberungsaktion" plane, müsse auch ein Bataillon des SS-Polizeiregiments 14 zu einer Zusammenkunft „sämtlicher verfügbaren Polizei- und Sicherungskräfte im Raume Polling – Odering – Peißenberg – Roßlaich" kommen. Auf dem Weg zum „Versammlungsraum für die Großaktion" müsse die Einheit gegen feindliche Fallschirmspringer, Spezialeinheiten und Politkommissare kämpfen, die dabei seien, die einheimischen Bauern für den Kampf im Untergrund gegen die deutschen Truppen zu werben.[1146] Wieder galt es, zu begründen, welche Befehle der einzelne Anwärter in dieser Lage erteilen würde.[1147]

Wenngleich diese Aufgaben konstruiert waren, orientierten sie sich mitunter sehr stark an den tatsächlichen Aktionen der Ordnungspolizei während des Zweiten Weltkriegs. Zu Beginn des Jahres 1942 versetzte eine Hörsaalarbeit die Prüflinge in eine Großstadt im Generalgouvernement, in der eine „Bande" mehrere Raubüberfälle und Attentate begangen habe. Diese setze sich aus Angehörigen der besiegten polnischen Armee zusammen und unterhalte Kontakte zum örtlichen Widerstand. Erneut mussten die zukünftigen Einheitsführer angeben, wie sie die Lage einschätzten und welche Befehle sie ihren Untergebenen erteilten, um diese Feindkräfte zu vernichten.[1148] Eben solche Szenarien begegneten den Polizisten in den besetzten Gebieten zuhauf. Daraus ist ersichtlich, dass das Fach „Polizeitaktik" keineswegs nur graue Theorie war oder unwahrscheinliche Sonderfälle thematisierte. Vielmehr zielte es darauf ab, die polizeilichen Kämpfer so gut wie nur möglich auf den Ernstfall vorzubereiten. Welche Art von Tätigkeiten auf sie zukamen, musste damit aber selbst jenen Beamten bewusst geworden sein, die noch nicht an der Front oder in den annektierten Territorien zum Einsatz gekommen waren.

Selbst wenn der Judenmord dabei nicht explizit zur Sprache kam, skizzierten einzelne Aufgaben jedoch den Handlungsrahmen, in dem dieses Jahrhundertverbrechen stattfand. Abermals verlangte eine Prüfung im Frühjahr 1942 von den Anwärtern, Partisanen gedanklich

1143 BayHStA München, Polizeischule FFB 134, Polizeischule FFB: 1. Hörsaalarbeit (Pol.Taktik). Abt. A, 31.01.1944.

1144 Vgl. ebd.

1145 BayHStA München, Polizeischule FFB 134, Polizeischule FFB: 1. Hörsaalarbeit (Pol.Taktik). Abt. B, 31.01.1944, S. 1.

1146 BayHStA München, Polizeischule FFB 134, Polizeischule FFB: 1. Prüfungsaufgabe (Taktik). Abt. B, 03.04.1944, S. 1.

1147 Vgl. ebd., S. 2.

1148 Vgl. BayHStA München, Polizeischule FFB 143, Polizeischule FFB: 3. Hörsaalarbeit (Unterf.Ausbildung), 12.01.1942, S. 1 f.

und auf dem Papier zu bekämpfen, dabei die eigene Lage einzuschätzen und geeignete Konsequenzen für die Truppe zu ziehen, die sie kommandierten. Doch nun beschrieb der Klausurentext, dass sich das Polizeibataillon 320 „im besetzten russischen Gebiet in einem Raum etwa 200 km hinter den deutschen Linien im Einsatz" befinde und dabei auf verschiedene Orte aufgeteilt sei.[1149] Während dieses „Einsatzes" habe eine Gruppe von Partisanen mehrere Anschläge auf Fahrzeuge der Wehrmacht verübt und dabei drei Männer getötet. Den „Polizeisoldaten" kam die Aufgabe zu, in ein Sumpfgebiet vorzudringen, in das sich die schwer bewaffnete „Bande" zurückgezogen habe, um diese zu vernichten.[1150]

Interessant an dieser Prüfung ist nicht nur der Umstand, dass der Lehrgang zuweilen einen sehr großen Bezug zur Einsatzpraxis herstellte und sich nicht auf rein theoretische Kopfgeburten beschränkte. An diesem Beispiel zeigt sich auch recht deutlich, dass zumindest einzelne Vertreter des Brucker Lehrkörpers von den Verhältnissen bestens Bescheid wussten, die in den Einsatzgebieten der Polizei herrschten. Zwar lässt sich anhand der Quellen nicht nachweisen, wie genau die Polizeilehrer über den tatsächlichen Partisanenkampf und die Judenerschießungen informiert waren. Doch belegen derlei Inhalte, dass der Unterricht die Ordnungspolizisten ziemlich konkret auf die Gegebenheiten vorzubereiten versuchte, die im „auswärtigen Einsatz" auf sie warteten. Die Lehroffiziere versuchten also gar nicht erst, ihren Schülern schonend beizubringen, welche möglichen Gefahren im Feindesland auf sie lauerten. Im Gegenteil errichtete gerade die Polizeitaktik eine Drohkulisse, die den Anwärtern einschärfen wollte, dass sie in den annektierten Territorien von allen Seiten bedroht seien und daher ständig auf der Hut sein müssten.

Es kann davon ausgegangen werden, dass der Schulleiter und sein Lehrpersonal grundsätzlich freie Hand hatten, solche Prüfungsszenarien zu entwerfen und den theoretischen Unterricht in der Polizeitaktik auszugestalten. Dennoch lieferten Himmlers Bürokraten vor allem in den Jahren 1941 und 1942 umfangreiches Informationsmaterial, das den Hintergrund für die virtuellen Kämpfe bildete. Insbesondere Unterlagen zur Partisanenbekämpfung dienten der Polizeischule Fürstenfeldbruck dazu, den Unterricht möglichst anschaulich und aktuell zu gestalten. Gerade Erfahrungsberichte von Wehrmacht, Waffen-SS und Polizei vom Einsatz im „Osten" zielten darauf ab, die recht trockene Ausbildung mithilfe von echten Beispielen zu beleben. Dazu gesellten sich Regelwerke und Leitfäden, die sich ebenfalls intensiv mit dem „Bandenkampf" befassten. In den überlieferten Dokumenten finden sich zwar verschiedene Inhalte und Szenarien. Aber die zentrale Botschaft war stets dieselbe: Partisanen sind extrem gefährlich und müssen daher restlos vernichtet werden.

Das Ausbildungsamt des Hauptamts Ordnungspolizei ließ der polizeilichen Lehrstätte z. B. Mitte 1942 eine schriftliche Aufgabe zukommen, die sich an einer Operation orientierte, die so tatsächlich stattgefunden haben soll. Im Befehlsbereich des HSSPF Russland-Mitte habe eine Polizeikompanie im Herbst 1941 erfolgreich ein größeres Unternehmen gegen „Banden" durchgeführt. Der daraus entstandene Text führte aus, welche Befehle der Einheitsführer erteilt habe, um eine Gruppe von Partisanen in einem Waldgebiet zu besiegen. Offensichtlich sollte dieser Vorgang als Musterbeispiel fungieren. Das Schreiben ging nämlich auf die taktischen Raffinessen ein, mit denen die Truppe ihren Gegner habe eliminieren können, wobei sie sich vor allem das Überraschungsmoment zu Nutze gemacht habe.[1151] Wenige Wochen

1149 BayHStA München, Polizeischule FFB 143, Polizeischule FFB: 1. Prüfungsaufgabe (Pol.Taktik), 16.02.1942, S. 1.

1150 Vgl. ebd., S. 1 f.

1151 Vgl. BayHStA München, Polizeischule FFB 176, I. A. Winkelmann (RFSSuChdDtPol) an u. a. die Polizeischulen Berlin-Köpenick und FFB: Ausbildungsmaterial für die Gefechts-Ausbildung, 30.06.1942.

zuvor hatte die Brucker Schule bereits ein Lagebericht des Polizeiregiments Süd erreicht, der offenbarte, was diese Einheit Mitte bis Ende Januar 1942 im Rahmen der Partisanenbekämpfung gelernt hatte. Nach der Kesselschlacht um Kiew im Spätsommer 1941 hätten sich versprengte Rotarmisten zu größeren Partisanenabteilungen zusammengeschlossen, die bis 350 Mann umfassten und schwer bewaffnet seien. Wenn sie die hiesige Bevölkerung überfielen und terrorisierten, trügen sie Zivilkleidung und teilweise erbeutete deutsche Uniformen, um dadurch den Hass der Einheimischen auf die Besatzungsmacht zu schüren. Sie arbeiteten auch mit deutschfeindlichen Kräften zusammen, zu denen Milizionäre, Kolchosenleiter und Bürgermeister, aber gerade auch Frauen gehörten, die allesamt die „Banden" mit Proviant und sonstigen Utensilien versorgten.[1152] Die Anführer dieser Freischärlergruppen trieben ihre Untergebenen unerbittlich an, so dass diese bis zum Tod kämpften, was erkläre, warum der Partisanenkampf „mit aller Hartnäckigkeit, Zähigkeit, Heimtücke und Brutalität" geführt werde.[1153] Um die Untergrundkämpfer zu besiegen, empfahl der Autor rabiate Maßnahmen: „Nur mit aller Gründlichkeit und Rücksichtslosigkeit durchgeführte Säuberungsaktionen (öffentliche Erschießungen, Herausziehen von Geisseln [sic!] u.dgl.) haben zur restlosen Befriedung solcher Gebiete geführt und schließen eine Wiederholung solcher Zustände für absehbare Zeit aus."[1154] Nicht zum letzten Mal sollten Schriftstücke mit derlei Botschaften aus der Reichshauptstadt nach Oberbayern gelangen.

Im Januar 1943 erhielt die Brucker Schule die Abschrift eines Dokuments, in dem eine andere Einheit den Kampf gegen knapp ein Dutzend „Banditen" meldete. In einem Ort im Generalgouvernement hätten diese Partisanen ein Lager bezogen, das die Polizei auflösen wolle. Doch der Angriff sei misslungen, weshalb sich die „Bande" nahezu komplett habe zurückziehen können. Außerdem hätten drei Polizisten dabei ihr Leben verloren, wodurch diese fehlgeschlagene Aktion als Negativszenario in der Ausbildung zu behandeln sei.[1155] Gleich drei „Musterbeispiele dafür, wie *nicht* gehandelt werden darf", lieferte ein Schnellbrief aus Dalueges Behörde vom 15. April 1943.[1156] Eines davon schilderte, wie die deutschen Truppen erfolglos und mit eigenen Verlusten versucht hätten, eine Partisanengruppe bei St. Margarethen in Österreich zu besiegen.[1157] Eine Einheit der Waffen-SS habe zwar deren Lager ausfindig gemacht und gestürmt. Doch anstatt die „Banditen" zu verfolgen, habe sie ihren Unterschlupf nach Waffen und Gerätschaften durchsucht. Währenddessen hätten sich die Partisanen wieder sammeln und zum Gegenangriff übergehen können, wie der Lagebericht einer Gebirgsjägerkompanie der Polizei ausführt.[1158] Bei einem weiteren Fall seien 45 Män-

1152 Vgl. BayHStA München, Polizeischule FFB 176, I. A. Winkelmann (RFSSuChdDtPol) an u. a. die Schulen, Anstalten usw.: Erfahrungen aus der Partisanenbekämpfung des Pol.Regiments Süd, 21.04.1942, S. 1 f.

1153 Ebd., S. 2.

1154 Ebd., S. 3.

1155 Vgl. BayHStA München, Polizeischule FFB 175, I. A. Dr. Kühhas (RFSSuChdDtPol) an u. a. die Polizeischule FFB, 28.01.1943.

1156 BayHStA München, Polizeischule FFB 175, Schnellbrief: I. A. Dr. Kühhas (Chef der Ordnungspolizei) an u. a. Polizeischule FFB: Auswertung von Erfahrungsberichten der im Einsatz befindlichen Einheiten der Ordnungspolizei, 15.04.1943. Hervorhebung im Original.

1157 Vgl. BayHStA München, Polizeischule FFB 175, Schnellbrief: I. A. Dr. Kühhas (Chef der Ordnungspolizei) an u. a. Polizeischule FFB: Auswertung von Erfahrungsberichten der im Einsatz befindlichen Einheiten der Ordnungspolizei. Abschrift: Polizeidirektor in A. an BdO: Lagebericht für die Zeit vom 25.8. bis 28.8.1942, [August 1942].

1158 Vgl. BayHStA München, Polizeischule FFB 175, Schnellbrief: I. A. Dr. Kühhas (Chef der Ordnungspolizei) an u. a. Polizeischule FFB: Auswertung von Erfahrungsberichten der im Einsatz befindlichen ner eines Zuges bei einem Überfall durch Partisanen getötet worden, während die Polizeieinheit ein Dorf bei Rovte durchsuchen wollte. Schuld an diesem Fiasko habe der verantwortliche Führer, der taktisch falsch vorgegangen sei. Nachdem der eigentliche Angriff vorbei gewesen sei, „stürmten die Banditen unter Feuerschutz der außen angesetzten MG und unter lauten Hurrarufen auf die Verwundeten. Diese wurden mit Bajonettstichen und Kolbenhieben niedergemacht."[1159] Solche Ausführungen verfolgten den Zweck, den angehenden Polizeiführern unmissverständlich klar zu machen, dass sie im „Bandenkrieg" mit keiner Gnade zu rechnen hätten. Gleichzeitig vermittelten sie das Bild eines brutalen Gegners, der feige aus dem Hinterhalt kämpfen würde. Derartige Glaubenssätze bestimmten auch das Denken vieler „Rassenkrieger", als sie im „Osten" gegen echte oder vermeintliche Partisanen vorgingen.[1160]

Daran knüpften Vorschriften und Erfahrungsberichte der Wehrmacht an, aus denen die Offiziersanwärter der Polizei ihre Lehren ziehen sollten. Von der deutschen Armee stammte etwa eine Broschüre zum Waldkampf, die nun die Ordnungspolizei für sich nutzte, um sich über die Erfahrungen der deutschen Armee im Ostkrieg zu informieren und damit selbst effizienter gegen Partisanen vorgehen zu können.[1161] Die Brucker Schule nahm aber auch die „Richtlinien für Partisanenbekämpfung" durch, die vom OKH stammten. Sie führten aus, wie gegen die aus Sicht der deutschen Besatzer illegitimen Kombattanten vorzugehen sei. So empfahlen sie, die Bevölkerung in den Besatzungsgebieten gerecht zu behandeln, um dadurch ihr Vertrauen zu gewinnen. Schließlich setzten die Partisanen darauf, diese selbst durch Falschmeldungen und Terrorakte moralisch zu beeinflussen.[1162] Der Urheber dieses Dokuments ließ keinen Zweifel daran, wer seiner Ansicht nach für diese Art der Kriegsführung verantwortlich war: „Der heutige Partisanenkampf ist ein Kampf für den Bolschewismus, er ist keine Volksbewegung."[1163] Dass der Text die osteuropäischen Guerilleros als heimtückische, hinterhältige und verschlagene Feinde charakterisierte, die im Dienste des „Bolschewismus" stünden, war geradezu exemplarisch dafür, wie die deutschen Besatzer über ihren Gegner hinter den eignen Frontlinien dachten.[1164] Weil er so gefährlich sei, machte die Schrift deutlich, dass der Feind „*vollständig vernichtet* werden" müsse, auch wenn es durchaus schwie-

Einheiten der Ordnungspolizei. Abschrift: Polizeigebirgsjägerkompanie XYZ: Gefechts- und Erfahrungsbericht über das Feuergefecht bei St. Margarethen am 25.8.1942, 05.03.1943, S. 1 f.

1159 BayHStA München, Polizeischule FFB 175, Schnellbrief: I. A. Dr. Kühhas (Chef der Ordnungspolizei) an u. a. Polizeischule FFB: Auswertung von Erfahrungsberichten der im Einsatz befindlichen Einheiten der Ordnungspolizei. Abschrift: Joh. Unbekannt (BdO XYZ): Bericht über den Überfall auf einen verstärkten Zug bei Rovte am 12. Dezember 1941, 12.03.1943, S. 3. Vgl. ferner ebd., S. 1–4.

1160 Vgl. Frank Werner, „Hart müssen wir hier draußen sein". Soldatische Männlichkeit im Vernichtungskrieg 1941–1944, in: Geschichte und Gesellschaft 34 (2008), S. 5–40, hier: S. 16 f. und 31 f. [Künftig: Werner, Männlichkeit (2008)].

1161 Vgl. BayHStA München, MInn 71992, Schnellbrief I. A. von Bomhard (RFSSuChdDtPol) an u. a. Polizeischule FFB: Ausbildung der Ordnungspolizei im Waldkampf, 15.06.1942.

1162 Vgl. BayHStA München, Polizeischule FFB 176, I. A. Winkelmann (Chef der Ordnungspolizei) an u. a. die Kommandeure der unmittelbar unterstellten Schulen: Richtlinien für Partisanenbekämpfung, 17.11.1941, S. 2 und 5. Diese Richtlinien stammten ursprünglich von Generalfeldmarschall Walter von Brauchitsch, der sie bereits am 25. Oktober 1941 veröffentlicht hatte. Vgl. IfZ Archiv, 11/Da 034.087, von Brauchitsch (Oberbefehlshaber des Heeres): Richtlinien für Partisanenbekämpfung, 25.10.1941; Gerlach, Morde, S. 881 f.

1163 BayHStA München, Polizeischule FFB 176, I. A. Winkelmann (Chef der Ordnungspolizei) an u. a. die Kommandeure der unmittelbar unterstellten Schulen: Richtlinien für Partisanenbekämpfung, 17.11.1941, S. 5.

1164 Vgl. ebd., S. 2 und 5.

rig sei, zwischen echten Partisanen und Verdächtigen zu unterscheiden. Da aber etwas getan werden müsse, handle derjenige richtig, „wer unter vollkommener Hintansetzung etwaiger persönlicher Gefühlsanwandlungen rücksichtslos und unbarmherzig zupackt".[1165]

Allerdings fand der Krieg gegen Partisanen nicht nur auf dem Reißbrett statt. Planspiele der Brucker Schule beschäftigten sich besonders ab Mitte 1942 mit den Themen „Kampf gegen Partisanen und Befriedungsaktion", „Vernichtung von Partisanengruppen in Verbindung mit Fallschirmjägern" oder „Verteidigung eines Geländeabschnittes". Auch wenn ebenso andere Situationen simuliert wurden, wie etwa der „Einsatz der Polizei während und nach einem Luftangriff" oder „bei Katastrophen", dominierten eindeutig die Übungsgefechte gegen fiktive Feindbanden. Begleitet wurden sie zudem von speziellen Vorträgen über „Kampferlebnisse und -erfahrungen im Osten".[1166] Bei einer Geländeübung in Lenggries mussten sich die Teilnehmer des 21. OAL vorstellen, dass sie sich im Feindesland befänden, das die Wehrmacht gerade erobert habe. Im Windschatten der kämpfenden Truppe folgten Polizeibataillone, in denen auch die Schüler eingesetzt seien. Die Aufgabe dieser Einheiten und Ziel der Gefechtssimulation war es, „das Bergland von den Resten feindlicher Truppen, die im Verein mit gut bewaffneten, fanatischen Bergbewohnern die deutschen rückwärtigen Verbindungen durch Kleinkrieg zu stören suchen, zu säubern".[1167] Nach der Reform der Lehrpläne im Jahre 1943 konnte ein Lehrgang sogar im Fach „Kleine Taktik" den Lehrstoff aus der großen Nachbardisziplin vertiefen und in Übungen realitätsnah einstudieren. Der Ausbilder stellte seinen Schülern sogenannte „Sandkastenaufgaben", in denen sie etwa die „Bereitstellung zum Angriff", die „Verteidigung ohne Vorbereitungszeit" oder eben die „Bandenbekämpfung" durchspielten.[1168]

Abbildung 19: Übung am Sandkasten (Bayerisches Polizeimuseum, Fotosammlung)

Die Manöver beschränkten sich jedoch nicht auf den Kampf gegen Partisanen. Sie befassten sich auch mit anderen Gedankenspielen, in denen ein anderer Feind im Mittelpunkt stand. Eine Planübung der Brucker Polizeischule im Januar 1936 zeigt, auf welche Situationen sich die Polizei bereits vor Kriegsbeginn vorzubereiten versuchte. Die Kursteilnehmer sollten sich vorstellen, in einem Einsatz bewaffnete Kommunisten zu stellen, die bei einer Meuterei im Konzentrationslager Breitenau hätten fliehen können. Abseits der eigentlichen Aufgabe erfuhren sie, dass die Münchner Polizei an den Ort des Geschehens ausgerückt sei und „mit allen Mitteln jeden Widerstand" gebrochen habe, um „die Ordnung im Lager" wiederherzustellen.[1169] Der 27. OAL sollte sich in einer Prüfung sogar in die Lage hineindenken,

1165 Ebd., S. 6. Hervorhebung im Original.

1166 BayHStA München, Polizeischule FFB 185, Hagemann (Polizeischule FFB): Offizierausbildung, 18.05.1942, S. 1 f.

1167 BayHStA München, Polizeischule FFB 124, Polizeischule FFB: Geländebesprechung am 1.8.41 in Gegend Lenggries, 30.07.1941.

1168 BayHStA München, Polizeischule FFB 135, Rasch (Polizeischule FFB): Lehrstoffverteilungsplan (Kleine Taktik), 20.06.1944. Die „Kleine Taktik" taucht einmalig als eigenständiges Fach in einem Unterrichtsbefehl des 36. OAL auf. Vgl. BayHStA München, Polizeischule FFB 134, Hagemann (Polizeischule FFB): Unterrichtsbefehl Nr. 1, 05.01.1944.

1169 BayHStA München, Polizeischule FFB 19, Lossen (Polizeischule FFB): Planübung am 13. Januar, 10.01.1936.

dass sich eine „Panzer-Division von Osten kommend auf dem Vormarsch über München-Pasing-Fürstenfeldbruck-Mammendorf-Merching" befinde, was abermals ein militärischer Polizeitrupp verhindern müsse.[1170] Als fiktive Bataillonskommandeure nahmen es die Schüler des 38. OAL sogar mit der Roten Armee auf, die „unter rücksichtslosem Menschen- und Materialeinsatz die eigene Ostfront [...] durchbrochen" und es so in das bayerische Voralpenland geschafft habe.[1171]

Solche Szenarien sollten den Offiziersanwärtern keinen Raum für Zweifel daran lassen, dass der Feind „links" stehen und nicht nur im „Osten" sein Unwesen treiben, sondern auch die Heimat bedrohen würde. Wenngleich der „Bandenkampf" thematisch herausragte, widmete sich das Informationsmaterial aus dem Hauptamt Ordnungspolizei allgemein dem Krieg gegen die Sowjetunion und vor allem gegen den „Bolschewismus". Von dieser Behörde erhielt die Polizeischule Fürstenfeldbruck 1942 ein Dokument, das ursprünglich das Kommandoamt der Waffen-SS erstellt hatte. Es behandelte die „Tarnung der Truppe im Winter" und war dazu gedacht, die Schüler auf ihren Einsatz in kalten Regionen und Monaten vorzubereiten. Darin erfuhren sie, wie die Männer sich selbst, aber auch ihre Fahrzeuge und Gebäude tarnen konnten. Dabei sollten sie etwa Kleidung und Gerätschaften in weißer Farbe halten und darauf achten, möglichst wenig Spuren im Schnee zu hinterlassen.[1172] Mit der idealen Montur im Winter befasste sich ein weiterer Bericht der Waffen-SS, der über ihre Erfahrungen informierte, die sie beim finnisch-russischen Winterkrieg von 1939/40 gesammelt hatte. Daneben gab er weitere Ratschläge für die richtige Hygiene, die Unterkünfte sowie die Skiausrüstung und den Einsatz von Vierbeinern in eisigen Regionen.[1173] Die Lehroffiziere der Brucker Bildungsanstalt verwendeten ebenso einen ähnlichen Report über den Russlandfeldzug im Sommer 1941, den ein Major Vockensohn aus der SS-Polizei-Division erstellt hatte. Er gab neben weiteren Gesichtspunkten nicht nur Tipps für eine effiziente Kampfesweise, sondern wies auch darauf hin, wie notwendig er es erachtete, dass die Frontkämpfer körperlich adäquat ausgebildet würden.[1174] Zwei andere Dokumente beschäftigten sich darüber hinaus mit der Frage, wie sich die Rotarmisten im Sommer tarnten und wie sich die Einheiten der Polizei auf den Nahkampf gegen Panzerkampfwagen vorbereiten sollten.[1175] Bei diesen Druckschriften handelte es sich um Heeresdienstvorschriften oder Anlagen zu diesen.

Abbildung 20: Training für den Winterkrieg (Bayerisches Polizeimuseum, Fotosammlung)

1170 BayHStA München, Polizeischule FFB 127, Polizeischule FFB: Hörsaalarbeit (Pol.Taktik), 21.05.1942.

1171 BayHStA München, Polizeischule FFB 135, Polizeischule FFB: 1. Hörsaalarbeit (Taktik), 27.06.1944, S. 1. Vgl. ferner BayHStA München, Polizeischule FFB 135, Polizeischule FFB: 5. Hörsaalaufgabe (Taktik), 22.07.1944.

1172 Vgl. BayHStA München, Polizeischule FFB 176, I. A. Winkelmann (RFSSuChdDtPol) an u. a. die Schulen, Anstalten usw.: Tarnung der Truppe im Winter, 05.05.1942.

1173 Vgl. BayHStA München, Polizeischule FFB 176, I. A. von Bomhard (RFSSuChdDtPol) an u. a. Polizeischule FFB: Erfahrungen beim finnisch-russischen Winterkrieg 1939/1940, 07.03.1942.

1174 Vgl. BayHStA München, Polizeischule FFB 176, I. V. von Bomhard (Chef der Ordnungspolizei) an u. a. Polizeischule FFB: Erfahrungen des Sommerfeldzuges 1941 in Rußland, 16.09.1942.

1175 Vgl. BayHStA München, MInn 71992, Schnellbrief: I. A. Schlake (RFSSuChdDtPol) an u. a. Polizeischule FFB: Tarnung der Russen im Sommer, 15.06.1942; BayHStA München, MInn 71992, Schnell-

Neben zahlreichen weiteren Dienststellen der uniformierten Polizei schickte ihre Zentralbehörde am 6. August 1942 auch an die Brucker Schule einen „Erfahrungsbericht über Stoßtruppunternehmungen gegen sowjetrussische Truppen". Er stammte aus der Feder des Brigadeführers und Generalmajors der Waffen-SS Lothar Debes und beschrieb, wie kleine Kampfverbände gegen feindliche Stellungen zu kämpfen hatten. Das Dokument erklärte, dass sich die Abteilungen ordentlich auf solche Unternehmungen vorbereiten und daher das Gelände sowie den Gegner erkunden müssten, bevor sie mithilfe der Artillerie losschlügen, um Bunker, Hindernisse und letztlich den russischen Feind zu vernichten.[1176] Jederzeit müssten sie jedoch, so eine zentrale Botschaft des Berichts, „mit der Sturheit und Hinterhältigkeit des bolschewistischen Gegners rechnen".[1177]

Auch dieser Text bildete keine Ausnahme. Vielmehr war er charakteristisch dafür, wie die nationalsozialistische Sichtweise auf die Rote Armee in den Unterricht eindrang. Davon zeugt ein weiteres Pamphlet noch deutlicher. Deshalb ist es lohnenswert, sich mit ihm etwas näher zu beschäftigen. Von der Schrift „Auf was kommt es in Rußland an?", die ein gewisser Hauptmann Schott verfasst hatte und kurz zuvor im „Militär-Wochenblatt" erschienen war, erhielt die Polizeischule Fürstenfeldbruck Mitte November 1942 insgesamt zehn Exemplare. Das Anschreiben des Hauptamts Ordnungspolizei wies explizit darauf hin, das Dokument beinhalte „alle wesentlichen Punkte, die bei der Ausbildung der für den Osten vorgesehenen Kräfte und im Osteinsatz selbst zu beachten sind".[1178] Der Autor stellte darin zehn wichtige Regeln auf, nach denen ein deutscher Kämpfer in Russland zu handeln habe. Diese offenbaren jedoch vielmehr, wie der Offizier vom Osteinsatz und von seinen Gegnern dachte. Darin finden sich wesentliche Gedanken wieder, die nicht nur in der polizeilichen Ausbildung, sondern auch innerhalb des Polizeiapparats virulent waren:

Der Landser müsse zunächst einmal gerade nachts aufmerksam Wache schieben, um nicht überrascht und Opfer eines russischen Angriffs zu werden, der typischerweise in der Dunkelheit erfolge. Zudem habe er den Feind und das Gelände gründlich zu erkunden, aber sich auch darum zu kümmern, dass der Nachschub unbedingt bei der Truppe eintreffe, um sie zuverlässig versorgen zu können. Darüber hinaus verlangte er, dass jeder seine eigenen Bedürfnisse zum Wohle aller zurückstelle, um anderen ein guter Kamerad zu sein und notfalls für ihren Schutz sogar das eigene Leben zu opfern. Ein Angehöriger der deutschen Truppen sollte ferner improvisieren und mit dem arbeiten können, was er in der Sowjetunion vorfinde, da auch sein Gegner diese Fähigkeit meisterlich beherrsche. Auch wenn es dazu des Drills der Politkommissare bedürfe, arbeite und kämpfe der ansonsten faule Russe unermüdlich für den Sieg, woran sich der Deutsche ein Beispiel nehmen solle.[1179] Das gelte nicht zuletzt für die eigene Hygiene. Denn der deutsche Soldat müsse sich auch im Osteinsatz sauber hal-

brief: I. A. von Bomhard (RFSSuChdDtPol) an u. a. Polizeischule FFB: Ausbildung der geschlossenen Einheiten der Ordnungspol. in der Nahbekämpfung von Panzerkampfwagen, 15.06.1942.

1176 Vgl. BayHStA München, Polizeischule FFB 176, I. A. Winkelmann (Chef der Ordnungspolizei) an u. a. die Polizeioffiziersschulen: Erfahrungen bei Stoßtruppunternehmungen in Rußland, 06.08.1942.

1177 Ebd., S. 4.

1178 BayHStA München, Polizeischule FFB 176, I. A. Grünwald (RFSSuChdDtPol) an u. a. Polizeischule FFB: Ausbildung der im Osten eingesetzten und für den Osten bereitgestellten Kräfte der Ordnungspolizei, 17.11.1942.

1179 Vgl. BayHStA München, Polizeischule FFB 176, I. A. Grünwald (RFSSuChdDtPol) an u. a. Polizeischule FFB: Ausbildung der im Osten eingesetzten und für den Osten bereitgestellten Kräfte der Ordnungspolizei. Abschrift aus dem Militär-Wochenblatt vom 28. August 1942, 127. Jahrgang Nummer 9. Auf was kommt es in Rußland an?, 17.11.1942, S. 1–3.

ten und regelmäßig waschen, was „ihm das Gefühl des Kulturmenschen, im Gegensatz zu der Bevölkerung des bolschewistischen Landes“ erhalte.[1180]

Es stehe ihm „kein kulturell ebenbürtiger Gegner gegenüber. Größter Vorteil des Bolschewisten gegen uns sind seine hoch entwickelten tierischen Instinkte und seine Empfindungslosigkeit gegen Witterung und Gelände.“ Deshalb müssten die Führer mit ihren Untergebenen regelmäßig in Wäldern und Sumpfgebieten trainieren, um sie abzuhärten und „zu Kämpfern gegen den Bolschewismus“ zu erziehen.[1181] Wie es in derlei Schriften häufig zu finden war, charakterisierte Hauptmann Schott die russische Kampfweise als heimtückisch und hinterlistig, wobei er ergänzte: „In tausend Möglichkeiten lauert das Verderben, angefangen bei der russischen Zivilbevölkerung, der auf keinen Fall, und erscheine sie noch so harmlos, zu trauen ist.“ Diese Drohkulisse erweiterte er, indem er für die sowjetischen Kriegsgefangenen klarstellte, dass besonders die jüngeren unter ihnen fanatische Kommunisten und zu „jeder Gemeinheit fähig“ seien, weshalb ihnen besonders misstraut werden müsse.[1182] „Die Opfer der bolschewistischen Massenangriffe werden dem jungen Soldaten oft ein Bild bieten, für die er sein Herz stark machen muß“, wie Schott zu wissen glaubte.[1183] Er müsse psychisch wie physisch hart und sich klar darüber sein, im Einsatz sterben zu können, um trotzdem selbstbewusst gegen seine Gegner zu kämpfen. Seine Offiziere könnten ihn sogar mit dem Tod bestrafen, sofern er sich feige zeige und seiner Pflicht nicht nachkomme. „Erst im Kampfe der beiden Weltanschauungen gegeneinander, im Ansturm der roten Massen, wird einem klar, daß das Leben des einzelnen in diesem Kampf überhaupt keine Rolle spielt“, resümierte der Autor.[1184] An all diesen Beispielen zeigt sich, dass der SS- und Polizeiapparat keineswegs streng zwischen den einzelnen Waffenträgern trennte, wenn es darum ging, für den Unterricht nützliche Informationsquellen zu verwenden. Vielmehr bediente sich Himmlers Imperium bei der „Konkurrenz“, um so Synergieeffekte zu erzielen.

Zusätzlich setzte die Polizeischule gelegentlich Materialien im Unterricht ein, die von den deutschen Gegnern stammten. Entweder aus der ausländischen Presse oder aus Beutegut wurden solche Schriftstücke entnommen, die ins Deutsche übersetzt und im NS-Ausbildungssystem verwendet wurden. Auf diese Weise lernten die Anwärter ihre Feinde besser kennen und konnten so abseits der aggressiven Propaganda einen tieferen Blick in deren Denk- und Lebensweisen erhaschen. Anfang 1943 schickte das Hauptamt Ordnungspolizei z. B. einen Artikel aus der Londoner Times vom 12. November des Vorjahres an die Offiziersschulen. Er befasste sich mit der „Heeres-Infanterie-Schule“ und schilderte „Neue Methoden in der Kriegsführung“.[1185] Aus dem Dokument geht hervor, dass britische Generäle nach der Niederlage in Dünkirchen neue Maßstäbe für die Kampfausbildung entwickelten. Insbesondere General Alexander sei es zu verdanken, dass die Armee auf seine Denkschrift reagiert und neue Divisions-Kampfschulen eingerichtet habe. Mitunter auf die so entstandene Schulung sei es zurückzuführen, dass sich die Infanterieverbände des Vereinigten Königreichs im Afrikafeldzug sehr erfolgreich schlügen. Auf die neuen Methoden der Ausbildung ging der Artikel nur sehr vage ein. Doch weil die neuen Bildungsstätten ausschließ-

1180 Ebd., S. 2.
1181 Ebd., S. 1.
1182 Ebd., S. 2.
1183 Ebd., S. 3.
1184 Ebd., S. 3.
1185 BayHStA München, Polizeischule FFB 175, I. A. Dr. Kühhas (Chef der Ordnungspolizei) an u. a. Polizeischule FFB: Übersetzung aus The Times, London vom 12.11.1942 „Heeres-Infanterie-Schule. Neue Methoden in der Kriegsführung“, 19.01.1943.

lich Lehrgänge für Offiziere abhielten, dürfte sich die Polizeischule Fürstenfeldbruck durchaus dafür interessiert haben, was die ausländische Konkurrenz auf diesem Gebiet leistete.[1186]

Eine der wichtigsten Quellen aus den Reihen der deutschen Feinde war ein Auszug aus der „Kampfvorschrift für die Infanterie der Roten Armee", welche die Heeresdruckerei des Volkskommissars für Verteidigung 1941 in Moskau herausgegeben hatte. Ein gewisser Major H. Schneider hatte sie aus dem Russischen übersetzt und mit eigenen Vermerken ergänzt. Sie beschrieb vor allem, nach welcher Gefechtstaktik Offiziere, Einzelkämpfer und Gruppen von Soldaten zu agieren hätten.[1187] Das Hauptamt Ordnungspolizei ließ dieses Dokument aber nicht nur seinen Lehranstalten, sondern auch höheren Dienststellen und Einheiten der uniformierten Polizei in Osteuropa zukommen. Es zeige, dass von den sowjetischen Soldaten „unbedingter Gehorsam, Verantwortungsfreudigkeit sowie Bereitschaft zur Selbstaufopferung" verlangt werde. Aus ihm seien aber auch „die Tendenz der Anerziehung des unbedingten Vernichtungswillens sowie der wiederholte Hinweis auf die Notwendigkeit der Anwendung von Tarnung und Kriegslist" ersichtlich.[1188] Anscheinend zielten diese Hinweise abermals darauf ab, die Abscheu des Lesers vor der Armee der „Untermenschen" zu vergrößern und ihre Richtlinien zum Kampf als Ausdruck ihres angeblich verkommenen Wertesystems zu brandmarken. Doch es ist nicht auszuschließen, dass die Polizisten bei dieser Lektüre gleichzeitig in einen Spiegel blickten. Denn in der übersetzten Version fanden sich zahlreiche Kommentare, die Parallelen zu den Heeresdienstvorschriften der deutschen Wehrmacht ausmachten, weshalb die Schrift in der Ausbildung äußerst wertvoll gewesen sein dürfte.[1189]

Nicht nur der permanent bedrohliche Feind in den besetzten Gebieten und an der Front beschäftigte den Taktikunterricht. Vor allem kurz vor Kriegsende setzten sich Klausuren auch noch mit dem Feind im eigenen Land auseinander, von dem die Ordnungshüter gehofft hatten, ihn längst im Griff zu haben. Mit einer anderen Form von widerständigem und kämpferischem Verhalten befasste sich z. B. eine Prüfungsaufgabe des 27. Reserve-OAL vom 27. März 1945. In dieser mussten sich die Schüler damit auseinandersetzen, dass die Front gegen Kriegsende immer näher rückte, was sich auch auf die „Heimatfront" auswirkte. Die Rote Armee versuche durch Radiosendungen „die in Deutschland beschäftigten fremdländischen Arbeitskräfte zum offenen Aufruhr" anzustacheln, was in Teilen von Erfolg gekrönt sei.[1190] Unterstützt durch die sowjetische Luftwaffe sei es ausländischen Landarbeitern und ehemaligen Kriegsgefangenen gelungen, sich mit Waffen auszustatten. Dabei habe es „zahlreiche Übergriffe gegen die bäuerliche Bevölkerung" gegeben, was demonstriere, wie gefährlich die Aufständischen seien.[1191] Bevor sich noch etwas Schlimmeres ereigne, müsse das SS-Polizeiregiment 14 aus dem „Osten" her ausrücken und die feindlichen Kräfte im Westen Münchens vernichten.[1192] Um diese Aufgabe zu erfüllen, mussten die Schüler eine Schlacht mit den Rebellen per Federhalter austragen und dabei möglichst nahe an die Musterlösung des Prüfers herankommen. Neben allen militärtaktischen Feinheiten sah diese vor, mit den

1186 Vgl. ebd.

1187 Vgl. BayHStA München, Polizeischule FFB 176, I. V. von Bomhard (Chef der Ordnungspolizei) an u. a. Polizeischule FFB: Kampfvorschrift für die Infanterie der Roten Armee, 10.07.1942.

1188 Ebd., S. 1.

1189 Vgl. u. a. ebd., S. 4 und 6.

1190 BayHStA München, Polizeischule FFB 148, Polizeischule FFB: 2. Prüfungsaufgabe (Taktik), 27.03.1945, S. 1.

1191 Ebd., S. 1.

1192 Vgl. ebd., S. 1 f.

bewaffneten Aufrührern einfach kurzen Prozess zu machen: „Als *Bandenbekämpfungsverfahren* kommt dasjenige der Einschließung und Vernichtung in Frage."[1193]

Doch nicht erst in den letzten Kriegsmonaten schürte der Ausbildungsapparat die Angst vor dem „Feind im Innern". Bereits in den Friedensjahren mussten Brucker Polizeischüler gedanklich gegen ihn zu Felde ziehen. Das demonstriert eine Aufgabe vom Januar 1939, die den 2. und 3. Offiziersausbildungslehrgang beschäftigte und in einem taktischen Gedankenspiel einen Krieg des blauen und augenscheinlich deutschen Staates mit einem roten „Oststaat" heraufbeschwor. Gleichzeitig versuche ein gelber Staat, seinen blauen Nachbarn zu schwächen, indem er dort mit eigenen Agenten und Offizieren auf eine „Bandenbildung" hinwirke.[1194] Außerdem werde München bombardiert, woraufhin „ehemalige Linkskräfte" die „Panikstimmung der Bevölkerung" ausnutzten, um einen Aufstand zu organisieren, weshalb erneut die Ordnungsmacht gefordert sei.[1195] Diese müsse nun den „Kampf mit Aufrührern" aufnehmen, wobei ein Polizeibataillon in Pasing gegen „Banden" vorzugehen und eine „Befriedung" des Stadtteils durchzuführen habe.[1196] Eine weitere Klausur konfrontierte einen Lehrgang für Revieroffiziere im Frühjahr 1940 mit einem ähnlich heiklen Szenario. Wegen zahlreicher Luftangriffe auf die Gegend Rotthausen sei die Lage so angespannt, dass die dort befindlichen Kriegsgefangenen aus Frankreich eine bewaffnete Revolte gestartet hätten, die niedergerungen werden müsse.[1197] Während des Krieges mussten sich weitere Lehrgänge auf dem Papier mit ähnlich chaotischen Verhältnissen befassen, die nach Bombardements und feindlichen Attacken herrschten.[1198]

Auch solche Kämpfe fochten die Polizeischüler nicht nur auf dem Papier aus. Bei einer praktischen Übung mussten sich 1939 abermals die Schüler des 2. und 3. Offiziersausbildungslehrgangs in die Lage versetzen, Deutschland befinde sich seit wenigen Monaten im Krieg. In München und Augsburg sei es deshalb nach „mehrfachen Terrorluftangriffen" zu Aufständen gekommen, gegen die es nun vorzugehen gelte.[1199] Wenige Monate zuvor hatten die beiden Kurse ein Planspiel durchgeführt, das sich ebenfalls mit Unruhen beschäftigte. Laut Plan seien diese in der Landeshauptstadt und in anderen süddeutschen Städten entstanden. Bewaffnete Revoluzzer hätten unter anderem den Münchner Hauptbahnhof, den Justizpalast sowie das Rathaus besetzt und den Verkehr lahmgelegt. Die Aufständischen hätten sich in der Innenstadt in Widerstandsnestern verschanzt und müssten von Polizeieinheiten bezwungen werden.[1200] Dem Urheber dieses Szenarios war es wichtig zu bemerken, dass es sich da-

1193 BayHStA München, Polizeischule FFB 148, Polizeischule FFB: 2. Prüfungsaufgabe (Taktik). Mögliche Lösung, 27.03.1945, S. 1. Hervorhebung im Original.

1194 BayHStA München, Polizeischule FFB 120, Polizeischule FFB: Aufgabe aus der Pol.Verwendung, Januar 1939.

1195 Ebd.

1196 Ebd.

1197 Vgl. BayHStA München, Polizeischule FFB 139, Polizeischule FFB: 4. Klassenaufgabe (Polizeitaktik), 28.02.1941.

1198 Vgl. z. B. BayHStA München, Polizeischule FFB 142, Polizeischule FFB: 1. Prüfungsaufgabe (Pol.Taktik), 03.11.1941.

1199 BayHStA München, Polizeischule FFB 120, Stüber (Polizeischule FFB): Geländebesprechung am 21.6.1939, [Juni 1939].

1200 Vgl. BayHStA München, Polizeischule FFB 120, Polizeischule FFB: Planspiel. Thema: Schulung im Straßenkampf, Februar 1939, S. 1 f. Ein ähnliches Szenario wartete auf die beiden Lehrgänge etwa zur gleichen Zeit in einer schriftlichen Aufgabe im Taktikunterricht. Vgl. BayHStA München, Polizeischule FFB 120, Polizeischule FFB: Aufgabe aus Taktik, 22.02.1939.

bei um eine fiktive Situation handle, „welche in früheren Jahren möglich gewesen wäre, heute nur als Schunlungsbeispiel [sic!] im Straßenkampf dienen soll".[1201]

Diesen Seitenhieb richtete er gegen die Weimarer Sicherheitspolitik, welche die Nationalsozialisten häufig für ihre Propaganda instrumentalisierten, um insbesondere Polizisten gezielt anzusprechen und für sich zu gewinnen. Die Ordnungsmacht der zwanziger Jahre stellten sie daher gerne als „System-Polizei" dar, die in zweifacher Hinsicht ein bedauernswertes Opfer der linken Politik gewesen sei.[1202] Zum einen missbrauchten sie Unruhen und Straßenkämpfe, die sich in der Weimarer Republik ereignet hatten, um den „Bolschewismus" unter anderem für den Mitteldeutschen oder den Hamburger Aufstand verantwortlich zu machen. Dabei missbrauchten sie all jene Polizisten, die bei diesen und weiteren Einsätzen ums Leben gekommen waren, und verklärten sie gewissermaßen zu „Gefallenen der Bewegung".[1203] „In diesem Sinne", so Wilhelm Frick, seien „die im Kampfe gegen den Kommunismus und das übrige Verbrechertum gefallenen Polizeibeamten als Nationalsozialisten gestorben".[1204] Zum anderen sei die Weimarer Staatsgewalt laut Daluege von den politisch linksorientierten Regierenden zu einer verhassten „Knüppelgarde" degradiert und dazu ausgenutzt worden, gegen ihren Willen gewaltsam gegen das eigene Volk vorzugehen.[1205] Deshalb propagierten die Nationalsozialisten sowohl gegenüber den Staatsdienern als auch den Bürgern, dass im „Dritten Reich" nun eine volksnahe Ordnungsmacht existiere, die mit der Weimarer Polizei nichts mehr gemein habe:

> „Wie könnte es auch im Reiche unseres Führers anders sein, als daß der Polizist wohlmeinender Berater und Beschützer jedes einzelnen Volksgenossen ist, denn jene Zeit, in der man hinter jedem Polizeibeamten nur den ‚bösen Mann' erblickte, und daß unvernünftige Mütter den Schutzmann als ‚Kinderschreck' hinstellten, ist ja glücklicherweise vorbei."[1206]

Die skizzierten polizeitaktischen Lehrmaßnahmen konfrontierten die Ordnungspolizisten mit einem Bedrohungsszenario, das den NS-Staat insbesondere in der Endphase des Krieges tatsächlich intensiv beschäftigte. Die Furcht vor einem Aufstand der Fremd- und Zwangsarbeiter im „Altreich" verlieh dem „Feind im Innern" eine greifbare Gestalt. Ein Großteil der wehrfähigen Kräfte war an den Fronten eingesetzt, in Gefangenschaft geraten oder bereits gefallen und die gegnerischen Armeen rückten immer näher. Vor diesem Hintergrund ent-

---

1201 BayHStA München, Polizeischule FFB 120, Polizeischule FFB: Planspiel. Thema: Schulung im Straßenkampf, Februar 1939, S. 1.

1202 Roland Schoenfelder/Karl Kasper/Erwin Bindewald, Vom Werden der deutschen Polizei. Ein Volksbuch, Leipzig 1937, S. 283. Vgl. ferner ebd., S. 285–302.

1203 Vgl. dazu Hans Roden, Polizei greift ein. Bilddokumente der Schutzpolizei, Leipzig 1934, besonders S. 11–27.

1204 Geleitwort des Herrn Reichsministers Dr. Frick, in: ebd., S. 5.

1205 Kurt Daluege, Die Ordnungspolizei und ihre Entstehung im Dritten Reich, in: Hans Pfundtner (Hrsg.), Dr. Wilhelm Frick und sein Ministerium. Aus Anlaß des 60. Geburtstages des Reichs- und Preußischen Ministers des Innern Dr. Wilhelm Frick am 12. März 1937, München 1937, S. 133–145, hier: S. 133. Als Symbol für die Weimarer Polizei galt den Nationalsozialisten vor allem der Gummiknüppel, dessen Einsatz das Reichsinnenministerium bereits im Juli 1933 verbot. Vgl. Michael Sturm, „Unter mir wird alles weich" – Eine Geschichte des Polizeischlagstocks, in: Lüdtke, Polizei, S. 325–347, hier: S. 330.

1206 18200 RM. Sammelergebnis am „Tag der Deutschen Polizei", in: Fürstenfeldbrucker Zeitung, 21./22.02.1942, Nr. 44, S. 3.

wickelte sich eine neue Dolchstoßlegende, die in den Lehrgängen auch an die angehenden Polizeioffiziere herangetragen wurde. Ob solch ein Unterricht mit dazu beitrug, die Beamten zu fanatisieren, vermag nicht endgültig geklärt zu werden. In der Ausbildung schürte die Ordnungspolizei jedoch Ängste, die bereits den „auswärtigen Einsatz" begleiteten und vor allem in der zweiten Kriegshälfte ein mörderisches Potential entfalteten. Einige Studien vertreten die Theorie, dass die deutsche Staatsmacht den „inneren Feind" tatsächlich sehr fürchtete und ihn im „Altreich" in ausländischen Arbeitskräften sowie abtrünnigen „Volksgenossen" zu erkennen glaubte. Gegen diese zu „Banden" erklärten Opfer ging besonders die Gestapo in den letzten Kriegsjahren noch brutaler vor als bisher und verübte zahlreiche schwere „Endphaseverbrechen". An ihnen hätten sich vor allem Beamte beteiligt, die zuvor im „Osteinsatz" gewesen und dort äußerst brutal vorgegangen seien. Von diesem seien sie radikalisiert nach Hause zurückgekehrt, wobei sie nun Gewalt gegen heimische „Banden" ausgeübt hätten, auf die sie die alten Feindbilder projizieren konnten.[1207]

Zur Polizeitaktik lässt sich resümieren, dass sie nicht nur auf der praktischen Zugführerausbildung aufbaute und sie ergänzte. Zusätzlich versuchte sie, den Offiziersanwärtern bewusst zu machen, warum es für sie so wichtig war, sich ordentlich auf dem militärischen Gebiet zu schulen. Außerdem vermittelte sie ihnen zentrale Feindbilder des Nationalsozialismus, die der Polizei jedoch schon lange vor der „Machtergreifung" sehr vertraut waren. Schon in der Weimarer Republik sah die Ordnungsmacht Staat und Gesellschaft von kommunistischen Unruhestiftern bedroht, die sich zu „Banden" zusammenrotteten und gewaltsam den Status quo im Innern der Republik infrage stellten. Im „Dritten Reich" griff Himmlers Machtapparat dieses traditionelle Schreckgespinst auf und lenkte es Richtung Russland. Die zentrale Botschaft lautete nun, dass Deutschland durch einen blutrünstigen „Bolschewismus" mehr denn je gefährdet sei, der seine skrupellose Sowjetarmee, vor allem aber hinterhältig und feige kämpfende Freischärler auf die „Polizeisoldaten" hetze. Nach Ansicht des „Staatsschutzkorps" drohte dieses System nun wieder, Konfliktherde an der „Heimatfront" entstehen zu lassen, in denen sich vorwiegend linke Staatsfeinde bemühten, die „Volksgemeinschaft" zu Fall zu bringen. Die Polizeischule Fürstenfeldbruck bläute ihren Schülern daher vehement ein, wie sie all diese Gegner im Kampf um „Lebensraum" niederringen und vernichten könnten. Vor allem aber gegen „Banden" sollten sie unbarmherzig wie radikal einschreiten und sich dabei auf ihre angebliche militärtaktische Überlegenheit verlassen.

5.1.1.3 Das Nachrichtenwesen

Um sich auf den Kampf gegen Partisanen, Aufrührer und „Bolschewisten" vorzubereiten, genügte es aus Sicht der Ordnungsmacht nicht, sich ausschließlich auf die Polizeitaktik zu verlassen. Auch erschien es ihr wichtig, dass sich ihre Schüler ein fundiertes Wissen über das Nachrichtenwesen aneigneten, das sich dem Funkverkehr der Ordnungspolizei widmete. Obwohl nur eine Wochenstunde für dieses militärische Fach vorgesehen war, erhielt es ein gro-

1207 Vgl. dazu Thalhofer, Entgrenzung, S. 89–93; Markus Günnewig, Rassenwahn und Massenmord – Die Gestapo im Zweiten Weltkrieg am Beispiel der Staatspolizeistelle Dortmund, in: Schulte, Polizei, S. 105–137, hier: S. 124 f.; Gerhard Paul, „Diese Erschießungen haben mich innerlich gar nicht mehr berührt." Die Kriegsendphasenverbrechen der Gestapo 1944/45, in: Ders., Gestapo (2000), S. 543–568, hier: S. 564 f.; Dams, Gestapo, S. 171; Schmid, Staatspolizei, S. 538 f. Ferner: Bernd-A. Rusinek, „Wat denkste, wat mir objerümt han." Massenmord und Spurenbeseitigung am Beispiel der Staatspolizeistelle Köln 1944/45, in: Paul, Gestapo (2003), S. 402–416, hier: S. 415.

ßes Gewicht, das besonders während des Krieges noch weiter zunahm.[1208] Da den Offiziersanwärtern bewusst sein sollte, wie enorm wichtig die polizeiliche Kommunikationstechnik im gewöhnlichen Dienst, aber vor allem im Gefecht war, behandelten die Fachlehrer diesen Punkt schon in der ersten Unterrichtsstunde. Beispiele aus dem Ersten und aus dem Zweiten Weltkrieg dienten ihnen dazu, ihren Schülern anschaulich zu erläutern, welche Rolle diverse Fernsprechmittel einnahmen, wobei sie gerade jene Erfahrungen miteinbezogen, welche die Polizei-Nachrichteneinheiten während des Einsatzes gemacht hatten.[1209] Daneben ging es im Nachrichtenwesen für die Schüler vor allem darum, die technischen Feinheiten des Geräts kennenzulernen. Deswegen studierten sie, wie Fernsprechanlagen und Fernschreiber der Polizei funktionierten und wie sie aufgebaut waren. Doch auch mit Alarmanlagen und Lautsprechern mussten die Polizisten zurechtkommen. Sie sollten nicht nur in der Lage sein, die entsprechenden Instrumente zu bedienen, sondern diese im Ernstfall auch selbstständig zu reparieren.[1210]

Ferner stand auf dem Stoffplan, wie das deutsche Nachrichtenverbindungswesen organisiert war. In dieser Sektion wurde insbesondere durchgenommen, wie die Nachrichteneinheiten der uniformierten Polizei aufgebaut waren und welche Aufgaben sie erfüllten. Was die taktischen Zeichen dieser Spezialeinheiten überhaupt bedeuteten, war ebenfalls Gegenstand der Ausbildung.[1211] All das mussten die Offiziersanwärter beherrschen, weil sie wahrscheinlich selbst in Polizeibataillonen oder SS-Polizeiregimentern zum Einsatz kamen. Für sie war es daher unerlässlich, mit kriegswichtigen Informationen inner- und außerhalb der Truppe richtig umgehen zu können. Nicht fehlen durfte im Unterricht, die Polizeiführer in spe ordnungsgemäß darüber aufzuklären, wie Nachrichten geheim gehalten oder verschlüsselt werden konnten, damit sie nicht dem Feind in die Hände fielen. Um dieses Wissen außerhalb des Standorts praktisch umzusetzen, veranstaltete die Schule für jeden Lehrgang zudem ein Nachrichtenplanspiel.[1212] An der grundsätzlichen Konzeption des Nachrichtenwesens änderte die Reform des Lehrplans im Jahre 1943 nichts, obwohl der Wert des Faches wahrscheinlich gewachsen sein dürfte. Denn die Kriegslage sorgte ohnehin dafür, dass die polizeiliche Ausbildung immer deutlicher zu einer militärischen verkam.[1213] Himmler war jedoch klar, dass ein Krieg allein mit Funkgeräten nicht gewonnen werden konnte.

1208 Vgl. BayHStA München, Polizeischule FFB 124, Abdruck: Grünwald (Polizeischule Berlin-Köpenick) an u. a. Kommandeur: Lehrstoffverteilungsplan für den 20. Offizier-Anwärter-Lehrgang Mariaschein, 28.02.1941, S. 3.

1209 Vgl. u. a. BayHStA München, Polizeischule FFB 127, 14. Nachrichtenwesen, [1942].

1210 Vgl. BayHStA München, Polizeischule FFB 124, Abdruck: Grünwald (Polizeischule Berlin-Köpenick) an u. a. Kommandeur: Lehrstoffverteilungsplan für den 20. Offizier-Anwärter-Lehrgang Mariaschein, 28.02.1941, S. 21.

1211 Vgl. ebd., S. 21; BAB, R 19/273, Lehrordnung, [1939], Bl. 169. Als Unterrichtsmaterial verwendeten die Lehrkräfte z. B. das „Merkblatt über den Polizei-Bataillons-Nachrichtenzug“ aus dem Hauptamt Ordnungspolizei. Vgl. BayHStA München, Polizeischule FFB 176, I. V. von Bomhard (Chef der Ordnungspolizei) an u. a. die Polizeischulen Berlin-Köpenick und FFB: Merkblatt über den Polizei-Bataillons-Nachrichtenzug, 20.05.1942.

1212 Vgl. BayHStA München, Polizeischule FFB 124, Abdruck: Grünwald (Polizeischule Berlin-Köpenick) an u. a. Kommandeur: Lehrstoffverteilungsplan für den 20. Offizier-Anwärter-Lehrgang Mariaschein, 28.02.1941, S. 21.

1213 Vgl. BayHStA München, Polizeischule FFB 134, Polizeischule FFB: 7. Nachrichtenwesen, [1943]; BayHStA München, Polizeischule FFB 135, Scheu (Polizeischule FFB): Lehrstoffverteilungsplan für Nachrichtenwesen, [1944].

5.1.1.4 Das Waffenwesen/Pionierwesen

Das Fach Waffenwesen sollte den Schülern fundamentales Wissen über den Umgang mit Schuss- und Kriegswaffen aller Art vermitteln. Solche Ausrüstungsgegenstände ordnungsgemäß handhaben zu können, war innerhalb der Staatsgewalt elementar.[1214] Für die Ordnungspolizisten war es zunächst einmal wichtig, zu wissen, in welchen Situationen sie überhaupt befugt waren, von ihrer Waffe Gebrauch zu machen. Nach Ansicht des Bayerischen Innenministeriums sollten die Beamten lieber einmal zu oft als einmal zu wenig schießen. So wurde den Offiziersanwärtern auch eingebläut, dass sie auf Personen zu feuern hatten, die bei der Festnahme flüchteten oder dies auch nur versuchten.[1215] Ganz nach dem Geschmack des NS-Regimes waren Polizisten also dann, wenn sie „Männer der Tat" waren.[1216] Die Gesetzeslage füllte daher nur einen kleinen Teil des Waffenwesens aus, da rechtliche oder gar ethische Fragen hier ohnehin nicht allzu viel bedeuteten. Stattdessen arbeiteten die Fachlehrer darauf hin, dass die Schüler ihre Waffen fachgerecht einzusetzen vermochten. Aber der Unterricht erstreckte sich schon einige Jahre vor dem deutschen Überfall auf Polen nicht nur auf die üblichen Polizeiwaffen, sondern ging weit darüber hinaus.

In den einzelnen Unterrichtseinheiten behandelten die Lehrkräfte zwar, wie die angehenden Polizeiführer mit Pistole und Gewehr umzugehen hatten. Aber auch weitere Feuer- und Kriegswaffen, wie etwa Maschinengewehre, Granatwerfer und Panzerabwehrkanonen (Pak), besaßen ihren Platz in diesem Stoffgebiet.[1217] Nur wer sich mit seiner Ausrüstung gut auskannte und deren Funktionsweise verstand, war auch in der Lage, ganze Einheiten in den Kampf zu führen. Die künftigen Polizeioffiziere hatten nicht bloß zu studieren, wie die einzelnen Waffen en detail aufgebaut waren und gehandhabt werden sollten. Auch mussten sie darüber Bescheid wissen, was es tatsächlich bedeutete, in einem Gefecht die verschiedenen Schusswaffen und Kampfmittel taktisch einzusetzen. Die Lehrer sprachen daher über die „materielle und seelische Wirkung des Feuers am Ziel".[1218] Sie thematisierten auch, wie leichte und schwere Waffen kombiniert und dabei die unterschiedlichen Waffengattungen der Ordnungspolizei sowie der Wehrmacht eingesetzt werden konnten, um beispielsweise gegnerische Panzer auszuschalten.[1219] Sofern sie in Polizeibataillonen oder anderen Einheiten zum Einsatz kamen, mussten die späteren Führungskräfte wissen, wie das umfangreiche Arsenal richtig zu benutzen war. Deshalb wurde ihnen beigebracht, mit Handgranaten richtig umzugehen, aber auch schwere Infanteriewaffen und Geschütze zu bedienen. Nicht zuletzt gehörte es aus Sicht der Schule auf den Lehrplan, dass sich die Polizisten mit der Munition

1214 Vgl. dazu Blood, Bandit Hunters, S. 166.

1215 Vgl. BayHStA München, Polizeischule FFB 9, [unleserlich] (Polizeischule FFB) an StMdI: Waffengebrauchsbestimmungen, 24.06.1937, S. 2 f.

1216 Westermann, Police Battalions, S. 77. Eigene Übersetzung des Originals.

1217 Vgl. BayHStA München, Polizeischule FFB 124, Abdruck: Grünwald (Polizeischule Berlin-Köpenick) an u. a. Kommandeur: Lehrstoffverteilungsplan für den 20. Offizier-Anwärter-Lehrgang Mariaschein, 28.02.1941, S. 19; BayHStA München, Polizeischule FFB 131, Lange (Polizeischule FFB): Lehrstoffverteilungsplan für die Gruppen- und Zugführerausbildung des 32. Offz.-Anw.-Lehrgangs, in der Zeit vom 12.1.43–28.2.43, [1943], S. 5.

1218 BayHStA München, Polizeischule FFB 124, Abdruck: Grünwald (Polizeischule Berlin-Köpenick) an u. a. Kommandeur: Lehrstoffverteilungsplan für den 20. Offizier-Anwärter-Lehrgang Mariaschein, 28.02.1941, S. 19.

1219 Vgl. BAB, R 19/273, Lehrordnung, [1939], Bl. 173. Ferner: BayHStA München, Polizeischule FFB 134, Reichhart (Polizeischule FFB): 5. Waffenwesen, [1943].

all dieser unterschiedlichen Waffenarten auskannten und diese richtig einzusetzen wussten.[1220]

Als eines der wichtigsten Fachbücher zum Thema half ihnen dabei der „Waffen- und Schießtechnische Leitfaden für die Ordnungspolizei".[1221] Er behandelte nicht nur sehr detailliert, wie die einzelnen Waffen aufgebaut waren und wie sie funktionierten. Daneben lieferte er z. B. einen historischen Abriss darüber, wie sich Handfeuerwaffen im Laufe der Jahrhunderte entwickelt hatten. Außerdem beschrieb er, wie eine Feldküche richtig eingesetzt werden sollte. Obwohl es nicht seinem eigentlichen Zweck entsprach, erinnerte er die Ordnungspolizisten am Ende sogar an ihre allgemeinen „Berufs- und Standespflichten". Dabei sprach er von ihnen als den „grünen Soldaten Adolf Hitlers".[1222] Daran lässt sich ablesen, dass die nationalsozialistische Tugendlehre selbst vor diesem Fach nicht Halt machte, obwohl eigenständige Unterrichtsdisziplinen sie umfassend behandelten.[1223]

Der „Leitfaden" befasste sich nicht zuletzt auch mit den Waffengesetzen und den bedeutendsten Vorschriften. Eine der wichtigsten war die „Dienstanweisung über den Waffengebrauch der Polizeibeamten", die Reichsinnenminister Frick am 2. August 1939 erlassen hatte.[1224] Sie regelte unter anderem den „Waffengebrauch auf Befehl". Ihr zufolge sei ein Polizist dazu „verpflichtet, die Waffe zu gebrauchen, wenn ein Vorgesetzter pflichtgemäß den Befehl hierzu erteilt hat". „Die Verantwortung trägt dann allein der Vorgesetzte", wie die Vorschrift gleich darauf klarstellte.[1225] Während des Zweiten Weltkriegs sollte dieses Reglement dazu führen, dass sich die uniformierten Beamten nicht mehr für ihre Taten verantwortlich fühlten. Aus ihrer Sicht haftete dafür stattdessen ihr Vorgesetzter, dessen Anweisungen sie lediglich ausführten. Ihr verbrecherisches Handeln rechtfertigten sie also mit dem hierarchisch bestimmten Dualismus von Befehl und Gehorsam, worauf speziell Stanley Milgram hinwies.[1226] Wer allerdings mit der Dienstanweisung besser vertraut war, musste jedoch wissen, dass er sich nicht in jeder Lage auf die Befehle seines Vorgesetzten berufen konnte. Das war gerade in jenen Situationen der Fall, in denen die Staatsdiener massenhaft unbewaffnete Zivilisten erschossen. Denn Fricks Erlass stellte unmissverständlich klar: „Unzulässig ist der *Schuß*waffengebrauch in der Regel gegenüber Personen im Kindesalter sowie gegen Greise, Kranke oder sonst hilflose Personen."[1227] Wie das Treiben der „Polizeisoldaten" vor allem in Osteuropa zeigt, hielten sich die Täter aber keineswegs an diesen Teil der Vorschrift.

Das Waffenwesen erschöpfte sich nicht in einem rein theoretischen Unterricht. Auch praktisch mussten die Teilnehmer lernen, mit den Handfeuerwaffen richtig umzugehen. Um dies eingehend zu trainieren, diente eine Schießausbildung, die kein eigenes Fach darstellte, sondern gewissermaßen Waffenkunde und Zugführerausbildung miteinander verband. Allerdings muss zwischen Schießlehre und Schießdienst unterschieden werden. Während jene vorwiegend theoretisch behandelte, wie die Beamten mit den polizeilichen Handfeuerwaffen umzugehen hatten, setzte dieser das Gelernte in die Praxis um und war daher eher der

1220 Vgl. BayHStA München, Polizeischule FFB 124, Abdruck: Grünwald (Polizeischule Berlin-Köpenick) an u. a. Kommandeur: Lehrstoffverteilungsplan für den 20. Offizier-Anwärter-Lehrgang Mariaschein, 28.02.1941, S. 21.

1221 Vgl. Karl Fischer, Waffen- und Schießtechnischer Leitfaden für die Ordnungspolizei, Graz 1975. Dieses Buch ist ein Nachdruck der 5. Auflage des Werks aus dem Jahre 1944.

1222 Ebd., S. 566.

1223 Siehe dazu Kapitel 5.1.2.5 und 5.1.4.2.

1224 Vgl. ebd., S. 480–482; RdErl. d. RMdI. v. 02.08.1939, in: RMBliV, 09.08.1939, Nr. 32, Sp. 1636–1638.

1225 Fischer, Leitfaden, S. 481.

1226 Vgl. Milgram, Milgram-Experiment, S. 11 und 214 f.

1227 Fischer, Leitfaden, S. 482. Hervorhebung im Original.

Abbildung 21: Schießausbildung der Polizei (Bayerisches Polizeimuseum, Fotosammlung)

Zugführerausbildung zuzurechnen.[1228] Das Schießtraining gewöhnte die Polizisten an ihre Waffen, so dass sie spätestens nach Lehrgangsende hinreichend erfahren sein sollten. Damit durften sie sich aber nicht begnügen. Stattdessen mussten sie regelmäßig üben, aber auch fortwährend ihr Wissen und ihre Fertigkeiten verbessern. Damit sich die Anwärter daran gewöhnen konnten, ihre Waffen praktisch zu handhaben, hatten sie nicht nur zu lernen, mit ihnen zu schießen. Nicht zuletzt waren die Lehrer darum bemüht, ihren Schützlingen beizubringen, wie das Gerät richtig zu lagern war und wie sie es verwalten sollten. Daneben mussten die Schusswaffen ordentlich gepflegt werden, was die Schüler auch außerhalb des Unterrichts im Waffenwesen zu spüren bekamen. Denn das Lehrpersonal legte großen Wert darauf, dass die Offiziersanwärter ihr Dienst- und Kampfwerkzeug regelmäßig reinigten und kontrollierten, weshalb ein wöchentlicher Waffenappell stattfand, den der Waffenwart der jeweiligen Einheit durchführte.[1229]

Außerdem bildete das Aufgabenfeld eines Pioniers bereits in der ersten Kriegshälfte einen besonderen Komplex innerhalb des Waffenwesens, in dem die Lehroffiziere ihren Schülern beibrachten, diverse Sprengkörper, wie etwa Minen und Sprengfallen, zu entschärfen.[1230] Ein solches Wissen über einen professionellen Umgang mit derlei Explosivstoffen wurde im Laufe des Krieges immer wichtiger. Nachdem Himmler im Jahre 1943 die Lehrpläne reformiert hatte, bildete das Pionierwesen sogar ein eigenständiges Fach, das die Anwärter über diese Materie noch gründlicher aufklärte. Die späteren Polizeioffiziere mussten das gefährliche Gerät unschädlich machen können und in der Lage sein, ihre Menge richtig zu berechnen und ihre Wirkung entsprechend einzuschätzen. Dazu war es für die Anwärter unerlässlich, sich mit den unterschiedlichen Typen von Zündern, Treibmitteln und Ladungen eingehend vertraut zu machen, damit die polizeilichen Pioniere wussten, wie etwa Brücken oder Straßensperren gesprengt werden könnten.[1231] Soweit es die Brucker Schule einrichten konnte, führ-

1228 Im Lehrplan des 21. OAL werden Unterrichtseinheiten zum praktischen Umgang mit Waffen unter der Exerzierausbildung als Teil der Zugführerausbildung aufgeführt. Vgl. BayHStA München, Polizeischule FFB 124, Abdruck: Grünwald (Polizeischule Berlin-Köpenick) an u. a. Kommandeur: Lehrstoffverteilungsplan für den 20. Offizier-Anwärter-Lehrgang Mariaschein, 28.02.1941, S. 23. Allerdings weisen die Stundenpläne von anderen Lehrgängen darauf hin, dass die Schießlehre zwei Wochenstunden im ersten Teil der Ausbildung umfasste. Vgl. BayHStA München, Polizeischule FFB 128, Stundenplan 28. Offizier-Anwärterlehrgang I. Teil, [1942]. Für den 27. OAL werden daneben jedoch noch zusätzlich zwei weitere Schulstunden aufgeführt, die dem Schießdienst zur Verfügung standen. Da diese jedoch unmittelbar auf die Waffen- und Exerzierausbildung folgten, ist davon auszugehen, dass sie als praktisches Schießtraining dienten, während die eigentliche Schießlehre eher theoretisches Wissen vermittelte. Vgl. BayHStA München, Polizeischule FFB 127, Stundenplan für 27. Offizieranwärterlehrgang, [1942].

1229 Vgl. u. a. BayHStA München, Polizeischule FFB 13, Dr. Schade (Polizeischule FFB): Kommando-Befehl Nr. 1, 07.01.1938.

1230 Vgl. BayHStA München, Polizeischule FFB 124, Abdruck: Grünwald (Polizeischule Berlin-Köpenick) an u. a. Kommandeur: Lehrstoffverteilungsplan für den 20. Offizier-Anwärter-Lehrgang Mariaschein, 28.02.1941, S. 19.

1231 Vgl. BayHStA München, Polizeischule FFB 134, Augustin (Polizeischule FFB): 6. Pionierwesen, [1943], S. 1.

te sie ihren Beamten am praktischen Beispiel vor, wie etwa Minen verlegt und gesichert werden sollten, was aufgrund der kritischen Versorgungslage während des Kriegs keineswegs gewährleistet war.[1232]

1944 legte die Schule sogar Anlagen auf ihrem Gelände und im Umland an, auf denen die Schüler üben konnten, mit Sprengmitteln und der Panzerfaust zu hantieren oder gegen Panzer und Bunker vorzugehen.[1233] Solche Manöver übten sie an einer Panzerattrappe, was zwar, laut Kommandeur Arno Hagemann, recht effektiv gewesen sei, jedoch erst in den letzten Monaten des Krieges erfolgte und somit viel zu spät kam.[1234] Dagegen rückte für die Anwärter in dieser Phase immer stärker in den Vordergrund, sich mit den Waffen der gegnerischen Verbände eingehend vertraut zu machen, welche die deutschen Verbände im Laufe des Krieges ergattert hatten. Dieses Know-how war wichtig, weil die polizeilichen Kämpfer einerseits in der Lage sein sollten, mit allem zu kämpfen, was sie auf den Schlachtfeldern in die Hände bekamen. Andererseits war dieser Ausbildungsinhalt auch der Tatsache geschuldet, dass die Polizeieinheiten an den Fronten großteils mit den erbeuteten Waffen ihrer Feinde ausgestattet waren.[1235] Daneben brachten die Lehrkräfte ihren Schützlingen ein weiteres zentrales Tätigkeitsfeld des Pioniers näher, indem sie die Offiziersanwärter darin unterwiesen, Stege, Flöße und Brücken, aber auch Kampfanlagen und Unterstände wie etwa Lager und Biwaks zu bauen.[1236] Ferner erfuhren die Polizisten, wie „Reizgase im Kampfeinsatz der Truppe" angewendet werden sollten und wie sie wirkten.[1237]

Die Prüfungen im Waffen- bzw. Pionierwesen fragten z. B. danach, welche Vorzüge und Nachteile eine Maschinenpistole gegenüber einem Maschinengewehr besitze oder was eine gute Schusswaffe eigentlich ausmache.[1238] Andere Klausuren schlugen schon einmal Töne an, die den Schülern bereits aus anderen Fächern bestens bekannt waren. So erklärte eine Prüfung des 36. OAL, dass ein Zug von Pionieren gegen Partisanen vorgehen müsse, die in der Nähe der Polizeischule mehrere Sprengstoffanschläge auf Bahngleise verübt hätten. Die fiktive Polizeitruppe habe nun den Auftrag, „das Banditenlager am Fürstenstern anzugreifen und zu vernichten" und „das Bandennest mit Flammenwerfern auszuräuchern", weshalb die Pioniere zuvor einen Übergang über die Amper schaffen müssten.[1239] Zwar diente der hier angesprochene Kampf gegen Partisanen lediglich als Kulisse. Doch konstruierten die Bru-

---

1232 Vgl. ebd., S. 1.

1233 Vgl. BayHStA München, Polizeischule FFB 136, Entwurf: I. V. Willing (Polizeischule FFB) an RFSSuChdDtPol: Erfahrungsbericht über den Ablauf des 39. OAL, 31.10.1944, S. 2.

1234 Vgl. BayHStA München, Polizeischule FFB 137, Entwurf: Hagemann (Polizeischule FFB) an RFSSuChdDtPol: Erfahrungsbericht über die Durchführung des 41. OAL, 22.03.1945, S. 2.

1235 Vgl. BayHStA München, Polizeischule FFB 136, Entwurf: I. V. Willing (Polizeischule FFB) an RFSSuChdDtPol: Erfahrungsbericht über den Ablauf des 39. OAL, 31.10.1944, S. 2 und 4; BayHStA München, Polizeischule FFB 135, Entwurf: I. V. [unleserlich] (Polizeischule FFB) an RFSSuChdDtPol: Erfahrungsbericht (38. OAL.), 20.09.1944, S. 3.

1236 Vgl. BayHStA München, Polizeischule FFB 134, Augustin (Polizeischule FFB): 6. Pionierwesen, [1943], S. 2; BayHStA München, Polizeischule FFB 135, [unleserlich] (Polizeischule FFB): Lehrstoffverteilungsplan für Pionierwesen, [1944]; BayHStA München, Polizeischule FFB 136, Koschmieder (Polizeischule FFB): Lehrstoffverteilungsplan für Pionierwesen, 23.05.1944.

1237 BayHStA München, Polizeischule FFB 124, Abdruck: Grünwald (Polizeischule Berlin-Köpenick) an u. a. Kommandeur: Lehrstoffverteilungsplan für den 20. Offizier-Anwärter-Lehrgang Mariaschein, 28.02.1941, S. 19.

1238 Vgl. z. B. BayHStA München, Polizeischule FFB 135, Polizeischule FFB: 2. Prüfungsaufgabe (Waffenwesen), 22.08.1944.

1239 BayHStA München, Polizeischule FFB 134, Polizeischule FFB: 3. Prüfungsaufgabe (Pionierwesen), 05.04.1944.

cker Prüfer auch in anderen Fällen derart kriegerische Szenen, in denen die Schüler in ihrem Geiste Eisenbahntrassen freikämpfen oder Brücken und Verkehrswege zur „Frontbegradigung" zerstören mussten.[1240] Mit einer regulären Polizeiarbeit hatte das nichts mehr gemein.

5.1.1.5 Die Körperschulung und die Reitausbildung

Auch wenn sie nicht unmittelbar zu den militärischen Fächern gehörte, lässt sich die Körperschulung sehr wohl in diesem Bereich verorten. Schließlich bereitete der Sportunterricht die Anwärter nicht nur auf ihren alltäglichen Polizeidienst in der Heimat vor, sondern hatte auch deren körperliche Fitness für den „auswärtigen Einsatz" im Sinn. Er ergänzte damit die übrigen militärischen Disziplinen, für die ein großes körperliches Leistungsvermögen unabdingbar war. Gleichwohl besaß der Polizeisport einen eigenständigen Charakter, der ihn durchaus von einer rein militärischen Ausbildung abzugrenzen vermochte. Denn diese Disziplin untermauerte gleichzeitig, wie viel dem Himmlerschen Polizeiapparat daran gelegen war, dass seine Angehörigen ihr physisches Potential gänzlich ausschöpften. Im NS-Staat galt der Sport generell und speziell in der Schutzstaffel als Instrument zur rassischen Auslese, die letztlich den Typus eines selbstdisziplinierten und linientreuen „Herrenmenschen" zum Vorschein bringen sollte.[1241] Vor allem im Wettkampf stellte sich heraus, ob die Arbeit des Einzelnen am eigenen Körper ausreichte, um sich mit anderen messen zu können – egal, ob auf dem Sportplatz oder auf dem Schlachtfeld. Auf diesem Weg fand eine leistungsorientierte Selektion statt. Sie beabsichtigte, den gesunden und soldatischen Kämpfer vom Rest der deutschen Männer zu trennen, die körperlich einfach zu schwach waren oder nicht den rassischen Kriterien entsprachen. Zugleich erfüllte der Sport eine integrative Funktion, die das Individuum in die Gemeinschaft seiner Kameraden oder auch seiner Mitstreiter und letztlich in den gesamten „Volkskörper" einfügen sollte. Über das kollektive Erlebnis sollte so das individuelle Selbstbewusstsein und die gesellschaftliche Verbundenheit gestärkt werden.[1242] Daher bevorzugte das NS-Regime den gemeinschaftsbildenden Massensport gegenüber dem Leistungssport, der aus seiner Sicht für einen verdammenswerten Nonkonformismus stehe.[1243]

Der polizeieigene Sport ging jedoch nicht auf die Nationalsozialisten zurück, sondern besaß eine längere Tradition. Bereits in den ersten Jahren nach Ende des Ersten Weltkriegs erhielt er einen wachsenden Stellenwert. In dieser Phase erkannte die Staatsmacht, wie wichtig es war, dass sich ihre Vertreter körperlich ertüchtigten. Vielerorts gründeten sich einzelne Zirkel aus ehemaligen Angehörigen der kaiserlichen Armee oder der Freikorps, die nun als Gesetzeshüter gemeinsam turnten oder andere Sportarten ausübten. Darüber hin-

1240 Vgl. BayHStA München, Polizeischule FFB 135, Polizeischule FFB: Mündliche Prüfung. Waffenwesen/Pionierwesen, 13.09.1944, S. 5.

1241 Vgl. Berno Bahro, Der SS-Sport. Organisation – Funktion – Bedeutung, Paderborn 2013, S. 297; Kai Reinhart/Michael Krüger, Funktionen des Sports im modernen Staat und in der modernen Diktatur, in: Historical Social Research 32/1 (2007), S. 43–77, hier: S. 43. Ferner: Paula Diehl, Macht – Mythos – Utopie. Die Körperbilder der SS-Männer, Politische Ideen, Bd. 17, Berlin 2005, S. 160; Philipp Felsch, Volkssport. Zur Ökonomie der körperlichen Leistungsprüfung im Nationalsozialismus, in: SportZeit 1/3 (2001), S. 5–30, hier: S. 8.

1242 Vgl. Bahro, SS-Sport, S. 298–301.

1243 Vgl. Hans-Ulrich Ludewig, Sport und Nationalsozialismus, in: Neue politische Literatur 30 (1985), S. 401–420, hier: S. 402.

aus fungierten sie zugleich als „Pflegestätten eines bewußten nationalen Wehrwillens", wie es später die NS-Propaganda deutete.[1244] Dass es sich dabei nicht bloß um einen Trend handelte, zeigt sich etwa daran, dass Ordnungshüter bereits zu Beginn der Weimarer Republik eigene Sportvereine und Fußballmannschaften aus der Taufe hoben, die Sportfeste organisierten und Wettkämpfe austrugen.[1245] Am 29. September 1924 entstand sogar ein eigener Reichsausschuss für Polizeisport in Leipzig, der mit der Zeitschrift „Deutscher Polizeisport" seit 1925 über ein eigenes Verbandsorgan verfügte. Beider bemächtigten sich schnell die Nationalsozialisten und benutzten sie nach der Machtübernahme als Werkzeuge ihrer politischen und ideologischen Interessen. Der Reichsausschuss wurde bereits Mitte 1934 aufgelöst. An seine Stelle trat ein eigener Sachbearbeiter für Polizeisport im Reichsministerium des Innern, der auch als Bundessportwart im „Kameradschaftsbund Deutscher Polizeibeamten" tätig war. Die nationalsozialistische Polizeigewerkschaft entsendete ihre Sportwarte, welche die einzelnen Vereine der Ordnungsmacht dezentral überwachen und zusammen mit deren Leitern auf Linie bringen sollten. Daneben hatten sie aber auch Polizisten anzuwerben, die bisher den Polizeisportvereinen fern geblieben waren. Diese Körperschaften waren gleichzeitig im Reichsbund für Leibesübungen organisiert.[1246] Im Jahre 1935 bilanzierte der scheidende Sachbearbeiter für Polizeisport, Major Rosenfeld, dass sich in 106 Sportvereinen der Polizei rund 45.000 Mitglieder befunden hätten.[1247]

Die Sportschulen der Polizei konnten sich auch nicht dem Zugriff der Nationalsozialisten entziehen. Die Polizeischule für Leibesübungen in Berlin-Spandau etwa war bereits seit dem 16. Februar 1921 eine solche Bildungsstätte, die in ihren Lehrgängen ausgewählte Polizeibeamte sportlich aus- und weiterbildete.[1248] Auch den Charakter und den Inhalt des Sports instrumentalisierten die neuen Herrscher für ihre Propaganda und richteten sie an den militärischen Zielen des Regimes aus. Seit 1935 trainierten die Polizeisportler intensiv für die Olympischen Sommerspiele des folgenden Jahres, an denen einige Ordnungshüter selbst teilnahmen. Mit dem Polizei-Fünfkampf bemächtigte sich der NS-Staat zudem einer berufseigenen Kombinationssportart, die bereits seit Mitte der zwanziger Jahre aus den Disziplinen Laufen, Schwimmen, Weitsprung, aber auch Pistolenschießen und Handgranatenweitwurf bestand.[1249]

1244 Vor neuen Aufgaben, in: Roland Schoenfelder (Hrsg.), 15 Jahre deutsche Polizei-Sportbewegung, Berlin 1936, S. 19–27, hier: S. 19.

1245 Vgl. Die Polizei-Fußballmannschaften im Deutschen Fußballbund, in: Schoenfelder, 15 Jahre, S. 303–312, hier: S. 304. Ferner: Siggemann, Polizei, S. 125; Danner, Ordnungspolizei, S. 138 f.

1246 Vgl. Geschichte der deutschen Polizeisportbewegung, in: Schoenfelder, 15 Jahre, S. 29–151, hier: S. 29, 33 und 41 f. sowie 137 und 143–147; Die Zeitschrift „Deutscher Polizeisport", in: Schoenfelder, 15 Jahre, S. 359–363. Der Deutsche Reichsbund für Leibesübungen entstand im Frühjahr 1934 und war der Dachverband des Sports im „Dritten Reich", den der Reichssportführer Hans von Tschammer und Osten leitete. Seit Ende 1938 hieß er Nationalsozialistischer Reichsbund für Leibesübungen und war der NSDAP angegliedert. Vgl. dazu: Hajo Bernett, Der Weg des Sports in die nationalsozialistische Diktatur. Die Entstehung des Deutschen (Nationalsozialistischen) Reichsbundes für Leibesübungen, Beiträge zur Lehre und Forschung im Sport, Bd. 87, Schorndorf 1983, insbesondere S. 15 und 27.

1247 Vgl. Major Rosenfeld, Die deutsche Polizeisportbewegung und der Kameradschaftsbund. Vortrag bei der Reichstagung des Kameradschaftsbundes deutscher Polizeibeamten, in: Schoenfelder, 15 Jahre, S. 273–285, hier: S. 277. Sein Nachfolger war Major E. Stöwe, der ab 1. August 1935 dieses Amt innehatte.

1248 Vgl. Die Polizei-Sportschule, in: Schoenfelder, 15 Jahre, S. 249–264.

1249 Vgl. Der „Polizei-Fünfkampf", in: Schoenfelder, 15 Jahre, S. 235–248. Ferner: RdErl. d. RuPrMdI. v. 22.07.1935, in: MBliV, 31.07.1935, Nr. 31, Sp. 979–980b.

Um restlos alle Beamten sportlich wie ideologisch zu erfassen und auf den nahenden Weltanschauungskampf vorzubereiten, wurde „jedem Angehörigen der Polizeiexekutive die stete Schulung seines Körpers zur besonderen Pflicht gemacht".[1250] Die „Gesetzeshüter" mussten sich einer Reihe von Leistungstests unterziehen, die ihrer physischen Kondition in regelmäßigen Abständen einer Nagelprobe unterzogen. Daluege betonte, dass insbesondere die Offiziere mit gutem Beispiel vorangehen müssten, um auch ihre Untergebenen für die außerdienstliche Körperschulung zu begeistern.[1251] Die Ordnungspolizisten sollten nach den gleichen Idealen sportlich ausgebildet werden wie die SS, weshalb die Sportlehrer ausführliche Leitfäden für die Körperschulung erhielten. „Opferbereitschaft und Entschlossenheit, Manneszucht und Pflichtgefühl, unbedingte Unterordnung, selbstloser Kameradschaftssinn und Festigung der nationalsozialistischen Weltanschauung" propagierte der SS- und Polizeiapparat dabei als oberste Werte und Tugenden, auf die der Sportunterricht abzielen sollte.[1252] Insofern fügte sich die polizeiliche Körperschulung zumindest theoretisch in das pädagogische Gesamtkonzept des SS- und Polizeiapparates ein.

Es überrascht deshalb nicht wirklich, dass der Polizeisport in den Offiziersanwärterlehrgängen nicht zu kurz kam. Kommandeur Dr. Oskar Lossen sah in ihm „ein nicht zu entbehrendes Selbsterziehungsmittel" für die Polizisten.[1253] Während die Teilnehmer sich auch außerhalb des Unterrichts fit halten sollten, standen der Körperschulung offiziell zwei Wochenstunden zur Verfügung. In ihnen wechselten sich Einheiten in der Gymnastik, im Geräteturnen, im Schwimmen und in der Leichtathletik ab. In den letzten dieser drei Kategorien hatten die Teilnehmer anfänglich über mehrere Wochen hinweg eine Leistungsprüfung abzulegen.[1254] Bald ging der Ausbildungsapparat jedoch dazu über, diese Prozedur durch eine Abschlussbesichtigung zu ersetzen.[1255] Diese fand zum Ende des Kurses statt und war Teil der gesamten Abschlussprüfung. Während des Lehrgangs mussten die Schüler in den regulären Sportstunden eine möglichst gute Figur abgeben, wenn sie etwa mit Medizinball und Kugel oder an Barren, Reck und der Gitterleiter turnten.[1256] Aber auch im Wasser hatte ein Polizist zurechtzukommen, weshalb die Schwimmausbildung mehrere Stunden beanspruchte, die ein Wasserballspiel auflockerte.[1257] Zudem wurde von den Anwärtern verlangt, in der Lage zu sein, bei Badeunfällen oder in ähnlichen Situationen einzugreifen und als Rettungsschwimmer Erste Hilfe zu leisten.[1258] Gerade der Ausdauersport kam an den polizeilichen Bildungsstätten nicht zu kurz. Die Schüler absolvierten öfters Langstrecken-, Hindernis- und Waldläufe von mehreren Kilometern Länge.[1259] Darüber hinaus waren diverse

1250 Aufgaben, S. 25.

1251 Vgl. ebd., S. 27.

1252 IfZ Archiv, 11/Dc 029.016, Hinweise für die dienstliche Körperschulung in der SS und Polizei, bearb. v. der SS-Reichsschule für Leibeserziehung, Berlin 1944, S. 7.

1253 Der 8. Einheitslehrgang an der Polizeihauptschule feiert Abschied, in: Fürstenfeldbrucker Zeitung, 20.07.1935, Nr. 166, S. 4.

1254 Vgl. BAB, R 19/273, Lehrordnung, [1939], Bl. 141.

1255 Vgl. z. B. BayHStA München, Polizeischule FFB 124, Abdruck: Grünwald (Polizeischule Berlin-Köpenick) an u. a. Kommandeur: Lehrstoffverteilungsplan für den 20. Offizier-Anwärter-Lehrgang Mariaschein, 28.02.1941, S. 22.

1256 Vgl. ebd., S. 22.

1257 Vgl. BAB, R 19/273, Lehrordnung, [1939], Bl. 141.

1258 Dass diese Ausbildung in Erster Hilfe ebenfalls ein Thema der Brucker Ausbildung war, zeigen einige Dokumente in BayHStA München, Polizeischule FFB 177.

1259 Vgl. BayHStA München, Polizeischule FFB 124, Abdruck: Grünwald (Polizeischule Berlin-Köpenick) an u. a. Kommandeur: Lehrstoffverteilungsplan für den 20. Offizier-Anwärter-Lehrgang Mariaschein,

Ballsportarten bei den Polizisten äußerst beliebt. Während Faust- und Handball regulär auf dem Lehrplan standen, spielten sie in ihrer Freizeit nur allzu gerne Fußball.[1260] Das diente jedoch nicht ausschließlich dem rein spielerischen Vergnügen. „Ballspiele, als Kampfspiele betrieben, fördern Wendigkeit und Geschicklichkeit und wecken den Ein- und Unterordnungswillen, den Mannschafts- und Kameradschaftsgeist, die selbstlose Aufopferung und gesteigerte Leistung zum Erfolge der Mannschaft, zum Wohle des Ganzen", wie der Sachbearbeiter für Polizeisport Major E. Stöwe in einem Aufsatz aus dem Jahre 1936 klarstellte.[1261]

Ebenfalls nicht nur zum Spaß machte die Polizeischule Fürstenfeldbruck bei den Deutschen Meisterschaften im Polizeifünfkampf mit. An solchen Wettkämpfen nahmen die besten Sportler der Ordnungsmacht teil, welche die einzelnen Standorte in Ausscheidungskämpfen ermittelten. Für die einzelnen Dienststellen war es sehr prestigeträchtig, einen erfolgreichen Athleten in den eigenen Reihen zu haben, was in gewisser Hinsicht auch für die Brucker Institution galt. Wie die Lokalpresse verkündete, wurde einer ihrer ehemaligen Schüler am 7. August 1938 in Berlin sogar Deutscher Polizeimeister, während ein weiterer den dritten Platz belegte.[1262] Die Schule beteiligte sich von Fürstenfeldbruck aus an dem Spektakel, indem sie vor Ort die sportlichen Leistungen ihrer Kandidaten überprüfte. Dabei hatte der hauseigene Sportoffizier großen Wert darauf zu legen, dass die Lehrgangsleiter sie nach einheitlichem Maßstab evaluierten.[1263] Zum Fitnessprogramm an der Brucker Lehranstalt gehörte es auch, dass ihr Personal und die Schüler jährlich eine Leistungsprüfung absolvierten, der eine ärztliche Untersuchung voranging. Allerdings gehörte sie ebenfalls nicht zum Unterricht, weil sie obligatorisch im gesamten Polizeiapparat abgelegt werden musste. Doch auch bei dieser Gelegenheit konnten die Staatsdiener gemeinsam trainieren und sich körperlich ertüchtigen.[1264] Dem Sportoffizier kam die Aufgabe zu, diese Prüfung zu organisieren, die für Beamte bis zu einem Alter von 45 Jahren verpflichtend war. Zu ihrem Ablauf gehörte z. B., dass die Kandidaten minutenlang im nahegelegenen Fluss, der Amper, schwammen.[1265] Dabei waren die jeweiligen Lehrgangsleiter dafür verantwortlich, innerhalb eines Monats den gesamten Leistungstest durchzuführen, mit dem sie nachprüfen konnten, wie sehr ihre Anwärter körperlich belastbar waren. Ein ähnliches Reglement galt ebenso für das Stammpersonal.[1266] 1940 setzte Himmler diese sportlichen Kontrollen zwar aus, weil er hoffte, dass die Polizisten „sich auch während des Krieges ihre körperliche Leistungsfähigkeit durch eigene Arbeit vor allem in der Freizeit voll erhalten".[1267] Lange schien diese Pause

---

28.02.1941, S. 22.

1260 Vgl. BayHStA München, Polizeischule FFB 124, Abdruck: Grünwald (Polizeischule Berlin-Köpenick) an u. a. Kommandeur: Lehrstoffverteilungsplan für den 20. Offizier-Anwärter-Lehrgang Mariaschein, 28.02.1941, S. 22.

1261 Major Stöwe, Die Körperschulung in der Polizei, in: Kehrl, Jahrbuch, S. 74–81, hier: S. 76.

1262 Vgl. Ein ehem. Fürstenfeldbrucker Deutscher Polizeimeister 1938, in: Fürstenfeldbrucker Zeitung, 11.08.1938, Nr. 185, S. 3.

1263 Vgl. BayHStA München, Polizeischule FFB 13, Dr. Schade (Polizeischule FFB): Kommando-Befehl Nr. 13, 11.06.1938. Ferner z. B.: RdErl. d. RFSSuChdDtPol. im RMdI. v. 12.05.1938, in: RMBliV, 18.05.1938, Nr. 21, Sp. 876d–876h.

1264 Vgl. BayHStA München, Polizeischule FFB 13, Korsemann (Polizeischule FFB): Kommandobefehl Nr. 22, 03.06.1939. Zur Leistungsprüfung in der Ordnungspolizei ferner: Westermann, Police Battalions, S. 73.

1265 Vgl. BayHStA München, Polizeischule FFB 13, Dr. Schade (Polizeischule FFB): Kommando-Befehl Nr. 16, 09.07.1938.

1266 Vgl. BayHStA München, Polizeischule FFB 13, I. V. Diez (Polizeischule FFB): Kommandobefehl Nr. 26, 16.06.1939.

1267 BayHStA München, Polizeischule FFB 14, I. V. Meier (PAB FFB): Bataillonsbefehl Nr. 34, 07.06.1940.

aber nicht bestanden zu haben. Im Sportunterricht trainierten die Schüler weiterhin für diese Prüfung, die sie teilweise auch dort ablegen konnten.[1268]

Da die Offiziersanwärter auch lernen mussten, sich gegenüber Angreifern und Menschen zu verteidigen, die sich nicht verhaften lassen wollten, besaß der Kampfsport einen besonderen Wert in der Körperschulung. Für solche Situationen brachten die Ausbilder ihren Schülern etwa bei, die gängigen Polizeigriffe richtig anzuwenden. Sollte es jedoch zu einem Zweikampf mit Raufbolden, Betrunkenen oder Verbrechern kommen, reichten diese Kniffe nicht aus. Deshalb trainierten die Ordnungspolizisten ihre Reflexe und Abwehrtechniken, indem sie sich dem Boxen zuwendeten. Dabei lernten sie die einzelnen Körperschläge, übten aber auch, sich vor den Hieben des Gegners zu decken. Zudem studierten sie verschiedene Wurftechniken ein, wie sie im Jiu Jitsu angewendet werden. Auch Schnelligkeits- und Aufmerksamkeitsübungen bestimmten den Unterricht in diesem körperbetonten Sport.[1269]

Abbildung 22: Jiu Jitsu-Training von Polizeianwärtern (Privatarchiv Sven Deppisch)

In der zweiten Kriegshälfte nahm der Nahkampf immer mehr Raum in der Körperschulung ein. Das Informationsmaterial zu diesem Training stammte oftmals aus der Wehrmacht, was erneut verdeutlicht, wie ähnlich sich beide Waffenträger in ihrer Ausbildung waren.[1270] Mit einem reinen Kampfsport hatte der Nahkampf allerdings wenig gemein. Die Polizeischüler übten, mit entsprechenden Waffen richtig umzugehen, wozu vor allem das Bajonett zählte. Daneben trainierten sie, mit dem Gewehrkolben Schläge auszuteilen und abzuwehren oder gar einen Spaten als Waffe einzusetzen.[1271] Die angehenden Polizeioffiziere übten außerdem, mit dem traditionellen Säbel und dem Seitengewehr zu fechten, studierten aber auch unterschiedliche Techniken ein, mit deren Hilfe sie einen Angreifer abwehren konnten, der ihnen mit der Pistole in die Brust oder in den Schritt schießen wollte.[1272] Ähnlich wie die Kampfsportarten waren auch andere solcher Übungen wettkampforientiert und zielten neben der körperlichen Fitness darauf ab, den Kampfgeist und das Durchsetzungsvermögen der Polizisten zu stärken. Eine Disziplin, auf die das ebenso zutraf, war etwa das Tauziehen.[1273]

1268 Vgl. u. a. BayHStA München, Polizeischule FFB 135, [unleserlich] (Polizeischule FFB): Stoffverteilungsplan für KS. (Körperschulung), 20.06.1944, S. 2.

1269 Vgl. BayHStA München, Polizeischule FFB 124, Abdruck: Grünwald (Polizeischule Berlin-Köpenick) an u. a. Kommandeur: Lehrstoffverteilungsplan für den 20. Offizier-Anwärter-Lehrgang Mariaschein, 28.02.1941, S. 22. Ferner: BAB, R 20/70, Körperschulung, [1942]. Ferner: Die Entwicklung des deutschen Polizeiboxsports, in: Schoenfelder, 15 Jahre, S. 287–301.

1270 Dazu zählen etwa die „Richtlinien für die Nahkampfausbildung im Ersatzheer". Vgl. BayHStA München, MInn 71992, Schnellbrief: I. A. von Bomhard (RFSSuChdDtPol) an u. a. Polizeischule FFB: Nahkampfausbildung in der Ordnungspolizei, 17.06.1942. Das gleiche Dokument findet sich auch in BAB, R 19/308.

1271 Vgl. BayHStA München, Polizeischule FFB 134, Roller (Polizeischule FFB): 8. Körperschulung, [1943].

1272 Vgl. BayHStA München, Polizeischule FFB 136, [unleserlich] (Polizeischule FFB): Stoffverteilungsplan in KS für den 39. OAL, ab 17.5.1944, S. 1 f.

1273 Vgl. BayHStA München, Polizeischule FFB 131, Lange (Polizeischule FFB): Lehrstoffverteilungsplan für die Gruppen- und Zugführerausbildung des 32. Offz.-Anw.-Lehrgangs, in der Zeit vom 12.1.43–

Ab Sommer 1942 trainierten die Lehrgänge in Fürstenfeldbruck auf der hauseigenen Nahkampfanlage. Diese ließ Kommandeur Hagemann anlegen, weil der Reichsführer-SS in einem Schnellbrief dazu aufgerufen hatte. Nicht nur die Brucker Institution, sondern sämtliche Angehörige von Einheiten und Schulen der Ordnungspolizei waren dazu angehalten, bestehende Anlagen der Wehrmacht zu nutzen oder eigene aufzubauen. Auf diesem Areal übten sich die Schüler hauptsächlich im Zweikampf, wozu etwa das Boxen, vor allem aber der Einsatz von Bajonetten gehörte. Die Brucker Lehrstätte musste sich dafür Holzattrappen basteln oder Metallstangen verwenden, weil sie über keine speziellen Bajonettgewehre verfügte.[1274] Da die Trainingsstätten für den Nahkampf im „Altreich" und in den besetzten Gebieten anscheinend nicht einheitlich gestaltet waren, entwickelte das Hauptamt Ordnungspolizei im Februar 1943 einen Leitfaden, welcher der Staatsmacht dabei helfen sollte, zu einer gemeinsamen Linie zu finden. Dieses Dokument zeigt, dass der Kampf Mann gegen Mann in dieser Phase des Krieges immer wichtiger wurde. Denn bei dieser Kampfweise sei der Russe „ein verbissener, zäher und gefährlicher Gegner". Daher müsse jeder einzelne deutsche Polizist unter anderem durch „Geländeläufe, Mutübungen und Kampfspiele aller Art" zur Härte erzogen werden.[1275] Auf einer Hindernisbahn sollten sich die Schüler darauf vorbereiten, wie sie auf überraschende Situationen reagieren müssten. Schnelle Schüsse aus der Hüfte, das Werfen von Handgranaten, die Kampfübung mit dem Seitengewehr an Puppen und das Feuer auf bewegliche Klappscheiben waren dabei die wichtigsten Trainingselemente. In Gruppen übten die Beamten diese Inhalte noch eingehender, indem sie z. B. simulierten, ein Gelände zu durchkämmen oder Bunkeranlagen zurückzuerobern.[1276]

Mit einem ganz normalen Sportunterricht hatten solche Manöver nichts mehr gemein. Es bedarf aber nicht erst eines Blicks auf den Nahkampf, um zu erkennen, wie stark militärisch die gesamte Körperschulung ausgerichtet war. Auch wenn die meisten Sportarten noch heute geläufig sind, gab es trotzdem gewisse inhaltliche Unterschiede. Im Lehrplan fanden sich in der Leichtathletik beispielsweise „Lauf, Sprung, Handgranatenwerfen" als bevorzugte Disziplinen, die ganz offensichtlich dem traditionsreichen Polizei-Fünfkampf entstammten und auf den sportlichen Wettkampf ausgerichtet waren.[1277] Während des Krieges erfüllte der Umgang mit Handgranaten und anderen Sprengmitteln jedoch einen wesentlich ernsteren Zweck. Im Sportunterricht trainierten die Polizisten in einigen Stunden, eben solche Mittel im Kampf gegen Panzer zu verwenden.[1278]

Ähnlich wie die militärischen Planspiele entführte der Sportunterricht die Schüler aus den Klassenzimmern und zielte gemäß dem nationalsozialistischen Selbstverständnis darauf ab, neben dem Geist auch den Körper zu formen. Allein mit diesem Motiv konnten sich die Führungskräfte der Ordnungspolizei jedoch nicht von den gewöhnlichen Wachtmeistern oder von ihren zivilen „Volksgenossen" abheben. Um sich standesgemäß zu präsentieren, stand

---

28.2.43, [1943], S. 2.

1274 Vgl. BayHStA München, Polizeischule FFB 176, Schnellbrief: I. A. von Bomhard (RFSSuChdDtPol) an u. a. die Polizeischulen Berlin-Köpenick und FFB: Nahkampfausbildung in der Ordnungspolizei, 17.06.1942.

1275 BayHStA München, Polizeischule FFB 175, I. A. Grünwald (RFSSuChdDtPol) an u. a. Polizeischule FFB: Anleitung für die Nahkampfausbildung und zur Anlage einer behelfsmässigen Nahkampfbahn, 11.02.1943, S. 2.

1276 Vgl. ebd., S. 2 f.

1277 BAB, R 19/273, Lehrordnung, [1939], Bl. 141.

1278 Vgl. BayHStA München, Polizeischule FFB 134, Roller (Polizeischule FFB): 8. Körperschulung, [1943]; BayHStA München, Polizeischule FFB 135, [unleserlich] (Polizeischule FFB): Stoffverteilungsplan für KS. (Körperschulung), 20.06.1944, S. 1

für die Offiziersanwärter noch etwas anderes auf dem Lehrplan. Ähnlich wie das Fechten besaß auch das Reiten in Himmlers Kosmos eine herausragende Position, weil die SS mit diesen beiden aristokratischen Sportarten ihren elitären Charakter unterstreichen wollte.[1279]

Wenngleich nicht im selben Maße bestand dieser Anspruch zumindest auch für die führenden Beamten der Ordnungspolizei. Einerseits betrachtete die uniformierte Staatsmacht das Pferd als lebendiges Arbeitsgerät, das sie z. B. im geschlossenen Einsatz verwendete. Andererseits fungierte es für sie als Repräsentationsobjekt, um sich als hochwertiges Glied des Himmlerschen Systems zu inszenieren. Der Ordnungsmacht hatte das Reiten allerdings schon in den zwanziger Jahren dazu gedient, ihren gehobenen Status nach außen zu unterstreichen.[1280] Der Polizeiapparat unterhielt daher einige Reitschulen, die entweder bereits in der Weimarer Republik existiert hatten oder im „Dritten Reich" neu entstanden waren. Dazu zählten etwa die Polizeireitschulen in Potsdam, Bensburg und Magdeburg, wobei letztere während des Krieges nach Rathenow umzog.[1281]

Abbildung 23: Brucker Offiziere zu Pferde (1940) (Privatarchiv Uwe Hofmann)

Daneben erteilte auch die Polizeischule Fürstenfeldbruck einen eigenen Reitunterricht. In einzelnen Lehrgängen stand dieser bereits in Friedenszeiten auf dem Programm, wobei sich die Anwärter zunächst mit den theoretischen Grundlagen der Reiterei befassten.[1282] Die Polizisten sollten aber vor allem im Sattel eine gute Figur abgeben, wenn sie bei Paraden oder anderen Menschenaufläufen zu Pferde aufmarschierten. Deshalb übten sie zunächst einmal, wie sie mit ihren Tieren grundsätzlich umzugehen und diese zu pflegen hatten. Dazu gehörte auch ein kleiner Abstecher in die Veterinärkunde.[1283] Dort lernten sie unter anderem, wie sie Fuhrwerke richtig bespannen und die Zügel handhaben mussten.[1284] Die unterschiedlichen Gangarten, wie etwa Galopp, Trab und Schritt, trainierten sie mit ihren tierischen Kameraden ebenfalls.[1285] Die Anwärter übten zudem, wie sie unwegsames Gelände zu Pferde durchqueren und dabei Hindernisse über-

1279 Vgl. Bahro, SS-Sport, S. S. 222–256; Ders., Der Sport und seine Rolle in der nationalsozialistischen Elitetruppe SS, in: Historical Social Research 32/1 (2007), S. 78–91, hier: S. 87–89.

1280 Vgl. Schmidt, Polizisten, S. 219.

1281 Vgl. Nix, Police Forces, S. 104; Die Polizei-Reitschule in Potsdam, in: Schoenfelder, 15 Jahre, S. 265–271.

1282 Erste Hinweise auf diese eher spontan eingerichteten, aber verpflichtenden Reitkurse finden sich für das Jahr 1938, wobei jedoch zu vermuten ist, dass ein ähnlicher Reitunterricht bereits zuvor in einzelnen Lehrgängen stattgefunden hatte. Vgl. BayHStA München, Polizeischule FFB 13, Dr. Schade (Polizeischule FFB): Kommandobefehl Nr. 32, 09.12.1938.

1283 Vgl. BayHStA München, Polizeischule FFB 131, Hagemann (Polizeischule FFB) an RFSSuChdDtPol: Erfahrungsbericht über die Durchführung des 32. O.A.L., 18.08.1943, S. 4; BayHStA München, Polizeischule FFB 133, Entwurf: Hagemann (Polizeischule FFB) an RFSSuChdDtPol: Erfahrungsbericht über die Durchführung des 35. Offizieranwärterlehrganges, 04.01.1944, S. 2.

1284 Vgl. BayHStA München, Polizeischule FFB 122, [Korsemann] (Polizeischule FFB) an RFSSuChdDtPol: Erfahrungsbericht über die Durchführung des 8. Offz.-Anwärter-Lehrg., 08.05.1939, S. 2; BayHStA München, Polizeischule FFB 135, Roller (Polizeischule FFB): Reitausbildungsplan für 19 Wochen, 14.04.1944, S. 1.

1285 Vgl. BayHStA München, Polizeischule FFB 134, Schwahn (Polizeischule FFB): 9. Reitausbildungsplan für 12 Wochen, 17.12.1944, S. 1.

winden konnten. Gräben, Steilhänge und Flussläufe, aber auch Wälder und sumpfige Gebiete hatten sie mit ihren vierbeinigen Helfern zu passieren.[1286]

Gerade diese Fertigkeiten erhielten während des Krieges noch mehr Gewicht, weil sich die Offiziere der Ordnungspolizei dahingehend qualifizieren mussten, mit ihren Vierbeinern im „Osten" eingesetzt zu werden.[1287] Dementsprechend etablierte sich die Reitausbildung besonders in der zweiten Kriegshälfte als eine feste Größe in der polizeilichen Ausbildung. Das lässt sich schon allein daran ablesen, dass auch die Hauptleute und Oberleutnante des Stammpersonals der Schule zu Pferde mehr Erfahrungen sammeln sollten.[1288] In dieser Phase mussten die Offiziersanwärter auch eine eigene Reitprüfung ablegen, die ein Teil der allgemeinen Abschlussprüfung war.[1289] Dieser Prozess gipfelte darin, dass der Reitunterricht im Jahre 1943 sogar zu einem eigenständigen Fach avancierte.[1290] Der Teil der Ausbildung litt jedoch häufig unter schwierigen Witterungsverhältnissen, weshalb die Polizeischule Fürstenfeldbruck 1943 eine eigene Reithalle forderte, die Anfang März 1944 tatsächlich entstand.[1291] Für den Reitunterricht standen ihr insgesamt 45 Pferde zur Verfügung, was der Institution jedoch nicht genügte, da ihr diese Anzahl für einen einzigen Lehrgang schon zu gering erschien.[1292] Wenige Monate vor Kriegsende musste sie ihre Tiere aber abgeben und konnte daher nicht mehr auf diesem Gebiet ausbilden.[1293] Zwar war das Reiten für die Offiziersausbildung nur von marginalem Wert und entfaltete sich erst zu einer ernstzunehmenden Größe, als es schon zu spät war. Trotzdem dürfte es für die Polizisten abwechslungsreich und angenehm gewesen sein, mit den Pferden zu arbeiten und ihren Stuhl mit dem Sattel zu tauschen. Weil der Reitunterricht darüber hinaus in erster Linie auf den Kriegseinsatz ausgerichtet war, bildete er ein weiteres Mosaiksteinchen der militärischen Ausbildung.

1286 Vgl. BayHStA München, Polizeischule FFB 132, Entwurf: Hagemann (Polizeischule FFB) an RFSSuChdDtPol: 33. Offizieranwärterlehrgang, 16.11.1943, S. 3.

1287 Vgl. RdErl. d. RFSSuChdDtPol. im RMdI. v. 31.03.1942, in: MBliV, 08.04.1942, Nr. 14, Sp. 680a f.

1288 Kommandeur Arno Hagemann ordnete dies etwa für seine Offizierskollegen in entsprechenden Kommandobefehlen an. Vgl. BayHStA München, Polizeischule FFB 14, Hagemann (Polizeischule FFB): Kommandobefehl Nr. 38, 25.10.1941; BayHStA München, Polizeischule FFB 15, Hagemann (Polizeischule FFB): Kommandobefehl Nr. 11, 18.04.1942.

1289 Das geht hervor aus einem Bericht zur Abschlussprüfung des 32. OAL. Vgl. BayHStA München, Polizeischule FFB 131, Hagemann (Polizeischule FFB) an RFSSuChdDtPol: Niederschrift über die Abschlußprüfung des 32. OAL, 11.08.1943, S. 1.

1290 So erscheint erstmals im Lehrplan des 36. OAL die Reitausbildung als eigenes Fach. Vgl. BayHStA München, Polizeischule FFB 134, Hagemann (Polizeischule FFB): Kommandobefehl für die Durchführung des 36. Offizieranwärterlehrganges, 20.12.1943.

1291 Vgl. BayHStA München, Polizeischule FFB 131, Hagemann (Polizeischule FFB) an RFSSuChdDtPol: Erfahrungsbericht über die Durchführung des 32. O.A.L., 18.08.1943, S. 4. Ferner: BayHStA München, Polizeischule FFB 132, Entwurf: Hagemann (Polizeischule FFB) an RFSSuChdDtPol: 33. Offizieranwärterlehrgang, 16.11.1943, S. 3; BayHStA München, Polizeischule FFB 134, Entwurf: Hagemann (Polizeischule FFB) an RFSSuChdDtPol: Erfahrungsbericht, 10.05.1944, S. 2.

1292 Vgl. BayHStA München, Polizeischule FFB 134, Entwurf: Hagemann (Polizeischule FFB) an RFSSuChdDtPol: Erfahrungsbericht, 10.05.1944, S. 2.

1293 Vgl. BayHStA München, Polizeischule FFB 137, Entwurf: Hagemann (Polizeischule FFB) an RFSSuChdDtPol: Erfahrungsbericht über die Durchführung des 41. OAL, 22.03.1945, S. 4.

5.1.1.6 Der Luftschutz

Bereits in der Weimarer Republik war insbesondere die Polizei dafür verantwortlich gewesen, einen effizienten Luftschutz zu bewerkstelligen, den die Nationalsozialisten nach der „Machtergreifung" weitgehend übernahmen, um das deutsche Volk für den geplanten Krieg zu wappnen.[1294] Nachdem Hermann Göring im Mai 1935 zum Oberbefehlshaber der deutschen Luftwaffe aufgestiegen war, versuchte er dieses Gebiet unter seine Kontrolle zu bringen. Doch Himmler konnte sich gegenüber dem Reichsminister der Luftfahrt durchsetzen und den Luftschutz seinem Machtbereich einverleiben. Seit September 1939 befanden sich die Berufsfeuerwehren unter dem Dach der Ordnungspolizei. Seither traten sie als Feuerschutzpolizei auf und waren für den eigentlichen Brand- und Luftschutz zuständig.[1295] Daneben existierten auch noch Feuerwehren, die eine Hilfspolizei darstellten und in Gemeinden bestanden, in denen es keine Feuerschutzpolizei gab. Werksfeuerwehren waren hingegen in bestimmten kriegswichtigen Betrieben eingesetzt.[1296] Auch die 1919 gegründete Technische Nothilfe (Teno) gehörte seit 1936 zur Ordnungspolizei und war am Luftschutz beteiligt, indem sie vor allem möglichst schnell jene Schäden beseitigen sollte, die an wichtigen Objekten durch Luftangriffe entstanden waren.[1297]

Dieser Kontext lässt erahnen, dass der Luftschutz auch als Ausbildungsfach für die Offiziersanwärter ungeheuer bedeutsam war. Deshalb verwendeten die Lehranstalten viel Energie darauf, um ihre Schützlinge auf den Bombenkrieg vorzubereiten. Zwar besaß dieses Fach keinen direkten Bezug zum truppenmäßigen Agieren der „Polizeisoldaten" im „auswärtigen Einsatz". Zu den militärischen Fächern kann der Luftschutz aber trotzdem gezählt werden, weil Ordnungspolizisten in entsprechenden Katastrophenfällen an der „Heimatfront" oftmals im geschlossenen Einsatz ausrücken mussten, wie es die Polizeiverwendung vorsah. Wie sehr sich die Polizeischule Fürstenfeldbruck selbst abseits des regulären Unterrichts mit diesem Thema beschäftigte, wird noch an anderer Stelle dargestellt.[1298] Vor allem während des Krieges mussten sich die Schüler innerhalb des Luftschutzunterrichts zunächst einmal einen Überblick darüber verschaffen, wie sich die „[l]uftpolitische und luftgeographische Lage Deutschlands bis 1939" gestaltete.[1299] Generell folgte auf einen solchen historischen Exkurs, dass der Fachlehrer genauer auf das Luftschutzgesetz vom 26. Juni 1935 und seine Durchführungsverordnungen einging. Damit war auch die rechtliche Basis geschaffen. Ferner besprach er, wie der Luftschutz im Deutschen Reich organisiert war, welche Aufgaben den Polizeirevieren dabei zukamen und welche Maßnahmen der NS-Staat ergriff, um die Bevöl-

1294 Vgl. Clemens Heitmann/Bernd Lemke, Die deutsche Polizei und der totale Krieg. Sicherheitsapparate sowie Staats- und Gesellschaftssysteme im Spiegel von Luft- und Zivilschutzorganisationen, in: Schulte, Polizei, S. 589–620, hier: S. 593 f.

1295 Vgl. Almut Hielscher, „Wir haben ja nichts mehr". Die machtlosen Helfer, in: Stephan Burgdorff/Christian Habbe (Hrsg.), Als Feuer vom Himmel fiel. Der Bombenkrieg in Deutschland, Bundeszentrale für politische Bildung. Schriftenreihe, Bd. 447, Bonn 2004, S. 189–195, hier: S. 190; Deuster, Polizei-Uniformen, S. 24.

1296 Vgl. Kurt Bader, Aufbau und Gliederung der Ordnungspolizei, Reichspolizeirecht (RPR), Sammlung reichsrechtlicher Polizeivorschriften, Berlin 1943, S. XXV.

1297 Vgl. Wilhelm, Polizei, S. 113–115; Deuster, Polizei-Uniformen, S. 277.

1298 Siehe dazu Kapitel 6.5.

1299 BayHStA München, Polizeischule FFB 124, Abdruck: Grünwald (Polizeischule Berlin-Köpenick) an u. a. Kommandeur: Lehrstoffverteilungsplan für den 20. Offizier-Anwärter-Lehrgang Mariaschein, 28.02.1941, S. 7. Vgl. ferner ebd., S. 3.

kerung im Falle eines Bombenangriffs versorgen zu können.[1300] Das Verhalten der Polizeibeamten „vor, während und nach einem Luftangriff" war das zentrale Thema, das einen Großteil der Zeit für sich beanspruchte, die dem Fach zur Verfügung stand.[1301]

Wie die Helfer vor Ort mit Verletzten und Toten umgehen sollten oder mit Menschen, die durch einen Luftangriff obdachlos geworden waren, war eine der wichtigsten Fragen, auf die der Luftschutzunterricht eine Antwort gab. Im Ernstfall hatte die Polizei ferner darauf zu achten, die Versorgungswege passierbar zu machen, damit die Retter möglichst ungehindert in das Katastrophengebiet und zu den Opfern gelangten. Die Einsatzkräfte mussten darüber Bericht erstatten, wie viele verwundete und getötete Personen es infolge eines Bombenangriffs gab und wie viele Gebäude zerstört wurden, nachdem sie dies protokolliert hatten. Dementsprechend bereiteten die Fachlehrer ihre Schüler auch darauf vor, diesen kriegsbedingten Aufgaben nachzukommen.[1302] Im Katastrophenfall mussten die Beamten Hilfe leisten können und genau wissen, was sie zu tun hatten.

Zudem lernten die Offiziersanwärter, welche Aufgaben dem Flugmelde- und Luftschutzwarndienst zukamen. Sie erfuhren außerdem, dass ein Turmbeobachter verantwortlich war, nach feindlichen Bombern auszuschauen und bei einem Angriff Fliegeralarm zu geben.[1303] Dieses Warnsystem konnte zwar einen Luftschlag nicht verhindern. Es sollte aber seine Folgen eindämmen und darüber hinaus den Hilfskräften gerade in den großen Städten etwas Zeit verschaffen, um sich auf ihren Einsatz vorzubereiten. Daher war es notwendig, dass sich die Polizeischüler auch damit auskannten, wie die Ordnungspolizei im Ernstfall mit anderen Organisationen zusammenarbeiten konnte. Zu denen gehörten etwa der Selbstschutz, der Werkluftschutz und vor allem der Sicherheits- und Hilfsdienst (SHD), der seit Juni 1942 als Luftschutzpolizei bekannt war.[1304] All diese Rettungskräfte waren daran beteiligt, Verschüttete zu bergen und Verletzte zu versorgen, weshalb auch der gemeinsame Einsatz hinreichend koordiniert sein musste. Sofern es überhaupt möglich war, mussten sie daneben Trümmer und Schutt wegräumen, um die Infrastruktur zumindest notdürftig wieder aufzubauen. Daher war es für die Ersthelfer ebenso unabdingbar, zu wissen, wie die Befehlsstrukturen in solchen Katastrophenfällen aussahen und wie sie ihre Ausrüstung zu handhaben hatten, wozu etwa Atemschutzgeräte zählten.[1305] Gleichzeitig mussten sich die Offiziersanwärter damit auskennen, welche verschiedenen Kampfstoffe es gab und welche Wirkung diese entfalteten. Dabei ging der Unterricht insbesondere auf Spreng-, Brand- und Gasbomben ein.[1306]

Einen weiteren Schwerpunkt im Luftschutz bildeten jene präventiven Maßnahmen, die vor allem Gebäude vor den schlimmen Folgen eines Bombenangriffs so gut wie möglich bewahren sollten. Die Polizisten lernten, dass Privathäuser und behördliche Einrichtungen umgebaut werden mussten, um sie zumindest ein wenig zu schützen und sicherer zu machen. Dazu

---

1300 Vgl. BayHStA München, Polizeischule FFB 126, 25. Offz.-Anw.-Lehrgang. Luftschutz, [1942]; BayHStA München, Polizeischule FFB 127, 2. Luftschutz, [1942]; BayHStA München, Polizeischule FFB 134, Lange (Polizeischule FFB): 11. Luftschutz, [1943]. Zum Luftschutzgesetz ferner: Köhler, Mama, S. 53.

1301 BayHStA München, Polizeischule FFB 143, Polizeischule FFB: Lehrstoff Verteilungsplan für Luftschutz, 13.11.1941.

1302 Vgl. BayHStA München, Polizeischule FFB 127, 2. Luftschutz, [1942].

1303 Vgl. BayHStA München, Polizeischule FFB 127, 2. Luftschutz, [1942]; BayHStA München, Polizeischule FFB 133, Luftschutz, [1943].

1304 Vgl. BAB, R 19/273, Lehrordnung, [1939], Bl. 145. Ferner: Springfeld, Polizei, S. 138.

1305 Vgl. BayHStA München, Polizeischule FFB 127, 2. Luftschutz, [1942].

1306 Vgl. BayHStA München, Polizeischule FFB 124, Abdruck: Grünwald (Polizeischule Berlin-Köpenick) an u. a. Kommandeur: Lehrstoffverteilungsplan für den 20. Offizier-Anwärter-Lehrgang Mariaschein, 28.02.1941, S. 7.

gehörte es aber auch, Geräteschuppen, Lagerhäuser oder ähnliche Zweckbauten regelmäßig zu entrümpeln. Im Ernstfall konnten sie den Flammen zusätzliche Nahrung bieten oder sogar zu regelrechten Feuerfallen werden. Nicht zuletzt lernten die Schüler, wie ein Gebäude für die feindlichen Flieger möglichst unsichtbar gemacht werden konnte, indem es verdunkelt oder anderweitig getarnt wurde, was ebenfalls die Ordnungspolizei zu überwachen hatte.[1307] Damit nachts kein Licht gegnerischen Bombern den Weg weisen konnte, war auch die Polizeischule Fürstenfeldbruck sehr darum bemüht, ihre Fenster möglichst komplett abzudecken.[1308] Vor diesem Hintergrund befassten sich die Schüler damit, welche Aufgaben auf den Luft- und Gasschutzoffizier entfielen. Ein solcher existierte auch an der Polizeischule und war dafür verantwortlich, Schutzmaßnahmen zu ergreifen, die bei einem Luftangriff das Schlimmste verhindern sollten.[1309]

Nachdem dieser theoretische und organisatorische Rahmen abgesteckt war, wechselten die polizeilichen Dozenten zum praktischen Teil. Denn die Ausbildung im Luftschutz bestand hauptsächlich aus Planspielen und Übungen, in denen die Schüler für den Notfall probten. Das geschah z. B. dadurch, dass das Lehrpersonal mit den angehenden Offizieren zunächst praktische Beispiele durchsprach. Daraufhin spielten die Klassen einzelne Situationen durch und sammelten in solchen Luftschutzübungen wichtige Erfahrungen. Diese bereiteten die künftigen Führungskräfte der Ordnungspolizei darauf vor, größere Lehrplanspiele zu veranstalten, in denen sie Luftangriffe und Hilfsmaßnahmen simulierten. Regelmäßig fanden sie gegen Ende des Lehrgangs statt und verfolgten ein ähnliches Ziel wie die Übungsgefechte in der Zugführerausbildung: Sie sollten dazu dienen, dass die Polizisten ein Gespür für den Einsatz entwickelten und dadurch im Ernstfall routinierter sowie abgeklärter reagierten.[1310] Bereits in den Friedensjahren gaben die Kriegsereignisse den Rahmen vor. „Deutschland befindet sich seit 14 Tagen im Krieg mit einem Oststaat; auf mehrere Städte haben in den letzten Tagen feindliche Fliegerangriffe stattgefunden“, war etwa die Ausgangslage einer Übung aus dem Jahre 1936.[1311] Als Feind war der „Oststaat“ keineswegs rein zufällig gewählt. Damit ist auch klar, dass selbst innerhalb des Luftschutzes ideologische Momente ausgemacht werden können, die das Schreckensszenario des Bombenkrieges begleiteten. Außerdem knüpfte er so inhaltlich an die Polizeitaktik an, die mit ähnlichen Motiven arbeitete.

Solche Drohkulissen bauten sich auch in den Prüfungen zum Luftschutz auf, die thematisch sehr breit angelegt waren. Die Teilnehmer des 10. OAL mussten beispielsweise einen Aufsatz zum Thema „Tarnung und Verdunklung im zivilen Luftschutz“ schreiben, indem sie sich also mit Maßnahmen befassten, die präventiv zu ergreifen waren, um sich gegen feindliche Flieger zu schützen.[1312] Grundsätzlich befassten sich die Klausuren aber mit Bombenangriffen und deren Folgen, wobei der Krieg bereits in den Friedensjahren seine Schatten

1307 Vgl. BayHStA München, Polizeischule FFB 126, 25. Offz.-Anw.-Lehrgang. Luftschutz, [1942]; BayHStA München, Polizeischule FFB 127, 2. Luftschutz, [1942].

1308 Siehe dazu Kapitel 6.5.

1309 Vgl. BayHStA München, Polizeischule FFB 124, Abdruck: Grünwald (Polizeischule Berlin-Köpenick) an u. a. Kommandeur: Lehrstoffverteilungsplan für den 20. Offizier-Anwärter-Lehrgang Mariaschein, 28.02.1941, S. 7.

1310 Vgl. u. a. BayHStA München, Polizeischule FFB 124, Abdruck: Grünwald (Polizeischule Berlin-Köpenick) an u. a. Kommandeur: Lehrstoffverteilungsplan für den 20. Offizier-Anwärter-Lehrgang Mariaschein, 28.02.1941, S. 7; BayHStA München, Polizeischule FFB 126, 25. Offz.-Anw.-Lehrgang. Luftschutz, [1942]; BayHStA München, Polizeischule FFB 127, 2. Luftschutz, [1942]; BayHStA München, Polizeischule FFB 135, Heizmann (Polizeischule FFB): Stoffverteilungsplan für Luftschutz, [1944].

1311 BayHStA München, Polizeischule FFB 19, Polizeischule FFB: Luftschutzplanübung, [1936].

1312 BAB, R 20/69, Polizeischule FFB: 6. Klassenarbeit (Luftschutz), 03.03.1939.

vorauswarf. Im März 1939 mussten sich die Polizeischüler abermals in die Lage hineinversetzen, dass sich Deutschland „mit einem roten Oststaat im Kriegszustand" befinde, der eine deutsche Stadt bombardiert und dabei etwa ein Wohngebäude, einen Pferdestall und ein Kaufhaus getroffen habe. Nun mussten sie schriftlich darlegen, was sie als Leiter eines Luftschutzreviers unter diesen Umständen anordnen würden.[1313] Während des Krieges hatten sich die Offiziersanwärter in ähnliche Situationen hineinzudenken und in den Prüfungen darzulegen, welche Befehle sie aus welchen Gründen erteilten.[1314] In einem mündlichen Examen sollten die Anwärter erklären, wie sie sich verhielten, wenn ein Luftangriff auf München erfolge und sie in diesem Fall zum Einsatz ins Katastrophengebiet kämen.[1315] In einem anderen Lehrgang stellten die Lehrer jedoch folgende Aufgabe: „Nach der Entwarnung kommt zu Ihnen als Revierführer ein Herr B und fragt: ‚Meine Frau ist beim Luftangriff getötet worden. Sagen Sie mir bitte, wo sich meine Frau jetzt befindet und wann, wo und wie die Beerdigung stattfindet.'"[1316] Die Schüler hatten nun darzulegen, was sie darauf antworten würden und auf welchem Wege die Tote versorgt worden sei.[1317]

Nur selten kam es vor, dass sie Vorträge hören konnten, die sich mit dem Luftschutz befassten. Der 35. OAL erhielt jedoch die Gelegenheit, seine Kenntnisse auf diesem Gebiet zu erweitern, indem er einem solchen Referat beiwohnte. Denn der Münchner Major der Feuerschutzpolizei Mehltretter hielt am 24. November 1943 eine Rede „über Brandbekämpfung unter besonderer Berücksichtigung des Einsatzes im Luftschutz", zu dem das Schulpersonal ebenfalls erschien.[1318] Diese Veranstaltung ist allerdings noch aus einem weiteren Grund interessant. Als Hagemann die Schulgemeinschaft auf sie aufmerksam machen wollte, kündigte er den Vortrag unter einem etwas anderen Titel an. Seinem Kommandobefehl zufolge hätte der Referent über die „Bandenbekämpfungstaktik unter besonderer Berücksichtigung des Einsatzes im Luftschutz" gesprochen.[1319] Dieses Missverständnis bestätigt abermals, dass der Kampf gegen Partisanen ein zentrales Thema an der Brucker Bildungsstätte war.

5.1.2 Die rechtlichen Fächer

5.1.2.1 Das Strafrecht und das Strafprozessrecht

Für die Offiziersanwärter der Ordnungspolizei war es unabdingbar, zu wissen, auf welchen rechtlichen Grundlagen ihr Handeln fußte. Daher überrascht es nicht, dass die Rechtskunde auch in der polizeilichen Ausbildung immens wichtig war und dass das Lehrpersonal auf

---

1313 Vgl. BAB, R 20/69: Polizeischule FFB: 4. Prüfungsarbeit (Teil II: Luftschutz), 25.03.1939.

1314 Vgl. z. B. BayHStA München, Polizeischule FFB 134, Polizeischule FFB: 2. Prüfungsaufgabe (Luftschutz), 04.04.1944; BayHStA München, Polizeischule FFB 135, Polizeischule FFB: 4. Prüfungsaufgabe (Luftschutz), 24.08.1944.

1315 Vgl. BayHStA München, Polizeischule FFB 132, Polizeischule FFB: Mündliche Prüfung. Luftschutz, 28.10.1943, S. 3 f.

1316 BayHStA München, Polizeischule FFB 124, Luftschutz, Lehrabt. A., [1941].

1317 Vgl. ebd.

1318 BayHStA München, Polizeischule FFB 133, Entwurf: Hagemann (Polizeischule FFB) an RFSSuChdDtPol: Erfahrungsbericht über die Durchführung des 35. Offizieranwärterlehrganges, 04.01.1944, S. 2. Auch der 36. OAL hörte die Ausführungen Mehltretters. Vgl. BayHStA München, Polizeischule FFB 134, Entwurf: Hagemann (Polizeischule FFB) an RFSSuChdDtPol: Erfahrungsbericht, 10.05.1944, S. 3.

1319 BayHStA München, Polizeischule FFB 15, Hagemann (Polizeischule FFB): Kommando-Befehl Nr. 29, 18.11.1943, S. 2.

sie im Unterricht sehr ausführlich einging. Zu diesen rechtlichen Fächern zählten das Strafrecht, das Allgemeine Polizeirecht, das Besondere Polizeirecht, das Bürgerliche, Verwaltungs- und Beamtenrecht sowie das Verkehrsrecht. Nachdem Himmler die SS- und Polizeigerichtsbarkeit geschaffen hatte, war sie zunächst im Bürgerlichen, Verwaltungs- und Beamtenrecht integriert, bevor sie in der zweiten Kriegshälfte zu einem eigenständigen Fach aufstieg.

Das Strafrecht zählte bis in die zweite Kriegshälfte zu den wichtigsten Rechtsfächern in der Polizeiausbildung. Die Schüler sollten unterschiedliche Tatbestände kennen und darüber Bescheid wissen, welche juristischen Konsequenzen diese nach sich zogen. Dafür war es zunächst einmal notwendig, sich die „Bedeutung des Strafrechts für die Polizei" zu vergegenwärtigen.[1320] Um diese erfassen zu können, mussten sich die Beamten damit auseinandersetzen, welche zentralen Begriffe und Theorien in dieser Disziplin existierten, aber auch wo ihre Grenzen lagen.[1321] Deshalb behandelten die Lehrer in den ersten Stunden genau diese Aspekte. Daraufhin befasste sich der Unterricht recht allgemein damit, das Wesen des Verbrechens zu erklären. Der Lehroffizier führte dabei aus, in welche einzelnen Phasen ein Tathergang unterteilt werden kann. Er behandelte auch, auf welch unterschiedliche Arten eine Person an einer Tat beteiligt sein konnte, weshalb er etwa zwischen Täterschaft, Anstiftung und Beihilfe unterschied.[1322] In weiteren Stunden klärte er seine Anwärter darüber auf, welche Maßnahmen die Polizei und die Justiz ergreifen konnten, um gesetzwidriges Verhalten zu sanktionieren. Dazu zählte beispielsweise, genau zu wissen, wann und wie Verdächtige zu verhaften waren. Ganz praktisch lernten dies die Schüler, indem sie aktiv übten, Gebäude oder Personen zu durchsuchen und Beweismittel zu beschlagnahmen. Die Lehroffiziere informierten sie auch darüber, wie ein Strafverfahren theoretisch organisiert war und wie es im Normalfall ablief.[1323]

Darüber hinaus eröffneten sie den angehenden Offizieren, gegen welche Delikte die Polizei vorzugehen hatte und welche Strafen ihr wie auch den Gerichten dabei zur Verfügung standen. So befasste sich der Unterricht unter anderem mit den Tatbeständen Verleumdung, Meineid, Betrug, Untreue und Urkundenfälschung sowie Diebstahl, Unterschlagung, Hehlerei, Raub und Erpressung. Ferner war Himmlers Polizeiapparat sehr daran gelegen, seinen Führungsnachwuchs ausgiebig über „Vergehen und Verbrechen wider das Leben" und „wider die Sittlichkeit" aufzuklären.[1324] Dass dabei ein Augenmerk auf „[s]trafbare Handlungen gegen die Ehre" gelegt wurde, überrascht nicht weiter, wenn man bedenkt, welchen Stellenwert der Ehrbegriff in der NS-Ideologie besaß.[1325]

Des Weiteren sollte den künftigen Polizeioffizieren klar gemacht werden, dass sie nicht nur Staatsdiener, sondern auch Staatsschützer waren, die Verbrechen zu vereiteln hatten, welche sich gegen das Deutsche Reich richteten. Daher konzentrierte sich der Strafrechtsunterricht

1320 BayHStA München, Polizeischule FFB 124, Abdruck: Grünwald (Polizeischule Berlin-Köpenick) an u. a. Kommandeur: Lehrstoffverteilungsplan für den 20. Offizier-Anwärter-Lehrgang Mariaschein, 28.02.1941, S. 10.

1321 Vgl. ebd., S. 10.

1322 Vgl. BayHStA München, Polizeischule FFB 126, Polizeischule FFB: Stoffverteilungsplan für Strafrecht u. Strafprozeß, 15.01.1942.

1323 Vgl. BayHStA München, Polizeischule FFB 124, Abdruck: Grünwald (Polizeischule Berlin-Köpenick) an u. a. Kommandeur: Lehrstoffverteilungsplan für den 20. Offizier-Anwärter-Lehrgang Mariaschein, 28.02.1941, S. 10.

1324 BAB, R 19/273, Lehrordnung, [1939], Bl. 149.

1325 BayHStA München, Polizeischule FFB 124, Abdruck: Grünwald (Polizeischule Berlin-Köpenick) an u. a. Kommandeur: Lehrstoffverteilungsplan für den 20. Offizier-Anwärter-Lehrgang Mariaschein, 28.02.1941, S. 10. Zum Ehrbegriff siehe ferner Kapitel 5.1.2.5 und 5.1.4.2.

ebenso auf „Angriffe auf die öffentliche Ordnung und die Staatsgewalt",[1326] Hoch- und Landesverrat, Verbrechen gegen die Partei oder auch Spionage.[1327] Dass diese Rechtskunde keineswegs frei von ideologischen Einflüssen war, zeigt ein weiterer Umstand: Schon in den ersten Unterrichtsstunden sollten die Schüler jene Entwicklung nachvollziehen, die „[v]om liberalistischen zum nationalsozialistischen Strafrecht" geführt habe.[1328] Die völkische Interpretation des Rechts fand sich also auch im Unterricht der Ordnungshüter wieder. Es sollte unter den Schülern kein Zweifel bestehen, dass sie als Repräsentanten des NS-Staats auch dessen Rechtsphilosophie ohne wenn und aber zu teilen hatten. Ganz in diesem Sinne priesen die Lehrer die beiden Verordnungen „gegen Gewaltverbrecher und Volksschädlinge als Beispiele der nationalsoz[ialistischen] Gesetzgebung".[1329] Mit diesen hatte das Regime Ende 1939 das Strafrecht deutlich verschärft, um Täter härter zu bestrafen, welche die Kriegsverhältnisse ausnutzten, um Verbrechen zu begehen. Inhaltlich sahen sie unter anderem vor, künftig jemanden sogar mit dem Tode zu bestrafen, wenn er in den besetzten Gebieten plünderte, bei einer Gewalttat eine gefährliche Waffe benutzte oder dann ein Verbrechen verübte, während Maßnahmen durchgeführt wurden, um einen drohenden Luftangriff abzuwehren.[1330]

Während des Krieges drang diese Mentalität noch stärker ins Strafrecht ein. Das ist unter anderem damit zu erklären, dass sich der Kampf gegen innere wie äußere Feinde zunehmend verschärfte, weil sich auch die Ängste des Regimes vergrößerten. In diesem Ringen mit tatsächlichen oder imaginären Gegnern des NS-Staats spielte die Polizei eine herausragende Rolle. Deshalb wollten die Fachlehrer den Offiziersanwärtern verdeutlichen, wie ernst die Lage angeblich sei und was sie tun müssten, um das „Dritte Reich" vor recht diffusen Gefahren zu schützen. So hielten sie z. B. im 27. OAL einige Stunden ab, die über „Volksverrat und Angriffe auf die Volksehre", den „Schutz des Volkes und Schutz der Volkskraft", den „Schutz der Volksordnung" oder den „Schutz der Volksgenossen" aufklärten.[1331] In diesen Komplex fielen auch die „Verbrechen gegen Volk und Staat", zu denen der Unterricht etwa den Hoch- und Landesverrat sowie den „Verrat staatswichtiger Geheimnisse" subsumierte.[1332] Allein mit diesen Themen versuchte das polizeiliche Ausbildungswesen den Eindruck zu erwecken, dass Deutschland von allen Seiten bedroht sei. Die Polizeischüler sollten dadurch den Schutz von Staat und „Volksgemeinschaft" als ihre wichtigste Aufgabe und zugleich ihren Dienst als patriotischen Akt begreifen. Das Fundament für eine solche Denkweise hatte die Ordnungs-

1326 BayHStA München, Polizeischule FFB 127, 5. Strafrecht, [1942].

1327 Vgl. BayHStA München, Polizeischule FFB 124, Abdruck: Grünwald (Polizeischule Berlin-Köpenick) an u. a. Kommandeur: Lehrstoffverteilungsplan für den 20. Offizier-Anwärter-Lehrgang Mariaschein, 28.02.1941, S. 10.

1328 Ebd., S. 10.

1329 BayHStA München, Polizeischule FFB 126, Polizeischule FFB: Stoffverteilungsplan für Strafrecht u. Strafprozeß, 15.01.1942.

1330 Vgl. Verordnung gegen Volksschädlinge vom 05.09.1939, in: RGBl, 06.09.1939, Nr. 168, S. 1679; Verordnung gegen Gewaltverbrecher vom 05.12.1939, in: RGBl, 08.12.1939, Nr. 244, S. 2378. Ferner: Jörn Eckert, Vom Rechtsstaat zum Polizeistaat – Die NS-Justiz und ihre Opfer, in: Förderverein, Täter, S. 51–98, hier: S. 82.

1331 BayHStA München, Polizeischule FFB 127, 5. Strafrecht, [1942]. Eine fast gleiche Themenwahl findet sich im 8. Revier-OAL. Vgl. BayHStA München, Polizeischule FFB 143, Polizeischule FFB: Lehrstoffverteilungsplan für den Unterricht im Strafrecht, 13.11.1941.

1332 BayHStA München, Polizeischule FFB 121, Schieritz (Jena): Lehrplan für den Offizieranwärterlehrgang an der Polizeihauptschule Fürstenfeldbruck – Fächer: Besonderes Polizeirecht, Strafrecht und Revierkunde, 04.01.1937, S. 4.

macht schon in der Vorkriegszeit gelegt. Bereits Mitte der dreißiger Jahre befassten sich die Führungskräfte der Polizei beispielsweise mit dem „Heimtückegesetz" vom 20. Dezember 1934, aufgrund dessen jedwede Kritik an der NS-Regierung strafrechtlich verfolgt und dadurch die Meinungsfreiheit weiter eingeschränkt werden konnte.[1333]

Wesentlich nüchterner waren hingegen die Prüfungen im Strafrecht gehalten, die entweder konkrete Einzelfragen stellten oder aus ganzen Textaufgaben bestanden. Dabei fragten die Lehrer z. B.: „Warum wird die Festungshaftstrafe im nationalsozialistischen Strafrecht keine Bedeutung mehr haben?" oder „Ist die Verhängung einer Geldstrafe von 250 000 RM möglich?"[1334] Darüber hinaus überprüften sie, was ihre Schützlinge über das Wesen des Jugendarrests und über die Volksschädlingsverordnung wussten, wobei sich diese erneut mit einzelnen Facetten der nationalsozialistischen Strafpolitik auseinandersetzten.[1335] Um derlei Fragen in einen Kontext einzubetten, mussten die Schüler fiktive Fallbeispiele analysieren und niederschreiben, wie sie diese rechtlich bewerteten. Solche Textaufgaben konnten ganz unterschiedliche Probleme thematisieren. Die Offiziersanwärter mussten in solchen Situationen darlegen, gegen welche Gesetze die Handelnden verstoßen hatten. Das galt etwa für einen Fall, bei dem eine dreiköpfige Diebesbande sich dazu verabredet hatte, bei einem Bauern einzubrechen. Um von ihm ein Schwein stehlen zu können, hatten die Gauner zuvor jedoch dessen Hund vergiftet.[1336] Eine andere Klausur schilderte den Fall eines kommunistischen Funktionärs, der im litauischen Kowno Falschgeld hergestellt hatte, um es im Deutschen Reich zusammen mit kommunistischem Propagandamaterial in Umlauf zu bringen.[1337] In einer weiteren Textaufgabe hatten es die Schüler des 10. OAL mit einem Einbrecher zu tun, der einen Teil seiner Beute an einen Tschechen veräußerte, der „mit Vorliebe Diebesgut kaufte, weil er am meisten daran verdiente".[1338] All diese und noch weitere Fälle mussten die Offiziersanwärter rechtlich aufschlüsseln.

In einer mündlichen Prüfung sollten die Schüler des 27. OAL Stellung zu einem Fall nehmen, bei dem ein Apotheker seiner Wirtschafterin ein Abtreibungsmittel in den Tee gemischt hatte, damit sie das gemeinsame Kind verliert, was jedoch nicht wirkte.[1339] Schwangerschaftsabbrüche waren im NS-Staat und besonders in Himmlers Wertesystem keine Bagatellen, sondern galten als schwere Delikte wider die deutsche „Volksgemeinschaft", die mitunter sogar mit dem Tod geahndet wurden.[1340] Deshalb widmete sich der strafrechtliche Unterricht verstärkt dem „Schutz der Volkskraft". „Angriffe auf Rasse und Erbgut" sowie der Abbruch von

1333 Vgl. BayHStA München, Polizeischule FFB 19, Abdruck: Lossen (Landeskommandeur der Schutzpolizei) an u. a. Kommandeur der Schutzpolizei München: Weiterbildung der Offiziere der Schutzpolizei – Beilage 2, Dezember 1935, S. 1.

1334 BayHStA München, Polizeischule FFB 124, Strafrecht, Lehrabt. A, [1941]. sowie Strafrecht, Lehrabt. B., [1941].

1335 Vgl. BayHStA München, Polizeischule FFB 124, Strafrecht, Lehrabt. B., [1941].

1336 Vgl. BayHStA München, Polizeischule FFB 143, Polizeischule FFB: 1. Hörsaalarbeit (Strafrecht), 15.12.1941.

1337 Vgl. BayHStA München, Polizeischule FFB 124, Polizeischule FFB: 1. Prüfungsaufgabe (Strafrecht), 23.07.1941.

1338 BAB, R 20/69, Polizeischule FFB: 7. Klassenarbeit (Strafrecht), 09.03.1939, S. 2.

1339 Vgl. BayHStA München, Polizeischule FFB 127, Polizeischule FFB: Mündliche Prüfung. Strafrecht, 30.07.1942, S. 2 f.

1340 Vgl. Robert G. Waite, „Eine Sonderstellung unter den Straftaten": Die Verfolgung der Abtreibung im Dritten Reich, in: Gottwaldt, NS-Gewaltherrschaft, S. 104–117, hier: S. 113.

Schwangerschaften liefen diesem zuwider und waren als schwere Straftaten gebrandmarkt.[1341] Ferner behandelte der Strafrechtsunterricht auch Sexualstraftaten, die für die NS-Propaganda ein wichtiges Motiv darstellten. So hatten die Prüflinge des 21. OAL einen Fall zu beurteilen, in dem es um einen Verlagsvertreter ging, der Unzucht trieb mit zwölfjährigen Buben, aber auch mit einem homosexuellen Mann, „der nichts arbeitete und seinen Lebensunterhalt im wesentlichen aus der Päderastie bestritt. Einigen Verdienst erzielte er auch aus dem Verkauf photographischer Perversitäten über das Thema Knabenliebe, die er in geschlossenen Serien aus Paris bezog."[1342] Der Autor dieser Zeilen hielt es für erwähnenswert, dass der Vertreter verheiratet sei und zwei Kinder habe, um diesen Fall noch weiter zu skandalisieren.[1343]

Insofern zeigt sich am Beispiel des Strafrechts ziemlich deutlich, dass der Polizeiapparat an sich eher nüchterne Themengebiete instrumentalisierte, weil sie unverdächtig schienen, mit NS-Ideologemen angereichert zu sein. Dass diese den zukünftigen Führungskräften in den Offiziersanwärterlehrgängen begegneten, war zwar nicht anders zu erwarten. Im Unterricht spiegelte sich lediglich wieder, wie sehr die Nationalsozialisten das Rechtswesen in ihrem Sinne umgestaltet hatten. Allerdings führte das zu dem Effekt, dass scheinbar unscheinbare Fächer die Polizisten über die Hintertüre mit den Werten des NS-Staats konfrontierten und möglicherweise auch beeinflussten. Doch selbst unter den Rechtsdisziplinen handelte es sich dabei keineswegs um eine Ausnahme.

5.1.2.2 Das Allgemeine Polizeirecht

Gewissermaßen entpuppte sich auch das Allgemeine Polizeirecht als „Wolf im Schafspelz", da sich dieses Fach scheinbar nur mit Paragraphen befasste. Zentral war darin die Frage, wozu die „Gesetzeshüter" überhaupt befugt waren. In dieser Disziplin lernten die Offiziersanwärter also die gängigsten Aufgaben und Dienstvorschriften der Polizei kennen. Darüber hinaus befasste sich dieses Rechtsfach damit, wie die Polizei als staatliche Institution organisiert, hierarchisch gegliedert und aufgebaut war und welche Zuständigkeiten sie besaß.[1344] Der Fachlehrer nahm durch, wie sich Ordnungs- und Sicherheitspolizei voneinander abgrenzten, ging aber zugleich darauf ein, wie beide Zweige miteinander zusammenarbeiteten. Von besonderem Interesse waren auch die Arbeitsfelder und das rechtliche Fundament der Geheimen Staatspolizei, wozu etwa die sogenannten Gestapo-Gesetze und die Schutzhaftverordnungen zählten.[1345]

1341 BayHStA München, Polizeischule FFB 143, Polizeischule FFB: Lehrstoffverteilungsplan für den Unterricht im Strafrecht, 13.11.1941.

1342 BayHStA München, Polizeischule FFB 124, Polizeischule FFB: 1. Prüfungsaufgabe (Strafrecht), 23.07.1941, S. 2. Vgl. ferner ebd., S. 1 f.

1343 Vgl. ebd., S. 2.

1344 Vgl. BAB, R 19/273, Lehrordnung, [1939], Bl. 151; BayHStA München, Polizeischule FFB 139, Gaibler (Polizeischule FFB): Stoffverteilungsplan für den Unterricht im „Allgemeinen Polizei Recht", [1941], S. 1; BayHStA München, Polizeischule FFB 143, Polizeischule FFB: Lehrstoffverteilungsplan für den Unterricht im „Allgemeinen Polizeirecht", 13.11.1941, S. 1.

1345 Im 4. OAL war dieser Gegenstand ein Thema des Besonderen Polizeirechts, was anscheinend damit zu erklären ist, dass sich in den früheren Lehrgängen für Offiziersanwärter das Ausbildungssystem immer noch in der Experimentierphase befand. Vgl. BayHStA München, Polizeischule FFB 121, Schieritz (Jena): Lehrplan für den Offizieranwärterlehrgang an der Polizeihauptschule Fürstenfeldbruck – Fächer: Besonderes Polizeirecht, Strafrecht und Revierkunde, 04.01.1937, S. 1 f. Ferner: BayHStA Mün-

Daneben besprach der Lehroffizier mit seinen Schützlingen, wie die Ordnungsmacht mit der Justiz interagierte. Himmlers Mannen hatten sich ebenfalls einzuprägen, wie die Polizei zur Wehrmacht und zum Reichsarbeitsdienst (RAD) stehen sollte.[1346] Sie erfuhren ferner, welche polizeilichen Maßnahmen ihnen zur Verfügung standen, die sich vom Ausstellen von Strafzetteln bis zum Waffengebrauch erstreckten.[1347] Allerdings dürften diese Aspekte den angehenden Offizieren vor allem als Gelegenheit gedient haben, um bereits Gelerntes noch einmal aufzufrischen. Diese Informationen über die Arbeit der Polizei und deren rechtliche Dimension stellten zumindest für erfahrene Wachtmeister wahrscheinlich nichts bahnbrechend Neues dar. Nichtsdestotrotz legte die Ordnungspolizei großen Wert darauf, dass ihre künftigen Leutnante die gesetzlichen Grundlagen ihres Berufsfeldes möglichst umfassend kannten.

Wenngleich es zunächst so scheint, als habe sich dieser Unterricht geradezu wertneutral auf den rechtlichen Rahmen des polizeilichen Handelns konzentriert, so fördert ein genauer Blick auf das Allgemeine Polizeirecht jedoch etwas anderes zu Tage. Zwar standen die wichtigsten Polizeigesetze und Handlungsmöglichkeiten im Zentrum. Doch machte die NS-Ideologie auch vor diesem Fach nicht halt. Die Schüler sollten die Ordnungsmacht „als soziale Funktion der menschlichen, besonders der völkischen Gemeinschaft und als rechtliche Funktion des Staates“ verstehen, wie sie zuweilen bereits in der ersten Fachstunde zu hören bekamen.[1348] Ein historischer Überblick lieferte ihnen außerdem ein elementares Wissen darüber, wie sich der Polizeibegriff entwickelt hatte. Ferner vermittelte der Unterricht ihnen, was führende Nationalsozialisten unter „Polizei“ verstanden.[1349] Dahingehend mangelte es den Lehrkräften gewiss nicht an prägnanten Phrasen und pathetischen Schriften aus Himmlers Dunstkreis:

Nach der „Machtergreifung“ war das Polizeirecht der Weimarer Republik zunächst noch weitgehend intakt geblieben. Doch die Nationalsozialisten machten sich rasch daran, es auszuhöhlen und für ihre „totalen“ Zwecke umzuarbeiten. Das zeigt sich besonders am Beispiel des Preußischen Polizeiverwaltungsgesetzes (PVG) von 1931, das mit seiner Generalklausel in § 14 für die Polizei erstmals festgeschrieben hatte, dass sie zur Gefahrenabwehr verpflichtet sei. Dabei habe sie alle erforderlichen Maßnahmen zu ergreifen, „um von der Allgemeinheit oder dem einzelnen Gefahren abzuwehren, durch die die öffentliche Sicherheit oder Ordnung bedroht wird“, solange sie „im Rahmen der geltenden Gesetze“ agiere.[1350] Zu Beginn von Hitlers Herrschaft rückten führende Juristen des NS-Staats jedoch zunehmend von

chen, Polizeischule FFB 127, 6. Allgemeines Polizeirecht, [1942]; BAB, R 19/273, Lehrordnung, [1939], Bl. 151.

1346 Vgl. BayHStA München, Polizeischule FFB 127, 6. Allgemeines Polizeirecht, [1942]; BAB, R 19/273, Lehrordnung, [1939], Bl. 151; BayHStA München, Polizeischule FFB 143, Polizeischule FFB: Lehrstoffverteilungsplan für den Unterricht im „Allgemeinen Polizeirecht“, 13.11.1941, S. 2.

1347 Vgl. BayHStA München, Polizeischule FFB 127, 6. Allgemeines Polizeirecht, [1942].

1348 BayHStA München, Polizeischule FFB 124, Abdruck: Grünwald (Polizeischule Berlin-Köpenick) an u. a. Kommandeur: Lehrstoffverteilungsplan für den 20. Offizier-Anwärter-Lehrgang Mariaschein, 28.02.1941, S. 11.

1349 Vgl. BayHStA München, Polizeischule FFB 126, Polizeischule FFB: Stoffverteilungsplan für das Allgemeine Pol.-Recht, 15.01.1942.

1350 Karl Schäfer/Ernst Wichards/Kurt Wille, Das Polizeiverwaltungsgesetz vom 1. Juni 1931 (GS. S. 77) nebst Ausführungsbestimmungen v. 1.10.1931 (MBliV. S. 923), Berlin 1931, S. 33. Vgl. ferner Stefan Naas, Die Entstehung des Preußischen Polizeiverwaltungsgesetzes von 1931. Ein Beitrag zur Geschichte des Polizeirechts in der Weimarer Republik, Beiträge zur Rechtsgeschichte des 20. Jahrhunderts, Bd. 41, Tübingen 2003.

dieser rechtsstaatlichen Prämisse ab und befreiten gerade die Gestapo, aber auch die übrige Polizei immer stärker von den bestehenden gesetzlichen Schranken. Sie etablierten einen radikal-völkischen Polizeibegriff, der bewusst individuelle Rechte des Einzelnen zugunsten des angeblichen „Volkswillens" opferte und der Exekutive ausgedehnte Handlungsoptionen einräumte, um diesen bis zum Äußersten zu vollstrecken.[1351] Nicht mehr Paragraphen, sondern einzig die NS-Ideologie definierte nun, welche Funktion die Staatsgewalt auszuüben hatte.[1352]

Zum zentralen Exponenten dieser Lesart avancierte der Gestapojustitiar Dr. Werner Best, der, laut Sebastian Werner, „den modernen Typus des nationalsozialistischen Intellektuellen" verkörperte.[1353] Unter „Volk" verstand Heydrichs rechte Hand „eine überpersönliche überzeitliche Gesamtwesenheit einheitlicher Bluts- und Geistesprägung, die sich in den jeweils lebenden Gegenwartschichten ihrer Einzelmenschen [...] verwirklicht und sich aus ihnen heraus durch die Zeugung der folgenden Schichten fortsetzt".[1354] Es war für ihn eine Tatsache, „daß die Volksordnung als das lebensgesetzlich geordnete und zielhaft gelenkte Zusammenwirken aller Volksgenossen und ihrer Einrichtungen von Störung und Zerstörung bedroht ist".[1355] Während die Wehrmacht damit beauftragt sei, Attacken äußerer Feinde auf das deutsche Volk abzuwehren und dessen eigene Interessen nach außen zu wahren, habe die Polizei eine ähnliche Aufgabe innerhalb des Deutschen Reichs zu meistern. Sie müsse mit all ihren Zweigen unnachlässig gegen jene Kräfte vorgehen, die eben diese „Volksordnung" im Reichsinnern durcheinanderbringen und vernichten wollten.[1356] Deswegen war die deutsche Polizei für Best sogar die „innere Wehrmacht".[1357]

Der Verwaltungsrechtler Theodor Maunz bekräftigte ferner, es sei erforderlich, „einen weitausgedehnten Staat durch ein mächtiges inneres Schutzkorps *in zentral gelenktem Einsatz* zu sichern. Rechtsschutzmäßige Wünsche des einzelnen spielen hierbei keine Rolle."[1358] In diesem Sinne stellte er klar, dass es im „Dritten Reich" zwar weiterhin ein gesetzlich bestimmtes Polizeirecht gebe. Doch parallel dazu regle vor allem Hitlers Wille, in welchen Situationen die Ordnungsmacht wie zu handeln habe. „Was mit anderen Worten der Führer und die von ihm besonders bezeichneten Personen in Form von Rechtsgeboten der Polizei an Aufträgen zuweisen, bildet die Rechtsgrundlage für das Wirken der Polizei."[1359] In vielen zeitge-

1351 Vgl. Andreas Schwegel, Der Polizeibegriff im NS-Staat. Polizeirecht, juristische Publizistik und Judikative 1931–1944, Beiträge zur Rechtsgeschichte des 20. Jahrhunderts, Bd. 48, Tübingen 2005, S. 371–381. Ferner: Volkmar Götz, Polizei und Polizeirecht, in: Jeserich, Verwaltungsgeschichte, Bd. 4, S. 1017–1031, hier: S. 1029–1031 [Künftig: Götz, Polizei (Nationalsozialismus)].

1352 Vgl. Helmut Fangmann, Faschistische Polizeirechtslehren, in: Reifner, Strafjustiz, S. 173–207, hier: S. 201.

1353 Werner, Best, S. 13.

1354 Best, Polizei, S. 17 f. Dieses Werk ist eine ausführlichere Version von Bests Schrift, die bereits im Vorjahr erschienen war. Vgl. Ders., Die deutsche Polizei, Forschungen zum Staats- und Verwaltungsrecht, Bd. 5, Darmstadt 1940 [Künftig: Best, Polizei (1940)].

1355 Ders., Polizei, S. 20.

1356 Vgl. ebd., S. 20.

1357 Ders., „Der Reichsführer SS und Chef der Deutschen Polizei", in: Deutsches Recht, 15.07.1936, Nr. 13/14, S. 257 f., hier: S. 257.

1358 Maunz, Gestalt, S. 9. Hervorhebung im Original. Theodor Maunz schuf in der Bundesrepublik den wichtigsten Kommentar zum Grundgesetz. Als bayerischer Kultusminister trat er im Jahre 1964 zurück, nachdem er wegen seiner Vergangenheit im „Dritten Reich" unter Druck geraten war. Nach seinem Tod am 10. September 1993 wurde bekannt, dass er jahrelang anonym in der rechtsradikalen „Deutschen National-Zeitung" publiziert hatte. Vgl. Michael Stolleis, Theodor Maunz – Ein Staatsrechtslehrerleben, in: Kritische Justiz 26/4 (1993), S. 393–396.

1359 Maunz, Gestalt, S. 26 f.

nössischen Schriften fand sich diese Perspektive, die davon ausging, die nationalsozialistische Polizei werde jenseits des Gesetzes von dem geleitet, was die Spitze des Regimes ihr diktierte. Diese Schizophrenie deckte bereits Ernst Fraenkel in seinem 1940 in den USA erschienenen Buch „Der Doppelstaat" auf, in dem er den Dualismus des Normen- und des Maßnahmenstaats in der deutschen Diktatur beschrieb.[1360]

Die wesentliche Aufgabe der Polizei verortete Dr. Adolf Liepelt zwar nach wie vor in der Gefahrenabwehr. Diese sei im NS-Staat jedoch nicht mehr eng begrenzt, „denn nicht die Freiheit des Einzelnen, sondern der Schutz des Volkes steht im Vordergrund". Ihre „völkische Funktion" erkannte der Jurist in der „Gemeinschaftsgewalt, die auf den Schutz der inneren Ordnung und des inneren Friedens gerichtet ist".[1361] Mit Klaus Lauer sprach sich ein weiterer Kollege dafür aus, die Handlungsoptionen der Ordnungsmacht möglichst weit zu fassen. „Recht ist nicht das, was die Staatsgewalt anordnet, sondern das, was dem – rassisch bedingten – Rechtsgefühl des Volkes, dem ‚Volksgeist' entspricht", wie der Hamburger Rechtsanwalt meinte.[1362]

Selbst Himmler war davon überzeugt, dass die Polizei des „Dritten Reichs" nicht durch aus seiner Sicht störende Gesetze eingeschränkt werden dürfe. Sie habe die Aufgabe, einerseits den totalen „Willen der Staatsführung zu vollziehen und die von ihr gewollte Ordnung zu schaffen und aufrechtzuerhalten" und anderseits das organisch definierte Gebilde der deutschen „Volksgemeinschaft" zu schützen.[1363] Ganz im Sinne des kämpferischen „Staatsschutzkorps" schwebte dem Reichsführer-SS dabei „ein soldatisches Beamtentum" vor, das sich zunehmend mit der SS verbinden werde.[1364] „Das gesamte Polizeikorps" habe Dr. Kurt Bader zufolge „im nationalsozialistischen Staat in seiner Grundrichtung soldatisches Gepräge" erhalten.[1365] Auf eine Rede Hitlers vom Reichsparteitag des Jahres 1937 berief sich der Ministerialdirigent im Hauptamt Ordnungspolizei, wenn er jedem Polizisten ferner auftrug, „als der Repräsentant dieses Staates der unerbittlichste Vertreter der Volksgemeinschaft gegenüber jenen asozialen verbrecherischen Elementen zu sein, die sich an ihr versündigen".[1366] Kurt Daluege hielt dagegen lediglich nüchtern und vage fest, seine uniformierten Ordnungshüter seien damit befasst, „alle der Bevölkerung drohenden Gefahren und Schäden abzuwenden".[1367] Weniger zurückhaltend erklärte der Chef der Sicherheitspolizei, Reinhard Heydrich, seine eigene Truppe müsse dafür sorgen, „die Angriffe aller Kräfte abzuwehren, die in irgendeiner Weise die Gesundheit, Lebenskraft und Handlungsfähigkeit des Volkes und des vom Volk organisierten Staates schwächen und zerstören können". Gleichzeitig habe sie „vorausschauend alles Gegnerische zu erforschen und so zu bekämpfen, daß es gar nicht erst zerstörend und zersetzend wirken kann".[1368]

1360 Vgl. Ernst Fraenkel, Der Doppelstaat, 2., durchges. Aufl., Hamburg 2001, S. 41.

1361 Adolf Liepelt, Über den Umfang und die Bedeutung der Polizeigewalt im nationalsozialistischen Staat, Würzburg 1938, S. 69.

1362 Klaus Lauer, Die Polizei im nationalsozialistischen Staat, Hamburg 1935, S. 5.

1363 Heinrich Himmler, Aufgaben und Aufbau der Polizei des Dritten Reiches, in: Pfundtner, Dr. Wilhelm Frick, S. 125–130, hier: S. 128.

1364 Ders., Rede, in: Hans Frank/Ders./Werner Best u. a., Grundfragen der deutschen Polizei. Bericht über die konstituierende Sitzung des Ausschusses für Polizeirecht der Akademie für Deutsches Recht am 11. Oktober 1936, Hamburg 1937, S. 11–16, hier: S. 12.

1365 Bader, Aufbau, S. XVII.

1366 Ebd., S. XXVI.

1367 Daluege, Ordnungspolizei, S. 141.

1368 Reinhard Heydrich, Aufgaben und Aufbau der Sicherheitspolizei im Dritten Reich, in: Pfundtner, Dr. Wilhelm Frick, S. 149–153, hier: S. 149. Ferner zu Heydrichs Polizeibegriff: Deschner, Heydrich, S. 175.

Dahingehend machte der Unterricht noch einmal ausdrücklich deutlich, dass die deutsche Polizei sowohl repressiv als auch präventiv agieren sollte.[1369] Vom biologistisch angelegten und völkisch geprägten Polizeibegriff waren auch jene Unterrichtsstunden beseelt, die sich mit den Zwangsmitteln der Gesetzeshüter beschäftigten. Hier wiederholten und vertieften die Lehrer das, was ihre Schüler bereits im Strafrecht gelernt hatten. Hinzu kam aber noch, dass dabei der prophylaktische Kampf gegen das Verbrecherwesen näher betrachtet wurde, wie ihn Himmler und seine ideologische Entourage skizziert hatten. Indem sich die Schüler gründlich über die „vorbeugende Tätigkeit der Polizei" informierten, fanden die nationalsozialistischen Konzepte zur Kriminalprävention ihren Weg in die ordnungspolizeiliche Ausbildung.[1370]

5.1.2.3 Das Besondere Polizeirecht

Während das Allgemeine Polizeirecht das gesetzliche und organisatorische Fundament legte, auf dem die Arbeit der Staatsdiener fußte, warf das Besondere Polizeirecht einen genaueren Blick auf die einzelnen Aufgabengebiete der Ordnungsmacht. Von diesen besaß sie einige, aus denen verschiedene Polizeizweige hervorgingen. Neben den genuin ordnungspolizeilichen Belangen beleuchtete der Unterricht zumindest kursorisch auch die verwaltungspolizeilichen sowie die kommunalpolizeilichen Zuständigkeiten. Zu diesen zählte unter anderem die Bau- und Feuerpolizei, die Sitten- und Gewerbepolizei, aber auch die Lebensmittel-, Tierseuchen-, Jagd- und Fischereipolizei. In erster Linie galt es, die Schüler mit den vielfältigen Bereichen vertraut zu machen, in denen die Staatsgewalt ebenfalls für Ruhe und Ordnung zu sorgen hatte.[1371]

Ein solches Feld war z. B. der Natur- und Tierschutz, um den sich die Polizei zu kümmern hatte. Diese Schutzfunktion gründete sich jedoch weniger auf ökologischen oder gar ethischen, sondern vielmehr hygienischen und gesundheitlichen Motiven. Die Aufgabe der Staatsgewalt bestand darin, genau zu überwachen, wer unter welchen Bedingungen Lebensmittel herstellte oder landwirtschaftlich tätig war. Dadurch trug sie ihren Teil dazu bei, zu verhindern, dass sich Tierseuchen, wie etwa die Maul- und Klauenseuche, und damit auch weitere Krankheiten ausbreiteten.[1372] Wie stark das Thema „Gesundheit" insgesamt den Unterricht prägte, zeigt sich daran, dass die Schüler zahlreiche Rechtsvorschriften studierten. Zu denen gehörten etwa die Reichsärzte-, die Tierärzte- sowie die Apothekenordnung, aber auch das Heilpraktiker- und das Hebammengesetz.[1373] Gegen Schädlinge, wie die Reblaus, den Kartoffelkäfer, die Wollhandkrabbe oder die Bisamratte, musste die Ordnungsmacht ebenfalls vor-

1369 Vgl. BayHStA München, Polizeischule FFB 143, Polizeischule FFB: Lehrstoffverteilungsplan für den Unterricht im „Allgemeinen Polizeirecht", 13.11.1941, S. 1.

1370 BayHStA München, Polizeischule FFB 127, 6. Allgemeines Polizeirecht, [1942].

1371 Zu den Aufgaben der Verwaltungspolizei vgl. Sparing, Verwaltungspolizei, S. 176; Wilhelm, Polizei, S. 24; Bader, Aufbau, S. XV–XVII. Ferner: Buhlan, Organisation, S. 189 f.

1372 Vgl. BayHStA München, Polizeischule FFB 124, Abdruck: Grünwald (Polizeischule Berlin-Köpenick) an u. a. Kommandeur: Lehrstoffverteilungsplan für den 20. Offizier-Anwärter-Lehrgang Mariaschein, 28.02.1941, S. 12; BAB, R 19/273, Lehrordnung, [1939], Bl. 153; BayHStA München, Polizeischule FFB 127, 7. Besonderes Polizeirecht, [1942].

1373 Vgl. BayHStA München, Polizeischule FFB 127, 7. Besonderes Polizeirecht, [1942].

gehen.[1374] Doch nicht nur tierischen, sondern auch menschlichen „Plagegeistern“ hatte sie das Handwerk zu legen, wenn sie etwa Schwarzfischer und Wilderer verfolgte.[1375]

Wirtschaftsrechtliche Themen waren im Besonderen Polizeirecht jedoch noch wichtiger. Denn wie sich das Gewerbe allgemein entwickelt hatte, welche Handelsformen existierten und welche verboten waren, lernten die Offiziersanwärter ebenfalls im Unterricht. Das Themenspektrum reichte von der Frage, welche Voraussetzungen erfüllt sein mussten, damit es jemandem überhaupt erlaubt war, ein Gewerbe zu führen, über das Maß- und Gewichtswesen bis hin zum Gaststättengesetz.[1376] Dabei ging es etwa um die „Beaufsichtigung weiblichen Schankpersonals und andere Massnahmen gegen Völlerei und Unsittlichkeit“.[1377] Ferner war die Ordnungsmacht dafür verantwortlich, genau zu überwachen, ob sich auch jeder an die Ladenschlusszeiten oder die Sonntagsruhe hielt.[1378] Daneben fiel es in den Zuständigkeitsbereich der sogenannten Vergnügungspolizei, öffentliche Lustbarkeiten, Theater und Kinos zu kontrollieren, worüber das Fach ebenfalls aufklärte.[1379] Solche und weitere Bereiche berührten auch so manche Textaufgabe, aus denen die Prüfungen im Besonderen Polizeirecht meist bestanden. In einer solchen schritt ein Polizist gegen eine Reihe von fiktiven Gesetzesverstößen ein, weil ein Brucker Gastwirt in seinem Lokal Musikanten und Artisten habe auftreten lassen, ohne dafür eine Erlaubnis zu besitzen. Die Offiziersanwärter mussten nun schriftlich darlegen, welche Tatbestände in diesem Fall vorlägen.[1380] In einer anderen Klausur mussten sie erläutern, welche gewerblichen und steuerlichen Dokumente jemand benötigte, der Zeitungen und Unterhaltungsbücher mit seinem Bauchladen verkaufen möchte.[1381] Denn ein großes Thema war im Unterricht außerdem, zwischen welchen Formen des Wandergewerbes unterschieden werden müsse. Dabei besprachen die Lehrer, wann gewerbliche Leistungen angeboten werden durften und welche Waren davon ausgeschlossen waren, um die Schüler schließlich mit dem Hausiersteuergesetz vertraut zu machen.[1382]

So harmlos dieses Thema zunächst klingen mag, schlug sich darin aber nieder, wie sehr sich die Nationalsozialisten gerade während des Krieges davor fürchteten, dass der „Feind im Innern“ der deutschen Gesellschaft schaden könnte. Da es deren Zusammenhalt von „Gemeinschaftsfremden“ permanent bedroht sah, beäugte das Regime insbesondere Landstreicher und Umherziehende sehr kritisch, die keinen festen Wohnsitz besaßen oder bei denen es zumindest so schien. Also regelte der Staat, wie Hausierer und Straßenverkäufer ihrer Ar-

1374 Vgl. BayHStA München, Polizeischule FFB 121, Schieritz (Jena): Lehrplan für den Offizieranwärterlehrgang an der Polizeihauptschule Fürstenfeldbruck – Fächer: Besonderes Polizeirecht, Strafrecht und Revierkunde, 04.01.1937, S. 2.

1375 Vgl. BayHStA München, Polizeischule FFB 124, Abdruck: Grünwald (Polizeischule Berlin-Köpenick) an u. a. Kommandeur: Lehrstoffverteilungsplan für den 20. Offizier-Anwärter-Lehrgang Mariaschein, 28.02.1941, S. 12; BAB, R 19/273, Lehrordnung, [1939], Bl. 153; BayHStA München, Polizeischule FFB 127, 7. Besonderes Polizeirecht, [1942].

1376 Vgl. BayHStA München, Polizeischule FFB 127, 7. Besonderes Polizeirecht, [1942].

1377 BayHStA München, Polizeischule FFB 121, Schieritz (Jena): Lehrplan für den Offizieranwärterlehrgang an der Polizeihauptschule Fürstenfeldbruck – Fächer: Besonderes Polizeirecht, Strafrecht und Revierkunde, 04.01.1937, S. 3.

1378 Vgl. BAB, R 19/273, Lehrordnung, [1939], Bl. 153.

1379 Vgl. BayHStA München, Polizeischule FFB 127, 7. Besonderes Polizeirecht, [1942]; BayHStA München, Polizeischule FFB 121, Schieritz (Jena): Lehrplan für den Offizieranwärterlehrgang an der Polizeihauptschule Fürstenfeldbruck – Fächer: Besonderes Polizeirecht, Strafrecht und Revierkunde, 04.01.1937, S. 3.

1380 Vgl. BAB, R 20/69, Polizeischule FFB: 5. Klassenarbeit (bes. Polizeirecht), 27.02.1939.

1381 Vgl. BayHStA München, Polizeischule FFB 124, Bes.Pol.Recht, Lehrabt. B, [1941].

1382 Vgl. BayHStA München, Polizeischule FFB 127, 7. Besonderes Polizeirecht, [1942].

beit nachgehen durften, ohne jedoch eine Gefahr für Land und Leute darzustellen. Ähnlich aufmerksam betrachtete die Polizei jene Menschen, die Druckschriften verteilten oder vertrieben. Dabei ging es nicht bloß darum, den Verkauf als solchen zu regeln.[1383] Vielmehr mussten die Ordnungshüter damit rechnen, dass nicht nur erlaubte Zeitungen, sondern auch verbotene Propagandaschriften auf diese Weise in Umlauf gebracht werden konnten. Das stufte die NS-Justiz als „Wehrkraftzersetzung" ein und ahndete es für gewöhnlich mit der Todesstrafe.

Die Folgen der NS-Herrschaft für die Polizeiarbeit manifestierten sich im Besonderen Polizeirecht aber auch anderweitig. Dieses Fach behandelte spezielle verwaltungspolizeiliche Aspekte und ging so beispielsweise auf die Tätigkeit der Fremdenpolizei ein, die bereits vor 1933 für das Pass- und Meldewesen zuständig gewesen war. Die Diktatur verschärfte ihren Kurs gegenüber unbekannten und unliebsamen Personen gerade während des Zweiten Weltkriegs zunehmend, was sich auch im Bereich der Ausländerpolizei bemerkbar machte.[1384] Nachdem sie schon vor der „Machtergreifung" dafür verantwortlich gewesen war, Ausländer innerhalb des Reiches zu kontrollieren, wuchsen ihre Kompetenzen nach Erlass der „Ausländerpolizeiverordnung" vom 22. August 1938 weiter an. Nun konnte sie nicht nur dem Regime unliebsame Gäste schneller als bisher ausweisen, sondern überwachte auch ausländische Juden und Zwangsarbeiter.[1385] Die Offiziersanwärter mussten beurteilen können, wer als Angehöriger des Deutschen Reichs galt, weshalb sie den Inhalt des Reichsangehörigkeitsgesetzes des Jahres 1913 oder des Reichsbürgergesetzes zu kennen hatten, das zu den Nürnberger Gesetzen von 1935 zählte.[1386] Daneben thematisierte der Unterricht auch die Freizügigkeit, indem die Polizeischüler die gesetzlichen Grundlagen des Meldewesens studierten, wie etwa das „Gesetz über Reichsverweisungen" vom 23. März 1934 oder die „Ministerialerlasse zum Zigeunerunwesen".[1387] Das berührte auch die Aufgaben der Waffen- und Sprengstoffpolizei. Deshalb standen die einzelnen Waffengesetze auf dem Lehrplan, der sogar auf die Spionageabwehr zu sprechen kam, für welche die Ordnungspolizei aber nur bedingt zuständig war.[1388]

Dennoch forderte der Polizeiapparat offenbar von seinen führenden Vertretern, dass sie zumindest ansatzweise das gesamte Aufgabenspektrum der Staatsgewalt und dessen Rechtsgrundlagen überblicken sollten. Nicht nur über den Kampf gegen Fremde, Spione und „Zigeuner" drang die NS-Ideologie in den Lehrplan des Besonderen Polizeirechts ein. Während

1383 Vgl. ebd.

1384 Vgl. BayHStA München, Polizeischule FFB 124, Abdruck: Grünwald (Polizeischule Berlin-Köpenick) an u. a. Kommandeur: Lehrstoffverteilungsplan für den 20. Offizier-Anwärter-Lehrgang Mariaschein, 28.02.1941, S. 12. Ferner: Wilhelm, Polizei, S. 24; Curilla, Ordnungspolizei, S. 49.

1385 Vgl. Sparing, Verwaltungspolizei, S. 183–185; Diemut Majer, Das Verhältnis von Staatsanwaltschaft und Polizei im Nationalsozialismus, in: Reifner, Strafjustiz, S. 121–160, hier: S. 134.

1386 Vgl. BayHStA München, Polizeischule FFB 121, Schieritz (Jena): Lehrplan für den Offizieranwärterlehrgang an der Polizeihauptschule Fürstenfeldbruck – Fächer: Besonderes Polizeirecht, Strafrecht und Revierkunde, 04.01.1937, S. 1.

1387 Ebd., S. 1. Das „Gesetz über Reichsverweisungen" vom 23. März 1934 regelte, unter welchen Umständen Ausländer das Reichsgebiet verlassen mussten und nicht mehr betreten durften. Das war vor allem dann der Fall, wenn ein Ausländer in Deutschland oder im Ausland verurteilt geworden war und nach deutschem Recht ein Verbrechen oder Vergehen begangen hatte. Aber auch ausländische Bettler und Landstreicher waren davon betroffen. Für den Vollzug dieser Regelungen war die jeweilige Landespolizeibehörde zuständig. Vgl. Gesetz über Reichsverweisungen vom 23.03.1934, in: RGBl, 24.03.1934, Nr. 32, S. 213 f., hier: S. 213.

1388 Vgl. BayHStA München, Polizeischule FFB 121, Schieritz (Jena): Lehrplan für den Offizieranwärterlehrgang an der Polizeihauptschule Fürstenfeldbruck – Fächer: Besonderes Polizeirecht, Strafrecht und Revierkunde, 04.01.1937, S. 2.

die Lehrkräfte ihre Schützlinge über das Arbeitsrecht und den Arbeitsschutz informierten, skizzierten sie außerdem die Grundzüge des Vierjahresplans, wodurch sie die Schüler in die NS-Wirtschaftspolitik einführten.[1389] Dabei warfen sie zugleich einen Blick auf den „Aufbau der nationalen Arbeit", mit dem sich etwa der 4. OAL eingehend befasste.[1390] Auf diesem Weg platzierte das Regime seine Prinzipien also erneut in den Rechtsunterricht.

5.1.2.4 Das Bürgerliche Recht, Verwaltungsrecht, Beamtenrecht

Noch deutlicher schlugen sich die Folgen der NS-Herrschaft in einem Sammelfach nieder, das sich aus dem Bürgerlichen Recht, dem Verwaltungsrecht und dem Beamtenrecht zusammensetzte. Diese drei Unterdisziplinen formten ein Stoffgebiet, das einerseits darauf ausgerichtet war, diverse verwaltungsrechtliche Inhalte zu vermitteln, andererseits aber auch unterstreichen sollte, wie sehr die Nationalsozialisten das deutsche Staatswesen mittlerweile geprägt hatten. In den Lehrgängen erhielten die Schüler daher gleich zu Beginn einen „Überblick über die Rechtstheorien bis zur nationalsozialistischen Rechtsauffassung", der damit den Unterricht im Verwaltungsrecht einläutete, gleichzeitig aber auch die übrigen Rechtsfächer ergänzte.[1391] Abseits dieser theoretischen und historischen Ausführungen lernten die Offiziersanwärter, wie die Bürokratie des „Dritten Reichs" aufgebaut war. Dabei erfuhren sie, was die Einheit von Partei und Staat bedeutete, wie die NSDAP auf die staatliche Verwaltung einwirkte oder wie der deutsche Behördenapparat organisiert war. Weiter betrachteten sie, wie die Reichszentralverwaltung und die Zentralbehörden des Reiches arbeiteten, zu denen der Unterricht explizit Reichsstatthalter, Minister und Oberpräsidenten zählte. Erwartungsgemäß widmete er sich auch der Frage, welche Rolle der „Führer" innerhalb der deutschen Verwaltung einnehme. Die föderalistische Trias von Reich, Ländern und Gemeinden schlug sich ebenso im Lehrplan nieder, wobei auch deren Verwaltungsinstanzen durchleuchtet wurden.[1392] Der Unterricht in all diesen Themen zielte nicht vordringlich darauf ab, die Offiziersanwärter unterschwellig mit Normen des NS-Staats zu konfrontieren. Denn für seine Polizeioffiziere war es vielmehr unabdingbar, sich bestens mit dessen Aufbau, Dienstwegen und Verwaltungsinstanzen auszukennen.

Ebenso wichtig war es für die Schüler, grundlegende Kenntnisse im Bürgerlichen Recht zu erwerben. Das begann damit, dass sie sich einen allgemeinen Überblick über das Bürgerliche Gesetzbuch (BGB) verschafften und anschließend weitere Rechtsgegenstände betrachteten. Ab wann ist jemand rechts- oder geschäftsfähig? Welche unterschiedlichen Verträge gibt es im rechtlichen Sinn? Wann darf jemand zur Selbsthilfe greifen und was ist eine Notwehrsituation? All diese und noch viele weitere Fragen beschäftigten die Offiziersanwärter in diesem Abschnitt des Fachs. Ebenso galt es, festzustellen, worin sich eine natürliche von einer juristischen Person unterscheidet und welche Kriterien existieren, um festzustellen, welche Eigentumsverhältnisse bestehen und wann von Besitz oder Eigentum gesprochen

1389 Vgl. BayHStA München, Polizeischule FFB 127, 7. Besonderes Polizeirecht, [1942].

1390 BayHStA München, Polizeischule FFB 121, Schieritz (Jena): Lehrplan für den Offizieranwärterlehrgang an der Polizeihauptschule Fürstenfeldbruck – Fächer: Besonderes Polizeirecht, Strafrecht und Revierkunde, 04.01.1937, S. 3.

1391 BayHStA München, Polizeischule FFB 124, Abdruck: Grünwald (Polizeischule Berlin-Köpenick) an u. a. Kommandeur: Lehrstoffverteilungsplan für den 20. Offizier-Anwärter-Lehrgang Mariaschein, 28.02.1941, S. 14.

1392 Vgl. BAB, R 19/273, Lehrordnung, [1939], Bl. 159.

werden kann. Ferner differenzierte das Bürgerliche Recht zwischen den verschiedenen Schuldverhältnissen, zu denen der Unterricht besonders den Kauf, den Tausch, die Miete und die Leihe zählte.[1393] Darüber hinaus lieferte das Fach einen Aufriss der wichtigsten Inhalte des Familien-, Ehe- und Erbrechts.[1394] Damit waren die angehenden Polizeioffiziere mit einem juristischen Grundwissen ausgerüstet, das ihnen im Dienst und somit im Umgang mit der Bevölkerung nicht bloß nützlich war, sondern ihre Arbeit erst ermöglichte.

Nicht zuletzt war es für die Polizisten daher wichtig, sich im Beamtenrecht auszukennen, das sie schließlich selbst betraf. Dabei informierten die Lehrkräfte über die rechtlichen Eckpfeiler und die historischen Wurzeln des Berufsbeamtentums, um ihre Schüler über den Rechtsstatus aufzuklären, den Staatsdiener im Nationalsozialismus besaßen. Konkret befassten sie sich mit dem allgemeinen deutschen Beamtengesetz, dem Reichspolizeibeamtengesetz und dem Gesetz zur Wiederherstellung des Berufsbeamtentums.[1395] Für die angehenden Offiziere war es durchaus wichtig zu wissen, welche Altersgrenzen galten, um in Pension zu gehen, oder wann ein Beamter auf Lebenszeit angestellt werden konnte. Ebenso klärte der Unterricht darüber auf, wie sich ein Beamter verhalten sollte, um drohende Gefahren von der NSDAP abzuwenden. Auch in diesen scheinbar ideologiefreien Themengebieten fanden sich also nationalsozialistische Dogmen wieder. In einer Klausur aus dem Jahre 1938 etwa sollten die Prüflinge darlegen, wer nach dem Beamtengesetz überhaupt Staatsdiener werden könne und ob diese Regeln auch für jüdische „Mischlinge“ zweiten Grades gelten würden.[1396]

Doch nicht nur über ihre Rechte klärte der beamtenrechtliche Unterricht die Polizisten auf, sondern auch über ihre Pflichten, zu deren obersten die mit dem Eid geschworene Treue gegenüber dem „Führer“ zählte. Aber auch die strenge Schweigepflicht des Staatsdienstes stand ganz oben auf der Agenda.[1397] Wer von den Ordnungshütern selbst den Pfad der „soldatischen Tugenden“ verließ, den Gehorsam verweigerte oder sogar mit dem Gesetz in Konflikt geriet, musste mitunter mit scharfen Sanktionen rechnen. Dafür besaß der Polizeiapparat eigene Regelungen. Vor diesem Kontext machte die Polizeischule ihren Zöglingen klar, dass ein Gesetzeshüter, der nicht seine Pflicht erfüllt, durchaus damit zu rechnen habe, nicht mehr befördert zu werden und damit auch Nachteile für seine Gehaltsklasse in Kauf nehmen zu müssen.[1398] Daher spielte das „Strafrecht und Disziplinarrecht für Angehörige der uniformierten Ordnungspolizei“ eine besondere Rolle innerhalb des Fachs.[1399] Es unterschied

1393 Vgl. ebd., Bl. 159; BayHStA München, Polizeischule FFB 139, Schwahn (Polizeischule FFB): Stoffverteilungsplan des bürgerl.Rechts für den 1. Revieroffizieranwärter-Lehrgang, [1941]; BayHStA München, Polizeischule FFB 143, Polizeischule FFB: Lehrstoffverteilungsplan für den Unterricht im bürgerl.Recht, 13.11.1941.

1394 Vgl. BayHStA München, Polizeischule FFB 124, Abdruck: Grünwald (Polizeischule Berlin-Köpenick) an u. a. Kommandeur: Lehrstoffverteilungsplan für den 20. Offizier-Anwärter-Lehrgang Mariaschein, 28.02.1941, S. 14 und BayHStA München, Polizeischule FFB 127, 9 a. Bürgerliches Recht, [1942].

1395 Vgl. BAB, R 19/273, Lehrordnung, [1939], Bl. 159; BayHStA München, Polizeischule FFB 139, [unleserlich] (Polizeischule FFB): Stoffverteilungsplan in Beamtenrecht, [1941]; BayHStA München, Polizeischule FFB 143, Polizeischule FFB: Lehrstoffverteilungsplan für den Unterricht im Beamtenrecht bei den Rev.Offiz. Anwärtern, 13.11.1941, S. 1.

1396 Vgl. BayHStA München, Polizeischule FFB 13, 4. Prüfungsaufgabe. Teil I: Beamtenrecht, 23.04.1938.

1397 Vgl. BayHStA München, Polizeischule FFB 143, Polizeischule FFB: Lehrstoffverteilungsplan für den Unterricht im Beamtenrecht bei den Rev.Offiz. Anwärtern, 13.11.1941, S. 1.

1398 Vgl. ebd., S. 1.

1399 BayHStA München, Polizeischule FFB 124, Abdruck: Grünwald (Polizeischule Berlin-Köpenick) an u. a. Kommandeur: Lehrstoffverteilungsplan für den 20. Offizier-Anwärter-Lehrgang Mariaschein, 28.02.1941, S. 14.

jedoch zwischen „Dienststrafrecht und gerichtlicher Bestrafung".[1400] Ungeachtet dieser begrifflichen Feinheiten zeigte das Ausbildungssystem den Ordnungshütern ihre Grenzen auf, nachdem es sie eingehend darüber aufgeklärt hatte, welche Freiräume sie besaßen. Abtrünniges und rechtswidriges Verhalten seiner Repräsentanten bestrafte das Regime mitunter sehr hart, um dadurch abzuschrecken und Nonkonformismus im Keim zu ersticken.[1401]

5.1.2.5 Die SS- und Polizeigerichtsbarkeit

Ganz in diesem Sinne gesellte sich während des Krieges zu diesem Fächerkreis ein weiteres Rechtsgebiet, das schlagartig an Bedeutung gewann und 1943 sogar zu einer eigenständigen Disziplin aufstieg. Denn für ihren künftigen Einsatz in den besetzten Gebieten mussten die Schüler jene Vorschriften kennen, die für sie aus der SS- und Polizeigerichtsbarkeit erwuchsen.[1402] Durch eine Verordnung vom 17. Oktober 1939 hatte der Ministerrat für die Reichsverteidigung eine Sonderjurisdiktion geschaffen, die den Rechtsstatus von Angehörigen der Schutzstaffel und der Polizei für den Kriegsdienst regelte. Diese erstreckte sich auf sämtliche Tatbestände, die auch die Militärjustiz der Wehrmacht abdeckte, war aber von dieser losgelöst und unterstellte alle SS-Angehörigen und Polizisten unter eine eigene Gerichtsbarkeit. Letztere unterstanden ihr aber zunächst nur, sofern sie sich als Angehörige eines Verbandes im „auswärtigen Einsatz" befanden. Bei kriminellen Aktionen außerhalb eines solchen Dienstes galt also nach wie vor das allgemeine Strafrecht. Verstießen die „Polizeisoldaten" aber gegen das Gesetz, während sie in den besetzten Gebieten eingesetzt waren, befassten sich eigens von Himmler installierte SS- und Polizeigerichte mit diesen Fällen.[1403] Während innerhalb der Ordnungspolizei zunächst hauptsächlich Beamte des Vollzugsdienstes betroffen waren, erweiterte sich der Adressatenkreis mehrfach. Letztendlich sollte sich die SS- und Polizeigerichtsbarkeit ab 1. September 1942 auf sämtliche Angehörige der uniformierten Polizei und ihrer Hilfsverbände erstrecken.[1404] In erster Linie betraf dieses besondere Recht al-

1400 BayHStA München, Polizeischule FFB 127, 9 b. Verwaltungs- und Beamtenrecht, [1942].

1401 Siehe dazu auch Kapitel 6.6.

1402 Vgl. BayHStA München, Polizeischule FFB 126, Polizeischule FFB: Stoffverteilungsplan für das Bürgerl. Recht, Beamtenrecht, Dienststrafrecht, SS- und Pol.Gerichtsbarkeit, 15.01.1942.

1403 Vgl. Verordnung über eine Sondergerichtsbarkeit in Strafsachen für Angehörige der SS und für die Angehörigen der Polizeiverbände bei besonderem Einsatz vom 17.10.1939, in: RGBl, 30.10.1939, Nr. 214, S. 2107 f.; BayHStA München, Polizeischule FFB 196, Abschrift: Scharfe (RFSSuChdDtPol): Belehrung der der Sondergerichtsbarkeit der SS und Polizei unterworfenen SS- und Polizei-Angehörigen über gerichtliche Bestrafungen usw., 15.07.1940, S. 1; Bernd Wegner, Die Sondergerichtsbarkeit von SS und Polizei. Militärjustiz oder Grundlegung einer SS-gemäßen Rechtsordnung?, in: Ursula Büttner (Hrsg.), Das Unrechtsregime. Internationale Forschung über den Nationalsozialismus, Bd. 1: Ideologie – Herrschaftssystem – Wirkung in Europa, Festschrift für Werner Jochmann zum 65. Geburtstag, Hamburger Beiträge zur Sozial- und Zeitgeschichte, Bd. 21, Hamburg 1986, S. 243–259, hier: S. 244; Hans Buchheim, Die Organisation der Sondergerichtsbarkeit der SS und Polizei, in: Gutachten, Bd. I, S. 343–348, hier: S. 343–346. Ferner: Erste Verordnung zur Durchführung der Verordnung über eine Sondergerichtsbarkeit in Strafsachen für Angehörige der SS und für die Angehörigen der Polizeiverbände bei besonderem Einsatz vom 01.11.1939, in: RGBl, 25.11.1939, Nr. 233, S. 2293–2296; Zweite Verordnung zur Durchführung der Verordnung über eine Sondergerichtsbarkeit in Strafsachen für Angehörige der SS und für die Angehörigen der Polizeiverbände bei besonderem Einsatz vom 17.04.1940, in: RGBl, 22.04.1940, Nr. 71, S. 659 f.

1404 Vgl. BayHStA München, Polizeischule FFB 196, Abschrift: Himmler (RFSSuChdDtPol): Sondergerichtsbarkeit der Ordnungspolizei und ihrer Hilfsverbände, 08.08.1942. Ferner: Buchheim, SS, S. 157;

lerdings die Polizei- und Ausbildungsbataillone, daneben aber auch die Polizeischulen. Juristisch waren für sie vorwiegend die HSSPF zuständig, in deren Befehlsbereich sich eine solche Einheit oder Lehrstätte befand.[1405] Ihnen übergeordnet war jedoch wieder der Reichsführer-SS, der sich als oberster Gerichtsherr selbst vorbehielt, über einen Fall zu entscheiden.[1406]

Bei geringen Vergehen musste der Disziplinarvorgesetzte den Täter schnellstmöglich bestrafen, was an einer Polizeischule deren Kommandeur übernahm. Dieser war grundsätzlich befugt, Dienststrafen zu verhängen und zu vollstrecken, wozu etwa Verweise oder Arreste zählten.[1407] Bei schwereren Straftaten bestellten die Gerichtsherren für die jeweiligen Verwaltungseinheiten einen eigenen Gerichtsoffizier, der Zeugen oder Sachverständige vernehmen und vereidigen sowie Beweismaterial beschlagnahmen konnte.[1408] Neben weiteren Dienststellen mussten auch die Schulen der Ordnungspolizei über einen solchen Amtsträger verfügen. Ihm kam vor Gericht die Aufgabe zu, „bei Wahrung der Manneszucht das militärische Gerechtigkeitsempfinden in Verfahren und Urteilsspruch“ zu wahren.[1409] Zum Gerichtsoffizier der Polizeischule Fürstenfeldbruck bestellte das zuständige SS- und Polizeigericht München z. B. im Februar 1943 den Hauptmann Dr. Helmut Herzog.[1410]

Der Unterricht in der SS- und Polizeigerichtsbarkeit war darauf ausgerichtet, die wichtigsten Inhalte des Truppendienst- und des Kriegsstrafrechts zu behandeln.[1411] Dabei lernten die Offiziersanwärter zunächst allgemein das „Sonderrecht für die Wehrmacht, SS und Polizei“ kennen und grenzten es vom zivilen Recht ab. Die gesetzlichen Grundlagen entnahmen sie vor allem dem Reichs- sowie dem Militärstrafgesetzbuch, wobei sie auch die „Vorläufige Dienststrafordnung für Polizeitruppen“ behandelten.[1412] Daraufhin befassten sich die Beamten mit der Frage, wie ein entsprechendes Verfahren organisiert war, und machten sich da-

---

Wolfgang Scheffler, Zur Praxis der SS- und Polizeigerichtsbarkeit im Dritten Reich, in: Günther Doeker/Winfried Steffani (Hrsg.), Klassenjustiz und Pluralismus. Festschrift für Ernst Fraenkel zum 75. Geburtstag am 26. Dezember 1973, Hamburg 1973, S. 224–236, hier: S. 226.

1405 Vgl. BayHStA München, Polizeischule FFB 196, Abschrift: Himmler (RFSSuChdDtPol): Erlaß des Reichsführers SS und Chefs der Deutschen Polizei zur Verordnung über eine Sondergerichtsbarkeit in Strafsachen für Angehörige der SS und für die Angehörigen der Polizeiverbände bei besonderem Einsatz, 20.11.1939, S. 1 f.; BayHStA München, Polizeischule FFB 196, Abschrift: Daluege (Chef der Ordnungspolizei) an u. a. Polizeischule FFB: Sondergerichtsbarkeit der Polizeiverbände bei besonderem Einsatz, 19.05.1940, S. 1. Ferner: Birn, Höheren SS- und Polizeiführer, S. 131–157.

1406 Vgl. Christopher Theel, „Parzifal unter den Gangstern“? Die SS- und Polizeigerichtsbarkeit in Polen 1939–1945, in: Schulte, Waffen-SS, S. 61–79, hier: S. 63; Wegner, Sondergerichtsbarkeit, S. 248 f.

1407 Vgl. BayHStA München, Polizeischule FFB 197, I. A. von Grolman (RFSSuChdDtPol) an u. a. Polizeischule FFB: SS- und Polizeisondergerichtsbarkeit; disziplinare Ahndung von leichteren gerichtlich verfolgbaren Straftaten vor Meldung an den Gerichtsherrn, 23.08.1940, S. 2; BayHStA München, Polizeischule FFB 196, Abschrift: RFSSuChdDtPol: Vorläufige Dienststrafverordnung für Polizeitruppen, 19.04.1940, S. 2–4.

1408 Vgl. BayHStA München, Polizeischule FFB 196, PAB FFB: Sondergerichtsbarkeit für die Angehörigen der Polizeiverbände bei besonderem Einsatz, [1940], S. 2. Dieses Dokument schildert auch detailliert den Ablauf eines Verfahrens.

1409 BayHStA München, Polizeischule FFB 35, I. A. Grünwald (Chef der Ordnungspolizei) an u. a. alle Kommandeure der Schulen, Anstalten usw.: Gerichtsoffiziere der Ordnungspolizei, 15.02.1943, S. 2. Vgl. ferner Buchheim, Organisation, S. 348.

1410 Vgl. BayHStA München, Polizeischule FFB 35, Abschrift: Knote (SS- und Polizeigericht I München): Bestellung als Gerichtsoffizier, 27.02.1943.

1411 Vgl. BayHStA München, Polizeischule FFB 127, 9 b. Verwaltungs- und Beamtenrecht, [1942].

1412 BayHStA München, Polizeischule FFB 134, Ruffing (Polizeischule FFB): 12. SS- und Pol.Gerichtsbarkeit, [1943].

ran, dessen Ablauf anhand von ausgewählten Beispielen nachzuvollziehen. Ferner standen die Aufgaben des Gerichtsoffiziers auf dem Lehrplan.[1413]

Gerade aber die „Sondertatbestände für SS und Polizei" behandelten die Fachlehrer in ihrem Unterricht recht ausführlich.[1414] Regelmäßig mussten sie ihre Schüler darüber belehren, welche Konsequenzen es nach sich ziehen konnte, wenn sie gegen die Kriegsgesetze und die moralischen Prinzipien des „Staatsschutzkorps" verstießen. Je nach Schwere der Schuld konnten die speziellen SS- und Polizeigerichte einen Delinquenten zu mitunter langjährigen Haftstrafen oder sogar zum Tode verurteilen. Als Angehöriger von Himmlers Elitegarde musste er außerdem fürchten, aus der SS entlassen oder ausgestoßen zu werden, was als sogenannte SS-Ehrenstrafe bekannt war. Daneben drohte polizeilichen Gesetzesbrechern, aus dem Beamtenverhältnis auszuscheiden und alle Dienstbezüge zu verlieren.[1415] Zu den Straftatbeständen zählten z. B. „unerlaubte Entfernung, Feigheit, Gehorsamsverweigerung, Widersetzung, tätliche[r] Angriff auf Vorgesetzte, Meuterei und Aufruhr, Plünderung, Wachvergehen", aber auch *„Fahnenflucht"* und *„Zersetzung der Wehrkraft"*.[1416]

Darüber hinaus sanktionierte die Sondergerichtsbarkeit gerade jene Taten, die dem Tugendkatalog der SS zuwiderliefen. Das machten auch entsprechende Lehrschriften zum Thema deutlich, zu denen etwa die „grauen Mitteilungen" des Hauptamts SS-Gericht gehörten. „Treu und tapfer bis in den Tod kämpft der SS- und Polizeiangehörige unter rücksichtslosem Einsatz seiner Person für Führer, Volk und Reich", weshalb illoyales und feiges Verhalten als äußerst schändlich galt, wie ein gesonderter Leitfaden für die ideologische Jurisdiktion aus dem Jahre 1944 angab.[1417] Auch sollte er die Ehre als „das höchste Gut des deutschen Mannes" ansehen, wobei er sowohl seine eigene als auch die seiner Vorgesetzten und Kollegen zu achten habe.[1418] Nach Ansicht des NS-Regimes gefährdete jemand die Kameradschaft und die „Manneszucht", wenn er etwa einen anderen bestahl, einen Vorgesetzten beleidigte oder bedrohte, vorsätzlich einen Befehl missachtete oder gar betrunken eine Straftat beging.[1419] Darüber hinaus hatte jeder von Himmlers Untergebenen „rassestolz und sippenbewußt" und damit „ein Freund alles Gesunden und ein Feind jeder Entartung" zu sein.[1420] Weil auch die Ordnungspolizisten als „Vorkämpfer im Kampfe um die Ausrottung der Homosexualität im deutschen Volke" fungieren sollten, war *„Unzucht zwischen Männern"* besonders in den eigenen Reihen strengstens verboten.[1421] Als ähnlich schwerwiegend wurde es angesehen, wenn sich jemand aus dem SS- und Polizeiapparat mit Juden sexuell einlassen sollte, da er sich dadurch der „Rassenschande" schuldig machen und gegen die Nürnberger Gesetze von 1935

1413 Vgl. BayHStA München, Polizeischule FFB 135, Ruffing (Polizeischule FFB): SS- und Polizeigerichtsbarkeit, [1944].

1414 BayHStA München, Polizeischule FFB 134, Ruffing (Polizeischule FFB): 12. SS- und Pol.Gerichtsbarkeit, [1943].

1415 Vgl. BayHStA München, Polizeischule FFB 196, Abschrift: Scharfe (RFSSuChdDtPol): Belehrung der der Sondergerichtsbarkeit der SS und Polizei unterworfenen SS- und Polizei-Angehörigen über gerichtliche Bestrafungen usw., 15.07.1940, S. 1 f. und 6.

1416 Ebd., S. 2. Hervorhebung im Original.

1417 IfZ Archiv, 11/Dc 013.001, Der Reichsführer-SS und Chef der Deutschen Polizei/Hauptamt SS-Gericht (Hrsg.), Die SS- und Polizeigerichtsbarkeit. Ein Leitfaden, Leipzig 1944, S. 41. Vgl. dazu ebd., S. 41–44.

1418 Ebd., S. 45.

1419 Vgl. ebd., S. 50–55.

1420 Ebd., S. 46.

1421 Ebd., S. 47 f. Hervorhebung im Original.

verstoßen würde.[1422] Während ihres „auswärtiges Einsatzes" befolgten allerdings nicht alle deutschen „Herrenmenschen" diese Vorschriften immer so genau, wie es dem Reichsführer-SS vorschwebte.[1423]

Weil sich Himmler dazu berufen fühlte, gerade die Bereiche „Ehe" und „Sexualität" für seine Mannen zu reglementieren, spiegelte sich dies in zahlreichen Erlassen wider, die auch die SS- und Polizeigerichtsbarkeit tangierten. Die Brucker Schule war ebenso davon betroffen, weil sie dazu angehalten war, diese Themen im Unterricht zu behandeln. Doch ereigneten sich an der Lehranstalt selbst einige Vorfälle, die in diesen Kontext passen. Daher lohnt es sich, diese Sujets näher zu betrachten: In einem SS-Befehl erklärte Himmler z. B. im Oktober 1939, kriegsbedingt bestehe die Gefahr, dass viele kämpfende Männer kinderlos an der Front fallen könnten. Um dem eigenen Volk in dieser Situation eine ausreichende Zahl an Nachkommen zu liefern, sollte es „für deutsche Frauen und Mädel guten Blutes eine hohe Aufgabe sein", sogar „außerhalb der Ehe" schwanger und schließlich Mütter zu werden.[1424] Die Pflicht, sich zu vermehren und dadurch für den „Sieg des Kindes" zu sorgen, hätten aber auch jene Männer und Frauen, die im „Altreich" geblieben waren. Die Schutzstaffel würde allen Müttern zur Seite stehen, indem sie sich um die Kinder kümmere, deren Väter an der Front kämpften oder von den Schlachtfeldern nicht mehr zurückkehrten.[1425]

Ähnliche Motive hatten den Reichsführer-SS dazu veranlasst, bereits im Dezember 1935 den „Lebensborn e. V." einzurichten, dessen Zentrale sich in der Herzog-Max-Straße 3–7 in München befand. Diese NS-Fürsorgeinstitution hatte schwangere Frauen oder Geliebten von SS-Angehörigen in speziellen Mütterheimen unterzubringen und später deren Stammhalter zu versorgen. Der „Lebensborn" war eine Manifestation der nationalsozialistischen Bevölkerungspolitik und beabsichtigte, für einen Geburtenanstieg zu sorgen, um so neue „gutrassige" Kämpfer für Deutschland zu erhalten. Er sollte insbesondere unverheirateten Frauen zeitweise eine Bleibe bieten, die ihre Kinder im Geheimen austragen wollten und dadurch von einer Abtreibung absahen, die Himmler außerordentlich verhasst war.[1426] Indem die Brucker Lehranstalt ihre Schüler darüber informierte, sendete ihr oberster Chef auch ein Signal an die uniformierte Polizei. Denn das Fürsorgesystem der SS sollte auch für Ordnungshüter attraktiv werden und einen zusätzlichen Anreiz schaffen, um der Eliteorganisation der NSDAP

1422 Vgl. ebd., S. 46.

1423 Vgl. Regina Mühlhäuser, „Mannestrieb" und „Manneszucht". NS-Politiken im Umgang mit Vergewaltigung, Prostitution, hetero- und homosexuellen Verhältnissen deutscher Soldaten während des Kriegs in der Sowjetunion (1941–1945), in: Anette Dietrich/Ljiljana Heise (Hrsg.), Männlichkeitskonstruktionen im Nationalsozialismus. Formen, Funktionen und Wirkungsmacht von Geschlechterkonstruktionen im Nationalsozialismus und ihre Reflexion in der pädagogischen Praxis, Zivilisationen & Geschichte, Bd. 18, Frankfurt am Main 2013, S. 99–119, hier: S. 100–105 und 112–114. Zu Himmlers homophoben Ansichten ferner: Longerich, Himmler, S. 242–247.

1424 BayHStA München, Polizeischule FFB 53, Himmler (RFSSuChdDtPol): SS-Befehl für die gesamte SS und Polizei, 28.10.1939.

1425 Vgl. ebd.

1426 Vgl. z. B. BayHStA München, Polizeischule FFB 53, Himmler (RFSSuChdDtPol): An alle SS-Männer und ihre Angehörigen. Ausführungsbestimmungen zum Befehl des Reichsführer SS vom 28.10.1939, 19.06.1940. Ferner: Georg Lilienthal, Der „Lebensborn e.V.". Ein Instrument nationalsozialistischer Rassenpolitik, erw. Neuausg., Frankfurt am Main 2003, S. 40–58; Volker Koop, „Dem Führer ein Kind schenken". Die SS-Organisation Lebensborn e.V.", Köln/Weimar/Wien 2007, S. 6–12 und 23–25; Himmler, Rede, S. 15; Longerich, Himmler, S. 241 f. und 384.

beizutreten. Jeder einzelne Angehörige des Stammpersonals und jeder Schüler erhielt ein Exemplar des SS-Befehls.[1427]

Wenige Monate später sah sich Himmler jedoch genötigt, auf etwaige Zweifel, Missverständnisse und Beschwerden zu reagieren, die sein SS-Befehl hervorgerufen hatte. Ganz so selbstverständlich nahmen ihn die Rezipienten doch nicht auf. Vielen Lesern missfiel besonders der Umstand, dass sich das Dokument auch auf Kinder bezog, die unehelich gezeugt worden waren. Das war mit den Moralvorstellungen einiger SS-Mitglieder offenbar nicht vereinbar. Doch gegen solche Bedenken wendete der Reichsführer-SS ein, dass es schon zu allen Zeiten Frauen gegeben habe, die außerhalb der Ehe Mütter geworden seien.[1428] Um Kritiker zum Schweigen zu bringen, fügte er einen Brief von Rudolf Hess an eine werdende Mutter bei, deren Verlobter im Krieg gefallen war. In ihm glorifizierte Hitlers Stellvertreter die Rolle von unehelichen Kindern für die deutsche „Volksgemeinschaft", wobei er Leonardo da Vinci und die Väter von Wilhelm Busch und Karl dem Großen als prominente Beispiele aufzählte, die ebenfalls außerehelich zur Welt gekommen seien. Außerdem versprach er der Frau, dass in solchen Fällen auf den Standesämtern ein Eintrag vorgenommen werde, damit Mutter und Kind erhobenen Hauptes die Frage nach dem Vater damit beantworten könnten, er sei ein „Kriegsvater" gewesen.[1429]

Noch mehr ärgerte sich Himmler über eine weitere Fehlinterpretation seines SS-Befehls. Einige seiner Leser deuteten ihn dahingehend, dass sie dazu aufgefordert seien, sich „intensiver" um die Frauen kämpfender Soldaten zu kümmern. Dabei betonte der Reichsführer-SS, die Beziehungen zwischen im Krieg eingesetzten Männern und ihren Partnerinnen dürften keinesfalls von anderen angetastet werden – schon gleich gar nicht von Mitgliedern der Schutzstaffel. Das sei „einfachstes und selbstverständlichstes Anstands- und Kameradengesetz".[1430] Dementsprechend sollten die Angehörigen von SS und Polizei allen Gerüchten entschlossen entgegentreten. Denn wer etwas anderes behauptete, würde damit die Ehre der Schutzstaffel, aber auch der deutschen Frau besudeln.[1431] Mit diesem Appell waren auch die künftigen Offiziere der Ordnungspolizei sowie das Stammpersonal der Brucker Schule in der Pflicht. Der Polizeiapparat legte daher großen Wert darauf, dass der Inhalt dieser Erlasse den Polizeibeamten ständig in Erinnerung gerufen wurde. Denn nicht jeder Angehörige von SS und Polizei beachtete die Maßgaben des Reichsführers-SS derart genau. So wies selbst der Chef der Ordnungspolizei seine Staatsdiener noch im Herbst 1943 darauf hin, dass sich niemand damit herausreden könne, Himmlers Direktiven nicht zu kennen. Diese Ausrede sei von einigen SS-Männern und Polizisten vorgebracht worden, die mit den Frauen von Soldaten geschlafen hätten, die zu dieser Zeit an der Front eingesetzt seien. Doch solch ein Verhalten könne sogar als militärischer Ungehorsam strafrechtlich geahndet werden. Dem gleichen

1427 Vgl. BayHStA München, Polizeischule FFB 53, I. V. Diez (PAB FFB): Begleitverfügung zum SS-Befehl vom 28.10.1939, 29.10.1939. Ferner: RdErl. d. RFSSuChdDtPol. im RMdI. v. 14.06.1938, in: RMBliV, 22.06.1938, Nr. 26, Sp. 1005–1007.

1428 Vgl. BayHStA München, Polizeischule FFB 53, Himmler (RFSSuChdDtPol): An alle Männer der SS und Polizei, 30.01.1940, S. 1.

1429 BayHStA München, Polizeischule FFB 53, Rudolf Hess an eine unverheiratete Mutter, o. D. Zu Himmlers Ansichten über uneheliche Kinder vgl. ferner Longerich, Himmler, S. 382–384.

1430 BayHStA München, Polizeischule FFB 53, Himmler (RFSSuChdDtPol): An alle Männer der SS und Polizei, 30.01.1940, S. 1.

1431 Vgl. ebd., S. 1 f.

Schreiben lag eine Abschrift von Himmlers Befehlen bei, was erneut verdeutlicht, wie ernst der Polizeiapparat diese Angelegenheit nahm.[1432]

Der Reichsführer-SS kannte kein Erbarmen, wenn jemand auf diese Weise fremdging. So landete ein Wachtmeister der Ordnungspolizei im Konzentrationslager, weil er „mit der Ehefrau eines im Felde stehenden Kameraden [...] wiederholt Ehebruch getrieben" habe. Weil der Beamte an einer Geschlechtskrankheit litt und mit seinem Verhältnis zu der Frau eines Polizeikollegen deren Ehe zerstört hatte, habe er, Daluege zufolge, ein „hemmungsloses und unkameradschaftliches Verhalten" an den Tag gelegt, was bestraft werden müsse.[1433] Über einen ähnlichen Fall berichtete ein weiterer Erlass vom 21. Juni 1941. Diesem zufolge habe ein Angehöriger der SS während des Jahres 1940 mit mehreren polnischen Frauen geschlafen, obwohl der Reichsführer-SS den Geschlechtsverkehr mit Polinnen durch einen Befehl ausdrücklich verboten hatte. Dem Staffel-Scharführer sei dies bekannt gewesen, da er diese Anweisungen auch an seine Untergebenen weitergegeben habe. Nun habe sich der SS-Mann bei einer Polin mit Syphilis infiziert. Entgegen der Anordnung seines Arztes habe ihn das jedoch nicht davon abgehalten, mit seiner eigenen Frau und seiner volksdeutschen Geliebten intim zu werden. Himmler habe sich persönlich darum gekümmert, dass der Schwerenöter mit Schimpf und Schande aus der SS verbannt und in ein KZ verbracht worden sei.[1434] Dem schriftlichen Hinweis auf diesen Vorfall wohnte nicht nur eine rassistische Botschaft inne, weil der Leser ausdrücklich erfuhr, dass der deutsche Elitekämpfer sich ausgerechnet bei einer polnischen Frau eine schwere Geschlechtskrankheit zugezogen habe. Der Erlass beweist darüber hinaus, wie viel Wert Himmler auf die sexuelle Treue seiner Männer legte. Dennoch kannte die Prinzipientreue des Reichsführers-SS ihre Grenzen. „Im Interesse der Aufrechterhaltung der Ehe" sollten Dienststellen von SS und Polizei auf seinen Wunsch nämlich nicht die Gemahlin eines ihrer Angehörigen informieren, sofern ihr Gatte fremdging.[1435]

Das Thema Ehebruch beschäftigte die Brucker Polizeischule nicht nur in der Theorie, wie der Fall des Hauptwachtmeisters Wilhelm Truelsen zeigt. Dieser war nach Ende eines Auswahllehrgangs beurlaubt und sollte danach am 33. OAL teilnehmen, wie Arno Hagemann in seinem Bericht schilderte. Während dieser freien Zeit habe Truelsen eine Affäre mit der Ehefrau eines Oberfeldwebels der Wehrmacht unterhalten, der seinerzeit im Reichsgebiet eingesetzt gewesen sei. Der Offiziersanwärter habe nicht nur in der eigenen Familienwohnung Sex mit seiner Geliebten gehabt, sondern sich auch in der Öffentlichkeit mit ihr gezeigt, obwohl er selbst verheiratet gewesen sei und zwei Kinder gehabt habe. Aufgrund dieses Verhaltens schickte der Schulkommandeur den Beamten wieder zu seiner eigentlichen Dienststelle zurück. Sein Rücktrittsgesuch konnte der Ehebrecher mit seinem Gesundheitszustand begründen, wodurch ihn Hagemann zumindest nach außen hin das Gesicht wahren ließ.[1436]

In einem weiteren Fall schickte der Schulleiter den Anwärter Max Schwengberg ebenfalls zu seinem Heimatstandort zurück. Der Teilnehmer des 36. OAL hatte die Lehrerschaft über

1432 Vgl. BayHStA München, Polizeischule FFB 53, Abschrift: I. V. Reinefarth (Chef der Ordnungspolizei) an u. a. Polizeischule FFB: Militärischer Ungehorsam durch geschlechtlichen Umgang mit Soldatenfrauen, 19.10.1943.

1433 BayHStA München, Polizeischule FFB 53, I. V. Daluege (RFSSuChdDtPol) an den Befehlshaber der Ordnungspolizei im Protektorat Böhmen und Mähren in Prag: Vertraulich!, 02.03.1940, S. 1.

1434 Vgl. BayHStA München, Polizeischule FFB 53, Abschrift: Himmler (RFSSuChdDtPol): Geschlechtsverkehr mit Polinnen, 21.06.1941.

1435 BayHStA München, Polizeischule FFB 53, I. A. von Grolman (Chef der Ordnungspolizei) an u. a. die Schulen, Anstalten usw.: Vertraulich!, 11.03.1942, S. 1.

1436 Vgl. BayHStA München, Polizeischule FFB 132, Entwurf: Hagemann (Polizeischule FFB) an RFSSuChdDtPol: 33. Offizieranwärterlehrgang, 20.05.1943.

seinen Werdegang belogen, indem er seine erfolglose Teilnahme am 21. OAL verschwieg. Außerdem habe er darüber hinaus schon 1941 wegen Ehebruchs vor einem SS- und Polizeigericht gestanden.[1437] Laut Aussage des Polizisten, sei das Verfahren eingestellt und der untreue Familienvater stattdessen „zur Frontbewährung im Osten eingesetzt worden".[1438] Hagemann begründete die Entlassung Schwengbergs damit, dass dieser sich durch seinen eigenwilligen Umgang mit der Wahrheit und das Fremdgehen eines Offiziers nicht würdig erweise.[1439] An diesen Beispielen zeigt sich abermals, dass die Polizeischule Fürstenfeldbruck als Dienststelle des Himmlerschen Machtbereichs fungierte und damit beschäftigt war, dessen Politik und Werte zu exekutieren, worum sich auch die Sondergerichtsbarkeit bemühte.

Allerdings war es keineswegs so, dass der SS- und Polizeiapparat nicht über die körperlichen Bedürfnisse seiner Vertreter Bescheid wusste oder diesen völlig weltfremd gegenüberstand. Die Lehroffiziere an der Brucker Schule nahmen ein Schreiben des HSSPF in München durch, das sich auf einen Erlass Himmlers vom 8. Juni 1940 bezog. Dem zufolge könne den Ordnungspolizisten nicht untersagt werden, eines „der besonders eingerichteten Bordelle" zu besuchen.[1440] Dafür könnten die Angehörigen der Polizeibataillone Kondome über ihre Sanitätsstellen beziehen, da es wichtig sei, dass sich die Beamten gegen sexuell übertragbare Krankheiten schützten.[1441] Bemerkenswert an diesem Text ist nicht nur, dass er auch der Polizeischule Fürstenfeldbruck vorlag, die ihre Schüler darüber unterrichten musste. Auch geht daraus hervor, dass die Besatzungsbehörden Bordelle eingerichtet hatten, in denen die Polizisten in den annektierten Gebieten ihren Sexualtrieb befriedigen konnten. Dabei handelte es sich anscheinend um Etablissements, in denen osteuropäische Frauen zur Prostitution gezwungen wurden. Es erscheint daher zynisch, wenn der ansonsten so verpönte Geschlechtsverkehr mit „Fremdrassigen" für die Beamten erlaubt war, solange er mit Zwangsprostituierten erfolgte und die Männer sich dabei schützten.[1442]

Gerade im Unterricht in den rechtlichen Fächern mussten die Lehrkräfte oftmals aktuelle Fälle und Gerichtsurteile behandeln, um die angehenden Polizeiführer auf den neuesten Stand der Rechtslage zu bringen. Dabei verschwammen häufig die Grenzen zwischen den einzelnen Disziplinen, wie folgender Fall zeigt: Ein SS-Gericht hatte 1942 einen SS-Angehörigen verurteilt, weil dieser mehrfach eine junge Frau dazu überreden wollte, ihr werdendes Kind abzutreiben. Da ihn herkömmliche Strafgerichte dafür nicht belangen konnten, bestätigte das Hauptamt SS-Gericht das erstinstanzliche Urteil. Denn eine solche Tat sei mit den Normen der Schutzstaffel überhaupt nicht vereinbar. Kurt Daluege machte daher in seinem Schreiben deutlich, dass sich auch die Ordnungspolizei an die Wertmaßstäbe der SS halten müsse und folglich „der Angriff auf das keimende Leben eine der schwersten Straftaten ist, auch für die Angehörigen der Ordnungspolizei".[1443] Wie wichtig die Brucker Schule diesen

1437 Vgl. BayHStA München, Polizeischule FFB 134, Entwurf: Hagemann (Polizeischule FFB) an RFSSuChdDtPol: Hauptwachtm.d.Gend. Max Schwengberg, 02.12.1943, S. 1.

1438 Ebd., S. 2.

1439 Vgl. ebd., S. 2.

1440 BayHStA München, Polizeischule FFB 53, Abschrift: I. V. Hoffmann (IdO im Wehrkreis VII): Polizeiliche Behandlung der Prostitution, 17.06.1940.

1441 Vgl. ebd.

1442 Vgl. dazu IfZ Archiv, 11/Dc 013.001, Der Reichsführer-SS und Chef der Deutschen Polizei/Hauptamt SS-Gericht (Hrsg.), Die SS- und Polizeigerichtsbarkeit. Ein Leitfaden, Leipzig 1944, S. 49. Ferner: Mühlhäuser, Mannestrieb, S. 106–109; Wegner, Sondergerichtsbarkeit, S. 253; Schäfer, NSG-Verfahren, S. 281.

1443 BayHStA München, Polizeischule FFB 33, [unleserlich] (Chef der Ordnungspolizei) an u. a. die Kommandeure der Schulen: Rechtserziehung (Erfolglose Anstiftung zur Abtreibung), 01.11.1942.

Fall nahm, ist daraus ersichtlich, dass sie ihn nicht nur im Unterricht zur SS- und Polizeigerichtsbarkeit, sondern außerdem in der weltanschaulichen Wochenschulung behandelte.[1444]

Wie sehr sich die Polizei zuweilen in das Privatleben ihrer Angehörigen einmischte, veranschaulicht ein Vorfall, der sich in der zweiten Kriegshälfte an einer der beiden Polizeioffiziersschulen zutrug und sogar das Hauptamt Ordnungspolizei beschäftigte: Ein Offiziersanwärter schwängerte ungewollt ein Mädchen, wobei sich beide darüber einig waren, nicht heiraten zu wollen. Als der Vater der jungen Frau davon erfuhr, schrieb er dem Polizisten einen Brief, in dem er ihn dazu aufforderte, seine Tochter sofort zu ehelichen. Auch gegen eine Scheidung habe er nichts einzuwenden. Da der angehende Polizeiführer darauf aber nicht reagierte, informierte der werdende Großvater dessen Disziplinarvorgesetzten, der auf seinen Untergebenen einwirkte und ihn dazu bewegte, das schwangere Mädchen heiraten zu wollen. Der Polizist änderte jedoch seine Meinung erneut, nachdem er sich mit seiner Partnerin ausgesprochen hatte, weil er ohnehin nur widerwillig einer Ehe zugestimmt hätte.[1445] Über diesen Fall informierte ein vertrauliches Schreiben aus Dalueges Hause die Polizeischule. Es verrät aber nicht, um welche Beteiligten es sich dabei gehandelt oder an welcher Dienststelle sich der Vorfall genau zugetragen hatte. Viel wichtiger war dem Hauptamt Ordnungspolizei, das Verhalten des vorgesetzten Beamten zu verurteilen, der den Offiziersanwärter überhaupt erst dazu gebracht habe, in die Ehe einzuwilligen. „Ehen, die nur zum Zwecke der Legitimation eines Kindes geschlossen und in Kürze wieder geschieden werden", so das Dokument, „liegen nicht im Interesse des deutschen Volkes".[1446] Es kann dabei nicht ausgeschlossen werden, dass sich diese Begebenheit an der Brucker Schule ereignete. Die Bildungsanstalt widmete sich diesem Thema zumindest in einer ihrer Offiziersbesprechungen.[1447] Dabei muss beachtet werden, dass die Ordnungspolizei diesen konkreten Einzelfall beanstandete. Sie wollte damit aber keineswegs bewirken, dass sich die Vorgesetzten künftig aus den Privatangelegenheiten ihrer Untergebenen heraushielten. Denn nicht der Umstand, dass sich der Vorgesetzte überhaupt eingemischt hatte, sondern vielmehr dessen Entscheidung sei falsch gewesen.[1448]

Ein Polizeioffizier musste sich schon allein aus Gründen der „Manneszucht" um seine Männer kümmern, weil diese im SS-Wertesystem sowie in der SS- und Polizeigerichtsbarkeit ganz allgemein ein zentrales Gut war.[1449] Dafür hatte er nicht nur gewisse Kompetenzen zu besitzen, sondern auch speziellen „Führerpflichten" nachzukommen. Weil er seine Untergebenen dazu erziehen sollte, stets ihre Pflicht zu erfüllen, musste er ihnen dafür als Vorbild dienen und sich ihnen gegenüber mustergültig wie pflichtbewusst verhalten. Er hatte sie gründlich zu beaufsichtigen und ihnen bei ihren beruflichen, aber auch privaten Problemen beizustehen. Zu dieser Fürsorge gesellte sich, dass der Vorgesetzte seine Untergebenen anständig, gerecht und respektvoll behandeln sollte. Mit strafrechtlichen Konsequenzen musste ein Polizeiführer hingegen rechnen, wenn er beispielsweise seine Männer unnötigen Ge-

1444 Das geht aus der Bemerkung hervor, die sich auf der Rückseite des Schreibens befindet. Vgl. ebd.

1445 Vgl. BayHStA München, Polizeischule FFB 53, I. V. Diermann (Chef der Ordnungspolizei) an u. a. die Kommandeure der unmittelbar unterstellten Schulen: Behandlung persönlicher Angelegenheiten Untergebener durch Disziplinar-Vorgesetzte, 24.03.1944.

1446 Ebd., S. 1.

1447 Vgl. ebd., S. 2.

1448 Vgl. ebd., S. 1.

1449 Vgl. Christopher Theel, Der moralische Rigorismus der Unmoral. Die SS-Sonderstrafgerichtsbarkeit, in: Wolfgang Bialas/Lothar Fritze (Hrsg.), Ideologie und Moral im Nationalsozialismus, Schriften des Hannah-Arendt-Instituts für Totalitarismusforschung, Bd. 50, Göttingen 2014, S. 329–346, hier: S. 332 f.

fahren aussetzte, ihnen gegenüber gewalttätig wurde oder sie anderweitig entwürdigend behandelte.[1450] Der Ordnungspolizei waren diese Führerpflichten derart wichtig, dass ihre Offiziersschulen diese nicht nur im Unterricht in der SS- und Polizeigerichtsbarkeit durchnahmen. Sie widmeten ihnen mit der Lebenskunde und später der Pflichtenlehre sogar eigene Fächer.

„Was Recht und Unrecht ist, ergibt sich aus deutschem Rechtsgefühl und nationalsozialistischer Weltanschauung, nicht aus Paragraphen", lautete die Devise der ideologisch motivierten Jurisdiktion.[1451] Sowohl vor den künftigen als auch den bereits aktiven Offizieren der Lehranstalt referierten über diese spezielle Rechtsdefinition außerdem SS-Richter, die aus dem Hauptamt SS-Gericht in München kamen und daher bestens mit der Materie vertraut waren.[1452] Als sich der Krieg immer mehr zuspitzte, genügte es jedoch nicht mehr, die Kursteilnehmer bloß mit den Inhalten der SS- und Polizeigerichtsbarkeit bekannt zu machen. Am Ende des Unterrichts in dieser Disziplin mussten sie ein Dokument unterzeichnen, in dem sie versicherten, darüber informiert worden zu sein, dass „die *gesamte* Ordnungspolizei einschließlich ihrer Hilfsverbände sich mit Wirkung vom 1. September 1942 im besonderen Einsatz befindet" und deswegen der besonderen Jurisdiktion unterstand. Außerdem bestätigten sie auf diesem Wege, darüber Bescheid zu wissen, dass sie damit der Sondergerichtsbarkeit ähnlich „wie Soldaten den Militärstrafgesetzen unterliegen".[1453]

Diese weltanschauliche Rechtsordnung war ein wichtiges Instrument, das bei der „Verschmelzung" von SS und Polizei behilflich sein sollte.[1454] Sie fußte auf den rassenideologischen Fundamenten des NS-Staats und sanktionierte besonders hart, wenn deren Verfechter gegen diese verstießen. Da die SS- und Polizeigerichtsbarkeit vollständig auf den Nutzen der „Volksgemeinschaft" ausgerichtet war, bestrafte sie einerseits jene Verbrechen, die diesem gesellschaftlichen Profit zuwiderliefen, während sie andererseits Taten wesentlich milder ahndete, die ihn mehrten. Richteten sich solche Schandtaten also gegen Menschen, die außerhalb der deutschen Gesellschaft standen oder das Deutsche Reich zu bedrohen schienen, ließ diese Sonderjustiz durchaus Gnade walten. Das tat sie sogar, wenn sie in einer Art und Weise verübt wurden, die den Prinzipien der SS widersprachen. Dies lässt erkennen, dass Himmler sie nicht nur deswegen eingeführt hatte, um SS-Angehörige und Polizisten aus dem juristischen Einflussbereich der Wehrmacht herauszulösen. Mehr noch strebte der oberste Polizeichef danach, ein genuin nationalsozialistisches Rechtswesen zu etablieren, das sich maßgeblich am Wertekodex der SS sowie ihrer elitären Ordensideologie orientierte und auch für das übrige zivile und militärische Strafrecht richtungsweisend werden sollte.[1455]

Dass Himmler die Polizisten von der herkömmlichen Justiz abkapselte und einer eigenen Gerichtsbarkeit unterstellte, die noch dazu in der zweiten Kriegshälfte ihre rechtliche Ausbildung dominierte, dürfte nicht spurlos an ihnen vorbeigegangen sein. Dieses weltanschauliche Rechtswesen untermauerte schließlich, dass sich auch die Ordnungspolizei als elitäre

1450 Vgl. IfZ Archiv, 11/Dc 013.001, Der Reichsführer-SS und Chef der Deutschen Polizei/Hauptamt SS-Gericht (Hrsg.), Die SS- und Polizeigerichtsbarkeit. Ein Leitfaden, Leipzig 1944, S. 69–75.

1451 Ebd., S. 1.

1452 Vgl. BAB, R 19/308, I. V. von Bomhard (RFSSuChdDtPol) an u. a. Polizeischulen Berlin-Köpenick und FFB: Vorträge über die SS- und Pol.-Gerichtsbarkeit, 12.08.1942, Bl. 207.

1453 BayHStA München, Polizeischule FFB 16, Polizeischule FFB: Sondergerichtsbarkeit der Ordnungspolizei und ihrer Hilfsverbände, 1942. Hervorhebung im Original.

1454 Vgl. Wegner, Sondergerichtsbarkeit, S. 245.

1455 Vgl. Bianca Vieregge, Die Gerichtsbarkeit einer „Elite". Nationalsozialistische Rechtssprechung am Beispiel der SS- und Polizei-Gerichtsbarkeit, Juristische Zeitgeschichte, Bd. 10, Baden-Baden 2002, S. 62, 141 f. und 222–228.

Organisation des NS-Staats begriff und auch so gebärdete. Solange sie sich um das „völkische" Gemeinwohl verdient machten und die Wertegemeinschaft der SS achteten, interessierte sich Himmlers Machtapparat nur bedingt dafür, wenn seine „Polizeisoldaten" während des „auswärtigen Einsatzes" Verbrechen verübten, die das NS-Regime nicht explizit angeordnet hatte. Die staatlich forcierten Massenmorde an den europäischen Juden und anderen Opfergruppen wurden von der SS- und Polizeigerichtsbarkeit aber ohnehin nicht tangiert.

5.1.2.6 Das Verkehrsrecht

Gegen die SS- und Polizeigerichtsbarkeit war der Unterricht im Verkehrsrecht geradezu harmlos. Dennoch besaß dieses Fach einen sehr ernsten Hintergrund. Gerade seit der Weimarer Republik beschäftigte sich der deutsche Staat intensiv mit den Folgen der frühen Massenmotorisierung. Einerseits profitierte die Gesellschaft davon, schneller von A nach B zu gelangen. Das beschleunigte insbesondere das urbane Leben rasant. Die Infrastrukturen der deutschen Großstädte waren aber andererseits rasch damit überfordert, der wachsenden Anzahl an Verkehrsteilnehmern Herr zu werden. In den engen Straßen ereigneten sich zahlreiche Unfälle, die oftmals tödlich endeten, weil die mobilen Akteure unerfahren und überfordert waren. Zwar implementierte der Staat ein neues Verkehrsrecht, nach dem der Straßenverkehr verbindlich geregelt wurde, um das riskante Treiben auf städtischen Verkehrsadern zu ordnen. Doch vor allem der Polizei kam nun die Aufgabe zu, gegen die verantwortungslose Fahrweise vorzugehen und ungehobelte Verkehrsteilnehmer zu disziplinieren.[1456]

Um die Sicherheit auf den deutschen Straßen verbessern zu können, mussten die Offiziersanwärter wissen, was das Gesetz vorschrieb. Deshalb behandelte das Verkehrsrecht vor allem die wichtigsten Inhalte der Straßenverkehrsordnung (StVO), die am 1. Januar 1938 in Kraft getreten war.[1457] Mit diesem Gesetzeswerk nahmen sie vor allem durch, wie man sich als Verkehrsteilnehmer richtig verhalten sollte, was die einzelnen Verkehrszeichen zu bedeuten hatten und wie die Vorfahrt geregelt war. Daneben galt es, die Schüler darüber aufzuklären, unter welchen Umständen Personen und Fahrzeuge am Straßenverkehr teilnehmen durften.[1458] Ihre Lehrkräfte unterrichteten sie auch darüber, wie Fahrzeuge gekennzeichnet werden mussten, welche Fahrtgeschwindigkeit angemessen war oder welche Führerscheine es gab. Zudem widmeten sie sich den Fragen, wie ein Fahrzeug beschaffen sein musste oder welche Folgen es hatte, wenn jemand Unfallflucht beging. Nicht zuletzt befasste sich der Unterricht mit dem Zusammenwirken der einzelnen Verkehrsteilnehmer. Neben Fußgängern, Fahrrad-

1456 Vgl. dazu Gerhard Fürmetz, „Kampf um den Straßenfrieden". Polizei und Verkehrsdisziplin in Bayern zwischen Kriegsende und beginnender Massenmotorisierung, in: Ders., Nachkriegspolizei, S. 199–228, hier: S. 201 f.; Willy Hansen, Zwischen Selbstdarstellung und Propaganda-Aktion: „Verkehrserziehungswochen" und „Tage der Deutschen Polizei" als Beispiele der polizeilichen Öffentlichkeitsarbeit im NS-Staat, in: Buhlan, Freund, S. 230–262, hier: S. 231.

1457 Vgl. Verordnung über das Verhalten im Straßenverkehr (Straßenverkehrs-Ordnung – StVO) vom 13.11.1937, in: RGBl, 16.11.1937, Nr. 123, S. 1179–1214. Ferner: Hansen, Selbstdarstellung, S. 241.

1458 Vgl. z. B. BayHStA München, Polizeischule FFB 124, Abdruck: Grünwald (Polizeischule Berlin-Köpenick) an u. a. Kommandeur: Lehrstoffverteilungsplan für den 20. Offizier-Anwärter-Lehrgang Mariaschein, 28.02.1941, S. 13. Ferner: BayHStA München, Polizeischule FFB 145, Verkehrsrecht, [1942].

und Autofahrern gehörten in der damaligen Zeit dazu auch noch Fuhrleute. Um diese arg theoretischen Sachverhalte zu veranschaulichen, setzten die Lehroffiziere Verkehrsfilme ein.[1459]

Weiterhin klärte der Lehrer für das Verkehrsrecht darüber auf, welche Aufgabe der Ordnungspolizei bei Verkehrskontrollen zukam. Außerdem führte die uniformierte Polizei Kurse zur Verkehrserziehung durch, die gerade Kindern und Jugendlichen das richtige Verhalten auf den Straßen beibrachten.[1460] Nicht zuletzt mit solchen Maßnahmen versuchte die Staatsmacht, öffentlichkeitswirksam ihr Image als „Freund und Helfer" zu pflegen, das Himmler von der Weimarer Politik übernommen und pervertiert hatte.[1461] Diese Freundschaft galt jedoch nicht jenen Verkehrsteilnehmern, die betrunken ein Fahrzeug steuerten oder dabei sogar Unfälle verursachten. Blutproben zu entnehmen und verschärft gegen Trunkenheit am Steuer vorzugehen, gehörte zu den Aufgaben, mit denen der sogenannte Verkehrsoffizier betraut war.[1462] Dieser führende Beamte diente in der motorisierten Gendarmerie, die 1936 aus einem Teil des SA-Feldjägerkorps hervorgegangen und auf den Landstraßen und Autobahnen zuständig war. In den Städten existierte hingegen eine eigene „Verkehrspolizei".[1463]

„Kriegswirtschaftliche Maßnahmen auf verkehrsrechtlichem Gebiet" standen für die Polizeischüler in den frühen vierziger Jahren ferner auf dem Lehrplan.[1464] Das verdeutlicht erneut, wie sehr der Krieg in Bereiche der Offiziersausbildung eindrang, die eher unverdächtig und gegenüber diesem Prozess eher resistent erschienen. Wie die rechtlichen Fächer insgesamt zeigen, passte der Polizeiapparat seine Ausbildungsinhalte ständig an aktuelle Entwicklungen an, ohne dabei jedoch seine grundsätzliche Konzeption zu verlieren. Die Anwärter sollten allerdings nicht nur im Rechtskundeunterricht mit dieser Praxis konfrontiert werden.

In den Prüfungen zum Verkehrsrecht mussten sie abermals ihr Wissen abrufen und sich mit einer Reihe von Verstößen auseinandersetzen. Die konstruierten Fälle mussten die Schüler entwirren und ihre Rechtsgrundlagen offenlegen. Ein solcher Musterfall befasste sich mit einem Verkehrssünder, der zu schnell und mit defektem Blinker unterwegs war, wobei er durch Pfützen fuhr und dadurch einzelne Fußgänger vollspritzte.[1465] Der Protagonist einer weiteren Aufgabe war ein minderjähriger Autodieb, der bei einer Spritztour mit einem gestohlenen Wagen noch mehrere andere Rechtsbrüche beging.[1466] Die Prüflinge sollten auch darlegen können, welche Verkehrsregeln besonders von Radfahrern zu beachten seien, mit welchen Handzeichen der Verkehr geregelt werden könne oder wie Unfälle mit Kindern vermieden werden könnten.[1467] Sogar in solche Klausuren schlich sich allerdings wieder die NS-

1459 Vgl. BayHStA München, Polizeischule FFB 127, 8. Verkehrsrecht, [1942]; BAB, R 19/273, Lehrordnung, [1939], Bl. 155; BayHStA München, Polizeischule FFB 143, Polizeischule FFB: Lehrstoffverteilungsplan für den Unterricht im Verkehrsrecht bei den Rev.Offz.Anwärtern, 13.11.1941, S. 1 f. Ferner: Filmvorführung für die Polizeihauptschule, in: Fürstenfeldbrucker Zeitung, 29.06.1933, Nr. 149, S. 3.

1460 Vgl. BAB, R 19/273, Lehrordnung, [1939], Bl. 155.

1461 Während des „Dritten Reichs" veranstaltete die Ordnungspolizei auch eigene „Verkehrserziehungswochen", um die Bevölkerung zu einer rücksichtsvolleren Fahrweise anzuhalten. Vgl. dazu Hansen, Selbstdarstellung, S. 233–244.

1462 Vgl. BayHStA München, Polizeischule FFB 124, Abdruck: Grünwald (Polizeischule Berlin-Köpenick) an u. a. Kommandeur: Lehrstoffverteilungsplan für den 20. Offizier-Anwärter-Lehrgang Mariaschein, 28.02.1941, S. 13.

1463 Vgl. BAB, R 19/273, Lehrordnung, [1939], Bl. 155. Ferner: Wilhelm, Polizei, S. 88–90; Deuster, Polizei-Uniformen, S. 24 f.

1464 BayHStA München, Polizeischule FFB 127, 8. Verkehrsrecht, [1942].

1465 Vgl. BAB, R 20/69, Polizeischule FFB: 4. Klassenarbeit (Verkehrsrecht), 13.12.1938.

1466 Vgl. BayHStA München, Polizeischule FFB 124, Polizeischule FFB: 2. Prüfungsaufgabe (Verkehrsrecht), 24.07.1941.

1467 Vgl. BayHStA München, Polizeischule FFB 124, Verkehrsrecht, Lehrabt. B., [1941].

Herrschaft hinein, indem eine Arbeit etwa danach fragte, „[w]elche Gründe [...] der Führer für die planmäßige Förderung der Motorisierung seit 1933“ gehabt habe und welche Folgen dies mit sich bringe.[1468] Das Verkehrsrecht dominierten solche ideologisch gefärbten Inhalte aber keinesfalls.

5.1.3. Die polizeidienstlichen Fächer

5.1.3.1 Die Revierkunde

Im Gegensatz zu den übrigen Bereichen bildeten die polizeidienstlichen Fächer keinen thematisch in sich geschlossenen Komplex. Dennoch wäre es verfehlt, anzunehmen, sie hätten bloß ein zusammenhangsloses Gebilde dargestellt. Vielmehr deckten die einzelnen Disziplinen spezielle Aufgabengebiete ab, mit denen die Polizisten in ihrem Beruf konfrontiert waren. Sie umfassten vorwiegend Aspekte des dienstlichen Alltags, aber auch Ausnahmesituationen, welche die Nationalsozialisten erst durch ihren „Totalen Krieg“ hervorriefen. Die polizeidienstlichen Disziplinen waren Revierkunde, Kriminalistik und Kraftfahrwesen sowie das Haushalts- und Wirtschaftswesen.

Die Revierkunde war wohl dasjenige Fach, das den Schülern am stärksten die Routine der gewöhnlichen Polizeiarbeit näherbrachte. In ihr lernten die angehenden Offiziere, wie der alltägliche Dienst in den Polizeirevieren organisiert war. Dieser war den Schülern zwar bereits bekannt, sofern sie als Wachtmeister auf den Wachen eingesetzt gewesen waren. Trotzdem war dem Ausbildungsapparat auch zu Kriegszeiten sehr daran gelegen, dass die Offiziersanwärter wussten, welche Aufgaben für sie aus dem künftigen Tagesgeschäft erwuchsen. Denn der Reichsführer-SS plante schon für die Zeit nach dem „Endsieg“, in der an den polizeilichen Dienststellen wieder Normalität einkehren sollte. Obwohl oder gerade weil Himmlers Machtapparat permanent unter dem akuten Personalbedarf litt, konnte er nicht jeden Offizier zum „auswärtigen Einsatz“ in die besetzten Gebiete schicken. Stattdessen musste er dafür Sorge tragen, dass eine ausreichende Anzahl von Polizeiführern an der „Heimatfront“ blieb, damit sie den Einzeldienst in den Polizeiwachen verrichten und leiten konnten.

Deshalb mussten sich sämtliche Offiziersanwärter damit auseinandersetzen, wie ein Schutzpolizeikommando aufgebaut und untergliedert war.[1469] Daraufhin befasste sich der Unterricht mit denjenigen Behörden, die ihm untergeordnet waren. Der Lehrer skizzierte daher, aus welchen Teilen sich ein Polizeirevier zusammensetzte. Auch führte er aus, welche Aufgaben sein Leiter besaß. Dabei glorifizierte er den „Revierführer und seine Stellung als Vorgesetzter u. Erzieher seiner Beamten und Betreuer der Bevölkerung“.[1470] In Prüfungsaufgaben ließ er seine Schüler darum gedanklich in die Rolle schlüpfen, als Leiter eines Polizeireviers entscheiden zu müssen, welche Maßnahmen sie im allgemeinen Dienstbetrieb anordnen würden.[1471] Grundsätzlich galt es, den Anwärtern jene Mentalitäten und Verhaltensweisen zu vermitteln, die sie gegenüber ihren Untergebenen zu mustergültigen Vorgesetzten und in den Augen ihrer „Volksgenossen“ zu einem „Freund und Helfer“ machen soll-

1468 BayHStA München, Polizeischule FFB 124, Verkehrsrecht, Lehrabt. A., [1941].

1469 Vgl. BAB, R 19/273, Lehrordnung, [1939], Bl. 163.

1470 Das war sogar der Titel einer Unterrichtsstunde in der Revierkunde des 27. OAL. Vgl. BayHStA München, Polizeischule FFB 127, 11. Revierkunde, [1942].

1471 Vgl. z. B. BayHStA München, Polizeischule FFB 139, Polizeischule FFB: 4. Prüfungsaufgabe. (Revierkunde), 19.03.1941.

ten. In derlei Ausdrucksformen und Zielen schlug sich also jenes Bild des Polizeioffiziers nieder, wie es den obersten Funktionären des NS-Regimes vorschwebte. Gerade dieses pathetische Ideal sollte sich in anderen Fächern noch stärker manifestieren. Ganz allgemein war es Himmlers Machtapparat sehr wichtig, dass sich seine Staatsgewalt fürsorglich um den Bürger kümmerte, um ihn so für sich und den Nationalsozialismus zu gewinnen. Deshalb nutzte sie Medienberichte, Publikationen und vor allem Veranstaltungen, um sich als freundliche Institution des NS-Staats zu inszenieren.[1472] Auf diese Weise fungierte sie für ihn damit zugleich „als wichtigstes Instrument zur Erziehung des Volkes zur sogenannten Volksgemeinschaft".[1473]

Abseits dieser eher normativen Inhalte standen in der Revierkunde vielmehr diejenigen Aspekte im Vordergrund, welche die herkömmliche Polizeiarbeit in der Praxis ausmachten. Dazu zählten der Bürodienst und seine einzelnen Sachgebiete ebenso wie der Umgang mit dem üblichen Publikumsverkehr.[1474] Daneben erläuterte der Lehroffizier, welche unterschiedlichen Beamtentypen und Tätigkeitsfelder auf einer Wache vorhanden waren und wie sich Streifen-, Posten- und Bezirksdienst voneinander unterschieden.[1475] Weitere Fragen galten etwa den bürokratischen Aufgaben der Revierbeamten: Welche Funktion erfüllte der Wachhabende und wie muss er seine Bücher ordnungsgemäß führen? Wie sollen Melde- und Strafregister gepflegt werden? Wie genau sind Kennkarten und Pässe zu kontrollieren? Was ist die „Volkskartei" und welche Aufgaben erwachsen der Polizei aus ihr?[1476] Das klingt zunächst recht harmlos, hatte aber einen ernsten Hintergrund. Denn neben den herkömmlichen Melderegistern hatte das Regime im Jahre 1939 reichsweit eine „Volkskartei" eingerichtet, um mit ihr die deutsche Bevölkerung besser überwachen, aber auch gegen Juden und „Zigeuner" vorgehen zu können. Ähnliche soziale Kontrollmedien besaß die Staatsgewalt in Form von Reisepässen und Kennkarten.[1477]

Ein erheblicher Teil der Revierkunde konzentrierte sich also auf die administrativen Aufgaben einer Polizeiwache. Dabei lernten die Offiziersanwärter, wie sie Meldungen zu erstatten, Berichte anzufertigen, Anzeigen aufzunehmen und Vernehmungen sowie Beurteilungen vorzunehmen hatten. Die Polizeischüler sollten aber auch darüber Bescheid wissen, wie sie mit vorgesetzten Dienststellen richtig zu korrespondieren hatten.[1478] Zum Dienst an den Revieren gehörte es ferner, Betrunkene auszunüchtern, Verdächtige und überführte Täter zu verhaften, aber auch die richtige „Behandlung von Fundsachen und Kadavern".[1479] Manche Lehrgänge befassten sich außerdem mit dem Polizeihundewesen.[1480] „Praktische Fälle aus

1472 Siehe dazu Kapitel 6.2.

1473 Harnischmacher, Polizeigeschichte, S. 98.

1474 Vgl. BayHStA München, Polizeischule FFB 124, Abdruck: Grünwald (Polizeischule Berlin-Köpenick) an u. a. Kommandeur: Lehrstoffverteilungsplan für den 20. Offizier-Anwärter-Lehrgang Mariaschein, 28.02.1941, S. 16. Ferner: BayHStA München, Polizeischule FFB 139, [unleserlich] (Polizeischule FFB): Stoffverteilungsplan in Einführung in den Dienstbetrieb des Revierführers, [1941].

1475 Vgl. BAB, R 19/273, Lehrordnung, [1939], Bl. 163; BayHStA München, Polizeischule FFB 127, 11. Revierkunde, [1942].

1476 Vgl. BayHStA München, Polizeischule FFB 127, 11. Revierkunde, [1942].

1477 Vgl. Sparing, Verwaltungspolizei, S. 181–183.

1478 Vgl. BAB, R 19/273, Lehrordnung, [1939], Bl. 163.

1479 BayHStA München, Polizeischule FFB 127, 11. Revierkunde, [1942].

1480 Als Beispiele dienen u. a. der 25., 27. und 35. OAL. Vgl. BayHStA München, Polizeischule FFB 126, 25. Offizieranwärterlehrgang. Revierkunde, [1942]; BayHStA München, Polizeischule FFB 127, 11. Revierkunde, [1942] sowie BayHStA München, Polizeischule FFB 133, Revierkunde, [1943].

dem Straßendienst" verdeutlichten den Polizisten ferner, auf welche Situationen sie sich einstellen mussten, wenn sie auf Streife gingen.[1481]

Obwohl die nüchternen Sachthemen in der Revierkunde überwogen, befanden sich zuweilen in diesem Fach auch Fragmente der NS-Ideologie. Das zeigt sich nicht nur darin, dass der Unterricht den Revierführer äußerst pathetisch als Erzieher und Betreuer innerhalb der deutschen „Volksgemeinschaft" überhöhte. Darüber hinaus widmete sich z. B. der 27. OAL der Frage, wie die Polizei mit der Wehrmacht, dem RAD, der HJ und der Partei idealtypisch umgehen sollte.[1482] Ähnliches tauchte bereits im Allgemeinen Polizeirecht auf. Es ist recht unwahrscheinlich, dass diese Gesichtspunkte auf das rein dienstliche Verhältnis zwischen der Staatsmacht und den übrigen Organisationen beschränkt blieben. Vielmehr sollte den künftigen Polizeiführern immer wieder vor Augen geführt werden, welche Rolle ihnen im NS-Staat zugedacht war. Ein Blick auf die Themen der Revierkunde zeigt ferner, dass die Schüler hier theoretisch diejenigen Aufgaben kennenlernten, die für sie später einmal im Dienstalltag zur Gewohnheit werden sollten. Das Wissen über die rechtlichen Hintergründe und Handlungsmöglichkeiten erwarben sie sich im Fach Bürgerliches, Verwaltungs- und Beamtenrecht, wodurch sich die einzelnen Disziplinen ergänzten. Trotz gewisser ideologischer Sprenkel präsentierte sich die Revierkunde vorwiegend als nüchterne Disziplin, welche die Schüler an die praktische Verwaltungsarbeit des Vollzugsdienstes heranführte. Nicht ganz so alltäglichen Aufgaben der uniformierten Polizei widmete sich ein weiteres Fach.

5.1.3.2 Die Kriminalistik

Auch wenn es primär die Kriminalpolizei war, die Verbrecher aufzuspüren und Straftaten aufzuklären hatte, gehörten diese Aufgaben ebenfalls zu den Themen, mit denen sich die Offiziersausbildung der Ordnungspolizei beschäftigte. So strikt ließen sich die beiden polizeilichen Tätigkeitsfelder ohnehin nicht voneinander abgrenzen. Schließlich waren die uniformierten Gesetzeshüter ebenfalls daran beteiligt, Straftäter zu ermitteln und dingfest zu machen.[1483] Daher war es nur konsequent, die Kriminalistik auch an den obersten Bildungsstätten der Ordnungspolizei zu unterrichten und dem Offiziersnachwuchs einen Eindruck davon zu vermitteln, wie seine Kollegen arbeiteten. Dabei erhielten die Schüler zunächst einen knappen Überblick darüber, aus welchen Zweigen sich Heydrichs Sicherheitspolizei zusammensetzte, zu der die Kriminalpolizei seit 1936 gehörte. Deren Aufgaben lernten sie ebenso kennen wie die wichtigsten Grundbegriffe des Fachs.[1484] Daneben erfuhren sie, was die zeitgenössische Forschung darüber zu wissen glaubte, welche Ursachen es für Verbrechen allgemein gab und welche Formen dabei zu unterscheiden waren.[1485] Obgleich für diesen Abstecher in die Verbrechenslehre nur eine Lehrstunde vorgesehen war, vermittelte er den Ord-

1481 BAB, R 19/273, Lehrordnung, [1939], Bl. 163.
1482 Vgl. BayHStA München, Polizeischule FFB 127, 11. Revierkunde, [1942].
1483 Vgl. Best, Polizei, S. 33 f.
1484 Vgl. BayHStA München, Polizeischule FFB 124, Abdruck: Grünwald (Polizeischule Berlin-Köpenick) an u. a. Kommandeur: Lehrstoffverteilungsplan für den 20. Offizier-Anwärter-Lehrgang Mariaschein, 28.02.1941, S. 15.
1485 Vgl. BAB, R 19/273, Lehrordnung, [1939], Bl. 161.

nungspolizisten die grundlegenden Prinzipien der nationalsozialistischen Kriminalprävention.[1486]

An dieser Stelle zeigen sich inhaltliche Parallelen zu dem, was die Offiziersanwärter im Strafrecht lernten. Klausuren in der Kriminalistik konnten schon einmal mit diesem Fach verbunden sein. Sie fragten dann danach, wie korrekt gegen aufgegriffene Landstreicher oder in jenen Fällen vorzugehen sei, in denen Beamte einen Leichnam vorfanden.[1487] Ferner referierten die Lehroffiziere über die „Bekämpfung gewerbsmäßiger Straftaten", wozu insbesondere das gesetzeswidrige Treiben von Falschmünzern, Hochstaplern und Taschendieben zählte.[1488] Daran lässt sich ablesen, wie entschieden die nationalsozialistische Polizei gegen solche, wie es der Lehrplan ausdrückte, „Verbrecherspezialisten" vorgehen wollte.[1489]

Die Lehroffiziere brachten ihren Schützlingen außerdem bei, dass die Kriminalpolizei im Kampf gegen solche Gesetzesbrecher über eine Reihe verschiedener Methoden verfügte, um einen Übeltäter zu überführen. Diese bildeten das Herzstück des Unterrichts in der Kriminalistik. Die angehenden Offiziere mussten darin geübt sein, Personalien festzustellen sowie nach verschwundenen Objekten und Personen zu fahnden. Letzteres bezog sich jedoch nicht nur auf Verdächtige, sondern auch auf Vermisste oder gar Tote. Dementsprechend besaß auch die sogenannte Leichentoilette ihren Platz im Unterricht. Weitere zahlreiche Tricks der Ermittler sparte die Kriminalistik ebenso wenig aus.[1490] Insbesondere lernten die Schüler, wie sie Beschuldigte vernehmen und Zeugen befragen sollten. Für die berufliche Praxis der Polizisten war es äußerst wichtig, über diese Verfahrensweisen umfassend informiert zu sein. Deshalb vertiefte der Unterricht diese Themen und ging beispielsweise darauf ein, wie die Beamten mit einem Kind umzugehen hatten, wenn es Zeuge einer Straftat geworden war.[1491]

Was muss ein Polizist beachten, wenn er einen Raum oder ein Gebäude durchsucht? Wie beschlagnahmt er Beweismittel und weitere Gegenstände? Wie nimmt er am besten eine Verhaftung vor? Für die Anwärter war es lebenswichtig, die Antworten auf all diese Fragen zu kennen, weshalb sie der Unterricht ausführlich behandelte.[1492] Einen gewaltbereiten Straftäter dürfte es wenig interessiert haben, inwieweit ein Ordnungspolizist für ihn zuständig war. Auch wenn ein Vertreter der uniformierten Staatsmacht zuerst an einen Tatort gelangte, musste er genau wissen, wie er sich dort zu verhalten hatte, um möglichst keine Spuren zu zerstören. Wie wichtig dieser Verhaltenskodex war, lässt sich daran ablesen, dass die Schüler schon einmal darüber in der mündlichen Prüfung abgefragt wurden.[1493]

In der Kriminalistik klärte der verantwortliche Lehroffizier ferner darüber auf, wie erkennungsdienstliche Karteien geführt werden sollten und welche Möglichkeiten und Techniken

1486 Vgl. BayHStA München, Polizeischule FFB 124, Abdruck: Grünwald (Polizeischule Berlin-Köpenick) an u. a. Kommandeur: Lehrstoffverteilungsplan für den 20. Offizier-Anwärter-Lehrgang Mariaschein, 28.02.1941, S. 3.

1487 Vgl. BayHStA München, Polizeischule FFB 120, Polizeischule FFB: 13. Klassenarbeit (aus Kriminalistik u. Strafrecht), Juni 1938.

1488 BAB, R 19/273, Lehrordnung, [1939], Bl. 161.

1489 BayHStA München, Polizeischule FFB 124, Abdruck: Grünwald (Polizeischule Berlin-Köpenick) an u. a. Kommandeur: Lehrstoffverteilungsplan für den 20. Offizier-Anwärter-Lehrgang Mariaschein, 28.02.1941, S. 15.

1490 Vgl. ebd., S. 15.

1491 Vgl. BAB, R 19/273, Lehrordnung, [1939], Bl. 161.

1492 Vgl. BayHStA München, Polizeischule FFB 124, Abdruck: Grünwald (Polizeischule Berlin-Köpenick) an u. a. Kommandeur: Lehrstoffverteilungsplan für den 20. Offizier-Anwärter-Lehrgang Mariaschein, 28.02.1941, S. 15

1493 Vgl. ebd., S. 15

existierten, um Spuren an einem Tatort zu sichern. Daneben erfuhren die Offiziersanwärter, wie sehr die Wissenschaft dabei behilflich sein konnte, nach Kriminellen zu fahnden. Das bezog sich etwa auf die Daktyloskopie, mit deren Hilfe ein Täter anhand seiner Fingerabdrücke identifiziert werden konnte. Ferner veranschaulichte der Unterricht, wie nützlich es unter Umständen war, Handschriften miteinander zu vergleichen und Fotos zu verwenden, um nach einer Person zu fahnden oder Spuren zu sichern. Die Teilnehmer eines Lehrgangs lernten zudem, in welchen Fällen es sich anbot, die Hilfe von Sachverständigen zu beanspruchen.[1494] Beispiele aus der Praxis stellten die Schüler selbst mithilfe von Referaten vor, was sie noch tiefer in die Materie einsteigen ließ und den Unterricht dynamischer gestaltete.[1495]

Auch wenn die Arbeitswelt der Kriminalpolizei nicht zentral für die Offiziersausbildung der Ordnungspolizei war, ging es in der Kriminalistik darum, den Anwärtern einen Eindruck davon zu vermitteln, was Heydrichs Polizei leistete. Der Unterricht diente allerdings nicht nur dazu, die Schüler bloß darüber zu informieren, welche Aufgaben ihre Berufsgenossen wahrnahmen. Vielmehr gab es pragmatische Motive dafür, diese Disziplin eingehend im Lehrgang zu behandeln. Offenbar zielte das Regime darauf ab, Synergien zwischen beiden Teilen des NS-Polizeistaats zu schaffen. Indem sich Dalueges Polizisten mit der Verbrechensbekämpfung auseinandersetzten, sollten sie die eigentlichen Kriminalisten besser unterstützen können und gleichzeitig die staatliche Philosophie der aggressiven Kriminalprävention verinnerlichen, auf der ihr Handeln fußte. Bemerkenswert ist dabei allerdings, dass der Unterricht politische Delikte kaum behandelte.

5.1.3.3 Das Kraftfahrwesen

Innerhalb der Offiziersanwärterlehrgänge diente, wie bereits dargestellt, der Unterricht im Verkehrsrecht dazu, den Teilnehmern einzutrichtern, nach welchen Paragraphen der Verkehr auf deutschen Straßen geregelt war. Mit weniger abstrakten Facetten der Automobilität beschäftigte sich ein weiterer Themenkomplex: das Kraftfahrwesen. In diesem Fach ging es weniger darum, Straßenschilder und Verkehrsregeln zu kennen. Eine Fahrpraxis oder -erlaubnis konnten die Schüler in diesem Rahmen ebenfalls nicht erwerben, wofür es ohnehin eigene Kurse gab.[1496] So absolvierte z. B. der 7. OAL einen solchen Kfz-Lehrgang an der Technischen Polizeischule in Berlin, in dem die Teilnehmer auch gleich ihren Führerschein machten.[1497] Das Kraftfahrwesen befasste sich dagegen mit ganz anderen Themen, die aber für den Polizeiapparat gewiss nicht weniger wichtig waren. Dieses Fach beleuchtete, wie Kraftfahrzeuge innerhalb der Ordnungspolizei taktisch zum Einsatz kamen.

Wie so oft begann der Unterricht auch in diesem Gebiet mit einem allgemeinen historischen Überblick. Er informierte die Polizeischüler darüber, wie sich motorisierte Verkehrs-

1494 Vgl. ebd., S. 15; BAB, R 19/273, Lehrordnung, [1939], Bl. 161.

1495 Vgl. BayHStA München, Polizeischule FFB 124, Abdruck: Grünwald (Polizeischule Berlin-Köpenick) an u. a. Kommandeur: Lehrstoffverteilungsplan für den 20. Offizier-Anwärter-Lehrgang Mariaschein, 28.02.1941, S. 15.

1496 Solch eine Ausbildung im Kraftfahrdienst stand weder in der Lehrordnung noch auf dem Lehrplan der Offiziersanwärterlehrgänge in Fürstenfeldbruck und fand daher neben dem eigentlichen Unterricht statt. Vgl. z. B. BayHStA München, Polizeischule FFB 13, Dr. Schade (Polizeischule FFB): Kommando-Befehl Nr. 16, 09.07.1938.

1497 Vgl. BayHStA München, Polizeischule FFB 122, Bruder (Ansbach): 50-jähriges Polizei-Offiziers-Jubiläum des 7. Pol.OAL 1937/38, Juni 1988, S. 4.

mittel seit Ende des 19. Jahrhunderts entwickelt hatten. Daneben schnitten die Lehroffiziere weitere Sachverhalte an, die rund um das Thema „Mobilität" angesiedelt waren: Die Anwärter sollten sich ein fundiertes Wissen darüber aneignen, das vom Straßenbau bis hin zu den unterschiedlichen Treibstoffen reichte und sich über eher randständige Aspekte des Verkehrswesens erstreckte. Doch weiter dozierten die Fachlehrer über die „Stellung des Kraftfahrzeuges in der Landesverteidigung und in der Wirtschaft und ihre Zusammenhänge", womit die „Heeresmotorisierung" sowie die „Volksmotorisierung" gemeint waren.[1498] Diese Themenwahl verrät abermals, wie sehr der Krieg den Polizeiunterricht in Beschlag nahm, noch bevor dieser überhaupt ausgebrochen war.[1499] Deswegen ließe sich das Kraftfahrwesen sogar in die Kategorie der militärischen Disziplinen einreihen. Das eher technisch orientierte Fach besaß aber vielmehr eine Mittlerfunktion. Denn die Beamten belehrte es sowohl über den alltäglichen Gebrauch als auch den militärischen Einsatz der unterschiedlichen Gefährte, die für sie bereits zu Friedenszeiten und im herkömmlichen Dienstbetrieb unentbehrlich waren.

Dementsprechend konzentrierte sich das Kraftfahrwesen darauf, den Polizisten einen Eindruck davon zu vermitteln, auf welche unterschiedlichen Arten die verschiedenen Truppenfahrzeuge verwendet werden konnten und wie diese Einsätze organisiert waren. Dabei kam zur Sprache, welche verschiedenen Fahrzeugtypen existierten, welches Leistungsvermögen sie besaßen und wie sie auf die einzelnen Standorte verteilt waren. Über die Aufgaben des sogenannten Kraftfahroffiziers und seine Funktion innerhalb des Polizeiapparats informierten die Fachdozenten ebenfalls. Außerdem ließen sie sich detailliert darüber aus, wie Fahrzeugkolonnen zu organisieren waren. Sie überließen nichts dem Zufall, wenn sie ihre Schüler darüber aufklärten, wie lang eine solche Kolonne normalerweise war, in welchem Aktionsradius sie für gewöhnlich operierte und wie die Fahrzeuggruppe zu sichern war.[1500] Über jeden Teilaspekt dieses kriegswichtigen Themas mussten die Polizeiführer bestens instruiert sein. Für die Ordnungspolizei und alle übrigen Waffenträger war es unabdingbar, dass sich ihre Krafträder, Autos und Lastwägen reibungslos im Operationsgebiet bewegen konnten, um einzelne Personen und ganze Truppen an der Front schnellstmöglich zu versorgen oder zu transportieren.

Dieser Themenschwerpunkt verdeutlicht, dass die Polizei mit Überfällen durch gegnerische Verbände oder Partisanen rechnete und tatsächlich konfrontiert war. Während dieser Komplex eher bedingte, den Polizisten defensive Strategien zu vermitteln, mit deren Hilfe sie sich und ihre Männer vor Angriffen schützen sollten, gingen die Lehrkräfte des Kraftfahrwesens auch zur Offensive über. Anschließend lehrten sie nämlich, aus welchen Fahrzeugen und welchem Personal ein motorisiertes Polizeibataillon bestand und wie der Kampfeinsatz einer solchen Einheit konzipiert war.[1501] Dabei studierten die Schüler, welche Vorteile der Einsatz von Truppenfahrzeugen im Gefecht mit sich brachte und wie sie diese

1498 BayHStA München, Polizeischule FFB 124, Abdruck: Grünwald (Polizeischule Berlin-Köpenick) an u. a. Kommandeur: Lehrstoffverteilungsplan für den 20. Offizier-Anwärter-Lehrgang Mariaschein, 28.02.1941, S. 20.

1499 Dieser Prozess lässt sich tatsächlich schon vor Beginn des Krieges beobachten. Vgl. BAB, R 19/273, Lehrordnung, [1939], Bl. 171.

1500 Vgl. BayHStA München, Polizeischule FFB 124, Abdruck: Grünwald (Polizeischule Berlin-Köpenick) an u. a. Kommandeur: Lehrstoffverteilungsplan für den 20. Offizier-Anwärter-Lehrgang Mariaschein, 28.02.1941, S. 20; BayHStA München, Polizeischule FFB 135, Mühl (Polizeischule FFB): Lehrstoffverteilungsplan für Kraftfahrwesen, 05.08.1944.

1501 Vgl. BayHStA München, Polizeischule FFB 124, Abdruck: Grünwald (Polizeischule Berlin-Köpenick) an u. a. Kommandeur: Lehrstoffverteilungsplan für den 20. Offizier-Anwärter-Lehrgang Mariaschein, 28.02.1941, S. 20.

Gerätschaften möglichst geschickt einsetzen konnten. Wenn es sich einrichten ließ, besichtigte der Lehrgang abschließend eine Kraftfahrstaffel. Dadurch erhielt der zumeist recht trockene und theoretische Unterricht eine praktische Dimension und bot den Schülern eine weitere Gelegenheit, den gewohnten Hörsaal zu verlassen.[1502] Zwar beabsichtigte das Kraftfahrwesen keineswegs, eine praktische Fahrausbildung zu ersetzen. Doch bereitete diese Disziplin die angehenden Polizeioffiziere darauf vor, sich in die Realität des Krieges hineinzudenken. Wer darüber hinaus als Kraftfahroffizier infrage kam, erhielt in dem Fach einen soliden theoretischen Unterbau, auf dem seine künftige Tätigkeit fußte. Aber auch die übrigen Anwärter profitierten von diesem Wissen für ihren Einsatz im „Altreich" und an der Front.

5.1.3.4 Das Haushalts- und Wirtschaftswesen

Das Haushalts- und Wirtschaftswesen war nicht gleichwertig wie die übrigen Unterrichtsfächer. Denn es handelte sich bei dieser Disziplin lediglich um drei einzelne Vorträge, die insgesamt vier Stunden umfassten und während des Lehrgangs eingeschoben waren.[1503] Insofern spielten diese Abstecher in die bürokratischen Tätigkeitsfelder der Polizei eine eher untergeordnete Rolle. Für den sogenannten Wirtschaftsverwaltungsdienst der Ordnungspolizei existierte in der Endphase des Krieges ohnehin eine eigene Offiziersschule, die sich in Weimar etabliert hatte.[1504] Dennoch mussten sich die Offiziersanwärter der Schutzpolizei auch mit diesem Bereich beschäftigen, da sie zumindest ansatzweise darüber Bescheid wissen sollten, welche administrativen Aufgaben innerhalb einer Polizeidienststelle oder -einheit anfielen. Eignete sich ein Beamter sogar dazu, im Verwaltungsdienst tätig zu werden, waren diese Referate durchaus wichtig. Sonderlich innovativ gaben sich die Redner jedoch nicht, da sie stets die gleichen Sachverhalte behandelten.

Zunächst hörten die Schüler einen Vortrag, der sich mit dem „Wirtschaftsverwaltungsdienst bei Verwendung der Polizei außerhalb des Standortes" befasste.[1505] Daraufhin referierte der zuständige Lehroffizier über verwaltungsrechtliche Belange, indem er sich über die Reichshaushaltsordnung und die Reichswirtschaftsbestimmungen ausließ. Letztlich beschäftigten sich die Zuhörer mit dem sogenannten Kassenanschlag, wobei sie erfuhren, wie staatliche Geldmittel verteilt und innerhalb der Ordnungsmacht zweckmäßig verwendet wurden.[1506] Auch für diesen Teil der polizeilichen Selbstorganisation suchte Himmlers Machtbereich geeignete Nachwuchskräfte. Außerdem war der Polizeiapparat darauf bedacht, dass insbesondere die künftigen Führungskräfte auch diese Facetten der Polizeiarbeit zumindest punktuell kennengelernt haben sollten. Dennoch dürfte das Haushalts- und Wirtschaftswesen auf die Schüler nicht allzu stark gewirkt haben. Die Lehrgänge besaßen ganz andere Schwerpunkte. Gerade während des Krieges dominierten die militärischen Felder den Un-

1502 Vgl. BayHStA München, Polizeischule FFB 127, 13. Kraftfahrwesen, [1942].

1503 Vgl. BayHStA München, Polizeischule FFB 124, Abdruck: Grünwald (Polizeischule Berlin-Köpenick) an u. a. Kommandeur: Lehrstoffverteilungsplan für den 20. Offizier-Anwärter-Lehrgang Mariaschein, 28.02.1941, S. 3.

1504 Siehe dazu Kapitel 1.2.

1505 BayHStA München, Polizeischule FFB 124, Abdruck: Grünwald (Polizeischule Berlin-Köpenick) an u. a. Kommandeur: Lehrstoffverteilungsplan für den 20. Offizier-Anwärter-Lehrgang Mariaschein, 28.02.1941, S. 25.

1506 Vgl. ebd., S. 25.

terricht dermaßen, dass die wenigen Vorträge zum administrativen Alltag der Staatsmacht tatsächlich nur eingeschoben waren. Hitlers „grüne Soldaten" führten ihren Weltanschauungskampf nicht mit Rechenschiebern und Kassenbüchern.

5.1.4 Die politisch-weltanschaulichen Fächer

5.1.4.1 Die Kriegsgeschichte

Auch wenn die bisherigen Studien zum Thema etwas anderes vermuten lassen, beschränkte sich der politisch-ideologische Unterricht in der Polizeiausbildung keineswegs nur auf die weltanschauliche Schulung. Vielmehr bildete dieses Fach lediglich den Kern, um den sich weitere Disziplinen scharten, die ebenfalls auf die ideologische Indoktrination der Staatsdiener abzielten. Zu den politisch-weltanschaulichen Fächern gehörten auch die Kriegsgeschichte, die Lebenskunde und die Unterrichtslehre. Innerhalb dieser Disziplinen ging es weniger darum, militärische oder polizeidienstliche Inhalte zu vermitteln. Vielmehr sollte der politisch-weltanschauliche Horizont der angehenden Polizeioffiziere geprägt oder gar beeinflusst werden. Darum verdient es diese Fächerkategorie, noch eingehender unter die Lupe genommen zu werden.

In dieser thematischen Gruppe war zunächst einmal die Kriegsgeschichte sehr bedeutend, die sich jedoch nicht in erster Linie mit militärhistorischem Fachwissen befasste. Wirklich neu war diese Disziplin auch nicht, da sie zumindest in ähnlicher Form bereits in der Weimarer Republik auf dem polizeischulischen Lehrplan gestanden hatte.[1507] Die Chronik der Polizeischule Berlin-Köpenick besagt, Himmler habe am 15. Mai 1939 befohlen, die Kriegsgeschichte erneut in den Unterricht aufzunehmen, wobei die Initiative dazu von Oberst Konrad Ritzer, dem zweiten Kommandeur dieser Institution, ausgegangen sei.[1508] Die Kriegsgeschichte könnte auch zu den militärischen Fächern gezählt werden. Schließlich wies sie einige Parallelen zur Polizeitaktik auf, da sie sich damit befasste, wie sich militärische Strategien und Kampfweisen über die Jahrhunderte hinweg entwickelt hatten.[1509]

Den Beginn machten daher das antike Heerwesen und die Schlachtentaktiken von Griechen, Römern und Germanen. Gerade letztere besaßen im Unterricht einen besonderen Stellenwert. Denn auf Grundlage des germanischen Volksheeres sollte nachvollzogen werden, wie sich das deutsche Rittertum und die Söldnerheere in Mittelalter und Früher Neuzeit entwickelt hatten.[1510] Daran schloss ein Überblick darauf an, wie stehende Heere in Preußen und Österreich entstanden waren. Die Schlachten Friedrichs des Großen, die Rolle von Prinz Eugen in den Türkenkriegen und die Befreiungskriege gegen Napoleon beschäftigten anschließend die Beamten. Diese Themen nahmen in den Lehrplänen mehrere Unterrichtsstunden ein und bildeten sogar einen ersten Schwerpunkt.[1511] In den nachfolgenden Wochen waren

1507 Siehe dazu Kapitel 3.2.

1508 Vgl. BAB, R 19/284, Chronik der Polizeioffiziersschule Berlin-Köpenick, [1936–1943], Bl. 27.

1509 Vgl. u. a. BayHStA München, Polizeischule FFB 134, Stengel (Polizeischule FFB): 14. Kriegsgeschichte, [1943]; BayHStA München, Polizeischule FFB 135, Ruffing (Polizeischule FFB): Kriegsgeschichte, [1944].

1510 Vgl. BAB, R 19/273, Lehrordnung, [1939], Bl. 147; BayHStA München, Polizeischule FFB 134, Stengel (Polizeischule FFB): 14. Kriegsgeschichte, [1943].

1511 Vgl. BAB, R 19/273, Lehrordnung, [1939], Bl. 147. Ferner: BayHStA München, Polizeischule FFB 126, Lutz (Polizeischule FFB): Lehrstoffverteilungsplan für Taktik, Kriegsgeschichte u. Lebenskunde im die Klassen sodann damit befasst, nachzuvollziehen, wie sich das preußische Militär nach dem Wiener Kongress von 1815 entwickelt hatte. In einzelnen Lehrgängen konnten die „Kolonial- und Überseekriege von 1871–1914" schon einmal Gegenstand des Unterrichts sein.[1512] Außerdem skizzierte der Unterricht den „Weg zu totalem Kriege" und erläuterte den Schülern, welche Inhalte der Schlieffenplan besaß.[1513] Die Situation vor Ausbruch des Ersten Weltkriegs behandelten die Lehrkräfte besonders ausführlich. Das war auch der Grund dafür, dass diesem Thema im Stoffplan recht viel Raum zugestanden wurde. Vor Beginn des Zweiten Weltkriegs schloss dieser Block die Kriegsgeschichte ab. In den Lehrgängen seit September 1939 kam allerdings noch eine weitere Stunde hinzu, welche die Polizisten über den „Gegenwärte[n] Krieg" informieren und auf diesen gezielt vorbereiten sollte.[1514] Dazu analysierten die Lehroffiziere etwa den „Blitzkrieg" gegen das benachbarte Frankreich. Ferner verglichen sie die deutsche Militärtaktik des aktuellen Krieges mit jenen Kampfesarten, mit denen die deutschen Heerführer über die Jahrhunderte hinweg in die Schlacht gezogen waren.[1515]

Inwieweit der Unterricht in der Kriegsgeschichte auf die Zwischenkriegszeit und die deutsche Wiederaufrüstung während der NS-Herrschaft einging, verraten die Lehrpläne nicht. Es wäre jedoch sehr überraschend, sollte dieses wichtige Thema nicht behandelt worden sein. Denn gerade die jüngste Vergangenheit der deutschen Armee war auch für die angehenden Polizeioffiziere sehr bedeutend. Vor ihrer Karriere in der uniformierten Ordnungsmacht hatten sie in der Regel ihren Wehrdienst abgeleistet. Außerdem musste das Lehrpersonal seine Schützlinge ausreichend auf das aktuelle Kriegsgeschehen vorbereiten. Dafür war es sicherlich nicht abträglich, darüber Bescheid zu wissen, welche Entwicklungen es auf dem Feld des Militärischen seit der Machtübernahme gab. Es darf aber nicht übersehen werden, dass andere Fächer die Zwischenkriegszeit wesentlich intensiver thematisierten, wobei sie sich nicht auf militärische Aspekte konzentrierten. Außerdem verfügte ein Fachlehrer für Kriegsgeschichte über nur eine Wochenstunde, um in wenigen Monaten eine über 2.000 Jahre umfassende Militärgeschichte durchzunehmen. Da dieses Fach auf die Gesamtnote keinen Ein-

25. Offizier-Anwärter-Lehrgang, [1942]; BayHStA München, Polizeischule FFB 134, Stengel (Polizeischule FFB): 14. Kriegsgeschichte, [1943]; BayHStA München, Polizeischule FFB 135, Ruffing (Polizeischule FFB): Kriegsgeschichte, [1944].

1512 BayHStA München, Polizeischule FFB 133, Kriegsgeschichte, [1943].

1513 BAB, R 19/273, Lehrordnung, [1939], Bl. 147. Der 1905 entwickelte Schlieffenplan sah vor, Frankreich im Falle eines Zweifrontenkriegs mit Russland schnell zu besiegen, nachdem das Deutsche Reich zuvor durch Belgien marschiert war, dessen Neutralität damit aber ganz bewusst verletzt hatte. Danach sollten die deutschen Truppen an die Ostfront gelangen, wodurch sich nacheinander zwei einzelne Kriege ergeben hätten. Während des Ersten Weltkriegs scheiterte die kaiserliche Armee darin, diese Theorie praktisch umzusetzen, da die Militärs die Lage völlig falsch einschätzten. Vgl. dazu u. a. Heinrich August Winkler, Der lange Weg nach Westen. Deutsche Geschichte 1806–1933, Bundeszentrale für politische Bildung. Schriftenreihe, Bd. 385, Bonn 2002, S. 331; Peter März, Der Erste Weltkrieg. Deutschland zwischen dem langen 19. Jahrhundert und dem kurzen 20. Jahrhundert, Berlin & München. Studien zu Politik und Geschichte, Bd. 1, München 2004, S. 65 f.

1514 Vgl. z. B. BayHStA München, Polizeischule FFB 124, Abdruck: Grünwald (Polizeischule Berlin-Köpenick) an u. a. Kommandeur: Lehrstoffverteilungsplan für den 20. Offizier-Anwärter-Lehrgang Mariaschein, 28.02.1941, S. 8; BayHStA München, Polizeischule FFB 127, 3. Kriegsgeschichte, [1942].

1515 Vgl. BayHStA München, Polizeischule FFB 134, Stengel (Polizeischule FFB): 14. Kriegsgeschichte, [1943]; BayHStA München, Polizeischule FFB 135, Ruffing (Polizeischule FFB): Kriegsgeschichte, [1944].

fluss hatte, dürften die Schüler nur bedingt motiviert gewesen sein, sich intensiv mit der Kriegsgeschichte auseinanderzusetzen.[1516]

Trotz seines militärischen Hintergrunds erscheint es durchaus sinnvoll, diesen speziellen Geschichtsunterricht zu den politisch-weltanschaulichen Fächern zu zählen. Denn die Kriegsgeschichte zielte gegenüber den Polizeischülern nicht nur darauf ab, ihnen fundierte Kenntnisse über die nüchterne Militärhistorie zu vermitteln. Hauptsächlich verfolgte sie das Ziel, die Mentalität der künftigen Offiziere mitzuprägen. Gleich zu Beginn des Unterrichts erklärte der Fachlehrer, dass die „Kriegsgeschichte als Bildungsmittel der Persönlichkeit des soldatischen Führers" fungiere.[1517] Sie sollte sie dazu anregen,

> „sich in späterer Zeit mit dem Leben und den Taten der großen Gestalten unserer Kriegsgeschichte ernsthaft zu beschäftigen. Der junge Offizier-Anwärter soll erkennen, daß ein junger Mensch, der nicht imstande ist, sich an den Gestalten unserer Geschichte zu begeistern, […] von vornherein zum Offizier nicht geeignet ist."[1518]

Die angehenden Polizeiführer sollten also nicht nur militärstrategisches Know-how erlangen, sondern sich auch möglichst in der Tradition historischer Kriegsherren sehen, die durch ihre Taten in die Geschichte eingegangen waren. Zu solchen Gestalten zählte der Lehrplan etwa den Cheruskerfürsten Arminius, der die Römer in der Varusschlacht im Jahre 9 n. Chr. vernichtend geschlagen hatte, den Ostfrankenkönig Heinrich I., der im Jahr 933 das zahlenmäßig überlegene Heer der Ungarn besiegt hatte, oder Helmuth von Moltke, der als Generalstabschef der preußischen Armee eine führende Rolle in den deutschen Einigungskriegen des 19. Jahrhunderts gespielt hatte.[1519] Ein solcher Heldenkult um derlei historische Persönlichkeiten war schon allein deshalb bemerkenswert, weil ihn die SS in ähnlicher Form auch in ihrer ideologischen Ausbildung betrieb.[1520] Dabei heroisierte sie besonders jene Männer, die sich ihrer Ansicht nach in den vergangenen Jahrhunderten darum bemüht hatten, das „Reich" zu schaffen, was letztlich Adolf Hitler gelungen sei.[1521]

Daher darf nicht unterschätzt werden, welchen Stellenwert diese politisch-weltanschauliche Disziplin für das NS-Regime besaß. Das zeigt sich schon allein daran, dass dieser Unterricht nicht ausschließlich im Klassenzimmer stattfand. Die Berliner Polizeischule veranstaltete z. B. Ausflugsfahrten nach Halle zu den Leuna-Werken und zu den Schlachtfeldern von

1516 Vgl. BayHStA München, Polizeischule FFB 124, Abdruck: Grünwald (Polizeischule Berlin-Köpenick) an u. a. Kommandeur: Lehrstoffverteilungsplan für den 20. Offizier-Anwärter-Lehrgang Mariaschein, 28.02.1941, S. 3.

1517 BAB, R 19/273, Lehrordnung, [1939], Bl. 147.

1518 BAB, R 19/284, Chronik der Polizeioffiziersschule Berlin-Köpenick, [1936–1943], Bl. 27.

1519 Vgl. BayHStA München, Polizeischule FFB 134, Stengel (Polizeischule FFB): 14. Kriegsgeschichte, [1943]; BayHStA München, Polizeischule FFB 135, Ruffing (Polizeischule FFB): Kriegsgeschichte, [1944].

1520 Vgl. Wolfgang Reinicke, Instrumentalisierung von Geschichte durch Heinrich Himmler und die SS, Deutsche Universitätsedition, Bd. 20, Neuried 2003, S. 56 f.

1521 Vgl. Gerhard Wenzl, „Das Reich und Europa". Der Reichsgedanke der Schutzstaffel, in: Markus Raasch/ Tobias Hirschmüller (Hrsg.), Von Freiheit, Solidarität und Subsidiarität – Staat und Gesellschaft der Moderne in Theorie und Praxis. Festschrift für Karsten Ruppert zum 65. Geburtstag, Beiträge zur Politischen Wissenschaft, Bd. 175, Berlin 2013, S. 403–425, hier: S. 420–424.

Lützen,[1522] Großgörschen[1523] und Roßbach.[1524] Bei diesen Gelegenheiten referierten hohe Funktionäre der Polizei darüber, was sich an diesen Stätten ereignet hatte, um die Offiziersanwärter vor historischer Kulisse zu schulen.[1525] In den Kontext der Kriegsgeschichte lässt sich auch eine Bildungsfahrt des 2. und 3. Offiziersausbildungslehrganges einordnen, welche die Brucker Schüler im Juni 1939 ins fränkische Kitzingen führte. Am ehemaligen Schauplatz hörten die Anwärter einen Vortrag, der sich mit der Schlacht um Würzburg befasste, in der französische Truppen gegen die kaiserlich-österreichische Allianz im September 1796 eine herbe Niederlage erlitten hatten.[1526] Hätte dieser Ausflug in vollem Umfang stattgefunden, wären sie danach noch weitergereist, um am Ort des Geschehens weitere Referate über die Schlacht bei Nördlingen des Jahres 1634 sowie die „Schlacht bei Höchstädt und Blindheim im September 1704" zu hören.[1527] Bei den übrigen Vorträgen nutzten sie die Gelegenheit, um kleine Manöver abzuhalten und beseelt von ihrem historischen Erbe dabei auch gleich ihr militärisches Können zu schulen.[1528] Damit waren diese Ausflüge außergewöhnliche Ereignisse, welche die Schüler jenseits der gewohnten Hörsäle noch stärker in die Ideenwelt des Nationalsozialismus einführten. Sie sollten vollständig von dem Gedanken durchdrungen werden, dass sie die Tradition der großen Feldherren fortzuführen und sich dementsprechend vorbildlich zu verhalten hatten.

5.1.4.2 Die Lebenskunde/Pflichtenlehre

Um Verhaltensnormen des NS-Staats ging es auch in der Lebenskunde, für die ebenfalls nur eine Stunde pro Woche vorgesehen war. Mit der Kriegsgeschichte verband sie zudem, dass sie kein Prüfungsfach war und daher die Gesamtnote der Schüler nicht beeinflusste.[1529] Al-

1522 Die Schlacht bei Lützen war eine der bedeutendsten Schlachten des Dreißigjährigen Krieges, die vom 6. bis 16. November 1632 zwischen den kaiserlichen Truppen Albrecht von Wallensteins und der Armee des schwedischen Königs Gustav Adolf tobte. Obwohl Gustav Adolf darin starb, endete sie mit einem Sieg für Schweden.

1523 In der Schlacht bei Großgörschen am 2. Mai 1813 musste sich die preußische Armee vor den napoleonischen Truppen zurückziehen, wobei der französische Feldherr große Verluste zu verzeichnen hatte. Der preußische General Gerhard von Scharnhorst, nach dem die Nationalsozialisten sogar ein Schlachtschiff benannten, erlitt bei diesen ersten Kämpfen der Befreiungskriege eine Verwundung, an dessen Folgen er wenige Wochen später starb.

1524 Eines der Schlaglichter des Siebenjährigen Krieges war die Schlacht bei Rossbach am 5. November 1757. In ihr besiegte der preußische König Friedrich der Große das französische Heer unter Charles de Rohan, dem Prinzen von Soubise.

1525 So hielt z. B. der Kommandeur der Schutzpolizei Halle, Oberstleutnant Schleich, vor Ort eine Rede. Vgl. BAB, R 19/284, Chronik der Polizeioffiziersschule Berlin-Köpenick, [1936–1943], Bl. 28.

1526 Vgl. BayHStA München, Polizeischule FFB 120, Abschrift: Korsemann (Polizeischule FFB) an RFSSuChdDtPol: Übungsreise des 2. und 3. Offizierausbildungslehrganges, 07.06.1939, S. 1.

1527 BayHStA München, Polizeischule FFB 120, Abschrift: Korsemann (Polizeischule FFB) an RFSSuChdDtPol: Übungsreise des 2. und 3. Offizierausbildungslehrganges, 07.06.1939, S. 2. Kommandeur Korsemann bedauerte es, dass die Reise nicht in voller Länge stattfinden konnte und der Lehrgang daher die letzten beiden Ziele nicht mehr angesteuert hatte. Vgl. BayHStA München, Polizeischule FFB 120, Entwurf: [Korsemann] (Polizeischule FFB) an RFSSuChdDtPol: Erfahrungsbericht über die Übungsreise des 2. u. 3. Offz.-Ausbildungslehrganges vom 19.6.39 mit 21.6.39, 07.07.1939, S. 2.

1528 Vgl. BayHStA München, Polizeischule FFB 120, Abschrift: Korsemann (Polizeischule FFB) an RFSSuChdDtPol: Übungsreise des 2. und 3. Offizierausbildungslehrganges, 07.06.1939, S. 1 f.

1529 Vgl. BayHStA München, Polizeischule FFB 124, Abdruck: Grünwald (Polizeischule Berlin-Köpenick) an u. a. Kommandeur: Lehrstoffverteilungsplan für den 20. Offizier-Anwärter-Lehrgang Mariaschein, lerdings wäre es verkehrt, deswegen zu unterschätzen, was die Lebenskunde innerhalb der Offiziersanwärterlehrgänge zu leisten versuchte. Dieses Fach war dem nationalsozialistischen Polizeiapparat überaus wichtig, zielte es doch darauf ab, den angehenden Führungskräften jene Prinzipien zu vermitteln und jene Charaktermerkmale anzuerziehen, die nach Ansicht des NS-Regimes den idealen Polizeioffizier ausmachten.[1530] Schon im März 1936 hatte Wilhelm Frick mögliche Bewerber für die Offizierslaufbahn wissen lassen, welche Eigenschaften er seinen angehenden Führungskräften speziell abverlangte:

> *„Der Wiederaufbau unseres Vaterlandes erfordert ganze Männer. Von hohem Idealismus getragene, begeisterte Hingabe an den Dienst für Führer, Volk und Staat, Ehrenhaftigkeit, Sinn für Kameradschaft, freiwillige Unterordnung und das Bestreben, unter bewußter Zurückstellung der eigenen Person der Sache zu dienen, müssen jeden beseelen, der Offizier in der Schutzpolizei des nationalsozialistischen Staates werden will.“*[1531]

Kein anderes Lehrfach versuchte derart intensiv, den Schülern einzutrichtern, welche ideellen Ansprüche Himmler an sein polizeiliches Führungspersonal stellte. Die Lebenskunde umfasste in erster Linie einen Kanon aus Tugenden, die alle grün uniformierten Hüter des NS-Staats verkörpern sollten und viel mit jenen der SS gemeinsam hatten.[1532] Dennoch wäre es verfehlt, sie als genuin nationalsozialistische Schöpfung zu interpretieren. Die meisten der hier vermittelten Eigenschaften und Verhaltensweisen hatte bereits die Weimarer Polizei zum Ideal für ihre Beamten und Führungskräfte erhoben.[1533]

Die Lebenskunde beantwortete vor allem die Frage, wie sich der Offizier gegenüber seinen Kollegen in der Polizei sowie gegenüber den nationalen Verbänden und der Bevölkerung zu verhalten hatte. Inhaltlich knüpfte sie dadurch an die zehn „Grundsätze für die Polizei“ an, die das Reichsinnenministerium bereits im Januar 1935 veröffentlicht hatte und für jeden ihrer Angehörigen „ständig Richtschnur und Leitgedanke im und außer Dienst sein“ sollten.[1534] Daher überrascht es nicht, dass sie auch an der Brucker Lehranstalt zu finden waren, um jeden Lehrer und Schüler zu tugendhaftem Verhalten zu mahnen.[1535] Die polizeilichen Gebote erinnerten den „sichtbarsten Träger der Staatsgewalt“ beispielsweise daran, dass er nicht nur durch seinen Eid, sondern auch durch seine umfangreichen Befugnisse verpflichtet sei, dem Volk vorbildlich zu dienen. Ferner erwarteten sie von ihm Ehrlichkeit und Genügsamkeit sowie Hilfs- und Leistungsbereitschaft. Die einzelnen Leitsätze stellten kompakt dar, was die neuen Machthaber vom einzelnen „Ordnungshüter“ forderten: „Sei aufmerksam und verschwiegen in dienstlichen Dingen, mutig und selbstbewusst, aber gerecht, rücksichtslos im Kampf gegen alle Feinde des Volkes und Staates.“ Weil er als Polizist bewaffnet war, sollte er sich auch stets ins Bewusstsein rufen, dass er dadurch „der größten Ehre des deutschen

---

28.02.1941, S. 3.

1530 Das Fach Lebenskunde erwähnt bereits Thorsten Bastian Bach, ohne jedoch genauer auf dessen Inhalte einzugehen. Vgl. Bach, Ordnungspolizei, S. 91.

1531 RdErl. d. RuPrMdI. v. 16.03.1936, in: RMBliV, 25.03.1936, Nr. 15, Sp. 396g–396aa, hier: Sp. 396x f. Hervorhebung im Original.

1532 Zu den in der SS beschworenen Tugenden vgl. u. a. Longerich, Himmler, S. 314–322; Schulte, SS-Mentalität, S. 101–103; Banach, Elite, S. 93 f.; Wegner, Soldaten, S. 41–44.

1533 Vgl. dazu Schmidt, Polizisten, S. 171–178 und 211–222.

1534 RdErl. d. RuPrMdI. v. 18.01.1935, in: MBliV, 23.01.1935, Nr. 4, Sp. 77 f. Vgl. Wilhelm, Polizei, S. 62.

1535 Vgl. BayHStA München, Polizeischule FFB 55, Grundsätze für die Polizei, [1935].

Mannes teilhaftig" sei.[1536] Die Lebenskunde wiederholte und vertiefte solche „Grundsätze", erweiterte sie aber auch durch andere Ideale und Benimmregeln.

Im Unterricht ging es zunächst darum, den Beamten ein bestimmtes Berufsethos zu vermitteln, um ihnen klar zu machen, welche Aufgaben und Pflichten ihnen der Dienst in Himmlers Machtapparat zuteil werden ließ. „Von der Berufung zum Offizier und dem Beruf des Offiziers" lautete der Titel der ersten Unterrichtseinheit, der keinen Zweifel daran lässt, dass die Nachwuchsoffiziere der Ordnungspolizei ihre Position als Privileg anzusehen hatten.[1537] Auch die „soldatischen Tugenden" fanden erneut ihren Platz im Unterricht: Dazu zählten Treue, Kameradschaft und „Manneszucht" sowie Gehorsam, Mut, Tapferkeit und Pflichtbewusstsein.[1538] Des Weiteren verlangte die Staatsmacht von ihren führenden Vertretern „Höflichkeit, Taktgefühl" und „Selbstbewußtsein",[1539] aber auch „Pünktlichkeit, Ordnungsliebe und Verantwortungsbewußtsein".[1540] Allen voran aber fungierte die Ehre als eine Primärtugend, die ausführlich behandelt wurde, weil sie der Offizier besonders gewissenhaft kultivieren sollte.[1541] Zwar hatten die Nationalsozialisten diese Eigenschaften nicht erfunden, die stattdessen eine lange Tradition in der deutschen Geschichte besaßen. Doch waren sie es, die sie besonders energisch zu Idealen einer martialischen Männlichkeit erhoben, weshalb sie auch in der Ordnungspolizei einen zentralen Stellenwert erhielten. Gerade die Kameradschaft war immens wichtig für die Kohäsion innerhalb der männlichen Organisation, in der sich der Einzelne an die Gruppenkultur anpassen musste, um dazuzugehören, was im „auswärtigen Einsatz" häufig eine mörderische Dynamik entfaltete.[1542]

Die Lehroffiziere begnügten sich nicht damit, ihren Schülern diese normative Wunschliste bloß zu diktieren. Den eigentlichen Schwerpunkt der Lebenskunde bildete derjenige Teil des Unterrichts, der den angehenden Polizeiführern beizubringen versuchte, wie sich ein Offizier inner- und außerhalb des Dienstes zu verhalten hatte. Er sollte sich als Repräsentant des NS-Staates bei gesellschaftlichen Anlässen und besonderen Veranstaltungen gegenüber

1536 Ebd.

1537 BayHStA München, Polizeischule FFB 124, Abdruck: Grünwald (Polizeischule Berlin-Köpenick) an u. a. Kommandeur: Lehrstoffverteilungsplan für den 20. Offizier-Anwärter-Lehrgang Mariaschein, 28.02.1941, S. 18. Vgl. ferner BAB, R 20/70, Lebenskunde, [1942].

1538 Vgl. u. a. BayHStA München, Polizeischule FFB 124, Abdruck: Grünwald (Polizeischule Berlin-Köpenick) an u. a. Kommandeur: Lehrstoffverteilungsplan für den 20. Offizier-Anwärter-Lehrgang Mariaschein, 28.02.1941, S. 18; BayHStA München, Polizeischule FFB 145, Lebenskunde, [1942].

1539 BayHStA München, Polizeischule FFB 135, [unleserlich] (Polizeischule FFB): Lehrstoffverteilungsplan für Pflichtenlehre, [1944], S. 1.

1540 Ebd., S. 2.

1541 In der Lehrordnung finden sich allein zwei Wochenstunden, in denen die Themen „Ehre, persönliche Ehre, Berufs- und Standesehre. Das Ehrenwort, Eid." und schließlich „Vergehen gegen die Ehre. Wahrung der Ehre" behandelt werden. BAB, R 19/273, Lehrordnung, [1939], Bl. 167. Vgl. ferner BayHStA München, Polizeischule FFB 134, Koschmieder (Polizeischule FFB): Stoffverteilungsplan für den Unterricht in Pflichtenlehre, 14.01.1944.

1542 Vgl. Mallmann, Fußvolk, S. 386–389. Zur Rolle der soldatischen Männlichkeit im Nationalsozialismus ferner: Thomas Kühne, Kameradschaft – „das Beste im Leben des Mannes". Die deutschen Soldaten des Zweiten Weltkriegs in erfahrungs- und geschlechtergeschichtlicher Perspektive, in: Geschichte und Gesellschaft 22 (1996), S. 504–529; Frank Werner, „Noch härter, noch kälter, noch mitleidloser". Soldatische Männlichkeit im deutschen Vernichtungskrieg 1941–1944, in: Dietrich, Männlichkeitskonstruktionen, S. 45–63 [Künftig: Werner, Männlichkeit (2013)]; Ders., Männlichkeit, S. 5–40. Speziell zum Männlichkeitsbild in der SS ferner: Sebastian Winter, Sippengemeinschaft statt Männerbund. Über die historische Genese der Männlichkeitsentwürfe in der SS und die ihnen unterliegende Psychodynamik, in: Dietrich, Männlichkeitskonstruktionen, S. 65–81.

Partei, Staat und Volk vorbildlich benehmen.[1543] Jedem Polizeiführer hatte klar zu sein, welche Position er im hierarchischen System des nationalsozialistischen Polizeistaats einnehmen musste. So unterschied der Lehrplan genau, wie sich der Beamte gegenüber Vorgesetzten, Gleichrangigen und Untergebenen zu benehmen hatte, egal ob im mündlichen oder schriftlichen Dienstverkehr oder im Privatleben.[1544] In diesem Sinne ließ der „Arm des Gesetzes" gerade seinen Führungskräften nur wenige Ermessensspielräume. Vielmehr legte er durch ein mehr oder minder klares Reglement fest, welche Rolle die jeweiligen Akteure besaßen und welche Konsequenzen daraus resultierten.

Um diese repräsentative Funktion ausüben zu können, mussten die Schüler zahlreiche Verhaltensregeln erlernen, die zu ihrem Berufsalltag gehörten. Es fing mit der Pflicht an, sich eine fundierte Allgemeinbildung anzueignen und sich darüber hinaus ständig weiterzubilden. Aus diesem Grund führte die Schule fachübergreifende Tests durch, um das Allgemeinwissen der Schüler abzufragen. In solchen schriftlichen Arbeiten mussten sie z. B. erläutern, wofür ein Barometer dient, wer den Blitzableiter erfand, worin sich Romanik und Gotik unterscheiden, wer das Drama „Faust" verfasste oder wer das Automobil entwickelte, aber auch wie die damals amtierenden deutschen Reichsminister hießen.[1545] Außerdem prüften die Lehrgänge nach, ob ihre Teilnehmer zumindest die eigene Sprache in mündlicher und schriftlicher Form einigermaßen beherrschten.[1546]

Darüber hinaus sollten die Offiziere die grundlegenden Benimmregeln bei Tisch und besonders im Kasino beherrschen. Ähnliches galt für Situationen, in denen ein Polizeiführer als Gast oder Gastgeber auftrat.[1547] So behandelte die Lebenskunde etwa, wie er sich bei Dienst- und Privatbesuchen zu verhalten hatte. Zudem erfuhr er, wie er eine Einladung formulieren, annehmen oder absagen sollte, über welche lokalen Gepflogenheiten er sich vor seinem Besuch informieren musste oder wie er seine Dienststelle bei offiziellen Anlässen würdig zu repräsentieren hatte. Auch befasste sich die Disziplin damit, wie er sich gegenüber dem Herrn und der Dame des Hauses zu gebärden hatte oder wie er sich selbst und seine Begleitung anderen Gästen vorstellen musste. Im Kontext dieser „Gesellschaftslehre" klärte das Fach ebenso darüber auf, wie ein Ordnungshüter seinen Vorgesetzten und dessen Ehefrau bei außerdienstlichen Anlässen anzureden hatte. Wie er bei größeren Festen auftreten und wie viel Trinkgeld er dem Servierpersonal geben sollte, brachte der Unterricht ebenso zur Sprache.[1548] Um derlei Regeln gleich vor Ort einzustudieren, schärften die Lehrkräfte ihren Schülern ein,

1543 Vgl. BAB, R 19/273, Lehrordnung, [1939], Bl. 167. Der Polizeiapparat regelte genau, wie sich seine uniformierten Vertreter betragen sollten, wenn sie z. B. einer öffentlichen Veranstaltung beiwohnten oder bei einem solchen Anlass selbst musizierten. Vgl. u. a. BayHStA München, Polizeischule FFB 189, StMdI: Bestimmungen über die Teilnahme der uniformierten Staatspolizei an Veranstaltungen außerhalb der Staatspolizei, 24.08.1933.

1544 Vgl. BayHStA München, Polizeischule FFB 124, Abdruck: Grünwald (Polizeischule Berlin-Köpenick) an u. a. Kommandeur: Lehrstoffverteilungsplan für den 20. Offizier-Anwärter-Lehrgang Mariaschein, 28.02.1941, S. 18; BayHStA München, Polizeischule FFB 133, Lebenskunde, [1943].

1545 Vgl. BayHStA München, Polizeischule FFB 122, Polizeischule FFB: Fragen aus der Allgemeinbildung, 25.05.1938.

1546 Vgl. z. B. BayHStA München, Polizeischule FFB 122, Dr. Schade (Polizeischule FFB): Prüfungsbefehl für die Deutschprüfung des 8. Offz.-Anwärterlehrg., 22.07.1938.

1547 Vgl. BayHStA München, Polizeischule FFB 127, 15. Lebenskunde, [1942]; BayHStA München, Polizeischule FFB 135, [unleserlich] (Polizeischule FFB): Lehrstoffverteilungsplan für Pflichtenlehre, [1944], S. 1 f.

1548 Vgl. BayHStA München, Polizeischule FFB 135, [unleserlich] (Polizeischule FFB): Lehrstoffverteilungsplan für Pflichtenlehre, [1944], S. 3.

wie sie sich an der Offiziersschule zu benehmen hatten, an der sie nun einmal zu Gast waren.[1549] Auch legten nicht nur die obersten Lehranstalten großen Wert darauf, dass die angehenden Offiziere auf ihr äußeres Erscheinungsbild besonders bedacht waren. Deshalb hatten sie peinlich genau auf eine gepflegte Garderobe und tadellose Uniform zu achten.[1550]

Damit sich die Staatsdiener in der Öffentlichkeit ordentlich präsentieren konnten, mussten sie auch lernen, richtig zu grüßen. Im Gesamtkontext der Offiziersausbildung erscheint es fast selbstverständlich, eine solche Gebärde der Höflichkeit zu beherrschen. Doch der Polizeiapparat kannte kein Pardon, wenn es darum ging, penibel darauf zu achten, dass sich seine Angehörigen einheitlich und ordnungsgemäß begrüßten. Diese Ehrerbietung erfüllte nicht nur den Zweck, einen respektvollen Umgang miteinander zu pflegen. Sie diente darüber hinaus auch als Mittel der sozialen Disziplinierung. Denn die Polizeibeamten hatten untereinander und gegenüber den Organisationen der NSDAP den „Hitlergruß" zu leisten, womit sie die zentrale Geste der NS-Bewegung übernahmen.

Zu Beginn des „Dritten Reichs" schwebte es dem Reichsinnenminister Frick zunächst noch vor, „diese kameradschaftliche Grußerweisung […] dem Taktgefühl des einzelnen zu überlassen".[1551] Recht schnell sah die Ministerialbürokratie jedoch ein, dass sie es bei dieser laxen Regelung nicht belassen konnte. Darum verschärfte sie die Vorschriften zur Grußdisziplin deutlich.[1552] Das war auch für die Polizeischule Fürstenfeldbruck von Belang, weil sie ihren Schülern bereits ab 1933 die zahlreichen Regeln zum Thema zu vermitteln hatte, aber auch selbst beherzigen musste.[1553] Nachdem Himmler zum obersten Polizeichef aufgestiegen war, wuchs das Gewicht der rituellen Gestik noch weiter an. Der Reichsführer-SS führte gewissermaßen einen Kreuzzug gegen das schlechte Grüßen, wobei er per Erlass sogar darauf drängte, „SS- und Pol[izei]-Angehörige, die lässig grüßen, […] zu bestrafen".[1554] Gerade während des Krieges legte er besonders großen Wert darauf, dass die Begrüßungsrituale vorbildlich vollzogen wurden.[1555] So glaubte Himmler, an der Art und Weise, wie ein Beamter grüßt, ablesen zu können, wie es um dessen Mentalität und Ausbildung bestellt war, womit die po-

1549 Vgl. BayHStA München, Polizeischule FFB 131, Stoffgliederungsplan des 32.Off.-Anw.-Lehrggs. Lebenskunde, [1943].

1550 Vgl. BayHStA München, Polizeischule FFB 127, 15. Lebenskunde, [1942].

1551 RdErl. d. MdI. v. 24.06.1933, in: MBliV, 28.06.1933, Nr. 35, Sp. 752. Ähnlich äußerte sich auch der Bayerische Innenminister Adolf Wagner in einem Rundschreiben vom 30. Juni 1933. Vgl. BayHStA München, Polizeischule FFB 189, Wagner (StMdI) an u. a. die Landespolizeien: Grußpflicht zwischen den Angehörigen der uniformierten Staatspolizei und der nationalen Verbände, 30.06.1933. Ferner: RdErl. d. MdI. v. 08.08.1933, in: MBliV, 16.08.1933, Nr. 43, Sp. 947; RdErl. d. RFSSuChdDtPol. im RMdI. v. 20.05.1937, in: RMBliV, 26.05.1937, Nr. 21, Sp. 789 f.

1552 Vgl. RdErl. d. MdI. v. 14.09.1933, in: MBliV, 20.09.1933, Nr. 48, Sp. 1057. Interessant ist in diesem Zusammenhang, dass in der Anfangsphase die Grußbestimmungen für die Polizei zu Missverständnissen führten. So wurde den Verkehrspolizisten der „deutsche Gruß" untersagt, da sie ansonsten den Autofahrern missverständliche Zeichen geben würden, was die Regelung des Verkehrs gefährden könnte. Vgl. RdErl. d. MdI. v. 28.09.1933, in: MBliV, 04.10.1933, Nr. 50, Sp. 1120.

1553 Davon zeugt u. a. eine Sammlung von verschiedenen Vorschriften zum richtigen Grüßen, die in BayHStA München, Polizeischule FFB 189 enthalten sind.

1554 RdErl. d. RFSSuChdDtPol. im RMdI. v. 03.07.1937, in: RMBliV, 12.07.1939, Nr. 28, Sp. 1420. Offensichtlich handelt es sich bei dem Datum des Runderlasses um einen Schreibfehler, so dass es eigentlich heißen müsste 03.07.1939.

1555 Vgl. z. B. RdErl. d. RFSSuChdDtPol. im RMdI. v. 30.08.1943, in: RMBliV, 08.09.1943, Nr. 36, Sp. 1411; RdErl. d. ChefsOP. v. 27.04.1944, in: BefBlO, 06.05.1944, Nr. 18, S. 150; RdErl. d. ChefsOP. v. 19.08.1944, in: BefBlO, 02.09.1944, Nr. 35, S. 299.

lizeilichen Lehrstätten besonders in der Verantwortung standen.[1556] Damit also die künftigen Polizeiführer sich und somit auch die Offiziersschule würdig vertreten konnten, schärfte deren Leiter seinen Schützlingen über seine Kommandobefehle mehrfach ein, wie ein richtiger Gruß zu erfolgen hatte.[1557] „Ein schlechter Gruß läßt auf schlechten Geist und lockere Disziplin in der betreffenden Formation schließen", wie es der Kommandeur des Brucker Polizeibataillons 253, Herbert Scholz, gegenüber seiner Truppe formulierte.[1558] An diesem Beispiel lässt sich nachvollziehen, warum dem polizeilichen Ausbildungsapparat dieser Aspekt so wichtig war und warum er auch in der Lebenskunde so ausgiebig behandelt wurde.

In diesem Fach kam daneben ein weiteres Thema nicht zu kurz: das Verhalten des Offiziers gegenüber Frauen. Es ging dabei nicht nur darum, dass die Polizeiführer ihren Berufsstand grundsätzlich gegenüber den weiblichen „Volksgenossen" oder speziell gegenüber der Gemahlin eines Vorgesetzten ordnungsgemäß repräsentieren sollten. Vielmehr sah sich die Ordnungspolizei in der Pflicht, den zumeist recht jungen Männern im Umgang mit dem anderen Geschlecht behilflich zu sein. So beklagte etwa der Chronist der Berliner Polizeischule, „daß die Offizier-Anwärter nur geringe Tanzkenntnisse hatten und auch sonst im Umgang mit jungen Damen noch ungewandt waren".[1559] Aus diesem Grund veranstaltete die Schule sodann Kurse, in denen die jungen Rekruten tanzen lernten.[1560] Ihr Rhythmusgefühl mussten unter anderem auch die Schüler des 7. OAL an der Polizeischule in Fürstenfeldbruck schulen, die außerdem an ihren Umgangsformen feilten, indem sie „bis zur Perfektion" übten, wie sie einer Dame einen Handkuss richtig verabreichten.[1561] In München fanden derlei Kurse auch für weitere Lehrgänge zweimal in der Woche statt.[1562] Allerdings war diese Hilfe keineswegs so uneigennützig, wie es zunächst erscheinen mag. Denn in diesen Maßnahmen drückte sich aus, wie sehr das NS-Regime darum bemüht war, in die Partnerschaften und das Familienleben der „grünen Soldaten" einzugreifen.

Die Offiziere der Ordnungspolizei hatten ihre Lebens- und Familienplanung an den Grundsätzen der SS-Tugendlehre auszurichten und für ein „standesgemäßes Verhalten der Familienangehörigen" zu sorgen.[1563] Diesem Verständnis zufolge übte ein solcher Staatsdiener nicht nur gegenüber den Bürgern eine Vorbildfunktion aus, sondern erst recht innerhalb seiner eigenen Familie. Dieser Aufgabe konnte er nach Ansicht des Regimes nur dann problemlos nachkommen, wenn er sich klar darüber war, dass gleichzeitig seine Frau und seine Kinder eine besondere Position in der „Volksgemeinschaft" innehatten. Daher sollte der Polizeifüh-

---

1556 Diese Einstellung zum Grüßen lässt sich ersehen aus einer Anordnung Himmlers aus dem Jahre 1936. Vgl. BayHStA München, Polizeischule FFB 54, Abschrift: I. A. von Kamptz (RFSSuChdDtPol) an u. a. den Oberpräsidenten in Preußen: Anordnung für die Gendarmerie, 31.10.1936.

1557 Vgl. z. B. BayHStA München, Polizeischule FFB 13, Korsemann (Polizeischule FFB): Kommandobefehl Nr. 29, 06.07.1939; BayHStA München, Polizeischule FFB 16, I. V. Koschmieder (Polizeischule FFB): Kommando-Befehl Nr. 22, 28.09.1944. Wie wichtig das Thema für die Polizeischule Fürstenfeldbruck war, lässt sich daran ablesen, dass die Behörde zahlreiche Grußvorschriften sammelte, die in BayHStA München, Polizeischule FFB 41 zusammengefasst sind.

1558 BayHStA München, Polizeischule FFB 14, Scholz (Polizeibataillon 253): Bataillons-Befehl Nr. 4, 18.12.1940.

1559 BAB, R 19/284, Chronik der Polizeioffiziersschule Berlin-Köpenick, [1936–1943], Bl. 18.

1560 Vgl. ebd., S. 18.

1561 BayHStA München, Polizeischule FFB 122, Bruder (Ansbach): 50-jähriges Polizei-Offiziers-Jubiläum des 7. Pol.OAL 1937/38, Juni 1988, S. 4.

1562 Vgl. BayHStA München, Polizeischule FFB 13, Dr. Schade (Polizeischule FFB): Kommandobefehl Nr. 11, 13.03.1939.

1563 BayHStA München, Polizeischule FFB 127, 15. Lebenskunde, [1942].

rer sein Privatleben gänzlich auf Himmlers Polizeikultur abstimmen. Deshalb war er verpflichtet, seine eigene Familie zu disziplinieren und sie mental wie habituell an den Grundsätzen des Nationalsozialismus auszurichten.

Eine nahezu familiäre Atmosphäre wünschte sich die Polizei auch in den eigenen Reihen. Die Lebenskunde versuchte diesen Wunsch zu erfüllen, indem sie die Offiziersanwärter nicht nur zu charmanten Ehemännern und verständnisvollen Vätern, sondern auch zu Führern, Lehrern und Erziehern gegenüber ihren untergebenen Polizisten ausbilden wollte. Denn die Inhalte dieses Fachs bezogen sich nicht allein auf die Beamten und ihr privates Umfeld. Eher sollten sie später einmal als Vorbilder fungieren, indem sie weiteren Staatsbeamten beibrachten und vorlebten, die Tugenden und Verhaltensnormen der NS-Diktatur zu beherrschen. Daher widmete sich die Lebenskunde intensiv der Aufgabe, die jungen Polizisten über „Herzensbildung und die sittliche Kraft der Führerpersönlichkeit" zu informieren.[1564] Eine solche Persönlichkeit sollte den Untergebenen durch „Charaktererziehung, Autorität [und] Vertrauen" als gutes Beispiel dienen. Aber auch „Idealismus, Geduld [und] Verständnis" würden einen charismatischen Offizier ebenso ausmachen wie „Takt, Vorbild, Humor und Ironie".[1565] Vereinfacht ausgedrückt sollte der Offizier seinen Untergebenen gleichzeitig „als Führer und Kamerad" begegnen, weshalb auch die Schüler in Fürstenfeldbruck danach zu streben hatten, diese Tugenden zu verinnerlichen.[1566]

Die berufsspezifische Sittlichkeitslehre rückte gerade in der zweiten Kriegshälfte noch stärker ins Zentrum der Lebenskunde, die in dieser Phase unter dem Namen „Pflichtenlehre" firmierte. Der neue Titel unterstrich noch deutlicher als bisher, dass den Offizieren ganz besondere Pflichten erwuchsen, wenn sie führende Positionen in Himmlers Machtbereich bekleideten. Die Pflichtenlehre zielte laut Kommandeur Arno Hagemann darauf ab, „den Junkern den Aufgaben- und Pflichtenkreis des Offiziers im Krieg und Frieden zu vermitteln".[1567] Daneben beabsichtigte die Schule, ihrem Führungsnachwuchs eine „Erziehung zu offiziermäßigem Denken und Handeln in allen Lagen" angedeihen zu lassen und dessen „Auftreten in der Öffentlichkeit sowie die Beherrschung der gesellschaftlichen Formen" zu verbessern.[1568] Wie dies bereits in der Lebenskunde geschehen war, machte die Pflichtenlehre die Beamten mit all den Verhaltensregeln vertraut, die Himmlers Polizeistaat für seine Vertreter aufgestellt hatte.

Neben den bereits angesprochenen Aspekten hob der Unterricht noch stärker als bisher hervor, wie sich ein Offizier gegenüber seinen Untergebenen zu verhalten hatte, welche Verantwortung ihm aus seiner Führungsposition erwuchs und welche Aufgaben ihm dabei zufielen. Der Vorgesetzte war in erster Linie dazu angehalten, seine Männer zu führen. Deswegen musste er dafür sorgen, dass er sie ordentlich erzog. Er sollte den ihm unterstellten Beamten also „als Ausbilder und Erzieher" begegnen und ihnen angedeihen lassen, was er selbst an der Polizeischule gelernt hatte.[1569] Auf diese Weise sollten die Polizeioffiziere mit

---

1564 BAB, R 19/273, Lehrordnung, [1939], Bl. 167.

1565 BayHStA München, Polizeischule FFB 124, Abdruck: Grünwald (Polizeischule Berlin-Köpenick) an u. a. Kommandeur: Lehrstoffverteilungsplan für den 20. Offizier-Anwärter-Lehrgang Mariaschein, 28.02.1941, S. 18.

1566 BAB, R 19/273, Lehrordnung, [1939], Bl. 167.

1567 BayHStA München, Polizeischule FFB 137, Entwurf: Hagemann (Polizeischule FFB) an RFSSuChdDtPol: Erfahrungsbericht über die Durchführung des 41. OAL, 22.03.1945, S. 5 f.

1568 BayHStA München, Polizeischule FFB 135, Entwurf: I. V. [unleserlich] (Polizeischule FFB) an RFSSuChdDtPol: Erfahrungsbericht (38. OAL.), 20.09.1944, S. 4.

1569 BayHStA München, Polizeischule FFB 135, [unleserlich] (Polizeischule FFB): Lehrstoffverteilungsplan für Pflichtenlehre, [1944], S. 1.

dazu beitragen, dass sich das Himmlersche Polizeisystem selbst reproduzierte, in dem sie eigenständig als dezentrale Multiplikatoren seines Normengefüges auftraten. Um diese Herausforderung zu meistern, lernten sie in der Pflichtenlehre, das Personal für den Polizeidienst richtig auszuwählen und ihre Männer „zu Trägern soldatischer Tugenden" auszubilden. Daher sollten sie nicht mit „Härte" und „Drill" geizen und ihren Schützlingen den nötigen „Schliff" verpassen.[1570]

Gleichzeitig sollte der Polizeiführer seine Untergebenen fürsorglich behandeln, damit sie mit ihren Problemen jederzeit zu ihm kommen konnten und es ihnen an nichts mangelte. Das setzte jedoch voraus, dass die Vorgesetzten imstande waren, zu den Beamten ein engeres Verhältnis aufzubauen, das auf Vertrauen und Loyalität basierte. Indem er sie angemessen lobte oder tadelte und ihnen einen Urlaub oder Anträge für Beihilfen genehmigte, konnte er, laut Lehrplan, die Beziehung zu seinen Männern und damit die „Pflege des Korpsgeistes" günstig beeinflussen.[1571] Der führende Beamte sollte seine Leute näher kennenlernen, gleichzeitig aber ein Auge auf deren persönliche Verhältnisse werfen. Er war sogar verpflichtet, sich in die privaten Angelegenheiten seiner Mannen einzumischen, wenn sie durch Alkoholmissbrauch, Glücksspiel oder Schulden in eine Notsituation geraten waren und sogar an Selbstmord dachten.[1572]

Außerdem hatte er den Dienstbetrieb zu organisieren und dabei seine Untergebenen zu beaufsichtigen. Wie sollte der Polizeiführer etwa damit umgehen, wenn seine Beamten ihm etwas meldeten, sich bei ihm beschwerten oder ein Gesuch an ihn richteten? Welche Aufgaben kamen ihm selbst als Kompanieführer, Adjutant oder Ordonanzoffizier zu? Wie sollte er die Leistungen seiner Männer angemessen bewerten?[1573] Der Unterricht in der Pflichtenlehre ging all diesen Fragen nach, wobei er sich gerade mit der letzten sehr intensiv beschäftigte. Dabei galt es, den Offiziersanwärtern fundierte Kenntnisse und ein Gespür dafür zu vermitteln, wie sie ihre Männer richtig einzuschätzen lernten. Als Vorgesetzte mussten die Offiziere über sie regelmäßig Beurteilungen schreiben, die ihren Weg in die Personalakten der Polizisten fanden und auf deren „Charakter, Wesen, körperliche und geistige Veranlagung" sowie auf „Stärke[n] und Schwächen" eingingen.[1574] Dadurch besaßen sie einen enormen Einfluss auf die weitere Karriere ihrer Männer.[1575]

Damit sie rechtzeitig lernten, ihren Untergebenen als Vorbild zu dienen, pochte die Pflichtenlehre darauf, dass sich die Offiziersanwärter gerade während des Krieges zurückhalten und ein eher genügsames Leben führen sollten.[1576] Wie ernst es den zentralen Lehranstalten damit war, veranschaulicht ein Diktat, das die Schüler zu Beginn des 41. OAL schrieben. Dessen Text wies explizit darauf hin, dass ein Polizeiführer keine Privilegien gegenüber seinen Männern genießen dürfe, was seinen Lebensstil anbelangt.[1577] Stattdessen führte er aus, dass

---

1570 Ebd., S. 1.

1571 Ebd., S. 1.

1572 Vgl. ebd., S. 1 f.

1573 Vgl. BayHStA München, Polizeischule FFB 134, Koschmieder (Polizeischule FFB): Stoffverteilungsplan für den Unterricht in Pflichtenlehre, 14.01.1944. Ferner: BayHStA München, Polizeischule FFB 135, [unleserlich] (Polizeischule FFB): Lehrstoffverteilungsplan für Pflichtenlehre, [1944], S. 1 f.

1574 BayHStA München, Polizeischule FFB 135, [unleserlich] (Polizeischule FFB): Lehrstoffverteilungsplan für Pflichtenlehre, [1944], S. 1.

1575 Vgl. Schmidt, Polizisten, S. 181.

1576 Vgl. BayHStA München, Polizeischule FFB 135, [unleserlich] (Polizeischule FFB): Lehrstoffverteilungsplan für Pflichtenlehre, [1944], S. 1.

1577 Vgl. BayHStA München, Polizeischule FFB 137, Polizeischule FFB: Diktat: Auf eigenen Befehl! Von der höchsten Form des Offiziers, 03.10.1944, S. 2.

vielmehr die „Unermüdlichkeit" zu den Idealen eines Offiziers zähle, was nichts anderes bedeute, als dass er sich für seine Untergebenen vollkommen hingeben solle. So gebe es „für den echten Offizier überhaupt keine Stunde, in der er sich selber gehört".[1578] Allerdings ließ das Papier auch erkennen, dass sich die Brucker Polizeischule nicht damit begnügte, ihre Schüler zu kameradschaftlicher und väterlicher Fürsorge zu mahnen. Vielmehr stellte es auch Tugenden vor, welche die „Polizeisoldaten" gerade während des „Totalen Krieges" kultivieren sollten. Dazu zählte etwa die „Waffensorgfalt", die jeder Offizier besitzen müsse, wenn es um den Umgang mit den eigenen, aber auch den Waffen des Feindes gehe. So stellte der Text die rhetorische Frage, wie viel Material die Deutschen während des Krieges von ihren Widersachern hätten erbeuten können, das „sinnlos verkommen oder den Partisanen in die Hand gefallen" sei.[1579]

5.1.4.3 Die Unterrichtslehre

In der polizeilichen Ausbildung war es ein zentrales Anliegen, den Offiziersanwärtern klar zu machen, dass sie später einmal nicht nur als Vorgesetzte, sondern auch als Lehrer und Vorbilder fungieren sollten. Mit der Unterrichtslehre bedienten sich die Schulen daher eines eigenen Fachs, mit dem sie dieses Ziel systematisch verfolgten. Dabei ging es weniger darum, die Schüler weltanschaulich zu konditionieren, wenngleich dieser Gesichtspunkt ebenfalls eine wichtige Rolle spielte. Vielmehr war an dieser Disziplin so besonders, dass sie zu jenen Fächern gehörte, die aus einem gewöhnlichen Polizeibeamten einen Offizier machen sollten. In der Unterrichtslehre erlernten die angehenden Polizeiführer deshalb die grundlegenden Fertigkeiten, mit deren Hilfe sie selbst als Lehrer tätig werden konnten.[1580] Nachdem sie ihren Lehrgang absolviert hatten, sollten sie dazu in der Lage sein, ihre Schützlinge zur gleichen Sittlichkeit zu erziehen, die ihnen ihre Lehrer selbst erst vor kurzem eingetrichtert hatten. Darum war die nationalsozialistische Tugendlehre so stark in der Unterrichtslehre präsent. Denn hier wurden sie auf ihre spätere Aufgabe vorbereitet, ihre Wachtmeister „zur Ehr- und Mutauffassung, Wahrheitsliebe, […] Entschlossenheit und Verantwortung", aber auch „zur Disziplin, Pünktlichkeit, Ordnung und Sauberkeit" sowie „zur Kameradschaft" zu erziehen.[1581]

Die Schulen beließen es aber nicht dabei, theoretisch zu erläutern, welche bevorzugten charakterlichen Eigenschaften sie ihren Untergebenen beizubringen hatten. Der Kern der Unterrichtslehre bestand darin, den Offiziersanwärtern zu verdeutlichen, welche praktischen Aufgaben ihnen als Lehrkräfte zukamen. Ob sie später einmal in den heimischen Dienststellen, den paramilitärischen Polizeieinheiten oder gar als Lehrer an den Polizeischulen agieren sollten, war dafür unerheblich. Sämtliche Offiziere mussten jedoch fähig sein, selbst einen Unterricht abzuhalten und ihre Vorbildfunktion gegenüber den untergebenen Wachtmeistern wahrzunehmen. Deshalb war die Unterrichtslehre darauf ausgerichtet, den Offiziersanwärtern einen tieferen Einblick in die vielfältigen Lehrmethoden zu gewähren. Über verschiedene Lehrverfahren und -formen sowie den formalen Aufbau einer Lehrstun-

1578 Ebd., S. 1.
1579 Ebd., S. 1.
1580 Zur Unterrichtslehre allgemein vgl. Bach, Ordnungspolizei, S. 141–144.
1581 BAB, R 19/273, Lehrordnung, [1939], Bl. 165.

de informierte sie der Unterricht ebenso wie über pädagogisch-didaktische Grundfragen.[1582] Dabei unterließen es die Lehrkräfte der Offiziersschulen nicht, den „Erziehungs- und Bildungsweg im nationalsozialistischen Staate" zu behandeln.[1583] Es liegt nahe, dass dabei die nationalsozialistische Pädagogik den Unterricht stets begleitete.

Im Vordergrund stand die Frage, welche Bedingungen erfüllt sein mussten, damit der Lernstoff bei den Polizeischülern wirklich hängen blieb. Dementsprechend waren einige Unterrichtsstunden überschrieben mit Titeln wie etwa „Der natürliche Denk- und Lernvorgang als Wechselwirkung zwischen Körper und Seele und seine Bedeutung für den Unterricht" oder auch „Unter welchen Voraussetzungen lernt der Schüler am leichtesten?". „Welche Folgerungen ergeben sich aus der Gesetz- und Planmäßigkeit des menschlichen Lernvorganges für das Unterrichtsverfahren", fragte eine weitere Lehrstunde.[1584] Ferner erfuhren die angehenden Polizeilehrer, wie sie eigene Lehr- und Stoffpläne ausarbeiten und welche Ausbildungs- und Lehrmittel sie in ihren Schulstunden einsetzen konnten.[1585] Dieses Wissen übten sie praktisch ein, indem sie Lehrproben abhielten, die anschließend die gesamte Klasse beurteilen sollte. Damit ergänzte sich die „graue Theorie" durch eine selbsterlebte Erfahrung.[1586] Ein solches Vorgehen erleichterte es gleichzeitig dem Fachlehrer, sich ein genaueres Bild von den pädagogischen und didaktischen Fähigkeiten seiner Schützlinge zu machen.

Indem die Polizeischüler das „Wesen des polizeilichen Unterrichts" kennenlernten, klärte sie die Unterrichtslehre darüber auf, welches Ziel diese Lehrarbeit verfolgte.[1587] Das Fach diente den Polizeioffiziersschulen weniger dazu, geeignete Nachwuchslehrer auszubilden. Sicherlich war es ein willkommener Nebeneffekt, wenn sich einzelne Beamte in den Kursen profilieren konnten, weil sie ein besonderes Talent für den Lehrberuf offenbarten. Auch der polizeiliche Ausbildungsapparat musste zusehen, wie er seine Bildungseinrichtungen mit frischem Personal versorgen konnte. Darüber hinaus stand jedoch eher der Gedanke im Mittelpunkt, aus sämtlichen Anwärtern kleine Dozenten des nationalsozialistischen Polizeistaats und seiner Ideologie zu formen. Sie sollten nach ihrer Ausbildung selbst zu Ausbildern werden und ständig auf ihre Untergebenen erzieherisch einwirken. Der Polizeiapparat zielte also darauf ab, ein regelrechtes Schneeballsystem der polizeilichen Pädagogik zu errichten, das Polizeioffiziere hervorbrachte, die gewissermaßen als Laienprediger auftreten konnten. Je nachdem was sie in den verschiedenen Disziplinen geleistet hatten, offenbarten die Polizeischüler mitunter große erzieherische Stärken. Spätestens am Ende des Kurses war den Lehroffizieren klar, ob einzelne Teilnehmer dazu geeignet erschienen, den Lehrkörper zu ergänzen. Und so konnte es sogar vorkommen, dass selbst die Offiziersschulen so ihre neuen Lehrer rekrutierten, die dann die nächste Generation von angehenden Führungskräften ausbildeten.

Daran zeigt sich erneut recht deutlich, welch hohen Anteil die Offiziersanwärterlehrgänge besaßen, Himmlers Ausbildungs- und Wertesystem dabei behilflich zu sein, sich selbst zu

1582 Vgl. BayHStA München, Polizeischule FFB 124, Abdruck: Grünwald (Polizeischule Berlin-Köpenick) an u. a. Kommandeur: Lehrstoffverteilungsplan für den 20. Offizier-Anwärter-Lehrgang Mariaschein, 28.02.1941, S. 17.

1583 Ebd., S. 17.

1584 Ebd., S. 17.

1585 Vgl. BAB, R 19/273, Lehrordnung, [1939], Bl. 165.

1586 Vgl. BayHStA München, Polizeischule FFB 124, Abdruck: Grünwald (Polizeischule Berlin-Köpenick) an u. a. Kommandeur: Lehrstoffverteilungsplan für den 20. Offizier-Anwärter-Lehrgang Mariaschein, 28.02.1941, S. 17.

1587 Ebd., S. 17.

reproduzieren. Allerdings darf nicht überbewertet werden, welcher Einfluss der Unterrichtslehre dabei tatsächlich zukam. Zwar war die Ordnungspolizei sehr daran interessiert, über pädagogisch versierte Führungskräfte zu verfügen, die ihre Untergebenen in sämtlichen Gebieten ihres Berufs zumindest grundlegend auszubilden vermochten. Obwohl der Polizeiapparat eigens zu diesem Zweck die Unterrichtslehre eingeführt hatte, darf aber nicht übersehen werden, dass die gesamte Offiziersausbildung ohnehin ganzheitlich ausgerichtet war. Vor allem zeigte sich dies bereits in den militärischen Fächern. In ihnen mussten die angehenden Führungskräfte jedoch weniger ein pädagogisches Fingerspitzengefühl besitzen. Stattdessen hatten sie ihre Untergebenen zu drillen. Außerdem konfrontierten die Lehrer sie auch in der Lebenskunde damit, später einmal ihre Männer zu disziplinieren und sie gleichzeitig zu einem aus Sicht des Regimes tugendhaften Leben zu erziehen. Auch auf diese Weise förderten die Offiziersanwärterlehrgänge ihre Teilnehmer darin, Führungs- und Lehrkompetenzen zu entwickeln. Dass die Unterrichtslehre mehr zu leisten vermochte, als diesen Prozess zu unterstützen, darf indes bezweifelt werden. Einerseits verfügte sie über nur wenige Wochenstunden, um die mitunter recht komplexen theoretischen Lehrinhalte zu vermitteln.[1588] Andererseits zeigen die Stundenpläne aus Fürstenfeldbruck, dass dieses Fach im Laufe des Krieges allmählich, aber sicher als eigenständige Disziplin verschwand und ab 1943 faktisch nicht mehr existierte.[1589] Obwohl es keine direkten Belege dafür gibt, könnte die Unterrichtslehre in der zweiten Kriegshälfte auch von anderen Fächern absorbiert worden sein, so dass sie vermutlich in der Pflichtenlehre aufging.

5.1.4.4 Die weltanschauliche Schulung/Nationalsozialistische Lehre

Noch wesentlich wichtiger als Kriegsgeschichte, Lebenskunde und Unterrichtslehre war die weltanschauliche Schulung. Ein Blick auf die Organisationsstruktur des ordnungspolizeilichen Ausbildungssystems zeigte bereits, welch hohen Stellenwert ihr Himmler beimaß.[1590] Der Reichsführer-SS betrachtete es als unentbehrlich, die Staatsdiener zu ideologisch unbeirrbaren Repräsentanten des Nationalsozialismus zu erziehen, die nicht nur bestens über seine Prinzipien informiert waren, sondern diese auch normativ teilten. Schon allein deshalb war für ihn die weltanschauliche Schulung keineswegs nur ein Fach wie jedes andere, sondern vielmehr ein zentrales Instrument, mit dem er sein ersehntes „Staatsschutzkorps" errichten wollte. Dabei sollten die Polizeioffiziere eine tragende Rolle spielen. Polizeioberschulrat Dr. Werner Zwingelberg zufolge sei ihre Ausbildung so besonders wichtig, „damit sie die Erziehung der gesamten Polizei im nationalsozialistischen Volks- und Staatsgedanken übernehmen können".[1591]

Obwohl die weltanschauliche Schulung vielfältige Sujets beinhaltete, konzentrierten sich einige der bisher erschienenen Studien zum Thema lediglich darauf, judenfeindliche und

1588 Vgl. ebd., S. 3.

1589 So fanden im 25. OAL noch zwei Stunden pro Woche Unterricht in der Unterrichtslehre statt, während sich der 28. OAL mit nur einer Stunde begnügen musste. Vgl. BayHStA München, Polizeischule FFB 126, Stundenplan des 25. Offizieranwärter-Lehrganges, [1942]; BayHStA München, Polizeischule FFB 128, Stundenplan des 28. Offizieranwärterlehrgang II. Teil, [1942].

1590 Siehe dazu Kapitel 4.1 und 4.2.

1591 Werner Zwingelberg, Die Erziehung des Polizeibeamten zum Nationalsozialisten, in: Kehrl, Jahrbuch, S. 15–24, hier: S. 20.

rassistische Elemente herauszustellen.[1592] Es wäre jedoch grundverkehrt zu glauben, sie beschränkte sich inhaltlich nur auf Antisemitismus und Rassenhass. Zwar fand sich in den Propagandamaterialien ein oftmals aggressiver und menschenverachtender Jargon, der auf den heutigen Betrachter sehr verstörend wirkt.[1593] Ein erweiterter Blick auf die institutionalisierte politische Indoktrination offenbart jedoch, dass dort noch ganz andere Themengebiete von Belang waren. Aber womit genau beschäftigte sich das Fach, das auch als Nationalsozialistische Lehre (NSL) bezeichnet wurde? Um diese Frage zu klären, lohnt es sich, die weltanschauliche Schulung innerhalb der Offiziersausbildung der Ordnungspolizei ausführlich zu analysieren.

Wenngleich sich die Nationalsozialisten sogar noch vor der Machtübernahme bemühten, die Gesetzeshüter mental zu beeinflussen, war das eher uneinheitlich organisiert und lief vielmehr unkoordiniert ab. Nach seinem Dienstantritt als Chef der Deutschen Polizei systematisierte Heinrich Himmler zwar diesen Prozess. Doch dauerte es bis zum Frühjahr 1937, bis er die weltanschauliche Schulung offiziell in der Ordnungspolizei einführte.[1594] Dennoch besaß sie zu dieser Zeit kein Konzept, das in Stein gemeißelt war und eine endgültige Themenauswahl beinhaltete. Einerseits lag das daran, dass Himmlers Propagandisten flexibel bleiben wollten, um je nach Anlass recht unterschiedliche Schwerpunkte zu setzen, auf die sich die Beamten zu konzentrieren hatten. Andererseits waren die Ideologen gleichzeitig herausgefordert, zu zeigen, dass der Nationalsozialismus unverrückbaren Prinzipien folgte, an denen sich jeder Vertreter des Maßnahmenstaats orientieren sollte. Um beide Ziele miteinander zu verknüpfen und dabei trotzdem glaubwürdig zu bleiben, mussten sie zunächst noch ein stimmiges Programm herausarbeiten. Deshalb experimentierten sie offensichtlich in der Vorkriegsphase noch mit den einzelnen Themen.

Obwohl die weltanschauliche Schulung anfänglich noch flexibel gestaltet war, konnte die Polizeischule Fürstenfeldbruck nicht frei darüber entscheiden, wie sie diese durchzuführen hatte. Die Lehrstätte war auch später noch dazu gehalten, sich an den Vorgaben aus Berlin zu orientieren, gerade wenn es um den politisch-ideologischen Unterricht ging. Doch besonders in der Frühphase gab es Außenstehende, die ihr noch hineinredeten, als Bayern im Juni 1937 offiziell die weltanschauliche Schulung einführte. Der IdO Bayern-Süd, Karl Hoffmann, begrüßte wenig später diesen Schritt, wenngleich er ihm noch etwas improvisiert erschien. Zum Schulungsleiter in seinem Stab bestellte er den SS-Hauptsturmführer Dr. Gutensohn.[1595] Mit seiner Hilfe organisierte er jenes System, welches in seinem Machtbereich darauf ausgerichtet war, dass die Beamten die fundamentalen Prinzipien der NS-Ideologie nicht nur kennenlernten, sondern vielmehr dauerhaft verinnerlichten. Dafür hatten ausgewählte Schulungsredner aus SS und Polizei zu sorgen. In den einzelnen Dienststellen waren sie dafür verantwortlich, „den vorgeschriebenen Stoffplan lebenswarm und lebensnah den Männern zu vermitteln".[1596]

1592 Für diese selektive Perspektive stehen insbesondere folgende Arbeiten: Matthäus, Judenfrage; Ders., Erziehung; Ders., Judentum; Breitman, Gegner.

1593 Mit dem weltanschaulichen Schrifttum der SS setzt sich Harten eingehend auseinander, der in seiner monumentalen Studie einen ausgiebigen Überblick liefert. Vgl. Harten, Lehrer, S. 421–497.

1594 Siehe dazu Kapitel 4.2.

1595 Vgl. BayHStA München, MInn 73331, I. A. Hoffmann (StMdI) an RFSSuChdDtPol: Weltanschauliche Schulung der Ordnungspolizei, 05.10.1937, S. 1.

1596 Ebd., S. 1.

Bei seinen Seminaren in der Landeshauptstadt wurde Gutensohn von Hauptmann Karl Bourier unterstützt, der zuvor an der Polizeischule Fürstenfeldbruck unterrichtet hatte.[1597] An der Lehranstalt selbst gestalteten seinerzeit aber die Hauptleute Hans-Joachim Schieritz und Carl Rehdantz die weltanschauliche Schulung, die ab August 1937 im Fächerkanon der Lehrgänge fest verankert war. In diesen Kursen übernahm zunächst aber Gutensohn persönlich den Unterricht, an dem sich die Anwärter rege beteiligt hätten, obwohl der Stoff für sie bereits vertraut gewesen sei, wie Hoffmann protokollierte.[1598] Der Schulungsleiter scheint den eigentlichen Lehroffizieren für die weltanschauliche Schulung jedoch schon bald freien Lauf gelassen zu haben, da sie fortan selbst dafür verantwortlich waren, ihre Schüler auf diesem Gebiet zu unterrichten.

In den ersten Offiziersanwärterlehrgängen in Fürstenfeldbruck scheinen ideologische Inhalte trotzdem nur eine eher untergeordnete Rolle gespielt zu haben. Das lässt sich schon allein daran ablesen, dass die Teilnehmer dieser Kurse kaum Prüfungen zu weltanschaulichen Themen absolvieren mussten. Stattdessen testeten die Lehrer ihr Wissen vorwiegend in den rechtlichen, aber auch in den militärischen Disziplinen.[1599] Dies mag auch darauf zurückzuführen sein, dass ein Fach namens „Nationalpolitik, weltanschauliche Schulung" zunächst noch keine eigenständige Disziplin darstellte, sondern vielmehr in der „Gesetzeskunde" eingegliedert war, wie z. B. der Lehrplan des 8. OAL aus dem Jahre 1938 offenbart.[1600] Auch in den Folgejahren blieben diese beiden Elemente sehr eng miteinander verknüpft.[1601] In der Frühphase bestimmten aber nicht nur „nationalpolitische", sondern vor allem geschichtliche Inhalte den Unterricht. Die Lehrordnung listete Themen auf wie etwa „Der böhmisch-mährische Raum in der Geschichte", „Das Land an der Memel" und „Die Auseinandersetzung der Germanen mit dem römischen Reich".[1602] Während die ersten beiden Sachgebiete offenbar von der Absicht der NS-Führung zeugen, die Tschechoslowakei zu erobern, dürfte das letztgenannte Thema auf etwas anderes abgezielt haben. Denn ähnlich wie in der Kriegsgeschichte bezweckte der Verweis auf die germanische Historie, das Traditionsbewusstsein und den Stolz der Männer anzusprechen.

Anschließend befassten sich die Kurse mit anderen martialischen Themen, welche die angehenden Polizeiführer anscheinend schon in den Friedensjahren auf den nahenden Krieg einstimmen sollten. Einzelne Unterrichtseinheiten waren dementsprechend mit Titeln umschrieben wie „Der weltanschauliche Kampf", „Indogermanische und vorderasiatisch-semitische Weltschau" oder „Der Endkampf um die deutsche Weltanschauung".[1603] Diese recht vagen Überschriften lassen zwar nur erahnen, was genau die Dozenten ihren Schützlingen vermittelten, und laden eher dazu ein, über die konkreten Inhalte zu spekulieren. Dass im Lehrplan aber mehrfach der Kampfbegriff auftaucht, unterstreicht den kriegerischen Kern der polizeilichen Ausbildung und war für die NS-Ideologie ein nur allzu typisches Motiv. Darüber hinaus kam es nicht von ungefähr, dass Indogermanen und Semiten gegenübergestellt

---

1597 Vgl. ebd., S. 2.

1598 Vgl. ebd., S. 3.

1599 Das offenbart etwa eine Liste von Prüfungen des 8. OAL. Vgl. z. B. BayHStA München, Polizeischule FFB 122, Polizeischule FFB: Zwischenprüfung u. Klassenarbeiten im 8. Offz.-Anwärterlehrg., 19.11.1938.

1600 Vgl. BayHStA München, Polizeischule FFB 122, Dr. Schade (Polizeischule FFB): Lehrplan für den mit RdErl. v. 19.10.38 (RMBliV.S.1772 c) angeordneten 8. Offz.-Anwärterlehrg., 04.11.1938, S. 2.

1601 Vgl. BayHStA München, Polizeischule FFB 124, Abdruck: Grünwald (Polizeischule Berlin-Köpenick) an u. a. Kommandeur: Lehrstoffverteilungsplan für den 20. Offizier-Anwärter-Lehrgang Mariaschein, 28.02.1941, S. 9; BAB, R 19/273, Lehrordnung, [1939], Bl. 157.

1602 BAB, R 19/273, Lehrordnung, [1939], Bl. 157.

1603 Ebd., Bl. 157.

wurden. Das deutet darauf hin, dass rassistische und pseudohistorische Inhalte die weltanschauliche Schulung schon seinerzeit prägten.

Führt die Lehrordnung des Jahres 1939 einzelne Aspekte auf, die auch später noch in anderen Stoffplänen zur weltanschaulichen Schulung zu finden sind, so treten darin insbesondere zahlreiche geschichtliche Themen zum Vorschein. Ein wichtiger Grund dafür dürfte gewesen sein, dass auch die SS der Historie eine große Aufmerksamkeit schenkte. Himmlers Eliteorden instrumentalisierte die deutsche Geschichte als ein zentrales Medium, um seinen Angehörigen ideologische Botschaften zu vermitteln.[1604] Ihr Einsatz in der weltanschaulichen Schulung diente der SS somit nicht vorrangig für ein historisches Allgemeinwissen, sondern vielmehr für die „Erziehung zu einer ‚heroischen Lebenseinstellung'".[1605] In der Offiziersausbildung der Ordnungspolizei erstreckte sich die Themenpalette von König Heinrich I. und dessen Ostpolitik über die „Irrwege und Leistungen der deutschen Kaiserpolitik" bis hin zum Deutschorden in Preußen und Livland, um schließlich noch die „Ostsee im Kampf der Völker und Staaten" zu betrachten.[1606] Dabei fällt auf, dass unmittelbar vor Kriegsbeginn das Ost-Motiv vorherrschend war. Das lässt darauf schließen, dass sich in diesem Geschichtsunterricht die Vision Hitlers vom „Lebensraum im Osten" niederschlug. Dieser Verdacht erhärtet sich, weil auch „Der Kampf um den Ostraum" und „Die Neuordnung Europas als Aufgabe" eigene Unterrichtsstunden erhielten.[1607] Während die meisten der historischen Inhalte später aus den Lehrplänen offiziell verschwanden, finden sich diese beiden Kernthemen in den Stoffplänen nachfolgender Kurse wieder. So befasste sich etwa der 38. OAL im Jahre 1944 mit dem „Ostraum in der deutschen Geschichte", um im Unterricht den Hansebund und die Deutschordensritter wieder aufleben zu lassen, aber auch den osteuropäischen „Siedlungs- und Kulturraum" zu preisen.[1608] Während die historischen Inhalte allgemein in den Lehrplänen nach und nach an Gewicht verloren, schlugen sie sich dafür zunehmend in den Propagandaschriften der Ordnungspolizei nieder.[1609] Allerdings offenbart bereits die ursprüngliche Themenwahl, dass die weltanschauliche Schulung darauf ausgerichtet war, die Staatsmacht mental für den kommenden Krieg zu mobilisieren.

Mit Beginn des Zweiten Weltkriegs verfestigte sich jedoch das thematische Konzept allmählich. Das lässt sich auch an den Stoffplänen derjenigen Lehrgänge ablesen, die seither in Fürstenfeldbruck gastierten. Die weltanschauliche Schulung zielte zunächst einmal darauf ab, den Offiziersanwärtern die „Grundlagen einer völkischen Weltanschauung" zu vermitteln.[1610] Dazu mussten sie erfahren, welche Wesenszüge der Nationalsozialismus besaß und wie seine führenden Repräsentanten auf die Welt blickten. Aber auch den Weg in die Diktatur versuchte der Unterricht nachzuzeichnen, indem er sich der Geschichte der NS-Bewegung, deren Zielen und Aufgaben sowie dem 25-Punkte-Programm der NSDAP widmete.[1611] Darüber hinaus standen die „Erkenntnisquellen des Nationalsozialismus" auf dem Lehr-

1604 Vgl. Reinicke, Instrumentalisierung, S. 110 und 134.

1605 Ebd., S. 141.

1606 BAB, R 19/273, Lehrordnung, [1939], Bl. 157.

1607 Ebd., Bl. 157. Vgl. ferner BAB, R 20/70, Nationalsozialistische Lehre, [1942].

1608 BayHStA München, Polizeischule FFB 135, Ruffing (Polizeischule FFB): Lehrstoffverteilungsplan für nat.soz. Lehre, [1944].

1609 Das zeigt auch der Überblick zum ideologischen Schrifttum der Ordnungspolizei in diesem Kapitel.

1610 BayHStA München, Polizeischule FFB 126, Piper (Polizeischule FFB): Stoffverteilungsplan für die nationalsoz. Lehre für den 25. Offizier-Anwärter-Lehrgang vom 6.1.42–2.4.42, [1942].

1611 Vgl. BayHStA München, Polizeischule FFB 124, Abdruck: Grünwald (Polizeischule Berlin-Köpenick) an u. a. Kommandeur: Lehrstoffverteilungsplan für den 20. Offizier-Anwärter-Lehrgang Mariaschein, 28.02.1941, S. 9.

plan.[1612] Dazu zählten nicht nur das Parteiprogramm, sondern auch Hitlers Buch „Mein Kampf", das für die Ausbildung vor allem während des Krieges immer bedeutender wurde.[1613] Ende März 1942 schrieb ein Erlass der Gruppe „Weltanschauliche Erziehung" sogar vor, die Ordnungspolizisten müssten sich ausführlich mit diesem Machwerk befassen, noch bevor sie überhaupt an einem Offiziersanwärterlehrgang oder einer Reihe anderer Kurse teilnehmen konnten.[1614] Weitere Unterrichtsstunden beschäftigten sich mit der Struktur und den fundamentalen Prinzipien des NS-Staats. Die Schüler lernten etwas darüber, wie das „Großdeutsche Reich" aufgebaut war und welches Verhältnis zwischen Partei und Staat existierte. Die Lehrer beleuchteten daneben die Staatsführung Hitlers und das Führerprinzip, gingen aber auch der Frage nach, welchen Stellenwert die „Fahne der Bewegung" und die Flaggen des Reiches besaßen.[1615]

Auf diesen inhaltlichen Block baute der nächste auf, der sich die verschiedenen Institutionen des NS-Staats vornahm und sie eingehender betrachtete. Nicht nur die NSDAP selbst, sondern auch die Wehrmacht und der RAD standen erneut auf dem Programm. Vor allem aber der Schutzstaffel und ihrem Verhältnis zur Polizei widmete sich die weltanschauliche Schulung recht ausführlich.[1616] Sie ging jedoch darüber hinaus und vermittelte den Schülern nun offiziell die „Grundgesetze der SS".[1617] Zwar besaß dieser Schritt einen gewissen Symbolcharakter, rückte er damit ins Zentrum, dass Himmler seine Elitegarde mit der regulären Staatsmacht „verschmelzen" wollte. Dennoch darf es nicht überbewertet werden, wenn sich dieses Bestreben buchstäblich auf dem Lehrplan niederschlug. Denn die Polizisten waren auch in zahlreichen anderen Fächern mehr oder minder offensichtlich mit dem Wertesystem der SS konfrontiert.

Nachdem diese institutionellen und strukturellen Fragen geklärt waren, konzentrierten sich die Lehrkräfte auf die ideologischen Fundamente der NS-Weltanschauung. Im Mittelpunkt stand dabei zunächst die „innere Ordnung des Reiches" – also das nationalsozialistische Verständnis von einer völkischen Gesellschaft. Laut Unterricht basierte diese soziale Ordnung auf dem „Bauerntum als Lebensquell des deutschen Volkes", der deutschen „Volksgemeinschaft" und einer „völkische[n] Wirtschafts- und Kulturordnung".[1618] An dieser Stelle bemühte sich das Fach intensiv darum, die deutschen Landwirte und ihre Kultur „als Bluts-

1612 BayHStA München, Polizeischule FFB 127, 4. Nationalsozialistische Lehre, [1942]; BayHStA München, Polizeischule FFB 126, Piper (Polizeischule FFB): Stoffverteilungsplan für die nationalsoz. Lehre für den 25. Offizier-Anwärter-Lehrgang vom 6.1.42–2.4.42, [1942].

1613 Vgl. BayHStA München, Polizeischule FFB 133, Nationalsozialistische Lehre, [1943].

1614 Vgl. RdErl. d. RFSSuChdDtPol. im RMdI. v. 23.03.1942, in: MBliV, 01.04.1942, Nr. 13, Sp. 640.

1615 Vgl. BayHStA München, Polizeischule FFB 124, Abdruck: Grünwald (Polizeischule Berlin-Köpenick) an u. a. Kommandeur: Lehrstoffverteilungsplan für den 20. Offizier-Anwärter-Lehrgang Mariaschein, 28.02.1941, S. 9 und BayHStA München, Polizeischule FFB 126, Piper (Polizeischule FFB): Stoffverteilungsplan für die nationalsoz. Lehre für den 25. Offizier-Anwärter-Lehrgang vom 6.1.42–2.4.42, [1942].

1616 Vgl. BayHStA München, Polizeischule FFB 124, Abdruck: Grünwald (Polizeischule Berlin-Köpenick) an u. a. Kommandeur: Lehrstoffverteilungsplan für den 20. Offizier-Anwärter-Lehrgang Mariaschein, 28.02.1941, S. 9.

1617 BayHStA München, Polizeischule FFB 135, Ruffing (Polizeischule FFB): Lehrstoffverteilungsplan für nat.soz. Lehre, [1944].

1618 BayHStA München, Polizeischule FFB 126, Piper (Polizeischule FFB): Stoffverteilungsplan für die nationalsoz. Lehre für den 25. Offizier-Anwärter-Lehrgang vom 6.1.42–2.4.42, [1942]. Vgl. ferner BayHStA München, Polizeischule FFB 135, Ruffing (Polizeischule FFB): Lehrstoffverteilungsplan für nat.soz. Lehre, [1944].

quell der Nation" erscheinen zu lassen.[1619] Dieser Umstand verrät, dass auch die Blut-und-Boden-Ideologie vor den Klassenzimmern der Polizeischulen nicht Halt machte, sondern vielmehr einen zentralen Gesichtspunkt der weltanschaulichen Schulung darstellte. Zu diesen wirtschafts- und kulturpolitischen Positionen gesellte sich ein Einblick darin, nach welchen Prinzipien „Arbeit und Erziehung" im NS-Staat organisiert waren.[1620] Dahingehend lernten die Schüler etwas über die nationalsozialistische „Führerauslese". Dabei sprachen die Lehrer auch über das „Landjahr", den „Landdienst", den „Berufswettkampf", das „Langemarkstudium [sic!]" sowie die „Fürsorge für Kriegsversehrte".[1621] Ferner sollten die Polizeibeamten darüber Bescheid wissen, wie die „weltanschauliche Erziehung der Polizei" allgemein organisiert war und welchen Zweck sie überhaupt verfolgte.[1622] Dazu gehörte es, den Schülern einzutrichtern, wie entsprechende Veranstaltungen und Feiern durchzuführen waren, aber auch welches Verhältnis sich die politische Führung zwischen Polizei, SS und NSDAP wünschte.[1623]

„Der deutsche Sozialismus" begegnete ihnen ebenfalls im Unterricht, wobei die Lehrer damit die Sozial- und Wirtschaftspolitik Hitlers und die ihr zugrundeliegenden Werte verherrlichten. Sie glorifizierten die NSDAP, die den „Kampf um das Lebensrecht des deutschen Volkes" aufgenommen habe.[1624] Ein Diktat, das die Polizeischüler zu Beginn des 38. OAL schreiben mussten, gibt Aufschluss darüber, was darunter zu verstehen ist. So stellte der Text verschiedene Berufe heraus und versuchte, diesen bestimmte Aufgaben für die deutsche „Volksgemeinschaft" zuzuschreiben. Demnach habe der Lehrer seine Schüler charakterlich zu erziehen. Der Richter müsse das Rechtsbewusstsein der Bevölkerung stärken. Der Arzt sei schließlich zuständig für deren physische und psychische Gesundheit.[1625] Der wichtigste Funktionsträger sei allerdings die Partei, die in ihren Bildungsstätten die Menschen „zum soldatischen Denken und Handeln" und dadurch auch „zum Sozialismus" erziehen würde.[1626] Denn Soldaten und Arbeiter verträten die gleichen Ideale, die im Krieg genauso wie im Frieden zum Maß aller Dinge in der „Volksgemeinschaft" werden sollten.[1627] Zu Beginn weiterer Lehrgänge mussten ähnliche Diktate geschrieben werden, die inhaltlich Liberalismus und Marxismus als marode Systeme entlarven und skizzieren wollten, wie sich Deutschland von diesen unterscheide und distanziere.[1628] Solche Rechtschreibübungen nutzte die Brucker Polizeischule, um ihre Schüler auf diesem Wege zu indoktrinieren.

1619 BayHStA München, Polizeischule FFB 124, Abdruck: Grünwald (Polizeischule Berlin-Köpenick) an u. a. Kommandeur: Lehrstoffverteilungsplan für den 20. Offizier-Anwärter-Lehrgang Mariaschein, 28.02.1941, S. 9.

1620 BayHStA München, Polizeischule FFB 127, 4. Nationalsozialistische Lehre, [1942].

1621 BayHStA München, Polizeischule FFB 135, Ruffing (Polizeischule FFB): Lehrstoffverteilungsplan für nat.soz. Lehre, [1944]. Das Langemarck-Studium war ein Programm, mit dem die Nationalsozialisten politisch bewährte, mittellose, aber begabte junge Männer förderten, damit diese ein Studium aufnehmen konnten.

1622 BayHStA München, Polizeischule FFB 134, Heizmann (Polizeischule FFB): 10. Nat.soz. Lehre, [1943].

1623 Vgl. ebd.

1624 BayHStA München, Polizeischule FFB 135, Ruffing (Polizeischule FFB): Lehrstoffverteilungsplan für nat.soz. Lehre, [1944].

1625 Vgl. BayHStA München, Polizeischule FFB 135, Polizeischule FFB: Diktat, 05.04.1944.

1626 Ebd.

1627 Vgl. ebd.

1628 Vgl. u. a. BayHStA München, Polizeischule FFB 147, Polizeischule FFB: Diktat. Deutscher Sozialismus, 06.06.1944.

Die weltanschauliche Schulung wäre aber unvollständig ohne die nationalsozialistische Rassenlehre. Dieses Thema trat in vielfältiger Form auf und nahm einen breiten Raum in dem politisch-ideologischen Unterrichtsfach ein. Dabei erschien es im Gewand der Wissenschaft, indem die Lehrkräfte etwa erklärten, welche grundsätzlichen Inhalte die Vererbungslehre nach Gregor Mendel besaß. Danach leiteten sie zur sogenannten Eugenik über, hinter der sich die Rassenhygiene des „Dritten Reichs" verbarg. Denn nun befassten sich die Klassen mit „Maßnahmen zur Erbgesundheit" und der nationalsozialistischen „Bevölkerungspolitik".[1629] Zu diesem Themenkomplex zählte außerdem die „Volksgesundheitspflege", die der Lehrplan ebenfalls aufführte.[1630] Für die Nationalsozialisten fußten solche biologistischen Positionen aber nicht nur auf den Mendelschen Erbregeln. Sie beriefen sich auch auf die sozialdarwinistischen „Kampfgesetze der Natur".[1631] Sodann studierten die Polizeischüler, welche Rassen die NS-Ideologie unterschied und welche Wesensmerkmale sie ihnen zuschrieb, wobei im Unterricht „die deutschen Rassen" besonders hervorstachen.[1632] Als mustergültig priesen die Lehrkräfte dabei die „Erbeigenschaften der weißen Großrasse", um dann aber auch durchzunehmen, wie die NS-Bewegung gedachte, das deutsche Volk „rein" zu halten. Deshalb widmeten sie sich eingehend der „Auslese" und „Ausmerze".[1633] Der Unterricht befasste sich ganz konkret mit der „Verhinderung der Fortpflanzung erblich Minderwertiger", was für Hitler und seine Gefolgschaft ein besonderes Politikum darstellte.[1634] Verwandte Themen wie etwa die „Lebensgesetze der Natur", „Kampf und Fruchtbarkeit" oder der sogenannte „Schädelindex", der in einem anthropometrischen Maß angab, in welchem Verhältnis Länge und Breite eines menschlichen Schädels standen, tauchten ebenfalls auf dem Lehrplan auf.[1635] In weiteren Stunden analysierten die Lehrgänge das angebliche „Rasseproblem"[1636] und besprachen, wie es die „Rassengesetzgebung des Reiches" zu lösen versuchte.[1637] Mit diesen rassistischen Inhalten war ein weiteres Thema eng verknüpft, das eines der zentralen Elemente der NS-Ideologie darstellte.

Auch die „Judenfrage" spielte eine wichtige Rolle in der weltanschaulichen Schulung. Als Vertreter des NS-Staats sollten die Offiziersanwärter über dieses Kernstück der nationalsozialistischen Dogmatik informiert sein, weil sie selbst als Multiplikatoren dieses antisemitischen Gedankenguts in der Öffentlichkeit aufzutreten hatten. Leider lässt sich für die weltanschauliche Schulung genauso wenig wie für die übrigen Fächer rekonstruieren, wie genau der Unterricht en detail ablief und auf welche Weise diese Inhalte konkret vermittelt wurden. Wie der Lehrplan des 25. OAL jedoch zeigt, handelte der Lehroffizier folgende Punkte ab, wenn er über die „Judenfrage" sprach: „Ausschaltung des jüdischen Elements aus dem deut-

1629 BayHStA München, Polizeischule FFB 127, 4. Nationalsozialistische Lehre, [1942].

1630 BayHStA München, Polizeischule FFB 135, Ruffing (Polizeischule FFB): Lehrstoffverteilungsplan für nat.soz. Lehre, [1944].

1631 Ebd.

1632 BayHStA München, Polizeischule FFB 127, 4. Nationalsozialistische Lehre, [1942]. Vgl. ferner BayHStA München, Polizeischule FFB 126, Piper (Polizeischule FFB): Stoffverteilungsplan für die nationalsoz. Lehre für den 25. Offizier-Anwärter-Lehrgang vom 6.1.42–2.4.42, [1942].

1633 BayHStA München, Polizeischule FFB 133, Nationalsozialistische Lehre, [1943].

1634 BayHStA München, Polizeischule FFB 143, Polizeischule FFB: Stoffverteilungsplan in nat.soz.Lehre, [1941], S. 2.

1635 BayHStA München, Polizeischule FFB 134, Heizmann (Polizeischule FFB): 10. Nat.soz. Lehre, [1943].

1636 BayHStA München, Polizeischule FFB 127, 4. Nationalsozialistische Lehre, [1942].

1637 BayHStA München, Polizeischule FFB 124, Abdruck: Grünwald (Polizeischule Berlin-Köpenick) an u. a. Kommandeur: Lehrstoffverteilungsplan für den 20. Offizier-Anwärter-Lehrgang Mariaschein, 28.02.1941, S. 9.

schen Volk. Blutschutzgesetz, Reichsbürgergesetz, Massnahmen zur Entjudung der deutschen Wirtschaft".[1638] Die weltanschauliche Schulung informierte die Offiziersanwärter also über die Nürnberger Rassegesetze von 1935 und führte daneben aus, welche wirtschafts- und gesellschaftspolitischen Maßnahmen das „Dritte Reich" gegen die jüdische Bevölkerung ergriff.[1639] Diese oder ähnliche Aspekte fanden sich so auch in den Stoffplänen anderer Kurse.[1640]

Dabei muss aber bedacht werden, dass der Dozent all diese Themen für gewöhnlich in nur einer Woche durchzunehmen hatte, wofür ihm also nur wenige Unterrichtsstunden eingeräumt waren. In einzelnen Lehrgängen standen ihm ausnahmsweise zwei Wochen zur Verfügung, um die nationalsozialistischen Positionen zum Judentum zu vermitteln.[1641] Trotzdem ist es verblüffend, dass die Polizeischule Fürstenfeldbruck nur so wenig Zeit auf diese bedeutende Komponente der NS-Ideologie aufwendete.[1642] Zudem fällt auf, dass sich die antisemitischen Ansichten der „Herrenmenschen" holzschnittartig in den Stoffplänen niederschlugen. Möglicherweise ist das damit zu erklären, dass Himmlers Polizeiapparat von seinem Offiziersnachwuchs bereits ein fundiertes Wissen über die antijüdische Politik des Regimes voraussetzte. Aber selbst dann ist es erstaunlich, dass das Thema auf diese Weise behandelt wurde.

Darüber hinaus fanden sich in anderen Lehrplänen diverse Codewörter, mit denen die NS-Ideologen ihre antijüdischen Standpunkte chiffrierten. Das war etwa der Fall, wenn der Lehroffizier gegenüber dem 38. OAL über die „Weltanschauliche Auseinandersetzung mit dem Bolschewismus und der Plutokratie" sprach, die er als „die überstaatlichen Mächte" kennzeichnete, und sich auch über ihre „Feindpropaganda im totalen Kriege" ausließ.[1643] Ob sich die Kurse jenseits der regulären Lehrpläne konkret mit der „Endlösung der Judenfrage" beschäftigten, kann daher nicht gänzlich ausgeschlossen werden. In den Quellen lassen sich dazu keinerlei Hinweise finden. Dennoch wäre es abwegig, zu glauben, dass sich Brucker Polizeischüler deswegen überhaupt nicht über den Völkermord an den europäischen Juden austauschten. An die oberbayerische Lehranstalt gelangten während des Krieges zahlreiche Beamte, die zuvor in Polizeieinheiten gedient hatten, wie es die Vorschriften vorsahen.[1644] Schon allein dadurch dürfte den Männern sehr wohl bewusst gewesen sein, worauf dieser Teil der weltanschaulichen Schulung abzielte.

Methodisch vermittelte der Dozent seinen Schülern all diese Inhalte vorwiegend in Form des Lehrgesprächs, bei dem er mit dem Plenum wahrscheinlich nach dem Frage-Antwort-Schema diskutierte. Überdies mussten die Teilnehmer aber auch selbst aktiv werden, da sie einzelne Etappen der weltanschaulichen Schulung selbst zu gestalten hatten.[1645] Über be-

1638 BayHStA München, Polizeischule FFB 126, Piper (Polizeischule FFB): Stoffverteilungsplan für die nationalsoz. Lehre für den 25. Offizier-Anwärter-Lehrgang vom 6.1.42–2.4.42, [1942].

1639 Vgl. z. B. BayHStA München, Polizeischule FFB 133, Nationalsozialistische Lehre, [1943]; BayHStA München, Polizeischule FFB 145, Nationalsozialistische Lehre, [1942].

1640 Vgl. z. B. BayHStA München, Polizeischule FFB 133, Nationalsozialistische Lehre, [1943].

1641 So war es z. B. im 27. OAL. Vgl. BayHStA München, Polizeischule FFB 127, 4. Nationalsozialistische Lehre, [1942].

1642 Auch Matthäus stellt fest, dass das Thema im polizeischulischen Lehrplan nicht dominiert habe. Vgl. Matthäus, Judentum, S. 114.

1643 BayHStA München, Polizeischule FFB 135, Ruffing (Polizeischule FFB): Lehrstoffverteilungsplan für nat.soz. Lehre, [1944].

1644 Siehe dazu Kapitel 4.3 und 7.

1645 Vgl. z. B. BayHStA München, Polizeischule FFB 148, Entwurf: Hagemann (Polizeischule FFB) an Hauptamt Ordnungspolizei: Erfahrungsbericht über die Durchführung des 27.ROAL., 24.04.1945, S. 4.

stimmte Themen hielten sie teilweise kleine Referate oder arbeiteten sie gruppenweise heraus. So hieß es etwa im Lehrplan des 25. OAL: „Die Themen der Stoffgebiete der 7. bis 9. Woche müssen bestimmungsgemäss von den Anwärtern in einer Arbeitsgemeinschaft mit dem Lehroffizier erarbeitet werden. Zur eingehenden Vorbereitung werden die einzelnen Themen bereits zu Beginn des Lehrganges bekanntgegeben.“[1646] Sie stammten aus den Gebieten „Neuordnung Europas“, „Großraumordnung – Großraumwirtschaft“ sowie „Deutschland und die Kolonialfrage“.[1647] Anscheinend versprach sich der Polizeiapparat von dieser Methode, dass sich die Schüler eingehender mit den Inhalten der NS-Ideologie vertraut machten, wenn sie diese in Gruppenarbeit und durch Vorträge selbstständig erarbeiteten. In anderen Lehrgängen hatten die Teilnehmer mitunter Kurzvorträge „über weltanschauliche, politische, kulturelle und wirtschaftliche Fragen aus dem Zeitgeschehen“ zu halten.[1648]

Ziel dieser Lehrmethode war es offenbar, die Offiziersanwärter nicht nur für die ideologischen Grundlagen des Nationalsozialismus, sondern auch für die Schulungstätigkeit zu begeistern. Nach Ende des Lehrgangs wartete diese vielfach in den Einheiten und Dienststellen der uniformierten Polizei auf sie. Einzelne Stoffpläne betonten dementsprechend, dass die Arbeitsgruppen dabei helfen sollten, bei den Polizisten „das Interesse für diese Aufgaben zu wecken und sie in die neue Arbeit einzuführen“.[1649] Ihre rhetorischen Fähigkeiten hatten sie also zu schulen, weil sie es als Botschafter des nationalsozialistischen Wertesystems verstehen sollten, ihre Untergebenen in seinem Geiste zu unterrichten. Deshalb unterstrich der Lehroffizier extra, dass sich der Polizeiführer auch „als weltanschaulicher Erzieher“ begreifen müsse.[1650] Bereits 1936 hatte Zwingelberg aus dem Reichsinnenministerium auf die besondere Funktion der führenden Beamten hingewiesen:

> „Wenn das Führerkorps der Polizei im nationalsozialistischen Staate seiner hohen und schweren Aufgabe gerecht werden will, muß jeder einzelne nicht nur die Grundsätze der nationalsozialistischen Weltanschauung kennen und danach handeln, sondern er muß auch in der Lage sein, den ihm vom Staate anvertrauten Menschen das Gedankengut des Nationalsozialismus zu vermitteln und in ihnen eine heilige Begeisterung für diese Idee zu erwecken“.[1651]

Der weltanschaulichen Schulung attestierte Hagemann dementsprechend insgesamt eine duale Aufgabe. Sie habe zum einen, „dem zukünftigen Offizier als weltanschaulich-politischem

1646 BayHStA München, Polizeischule FFB 126, Piper (Polizeischule FFB): Stoffverteilungsplan für die nationalsoz. Lehre für den 25. Offizier-Anwärter-Lehrgang vom 6.1.42–2.4.42, [1942]. Dieser Plan führt für die NSL nur neun Wochen auf, was bedeutet, dass diese Arbeitsgemeinschaften ein Drittel des Unterrichts gestalteten.

1647 Ebd.; BayHStA München, Polizeischule FFB 139, [unleserlich] (Polizeischule FFB): Themen für nationalsoz.Lehre, 12.02.1941, S. 1.

1648 BayHStA München, Polizeischule FFB 135, Ruffing (Polizeischule FFB): Lehrstoffverteilungsplan für nat.soz. Lehre, [1944].

1649 BayHStA München, Polizeischule FFB 139, Stoffverteilungsplan in nat.soz.Lehre für den Rev.-Offz.-Anwärter-Lehrgang, [1941], S. 3. Vgl. ferner BayHStA München, Polizeischule FFB 143, Polizeischule FFB: Stoffverteilungsplan in nat.soz.Lehre, [1941], S. 2.

1650 BayHStA München, Polizeischule FFB 134, Heizmann (Polizeischule FFB): 10. Nat.soz. Lehre, [1943]; BayHStA München, Polizeischule FFB 135, Ruffing (Polizeischule FFB): Lehrstoffverteilungsplan für nat.soz. Lehre, [1944].

1651 Zwingelberg, Erziehung, S. 20.

Führer das notwendige Grundwissen zu vermitteln, zum anderen, ihn methodisch-pädagogiscg [sic!] für seine Führungsaufgaben zu schulen".[1652]

Zwar ragte die Nationalsozialistische Lehre dadurch heraus, dass sich die Schüler in diesem Fach derart durch Vorträge profilieren und in Arbeitsgruppen engagieren mussten. Vor allem in der Frühphase der Himmlerschen Ordnungspolizei war es jedoch nicht außergewöhnlich, wenn die Offiziersanwärter in den Kursen über Themen referierten, die sich inhaltlich keineswegs auf die Ideologie beschränkten. So hatte 1936 jeder Teilnehmer des 4. OAL eine Rede zu halten, die ein polizeiliches, militärisches, politisches oder geschichtliches Thema erörterte. Dabei sprachen sie etwa darüber, welche Kriterien ein Polizeioffizier erfüllen sollte, welche Aufgaben der Exekutive im Krieg zukamen oder wie die Gesetzeshüter richtig erzogen und gedrillt werden konnten. Andere Referate befassten sich mit dem Mitteldeutschen Aufstand oder skizzierten, wie sich das Strafrecht historisch entwickelt hatte. Dem Einsatz von Kriegsgerät widmeten sich die Schüler dabei ebenso wie der Frage, wie bedeutsam die geographische Lage des Deutschen Reichs im Falle eines Krieges sei. Dass Terrorgruppen Sprengstoff verwenden könnten und wie die Polizei dagegen einschreiten müsse, trugen die Polizisten außerdem noch ihren Kameraden vor.[1653] Allerdings zeigt die übrige Themenpalette, dass die NS-Ideologie auch auf diesem Wege in die Lehrgänge eindrang. So sprachen die Schüler z. B. darüber, wie sich „Liberalismus und Marxismus" zueinander verhielten oder was die „Grundgedanken des Nationalsozialismus" waren. Sie verglichen „Faschismus und Nationalsozialismus" miteinander oder machten sich ihre „Gedanken über den 4Jahresplan".[1654] Andere Teilnehmer sinnierten über Hitlers „Mein Kampf", die „deutsche Flottenfrage", die Position des Arbeiters im NS-Staat, den deutschen Kolonialismus oder das „Wesen des totalen Krieges".[1655] Dass diese Stoffauswahl nicht nur sehr breit angelegt war, sondern auch etwas chaotisch wirkt, war einerseits symptomatisch für den Ausbildungsapparat, der in der Frühphase der Himmlerschen Reformen erst noch eine einheitliche Form finden musste. Aber andererseits manifestierte sich darin auch, dass die ersten Offiziersanwärter nicht ausschließlich über ideologische Themen referieren mussten, wie es in späteren Jahren der Fall war.

Grundsätzlich veränderte sich das Konzept der weltanschaulichen Schulung, nachdem Himmler dazu übergegangen war, seine Polizei systematisch im Geiste der NS-Ideologie auszurichten. Für die beiden obersten Lehrstätten in Fürstenfeldbruck und Berlin-Köpenick blieb dies bereits vor und erst recht nach Beginn des Krieges nicht folgenlos. Die Schulen der Ordnungspolizei waren generell dazu verpflichtet, ihr Stammpersonal und ihre Schüler regelmäßig weltanschaulich zu schulen, um den regulären Unterricht zu ergänzen.[1656] Dazu veröffentlichte Hagemann einen Unterrichtsbefehl, der einer allgemeinen Order Himmlers folgte und klarstellte, wie das an seiner Schule praktisch ablaufen sollte: Im Zentrum stand die Wochenschulung, die durch eine „unterrichtsmäßige Unterweisung der Lehrgangsteilnehmer" erfolgte und diejenigen Themen behandelte, die in den Lehrplänen aufgeführt wa-

1652 BayHStA München, Polizeischule FFB 137, Entwurf: Hagemann (Polizeischule FFB) an RFSSuChdDtPol: Erfahrungsbericht über die Durchführung des 41. OAL, 22.03.1945, S. 4.

1653 Vgl. BayHStA München, Polizeischule FFB 121, Lossen (Polizeischule FFB) an OAL: Vorträge. Beilage zu Kdo. Ib/Nr. 3164, 27.10.1936, S. 1 f.

1654 Ebd., S. 2.

1655 Ebd., S. 1 f.

1656 Vgl. BAB, R 19/308, I. V. Daluege (RFSSuChdDtPol) an u. a. die Kommandeure der Polizeischulen Berlin-Köpenick und FFB: Richtlinien für die Durchführung der weltanschaulichen Schulung der Ordnungspolizei während der Kriegszeit, 02.06.1940, Bl. 253.

ren.[1657] Für die Schüler kam jedoch noch eine Tagesschulung hinzu. Sie fand drei Mal in der Woche statt, behandelte aktuelle politische Ereignisse sowie Probleme und musste von den Anwärtern selbst durchgeführt werden, was der Fachlehrer überwachte. Aber auch die übrigen Angehörigen der Schule hatten einmal pro Woche einer solchen Veranstaltung beizuwohnen, die der zuständige Lehroffizier eigens für das Stammpersonal organisierte. Außerdem gab es noch eine Monatsschulung. Diese fand einmal monatlich im großen Speisesaal statt, war an alle Vertreter der Bildungsstätte adressiert und beschäftigte sich mit einem größeren Thema, das die Gruppe „Weltanschauliche Erziehung“ des Hauptamts Ordnungspolizei bekanntgab.[1658] Der Lehroffizier für weltanschauliche Schulung, Major Karl Heizmann, organisierte während des Krieges diese Zusammenkünfte, bei denen stets ein Offizier der Schule einen Vortrag hielt. Über dessen Inhalt konnte der Kommandeur mitbestimmen. Daneben bemühte sich Hagemann, auch dafür externe Referenten aus Partei und Wissenschaft zu gewinnen.[1659]

Solche Gastredner sprachen an der Polizeischule Fürstenfeldbruck nicht nur über rein ideologische Themen, sondern äußerten sich zu unterschiedlichen Sachverhalten, die für die Ausbildung der Offiziersanwärter ganz allgemein relevant waren. Tatsächlich behandelten sie jedoch überwiegend weltanschauliche Motive. An der Brucker Institution referierte z. B. der Staatssekretär im Bayerischen Innenministerium, Max Köglmaier, häufiger darüber, welche Rolle die Ordnungsmacht im NS-Staat besitze und welche Aufgaben ihr daraus erwüchsen.[1660] Bei anderen Gelegenheiten schwadronierte der SA-Obergruppenführer „über den Sinn des Zeitgeschehens und die kommenden Aufgaben im größeren deutschen Reiche“[1661] oder über das Thema „Rasse, Kultur und erhöhter Arbeitseinsatz im Kriege“.[1662] Über aktuelle Fragen sprachen andere Referenten, zu denen etwa der Hauptschriftleiter des Völkischen Beobachters, Dr. Ernst Meunier, zählte, der ebenfalls öfters vor die Polizeischüler trat.[1663] Der

1657 BayHStA München, Polizeischule FFB 179, Hagemann (Polizeischule FFB): Unterrichtsbefehl Nr. 14, 18.05.1942.

1658 Vgl. ebd.

1659 Vgl. BayHStA München, Polizeischule FFB 185, Hagemann (Polizeischule FFB): Offizierausbildung, 18.05.1942, S. 1.

1660 Vgl. BayHStA München, Polizeischule FFB 129, Entwurf: Hagemann (Polizeischule FFB) an RFSSuChdDtPol: Erfahrungsbericht über die Durchführung des 30. und 31. Offizieranwärterlehrganges, 06.04.1943, S. 3; BayHStA München, Polizeischule FFB 130, Entwurf: Hagemann (Polizeischule FFB) an RFSSuChdDtPol: Erfahrungsbericht über die Durchführung des 30. und 31. Offizieranwärterlehrganges, 03.04.1943, S. 3; BayHStA München, Polizeischule FFB 132, Entwurf: Hagemann (Polizeischule FFB) an RFSSuChdDtPol: 33. Offizieranwärterlehrgang, 16.11.1943, S. 3. Zu den Besuchen Köglmaiers in der Polizeischule Fürstenfeldbruck ferner: Stabsleiter Köglmaier in der Polizeihauptschule, in: Fürstenfeldbrucker Zeitung, 27.11.1936, Nr. 275, S. 3; Die deutsche Polizei Repräsentantin deutscher Ordnung in ganz Europa, in: Fürstenfeldbrucker Tagblatt, 04.12.1942, Nr. 285, S. 3.

1661 BayHStA München, Polizeischule FFB 124, Abdruck: I. V. Hösl (Polizeischule FFB) an RFSSuChdDtPol: Erfahrungsbericht über die Durchführung des 21. Offizieranwärterlehrganges, 26.08.1941, S. 6.

1662 BayHStA München, Polizeischule FFB 127, Hagemann (Polizeischule FFB) an RFSSuChdDtPol: Erfahrungsbericht über die Durchführung des 27. Offiz.Anw.Lehrg., 07.08.1942, S. 3.

1663 Vgl. ebd., S. 3; BayHStA München, Polizeischule FFB 128, Entwurf: Hagemann (Polizeischule FFB) an RFSSuChdDtPol: Erfahrungsbericht über die Durchführung des 28. Offiz.Anw.Lehrg., 22.10.1942, S. 4; BayHStA München, Polizeischule FFB 129, Entwurf: Hagemann (Polizeischule FFB) an RFSSuChdDtPol: Erfahrungsbericht über die Durchführung des 30. und 31. Offizieranwärterlehrganges, 06.04.1943, S. 3; BayHStA München, Polizeischule FFB 130, Entwurf: Hagemann (Polizeischule FFB) an RFSSuChdDtPol: Erfahrungsbericht über die Durchführung des 30. und 31. Offizieranwärterlehrganges, 03.04.1943, S. 3; BayHStA München, Polizeischule FFB 132, Entwurf: Hagemann (Polizeischule FFB) an RFSSuChdDtPol: 33. Offizieranwärterlehrgang, 16.11.1943, S. 3; BayHStA München, Poli-

Gründer der österreichischen NSDAP, Dr. Richard Suchenwirth, kam gelegentlich von der Münchner Universität an die Schule, um dort vor mehreren Lehrgängen eine „Geschichtliche Betrachtung über den Werdegang der Völker" vorzunehmen.[1664] Der Geschichtsprofessor sprach bei anderen Gelegenheiten über „Die Reichsidee"[1665] oder „Das Reich, seine Stellung und Aufgabe in Europa".[1666] Wenngleich nicht überliefert ist, was Suchenwirth seinen Zuhörern dabei konkret mitteilte, ist es wahrscheinlich, dass er sie darüber informierte, wie sich das NS-Regime das zukünftige Europa vorstellte. Gerade die SS war davon überzeugt, dass in ihm das „Großgermanische Reich" eine hegemoniale Position innehaben müsse, um den unter seiner Suprematie neu geordneten Kontinent vor seinen Feinden aus dem „Osten" zu schützen.[1667]

Selbst Gauleiter Paul Giesler bedachte die Lehranstalt mit einem Vortrag zum Thema „Kameradschaft".[1668] Dass gerade dieser prominente NS-Funktionär die Polizeischule besucht und mit den Teilnehmern gemeinsam zu Mittag gegessen hatte, bedeutete Hagemann sehr viel. Deshalb notierte er voller Stolz in einem Bericht, Giesler habe erklärt, „daß die Räume, der darin herrschende Geist und die Ordnung, die Haltung und das Aussehen der Lehrgangsteilnehmer ihm einen vorzüglichen Eindruck hinterlassen haben".[1669] Insofern lud der Kommandeur auch deshalb renommierte Gastredner ein, um seine Bildungsstätte von ihrer besten Seite präsentieren zu können und gleichzeitig ihr Prestige zu steigern. In erster Linie zielten diese Besuche aber darauf ab, den Schülern ein abwechslungsreiches Programm zu bieten, damit der politisch-ideologische Unterricht und seine Botschaften nicht vollständig zur bloßen Routine verkamen.

Innerhalb der Offiziersanwärterlehrgänge waren die Teilnehmer schon allein deswegen angehalten, sich intensiv mit den Inhalten der weltanschaulichen Schulung zu befassen, weil sie diese in schriftlichen und mündlichen Prüfungen wieder abrufen mussten. In den obli-

zeischule FFB 133, Entwurf: Hagemann (Polizeischule FFB) an RFSSuChdDtPol: Erfahrungsbericht über die Durchführung des 35. Offizieranwärterlehrganges, 04.01.1944, S. 2; BayHStA München, Polizeischule FFB 145, Hagemann (Polizeischule FFB) an RFSSuChdDtPol: Erfahrungsbericht über die Durchführung des mit RdErl. vom 2.3.1942 (MBliV.S.532) angeordneten 15. Res.Offizieranwärterlehrganges, 06.08.1942, S. 3.

1664 BayHStA München, Polizeischule FFB 129, Entwurf: Hagemann (Polizeischule FFB) an RFSSuChdDtPol: Erfahrungsbericht über die Durchführung des 30. und 31. Offizieranwärterlehrganges, 06.04.1943, S. 3; BayHStA München, Polizeischule FFB 130, Entwurf: Hagemann (Polizeischule FFB) an RFSSuChdDtPol: Erfahrungsbericht über die Durchführung des 30. und 31. Offizieranwärterlehrganges, 03.04.1943, S. 3; BayHStA München, Polizeischule FFB 132, Entwurf: Hagemann (Polizeischule FFB) an RFSSuChdDtPol: 33. Offizieranwärterlehrgang, 16.11.1943, S. 3.

1665 BayHStA München, Polizeischule FFB 131, Hagemann (Polizeischule FFB) an RFSSuChdDtPol: Erfahrungsbericht über die Durchführung des 32. O.A.L., 18.08.1943, S. 5.

1666 BayHStA München, Polizeischule FFB 136, Entwurf: I. V. Willing (Polizeischule FFB) an RFSSuChdDtPol: Erfahrungsbericht über den Ablauf des 39. OAL, 31.10.1944, S. 6; BayHStA München, Polizeischule FFB 147, I. V. [unleserlich] (Polizeischule FFB) an RFSSuChdDtPol: Erfahrungsbericht über den Ablauf des 26.Res.OAL, 01.11.1944, S. 6.

1667 Vgl. Wenzl, Reich, S. 416–420.

1668 Vgl. BayHStA München, Polizeischule FFB 129, Entwurf: Hagemann (Polizeischule FFB) an RFSSuChdDtPol: Erfahrungsbericht über die Durchführung des 30. und 31. Offizieranwärterlehrganges, 06.04.1943, S. 3 f.; BayHStA München, Polizeischule FFB 130, Entwurf: Hagemann (Polizeischule FFB) an RFSSuChdDtPol: Erfahrungsbericht über die Durchführung des 30. und 31. Offizieranwärterlehrganges, 03.04.1943, S. 3.

1669 BayHStA München, Polizeischule FFB 129, Entwurf: Hagemann (Polizeischule FFB) an RFSSuChdDtPol: Erfahrungsbericht über die Durchführung des 30. und 31. Offizieranwärterlehrganges, 06.04.1943, S. 4.

gatorischen Tests hatten sie sich einer ganzen Reihe unterschiedlicher Themen zu stellen, die in der Regel schlicht umschrieben waren. „Nationalsozialismus und Rassegedanke", „Der Zweck des völkischen Staates im allgemeinen", „Demokratie und Führergedanke" oder „Der Wehrgedanke im nationalsozialistischen Staat" waren z. B. Wissensgebiete, die eine solche schriftliche Arbeit im Frühjahr 1941 abfragte.[1670] Wie vielfältig die Themen waren, in denen sich die Offiziersanwärter auskennen sollten, zeigen auch weitere Klausuren. In einem Fall mussten die Prüflinge etwa in einem Aufsatz darlegen, welche deutsche historische Persönlichkeit sie besonders verehrten, wobei sie ihre Wahl ausgiebig begründen sollten.[1671] Teilnehmer des 33. OAL erhielten die Aufgabe, dem Prüfungsgremium zu erklären, was sich hinter den Begriffen „Autarkie, Reaktion, Separatismus, Pazifismus, Parlamentarismus" verberge oder welche Eckpunkte das Parteiprogramm aufweise.[1672] In einer mündlichen Prüfung bestand eine Aufgabe für den Kandidaten darin, einen sechs- bis achtminütigen Vortrag zum Thema „Der Osten ist altes deutsches Kulturland" zu halten.[1673] Aus Anlass seines 120. Geburtstags hatte ein Prüfling über den Erbforscher Gregor Mendel und seine Gesetze einen Kurzvortrag zu halten, wie eine andere Aufgabe verlangte.[1674] Die Teilnehmer des 35. OAL mussten Anfang Oktober 1943 ferner beschreiben, wie sie die „Lage Deutschlands zu Beginn des 5. Kriegsjahres" einschätzten.[1675] An anderer Stelle mussten sich ausgewählte Kandidaten über die NS-Organisation „Kraft durch Freude" auslassen.[1676]

Wenngleich sich in den Prüfungsaufgaben wenig überraschend jene Inhalte wiederfanden, mit denen sich die Lehrgänge zuvor beschäftigt hatten, komprimierten sie diese entschieden. Das galt auch für die rassistischen und antisemitischen Standpunkte, die sich dabei noch stärker herauskristallisierten. Weitere Klausuren in der weltanschaulichen Schulung fragten etwa danach, was der Unterschied sei zwischen „deutschblütig, artverwandt und artfremd". Die Schüler sollten außerdem darlegen, wie sie einen Mann nach den Nürnberger „Rassegesetzen" einordneten, wenn dieser „Sohn eines deutschblütigen Vaters und einer volljüdischen Mutter" sei.[1677] In einem anderen Lehrgang mussten einzelne Prüflinge sogar ein knappes Referat über den „Kampf gegen das Judentum" halten, den die Nationalsozialisten führten.[1678] Die Teilnehmer des 21. OAL hatten darzulegen, wie sich ein Jude von einem „Mischling" unterscheide oder weshalb der NS-Staat sich genötigt gesehen habe, die Sterilisation von erbkranken Menschen per Gesetz zu regeln. Außerdem wollten die Lehrer von ihnen wissen, wie das Christentum zum Rassengedanken stehe.[1679] In diesem Punkt zeigt sich ferner, dass auch die Kirche am ideologischen Pranger stand. Denn die Prüflinge sollten ferner erklären,

1670 BayHStA München, Polizeischule FFB 124, Polizeischule FFB: 3. Hörsaalarbeit (Nat.Soz.Lehre), 19.05.1941.
1671 Vgl. BayHStA München, Polizeischule FFB 133, Polizeischule FFB: 4. Prüfungsaufgabe (NSL.), 27.11.1943.
1672 BayHStA München, Polizeischule FFB 132, Polizeischule FFB: Mündliche Prüfung. NSL, 28.10.1943, S. 1.
1673 BayHStA München, Polizeischule FFB 127, Polizeischule FFB: Mündliche Prüfung. NSL, 30.07.1942, S. 1.
1674 Vgl. ebd., S. 1.
1675 BayHStA München, Polizeischule FFB 133, Polizeischule FFB: 1. Hörsaalarbeit (NSL.), 02.10.1943.
1676 BayHStA München, Polizeischule FFB 133, Polizeischule FFB: Mündliche Prüfung. NSL, 15.12.1943, S. 1.
1677 BayHStA München, Polizeischule FFB 134, Polizeischule FFB: 4. Prüfungsaufgabe (Nat.soz.Lehre), 06.04.1944.
1678 BayHStA München, Polizeischule FFB 133, Polizeischule FFB: Mündliche Prüfung. NSL, 15.12.1943, S. 1.
1679 Vgl. BayHStA München, Polizeischule FFB 124, Nat.soz.Lehre, Lehrabt. A, [1941].

weshalb „Liberalismus, Humanitätsgedanke und Marxismus (Bolschewismus) den gleichen Ursprung wie das Christentum" besäßen.[1680] Während sich solche Aufgaben mit denjenigen Kräften befassten, welche die Nationalsozialisten zu Gegnern erklärten, grenzten sich andere gezielt von diesen ab, indem sie inhaltlich auf die eigene Gemeinschaft abzielten. Dahingehend lautete eine andere Aufgabe: „Im Rahmen der weltanschaulichen Schulung sollen Sie jungen volksdeutschen Hilfspolizisten, die noch nie etwas von Rassenkunde gehört haben, die verschiedenen körperlichen und seelischen Erbeigenschaften der sechs europäischen Rassen erklären."[1681]

Ähnlichen Situationen mussten sich die Polizisten auch mit Papier und Bleistift stellen. Die Teilnehmer des 38. OAL sollten beispielsweise in ihrer Abschlussprüfung einen Aufsatz schreiben, dem folgende Aufgabe zugrunde lag: „Sie übernehmen eine ostvölkische Einheit (Ukrainer) und sprechen erstmals zu den Männern über Deutschlands Kampf um die Neuordnung Europas mit dem Ziel, sie von der Notwendigkeit dieses Kampfes auch für sie zu überzeugen."[1682] In ihrem Text sollten sie auf „Deutschlands geographische Lage und seine Geschichte", Hitlers Werdegang und seine Ziele, die deutsche Wirtschaftspolitik sowie das militärische Potential des NS-Staates hinweisen. Ferner hatten die Prüflinge auf die „untrennbare Schicksalsgemeinschaft" der europäischen Völker, die unterschiedlichen Rassen des Kontinents, den „Kampf der Europäer in den Reihen der Waffen-SS" und die deutschen Feinde einzugehen. Diese seien der „Bolschewismus" sowie die alliierten Kriegspartner England und die USA, die alle zusammen von Juden kontrolliert würden. Der Aufsatz sollte sodann mit einer „Abschluß-Begeisterung" schließen.[1683]

Gerade in mündlichen Prüfungen sahen sich die Offiziersanwärter häufig mit der Aufgabe konfrontiert, pathetische Reden zu halten, um ihre untergebenen Männer aufzupeitschen. So mussten die Teilnehmer des 38. OAL etwa vor ihre imaginäre Einheit treten und „über den Friedensvertrag von Versailles und seine Auswirkung für Deutschland" sprechen, um „die Männer für den Kampf bis zum Endsieg zu begeistern".[1684] Das gleiche Ziel verfolgte auch ein anderer Kandidat, der gedanklich mit seiner Einheit in Osteuropa stationiert war und seine Untergebenen „über das Schicksal der deutschen Kriegsgefangenen in Rußland" zu informieren hatte.[1685] Besonders solche Szenarien machen deutlich, dass es für die angehenden Offiziere im weltanschaulichen Unterricht nicht bloß darauf ankam, die zentralen Ideologeme des Nationalsozialismus zu verinnerlichen. Das NS-Regime wollte vielmehr erreichen, dass die Polizeiführer es verstünden, diese Inhalte gegenüber ihren Untergebenen gekonnt wiederzugeben. Es sollte ihnen gelingen, sie emotional so stark anzusprechen, damit sie im „auswärtigen Einsatz" mental standhielten und fanatisch bis zum Äußersten kämpften.

Damit sie dieses Ziel ansteuern konnten, waren die Lehrkräfte auf Unterlagen angewiesen, mit denen sich die Schüler auch abseits des regulären Unterrichts beschäftigen sollten. Sie stammten vorwiegend aus den Redaktionen des SS- und Polizeiapparats, welche die gesamte Ordnungspolizei mit zahlreichen Druckschriften belieferten, auf denen die weltanschauliche Schulung fußen sollte. Um zu ergründen, welche Themen sie behandelten und welche

1680 BayHStA München, Polizeischule FFB 124, Nat.soz.Lehre, Lehrabt. B, [1941].

1681 BayHStA München, Polizeischule FFB 132, Polizeischule FFB: Mündliche Prüfung. NSL, 28.10.1943, S. 1.

1682 BayHStA München, Polizeischule FFB 135, Polizeischule FFB: 3. Prüfungsaufgabe (Nat.soz.Lehre), 23.08.1944, S. 1.

1683 Ebd., S. 2.

1684 BayHStA München, Polizeischule FFB 135, Polizeischule FFB: Mündliche Prüfung. NSL, 12.09.1944.

1685 Ebd.

Schwerpunkte sie abseits der Stoffpläne setzten, ist es im Folgenden notwendig, sich intensiv mit diesem Material zu befassen.[1686] Die Schulgemeinschaft war in erster Linie dazu gehalten, regelmäßig Zeitungen und Zeitschriften zu lesen und geeignete Artikel in eine hauseigene Pressesammlung aufzunehmen, damit sie die Schüler für ihre schriftlichen und mündlichen Arbeiten nutzen konnten.[1687] So erhielten die Lehrgänge morgens ein paar Exemplare des „Völkischen Beobachters", die sie mittags an ihre Kameraden oder an das Stammpersonal abgeben mussten.[1688] Neben dem Zentralorgan der NSDAP abonnierte die Brucker Schule auch die wichtigsten Presseerzeugnisse der Schutzstaffel, weshalb sie die „SS-Leithefte" sowie „Das Schwarze Korps" in ihrer Bibliothek beherbergte.[1689]

Wie der Name schon andeutet, kreisten die „SS-Leithefte" aus dem Schulungsamt inhaltlich um die Gedankenwelt der Schutzstaffel. In der ab 1935 erschienenen Zeitschrift fanden sich pathetische Aufsätze und Geschichten über aktuelle wie historische Themen, Erlebnis- und Bildberichte einzelner SS-Einheiten, Zitate von Adolf Hitler und Gedichtverse deutscher Poeten, die der Schulungsleiter bei seinen wöchentlichen Kursen vortragen sollte.[1690] Aber eben nicht nur die SS wollte mit diesem Medium seine Leser indoktrinieren. Am 19. Juli 1937 führte ein Runderlass aus Dalueges Hauptamt die SS-Leithefte auch in der Ordnungspolizei ein, um sie offiziell in der weltanschaulichen Schulung einzusetzen.[1691] Insbesondere aber ihre Führungskräfte animierte die Behörde dazu, die Zeitschrift zu erwerben, sofern sie im Ausbildungsbetrieb tätig waren.[1692] Die Staatsmacht legte jedem Offizier ebenfalls nahe, „von der ihm mit dem SS-Leitheft gebotenen Gelegenheit zur klaren Ausrichtung seiner ununterbrochenen Arbeit an sich selbst weitgehendst Gebrauch zu machen".[1693] Ende September 1942 ging das Hauptamt Ordnungspolizei sogar dazu über, sämtliche seiner Dienststellen und Einheiten regelmäßig mit Exemplaren dieser Propagandaschrift zu versorgen, die sie in ihrem ideologischen Unterricht verwenden mussten.[1694] Diese Maßnahme lässt darauf schließen, dass sich die Polizeibeamten nicht dermaßen für die SS-Leithefte interessierten, wie es sich Himmler gewünscht hatte. Für die weltanschauliche Schulung der Ordnungsmacht bildeten sie aber stets eine wichtige Informationsquelle.

Obwohl oder gerade weil es sich ebenfalls primär an Himmlers Elitegarde richtete, sollten die Ordnungspolizisten auch regelmäßig „Das Schwarze Korps" lesen. Die seit 1935 erschienene SS-Zeitung entwickelte sich unter ihrem Chefredakteur Gunter d'Alquen zu einem der auflagenstärksten Presseerzeugnisse des „Dritten Reichs". Es glorifizierte einerseits die Schutzstaffel, übermittelte den Lesern andererseits aber insbesondere auch kirchen- und juden-

---

1686 Auch Westermann liefert einen Überblick über das primär polizeiliche Schrifttum. Vgl. Westermann, Police Battalions, S. 107–117. Dagegen befasst sich Harten eingehend mit dem Schrifttum der SS. Vgl. Harten, Lehrer, S. 421–497.

1687 Vgl. BayHStA München, Polizeischule FFB 139, Stoffverteilungsplan in nat.soz.Lehre für den Rev.-Offz.-Anwärter-Lehrgang, [1941], S. 3.

1688 Vgl. BayHStA München, Polizeischule FFB 14, Hagemann (Polizeischule FFB): Kommandobefehl Nr. 36, 11.10.1941.

1689 Vgl. BayHStA München, Polizeischule FFB 174, Schnellbrief: I. A. von Bomhard (RFSSuChdDtPol) an u. a. Polizeischule FFB: Druckschriftenplan für die Ausb.-Batl., 20.11.1939, besonders: S. 17.

1690 Vgl. Harten, Lehrer, S. 421–433; Heinemann, Rasse, S. 94 f.

1691 Vgl. RdErl. d. RFSSuChdDtPol. im RMdI. v. 19.07.1937, in: RMBliV, 28.07.1937, Nr. 30, Sp. 1257.

1692 Vgl. RdErl. d. RFSSuChdDtPol. im RMdI. v. 06.12.1937, in: RMBliV, 15.12.1937, Nr. 50, Sp. 1945.

1693 RdErl. d. RFSSuChdDtPol. im RMdI. v. 31.08.1942, in: MBliV, 09.09.1942, Nr. 36, Sp. 1777.

1694 Vgl. RdErl. d. RFSSuChdDtPol. im RMdI. v. 28.09.1942, in: MBliV, 14.10.1942, Nr. 41, Sp. 1969.

feindliche sowie antikommunistische Botschaften.[1695] Daluege warb bereits im März 1937 in seiner Behörde für „das Organ für die Schulung in der SS", das es „auf Grund ihres hervorragenden Inhalts auch für die gesamte deutsche Polizei werden" müsse.[1696] Insofern war es nur folgerichtig, dass es auch die Polizeischule Fürstenfeldbruck abonniert hatte. Die Lehranstalt bekam außerdem regelmäßig die „Nationalsozialistischen Monatshefte" geliefert, die unter dem Herausgeber Alfred Rosenberg darum bemüht waren, die braune Ideologie wissenschaftlich zu begründen.[1697] Ferner sammelte sie auch noch Schulungsbriefe, die sie vom Gauschulungsamt der NSDAP bezog. Sie tangierten die wesentlichen Elemente des Nationalsozialismus und befassten sich daher mit Themen wie etwa „Die Gliederung der Partei", „Um Blut und Boden", „Gesundheitspflege", „Volk und Rasse" oder „Gegen die Freimaurerei" sowie „Unsere Kolonien".[1698] Zu den verwendeten Postillen zählte auch die Schriftenreihe „Neugestaltung von Recht und Wirtschaft", deren Hefte sich mit Themen wie „Das Reich im nationalsozialistischen Weltbild", „Rassen- und Erbpflege in der Gesetzgebung des Dritten Reiches" oder „Neues Staatsrecht" befassten.[1699]

Wesentlich wichtiger für die uniformierte Ordnungsmacht und damit auch ihre Offiziersschulen waren jedoch Presseerzeugnisse, die eigens an die Polizisten adressiert waren. Per Erlass kündigte Himmler am 28. September 1940 an, den „Politischen Informationsdienst" (PID) an sämtliche Dienststellen der Ordnungspolizei herausgeben zu wollen.[1700] Diese Propagandabroschüre erschien ab Oktober bei einem Umfang von zwei bis vier Seiten alle zehn bis 14 Tage, wobei es zwei verschiedene Versionen gab: Die Gruppe „Weltanschauliche Erziehung" gab eine allgemeine und überregionale Ausgabe A heraus, die „in laufender Folge eine gedrängte Darstellung grundsätzlicher Fragen weltanschaulichen, politischen, kulturellen und wirtschaftspolitischen Inhalts" liefern und damit als Informationsquelle sowie Unterrichtsmaterial dienen sollte.[1701] Diese Version ergänzten die IdO und BdO mit ihrer Ausgabe B, die vorwiegend aus lokalen und regionalen Informationen bestand. Im Einzeldienst und in den geschlossenen Polizeieinheiten kam dem Vorgesetzten die Aufgabe zu, die Zeitschrift im Dienstunterricht zu behandeln, indem er selbst oder einer seiner Untergebenen die darin enthaltenen Texte vorlas. Nachdem eine Ausgabe erschienen war, mussten die Polizisten binnen einer Woche über alle Themen informiert werden und konnten bei Bedarf auch gemeinsam darüber sprechen. Selbst in Krankenhäusern der Polizei, aber auch in den

---

1695 Vgl. dazu Mario Zeck, Das Schwarze Korps. Geschichte und Gestalt des Organs der Reichsführung SS, Medien in Forschung und Unterricht, Bd. 51, Tübingen 2002, S. 439–444.

1696 BAB, R 19/461, Daluege (Chef der Ordnungspolizei) an sämtliche im Bürodienst (SB) und Registraturdienst – außer Kanzlei – beschäftigten Angehörigen des Hauptamtes Ordnungspolizei, 04.03.1937, S. 3. Vgl. ferner Schäfer, NSG-Verfahren, S. 265.

1697 Vgl. BayHStA München, Polizeischule FFB 13, Nachweisung über die an die Polizeihauptschule gelieferten Gesetzblätter, Zeitungen etc. und ihre Verteilung, o. D.; Bernward Dörner, Nationalsozialistische Monatshefte (1930–1944), in: Wolfgang Benz (Hrsg.), Handbuch des Antisemitismus. Judenfeindschaft in Geschichte und Gegenwart, Bd. 6: Publikationen, Berlin/Boston 2013, S. 481–483, hier: S. 481 f.

1698 BayHStA München, Polizeischule FFB 179, Hagemann (Polizeischule FFB): Unterrichtsbefehl Nr. 14, 01.07.1941, S. 2.

1699 BayHStA München, Polizeischule FFB 139, Stoffverteilungsplan in nat.soz.Lehre für den Rev.-Offz.-Anwärter-Lehrgang, [1941], S. 1 und BayHStA München, Polizeischule FFB 140, Stoffverteilungsplan in nat.soz.Lehre für den Rev.-Offz.-Anwärter-Lehrgang, [1941], S. 1. Dieselben Themen finden sich auch beim 8. Revier-OAL, wenngleich die exakte Schreibweise etwas abweicht. Vgl. BayHStA München, Polizeischule FFB 143, Polizeischule FFB: Stoffverteilungsplan in nat.soz.Lehre, [1941], S. 1.

1700 Vgl. RdErl. d. RFSSuChdDtPol. im RMdI. v. 28.09.1940, in: RMBliV, 02.10.1940, Nr. 40, Sp. 1875–1878.

1701 Ebd., Sp. 1875.

Einheiten im „auswärtigen Einsatz" kursierte dieses periodisch erschienene Machwerk aus Himmlers Dunstkreis. Auch die Polizeischule Fürstenfeldbruck war dazu gehalten, ihre Schüler mit den Inhalten des PID vertraut zu machen. Das Stammpersonal sollte die Heftchen ebenfalls nutzen, um sich politisch-weltanschaulich fortzubilden. Dazu erhielt der Kommandeur anfangs stets zwei Exemplare, wobei er eines in einem Ordner archivieren sollte. Zehn Exemplare standen dem Lehrpersonal und den Kursen für den Unterricht zur Verfügung. Zwei weitere waren für die Aufenthaltsräume vorgesehen.[1702] Wenige Monate später bezog die Lehranstalt jeweils 100 Exemplare des PID der Gruppen A und B, die sie so verteilte, dass in jedem Zimmer eines zu finden war.[1703]

Nicht nur an der „Heimatfront", sondern auch in den europäischen Gebieten unter deutscher Herrschaft sollte der PID möglichst rege gelesen und in Schulungskursen verwendet werden. So verfügte z. B. das Generalgouvernement seit Januar 1941 über eine eigene Version, die auf besondere regionale Sachverhalte einging. In seiner ersten Ausgabe berichtete der PID über die „Tätigkeit der Industrie- und Handelskammer in Krakau", „die ernährungswirtschaftliche Lage" sowie die „Preispolitik im Generalgouvernement". Ferner meldete sie allgemeine Ereignisse aus dem Dienstgeschehen und dem Sport der Polizei.[1704] In ähnlicher Manier berichteten die folgenden Hefte vorwiegend über die wirtschaftliche Situation im polnischen Territorium unter der deutschen Herrschaft.[1705] Ein zentraler Schwerpunkt des PID lag also auf ökonomischen Themen. Diesen Fokus wählten seine Macher deshalb, weil die Polizisten inner- und außerhalb des „Altreichs" über die deutsche Versorgungslage informiert sein mussten. Kam es etwa zu Engpässen, sollten sie in der Lage sein, den Ängsten der Bürger wie auch Gerüchten entgegenzutreten. Insofern hatten sie die Aufgabe, die Bevölkerung zu beruhigen.[1706] Möglicherweise war diese Themenwahl aber auch schuld daran, dass die Zeitschrift bei einigen Polizeibehörden anscheinend zunächst auf nur wenig Interesse stieß. Denn die Gruppe „Weltanschauliche Erziehung" monierte Mitte November 1940, die Hefte erreichten ihre Adressaten recht spät, weil sie auf den Dienststellen tagelang liegengeblieben seien, ohne dass sich jemand ihrer angenommen habe.[1707] Schwierigkeiten bereitete es dem Hauptamt Ordnungspolizei ebenso, einige Reviere, Einheiten und Lehranstalten mit einer ausreichenden Stückzahl der einzelnen Ausgaben zu versorgen.[1708]

All diese Probleme erwecken den Eindruck, dass der Polizeiapparat bei seiner Propagandaschrift anfänglich improvisieren musste. Der oberste Polizeichef bestätigte diese These in-

1702 Vgl. ebd., Sp. 1876–1878. Ferner zum PID und seiner Nachfolgezeitschrift: Heller, Reshaping, S. 162–225.

1703 Vgl. BayHStA München, Polizeischule FFB 179, I. V. Stüber (Polizeischule FFB): Unterrichtsweisung Nr. 7, 24.04.1941, S. 2.

1704 USHMM, LM0443, Politischer Informationsdienst. Gruppe B, hrsg. v. Befehlshaber der Ordnungspolizei beim Generalgouverneur, 20.01.1941, Nr. 1 und 2.

1705 Vgl. dazu USHMM, LM0443, Politischer Informationsdienst. Gruppe B, hrsg. v. Befehlshaber der Ordnungspolizei beim Generalgouverneur, Februar 1941, Nr. 3; USHMM, LM0443, Politischer Informationsdienst. Gruppe B, hrsg. v. Befehlshaber der Ordnungspolizei beim Generalgouverneur, 20.03.1941, Nr. 4; USHMM, LM0443, Politischer Informationsdienst. Gruppe B, hrsg. v. Befehlshaber der Ordnungspolizei beim Generalgouverneur, 20.04.1941, Nr. 5.

1706 Vgl. BAB, R 19/308, I. V. Daluege (RFSSuChdDtPol) an u. a. die Kommandeure der Polizeischulen Berlin-Köpenick und FFB: Richtlinien für die Durchführung der weltanschaulichen Schulung der Ordnungspolizei während der Kriegszeit, 02.06.1940, Bl. 252 f.

1707 Vgl. RdErl. d. RFSSuChdDtPol. im RMdI. v. 14.11.1940, in: RMBliV, 20.11.1940, Nr. 47, Sp. 2110.

1708 Vgl. RdErl. d. RFSSuChdDtPol. im RMdI. v. 03.01.1941, in: RMBliV, 08.01.1941, Nr. 2, Sp. 48–50, hier: Sp. 48.

direkt, da er zunächst einen geheimen Informationsdienst erscheinen lassen wollte, der sich mit aktuellen Themen rund um den Polizeidienst während des Krieges beschäftigen sollte. Doch dieser war so konzipiert, in ihm knappe Erfahrungsberichte abzudrucken, die über die praktische Polizeiarbeit und das allgemeine Dienstgeschehen informieren und weniger weltanschauliche Inhalte behandeln sollten.[1709] Allerdings verabschiedete sich der Reichsführer-SS schnell von diesem Vorhaben, als er im „Politischen Informationsdienst“ ein wirkungsmächtigeres Instrument zu erkennen glaubte, um die Mentalität seiner Ordnungshüter zu beeinflussen.[1710]

Ein Erlass vom 25. April 1941 sorgte dann dafür, dass diese Propagandazeitschrift einen neuen Namen erhielt und ab dem nächsten Monat als „Mitteilungsblätter für die weltanschauliche Schulung der Ordnungspolizei“ erschien.[1711] Inhaltlich enthielt sie jedoch nur wenig Neues: Weiterhin gab es eine Fülle von politischen, militärischen und vor allem wirtschaftlichen Themen, die sich hauptsächlich um das Geschehen an den Fronten oder in den besetzten Gebieten drehten. Aber auch triviale Sujets fanden darin ihren Platz, wie etwa Hinweise zur „Sprachregelung über Begriffe des Ostens“[1712] oder „Über Sinn und Wesen der Impfungen“.[1713] Allerdings blieben die Inhalte nicht immer so profan. Rassistische, judenfeindliche und antikommunistische Artikel nahmen quantitativ keine herausragende Position ein. Aber nach Beginn des „Unternehmens Barbarossa“ gerieten die angeblichen Feinde der deutschen „Volksgemeinschaft“ zunehmend ins Visier der Mitteilungsblätter. „Zigeuner“ beispielsweise kennzeichnete die Zeitschrift als „aus Zutraulichkeit und Verschlagenheit, aus schlauer Berechnung und hemmungslosem Willen zum Verbrecherischen neigenden Menschenschlag“.[1714] Artikel wie „So sind die Juden“,[1715] „Jüdisches, allzu Jüdisches ...“,[1716] „Juden über sich selbst“[1717] oder „Judentum und Kriminalität“[1718] trieften nur so vor antisemitischen Hassparolen. Welchen Jargon die Hefte dabei mitunter anschlugen, zeigt

1709 Vgl. BayHStA München, Polizeischule FFB 31, Schnellbrief: I. V. Daluege (RFSSuChdDtPol) an u. a. Kommandeur der Polizeischule FFB: Bekanntgabe von Erfahrungsberichten, 03.04.1940, S. 3.

1710 Vgl. BayHStA München, Polizeischule FFB 31, Schnellbrief: I. V. Daluege (RFSSuChdDtPol) an u. a. Kommandeur der Polizeischule FFB: Bekanntgabe von Erfahrungsberichten, 18.12.1940, S. 3.

1711 Vgl. RdErl. d. RFSSuChdDtPol. im RMdI. v. 25.04.1941, in: RMBliV, 30.04.1941, Nr. 18, Sp. 762 f.

1712 Vgl. z. B. Sprachregelung über Begriffe des Ostens, in: USHMM, LM0443, Mitteilungsblätter für die weltanschauliche Schulung der Ordnungspolizei. Gruppe B, hrsg. v. Befehlshaber der Ordnungspolizei im Generalgouvernement, 20.08.1942, Nr. 21, S. 3 f.

1713 Vgl. Über Sinn und Wesen der Impfungen, in: USHMM, LM0443, Mitteilungsblätter für die weltanschauliche Schulung der Ordnungspolizei. Gruppe B, hrsg. v. Befehlshaber der Ordnungspolizei im Generalgouvernement, 20.04.1943, Nr. 29, S. 3 f.

1714 Vgl. Zigeuner – waschecht und stammecht, in: USHMM, LM0443, Mitteilungsblätter für die weltanschauliche Schulung der Ordnungspolizei. Gruppe B, hrsg. v. Befehlshaber der Ordnungspolizei im Generalgouvernement, 20.07.1942, Nr. 20, S. 3 f., hier: S. 3.

1715 Vgl. So sind die Juden, in: USHMM, LM0443, Mitteilungsblätter für die weltanschauliche Schulung der Ordnungspolizei. Gruppe B, hrsg. v. Befehlshaber der Ordnungspolizei im Generalgouvernement, 20.10.1941, Nr. 11, S. 3 f.

1716 Vgl. Jüdisches, allzu Jüdisches ..., in: USHMM, LM0443, Mitteilungsblätter für die weltanschauliche Schulung der Ordnungspolizei. Gruppe B, hrsg. v. Befehlshaber der Ordnungspolizei im Generalgouvernement, 20.11.1941, Nr. 12, S. 1–4.

1717 Vgl. Juden über sich selbst, in: USHMM, LM0443, Mitteilungsblätter für die weltanschauliche Schulung der Ordnungspolizei. Gruppe B, hrsg. v. Befehlshaber der Ordnungspolizei im Generalgouvernement, 20.12.1941, Nr. 13, S. 3–8.

1718 Vgl. Judentum und Kriminalität, in: IfZ Archiv, 11/Dc 011.007, Mitteilungsblätter für die weltanschauliche Schulung der Ordnungspolizei. Gruppe A, hrsg. v. Chef der Ordnungspolizei – Gruppe „Weltanschauliche Erziehung“, 10.06.1941, Nr. 16, S. 1–4.

z. B. der Artikel „Der deutsche Weg in den Osten", der in den Mitteilungsblättern am 20. August 1941 erschien. Er kommentierte den deutschen Überfall auf die Sowjetunion folgendermaßen:

> „Unsere Männer im grünen Rock und braunen Kragen hatten Gelegenheit, die Segnungen des jüdisch-bolschewistischen Regimes aus nächster Nähe zu betrachten. Die helle Julisonne, die ihnen jeden Kampfmorgen neu von Osten her über die weite russische Steppe entgegenschimmerte, hat ihnen mit nackter Deutlichkeit die wahren Umrisse bolschewistischer Kultur, wie im grell aufblendenden Scheinwerferlicht einer Großaufnahme, enthüllt. Sie spiegelte sich in dem Strom von Blut, das von bolschewistisch-jüdischen Schergen vergossen wurde, im Blut der Morde von Lemberg und Sambor, von Brest und Minsk, Bialystok und all den vielen Städten und namenlosen Dörfern, durch deren wehrlose Bevölkerung sich die rote Mordspur der Sowjets gen Osten zieht."[1719]

Dass es sich bei solchen Zeilen nicht bloß um propagandistische Kraftmeierei handelte, belegte der Artikel „Ein Ziel dieses Krieges: Das judenfreie Europa" vom 1. Dezember 1941. Er sprach ungewöhnlich deutlich über „die endgültige Lösung des jüdischen Problems" und meinte damit „die tatsächliche Ausscheidung der parasitären Rasse aus der europäischen Völkerfamilie". Vor diesem Hintergrund verwies er auf Hitlers „Prophezeiung" vom 30. Januar 1939: „Das Wort des Führers, daß ein vom Judentum angezettelter neuer Krieg nicht die Zerschlagung des antisemitischen Deutschlands, sondern vielmehr das Ende des Judentums bringen werde, wird in diesen Tagen vollstreckt."[1720] So klar setzte sich sonst kaum ein anderer Beitrag mit dem Völkermord an den europäischen Juden auseinander. Ähnlich wie andere Medien des nationalsozialistischen Pressewalds veröffentlichten die Mitteilungsblätter meist eher unscheinbare Artikel. Wie die genannten Beispiele aber zeigen, konnte diese Zeitschrift sehr wohl auch ungeschminkt aggressiven Antisemitismus und Rassenhass predigen.

Die Gruppe „Weltanschauliche Erziehung" benannte die Mitteilungsblätter in den letzten Monaten des Krieges noch einmal um, weshalb die Zeitschrift ab Anfang November 1944 unter dem Titel „Die Zeit und Wir" erschien.[1721] Allerdings wuchs ihr Umfang nun von vier auf zwölf bis 16 Seiten an. Darum konnten einige Themen noch eingehender behandelt werden. Jetzt veröffentlichte die Postille auch exemplarische Vorträge, welche die Referenten in ihren Schulungskursen präsentieren sollten. Wie bisher nahmen offen rassistische oder an-

---

1719 Der deutsche Weg in den Osten, in: USHMM, LM0443, Mitteilungsblätter für die weltanschauliche Schulung der Ordnungspolizei. Gruppe B, hrsg. v. Befehlshaber der Ordnungspolizei im Generalgouvernement, 20.08.1941, Nr. 9, S. 1–3, hier: S. 1.

1720 Ein Ziel dieses Krieges: Das judenfreie Europa, in: IfZ Archiv, 11/Dc 011.007, Mitteilungsblätter für die weltanschauliche Schulung der Ordnungspolizei. Gruppe A, hrsg. v. Chef der Ordnungspolizei – Gruppe „Weltanschauliche Erziehung", 01.12.1941, Nr. 27, S. 2. Am 30. Januar 1939 hatte Hitler im Reichstag verkündet: „Ich will heute wieder ein Prophet sein: Wenn es dem internationalen Finanzjudentum inner- und außerhalb Europas gelingen sollte, die Völker noch einmal in einen Weltkrieg zu stürzen, dann wird das Ergebnis nicht die Bolschewisierung der Erde und damit der Sieg des Judentums sein, sondern die Vernichtung der jüdischen Rasse in Europa!" Verhandlungen des Reichstags, Bd. 460, Stenographische Berichte 1939–1942, 1. Sitzung: 30.01.1939, S. 16.

1721 Vgl. I. A. Rogalski: RdErl. d. ChefsO. v. 20.10.1944, in: BefBlO, 28.10.1944, Nr. 43, S. 370.

tisemitische Beiträge nur wenig Raum ein, wenngleich solche pejorativen Botschaften auch in anderen Artikeln aufblitzten.[1722]

Ähnlich war es auch bei der „Schriftenreihe für die weltanschauliche Schulung der Ordnungspolizei". Während des Krieges waren ihre Hefte eine so bedeutende Quelle für die politische Indoktrination, dass sie zuweilen an jeden einzelnen Brucker Offiziersanwärter verteilt wurden.[1723] Im Vergleich zu den Mitteilungsblättern behandelte die Schriftenreihe ihre Themen schon allein deshalb wesentlich ausführlicher, weil sich die deutlich umfangreicheren Ausgaben meist nur einem Kernmotiv widmeten. Dennoch waren in ihnen die zentralen Elemente der NS-Ideologie ganz häufig miteinander verzahnt, so dass sie sich fortwährend wiederholten. Das kam nicht zuletzt daher, dass die Propagandisten des Hauptamts Ordnungspolizei gelegentlich Schriftstücke verwendeten und einfach umetikettierten, die ursprünglich aus dem SS-Hauptamt oder von anderen Institutionen und Autoren des NS-Staats stammten. Gemein war jedoch allen Ausgaben der Schriftenreihe, dass sie unverhohlen zum Ausdruck brachten, welche Mentalität sich die Ordnungshüter aneignen sollten. Einzelne glorifizierten z. B. Adolf Hitler, der sich mit seiner NS-Bewegung gegen alle Widerstände durchgesetzt und das deutsche Volk zu neuer Stärke geführt habe, das unter dem Versailler Vertrag und der Weimarer Demokratie gelitten habe.[1724] Eine Ausgabe feierte ferner „das Bauerntum als Lebensgrundlage unseres Volkes" und versuchte den Lesern klarzumachen, „daß unsere Lebensgesetzlichkeit eine tiefe Verwurzelung unseres Blutes im deutschen Boden verlangt".[1725]

Zu dieser Blut-und-Boden-Ideologie gesellte sich ein pathetischer Kult um die Schutzstaffel. Das Heft „SS-Mann und Blutsfrage" erläuterte etwa die Prinzipien der nationalsozialistischen Vererbungslehre, um danach zu propagieren, dass Himmlers Eliteorden eine „Auslese vorwiegend nordischer Menschen" sei.[1726] Die deutschen Truppen hätten ihre „Blitzkriege" gegen Polen und die Länder Nord-, West- und Südosteuropas nur deswegen so erfolgreich geführt, weil sie Träger eines besonders wertvollen Erbguts seien.[1727] Mit dieser ideologisch gefärbten Genetik befassten sich auch weitere Werke. Sie hoben nicht nur die nordische „Rasse" hervor, sondern plädierten auch für eine strenge „Rassenhygiene", die den Naturgesetzen des Kampfes folge und somit minderwertige Erbanlagen ausmerze.[1728] Auf dieser Grundlage begründete eine Reihe von Ausgaben, dass Deutschland eine Führungsrolle

1722 Vgl. Zilkenat, Ende, S. 156.

1723 Davon zeugt z. B. das folgende Dokument: BayHStA München, Polizeischule FFB 179, Hagemann (Polizeischule FFB): Unterrichtsbefehl Nr. 5, 26.02.1943.

1724 Vgl. USHMM, LM0223 (Nazi Propaganda Literature from the YIVO Institute for Jewish Research), NCY-1661.6, Der Weg der NSDAP. Entstehung, Kampf und Sieg, Schriftenreihe für die weltanschauliche Schulung der Ordnungspolizei 1943/7, hrsg. v. Chef der Ordnungspolizei (Gruppe „Weltanschauliche Erziehung"), Berlin 1943.

1725 IfZ Archiv, 11/Dc 011.005-1943.2, Bauerntum, Schriftenreihe für die weltanschauliche Schulung der Ordnungspolizei 1943/2, hrsg. v. Chef der Ordnungspolizei (Gruppe „Weltanschauliche Erziehung"), Berlin 1943, S. 2.

1726 USHMM, LM0223, NCY-1706.12, SS-Mann und Blutsfrage. Die biologischen Grundlagen und ihre sinngemäße Anwendung für die Erhaltung und Mehrung des nordischen Blutes, Schriftenreihe für die weltanschauliche Schulung der Ordnungspolizei 1942: Sonderheft, hrsg. v. Chef der Ordnungspolizei (Gruppe „Weltanschauliche Erziehung"), Berlin 1942, S. 54.

1727 Vgl. ebd., S. 4.

1728 Vgl. USHMM, LM0223, NCY-1664.2, Die lebensgesetzlichen Grundlagen der nationalsozialistischen Weltanschauung und Der Kampf um das Reich, Schriftenreihe für die weltanschauliche Schulung der Ordnungspolizei 1942: Doppelheft 8 und 9, hrsg. v. Chef der Ordnungspolizei (Gruppe „Weltanschauliche Erziehung"), Berlin 1942, S. 11 f. Ferner: IfZ Archiv, 11/Dc 011.005-1943.4/6, Rassenpolitik, in Europa beanspruche, um dadurch die germanischen Völker zu vereinigen. Diese angeblich rassisch hochentwickelten Bewohner strebten nach einem „großgermanischen Reich", das nach „Osten" expandieren müsse, damit sie dort einen neuen „Lebensraum" erschließen könnten.[1729]

Die Schriftenreihe setzte sich ebenfalls intensiv mit den Feinden auseinander, die gegen Deutschland nun in einer finalen Schlacht opponieren würden. Die Hefte „Kampf ums Mittelmeer", „Die Schlacht im Atlantik" und „Weltkrieg im Pazifik" verklärten den Zweiten Weltkrieg daher zu einem Kampf der Weltanschauungen, den die Achsenmächte gemeinsam gegen ihre angloamerikanischen Gegner zu Land und zu Wasser führten.[1730] Die Polizeiideologen hetzten auch in weiteren Ausgaben gegen England und die USA. Angeblich stünden beide unter der Kontrolle von Freimaurern und vor allem Juden, die gemeinsam nach der Weltherrschaft strebten.[1731] Während in zahlreichen Heften eher beiläufig antisemitische Parolen auftauchten, traten judenfeindliche Aussagen stärker in denjenigen Schriften hervor, die zu Beginn des „Unternehmens Barbarossa" im Jahre 1941 erschienen. Deutschland stilisierten sie zum Bollwerk gegen den jüdisch gelenkten „Bolschewismus", der

Schriftenreihe für die weltanschauliche Schulung der Ordnungspolizei 1943/4–6, hrsg. v. Chef der Ordnungspolizei (Gruppe „Weltanschauliche Erziehung"), Berlin 1943.

1729 Vgl. IfZ Archiv, 11/Dc 011.005-1941.5, Die Blutsgemeinschaft der germanischen Völker und Das großgermanische Reich, Schriftenreihe für die weltanschauliche Schulung der Ordnungspolizei 1941/5, hrsg. v. Chef der Ordnungspolizei (Amt „Weltanschauliche Erziehung"), Berlin 1941; IfZ Archiv, 11/Dc 011.005-1942.4, Deutschland ordnet Europa neu!, Schriftenreihe für die weltanschauliche Schulung der Ordnungspolizei 1942/4, hrsg. v. Chef der Ordnungspolizei (Gruppe „Weltanschauliche Erziehung"), Berlin 1942; IfZ Archiv, 11/Dc 011.005-1943.1/3, Sicherung Europas, Schriftenreihe für die weltanschauliche Schulung der Ordnungspolizei 1943: Doppelheft 1 und 3, hrsg. v. Chef der Ordnungspolizei (Gruppe „Weltanschauliche Erziehung"), Berlin 1943; IfZ Archiv, 11/Dc 011.005-1941. Sh, Grenzkampf Ost. Der Kampf um die deutsche Ostgrenze. Ein Längsschnitt von der frühgermanischen Zeit bis zur Jetztzeit, Schriftenreihe für die weltanschauliche Schulung der Ordnungspolizei 1941: Sonderheft, hrsg. v. Chef der Ordnungspolizei (Gruppe „Weltanschauliche Erziehung"), Berlin 1941; USHMM, LM0223, NCY-1775.2, Das Reich und Europa, Schriftenreihe für die weltanschauliche Schulung der Ordnungspolizei 1943/8, hrsg. v. Chef der Ordnungspolizei (Gruppe „Weltanschauliche Erziehung"), Berlin 1943.

1730 Vgl. DHPol, PG 5.9.7–6.1940.3, Kampf ums Mittelmeer, Schriftenreihe für die weltanschauliche Schulung der Ordnungspolizei 1940/3, hrsg. v. Chef der Ordnungspolizei (Amt „Weltanschauliche Erziehung"), Berlin 1940; IfZ Archiv, 11/Dc 011.005-1942.3, Hans Heinrich Ambrosius, Die Schlacht im Atlantik, Schriftenreihe für die weltanschauliche Schulung der Ordnungspolizei 1942/3, hrsg. v. Chef der Ordnungspolizei (Gruppe „Weltanschauliche Erziehung"), Hamburg 1942; IfZ Archiv, 11/Dc 011.005-1942.2, Peter Artur Riebe, Weltkrieg im Pazifik. Gründe und Hintergründe der japanisch-amerikanischen Spannung und ihre Wechselbeziehungen zum englischen Kriege, Schriftenreihe für die weltanschauliche Schulung der Ordnungspolizei 1942/2, hrsg. v. Chef der Ordnungspolizei (Gruppe „Weltanschauliche Erziehung"), Oldenburg 1942.

1731 Vgl. IfZ Archiv, 11/Dc 011.005-1941.7, Die anglo-amerikanische Welt, Schriftenreihe für die weltanschauliche Schulung der Ordnungspolizei 1941/7, hrsg. v. Chef der Ordnungspolizei (Gruppe „Weltanschauliche Erziehung"), Berlin 1941; IfZ Archiv, 11/Dc 011.005-1941.So, Theodor Seibert, Das amerikanische Rätsel, Schriftenreihe für die weltanschauliche Schulung der Ordnungspolizei, 1941: Sonderheft, hrsg. v. Chef der Ordnungspolizei (Amt „Weltanschauliche Erziehung"), Berlin 1941; IfZ Archiv, 11/Dc 011.005-1942.1, Dieser Krieg ist ein weltanschaulicher Krieg, Schriftenreihe für die weltanschauliche Schulung der Ordnungspolizei 1942/1, hrsg. v. Chef der Ordnungspolizei (Gruppe „Weltanschauliche Erziehung"), Berlin 1942; IfZ Archiv, 11/Dc 011.005-1942.6, Der Dollar rollt, Schriftenreihe für die weltanschauliche Schulung der Ordnungspolizei 1942/6, hrsg. v. Chef der Ordnungspolizei (Gruppe „Weltanschauliche Erziehung"), Berlin 1942.

„das *organisierte Verbrechertum*" verkörpere.[1732] Diese Botschaft wollte insbesondere das Heft „Bolschewismus – jüdisches Untermenschentum" noch eindringlicher vermitteln, indem es die Sowjetunion als gänzlich verkommenes System darstellte, das von Juden erst erschaffen worden sei. Diese charakterisierte es als zerstörerisches „*Schmarotzervolk*", das seit jeher „Diebstahl, Betrug, Raub und Mord an Nichtjuden und Verseuchung des Blutes der anderen Völker" begehe.[1733] In Russland würden sie durch Terror sämtliche Werte vergewaltigen, die den „Ariern" am Herzen lägen, wozu etwa das Bauerntum, die Rolle von Frau und Familie oder die Sexualmoral zählten. Die Schrift sah ihre Aufgabe nicht zuletzt darin, ihre Leser darüber aufzuklären, worauf der Hauptfeind des Deutschen Reiches angeblich abziele:

> „Vom *Alten Testament* über den *Talmud*, über die ‚*Finanzgenies*' der Könige und Herrscher, über die großen Revolutionen der Welt und über das kommunistische Manifest von *Mardochai-Marx* bis hin zu den neuesten ‚Schöpfungen' jüdischer Rasse führt eine Linie zu dem einzigen Ziel des Juden: der Aufrichtung der jüdischen Weltherrschaft."[1734]

Letztlich sprach das Heft unmissverständlich von „*der Vernichtung des ewigen jüdischen Feindes*", mit der Hitler sein Werk vollenden werde.[1735] Wenngleich dieser Text keine Zweifel daran ließ, was damit faktisch gemeint war, fanden sich in der gesamten Schriftenreihe grundsätzlich nur wenige direkte Hinweise auf den Holocaust. Auf den Judenmord spielten nur wenige Ausgaben an, zu denen etwa das Heft „Europas Schicksalskampf gegen den Bolschewismus" gehörte. „Diese Welt der Versklavung und des Chaos muß endgültig ausgerottet werden", wie die Schrift über das kommunistische Russland explizit urteilte.[1736]

Ebenfalls sehr selten kam es vor, dass die Schriftenreihe die Ordnungspolizisten direkt ansprach. Allenfalls appellierte sie vereinzelt an SS und Polizei recht allgemein, diejenigen Aufgaben zu bewältigen, die aus den Plänen der NS-Führung erwuchsen, Europa nach ihrer Vorstellung völlig neu zu gestalten. So mahnte sie etwa, dass beide Institutionen „*als Verkörperung des politischen Soldatentums Schildträger der nationalsozialistischen Weltanschauung sein und immer bleiben*" müssten.[1737] Es ist einerseits schon merkwürdig, dass sich die Texte in dieser Hetzzeitschrift nicht konkreter an die Staatsdiener wendeten, da sie schließlich an die uniformierten Beamten adressiert waren. Andererseits darf aber nicht vergessen werden, dass ihre Inhalte häufig aus dem Schulungsamt der Schutzstaffel kamen, das sich daher eher auf seine eigentliche Zielgruppe konzentrierte. Ein ähnliches Bild liefert der besondere „Lehrplan für die weltanschauliche Erziehung in der SS und Polizei", den ebenfalls das SS-Haupt-

1732 IfZ Archiv, 11/Dc 011.005-1941.9, Rote Weltrevolution. Pläne und Organisationen der III. Internationale – „Komintern" – Zur Diktatur der Minderwertigen, Schriftenreihe für die weltanschauliche Schulung der Ordnungspolizei 1941/9, hrsg. v. Chef der Ordnungspolizei (Gruppe „Weltanschauliche Erziehung"), Berlin 1941, S. 3. Hervorhebung im Original.

1733 USHMM, LM0223, NCY-1642.8, Bolschewismus – jüdisches Untermenschentum, Schriftenreihe für die weltanschauliche Schulung der Ordnungspolizei 1941/8, hrsg. v. Chef der Ordnungspolizei (Gruppe „Weltanschauliche Erziehung"), Berlin 1941, S. 7 f. Hervorhebung im Original.

1734 Ebd., S. 7. Hervorhebung im Original.

1735 Ebd., S. 35. Hervorhebung im Original.

1736 IfZ Archiv, 11/Dc 011.005-1941.6, Europas Schicksalskampf gegen den Bolschewismus, Schriftenreihe für die weltanschauliche Schulung der Ordnungspolizei 1941/6, hrsg. v. Chef der Ordnungspolizei (Gruppe „Weltanschauliche Erziehung"), Berlin 1941, S. 10.

1737 IfZ Archiv, 11/Dc 011.005-1942.1, Dieser Krieg ist ein weltanschaulicher Krieg, Schriftenreihe für die weltanschauliche Schulung der Ordnungspolizei 1942/1, hrsg. v. Chef der Ordnungspolizei (Gruppe „Weltanschauliche Erziehung"), Berlin 1942, S. 46. Hervorhebung im Original.

amt veröffentlichte. Auch er ging auf die Ordnungsmacht nur kursorisch ein und ließ sie im Gegensatz zu Himmlers Elitetruppe eher im Schatten stehen.[1738]

Das spricht allerdings nicht dafür, dass die propagandistischen Schriften einfach nur in der Bibliothek der Polizeischule verstaubten. Dies belegt auch ein exemplarischer Fall aus dem Frühjahr 1941, bei dem Kursteilnehmer einen Aufsatz anfertigen sollten. Der Lehroffizier stellte ihnen dafür mehrere Themen, von denen sich einige mit dem Balkan befassten. Die Schüler mussten sich etwa mit dessen Rolle „im 19. Jahrhundert, im Weltkrieg und beim Friedensschluss", mit den „natürlichen Wirtschaftsbeziehungen zu den Balkanländern" oder mit der Frage auseinandersetzen, ob die „Neugestaltung und Neuorientierung des Balkans durch Druck oder Einsicht" erfolgen solle.[1739] Es war jedoch nicht der Lehrer, der sich diese Themen ausgedacht hatte. Vielmehr stammten sie fast wortwörtlich aus einer Ausgabe der „Schriftenreihe für die weltanschauliche Schulung der Ordnungspolizei", die Ende 1940 erschienen war und „Die Neuordnung des Balkans und seine Bedeutung für Deutschland" behandelte. Das Heft versuchte anhand der Historie zu begründen, warum das Deutsche Reich angeblich berechtigt sei, die südosteuropäische Region zu erobern und nach seinen Visionen umzugestalten.[1740] Offensichtlich sollte das Pamphlet dazu dienen, die Ordnungspolizisten auf den kommenden Balkanfeldzug einzuschwören, der wenig später am 6. April 1941 begann.[1741]

Mitte Dezember 1942 kündigte ein Erlass an, dass jeder Polizist das Geschichtsbuch „Der Weg zum Reich" erhalten sollte, wenn er z. B. zum Offizier befördert wurde. Es sei „das wichtigste Grundelement" in der polizeilichen Ausbildung, die Ordnungshüter ideologisch auszurichten und ihnen ein starkes Bewusstsein für die eigene Historie zu vermitteln. In diesem Sinne sollte die Publikation dazu dienen, „sie daran zu erinnern, daß der Sinn ihrer Berufspflichten in letzter Konsequenz in der Verantwortung liegt, das von den vorangegangenen Generationen übernommene Erbe zu wahren und zu pflegen".[1742] In der Machart der „Schriftenreihe für die weltanschauliche Schulung der Ordnungspolizei" umriss sie auf 124 Seiten die nationalsozialistische Interpretation der deutschen Geschichte. Inhaltlich brachte das Büchlein aus dem SS-Hauptamt nichts Neues. Der Text sowie zahlreiche Karten, Bilder und Skizzen zeugen lediglich davon, wie sehr sich die Nationalsozialisten nach einem „großdeutschen" Reich und der Vorherrschaft in Europa sehnten – eine Botschaft, die den Adressaten längst bekannt gewesen sein dürfte.[1743]

Auf die Polizisten gingen jene Publikationen wesentlich intensiver ein, die von Beamten der Ordnungspolizei selbst verfasst worden waren und sich daher ausdrücklich an die uniformierten Kollegen wendeten. Dabei handelte es sich meist um Erfahrungsberichte, in denen die Autoren erzählten, was sie angeblich persönlich oder ihre Kameraden im „auswärtigen Einsatz" erlebt hatten, den sie stets als spannendes Abenteuer und ehrenvollen Dienst darstellten. Ideologische Botschaften traten darin für gewöhnlich eher beiläufig auf. Doch

---

1738 Vgl. USHMM, LM0223, NCY-1772.8, Lehrplan für die weltanschauliche Erziehung in der SS und Polizei, hrsg. v. SS-Hauptamt, Berlin o. J.

1739 BayHStA München, Polizeischule FFB 139, [unleserlich] (Polizeischule FFB): Themen für nationalsoz.Lehre, 12.02.1941, S. 1.

1740 Vgl. DHPol, PG 5.9.7–6.1940.5, Die Neuordnung des Balkans und seine Bedeutung für Deutschland, Schriftenreihe für die weltanschauliche Schulung der Ordnungspolizei 1940/5, hrsg. v. Chef der Ordnungspolizei (Amt „Weltanschauliche Erziehung"), Berlin 1940.

1741 Vgl. Schreiber, Weltkrieg, S. 52.

1742 RdErl. d. RFSSuChdDtPol. im RMdI. v. 15.12.1942, in: MBliV, 23.12.1942, Nr. 51, Sp. 2337.

1743 Vgl. IfZ Archiv, 11/Dc 029.006, Der Weg zum Reich, hrsg. v. Reichsführer-SS – SS-Hauptamt, Berlin 1942.

die Texte übermittelten sie dennoch recht deutlich. Gemein war ihnen allen, dass sie die Polizei stets zu einer heldenhaften Kampftruppe verklärten, die der Wehrmacht sowie der Waffen-SS ebenbürtig sei und mit ihnen gemeinsam einem expansiven „Großdeutschland" dienten. Das war etwa der Fall bei dem 1942 erschienenen Buch „Freigemachtes Grenzland", das die beiden Schutzpolizisten Günther Rumler und Otto Holzmann verfassten. Es widmete sich der Frage, was die Ordnungspolizei erlebt hatte, als sie bei Kriegsbeginn die deutsche Bevölkerung aus den westlichen Grenzregionen evakuiert hatte, um sie ins Reichsinnere umzusiedeln und damit vor den Feindmächten in Sicherheit zu bringen. In pathetischen Anekdoten berichtete es davon, wie die uniformierte Staatsgewalt diese Aufgabe im Saarland bewältigt hatte, um danach in Lothringen, Luxemburg und Frankreich mit einzumarschieren. Vorwiegend schilderte die Schrift, wie sich die Ordnungshüter dabei stets als „Freund und Helfer" erwiesen hätten. Dadurch wünschten sich die Autoren, „so mancher junge Mann wird jetzt vielleicht den Entschluß fassen, auch seine ganze Kraft und sein ganzes Ich dem deutschen Volk zur Verfügung zu stellen und sich deshalb als Freiwilliger für die Waffen-SS und für die deutsche Polizei melden".[1744]

Das Machwerk hob jedoch auch hervor, welche Aufgaben auf die „Gesetzeshüter" in den eroberten Gebieten gewartet hätten. Die Staatsgewalt habe sich etwa in Lothringen dadurch hervorgetan, unliebsame Menschen auszusiedeln, unter denen „selbstverständlich in großer Zahl die sauberen Vertreter des ‚auserwählten Volkes'" gewesen seien.[1745] Während die Schrift an manchen Stellen gegen das „Weltjudentum" hetzte, das sie als „Erzfeind" des deutschen Volkes brandmarkte,[1746] begegneten dem Leser weitere rassistische Passagen. Über die „Schwarzen und Mischlinge der französischen Kolonialtruppen" meinte sie, es seien „Kerle darunter mit einem Gesichtsausdruck, der sie nicht mehr als Menschen erscheinen läßt, sondern vielmehr ihre tierische Natur offenbart".[1747] Wem Deutschland solche Einsätze angeblich zu verdanken habe, verschwieg die Publikation ebenso wenig. Bereits eingangs konstruierte sie gar eine Verschwörungstheorie, in der Deutschland als Opfer „jüdisch beeinflußter Kriegshetzer" erschien.[1748] England habe demnach eine europäische Allianz geschmiedet, um das Deutsche Reich zu vernichten, das für London solange „ein willkommenes Ausbeutungsobjekt" gewesen sei, bis Adolf Hitler es zu neuer Stärke geführt habe.[1749] Am 1. September 1939 hätten dann „polnische Banden" den Sender in Gleiwitz überfallen, „um den gegen Deutschland schon so lange geplanten und vorbereiteten Krieg zu entfesseln".[1750] Die propagandistische Schrift stilisierte das „Dritte Reich" und vor allem seine Polizei zum Retter Europas, um den angeblich unterjochten Kontinent von diesen Feindmächten zu befreien.

Ähnlich heroische Töne fanden sich in den Werken von Helmuth Koschorke, in denen er schon in den Friedensjahren die uniformierte Staatsmacht verherrlicht hatte.[1751] Insbesondere aber deren Kriegseinsatz glorifizierte der Pressereferent im Hauptamt Ordnungspolizei, von dem er zunächst in seinem Büchlein „Polizeireiter in Polen" berichtete, das im Jahre 1940 erschien. In ihm hetzte er massiv gegen den polnischen Kriegsgegner, der abseits des „Brom-

1744 Günther Rumler/Otto Holzmann, Freigemachtes Grenzland. Erlebnisberichte, Berlin 1942, S. 205.
1745 Ebd., S. 173.
1746 Ebd., S. 99.
1747 Ebd., S. 126.
1748 Ebd., S. 42.
1749 Ebd., S. 15.
1750 Ebd., S. 19.
1751 Zu seinen Publikationen zählen etwa: Helmuth Koschorke, Die Polizei – einmal anders!, München 1937; Ders., Jederzeit einsatzbereit. Ein Bildbericht von der neuen deutschen Polizei, Berlin 1939.

berger Blutsonntags" noch zahlreiche weitere Verbrechen an der deutschen Bevölkerung verübt habe. Deshalb widmete sich die Schrift ihrem zentralen Thema: der „Säuberung von polnischen Banden" im eroberten Gebiet.[1752] Diesen Vorgang stellte sie als mutigen Kampf gegen hinterhältige und verschlagene Akteure dar, der brutal und skrupellos geführt werden müsse. Exemplarisch schilderte der Autor, wie seine Polizeireiter mit einem „Banditen" kurzen Prozess gemacht und ihn einfach erschossen hätten.[1753] Anlässlich eines größeren Unternehmens gegen polnische Partisanen seien sie auf zahlreiche verstümmelte Leichen von deutschen Zivilisten gestoßen, weshalb einer der Beamten über die Täter erzürnt ausgerufen habe:

> „Das sind keine Menschen mehr! Das sind Tiere! Aber nein. Man soll den Tieren nicht unrecht tun, denn Tiere sind lange nicht so bestialisch verworfen wie dieses Mörderpack. Das sind nicht Menschen, das sind auch nicht Tiere, nein, das sind irgendwelche Mißgeburten, die nicht auf diese Welt gehören ..."[1754]

Daraufhin habe er unverblümt erklärt, was nun zu tun sei: „Und jeder, der dies hier sieht, hat die verdammte Pflicht und Schuldigkeit vor Gott und seinem Gewissen, nicht eher zu ruhen, bis die letzten dieser Bestien unschädlich gemacht sind ..."[1755]

Kaum zurückhaltender äußerte sich Koschorke in dem Werk „Polizei greift ein!" aus dem Jahre 1941, in dem er erneut vom Polenfeldzug, aber auch vom „auswärtigen Einsatz" in West- und Nordeuropa berichtete. Gerade das norwegische Volk stellte er dabei als rassisch hochwertig dar. Dagegen ließ die Schrift keinen Zweifel daran, was er von den polnischen „Banden" hielt. In ihr charakterisierte er die polizeilichen Feinde als „vertierte Bestien, die mit dem Rasiermesser deutschen Soldaten die Kehle durchschneiden" oder als „Flintenweiber, die wie Hyänen über die Schwerverwundeten herfallen, sie mit Petroleum übergießen und dann anzünden".[1756] Um „dem Bandenterror ein radikales Ende" zu bereiten, seien „ganze Kerle" gefordert, die bei den Großunternehmen der Polizeieinheiten kompromisslos gegen „heimtückische und mit allen Hunden gehetzte Gegner" vorgehen müssten.[1757] Diese Zeilen offenbaren, dass die „Bandenbekämpfung" das traditionelle Schema des Krieges außer Kraft setzte. Die deutschen Besatzer mussten besonders im „Osten" nicht nur gegen männliche Feinde, sondern auch gegen weibliche Partisanen vorgehen.[1758] Aus ihrer Sicht gefährdeten diese „Flintenweiber" das maskuline Monopol des Kampfes und tangierten zugleich ihre Vorstellung von Weiblichkeit, weshalb die Invasoren in den eroberten Gebieten eine gesteigerte Gewaltbereitschaft gegen Frauen entfalteten.[1759]

Wesentlich aggressiver platzierte Koschorke nun aber auch antisemitische Botschaften in seinem Buch, wenn er an anderer Stelle erklärte, dass „alle Intrigen und Sabotageakte [...]

1752 Ders., Polizeireiter in Polen, Berlin/Leipzig 1940, S. 10.

1753 Vgl. ebd., S. 20 f.

1754 Ebd., S. 58.

1755 Ebd., S. 58.

1756 Ders., Polizei greift ein! Kriegsberichte aus Ost, West und Nord, Berlin 1941, S. 24 [Künftig: Koschorke, Polizei (1941).

1757 Ebd., S. 20.

1758 Vgl. Daniel Brewing, „Wir müssen um uns schlagen". Die Alltagspraxis der Partisanenbekämpfung im Generalgouvernement 1942, in: Jochen Böhler/Stephan Lehnstaedt (Hrsg.), Gewalt und Alltag im besetzten Polen 1939–1945, Einzelveröffentlichungen des Deutschen Historischen Instituts Warschau, Bd. 26, Osnabrück 2012, S. 497–520, hier: S. 514.

1759 Vgl. Werner, Männlichkeit (2013), S. 54.

fast ausnahmslos im Judenghetto ausgebrütet" würden.[1760] Insgesamt suggerierte er, dass polnische Zivilisten, „Banden" und Juden gemeinsam gegen die deutschen Truppen agierten und dabei untereinander kaum zu unterscheiden seien. Bereits zuvor sei seiner Polizeieinheit in dem „Judennest" Radom „ein ganzes Rudel dieser verlausten Kaftanträger" begegnet, welche die Invasoren mit dem „Hitlergruß" empfingen.[1761] Die Polizisten hätten ihnen unmissverständlich klargemacht, „daß dieser Gruß von einer Judenhand in unseren Augen einer Beleidigung des Deutschen Reiches gleichkommt, und dabei in einer Sprache gesprochen, die schnell verstanden wird".[1762]

Judenhass und Gewaltfantasien begegneten dem Leser auch im Schrifttum von Hans Richter. Nur wenig gemäßigter äußerte sich der Reserve-Hauptmann der Schutzpolizei in dem 1941 erschienenen Buch „Einsatz der Polizei", in dem er ebenfalls vom deutschen „Blitzkrieg" in Ost-, Nord- und Westeuropa berichtete. Antisemitische Inhalte dominierten in seiner Schrift zwar nicht. Sie tauchten aber dennoch auf, als er seinen Dienst in Polen beschrieb. So schilderte er etwa, dass die deutsche Polizei in Lodz eingesetzt gewesen sei, um die jüdische Bevölkerung in ein Ghetto zusammenzutreiben. Dabei habe die Staatsgewalt unerbittlich eingegriffen, „denn die Juden wollten nicht verstehen, daß ihre Vorherrschaft auch hier im Osten für alle Zeiten beendet sei".[1763] Als er dann das Warschauer Ghetto besuchte, sinnierte er angewidert über die dort lebenden Juden. Nach deren Anblick erinnerte Richter daran, dass das „Dritte Reich" darauf hinarbeite, „dem deutschen Volke einen genügenden und keimfreien Lebensraum und darüber hinaus eine Neuordnung Europas zu schaffen", wobei es „an dieser Keimzelle der Zerstörung" nicht „vorbeigegangen" sei.[1764] Dem Leser dürfte es nicht schwer gefallen sein, sich auszumalen, was der Autor damit meinte. Als wesentlich angenehmer schilderte er hingegen seinen anschließenden Einsatz in Norwegen. Die Nordeuropäer beschrieb er insgesamt als deutlich zivilisierter.[1765] Dennoch ließ er wissen, dass „Freischärler" immer wieder die deutschen Truppen überfallen hätten.[1766]

Die aus dem Hinterhalt operierenden Gegner begegneten dem Leser erneut in einem weiteren Werk von Richter. Nachdem er am 27. Juli 1941 im „Osteinsatz" ums Leben gekommen war, veröffentlichte der „Zentralverlag der NSDAP" im Jahre 1943 seinen Bildbericht „Ordnungspolizei auf den Rollbahnen des Ostens". Das Buch glorifizierte in pathetischen Worten, wie die Polizeibataillone in der Sowjetunion operierten. Ihre Verbrechen erwähnte es mit keiner Silbe, sondern deutete sie allenfalls zwischen den Zeilen an. Stattdessen heroisierte es den militärischen Einsatz der angeblich unbesiegbaren deutschen „Polizeisoldaten". Ihre Feinde seien hauptsächlich „bolschewistische" Partisanen, wobei die Schrift ihren „Bandenkampf" als „neue Kampfart" charakterisierte, „die für den Osten eigentümlich geworden ist".[1767] Allerdings verschwieg sie auch nicht, dass die Ordnungspolizei darauf mit der „Säuberung der Wald- und Sumpfgegend von bolschewistischen Versprengten und Banden" reagierte.[1768] Außerdem kennzeichnete das Werk die russische Zivilbevölkerung als unbere-

1760 Koschorke, Polizei (1941), S. 21.

1761 Ebd., S. 16.

1762 Ebd., S. 17.

1763 Hans Richter, Einsatz der Polizei. Bei den Polizeibataillonen in Ost, Nord und West, Berlin 1941, S. 29 f.

1764 Ebd., S. 31.

1765 Vgl. ebd., S. 44–47.

1766 Vgl. ebd., S. 63.

1767 USHMM, LM0223, NCY-1798.4, Hans Richter, Ordnungspolizei auf den Rollbahnen des Ostens. Bildbericht von den Einsätzen der Ordnungspolizei im Sommer 1941 im Osten, ergänzt durch kurze Erlebnisberichte, Berlin 1943, S. 7.

1768 Ebd., S. 14.

chenbare Gefahr, die zusammen mit den Sowjets gegen die deutschen Truppen kämpfe.[1769] Offen antisemitische Aussagen fanden sich darin zwar nicht explizit. Aber mehrere Fotografien zeigten die polizeiliche „Razzia im Judenviertel“ von Riga, womit der Leserschaft dieses Ereignis visuell näher gebracht wurde.[1770]

Welche zentralen Aussagen enthielten nun solche Propagandawerke? Zunächst einmal stellten sie die Polizei stets als „Freund und Helfer“ dar, der zusammen mit den übrigen Waffenträgern des „Dritten Reichs“ darum kämpfen würde, Europa vor seinen Feinden zu erretten und den deutschen Kampf um „Lebensraum“ zu unterstützen. Dabei sei Deutschland nicht nur von einigen Nachbarstaaten und „bolschewistischen Banden“, sondern vor allem von einer jüdischen Verschwörung bedroht. Gegen all diese Gegner ziehe die Ordnungsmacht resolut und unnachgiebig zu Felde.

Was hatte das nun aber mit der Offiziersausbildung zu tun? Am Beispiel der Schrift „Einsatz der Polizei“ von Hans Richter lässt sich zumindest nachweisen, dass solche Werke in der Bücherei der Brucker Polizeischule zu finden waren, wie die Schulgemeinschaft von Interimskommandeur Martin Diez erfuhr.[1771] Daneben empfahl die Schulleitung ihren Beamten, dieses Buch persönlich zu erwerben.[1772] Um die Lehrgangsteilnehmer zu motivieren, vergab der Schulleiter darüber hinaus für die beiden besten Absolventen Buchpreise. Aber auch für besondere Leistungen im Schießen oder beim Sport konnten die Polizisten solche Präsente erhalten.[1773] Buchgeschenke erhielten ebenso jene Polizeibeamten, die sich freiwillig an den schriftlichen Wettbewerben beteiligten, die der Polizeiapparat gelegentlich veranstaltete. Weil sie sich z. B. für ein solches Ereignis im Jahr 1937 engagiert hatten, bekamen einige Vertreter des Stammpersonals und ein Offiziersanwärter das Buch „Nationalsozialistischer Kampf gegen das Verbrechertum“ von Kurt Daluege.[1774] In diesem Machwerk lobte der Chef der Ordnungspolizei überschwänglich, wie effizient doch der NS-Staat gegen das „Berufsverbrechertum“ und Ganoven „ausländischen jüdischen Typs“ vorgegangen sei, was seine kriminalpräventiven Positionen offenbart.[1775]

Obwohl die Beamten also mit dieser Literatur konfrontiert waren, lässt sich nicht ermitteln, wie sie zu ihr standen – geschweige denn, ob sie sich von ihr beeinflussen ließen. Thomas Köhler glaubt zwar, dass sie solche Werke ideologisch durchaus tangiert haben dürften,

1769 Vgl. ebd., S. 12.

1770 Ebd., S. 17 f.

1771 Vgl. BayHStA München, Polizeischule FFB 179, Diez (Polizeischule FFB): Unterrichtsweisung Nr. 4, 05.03.1941, S. 2.

1772 Vgl. BayHStA München, Polizeischule FFB 179, I. V. Stüber (Polizeischule FFB): Unterrichtsweisung Nr. 7, 24.04.1941, S. 2. Ferner: RdErl. d. RFSSuChdDtPol. im RMdI. v. 27.03.1941, in: RMBliV, 02.04.1941, Nr. 14, Sp. 578 f.

1773 Vgl. BayHStA München, Polizeischule FFB 179, Diez (Polizeischule FFB): Unterrichtsweisung Nr. 2, 20.01.1941, S. 1. Ferner: RdErl. d. RFSSuChdDtPol. im RMdI. v. 01.02.1938, in: RMBliV, 09.02.1938, Nr. 6, Sp. 221 f. Listen von Buchtiteln, die als Preise durch Himmlers Polizeiapparat empfohlen wurden, finden sich z. B. in: RdErl. d. RFSSuChdDtPol. im RMdI. v. 07.05.1937, in: RMBliV, 12.05.1937, Nr. 19, Sp. 722–726; RdErl. d. RFSSuChdDtPol. im RMdI. v. 30.11.1937, in: RMBliV, 18.12.1937, Nr. 49, Sp. 1888a–1888c.

1774 Vgl. BayHStA München, Polizeischule FFB 187, I. A. [unleserlich] (StMdI) an u. a. Polizeischule FFB: Schriftlicher Wettbewerb der deutschen Polizeibeamten, 16.09.1937. Diese Wettbewerbe waren im RMBliV ausgeschrieben, so dass jeder Polizist informiert werden und freiwillig teilnehmen konnte. Vgl. ferner z. B. RdErl. d. RuPrMdI. v. 03.06.1935, in: RMBliV, 12.06.1935, Nr. 24, Sp. 771–772c; RdErl. d. RuPrMdI. v. 24.07.1935, in: RMBliV, 31.07.1935, Nr. 31, Sp. 980b f.; RdErl. d. RuPrMdI. v. 02.04.1936, in: RMBliV, 08.04.1936, Nr. 17, Sp. 492h.

1775 Kurt Daluege, Nationalsozialistischer Kampf gegen das Verbrechertum, München 1936, S. 18.

weil ihre Autoren selbst Polizisten waren, die aus ihrer eigenen Erfahrung heraus den „auswärtigen Einsatz“ besonders spektakulär und authentisch schilderten. Deshalb könnten sich die Leser mit den polizeilichen Protagonisten verbunden gefühlt haben. Dass die Rezipienten dabei aber gleich die Absichten der Autoren und die zentralen Motive ihrer Schriften verinnerlicht hätten, kann der Historiker zwar einfach in den Raum stellen, aber – wie er selbst vorausschicken muss – nicht beweisen.[1776]

Im Schrifttum der Ordnungspolizei war es durchaus normal, wenn Polizisten selbst für ihre Kollegen schrieben.[1777] Dabei tat sich besonders der Kameradschaftsbund Deutscher Polizeibeamten hervor, der seit Beginn der NS-Herrschaft mit „Der Deutsche Polizeibeamte“ ein eigenes Organ unterhielt, das er 1938 in „Die Deutsche Polizei“ umbenannte. In ihm publizierten auch Vertreter anderer NS-Organisationen. Aber gerade Polizisten fanden hier ein Medium, in dem sie ihre Texte veröffentlichen konnten. Weil sich sämtliche Ordnungshüter ständig weiterbilden sollten, legte Daluege ihnen sogar nahe, diese Zeitschrift regelmäßig zu lesen.[1778] Sie sollte sich neben der „Erziehung in kameradschaftlichem Geiste“ auch dafür einsetzen, „dem Polizeibeamten in nationalsozialistisch-staatspolitischer Hinsicht Erkenntnisse zu vermitteln“.[1779] Mit diesem Auftrag erschien „Der Deutsche Polizeibeamte“ seit dem 1. September 1933, der bis Kriegsende das zentrale Organ der deutschen Staatsgewalt war und polizeifachliche, allgemeinbildende, triviale und typisch nationalsozialistische Inhalte miteinander verknüpfte.

Insofern gab sich die weltanschauliche Schulung eher selten direkt in dieser Zeitschrift zu erkennen. Selbstherrliche Berichte über die Polizeiarbeit, Informationen zu neuen Gesetzen, amtliche Mitteilungen und Personalnachrichten, Neuigkeiten aus dem Polizeisport, Prüfungsaufgaben samt Lösungen sowie Literaturtipps, Rätsel und Witze nahmen wesentlich mehr Raum ein. Die zahlreichen Artikel widmeten sich also ganz unterschiedlichen Themen, wobei sie jedoch oft ideologisch gefärbt waren. In der Vorkriegszeit warb die polizeiliche Postille aber auch ganz offen für die Werte und Ziele des Regimes, indem sie sich beispielsweise der „Rassengeschichte der Völker Europas“ widmete,[1780] den „Totalitätsanspruch der nationalsozialistischen Idee“ offenlegte[1781] oder den „Polizeioffizier im Dritten Reich“ einordnete.[1782] Dennoch fanden sich in der polizeilichen Zeitschrift bereits in den Friedensjahren dezidiert antisemitische und rassistische Botschaften. Davon zeugen Texte wie etwa „Die jüdisch-mar-

1776 Vgl. Köhler, Anstiftung, S. 154 f.

1777 Ein Beispiel dafür ist das „Mitteilungsblatt der Schutzpolizei Flensburg“, in dem seit Ende 1943 Polizisten im „auswärtigen Einsatz“ über ihre Erfahrungen und Erlebnisse an ihre Kameraden an der „Heimatfront“ schrieben. Vgl. Stephan Linck, „Ordnung und Sauberkeit …“ Briefe Flensburger Ordnungspolizisten 1944, in: Sozialwissenschaftliche Informationen 26/1 (1997), S. 42–44; Ders., „… schon allein wegen des Schmutzes …“ Wie Polizisten über ihren Einsatz schrieben: Das Mitteilungsblatt der Schutzpolizei Flensburg 1944/45, in: Archiv für Polizeigeschichte 25 (1998), S. 51–55.

1778 Vgl. BAB, R 19/308, I. V. Daluege (RFSSuChdDtPol) an u. a. Polizeischule FFB: Ausbildung der Wachtmeister (SB) und Meister (SB) der Ordnungspolizei, 10.10.1937, Bl. 10.

1779 Kriminalkommissar Bartsch, Fortbildungsarbeit im Kameradschaftsbund Deutscher Polizeibeamten, in: Der Deutsche Polizeibeamte, 01.09.1933, Nr. 1, S. 22 f., hier: S. 23.

1780 Hauptmann Ringelmann, Rassengeschichte der Völker Europas, in: Der Deutsche Polizeibeamte, 01.03.1935, Nr. 5, S. 167–171.

1781 Ders., Der Totalitätsanspruch der nationalsozialistischen Idee, in: Der Deutsche Polizeibeamte, 01.01.1935, Nr. 1, S. 4–6.

1782 X. D., Der Polizeioffizier im Dritten Reich, in: Der Deutsche Polizeibeamte, 15.12.1933, Nr. 8, S. 283–285.

xistische Geistesrichtung",[1783] „Unser Kampf gegen das Judentum",[1784] „Die Juden sind unser Unglück"[1785] oder „Die Zigeunerbekämpfung einst und jetzt".[1786]

„Die Deutsche Polizei" behielt diesen Tenor auch während des Krieges bei und berichtete etwa von einem „Blick in ein Judengetto",[1787] einem „Treck der Juden"[1788] und einem „Zigeunertransport"[1789] sowie über „Geknechtetes Polakentum".[1790] Die Bildkollage „Juden arbeiten!" war z. B. mit einem kurzen Text versehen, dessen Urheber sich darüber freute, dass die Deutschen den Juden in den eroberten Ostgebieten beibrächten, wie es ist, zu arbeiten, nachdem sie „sonst nur Schmarotzer und Parasiten am Körper der Völker" gewesen seien.[1791] Dass die als faul und nutznießerisch dargestellten Menschen nicht freiwillig ans Werk gingen, ließen bereits die verwendeten Fotos erahnen. Ebenfalls zur Arbeit gezwungen wurden die Juden von Lublin, wie Franz-Otto Wrede über seinen Besuch „Im Getto aller Gettos" berichtete, bei dem er sich „im Herzen des tausendarmigen Polypen ‚Juda'" befunden habe.[1792] Um etwaigen Gerüchten an der „Heimatfront" entgegenzuwirken und den Einsatz der Polizei zu verharmlosen, die gegenüber den Juden „hart, aber gerecht" durchgegriffen habe, ließ er den Leser auch gleich Folgendes wissen: „Im Gegensatz zur Ausrottungspolitik gewisser anderer ‚Kolonisatoren' führen wir Deutsche hier nämlich keine direkten oder indirekten Vernichtungsaktionen durch."[1793] Als der Artikel im Mai 1940 erschien, konnte zwar tatsächlich noch nicht von einer systematischen Vernichtungspolitik gesprochen werden. Wie die deutsche Herrschaft in Polen aber schon damals offenbarte, war es absolut zynisch und verlogen, das Treiben der Ordnungspolizei derart zu beschönigen.[1794]

Trotz solch diskriminierender Zeilen fällt aber auf, dass sich die Zeitschrift nach Beginn des Russlandfeldzugs auf einen ganz anderen Feind versteifte. Während radikal antisemitische Texte eher in den Hintergrund rückten, konzentrierte sie sich besonders ab 1942 überwiegend auf den polizeilichen Kampf gegen Partisanen. Darüber erschienen nun etliche Artikel wie etwa „Gegner im Busch",[1795] „Unser Bataillon im Kampf mit Heckenschützen",[1796]

1783 E. Menneking, Die jüdisch-marxistische Geistesrichtung, in: Der Deutsche Polizeibeamte, 15.11.1933, Nr. 6, S. 211 f.

1784 Wilhelm Kube, Unser Kampf gegen das Judentum, in: Der Deutsche Polizeibeamte, 01.07.1935, Nr. 13, S. 486 f.

1785 Die Juden sind unser Unglück, in: Der Deutsche Polizeibeamte, 15.10.1935, Nr. 20, S. 767–770.

1786 Schaper, Die Zigeunerbekämpfung einst und jetzt, in: Der Deutsche Polizeibeamte, 15.06.1934, Nr. 12, S. 468.

1787 H. Walter Döring, Blick in ein Judengetto, in: Die Deutsche Polizei, 15.08.1941, Nr. 16, S. 294 f.

1788 Alfred Knauf, Treck der Juden … Erlebnisbericht aus Warschau, in: Die Deutsche Polizei, 01.10.1941, Nr. 19, S. 344 f.

1789 Zigeunertransport, in: Die Deutsche Polizei, 01.10.1941, Nr. 19, S. 346.

1790 Geknechtetes Polakentum, in: Die Deutsche Polizei, 15.01.1940, Nr. 2, S. 31.

1791 Juden arbeiten!, in: Die Deutsche Polizei, 01.02.1941, Nr. 3, S. 63.

1792 Franz-Otto Wrede, Im Getto aller Gettos, in: Die Deutsche Polizei, 01.05.1940, Nr. 9, S. 141 f., hier: S. 141.

1793 Ebd., S. 142.

1794 Vgl. z. B. Mallmann, Missgeburten, S. 78–80.

1795 Günter Doebel, Gegner im Busch, in: Die Deutsche Polizei, 01.09.1941, Nr. 17, S. 306.

1796 Matthias Schottler, Unser Bataillon im Kampf mit Heckenschützen. Ein Erlebnisbericht aus dem Winterfeldzug, in: Die Deutsche Polizei, 15.05.1942, Nr. 10, S. 145–147.

„Banditen in der Felsenhöhle",[1797] „Banditenkampf in Sumpf und Schlamm",[1798] „Ein Banditenlager wird vernichtet"[1799] oder „Im Bandenkampf auf dem Balkan".[1800] Auch das RSHA steuerte etwas zu diesem Komplex bei, wie ein Text von Dr. Wilhelm Spengler zeigte. Der SS-Obersturmbannführer berichtete darin, wie Sicherheitspolizei und SD einen „Bandenkrieg im Niemandsland" führten, wobei er klarmachte, dass „diese Unterwelt" über „keinerlei anständige Kriegsregeln" verfüge. Stattdessen operierten die „Banditen" in Zivilkleidung, vollzögen häufig einen Ortswechsel und mischten sich unter das Volk, was ihrer „hinterlistigen Kampfform" entspreche. Die Polizisten dürften daher niemandem trauen. Vermeintlich harmlose Passanten könnten sich nämlich als todbringende „Terroristen" entpuppen:

> „Harmlos aussehende Mädchen oder in Lumpen gehüllte, Brot bettelnde Frauen haben wir festgenommen. Sie waren in Wirklichkeit geschulte, von den Sowjets ausgeschickte Agentinnen, die sich nachts durch die Linien schlichen und in ihrem Rupfensack auf dem Handschlitten hinter sich unter schmutziger Leibwäsche ihr Funkgerät und allerlei Nahrungsmittel verborgen hielten. Selbst Kinder und halbwüchsige Burschen, die auf den Rollbahnen und in truppenbelegten Orten harmlos des Weges kamen, haben sich nach genauer Beobachtung als von den Banden ausgeschickte Spione entpuppt. Erst neulich haben wir aus einem hartgesottenen Kommunisten, der durch die raffinierten Ausbildungslehrgänge der Bandenschulung gegangen war, die Weisungen des jüdischen ‚Schulungsleiters' herausgeholt."[1801]

Die angeblich hinterlistige Taktik der „Banden" spiegelte sich auch in einem Artikel über den „Kampf gegen unsichtbare Gegner" wider, den der Kriegsberichterstatter W. Curt Otto verfasste. Die „Banditen" charakterisierte er als gefährliche und primitive, aber auch feige kämpfende Kontrahenten, gegen die seine Einheit vorgehen müsse, um ihre Kameraden im eroberten Gebiet zu schützen. Daher verfüge sie über „das Recht und die Unerbittlichkeit, einen Gegner zu vernichten, der den offenen Kampf scheute, dem es nicht auf die mannhafte Gegnerschaft ankam".[1802] Um dem „Bandenunwesen" beizukommen, hätten die Polizisten eine Operation durchgeführt, bei der sie einige „Bolschewisten" habe verhaften und vernehmen können, was jedoch erfolglos geblieben sei. „So gingen sie den Weg, den alle anderen vor ihnen gingen und den alle anderen nach ihnen gehen werden, den Weg zum Standrecht", ließ Otto seinen Bericht enden.[1803] All diese Berichte versuchten den Spagat zwischen zwei sich scheinbar entgegengesetzten Positionen zu bewerkstelligen: Einerseits warnten sie vor den irregulären Kombattanten, die extrem gefährlich seien, weil sie skrupellos aus dem Hinterhalt angriffen. Andererseits stellten sie den Einsatz der Polizeikräfte als überaus heroisch und tapfer dar. Durchaus miteinander vereinbar waren diese Aspekte deshalb, weil sie die „Polizeisoldaten" noch heldenhafter erscheinen ließen, indem sie eben derartig böse Antago-

1797 Doebel, Banditen in der Felsenhöhle. Polizei-Schistreifenabteilung im Gebirgskampf, in: Die Deutsche Polizei, 01.10.1942, Nr. 19, S. 284 f.

1798 Polizei-Kriegsberichter Finke, Banditenkampf in Sumpf und Schlamm, in: Die Deutsche Polizei, 15.05.1943, Nr. 10, S. 191 f.

1799 Ein Banditenlager wird vernichtet!, in: Die Deutsche Polizei, 01.10.1943, Nr. 19, S. 391.

1800 Im Bandenkampf auf dem Balkan!, in: Die Deutsche Polizei, 15.11.1943, Nr. 22, S. 462 f.

1801 Wilhelm Spengler, Bandenkrieg im Niemandsland. Vom Einsatz der Sicherheitspolizei und des SD, in: Die Deutsche Polizei, 01.02.1943, Nr. 3, S. 49–52, hier: S. 50.

1802 W. Curt Otto, Kampf gegen unsichtbare Gegner, in: Die Deutsche Polizei, 01.03.1943, Nr. 5, S. 84.

1803 Ebd., S. 84.

nisten erfolgreich niederkämpften. Diese Botschaft mischte sich unter die übrige Kriegsromantik der Zeitschrift, die den „auswärtigen Einsatz" der Polizeieinheiten fortwährend idealisierte.

Dieser umfangreiche, aber immer noch unvollständige Überblick über die weltanschauliche Literatur macht eines deutlich: An Material mangelte es den Lehrern und Schülern in Fürstenfeldbruck ganz bestimmt nicht. Deswegen rühmte sich die Bildungsanstalt, dass die Beamten auf die „in der Bücherei vorhandene reichhaltige Literatur über weltanschauliche Schulung und die Artikelsammlung" zurückgreifen könnten, die sie zum „Völkischen Beobachter" angelegt hatte.[1804] In der hauseigenen Bibliothek fanden sich daneben zahlreiche Bücher, die bei den Nationalsozialisten sehr beliebt waren und ihrem Schriftgut zuzurechnen sind. Dazu gehörten z. B. die antikommunistische und antisemitische Schrift „Der verratene Sozialismus" des ehemaligen Kommunisten Karl Albrecht[1805] oder der Roman „Wahr' dich Garde, der Bauer kommt!", für das der SS-Offizier Henrik Herse verantwortlich zeichnete. Daneben fand sich in der Brucker Einrichtung auch „Das Buch Treue", welches das Nibelungenlied in Romanform einfing.[1806] Geschrieben hatte es Himmlers Lieblingsschriftsteller, Werner Jansen, der „eine Art Karl May für germanophile, vor allem jugendliche Leser" war und als Obersturmbannführer auch in den „SS-Leitheften" veröffentlichte.[1807] Darüber hinaus verlangte Hagemann von jedem Polizeiführer und Verwaltungsbeamten des Stammpersonals, sich weiterzubilden. Deshalb sah er es als „besondere Pflicht jedes einzelnen" an, Hitlers „Mein Kampf" zu studieren.[1808]

Während des Krieges sah sich die Schulgemeinschaft samstags in einem Hörsaal gemeinsam die Wochenschauen an und nutzte Filme, um sich allgemein zu informieren und als Medium für den regulären Unterricht.[1809] So führte die Schule weitere Spiel- und Lehrfilme vor wie etwa „Stoßtrupp 1917" oder „Infanterieausbildung".[1810] Zu Unterrichtszwecken zeigten die Lehroffiziere ferner Filme zur Nahkampfschulung und einen Verkehrsfilm.[1811] Indem sie sich darüber hinaus auch andernorts gemeinsam Filme ansahen, nutzten Lehrer und Schüler eine weitere Gelegenheit, außerhalb der Hörsäle Zeit miteinander zu verbringen und so in der Öffentlichkeit gewissermaßen im „geschlossenen Verband" zu agieren. Die bewegten Bilder lenkten sie zudem vom dienstlichen Alltag ab, ohne dass sie sich dabei im toten Winkel der NS-Propaganda befunden hätten. Gleich in der Frühphase des Krieges setzte die Polizeischule Fürstenfeldbruck auf dieses manipulative Medium, um auf ihre Angehörigen ein-

1804 BayHStA München, Polizeischule FFB 139, [unleserlich] (Polizeischule FFB): Themen für nationalsoz.Lehre, 12.02.1941, S. 1.

1805 Vgl. BayHStA München, Polizeischule FFB 132, Hagemann (Polizeischule FFB): Unterrichtsbefehl Nr. 12, 19.05.1943. Ferner: Karl I. Albrecht, Der verratene Sozialismus. Zehn Jahre als hoher Staatsbeamter in der Sowjetunion, 11. Aufl., Berlin/Leipzig 1941.

1806 Vgl. BayHStA München, Polizeischule FFB 134, Hagemann (Polizeischule FFB): Unterrichtsbefehl Nr. 5, 27.01.1944. Ferner: Henrik Herse, Wahr' dich Garde, der Bauer kommt!, Berlin 1939; Werner Jansen, Das Buch Treue. Nibelungenroman, Hamburg 1916.

1807 Longerich, Himmler, S. 87. Vgl. ebd., S. 324.

1808 BayHStA München, Polizeischule FFB 185, Hagemann (Polizeischule FFB): Offizierausbildung, 18.05.1942, S. 1.

1809 Vgl. z. B. BayHStA München, Polizeischule FFB 179, Hagemann (Polizeischule FFB): Unterrichtsbefehl Nr. 3, 05.02.1943.

1810 BayHStA München, Polizeischule FFB 179, I. V. Stüber (Polizeischule FFB): Unterrichtsweisung Nr. 9, 06.05.1941, S. 1. Wie später noch ausgeführt wird, gab es Schüler, die schon allein an mangelhaften Kenntnissen der deutschen Sprache in einem Lehrgang scheiterten.

1811 Vgl. BayHStA München, Polizeischule FFB 14, Diez (PAB FFB): Bataillonsbefehl Nr. 20, 28.03.1940.

zuwirken. Kommandeur Diez verpflichtete z. B. die Angehörigen des Polizeiausbildungs bataillons dazu, sich am 28. Mai 1940 den Film „Feuertaufe“ anzusehen, der in der Kommandantur des Brucker Fliegerhorsts zu sehen war.[1812] Im Oktober des gleichen Jahres fanden sich die Polizisten dann in der hiesigen Jahnhalle ein, um dort einige Streifen zu schauen, wozu sie die Gruppe Marine der Wehrersatzinspektion München eingeladen hatte. Sie zeigte ausschließlich Filme, die sich mit den deutschen Seestreitkräften befassten und sie entsprechend glorifizierten. So sahen die Männer etwa Streifen wie „Deutsche Seegeltung und Kriegsmarine“, „Gorch Fock“, „U-Boot am Feind“, „Danzig wird deutsch“ oder „Stapellauf des Schlachtschiffes Tirpitz“.[1813]

In besonderen Situationen wünschte Himmler sogar persönlich, dass die Polizeibeamten ins Kino gingen, um dort möglichst gemeinsam mit ihren Familien die Machwerke der Propagandamaschinerie zu betrachten. So trug der Reichsführer-SS allen Vertretern der uniformierten Polizei auf, sich im Verlauf des Winters 1940 in ihren Standorten den antisemitischen Film „Jud Süß“ anzusehen.[1814] Diesem Aufruf folgte auch die Brucker Polizeischule und beorderte das Stammpersonal sowie die Anwärter in das örtliche Lichtspieltheater, das an zwei Tagen die Beamten beherbergte.[1815] Ähnlich verlief der obligatorische Besuch des Schmähfilms „Der ewige Jude“, den die Schulgemeinschaft Mitte Februar 1941 gemeinsam vornahm.[1816] Wenngleich nicht überliefert ist, wie die polizeilichen Zuschauer reagierten, ist es durchaus vorstellbar, dass diese judenfeindlichen Streifen nicht spurlos an ihnen vorübergingen, wie dies auch bei anderem Publikum aus Himmlers Machtgefilde beobachtet werden konnte.[1817] In diesen ideologischen Kontext lassen sich auch andere Kinobesuche einordnen, welche die Polizeischule in Sondervorstellungen durchführte. Schon Ende Mai 1933 sahen die Lehrer und rund 300 Schüler gemeinsam den Streifen „Blutendes Deutschland“, der einen nationalsozialistisch verklärten Geschichtsüberblick lieferte, der von der Ära Bismarcks bis ins „Dritte Reich“ hineinführte.[1818] In der weltanschaulichen Schulung sollten die Lehroffiziere aber auch andere visuelle Hilfsmittel wie Karten, Zeichnungen und Bilder „in stärkstem Maße“ einsetzen.[1819] Dazu zählten aber nicht bloß Schautafeln, die rein polizeilich relevante Sachverhalte aufzeigten. Es handelte sich auch um solche, in denen sich Prinzipien der NS-Ideologie manifestierten. So verfügte die Schule in ihrer hauseigenen Lehrmittelsammlung etwa über eine Karte, welche die „Wanderung und Verbreitung der Juden in der Welt“ illustrierte.[1820]

Wer sich mit solchen Materialien und den darin kommunizierten Botschaften konfrontiert sieht, dem fällt es leicht, zu glauben, dass sie die Polizisten beeinflussten. Auch heute noch wühlen sie auf und lassen nicht kalt. Im Wissen um die nationalsozialistischen Mas-

1812 Vgl. BayHStA München, Polizeischule FFB 14, Diez (PAB FFB): Bataillonsbefehl Nr. 30, 27.05.1940.

1813 BayHStA München, Polizeischule FFB 14, Diez (PAB FFB): Bataillonsbefehl Nr. 62, 04.10.1940.

1814 Vgl. RdErl. d. RFSSuChdDtPol. im RMdI. v. 15.11.1940, in: RMBliV, 20.11.1940, Nr. 47, Sp. 2116b. Ferner: Westermann, Police Battalions, S. 118.

1815 Vgl. BayHStA München, Polizeischule FFB 14, Diez (PAB FFB): Bataillonsbefehl Nr. 72, 05.12.1940.

1816 Vgl. BayHStA München, Polizeischule FFB 14, Diez (Polizeischule FFB): Kommando-Befehl Nr. 9, 12.02.1941.

1817 Vgl. u. a. Cüppers, Art, S. 95; Ders., Wegbereiter, S. 104.

1818 Vgl. Sondervorstellung des Filmes „Blutendes Deutschland“ für die Polizeihauptschule, in: Fürstenfeldbrucker Zeitung, 02.06.1933, Nr. 128, S. 3.

1819 BayHStA München, Polizeischule FFB 139, Stoffverteilungsplan in nat.soz.Lehre für den Rev.-Offz.-Anwärter-Lehrgang, [1941], S. 1.

1820 BayHStA München, Polizeischule FFB 179, Hagemann (Polizeischule FFB): Unterrichtsbefehl Nr. 14, 01.07.1941, S. 1.

senverbrechen erscheint es durchaus plausibel, dass der Weg zum Holocaust in den antisemitischen und rassistischen Propagandaschriften seinen Anfang nahm. Der heutige Betrachter darf sich allerdings nicht von der Wucht solcher Hetzwerke erschlagen lassen. Es darf zunächst einmal bezweifelt werden, dass die Beamten mit ihnen allen vertraut waren und sie sogar noch in ihrer Freizeit lasen. Während ihrer anspruchsvollen Lehrgänge waren sie auch noch mit anderen Dingen beschäftigt, was es ihnen nahezu unmöglich machte, die gesamte Literatur aufmerksam zu studieren.

Darüber hinaus waren selbst die Lehroffiziere keineswegs in der Lage, die einzelnen Sachgebiete ausgiebig zu behandeln – geschweige denn, sämtliche Publikationen in den Unterricht miteinzubeziehen. Wie wenig Zeit ein Lehroffizier dafür hatte, zeigt sich etwa daran, dass sogar ein Stoffplan extra darauf hinwies, unter den Texten seien „lediglich die Gebiete zu behandeln, deren Darbietung für das Verständnis der angesetzten Themen unbedingt notwendig ist".[1821] Außerdem müsse dem Lehrer eine gewisse Flexibilität eingeräumt werden, da er sich auf seine Schüler, deren Vorwissen und intellektuellen Fähigkeiten einzustellen habe, ohne vorher zu starr auf exakte Themen festgelegt zu sein.[1822] Das ließ ihm einen bestimmten Spielraum, in dem er seine Lehrstunden gestalten konnte. Dennoch dürften seine Freiheiten überschaubar gewesen sein, weil sich der Lehroffizier thematisch an dem orientieren musste, was ihm Berlin vorsetzte. Außerdem hatte er gegen einen großen Zeitmangel zu kämpfen.

Auch andere Indizien sprechen dagegen, dass die Ordnungspolizisten die Schule als überzeugte Vermittler der NS-Weltanschauung verließen. Der polizeiliche Ausbildungsapparat räumte der weltanschaulichen Schulung zeitweise zwar insgesamt vier Wochenstunden ein, was durchaus beachtlich war. Über ebenso viel Zeit verfügten phasenweise schließlich auch andere Fächer, wie der Luftschutz oder das Besondere Polizeirecht. Allerdings gab es Disziplinen, die wesentlich mehr Zeit beanspruchten. Die weltanschauliche Schulung konnte gerade den militärischen Fächern im Stundenplan nicht den Rang streitig machen.[1823] Noch knapper fiel der ideologische Unterricht gerade in denjenigen Lehrgängen aus, die in der zweiten Kriegshälfte stattfanden und nur wenige Monate dauerten. Im Laufe des Krieges büßte die weltanschauliche Schulung also eine oder mehrere Stunden ein. Die fehlende Zeit summierte sich sodann während des Lehrgangs und führte dazu, dass der umfangreiche Stoff vielmehr im Schnelldurchlauf durchgenommen werden musste. Für das Verständnis war das sicherlich nicht zuträglich. Noch vier Wochenstunden besaß die weltanschauliche Schulung etwa im 21., 22. und 25. OAL, die in den Jahren 1941 und 1942 stattfanden, während sich die Anzahl bereits wenig später im 28. und 30. OAL auf nur noch zwei Stunden pro Woche reduzierte.[1824] Doch bereits in seiner Frühphase stand dem Fach nur wenig Zeit zur Verfügung,

1821 BayHStA München, Polizeischule FFB 139, Stoffverteilungsplan in nat.soz.Lehre für den Rev.-Offz.-Anwärter-Lehrgang, [1941], S. 1.

1822 Vgl. BayHStA München, Polizeischule FFB 143, Polizeischule FFB: Stoffverteilungsplan in nat.soz.Lehre, [1941], S. 1.

1823 Vgl. u. a. BayHStA München, Polizeischule FFB 124, Abdruck: Grünwald (Polizeischule Berlin-Köpenick) an u. a. Kommandeur: Lehrstoffverteilungsplan für den 20. Offizier-Anwärter-Lehrgang Mariaschein, 28.02.1941, S. 3.

1824 Vgl. BayHStA München, Polizeischule FFB 124, Stundenplan des 21. Offiziersanwärterlehrganges, Lehrabteilung A und B, [1941]; BayHStA München, Polizeischule FFB 125, Polizeischule FFB: Stundenplan für den 22. Offizieranwärterlehrgang Abtlg. A, [1941]; BayHStA München, Polizeischule FFB 126, Stundenplan des 25. Offizieranwärter-Lehrganges, [1942]; BayHStA München, Polizeischule FFB 128, Stundenplan des 28. Offizieranwärterlehrgang II. Teil, [1942]; BayHStA München, Polizeischule FFB 129, Stundenplan für den 30. Offizieranwärterlehrgang vom 25.9. bis 28.11.1942, [1942].

so dass beispielsweise der 6. OAL von 1937 und 1938 mit insgesamt nur drei Stunden auskommen musste.[1825] Freilich können Stundenpläne nicht als einziger Indikator herangezogen werden, wenn es darum geht, für die weltanschauliche Schulung auszuloten, welche Dimensionen sie in der Ausbildung der polizeilichen Führungskräfte einnahm. Dass die Polizeischulen während des Krieges die Stunden für dieses Fach zugunsten der militärischen Disziplinen deutlich kürzten, lässt jedoch darauf schließen, welche Prioritäten der Polizeiapparat setzte. In der Offiziersausbildung dominierte die weltanschauliche Schulung aber zu keiner Zeit.

5.1.5 Sonstige Unterrichtsinhalte

Abseits der regulären Fächer existierten an der Polizeischule Fürstenfeldbruck noch weitere Erziehungsfelder, die aber nicht auf den Lehrplänen erschienen oder sich einer bestimmten Disziplin zuordnen lassen. Für die Kurse waren sie deswegen nicht minder bedeutend. Vielmehr ergänzten sie diese zu einem umfassenden Gesamtkonzept. Am ehesten ist es der militärischen Ausbildung zuzurechnen, dass die Schüler während des Lehrgangs mehrere Übungen mit der Gasmaske zu absolvieren hatten.[1826] Dieses Training stand nicht nur unter dem Eindruck des Gaskriegs, wie er im Ersten Weltkrieg geführt wurde, sondern war für die Beamten auch im Luftschutz wichtig. Darüber hinaus mussten die angehenden Offiziere lernen, notfalls mit ihrem Atemgerät zu kämpfen. Obwohl es zu solch einer Kampfesform an der Front nicht kam, bereitete sie der Unterricht dennoch darauf vor.[1827] In manchen Kursen überprüften die Lehroffiziere darüber hinaus die Deutschkenntnisse ihrer Schüler und ließen sie darum ein Diktat und einen Aufsatz schreiben, in dem sie ihre Ausdrucksfähigkeit unter Beweis stellen mussten. Daneben übten die künftigen Polizeiführer, einen Lebenslauf zu erstellen.[1828] Wer seine eigene Sprache zumindest ausreichend beherrschte, erfüllte lediglich „die primitivsten Voraussetzungen jedes Polizisten".[1829] Wie sich jedoch zeigen sollte, war das nur scheinbar selbstverständlich.[1830]

In einigen Lehrgängen der Vorkriegsjahre mussten die Anwärter daneben eine Ausbildung im Straßen- und Revierdienst absolvieren, der einen Teil ihrer gesamten Offiziersausbildung darstellte. Verteilt auf verschiedene Polizeireviere sollten die Schüler dort nicht nur praktische Erfahrungen sammeln, sondern auch „mit schwierigen Verhältnissen" zurechtkommen.[1831] Ob sich das darauf bezog, dass die Polizisten in Dienststellen eingesetzt waren, die nur mangelhaft besetzt waren und in denen viel Betrieb herrschte oder ob sich diese in sozialen Brennpunkten befanden, bleibt offen. Jedoch darf letzteres stark bezweifelt werden.

1825 Vgl. BayHStA München, Polizeischule FFB 121, Polizeischule FFB: Stundenplan für Gruppe A, [1937].

1826 Vgl. BayHStA München, Polizeischule FFB 13, Dr. Schade (Polizeischule FFB): Kommando-Befehl Nr. 1, 07.01.1938.

1827 Vgl. z. B. BayHStA München, Polizeischule FFB 143, Polizeischule FFB: Stoffverteilungsplan. Waffendienst und Unterführerausbildung, 17.11.1941, S. 3.

1828 Vgl. BayHStA München, Polizeischule FFB 15, Hagemann (Polizeischule FFB): Kommandobefehl für die Durchführung der Gruppen- und Zugführerausbildung des mit Erl.v.16.12.42 O-Kdo.I Ausb. (1) 3a Nr.32/42 angeordneten 32. Offizieranwärterlehrganges, 12.01.1943. Zum Deutschunterricht in der uniformierten Polizei ferner: Bach, Ordnungspolizei, S. 91.

1829 BayHStA München, Polizeischule FFB 195, [unleserlich] (Polizeischule FFB): Stellungnahme zum Gesuch des Rottwm.d.Res. Georg Durner, 24.07.1942.

1830 Siehe dazu Kapitel 5.2.

1831 BayHStA München, Polizeischule FFB 123, [unleserlich]: Plan für die Ausbildung im Straßen- und Revierdienst, [1939].

Denn die Anwärter dienten im Polizeipräsidium München oder in anderen Revieren in der Landeshauptstadt, während sie in der Ausbildungsabteilung in der Dietlindenstraße 32–34 ihre Unterkunft bezogen.[1832] Auf die angehenden Offiziere wartete jedoch ein sehr vielseitiges Programm, bei dem sie die Organisation und den Dienstbetrieb des Reviers kennenlernten: So wurden sie am Standort in den Wach- und Meldedienst eingewiesen und lernten bei Streifgängen durch den Bezirk dessen Eigentümlichkeiten kennen. Während des praktischen Unterrichts im Straßendienst nahm das Verkehrswesen generell einen breiten Raum ein, wobei sie etwa Verkehrskontrollen durchführten und eine Signalanlage besichtigten. Vorträge und Übungen sollten den Anwärtern außerdem den Luftschutz näherbringen. Überdies hatten sie am reviereigenen Dienstunterricht teilzunehmen. Zum Abschluss ihres Aufenthalts mussten sie unter Aufsicht bewährter Polizeioffiziere zeigen, was sie gelernt hatten, indem sie etwa als stellvertretende Revierführer oder Wachleute agierten.[1833] Allerdings hatte der praktische Straßen- und Revierdienst in den Kursen keine große Zukunft. Das lässt sich schon allein daran ablesen, dass das Ausbildungsamt seine Dauer bereits für den 12. OAL Mitte 1939 deutlich verkürzte.[1834] Gleich zu Beginn des Krieges ersetzte es ihn dann durch einen mehrmonatigen Frontdienst in einer deutschen Polizeieinheit.[1835]

Abbildung 24: Polizeiskischule „Am Oberjoch" (Bayerisches Polizeimuseum, Fotosammlung)

Obwohl sie nicht auf dem Lehrplan zu finden war, besaß die Skiausbildung hingegen eine nicht zu unterschätzende Rolle an der Polizeischule Fürstenfeldbruck und jenseits ihrer Mauern. Die Ordnungspolizei unterhielt seit Oktober 1941 sogar eine eigene Hochgebirgsschule in Innsbruck, die darauf spezialisiert war, alle im hochalpinen Bereich eingesetzten Kräfte der uniformierten Polizei und deren Bergführer auszubilden.[1836] Ungeübten Wintersportlern, aber auch bereits versierten Skilehrern sollte es jedoch vorher schon möglich sein, in speziellen Kursen ihr Können auf den Brettern zu verbessern.[1837] Diese besonderen Lehrgänge erfolgten zwischen Januar und März 1941 an den drei Skischulen der Polizei „Am Oberjoch", „Am Sudelfeld" und in

1832 So kamen die Teilnehmer des 4. OAL geschlossen zum Polizeipräsidium München. Vgl. BayHStA München, Polizeischule FFB 121, I. V. [unleserlich] (Polizeischule FFB): Offizieranwärter, 15.12.1936; BayHStA München, Polizeischule FFB 121, I. A. [unleserlich] (StMdI) an u. a. Polizeischule FFB: Ausbildung der Offizieranwärter der Schutzpolizei, 21.10.1936. Die Anwärter des 12. OAL waren hingegen verteilt auf weiteren Münchner Revieren abgestellt. Vgl. BayHStA München, Polizeischule FFB 123, Hille (Kommando der Schutzpolizei München) an u. a. Polizeischule FFB: Ausbildung der Wachtm. und Offizieranwärter des 12. Offizieranwärterlehrganges im Revier- u. Straßendienst, 26.07.1939, S. 1.

1833 Vgl. BayHStA München, Polizeischule FFB 123, [unleserlich]: Plan für die Ausbildung im Straßen- und Revierdienst, [1939]; BAB, R 20/69, Entwurf: I. V. Stüber (Polizeischule FFB) an Polizeipräsident in Frankfurt am Main: 10. Offz.-Anwärterlehrgang, 14.11.1938.

1834 Vgl. BayHStA München, Polizeischule FFB 123, Funkspruch: Held (RFSSuChdDtPol) an Polizeischule FFB: Verkürzung der Ausbildung des 12. Offizieranwärterlehrganges, 08.06.1939.

1835 Siehe dazu Kapitel 4.3.

1836 Vgl. RdErl. d. RFSSuChdDtPol. im RMdI. v. 27.11.1941, in: RMBliV, 03.12.1941, Nr. 49, Sp. 2113 f.; RdErl. d. RFSSuChdDtPol. im RMdI. v. 02.02.1942, in: MBliV, 11.02.1942, Nr. 6, Sp. 311 f. Zur Hochgebirgsschule der Ordnungspolizei in Innsbruck ferner der Akt BAB, R 20/175.

1837 Vgl. BayHStA München, Polizeischule FFB 186, [unleserlich] (IdO im Wehrkreis VII) an u. a. Polizeischule FFB. Abschrift: RFSSuChdDtPol an u. a. IdO in München: Skiausbildung im Winter 1940/41, 31.10.1940.

„Kitzbühel".[1838] Daneben veranstaltete die Ordnungsmacht Wettbewerbe, in denen sich die erfahrenen Skiläufer unter den Augen von Kurt Daluege miteinander messen konnten, was zeigt, wie bedeutend diese Sportereignisse für die Polizei waren.[1839] Die Brucker Bildungsanstalt wollte diese Chance nutzen, um geeignete Kandidaten aus dem Stammpersonal zu geübten Pistenläufern weiterzubilden. Darunter befanden sich auch Polizeioffiziere, die bereits andere Skikurse absolviert oder erfolgreich an Wettbewerben teilgenommen hatten. So schlug der Kommandeur etwa Oberleutnant Ludwig Zeiler vor, als Skilehrer ausgebildet zu werden, weil er schon einige Kurse besucht und an Sportveranstaltungen mitgewirkt hatte. Ihm sollte auch die Aufgabe zuteilwerden, die Anfänger direkt am Standort Fürstenfeldbruck zu trainieren. Dem Stammpersonal wäre diese Abwechslung sogar ganz gelegen gekommen, da das Brucker Ausbildungsbataillon seinerzeit bald abreisen und dann als Polizeibataillon 253 nach Norwegen ziehen sollte.[1840] Doch eben dieser Umstand verhinderte, dass Zeiler und einige seiner Kollegen an diesen Lehrgängen teilnehmen konnten, weil sie in dieser Einheit verblieben und mit zum „auswärtigen Einsatz" kamen.[1841] Es sollte jedoch nicht die letzte Gelegenheit sein, bei der die nahegelegene Bergwelt in der Offiziersausbildung eine Rolle spielte.

Die Lehrgänge unternahmen gelegentlich Ausflüge und steuerten Ziele außerhalb von Fürstenfeldbruck an. Zwar gehörten diese Kurzreisen zur Ausbildung dazu. Sie waren aber außergewöhnlich, weil sie die Teilnehmer als geschlossene Gruppe ins Grüne oder zu diversen Sehenswürdigkeiten führten. Die Lehroffiziere dürften dabei jedoch weniger im Sinn gehabt haben, einfach mal die Mauern der Bildungsanstalt hinter sich zu lassen, sondern zielten vielmehr auf das gemeinschaftliche Erlebnis ab. So veranstalteten manche Kurse z. B. eine Fahrradtour zum Ammersee.[1842] Solche Ereignisse dienten dazu, dass sich die Anwärter außerhalb des gewohnten Alltags besser kennenlernten, indem sie in die „echte" Welt jenseits der Hörsäle zogen, in denen sie sonst nur theoretisierten. Kleine Klassenfahrten sollten also ihren Kameradschaftssinn stärken. In erster Linie waren sie dazu gedacht, die Kurse auch außerhalb des Brucker Standorts abzuhalten und dadurch noch lebendiger zu gestalten. Da solche Unterrichtseinheiten aber weiterhin Teil der Ausbildung waren, frequentierten die Lehrer mit ihren Zöglingen recht häufig die gleichen Örtlichkeiten.

Eine Belehrungsreise führte den 25. OAL beispielsweise nach Innsbruck, nicht zuletzt weil „ein ganz erheblicher Teil der Anwärter aus Norddeutschland stammte und noch nie Gele-

1838 Vgl. BayHStA München, Polizeischule FFB 186, Schnellbrief: I. A. Winkelmann (RFSSuChdDtPol) an u. a. IdO in München: Skiausbildung für Anfänger und Fortgeschrittene an den Polizeiskischulen „Kitzbühel", „Am Oberjoch" und „Sudelfeld", 24.12.1940.

1839 Vgl. BayHStA München, Polizeischule FFB 186, Schnellbrief: I. A. Aurich (RFSSuChdDtPol) an u. a. alle Polizeischulen: Zulassung zu den Polizei-Skiwettbewerben 1941 in Kitzbühel, 13.02.1941.

1840 Vgl. BayHStA München, Polizeischule FFB 186, Abdruck: I. V. Diez (PAB FFB) an IdO im Wehrkreis VII: Skiausbildung im Winter 1940/41, 08.11.1940.

1841 Vgl. BayHStA München, Polizeischule FFB 186, I. A. Gebauer (IdO im Wehrkreis VII) an u. a. Polizeischule FFB: Skiausbildung für Anfänger und Fortgeschrittene an den Polizeiskischulen „Kitzbühel", „Am Oberjoch" und „Sudelfeld", 30.12.1940; BayHStA München, Polizeischule FFB 186, I. V. Schwahn (Polizeischule FFB) an IdO im Wehrkreis VII: Skiausbildungf.Anfänger und Fortgeschrittene an den Polizeiskischulen „Kitzbühel", Am Oberjoch" und „Sudelfeld", 03.12.1940. Das letzte Dokument nennt ein falsches Datum, da aus ihm hervorgeht, dass jene Offiziere der Brucker Schule, die an den Skikursen teilnehmen sollten, am 2. Januar 1941 mit dem Polizeibataillon 253 nach Norwegen abrückten.

1842 Vgl. z. B. BayHStA München, Polizeischule FFB 140, Entwurf: Hagemann (Polizeischule FFB) an RFSSuChdDtPol: Erfahrungsbericht über die Durchführung des 4.Rev.Offizieranwärterlehrganges, 29.07.1941, S. 3.

genheit hatte, ein Hochgebirge mit all seiner Pracht und Schönheit […] kennen zu lernen".[1843] Dabei nutzte der Lehrgangsleiter die Gunst der Stunde und referierte am Berg Isel über die Kämpfe der Tiroler unter der Führung von Andreas Hofer, was durchaus zum Unterricht in der Kriegsgeschichte gezählt werden kann. Allerdings diente das Bergland bei diesem Ausflug vor allem als Kulisse eines fiktiven Partisanenkampfes, den der Lehrgang durchzuführen hatte.[1844] Kommandeur Hagemann meinte resümierend zu dieser Kurzreise, dass dabei Kameradschaft und Zugehörigkeitsgefühl innerhalb des Kurses gefördert worden seien. Aber auch für die Lehrer sei die Reise vorteilhaft gewesen, da sie die Möglichkeit erhielten, die Teilnehmer außerhalb des Schulgebäudes kennenzulernen, „wo sie sich selten zwanglos und natürlich geben".[1845]

Abbildung 25: Marsch mit Gasmasken durchs Gebirge in Sudelfeld (1939) (Bayerisches Polizeimuseum, Fotosammlung)

Abbildung 26: Polizeiheim Spitzingsee (Bayerisches Polizeimuseum, Fotosammlung)

Es war nicht das letzte Mal, dass der Weg der polizeilichen Schulgemeinschaft nach Innsbruck führte, um dort den „Bandenkampf im Gebirge" zu trainieren.[1846] Der Offiziersnachwuchs sollte gerade während des Zweiten Weltkriegs lernen, im späteren Einsatz mit den „Schwierigkeiten eines Gebirgskampfes" zurechtzukommen.[1847] Aber auch andere Örtlichkeiten in alpiner Landschaft steuerten die Kurse an. Eine Lehrabteilung des 21. OAL unternahm etwa eine kurze Übungsreise zum Polizeiheim in Spitzingsee, während die andere zeitgleich die SS-Junkerschule in Bad Tölz

1843 BayHStA München, Polizeischule FFB 126, Hagemann (Polizeischule FFB) an RFSSuChdDtPol: Erfahrungsbericht über die mit Fernschreiben vom 19.3.1942 genehmigte Belehrungsreise des 25. Offizieranwärterlehrganges nach Innsbruck, 02.04.1942, S. 1.

1844 Vgl. ebd., S. 1 f.

1845 Ebd., S. 2.

1846 BayHStA München, Polizeischule FFB 132, Entwurf: Hagemann (Polizeischule FFB) an RFSSuChdDtPol: 33. Offizieranwärterlehrgang, 01.10.1943, S. 1. Auch weitere Lehrgänge reisten nach Innsbruck, um dort vor allem eine Geländeübung bzw. einen Kampf gegen Partisanen durchzuführen. So z. B. der 27., 28. und 33. OAL: Vgl. BayHStA München, Polizeischule FFB 127, Entwurf: Hagemann (Polizeischule FFB) an RFSSuChdDtPol: Erfahrungsbericht über die Durchführung der mit FS. vom 17.6.1942 O-Kdo. I a (1) 3a Nr. 27/10 genehmigten Belehrungsübung des 27. Offizieranwärterlehrganges, 09.07.1942; BayHStA München, Polizeischule FFB 128, Entwurf: Hagemann (Polizeischule FFB) an RFSSuChdDtPol: Erfahrungsbericht über die Durchführung des 28. Offiz.Anw.Lehrg., 22.10.1942, S. 4 sowie BayHStA München, Polizeischule FFB 128, Koschmieder (Polizeischule FFB): Programm für die Fahrt des Lehrganges nach Innsbruck, 28.09.1942; BayHStA München, Polizeischule FFB 132, Entwurf: Hagemann (Polizeischule FFB) an RFSSuChdDtPol: 33. Offizieranwärterlehrgang, 16.11.1943, S. 3.

1847 BayHStA München, Polizeischule FFB 128, Entwurf: Hagemann (Polizeischule FFB) an RFSSuChdDtPol: Erfahrungsbericht über die Durchführung des 28. Offiz.Anw.Lehrg., 22.10.1942, S. 4.

aufsuchte.[1848] Zu dieser Bildungsstätte pilgerte auch der 22. OAL, der außerdem zur Polizeiskischule Sudelfeld reiste.[1849] Der 32. OAL fuhr zum Feuerkogl bei Bad Ischl ins Salzkammergut, wo die Teilnehmer „eine allgemeine Unterweisung im Gebirgskampf" erhielten. Auf der Hinreise hatte der Lehrgang bereits „das Geburtshaus des Führers" in Braunau aufgesucht.[1850] Bei einer Reise zum Königssee sowie nach Berchtesgaden und Salzburg ergriff der 8. OAL die Gelegenheit, zum Obersalzberg zu pilgern und „einmal selbst das Haus unseres Führers zu sehen", worüber Kommandeur Gerret Korsemann stolz an das Ausbildungsamt berichtete.[1851] Wie sehr die Lehrerschaft solche Belehrungsreisen dazu nutzte, um die Polizisten in ungewohnter Umgebung für den Krieg bereitzumachen, zeigt ein Ausflug des 15. Reserve-OAL, der bei Spitzingsee spielerisch eine Alm befreite, die „von Partisanen besetzt war".[1852] In die Alpen zog es auch andere Lehrgänge, die dann etwa nach Garmisch-Partenkirchen, Ehrwald oder Kitzbühel kamen.[1853]

Neben einem Abstecher in die bayerische und österreichische Bergwelt besuchte der 25. OAL zentrale Weihestätten der NS-Bewegung in München und die Festung Landsberg samt „Führerzelle".[1854] Gerade diese Ausflugsziele waren in der Polizeischule Fürstenfeldbruck sehr beliebt. Zumindest pilgerten einige Lehrgänge zu diesen nationalsozialistischen Sehenswürdigkeiten, was sicherlich auch an der günstigen Lage der Bildungsanstalt zur „Hauptstadt der Bewegung" lag.[1855] Aus diesem Grund besichtigte der 21. OAL auch das 6. Luftschutzrevier der Polizeiverwaltung München und das Haus der Deutschen Kunst.[1856] Die Anlagen des Po-

1848 Vgl. u. a. BayHStA München, Polizeischule FFB 124, Hagemann (Polizeischule FFB) an RFSSuChdDtPol: Übungsreise, 14.07.1941.

1849 Vgl. BayHStA München, Polizeischule FFB 125, Entwurf: Hagemann (Polizeischule FFB) an RFSSuChdDtPol: Erfahrungsbericht über die Durchführung des 22. Offizieranwärter-Lehrganges, 30.12.1941, S. 5.

1850 BayHStA München, Polizeischule FFB 131, Entwurf: I. V. [unleserlich] (Polizeischule FFB) an RFSSuChdDtPol: Erfahrungsbericht über die mit Erlaß des RFSS v.15.6.43 O.-Kdo.I Ausb. (1) 3a Nr.32-8/43 genehmigte Belehrungsreise des 32. O.A.L. nach dem Feuerkogl nach Bad Ischl, 16.08.1943, S. 1 f.

1851 BayHStA München, Polizeischule FFB 122, Korsemann (Polizeischule FFB) an RFSSuChdDtPol: Übungsreise des 8. Offz.-Anwärter-Lehrggangs, 08.05.1939, S. 1.

1852 BayHStA München, Polizeischule FFB 145, Hagemann (Polizeischule FFB) an RFSSuChdDtPol: Belehrungsreise des 15. Res.Offizieranwärterlehrganges, 06.08.1942, S. 1.

1853 Vgl. u. a. BayHStA München, Polizeischule FFB 130, Entwurf: Hagemann (Polizeischule FFB) an RFSSuChdDtPol: Erfahrungsbericht über die Durchführung des 30. und 31. Offizieranwärterlehrganges, 03.04.1943, S. 3; BayHStA München, Polizeischule FFB 134, Entwurf: Hagemann (Polizeischule FFB) an RFSSuChdDtPol: Belehrungsreise des 36. Offizieranwärterlehrganges, 05.05.1944; BayHStA München, Polizeischule FFB 136, Entwurf: I. V. Willing (Polizeischule FFB) an RFSSuChdDtPol: Belehrungsreisen, 09.10.1944.

1854 BayHStA München, Polizeischule FFB 126, Entwurf: Hagemann (Polizeischule FFB) an RFSSuChdDtPol: Erfahrungsbericht über die Durchführung des mit RdErl. vom 10.12.41 (MBliV. S. 2232 b) angeordnete 25. Offiz.Anw.Lehrg., 02.04.1942, S. 5.

1855 Vgl. u. a. BayHStA München, Polizeischule FFB 129, Entwurf: Hagemann (Polizeischule FFB) an RFSSuChdDtPol: Erfahrungsbericht über die Durchführung des 30. und 31. Offizieranwärterlehrganges, 06.04.1943, S. 3; BayHStA München, Polizeischule FFB 131, Hagemann (Polizeischule FFB) an RFSSuChdDtPol: Erfahrungsbericht über die Durchführung des 32. O.A.L., 18.08.1943, S. 5; BayHStA München, Polizeischule FFB 133, Entwurf: Hagemann (Polizeischule FFB) an RFSSuChdDtPol: Erfahrungsbericht über die Durchführung des 35. Offizieranwärterlehrganges, 04.01.1944, S. 2.

1856 Vgl. BayHStA München, Polizeischule FFB 124, Hagemann (Polizeischule FFB) an PP München: Besichtigung, 29.07.1941 sowie BayHStA München, Polizeischule FFB 124, Hagemann (Polizeischule FFB) an die Lehrabteilung A & B, 02.08.1941. Ferner: BayHStA München, Polizeischule FFB 136, Entwurf: I. V. Willing (Polizeischule FFB) an RFSSuChdDtPol: Erfahrungsbericht über den Ablauf des 39. OAL, 31.10.1944, S. 6; BayHStA München, Polizeischule FFB 141, Hagemann (Polizeischule FFB) lizeisenders Emmering, die Nachrichtenmittel und das Kriminalmuseum des Münchner Polizeipräsidiums, das Deutsche Museum, den Botanischen Garten der bayerischen Landeshauptstadt oder Schloss Nymphenburg frequentierte die Brucker Polizeischule auch recht häufig.[1857] Ebenfalls nach München zog es einzelne Lehrgänge, um dort eine der besonderen Schauen zu besuchen. So besichtigte der 7. OAL beispielsweise die „antibolschewistische Ausstellung", die in der bayerischen Metropole gastierte.[1858] Außerdem zog es den 2. Revier-OAL im Januar 1941 in die Ausstellung „Deutschlands Grösse".[1859] Daneben konnte es aber auch schon einmal vorkommen, dass das Stammpersonal der Polizeischule ohne seine Schüler loszog und bei solch einem „Betriebsausflug" etwa gemeinsam auf das Münchner Oktoberfest ging.[1860]

Nicht nur die bayerische Landeshauptstadt lockte die Brucker Lehranstalt zu Ausflügen. Ein Kursus besichtigte das Parteitagsgelände sowie das Germanische Museum in Nürnberg und informierte sich auch darüber, wie der Luftschutz in der fränkischen Stadt organisiert war.[1861] Wie sich an diesem Beispiel bereits zeigte, sollten die politisch-ideologischen Fachgebiete bei solchen Gelegenheiten nicht zu kurz kommen. Deshalb kam es bei den kleinen Lehrreisen durchaus vor, dass auch Vorträge in Kriegsgeschichte und weltanschaulicher Schulung auf die Schüler warteten. Daneben gab es weitere Momente während solcher Exkursionen, in denen sich die NS-Ideologie anderweitig Bahn brach, wie ein Bericht zur Übungsreise des 2. und 3. Offiziersausbildungslehrgangs demonstriert. In ihm lobte Korsemann zwar die Referate, die an den historischen Örtlichkeiten stattgefunden und sich durchaus als nützlich erwiesen hätten. Allerdings beklagte sich der Kommandeur darüber, dass die Unterkünfte nur teilweise seinen Ansprüchen genügt hätten.[1862] Während einige Räumlichkeiten in Ordnung gewesen seien, könne es nicht angehen, „wenn SS Führer, die seit längerer Zeit aus der

an RFSSuChdDtPol: Erfahrungsbericht über die Durchführung des mit RdErl.v.14.5.41 (RMBliV.S.932 b) angeordneten 6.Rev.Offizieranwärterlehrganges, 20.11.1941, S. 4; BayHStA München, Polizeischule FFB 147, I. V. [unleserlich] (Polizeischule FFB) an RFSSuChdDtPol: Erfahrungsbericht über den Ablauf des 26.Res.OAL, 01.11.1944, S. 6.

1857 Vgl. u. a. BayHStA München, Polizeischule FFB 127, Hagemann (Polizeischule FFB) an RFSSuChdDtPol: Erfahrungsbericht über die Durchführung des 27. Offiz.Anw.Lehrg., 07.08.1942, S. 2 f.; BayHStA München, Polizeischule FFB 133, Entwurf: Hagemann (Polizeischule FFB) an RFSSuChdDtPol: Erfahrungsbericht über die Durchführung des 35. Offizieranwärterlehrganges, 04.01.1944, S. 2; BayHStA München, Polizeischule FFB 134, Entwurf: Hagemann (Polizeischule FFB) an RFSSuChdDtPol: Erfahrungsbericht, 10.05.1944, S. 3; BayHStA München, Polizeischule FFB 135, Entwurf: I. V. [unleserlich] (Polizeischule FFB) an RFSSuChdDtPol: Erfahrungsbericht (38. OAL.), 20.09.1944, S. 5; BayHStA München, Polizeischule FFB 147, I. V. [unleserlich] (Polizeischule FFB) an RFSSuChdDtPol: Erfahrungsbericht über den Ablauf des 26.Res.OAL, 01.11.1944, S. 6.

1858 Vgl. BayHStA München, Polizeischule FFB 122, Entwurf: [Dr. Schade] (Polizeischule FFB) an RFSSuChdDtPol: Erfahrungsbericht über die Durchführung des 7. Offz.-Anwärterlehrg., 02.08.1938, S. 3.

1859 BayHStA München, Polizeischule FFB 139, Entwurf: I. A. Diez (Polizeischule FFB) an RFSSuChdDtPol: Erfahrungsbericht über den Ablauf des 2.Rev.Offz.Anw.-Lehrganges, 10.04.1941, S. 3.

1860 Vgl. Ausflug der Polizeibeamten und Angestellten der Polizeioffizier- u. Schutzpolizeischule Fürstenfeldbruck, in: Fürstenfeldbrucker Zeitung, 14.10.1938, Nr. 240, S. 3.

1861 Vgl. BayHStA München, Polizeischule FFB 122, Entwurf: [Dr. Schade] (Polizeischule FFB) an RFSSuChdDtPol: Erfahrungsbericht über die Durchführung des 7. Offz.-Anwärterlehrg., 02.08.1938, S. 3. Den gleichen Ausflug nach Nürnberg machten der 2. und 3. Offiziersausbildungslehrgang. Vgl. BayHStA München, Polizeischule FFB 120, Abschrift: Korsemann (Polizeischule FFB) an RFSSuChdDtPol: Übungsreise des 2. und 3. Offizierausbildungslehrganges, 07.06.1939.

1862 Vgl. BayHStA München, Polizeischule FFB 120, Entwurf: [Korsemann] (Polizeischule FFB) an RFSSuChdDtPol: Erfahrungsbericht über die Übungsreise des 2. u. 3. Offz.-Ausbildungslehrganges vom 19.6.39 mit 21.6.39, 07.07.1939, S. 2 f.

Kirche ausgetreten sind, bei Pfarrern untergebracht werden, wie es in Nürnberg in 5 Fällen vorkam. Ich selbst war in Nürnberg bei einem Pfarrer einquartiert und habe dieses Quartier selbstverständlich abgelehnt."[1863]

Ab und an verschlug es die Polizeischule auch in die unmittelbare Nachbarschaft. Der Fliegerhorst in Fürstenfeldbruck etwa war das Ziel einer kurzen Reise einiger Lehrgänge, die es aber auch schon mal zum städtischen Elektrizitätswerk oder den Schlachthof zog.[1864] Vereinzelt nutzte die Schule darüber hinaus die Gelegenheit, das nahegelegene Konzentrationslager in Dachau zu besichtigen. Zwar offenbaren die Quellen nicht, was sich bei einem solchen Ausflug zutrug. Allerdings dürfte den Anwärtern vor Augen geführt worden sein, welche Verhältnisse in dem „Modell-KZ" herrschten und wie die SS in diesem rechtsfreien Raum agierte. Dadurch könnten die angehenden Polizeiführer einen Eindruck davon bekommen haben, zu welchen Ergebnissen auch ihre Arbeit mitunter führte und wie es jenen Delinquenten erging, die sich angeblich nicht in die „Volksgemeinschaft" einfügten. Dennoch kam es insgesamt nur ziemlich selten vor, dass die Brucker Lehrgänge diese Terrorstätte aufsuchten. Zumindest zeugen nur sehr wenige Quellen davon, dass die Polizeischule überhaupt solche Abstecher unternahm.[1865] Dieser Befund ist überraschend, weil das KZ Dachau nur knapp 20 km von ihr entfernt lag und es daher durchaus möglich gewesen wäre, das Lager regelmäßig anzusteuern. Anders als in der Sicherheitspolizei waren solche Besuche für die Ausbildung der uniformierten Ordnungsmacht aber auch nicht vorgeschrieben.[1866]

5.1.6 Schwerpunkte in der Offiziersausbildung der Ordnungspolizei

Welche Inhalte bestimmten nun insgesamt die Offiziersanwärterlehrgänge? In den Kursen dominierten ganz eindeutig die militärischen Fächer, was nicht nur daran lag, dass die meisten Stunden pro Woche für sie reserviert waren. Darüber hinaus waren die Lehrgänge sogar zweigeteilt, wobei der erste Abschnitt fast ausschließlich dafür vorgesehen war, die Anwärter zu drillen und körperlich wie geistig auf den nächsten vorzubereiten. Der zweite Teil der Kurse verband dann deutlich intensiver Theorie und Praxis miteinander, um die Schüler noch stärker auf den Ernstfall einzustellen. Nun lernten die Polizisten nicht nur, ihre Ausrüstung zu handhaben und zu exerzieren, sondern stimmten sich mithilfe von schriftlichen Arbeiten und praktischen Planspielen auch darauf ein, ihre Gegner taktisch und physisch zu eliminieren. Dabei versuchte sich der Himmlersche Polizeiapparat am Spagat, den Offiziersnachwuchs zum militärisch versierten Ersatzheer und gleichzeitig zum volksnahen „Freund und Helfer" auszubilden. Das gelang jedoch nur bedingt. Denn polizeispezifische Belange standen bereits in der Zwischenkriegszeit im Schatten der militärischen Inhalte. Obwohl die-

1863 Ebd., S. 3.

1864 Vgl. BayHStA München, Polizeischule FFB 122, Entwurf: [Dr. Schade] (Polizeischule FFB) an RFSSuChdDtPol: Erfahrungsbericht über die Durchführung des 7. Offz.-Anwärterlehrg., 02.08.1938, S. 3; BayHStA München, Polizeischule FFB 132, Entwurf: Hagemann (Polizeischule FFB) an RFSSuChdDtPol: 33. Offizieranwärterlehrgang, 16.11.1943, S. 3; BayHStA München, Polizeischule FFB 148, Entwurf: Hagemann (Polizeischule FFB) an Hauptamt Ordnungspolizei: Erfahrungsbericht über die Durchführung des 27.ROAL., 24.04.1945, S. 4.

1865 Vgl. BayHStA München, Polizeischule FFB 128, Entwurf: Hagemann (Polizeischule FFB) an RFSSuChdDtPol: Erfahrungsbericht über die Durchführung des 28. Offiz.Anw.Lehrg., 22.10.1942, S. 4; BayHStA München, Polizeischule FFB 147, I. V. [unleserlich] (Polizeischule FFB) an RFSSuChdDtPol: Erfahrungsbericht über den Ablauf des 26.Res.OAL, 01.11.1944, S. 6.

1866 Vgl. Linck, Ordnung, S. 34; 100 Jahre, S. 59.

se stets einen Schwerpunkt in der Ausbildung gebildet hatten, verschob er sich während des Krieges noch deutlicher zu ihren Gunsten. Andere Fächergruppen drängte die polizeiliche Truppenausbildung noch mehr in den Hintergrund. Das dokumentierte sogar Kommandeur Hagemann, wenn er von einer „durch die Kriegszeit bedingten Bevorzugung der militärischen gegenüber der rechtlichen Fächer" sprach.[1867]

Während rechtliche und polizeidienstliche Disziplinen gerade in der zweiten Kriegshälfte nahezu verschwanden, waren sie schon in den Friedensjahren eher unterrepräsentiert. Zwar hatten sie bereits in der Weimarer Republik mit den militärischen Fächern koexistiert, was nicht zuletzt auf die Entstehungsgeschichte der deutschen Polizei zurückgeführt werden kann. Im „Dritten Reich" schrumpfte ihr Wert jedoch stetig. Das Regime war nicht so sehr daran interessiert, dass seine führenden „Gesetzeshüter" in der Lage waren, paragraphengetreu zu arbeiten. Vielmehr schulte es sie, in entscheidenden Situationen „aktiv" zu werden. Das dafür notwendige Selbstbewusstsein vermittelten ihnen etwa die Lebenskunde, die Kriegsgeschichte oder auch die SS- und Polizeigerichtsbarkeit und sogar der martialisch wie elitär ausgerichtete Polizeisport. Hitlers „grüne Soldaten" sollten sich als privilegierte und zugleich verantwortungsvolle Kämpfer für den Nationalsozialismus begreifen, die verpflichtet waren, ihren „Volksgenossen" dessen Prinzipien mustergültig vorzuleben, sie bei abtrünnigem Verhalten aber auch schnell zu bestrafen. Dabei war es aus Sicht des Regimes nur abträglich, sich allzu stark an Recht und Gesetz zu orientieren. Selbst genuin polizeiliche Aspekte standen Himmlers Vision nur im Weg, ein weltanschaulich gefestigtes „Staatsschutzkorps" aufzubauen. In der zweiten Kriegshälfte führte das sogar dazu, dass die Kriminalistik, die Revierkunde, das Kraftfahr- sowie das Haushalts- und Wirtschaftswesen komplett von den Lehrplänen verschwanden. Darin manifestierte sich erneut die Tatsache, dass sich die Arbeit der Beamten schon längst von den Revierstuben und Streifengängen hin an die Front verlagert hatte. Dieser Prozess schlug sich auch darin nieder, dass die SS- und Polizeigerichtsbarkeit in dieser Phase sogar den übrigen Rechtsunterricht absorbierte. Die anderen rechtlichen und polizeidienstlichen Fächer waren also zu Attrappen einer Normalität verkommen, die der Ordnungsmacht schon vor Kriegsbeginn verlorengegangen war.

Stattdessen trainierten die „Polizeisoldaten" sowohl auf dem Papier als auch im Übungsgelände, bei Straßenschlachten und vor allem im „auswärtigen Einsatz" nicht zimperlich mit den Gegnern umzugehen. Dabei waren sie jedoch nicht nur mit taktischen Theorien beschäftigt, sondern simulierten auch sehr realitätsnah den Ernstfall. Der geschlossene Einsatz gegen Unruhestifter, Aufständische und Partisanen konfrontierte sie dabei mit dem „Feind im Innern", den die Ordnungsmacht bereits seit der Weimarer Republik bekämpfte. Grundsätzlich zeichnete der Unterricht von diesem Kontrahenten ein recht diffuses Bild. In Form der „Bande" erschien er meist nur als anonyme Masse, die einen feigen, aber heimtückischen und deshalb gefährlichen Kampf führe. Deswegen drillten die Lehrer ihre Schüler, entschlossen und unerbittlich gegen Partisanen und alle vorzugehen, die auch nur verdächtig waren, einen Guerillakampf gegen die deutsche Besatzungsmacht zu führen.

Äußerst bemerkenswert ist aber, dass der „Bandenkampf" in der Offiziersausbildung der Ordnungspolizei eine derart zentrale Rolle spielte. Dieses Thema war sogar so ungeheuer wichtig, dass es in vielen Fächern auftauchte, die davon unbelastet schienen, wozu der Luftschutz, die Pflichtenlehre und das Kraftfahr- sowie das Pionierwesen zählten. Dass die Par-

---

1867 BayHStA München, Polizeischule FFB 129, Entwurf: Hagemann (Polizeischule FFB) an RFSSuChdDtPol: Erfahrungsbericht über die Durchführung des 30. und 31. Offizieranwärterlehrganges, 06.04.1943, S. 2 f.

tisanenbekämpfung ein interdisziplinäres Sujet darstellte, lag nicht nur am „Freischärlerwahn", der die Mentalität der deutschen „Ostkrieger" stark prägte. Vielmehr drückt sich darin aus, dass die Ausbildung der Polizeiführer einen ganzheitlichen Ansatz verfolgte, um nicht holzschnittartig zu wirken. Da der Polizeiapparat bereits seit den zwanziger Jahren davon überzeugt war, dass ein solch schwer greifbarer Feind grundsätzlich „links" stehe, fiel es den Nationalsozialisten leicht, diese Stereotype auf die „bolschewistischen Banden" zu übertragen. Wenngleich es der Unterricht meist nicht offen zur Sprache brachte, versuchte gerade die weltanschauliche Schulung mehr oder minder unterschwellig zu suggerieren, dass die sowjetischen Partisanen mit den Juden unter einer Decke steckten. Antisemitische und andere ideologische Botschaften bildeten einen Kitt, der den Kampf gegen „Banden" nicht mehr nur als trockene Dienstpflicht erscheinen ließ, welcher die innerdeutsche Exekutive auch über die ursprünglichen Reichsgrenzen hinaus nachkam. Die politisch-weltanschaulichen Ausbildungsinhalte stilisierten ihn vielmehr zum unausweichlichen Rassenkrieg, den die „Vorzeigebeamten" des NS-Staats zu führen hätten, um ihre Kameraden an der Front zu schützen.

Während antisemitische und rassistische Aspekte ungemein deutlich in der nationalsozialistischen Literatur hervortraten, skizzierten sie der Lehrplan und andere polizeischulische Unterlagen hingegen äußerst schemenhaft und eher nüchtern. Das muss natürlich nicht bedeuten, dass der ideologische Unterricht deshalb harmlos ausfiel. Allerdings zeigt sich, dass das antijüdische Minimalziel lediglich darin bestand, die Beamten über die Nürnberger Gesetze und die judenfeindlichen Maßnahmen des Deutschen Reichs zu informieren. Die „Endlösung" stand jedoch nie auf dem Lehrplan, wenngleich zumindest die propagandistischen Hetzschriften sporadisch auf den Judenmord anspielten. Die Stoffpläne verweisen hingegen darauf, dass der Lehroffizier für die weltanschauliche Schulung vielmehr eine Fülle weiterer Themen behandelte. Angefangen von den historischen und normativen Eckpfeilern des NS-Staats und dessen Sozial- und Wirtschaftspolitik über die Blut-und-Boden-Ideologie bis hin zur Rolle der Polizei im „Dritten Reich" reichte das inhaltliche Spektrum dieses Unterrichts. Darüber hinaus begegneten den Schülern verschiedene NS-Ideologeme auch in vielen anderen Fächern. Das entgeht dem Betrachter freilich, wenn er nur auf die weltanschauliche Schulung fixiert ist, die außerdem nicht die einzige politisch-weltanschauliche Disziplin war.[1868] Grundsätzlich konzentrierte sich die Polizei jedoch wesentlich stärker darauf, sich selbst über die eigenen Werte und nicht über ihre Gegner zu definieren. Insbesondere die weltanschauliche Schulung, die SS- und Polizeigerichtsbarkeit, die Lebenskunde, die Kriegsgeschichte und die Unterrichtslehre verwendeten daher sehr viel Zeit darauf, den Polizisten einzutrichtern, welche Ideale sie zu verkörpern hatten.

Für die Offiziersausbildung der Ordnungspolizei lässt sich also stark vereinfacht festhalten, dass sie vorwiegend durch militärische, aber auch durch ideologische Schwerpunkte gekennzeichnet war. Diesen Dualismus lokalisierte bereits Edward B. Westermann ganz grob in der gesamten Organisationskultur der Ordnungspolizei, ohne jedoch die einzelnen Komponenten allgemein und speziell in der Ausbildung der Führungskräfte zu gewichten.[1869] Dass

1868 Thorsten Bastian Bach weist für die Ausbildung der Ordnungspolizei insgesamt darauf hin, dass etablierte Unterrichtsfächer im „Dritten Reich" mit nationalsozialistischen Ideologemen imprägniert wurden. Vgl. Bach, Ordnungspolizei, S. 88–91.

1869 Vgl. Westermann, Police Battalions, S. 58–123. Auch Bach betont, dass in der Ausbildung der Ordnungspolizei allgemein die militärischen Fächer und die weltanschauliche Schulung dominiert und im Laufe des Krieges andere Disziplinen bedeutungsmäßig überragt hätten, wobei er aber den Machtzuwachs der weltanschaulichen Schulung überschätzt. Vgl. Bach, Ordnungspolizei, S. 90.

diese beiden Kerngebiete nicht exklusiv in Dalueges Institution anzutreffen waren, offenbaren ferner Studien, die zumindest ansatzweise nachzeichnen, wie andere Waffenträger des NS-Staats ausgebildet wurden. Solchen Werken zufolge habe es ihn zumindest in ähnlicher Form auch in jenen Bildungseinrichtungen gegeben, die z. B. den Führungsnachwuchs der Sicherheitspolizei, der Waffen-SS oder der Wehrmacht beschulten. Wie bereits erwähnt, wäre es durchaus wünschenswert, deren Ausbildungssysteme mit jenem der uniformierten Polizei direkt zu vergleichen, da zwischen ihnen durchaus Parallelen, aber auch Unterschiede bestanden. Diese Schriften wählen jedoch andere Perspektiven und Prioritäten, weil sie im Gegensatz zur vorliegenden Studie leider nicht das gesamte Spektrum abdecken, das die jeweiligen Unterrichtsfächer beinhalteten. Außerdem widmen sie sich nicht immer ausschließlich der Ausbildung von Offiziersanwärtern oder äquivalenten Ranginhabern.[1870] Das macht es daher unmöglich, die gesamten Befunde unmittelbar gegenüberzustellen. Eine seriöse Vergleichsanalyse bedarf also weiterhin empirischer Untersuchungen, wenn sie nicht zu banalen oder verzerrten Ergebnissen gelangen will.

Deshalb darf nicht vergessen werden, dass die vorangegangene Untersuchung nur widerspiegelt, was die Lehrgangsunterlagen der Polizeischule Fürstenfeldbruck und Ausbildungsmaterialien aus Berlin preisgeben. Sie offenbaren lediglich, was die angehenden Polizeioffiziere wissen, können und glauben sollten, wenn es nach dem Willen von Himmler und seinen Paladinen ging. Darum bilden sie zwar große Teile der Polizeikultur des NS-Staats ab. Über die tatsächliche Polizistenkultur verraten sie hingegen kaum etwas. Fraglich ist also, inwieweit sich beide Ebenen miteinander in Einklang bringen ließen und bis zu welchem Grad sich Himmlers Wunschbild mit der Wirklichkeit vertrug. Endgültig lässt sich die Frage nicht klären, wie erfolgreich die Ausbildung verlief und welche Inhalte bei den Offiziersanwärtern besonders hängenblieben. Das folgende Kapitel zeigt jedoch, dass sich die Quellen auch darüber nicht ausschweigen.

5.2 Wunsch und Wirklichkeit? – Die Lehrgänge im Spiegel der Erfahrungsberichte

Bisher zeigte der Blick auf die Ausbildungsinhalte, was die Offiziersanwärter theoretisch lernen und später praktisch beherrschen sollten. Aus den vorliegenden Quellen kann aber leider nicht en detail rekonstruiert werden, wie die einzelnen Unterrichtsstunden konkret abliefen und welche Leistungen die Schüler dabei zeigten. Somit skizzierten Lehr- und Stoffpläne nur den Idealzustand, den sich das NS-Regime für den Offiziersnachwuchs der Ordnungspolizei wünschte. Allerdings waren Wunsch und Wirklichkeit keineswegs so einfach miteinander vereinbar. Ablesen lässt sich das schon allein daran, dass sich die einzelnen Kommandeure der Polizeischule Fürstenfeldbruck in ihren Erfahrungsberichten darüber beklagten, dass viele Schüler nur bedingt qualifiziert waren, später einmal als Führungskräfte aufzutreten. Zwar vermögen es diese Quellen nicht, ein vollständig objektives Bild von den realen Verhältnissen in der Brucker Institution zu liefern. Dennoch dokumentieren sie, was die Schulleitung über die einzelnen Kurse dachte und wie sie deren Teilnehmer bewertete. Am ehesten waren sie dazu fähig, ein solches Urteil zu fällen.

1870 Vgl. dazu u. a. Banach, Elite, S. 102–121 und 264–276; Wagner, Kriminalisten, S. 77; Wegner, Soldaten, S. 135–203, besonders: S. 161–171; Orth, Konzentrationslager-SS, S. 118–124; Westemeier, Krieger, S. 46–75; Ders., Junkerschulgeneration, S. 269–285; Hansgeorg Model, Der deutsche Generalstabsoffizier. Seine Auswahl und Ausbildung in Reichswehr, Wehrmacht und Bundeswehr, Frankfurt am Main 1968, S. 68–142.

Wie bereits angesprochen, musste der Kommandeur für jeden Lehrgang mehrere Statusberichte verfassen.[1871] War ein Kursus endgültig abgeschlossen, hatte er abermals einen solchen zu erstellen und an das Hauptamt Ordnungspolizei zu schicken. In diesem Erfahrungsbericht resümierte er darüber, wie der Lehrgang verlaufen war und wie sich die Gemeinschaft der Teilnehmer dabei angestellt hatte, wobei er auch auf besondere Vorkommnisse einging. Der Kommandeur musste außerdem darlegen, wie viele Schüler den Kurs besucht und wie viele ihn bestanden, aber auch wie sie insgesamt in den einzelnen Prüfungen abgeschnitten hatten. Neben diesen statistischen Angaben stand im Zentrum eines solchen Rechenschaftsberichts, welchen Eindruck er vom Offiziersnachwuchs gewonnen hatte, wo dieser noch Schwächen aufwies und wie dessen Ausbildung verbessert werden könnte. Obwohl die Mehrzahl der Schüler die Lehrgänge erfolgreich absolvierte, fiel die Bilanz in der Regel ziemlich schlecht aus. Es gab keinerlei Erfahrungsberichte, in denen sich der Schulleiter vollends zufrieden zeigte.[1872]

Es darf nicht vergessen werden, dass diese Berichte nur eingeschränkt wiedergeben können, was sich tatsächlich innerhalb der Mauern der Polizeischule Fürstenfeldbruck abspielte. Schließlich handelt es sich bei diesen Quellen um subjektive Zeugnisse, in denen der Kommandeur ausdrückte, wie er und sein Lehrpersonal die Schüler einschätzten. Ihm ging es nur bedingt darum, ein wertneutrales Gutachten zu erstellen, in dem eigene Ansichten in den Hintergrund traten. Er sollte vielmehr aus seiner Perspektive darstellen, wie es um den Offiziersnachwuchs bestellt war. So subjektiv diese Berichte auch waren, mussten der Kommandeur und die Lehrerschaft realistisch und schonungslos beurteilen, was die Polizeiführer von morgen zu leisten vermochten. Zwar darf bezweifelt werden, dass sie dabei stets richtig lagen und den Lehrgangsteilnehmern immer gerecht wurden. Allerdings waren der Schulleiter und sein Lehrpersonal diejenigen, die über mehrere Monate hinweg ihre Schüler ausbildeten und ihnen in dieser Situation am nächsten standen. Sie konnten beobachten, wie sich die Anwärter im Unterricht und abseits der Schulstunden verhielten. Insofern waren sie diejenigen, denen es mit ihrem Erfahrungsschatz am ehesten möglich war, die einzelnen Kurse und deren Teilnehmer zu bewerten. Nachdem er sich mit seinen Lehrern intensiv ausgetauscht hatte, fällte der Kommandeur sein Urteil und brachte es sodann zu Papier. Die so entstandenen Erfahrungsberichte wiesen eine eigene Form auf und waren regelrecht standardisiert, was mitunter so weit ging, dass der Autor oft die gleichen oder zumindest ähnliche Phrasen verwendete. Dabei ist zu vermuten, dass er sich in seinem Wortlaut einfach auf seine früheren Berichte stützte, um den Duktus einheitlich zu gestalten.[1873] Unabhängig davon versuchte er jedoch stets, die einzelnen Lehrgänge individuell zu bewerten.

1871 Siehe dazu Kapitel 4.5.

1872 Recht wohlwollend beurteilte Dr. Fritz Schade das Abschneiden des 4. OAL im Jahre 1937 und des 6. OAL im Frühjahr 1938, wobei ihm damals kleinere Mängel aufgefallen waren und er nur wenig über den Zustand der Absolventen aussagte. Vgl. BayHStA München, Polizeischule FFB 121, Dr. Schade (Polizeischule FFB) an RFSSuChdDtPol: Erfahrungsbericht, 30.12.1937; BayHStA München, Polizeischule FFB 121, Entwurf: [Dr. Schade] (Polizeischule FFB) an RFSSuChdDtPol: Erfahrungsbericht über die Durchführung des 6. Offz.-Anw.-Lehrg., 28.03.1938. In den folgenden Lehrgängen verschlechterten sich die Urteile jedoch mitunter drastisch, wie schon allein der 7. und 8. OAL verdeutlichen. Vgl. BayHStA München, Polizeischule FFB 122, Entwurf: [Dr. Schade] (Polizeischule FFB) an RFSSuChdDtPol: Erfahrungsbericht über die Durchführung des 7. Offz.-Anwärterlehrg., 02.08.1938, S. 4; BayHStA München, Polizeischule FFB 122, [Korsemann] (Polizeischule FFB) an RFSSuChdDtPol: Erfahrungsbericht über die Durchführung des 8. Offz.-Anwärter-Lehrg., 08.05.1939, S. 3.

1873 Beispielsweise schrieb Arno Hagemann über den 28. OAL: „Die Masse der Lehrgangsteilnehmer war bei milder, der Kriegszeit entsprechender Beurteilung geistig ausreichend veranlagt; nur wenige über-

Die Berichte sollten aber nicht nur die vergangenen Kurse beurteilen. Gleichzeitig dienten sie dazu, hervorzuheben, was die Schule und ihr Kommandeur geleistet hatten, um sich auf diese Weise zu legitimieren. Denn die Brucker Lehrstätte musste adäquate Resultate vorweisen können, die es rechtfertigten, auch weiterhin unterstützt zu werden. Indem der Schulleiter etwa herausstellte, wie gut das Schulpersonal es verstand, aus mehr oder minder unbeholfenen Kerlen passable Offiziere zu formen, versuchte er die Position seiner Bildungsstätte im Polizeiapparat zu festigen und damit auch sein Amt abzusichern. So ließ es sich der Berichterstatter nicht nehmen, gelegentlich darauf hinzuweisen, es sei dem Einsatz seines Lehrpersonals zu verdanken, dass die Lehrgänge doch noch erfolgreich durchgeführt werden konnten, obwohl die Teilnehmer bei Kursbeginn oftmals erhebliche Defizite aufgewiesen hätten.[1874] Dieses Selbstlob stellte also eine Werbung in eigener Sache dar, die an den SS- und Polizeiapparat adressiert war und unterstreichen sollte, wie effizient doch die Schule angeblich arbeitete.

Das lässt zwar das Bild ein wenig verzerrt erscheinen, das der Kommandeur von der Offiziersausbildung in Fürstenfeldbruck vermitteln wollte. Denn die Polizeischule legte großen Wert darauf, sich innerhalb Himmlers Machtbereich und in der Öffentlichkeit als vorbildliche Institution des NS-Staats zu inszenieren. Aber gerade daher überrascht es doch sehr, dass der Schulleiter seine Berichte nur selten nutzte, um die Verdienste und Stärken seiner Einrichtung herauszustellen. Vielmehr offenbaren sie, welche Ansprüche die Bildungsstätte an die künftigen Offiziere der Ordnungspolizei stellte. Der Betrachter muss allerdings konstatieren, dass nur eine Minderheit diesem Profil tatsächlich entsprach, was sich sehr deutlich in den Erfahrungsberichten widerspiegelt. Das ist jedoch bemerkenswert. Denn die ernüchternden Berichte verdeutlichen, dass die oberbayerische Lehranstalt nicht allmächtig und keineswegs dazu in der Lage war, aus wirklich jedem Kandidaten einen aus Sicht des Regimes mustergültigen Vertreter des Offizierskorps zu formen. Dies kollidierte mit der Eigenwerbung der Polizeischule. Damit dokumentieren sie aber, wie schwer es für die Ordnungspolizei generell war, geeignete Männer für ihre Führungspositionen zu finden.

In seinen Erfahrungsberichten versuchte der Leiter der Polizeischule sogar, zu ergründen, warum einige Teilnehmer derart schlecht abschnitten und die Kurse deshalb oftmals dürftige Ergebnisse erzielten. Eine Ursache glaubte bereits Dr. Fritz Schade darin zu erkennen, dass die Anwärter oftmals unzureichend oder sehr unterschiedlich vorgebildet waren. So schrieb er 1939 über den 8. OAL, dass ihm die mangelhafte Ausbildung vieler Männer aufgefallen sei. Diese seien zuvor nur im Büro tätig gewesen und besäßen weder Fronterfahrung noch sons-

ragten, dafür lagen aber auch einige unter dem Durchschnitt." BayHStA München, Polizeischule FFB 128, Entwurf: Hagemann (Polizeischule FFB) an RFSSuChdDtPol: Erfahrungsbericht über die Durchführung des 28. Offiz.Anw.Lehrg., 22.10.1942, S. 3. Sein Urteil über den 27. OAL klingt sehr ähnlich: „Die Masse der Lehrgangsteilnehmer war geistig ausreichend veranlagt; nur wenige ragten heraus, dafür lagen aber auch einige unter dem Durchschnitt." BayHStA München, Polizeischule FFB 127, Hagemann (Polizeischule FFB) an RFSSuChdDtPol: Erfahrungsbericht über die Durchführung des 27. Offiz.Anw.Lehrg., 07.08.1942, S. 2. Über den 30. und 31. OAL schrieb er wieder: „Die geistige Veranlagung der meisten Teilnehmer beider Lehrgänge kann bei Anlegung eines milden Maßstabes und unter Berücksichtigung der Kriegsverhältnisse als noch ausreichend bezeichnet werden." BayHStA München, Polizeischule FFB 129, Entwurf: Hagemann (Polizeischule FFB) an RFSSuChdDtPol: Erfahrungsbericht über die Durchführung des 30. und 31. Offizieranwärterlehrganges, 06.04.1943, S. 2.

1874 Vgl. z. B. BayHStA München, Polizeischule FFB 123, Dr. Schade (Polizeischule FFB) an RFSSuChdDtPol: Erfahrungsbericht über die Gruppen- und Zugführerausbildung des 12. Offz.-Anwärterlehrg., 22.02.1939, S. 2; BayHStA München, Polizeischule FFB 127, Hagemann (Polizeischule FFB) an RFSSuChdDtPol: Erfahrungsbericht über die Durchführung des 27. Offiz.Anw.Lehrg., 07.08.1942, S. 2.

tige Führereigenschaften.[1875] Einer seiner Nachfolger, Arno Hagemann, kam zu der Ansicht, einige Schüler des 28. OAL hätten kaum über polizeiliche Fachkenntnisse verfügt. Dazu zählte er gerade Abiturienten und Wehrmachtssoldaten. Aber auch ältere Beamte besäßen nur ein geringes Vorwissen, weil sie bisher nur in ihren Dienststellen eingesetzt gewesen seien.[1876] So meinte der Schulleiter recht verstimmt:

> „Es läßt dies auf eine vollkommen einseitige Tätigkeit dieser Männer und auf eine ungenügende Schulung im Standort schließen. Nach 3 Jahren Krieg muß doch verlangt werden, daß wenigstens auf dem Gebiete des Luftschutzes Grundlagen vorhanden sind und daß ein schon jahrelang in der Polizei diensttuender Mann die Revierkunde beherrscht."[1877]

Der Kommandeur bilanzierte weiter, dass viele Anwärter nicht unbedingt als Polizeioffiziere geeignet seien. Nach Ende des Lehrgangs kam er zu dem Ergebnis, dass sich das Leistungsvermögen der Offiziersanwärter sogar zu verschlechtern scheine, da sie zwar motiviert und fleißig seien, das geistige Niveau aber unzureichend sei. Die Allgemeinbildung sei derart mangelhaft, „so daß an die Leistungen ein immer geringer werdender Maßstab angelegt werden muß, wenn nicht mehr als 50 % der Lehrgangsteilnehmer durchfallen sollen".[1878] Grundsätzlich hinterließ der 28. OAL „einen dünnen Eindruck" bei Hagemann. „Das Material ist recht mäßig und ich befürchte, dass, wenn nicht eine erhebliche Besserung bei den Männern eintritt, eine erklägliche [sic!] Anzahl zurückgesandt werden muss", urteilte er über die Anwärter.[1879] Das Hauptamt Ordnungspolizei teilte diese Ansicht und fügte hinzu, dass das Bildungsniveau der angehenden Offiziere „erschreckend gering" sei.[1880] Deshalb dachte der Ausbildungsapparat intern darüber nach, Oberstufenlehrgänge einzurichten, um die Wachtmeister besser auf die Kurse in Berlin-Köpenick oder Fürstenfeldbruck vorzubereiten. Allerdings verabschiedete sich das Hauptamt Ordnungspolizei recht schnell von der Idee, die Polizisten in zehnmonatigen Auswahllehrgängen vorzuschulen: „So geht das jetzt *während des Krieges* nicht. Bei dem grossen Offz.-Bedarf können wir die Männer nicht vorher noch in einen 10 (!) monatigen O-Lehrgang schicken. in [sic!] Friedenszeiten ja."[1881]

Der Ausbildungsapparat musste also einsehen, dass während des Krieges keine Zeit vorhanden war, um die Ordnungspolizisten angemessen vorzuschulen. Das hielt die Kommandeure jedoch nicht davon ab, zu empfehlen, welche Inhalte zusätzlich in die Stoffpläne mit

1875 Vgl. BayHStA München, Polizeischule FFB 122, Entwurf: Dr. Schade (Polizeischule FFB) an RFSSuChdDtPol: Erfahrungsbericht über die Durchführung der Ausbildung von Wachtm. (SB.) der Ordnungspolizei für die Offizierlaufbahn (8. Offz.-Anwärterlehrg.), 12.08.1938, S. 1 f. Ein ähnliches Bild ergab sich auch beim 6. Revier-OAL. Vgl. BayHStA München, Polizeischule FFB 141, Hagemann (Polizeischule FFB) an RFSSuChdDtPol: Erfahrungsbericht über die Durchführung des mit RdErl.v.14.5.41 (RMBliV.S.932 b) angeordneten 6.Rev.Offizieranwärterlehrganges, 20.11.1941, S. 2.

1876 Vgl. BayHStA München, Polizeischule FFB 128, Entwurf: Hagemann (Polizeischule FFB) an RFSSuChdDtPol: Erfahrungsbericht über die Durchführung des 28. Offiz.Anw.Lehrg., 22.10.1942, S. 3.

1877 Ebd., S. 3.

1878 Ebd., S. 5.

1879 BayHStA München, Polizeischule FFB 128, Abschrift: A 1 an P 2: Auszug aus einem Schreiben des Kommandeurs der Pol.-Offz.-Schule Fürstenfeldbruck an Herrn Oberst Hitschler, 21.05.1942, S. 1.

1880 Vgl. BayHStA München, Polizeischule FFB 128, Abschrift: Lenger (P (2)) an Kleinhans, 03.06.1942, S. 2.

1881 BayHStA München, Polizeischule FFB 128, Abschrift: Hitschler (P (2)): Handschriftliche Verfügung des Obersten Hitschler, 25.06.1942. Hervorhebung im Original.

aufgenommen werden sollten. Die Einzelausbildung etwa müsste, laut Hagemann, Teil der Offiziersausbildung werden oder in einem eigenen Kurs erfolgen, da die einzelnen Standorte damit überfordert seien.[1882] In seinem Bericht zum 22. OAL hatte er bereits vorgeschlagen, die Anwärter militärisch vorzuschulen, bevor sie zum eigentlichen Lehrgang geschickt werden, weil ansonsten die Gruppen- und Zugführerausbildung noch mehr Zeit beanspruchen würde.[1883] Der Polizeiapparat reagierte auf diesen Vorschlag, indem er Ende 1941 Vorbereitungslehrgänge einrichtete und die möglichen Kandidaten für den 25. OAL im Polizeilehrbataillon Dresden-Hellerau vorbilden ließ. Wie bereits erwähnt, sollten diese Kurse dafür sorgen, dass die Ordnungspolizei nur geeignete Offiziersanwärter nach Fürstenfeldbruck und Berlin-Köpenick entsendete. Sie hatten so gut wie möglich Wissenslücken zu schließen und auf Defizite einzugehen, welche die Polizisten in militärischer und körperlicher Hinsicht besaßen.[1884] Diese Maßnahmen konnten allerdings nicht darüber hinwegtäuschen, dass sich die Qualität der Offiziersanwärter deswegen keineswegs verbesserte. Nach einem Vorbereitungslehrgang resümierte der Kommandeur des Dresdner Lehrbataillons dementsprechend, dass „sich bei den Männern sehr große Lücken“ zeigen würden und „die Vorkenntnisse der Lehrgangsteilnehmer sehr schwach waren“.[1885] Daher kam auch er zu dem Schluss, dass die Zeit für solche Lehrgänge viel zu knapp bemessen sei. Denn schließlich „blieb ein Teil der Teilnehmer noch erheblich hinter dem von einem Offizier geforderten Auftreten und Können zurück“, was er auf „eine zu große Schwerfälligkeit in geistiger und körperlicher Hinsicht“ zurückführte.[1886]

Der heterogene Wissensstand vieler Offiziersanwärter resultierte auch daraus, dass sie in verschiedenen Tätigkeitsfeldern oftmals recht einseitig eingesetzt waren, bevor sie an die Brucker Polizeischule kamen. So bestand ein Lehrgang mitunter aus Männern, die zuvor im Einzel- oder Fachdienst, in den heimatlichen Dienststellen oder an der Front zum Einsatz gekommen waren.[1887] Während z. B. ein Großteil des 21. OAL im Jahre 1941 aus dem Einzeldienst stamme, habe laut Hagemann nur ein geringer Teil der Schüler zuvor in Polizeieinheiten seinen Dienst versehen. Diesem mangele es nun an polizeifachlichen Kenntnissen, jener hingegen habe nur wenig Erfahrung im Truppendienst. Wer noch dazu aus dem polizeilichen Sonderdienst an die Lehrstätte nach Fürstenfeldbruck abgeordnet worden sei, habe wiederum einen ganz anderen Wissensstand. Der Erfahrungsbericht kam zu dem Schluss, es lasse sich auch künftig nicht verhindern, dass die Lehrgänge unterschiedlich zusammengesetzt seien, wobei dieser Umstand deutlich erschwere, die Offiziersanwärter angemessen auszubilden.[1888] Dieses Problem spreche jedoch „sehr eindringlich gegen die aus

1882 Vgl. BayHStA München, Polizeischule FFB 124, Abdruck: I. V. Hösl (Polizeischule FFB) an RFSSuChdDtPol: Erfahrungsbericht über die Durchführung des 21. Offizieranwärterlehrganges, 26.08.1941, S. 3.

1883 Vgl. BayHStA München, Polizeischule FFB 125, Entwurf: Hagemann (Polizeischule FFB) an RFSSuChdDtPol: Erfahrungsbericht über die Durchführung des 22. Offizieranwärter-Lehrganges, 30.12.1941, S. 3.

1884 Siehe dazu Kapitel 4.3.

1885 BayHStA München, Polizeischule FFB 126, Auszugsweise Abschrift: [Unterschrift des Kommandeurs] (Polizei-Lehr-Bataillon Dresden-Hellerau) an RFSSuChdDtPol, 20.12.1941, S. 1.

1886 Ebd., S. 1.

1887 Vgl. BayHStA München, Polizeischule FFB 130, Entwurf: Hagemann (Polizeischule FFB) an RFSSuChdDtPol: Erfahrungsbericht über die Durchführung des 30. und 31. Offizieranwärterlehrganges, 03.04.1943, S. 2

1888 Vgl. BayHStA München, Polizeischule FFB 124, Abdruck: I. V. Hösl (Polizeischule FFB) an RFSSuChdDtPol: Erfahrungsbericht über die Durchführung des 21. Offizieranwärterlehrganges, 26.08.1941, den Bedürfnissen der Kriegszeit an sich erklärliche Tendenz der *Verkürzung* der Offizieranwärterlehrgänge".[1889] Bereits vor dem Krieg reagierte sein Vorgänger, Gerret Korsemann, verstimmt darauf, dass einige Schüler ursprünglich aus der Wasserschutzpolizei gekommen seien und gegenüber den übrigen Schutzpolizisten und Gendarmen in militärischen Feldern keine Ahnung gehabt hätten.[1890]

Über das mangelnde Fachwissen angehender Polizeiführer beklagte sich auch Major Max Lagerbauer, der Kommandeur der Gendarmerieschule Deggingen und spätere Leiter der Polizeiunterkunft in Mariaschein. Vor allem monierte er anlässlich eines Vorbereitungslehrgangs, dass gerade die Verwaltungsbeamten der Polizei längere Zeit bräuchten, „bis sie sich innerlich wieder auf den rein militärischen Dienst eingestellt hatten".[1891] Nur durch entsprechend angepasste Ausbildungseinheiten, aber auch durch Nachsicht mit den Teilnehmern habe sich die Lage zumindest etwas verbessern können.[1892] Ein solches Urteil deutet auf ein zentrales Problem von Himmlers Polizeiapparat hin: Dieser suchte derart verzweifelt nach brauchbarem Personal, dass er sogar alte Revierpolizisten und im praktischen Dienst unerfahrene Schreibtischbeamte fronttauglich machen wollte. Um eben solche Männer dennoch einsatzfähig zu bekommen, schlug Lagerbauer vor, die militärisch unerfahrenen Kandidaten längere Zeit zu einem Polizeibataillon abzustellen.[1893] Auch in den nachfolgenden Lehrgängen verbesserte sich die Qualität der Schüler nicht. Zu wünschen übrig lasse sowohl die körperliche Verfassung eines Großteils der Männer als auch deren Allgemeinwissen.[1894] „Das Format eines Offz.-Anwärters haben nur wenige Männer erreicht", wie Lagerbauer eingestehen musste.[1895] Sicherlich kann darüber spekuliert werden, ob die Schulleiter und ihre Lehrkräfte nur besonders kritisch waren oder solche Befunde der Wirklichkeit entsprachen. Fakt ist jedoch, dass die Zuständigen des polizeilichen Ausbildungssystems eine Vielzahl von Schülern für unwürdig befanden, tatsächlich Offiziere zu werden. Nur allzu wenige Kurse an der Brucker Polizeischule erzielten Ergebnisse, die den Kommandeur versöhnlich stimmten.[1896]

Einen solchen Lehrgang besuchten außerdem viele Männer, die geistig minderbemittelt waren und daher nicht den Ansprüchen genügten, welche die Ordnungspolizei an ihre Führungskräfte stellte. Etliche Berichte beklagten sich über die überschaubaren intellektuellen Fähigkeiten der Kandidaten.[1897] Nur in wenigen Ausnahmen lobte der Kommandeur den Bil-

S. 3.

1889 Ebd., S. 3. Hervorhebung im Original.

1890 Vgl. BayHStA München, Polizeischule FFB 122, [Korsemann] (Polizeischule FFB) an RFSSuChdDtPol: Erfahrungsbericht über die Durchführung des 8. Offz.-Anwärter-Lehrg., 08.05.1939, S. 3.

1891 BayHStA München, Polizeischule FFB 128, Lagerbauer (Polizeiunterkunft Mariaschein) an RFSSuChdDtPol: Erfahrungsbericht über den in der Zeit vom 4.3.42–18.04.42 an der Pol. Unterkunft in Mariaschein b.Aussig stattgefundenen 3. Vorb.Lhrg.f.Offz.Anwärter, 18.04.1942, S. 3.

1892 Vgl. ebd., S. 3 f.

1893 Vgl. ebd., S. 5.

1894 Vgl. BayHStA München, Polizeischule FFB 130, Lagerbauer (Gendarmerieschule Deggingen) an RFSSuChdDtPol: 1. Auswahllehrgang für Offizieranwärter an der Polizeischule (Gend,) Deggingen/Württbg., 17.10.1942, S. 2 f.

1895 Ebd., S. 3.

1896 Obwohl Hagemann auch bei den Teilnehmern des 32. OAL nicht mit Kritik geizte, glaubte er zu wissen, „daß sie auch in einem künftigen Einsatz, worauf die Ausbildung in der Hauptsache abgestellt war, sich als Offiziere bewähren." BayHStA München, Polizeischule FFB 131, Hagemann (Polizeischule FFB) an RFSSuChdDtPol: Erfahrungsbericht über die Durchführung des 32. O.A.L., 18.08.1943, S. 6.

1897 Vgl. u. a. BAB, R 20/69, Hösl (Polizeischule FFB) an RFSSuChdDtPol – Ausbildungsamt: Erfahrungsbericht über die Durchführung des 10. Offz.-Anwärter-Lehrg., 15.04.1939, S. 3; BayHStA München, dungsstand und das geistige Niveau der Polizeischüler, wie es etwa beim 26. Reserve-OAL im Jahre 1944 der Fall war.[1898] Bereits in der Vorkriegszeit drückten die Schulleiter ihren Unmut über diesen Missstand aus. Kommandeur Schade urteilte über den 7. OAL, „daß das geistige Niveau des Lehrganges das Minimum an Anforderungen an den Pol.-Offiziernachwuchs darstellt, unter das nicht mehr heruntergegangen werden kann, wenn nicht die ganze Schutzpolizei Schaden erleiden soll".[1899] Wie die weitere Entwicklung offenbart, sollte es für den Brucker Bildungsbetrieb aber noch schlimmer kommen. Denn gerade die älteren Teilnehmer hätten, laut Arno Hagemann, einen Lehrgang für Revieroffiziere im Jahre 1941 nur bestehen können, weil sie den Stoff auswendig gelernt hätten. Dadurch seien sie zwar für einfache Arbeiten geeignet, nicht jedoch dazu fähig, eigenständig zu denken, wozu sich außerdem „eine erschreckende Unwissenheit in allgemeiner Beziehung" geselle.[1900] Es fällt daher nicht schwer, sich klarzumachen, dass der Kommandeur der oberbayerischen Schule von solchen nützlichen Idioten nicht besonders angetan war.

„Geistig gut war keiner der Teilnehmer veranlagt. Schul- und Allgemeinbildung waren auffallend mäßig", urteilte Hagemann ferner über den 27. OAL.[1901] Nach Ende des 32. OAL bekümmerte es ihn, dass die Schüler den Stoff zwar erlernt hätten, aber nicht in der Lage ge-

Polizeischule FFB 120, Abdruck: Dr. Schade (Polizeischule FFB) an RFSSuChdDtPol: Erfahrungsbericht über die Durchführung des 1. Offz.-Ausbildungslehrg. für Ltn.d.Schutzpolizei, 01.07.1938, S. 5; BayHStA München, Polizeischule FFB 122, [Korsemann] (Polizeischule FFB) an RFSSuChdDtPol: Erfahrungsbericht über die Durchführung des 8. Offz.-Anwärter-Lehrg., 08.05.1939, S. 3; BayHStA München, Polizeischule FFB 127, Hagemann (Polizeischule FFB) an RFSSuChdDtPol: Erfahrungsbericht über die Durchführung des 27. Offiz.Anw.Lehrg., 07.08.1942, S. 2; BayHStA München, Polizeischule FFB 130, Entwurf: Hagemann (Polizeischule FFB) an RFSSuChdDtPol: Erfahrungsbericht über die Durchführung des 30. und 31. Offizieranwärterlehrganges, 03.04.1943, S. 2 f.; BayHStA München, Polizeischule FFB 131, Hagemann (Polizeischule FFB) an RFSSuChdDtPol: Erfahrungsbericht über die Durchführung des 32. O.A.L., 18.08.1943, S. 5; BayHStA München, Polizeischule FFB 132, Entwurf: Hagemann (Polizeischule FFB) an RFSSuChdDtPol: 33. Offizieranwärterlehrgang, 16.11.1943, S. 2; BayHStA München, Polizeischule FFB 133, Entwurf: Hagemann (Polizeischule FFB) an RFSSuChdDtPol: Erfahrungsbericht über die Durchführung des 35. Offizieranwärterlehrganges, 04.01.1944, S. 3; BayHStA München, Polizeischule FFB 134, Entwurf: Hagemann (Polizeischule FFB) an RFSSuChdDtPol: Erfahrungsbericht, 10.05.1944, S. 1; BayHStA München, Polizeischule FFB 135, Entwurf: I. V. [unleserlich] (Polizeischule FFB) an RFSSuChdDtPol: Erfahrungsbericht (38. OAL.), 20.09.1944, S. 1; BayHStA München, Polizeischule FFB 136, Entwurf: I. V. Willing (Polizeischule FFB) an RFSSuChdDtPol: Erfahrungsbericht über den Ablauf des 39. OAL, 31.10.1944, S. 1 f.; BayHStA München, Polizeischule FFB 139, Entwurf: I. A. Diez (Polizeischule FFB) an RFSSuChdDtPol: Erfahrungsbericht über den Ablauf des 2.Rev.Offz.Anw.-Lehrganges, 10.04.1941, S. 2; BayHStA München, Polizeischule FFB 142, Hagemann (Polizeischule FFB) an RFSSuChdDtPol: Erfahrungsbericht über die Durchführung des 6a Rev.Offizieranwärter-Lehrganges, 23.12.1941, S. 2; BAB R 20/70, Lagerbauer (Kommandeur der Polizeischule (Gend.) Deggingen) an RFSSuChdDtPol: Erfahrungsbericht über den in der Zeit v. 21.7.42–19.9.42 an der Polizeischule (Gend.) Deggingen stattgefundenen Vorb.Lhg.f.Res. Offiziers-Anwärter, 19.09.1942, S. 4 f.

1898 Vgl. BayHStA München, Polizeischule FFB 147, I. V. [unleserlich] (Polizeischule FFB) an RFSSuChdDtPol: Erfahrungsbericht über den Ablauf des 26.Res.OAL, 01.11.1944, S. 2.

1899 BayHStA München, Polizeischule FFB 122, Entwurf: [Dr. Schade] (Polizeischule FFB) an RFSSuChdDtPol: Erfahrungsbericht über die Durchführung des 7. Offz.-Anwärterlehrg., 02.08.1938, S. 4.

1900 BayHStA München, Polizeischule FFB 142, Hagemann (Polizeischule FFB) an RFSSuChdDtPol: Erfahrungsbericht über die Durchführung des 6a Rev.Offizieranwärter-Lehrganges, 23.12.1941, S. 2.

1901 BayHStA München, Polizeischule FFB 127, Hagemann (Polizeischule FFB) an RFSSuChdDtPol: Erfahrungsbericht über die Durchführung des 27. Offiz.Anw.Lehrg., 07.08.1942, S. 2.

Abbildung 27: Der 27. OAL (1942) (BayFHVR Pol)

wesen seien, darüber selbstständig nachzudenken und eigene Schlüsse zu ziehen.[1902] Das Niveau nahm im Laufe des Krieges anscheinend immer weiter ab. Nach Abschluss des 35. OAL musste Hagemann enttäuscht festhalten, dass die intellektuellen Fähigkeiten von etwa einem Viertel der Anwärter kaum noch genügen würden.[1903] Das war eine katastrophale Quote für einen Polizeiapparat, der verzweifelt nach neuem Personal verlangte. Aber es sollte sogar noch schlimmer werden. Mitte 1944 kam Hagemann zu dem vernichtenden Ergebnis, „daß der 36. Offizieranwärterlehrgang bisher der schwächste aller Lehrgänge gewesen ist".[1904] Abermals beklagte er sich über den beschränkten Horizont seiner Schützlinge, die es mit ihrer Dienstpflicht zudem nicht ganz so genau nähmen. Er habe sogar den Eindruck, „daß die besten Männer aus der Polizei bereits ausgesiebt sind und daß fast nur noch zweitrangiges Material zur Verfügung steht".[1905] Über die „mangelhafte Eignung von jungen Offizieren im Einsatz" hätten sich sogar schon die Kommandeure von Polizeibataillonen beklagt.[1906]

Letztlich vermochten auch die letzten Lehrgänge während des Krieges den Kommandeur nicht mehr zu überzeugen. In diesem Sinne war für ihn das Ergebnis des 27. Reserve-OAL auch nach „Ausmerzen der groben Versager in der Zwischenprüfung" enttäuschend.[1907] Deshalb musste er im April 1945 resigniert feststellen, „daß eine Beschulung von nicht geeigneten und den Offizierberuf nicht erstrebenden Anwärtern keine befriedigenden Ergebnisse erzielen kann".[1908] Ein solches Urteil war verheerend für das Hauptamt Ordnungspolizei, das dem permanenten Personalmangel gerade während des Kriegs dadurch begegnen wollte, indem es viele Männer in die Offiziersschulen schickte, die als Führungskräfte völlig untauglich waren.

Zur geistigen Trägheit gesellte sich in vielen Fällen eine ausgeprägte Rechtschreibschwäche, über die sich die Berichte ebenfalls ausließen.[1909] Zwar hatte es schon in den Friedens-

1902 Vgl. BayHStA München, Polizeischule FFB 131, Hagemann (Polizeischule FFB) an RFSSuChdDtPol: Erfahrungsbericht über die Durchführung des 32. O.A.L., 18.08.1943, S. 5.

1903 Vgl. BayHStA München, Polizeischule FFB 133, Entwurf: Hagemann (Polizeischule FFB) an RFSSuChdDtPol: Erfahrungsbericht über die Durchführung des 35. Offizieranwärterlehrganges, 04.01.1944, S. 3.

1904 BayHStA München, Polizeischule FFB 134, Entwurf: Hagemann (Polizeischule FFB) an RFSSuChdDtPol: Erfahrungsbericht, 10.05.1944, S. 3.

1905 Ebd., S. 3.

1906 Ebd., S. 2.

1907 BayHStA München, Polizeischule FFB 148, Entwurf: Hagemann (Polizeischule FFB) an Hauptamt Ordnungspolizei: Erfahrungsbericht über die Durchführung des 27.ROAL., 24.04.1945, S. 2.

1908 Ebd., S. 5.

1909 Vgl. z. B. BayHStA München, Polizeischule FFB 125, Entwurf: Hagemann (Polizeischule FFB) an RFSSuChdDtPol: Erfahrungsbericht über die Durchführung des 22. Offizieranwärter-Lehrganges, 30.12.1941, S. 5; BayHStA München, Polizeischule FFB 128, Entwurf: Hagemann (Polizeischule FFB) an RFSSuChdDtPol: Erfahrungsbericht über die Durchführung des 28. Offiz.Anw.Lehrg., 22.10.1942, S. 5; BayHStA München, Polizeischule FFB 139, Hahn (Polizeischule FFB) an das Kommando: Erfahrungszwischenbericht. über die Durchführung des 2. Rev.Offizieranwärterlehrganges, 15.02.1941, S. 2; BayHStA München, Polizeischule FFB 140, Entwurf: Hagemann (Polizeischule FFB) an RFSSuChdDtPol: Erfahrungsbericht über die Durchführung des 4.Rev.Offizieranwärterlehrganges, 29.07.1941, S. 2.

jahren Kurse gegeben, die geschlossen zu Deutschprüfungen antreten mussten und dabei Nachschriften sowie Aufsätze zu Papier brachten.[1910] Gerade in der zweiten Kriegshälfte offenbarte der Offiziersnachwuchs jedoch enorme Mängel, wenn es darum ging, sich mündlich und schriftlich angemessen auszudrücken. Für einige Anwärter war es also recht schwierig, die eigene Sprache in Wort und Schrift richtig zu beherrschen, was die Schulleitung darauf zurückführte, dass die Auswahl der Offizierskandidaten nicht kritisch genug vonstatten gehe.[1911] Darüber machte Major Hans Hösl, der Kommandeur Hagemann gelegentlich vertrat, seinem Unmut Luft und monierte, „daß sich die Standorte über die eindeutigen Bestimmungen des RFSS, die die sichere Beherrschung der deutschen Sprache vorschreiben, hinwegsetzen".[1912] Er schlussfolgerte, dass einige Kommandeure dazu neigten, ungeeignete Kandidaten zu den Lehrgängen zu entsenden, damit nicht sie, sondern vielmehr die Schule die Spreu vom Weizen trennen müsse, um nicht selbst in der Verantwortung zu stehen.[1913] Auch wenn das Hauptamt Ordnungspolizei in seinem Antwortschreiben erklärte, sich um diese Angelegenheit zu kümmern, besserte sich die Lage jedoch kaum.[1914]

Ein Bericht über einen vorbereitenden Lehrgang ließ auch nicht unerwähnt, dass sich gerade für Polizisten, „die vom auswärtigen Einsatz kamen", der Umgang mit der deutschen Sprache mitunter ziemlich problematisch gestalte.[1915] Die sprachlichen Mängel seien laut Hagemann manchmal derart hoch gewesen, dass das Lehrpersonal die eigenen Ansprüche an seine Schüler herunterschrauben musste, „da sonst eine beträchtliche Zahl charakterlich wertvoller und einsatzfreudiger Männer hätte zurückgeschickt werden müssen".[1916] Seit dem 32. OAL sah sich der Brucker Kommandeur sogar dazu gezwungen, für besonders schlimme Fälle eigens einen Deutschunterricht einzurichten. In wenigen Stunden pro Woche versuchte er den polizeilichen Analphabeten unter die Arme zu greifen, was aber nur bedingt von Erfolg gekrönt war. Dem Ausbildungsbetrieb war es aber ein Dorn im Auge, dass dieser Deutschunterricht während des Krieges die ohnehin sehr knapp bemessene Unterrichtszeit noch zusätzlich beeinträchtigte.[1917] Allerdings brannte Hagemann dieses Thema sehr auf den

---

Ferner beinhaltet der Akt Polizeischule FFB 143 einzelne Aufsätze und Diktate, welche die Defizite in der Rechtschreibung einzelner Anwärter dokumentieren.

1910 Ein Beispiel dafür ist der 8. OAL, der Ende Juli 1938 diese Prüfungen im Schriftdeutschen abhielt. Vgl. BayHStA München, Polizeischule FFB 122, Dr. Schade (Polizeischule FFB): Prüfungsbefehl für die Deutschprüfung des 8. Offz.-Anwärterlehrg., 22.07.1938.

1911 Vgl. BayHStA München, Polizeischule FFB 124, Abdruck: I. V. Hösl (Polizeischule FFB) an RFSSuChdDtPol: Erfahrungsbericht über die Durchführung des 21. Offizieranwärterlehrganges, 26.08.1941, S. 5.

1912 BayHStA München, Polizeischule FFB 141, I. V. Hösl (Polizeischule FFB) an RFSSuChdDtPol: 6. Rev. Offizieranwärterlehrgang, 23.08.1941, S. 1.

1913 Vgl. ebd., S. 1.

1914 Vgl. BayHStA München, Polizeischule FFB 141, I. A. Hitschler (RFSSuChdDtPol) an Polizeischule FFB: 6. Rev.Offizieranwärter-Lehrgang, 30.09.1941.

1915 BayHStA München, Polizeischule FFB 130, Lagerbauer (Gendarmerieschule Deggingen) an RFSSuChdDtPol: 1. Auswahllehrgang für Offizieranwärter an der Polizeischule (Gend,) Deggingen/Württbg., 17.10.1942, S. 1.

1916 BayHStA München, Polizeischule FFB 125, Entwurf: Hagemann (Polizeischule FFB) an RFSSuChdDtPol: Erfahrungsbericht über die Durchführung des 22. Offizieranwärter-Lehrganges, 30.12.1941, S. 5.

1917 Vgl. u. a. BayHStA München, Polizeischule FFB 131, Hagemann (Polizeischule FFB) an RFSSuChdDtPol: Erfahrungsbericht über die Durchführung des 32. O.A.L., 18.08.1943, S. 5 f.; BayHStA München, Polizeischule FFB 132, Entwurf: Hagemann (Polizeischule FFB) an RFSSuChdDtPol: 33. Offizieranwärterlehrgang, 16.11.1943, S. 2; BayHStA München, Polizeischule FFB 133, Entwurf: Hagemann (Polizeischule FFB) an RFSSuChdDtPol: Erfahrungsbericht über die Durchführung des 35. Offizieran-

Nägeln, weshalb er in seinem Bericht insistierte, „daß in dieser Hinsicht etwas geschehen muß, denn nichts schädigt das Ansehen mehr, als Meldungen und Berichte, die Mängel in der deutschen Sprache aufweisen".[1918] Viel vermochte er mit diesem Argument im Hauptamt Ordnungspolizei nicht zu erreichen. Denn in der letzten Phase des Krieges war das geistige Niveau der Anwärter immer noch so schlecht, dass bereits der Bericht zu einem Vorbereitungskurs „Allgemeinbildung, Ausdrucksvermögen, die Fähigkeit, eigene Gedanken in gutes Deutsch zu kleiden, Aufnahmefähigkeit und Wendigkeit" der Teilnehmer beanstandete.[1919]

Ferner neigten Offiziersanwärter häufig zu Minderwertigkeitskomplexen, wenn ihnen bewusst wurde, dass ihr intellektuelles Vermögen äußerst begrenzt war. Zu diesem Befund kam zumindest Oberstleutnant Hagemann, der gleich in mehreren Abschlussberichten ausführte, wie die Schüler darauf reagierten, wenn das Lehrpersonal ihnen dies klarmachte. Während einige Teilnehmer völlig verunsichert gewesen seien, hätten andere hingegen versucht, ihre Defizite dadurch zu kompensieren, dass sie noch intensiver und härter gelernt und an sich gearbeitet hätten. Jedoch lasse der Erfolg solcher Bemühungen sehr zu wünschen übrig, weil solche Schüler meist mit der Fülle des neuen Stoffes überfordert gewesen seien.[1920] „Bei diesen blieb die Gewißheit des Nichtkönnens eine dauernde Belastung", wie Hagemann in seinem Bericht zum 25. OAL schrieb.[1921] Nur ein geringer Bruchteil der Schüler ragte aus der Masse heraus. Im 21. OAL habe, laut Hagemann, lediglich ein Zehntel der Teilnehmer geistig überdurchschnittliche Leistungen erbracht.[1922] Allerdings drückte der Schulleiter durchaus mal ein Auge zu und versuchte zumindest dann, die schlechten Ergebnisse seiner Schützlinge willentlich zu übersehen, wenn sie bereits während des Ersten Weltkriegs gedient hatten und deshalb mit hohen Orden ausgezeichnet waren.[1923]

Hinzu kam, dass einige Polizeibeamte nicht zum ersten Mal an einem Lehrgang für Offiziersanwärter teilnahmen. In einigen Kursen fanden sich Männer, die zuvor schon einmal in Berlin-Köpenick oder Fürstenfeldbruck einen Kurs besucht hatten, aber mit ihren Leistungen und Fähigkeiten nicht überzeugen konnten. Im 27. OAL hatte „fast die Hälfte [...]

wärterlehrganges, 04.01.1944, S. 3; BayHStA München, Polizeischule FFB 134, Entwurf: Hagemann (Polizeischule FFB) an RFSSuChdDtPol: Erfahrungsbericht, 10.05.1944, S. 2; BayHStA München, Polizeischule FFB 135, Entwurf: I. V. [unleserlich] (Polizeischule FFB) an RFSSuChdDtPol: Erfahrungsbericht (38. OAL.), 20.09.1944, S. 1; BayHStA München, Polizeischule FFB 136, Entwurf: I. V. Willing (Polizeischule FFB) an RFSSuChdDtPol: Erfahrungsbericht über den Ablauf des 39. OAL, 31.10.1944, S. 2; BayHStA München, Polizeischule FFB 137, Entwurf: Hagemann (Polizeischule FFB) an RFSSuChdDtPol: Erfahrungsbericht über die Durchführung des 41. OAL, 22.03.1945, S. 2.

1918 BayHStA München, Polizeischule FFB 143, Hagemann (Polizeischule FFB) an RFSSuChdDtPol: Erfahrungsbericht über die Durchführung des 8.Rev.Offizieranwärterlehrganges, 09.03.1942, S. 5.

1919 BayHStA München, Polizeischule FFB 137, I. V. [unleserlich] (Polizeischule Heidenheim) an RFSSuChdDtPol: 14. Vorbereitungslehrgang für Offizieranwärter, 13.09.1944, S. 4.

1920 Vgl. BayHStA München, Polizeischule FFB 126, Entwurf: Hagemann (Polizeischule FFB) an RFSSuChdDtPol: Erfahrungsbericht über die Durchführung des mit RdErl. vom 10.12.41 (MBliV. S. 2232 b) angeordnete 25. Offiz.Anw.Lehrg., 02.04.1942, S. 2 f.

1921 Ebd., S. 3.

1922 Vgl. BayHStA München, Polizeischule FFB 124, Abdruck: I. V. Hösl (Polizeischule FFB) an RFSSuChdDtPol: Erfahrungsbericht über die Durchführung des 21. Offizieranwärterlehrganges, 26.08.1941, S. 5.

1923 Dies zeigt sich etwa beim 6. Revier-OAL. Vgl. BayHStA München, Polizeischule FFB 141, Hagemann (Polizeischule FFB) an RFSSuChdDtPol: Erfahrungsbericht über die Durchführung des mit RdErl.v.14.5.41 (RMBliV.S.932 b) angeordneten 6.Rev.Offizieranwärterlehrganges, 20.11.1941, S. 1 und 3.

bereits einen Offizieranwärterlehrgang erfolglos besucht".[1924] In anderen Lehrgängen herrschten ähnliche Verhältnisse vor.[1925] So erklärte Max Lagerbauer, dass 25 von insgesamt 41 Teilnehmern des 3. Vorbereitungslehrganges bereits erfolglos einen Kursus für Offiziersanwärter besucht hätten.[1926] Das zeigt einerseits, dass ein Beamter durchaus zum Offizier aufsteigen konnte, selbst wenn er zuvor schon im ersten Anlauf gescheitert war. Andererseits offenbart sich abermals, welche Probleme es dem NS-Regime bereitete, geeignetes Personal für seine Polizei zu finden.

Besonders schlecht war es angeblich um Offiziersanwärter aus Österreich bestellt. Dass diese in jenen Lehrgängen besonders schlecht abschnitten, die nach dem „Anschluss" stattfanden, hielten die Schulleiter zumindest in einigen Gutachten fest.[1927] Nach Ende des 27. OAL sah sich Kommandeur Hagemann etwa dazu genötigt, einen gesonderten Bericht anzufertigen, in dem er sich über das Versagen einiger Rekruten aus der „Ostmark" ausließ:

> „Es fehlte ihnen nicht am Wollen, sondern am Können. Obwohl für die Männer aus den Reichsgauen Donau und Alpen mit Rücksicht auf die andersgelagerte militärische Ausbildung und das polizeiliche Fachwissen ein besonders milder Maßstab angelegt wird, war es doch nicht vertretbar, sie im Lehrgang als Ballast mitzuschleppen, da sie das Ziel nicht erreicht hätten."[1928]

Seiner Meinung nach mangele es diesen gescheiterten Teilnehmern weniger an einer adäquaten Vorbildung, denn vielmehr an den psychischen wie physischen Möglichkeiten und an einer fundierten Allgemeinbildung.[1929] Bereits Max Lagerbauer, der den Vorbereitungslehrgang für diesen Kurs durchgeführt hatte, kam zu einem ähnlichen Ergebnis. So schrieb der ehemalige Brucker Polizeilehrer, er sei der Ansicht, dass die Gendarmen aus der „Ostmark" nicht so tiefgreifend umgeschult worden seien wie erwartet.[1930] Außerdem wirke es sich auf

---

1924 BayHStA München, Polizeischule FFB 127, Hagemann (Polizeischule FFB) an RFSSuChdDtPol: Erfahrungsbericht über die Durchführung des 27. Offiz.Anw.Lehrg., 07.08.1942, S. 2.

1925 Der Kommandeur der Polizeischule Deggingen berichtete etwa, dass im Vorbereitungslehrgang für den 27. OAL von 40 Teilnehmern 27 bereits bei einem Offiziersanwärterlehrgang durchgefallen seien. Zwei Schüler hätten schon ein weiteres Mal erfolglos versucht, einen solchen Kurs zu meistern. Vgl. BayHStA München, Polizeischule FFB 127, Lagerbauer (Gendarmerieschule Deggingen) an RFSSuChdDtPol: Erfahrungsbericht über den in der Zeit v. 4.11.41 bis 17.12.41 an der Gend.-Schule in Deggingen/Württ. stattgefundenen 2. Vorb.Lehrgangf. Offiziersanwärter, 20.12.1941, S. 2.

1926 Vgl. BayHStA München, Polizeischule FFB 128, Lagerbauer (Polizeiunterkunft Mariaschein) an RFSSuChdDtPol: Erfahrungsbericht über den in der Zeit vom 4.3.42–18.04.42 an der Pol. Unterkunft in Mariaschein b.Aussig stattgefundenen 3. Vorb.Lhrg.f.Offz.Anwärter, 18.04.1942, S. 2.

1927 Vgl. z. B. BayHStA München, Polizeischule FFB 123, Dr. Schade (Polizeischule FFB) an RFSSuChdDtPol: Erfahrungsbericht über die Gruppen- und Zugführerausbildung des 12. Offz.-Anwärterlehrg., 22.02.1939, S. 2; BayHStA München, Polizeischule FFB 124, Abdruck: I. V. Hösl (Polizeischule FFB) an RFSSuChdDtPol: Erfahrungsbericht über die Durchführung des 21. Offizieranwärterlehrganges, 26.08.1941, S. 3; BayHStA München, Polizeischule FFB 126, Entwurf: Hagemann (Polizeischule FFB) an RFSSuChdDtPol: Erfahrungsbericht über die Durchführung des mit RdErl. vom 10.12.41 (MBliV. S. 2232 b) angeordnete 25. Offiz.Anw.Lehrg., 02.04.1942, S. 4.

1928 BayHStA München, Polizeischule FFB 127, Entwurf: Hagemann (Polizeischule FFB) an RFSSuChdDtPol: Erfahrungsbericht über den 27. Offizieranwärterlehrgang, 10.09.1942, S. 1.

1929 Vgl. ebd., S. 1.

1930 Vgl. BayHStA München, Polizeischule FFB 127, Lagerbauer (Gendarmerieschule Deggingen) an RFSSuChdDtPol: Erfahrungsbericht über den in der Zeit v. 4.11.41 bis 17.12.41 an der Gend.-Schule in Deggingen/Württ. stattgefundenen 2. Vorb.Lehrgangf. Offiziersanwärter, 20.12.1941, S. 4.

den Lehrgang nachteilig aus, „daß Männer zum Lehrgang kamen, die *noch nie* vor der Front standen".[1931] Nur mit besonderer Sorgfalt und viel Mühe gerade gegenüber den Österreichern habe das Lehrpersonal versucht, diesen Missstand zu beheben.[1932] Dass die österreichischen Beamten der deutschen Ausbildung „mit großer Angst und erheblichen Minderwertigkeitsgefühlen entgegensehen", bemerkte Lagerbauer auch in früheren Kursen, die solche Polizisten auf die Offizierslaufbahn vorbereiten sollten.[1933] Allerdings würdigte er gleichzeitig ihren Leistungswillen und Verstand. Deshalb müssten die Ausbilder ihnen wohlwollender begegnen und Verständnis dafür aufbringen, dass die Österreicher den Drill noch nicht so gewohnt seien wie ihre deutschen Kollegen. Schließlich wäre es bedauerlich, „wenn die deutsche Polizei dieses gute Menschenmaterial bei der Führerauslese zurückstehen ließe".[1934]

Nicht ganz so verständnisvoll begegnete der Kommandeur der Brucker Schule den „Ostmärkern". Die Polizisten des Alpenlandes waren es nämlich, die auch Hagemann bereits negativ aufgefallen waren, weil gerade sie es gewesen seien, die nur mangelnde Deutschkenntnisse vorweisen konnten und auch militärisch wenig erfahren seien.[1935] Selbst das Hauptamt Ordnungspolizei musste bereits während des 12. OAL erkennen, dass einige der österreichischen Teilnehmer nicht in der Lage sein würden, das Ziel des Lehrgangs zu erreichen, „da sie nach den Beurteilungen nicht entwicklungsfähig sind und eine Wiederholung der Ausbildung aussichtslos ist".[1936] Zwar besserten sich ihre Leistungen in einzelnen Lehrgängen während des Krieges geringfügig, wie etwa der 6. Revier-OAL belegt.[1937] Doch konnten die Polizisten aus Österreich nie so recht das abrufen, was der deutsche Ausbildungsapparat von ihnen verlangte. Das lag unter Umständen aber auch daran, dass die Standorte ihre Beamten mit den falschen Grundlagen an die Lehrgänge schickten. So seien die österreichischen Teilnehmer des 8. Revier-OAL im Jahre 1942 sehr erstaunt gewesen, als die Brucker Lehrer sie mit dem deutschen Strafrecht konfrontierten. Im Vorbereitungskurs hätten sie noch das

1931 Ebd., S. 6. Hervorhebung im Original.

1932 Vgl. ebd., S. 6. Allerdings fielen nicht alle österreichischen Beamten bei Lagerbauer in Ungnade. So lobte er als Leiter eines Unterführer-Lehrgangs für Gendarmerie-Abteilungsführeranwärter einige Teilnehmer aus der „Ostmark", die in diesem Kurs zwar große Mängel beim Exerzieren und der Befehlssprache gehabt hätten. Dennoch seien sie in diesem Fall durch Kameradschaftlichkeit, Fleiß und großes Engagement positiv aufgefallen, weshalb die Ausbilder in einem Offiziersanwärterlehrgang diesen Kandidaten wohlwollend gegenüberstehen sollten. Vgl. BayHStA München, Polizeischule FFB 118, Abdruck: Lagerbauer (Unterführerlehrgang Haar) an StMdI: Erfahrungsbericht über den Unterführerlehrgang für Gend.-Abteilungsführeranwärter vom 26.02.41 bis 9.4.41 in der Gendarmerie-Kaserne in Haar bei München, 24.04.1941, S. 2 f. Ein weiteres mildes Urteil von Lagerbauer liefert ferner: BayHStA München, Polizeischule FFB 125, Abschrift: Lagerbauer (Gendarmerieschule Deggingen): Erfahrungsbericht über den Vorbereitungslehrgang für Offizieranwärter an der Gendarmerieschule Deggingen, 27.08.1941, S. 3 f.

1933 Ebd., S. 3.

1934 Ebd., S. 4.

1935 Vgl. BayHStA München, Polizeischule FFB 126, Entwurf: Hagemann (Polizeischule FFB) an RFSSuChdDtPol: Erfahrungsbericht über die Durchführung des mit RdErl. vom 10.12.41 (MBliV. S. 2232 b) angeordnete 25. Offiz.Anw.Lehrg., 02.04.1942, S. 4.

1936 BayHStA München, Polizeischule FFB 123, RFSSuChdDtPol: Vermerk, 21.02.1939.

1937 Vgl. BayHStA München, Polizeischule FFB 141, Hagemann (Polizeischule FFB) an RFSSuChdDtPol: Erfahrungsbericht über die Durchführung des mit RdErl.v.14.5.41 (RMBliV.S.932 b) angeordneten 6.Rev.Offizieranwärterlehrganges, 20.11.1941, S. 2.

alte Gesetz aus der Heimat gelernt, das jedoch bereits mit dem „Anschluss“ obsolet geworden war.[1938]

Was so manchem Beamten der Ordnungspolizei angeblich an Intelligenz und Wissen fehlte, konnte er durch Einsatzbereitschaft und Fleiß zumindest ansatzweise wieder ausgleichen. Deshalb ließ es sich Arno Hagemann nicht nehmen, in mehreren Erfahrungsberichten darauf hinzuweisen und anzuerkennen, wie sehr sich die Teilnehmer doch zumindest angestrengt hätten.[1939] So könne für den 32. OAL gesagt werden, „daß die Männer mit Lust und Liebe bei der Sache waren und das Bestreben hatten, allen an sie gestellten Anforderungen sowohl in geistiger als auch in körperlicher Hinsicht gerecht zu werden“.[1940] Anders verhielt es sich gerade bei jenen Anwärtern, die gegen ihren Willen zum Lehrgang abgeordnet wurden und eigentlich überhaupt nicht die Offizierslaufbahn einschlagen wollten. Für den Kommandeur war damit klar, dass von solchen Kandidaten kein Engagement zu erwarten sei. Zudem würde ihre Teilnahme nur unnötig die Reichskasse belasten, was bei der zukünftigen Rekrutierung der Männer beachtet werden müsse.[1941]

Solche Verhaltensweisen waren jedoch kein isoliertes Phänomen, das sich nur auf einen Lehrgang beschränkte. Bereits zu Friedenszeiten litten einzelne Kurse unter dem Desinteresse und dem fehlenden Fleiß ihrer Teilnehmer.[1942] Sicherlich waren Faulheit und mangelndes Engagement nichts, was sich exklusiv in der Polizeiausbildung beobachten ließ. Allerdings kann ein solches Verhalten auch als eine Form von stillem Protest interpretiert werden, den jene Schüler an den Tag legten, die keineswegs davon begeistert waren, Polizeioffizier zu werden. So erging es nicht ausschließlich, aber insbesondere denjenigen Anwärtern, denen eigentlich eine Karriere in der Schutzstaffel vorschwebte.[1943] Das war etwa bei den Teilnehmern des 1. Offiziersausbildungslehrgangs der Fall, die aus der SS in den Polizeidienst übernommen wurden. Über sie urteilte Dr. Fritz Schade, dass sie für polizeiliche Belange nicht allzu viel übrig hätten. Ein Teil der Schüler würde gar nicht erst verbergen wollen, „daß sie nicht freiwillig zur Polizei gekommen waren und keinerlei Interesse an ihr hatten“. Sie hätten den Lehrgang als reine Zeitverschwendung betrachtet und ihr Verhalten „zeigte eine gro-

1938 Vgl. BayHStA München, Polizeischule FFB 143, Hagemann (Polizeischule FFB) an RFSSuChdDtPol: Erfahrungsbericht über die Durchführung des 8.Rev.Offizieranwärterlehrganges, 09.03.1942, S. 3.

1939 Vgl. z. B. BayHStA München, Polizeischule FFB 125, Entwurf: Hagemann (Polizeischule FFB) an RFSSuChdDtPol: Erfahrungsbericht über die Durchführung des 22. Offizieranwärter-Lehrganges, 30.12.1941, S. 5; BayHStA München, Polizeischule FFB 139, Entwurf: I. A. Diez (Polizeischule FFB) an RFSSuChdDtPol: Erfahrungsbericht über den Ablauf des 2.Rev.Offz.Anw.-Lehrganges, 10.04.1941, S. 2; BayHStA München, Polizeischule FFB 141, Hagemann (Polizeischule FFB) an RFSSuChdDtPol: Erfahrungsbericht über die Durchführung des mit RdErl.v.14.5.41 (RMBliV.S.932 b) angeordneten 6.Rev. Offizieranwärterlehrganges, 20.11.1941, S. 4.

1940 BayHStA München, Polizeischule FFB 131, Hagemann (Polizeischule FFB) an RFSSuChdDtPol: Erfahrungsbericht über die Durchführung des 32. O.A.L., 18.08.1943, S. 6.

1941 Vgl. BayHStA München, Polizeischule FFB 124, Abdruck: I. V. Hösl (Polizeischule FFB) an RFSSuChdDtPol: Erfahrungsbericht über die Durchführung des 21. Offizieranwärterlehrganges, 26.08.1941, S. 5.

1942 Vgl. BayHStA München, Polizeischule FFB 120, Korsemann (Polizeischule FFB) an RFSSuChdDtPol: Erfahrungsbericht über die Durchführung des Lehrg. zur Fortsetzung des 2. u. 3. Offz.-Ausbildungslehrg. für Oberlt. u. Lt. der Schutzpol., 22.03.1939, S. 3.

1943 Auch viele ältere Anwärter scheinen kein Interesse an der Offiziersausbildung gehabt zu haben, wie der Erfahrungsbericht zum 6a. Revier-OAL nahelegt. Vgl. BayHStA München, Polizeischule FFB 142, Hagemann (Polizeischule FFB) an RFSSuChdDtPol: Erfahrungsbericht über die Durchführung des 6a Rev.Offizieranwärter-Lehrganges, 23.12.1941, S. 2.

ße Hochachtung vor der eigenen Persönlichkeit und dem eigenen Wissen, ohne daß sich ein stichhaltiger Grund hierfür entdecken ließ".[1944]

Diese Offiziersanwärter hätten sich sehr arrogant benommen, weil ihnen der Kursus unter ihrer Würde erschienen sei, weshalb sie die Schulordnung oftmals einfach ignoriert hätten. Ihre Arbeitsmoral verschlechterte sich sogar noch mehr, nachdem der Lehrgang für den „Anschluss" Österreichs kurzzeitig unterbrochen werden musste.[1945] Dementsprechend fiel auch Schades Urteil aus, der davon sprach, dass solche Teilnehmer „nicht den Typ des frischen, geistig wendigen Leutnants dar[stellen würden], den die Schutzpolizei braucht, wenn sie den an sie gestellten Anforderungen gerecht werden soll".[1946] Daher müsse eine bessere Auslese vorgenommen werden, um solche Kandidaten von vornherein auszusondern. Außerdem komme der Polizeiapparat nicht umhin, den Sold für die Beamten der Schutzpolizei anzuheben, damit geeignetes Personal für den Dienst in der Staatsmacht motiviert werde. Von den geistigen Fähigkeiten und dem Betragen dieser Schüler war der Kommandeur jedoch sehr enttäuscht.[1947]

Eine ähnliche Situation herrschte beim 2. und 3. Offiziersausbildungslehrgang, der sich ebenfalls aus SS-Angehörigen zusammensetzte. So musste Schades Nachfolger, Gerret Korsemann, ebenso ernüchtert feststellen, dass diese SS-Führer in die Ordnungspolizei „und damit in einen Lebensberuf überführt worden [seien], den sie sich selbst nicht gewünscht haben. Die Folge davon ist, daß sie für die polizeilichen Dinge wenig Interesse zeigen."[1948] Die Vertreter von Himmlers Weltanschauungselite waren wohl nicht nur enttäuscht, weil ihre ursprünglichen Karrierewege versperrt blieben. Ihnen missfiel offensichtlich auch, dass ihr Arbeitsleben in der uniformierten Polizei stattfinden sollte, was diese Männer anscheinend als berufliche und persönliche Niederlage ansahen. In ihren Köpfen verschmolz die SS also keineswegs so einfach mit der Polizei, wie ihr oberster Dienstherr es gerne gesehen hätte.

Ein recht großer Altersunterschied in einzelnen Lehrgängen wirkte sich ebenfalls nachteilig auf den Unterricht aus, was auch die Schulleitung nicht verschwieg. Als das Hauptamt Ordnungspolizei die ersten Offiziersanwärterlehrgänge einberief, legte es zunächst fest, dass die Bewerber ein Alter von 26 Jahren nur in absoluten Ausnahmefällen übersteigen dürften, wenn sie etwa herausragende Leistungen und Führungskompetenzen besäßen.[1949] Zunächst versuchte der Ausbildungsapparat, sich an diesen Vorgaben zu orientieren, wobei einige Teilnehmer diese Altersgrenze schon in den Kursen der Vorkriegszeit überschritten. Ein Beispiel dafür ist der 8. OAL, von dessen 76 Anwärtern 53 zwischen 23 und 26 Jahre alt, hingegen 23 Teilnehmer mitunter deutlich älter waren.[1950] Aufgrund des enormen Personalbedarfs muss-

1944 BayHStA München, Polizeischule FFB 120, Abdruck: Dr. Schade (Polizeischule FFB) an RFSSuChdDtPol: Erfahrungsbericht über die Durchführung des 1. Offz.-Ausbildungslehrg. für Ltn.d.Schutzpolizei, 01.07.1938, S. 3.

1945 Vgl. ebd., S. 3.

1946 Ebd., S. 5.

1947 Vgl. ebd., S. 5 f.

1948 BayHStA München, Polizeischule FFB 120, Korsemann (Polizeischule FFB) an RFSSuChdDtPol: Erfahrungsbericht über die Durchführung des 2. u. 3. Offz.-Ausbildungslehrg. für Oberlt.u.Lt.d.Schutzpol., 13.07.1939, S. 2.

1949 Vgl. BayHStA München, Polizeischule FFB 122, Entwurf: Dr. Schade (Polizeischule FFB) an RFSSuChdDtPol: Erfahrungsbericht über die Durchführung der Ausbildung von Wachtm. (SB.) der Ordnungspolizei für die Offizierlaufbahn (8. Offz.-Anwärterlehrg.), 12.08.1938, S. 2 f. Ferner: RdErl. d. RFSSuChdDtPol. im RMdI. v. 03.02.1938, in: RMBliV, 09.02.1938, Nr. 6, Sp. 227 f.

1950 Vgl. BayHStA München, Polizeischule FFB 122, Entwurf: Dr. Schade (Polizeischule FFB) an RFSSuChdDtPol: Erfahrungsbericht über die Durchführung der Ausbildung von Wachtm. (SB.) der Ordte sich der Polizeiapparat jedoch rasch von seinen Idealen verabschieden und die Altershürde fallen lassen. Im 28. OAL etwa war der jüngste Teilnehmer 20 Jahre alt, während der älteste Anwärter 43 Lebensjahre zählte.[1951] In den Lehrgängen für Polizeireservisten war die Altersspanne sogar noch größer, so dass sie etwa im 26. Reserve-OAL von 21 bis 51 Jahren bei einem Durchschnittsalter von 40 Jahren reichte.[1952] Gerade das erscheint regelrecht grotesk, weil in diesen Kursen Männer gemeinsam ein berufliches Niveau erreichen wollten, die hinsichtlich ihres Alters auch Vater und Sohn hätten sein können. Ähnliche Verhältnisse lassen sich auch den Berichten zu anderen Lehrgängen entnehmen.[1953]

Weil sich insbesondere in den Revier-Offiziersanwärterlehrgängen viele Teilnehmer befanden, die über 40 oder sogar über 50 Jahre alt waren, zeigte sich der Schulleiter sehr enttäuscht darüber, dass sie nur bedingt aufnahme- und leistungsfähig waren wie auch körperlich schnell an ihre Grenzen stießen.[1954] Zwar bemühte sich Hagemann, „die Verdienste um die nationalsozialistische Bewegung und die langjährige Parteizugehörigkeit" der älteren Herren zu berücksichtigen, doch konnten diese Faktoren nicht alle Mängel vergessen machen.[1955] Das Problem lag auch darin, dass in diesen Fällen junge Polizisten und „alte Hasen" gemeinsam ihre Ausbildung zum Polizeioffizier durchliefen. Dadurch standen sich nahezu unerfahrene Männer und Routiniers gegenüber, da letztere schon allein eine größere Anzahl an Dienstjahren vorweisen konnten. Aber nicht in jedem Lehrgang gab es dieses Problem, wie der 12. OAL zeigt, bei dem ein geringer Unterschied zwischen den Schülern bestand, zumindest was ihr Alter betraf.[1956] Doch auch eine homogene Altersstruktur verhinderte nicht, dass die Polizeischule mit ihren Anwärtern meist unzufrieden war. Ebenso prekär war es, wenn die angehenden Offiziere insgesamt recht alt und damit die Lehrgänge überaltert waren. Obwohl die Polizei auf junge und frische Nachwuchskräfte aus war, musste sie sich damit begnügen, dass in den meisten Offiziersanwärterlehrgängen ein Durchschnittsalter von deutlich über 30 Jahren herrschte.[1957]

---

nungspolizei für die Offizierlaufbahn (8. Offz.-Anwärterlehrg.), 12.08.1938, S. 1.

1951 Vgl. BayHStA München, Polizeischule FFB 128, Entwurf: Hagemann (Polizeischule FFB) an RFSSuChdDtPol: Erfahrungsbericht über die Durchführung des 28. Offiz.Anw.Lehrg., 22.10.1942, S. 3.

1952 Vgl. BayHStA München, Polizeischule FFB 147, I. V. [unleserlich] (Polizeischule FFB) an RFSSuChdDtPol: Erfahrungsbericht über den Ablauf des 26.Res.OAL, 01.11.1944, S. 1.

1953 Im 27. OAL lag das Alter der Schüler zwischen 22 und 42 Jahren. Vgl. BayHStA München, Polizeischule FFB 127, Hagemann (Polizeischule FFB) an RFSSuChdDtPol: Erfahrungsbericht über die Durchführung des 27. Offiz.Anw.Lehrg., 07.08.1942, S. 2. Das Durchschnittsalter im 32. OAL betrug 34 Jahre. Vgl. BayHStA München, Polizeischule FFB 131, Hagemann (Polizeischule FFB) an RFSSuChdDtPol: Erfahrungsbericht über die Durchführung des 32. O.A.L., 18.08.1943, S. 1 f.; BayHStA München, Polizeischule FFB 137, Entwurf: Hagemann (Polizeischule FFB) an RFSSuChdDtPol: Erfahrungsbericht über die Durchführung des 41. OAL, 22.03.1945, S. 1 f.

1954 Vgl. z. B. BayHStA München, Polizeischule FFB 139, Entwurf: I. A. Diez (Polizeischule FFB) an RFSSuChdDtPol: Erfahrungsbericht über den Ablauf des 2.Rev.Offz.Anw.-Lehrganges, 10.04.1941, S. 1 und 3; BayHStA München, Polizeischule FFB 142, Hagemann (Polizeischule FFB) an RFSSuChdDtPol: Erfahrungsbericht über die Durchführung des 6a Rev.Offizieranwärter-Lehrganges, 23.12.1941, S. 2.

1955 BayHStA München, Polizeischule FFB 140, Entwurf: Hagemann (Polizeischule FFB) an RFSSuChdDtPol: Erfahrungsbericht über die Durchführung des 4.Rev.Offizieranwärterlehrganges, 29.07.1941, S. 1.

1956 Vgl. BayHStA München, Polizeischule FFB 123, Dr. Schade (Polizeischule FFB) an RFSSuChdDtPol: Erfahrungsbericht über die Gruppen- und Zugführerausbildung des 12. Offz.-Anwärterlehrg., 22.02.1939, S. 2 f.

1957 Vgl. z. B. BayHStA München, Polizeischule FFB 124, Abdruck: I. V. Hösl (Polizeischule FFB) an RFSSuChdDtPol: Erfahrungsbericht über die Durchführung des 21. Offizieranwärterlehrganges, 26.08.1941, S. 3.

Die dürftigen Ergebnisse vieler Kurse führte Hagemann auch darauf zurück, dass das Personal an der Polizeischule häufig wechselte, weil einige Fachlehrer krank, versetzt oder abgeordnet wurden.[1958] Denn gerade in den theoretischen Unterrichtsfächern mangelte es an Lehroffizieren, was die Ausbildung sehr behinderte.[1959] Dass an der Brucker Lehranstalt etwa im Fach Polizeitaktik zeitweise kein vollwertiger Lehrer vorhanden war, „wirkt sich", laut Hagemann, „auf die Durchbildung des Offiziernachwuchses in diesem zur Zeit besonders wichtigen Wissensgebiet sehr nachteilig, ja verhängnisvoll aus". Deswegen bestand der Kommandeur darauf, „den erhöhten Ansprüchen genügende Lehrkräfte mit Fronterfahrung" zu erhalten.[1960] Zudem hoffte er, dass „die Kräfte des Lehrkörpers an einer Offizierschule möglichst lange Zeit tätig sein würden", was belegt, wie stark der Wechsel innerhalb des Brucker Stammpersonals den Schulbetrieb beeinträchtigte.[1961] Gerade die älteren Schüler hatten selbst mit gesundheitlichen Problemen zu kämpfen und suchten daher oft die Krankenstation auf, was dem Kommandeur ebenfalls deutlich missfiel.[1962] Gegen Ende des Krieges machte sich außerdem der Fronteinsatz bei den Polizisten gesundheitlich deutlich bemerkbar.[1963]

Wegen all dieser Probleme waren aber nicht nur viele Schüler überfordert. Auch die Lehrer stießen regelmäßig an ihre Grenzen. Weil es ihren Schützlingen schon an grundlegendem Vorwissen fehlte und sie zunächst einmal diese Lücken schließen mussten, reichte den Lehroffizieren oftmals die Zeit nicht aus, um den gesamten Stoff durchzunehmen. Als die Dauer der Lehrgänge in den Kriegsjahren noch weiter verkürzt wurde, erschwerte das die Lage noch zusätzlich, die ohnehin schon angespannt war. Zu dem großen Mangel an wirklich geeignetem Personal gesellte sich also ein enormer Zeitmangel, den der Kriegsverlauf und die politische Führung zunehmend vergrößerten. Selbst Schüler des 21. OAL hätten sich laut Hagemann sogar schon darüber beklagt, dass der Lehrgang zu kurz gewesen sei.[1964] Es finden sich daher zahlreiche Berichte, in denen sich der Kommandeur darüber ausließ, wie wenig Zeit dafür vorhanden sei, den Offiziersnachwuchs adäquat auszubilden.[1965] Deshalb

---

1958 Vgl. u. a. BayHStA München, Polizeischule FFB 128, Entwurf: Hagemann (Polizeischule FFB) an RFSSuChdDtPol: Erfahrungsbericht über die Durchführung des 28. Offiz.Anw.Lehrg., 22.10.1942, S. 3; BayHStA München, Polizeischule FFB 140, Entwurf: Hagemann (Polizeischule FFB) an RFSSuChdDtPol: Erfahrungsbericht über die Durchführung des 4.Rev.Offizieranwärterlehrganges, 29.07.1941, S. 3.

1959 Vgl. BayHStA München, Polizeischule FFB 124, Abdruck: I. V. Hösl (Polizeischule FFB) an RFSSuChdDtPol: Erfahrungsbericht über die Durchführung des 21. Offizieranwärterlehrganges, 26.08.1941, S. 4.

1960 BayHStA München, Polizeischule FFB 128, Entwurf: Hagemann (Polizeischule FFB) an RFSSuChdDtPol: Erfahrungsbericht über die Durchführung des 28. Offiz.Anw.Lehrg., 22.10.1942, S. 5.

1961 BayHStA München, Polizeischule FFB 140, Entwurf: Hagemann (Polizeischule FFB) an RFSSuChdDtPol: Erfahrungsbericht über die Durchführung des 4.Rev.Offizieranwärterlehrganges, 29.07.1941, S. 4.

1962 Vgl. u. a. ebd., S. 4; BayHStA München, Polizeischule FFB 139, Entwurf: I. A. Diez (Polizeischule FFB) an RFSSuChdDtPol: Erfahrungsbericht über den Ablauf des 2.Rev.Offz.Anw.-Lehrganges, 10.04.1941, S. 3; BayHStA München, Polizeischule FFB 147, I. V. [unleserlich] (Polizeischule FFB) an RFSSuChdDtPol: Erfahrungsbericht über den Ablauf des 26.Res.OAL, 01.11.1944, S. 2.

1963 Vgl. BayHStA München, Polizeischule FFB 148, Entwurf: Hagemann (Polizeischule FFB) an Hauptamt Ordnungspolizei: Erfahrungsbericht über die Durchführung des 27.ROAL., 24.04.1945, S. 2.

1964 Vgl. BayHStA München, Polizeischule FFB 124, Abdruck: I. V. Hösl (Polizeischule FFB) an RFSSuChdDtPol: Erfahrungsbericht über die Durchführung des 21. Offizieranwärterlehrganges, 26.08.1941, S. 3.

1965 Vgl. z. B. BayHStA München, Polizeischule FFB 125, Entwurf: Hagemann (Polizeischule FFB) an RFSSuChdDtPol: Erfahrungsbericht über die Durchführung des 22. Offizieranwärter-Lehrganges, 30.12.1941, S. 3; BayHStA München, Polizeischule FFB 139, Entwurf: I. A. Diez (Polizeischule FFB) an RFSSuChdDtPol: Erfahrungsbericht über den Ablauf des 2.Rev.Offz.Anw.-Lehrganges, 10.04.1941, S. 3 f.

sprach er sich vehement dagegen aus, die Kursdauer noch weiter zu reduzieren, was beim Hauptamt Ordnungspolizei jedoch auf taube Ohren stieß.[1966] Wenngleich diese unnachgiebige Position auf den chronischen Personalmangel zurückzuführen war, wirkte sie sich ungünstig darauf aus, dass wirklich brauchbare Polizeiführer die Offiziersschulen verließen.

Weitere Folgen des Krieges erschwerten den Unterricht noch zusätzlich. Benzinmangel und Brennstoffknappheit führten zuweilen dazu, dass manche Lehrgänge ihr Gefechtstraining nur auf dem hauseigenen Exerzierplatz und nicht im fremden Gelände absolvieren konnten. Der Schule mangelte es zudem an Waffen, Munition und anderen Gerätschaften, aber auch an Anschauungsmaterial, wie Bildtafeln von Waffen und deren Einzelteilen. Ferner vermisste sie aktuelle Vorschriften, die auf den Truppeneinsatz der Polizeikräfte ausgerichtet waren.[1967] Während des Zweiten Weltkriegs konnte die Brucker Bildungsanstalt von solchen Dingen oftmals nur träumen. Bittgesuche und Appelle an das Hauptamt Ordnungspolizei blieben meist ungehört.

Das Geschehen auf den Schlachtfeldern beeinträchtigte die Offiziersausbildung der Ordnungspolizei auch in anderer Hinsicht. Denn in den Lehrgängen waren einige Polizisten, die bereits in den eroberten Gebieten oder gar an der Front eingesetzt waren. Das brachte zweierlei Konsequenzen mit sich. Zum einen war dieser Kriegseinsatz eine Ursache dafür, warum etliche Anwärter unzureichend vorgebildet waren und sie sich in den theoretischen Disziplinen kaum auskannten. Das ist nicht weiter verwunderlich, weil diese „Praktiker" in den besetzten Gebieten anderen Aufgaben nachgingen, als sich eingehend mit rechtlichen Belangen auseinanderzusetzen. Was sie dort erlebt hatten, ging an den Ordnungspolizisten zum anderen nicht spurlos vorbei. Das fiel auch Kommandeur Hagemann auf, wenn er bemerkte, dass die Teilnehmer des 25. OAL „zum Teil noch sehr an den Strapazen, die sie beim Osteinsatz zu ertragen hatten, litten".[1968] Es bleibt zwar der Fantasie überlassen, was er konkret damit meinte. Doch kann durchaus davon ausgegangen werden, dass viele Polizisten von dem geprägt wurden, was der „auswärtige Einsatz" mit sich brachte. Gerade in der zweiten Kriegshälfte gelangten „Ordnungshüter" in die Polizeischulen, die bereits am eigenen Leibe erfahren hatten, welche Tätigkeiten sie nach Ende des Lehrgangs wieder aufnehmen sollten.

Für den Polizeiapparat war es sehr wichtig, dass seine Angehörigen einen entsprechenden Korpsgeist herausbildeten, der es ihnen ermöglichte, sich mit der Schicksalsgemeinschaft der Ordnungspolizei zu identifizieren. Mehr noch sollten die Polizisten untereinander innige Kameradschaften pflegen, die das Individuum in die Dienststellen oder Einheiten integrierten und damit den polizeilichen Einsatz erleichterten. Weil das nicht nur für das NS-Regime, sondern auch innerhalb der Polizeischule so bedeutsam war, äußerten sich die Kommandeure in ihren Berichten über das kameradschaftliche Verhalten der Teilnehmer untereinander. Was den gemeinschaftlichen Umgang der Schüler anbelangt, fielen die Ergebnisse allerdings

---

1966 Vgl. z. B. BayHStA München, Polizeischule FFB 124, Abdruck: I. V. Hösl (Polizeischule FFB) an RFSSuChdDtPol: Erfahrungsbericht über die Durchführung des 21. Offizieranwärterlehrganges, 26.08.1941, S. 3.

1967 Vgl. ebd., S. 4; BayHStA München, Polizeischule FFB 136, Entwurf: I. V. Willing (Polizeischule FFB) an RFSSuChdDtPol: Erfahrungsbericht über den Ablauf des 39. OAL, 31.10.1944, S. 3; BayHStA München, Polizeischule FFB 144, Entwurf: Hagemann (Polizeischule FFB) an RFSSuChdDtPol: Erfahrungsbericht über die Durchführung des mit RdErl.v.10.12.1941 (MBliV.S.2232 i) angeordneten 12.Res.Offizieranwärterlehrganges, 16.04.1942, S. 2.

1968 BayHStA München, Polizeischule FFB 126, Entwurf: Hagemann (Polizeischule FFB) an RFSSuChdDtPol: Erfahrungsbericht über die Durchführung des mit RdErl. vom 10.12.41 (MBliV. S. 2232 b) angeordnete 25. Offiz.Anw.Lehrg., 02.04.1942, S. 2.

eher durchwachsen aus. So sei dieser, laut Schade, während des 12. OAL zunächst schlecht gewesen, was sich aber im Laufe des Kurses deutlich gebessert habe, weil es das Lehrpersonal verstanden habe, die Teilnehmer „zur Pflege der Kameradschaft zu erziehen".[1969]

Doch der Schulleiter begnügte sich nicht damit, auf solche Umgangsformen bloß hinzuweisen, weshalb er auch nach deren Ursachen suchte und dies ebenfalls zu Papier brachte. Dass das kameradschaftliche Benehmen des 12. OAL anfänglich nicht zufriedenstellend war, führte er auf mehrere Aspekte zurück. Zunächst habe es sich bei den Teilnehmern durchschnittlich um Reservisten der Wehrmacht gehandelt, die mitunter lange an der Front gewesen und durch ihre Erfahrungen im Krieg nachhaltig geprägt worden seien. Deswegen sei es ihnen recht schwer gefallen, einen Zugang zu den anderen Schülern zu finden. Da die Teilnehmer ferner aus ganz „Großdeutschland" stammten, hätten sich einzelne Grüppchen herausgebildet, die sich nach ihrer regionalen Herkunft zusammensetzten.[1970] Ob Schades Analyse der Wirklichkeit entsprach, ist nicht mehr zu ermitteln. Es bedeutete allen Kommandeuren jedoch viel, wie sich ihre Schüler betrugen und welches Verhalten sie dabei an den Tag legten. Deshalb dürfte es sie mit Freude erfüllt haben, wenn sie nichts daran zu beanstanden hatten. „Die gute Haltung, einwandfreie Führung und der kameradschaftliche Geist sind besonders hervorzuheben", urteilte Hagemann etwa über den 27. OAL.[1971] Ähnlich zufrieden bewertete er auch einige andere Lehrgänge, die ebenfalls wenig Anlass zu Tadel gaben.[1972]

In den Erfahrungsberichten äußerte sich der Kommandeur nicht nur darüber, wie er die Stimmung in den Kursen oder die Qualität ihrer Teilnehmer einschätzte. Er nahm darin auch einzelne Fächer oder ganze Fächergruppen unter die Lupe. Für bestimmte Disziplinen konnte der Schulleiter eine positive Bilanz ziehen. Allerdings überwogen in diesen Berichten wieder Klagen darüber, welch schlechte Leistungen die einzelnen Lehrgänge abgeliefert hätten. Besonders prekär war dies, wenn sich solche Defizite auf militärischem Gebiet offenbarten. In der Vorkriegszeit waren hierbei erneut die österreichischen Offiziersanwärter besonders unangenehm aufgefallen, wie der Erfahrungsbericht zum 10. OAL zeigt, den der Kursleiter Hans Hösl verfasst hatte. Ihm zufolge hätten sie nicht einmal die entsprechenden Grundbegriffe gekannt, weshalb die Teilnehmer auch nach Abschluss des Lehrgangs nicht vollständig militärisch ausgebildet gewesen seien und auf diesem Feld noch erhebliche Mängel besessen hätten. Diese Schwächen seien mit dafür verantwortlich gewesen, dass über 40 % der

1969 BayHStA München, Polizeischule FFB 123, Dr. Schade (Polizeischule FFB) an RFSSuChdDtPol: Erfahrungsbericht über die Gruppen- und Zugführerausbildung des 12. Offz.-Anwärterlehrg., 22.02.1939, S. 2.

1970 Vgl. ebd., S. 2.

1971 BayHStA München, Polizeischule FFB 127, Hagemann (Polizeischule FFB) an RFSSuChdDtPol: Erfahrungsbericht über die Durchführung des 27. Offiz.Anw.Lehrg., 07.08.1942, S. 3.

1972 Vgl. z. B. BayHStA München, Polizeischule FFB 130, Entwurf: Hagemann (Polizeischule FFB) an RFSSuChdDtPol: Erfahrungsbericht über die Durchführung des 30. und 31. Offizieranwärterlehrganges, 03.04.1943, S. 3. Weitere Erfahrungsberichte lobten auch das kameradschaftliche Verhalten der Teilnehmer. Vgl. z. B. BayHStA München, Polizeischule FFB 120, Korsemann (Polizeischule FFB) an RFSSuChdDtPol: Erfahrungsbericht über die Durchführung des 2. u. 3. Offz.-Ausbildungslehrg. für Oberlt.u.Lt.d.Schutzpol., 13.07.1939, S. 3; BayHStA München, Polizeischule FFB 144, Entwurf: Hagemann (Polizeischule FFB) an RFSSuChdDtPol: Erfahrungsbericht über die Durchführung des mit RdErl.v.10.12.1941 (MBliV.S.2232 i) angeordneten 12.Res.Offizieranwärterlehrganges, 16.04.1942, S. 2; BayHStA München, Polizeischule FFB 147, I. V. [unleserlich] (Polizeischule FFB) an RFSSuChdDtPol: Erfahrungsbericht über den Ablauf des 26.Res.OAL, 01.11.1944, S. 6; BAB R 20/70, Abschrift: Polizeischule FFB an RFSSuChdDtPol: Res.Offizieranwärterlehrgang für SA-Führer, 16.12.1942, S. 2.

Teilnehmer gescheitert seien, obwohl das Lehrpersonal mit einem milden Maßstab geurteilt habe.[1973] Daher schlug Korsemann ergänzend vor, den gesamten Kurs in Fürstenfeldbruck noch einmal gesondert zu einem dringend nötigen Gruppen- und Zugführerlehrgang antreten zu lassen. Schließlich handle es sich bei den meisten Kandidaten um „wirklich idealistische Kämpfer der Bewegung und hochwertige Charaktere, die auf Grund dieser Qualitäten auch dann einen wertvollen Zuwachs für das Polizeioffizierskorps bedeuten, wenn sie auf diesem oder jenem Fachgebiet auch nicht sofort ganz mitkommen".[1974]

Ganz so kulant zeigte sich die Staatsmacht während des Krieges jedoch nicht mehr, da ihr durchaus bewusst war, wie gefährlich es für die Polizeieinheiten werden konnte, wenn deren Führer in ihrem militärischen Wissen Lücken besaßen. Himmlers gesamter Polizeiapparat wollte sich darauf verlassen können, dass seine Offiziere in der Lage waren, besonders im Ernstfall die richtigen Befehle zu erteilen. Umso beklemmender muss es für den Reichsführer-SS gewesen sein, wenn einige Erfahrungsberichte aus den Kriegsjahren darauf hinwiesen, dass für viele Männer ausgerechnet derjenige Unterricht vollkommen neu war, der sie auf den Frontdienst vorbereiten sollte. Gerade in dieser Phase erscheint ein solcher Befund paradox. Es kamen doch besonders in der zweiten Kriegshälfte viele Teilnehmer zu den Lehrgängen, die sich bereits im „auswärtigen Einsatz" befunden hatten.[1975]

Über den Taktikunterricht des 27. OAL schrieb Hagemann etwa, er sei den Schülern „in den ersten Wochen besonders schwer gefallen, da sie keinerlei Kenntnisse auf diesem Gebiet mitbrachten".[1976] Besondere Probleme traten anscheinend in der Befehlsgebung auf, wie aus weiteren Berichten ersichtlich ist.[1977] Deshalb reagierte die Brucker Lehranstalt und speckte diesen Themenkomplex inhaltlich einfach ab, wie das Beispiel des 33. OAL belegt: „Durch Weglassen alles Unwesentlichen und Abstellen des Unterrichts und der durchzuspielenden Lagen auf die künftige Verwendung war es [...] möglich, sie so weit zu bringen, daß sie rest-

1973 Vgl. BAB, R 20/69, Hösl (Polizeischule FFB) an RFSSuChdDtPol – Ausbildungsamt: Erfahrungsbericht über die Durchführung des 10. Offz.-Anwärter-Lehrg., 15.04.1939, S. 2 f.

1974 BAB, R 20/69, Korsemann (Polizeischule FFB) an RFSSuChdDtPol – Ausbildungsamt: Zusatz zum Erfahrungsbericht über die Durchführung des 10. Offz.-Anwärter-Lehrg., 15.04.1939, S. 6. Vgl. auch Matthäus, Judenfrage, S. 55. Ferner: Westermann, Police Battalions, S. 105.

1975 Vgl. u. a. BayHStA München, Polizeischule FFB 139, Entwurf: I. A. Diez (Polizeischule FFB) an RFSSuChdDtPol: Erfahrungsbericht über den Ablauf des 2.Rev.Offz.Anw.-Lehrganges, 10.04.1941, S. 1; BayHStA München, Polizeischule FFB 140, Entwurf: Hagemann (Polizeischule FFB) an RFSSuChdDtPol: Erfahrungsbericht über die Durchführung des 4.Rev.Offizieranwärterlehrganges, 29.07.1941, S. 2; BayHStA München, Polizeischule FFB 143, Hagemann (Polizeischule FFB) an RFSSuChdDtPol: Erfahrungsbericht über die Durchführung des 8.Rev.Offizieranwärterlehrganges, 09.03.1942, S. 1; BayHStA München, Polizeischule FFB 145, Hagemann (Polizeischule FFB) an RFSSuChdDtPol: Erfahrungsbericht über die Durchführung des mit RdErl. vom 2.3.1942 (MBliV.S.532) angeordneten 15. Res. Offizieranwärterlehrganges, 06.08.1942, S. 2 f.; BayHStA München, Polizeischule FFB 148, Entwurf: Hagemann (Polizeischule FFB) an Hauptamt Ordnungspolizei: Erfahrungsbericht über die Durchführung des 27.ROAL., 24.04.1945, S. 2 f.

1976 BayHStA München, Polizeischule FFB 127, Hagemann (Polizeischule FFB) an RFSSuChdDtPol: Erfahrungsbericht über die Durchführung des 27. Offiz.Anw.Lehrg., 07.08.1942, S. 2.

1977 Vgl. BayHStA München, Polizeischule FFB 120, Dr. Schade (Polizeischule FFB) an RFSSuChdDtPol: Belehrungsübungen der Offz.-Ausb.-Lehrgänge für Leutnante der Schutzpolizei, 18.07.1938, S. 2; BayHStA München, Polizeischule FFB 128, Entwurf: Hagemann (Polizeischule FFB) an RFSSuChdDtPol: Erfahrungsbericht über die Durchführung des 28. Offiz.Anw.Lehrg., 22.10.1942, S. 3; BayHStA München, Polizeischule FFB 135, Entwurf: I. V. [unleserlich] (Polizeischule FFB) an RFSSuChdDtPol: Erfahrungsbericht (38. OAL.), 20.09.1944, S. 2.

los als Truppenoffiziere eingesetzt werden können."[1978] Nur solche Abstriche halfen dabei, die Polizisten zumindest einigermaßen auf den Kampfeinsatz vorzubereiten. Diese Methode änderte jedoch herzlich wenig daran, dass viele Männer große Wissenslücken aufwiesen. Auch in der Feldkunde beklagte Hagemann „eine begrenzte Aufnahmefähigkeit" und „ein recht bescheidenes Vorstellungsvermögen" der Teilnehmer des 38. OAL.[1979] Viele Schüler könnten sich nicht adäquat mithilfe von Landkarten im Gelände orientieren und ihre Lage richtig beurteilen, wobei diese Defizite auch noch durch sprachliche verstärkt worden seien. Das habe sich erst gegen Ende des Lehrgangs gebessert, so dass alle Absolventen nun über die Grundlagen verfügt hätten, um selbstständig weiter zu üben.[1980]

Allerdings taten sich hin und wieder Lichtblicke auf, wie der Abschlussbericht zum 39. OAL zeigt. Ausbildungsziel sei bei diesem Kursus gewesen, die angehenden Polizeiführer zu Schießlehrern zu erziehen, was auch gelungen sei.[1981] Derlei Erfolge waren jedoch darauf zurückzuführen, dass die Lehrgänge ab 1943 ohnehin auf fast rein militärische Aspekte ausgerichtet waren. Daher war Hagemann etwa mit dem 41. OAL zumindest dahingehend zufrieden, dass die Teilnehmer in der Lage gewesen seien, mit Panzerfaust und anderen Kriegswaffen umzugehen und ihre Untergebenen darin zu unterweisen.[1982] Polizeiliches Fachwissen konnte von solchen Beamten allerdings kaum erwartet werden, was den Wert einer solchen Ausbildung wieder deutlich minderte. Die wenigen Fälle, in denen der Kommandeur mit dem militärischen Wissen der Polizeischüler zufrieden war, können jedoch nicht darüber hinwegtäuschen, dass es in einigen Kursen auf diesem Sektor zahlreiche Mängel gab.

Dass diese Wahrnehmung nicht auf Fürstenfeldbruck beschränkt war, zeigt ein Bericht von Max Lagerbauer, der unter anderem für den 3. Vorbereitungslehrgang in Mariaschein verantwortlich zeichnete. „Die Lehrgangsteilnehmer", so der Kommandeur, „kamen bis auf ganz wenige mit sehr mangelhaften, militärischen Kenntnissen zum Lehrgang".[1983] Diese wollten eigentlich Verwaltungsbeamte werden und hätten fast keine Ahnung von der militärischen Ausbildung, wobei sie in allen Teilgebieten Schwächen aufwiesen. Zwar hätten sich ihre Leistungen im Laufe des Lehrgangs verbessert. Aber die Zeit sei erneut viel zu kurz gewesen, um den Lehrstoff vollständig durchzunehmen.[1984] Über die Teilnehmer des 4. Auswahllehrganges stellte ein Bericht im Juni 1943 fest, dass diese oftmals nicht einmal eine Grundausbildung absolviert hätten und deswegen erhebliche Defizite im militärischen Bereich aufwiesen.[1985] Etwa die Hälfte der Kandidaten befanden die Lehroffiziere deshalb für

1978 BayHStA München, Polizeischule FFB 132, Entwurf: Hagemann (Polizeischule FFB) an RFSSuChdDtPol: 33. Offizieranwärterlehrgang, 16.11.1943, S. 2.

1979 BayHStA München, Polizeischule FFB 135, Entwurf: I. V. [unleserlich] (Polizeischule FFB) an RFSSuChdDtPol: Erfahrungsbericht (38. OAL.), 20.09.1944, S. 2.

1980 Vgl. ebd., S. 2. Zu einem ähnlichen Ergebnis kam Hagemann auch beim 41. OAL. Vgl. BayHStA München, Polizeischule FFB 137, Entwurf: Hagemann (Polizeischule FFB) an RFSSuChdDtPol: Erfahrungsbericht über die Durchführung des 41. OAL, 22.03.1945, S. 3.

1981 Vgl. BayHStA München, Polizeischule FFB 136, Entwurf: I. V. Willing (Polizeischule FFB) an RFSSuChdDtPol: Erfahrungsbericht über den Ablauf des 39. OAL, 31.10.1944, S. 2.

1982 Vgl. BayHStA München, Polizeischule FFB 137, Entwurf: Hagemann (Polizeischule FFB) an RFSSuChdDtPol: Erfahrungsbericht über die Durchführung des 41. OAL, 22.03.1945, S. 2.

1983 BayHStA München, Polizeischule FFB 128, Lagerbauer (Polizeiunterkunft Mariaschein) an RFSSuChdDtPol: Erfahrungsbericht über den in der Zeit vom 4.3.42–18.04.42 an der Pol. Unterkunft in Mariaschein b.Aussig stattgefundenen 3. Vorb.Lhrg.f.Offz.Anwärter, 18.04.1942, S. 3.

1984 Vgl. ebd., S. 3 f.

1985 Vgl. BayHStA München, Polizeischule FFB 133, [unleserlich] (Polizeischule Mariaschein) an RFSSuChdDtPol: 4. Auswahllehrgang für Offizieranwärter, 18.06.1943, S. 10.

untauglich, das Lehrgangsziel zu erreichen, „wenn ohne Überspitzung in den Forderungen eine Verflachung des Offizierkorps durch Massenherstellung von Offizieren vermieden werden soll".[1986]

Polizeitaktik und Zugführerausbildung wurden durch die Kriegslage schon allein deshalb immer bedeutender, weil einige Kursteilnehmer unerfahren und bisher einseitig in den Dienststellen eingesetzt worden waren. Während des 33. OAL weitete Hagemann etwa den ersten, rein militärischen Ausbildungsabschnitt von 12 auf 16 Wochenstunden aus, weshalb der Fachunterricht jedoch um vier Stunden gekürzt werden musste.[1987] In den nachfolgenden Lehrgängen hielt der Trend an, die militärischen im Vergleich zu den rechtlichen, polizeidienstlichen und politischen Disziplinen noch stärker in den Vordergrund zu stellen. Dabei kürzte Hagemann die Stunden in den – wie er sich ausdrückte – „weniger wichtigen Fächern" auch im zweiten Abschnitt der Lehrgänge, die dann nur die allerwichtigsten Themen behandeln konnten.[1988] Damit degradierte er die rechtlichen und polizeidienstlichen Disziplinen, deren wenige Unterrichtsstunden nicht darüber hinwegtäuschen konnten, dass die Offiziersausbildung der Ordnungspolizei zu fast rein militärischem Drill verkommen war. Stattdessen richtete der Polizeiapparat den Lehrplan nahezu vollständig auf den Kriegseinsatz aus und führte die Fächer Feldkunde sowie das Waffen- und Pionierwesen ein, mit dem die künftigen Polizeiführer ihre Schwierigkeiten hatten.[1989] Wie aus einem Bericht zum 11. Vorbereitungslehrgang aus dem Jahre 1944 hervorgeht, habe dieser noch stärker militärisch geprägte Unterricht selbst denjenigen Kandidaten Probleme bereitet, die bereits einige Erfahrungen an der Front gesammelt hätten.[1990]

Solche Schritte dokumentieren erneut, dass die militärischen Inhalte während des Zweiten Weltkriegs noch weiter an Bedeutung gewannen, obwohl sie die Offiziersausbildung ohnehin schon seit der Weimarer Republik dominierten. Nun nahm der Militärdrill also noch mehr Raum in den Lehrgängen ein. Das lag aber nicht nur darin begründet, dass ein Großteil der Schüler auf diesem Gebiet völlig unbedarft war. Auch wirkte es sich ungünstig auf den übrigen Fachunterricht aus, dass das Lehrpersonal über nur wenig Zeit verfügte, den Stoff zu behandeln. Schon allein deshalb mussten sie sich auf die militärischen Disziplinen konzentrieren, um die Anwärter auf die Verhältnisse im Frontgebiet vorzubereiten. Kommandeur Hagemann stimmte es daher zumindest zufrieden, dass sich das Gelände im Umkreis der Polizeischule für diese Zwecke hervorragend eigne.[1991]

Auch wenn sie in den militärischen Fächern noch einiges zu lernen hatten, zeigten die Polizisten aber, was sie sportlich zu leisten imstande waren. Anscheinend hatte die Mehrheit der Offiziersanwärter daher die wenigsten Probleme in der Körperschulung. Deshalb war der Kommandeur meist recht zufrieden, wenn er das physische Leistungsvermögen oder den

1986 Ebd., S. 11.

1987 Vgl. BayHStA München, Polizeischule FFB 132, Entwurf: Hagemann (Polizeischule FFB) an RFSSuChdDtPol: 33. Offizieranwärterlehrgang, 16.11.1943, S. 2.

1988 BayHStA München, Polizeischule FFB 133, Entwurf: Hagemann (Polizeischule FFB) an RFSSuChdDtPol: Erfahrungsbericht über die Durchführung des 35. Offizieranwärterlehrganges, 04.01.1944, S. 2.

1989 Vgl. BayHStA München, Polizeischule FFB 134, Entwurf: Hagemann (Polizeischule FFB) an RFSSuChdDtPol: Erfahrungsbericht, 10.05.1944, S. 2; BayHStA München, Polizeischule FFB 147, I. V. [unleserlich] (Polizeischule FFB) an RFSSuChdDtPol: Erfahrungsbericht über den Ablauf des 26.Res.OAL, 01.11.1944, S. 3.

1990 Vgl. BayHStA München, Polizeischule FFB 136, [unleserlich] (Polizeischule Heidenheim) an RFSSuChdDtPol: 11. Vorbereitungslehrgang für Offizieranwärter, 05.04.1944, S. 1.

1991 Vgl. BayHStA München, Polizeischule FFB 131, Hagemann (Polizeischule FFB) an RFSSuChdDtPol: Erfahrungsbericht über die Durchführung des 32. O.A.L., 18.08.1943, S. 3.

Gesundheitszustand seiner Schüler beurteilte.[1992] Über die Teilnehmer des 27. OAL schrieb Hagemann etwa Folgendes: „Die Männer waren durchweg widerstandsfähig, gut gewachsen und hatten ein ansprechendes Aussehen."[1993] Daran lässt sich ablesen, wie sehr speziell der Schulleiter, aber auch generell der Ausbildungsapparat darauf achteten, dass sein Offiziersnachwuchs körperlich belastbar und stattlich gebaut war, wie es den NS-Ideologen vorschwebte. Wenn eine Großzahl der Schüler geistig nicht zu Höchstleistungen aufdrehte, hatten sie zumindest physische Stärken vorzuweisen, auf welche die Ordnungsmacht großen Wert legte. Allerdings galt diese positive Bilanz abermals nicht für die österreichischen Anwärter des 12. OAL, die Schade zufolge „nicht hart genug gegen sich selbst" gewesen seien.[1994]

Ebenfalls durchwachsen fiel das Urteil aus, wenn es um die rechtlichen Fächer in der Offiziersausbildung ging. Passable Kenntnisse glaubte Hagemann bei den Schülern des 22. OAL vorfinden zu können. Zumindest könne der Unterricht auf ihrem Vorwissen aufgebaut werden, so dass die Anwärter nicht komplett neu in die Materie eingeführt werden müssten.[1995] Auch ein Großteil der Teilnehmer des 25. OAL habe über ein solides Wissen in den Rechtsdisziplinen verfügt, wobei sie jedoch mit dem Bürgerlichen Recht kaum vertraut gewesen seien.[1996] Andere Lehrgänge wiesen aber auch in diesem Bereich mitunter erhebliche Wissenslücken auf. Selbst ältere und im Polizeidienst erfahrene Beamte hätten Hagemann zufolge kaum Ahnung von den Vorschriften gehabt, obwohl sie diese schon seit vielen Jahren vollstrecken müssten.[1997]

Die Ereignisse an den Fronten wirkten sich jedoch auch auf die Rechtskunde aus, so dass die Brucker Institution während des Zweiten Weltkriegs diesen Themenkomplex nur kursorisch überflog. Stattdessen rückten vor allem die SS- und Polizeigerichtsbarkeit, aber auch Dienststrafordnungen sowie andere Gesetze und Vorschriften in den Vordergrund, die im Laufe des Krieges in der Polizei an Bedeutung gewannen.[1998] Insgesamt jedoch kam es zu einer „Minderbewertung der rechtlichen Fächer gegenüber der militärischen", was auch Ha-

---

1992 Vgl. u. a. BayHStA München, Polizeischule FFB 123, Dr. Schade (Polizeischule FFB) an RFSSuChdDtPol: Erfahrungsbericht über die Gruppen- und Zugführerausbildung des 12. Offz.-Anwärterlehrg., 22.02.1939, S. 2; BayHStA München, Polizeischule FFB 137, Entwurf: Hagemann (Polizeischule FFB) an RFSSuChdDtPol: Erfahrungsbericht über die Durchführung des 41. OAL, 22.03.1945, S. 2.

1993 BayHStA München, Polizeischule FFB 127, Hagemann (Polizeischule FFB) an RFSSuChdDtPol: Erfahrungsbericht über die Durchführung des 27. Offiz.Anw.Lehrg., 07.08.1942, S. 2.

1994 BayHStA München, Polizeischule FFB 123, Dr. Schade (Polizeischule FFB) an RFSSuChdDtPol: Erfahrungsbericht über die Gruppen- und Zugführerausbildung des 12. Offz.-Anwärterlehrg., 22.02.1939, S. 2.

1995 Vgl. BayHStA München, Polizeischule FFB 125, Entwurf: Hagemann (Polizeischule FFB) an RFSSuChdDtPol: Erfahrungsbericht über die Durchführung des 22. Offizieranwärter-Lehrganges, 30.12.1941, S. 4.

1996 Vgl. BayHStA München, Polizeischule FFB 126, Entwurf: Hagemann (Polizeischule FFB) an RFSSuChdDtPol: Erfahrungsbericht über die Durchführung des mit RdErl. vom 10.12.41 (MBliV. S. 2232 b) angeordnete 25. Offiz.Anw.Lehrg., 02.04.1942, S. 3 f.

1997 Vgl. BayHStA München, Polizeischule FFB 143, Hagemann (Polizeischule FFB) an RFSSuChdDtPol: Erfahrungsbericht über die Durchführung des 8.Rev.Offizieranwärterlehrganges, 09.03.1942, S. 3–5.

1998 Vgl. BayHStA München, Polizeischule FFB 131, Hagemann (Polizeischule FFB) an RFSSuChdDtPol: Erfahrungsbericht über die Durchführung des 32. O.A.L., 18.08.1943, S. 4; BayHStA München, Polizeischule FFB 132, Entwurf: Hagemann (Polizeischule FFB) an RFSSuChdDtPol: 33. Offizieranwärterlehrgang, 16.11.1943, S. 3; BayHStA München, Polizeischule FFB 133, Entwurf: Hagemann (Polizeischule FFB) an RFSSuChdDtPol: Erfahrungsbericht über die Durchführung des 35. Offizieranwärterlehrganges, 04.01.1944, S. 2.

gemann nicht leugnen konnte.[1999] Wie sehr die militärischen Aspekte die gesamte Offiziersausbildung immer stärker beherrschten, brachte der Kommandeur anschließend auf den Punkt, wenn er schrieb: „Die vorgesehene Verwendung nach dem Lehrgang weist auch deutlich darauf hin, daß fast nur militärische Verwendung vorgesehen ist."[2000] Allerdings würden die Absolventen des 39. OAL auf dem rechtlichen Gebiet und vor allem in der SS- und Polizeigerichtsbarkeit ein akzeptables Wissen vorweisen, weshalb sie in diesem Bereich auch als leitende Offiziere eingesetzt werden könnten.[2001] Da sich die Lehroffiziere ebenfalls in anderen Lehrgängen nur noch auf die nötigsten rechtlichen Themen beschränkten, überrascht diese positive Bilanz nicht wirklich.[2002]

Große Unwissenheit fanden die Lehrer gerade in Fächern vor, über welche die Offiziersanwärter bereits recht gut Bescheid wissen sollten. Dazu zählte für Hagemann etwa der Luftschutz, in dem sich ein Großteil der Männer überhaupt nicht auskannte, wie das Beispiel des 22. OAL zeigt. Nur wer schon als Sachbearbeiter in diesem Bereich tätig gewesen sei, brächte ausreichende Kenntnisse und Erfahrungen für den Unterricht mit. Für die restlichen Lehrgangsteilnehmer sei der Stoff zu umfangreich gewesen, so dass der gesamte Kurs auch am Ende nicht über ein einheitliches Niveau und Wissen verfügte.[2003] Die alliierten Luftangriffe veränderten den Unterricht im Luftschutz, der nun die theoretischen und rechtlichen Gesichtspunkte in den Hintergrund treten ließ und sich stattdessen auf den praktischen Einsatz konzentrierte. Als sich der Bombenkrieg zunehmend vor der eigenen Haustüre ereignete, versuchten die Lehrgänge in Fürstenfeldbruck zumindest von den Erfahrungen zu profitieren, welche die Staatsmacht bisher gesammelt hatte.[2004] Außerdem schlug Hagemann vor, die Fachlehrer kurzzeitig in gefährdete Luftschutzorte zu schicken, damit sie in diesen neuralgischen Gebieten ihr Wissen erweitern könnten, um anschließend den Unterricht praxisnaher zu gestalten.[2005] Selbst wenn das Hauptamt Ordnungspolizei solche Vorschläge tatsächlich aufgriff, scheinen solche Maßnahmen keinen durchschlagenden Erfolg beschert zu haben. Denn weitere Erfahrungsberichte reklamierten in der Folgezeit, dass den Polizisten im Luftschutz das nötige Grundwissen fehlen würde.[2006]

1999 BayHStA München, Polizeischule FFB 130, Entwurf: Hagemann (Polizeischule FFB) an RFSSuChdDtPol: Erfahrungsbericht über die Durchführung des 30. und 31. Offizieranwärterlehrganges, 03.04.1943, S. 2.

2000 Ebd., S. 2 f.

2001 Vgl. BayHStA München, Polizeischule FFB 136, Entwurf: I. V. Willing (Polizeischule FFB) an RFSSuChdDtPol: Erfahrungsbericht über den Ablauf des 39. OAL, 31.10.1944, S. 5. Zu einem ähnlichen Urteil kam der Kommandeur beim 41. OAL. Vgl. BayHStA München, Polizeischule FFB 137, Entwurf: Hagemann (Polizeischule FFB) an RFSSuChdDtPol: Erfahrungsbericht über die Durchführung des 41. OAL, 22.03.1945, S. 5.

2002 Vgl. z. B. BayHStA München, Polizeischule FFB 135, Entwurf: I. V. [unleserlich] (Polizeischule FFB) an RFSSuChdDtPol: Erfahrungsbericht (38. OAL.), 20.09.1944, S. 4.

2003 Vgl. BayHStA München, Polizeischule FFB 125, Entwurf: Hagemann (Polizeischule FFB) an RFSSuChdDtPol: Erfahrungsbericht über die Durchführung des 22. Offizieranwärter-Lehrganges, 30.12.1941, S. 4.

2004 Vgl. BayHStA München, Polizeischule FFB 131, Hagemann (Polizeischule FFB) an RFSSuChdDtPol: Erfahrungsbericht über die Durchführung des 32. O.A.L., 18.08.1943, S. 3.

2005 Vgl. BayHStA München, Polizeischule FFB 141, Hagemann (Polizeischule FFB) an RFSSuChdDtPol: Erfahrungsbericht über die Durchführung des mit RdErl.v.14.5.41 (RMBliV.S.932 b) angeordneten 6.Rev.Offizieranwärterlehrganges, 20.11.1941, S. 4.

2006 Vgl. u. a. BayHStA München, Polizeischule FFB 126, Entwurf: Hagemann (Polizeischule FFB) an RFSSuChdDtPol: Erfahrungsbericht über die Durchführung des mit RdErl. vom 10.12.41 (MBliV. S. 2232 b) angeordnete 25. Offiz.Anw.Lehrg., 02.04.1942, S. 2; BayHStA München, Polizeischule FFB 137, Ent-

Es sollte nicht das einzige Fach sein, bei dem das der Fall war. Auch die Kriminalistik bereitete einigen Schülern gehörige Probleme, wie etwa Hans Hösl beanstandete. Der Brucker Lehrer sah zwar ein, dass Schutzpolizisten keine Experten sein könnten, was die Arbeit der Kriminalpolizei anbelangt. Allerdings sei es auch nicht zuträglich, da die Schutzpolizei auch künftig „die Wiege für den Personalersatz der Sicherheitspolizei" sei.[2007] Bedenklich sei es aber, so Hösl, „wenn schon Gendarmen keine Ahnung von kriminaltechnischen und erkennungsdienstlichen Dingen haben, die für sie zum täglichen Brot gehören müßten".[2008] Sein Fazit fiel dementsprechend nüchtern aus und sollte ein Menetekel für das Himmlersche System sein: „Es muß mit aller Deutlichkeit darauf hingewiesen werden, daß diese engere polizeifachliche Ausbildung gerade seit der Verreichlichung der Polizei sich sehr verschlechtert hat."[2009] Überraschend ist, in welch deutlichen Worten Hösl es wagte, Kritik an den Zuständen zu üben, die durch Himmlers Reformprogramm innerhalb der Polizei herrschten.[2010] Er musste fürchten, dass der Reichsführer-SS einen solchen Ton nicht dulden würde und auch das Hauptamt Ordnungspolizei allergisch auf derlei Stimmen reagieren könnte. Hösls Urteil deutete schließlich darauf hin, dass der Fehler im System lag. Und es zeigte sich bereits deutlich, dass sich die Offiziersausbildung tatsächlich zunehmend auf die militärischen Felder konzentrierte, was die polizeifachlichen Inhalte ins Abseits drängte.

Blieben denn nun aber die politisch-weltanschaulichen Fächer von dieser Entwicklung verschont, da sie für den SS- und Polizeiapparat einen so hohen Stellenwert hatten? Profitierten sie ähnlich vom Verlauf des Krieges wie die militärischen Disziplinen? War es insbesondere der weltanschaulichen Schulung möglich, ihren Einfluss in der Offiziersausbildung zu vergrößern? Gelang es ihr letztlich, die Polizeischüler zu erreichen und sie mental zu beeinflussen? Wer sich mit den Inhalten und Parolen dieses Fachs auseinandersetzt, mag geneigt sein, diese Fragen leichtfertig zu bejahen. Allerdings gestaltet es sich sehr schwierig, adäquate Antworten darauf zu finden, zumal sich stichhaltige Beweise kaum erbringen lassen. Auch an dieser Stelle kann nicht genau ermittelt werden, wie wirkungsmächtig die politische Indoktrination tatsächlich war. Obwohl es ihnen nur bedingt gelang, die Zustände in den Lehrgängen realistisch einzufangen, können die Erfahrungsberichte dennoch wichtige Indizien liefern. Schließlich ist zu erwarten, dass sich der Kommandeur darin besonders intensiv der weltanschaulichen Schulung widmete. Denn auch er war dafür verantwortlich, Himmlers Konzept umzusetzen, das weniger polizeiliche Fachleute als vielmehr ideologisch gefestigte „Polizeisoldaten" hervorbringen sollte.

---

wurf: Hagemann (Polizeischule FFB) an RFSSuChdDtPol: Erfahrungsbericht über die Durchführung des 41. OAL, 22.03.1945, S. 5; BayHStA München, Polizeischule FFB 143, Hagemann (Polizeischule FFB) an RFSSuChdDtPol: Erfahrungsbericht über die Durchführung des 8.Rev.Offizieranwärterlehrganges, 09.03.1942, S. 3; BayHStA München, Polizeischule FFB 147, I. V. [unleserlich] (Polizeischule FFB) an RFSSuChdDtPol: Erfahrungsbericht über den Ablauf des 26.Res.OAL, 01.11.1944, S. 5; BayHStA München, Polizeischule FFB 148, Entwurf: Hagemann (Polizeischule FFB) an Hauptamt Ordnungspolizei: Erfahrungsbericht über die Durchführung des 27.ROAL., 24.04.1945, S. 4.

2007 BayHStA München, Polizeischule FFB 125, Entwurf: Hagemann (Polizeischule FFB) an RFSSuChdDtPol: Erfahrungsbericht über die Durchführung des 22. Offizieranwärter-Lehrganges, 30.12.1941, S. 4.

2008 Ebd., S. 4.

2009 Ebd., S. 4.

2010 Hösl begründete seine Sichtweise mit dem Argument, dass das Reichskriminalpolizeiamt das Recht besitze, die Ausbildung der Gendarmerie zu überprüfen, sofern sie kriminalpolizeilichen Aufgaben nachgehe. Mit anderen Worten: Falls sich das Niveau in der kriminalpolizeilichen Ausbildung der Gendarmen nicht bessere, könnte diese Behörde Druck auf die Beamten und die Ordnungspolizei allgemein ausüben. Vgl. ebd., S. 4.

Umso überraschender ist es, dass der Polizeischule Fürstenfeldbruck gerade die weltanschauliche Schulung große Sorgen bereitete. Besonders in diesem Fach erzielten die Lehrer offensichtlich nicht die Resultate, die das NS-Regime sich wünschte, weshalb der Kommandeur auch in diesem Punkt zu einem eher ernüchternden Ergebnis kam. In seinem Bericht zum 25. OAL resümierte Arno Hagemann über den Erfolg dieses Unterrichts:

> „Zum 25. Offizieranwärterlehrgang waren in erster Linie solche Meister und Wachtmeister (SB) abgeordnet, die bei der Feldgendarmerie eingesetzt waren. Der größte Teil von ihnen war über 2 Jahre an der Front oder im Einsatz. Es ist ihnen schwer gefallen, sich auf die geistige Tätigkeit umzustellen, zumal sie sich in der Zeit des Einsatzes mit der Schulung anscheinend wenig befaßten und auf den Lehrgang nicht vorbereitet hatten.
> Für das Fach Nationalsozialistische Lehre konnten sonach keinerlei geistige und wissensmäßige Voraussetzungen festgestellt werden. Der Lehrgang dauerte außerdem nicht ganz 3 Monate. Es war deshalb nicht möglich, den gesamten Stoff zu vermitteln. Trotz der Schwierigkeiten, die die Männer in diesem Fach hatten, waren sie mit Eifer und Interesse bei der Sache. Bei der Prüfungsarbeit konnte festgestellt werden, daß der behandelte Stoff erfaßt worden war.
> Bezüglich der Gestaltung des Lehrplanes ist es zweckmäßig, daß mehr als bisher herausgestellt werden muß, welche Aufgaben den Anwärtern als zukünftigen Polizeioffizieren und SS-Führern erwachsen und sich aus ihrer Eigenschaft als politische Führer ergeben. Dadurch wird erreicht, daß die am Schluß des Lehrganges erfolgende Ernennung zum SS-Führer nicht nur eine äußere Angelegenheit bleibt.“[2011]

Diese Zeilen sind in mehrerlei Hinsicht hoch interessant: Zunächst sagte Hagemann aus, dass die meisten Teilnehmer des 25. OAL aus der Feldgendarmerie stammten und größtenteils mehr als zwei Jahre an der Front gedient hatten. Dass aber „keinerlei geistige und wissensmäßige Voraussetzungen“ über die weltanschaulichen Inhalte festgestellt werden konnten, ist ziemlich überraschend, da die Männer im Kriegsgebiet vor Ort ideologisch geschult wurden oder dies zumindest in der Theorie vorgesehen war. Ferner beklagte sich der Schulleiter über den kurzen Zeitraum, den er und sein Personal nutzen mussten. Darunter habe konkret die weltanschauliche Schulung gelitten, auch wenn die Schüler „mit Eifer und Interesse bei der Sache“ gewesen seien. Dass sie aber den Stoff bis zum Examen lediglich „erfasst“ hätten, entsprach sicherlich nicht dem Idealzustand. Die Offiziere der Ordnungspolizei sollten eher zu weltanschaulich gefestigten Vertretern des „Staatsschutzkorps“ erzogen werden, die das Gedankengut des Nationalsozialismus fest verinnerlichten. Um diesem Anspruch gerecht zu werden, dürfte es der Schule einfach nicht genügt haben, dass ihre Polizeischüler den Unterricht bloß „mit Eifer und Interesse“ verfolgten. Das wird auch deutlich, wenn Hagemann forderte, im Lehrplan müssten die Aufgaben der angehenden Polizeioffiziere und SS-Führer stärker akzentuiert werden, damit es nicht nur eine reine Formsache bleibe, wenn die Ordnungspolizisten zu SS-Führern ernannt würden. Dieser Hinweis verrät, dass der Brucker Kommandeur nicht damit zufrieden war, wie der Lehrgang den Teilnehmern die „SS-mäßigen“ und „soldatischen Tugenden“ vermittelte. Diese Passage lässt folglich den Schluss

2011 BayHStA München, Polizeischule FFB 126, Entwurf: Hagemann (Polizeischule FFB) an RFSSuChdDtPol: Erfahrungsbericht über die Durchführung des mit RdErl. vom 10.12.41 (MBliV. S. 2232 b) angeordnete 25. Offiz.Anw.Lehrg., 02.04.1942, S. 2.

zu, dass es sich eher um generelle Mängel in dieser Angelegenheit handelte und nicht nur eine Ausnahme darstellte.

Ein solcher Verdacht erhärtet sich dadurch, dass auch in vielen anderen Kursen ähnliche Schwächen zutage traten, die sich darauf bezogen, was die Polizisten über die NS-Weltanschauung wussten. Laut Hagemann war etwa beim 28. OAL ein Teil der Männer ideologisch „sehr dürftig bzw. ungenügend geschult".[2012] Zwar brächten die Teilnehmer, die einen weiterführenden und vorbereitenden Lehrgang besucht hätten, gute Kenntnisse mit. Allerdings schloss Hagemann daraus, „daß der weltanschaulichen Schulung in den Standorten nicht die erforderliche Beachtung geschenkt wird".[2013] Zu ganz genau dem gleichen Ergebnis war der Brucker Kommandeur bereits gekommen, als er den 22. OAL abschließend beurteilen musste. „Auffallend gering" sei das Vorwissen seiner Anwärter im Fach NSL gewesen, wobei es ihnen nicht an Interesse und Fleiß mangle.[2014] „Das Ausbildungsziel, als künftige Offiziere das nationalsozialistische Gedankengut ihren Untergebenen weiter zu vermitteln und sie weltanschaulich zu festigen und zu erziehen, konnte aber nur bei einem geringen Prozentsatz erreicht werden", wie Hagemann bilanzierte.[2015] Außerdem habe der zuständige Lehroffizier nicht die gesamte Stoffmenge durchnehmen können, weil die intellektuellen Fähigkeiten seiner Schüler abermals überschaubar gewesen seien.[2016] Doch selbst im 26. Reserve-OAL, in dem das geistige Potential größer gewesen sei, hätten die Schüler den Eindruck vermittelt, „daß sie mit dem nationalsozialistischen Gedankengut noch nicht so vertraut waren, wie man es von künftigen Offizieren der Ordnungspolizei unbedingt erwarten mußte".[2017]

In weiteren Kursen an der Polizeischule Fürstenfeldbruck kam der Kommandeur ebenfalls zu einem vernichtenden Urteil, was das Wissen der Teilnehmer in der weltanschaulichen Schulung anbelangt. In diesem Sinne beschrieb Hagemann für den 32. OAL die Lage wie folgt:

> „Der NSL. brachten die Schüler ein reges Interesse entgegen, es wurde aber auch hier – wie schon immer – festgestellt, daß der Unterricht neu aufgebaut werden mußte, weil die Männer – von einigen wenigen Ausnahmen abgesehen – im allgemeinen die Grundlagen auf diesem Wissensgebiet fehlten. Dieser Mangel ist darauf zurückzuführen, daß aus den verschiedensten Ursachen die weltanschauliche Erziehung außerhalb der Schule nur recht stiefmütterlich betrieben wird. Die in den Standorten oder bei den einzelnen Formationen der Polizei hin und wieder stattfindenden Feierstunden im Rahmen der Wochenschulung reichen nicht aus, um die elementarsten Grundlagen des nat.soz.

2012 BayHStA München, Polizeischule FFB 128, Entwurf: Hagemann (Polizeischule FFB) an RFSSuChdDtPol: Erfahrungsbericht über die Durchführung des 28. Offiz.Anw.Lehrg., 22.10.1942, S. 4. Im maschinengeschriebenen Text heißt es noch „sehr dürftig und zum Teil ungenügend geschult", wobei der Autor dies mit Bleistift änderte.

2013 Ebd., S. 4.

2014 BayHStA München, Polizeischule FFB 125, Entwurf: Hagemann (Polizeischule FFB) an RFSSuChdDtPol: Erfahrungsbericht über die Durchführung des 22. Offizieranwärter-Lehrganges, 30.12.1941, S. 3.

2015 Ebd., S. 4.

2016 Vgl. ebd., S. 4.

2017 BayHStA München, Polizeischule FFB 147, I. V. [unleserlich] (Polizeischule FFB) an RFSSuChdDtPol: Erfahrungsbericht über den Ablauf des 26.Res.OAL, 01.11.1944, S. 5.

> Gedankengutes zu vermitteln, die von einem Offizieranwärter einmal zu fordern sind und die die Basis für den an der Offz.-Schule zu vermittelnden Stoff darstellen müssen."[2018]

Erneut glaubte Hagemann also, dass die Polizisten vor allem deshalb herzlich wenig über die Inhalte der weltanschaulichen Schulung wüssten, weil sich die Dienststellen und Einheiten der Ordnungspolizei nur bedingt darum kümmern würden, diese zu vermitteln. Die Beamten sollten aber zumindest in der Theorie gerade dort und nicht erst an der Brucker Polizeischule mit den Prinzipien der NS-Ideologie konfrontiert werden. Daher wäre es eine Bankrotterklärung für das polizeiliche Indoktrinationssystem, wenn Hagemann mit seiner Annahme richtig läge. Tatsache ist jedoch, dass der Kommandeur darüber enttäuscht war, wie wenig die Polizeischüler über dieses Themengebiet Bescheid wussten.

In diesem Sinne urteilte Hagemann auch über die Teilnehmer des 8. Revier-OAL und meinte, „daß die Männer über geringes weltanschaulich-politisches Wissen verfügen. Die Lehrgangsteilnehmer haben wohl eine allgemeine tagespolitische Schulung durchgemacht, aber keineswegs eine systematische Schulung der geistigen Grundlagen des Nationalsozialismus erhalten". Sie seien allenfalls vertraut mit den „äußeren Erscheinungsformen, die inneren Triebkräfte sind ihnen jedoch nicht bewußt". Gerade das aber müsse von einem angehenden Oberbeamten „als Träger der Weltanschauung des Nationalsozialismus" verlangt werden.[2019] Die Schüler hätten in der weltanschaulichen Schulung zwar ausreichende Ergebnisse geliefert, seien aber nur unzureichend dazu in der Lage, ihre Untergebenen in diesem Fach zu schulen, schon allein weil sie mit der eigenen Sprache zu kämpfen hätten.[2020]

Ganz ähnlich resümierte Hagemann für den 33. OAL, dass dessen Anwärter weitgehend ohne Vorwissen zum Lehrgang gekommen seien. Dabei fiel ihm besonders auf,

> „daß bei der Bearbeitung schriftlicher Aufgaben die Junker häufig in eine allzu propagandistische Darstellung verfallen und zu Übertreibungen neigen. Es ist das Bestreben zu erkennen, alles zu beschönigen und in Superlative zu steigern. Sie tun das oft gegen ihre eigene Überzeugung, statt einer gegebenen Lage objektiv gegenüber zu stehen."[2021]

Der Kommandeur kam also abermals zu dem Ergebnis, dass die meisten Polizisten bei weltanschaulichen Themen ziemlich unbedarft waren. Mehr noch beklagte er sich darüber, dass die Schüler in Klausuren pathetische Texte zu Papier brächten, ohne tatsächlich von deren Inhalt überzeugt zu sein. Hier schrieben also keine weltanschaulichen Überzeugungstäter, sondern vielmehr Polizeibeamte, die ihre Vorstellung davon besaßen, was der Lehrbetrieb und damit auch das NS-Regime hören wollten. Wer eine Prüfung und letztlich auch den Lehrgang zu bestehen hatte, musste nicht ernsthaft glauben, was er da zu Papier brachte. Von einem unerschütterlichen Glauben an den Nationalsozialismus und seine Prinzipien konnte dabei also keine Rede sein. Dies ändert aber nichts daran, dass zahlreiche der Brucker

2018 BayHStA München, Polizeischule FFB 131, Hagemann (Polizeischule FFB) an RFSSuChdDtPol: Erfahrungsbericht über die Durchführung des 32. O.A.L., 18.08.1943, S. 3 f.

2019 BayHStA München, Polizeischule FFB 143, Hagemann (Polizeischule FFB) an RFSSuChdDtPol: Erfahrungsbericht über die Durchführung des 8.Rev.Offizieranwärterlehrganges, 09.03.1942, S. 2.

2020 Vgl. ebd., S. 2 f.

2021 BayHStA München, Polizeischule FFB 132, Entwurf: Hagemann (Polizeischule FFB) an RFSSuChdDtPol: 33. Offizieranwärterlehrgang, 16.11.1943, S. 2 f.

Schüler trotzdem zu Führungsfiguren innerhalb des Polizeiapparats aufstiegen und sich auch an den Verbrechen der NS-Diktatur beteiligten.[2022]

Hagemann zufolge hätten auch viele Teilnehmer des 38. OAL nicht einmal über das nötige Grundwissen in der weltanschaulichen Schulung verfügt, das sie jedoch besitzen müssten.[2023] Dieser Lehrgang fand von Anfang April bis Mitte September 1944 statt. In diese Zeit fielen einige Großereignisse, die es notwendig erscheinen ließen, diese Themen als „Tagespolitik" im Unterricht zu behandeln. Dazu zählten etwa „die Invasion, die Vergeltungswaffe ‚V 1', das Attentat vom 20.7.44" und „das Abfallen der Bundesgenossen".[2024] Dagegen hätten Fliegeralarme und der Einsatz der Schulgemeinschaft nach einem Bombenangriff auf München den Unterricht behindert, weshalb der Lehroffizier für weltanschauliche Schulung die Anzahl der Referate seiner Schüler in diesem Fach gekürzt habe. Trotz aller Widrigkeiten sei es aber dennoch gelungen, „die Festigung in der weltanschaulichen Einstellung, die Bestärkung im Glauben an den Endsieg und die Befähigung der Anwärter zur Weitergabe der für den Kampf unbedingt notwendigen weltanschaulichen Grundgedanken an ihre Männer" zu erreichen.[2025]

Das Attentat auf Hitler am 20. Juli 1944 habe verdeutlicht, wie nötig es sei, „dem künftigen Offizier klar werden zu lassen, worum es in diesem Krieg geht". Ferner sei im Laufe des Jahres klar geworden, „daß unsere Rückschläge nicht die Folge eines Versagens der Männer, sondern des Versagens eines Teils des Offizierkorps sind".[2026] Daher sei ein Offiziersanwärterlehrgang die beste Chance, einen Teil der angehenden Polizeiführer ideologisch zu schulen. Weil die Zeit dafür jedoch kaum genüge, seien zusätzliche Unterrichtsstunden eingeführt worden, die sogar am Wochenende stattgefunden hätten.[2027] Nun kann darüber spekuliert werden, ob diese Maßnahme eine Reaktion auf die kurze Lehrgangsdauer oder vielmehr auf den 20. Juli 1944 und die zunehmend schlechter werdende Kriegslage war. Bemerkenswert an dieser Aussage ist jedoch vor allem, dass der Kommandeur einen Zusammenhang zwischen der weltanschaulichen Schulung und dem Kriegseinsatz der Polizeioffiziere zu erkennen glaubte, obwohl oder gerade weil seine Schüler bisher nur äußerst dürftig in diesem Fach abgeschnitten hatten.

Es entbehrt daher nicht einer gewissen Ironie, wenn Hagemann feststellen musste, dass sich dies ausgerechnet bei dem letzten Offiziersanwärterlehrgang geändert habe, der an seiner Schule vor Kriegsende am 16. März 1945 abgeschlossen werden konnte. Der Schulleiter kam erst hier zu einem besseren Ergebnis: „Die jahrelange Schulung der Ordnungspolizei machte sich erfreulich bemerkbar", wie er nach Ende des 41. OAL festhielt, weil die Schüler über ein ausreichendes Wissen schon bei Beginn des Lehrgangs verfügt hätten. Allerdings sei die Schulung erschwert worden „durch die bei der Mehrzahl der Junker kaum ausgebildete Fähigkeit zu klarem logischem Denken und zum Überblick über größere Zusammenhänge".[2028] Die Tages- und Wochenschulung hätten die Offiziersanwärter von we-

2022 Siehe dazu Kapitel 7.

2023 Vgl. BayHStA München, Polizeischule FFB 135, Entwurf: I. V. [unleserlich] (Polizeischule FFB) an RFSSuChdDtPol: Erfahrungsbericht (38. OAL.), 20.09.1944, S. 3.

2024 Ebd., S. 4.

2025 Ebd., S. 4.

2026 BayHStA München, Polizeischule FFB 136, Entwurf: I. V. Willing (Polizeischule FFB) an RFSSuChdDtPol: Erfahrungsbericht über den Ablauf des 39. OAL, 31.10.1944, S. 5.

2027 Vgl. ebd., S. 5.

2028 BayHStA München, Polizeischule FFB 137, Entwurf: Hagemann (Polizeischule FFB) an RFSSuChdDtPol: Erfahrungsbericht über die Durchführung des 41. OAL, 22.03.1945, S. 4.

nigen Ausnahmen abgesehen selbst gestaltet und „besonders dankbar aufgenommen, da sie damit unmittelbar Rüstzeug für ihre Führungsarbeit erhielten". Die Anwärter seien sogar bestrebt gewesen, „auch in weltanschaulich-politischer Hinsicht Führer zu werden".[2029] Selbst wenn die Schulungsarbeit in dieser Phase tatsächlich noch ihre Wirkung entfaltet haben sollte, brachte der Ausbildungsapparat aus seiner Sicht viel zu spät Männer hervor, die Himmlers Vision von den weltanschaulich gefestigten „Polizeisoldaten" entsprachen. Bislang hatte Hagemann allerdings feststellen müssen, dass die Offiziersanwärter keineswegs zu einer ideologischen Avantgarde gehörten und weltanschaulich nur schlecht geschult waren.

Zusammenfassend kann gesagt werden, dass die Erfahrungsberichte einige wichtige Erkenntnisse liefern: Der chronische Personalmangel führte dazu, dass die Ordnungspolizei ihre Ansprüche an den Offiziersnachwuchs immer weiter herunterschrauben musste. Allerdings waren selbst die übrigen Polizeischüler meist schlecht vorgebildet. Oftmals nahmen Männer an einem Lehrgang teil, die sich kaum dazu eigneten, künftig als Offiziere zu fungieren, weil sie unerfahren und ihre geistigen Möglichkeiten schnell erschöpft waren. Andere hatten einfach keine Lust auf diesen Werdegang, weil sie stattdessen einer Karriere in der Schutzstaffel hinterherweinten. Auch das Kriegsgeschehen erschwerte es der Brucker Polizeischule, solche Kandidaten adäquat auszubilden und aus ihnen vom Regime als würdig befundene Angehörige des Offizierskorps zu formen. Dies schlug sich in nahezu allen Fächern nieder. Noch am ehesten gelang es dem Lehrpersonal in den militärischen Fächern sowie im Sport, den Schülern die wichtigsten Inhalte und Botschaften zu vermitteln. Besonders in der zweiten Kriegshälfte ging das jedoch zulasten der polizeifachlichen und rechtlichen Disziplinen, die in der Offiziersausbildung in dieser Phase kaum noch eine Rolle spielten. Selbst die weltanschauliche Schulung wirkte überhaupt nicht so, wie sich Himmlers Polizeiapparat das erhofft hatte.

All diese Probleme deuten darauf hin, dass es keineswegs Kinderkrankheiten waren, unter denen einzelne Lehrgänge litten. Vielmehr drängt sich der Gedanke auf, dass es sich um systemische Ursachen handelte, die in den Kursen zu derart schlechten Ergebnissen führten. Schließlich waren der Reichsführer-SS und sein Machtbereich dafür verantwortlich, geeignetes Personal auszuwählen. Entweder waren die Ansprüche viel zu hoch, welche die uniformierte Polizei an dieses stellte, oder entsprechende Kandidaten existierten schlichtweg nicht. Vielleicht mögen sich beide Aspekte vermischt haben. Die Berichte offenbaren jedoch, dass sogar erfahrene Beamte nicht über das theoretische Wissen verfügten, das für ihren Dienst immens wichtig war. Auch seien zahlreiche Polizisten nicht in der Lage gewesen, die eigene Sprache zu beherrschen. Insofern forderte die Ordnungspolizei nichts Unmögliches von ihren Führungskräften. Allerdings erschwerte sie es, ihrem Offiziersnachwuchs eine fundierte Ausbildung zu ermöglichen, indem sie die ohnehin recht knapp bemessene Zeit für die einzelnen Lehrgänge noch weiter verkürzte. Während des Krieges sollten die Schüler in nur wenigen Monaten all das lernen, wofür ihre Kollegen vor dem Polenfeldzug noch wesentlich mehr Zeit zur Verfügung gehabt hatten. Zwar versuchte der Ausbildungsapparat dieses Problem zu lösen, indem er die Lehrpläne abspeckte und sich nur auf die wichtigsten Themen konzentrierte. Aber auch das konnte nicht verhindern, dass das Niveau der so ausgebildeten Offiziersanwärter immer weiter abnahm. Die Lehrgänge behandelten vor allem in der zweiten Kriegshälfte kaum polizeispezifische Themen, sondern konzentrierten sich nur noch auf nahezu rein militärischen Drill, um die Staatsdiener schnellstmöglich an die

2029 Ebd., S. 5.

Front schicken zu können. Und für diesen Zweck mussten sie keine überzeugten Nationalsozialisten sein.

5.3 Das Weiterbildungsprogramm für Offiziere der Ordnungspolizei

War ein Polizeibeamter erst einmal zum Offizier aufgestiegen, erlosch für ihn dadurch keineswegs seine Pflicht, sich ständig weiterzubilden. Damit dieser sein Wissen permanent auffrischte und sein Können verbesserte, regelte Daluege in einem Erlass vom 17. Juni 1937, wie das genau zu erfolgen hatte. Jeder Polizeiführer sollte sich stets auf dem neuesten Stand befinden, indem er eigens dafür organisierte Lehrgänge besuchte, die Ausbildungsmaßnahmen seines Dienstorts absolvierte sowie die polizeiliche, militärische und nationalsozialistische Fachpresse las. Wie schon in der Weimarer Republik hatten die Polizeioffiziere über das gesamte Jahr hinweg eine Reihe von taktischen Übungen im Gelände und Planspielen aus der Polizeiverwendung zu absolvieren.[2030] Darin übten sie etwa, mit ihrer Einheit in der Stadt und im freien Gelände zu kämpfen. Recht intensiv trainierten sie auch den Luftschutz, wozu die Ordnungspolizei beispielsweise besondere Kurse einrichtete, Anlagen des Flugmelde- und Luftschutzwarndienstes besuchte oder ausgewählte Kandidaten kurzzeitig zur Luftwaffe kommandierte. Ferner mussten alle Hauptleute, Oberleutnante und Leutnante in ihren Dienststellen über ein Thema frei referieren, das sie von ihrem Kommandeur erhalten hatten. Diese stellten ihren Untergebenen auch Aufgaben aus der National- und Weltpolitik, die sie einmal im Jahr schriftlich ausarbeiten mussten. Außerdem hatten die Offiziere regelmäßig Sport zu treiben sowie ihre Fähigkeiten im Schießen und Reiten zu schulen. Daneben mussten sie in der Lage sein, ein Kraftfahrzeug zu führen. Auf dem militärischen Gebiet konnten sich die polizeilichen Führungskräfte ebenso fortbilden, indem sie Manövern der Wehrmacht als Zuschauer beiwohnten. Beherrschten Offiziere zudem eine Fremdsprache, konnten sie sich sogar zu Dolmetschern ausbilden lassen, die während des Krieges immer wichtiger wurden. All diese vielschichtigen und umfangreichen Maßnahmen verdeutlichen, wie wichtig es für Daluege war, dass seine Offiziere ständig etwas Neues lernten. Trotzdem erstreckte sich sein Erlass nicht auf die Offiziersschulen, deren Kommandeure stattdessen selbst dafür verantwortlich waren, ihre hauseigenen Polizeiführer fortzubilden.[2031]

Das änderte sich jedoch wahrscheinlich bereits Ende 1937, wovon auch andere Vertreter des deutschen Polizeiapparats profitierten. Denn im Wintersemester 1938/39 veranstalteten die Offiziere der Polizeischule Berlin-Köpenick ihr eigenes Programm, um sich weiterzubilden, weshalb sie und geladene Gastredner zahlreiche Vorträge hielten. Das Hauptamt Ordnungspolizei verordnete seinen eigenen Führungskräften, diesen Reden beizuwohnen.[2032] Auf diese Weise schulten die Lehroffiziere ihre rhetorischen und didaktischen Fähigkeiten, wäh-

2030 Siehe dazu Kapitel 3.2.

2031 Vgl. BAB, R 19/461, I. V. Daluege (RFSSuChdDtPol) an u. a. Polizeischule Berlin-Köpenick: Offizierausbildung, 17.06.1937, S. 7–16 sowie Anlage: Verzeichnis der wichtigsten in Betracht kommenden Zeitschriften usw., [1937], S. 17. Westerkamp geht fälschlicherweise davon aus, dass dieser Erlass erst die Ausbildung der Offiziere regelte. Vgl. Westerkamp, Schulung, S. 21. Zu lokalen Weiterbildungsmaßnahmen der Polizei bei der Wehrmacht ferner: Bach, Ordnungspolizei, S. 86.

2032 Aus einem Schreiben von Bomhards vom Januar 1939 geht hervor, dass das Hauptamt Ordnungspolizei schon im Vorjahr diese Gelegenheit wahrgenommen hatte. Vgl. BAB, R 19/461, von Bomhard (Der Chef des Kommandoamtes) an alle Offiziere des Hauptamtes Ordnungspolizei: Offizierausbildung, 23.01.1939, S. 19.

rend die polizeilichen Bürokraten mehr oder minder neue Facetten ihres Tätigkeitsfelds kennenlernten. Die Referenten befassten sich mit militärgeschichtlichen, insbesondere aber mit ideologischen Themen. Sie sprachen z. B. über den „Charakter der Schlachten Cannae, Leuthen und Austerlitz" oder über „Wesentliches aus der Verbrechensbekämpfung im Dritten Reich". Mehrfach referierten sie über Kolonien, die „eine Lebensfrage für die deutsche Wirtschaft" seien. Außerdem bekamen die Anwesenden einige Reden zur weltanschaulichen Schulung zu hören.[2033] Diese Gelegenheit bot sich auch im folgenden Winterhalbjahr, in dem die Berliner Bildungsanstalt im Zeichen des jungen Krieges eine weitere Vortragsreihe veranstaltete.[2034]

Etwas Vergleichbares lässt sich für Fürstenfeldbruck zwar nicht nachweisen. Doch auch dort fanden vereinzelt Seminare statt, mit deren Hilfe sich die Unterrichtenden weiterentwickeln sollten. So beherbergte die Schule beispielsweise von Juni bis September 1941 einen Fortbildungslehrgang für Oberleutnante der Schutzpolizei.[2035] Bereits vor dem Krieg hatte sich die Ordnungspolizei angeschickt, besondere Kurse einzurichten, um darin das Lehrpersonal für ihre Bildungsstätten heranzubilden. Allerdings kam Mitte des Jahres 1939 nur ein Pädagogischer Lehrgang für Offiziere der Schutzpolizei zustande, der an der Berliner Lehranstalt beheimatet war.[2036] Erst im Jahre 1942 gab es zwei weitere Kurse in der Reichshauptstadt, die sich erneut dem Ziel verschrieben, neue Lehroffiziere hervorzubringen.[2037] Ansonsten rekrutierte der Polizeiapparat seine Lehrkräfte aus dem aktiven Offizierskorps, ohne sie jedoch speziell zu schulen. Die Führungskräfte sollten durch ihre Ausbildung ohnehin darauf trainiert sein, auf ihre Untergebenen erzieherisch einzuwirken. Allerdings waren die Lehroffiziere der Polizeischulen dennoch angehalten, ihr pädagogisches Können zu verbessern, weshalb sie etwa im Winter 1941/42 Vorträgen beiwohnen mussten, die verschiedene Aspekte der Erziehungs- und Unterrichtslehre behandelten.[2038]

Das waren jedoch nicht die einzigen Maßnahmen, die der nationalsozialistische Polizeiapparat ergriff, um seine Offiziere weiterzubilden. Damit seine Führungskräfte ihr Potential besser ausschöpften und zudem demonstrierten, was in ihnen steckte, experimentierten seine Leiter auch auf diesem Gebiet. Sie entwickelten neue Methoden, um das betroffene Personal andauernd zu fordern. So ordnete Daluege im Juni 1937 an, dass jeder Offizier der uniformierten Polizei fortan eine „höhere Offiziersprüfung" abzulegen hatte, ehe er den Rang eines Hauptmanns bekleidete. Das Ergebnis besaß allerdings keinen Einfluss darauf, ob er in diesen Dienstgrad befördert wurde. Vielmehr wollte der Chef der Ordnungspolizei auf diesem Wege einzelne Kandidaten auswählen, um sie zu einem sogenannten Polizeiakademielehrgang zu schicken.[2039] Der dazu nötige schriftliche Test fand im März 1938 an zwei aufeinanderfolgenden Tagen statt und erstreckte sich auf die Fachbereiche Taktik, Luftschutz,

2033 BAB, R 19/461, Abschrift: Polizeischule Berlin-Köpenick: Wintervorträge an der Polizei-Offizierschule 1938/1939, 19.12.1938, S. 21. Vgl. ferner Bach, Ordnungspolizei, S. 140.

2034 Vgl. BAB, R 19/461, von Bomhard (Der Chef des Kommandoamtes) an alle Offiziere des Hauptamtes Ordnungspolizei: Wintervorträge an der Polizei-Offizier-Schule, 24.11.1939, S. 27.

2035 Vgl. BAB, R 19/308, Abschrift: Schnellbrief: I. A. von Bomhard (RFSSuChdDtPol) an u. a. Polizeischule FFB: Fortbildungslehrgang für Oberleutnante der Schutzpolizei, 23.05.1941, Bl. 116–118.

2036 Vgl. RdErl. d. RFSSuChdDtPol. im RMdI. v. 04.05.1939, in: RMBliV, 10.05.1939, Nr. 19, Sp. 1056b–1056d.

2037 Vgl. BAB, R 19/284, Chronik der Polizeioffiziersschule Berlin-Köpenick, [1936–1943], Bl. 128 und 133.

2038 Vgl. BayHStA München, MInn 73330, I. A. Hitschler (RFSSuChdDtPol) an u. a. die HSSPF: Vorträge über Erziehungs- und Unterrichtslehre, 27.10.1941.

2039 Vgl. BAB, R 19/461, I. V. Daluege (RFSSuChdDtPol) an u. a. Polizeischule Berlin-Köpenick: Offizierausbildung, 17.06.1937, S. 8 f.; Bach, Ordnungspolizei, S. 141.

Strafrecht, Weltanschauliche Schulung und auf rechtliche Disziplinen. An ihm nahmen jedoch nicht nur Oberleutnante teil, die bald zu Hauptleuten aufsteigen sollten, sondern auch Offiziere, die diesen Rang bereits innehatten.[2040] Einige der erfolgreichen Prüflinge sollten daraufhin den Spezialkurs besuchen, damit sie „künftig in besonderen Stellen verwendet werden" könnten.[2041] Der Beginn des Krieges im September 1939 untergrub dieses Vorhaben jedoch, so dass Daluege den Lehrgang absagen musste und auch nachher nicht mehr durchführte.[2042]

Ebenso wenig konnten sich jene Kurse der Vorkriegszeit durchsetzen, aus denen die Absolventen tatsächlich als Hauptleute hervorgingen.[2043] Wer also künftig diesen Dienstgrad erlangen wollte, musste dafür nicht eigens an die Polizeioffiziersschule Berlin-Köpenick gehen, sondern erhielt ihn über den üblichen Dienstweg. Dennoch versuchte die Institution, diese Offiziere in speziellen Kursen fortzubilden, was sich jedoch langfristig auch nicht durchzusetzen vermochte.[2044] Phasenweise konnte ein Polizist jedoch nur dann zum Major ernannt werden, nachdem er die Schule in der Reichshauptstadt besucht hatte. Wesentlich erfolgreicher verliefen deshalb die sogenannten Überprüfungslehrgänge für Majorsanwärter, die anfänglich an der Schutzpolizeischule Berlin-Schöneberg stattgefunden hatten.[2045] Die Köpenicker Lehranstalt übernahm jedoch ab 1936 diese Kurse, die durchschnittlich 22 Hauptleute beherbergten.[2046] Die Auserkorenen mussten zuvor in ihren Dienstorten eine Vorprüfung bestehen, die aus drei schriftlichen Klausuren im Polizei- oder Strafrecht, in der Polizeiverwendung und im Staats- oder Beamtenrecht bestand.[2047] Allerdings verfolgten diese Lehrgänge nicht das Ziel, das Wissen der Majorsanwärter zu mehren. Sie dienten vielmehr dazu, „die Kenntnisse, Führereigenschaften, Persönlichkeitswerte und die geistige und körperliche Wendigkeit der Teilnehmer festzustellen".[2048]

Zwischen Februar 1936 und Oktober 1937 nahmen an den in der Berliner Chronik insgesamt zwölf genannten Lehrgängen 262 Hauptleute der Schutzpolizei teil, von denen 191 Mann bestanden.[2049] Sie dauerten zehn bis zwölf Tage und behandelten neben den bereits erwähnten Disziplinen auch weltanschauliche Gesichtspunkte, die fachkundige Experten den Teilnehmern vermittelten. Nach einer mündlichen Abschlussprüfung entschied ein Ausschuss,

2040 Vgl. RdErl. d. RFSSuChdDtPol. im RMdI. v. 11.11.1937, in: RMBliV, 17.11.1937, Nr. 46, Sp. 1772c–1772f; RdErl. d. RFSSuChdDtPol. im RMdI. v. 24.02.1938, in: RMBliV, 02.03.1938, Nr. 9, Sp. 360n–360q.

2041 RdErl. d. RFSSuChdDtPol. im RMdI. v. 11.07.1939, in: RMBliV, 19.07.1939, Nr. 29, Sp. 1516a–1516c, hier: Sp. 1516c.

2042 Vgl. RdErl. d. RFSSuChdDtPol. im RMdI. v. 12.09.1939, in: RMBliV, 20.09.1939, Nr. 38, Sp. 1980c f.

2043 Vgl. BAB, R 19/284, Chronik der Polizeioffiziersschule Berlin-Köpenick, [1936–1943], Bl. 99. Der erste Lehrgang für Hauptleute der Ordnungspolizei in Berlin-Köpenick scheint zugleich der letzte gewesen zu sein, obwohl ein Erlass Himmlers weitere Kurse vorsah. Vgl. dazu RdErl. d. RFSSuChdDtPol. im RMdI. v. 21.02.1938, in: RMBliV, 02.03.1938, Nr. 9, Sp. 360k f.; RdErl. d. RFSSuChdDtPol. im RMdI. v. 27.06.1938, in: RMBliV, 06.07.1938, Nr. 28, Sp. 1116d f.

2044 Vgl. BAB, R 19/284, Chronik der Polizeioffiziersschule Berlin-Köpenick, [1936–1943], Bl. 126, 129 und 131.

2045 Vgl. u. a. RdErl. d. RuPrMdI. v. 05.06.1935, in: MBliV, 12.06.1935, Nr. 24, Sp. 772d–772f.

2046 Vgl. BAB, R 19/284, Chronik der Polizeioffiziersschule Berlin-Köpenick, [1936–1943], Bl. 86, 92 und 97.

2047 Vgl. RdErl. d. RuPrMdI. v. 02.01.1936, in: RMBliV, 08.01.1936, Nr. 2, Sp. 28h–28k.

2048 BayHStA München, Polizeischule FFB 19, Vorläufige Richtlinien für die Überprüfungslehrgänge für Majoranwärter der Schutzpolizei an der Polizei-Offizierschule in Berlin-Köpenick, [1936], S. 1.

2049 Vgl. BAB, R 19/284, Chronik der Polizeioffiziersschule Berlin-Köpenick, [1936–1943], Bl. 86, 92 und 97.

der sich aus Vertretern des Reichsinnenministeriums, dem Kommandeur und den Lehroffizieren der Schule zusammensetzte, über die weitere Karriere der Polizisten.[2050] Der 9. Überprüfungslehrgang für Majorsanwärter im Juni 1936 ebnete z. B. den beruflichen Weg für den damaligen Hauptmann Martin Diez, der später in Fürstenfeldbruck unter anderem das Polizeiausbildungsbataillon leiten sollte.[2051] Warum Daluege jedoch auch diese Kurse im Jahre 1937 wieder einstellte, ist aus den Quellen nicht ersichtlich.[2052] Anscheinend fungierten sie nur als eine provisorische Maßnahme und waren aus dem Wunsch heraus geboren, schnellstmöglich geeigneten Nachwuchs für die höheren Offiziersränge zu finden. Das rasche Kommen und Gehen dieser Lehrgänge untermauert jedoch abermals den Umstand, dass Himmler und seine Gehilfen vor allem in den Jahren 1936 bis 1939 auf dem Feld der Polizeiausbildung gehörig laborierten. Es gelang ihnen auch während des Krieges nur schwer, diese einheitlich zu strukturieren. Aus den spärlichen Unterlagen der Polizeischule Berlin-Köpenick geht jedoch hervor, dass die uniformierte Ordnungsmacht dieses Projekt noch nicht ganz aufgeben wollte, weil offenbar auch danach noch vier weitere solcher Lehrgänge stattfanden.[2053] In welchem Zeitraum sie genau erfolgten, ist aus dem Material nicht ersichtlich. Zweifelsohne wurden diese neuen Kurse aber in der unmittelbaren Vorkriegszeit veranstaltet, weil sie thematisch nicht zuletzt so ausgerichtet waren, dass sie ihre Teilnehmer ausdrücklich auf die „Aufgaben der Schutzpolizei im künftigen Kriege“ vorbereiteten.[2054]

Die umfangreiche Musterlösung zu einer Klausur in der Polizeiverwendung vom Mai 1936 bestätigte, dass diese Überprüfungslehrgänge keineswegs harmlos waren, sondern die Hauptleute gezielt für den längst erwarteten Krieg rüsten sollten. In dieser schriftlichen Prüfung hatten sich die reiferen Schüler in einem fiktiven „Luftschutz-Polizeikampf“ um möglichst alle Schäden zu kümmern, nachdem es auf Potsdam einen feindlichen Bombenangriff gegeben habe.[2055] Infolgedessen müssten sie im Umland auch gegen Plünderer einschreiten und eine große paramilitärische „Bande“ vernichten, die sich alle zusammen mit den Luftstreitkräften gegen das deutsche Volk verschworen hätten, was eine „Erscheinungsform des Totalen Krieges“ darstelle.[2056] Sehr detailliert beschrieb der Text, in welcher Lage sich die verantwortlichen Polizeiführer mit ihren Einsatzkräften befänden und was sie idealerweise nun tun müssten. Damit kein dauerhafter Unruheherd entstehen könne, sollte gegen die feindlichen Akteure etwa „*sofort* ohne jede Rücksicht mit der Schusswaffe vorgegangen“ werden.[2057] Beachtenswert an dieser Aufgabe ist allerdings, wie genau sie das Treiben der 150 Mann starken „Bande“ charakterisierte. Im Chaos des Luftangriffs habe sie Lebensmittel, aber auch andere Materialien geplündert und systematisch Bahnlinien, Straßen sowie Fernsprechleitungen zerstört, wobei noch weitere Sabotageakte drohten. Solche Aktionen sollten letztlich

2050 Vgl. BayHStA München, Polizeischule FFB 19, Vorläufige Richtlinien für die Überprüfungslehrgänge für Majoranwärter der Schutzpolizei an der Polizei-Offizierschule in Berlin-Köpenick, [1936], S. 3–7.

2051 Vgl. RdErl. d. RuPrMdI. v. 15.05.1936, in: RMBliV, 20.05.1936, Nr. 23, Sp. 704c f.

2052 In seinem Erlass vom 17. Juni 1937 erklärte Daluege lediglich das Ende dieser Lehrgänge und stellte alternative Kurse in Aussicht, die sich jedoch hauptsächlich an Hauptleute richteten. Doch auch diese Lehrgänge fanden, wie oben beschrieben, ebenfalls ein jähes Ende. Vgl. BAB, R 19/461, I. V. Daluege (RFSSuChdDtPol) an u. a. Polizeischule Berlin-Köpenick: Offizierausbildung, 17.06.1937, S. 9.

2053 Vgl. dazu BAB, R 20/67, Themen, die im 13.–16. Überprüfungslehrgang für Majoranwärter behandelt worden sind, o. D.

2054 Ebd., S. 1.

2055 BAB, R 20/67, Zu Anl. 6. Besprechung der Prüfungsarbeit für Major-Anwärter, [1936], S. 1. Vgl. ferner Blood, Bandit Hunters, S. 165 f.

2056 BAB, R 20/67, Zu Anl. 6. Besprechung der Prüfungsarbeit für Major-Anwärter, [1936], S. 2.

2057 Ebd., S. 5. Hervorhebung im Original.

verhindern, dass die deutschen Kräfte aufmarschieren und danach mit Nachschub vorsorgt werden könnten. Außerdem plane die „Bande", bis an die Stadt vorzurücken.[2058] Noch ehe Himmler überhaupt zum obersten Polizeichef avancierte, schulte dieser Lehrgang die angehenden Majore bereits im Frühjahr 1936 im Kampf gegen bewaffnete „Banden", die hinterrücks die deutsche Infrastruktur zerstörten, während sich die Truppe im Einsatz befand. Eben mit genau solchen Szenarien sollte die Polizei während des Zweiten Weltkriegs besonders in Osteuropa konfrontiert sein. Ebenso rücksichtslos wie beschrieben hatte sie auch gegen die dort agierenden Partisanen vorzugehen.

Abseits des obligatorischen Weiterbildungsprogramms war der Polizeiapparat außerdem darum bemüht, ausgewählte Offiziere noch stärker weiterzuqualifizieren, wofür er spezielle Seminare anbot. Gerade für diejenigen Beamten war das immens wichtig, die selbst im Ausbildungsbetrieb tätig waren. Sie waren besonders dazu angehalten, stets auf dem neuesten Stand zu sein. Das galt natürlich auch für die Lehrkräfte der Polizeischule Fürstenfeldbruck. Damit sie für die weltanschauliche Schulung eingesetzt werden konnten, besuchten z. B. Emil Höring und Dr. Hans Hachtel vom 3. bis 8. Mai 1937 in Berlin einen entsprechenden Schulungskurs.[2059] Einen der bereits genannten Lehrgänge im „Polizeihaus Kurmark" absolvierte Hauptmann Hans-Joachim Schieritz im November 1938, während fast zeitgleich Leutnant Kurt Brändel an einem Fachkurs zum Gasschutz in der Reichshauptstadt teilnahm.[2060] Die beiden Leutnante Theodor Brecht und Wilhelm Drescher waren im Frühjahr 1940 bei einem Kurs für Schießoffiziere der Polizeiausbildungsbataillone, den die Technische Polizeischule in Berlin abhielt.[2061] Den 1. Kriminalistischen Lehrgang beim Augsburger Polizeipräsidium besuchten im Oktober 1940 weitere Angehörige der Brucker Lehranstalt.[2062] Major Karl Wilhelm Lange wurde Mitte 1943 zu einem Lehrgang für Luftschutzlehrer nach Berlin abgeordnet.[2063] In der zweiten Kriegshälfte nahm Oberleutnant Philipp noch am 3. Lehrgang für Schießlehrer an der Polizei-Waffenschule II teil.[2064]

Eine besondere Zusatzqualifikation wollte die Brucker Polizeischule ihren beiden Offizieren Kurt Brändel und Hans Leppert angedeihen lassen, die ebenfalls zum Stammpersonal gehörten. Ihr Arbeitgeber meldete sie zu einem Lehrgang an der Kolonialpolizeischule in Oranienburg an, den das Hauptamt Ordnungspolizei für den Herbst 1940 organisiert hatte.[2065] Er zielte darauf ab, deutsche Gesetzeshüter auf ihren Dienst in jenen Kolonien vorzubereiten, die das nationalsozialistische Deutschland seinerzeit noch zu erobern beabsichtigte. Die NS-Führung war so berauscht davon, wie erfolgreich ihre „Blitzkriege" gegen Polen, Nord- und Westeuropa verlaufen waren, dass sie nun wie einst Kaiser Wilhelm II. davon

2058 Vgl. ebd., S. 6 f.

2059 Vgl. BayHStA München, MInn 73331, Schnellbrief: I. A. Winkler (RFSSuChdDtPol) an Verteiler, 23.04.1937; BayHStA München, MInn 73331, Entwurf: I. A. [unleserlich] (StMdI – Abteilung Gendarmerie) an u. a. Kommandeure der Abteilung Gendarmerie der Regierung von Oberbayern, 29.04.1937.

2060 Vgl. BayHStA München, Polizeischule FFB 13, Dr. Schade (Polizeischule FFB): Kommandobefehl Nr. 28, 18.11.1938.

2061 Vgl. BayHStA München, Polizeischule FFB 14, Diez (PAB FFB): Bataillonsbefehl Nr. 19, 20.03.1940.

2062 Vgl. BayHStA München, Polizeischule FFB 14, Diez (PAB FFB): Bataillonsbefehl Nr. 66, 03.11.1940.

2063 Vgl. BayHStA München, Polizeischule FFB 15, Hagemann (Polizeischule FFB): Kommandobefehl Nr. 15, 09.06.1943.

2064 Vgl. BayHStA München, Polizeischule FFB 75, Entwurf: I. A. Saß (Polizeischule FFB): Abfindungsbescheinigung für Oberltn.d.Sch. Philipp, 23.02.1944.

2065 Die Meldung geht hervor aus: BayHStA München, Polizeischule FFB 27, Schnellbrief: I. V. Daluege (RFSSuChdDtPol) an u. a. Kommandeur der Polizeischule FFB: Kolonialpolizei. Anlage A: Vorläufige Anweisung für die Beurteilung der Kolonialtauglichkeit, 31.10.1940, S. 8.

träumte, einen „Platz an der Sonne" zu ergattern. Da den Kolonialherren in spe klar war, dass sich die einheimische Bevölkerung ihnen nicht freiwillig unterwerfen würde, schmiedeten sie bereits Pläne für den Aufbau eines Besatzungsapparates, in dem die Polizei eine zentrale Rolle spielen sollte. Um diesem gewaltigen Projekt Gestalt zu verleihen, sollten geeignete Bewerber ausgesucht und in speziellen Kursen beschult werden. Doch nicht nur die Polizisten selbst, sondern auch ihre Familien sollten deshalb auf eine „Kolonial- und Tropentauglichkeit" ärztlich untersucht werden.[2066]

Dabei war nicht nur ausschlaggebend, wie die Kandidaten mit den klimatischen Verhältnissen und den Tropenkrankheiten in den vorgesehenen Gebieten zurechtkommen würden. Noch wichtiger war es für sie, die nötige mentale Stärke und Persönlichkeit mitzubringen, die ein solcher Einsatz erfordern würde. Auf diesen Punkt legte Daluege sehr großen Wert. Seiner Ansicht nach genössen deutsche Polizisten in ihrem Heimatland die Sicherheit, die ihnen die „Volksgemeinschaft" gebe. Bei einem Einsatz in den Kolonien müssten sie aber „innerhalb einer rassefremden Lebensgemeinschaft die Aufgabe erfüllen, als Vertreter der kolonisierenden Macht die Eingeborenen richtig zu leiten und ein vorbildliches Leben zu führen".[2067] Gegenüber den Einheimischen müsse der Beamte wie ein väterlicher Freund auftreten, der aber auch ein anderes Gesicht zeigen könne. Eben für diese Mission suchte der Chef der Ordnungspolizei charakterlich einwandfreie Männer, die sich einer solchen Aufgabe auch gewachsen fühlten. Daluege drückte es mit folgenden Worten aus: „*Wer draußen versagt, versagt nicht nur für sich allein, sondern* für sein Volk."[2068] Als selbstverständlich sah er es ferner an, dass die einzusetzenden Beamten ihre deutschen Frauen in die Kolonien mitbrächten, da die deutschen Rassengesetze keine Alternativen böten.[2069]

Während Leppert nicht einmal den körperlichen und psychischen Gesundheitscheck bestand, gelangte Brändel nach Oranienburg.[2070] Knapp ein Jahr später war das Ergebnis aber ernüchternd, weil zahlreiche Kursteilnehmer durchfielen, die aus Sicht des Polizeiapparats als nicht geeignet und viel zu „weich" erschienen. Das führte er darauf zurück, dass die zuständigen Behörden nicht sorgfältig genug das Personal ausgewählt hätten.[2071] Himmlers Mannen brauchten sich über diese Probleme allerdings nicht allzu lange ihre Köpfe zu zerbrechen. Denn nachdem Deutschlands Kriegsglück geschwunden war, mussten sie ihre Träumereien von deutschen Kolonien schnell wieder begraben, weshalb auch die Tage der Kolonialpolizei gezählt waren, ehe sie überhaupt eingesetzt werden konnte.[2072] Es war zwar der wechselhaften Kriegslage geschuldet, dass solche Kurse so schnell verschwanden, wie sie gekommen waren. Doch wirkten sie analog zu vielen anderen Weiterbildungsmaßnahmen wie ein verunglückter Versuch, neue Wege zu gehen.

2066 BayHStA München, Polizeischule FFB 27, Schnellbrief: I. V. Daluege (RFSSuChdDtPol) an u. a. Kommandeur der Polizeischule FFB: Kolonialpolizei, 31.10.1940, S. 4.

2067 BayHStA München, Polizeischule FFB 27, Schnellbrief: I. V. Daluege (RFSSuChdDtPol) an u. a. Kommandeur der Polizeischule FFB: Kolonialpolizei. Anlage A: Vorläufige Anweisung für die Beurteilung der Kolonialtauglichkeit, 31.10.1940, S. 1.

2068 Ebd., S. 1. Hervorhebung im Original.

2069 Vgl. ebd., S. 1 f.

2070 Vgl. BayHStA München, Polizeischule FFB 27, Dr. Schenk (Polizeischule FFB): Untersuchungsbogen Hans Leppert, 19.12.1940. Auf der Rückseite des folgenden Schreibens vermerkte die Polizeischule, dass Brändel am Lehrgang teilnahm: BayHStA München, Polizeischule FFB 27, I. A. Pfeffer-Wildenbruch (RFSSuChdDtPol) an u. a. die Kommandeure der Schule: Kolonialpolizei, 20.10.1941.

2071 Vgl. BayHStA München, Polizeischule FFB 27, I. A. Pfeffer-Wildenbruch (RFSSuChdDtPol) an u. a. die Kommandeure der Schule: Kolonialpolizei, 20.10.1941.

2072 Siehe dazu die Ausführungen im Kapitel 4.4.1 und 5.3.

Während des Zweiten Weltkriegs zeigte sich der Polizeiapparat insgesamt jedoch nicht mehr ganz so experimentierfreudig. Vielmehr beschränkte er sich darauf, die Offiziere nach jenem Programm weiterzubilden, das Daluege bereits in seinem Erlass vom 17. Juni 1937 skizziert hatte. Der Chef der Ordnungspolizei räumte allerdings schon zu Beginn des Krieges ein, dass diese Maßgaben augenblicklich nicht immer minutiös befolgt werden könnten. So könne davon abgesehen werden, von den Offizieren zu verlangen, Vorträge zu halten und schriftliche Arbeiten anzufertigen, da gegenwärtig andere Aspekte im Vordergrund stünden.[2073] Daluege war stattdessen darum besorgt, dass es sein Offizierskorps nicht versäumte, sich auch in den Polizeibataillonen ordentlich militärisch weiterzubilden. Dafür waren in erster Linie die Kommandeure dieser Einheiten verantwortlich. Weil sie die taktische Denkweise ihrer Polizeiführer beeinflussen sollten, hatten sie einen entsprechenden Unterricht höchst persönlich abzuhalten oder ihn in Ausnahmefällen auch pädagogisch besonders versierten Offizieren zu überlassen. Im Vordergrund stand dabei erneut das militärisch-taktische Know-how der führenden Beamten, das sie anhand von Planspielen oder Besprechungen schulten, die in der Unterkunft oder im Gelände stattfanden. Währenddessen sollten die Offiziere „zu offiziersmäßigem Denken und Handeln (Führerstandpunkt), zu Härte gegen sich selbst, zu Verantwortungsbewußtsein und Tatkraft" erzogen werden.[2074]

Das Geschehen auf den europäischen Schlachtfeldern sollte bald noch mehr dazu führen, dass sein ursprünglicher Erlass vom 17. Juni 1937 inhaltlich noch weiter verwässert wurde. In einer Neuauflage vom 27. März 1942 bekräftigte Daluege erneut, wie wichtig es sei, dass seine Führungskräfte sich allgemein weiterbildeten. Wie bisher sollten sie ausgezeichnet schießen, reiten und ein Fahrzeug steuern können sowie regelmäßig Sport treiben. Außerdem unterstrich er, dass sie ihre fremdsprachlichen Kenntnisse erweitern sollten, was die Staatsmacht ausdrücklich fördere. Auch müssten sie darüber Bescheid wissen, über welche Nachrichtenmittel die Ordnungspolizei verfüge und wie diese im Truppendienst zu verwenden seien. Im Selbststudium hätten sich die Offiziere ebenso mit den grundlegenden polizeilichen und militärischen Dienstvorschriften vertraut zu machen. Weil sie dabei ihren Untergebenen stets als Vorbild dienen sollten, hätten sie ihre Disziplinargewalt verantwortungsbewusst auszuüben und dementsprechend ihre Unterführer und Männer vorschriftsmäßig wie respektvoll zu behandeln. Darüber hinaus seien sie es auch, die Urlaube genehmigen und dafür sorgen mussten, dass ihre Untergebenen ordnungsgemäß befördert und für besondere Leistungen ausgezeichnet würden.[2075]

Nun pochte Daluege jedoch darauf, die Offiziersausbildung müsse jetzt „völlig auf die Belange des totalen Krieges abgestellt" werden. Insbesondere stellte er klar, welche Aufgaben jeder einzelne Polizeiführer in dieser Situation besitze: Zunächst einmal müsse er nicht nur sich selbst, sondern auch seine Untergebenen politisch-weltanschaulich schulen und ihnen, aber auch den „Volksgenossen" sowie den Menschen in den besetzten Gebieten die Werte des Nationalsozialismus mustergültig vorleben. Damit sie sich vollständig und bedingungslos zu den Plänen und Zielen des „Führers" bekennen könnten, verpflichtete Daluege seine Offiziere dazu, sich intensiv mit dessen Buch „Mein Kampf" zu befassen und „sich die dort

2073 Vgl. BAB, R 19/308, Schnellbrief: I. V. Daluege (RFSSuChdDtPol) an u. a. die Kommandeure der Polizeioffiziersschulen: Ausbildung während des Krieges, 23.01.1940, Bl. 26. Ferner zum Erlass: Westerkamp, Schulung, S. 22; Bach, Ordnungspolizei, S. 87.

2074 BAB, R 19/308, Schnellbrief: I. V. Daluege (RFSSuChdDtPol) an u. a. Kommandeure der Polizeischulen Berlin-Köpenick und FFB: Richtlinien für die Ausbildung der Pol.-Bataillone, 23.01.1940, Bl. 23.

2075 Vgl. BAB, R 19/308, I. V. Daluege (RFSSuChdDtPol) an u. a. die Kommandeure der Polizeioffiziersschulen: Offizierausbildung während des Krieges, 27.03.1942, Bl. 141.

niedergelegten Gedanken zu eigen zu machen".[2076] Um daneben seine Einheit im „auswärtigen Einsatz" so gut wie nur möglich führen zu können, sei der Offizier noch gründlicher als bisher in der Polizeitaktik auszubilden. Schließlich habe er mit seiner Truppe an der Front sowie „gegen Partisanen und Banden im Rücken der eigenen Truppe" zu kämpfen, wobei ihr Feind „unter rücksichtsloser Kampfführung und Terror auf nichts als Vernichtung ausgeht".[2077] Deshalb habe das Offizierskorps immer wieder Lage- und Kampfberichte sowie Kriegstagebücher auszuwerten und regelmäßig Vorträgen beizuwohnen, in denen erfahrene Polizeiführer berichten sollten, was sie im Krieg insbesondere in Osteuropa erlebt hätten. Auch die obligatorischen Planspiele und Geländeübungen seien auf den Ostkrieg auszurichten, weil sich jeder Offizier, der für den „auswärtigen Einsatz" vorgesehen sei, umfassend darauf vorbereiten müsse.[2078] Darum sollten die Führungskräfte mit ihren Polizeibataillonen beispielsweise das „Begegnungsgefecht", den „Angriff gegen Stellungen" oder den „Kampf um Ortschaften und in Wäldern", aber auch die „Vernichtung von Partisanen- und Terrorgruppen, Fallschirmjägern und schwerbewaffneten Banden" sowie „Säuberungs- und Befriedungsaktionen" simulieren.[2079]

Darüber hinaus habe der Offizier im „auswärtigen Einsatz" zusammen mit seinem Verband noch eine Reihe weiterer Aufgaben zu bewältigen. Die Ordnungsmacht habe den Schwarzmarkt einzudämmen, Schmuggel zu bekämpfen, Beutegut und Nachschubtransporte zu sichern sowie großangelegte Razzien in der Stadt und auf dem Land oder gar in Wäldern durchzuführen, um Waffen und Munition zu konfiszieren. Des Weiteren müsse sie Gefangenentransporte bewerkstelligen sowie Anlagen der Eisenbahn und deren Gleise sichern. Der verantwortliche Polizeiführer habe ebenfalls dafür zu sorgen, dass seine Truppe mit der Bahn an ihren Einsatzort transportiert werde. Zu guter Letzt habe der Offizier auch noch die zentrale Aufgabe wahrzunehmen, mit seinen Untergebenen die „Heimatfront" von innen heraus zu schützen. Dabei wurde der Luftschutz noch bedeutender als zu Friedenszeiten, zu dem sich nun auch der allgemeine Katastrophenschutz gesellte. Neben dem theoretischen Unterricht seien in beiden Fällen taktische Übungen durchzuführen. Außerdem dürfe die polizeiliche Arbeit im Revier- und im Straßendienst nicht vernachlässigt werden, worauf die Dienststellenleiter gerade jüngere Offiziere regelmäßig einzuschwören hätten.[2080]

Auf Basis dieser Vorschriften mussten die Dienststellen vor Ort ihre Offiziere weiterbilden. Trotz des täglichen Dienstgeschehens konnten auch die Polizeibehörden in den besetzten Gebieten dabei keine Ausnahme machen. Stattdessen hatten sich besonders die Entscheidungsträger im „Osten" darum zu kümmern, dass ihre Männer kontinuierlich an sich arbeiteten. So war z. B. Hermann Kintrup als KdO in Lublin dafür verantwortlich, Maßnahmen zu bestimmen, nach denen die ihm unterstellten Oberbeamten weitergebildet werden sollten. Im Mai 1943 hatte er dazu unter anderem mehrere Besprechungen und eine Nachrichtenübung anberaumt.[2081] Aber auch ein Planspiel fand seinerzeit statt, das Oberstleutnant Konrad Rheindorf leitete, der wenige Monate zuvor noch an der Polizeischule Fürstenfeldbruck tätig gewesen war. Diese Simulation widmete sich der „Überprüfung des Meldeweges

2076 Ebd., Bl. 139.
2077 Ebd., Bl. 139.
2078 Vgl. ebd., Bl. 139 f.
2079 Ebd., Bl. 140.
2080 Vgl. ebd., Bl. 140 f.
2081 Vgl. USHMM, RG-11.001M.15, Reel 82, Fond 1323-2-334, Kintrup (KdO Lublin) an u. a. II./SS-Pol. 25: Weiterbildung der Offiziere, 13.05.1943, Bl. 154.

bei Absprung feindlicher Luftlandetruppen und Einzelabspringer" und tangierte damit ein Themenfeld, das in der zweiten Kriegshälfte für die Polizei immer wichtiger wurde.[2082]

Im Herbst 1944 erließ Dalueges Nachfolger, Alfred Wünnenberg, noch die „Laufbahnrichtlinien für Generalstabsoffiziere der Ordnungspolizei", um in der Endphase des Krieges eine besondere Führungselite der uniformierten Polizei aufzubauen.[2083] Sie sollte etwa im Hauptamt Ordnungspolizei, bei den Befehlshabern, in speziellen Polizeieinheiten oder an den Offiziersschulen der uniformierten Staatsmacht eingesetzt werden. Als geeignet galten aktive Offiziere ab dem Dienstgrad eines Hauptmanns, die nur in Ausnahmefällen über 38 Jahre alt waren und sich mindestens sechs Monate lang „im auswärtigen Einsatz oder im Luftnotgebiet" bewährt hatten.[2084] Neben einer überdurchschnittlichen fachlichen Qualifikation waren vor allem charakterliche Merkmale für die Auswahl entscheidend. So legte der Polizeiapparat besonderen Wert darauf, dass die Anwärter ehrgeizig waren, ihre Untergebenen angemessen behandelten, ein gutes Benimm und ein entsprechendes Auftreten in der Öffentlichkeit sowie eine hohe „Stellung im Kameradenkreis" besaßen.[2085]

Wer noch bestimmte Wissensdefizite auf fachlicher Ebene aufwies, sollte entweder zu einem Lehrgang für Bataillonskommandeure oder einem Kurs im Luftschutz abgeordnet werden. Noch bevor der eigentliche Lehrgang für Generalstabsoffiziere beginnen sollte, für den eine Dauer von einem halben Jahr vorgesehen war, hatten die Kandidaten „eine taktisch-technische Einweisung im Sonderdienst der verschiedenen Waffen" zu absolvieren.[2086] Diese fand jedoch nicht an Bildungsanstalten der uniformierten Polizei statt, sondern in einer Artillerie-, Panzergrenadier- und Pionierschule der SS sowie einem Luftgaukommando. Das unterstreicht abermals, wie eng Polizei und SS in den letzten Kriegsjahren miteinander verflochten waren. Auf solche Kurzlehrgänge von jeweils zweiwöchiger Dauer folgte laut Richtlinie eine weitere Ausbildung im Luftschutz, der in einem BdO-Bereich erfolgte und 14 Tage lang dauerte.[2087] Inwieweit in den letzten Kriegsmonaten tatsächlich noch Generalstabsoffiziere ausgebildet wurden, konnte nicht geklärt werden. Allerdings ist das unwahrscheinlich. Es fällt an diesem Konzept jedoch auf, dass die Ordnungspolizei insbesondere darauf bedacht war, dass ihre höheren Führungskräfte im Luftschutz theoretisch bewandert und praktisch erfahren waren. Insgesamt zeigt sich, dass es eine ganze Fülle von Themenfeldern gab, auf denen sich die bereits aktiven Oberbeamten weiterbilden sollten. Diese Arbeit an sich selbst sollte unentwegt ablaufen und niemals ein Ende finden. Trotz aller Experimente deckten sich die dabei vermittelten Inhalte mit dem, was die Offiziere bereits anderweitig gelernt hatten, und ergänzten diese auch noch. Letztlich verdichtete sich diese Bandbreite aber auf ein Minimum, so dass hauptsächlich nur noch diejenigen Kernkompetenzen gefragt waren, die es im „Totalen Krieg" zu beherrschen galt.

2082 USHMM, RG-11.001M.15, Reel 82, Fond 1323-2-334, Kintrup (KdO Lublin) an den Kommandanten der Ortskommandantur Most in Lublin: Lehrplanspiel, 17.05.1943, Bl. 155.

2083 Vgl. im folgenden BayHStA München, Polizeischule FFB 1, I. A. Eggebrecht (Chef der Ordnungspolizei) an u. a. Polizeischule FFB: Laufbahnrichtlinien für Generalstabsoffiziere der Ordnungspolizei, 01.09.1944.

2084 Ebd., S. 1.

2085 Ebd., S. 2.

2086 Ebd., S. 3.

2087 Vgl. ebd., S. 3 f.

Abbildung 12: Polizei-Offizier- und Schutzpolizeischule Fürstenfeldbruck (Privatarchiv Sven Deppisch)

Abbildung 28: Luftaufnahme von Süden auf Fürstenfeldbruck (1931) (StadtA FFB, 21)

6. Lebens- und Themenwelten an der Polizeischule Fürstenfeldbruck

6.1 Das Schulgebäude und sonstige Liegenschaften

Bisher konzentrierte sich die Studie darauf, wie die Lehrgänge an der Polizeischule Fürstenfeldbruck organisiert und mit welchen Inhalten die Anwärter konfrontiert waren. Insofern fungierte diese Institution gewissermaßen als Tatort des ordnungspolizeilichen Ausbildungssystems. Es wäre aber verfehlt, die oberbayerische Bildungseinrichtung lediglich auf ihre Funktion und ihr Gebäude zu reduzieren, da sie für noch wesentlich mehr stand. Schon allein ihr Standort nahe der „Hauptstadt der Bewegung“ verschaffte ihr politisch wie geographisch eine exponierte Lage innerhalb Himmlers Machtbereich. In der Lehranstalt existierte darüber hinaus eine eigene Kultur, die auch außerhalb ihrer Mauern zahlreiche Spuren hinterließ. Denn die Offiziersanwärter lernten nicht bloß in der Bildungsstätte. Einerseits agierten sie jenseits ihrer Hörsäle einzeln und in Gruppen als Privatpersonen. Diese waren sie andererseits aber nicht wirklich. Sogar in ihrer dienstfreien Zeit repräsentierten sie die Schule und vor allem den nationalsozialistischen Polizeistaat, den sie dabei jedoch von einer besonderen Seite kennenlernten, weil der Lehrgang für sie eine Ausnahmesituation darstellte. Obwohl ihr Aufenthalt durch strenge Regeln determiniert war, führten sie über mehrere Monate hinweg ihr eigenes Leben, das sich in mehrerlei Hinsicht auch auf die Lehrstätte auswirkte. Lehrer und Schüler nahmen am lokalen Geschehen teil und interagierten mit Einwohnern sowie mit den hiesigen Funktionären des NS-Staats. Dabei verhielten sie sich jedoch nicht immer mustergültig. Deshalb war die polizeiliche Institution in Fürstenfeldbruck mal mehr, mal weniger angesehen und rief folglich durchaus ambivalente Reaktionen hervor. Letztlich kann sie ohne die Kommune aber nicht verstanden werden, weil sich beide wechselseitig beeinflussten. Architektonisch ist die Bildungsstätte jedoch nicht als monolithischer Block zu verstehen, der sich nur auf ein einziges Gebäude beschränkte. Im folgenden Abschnitt soll daher zunächst gezeigt werden, dass sich hinter der Brucker Polizeischule ein ganzes bauliches Ensemble verbarg, das sie so einzigartig machte.

Fürstenfeldbruck liegt rund 25 km westlich von München und wird im Südosten vom Fluss Amper durchströmt. Vor der „Machtergreifung“ gelang es den Nationalsozialisten nur schwer, sich in der Marktgemeinde zu etablieren, weil die mehrheitlich konservativ-katholische Bevölkerung überwiegend der Bayerischen Volkspartei (BVP) zugeneigt war.[2088] Auch nachdem der neugebildete Gemeinderat am 27. April 1933 den NSDAP-Kandidaten Adolf Schorer zum ersten Bürgermeister gewählt hatte, der dieses Amt bis Kriegsende ausübte, sollte

2088 Vgl. Bernhard Gotto, Die NSDAP in Fürstenfeldbruck, in: Kramer, Fürstenfeldbruck, S. 117–173, hier: S. 117–123; Reinhard Jakob, Überlegungen zu den Reichstagswahlen im Bezirksamt Fürstenfeldbruck 1928 bis 1933, in: Ders., Menschen, S. 14–33, hier: S. 15 und 23.

sich daran zunächst wenig ändern.[2089] Das lag vor allem an der starken Position der Kirche, weshalb die neuen Machthaber umso schärfer gegen sie vorgingen.[2090] Aber der Kreis der Unterstützer und Sympathisanten der „Herrenmenschen" nahm in der aufstrebenden oberbayerischen Kommune ohnehin stetig zu, was nicht zuletzt an der Nähe zur „Hauptstadt der Bewegung" lag. Diese Lage war auch dafür verantwortlich, dass Fürstenfeldbruck während des „Dritten Reichs" einen rasanten Bevölkerungszuwachs erfuhr. Lebten 1933 dort noch rund 6.000 Einwohner, waren es 1939 bereits 8.800 und im Jahre 1946 über 11.200 Menschen. Die meisten Brucker arbeiteten als Gewerbe- und Handelstreibende, in den lokalen Behörden oder vereinzelt im landwirtschaftlichen Sektor. Daneben zog es aber immer mehr Pendler in die Landeshauptstadt, die dort ihr Zubrot verdienten, es aber bevorzugten, im westlichen „Speckgürtel" von München zu wohnen. Diese Strecke konnten sie bequem mit der Eisenbahn bewältigen, die bereits seit 1873 den Ort befuhr.[2091] Nicht zuletzt diese Mobilität sorgte jedoch dafür, dass der Nationalsozialismus in Fürstenfeldbruck immer stärker Fuß fassen konnte, wenngleich er es nicht gänzlich vermochte, die Bevölkerung vollständig zu durchdringen.[2092] Seine wachsende Popularität gründete sich großteils darauf, dass es den lokalen Machthabern durch umfangreiche Bauprojekte gelungen war, bis 1938 die in der Kommune herrschende Arbeitslosigkeit deutlich zu senken.[2093]

Abbildung 28: Luftaufnahme von Süden auf Fürstenfeldbruck (1931) (StadtA FFB, 21) – vgl. S. 380

Als ein wahrer Jobmotor entpuppte sich der Fliegerhorst, der Mitte der dreißiger Jahre im Norden von Fürstenfeldbruck entstand. Zu ihm gehörte eine Luftkriegsschule, die nach zweijähriger Bauzeit am 1. Oktober 1937 ihren Betrieb aufnahm. Während des „Dritten Reichs" existierten reichsweit insgesamt 13 solcher Einrichtungen, in denen die deutsche Luftwaffe ihren Offiziersnachwuchs ausbildete. Neben der Polizeischule verfügte der oberbayerische Standort also über eine weitere bedeutende „Kaderschmiede" des NS-Staats, von der die Stadt wirtschaftlich und gesellschaftlich erheblich profitierte.[2094] Der Militärflughafen brachte nicht nur einen ökonomischen Segen, sondern förderte auch, dass sich zahlreiche Menschen in Fürstenfeldbruck dauerhaft niederließen. Durch den Fliegerhorst siedelten sich dort insgesamt 1.250 Einwohner an, während die Polizeischule noch einmal etwa 625 neue Bürger in die Stadt lockte.[2095] Mit ihr existierte schon seit 1924 eine zweite Lehranstalt im Ort, die im „Dritten Reich" ebenfalls emsig daran arbeitete, eine nationalsozialistische Führungselite he-

2089 Vgl. Paul Hoser, Kommunalpolitik in Fürstenfeldbruck 1933–1945, in: Kramer, Fürstenfeldbruck, S. 24–116, hier: S. 30–32. Zur Person von Adolf Schorer ferner: Wollenberg, Reich, S. 241.

2090 Vgl. Thomas Forstner, Römisch-katholische und evangelisch-lutherische Kirche in Fürstenfeldbruck 1933–1945, in: Kramer, Fürstenfeldbruck, S. 224–280, hier: S. 244; Michael Volpert, Kirchliches Leben in bedrängten Zeiten. Zur Rolle der katholischen Kirche im Landkreis Fürstenfeldbruck während der NS-Zeit, in: Jakob, Menschen, S. 116–131, hier: S. 122–125.

2091 Vgl. Hoser, Kommunalpolitik, S. 80, 82 und 97–102.

2092 Vgl. Gotto, NSDAP, S. 123–161.

2093 Vgl. Ferdinand Kramer/Ellen Latzin, Fürstenfeldbruck in der NS-Zeit – zur Einführung, in: Dies., Fürstenfeldbruck, S. 9–23, hier: S. 15. Ferner: Alfons Strähhuber, Volk ohne Heim. Bauen im Frieden und im Krieg am Beispiel Gernlindens, in: Jakob, Menschen, S. 326–347.

2094 Vgl. John Zimmermann, Der Fliegerhorst Fürstenfeldbruck im „Dritten Reich", in: Kramer, Fürstenfeldbruck, S. 385–435, hier: S. 429.

2095 Vgl. Hoser, Kommunalpolitik, S. 100.

ranzuzüchten. Auch sie war für die hiesige Einwohnerschaft mindestens ebenso wichtig wie für die Kommunalpolitik, noch bevor Himmlers Polizeiapparat damit begann, diese Institution für seine Zwecke zu nutzen.

Die Polizeischule hatte einen großen Anteil am Aufstieg von Fürstenfeldbruck. Das zeigt sich nicht zuletzt daran, dass der Reichsstatthalter von Bayern, Franz Ritter von Epp, die Marktgemeinde am 30. September 1935 zur Stadt erhob.[2096] Damit einer Kommune dieser Status verliehen werden konnte, musste sie bestimmte Kriterien erfüllen, welche die Bayerische Gemeindeordnung vorschrieb. Sie verlangte unter anderem, dass die Ortschaft mindestens 3.000 Einwohner und eine höhere Schule vorzuweisen hatte.[2097] Nach einem Entschluss des Gemeinderats hatte der Bezirksamtmann Dr. Karl Sepp am 12. März 1935 bei der Regierung von Oberbayern beantragt, die Marktgemeinde zur Stadt zu erheben, wofür er eine Reihe von Gründen anführte. In seinem Gesuch wies er besonders auf die polizeiliche Lehrstätte hin, „die an Bedeutung einer Mittelschule nicht nachsteht und damit auch den Charakter eines Garnisonortes [sic!] erhält".[2098] Zu einem großen Teil war es also ihrer Existenz zu verdanken, dass Fürstenfeldbruck zur Stadt aufsteigen konnte.

Die meisten Gebäude der Polizeischule hatten bereits zu der Zeit bestanden, als noch die Unteroffiziersschule der königlich-bayerischen Armee auf dem Areal ansässig war.[2099] Diese Liegenschaften überschrieb das Bayerische Finanzministerium offiziell erst am 1. April 1925 an die Gendarmerie- und Polizeischule, obwohl sie bereits im Vorjahr darin eingezogen war. Von da an war das Staatsministerium des Innern verantwortlich für den Haushalt des Komplexes. Dabei gingen auch alle Gebäude des Klosters Fürstenfeld in den Besitz der Ordnungsmacht über, wozu etwa die Abtei und ein Konventsgebäude gehörten.[2100] Die polizeiliche Lehrstätte veränderte seit ihrem Einzug das bauliche Erscheinungsbild nur geringfügig und ließ Anfang der dreißiger Jahre lediglich das Gelände umzäunen.[2101] Die Anlage befand sich südlich der damaligen Marktgemeinde Fürstenfeldbruck und deckte damit größtenteils jenes Gelände ab, auf dem sich die Polizeischule noch heute befindet. Südlich des Grundstücks verliefen schon seinerzeit fast parallel zum Gebäudekomplex die Gleise der Deutschen Reichsbahn. Auf der gegenüberliegenden Seite bildete ein Kanal der Amper eine natürliche Barri-

2096 Vgl. StAM, LRA 10974, Abdruck: Hofmann (Reichsstatthalter in Bayern) an StMdI: Vollzug der DGO; hier Verleihung der Bezeichnung „Stadt" an den Markt Fürstenfeldbruck, 30.09.1935. Zum Schriftverkehr zur Stadterhebung ferner: BayHStA München, Reichsstatthalter Epp 300/11.

2097 Vgl. BayHStA München, Reichsstatthalter Epp 300/11, I. A. [unleserlich] (StMdI) an Reichsstatthalter: Vollzug der DGO.; hier Verleihung der Bezeichnung „Stadt" an den Markt Fürstenfeldbruck, 11.09.1935, S. 1 f.; Hoser, Kommunalpolitik, S. 49 f.

2098 StAM, LRA 10974, Dr. Sepp (Bezirksamt FFB) an Regierung von Oberbayern, Kammer des Innern: Verleihung der Bezeichnung „Stadt", 12.03.1935, S. 2. Vgl. ferner Hoser, Kommunalpolitik, S. 49 f. Zur Biographie von Karl Sepp ferner: Peter Bierl, Karl Sepp – loyaler Beamter, völkischer Umweltschützer, Mitläufer, Täter und Helfer, in: Jakob, Menschen, S. 218–229.

2099 Vgl. BayHStA München, Polizeischule FFB 110, Grundrissübersichtspläne zur Königlichen Unteroffiziersschule Fürstenfeld, 1897–1914. Ferner zeigen dies auch die Grundbesitz-Verzeichnisse, die in BayHStA München, Polizeischule FFB 109 gesammelt sind.

2100 Vgl. BayHStA München, Polizeischule FFB 109, Belege zum Grundbesitzverzeichnis Abteilung I: Abschrift von Abschrift: I. A. Deybeck (Bayerisches Staatsministerium der Finanzen) an Landesfinanzamtszweigstelle München: Die ehem.Unteroffiziersschule in Fürstenfeldbruck, 25.02.1925; BayHStA München, Polizeischule FFB 109, Belege zum Grundbesitzverzeichnis Abteilung I: Abschrift: Laur (Polizeischule FFB): Überweisungsniederschrift, 24.04.1925.

2101 Vgl. BayHStA München, Polizeischule FFB 109, Belege zum Grundbesitzverzeichnis Abteilung I: Abschrift: Spatz (Polizeischule FFB): Niederschrift, 02.03.1932.

ere, die nur auf kleinen Brücken überquert werden konnte.[2102] Im Südosten des Areals befand sich auch noch ein kleiner Kriegerfriedhof samt Leichenhaus, das die Lehranstalt jedoch 1932 abreißen ließ.[2103]

Abbildung 29: Gelände der Polizeischule Fürstenfeldbruck (Privatarchiv Sven Deppisch)

Die Polizeischule bestand aus mehreren Bauten, zu denen im Jahre 1940 folgende Einheiten gehörten: Das Hauptgebäude selbst war ein Anbau zum Kloster Fürstenfeld in Form einer rechteckigen Acht, in dem sich insgesamt 16 Hörsäle und zwei Innenhöfe befanden.[2104] Es war umgeben von einem östlichen und einem westlichen Kasernenhof sowie einem Grasplatz, der im Norden der Bildungsstätte lag. Nordöstlich des Hauptgebäudes befand sich das Polizeikrankenhaus, wobei die ehemalige Unteroffiziersschule über einen sogenannten Lazarettflügel verfügte, in dem zeitweise eine Landwirtschaftsschule einquartiert war.[2105] Zudem existierten auf dem Gelände eine Turnhalle mit Übungsplatz und Parkanlage, ein Kohlenschuppen, eine Kläranlage sowie ein einzelnes Wohngebäude. Daneben verfügte die Lehranstalt über einen eigenen Gemüsegarten mit Gewächshaus, Geräteschuppen und Arbeitshäuschen, wobei sich auf dem Anwesen ferner noch ein Munitionshäuschen, eine Waffenmeisterei sowie Pferdeställe und Garagen befanden.[2106] Darüber hinaus besaß die Schule eine Lehrmittelsammlung, eine Waffen- sowie eine Bekleidungskammer, einen Fahrradspei-

Abbildung 30: Lehrsaal der Polizeischule Fürstenfeldbruck (Privatarchiv Sven Deppisch)

2102 Vgl. BayHStA München, Polizeischule FFB 110, Grundrissübersichtspläne zur Königlichen Unteroffiziersschule Fürstenfeld, 1897–1914, Gebäude in Fürstenfeld. Lageplan, Bl. 1.

2103 Vgl. BayHStA München, Polizeischule FFB 109, Belege zum Grundbesitzverzeichnis Abteilung I: Abschrift von Abdruck: I. A. Martius (StMdI) an Bezirksamt FFB: Kriegerfriedhof Fürstenfeldbruck, 11.05.1932. Ferner: StAM, Landbauamt München 3306, Neithardt (Landbauamt München) an Bezirksamt Fürstenfeldbruck: Gefangenenfriedhöfe Puchheim und Fürstenfeld, 23.02.1932.

2104 Vgl. BayHStA München, Polizeischule FFB 110, Grundrissübersichtspläne zur Königlichen Unteroffiziersschule Fürstenfeld, 1897–1914, Kaserne Nr. 1, Bl. 2–6; BayHStA München, MInn 71981, Dr. Schade (Polizeischule FFB) an RFSSuChdDtPol: Antrag auf Zuweisung weiterer Haushaltsmittel für das Rechnungsjahr 1937, 18.02.1938, S. 2.

2105 Vgl. BayHStA München, Polizeischule FFB 104, Entwurf: I. V. Diez (Polizeischule FFB) an den Regierungspräsidenten in München: Reichsgrundbesitzverzeichnis im Bezirk des Regierungspräsidenten in München nach dem Stande vom 31.3.1939, 07.05.1940, S. 2; BayHStA München, Polizeischule FFB 109, Belege zum Grundbesitzverzeichnis Abteilung II: Abschrift: Spatz (Polizeischule FFB) an StMdI: Pacht eines Gartens, 16.11.1932. Die Landwirtschaftsschule weilte im sogenannten Lazarettflügel von November 1922 bis zum 1. Juli 1932. Vgl. dazu Ellen Latzin, Das Schulwesen in Fürstenfeldbruck 1933–1945, in: Kramer, Fürstenfeldbruck, S. 174–223, hier: S. 182.

2106 Vgl. BayHStA München, Polizeischule FFB 104, Entwurf: I. V. Diez (Polizeischule FFB) an den Regierungspräsidenten in München: Reichsgrundbesitzverzeichnis im Bezirk des Regierungspräsidenten in München nach dem Stande vom 31.3.1939, 07.05.1940, S. 2.

cher und eine Fahrzeughalle.[2107] Auch einen Fuhrpark durfte sie ihr Eigen nennen, der im Jahre 1937 aus zwei Kübelwagen, einem Opel- sowie einem Mercedes-Lastwagen und einem BMW-Motorrad mit Beiwagen bestand.[2108] Die Bildungsstätte hatte ebenso eine Kantine mit Küche, Kühlraum und weiteren Aufenthaltsräumen. Sie war jedoch an einen privaten Betreiber verpachtet, der seine monatlichen Einnahmen pro Gast erhielt, die ihm geradezu garantiert waren, weil Teile des Stammpersonals und die Offiziersanwärter darin speisten.[2109] Um den gastronomischen Betrieb gewährleisten zu können, musste der Kantinenwirt jedoch strenge Auflagen erfüllen, die sich an jenen Regeln orientierten, die auch für Kameradschaftsheime der Reichswehr galten.[2110] Im Schulgebäude war außerdem ein Friseur untergebracht, der einen eigenen Raum angemietet hatte, in dem er exklusiv der Schulgemeinschaft die Haare schneiden konnte.[2111]

Abbildung 31: Flur und Treppenhaus der Polizeischule Fürstenfeldbruck (Sammlung Siegfried Späth, 55/2061)

Allein dieser Überblick veranschaulicht, wie opulent die Lehranstalt ausgestattet war. Es ist durchaus wahrscheinlich, dass Himmler auch deshalb in Fürstenfeldbruck seine zweite „Kaderschmiede" der Ordnungspolizei einrichten ließ, da die Staatsgewalt dort alles fand, was sie für ihren Ausbildungsbetrieb benötigte. Die gesamten Liegenschaften besaßen beachtliche Dimensionen und wirkten auf den damaligen Betrachter sicherlich nicht minder eindrucksvoll wie auf den heutigen. Vermutlich kam dieser Effekt dem nationalsozialistischen Polizeiapparat sehr gelegen, wenn er seine angehenden Offiziere in Fürstenfeldbruck ausbildete. Indem sie sich monatelang in so einer imposanten Immobilie aufhielten, könnte es ihnen möglicherweise dabei geholfen haben, ein elitäres Standesbewusstsein zu entwickeln, wie es die Ordnungsmacht anstrebte. Aber nicht nur ihre schiere Größe machte sie zu einer außergewöhnlichen Institution der Polizei, sondern auch ihre pompöse Innenarchitektur. In zahlreichen Räumen des barocken Hauptgebäudes befanden sich filigrane Stuckarbeiten und Deckengemälde sowie Marmorsäulen und Statuen. Ob das exquisite Ambiente tatsächlich dazu beitrug, dass die Offiziersanwärter eine „standesgemäße" Mentalität herausbildeten, lässt sich nicht mehr klären. Dennoch kann davon

2107 Das geht hervor aus: BayHStA München, Polizeischule FFB 47, Hagemann (Polizeischule FFB): Luftschutz-Ordnung, 15.08.1941. Ferner: StadtA FFB, S 34/176, Michael Straßer, Im Pflanzgarten unserer Grünen. Die Polizeihauptschule in Fürstenfeldbruck, in: Sonntag Morgenpost, 29.10.1933, Nr. 44, S. 21 f., hier: S. 22.

2108 Vgl. BayHStA München, Polizeischule FFB 101, Abschrift: Reisebericht über die örtliche Prüfung (§ 90 Abs. I, Satz 3 RHO.) und die örtlichen Erhebungen (§ 97 RHO.) bei der Polizeioffizier- u. Schutzpolizeischule Fürstenfeldbruck nach der Verfügung vom 14.4.38 Mü Nr. JB 114i/4.38. durch Polizeioberrentmeister Deinlein in der Zeit vom 2. mit 7. Mai 1938, S. 7.

2109 Vgl. ebd., S. 9 f.

2110 Vgl. u. a. BayHStA München, Polizeischule FFB 190, Abschrift: [unleserlich] (Polizeischule FFB): Auszug. aus den Bestimmungen über den Wirtschaftsbetrieb in Kameradschaftsheimen (Kantinen) vom 20. April 1934, 07.05.1938.

2111 Vgl. BayHStA München, Polizeischule FFB 101, Abschrift: Reisebericht über die örtliche Prüfung (§ 90 Abs. I, Satz 3 RHO.) und die örtlichen Erhebungen (§ 97 RHO.) bei der Polizeioffizier- u. Schutzpolizeischule Fürstenfeldbruck nach der Verfügung vom 14.4.38 Mü Nr. JB 114i/4.38. durch Polizeioberrentmeister Deinlein in der Zeit vom 2. mit 7. Mai 1938, S. 6.

Abbildung 32: Speisesaal der Polizeischule Fürstenfeldbruck (Bayerisches Polizeimuseum, Fotosammlung)

ausgegangen werden, dass Himmlers Polizeiapparat zumindest versuchte, sich dieses edle Interieur derart zunutze zu machen.

Aufgrund seines hohen Alters musste das Schulgebäude jedoch saniert und entfeuchtet werden, weshalb es mehrfach zu entsprechenden Umbaumaßnahmen kam.[2112] Eine große Sanierung fand 1936 in der bayerischen Bildungsanstalt statt, als der Himmlersche Machtapparat sie allmählich zur Polizei-Offizier- und Schutzpolizeischule umfunktionierte.[2113] Allerdings war das Gebäude auch in den folgenden Jahren eine permanente Baustelle. Mehr oder weniger große Abschnitte des Innenbereichs und der Fassade mussten instandgesetzt werden, was den Schulbetrieb sicherlich nicht erleichterte. Eine Baufirma errichtete seinerzeit außerdem ein Nebengebäude, um mehr Platz für die Gerätschaften der Schule zu schaffen.[2114] Auch das Offiziersheim wurde im Zuge dieser Bautätigkeit erweitert, damit die Polizeischule nicht nur ihren Führungskräften und Anwärtern, sondern auch Gästen einen größeren Aufenthaltsort bereitstellen konnte.[2115] Im Mai 1940 konnten bis auf wenige Arbeiten die großangelegten Umbauten abgeschlossen werden, die nicht nur den Altbau, sondern auch die Pferdeställe, die Waffenmeisterei und die Garagen betrafen. Das geschah also in einer Phase, in der das Polizeiausbildungsbataillon in Fürstenfeldbruck sein Quartier bezog. Von den verbesserten Verhältnissen dürfte es zusammen mit dem Lehrpersonal beträchtlich profitiert haben.[2116]

Bereits Ende des Jahres 1937 hatte die Brucker Polizeischule weitere Grundstücke aus dem Eigentum des Wittelsbacher Ausgleichsfonds erworben. Unweit des Hauptgebäudes existier-

2112 Vgl. z. B. BayHStA München, Polizeischule FFB 111, Abschrift: Scheidel und Jahnke: Niederschrift über die Besichtigung der Polizeioffiziersschule Fürstenfeldbruck am 15.9.1937 und über die Besprechung beim Landbauamt München am 17.9.1937, [1937]. Ferner weisen die Akten BayHStA München, Polizeischule FFB 101 und 109 auf verschiedene Sanierungs- und Umbaumaßnahmen hin.

2113 Vgl. BayHStA München, Polizeischule FFB 111, Abschrift: Scheidel und Jahnke: Niederschrift über die Besichtigung der Polizeioffiziersschule Fürstenfeldbruck am 15.9.1937 und über die Besprechung beim Landbauamt München am 17.9.1937, [1937].

2114 Vgl. u. a. BayHStA München, MInn 71981, I. A. Bracht (RFSSuChdDtPol) an StMdI: Instandsetzungsarbeiten bei der Pol.Off.- und Schp.Schule in Fürstenfeldbruck, 11.05.1938; BayHStA München, MInn 71981, [unleserlich] (Polizeischule FFB) an StMdI: Ausbau der Polizeioffizier- und Schutzpolizeischule Fürstenfeldbruck, 02.08.1938; BayHStA München, MInn 71981, Abschrift: Dr. Schade (Polizeischule FFB) an RFSSuChdDtPol: Nachweisung über den Stand der Bauvorhaben der staatlichen Polizei, 25.11.1938; BayHStA München, MInn 71981, I. V. Mühe (Landbauamt München) an Polizeischule FFB: Baumassnahmen bei der Polizei-Offiziers- und Schutzpolizeischule in Fürstenfeldbruck, 08.01.1940; Die Bauarbeiten an der Polizeioffizier- und Schutzpolizeischule, in: Fürstenfeldbrucker Zeitung, 28.06.1938, Nr. 147, S. 3; Erweiterungsbau der Polizeioffizier- und Schutzpolizei-Schule Fürstenfeldbruck genehmigt, in: Fürstenfeldbrucker Zeitung, 19./20.11.1938, Nr. 270, S. 3; StadtA FFB, S 34/180, Instandsetzung der Polizeischule Fürstenfeldbruck, in: Münchner Neueste Nachrichten (MNN), 10.04.1938.

2115 Vgl. BayHStA München, MInn 71981, Gareis (Regierung von Oberbayern) an StMdI: Polizeioffiziers- und Schutzpolizeischule, Fürstenfeldbruck, hier: Vergrößerung des Offiziersheimes, 08.02.1939; BayHStA München, MInn 71981, Abdruck: Dr. Schade (Polizeischule FFB) an RFSSuChdDtPol: Ausbau des Offizierheimes, 27.01.1939.

2116 Vgl. u. a. BayHStA München, MInn 71982, Gareis (Regierungspräsident von Oberbayern) an StMdI: Baumaßnahmen bei der Polizeioffiziers- und Schutzpolizeischule in Fürstenfeld-Bruck, 24.05.1940.

te auf einem davon ein Sportplatz. Nachdem die Lehranstalt sie schon seit einigen Jahren gepachtet hatte, befand sich nun offiziell auch eine eigene Schwimmanlage samt Sonnenbad in ihrem Besitz. Sie lag am Amperkanal und stand in den warmen Monaten dem Personal und dessen Familien zur Verfügung. Allerdings diente sie nicht ausschließlich dem Vergnügen der Beamten, sondern existierte vor allem zu dem Zweck, den Anwärtern eine Schwimmschule zu bieten. Jedes Jahr bestimmte der Kommandeur einen anderen Vertreter des Stammpersonals zum Bademeister der Schule. Er hatte nicht nur dafür zu sorgen, dass sich die Gäste des Schwimmbads vorschriftsmäßig verhielten, sondern musste auch im Laufe der Saison mindestens einmal im Monat im Unterricht auf die Badeordnung aufmerksam machen.[2117] Die Luftkriegsschule durfte die Badeanstalt mitbenutzen, was darauf zurückzuführen ist, dass sich die polizeiliche Lehrstätte um ein gutes Verhältnis zu ihren Nachbarn bemühte.[2118]

Neben der Schwimmanlage verfügte die Polizeischule noch über weitere Sportstätten, in denen die Schulgemeinschaft ihre Freizeit verbringen konnte. Die Teilnehmer der Lehrgänge, aber auch das Stammpersonal hatten im Sommer die Möglichkeit, abends die hauseigene Kegelbahn zu nutzen.[2119] Auch mit Tennis und Tischtennis vertrieben sie sich gerne ihre dienstfreie Zeit, wobei sich die entsprechende Anlage nördlich des Hauptgebäudes befand.[2120] Ihren Tennisplatz verpachtete die Schule von Mai 1932 bis Januar 1934 sogar an den örtlichen Tennisklub.[2121] Während des Krieges genehmigte sie zudem der Freiwilligen Feuerwehr und dem Deutschen Roten Kreuz, die hauseigene Turnhalle mitzubenutzen.[2122] Auf diesem Wege empfahl sich die Lehranstalt gegenüber den Brucker Bürgern und Organisationen nicht nur als guter Nachbar, sondern auch als freundlicher und bürgernaher Repräsentant des NS-Polizeistaats, was durchaus ihrem Selbstbild entsprach.

Der Schießplatz der Schule befand sich in der Nachbargemeinde Schöngeising. Das Grundstück verblieb jedoch im Eigentum der Bayerischen Staatsforstverwaltung, die seit 1924 erlaubte, dass die Polizisten das Gelände zu Übungszwecken nutzten.[2123] Auf diesem länglichen Übungsgelände in Rothschwaig hatte bereits die königlich-bayerische Armee ihr Schießtrai-

2117 Vgl. BayHStA München, MInn 71983, I. V. [unleserlich] (Polizeischule FFB) an Wittelsbacher Ausgleichsfonds: Grunderwerb, 16.12.1936; BayHStA München, MInn 71983, [unleserlich] (Polizeischule FFB) an StMdI: Ankauf eines Sport- und Exerzierplatzes und einer Schwimmschule, 08.01.1938; BayHStA München, Polizeischule FFB 13, Dr. Schade (Polizeischule FFB): Kommando-Befehl Nr. 12 über die Eröffnung des Schwimmbades, 07.06.1938. Ferner: BayHStA München, Polizeischule FFB 110, Grundrissübersichtspläne zur Königlichen Unteroffiziersschule Fürstenfeld, 1897–1914, Militär-Schwimm-Schule, Bl. 8.

2118 Vgl. BayHStA München, Polizeischule FFB 13, Korsemann (Polizeischule FFB): Kommandobefehl Nr. 23, 06.06.1939.

2119 Vgl. BayHStA München, Polizeischule FFB 13, Dr. Schade (Polizeischule FFB): Kommando-Befehl Nr. 13, 11.06.1938.

2120 Vgl. BayHStA München, Polizeischule FFB 14, Diez (PAB FFB): Bataillonsbefehl Nr. 14, 27.02.1940. Ferner: BayHStA München, Polizeischule FFB 110, Grundrissübersichtspläne zur Königlichen Unteroffiziersschule Fürstenfeld, 1897–1914, Gebäude in Fürstenfeld. Lageplan, Bl. 1.

2121 Vgl. BayHStA München, Polizeischule FFB 109, Belege zum Grundbesitzverzeichnis Abteilung I: Abschrift: Spatz (Polizeischule FFB) an StMdI: Tennisplatz, 06.08.1932; BayHStA München, Polizeischule FFB 109, Belege zum Grundbesitzverzeichnis Abteilung I: Abschrift: Dr. Sepp (Tennisklub FFB) an Polizeischule FFB, 01.10.1933.

2122 Vgl. BayHStA München, Polizeischule FFB 14, I. V. Diez (Polizeischule FFB): Kommandobefehl Nr. 17, 17.04.1941.

2123 Vgl. BayHStA München, Polizeischule FFB 109, Belege zum Grundbesitzverzeichnis Abteilung II: Abschrift: I. V. Ritzinger (Forstamt FFB) und Laur (Polizeischule FFB): Entwurf einer Vereinbarung wegen Benützung eines forsteigenen Schießplatzes mit Gebäulichkeiten, 28.08.1924.

ning absolviert.[2124] Darauf standen mehrere Unterstandshütten und ein Stall für die Polizeipferde.[2125] Im August 1942 baute sich die Lehranstalt in ihrer Nähe zudem eine eigene Nahkampfanlage, wozu der Himmlersche Polizeiapparat kurze Zeit zuvor allgemein aufgerufen hatte.[2126] 1944 errichtete sie auch noch „eine Bunker- und eine Panzernahbekämpfungsanlage, ein[en] Spreng- und zugleich Schießplatz für Panzerfaust", da sie ihre militärische Ausbildung noch intensiver betrieb.[2127]

Es war jedoch nicht selbstverständlich, dass die Brucker Polizeischule diese Areale nutzen konnte, wie eine Begebenheit vom Frühjahr 1940 veranschaulicht. Damals versuchte sie ihr Gelände zu vergrößern, weil es für das Ausbildungsbataillon und weitere Lehrgänge zu klein war. Daher hatte sie vor, ein Grundstück zu erwerben, das an den eigenen Sportplatz angrenzte. Sein Eigentümer, Direktor Anton Aumiller, plante ursprünglich aber, die Liegenschaft als lukrativeres Bauland zu verkaufen, damit dort Einfamilienhäuser entstehen könnten. Als die Polizeischule nun begann, mit ihm über den Erwerb zu verhandeln, zog sich das beträchtlich in die Länge.[2128] Weil sich die Parteien im Preis nicht einigen konnten, beabsichtigte der Regierungspräsident von Oberbayern, Heinrich Gareis, im Februar 1941, Aumiller sogar zwangsweise zu enteignen, um das Grundstück unbedingt der Schule zuzuschanzen. Dieses Vorhaben begründete er damit, dass der Platz äußerst wichtig für die Landesverteidigung sei, wobei er sich auf ein entsprechendes Gesetz aus dem Jahre 1837 berief. Auch wenn der Staat den Eigentümer dabei entschädigt hätte, wäre es dennoch ein radikaler Schritt gewesen.[2129] Deshalb versuchte Aumiller, einen Vergleich zu erzielen, um die Zwangsenteignung zu umgehen. Er ging sogar noch einen Schritt weiter und wollte über seinen Anwalt das gesamte Grundstück mit samt der darauf befindlichen Villa an die Schule verkaufen. Obwohl dies den Gesamtpreis deutlich in die Höhe trieb, hätte sich dem Kommandeur dadurch aber die Chance aufgetan, aus dem Gebäude für sich eine Dienstwohnung zu machen.[2130] Da sich der Verkauf jedoch immer wieder verzögerte und Aumiller sein Angebot schließlich zu-

2124 Vgl. BayHStA München, Polizeischule FFB 110, Grundrissübersichtspläne zur Königlichen Unteroffiziersschule Fürstenfeld, 1897–1914, Schießplatz zu Rothschwaig, Bl. 9.

2125 Vgl. BayHStA München, Polizeischule FFB 104, Entwurf: I. V. Diez (Polizeischule FFB) an den Regierungspräsidenten in München: Reichsgrundbesitzverzeichnis im Bezirk des Regierungspräsidenten in München nach dem Stande vom 31.3.1939, 07.05.1940, S. 2 f.

2126 Vgl. BayHStA München, Polizeischule FFB 15, Hagemann (Polizeischule FFB): Kommando-Befehl Nr. 21, 05.08.1942; BayHStA München, Polizeischule FFB 176, Schnellbrief: I. A. von Bomhard (RFSSuChdDtPol) an u. a. die Polizeischulen Berlin-Köpenick und FFB: Nahkampfausbildung in der Ordnungspolizei, 17.06.1942.

2127 BayHStA München, Polizeischule FFB 136, Entwurf: I. V. Willing (Polizeischule FFB) an RFSSuChdDtPol: Erfahrungsbericht über den Ablauf des 39. OAL, 31.10.1944, S. 2.

2128 Vgl. BayHStA München, MInn 71983, Abschrift: Diez (PAB) an RFSSuChdDtPol: Grunderwerb für Ausbildungszwecke, 26.04.1940; BayHStA München, MInn 71983, I. A. Olischläger (RFSSuChdDtPol) an StMdI: Ankauf eines Grundstücks zur Vergrößerung des Ausbildungsgeländes in Fürstenfeldbruck, 08.05.1940.

2129 Vgl. BayHStA München, MInn 71983, Gareis (Regierungspräsident von Oberbayern) an StMdI: Ankauf eines Grundstückes zur Vergrößerung des Ausbildungsgeländes in Fürstenfeldbruck, 14.02.1941, S. 2 f.

2130 Vgl. BayHStA München, MInn 71983, Abschrift von Abdruck: Dr. Stiegler (Rechtsanwalt) an Polizeischule FFB: Grundstückserwerb Aumiller, 15.11.1941; BayHStA München, MInn 71983, Entwurf: I. A. Nagel (StMdI): Vergrösserung des Ausbildungsgeländes der Polizeioffizierschule Fürstenfeldbruck, 01.12.1941; BayHStA München, MInn 71983, Abdruck: I. V. Lange (Polizeischule FFB) an Regierungspräsident von Oberbayern: Vergrößerung des Ausbildungsgeländes und Erwerb einer Dienstwohnung für den Kommandeur der Pol.-Offz.-Schule, 07.01.1942.

rückzog, drängte Kommandeur Arno Hagemann darauf, das Areal nun doch zu konfiszieren, und begründete das mit den Worten:

> „An der Offizierschule werden ständig Offizieranwärter als Führerersatz für den auswärtigen Einsatz ausgebildet. Da die Anwärter mit den neuzeitlichen Kampfmethoden der Ostfront besonders vertraut gemacht werden müssen, soll auf dem genannten Gelände eine Nahkampfanlage errichtet werden. Aus zwingenden dienstlichen Gründen muß diese in der Nähe der Pol.Unterkunft angelegt werden, um möglichst oft Gelegenheit zu haben, die Anwärter dort entsprechend zu schulen."[2131]

Das Bayerische Innenministerium teilte Hagemann daraufhin mit, dass der Gauleiter seinem Ansinnen zustimme und den Antrag befürworte, Aumiller zu enteignen, falls auch der letzte Versuch scheitern sollte, sich einvernehmlich zu einigen.[2132] Unter diesen Umständen schlossen die Parteien am 5. Januar 1943 doch noch einen Kaufvertrag ab.[2133]

Wesentlich früher gelangte die Brucker Schule an ihren Exerzierplatz. Er war von ihr knapp 4,5 km entfernt und befand sich südlich der Nachbargemeinde Maisach.[2134] Das als Hasenheide bezeichnete Anwesen der ehemaligen Unteroffiziersschule pachtete seit Januar 1923 der Maisacher Brauereibesitzer Josef Sedlmayr, wobei der Pachtvertrag ausdrücklich regelte, dass die Lehranstalt dort mit ihren Anwärtern militärische Übungen durchführen durfte.[2135] In der ersten Kriegshälfte entbrannte um das Gelände jedoch ein Wettbewerb zwischen der Polizeischule und dem Fliegerhorst Fürstenfeldbruck, der das Gelände ab 1939 als zusätzlichen Start- und Landeplatz für seine Flugzeuge nutzen wollte. Daher war der Kommandeur des Polizeiausbildungsbataillons, Martin Diez, sehr überrascht, als ihm der Leiter des Militärflugplatzes, Major Edlich, in einem Brief am 28. Februar 1940 mitteilte, dass der Fliegerhorst das Grundstück mithilfe des Landrats beschlagnahmt habe. Die Polizeischule dürfe das Areal aber weiterhin gerne mitbenutzen.[2136] Daraufhin forschte Diez beim Brucker Landrats- und beim Finanzamt nach, was es damit auf sich habe. Doch beide Behörden wussten nichts von diesem Vorgang, was der Polizeimajor seinem Kollegen von der Luftkriegsschule in einem Schreiben mitteilte. Dabei verbuchte er die Angelegenheit schlicht als „einen Irr-

2131 BayHStA München, MInn 71983, Abdruck: Hagemann (Polizeischule FFB) an StMdI: Vergrößerung des Ausbildungsgeländes, 21.10.1942, S. 1 f. Vgl. ferner BayHStA München, MInn 71983, Abschrift: Dr. Stiegler (Rechtsanwalt) an Regierung von Oberbayern: Vergrößerung des Ausbildungsgeländes der Polizei-Offizierschule Fürstenfeldbruck, Nr. 13652 a 4, 19.10.1942.

2132 Vgl. BayHStA München, MInn 71983, Entwurf: I. A. Nagel (StMdI) an Polizeischule FFB: Enteignung von Grundstücken zur Vergrößerung des Ausbildungsgeländes der Offizierschule, 19.12.1942.

2133 Vgl. BayHStA München, MInn 71983, I. V. [unleserlich] (Regierungspräsident von Oberbayern) an StMdI: Vergrößerung des Ausbildungsgeländes der Offizierschule d. O.P. in Fürstenfeldbruck, 08.01.1943.

2134 Vgl. BayHStA München, Polizeischule FFB 104, Entwurf: I. V. Diez (Polizeischule FFB) an den Bürgermeister von Fürstenfeldbruck: Übersicht über die Besitzungen der Pol.-Offiz.- und Schutzpolizeischule in Fürstenfeldbruck – Polizeiverwaltung – nach dem Stande vom 1.11.40, 13.11.1940, S. 2.

2135 Vgl. BayHStA München, Polizeischule FFB 109, Belege zum Grundbesitzverzeichnis Abteilung II: Abschrift: Spatz (Polizeischule FFB) an Finanzamt FFB: Verpachtung des Exerzierplatzes Maisach, 21.12.1933.

2136 Vgl. BayHStA München, Polizeischule FFB 105, Edlich (Fliegerhorstkommandantur FFB) an Diez: Benützung des Exerzierplatzes Maisach (Hasenheide) durch den Fliegerhorst, 28.02.1940; BayHStA München, Polizeischule FFB 105, Diez (PAB FFB) an Kommandanten des Fliegerhorstes: Benützung des Exerzierplatzes Maisach durch den Fliegerhorst, 23.02.1940.

tum des Fliegerhorstes".[2137] Denn der Exerzierplatz befand sich seit dem 19. Juli 1940 offiziell im Eigentum der Polizeischule.[2138]

Damit hatte sich der Fall jedoch noch lange nicht erledigt. Die Luftwaffe blieb hartnäckig und versuchte im Frühjahr 1941, der polizeilichen Lehrstätte das Gelände abzukaufen. Die Luftkriegsschule hatte bereits Baracken auf dem Platz errichtet und nutzte ihn für die eigene Ausbildung, da er sich ganz in ihrer Nähe befand. Also dachte die Lehranstalt der Ordnungspolizei darüber nach, sich mit ihrem Nachbarn einvernehmlich zu einigen: Sie war bereit, den Exerzierplatz an die Wehrmacht zu verkaufen. Zum Ausgleich sollte das Militär dann aber ein Grundstück von gleicher Größe erwerben, das sich in unmittelbarer Nähe der Polizeischule befand, um es an die Ordnungsmacht zu veräußern. So sollte vorgegangen werden, weil es der Wehrmacht leichter gelingen würde, derartige Liegenschaften zu beschaffen. Mit dieser Lösung war zumindest die polizeiliche Bildungsstätte einverstanden, die ihren alten Platz nun loswerden wollte, vor allem weil er recht weit entfernt und nur bedingt für ihre Zwecke geeignet erschien.[2139]

Doch der Fliegerhorst wollte lediglich das Maisacher Gelände erwerben und dachte gar nicht daran, für einen adäquaten Ersatz zu sorgen. Deshalb musste sich die Polizei um diesen selbst kümmern. Der Ordnungsmacht schwebte vor, ein Grundstück zu erwerben, das sich in der Nähe des eigenen Kasernenkomplexes befand, wofür sie aber mit über 30 Eigentümern verhandeln musste.[2140] Dieses Unterfangen scheiterte jedoch daran, dass die Polizeischule Anfang 1943 das Grundstück von Anton Aumiller erwarb, womit sie über ein großes Ausbildungsgelände verfügte. Zusätzlich vereinbarte sie aber mit der Eigentümergemeinschaft, dass ihre Lehrgänge auf dem Gelände üben dürften, sofern sie dabei keinen Schaden anrichten. Darüber hinaus verzichtete die Polizeischule allerdings darauf, der Luftwaffe ihren alten Exerzierplatz zu verkaufen, räumte ihr jedoch das Recht ein, ihn weiterhin mitzubenutzen.[2141]

Dieses Hickhack lässt erkennen, dass sich die beiden Brucker Institutionen darum bemühten, miteinander zu koexistieren. Dass sich ihr Verhältnis aber nicht durchweg freundschaftlich gestaltete, trat auch in weiteren Fällen zutage. Am Vormittag des 7. Mai 1940 etwa erhielt Martin Diez einen Anruf von der Heeresstandortverwaltung München, wie ein hauseigener Bericht erklärt. Sie wollte wissen, wann sie denn die Lehranstalt besichtigen könne, weil das Schulgebäude wieder zu einer Unteroffiziersschule umfunktioniert werden solle. Da der Polizeimajor davon überhaupt nichts wusste, habe er seinem Gegenüber erklärt, der gutachtenden Kommission des Heeres nicht zu gestatten, das Gelände auch nur zu betreten. Doch sein Gesprächspartner sei hart geblieben und habe verdeutlicht, dass die Reichswehr der Polizei das Gebäude im Jahre 1924 angeblich nur vorbehaltlich überlassen habe, bis die Armee es wieder selbst benötige. Diez habe abgeblockt, den Beamten auf die neuen Rechtsverhältnisse aufmerksam gemacht und ihn an den Reichsführer-SS verwiesen, weil nur er in der Angelegen-

2137 BayHStA München, Polizeischule FFB 105, Diez (Polizeischule FFB) an Kommandanten des Fliegerhorstes: Benützung des Exerzierplatzes Maisach durch den Fliegerhorst Fürstenfeldbruck, 11.03.1940.

2138 Vgl. BayHStA München, MInn 71983, Abschrift von Entwurf: I. V. Stüber (Polizeischule FFB) an RFSSuChdDtPol: Exerzierplatz Maisach, 26.04.1941, S. 1.

2139 Vgl. ebd., S. 1 f. Ferner: BayHStA München, MInn 71983, Vormerkung: Nagel (StMdI): Ausbildungsgelände der Pol.-Offizier- u. Schutzpolizeischule in Fürstenfeldbruck, sowie Exerzierplatz in Maisach, 18.04.1941.

2140 Vgl. BayHStA München, MInn 71983, Vormerkung: Nagel (StMdI): Exerzierplatz Maisach der Polizeioffizier- und Schutzpolizeischule in Fürstenfeldbruck, 11.07.1941.

2141 Vgl. BayHStA München, MInn 71983, Hagemann (Polizeischule FFB) an Regierungspräsidenten von Oberbayern: Pachtverträge für den neuen Ausbildungsplatz, 10.02.1943.

heit entscheiden könne. Dennoch wendete sich der Kommandeur in einem Brief an Generalleutnant Adolf von Bomhard im Hauptamt Ordnungspolizei und wollte von Berlin wissen, ob tatsächlich mit der Wehrmacht über das Schicksal der Polizeischule neu verhandelt werde.[2142] Zwar stellten der Reichsführer-SS und das Bayerische Innenministerium klar, dass sich Diez unnötig aufgeregt habe, weil die Lehrstätte weiterhin fest in Händen der Polizei bleibe. Schließlich sei die Liegenschaft bereits im März 1937 in das Eigentum des Deutschen Reiches übergegangen.[2143] Aber dieser Vorfall ereignete sich ausgerechnet in der Anfangsphase des Krieges, als am Standort Fürstenfeldbruck das Ausbildungsbataillon stationiert war und die Schulgemeinschaft solche Nachrichten überhaupt nicht gebrauchen konnte. Außerdem offenbart das Ereignis erneut, dass Polizei und Wehrmacht im NS-Staat unter der schönen Fassade loyaler Kooperation oftmals einen erbitterten Konkurrenzkampf ausfochten.

Abseits dieses Machtpokers musste die Polizeischule auch weitere Kräfte und Ressourcen unnütz opfern, da nicht alle Bauvorhaben realisiert werden konnten, was sich bereits vor und erst recht während des Krieges zeigte. Unweit des Schulgeländes sollte eine größere Abrichteanstalt für Polizeihunde entstehen. Seit Mitte 1938 verhandelten die Behörden mit den Eigentümern von attraktiven Grundstücken, die sich für diesen Zweck eigneten. Allerdings erschien es dem Polizeiapparat am praktischsten, die Hundeschule einfach in der Nähe des Kasernengebäudes zu bauen.[2144] Dazu sollte der Zwinger der SS-Standarte „Deutschland“ von der Ordnungspolizei aufgekauft und von München-Freimann nach Fürstenfeldbruck verlagert werden. Doch dieser Plan scheiterte, weshalb die Abrichteanstalt „Süd“ nur auf dem Reißbrett existierte, obwohl die Polizeischule das passende Grundstück bereits erworben hatte.[2145] Seit Herbst 1943 plante sie zudem, eine eigene Reithalle zu errichten, um die Ausbildung zu Pferde effizienter zu gestalten, was in der zweiten Kriegshälfte immer wichtiger wurde. Es war jedoch nicht ganz so einfach, dieses Vorhaben in die Tat umzusetzen. Die damaligen Verhältnisse erschwerten es, solche Bauprojekte zu verwirklichen, weil die notwendigen Materialien nicht unbegrenzt vorhanden waren und nur schwer beschafft werden konnten.[2146] Dennoch gelang es der Schule, im Frühjahr 1944 eine Baracke zu errichten, in der die Schüler in der Endphase des Krieges ihren Reitunterricht absolvierten.[2147]

2142 Vgl. BayHStA München, MInn 71982, I. V. Diez (Polizeischule FFB) an RFSSuChdDtPol: Verwendung des Gebäudes der Polizeioffizier- und Schutzpolizeischule Fürstenfeldbruck für Heereszwecke, 07.05.1940.

2143 Vgl. BayHStA München, MInn 71982, Entwurf: I. A. Nagel (StMdI) an Polizeischule FFB: Verwendung der Polizeioffizier- u. Schutzpolizeischule Fürstenfeldbruck, 18.06.1940; BayHStA München, MInn 71982, Entwurf: I. A. Nagel (StMdI) an Polizeischule FFB: Verwendung des Gebäudes der Polizeioffizier- u. Schutzpolizeischule in Fürstenfeldbruck für Heereszwecke, 17.05.1940.

2144 Vgl. BayHStA München, MInn 71986, Scheidel und Belleville: Vermerk über die Besprechung in Fürstenfeldbruck, betr. Errichtung der Abrichteanstalt Süd am 11.7.38, [1938]; BayHStA München, MInn 71986, Entwurf: I. A. Nagel (StMdI) an RFSSuChdDtPol: Errichtung einer Hundeabrichteanstalt „Süd“ bei der Polizei-Offizier- und Schutzpolizeischule Fürstenfeldbruck, 28.09.1938. Ferner: BAB, Reichsfinanzministerium (R 2)/28528.

2145 Vgl. BayHStA München, MInn 71986, Neuwirth (Landbauamt München) an StMdI: Ankauf eines Hundezwingers der SS Standarte Deutschland, 24.01.1939; BayHStA München, MInn 71986, Entwurf: I. A. Nagel (StMdI) an RFSSuChdDtPol: Errichtung einer Hundeabrichteanstalt „Süd“ in Fürstenfeldbruck, 18.04.1940.

2146 Vgl. u. a. BayHStA München, MInn 71982, Schnellbrief: I. A. Frank (RFSSuChdDtPol) an u. a. Polizeischule FFB: Aufstellung einer Reithallenbaracke für die Offizierschule der Ordnungspolizei in Fürstenfeldbruck, 13.10.1943.

2147 Vgl. StAM, Landbauamt München 3309, I. V. [unleserlich] (Landbauamt München) an den Bevollmächtigten im Bezirk der Rüstungsinspektion VII: Durchführung kriegswichtiger Bauvorhaben – Aufstellen einer Reithallenbaracke in Fürstenfeldbruck, 23.03.1944.

Ein anderes Problem ergab sich aus der Tatsache, dass die Brucker Ordnungshüter auch für sich selbst viel Platz benötigten. Die Schüler waren in der Polizeischule kaserniert untergebracht, womit die Institution gewissermaßen einem Internat glich. Selbst Teile des Stammpersonals wohnten im Schulgebäude oder zumindest auf dem Gelände der Lehranstalt. Anfang 1934 bilanzierte die Schule, dass Haupt- und Nebengebäude insgesamt 3.448 m^2 umfassten und darin 596 Mann beherbergt werden konnten.[2148] Sie waren entweder in Vier-, Sechs- oder Achtbettzimmern einquartiert.[2149] Dass die Schüler über mehrere Monate hinweg eine Stube teilten, gemeinsam aßen und ihre Lern- und Freizeit miteinander verbrachten, förderte bei ihnen wahrscheinlich immens das Gefühl von Zusammengehörigkeit.[2150] Dennoch war der Platz recht beengt.

Während die Offiziersanwärter in der Schule untergebracht waren und einzelne Vertreter des Stammpersonals auch dort logierten, lebten einige Lehrkräfte in der Stadt Fürstenfeldbruck. Seit dem 3. August 1939 wohnte z. B. Martin Diez in einer Polizeimietwohnung, die sich in einem Einfamilienhaus in der Maisacher Straße befand.[2151] Major Robert Buchholz quartierte sich im Herbst desselben Jahres in einer Polizeiwohnung in der Aicher Straße ein.[2152] Nachdem er in den „auswärtigen Einsatz" gelangt war, löste ihn Major Karl Wilhelm Lange im September 1941 als Nachmieter ab.[2153] Ebenfalls im Herbst 1939 zog Oberleutnant Ludwig Zeiler in das Erdgeschoss eines Anwesens in der Luitpoldstraße.[2154] Anfang Dezember wurde dort Hauptmann Werner Mundhenke sein Nachbar.[2155] Ferner logierte Major Georg Weißig in der Schöngeisinger Straße, nachdem er zuvor im Hotel Post gewohnt hatte.[2156] Ab 13. Oktober 1941 lebte Konrad Rheindorf in der Dachauer Straße.[2157] Ebenso existierte in der Schöngeisinger Straße ein weiteres Wohnhaus, dessen Eigentümer ebenfalls die Polizeischule war.[2158] In ihrer Nähe befand sich außerdem eine Kommandeurswohnung in der Emmeringer Straße, in der Gerret Korsemann seit Herbst 1939 residierte.[2159] Davor hatten die

2148 Vgl. BayHStA München – Kriegsarchiv, Landespolizei FFB Bund 1, Akt 2, I. A. und I. V. Wimmer (Inspektion der uniformierten Staatspolizei im StMdI) an Kommandeure: Raumbedarf in der Unterkunft, 28.12.1933.

2149 Vgl. BayHStA München, Polizeischule FFB 122, Bruder (Ansbach): 50-jähriges Polizei-Offiziers-Jubiläum des 7. Pol.OAL 1937/38, Juni 1988, S. 2.

2150 Vgl. Palm, Polizeischule, S. 19.

2151 Vgl. BayHStA München, Polizeischule FFB 13, Korsemann (Polizeischule FFB): Kommandobefehl Nr. 32, 29.08.1939.

2152 Vgl. BayHStA München, Polizeischule FFB 13, I. A. Schwahn (Polizeischule FFB): Kommandobefehl Nr. 34, 28.10.1939.

2153 Vgl. BayHStA München, Polizeischule FFB 14, I. V. Hösl (Polizeischule FFB): Kommandobefehl Nr. 32, 18.09.1941.

2154 Vgl. BayHStA München, Polizeischule FFB 13, I. A. Schwahn (Polizeischule FFB): Kommandobefehl Nr. 34, 28.10.1939.

2155 Vgl. BayHStA München, Polizeischule FFB 14, Diez (PAB FFB): Bataillons-Befehl Nr. 7, 05.01.1940.

2156 Vgl. BayHStA München, Polizeischule FFB 14, Diez (Polizeischule FFB): Kommando-Befehl Nr. 8, 28.01.1941.

2157 Vgl. BayHStA München, Polizeischule FFB 14, Hagemann (Polizeischule FFB): Kommandobefehl Nr. 37, 16.10.1941.

2158 Vgl. BayHStA München, Polizeischule FFB 109, Belege zum Grundbesitzverzeichnis Abteilung I: Amtsgericht FFB: Abschrift des Blattes Nr. 697 des Grundbuches für die Steuergemeinde Fürstenfeldbruck, 11.04.1940.

2159 Vgl. BayHStA München, Polizeischule FFB 13, I. A. Schwahn (Polizeischule FFB): Kommandobefehl Nr. 34, 28.10.1939; StAM, Landbauamt München 3308, Abdruck: Landbauamt München an Regierungspräsidenten: Pol.Offz.- und Schutzpolizeischule in Fürstenfeldbruck (Anlage: Gutachten! über das Anwesen Emmeringerstrasse 51 in Fürstenfeldbruck), 27.04.1939.

Schulleiter stets eine Dienstwohnung bezogen, die sich innerhalb der Lehranstalt befand, dann jedoch in Büroräume umfunktioniert werden musste, weil sich bereits vor Kriegsbeginn der Arbeitsaufwand deutlich erhöht hatte.[2160] Obwohl Korsemann schon längst nicht mehr der Bildungsstätte vorstand, war die Wohnung bis Kriegsende in seinem Besitz. Es ist aber unklar, bis wann der ehemalige Schulleiter dort residierte.[2161] Insofern zeigt sich jedoch, dass sich wichtige Funktionäre der Bildungsanstalt in unmittelbarer Nähe zu ihrer Wirkungsstätte befanden und unter den Brucker „Volksgenossen" lebten, womit sie keineswegs von ihnen isoliert waren.

Abgesehen von diesen Liegenschaften bemühte sich die Polizeischule, noch zu expandieren und weitere Immobilien zu erstehen, die sich in Fürstenfeldbruck befanden und als Unterkünfte für das Stammpersonal genutzt werden sollten. Allerdings liefen die Verhandlungen mit der Stadt nicht immer erfolgreich, da sich die Parteien nicht über den Preis einigen konnten.[2162] Aber die polizeiliche Institution brauchte dringend zusätzlichen Wohnraum, der nicht unbegrenzt in der Stadt vorhanden war.[2163] Kommandeur Dr. Fritz Schade machte im März 1939 den Regierungspräsidenten von Oberbayern in einem Schreiben darauf aufmerksam, dass die Polizeischule unbedingt 18 bis 20 Wohnungen für ihr Stammpersonal benötigte, es in Fürstenfeldbruck jedoch an geeigneten Objekten mangle. Der Polizeimajor führte die sich verschärfende Wohnungsnot darauf zurück, dass immer mehr Menschen nach Fürstenfeldbruck zögen und gleichzeitig die Angehörigen der Luftkriegsschule einige Wohnungen für sich beanspruchten. Insofern konkurrierten die Polizeischule und der Fliegerhorst wieder um die attraktiven Immobilien der Stadt, was die Rivalität der beiden Mustereinrichtungen sicherlich noch weiter anfachte. Nachdem die Polizeischulen in Karlsruhe und Stuttgart aufgelöst worden waren, verschärfte sich die Lage noch mehr, weil der Polizeiapparat einen Teil ihres Personals ab April 1939 auch zur Brucker Offiziersschule versetzte. Daher sah sich diese Lehranstalt dazu genötigt, neue Wohnungen zu errichten, da sie nicht darauf warten konnte, bis zufällig Bestandswohnungen frei wurden.[2164]

Unter diesen Umständen plante die Polizeischule, ein Wohnhaus für 25 Familien zu bauen.[2165] Im Jahre 1940 sollte für die Angehörigen der Lehranstalt sogar eine komplette Siedlung mit 44 neuen Wohnungen entstehen, die zwischen der Münchener Straße, der Oskar-von-Millerstraße und dem Bahnhofweg geplant war.[2166] Dieses Projekt kam jedoch ebenso wenig zustande wie das unmittelbar benachbarte Parteigelände, auf dem der NSDAP-Kreisleiter

2160 Vgl. BayHStA München, Polizeischule FFB 107, Entwurf: Polizeischule FFB an RFSSuChdDtPol: Ankauf von Wohnhäusern in Fürstenfeldbruck aus Reichsmitteln, 07.06.1939.

2161 Vgl. NARA, Investigative Records Repository (IRR) – RG 319, A1 134-B, 426 – Gerret Korsemann, Korsemann Gerret, 8.6.1895 zu Nebel auf Amrum, 19.03.1954, S. 1. Ferner: BayHStA München, MInn 71983, Gareis (Regierungspräsident von Oberbayern) an StMdI: Vergrößerung des Ausbildungsgeländes der Polizei-Offizier-Schule Fürstenfeldbruck und Erwerb einer Dienstwohnung für den Kommandeur der Schule, 16.03.1942, S. 2.

2162 Solche Fälle sind zu finden in: BayHStA München, Polizeischule FFB 106.

2163 Vgl. StAM, LRA 189352, Abdruck: Dr. Sepp (Landrat FFB) an Regierungspräsidenten in München: Monatsbericht für Juni 1939, 03.07.1939, S. 2. Zum Siedlungsbau und der Wohnungsnot in Fürstenfeldbruck ferner: Hoser, Kommunalpolitik, S. 82–85.

2164 Vgl. BayHStA München, Polizeischule FFB 107, Dr. Schade (Polizeischule FFB) an den Regierungspräsidenten von Oberbayern: Wohnungsfürsorge des Reichs für Pol.Beamte, 24.03.1939.

2165 Vgl. BayHStA München, Polizeischule FFB 107, Finanzierungsplan für ein 25 Familienwohnhaus der Pol.-Offiz.-u.Schutzpol.Schule Fürstenfeldbruck, o. D.

2166 Vgl. BayHStA München, Polizeischule FFB 107, [unleserlich] (Berlin-Steglitz): Fürstenfeldbruck – Bau von 44 Wohnungen, 14.10.1940, S. 1; BayHStA München, Polizeischule FFB 107, Fürstenfeldbruck. 44 Polizei-Wohnungen, 4. Bebauungsvorschlag, o. D.; BayHStA München, Polizeischule FFB 107, Ent-

Franz Emmer ein Haus für seine Behörde und einen großen Platz für Aufmärsche geplant hatte.[2167] Insgesamt benötigte die Schule im Frühjahr 1941 schon 78 Wohnungen für ihr Stammpersonal, ohne dass dieser Bedarf jemals gedeckt werden konnte.[2168]

Der vorangegangene Überblick zählt nicht nur auf, welche Immobilien zur Polizeischule gehörten. Darüber hinaus lässt er bereits erahnen, welchen Machtfaktor sie in Fürstenfeldbruck und im unmittelbaren Umland darstellte. Außerdem verweist er darauf, dass sich aus ihrem großen Einfluss durchaus auch Konflikte ergaben, die sich noch in anderen Bereichen offenbarten. Dennoch versuchte sich die ordnungspolizeiliche „Kaderschmiede" in der Stadt zu integrieren, indem sie sich hauptsächlich auf ihren Ausbildungsbetrieb konzentrierte. Gleichzeitig versteckte sie sich nicht, sondern suchte stattdessen gelegentlich die Nähe zu den Brucker Einwohnern sowie den hiesigen Behörden und Organisationen.

6.2 Jährliche Feierlichkeiten als Bühne der Lehranstalt

Regelmäßig wiederkehrende Feste und Feiertage waren ein wichtiger Bestandteil der sozialen Kultur an der Polizeischule Fürstenfeldbruck und darüber hinaus in Himmlers gesamten Einflussbereich.[2169] Sie boten eine willkommene Abwechslung von der schulischen Routine und besaßen zudem eine integrative Funktion: Lehrer und Schüler konnten sich außerhalb des normalen Lehrbetriebs kennenlernen und untereinander die sozialen Bande stärken. Das gemeinsame Feiern trug aber auch dazu bei, dass sich die Beamten näher mit dem polizeilichen Wertesystem befassten und identifizierten, weil sie in ihrer Funktion als Ordnungshüter daran teilnahmen oder die Veranstaltungen sogar selbst organisierten. War der Anlass weniger formell, konnten sich die angehenden Offiziere etwas lockerer geben und bei gemeinsamem Gesang wie Umtrunk ihre Freundschaften vertiefen. Während die Schüler in der Regel nur einmal in den Genuss kamen, einen bestimmten Feiertag an der Polizeischule zu begehen, konnten jene Angehörigen des Stammpersonals, die über längere Zeit an der Bildungsanstalt blieben, alljährlich den Spektakeln beiwohnen.

Himmlers Polizeiapparat überließ bei solchen Gelegenheiten nichts dem Zufall. Es wurde bereits erwähnt, dass er penibel vorschrieb, wie die Staatsdiener ihre Freizeit zu gestalten hatten. Er regelte aber auch, wie besondere Feier- und Gedenkstunden ablaufen sollten. Solche Anlässe dienten nicht einem Selbstzweck, sondern verfolgten vielmehr das Ziel, die Polizisten emotional anzusprechen und sie so mental zu beeinflussen. In der Gemeinschaft seiner Kameraden sollten derartige Veranstaltungen für den Einzelnen ein Erlebnis darstellen. Um das zu erreichen, mussten die politisch geprägten und pseudoreligiösen Feiern reibungslos und würdevoll ablaufen, daher aber auch minutiös vorbereitet werden.[2170]

wurf: Hagemann (Polizeischule FFB) an den Regierungspräsidenten in München: Sicherstellung von Bauplätzen für den Bau von Pol.Siedlungen aus Wohnungsfürsorgemitteln nach dem Kriege, 15.01.1943.

2167 Vgl. BayHStA München, Polizeischule FFB 107, [unleserlich] (Berlin-Steglitz): Fürstenfeldbruck – Bau von 44 Wohnungen, 14.10.1940, S. 2 f.

2168 Vgl. BayHStA München, Polizeischule FFB 107, Diez (Polizeischule FFB) an RFSSuChdDtPol: Wohnungsbedarfsnachweisung für Angehörige der Ordnungspolizei, 04.03.1941.

2169 Zur Rolle von Feiern und Ritualen in Polizei und SS vgl. z. B. Schmidt, Prügelknaben, S. 240 f.; Ders., Polizisten, S. 341–347; Lonergich, Himmler, S. 298–304; Hein, Elite, S. 240–255; John M. Steiner, Über das Glaubensbekenntnis der SS, in: Bracher, Diktatur, S. 206–223, hier: S. 217–220.

2170 Vgl. u. a. BAB, R 19/308, I. V. Daluege (RFSSuChdDtPol) an u. a. die Kommandeure der Polizeischulen Berlin-Köpenick und FFB: Richtlinien für die Freizeitgestaltung bei den Pol.-Batl., Pol.-Ausbildungs-Bataillonen und Schulen, 18.09.1940, Bl. 258 f.

Naturgemäß begann das Jahr mit der Feier des Neujahrsfestes, zu dem Himmler sämtlichen SS- und Polizeidienststellen seine Grußworte zusandte. In diesen kamen stets zwei Botschaften zum Ausdruck: Er lobte zunächst seinen Machtapparat dafür, was er im Vorjahr geleistet hatte, um dann jedoch zur Disziplin aufzurufen und an das Ehrgefühl der Polizisten zu appellieren. So erinnerte der Reichsführer-SS an Neujahr 1938 daran, wie arbeitsintensiv das vergangene Jahr gewesen sei, verlieh dann aber seinem Wunsch Ausdruck, dass die Verbindung von SS und Polizei „in niemals erlahmender nationalsozialistischer Pflichterfüllung für den Führer u. Deutschland" vonstatten gehe.[2171] Den gleichen Tenor besaßen die obligatorischen Neujahrswünsche von Wilhelm Frick, der sie an sämtliche Verwaltungsbeamte seines Ressorts richtete. Im gleichen Jahr bedankte sich der Reichsinnenminister bei ihnen für die geleistete Arbeit, kam dann aber auf den „Lebenskampf des Deutschen Volkes" zu sprechen, für den sich die Staatsdiener auch künftig einsetzen müssten.[2172] Während des Krieges hob er noch stärker ihre Aufgaben hervor. Er machte es der Verwaltung für das Jahr 1942 zur Pflicht, auch außerhalb des Reiches zu wirken: „Aller Einsatz, all die Opfer unserer Soldaten in restloser Hingabe an das Vaterland wären vergeblich, wenn die von ihnen eroberten Gebiete nicht schnellstens gesichert, von deutschem Geist und deutscher Ordnung durchdrungen werden."[2173] Was das konkret bedeutete, wussten viele Absolventen der Brucker Lehranstalt zu diesem Zeitpunkt nur allzu gut.

Das nationalsozialistische Feierjahr leitete jedoch erst die Gedenkfeier für den „Tag der Machtergreifung" am 30. Januar ein. Zu diesem Anlass veranstaltete die Schulgemeinschaft eine kleine Feier, an der das Stammpersonal und alle laufenden Lehrgänge teilnehmen mussten. Auf dem Platz vor der Sporthalle standen die Beamten im offenen Viereck, um dem Flaggenappell beizuwohnen.[2174] Nationalsozialistische Lieder, Texte und Gedichte umrahmten anschließend die Ansprache des Kommandeurs zum „Tag der Nationalen Erhebung". Den Schlusspunkt der offiziellen Feierstunde bildeten die Nationalhymen, welche die Anwesenden gemeinschaftlich sangen.[2175] Eine Pflichtveranstaltung war es für die Angehörigen der Schule darüber hinaus, die obligatorische Rede des „Führers" zu hören, die der Rundfunk landesweit übertrug. Beim Gemeinschaftsempfang im Schulgebäude sollte dieses Spektakel in der polizeilichen Gemeinschaft als verbindendes Ereignis erlebt werden.[2176]

Bei einem weiteren Großereignis rückte dann die Staatsgewalt selbst ins Zentrum der Aufmerksamkeit: Nachdem die Weimarer Polizei bereits versucht hatte, sich durch Ausstellungen und Filme als bürgernaher Hüter des demokratischen Staates öffentlichkeitswirksam in Szene zu setzen, griffen die Nationalsozialisten diese Werbestrategie auf. Für ihre Propaganda veranstalteten sie Ende 1934 erstmals den „Tag der Deutschen Polizei", bei dem Polizisten auf den Straßen unterwegs waren und Spenden für das Winterhilfswerk (WHW) sammel-

2171 BayHStA München, Polizeischule FFB 13, Dr. Schade (Polizeischule FFB): Kommando-Befehl Nr. 1, 07.01.1938.

2172 An die Beamten, Angestellten und Arbeiter der allgemeinen und inneren Verwaltung des Reichs und der Länder sowie der Kommunalverwaltungen, in: RMBliV, 05.01.1938, Nr. 1, Sp. 1 f.

2173 An die Beamten, Angestellten und Arbeiter der allgemeinen und inneren Verwaltung und der Kommunalverwaltungen, in: MBliV, 07.01.1942, Nr. 1, Sp. 1 f.

2174 Vgl. BayHStA München, Polizeischule FFB 13, I. V. Martin (Polizeischule FFB): Sonderbefehl, 31.01.1938.

2175 Vgl. BayHStA München, Polizeischule FFB 19, Diez (Polizeischule FFB): Kommando-Befehl für die Durchführung der Gedenkfeier am 30.1.1941, 28.01.1941. Bei den beiden Nationalhymnen des „Dritten Reichs" handelte es sich um das Deutschlandlied und das Horst-Wessel-Lied.

2176 Vgl. BayHStA München, Polizeischule FFB 13, Dr. Schade (Polizeischule FFB): Kommandobefehl Nr. 4, 27.01.1939.

ten.[2177] Die Ordnungsmacht stellte sich dabei als Institution freundlicher und kinderlieber Beamten dar, vor der sich keine anständigen Bürger, sondern nur jene fürchten müssten, die dem Regime schaden wollten. „Die Polizei im nationalsozialistischen Deutschland hat es sich zum Ziel gesetzt, vom deutschen Volk als sein bester Freund und Helfer, von Verbrechern und Staatsfeinden als schlimmster Gegner angesehen zu werden", wie Himmler erklärte. Diese Zeilen finden sich im offiziellen Begleitband zum „Tag der deutschen Polizei 1934", der damit ein weiteres Medium zur polizeilichen Öffentlichkeitsarbeit darstellte.[2178]

Gleichzeitig verdeutlicht dieses Zitat, worum es dem Reichsführer-SS schon damals ging: Indem er die Polizei als „Freund und Helfer" erscheinen ließ, wollte er einerseits das Vertrauen der „Volksgenossen" gewinnen und sie dazu bewegen, der Staatsmacht aktiv zu helfen, indem sie Informationen lieferten oder gar Verdächtige denunzierten. Während er sie mit der Propagandakampagne für die Polizeiarbeit zu interessieren versuchte, zielte er aber andererseits darauf ab, die Bevölkerung abzuschrecken. Unter den neuen Verhältnissen konnte niemand mehr vor dem „Auge des Gesetzes" sicher sein, sofern er sich nicht konform verhielt. Dabei missbrauchte Himmler das gleichlautende Wort von Albert Grzesinski, der als preußischer Innenminister bereits in den zwanziger Jahren das Motto vom „Freund und Helfer" geprägt hatte.[2179] Aufgrund des großen Erfolgs veranstaltete der Polizeiapparat den „Tag der Deutschen Polizei" auch in den Folgejahren und besonders während des Krieges.[2180] Eine begleitende Publikation bemühte sich im Jahre 1937 sogar, die Polizeioffiziersschule Berlin-Köpenick ins richtige Licht zu rücken, indem sie beschrieb, wie der Chef der Ordnungspolizei die Lehranstalt besuchte. Dabei ließ die Schrift auch wissen: „Verantwortung, Charakterstärke und eine feste Weltanschauung, das sind die Eigenschaften, die Polizeigeneral Daluege in einer Ansprache von den Polizeifähnrichen in ihrer Eigenschaft als spätere Polizeioffiziere verlangte."[2181]

Ähnlich bot der „Tag der Deutschen Polizei" auch der Polizeischule Fürstenfeldbruck einen willkommenen Anlass, um Geld für Bedürftige zu sammeln und dabei mit der Brucker Zivilbevölkerung in Kontakt zu kommen. Anstehende Termine sowie die Ergebnisse dieser und ähnlicher Sammelaktionen, wie beim „Tag der nationalen Solidarität", konnten die Polizeibeamten aus den hauseigenen Kommandobefehlen entnehmen.[2182] Dieses Medium nutzte der Kommandeur auch, um die Polizisten auf die Spendenaktion für das WHW einzustimmen und sie dafür einzuspannen. Im Jahre 1939 sollte das ein Aufruf Himmlers übernehmen, der in der Kollekte den „Geist der Volksverbundenheit unserer nationalsozialistischen Polizei" zu erkennen glaubte.[2183] Deshalb hatte jeder Beamte einen Betrag in Höhe

2177 Vgl. Carsten Dams, Vom „Dienst am Volk" zum „Tag der deutschen Polizei" – Öffentlichkeitsarbeit und Selbstinszenierung der Düsseldorfer Polizei in der Weimarer Republik und im Nationalsozialismus, in: Ders., Dienst, S. 145–165, hier: S. 145–152. Zum polizeilichen Ausstellungswesen in Weimar ferner: 100 Jahre, S. 40.

2178 Kurt Daluege, Tag der deutschen Polizei 1934, München 1935, S. 20. Zur Inszenierung der nationalsozialistischen Polizei als „Freund und Helfer" vgl. ferner Westermann, Police Battalions, S. 44–48.

2179 Vgl. Hausleitner, Polizei, S. 22.

2180 Allerdings fanden weitere „Tage der Deutschen Polizei" nur unregelmäßig statt, was 1937 und von 1939 bis 1942 der Fall war. Vgl. Hansen, Selbstdarstellung, S. 248–262. Ferner: Dierl, Ordnungspolizei, S. 37.

2181 Koschorke, Polizei (1937), S. 157.

2182 Vgl. u. a. BayHStA München, Polizeischule FFB 13, Dr. Schade (Polizeischule FFB): Kommandobefehl Nr. 31, 05.12.1938.

2183 BayHStA München, Polizeischule FFB 13, Dr. Schade (Polizeischule FFB): Kommandobefehl Nr. 2, 07.01.1939.

von mindestens einer Reichsmark als „Dankopfer" zu spenden. Er sollte das Geld sammeln, indem er auf Tabak oder Alkohol verzichtete, was die Gesetzeshüter mit Sicherheit nicht gerade begeisterte.[2184]

Am eigentlichen Wochenende zum „Tag der Deutschen Polizei" des Jahres 1939 führten nicht nur Teilnehmer der Offiziersanwärterlehrgänge, sondern auch Vertreter des Stammpersonals die Sammelaktion persönlich durch. Dazu zählten auch Dr. Fritz Schade und sein Stellvertreter Martin Diez. Weitere Einnahmen brachte dem WHW an diesem Samstag ein Handballspiel der Lehranstalt gegen die Luftkriegsschule ein, das die Kontrahenten auf dem Sportplatz des FC Fürstenfeldbruck austrugen. Daneben lud die Polizeischule ebenfalls zu einem „Bunten Abend" ein, den Anwärter des 8. und 12. OAL sowie die Kapelle der Totenkopfstandarte 1 SS Dachau in der Brucker Jahnturnhalle gemeinsam gestalteten. Als am nächsten Tag die gleichen SS-Musiker ein Konzert auf dem Adolf-Hitler-Platz gaben, ließen vier Ordnungshüter erneut die Sammelbüchse herumgehen. Den Schlusspunkt bildete eine Kinderspeisung, welche die Polizeischule in ihrem Speisesaal abhielt.[2185] Für die polizeiliche Institution war das gesamte Wochenende somit eine ideale Gelegenheit, sich als volksnaher „Freund und Helfer" für Jung und Alt in Szene zu setzen und dabei auch noch Geld für die NS-Wohlfahrtsorganisation zu sammeln. Auch deshalb wertete der Schulleiter den „Tag der Deutschen Polizei" als „einen nicht zu unterschätzenden moralischen Gewinn" und ließ es sich nicht nehmen, für den „freudigen, kameradschaftlichen Einsatz aller Mitwirkenden zu danken".[2186] Ebenso bedankte sich Himmler bei der gesamten deutschen Polizei, die insgesamt etwa 9 ½ Millionen RM gesammelt hatte.[2187]

Zum „Tag der Deutschen Polizei" im Februar 1940 veröffentlichte Major Diez einen Bataillonsbefehl. Er verkündete, dass jeder Angehörige der Polizei das Buch „Die Polizei – Dein Freund – Dein Helfer" für seine Kinder zu erstehen oder an Bekannte mit Nachwuchs zu verschenken habe.[2188] Auf diese Weise leisteten die Ordnungshüter erneut ihren Beitrag dazu, Geld für Bedürftige zu spenden und gleichzeitig jenes Bild von Polizei an die Kleinsten sowie deren Familien zu vermitteln, das dem NS-Staat vorschwebte. Beim eigentlichen Polizeifest sorgte die Schule für Aufsehen, als sie zusammen mit Vertretern der hiesigen Gemeindepolizei und der Gendarmerie am alten Rathaus an der Gedenktafel für die Gefallenen einen Kranz niederlegte und dabei mit einem Ehrenzug eine Salve in den Himmel feuerte.[2189] Außerdem gingen die Polizeibeamten durch die Straßen und in die Gaststätten der Stadt oder standen am Bahnhof und an Bushaltestellen. Dort schenkten sie jedem Spender kleine Figürchen oder Abzeichen, die sie ebenso wie die Sammelbüchsen von der Brucker Ortsgrup-

2184 Vgl. ebd. Auch in den Kriegsjahren appellierte der Kommandeur an seine Untergebenen, für den „Tag der Deutschen Polizei" Geld zu sparen. Vgl. BayHStA München, Polizeischule FFB 13, I. V. Bergauer (PAB FFB): Bataillons-Befehl Nr. 4, 18.12.1939.

2185 Vgl. BayHStA München, Polizeischule FFB 13, Dr. Schade (Polizeischule FFB): Kommandobefehl Nr. 4, 27.01.1939. Ein ähnliches Programm am „Tag der Deutschen Polizei" gab es z. B. auch in Bonn, wo sich die hiesige Polizeischule maßgeblich daran beteiligte. Vgl. Thomas Roth, Bildteil II: Der „Tag der deutschen Polizei" in Bonn, in: Schloßmacher, Farbe, S. 193–220, hier: S. 193 f. Ferner: Wilhelm, Polizei, S. 71; Schmidt, Polizisten, S. 344–347.

2186 BayHStA München, Polizeischule FFB 13, Dr. Schade (Polizeischule FFB): Kommando-Befehl Nr. 5, 01.02.1939.

2187 Vgl. BayHStA München, Polizeischule FFB 13, Dr. Schade (Polizeischule FFB): Kommandobefehl Nr. 11, 13.03.1939.

2188 Vgl. BayHStA München, Polizeischule FFB 14, Diez (PAB FFB): Bataillonsbefehl Nr. 11, 07.02.1940.

2189 Vgl. BayHStA München, Polizeischule FFB 18, Diez (PAB FFB): Befehl für die Kranzniederlegung, [Februar 1940].

pe der Nationalsozialistischen Volkswohlfahrt (NSV) in der Augsburger Straße erhalten hatten.[2190] Auf diese Weise konnte die Schulgemeinschaft zusammen mit der Ortspolizei in Fürstenfeldbruck insgesamt 1.828 RM sammeln.[2191] Im gesamten Reichsgebiet kam eine Summe von 15 Millionen RM zusammen.[2192] Im Jahre 1941 steigerte die Polizeischule ihren eigenen Erlös auf 2.765 RM.[2193] Der gesamte Polizeiapparat konnte sogar 31,5 Millionen RM sammeln, was die Schulgemeinschaft abermals über einen Kommandobefehl erfuhr. Darin waren auch die obligatorischen Dankesworte Himmlers zu lesen, der seine Ordnungshüter zu noch größeren Leistungen anspornen wollte, indem er von ihnen verlangte: „Auf dem Wege zum Endsieg unseres Volkes erwarte ich von der Polizei und ihren Hilfsorganisationen den gleichen vorbildlichen Einsatz für alle weiteren Aufgaben."[2194]

Abbildung 33: Sammelaktion von Kommandeur Arno Hagemann und weiteren Offizieren für den „Tag der Deutschen Polizei" (Sammlung Siegfried Späth, 55/2060)

Etwas Besonderes ließen sich die Brucker Staatsdiener für den „Tag der Deutschen Polizei" im Jahre 1942 einfallen. Auf dem Adolf-Hitler-Platz stellten sie z. B. eine „Werbesäule" auf, welche „die Polizei in ihrer Ausbildung wie im auswärtigen Einsatz und auch im Kampf gegen den Weltfeind im Osten" darstellte.[2195] In der Jahnhalle veranstaltete die Polizeischule darüber hinaus sowohl einen „Bunten Abend" als auch ein Handballturnier.[2196] Neben den üblichen Sammlungen führten sie außerdem ein Schildernageln, eine Auktion von Bildern und einen Schießwettbewerb im Bichlerbräu durch. Weitere Aktionen richteten sich gezielt an Kinder. Die Lehranstalt veranstaltete etwa Schattenspiele, ein Kasperltheater sowie ein Sackhüpfen in der Jahnhalle und neben ihr auch noch ein Kinderreiten, bei dem die kleinen „Volksgenossen" im Sattel der Polizeipferde sitzen durften. Auf diese Weise half die Schulgemeinschaft dabei mit, dass der Polizeiapparat

Abbildung 34: Kinderreiten beim „Tag der Deutschen Polizei" am Viehmarktplatz (1943) (StadtA FFB, 647)

2190 Vgl. BayHStA München, Polizeischule FFB 14, Diez (PAB FFB): Sonderbefehl: Anordnungen zum Tag der Deutschen Polizei, 13.02.1940.

2191 Vgl. BayHStA München, Polizeischule FFB 14, Diez (PAB FFB): Bataillonsbefehl Nr. 15, 04.03.1940.

2192 Vgl. BayHStA München, Polizeischule FFB 14, Diez (PAB FFB): Bataillonsbefehl Nr. 16, 07.03.1940.

2193 Vgl. BayHStA München, Polizeischule FFB 17, Diez (Polizeischule FFB): Kommando-Befehl Nr. 11, 22.02.1941.

2194 BayHStA München, Polizeischule FFB 14, I. V. Diez (Polizeischule FFB): Kommando-Befehl Nr. 13, 05.03.1941. Vgl. Tag der Deutschen Polizei brachte 31,5 Millionen, in: Fürstenfeldbrucker Tagblatt, 22./23.02.1941, Nr. 45, S. 5.

2195 Rekordergebnis des Tages der Deutschen Polizei, in: Fürstenfeldbrucker Zeitung, 18.02.1942, Nr. 41, S. 3.

2196 Vgl. Großer bunter Abend in der Jahnhalle, in: Fürstenfeldbrucker Zeitung, 09.02.1942, Nr. 33, S. 3.

insgesamt 57,3 Millionen RM einsammeln konnte.[2197] Allein in Fürstenfeldbruck kamen bei dieser Gelegenheit genau 7.756,57 RM zusammen, womit die grün uniformierten Sammler sogar einen Spendenrekord erzielten.[2198]

Abseits des „Tages der Deutschen Polizei" waren die Beamten durch ihren Kommandeur angewiesen, sich auch an weiteren Sammlungen zu beteiligen und dementsprechend in die eigene Geldbörse zu greifen. Das war z. B. der Fall bei den Spendenaktionen, welche die NSV ab dem Jahre 1940 abhielt. Sie dauerten mehrere Monate und fanden zugunsten des Kriegshilfswerks des Roten Kreuzes statt. Die ledigen Schulbediensteten und die Lehrgangsteilnehmer erhielten mehrere Büchsen, die sie in den eigenen Reihen füllen sollten, während die Sammler auch noch ihre verheirateten Kollegen aufsuchten.[2199] Der Betrag dieser karitativen Aktion kam den deutschen Truppen zugute, die in den Kriegsgebieten eingesetzt waren oder sich in Lazaretten befanden. „In Anbetracht dessen und im Interesse des Ansehens der Schule" pochte Kommandeur Hagemann darauf, dass jeder Angehöriger der Schulgemeinschaft ein adäquates finanzielles Opfer bringe.[2200] Auf ein gutes Image zielte auch die Teilnahme der Polizeischule bei der Reichsstraßensammlung des WHW ab, die mit der Luftkriegsschule, dem Turn- und Sportverein Fürstenfeldbruck sowie anderen Organisationen durchgeführt wurde.[2201] Nicht zuletzt wollte sich Himmlers Lehranstalt dadurch als „Freund und Helfer" inszenieren, indem sie kleine Kinder der Kommune mit Essen und Kleidung versorgte. Kurz vor Weihnachten 1936 etwa berichtete die Lokalpresse darüber, dass die Polizeischule über mehrere Wochen hinweg mittags zehn bedürftige Schuljungen verköstigte und einen „Pimpfen" des Deutschen Jungvolks (DJ) neu ausstaffierte.[2202] Derart hilfsbereit gab sich die Institution gegenüber Kindern noch öfter.[2203]

Ein wichtiges Ereignis war für die Polizeischule die jährlich stattfindende Feier zum Heldengedenktag, bei der sie nicht nur Präsenz zeigte, sondern einen festen Bestandteil des Programms darstellte. Zuweilen koordinierte sie sogar den Aufmarsch der parteilichen und staatlichen Vertretergruppen.[2204] Am 8. März 1936 z. B. stellte es einen Höhepunkt der Zeremonie

2197 Vgl. BayHStA München, Polizeischule FFB 15, I. V. Rheindorf (Polizeischule FFB): Sonderbefehl, 13.02.1942; BayHStA München, Polizeischule FFB 15, I. V. Koschmieder (Polizeischule FFB): Kommandobefehl Nr. 10, 10.04.1942; Was bringt uns in Fürstenfeldbruck der Tag der Deutschen Polizei?, in: Fürstenfeldbrucker Zeitung, 13.02.1942, Nr. 37, S. 3; Der „Tag der Deutschen Polizei" – ein voller Erfolg, in: Fürstenfeldbrucker Tagblatt, 16.02.1942, Nr. 39, S. 3.

2198 Vgl. Der „Tag der Deutschen Polizei" erbrachte Rekordergebnis, in: Fürstenfeldbrucker Zeitung, 19.02.1942, Nr. 42, S. 3. Ein ständig steigendes Spendenaufkommen am „Tag der Deutschen Polizei" lässt sich auch andernorts feststellen. Vgl. Roth, Bildteil II, S. 194 f.

2199 Vgl. BayHStA München, Polizeischule FFB 14, Diez (PAB FFB): Bataillonsbefehl Nr. 26, 30.04.1940; BayHStA München, Polizeischule FFB 14, Diez (PAB FFB): Bataillonsbefehl Nr. 29, 18.05.1940; BayHStA München, Polizeischule FFB 14, I. V. Stüber (Polizeischule FFB): Kommandobefehl Nr. 19, 24.04.1941.

2200 BayHStA München, Polizeischule FFB 14, I. V. Stüber (Polizeischule FFB): Kommandobefehl Nr. 19, 22.04.1941.

2201 Vgl. BayHStA München, Polizeischule FFB 14, I. V. Hösl (Polizeischule FFB): Kommandobefehl Nr. 34, 29.09.1941.

2202 Vgl. Zehn bedürftige Schuljungen beim Mittagtisch in der Polizeihauptschule, in: Fürstenfeldbrucker Zeitung, 23.12.1936, Nr. 297, S. 3; Polizeihauptschule kleidet einen Pimpfen neu ein, in: Fürstenfeldbrucker Zeitung, 23.12.1936, Nr. 297, S. 3.

2203 Vgl. u. a. StadtA FFB, Kraus, Chronik, S. 375 und 410; Die Polizeihauptschule, in: Fürstenfeldbrucker Zeitung, 31.12.1935, Nr. 302, S. 3; Sechzehn Kinder werden täglich von der Polizeihauptschule gespeist, in: Fürstenfeldbrucker Zeitung, 19.11.1937, Nr. 269, S. 3.

2204 Vgl. z. B. Der Heldengedenktag in Fürstenfeldbruck, in: Fürstenfeldbrucker Zeitung, 06.03.1936, Nr. 55, S. 3; Der Heldengedenktag in Fürstenfeldbruck, in: Fürstenfeldbrucker Zeitung, 16.03.1935, Nr. 64, dar, dass Kommandeur Dr. Oskar Lossen bei dieser Gelegenheit die zentrale Ansprache hielt. In äußerst pathetischen und linientreuen Worten würdigte er die Gefallenen des Ersten Weltkriegs und das Wirken von Adolf Hitler. Danach sprach er darüber, was nun die gegenwärtigen Generationen zu leisten hätten, womit er sicherlich auch an seine Polizeischüler gedacht haben dürfte:

> „Unsere Aufgabe ist es, mitzuarbeiten an der Vollendung des Werkes, dessen Grundstock auf den Schlachtfeldern des Weltkrieges gelegt wurde. Wir müssen dafür sorgen, daß in unserer Jugend ein tüchtiges, hartes Geschlecht heranwächst, um das Erbe der gefallenen Helden anzutreten. Ein Geschlecht, das nach den Worten des Führers ‚flink sein soll wie die Windhunde, zäh wie Leder und hart wie Krupp-Stahl.' Eine Jugend muß es sein, die sich der Verantwortung ihrer Aufgabe bewußt ist und die dennoch die frohe Kraft in sich fühlt, die deutsche Zukunft zu tragen und zu gestalten."[2205]

Abbildung 35: Marsch einer Hundertschaft der Polizeischule durch Fürstenfeldbruck (1940) (Privatarchiv Sven Deppisch)

Als größter Repräsentant der Wehrmacht in Fürstenfeldbruck organisierte jedoch die Luftkriegsschule des Fliegerhorsts meist diese Gedenkveranstaltung, die auf dem Adolf-Hitler-Platz vor dem Ehrenmal stattfand. Doch auch die Polizeischule nahm daran teil und ließ beispielsweise 1939 eine Hundertschaft zusammenstellen, die uniformiert und ausgestattet mit Gewehren in der Parade mitmarschierte. Während die restlichen Anwärter sogar in Zivil dem Spektakel beiwohnen konnten, mussten sich die Vertreter des Schulpersonals in dem Bereich vor dem Rathaus einfinden, der für die geladenen Gäste reserviert war.[2206] Zu diesem Anlass gab es eine Flaggenparade, an der die Polizeischule ebenfalls mitwirkte. Nachdem der führende Vertreter des Fliegerhorsts eine Ansprache gehalten hatte, legten die Brucker Lokalgrößen je einen Kranz nieder: die Luftkriegsschule, die NSDAP, die Polizeischule und die Stadt. Daneben sangen die Teilnehmer die Lieder „Ich hatt' einen Kameraden", „Volk ans Gewehr" und die Nationalhymnen, um danach wieder abzumarschieren.[2207]

Eine besondere Heldengedenkfeier der Kommune fand am 12. November 1944 in der Jahnhalle statt, bei der nicht nur das Offizierskorps der Schule, das übrige Stammpersonal und der 41. OAL, sondern auch die Frauen der Polizisten teilnahmen. Im letzten Kriegswinter fanden sich die Brucker Einwohner also an einem der zentralen Plätze der Stadt zusammen,

---

S. 3. Zur Rolle der Polizei beim Volkstrauertag und späteren Heldengedenktag ferner: Schmidt, Polizisten, S. 342.

2205 Fürstenfeldbruck ehrt seine toten Heldensöhne, in: Fürstenfeldbrucker Zeitung, 10.03.1936, Nr. 58, S. 3. Schon im Vorjahr hielt Lossen die zentrale Rede, bevor es zur Kranzniederlegung kam. Vgl. dazu Ein Volk gedenkt seiner toten Helden, in: Fürstenfeldbrucker Zeitung, 19./20.03.1935, Nr. 66/67, S. 3.

2206 Vgl. BayHStA München, Polizeischule FFB 13, Dr. Schade (Polizeischule FFB): Sonderbefehl, 10.03.1939.

2207 BayHStA München, Polizeischule FFB 15, Hagemann (Polizeischule FFB): Kommando-Befehl (Nr. 5) für den Heldengedenktag am 21.3.1943, 19.03.1943. Vgl. ferner BayHStA München, Polizeischule FFB 16, Hagemann (Polizeischule FFB): Kommando-Befehl Nr. 4 für den Heldengedenktag am 12.3.1944, 09.03.1944.

Abbildung 36: Polizeiformation am Marktplatz während des „Tages der Deutschen Polizei" (1937) (StadtA FFB, 1213)

um den Gefallenen aus ihren eigenen Reihen zu gedenken.[2208] Zum letzten Mal hatten sie dazu die Gelegenheit, als der offizielle Heldengedenktag am 11. März 1945 seiner gewohnten Dramaturgie folgte. Neben Einheiten von Wehrmacht und Polizei sowie den Unterorganisationen der NSDAP, wie der SA, dem Bund Deutscher Mädel (BDM) und der HJ, war nun auch der Volkssturm vertreten.[2209]

Auch der Geburtstag von Adolf Hitler am 20. April war ein besonderes Datum im Kalender der Polizeischule, die zu diesem Anlass jährlich eine eigene Feier organisierte.[2210] Im Jahre 1938 z. B. lud sie zu einer solchen auch Vertreter der Brucker NSDAP und anderen Behörden. Wie für derlei Feste üblich, hatten sich Stamm- und Lehrpersonal sowie die Offiziersanwärter in offener viereckiger Formation auf dem Schulplatz aufzustellen, um der Zeremonie des Flaggenappells andächtig beizuwohnen. Der eigentliche Ablauf der Feier war folgender: Zunächst schritten die Polizisten die Front ab, woraufhin eine „Ansprache mit Sieg Heil auf den Führer" folgte.[2211] Zum Abschluss marschierte eine Hundertschaft der Lehrgangsteilnehmer vorbei, die gerade am Brucker Standort ausgebildet wurde. Die Gastgeber ließen dieses Schauspiel ausklingen, indem sie sich mit ihren Gästen in gemütlicher Runde im Kasino einfanden und sich beim Mittagessen austauschten.[2212] In den darauffolgenden Jahren verliefen diese verordneten Geburtstagsfeiern nach ähnlichem Muster: Die Schulverwaltung hatte dafür zu sorgen, dass die „Führerbüste" aufgestellt und geschmückt wurde. Die Flaggenparade vor versammelter Mannschaft gehörte ebenfalls zur üblichen Choreografie dieses nationalsozialistischen Fests wie eine Ansprache des Kommandeurs oder seines Stellvertreters. Auch durfte es nicht fehlen, dass die gesamte Polizeischule die „beiden Nationalhymnen" sangen.[2213] Im Jahre 1939 fand hernach eine Parade der Wehrmacht statt, zu der auch die Polizeioffiziere und die Beamten der Lehranstalt geladen waren, während die Anwärter des 12. OAL stattdessen in München einen Absperrdienst zu leisten hatten.[2214]

2208 Vgl. BayHStA München, Polizeischule FFB 16, I. V. Willing (Polizeischule FFB): Kommando-Sonderbefehl, 10.11.1944.

2209 Vgl. BayHStA München, Polizeischule FFB 16, Hagemann (Polizeischule FFB): Kommando-Sonderbefehl für den Heldengedenktag am 11.3.1945, 10.03.1945; BayHStA München, Polizeischule FFB 16, Polizeischule FFB: Aufstellungsplan für den Heldengedenktag am 11.3.45, [März 1945].

2210 Vgl. Speißung der alten Mütter – Treueversprechen der Gefolgsmänner, in: Fürstenfeldbrucker Zeitung, 19./20.04.1936, Nr. 91, S. 4; Die Polizeihauptschule ehrt den Führer, in: Fürstenfeldbrucker Zeitung, 21.04.1936, Nr. 92, S. 3.

2211 BayHStA München, Polizeischule FFB 13, [unleserlich] (Polizeischule FFB): Sonderbefehl, 14.04.1938.

2212 Vgl. ebd.

2213 BayHStA München, Polizeischule FFB 13, I. V. Diez (Polizeischule FFB): Kommandobefehl Nr. 16, 18.04.1939. Vgl. ferner u. a. BayHStA München, Polizeischule FFB 14, I. V. Hösl (Polizeischule FFB): Kommandobefehl Nr. 18, 18.04.1941; BayHStA München, Polizeischule FFB 15, Hagemann (Polizeischule FFB): Kommando-Befehl Nr. 12, 18.04.1942; BayHStA München, Polizeischule FFB 15, I. V. Koschmieder (Polizeischule FFB): Kommando-Befehl Nr. 8, 19.04.1943.

2214 Vgl. BayHStA München, Polizeischule FFB 13, I. V. Diez (Polizeischule FFB): Kommandobefehl Nr. 16, 18.04.1939.

Um sich gegenüber der gesamten Stadt Fürstenfeldbruck und deren Bürgern von ihrer besten Seite zu zeigen, gab es noch ganz andere Anlässe. Dafür eignete sich etwa der „Tag der Nationalen Arbeit" am 1. Mai, an dem jährlich eine Kundgebung der NSDAP auf dem Adolf-Hitler-Platz stattfand, an deren Organisation sich auch die Luftkriegsschule und die Polizeischule beteiligten.[2215] Die polizeiliche Schulgemeinschaft nahm z. B. 1938 in Ausgehuniform geschlossen an der Brucker Kundgebung teil. Sie bildete sogar eine Ehrenformation, die zusammen mit einer Kompanie der Luftwaffe aus dem benachbarten Fliegerhorst an den Ort des Geschehens zog. Dort übertrug der Rundfunk die Reden von Hitler und Robert Ley, dem Leiter der Deutschen Arbeitsfront (DAF), die sie beim offiziellen Staatsakt in der Reichshauptstadt hielten. Nach Ende des Spektakels verlagerte sich die Feier auf das Stadtgebiet, in dem einige Veranstaltungen stattfanden, die auch die Polizisten besuchen sollten.[2216]

Es gab nur wenige andere Gelegenheiten, bei denen sich die Polizeiführer von morgen und ihre Lehrer so eng mit der Brucker Bevölkerung austauschen konnten. Der dahinterstehende Gedanke war ähnlich wie der zum „Tag der Deutschen Polizei": Indem sich die Vertreter der örtlichen Polizeischule als volksnahe Nachbarn in Uniform zeigten, übten die Offiziersanwärter, mit ihren „Volksgenossen" richtig umzugehen. Gleichzeitig sorgten sie dafür, dass etwa vorhandenes Misstrauen der Menschen schwand und sie Vertrauen fassten in ihre „Volkspolizei". Aus diesem Grund mahnte der Kommandeur die Beamten, sich an diesem Tag in den Brucker Wirtshäusern so zu benehmen, „wie es sich für einen Polizeibeamten geziemt".[2217]

Im Kalender der Nationalsozialisten hatte ferner der 21. Juni einen besonderen Platz. Denn an diesem Tag fand alljährlich die Sommersonnenwende statt.[2218] Wie wichtig dieses Ereignis für die Polizeischule war, lässt sich daran ablesen, dass sie samt ihrer Musikkapelle bereits 1933 Seite an Seite mit SA, SS und HJ an diesem Spektakel teilnahm, das seinerzeit noch die NSDAP-Ortsgruppe organisierte.[2219] Das war schon allein deshalb bemerkenswert, weil die Ordnungspolizei offiziell erst im Jahre 1938 dieses heidnische Fest feierte, das für Himmler eine geradezu okkulte Bedeutung hatte. Seither veranstaltete die Lehrstätte eine eigene Feier, zu der nicht nur sämtliche Angehörige des Stammpersonals und der Lehrgänge erscheinen mussten, sondern auch möglichst viele Familien teilnehmen sollten.[2220] Zuweilen wohnten die Brucker SS und die hiesige Hitler-Jugend sowie Zuschauer aus der lokalen Bevölkerung dieser Zeremonie ebenfalls bei.[2221] Auf dem Sportplatz der Schule standen alle Teilnehmer im offenen Viereck um einen Holzstoß herum, der gleich zu Beginn der Feier von Fackelträgern entzündet wurde, die sich zuvor an einer der vier Gewehrpyramiden positioniert hatten. Sodann rezitierte ein Sprecher den Vers:

2215 Vgl. BayHStA München, Polizeischule FFB 13, Korsemann (Polizeischule FFB): Kommandobefehl: Veranstaltung zum Tag der nationalen Arbeit des Deutschen Volkes, 29.04.1939; Der 1. Mai in Fürstenfeldbruck, in: Fürstenfeldbrucker Zeitung, 28./29.04.1935, Nr. 99, S. 3.

2216 Vgl. BayHStA München, Polizeischule FFB 13, I. V. Martin (Polizeischule FFB): Sonderbefehl, 28.04.1938.

2217 Ebd.

2218 Vgl. dazu u. a. Steiner, Glaubensbekenntnis, S. 219 f.; Longerich, Himmler, S. 300 f.

2219 Vgl. Sonnwendfeier am Samstag am Weiherhaus, in: Fürstenfeldbrucker Zeitung, 24.06.1933, Nr. 145, S. 3; Sonnwendfeier am Weiherhaus, in: Fürstenfeldbrucker Zeitung, 27.06.1933, Nr. 147, S. 4. Ferner: Bach, Ordnungspolizei, S. 122.

2220 Vgl. BayHStA München, Polizeischule FFB 13, Dr. Schade (Polizeischule FFB): Sonderbefehl über die Veranstaltung einer Sonnenwendfeier am 21.6.1938, 14.06.1938; BayHStA München, Polizeischule FFB 13, Ablauf der Sonnenwendfeier am 21.6.1938 (Anlage zum Sonderbefehl vom 14.6.1938).

2221 Vgl. BayHStA München, Polizeischule FFB 13, Korsemann (Polizeischule FFB): Kommandobefehl Nr. 25, 15.06.1939; Sonnwendfeier bei der Polizeioffizier- und Schutzpolizeischule, in: Fürstenfeldbrucker Zeitung, 22.06.1938, Nr. 142, S. 3.

„Volk will zu Volk
und Blut will zu Blut
und Flamme will zu Flamme!
Steig auf zum Himmel, Heilige Glut,
rausch fort von Stamm zu Stamme."[2222]

Nachdem der Kommandeur seine sogenannte Feuerrede gehalten hatte, folgte der Hauptteil des Spektakels: Mit vier Kränzen gedachten die Teilnehmer der Gefallenen des Ersten Weltkriegs, den Männern, „die mit ihrem Blut den Kampf um das Deutschland des Führers besiegelten", dem „Kampf[e] der Deutschen in aller Welt" sowie dem Großdeutschen Reich.[2223] Nach ihren Andachtsworten warfen die einzelnen Träger ihre Kränze unter Trommelwirbel ins Feuer. Nun gab ein Anwärter erneut ein äußerst pathetisches Gedicht zum Besten, der damit im Namen der Feiergemeinschaft hervorhob, sogar bereit dafür zu sein, für Deutschland zu fallen, damit das „Vaterland" fortbestehen bleibe.[2224] Im Laufe der Zeremonie sangen die Polizisten „Nur der Freiheit gehört unser Leben", „Flamme empor" und das SS-Treuelied, die sie zuvor mithilfe des SS-Liederbuchs einstudiert und an der Schule gemeinsam geprobt hatten. Aber auch Sieg-Heil-Rufe sowie das Deutschland- und das Horst-Wessel-Lied durften bei diesem Anlass nicht fehlen und bildeten den Schlusspunkt der Feier. Anschließend versammelten sich die Anwesenden im Offizierskasino und im Speisesaal, um die nächtliche Sonnenwendfeier gemütlich ausklingen zu lassen.[2225] An dieser Zeremonie wird deutlich, wie sehr sich Himmler bemühte, den Geist der SS über gemeinsame Feierrituale in die Reihen der Ordnungspolizei einzuschleusen.

Obwohl der 9. November für das „Dritte Reich" eine herausragende Bedeutung besaß, spielte der Tag des gescheiterten Hitler-Putsches von 1923 in der Polizeischule keine besonders große Rolle. Die Schüler hatten bei den Feierlichkeiten nicht geschlossen zu erscheinen. Mehr noch verlangte die Schulleitung von ihnen nicht, bei den Zeremonien mitzumachen. Lediglich einige Vertreter des Stammpersonals nahmen 1940 zusammen mit dem Kommandeur und seinem Adjutanten an einer Gedenkfeier teil, die in Fürstenfeldbruck erneut auf dem Adolf-Hitler-Platz stattfand.[2226] Offiziell beachtete die Ausbildungsstätte diesen zentralen Gedenktag der Nationalsozialisten ansonsten kaum, weshalb er auch in den Dokumenten der Schule fast nicht auftaucht.

Auch das Weihnachtsfest der Lehrgangsteilnehmer fiel recht unspektakulär aus. Das ist vor allem darauf zurückzuführen, dass die meisten Beamten kurz danach in den Urlaub fuhren.[2227] Inwiefern es zudem eine Rolle spielte, dass der Reichsführer-SS dem christlichen Fest argwöhnisch gegenüberstand und es lieber sah, wenn die Angehörigen des SS- und Polizeiapparats stattdessen das Julfest begingen, lässt sich anhand der Quellen nicht mehr rekonstruieren.[2228] Da die Polizisten ihre Weihnachtsfeier an der Schule eher ruhig und besinnlich

2222 BayHStA München, Polizeischule FFB 13, Ablauf der Sonnenwendfeier am 21.6.1938 (Anlage zum Sonderbefehl vom 14.6.1938).

2223 Ebd.

2224 Vgl. ebd.

2225 Vgl. BayHStA München, Polizeischule FFB 13, Dr. Schade (Polizeischule FFB): Sonderbefehl über die Veranstaltung einer Sonnenwendfeier am 21.6.1938, 14.06.1938; BayHStA München, Polizeischule FFB 13, Ablauf der Sonnenwendfeier am 21.6.1938 (Anlage zum Sonderbefehl vom 14.6.1938).

2226 Vgl. BayHStA München, Polizeischule FFB 14, Diez (PAB FFB): Bataillonsbefehl Nr. 67, 09.11.1940.

2227 Vgl. BayHStA München, Polizeischule FFB 13, I. V. Diez (Polizeischule FFB): Kommandobefehl Nr. 33, 14.12.1938.

2228 Vgl. Steiner, Glaubensbekenntnis, S. 218 f.; Höhne, Orden, S. 147.

begingen, überrascht es auch nicht, dass sich die Quellen über den genauen Verlauf ausschweigen. Es zeigt sich jedoch, dass während des Krieges die Feiern zur Wintersonnenwende am 21. Dezember an Bedeutung gewannen, schon allein deshalb, weil sie von Himmler per Erlass nachdrücklich angeordnet wurden. Vor dem Überfall auf Polen richtete die Polizei solche Zeremonien unter freiem Himmel aus, in deren Mittelpunkt abermals das Entzünden eines Holzstoßes stand, ähnlich wie es bei der Sommersonnenwende geschah. Eine eigene Julfeier fand darüber hinaus in geschlossenen Räumen statt, bei denen alle Ordnungshüter eines Standorts mit ihren Familien zusammen einen geselligen Abend verbringen sollten.[2229] Nach Kriegsbeginn hatten die einzelnen Polizeieinheiten die beiden Feste aber in ihren Quartieren abzuhalten.[2230]

Kommandeur Hagemann sah es als selbstverständlich an, auch die Familien derjenigen Angehörigen des Stammpersonals mit einzuladen, die sich derzeit im Kriegseinsatz befanden. Was die Weihnachtsstimmung in der zweiten Kriegshälfte trübte, war aber nicht nur der Umstand, dass mancher Vertreter der Schule abwesend war, sondern auch die ständige Furcht, Opfer eines Luftangriffs zu werden. Daher durften die Teilnehmer des 36. OAL Ende 1943 nur in fünf verschiedenen Gruppen in den Urlaub fahren. Ein Teil der Polizeischule musste permanent einsatzbereit sein für den Fall, dass das Schulgebäude oder die Stadt München bombardiert würde. Wer während der Feiertage zwangsweise an der Bildungseinrichtung blieb, hatte außerdem dabei zu helfen, einen Splittergraben zu bauen.[2231] Insofern kann getrost davon ausgegangen werden, dass die Beamten keineswegs davon begeistert waren, ihre Feiertage auf diese Weise zu verbringen.

Wenngleich die Polizeischule Fürstenfeldbruck das letzte Fest des Jahres auf eine Art und Weise beging, die einen gegenteiligen Eindruck vermittelt, waren die zahlreichen Gedenktage und Feiern für die oberbayerische Institution enorm wichtig. Sie wiederholten sich nicht nur von Jahr zu Jahr, sondern wiesen in vielen Fällen auch untereinander die gleichen Abläufe auf. Das galt für die pathetischen Zeremonien des NS-Staates, das ritualisierte Gedenken an die Toten und die karitativen Sammlungen sowie die damit einhergehenden Werbeaktionen. Diese Ereignisse verfügten für die polizeiliche Sozialkultur inner- und außerhalb der Schulgemeinschaft über ein großes Potential, das nicht nur aus deren Liturgie resultierte, die umfassend mit nationalsozialistischen Werten beladen war. Weil sie insgesamt eine ähnliche Choreographie aufwiesen, lag ihnen eine gewisse Regelmäßigkeit zugrunde, die sich zu einer eigenen Routine innerhalb des gewohnten Dienstalltags entwickelte. Einige Vertreter des Stammpersonals nahmen ständig an den Veranstaltungen teil, weshalb sie das Prozedere längst gewohnt waren. Aber auch jene Beamten waren regelmäßig mit diesen Feierriten konfrontiert, welche die Polizeischule rasch wieder verließen. Das galt natürlich vor allem für die Schüler, denen auch an ihren Heimatstandorten oder den Polizeieinheiten die nationalsozialistisch gefärbten Geselligkeiten fortwährend begegneten. Für sie bildeten die Feste insofern eine kleine Konstante, an der sie sich orientieren und Halt finden konnten –

2229 Vgl. BayHStA München, Polizeischule FFB 15, Hagemann (Polizeischule FFB): Kommando-Befehl Nr. 32, 20.12.1943. Zu den Wintersonnenwend- und Julfeiern ferner: Longerich, Himmler, S. 301 f.

2230 Vgl. RdErl. d. RFSSuChdDtPol. im RMdI. v. 09.12.1939, in: RMBliV, 13.12.1939, Nr. 50, Sp. 2476c f. Ferner: BayHStA München, Polizeischule FFB 13, I. V. Bergauer (PAB FFB): Bataillons-Befehl Nr. 4, 18.12.1939; BayHStA München, Polizeischule FFB 14, Hagemann (Polizeischule FFB): Kommando-Befehl Nr. 44, 16.12.1941.

2231 Vgl. BayHStA München, Polizeischule FFB 15, Hagemann (Polizeischule FFB): Kommando-Befehl Nr. 32, 20.12.1943. Ferner: BayHStA München, Polizeischule FFB 16, Hagemann (Polizeischule FFB): Kommando-Befehl Nr. 30, 18.12.1944.

gerade in Zeiten, in denen das Geschehen an den Fronten die Lebens- und Gedankenwelt der Polizisten dominierte.

6.3 Die Polizeischule als Machtfaktor in Fürstenfeldbruck

Abseits solcher Feierlichkeiten taten sich in Fürstenfeldbruck noch weitere Gelegenheiten für die Polizisten auf, um den Schulalltag zu durchbrechen. Die Polizeischule wusste genau, dass ihre Schüler etwas Neues erleben konnten, wenn sie an diversen gesellschaftlichen Ereignissen teilnahmen. Derartige Anlässe dienten ihr aber gleichzeitig als Chance, um an der eigenen Außenwirkung zu arbeiten und sich als wertvolles Glied der städtischen Kultur darzustellen. So kam sie mit der Zivilbevölkerung, aber auch mit anderen Behörden und Organisationen in Kontakt. Das zeigt erneut, dass sich die polizeiliche Lehranstalt keineswegs vor der Außenwelt versteckte. Sie war zwar nicht besonders erpicht darauf, allzu viel davon preiszugeben, was sich hinter ihren Mauern genau zutrug. Um dieses Geheimnis zu hüten, igelte sie sich jedoch nicht ein. Stattdessen offenbarte sie gerade so viel von ihrem Innenleben, dass sie sich als aufgeschlossene Institution und bürgernaher „Freund und Helfer" aus der unmittelbaren Nachbarschaft inszenieren konnte. Bei dieser Imagepflege halfen ihr auch die Brucker Lokalzeitungen, die häufig über die für die Kommune so wichtige Bildungseinrichtung berichteten und sie während der NS-Zeit propagandistisch verklärten. Ihre Leser konnten mitunter sogar erfahren, dass die Schüler polizeitaktische Übungen im Gelände durchführten.[2232] Darüber hinaus bemühte sich vor allem Arno Hagemann, seine Lehranstalt durch die überregionale Presse bekanntzumachen, indem er mehrfach selbstverfasste Artikel an verschiedene Redaktionen sendete.[2233] Der gewünschte Erfolg scheint dieser Öffentlichkeitsarbeit jedoch nicht beschieden gewesen zu sein, da die Pressemitteilungen in den Medien keinen Widerhall fanden.[2234] Die erstaunlich offensive Werbestrategie schlug sich nicht zuletzt darin nieder, dass die Polizeischule besonders im „Dritten Reich" ein beliebtes Postkartenmotiv darstellte. Auf diesem Weg warb Fürstenfeldbruck jedoch schon seit der Weimarer Republik sehr gerne mit seinem bedeutenden Prestigeobjekt, was sicherlich nicht nur am Klostergebäude lag.

Damit auch ihre Angehörigen gegenüber den Bruckern das idealistische Image pflegten, versuchte die Polizeischule, ihr Interesse für Land und Leute in Fürstenfeldbruck und Umgebung zu wecken. Dazu wies sie auf heimatkundliche Veranstaltungen hin. So war es beispielsweise, als ein Sachbearbeiter der Vogelschutzwarte Garmisch-Partenkirchen im Bichlerbräu einen Schulungskurs zum Thema „Vogelschutz" abhielt.[2235] Ein solches Rahmenprogramm diente ebenso dem gemeinschaftlichen Erlebnis außerhalb der Hörsäle, das den Kameradschaftsgeist stärken sollte. Daher kündigte der Schulleiter in seinen Kommandobefehlen verschiedene Veranstaltungen an, die an der Bildungsstätte oder in der Stadt stattfanden:

Bei solchen Gelegenheiten waren die Angehörigen der Polizeischule verpflichtet, sich von ihrer besten Seite zu zeigen und die Lehrstätte würdig nach außen zu vertreten. Das war etwa

2232 Vgl. u. a. Übung der Schutzpolizei, in: Fürstenfeldbrucker Zeitung, 23.02.1933, Nr. 45, S. 3.
2233 Diese finden sich in BayHStA München, Polizeischule FFB 51.
2234 Zumindest konnten entsprechende Artikel nicht ermittelt werden, die auf Hagemanns Entwürfen fußten.
2235 Vgl. BayHStA München, Polizeischule FFB 13, Dr. Schade (Polizeischule FFB): Kommando-Befehl Nr. 2, 21.01.1938.

der Fall, als das Musikkorps der Luftwaffe zu Konzert und Tanz in die Jahnhalle lud, um mit den Einnahmen das WHW zu unterstützen. Dabei durfte auch die Ordnungsmacht nicht fehlen. „Im Interesse des guten Einvernehmens mit der Luftwaffe und insbesondere im Hinblick auf den sozialen Zweck" wünschte sich der Kommandeur, dass möglichst viele Vertreter der Polizeischule diesem Konzert beiwohnten.[2236] Es ergaben sich für den Schulleiter zahlreiche Anlässe, das Verhältnis zum Fliegerhorst zu pflegen, indem er etwa dessen Sportwettkämpfe und Flugschauen besuchte.[2237] Einzelne Lehrgänge konnten sich darüber hinaus einen Eindruck vom benachbarten Militärflugplatz machen, weil sie durch die Luftkriegsschule geführt wurden, was die Beziehungen zwischen beiden Institutionen noch mehr festigen sollte.[2238] Umgekehrt fand sich die Wehrmacht auch in der Polizeischule ein, wovon etwa eine Wehrversammlung zeugt, die am 4. Mai 1939 in der polizeilichen Bildungsstätte stattfand. Sie kam auf Initiative des Wehrmeldeamts München IV zustande und richtete sich an jeden Lehrgangsteilnehmer, der über einen Wehrpass verfügte. Damit war der Besuch offenbar weniger darauf aus, die Polizisten bloß zu informieren. Vielmehr versuchte er, sie für den Armeedienst zu werben.[2239]

Indirekt engagierte sich die Polizeischule auch für die deutschen Streitkräfte, als einzelne ihrer Angehörigen im ersten Kriegsjahr am Eintopfessen teilnahmen, das am „Tag der Wehrmacht" in der Jahnhalle stattfand. Die Einnahmen kamen dabei dem WHW zugute, wodurch diese Veranstaltung einen karitativen, aber zugleich propagandistischen Hintergrund hatte. Um die NS-Wohlfahrtsorganisation zu unterstützen und die polizeiliche Lehranstalt dabei zu repräsentieren, hatte der Kommandeur seine Untergebenen dazu aufgerufen, mit ihren Familien an der Speisung teilzunehmen.[2240] Obwohl es zu Kriegsbeginn zunächst noch sehr improvisiert erschien, diente das gemeinschaftliche Ereignis dazu, diese kriegsbedingte Maßnahme der nationalsozialistischen Ernährungspolitik populär zu machen und der Bevölkerung die von der NS-Führung geforderte Solidarität vorzuleben. Am gleichen Tag spielte das Musikkorps der Münchner Schutzpolizei ein Konzert im Hof des Schulgeländes, zu dem die „Volksgenossen" ebenso geladen waren.[2241] Für die Brucker Einwohner war das ein günstiger Augenblick, um einen kleinen Blick hinter die Kulissen zu werfen und die Liegenschaft näher zu betrachten. Auch in den folgenden Kriegsjahren gehörte es zur schulischen Imagepflege, wenn sich ihre Repräsentanten an den militärischen Feierlichkeiten beteiligten.[2242]

Um gegenüber der Brucker Bevölkerung zu demonstrieren, dass die Staatsgewalt auch einmal ein gewitzter „Freund und Helfer" sein konnte, nahm sie an kommunalen Festen teil, die ihnen dafür eine Bühne boten. Als eine solche diente etwa der hiesige Faschingsumzug, bei dem auch Schüler der polizeilichen Lehranstalt mitmarschierten. Im Frühjahr 1936 verkleideten sie sich z. B. als „Abessinertruppe", wozu sie sich die Gesichter schwarz geschminkt hatten und weiße Kutten sowie Turbane trugen. Dabei gingen sie mit einem Transparent vo-

2236 BayHStA München, Polizeischule FFB 13, Dr. Schade (Polizeischule FFB): Kommandobefehl Nr. 28, 18.11.1938.

2237 Vgl. u. a. BayHStA München, Polizeischule FFB 14, Diez (PAB FFB): Bataillonsbefehl Nr. 45, 19.07.1940; BayHStA München, Polizeischule FFB 14, Diez (PAB FFB): Bataillonsbefehl Nr. 62, 04.10.1940.

2238 Vgl. BayHStA München, Polizeischule FFB 13, I. V. Martin (Polizeischule FFB): Sonderbefehl, 21.06.1938.

2239 Vgl. BayHStA München, Polizeischule FFB 13, Dr. Schade (Polizeischule FFB): Kommandobefehl Nr. 11, 13.03.1939.

2240 Vgl. BayHStA München, Polizeischule FFB 14, Diez (PAB FFB): Bataillonsbefehl Nr. 18, 16.03.1940.

2241 Vgl. ebd.

2242 Vgl. z. B. BayHStA München, Polizeischule FFB 14, Hagemann (Polizeischule FFB): Kommando-Befehl Nr. 15, 22.03.1941; BayHStA München, Polizeischule FFB 15, I. V. Koschmieder (Polizeischule FFB): Kommando-Befehl Nr. 9, 20.04.1943.

ran, auf dem sie geschrieben hatten: „Auf Ihr Schwarzen von F-Bruck nach Abessinien!“[2243] Damit spielten sie wahrscheinlich nicht nur an den seinerzeit tobenden Abessinienkrieg an, sondern verpassten wohl auch der Kirche in Fürstenfeldbruck einen Seitenhieb. Bei anderen Feierlichkeiten spielte die Kapelle der Polizeischule auf. Anfang Mai 1933 gab sie etwa eine kleine Standmusik zum Besten, als das Bayerische Kultusministerium seine „Landessammlung für die bayerische Jugend“ durchführte.[2244] Die Musiker hielten zuweilen öffentliche Konzerte ab, zu denen die Brucker Einwohner und alle Uniformträger eingeladen waren. Ein besonderer Anlass bot sich ihnen etwa, bevor sich die Beamten von der Schule und damit aus Fürstenfeldbruck verabschiedeten.[2245] Auch wenn ein kompletter Lehrgang beendet war und von der Lehranstalt abging, feierte dies nicht nur die Schulgemeinschaft unter sich, sondern zusammen mit kommunalen und überregionalen Größen aus Politik, Partei und Ordnungsmacht.[2246]

Als agil, sympathisch und volksnah konnte sich die Schulgemeinschaft vor allem über den Sport inszenieren. Ihr boten sich zahlreiche Gelegenheiten, an lokalen Veranstaltungen als Zuschauer und sogar als Athleten teilzunehmen. Die Turn- und Sportgemeinschaft Fürstenfeldbruck lud sie beispielsweise mehrfach zu Eissportfesten ein, bei denen der Sportverein unter anderem Eiskunstlauf und Eishockeyspiele auf dem Marthabräuweiher veranstaltete.[2247] Mitte März 1940 bat er auch in die vereinseigene Jahnhalle zu einem „Schwerathletik-Abend“, bei dem der Olympiasieger im Gewichtheben, Rudolf Ismayr, und der Deutsche Meister im Ringen, Heinz Schattner, ihr Können demonstrierten.[2248] Auch an weiteren Sportveranstaltungen von örtlichen Vereinen oder Organisationen nahmen Vertreter der Polizeischule teil.[2249] Auf dem Sportgelände des FC Fürstenfeldbruck spielte eine Schulmannschaft etwa Handball gegen eine Auswahl des hiesigen Luftwaffensportvereins.[2250] Gar ein Turnier im Basketball richteten Offiziersanwärter gegen verschiedene Mannschaften aus München aus, bei dem der Sieger einen Ehrenpreis erhielt, den die Lehranstalt gestiftet hatte.[2251] Die Teilnahme ihrer Vertreter an den verschiedenen Sportereignissen zeigt, wie sehr die Institution in Fürstenfeldbruck verankert war und das gesellschaftliche Leben prägte.

2243 Bilder vom Faschingszug in Fürstenfeldbruck, in: Fürstenfeldbrucker Zeitung, 25.02.1936, Nr. 46, S. 3. Vgl. außerdem Hanns Groß, Ein Faschingszug, würdig der jungen Stadt, in: Fürstenfeldbrucker Zeitung, 25.02.1936, Nr. 46, S. 4.

2244 Standmusik, in: Fürstenfeldbrucker Zeitung, 07./08.05.1933, Nr. 107, S. 3. Vgl. ferner Aufruf zur Landessammlung für die bayerische Jugend, in: Fürstenfeldbrucker Zeitung, 07./08.05.1933, Nr. 107, S. 5.

2245 Vgl. u. a. Die Kapelle der Polizeihauptschule verabschiedet sich, in: Fürstenfeldbrucker Zeitung, 02./03.07.1933, Nr. 152, S. 3.

2246 Vgl. Abschied von der Polizeihauptschule, in: Fürstenfeldbrucker Zeitung, 16./17.07.1933, Nr. 164, S. 4; Der 8. Einheitslehrgang an der Polizeihauptschule feiert Abschied, in: Fürstenfeldbrucker Zeitung, 20.07.1935, Nr. 166, S. 4.

2247 Vgl. BayHStA München, Polizeischule FFB 14, Diez (PAB FFB): Bataillonsbefehl Nr. 10, 01.02.1940; BayHStA München, Polizeischule FFB 14, Diez (Polizeischule FFB): Kommando-Befehl Nr. 7, 18.01.1941.

2248 Vgl. BayHStA München, Polizeischule FFB 14, I. A. Bergauer (PAB FFB): Bataillonsbefehl Nr. 17, 12.03.1940.

2249 Vgl. z. B. BayHStA München, Polizeischule FFB 14, I. V. Stüber (Polizeischule FFB): Kommandobefehl Nr. 21, 19.05.1941; BayHStA München, Polizeischule FFB 14, Hagemann (Polizeischule FFB): Kommandobefehl Nr. 26, 19.07.1941; BayHStA München, Polizeischule FFB 15, Hagemann (Polizeischule FFB): Kommando-Befehl Nr. 23, 27.08.1942.

2250 Vgl. BayHStA München, Polizeischule FFB 13, Dr. Schade (Polizeischule FFB): Kommando-Befehl Nr. 10, 21.05.1938.

2251 Vgl. BayHStA München, Polizeischule FFB 13, I. V. Diez (Polizeischule FFB): Kommandobefehl Nr. 26, 16.06.1939.

Damit die Schulgemeinschaft bei all dem nicht ihr eigenes Training vernachlässigte, veranstaltete sie gelegentlich ihre eigenen Wettkämpfe oder nahm an entsprechenden Veranstaltungen der örtlichen Vereine teil. Um zu demonstrieren, wie gut sie mit Waffen umgehen konnten, richteten die aktiven Polizeioffiziere am 12. Oktober 1940 ein Preisschießen aus, das im benachbarten Rothschwaig stattfand. Ähnliche Schießwettbewerbe gab es ebenso für die Unterführer der Schule, die genauso in einem Kameradschaftsabend mündeten wie die ihrer Vorgesetzten.[2252] Es ist zwar nicht bekannt, ob die Öffentlichkeit davon Notiz nahm. Aber wahrscheinlich blieb dieses Wettschießen schon allein durch den dabei entstandenen Lärm nicht unbemerkt. Darüber hinaus beteiligten sich einige Beamte am „Opferschießen" für das WHW, das der Brucker Turn- und Sportverein vor aller Augen durchführte und bei dem sie ihre Schießkünste zeigen konnten.[2253]

Als Aushängeschild für die Polizeischule galten ganz besondere Leistungen ihrer Gesetzeshüter. Diese würdigte der Kommandeur in seinen Kommandobefehlen und machte sie damit in der gesamten Schulgemeinschaft publik. Das war z. B. der Fall, als Hauptwachtmeister Friedrich Worbs vom 33. OAL am 20. Juni 1943 an den Gaumeisterschaften der Leichtathleten in Bad Tölz teilgenommen und im Hammerwerfen den 1. Platz belegt hatte. So trivial diese Meldung erscheinen mag, brachte sie dem Sportler jedoch ein öffentliches Lob des Schulleiters ein und unterstrich gleichzeitig, dass dem Leistungsprinzip an der Schule wie im gesamten Polizeiapparat ein enormer Stellenwert zukam.[2254] In seinen hausinternen Bekanntmachungen verkündete der Kommandeur voller Stolz, wenn seine Untergebenen für ihre sportlichen Erfolge von höherer Stelle ausgezeichnet wurden. Einzelne Offiziersanwärter kamen in den Genuss, dass sie der Sachbearbeiter für Polizeisport ehrte, der im Machtapparat des Reichsführers-SS tätig war.[2255] Solche Aktionen schmeichelten also nicht nur den Geehrten, sondern auch ihrer Wirkungsstätte.

Das NS-Regime betrieb aber noch deutlich mehr Aufwand, um gegenüber den Beamten seine angebliche Solidarität zu demonstrieren. Das zeigt sich in einer ganzen Reihe von parteilichen Veranstaltungen. Die NSDAP richtete solche Zusammenkünfte aus, die entweder an die gesamte örtliche Einwohnerschaft oder exklusiv an die Polizeischule adressiert waren. Die Angehörigen der Bildungseinrichtung waren beispielsweise eingeladen, wenn der Fürstenfeldbrucker Chor und das städtische Orchester volkstümliche Stücke zum Besten gaben. Die Künstler musizierten manchmal in der Schule oder auf dem Klostergelände, wozu auch die Bevölkerung eingeladen war. Dabei darf aber nicht übersehen werden, dass diese Musikabende meist auf Initiative der NS-Freizeitorganisation „Kraft durch Freude" zustande kamen. Schon allein dadurch fungierte die Lehranstalt als Multiplikator für deren „volksgemeinschaftliche" Geselligkeitspropaganda, die aber auch auf die Beamten selbst ausgerichtet

2252 Vgl. BayHStA München, Polizeischule FFB 14, Diez (PAB FFB): Sonderbefehl für das Offizierpreisschießen 1940, 10.10.1940; BayHStA München, Polizeischule FFB 14, Diez (PAB FFB): Sonderbefehl für das Unterführerpreisschießen 1940, 16.10.1940. Ferner: BayHStA München, Polizeischule FFB 14, Hagemann (Polizeischule FFB): Kommandobefehl Nr. 35, 02.10.1941. Darüber hinaus gab es noch weitere solcher Offiziersschießen, die einen ähnlichen Ablauf aufwiesen. Vgl. BayHStA München, Polizeischule FFB 12, Hagemann (Polizeischule FFB): Offiziers-Schießen, 02.06.1942.

2253 Vgl. BayHStA München, Polizeischule FFB 14, Diez (Polizeischule FFB): Kommando-Befehl Nr. 9, 12.02.1941.

2254 Vgl. BayHStA München, Polizeischule FFB 15, Hagemann (Polizeischule FFB): Kommandobefehl Nr. 18, 02.07.1943.

2255 Vgl. z. B. BayHStA München, Polizeischule FFB 13, Dr. Schade (Polizeischule FFB): Kommando-Befehl Nr. 16, 09.07.1938.

war.[2256] Die Brucker KdF-Dienststelle veranstaltete für sie auch zahlreiche Theateraufführungen. Dazu zählte etwa das Lustspiel „Die Braut aus Hamburg", das im Januar 1940 die Berchtesgadener Bauerngruppe im Jungbräusaal zum Besten gab.[2257] Lehrgänge und Lehrpersonal besuchten auch weitere Stücke, welche die NS-Organisation arrangierte.[2258] Aus Anlass ihres 7. Jahrestages lud sie in der Vorweihnachtszeit des Jahres 1940 zu einem Konzert in die Brucker Jahnhalle ein, zu dem auch möglichst viele Polizisten kommen sollten. Das Publikum unterhielten eine Kindertrachtengruppe aus Puchheim, eine Gruppe junger Zitherspieler aus Germering und eine Kreissportgruppe aus Fürstenfeldbruck, die allesamt der KdF angehörten.[2259] Nicht zuletzt warb sie unter den Beamten auch noch dafür, dass Gefolgschaftsmitglieder ihren Urlaub z. B. in Italien verbringen konnten, indem sie an den Fahrten der Freizeitorganisation teilnahmen.[2260]

Die parteilich durchgeplante Freizeit war aber nicht das einzige Einfallstor für die NSDAP. Die Schule pflegte daneben intensive Kontakte zur lokalen Hitler-Jugend und unterstützte sie in mehrerlei Hinsicht. Die Bildungsanstalt beherbergte die Jugendlichen gelegentlich in ihrem Speisesaal, um sie dort zu verköstigen. Auch ihre Räumlichkeiten durfte die Jugendorganisation hin und wieder benutzen, um dort ihre Schulungen abzuhalten.[2261] Die Polizeischule stellte ihr und der NSDAP zeitweise sogar die hauseigene Turnhalle zur Verfügung.[2262] Als die Brucker HJ Mitte Juni 1939 das Bann- und Untergausportfest ausrichtete, ordnete der Kommandeur gegenüber seinen Untergebenen an, die Veranstaltungen möglichst gut zu besuchen. Bei dieser Gelegenheit dienten einige Offiziersanwärter auch als Kampfrichter. Der schuleigene Verbindungsmann zur HJ, Johann Galland, hatte dafür zu sorgen, dass alles reibungslos ablief.[2263] Solche Kooperationen kamen jedoch nicht ausschließlich in Eigeninitiative der Polizeischule und reiner Solidarität zustande. Wenige Monate nach Kriegsbeginn warb Himmler unter seinen Polizisten dafür, an der Schießausbildung der Hitler-Jugend tatkräftig mitzuwirken, worum ihn der Stabsführer des Reichsjugendführers gebeten hatte.[2264]

Auch die Ortsgruppe des Kameradschaftsbundes Deutscher Polizeibeamten hielt im schulischen Speisesaal diverse Gemeinschafts- und Schulungsabende ab, die für seine Mitglieder verpflichtend waren und auch die Familien miteinbeziehen wollten. In die Bildungsstätte konnte so nicht nur die nationalsozialistische Polizeigewerkschaft eindringen, sondern mit ihr auch eine weitere NS-Organisation, die versuchte, den Geist von Himmlers Machtappa-

2256 Vgl. BayHStA München, Polizeischule FFB 13, Dr. Schade (Polizeischule FFB): Kommando-Befehl Nr. 1, 07.01.1938; BayHStA München, Polizeischule FFB 13, Dr. Schade (Polizeischule FFB): Sonderbefehl, 02.08.1938.

2257 Vgl. BayHStA München, Polizeischule FFB 14, Diez (PAB FFB): Bataillons-Befehl Nr. 8, 17.01.1940.

2258 Vgl. z. B. BayHStA München, Polizeischule FFB 14, I. V. Diez (Polizeischule FFB): Kommando-Befehl Nr. 13, 05.03.1941.

2259 Vgl. BayHStA München, Polizeischule FFB 18, Diez (PAB FFB): Bataillonsbefehl Nr. 72, 05.12.1940.

2260 Vgl. BayHStA München, Polizeischule FFB 13, Dr. Schade (Polizeischule FFB): Kommando-Befehl Nr. 2, 21.01.1938.

2261 Vgl. BayHStA München, Polizeischule FFB 13, Dr. Schade (Polizeischule FFB): Kommando-Befehl Nr. 17, 14.07.1938; BayHStA München, Polizeischule FFB 14, Diez (Polizeischule FFB): Kommando-Befehl Nr. 10, 17.02.1941.

2262 Vgl. BayHStA München, Polizeischule FFB 13, Dr. Schade (Polizeischule FFB): Kommandobefehl Nr. 31, 05.12.1938.

2263 Vgl. BayHStA München, Polizeischule FFB 13, I. V. Diez (Polizeischule FFB): Kommandobefehl Nr. 26, 16.06.1939.

2264 Vgl. BayHStA München, Polizeischule FFB 191, Himmler (RFSSuChdDtPol) an u. a. Polizeischule FFB: Mitwirkung der Angehörigen der Ordnungs- und Sicherheitspolizei und des S.D. bei der Schießausbildung der Hitlerjugend, 13.04.1940, S. 4 f.

rat in die Schule zu tragen.[2265] Das ging soweit, dass der Brucker Ortsgruppenleiter der NSDAP Veranstaltungen eigens dafür organisierte, um Parteimitglieder und Offiziersanwärter zusammenzubringen.[2266] Die Polizeischule verfügte sogar über einen eigenen Blockwart. Diesen Posten übernahm ab 1. März 1939 Polizeimeister Robert Schmalfuß.[2267]

Erstaunlich ist aber, dass es hingegen nur relativ wenige Kontakte zur Brucker Schutzstaffel gegeben zu haben scheint. Zumindest nennen die Quellen kaum Fälle, in denen die Polizeischule ihr besonders nahe gekommen wäre. Im Umkehrschluss könnte das aber auch bedeuten, dass solche Zusammenkünfte den Chronisten der Bildungsstätte vielleicht nicht erwähnenswert erschienen, weil sie als selbstverständlich galten. Darauf deuten zumindest einzelne Episoden hin, die offenbaren, dass sich beide Institutionen doch gelegentlich begegneten. Kommandeur Schade sah etwa eine günstige Gelegenheit darin, die Beziehungen zwischen Himmlers Elitegarde und seiner Schule zu intensivieren, wenn die Fürstenfeldbrucker SS einen ihrer Abende organisierte. „Im Interesse des Zusammengehörigkeitsgefühles“ sollten deshalb möglichst viele Vertreter aus Stammpersonal und Lehrgängen dabei erscheinen.[2268]

Die Polizeischule präsentierte sich auch außerhalb ihres Standorts auf Veranstaltungen der Partei und damit abermals der Öffentlichkeit. So beteiligte sie sich z. B. an den regelmäßig stattfindenden Kreistagen der NSDAP, welche die parteilichen Kreise Fürstenfeldbruck, Dachau, Landsberg am Lech und Starnberg abwechselnd ausrichteten.[2269] Als dieses Spektakel etwa im Sommer 1939 in Landsberg stattfand, entsandte sie nicht nur einige Polizeiathleten für die sportlichen Wettkämpfe, sondern auch eine Ehrenhundertschaft. Kommandeur Korsemann ließ es sich selbst nicht entgehen, als oberster Repräsentant der Schule aufzutreten und diesem Ereignis gleichzeitig als Zuschauer beizuwohnen. Dabei beäugte er kritisch, wie sich seine Schützlinge präsentierten.[2270] Als im April 1940 ein weiterer Kreistag der Partei in Fürstenfeldbruck stattfand, war es für die Polizeischule ganz selbstverständlich, sich an der Organisation der Kundgebung auf dem zentralen Adolf-Hitler-Platz tatkräftig zu beteiligen.[2271] Auch am 27. und 28. Juni 1942 wurde der Kreistag der NSDAP dort abgehalten. Erneut beteiligte sich die Polizeischule an dessen Veranstaltungen, wie etwa dem „Appell der Führerschaft“ oder dem „Bekenntnis der Heimat“, in dem sie diese besuchte und den Absperrdienst leistete.[2272] Ferner griff der nationalsozialistische Bürgermeister, Adolf Schorer, gerne auf Männer aus dem Stammpersonal zurück, um an Wochenenden die lokale Schutz-

2265 Vgl. BayHStA München, Polizeischule FFB 13, Korsemann (Polizeischule FFB): Kommandobefehl Nr. 28, 01.07.1939.

2266 Vgl. BayHStA München, Polizeischule FFB 13, Dr. Schade (Polizeischule FFB): Kommando-Befehl Nr. 15, 24.06.1938.

2267 Vgl. BayHStA München, Polizeischule FFB 13, Dr. Schade (Polizeischule FFB): Kommandobefehl Nr. 13, 30.03.1939.

2268 BayHStA München, Polizeischule FFB 13, Dr. Schade (Polizeischule FFB): Kommandobefehl Nr. 12, 22.03.1939.

2269 Zu den Kreistagen der NSDAP in Fürstenfeldbruck vgl. Wollenberg, Reich, S. 249 f.

2270 Vgl. BayHStA München, Polizeischule FFB 13, Korsemann (Polizeischule FFB): Kommandobefehl Nr. 27, 29.06.1939.

2271 Vgl. BayHStA München, Polizeischule FFB 14, Diez (PAB FFB): Bataillonsbefehl für die Teilnahme am Kreistag, 19.04.1940.

2272 BayHStA München, Polizeischule FFB 15, Hagemann (Polizeischule FFB): Kommando-Befehl Nr. 18, 25.06.1942.

polizei zu verstärken.[2273] Das beweist erneut, wie integriert die polizeiliche Institution in der Stadt tatsächlich war. Denn selbst wenn er nur auf die Beamten zurückgriff, weil ansonsten zu wenig Personal verfügbar war, zeugt dieser Schritt von einem vertrauensvollen Verhältnis.

Die Polizeischule war aber nicht nur im kulturellen und sozialen Bereich präsent, sondern fungierte in Fürstenfeldbruck auch als wirtschaftlicher Faktor. Ihretwegen erzielten die Kommune und dort ansässige Gewerbebetriebe höhere Einnahmen. An den Offiziersanwärtern dürften insbesondere Wirtshäuser, Metzgereien, Bäckereien, Wochenmärkte und Kramerläden verdient haben, wobei auch die schulische Kantine ihre Lebensmittel höchstwahrscheinlich aus der Region bezog. Des Weiteren kam den örtlichen Geschäften zugute, dass das Stammpersonal mit seinen Familien vor Ort wohnte, die ebenfalls eine Geldquelle darstellten. Die Lehranstalt beauftragte darüber hinaus Brucker Handwerksbetriebe und Baufirmen, um neue Gebäude errichten, die Schule sanieren oder zumindest kleinere Arbeiten ausführen zu lassen. Es ist zwar kaum genau zu beziffern, wie sehr die Stadt insgesamt von der Polizeischule finanziell profitierte. Den hiesigen Unternehmen soll sie aber allein im Zeitraum von April 1932 bis April 1933 etwa 500.000 RM an Umsatz eingebracht haben.[2274] Da sie damals weitaus weniger Polizeischüler beherbergte als nach ihrem Aufstieg zu einer der bedeutendsten Bildungsanstalten in Himmlers Machtbereich, ist davon auszugehen, dass der jährliche Ertrag ab 1936 noch wesentlich höher lag. Der Lehrbetrieb beschäftigte darüber hinaus einige Arbeiter und Angestellte, die aus der Stadt Fürstenfeldbruck und der näheren Umgebung stammten. Die Anzahl der Beschäftigten in Verwaltung und Küchenbetrieb war zwar überschaubar. Dennoch fungierte die Schule als wichtiger lokaler Arbeitgeber, was die Brucker Bevölkerung noch stärker an diese Institution band.[2275] Auch die kommunalen Behörden schätzten sie, weil sie ihnen hohe Steuereinnahmen bescherten, was etwa beim Erwerb von neuen Immobilien der Fall war. Die Brucker Gemeindeverwaltung erhielt zudem von jedem einzelnen Polizeibeamten weitere Gelder. Wer etwa an der Polizeischule einen Lehrgang besuchte oder den Ausbildungsbetrieb organisierte, musste eine Bürgersteuer entrichten, die der Kommune eine stattliche Summe einbrachte. Allein die rund 500 Polizisten des hiesigen Polizeiausbildungsbataillons füllten binnen vier Monaten die Staatskasse mit einem Betrag in Höhe von 4.000 bis 5.000 RM.[2276]

Wie wichtig die Lehranstalt für die Stadt Fürstenfeldbruck war, zeigt sich auch daran, dass sich hiesige Interessensgruppen an sie wendeten, wenn sie Hilfe benötigten. So ersuchte die Brucker Kreisbauernschaft Mitte 1943 ihren Kommandeur darum, bei der „Erntebergung" behilflich zu sein und dafür einige Kräfte zur Verfügung zu stellen, da die von der Wehrmacht abgestellten Landser dafür nicht ausreichten.[2277] Der örtliche Reichsnährstand bang-

2273 Vgl. BayHStA München, Polizeischule FFB 13, Dr. Schade (Polizeischule FFB): Kommando-Befehl Nr. 18, 22.07.1938.

2274 Vgl. Sprechabend des Kampfbundes, in: Fürstenfeldbrucker Zeitung, 10.06.1933, Nr. 134, S. 4; Hoser, Kommunalpolitik, S. 95.

2275 Vgl. z. B. BayHStA München, MInn 71982, Abschrift: Diez (Polizeischule FFB) an StMdI: Fahrgelderstattung für Gefolgschaftsmitglieder, 13.02.1941. Auch von anderen Bildungsanstalten der deutschen Polizei ist bekannt, dass sie als lokale Arbeitgeber fungierten. Vgl. z. B. Annette Leo, Dienst, Verwaltung, Unterricht. Alltag in der Sicherheitspolizeischule Drögen, in: von Buttlar, Fürstenberg-Drögen, S. 97–119, hier: S. 97.

2276 Vgl. BayHStA München, Polizeischule FFB 106, Entwurf: I. V. Diez (Polizeischule FFB) an den Bürgermeister von FFB: Wohnungsbeschaffung für Pol.Beamte, 20.03.1940.

2277 BayHStA München, Polizeischule FFB 25, I. A. [unleserlich] (Reichsnährstand – Kreisbauernschaft FFB) an Kommandeur der Polizeischule FFB: Erntehilfe – Wehrmacht, 20.07.1943.

te nämlich um die Ernte, weil es wegen des schlechten Wetters im fünften Kriegsjahr ohne die polizeilichen Helfer nur schwer möglich sei, die Feldfrüchte einzufahren.[2278] Den Einsatz von Ordnungshütern in der Landwirtschaft begrüßte auch Himmler, der seine Untergebenen nachdrücklich dazu aufforderte, sich mit allen verfügbaren Kräften an der Ernte zu beteiligen. Er argumentierte, dass die Staatsmacht gerade während des Krieges einen Vorbildcharakter besitze, da „es von der Bevölkerung nicht verstanden wird, wenn Angehörige der Polizei und SS untätig in Erscheinung treten".[2279]

Es waren auch die Folgen des Krieges, die dazu führten, dass sich die hiesige Kreishandwerkerschaft an die Schule wendete. Denn weil „gegenwärtig die Einwohnerzahl in Fürstenfeldbruck sowohl, als auch in den Ortschaften des Kreisgebietes durch Zuwanderung von Verwandten u. Bekannten dauernd zunimmt", konnten die örtlichen Bäcker die Brucker Bevölkerung nur noch schwer mit ausreichend Brot versorgen.[2280] Diese Migration war sicherlich auf den Bombenkrieg zurückzuführen, der die Städter aufs Land flüchten ließ. Doch die Brucker Polizeischule konnte nicht mit gelernten Bäckern dienen, weshalb sie den Bittsteller einfach an das Kommando des Dachauer KZ verwies.[2281] Den Beistand der Polizeischule versuchte sich auch die Deutsche Reichsbahn im Jahre 1944 zu sichern, die dringend Arbeitskräfte suchte, um sie bei besonderen Gelegenheiten einsetzen zu können. Ein solcher Anlass konnte beispielsweise ein besonders starker Schneefall sein. Die Polizisten sollten dabei behilflich sein, die Schienen freizuschaufeln, damit die Eisenbahn auch in einem strengen Winter gewährleisten konnte, die deutschen Truppen mit den benötigten Gütern zu versorgen. Da die Brucker Schule in der zweiten Kriegshälfte ohnehin stark gefordert war, wollte sie sich jedoch erst im Ernstfall entscheiden, inwieweit sie sich an derartigen Hilfsprojekten beteiligt.[2282] Wenngleich sich der Kommandeur in solchen Fällen etwas zurückhaltend gab, zeigen die aufgeführten Beispiele, dass seine Schulgemeinschaft häufig weitaus mehr leistete, als sich ausschließlich auf die Ausbildung zu konzentrieren.

Allerdings konnte ein solches Engagement nicht verhindern, dass die Polizeischule gerade in den letzten Kriegsmonaten einzelnen lokalen Machthabern ein Dorn im Auge war. Das zeigt insbesondere eine Begebenheit, die sich in dieser Phase in der benachbarten Klosterwirtschaft zutrug. Von ihr berichtete Oberwachtmeister Johannes Fiedler an das Kommando der Polizeischule: Der Polizist besuchte am 20. Dezember 1944 zusammen mit weiteren Teilnehmern des 27. Reserve-OAL die benachbarte Gaststätte und hörte bei dieser Gelegenheit, wie die Wirtin, Betty Achatz, von einem Gespräch mit NSDAP-Kreisleiter Franz Emmer erzählte. Sie sei bei dem Parteifunktionär vorstellig geworden, um zu verhindern, dass er ein paar Räume schließe, die sie für den Betrieb ihres Wirtshauses dringend benötige. Als die Gastronomin ihm gegenüber argumentierte, zu ihren Gästen gehörten vor allem die Angehörigen der Polizeischule, habe ihr Emmer entgegnet: „Die grünen aufgeblähten Kerle

2278 Vgl. ebd.

2279 BayHStA München, Polizeischule FFB 62, Abschrift von Schnellbrief: I. V. [Unterschrift] (RFSSuChdDtPol) an u. a. die Schulen, Anstalten usw.: Einsatz und Beurlaubung der Polizei und SS – mit Ausnahme der Waffen-SS – zur Durchführung der Herbstbestellung, Hackfruchternte und Zuckerkampagne 1942/43; Erfassung von Grünflächen für den Anbau von Ernährungsfrüchten, 13.09.1942, S. 2.

2280 BayHStA München, Polizeischule FFB 25, [unleserlich] (Kreishandwerkerschaft FFB) an Polizeischule FFB: Gelernte Bäcker im Notfall, 15.08.1943.

2281 Vgl. BayHStA München, Polizeischule FFB 25, Abschrift: I. V. [unleserlich] (Polizeischule FFB) an Kreishandwerkerschaft FFB: Gelernte Bäcker im Notfalle, 19.08.1943.

2282 Vgl. BayHStA München, Polizeischule FFB 25, [unleserlich] (Deutsche Reichsbahn) an Polizeischule FFB: Verhütung von Betriebsstörungen durch Frost und Schnee, 31.10.1944.

brauchen nichts zu fressen, die werden sowieso reichlich verpflegt."[2283] Sie solle dies auch der Schule berichten, wobei er seine Aussage dahingehend relativiert habe, dass er jene Polizisten ausnehme, die an der Front seien. Daraufhin habe Achatz geantwortet, dass die Angehörigen der Schule in die umliegenden Gaststätten von Fürstenfeldbruck gingen, was diese deutlich belaste, sofern ihre Wirtschaft dennoch geschlossen werde. Der Kreisleiter habe ihr augenblicklich entgegengehalten: „Das werden wir schon sehen, die werden wir auch dort rausschmeissen."[2284]

Fiedler informierte die Schulleitung erst Tage später, weil sich dieser Vorfall mittlerweile zum Gesprächsthema innerhalb der Lehranstalt und in der Stadt entwickelt hatte. Außerdem betrachtete er die Aussagen Emmers als „eine schwere Beleidigung der gesamten Polizei".[2285] Im Nu wurde dieser Eklat zur Chefsache und zu einem Politikum an der Polizeischule. Bei ihrer Vernehmung bestätigte Achatz, mit Kreisleiter Emmer ein solches Gespräch geführt zu haben und dass er sich dabei über die Schule derart abfällig geäußert habe.[2286] Daraufhin vernahm Major Dr. Helmut Herzog diejenigen Polizisten, denen die Betreiberin der Klosterwirtschaft von ihrem Treffen mit dem Parteifunktionär berichtet hatte, wobei alle fünf Beamten ihre Angaben bestätigten.[2287]

Nachdem Kommandeur Hagemann sämtliche Informationen zusammengetragen hatte, wendete er sich am 30. Dezember 1944 in einem Brief an den Kreisleiter der Brucker NSDAP. Weil er es nicht glauben konnte, dass Emmer sich trotz des bisher guten Verhältnisses zur Schule derart geringschätzig über die Offiziersanwärter ausgelassen habe, bat er ihn darum, sich zu den Vorwürfen zu äußern. Dabei betonte er, dass die Ordnungspolizei und „deren Leistungen im Kriegseinsatz in Front und Heimat allerseits, selbst auch von höchster Stelle [...] anerkannt worden sind" und verwies auf eine Rede Hitlers vor dem Reichstag vom 26. Januar 1942.[2288] Nachdem der Parteifunktionär darauf geantwortet hatte, schrieb Hagemann auch Achatz einen Brief, in dem er die einzelnen Positionen gegenüberstellte. Mit den Vorwürfen konfrontiert habe Emmer zwar entgegnet, dass die Wirtin den genauen Wortlaut seiner Äußerungen nicht richtig wiederholt habe, jedoch auch bestätigt, „einige sehr deutliche und drastische Worte gebraucht zu haben".[2289] Anstatt aber nun zu ergründen, was der Kreisleiter genau meinte und aus welchem Grund er sich überhaupt abschätzig über die Polizeischüler geäußert hatte, versuchte Hagemann lediglich die Botin zum Schweigen zu bringen. Er verlangte von Achatz nachdrücklich, „in Zukunft nicht nachweisbare Tatsachen nicht weiter zu verbreiten", um nicht dem Ruf der Schule zu schaden.[2290] Der Kommandeur drohte der Wirtin sogar damit, rechtliche Schritte einzuleiten, sofern sie derlei Gerüchte noch einmal in Umlauf bringe.[2291] Wenige Tage später suchte Achatz das persönliche Gespräch mit Hage-

2283 BayHStA München, Polizeischule FFB 94, Fiedler (Polizeischule FFB) an den 27. ROAL: Meldung über eine angebliche Äusserung des Kreisleiters der NSDAP des Kreises Fürstenfeldbruck, 26.12.1944. Vgl. Hoser, Kommunalpolitik, S. 62.

2284 BayHStA München, Polizeischule FFB 94, Fiedler (Polizeischule FFB) an den 27. ROAL: Meldung über eine angebliche Äusserung des Kreisleiters der NSDAP des Kreises Fürstenfeldbruck, 26.12.1944.

2285 Ebd.

2286 Vgl. BayHStA München, Polizeischule FFB 94, [unleserlich] (Polizeischule FFB): Aktenvermerk, 28.12.1944.

2287 Vgl. BayHStA München, Polizeischule FFB 94, Vernehmungs-Niederschrift, 29.12.1944.

2288 BayHStA München, Polizeischule FFB 94, Entwurf: Hagemann (Polizeischule FFB) an Emmer, 30.12.1944, S. 1. Vgl. zudem ebd., S. 2.

2289 BayHStA München, Polizeischule FFB 94, Entwurf: Hagemann (Polizeischule FFB) an Achatz, 06.02.1945.

2290 Ebd.

2291 Vgl. ebd.

mann und bekräftigte erneut, die Wahrheit gesagt zu haben und nur das getan zu haben, wozu sie der Kreisleiter aufgefordert habe. Doch Hagemann blieb seiner Position treu und erklärte ihr, dass er insbesondere während des Krieges das Image seiner Schule schützen wolle. Notgedrungen zeigte sich Achatz verständnisvoll und versprach, zukünftig solche Bemerkungen zu unterlassen.[2292]

Damit war der Fall für Hagemann erledigt. Dem Konflikt mit dem NS-Politiker war der Kommandeur zwar aus dem Weg gegangen, was ihm aber auch nur deshalb gelungen war, weil er sich stattdessen ein Bauernopfer vorknöpfte. Das änderte jedoch nichts an der Tatsache, dass sein Verhältnis zur NS-Kreisleitung zumindest in der Endphase des Krieges sehr angespannt war. Darüber hinaus ist der Vorfall ein Indiz dafür, dass es möglicherweise noch weitere Konflikte zwischen der Polizeischule und den anderen lokalen Machthabern gab. Denn es ist ziemlich unwahrscheinlich, dass der „Goldfasan" mit seiner wenig schmeichelhaften Meinung allein dastand. Wenngleich es keine weiteren Reibereien ähnlicher Qualität gegeben zu haben scheint, dürften einige verdeckte Animositäten unentdeckt geblieben sein. So wichtig die polizeiliche Lehrstätte für Fürstenfeldbruck auch war, schützte sie das nicht davor, dass zumindest Einzelne sie hinter der Fassade der „volksgemeinschaftlichen" Eintracht durchaus argwöhnisch beäugten.

6.4 Der Umgang mit dem Tod

In der Ordnungspolizei im Allgemeinen und speziell an der Polizeischule Fürstenfeldbruck war der Tod bereits vor, aber vor allem während des Zweiten Weltkriegs ein ständiger Begleiter. Mehr noch als die einfachen „Volksgenossen" waren Polizisten mit diesem Thema konfrontiert, da sie ihr Beruf häufig in Lebensgefahr brachte. Das war jedoch nicht nur der Fall, wenn sie es mit Verbrechern aufnehmen mussten. Ihr Einsatz in den Kriegsgebieten und an der „Heimatfront" führte dazu, dass die Beamten ständig damit rechnen mussten, verwundet oder gar getötet zu werden. Daher überrascht es nicht weiter, dass die Ordnungsmacht des NS-Regimes ihre eigene Kultur pflegte, wenn es darum ging, das Ableben ihrer Berufsgenossen und Kollegen zu würdigen. Auch für die Brucker Polizeischule war es wichtig, sich mit dem Tod ihrer Angehörigen auseinanderzusetzen. Gerade während des Krieges wurde dies immer bedeutender und führte so den Offiziersanwärtern vor Augen, welchen Preis sie unter Umständen dafür zahlen mussten, zu Hitlers „grünen Soldaten" zu gehören.

Wer in den Kriegsjahren das Reichsministerialblatt der inneren Verwaltung (RMBliV) studierte, dem konnte nicht verborgen bleiben, dass viele zum Teil hochrangige Staatsdiener kriegsbedingt ihr Leben ließen. Seit Juli 1940 listete das Amtsblatt in unregelmäßigen Abständen jene Hüter der öffentlichen Ordnung auf, die während des Kriegseinsatzes verstorben oder gefallen waren.[2293] Obwohl diese Meldungen kaum Polizisten ausdrücklich erwähnten, fiel es dem Leser nicht schwer, sich vorzustellen, dass es auch große Verluste in den Reihen der uniformierten Polizei gab. Das war umso mehr der Fall, als in den Ausgaben des RMBliV des Jahres 1942 immer häufiger von Beamten zu lesen war, die „Für Führer, Volk und Vaterland starben", wobei auch die Todeslisten deutlich länger wurden.[2294] Als dann ab

2292 Vgl. BayHStA München, Polizeischule FFB 94, Entwurf: Polizeischule FFB: Niederschrift. Rücksprache Frau Achatz, 09.02.1945.

2293 Vgl. Für Volk und Vaterland starben, in: RMBliV, 17.07.1940, Nr. 29, Sp. 1445–1448.

2294 Während im Jahre 1940 lediglich fünf Ausgaben des RMBliV über Todesfälle informierten, stieg im folgenden Jahrgang die Anzahl auf elf und 1942 auf den Höchststand von 20. Zwar führten 1943 nur

Anfang 1944 das Befehlsblatt des Chefs der Ordnungspolizei (BefBlO) erschien, würdigten seine Ausgaben höhere Offiziere, die den „Heldentod" gefunden hätten.[2295] Sicherlich darf nicht überschätzt werden, wie stark solche Nachrichten den Leser tangierten. Doch konfrontierten die beiden Verwaltungsorgane ihre Klientel immer wieder mit diesen Folgen des nationalsozialistischen Weltanschauungskrieges für den deutschen Polizeiapparat.

Bereits zu Beginn des „Dritten Reichs" instrumentalisierten die neuen Machthaber all jene Polizeibeamten, die im Dienst ihr Leben gelassen hatten, indem sie ihnen auf ihre Weise gedachten. Dadurch versuchten sie, zu demonstrieren, welchen Stellenwert sie den deutschen Ordnungshütern beimaßen. Mehr noch pflegten sie einen Totenkult, den auch andere NS-Organisationen in ähnlicher Form zelebrierten. Allerdings gab es auch einige Besonderheiten. Mitte des Jahres 1933 begannen die Nationalsozialisten, ein „Goldenes Buch" einzurichten, das alle Beamten aufführen sollte, die seit dem 6. Oktober 1920 im Dienst gestorben waren. Das Gedenkbuch sollte im Polizeiinstitut Berlin-Charlottenburg ausgestellt werden und nannte neben dem Namen, dem Rang und der Dienststelle auch die Todesursache und das Sterbedatum. Außerdem schmückte möglichst ein Passbild den Eintrag, der den Einsatz des Verblichenen für sein Land knapp würdigte.[2296] Als Ende 1934 die Vorarbeiten am „Goldenen Buch" beendet waren, verkündete Reichsinnenminister Frick, dass dieses „Gedenk- und Ruhmesblatt der Polizei" innerhalb seines Ministeriums einen besonderen Platz finden werde.[2297]

Als es zu Beginn des Jahres 1936 fertiggestellt war, listete es die Einträge zu insgesamt 691 Beamten auf, die zwischen 1918 und 1935 meist von Kommunisten getötet oder bei Unfällen umgekommen waren. Damit besaß die heroisierende Schrift eine dezidiert antikommunistische Stoßrichtung und suggerierte damit, dass Nationalsozialisten und Polizisten traditionell gegen einen gemeinsamen Feind kämpften, was sie angeblich zusammenschweiße.[2298] Davon zeugt auch ein Aufsatz des Jahres 1936 von Helmuth Koschorke, der das „Goldene Buch" und besonders jene darin verzeichneten Beamten würdigte, die etwa bei den Unruhen im Ruhrgebiet, dem Mitteldeutschen oder dem Hamburger Aufstand zu Tode gekommen waren. „Überall werfen sich die Polizeibeamten opferbereit und todesmutig dem Bolschewismus entgegen, kämpfen gegen Aufruhr und Anarchie, erleiden tausendfachen Martertod unter den Mordhänden entmenschter Moskowiter", wie er schrieb.[2299] Dabei bezeichnete er die polizeilichen Gegner unter anderem als „Insurgentenbanden"[2300] und „Mordbanditen",[2301] womit er sich Mitte der dreißiger Jahre speziellen Varianten des traditionellen Vokabulars bediente. Das ab August 1938 „Ehrenbuch der Deutschen Polizei" genann-

neun Nummern derartige Todesregister. Doch erhöhte sich im Folgejahr ihre Zahl auf 17. Die Länge dieser Verzeichnisse umfasste dabei zunächst ein bis zwei Seiten, die jedoch dann mitunter auf fünf Seiten anwuchs. Vgl. z. B. Für Führer, Volk und Vaterland starben, in: MBliV, 22.12.1944, Nr. 51/52, Sp. 1195–1204.

2295 Meist fanden sich Todesmeldungen von Polizeioffizieren der Dienstgrade Major und Hauptmann. Vgl. dazu BefBlO, 1944 und 1945.

2296 Vgl. RdErl. d. MdI. v. 29.06.1933, in: MBliV, 05.07.1933, Nr. 36, Sp. 782. Zum „Goldenen Buch" sowie zum Toten- und Heldenkult in der Polizei ferner: Schmidt, Polizisten, S. 387–396; Ders., Prügelknaben, S. 255.

2297 RdErl. d. RuPrMdI. v. 13.12.1934, in: MBliV, 19.12.1934, Nr. 51, Sp. 1526–1528, hier: Sp. 1526.

2298 Vgl. Schmidt, Polizisten, S. 387–390.

2299 Hellmuth Koschorke, Das „Goldene Buch" der deutschen Polizei. Ein Dokument von stillem Heldentum deutscher Polizeibeamten, in: Kehrl, Jahrbuch, S. 154–162, hier: S. 156.

2300 Ebd., S. 158.

2301 Ebd., S. 161.

te Werk übernahm Himmler nach seinem Aufstieg zum Chef der Deutschen Polizei.[2302] Nach der Niederlage von Stalingrad ordnete der Reichsführer-SS jedoch an, dass die Dienststellen keine Unterlagen mehr einsenden sollten, die Informationen für das Totenbuch enthielten. Offensichtlich waren die polizeilichen Chronisten damit überfordert, der wachsenden Anzahl an Todesmeldungen Herr zu werden.[2303]

Der Polizeiapparat gedachte seiner Gefallenen nicht nur durch einen Eintrag in das „Ehrenbuch", sondern zeigte seine Trauer auch öffentlich. Die jeweilige Dienststelle der Ordnungsmacht war dazu angehalten, für jeden ihrer Toten in einer örtlichen Tageszeitung des Regimes einen Nachruf zu inserieren, dessen Text „entsprechend soldatischen Grundsätzen schlicht und wahr sein" sollte.[2304] Während des Krieges untersagte der Reichsinnenminister jedoch diese Praxis und wollte stattdessen, dass lediglich die Angehörigen des Verstorbenen eine solche Todesanzeige in die Zeitung setzen.[2305] Ferner musste der jeweilige Behördenleiter ihnen in Himmlers und Dalueges Namen kondolieren und dabei behilflich sein, die Trauerfeier sowie die Beerdigung vorzubereiten.[2306] Zudem machte es der Reichsführer-SS seinen Untergebenen zur Pflicht, die Erinnerung an die im Dienste verstorbenen Kollegen vor Ort wach zu halten. Sie konnten z. B. ihren Kameraden bei feierlichen Anlässen gedenken, ein eigenes Ehrenbuch führen oder Gedenktafeln in der Behörde anbringen. Allerdings mussten sich die Dienststellen darum bemühen, „daß die Mittel hierfür durch den Opfersinn und die Opferbereitschaft der Angehörigen der Pol. aufgebracht werden".[2307] Für seine Kollegen besaß somit selbst der Tod eines Polizisten eine integrative Funktion, was während des Krieges bizarre Auswüchse annahm. Zuweilen waren die Verluste innerhalb der Staatsmacht und der übrigen „Volksgemeinschaft" derart groß, dass sich das Reichsinnenministerium bei Staatsbegräbnissen dazu genötigt sah, die Kranzspenden einzuschränken, da diese „einen während des Krieges nicht vertretbaren Umfang angenommen" hätten. Schließlich müsse auch noch die Zivilbevölkerung ausreichend mit solchem Grabschmuck versorgt werden können.[2308]

Die uniformierte Polizei regelte mit besonderen Vorschriften, wie Begräbnisse von Gesetzeshütern verlaufen sollten. Die verstorbenen Offiziere und Wachtmeister wurden mit militärischen Ehren beigesetzt, indem der jeweilige Heimatstandort eine Ehrenwache, eine Trauerparade und ein Trauergefolge stellte. Dessen Vertreter schmückten den Sarg des Toten mit der Reichsdienstflagge sowie dessen Tschako und seiner Seitenwaffe. Wenn die Trauergemeinde den Leichnam dann zum Friedhof beförderte, hatten die Polizeieinheiten das Gewehr zu präsentieren. Zum festen Bestandteil einer solchen Zeremonie gehörte es ferner, dass das Musikkorps und besonders die Trommler Toten- und Trauermärsche spielten, die dem

2302 Vgl. RdErl. d. RFSSuChdDtPol. im RMdI. v. 30.08.1938, in: RMBliV, 07.09.1938, Nr. 37, Sp. 1452–1456, hier: Sp. 1453 und 1455.

2303 Vgl. RdErl. d. RFSSuChdDtPol. im RMdI. v. 04.02.1943, in: MBliV, 10.02.1943, Nr. 6, Sp. 207.

2304 RdErl. d. RFSSuChdDtPol. im RMdI. v. 30.08.1938, in: RMBliV, 07.09.1938, Nr. 37, Sp. 1454.

2305 Vgl. BayHStA München, Polizeischule FFB 38, Abschrift: Reichsminister des Innern an u. a. die Regierungspräsidenten: Zur Veröffentlichung nicht geeignet, 07.03.1942.

2306 Vgl. RdErl. d. RFSSuChdDtPol. im RMdI. v. 30.08.1938, in: RMBliV, 07.09.1938, Nr. 37, Sp. 1453.

2307 RdErl. d. RFSSuChdDtPol. im RMdI. v. 30.08.1938, in: RMBliV, 07.09.1938, Nr. 37, Sp. 1455. Vgl. ferner Schmidt, Polizisten, S. 388 f.

2308 BayHStA München, Polizeischule FFB 2, Abdruck von Abschrift: Meissner (Reichsminister des Innern) an die Obersten Reichsbehörden: Einschränkung von Kranzspenden bei Staatsbegräbnissen, 10.11.1942.

Anlass angemessen waren. Letztlich feuerte die Trauerparade noch drei Salutschüsse in den Himmel.[2309]

Da der Ablauf einer solchen Bestattung minutiös durchgeplant und geregelt war, legte die NS-Führung besonderen Wert darauf, dass die Dienststellen diese Richtlinien auch wirklich einhielten. Für Himmler war das umso wichtiger, wenn es sich bei dem Verstorbenen um einen SS-Angehörigen handelte, weshalb er besonders darauf pochte, dass dessen Trauerfeier diszipliniert ablief. Vor allem appellierte er an das Ehrgefühl seiner Untergebenen. „Größte Genauigkeit und eine geradezu peinliche Überwachung der würdevollen Durchführung eines jeden einzelnen Vorganges bei einem Begräbnis ist oberste Kameradenpflicht", wie der Reichsführer-SS hervorhob.[2310] Der Chef des SS-Hauptamts, Gottlob Berger, betonte, den Angehörigen müsse klar gemacht werden, dass neben einer kirchlichen Beerdigung auch eine SS-Totenfeier stattzufinden habe, die sich inhaltlich und am besten auch zeitlich von der konfessionellen Zeremonie abgrenzen müsse.[2311] Denn die Beisetzung eines Mitglieds der Elitetruppe dürfe *„nie den Charakter einer solchen der SS verlieren"*.[2312] Dazu gehörten ebenfalls die obligatorischen Ehrensalven, die auch von der Polizei abgegeben werden konnten, falls keine Einheit der Waffen-SS zugegen war.[2313]

Obwohl sich nicht mehr ermitteln lässt, wie die Zeremonien konkret aussahen, welche die Polizeischule Fürstenfeldbruck organisierte, ist trotzdem anzunehmen, dass sie sich an den genannten Vorgaben orientierte. Begräbnisse und Gedenkfeiern für ihre verstorbenen oder gefallenen Angehörigen gehörten gerade in den Kriegsjahren zur schulischen Pflicht. Solche Zusammenkünfte fielen unterschiedlich groß aus, was nicht zuletzt davon abhängig war, welche Position der Tote innerhalb der Schulgemeinschaft innehatte. Aber auch der allgemeine Rahmen war entscheidend dafür, wie ein Verstorbener gewürdigt wurde. Um allen „im Kampfe für Führer, Volk und Vaterland auf dem Felde der Ehre Gefallenen" aus Fürstenfeldbruck zu gedenken, veranstaltete die Stadt zusammen mit der hiesigen NSDAP-Ortsgruppe am 23. Juni 1940 eine Gedenkfeier im Sitzungssaal des Verwaltungsgebäudes.[2314] Die Polizeischule nahm daran nicht nur deswegen teil, weil sie sich mit den Bürgern solidarisch zeigen wollte. Auch zählte Oberleutnant Heinz Jaquet zu den Toten, der jahrelang dem Stammpersonal angehört hatte.[2315]

Allerdings waren solche groß angelegten Trauerfeiern eher selten. Das führte dazu, dass die Totenmessen der ordnungspolizeilichen Lehranstalt bald weniger feierlich abliefen und

2309 Vgl. BayHStA München, Polizeischule FFB 2, Abschrift: Achtungsbezeugungen, Trauerfeiern, Teilnahme an Feiern, Vorbeimärsche. Anlage 4 zum RdErl. vom 31.8.1936, 10.04.1942, S. 1 f. Die gleichen Bestimmungen sind ebenfalls enthalten in: BayHStA München, Polizeischule FFB 38, Anlage 4 zum Runderlass vom 31. August 1936, [31.08.1936]. Nach Kriegsbeginn wurden die Trauerfeiern etwas schlichter gestaltet, wobei die Parade wie auch die Ehrenwache entfielen. Vgl. RdErl. d. RFSSuChdDtPol. im RMdI. v. 01.01.1940, in: RMBliV, 10.01.1940, Nr. 2, Sp. 43.

2310 BayHStA München, Polizeischule FFB 2, Abschrift: Himmler (Reichsführer-SS) an Verteiler III: Feierliche, SS-mäßige Gestaltung der Beerdigung von gefallenen und verstorbenen SS-Angehörigen, 31.08.1942, S. 1.

2311 Vgl. BayHStA München, Polizeischule FFB 2, Dr. Berger (Chef des SS-Hauptamtes) an Verteiler III: Feierliche, SS-mäßige Gestaltung der Beerdigung von gefallenen und verstorbenen SS-Angehörigen, 31.08.1942, S. 1. Ferner: Longerich, Himmler, S. 302; Steiner, Glaubensbekenntnis, S. 218.

2312 BayHStA München, Polizeischule FFB 2, Abschrift: Dr. Berger (Chef des SS-Hauptamtes) an Verteiler III: Feierliche, SS-mässige Gestaltung der Beerdigung von gefallenen und verstorbenen SS-Angehörigen, 10.10.1942. Hervorhebung im Original.

2313 Vgl. ebd.

2314 BayHStA München, Polizeischule FFB 14, Diez (BAB FFB): Bataillonsbefehl Nr. 38, 21.06.1940.

2315 Vgl. ebd.

beinahe schon einem simplen Verwaltungsakt glichen. In der Münchner Nervenklinik verstarb z. B. am 2. Juli 1940 der Polizeianwärter Kurt Lang an einer Hirnhautentzündung. Er hatte der 4. Kompanie des Polizeiausbildungsbataillons angehört. Die Schule hielt aus diesem Anlass eine kleine Gedenkfeier ab und schickte Vertreter aus ihren Reihen zur offiziellen Beisetzung nach Grötzingen bei Karlsruhe. Von bürokratischer Kleinkariertheit zeugt allerdings der Umstand, dass sich die Polizeischule anschließend mit den mittellosen Eltern erst über die entstandenen Kosten einigen musste.[2316] Eine weitere recht schlichte Trauerfeier würdigte Oberinspektor Baumann, der Ende Dezember 1941 im Knappschaftskrankenhaus in Kattowitz verstorben war. Sein Leichnam wurde nach München transportiert und sofort auf dem Perlacher Friedhof beigesetzt. Zu diesem Anlass entsandte seine ehemalige Wirkungsstätte eine Abordnung des Stammpersonals und einzelne freiwillige Teilnehmer.[2317]

Nicht ganz so viel Aufmerksamkeit erhielten andere Verstorbene, die in der Hierarchie weiter unten standen, wie etwa der Bezirksoberwachtmeister Wießner. Von dessen Ableben nahm die Schule nur kurz Notiz, indem der Kommandeur der Witwe des Gendarmen kondolierte und einen Vertreter entsandte, der im Namen der Lehranstalt an der Bestattung teilnahm und dabei einen Kranz niederlegte.[2318] Eine kurze Mitteilung informierte die Schulgemeinschaft auch über den Tod des Polizeimeisters Gustav Hahn, der am 28. September 1941 im Brucker Krankenhaus starb. Als der Teilnehmer des 6. Reserve-OAL in Duisburg-Hamborn beigesetzt wurde, scheint kein Vertreter der Bildungsstätte erschienen zu sein. Der Stellvertreter des Kommandeurs, Hans Hösl, verlautbarte lediglich, dass Schule und Lehrgang „dem toten Kameraden ein ehrendes Gedenken bewahren“ werden.[2319]

Auch der Luftkrieg führte unter dem Personal der Brucker Polizeischule zu Verlusten. Das war beispielsweise der Fall, als am 4. Oktober 1944 bei einem Luftangriff auf München der Offiziersanwärter Josef Iberler ums Leben kam, der derzeit am 39. OAL teilnahm.[2320] Um seinen Schüler zu ehren, konnte Hagemann erwirken, dass das Hauptamt Ordnungspolizei ihn posthum zum Leutnant ernannte.[2321] Einen Monat später gedachte die gesamte Schulgemeinschaft in einer kleinen Gedenkfeier allen Gefallenen, die sie in ihren eigenen Reihen zu betrauern hatte.[2322] Diese Begebenheit zeigt, dass der Junker keineswegs der einzige Angehörige der Offiziersschule war, der an der Front oder im „Altreich“ sein Leben ließ. Damit wird auch klar, dass der Tod an der Brucker Institution nicht tabuisiert wurde, sondern gerade in der Endphase des Krieges häufig präsent war. Das Geschehen auf den Schlachtfeldern mach-

2316 Vgl. BayHStA München, Polizeischule FFB 14, Diez (PAB FFB): Bataillonsbefehl Nr. 41, 04.07.1940; BayHStA München, Polizeischule FFB 173, Diez (PAB FFB) an Gruppenkommandeur der PAB Gruppe Süd: Tätigkeitsbericht gemäß Gruppenbefehl Nr. 13 Ziffer 9 vom 23.2.1940, 30.07.1940, S. 2. Vgl. ferner zur Einigung über die Bestattungskosten die entsprechenden Dokumente im Akt BayHStA München, Polizeischule FFB 83.

2317 Vgl. BayHStA München, Polizeischule FFB 17, I. V. Lange (Polizeischule FFB): Sonderbefehl, 27.12.1941.

2318 Vgl. BayHStA München, Polizeischule FFB 13, Dr. Schade (Polizeischule FFB): Kommandobefehl Nr. 9, 23.02.1939.

2319 BayHStA München, Polizeischule FFB 14, I. V. Hösl (Polizeischule FFB): Kommandobefehl Nr. 34, 29.09.1941.

2320 Vgl. BayHStA München, Polizeischule FFB 17, I. V. Willing (Polizeischule FFB): Kommando-Befehl Nr. 23, 11.10.1944.

2321 Vgl. BayHStA München, Polizeischule FFB 136, Entwurf: I. V. [unleserlich] (Polizeischule FFB) an RFSSuChdDtPol: 39. Offiz.-Anw.-Lehrgang; Tod eines Lehrgangsteilnehmers, 06.10.1944; BayHStA München, Polizeischule FFB 136, I. V. Wünnenberg (Reichsminister des Innern) an u. a. Polizeischule FFB, 15.11.1944.

2322 Vgl. BayHStA München, Polizeischule FFB 17, I. V. Willing (Polizeischule FFB): Kommando-Befehl Nr. 26, 08.11.1944.

te es sogar erforderlich, dass das Lehrpersonal seine Schüler im Spätherbst 1943 darüber aufklären musste, welche unterschiedlichen Möglichkeiten existierten, ein Testament zu erstellen, und wie sie dabei vorzugehen hatten.[2323]

Während die nationalsozialistischen Staatsdiener ihren Totenkult in der Öffentlichkeit regelrecht zelebrierten, wurde diese Ehre jenen nicht zuteil, die einen „Freitod" gewählt hatten. Im „Dritten Reich" kursierten unterschiedliche Ansichten über den Selbstmord, die teilweise eine lange Tradition besaßen. Oftmals wurde er als Ausdruck von Schwäche eines angeblich minderwertigen und psychisch labilen Menschen interpretiert, der sich nicht tatkräftig für die „Volksgemeinschaft" aufopfern wolle, sondern sich stattdessen pflichtvergessen aus ihr selbst entferne. Weil es seit Beginn des Zweiten Weltkriegs zunehmend vorkam, dass sich Angehörige der Wehrmacht das Leben nahmen, war es für Anhänger dieser These daher nur konsequent, diese Männer herabzuwürdigen. Denn aus deren Sicht wollten sie nicht heroisch mit dem militärischen Gegner ringen.[2324]

Deshalb war der Suizid auch in SS und Polizei ein großes Tabu. Es galt als ehrlos, egoistisch und feige, selbstständig die eigene Existenz zu beenden, anstatt im Kampf gegen den Feind zu fallen. Das Regime versagte dem Toten insbesondere dann „ein SS-mässiges Begräbnis", wenn der Selbstmörder Himmlers Elitegrade angehört hatte.[2325] Dieses Thema beschäftigte den Reichsführer-SS tatsächlich sehr. Denn die große Zahl von Selbstmorden unter SS- und Polizeiangehörigen veranlasste ihn sogar dazu, mehrfach in Erlassen dieses Problem anzusprechen. Besonders häufig setzten Ordnungspolizisten im Alter zwischen 40 und 50 Jahren ihrem Leben ein Ende, was Himmler auf Depressionen zurückführte, an denen sie in ihrer Lebensmitte erkrankt seien.[2326] Er machte es daher allen Polizeibeamten zur Aufgabe, denjenigen Kollegen zu helfen, die sich in einer unglücklichen Lage befanden. Schließlich habe, so Himmler, die Hilfe von Kameraden bereits im Ersten Weltkrieg so manche Verzweiflungstat verhindert. Daher appellierte er an alle Vorgesetzten und vor allem an die Offiziere, sich so fürsorglich um ihre Untergebenen zu kümmern, „dass ihnen das eigene Wohl nichts, das Wohl der ihnen anvertrauten Männer aber alles ist". Denn es sei für die Polizeiführer eine „heilige Verpflichtung, ihnen der gute Kamerad zu jeder Zeit und in *allen* Lebenslagen zu sein".[2327]

Himmler ging es jedoch nicht bloß darum, auf „seine" Männer acht zu geben und die Moral innerhalb der Polizei aufrechtzuerhalten. Selbstmorde galten gerade in der SS als Ausdruck von Feigheit und Schwäche, da die Elitegarde kein Verständnis für Menschen habe,

2323 Vgl. BayHStA München, Polizeischule FFB 3, I. V. Reinefarth (Chef der Ordnungspolizei) an u. a. die HSSPF: Testamentserrichtung durch Angehörige der Ordnungspolizei, 19.11.1943.

2324 Vgl. Ursula Baumann, Suizid im „Dritten Reich" – Facetten eines Themas, in: Grüttner, Geschichte, S. 482–516, hier: S. 485–490.

2325 BayHStA München, Polizeischule FFB 2, Abschrift: Dr. Berger (Chef des SS-Hauptamtes) an Verteiler III: Feierliche, SS-mässige Gestaltung der Beerdigung von gefallenen und verstorbenen SS-Angehörigen, 10.10.1942.

2326 Vgl. BayHStA München, Polizeischule FFB 7, Abschrift: Leppert (Polizeischule FFB): Ergänzung: RdErl.v. 20.12.38, 26.05.1941; BayHStA München, Polizeischule FFB 79, Chef der Ordnungspolizei – Fürsorgeoffizier: Zusammenstellung der bisher erschienenen wichtigsten Gesetzesvorschriften, Verwaltungsanordnungen und Erlasse, die als Grundlage für die Durchführung der Fürsorgearbeit innerhalb der Ordnungspol. von Bedeutung sind. Häufung der Selbstmordfälle in der uniformierten Ordnungspolizei und Fürsorge der Dienstvorgesetzten (20.12.1938), September 1943, S. 6 f.

2327 BayHStA München, Polizeischule FFB 7, Abschrift: Leppert (Polizeischule FFB): Häufung der Selbstmorde in der uniformierten Ordnungspolizei und Fürsorge der Dienstvorgesetzten, 26.05.1941. Hervorhebung im Original.

die sich vor dem Kampf drücken. Daher hatten solche Maßnahmen für die Schutzstaffel auch „nichts mit Heroismus oder heldischer Gesinnung zu tun".[2328] Nahm sich eines ihrer Mitglieder trotzdem das Leben, sollten die übrigen Angehörigen der NS-Organisation einen solchen Vorfall ignorieren und auch nicht am Begräbnis teilnehmen. Den Freitod eines SS-Manns akzeptierte Himmler allenfalls dann, wenn der Selbstmörder zuvor ein Verbrechen begangen hatte, das die eigene Ehre verletzt oder die Gemeinschaft geschädigt hatte. Dieses Thema mussten auch die Lehroffiziere im Unterricht behandeln, die an der Polizeischule Fürstenfeldbruck für die weltanschauliche Schulung zuständig waren. Wie wichtig das war, zeigt die Tatsache, dass die Angehörigen des Stammpersonals sogar per Unterschrift zu bestätigen hatten, darüber aufgeklärt worden zu sein.[2329] Darüber hinaus begegneten den Schülern des 10. OAL in ihrer Abschlussprüfung fiktive Beispiele, in denen Polizisten ihrem Leben ein Ende setzen wollten, dabei jedoch scheiterten. In der Klausur sollten sich die Offiziersanwärter nun in den Adjutanten einer Polizeiabteilung hineinversetzen und aus dieser Position heraus schriftlich darlegen, wie sie diese Fälle disziplinarisch ahnden und weitere Suizidversuche künftig verhindern würden.[2330]

Ein besonderer Todesfall an der Brucker Lehranstalt zeigt jedoch, dass selbst ihre Lehrkräfte nicht immer konsequent in der Weise handelten, wie es dem Reichsführer-SS vorschwebte. Am 17. Februar 1939 berichtete ein Kommandobefehl, dass Hauptmann Alfons Illinger im Berliner Staatskrankenhaus der Polizei vor drei Tagen „[n]ach kurzer schwerer Krankheit" verstorben sei. Kommandeur Dr. Fritz Schade ehrte den Toten mit den Worten: „Die Schule verliert in ihm einen guten Kameraden und hervorragenden Offizier. Sein Wirken ist mit der Geschichte der Schule aufs engste verbunden." Die Bildungseinrichtung werde ihm daher „ein ehrendes Gedenken bewahren".[2331] Zur Beerdigung in Würzburg erschienen einige Vertreter der Polizeischule, um Illinger tatsächlich die letzte Ehre zu erweisen.[2332] Das war allerdings keineswegs selbstverständlich, da der Hauptmann nicht so aus dem Leben geschieden war, wie es der Reichsführer-SS als angemessen erachtete. Denn die Krankheit des Polizisten war nicht körperlicher Art.

Den am 14. Juni 1904 in Würzburg geborenen Alfons Illinger brachte sein Arzt am 9. Februar 1939 in das Berliner Staatskrankenhaus der Polizei, das sich in der Scharnhorststraße 12 befand.[2333] Wie einer seiner neuen Ärzte erklärte, war sein Aufenthalt aber nur von kurzer Dauer: Weil den Medizinern klar gewesen sei, in welch schlechtem Zustand sich der Gesetzeshüter befand, sei er in den ersten Tagen seines stationären Aufenthalts auf die Toilette begleitet worden, um jedwedes Risiko zu vermeiden. Doch da sich der Hauptmann dadurch in

2328 BayHStA München, Polizeischule FFB 7, Abschrift: Himmler (Reichsführer-SS): SS-Befehl: Selbstmorde von SS-Angehörigen, 01.04.1939.

2329 Vgl. ebd. Der gleiche SS-Befehl findet sich auch in BayHStA München, Polizeischule FFB 94. Auf der darin enthaltenen Abschrift des SS-Befehls befindet sich auch die Liste der Unterschriften des Stammpersonals. Vgl. BayHStA München, Polizeischule FFB 94, Abschrift: Himmler (Reichsführer-SS): Selbstmorde von SS-Angehörigen, 01.04.1939, S. 2.

2330 Vgl. BAB, R 20/69, Polizeischule FFB: 2. Prüfungsarbeit (weltanschaul. Schulung), 23.03.1939.

2331 BayHStA München, Polizeischule FFB 13, Dr. Schade (Polizeischule FFB): Kommandobefehl Nr. 8, 17.02.1939.

2332 Vgl. ebd.

2333 Vgl. BayHStA München, Polizeischule FFB 83, I. A. Mühe (StMdI) an Polizeischule FFB, 09.02.1939; BayHStA München, Polizeischule FFB 83, Abschrift: Kirchmaier (StMdI) an Polizeischule FFB: Festsetzung der Versorgungsbezüge mit Auszahlungsanordnung für die Hinterbliebenen des Hauptmanns der Schutzpolizei Alfons Illinger, [1939]. Zu weiteren Stationen von Illingers beruflichem Werdegang ferner: BayHStA München, MInn 100100 – Alfons Illinger.

Abbildung 37: Hauptmann Alfons Illinger (BayFHVR Pol)

seiner Ehre als Offizier gekränkt sah, habe er diesen Weg auf eigenen Wunsch bald selbstständig antreten können. Bei einem solchen Gang auf das stille Örtchen sei Illinger in das benachbarte Dienstzimmer des Sanitätsbeamten gelangt und habe bei dieser Gelegenheit eine Pistole entwendet. Diese Waffe habe er mit auf sein eigenes Zimmer genommen und sich dann am 14. Februar 1939 durch einen Kopfschuss das Leben genommen.[2334]

Nach dem Krieg versuchte ein Angehöriger zu ermitteln, unter welchen Umständen der Polizeioffizier genau aus dem Leben geschieden war. Da er anscheinend der offiziellen Version misstraute, richtete er einen Brief an das Polizeikrankenhaus.[2335] Um jegliche Zweifel an der Todesursache zu beseitigen, betonte der damals behandelnde Oberarzt, dass Illinger sich tatsächlich selbst getötet habe. „Eine Euthanasie hat nicht stattgefunden", wie er versicherte.[2336] Stattdessen habe sein Patient unter Wahnideen gelitten, was sich auch mit dem Befund des Mediziners vom Februar 1939 deckte. Seinerzeit hatte der Arzt bereits ausgeführt, dass Alfons Illinger davon überzeugt gewesen sei, ein Verbrechen verübt zu haben, weswegen nun die Gestapo hinter ihm her sei.[2337] Aus seiner Krankenakte geht hervor, dass der Polizist große Angst gehabt haben muss, dem staatspolizeilichen Behördenapparat zum Opfer zu fallen. „Ich werde hingerichtet. Kommen sie mich schon holen?", waren etwa Gedanken, die den Polizeioffizier kurz vor seinem Tode verfolgten.[2338] Darüber hinaus litt er unter einem enormen Verfolgungswahn, wobei er davon überzeugt war, dass seine Ehefrau bereits tot sei, was jedoch nicht stimmte. Als die Ärzte ihm Briefe seiner Gemahlin vorlegten, habe er geglaubt, diese seien gefälscht, und sah sich vielmehr als Opfer einer groß angelegten Verschwörung.[2339]

Illingers Wahnvorstellungen sind nicht nur bezeichnend dafür, wie sehr sich selbst Polizeibeamte vor dem Terror ihrer „Kameraden" fürchten konnten. Vielmehr zeigt die Reaktion der Polizeischule auf diesen Fall erneut, wie sehr die Brucker Institution versuchte, unbedingt den schönen Schein zu wahren. Einerseits wollte sie sich wahrscheinlich an ihren ehemaligen Angehörigen im Guten erinnern und somit auch seine jahrelange Arbeit im Polizeidienst gebührend ehren. Andererseits musste die Lehrstätte fürchten, dass es auf ihren verstorbenen Lehrer und damit auf sie selbst ein unvorteilhaftes Licht werfen würde, wenn die Offiziersanwärter über die genauen Umstände seines Todes mehr erfahren hätten. Schließlich war Illinger als erfahrener Pädagoge und Autor bekannt, der sogar mehrere Fachbücher publiziert hatte, die zu Standardwerken der polizeilichen Ausbildung und insbesondere der

2334 Vgl. BAB R 19/2430, Schoenbal (Polizei-Obermedizinalrat i.R.) an den Direktor des Staatskrankenhauses der Polizei, 14.02.1939.

2335 Vgl. BAB R 19/2430, I. an das Staatliche Polizeikrankenhaus: Tod des Alfons Illinger aus Fürstenfeldbruck (Bayern) am 12.2.1939 (geb. 14.5.1904), 26.03.1947.

2336 BAB R 19/2430, T. (Chefarzt des Städtischen Krankenhauses Westend) an W. (Direktor des Krankenhauses der Polizei): Pol.Hauptmann Alfons Illinger, 30.04.1947.

2337 Vgl. BAB R 19/2430, T. (Staatskrankenhaus der Polizei) an die Polizeischule FFB, 16.02.1939.

2338 BAB R 19/2430, Krankenblatt Nr. 74.

2339 Vgl. BAB R 19/2430, Schoenbal (Polizei-Obermedizinalrat i.R.) an den Direktor des Staatskrankenhauses der Polizei, 14.02.1939.

Polizeiverwendung avanciert waren.[2340] In einer Welt, die nach Himmlers Prinzipien geordnet sein sollte, war dieses vorbildliche Renommee nicht vereinbar mit den Hirngespinsten eines kranken Selbstmörders.

Letztlich kann nur darüber spekuliert werden, wie sehr es die Polizisten beeinflusste, dass sie mit dem Tod in ihrem beruflichen Umfeld konfrontiert waren. Unklar ist indes auch, ob sie solche Vorfälle sogar radikalisierten. An den Fronten und im Bombenhagel starben Vorgesetzte, Lehrer, Kollegen und sogar Freunde, mit denen sie gemeinsam gelernt, gelebt und gedient hatten. Angesichts dieser Folgen des „Totalen Krieges" konnten die angehenden Polizeiführer und ihre Lehrmeister existenzielle Fragen nicht vollständig ausblenden. Zumindest insgeheim müssten sich wenigstens einzelne Beamte mit der Sinnhaftigkeit ihres Staatsdienstes und des „auswärtigen Einsatzes" beschäftigt haben. Selbst in der von den Kriegsschauplätzen weit entfernten Polizeischule blickten sie in eine ungewisse Zukunft, in der sie vielleicht selbst bald im Mittelpunkt einer Trauerfeier stehen konnten. Zurückbleiben würde dann eine Familie, für die es noch schwerer wäre, zu überleben. Diese Realitäten konnte auch Himmlers pathetischer Totenkult nicht verschleiern, der allenfalls nur für die Lebenden dahingehend einen ideellen Wert besaß, indem er ihre Toten als Helden inszenierte. Das Massensterben dürfte daher am Personal der Polizeischule und den Schülern nicht spurlos vorbeigegangen sein.

6.5 Die Polizeischule Fürstenfeldbruck im „Totalen Krieg"

Der Zweite Weltkrieg beeindruckte die Polizeischule Fürstenfeldbruck nachhaltig. Das zeigte sich bereits darin, wie sehr die Lehrinhalte von diesem Ringen um die Zukunft Europas dominiert waren. Doch das Geschehen an den Fronten erfasste auch den Lehrbetrieb, obwohl es so scheint, dass alles zunächst seinen gewohnten Gang nahm. Der Alltag in der polizeilichen Bildungseinrichtung war weiterhin davon bestimmt, möglichst schnell und effizient den Führungsnachwuchs der Ordnungspolizei auszubilden, damit dieser bereit war für den „auswärtigen Einsatz". Schließlich befand sich die Brucker Polizeischule im sicheren Oberbayern und damit fernab der eigentlichen Brennpunkte. Doch schon recht bald sollte sich zeigen, dass selbst der Dienst an der „Heimatfront" nicht folgenlos blieb und von der Schulgemeinschaft einiges abverlangte. Insbesondere der Luftkrieg, aber auch die allgemeine Mangelwirtschaft und die sich verschlechternde Lage an den Fronten wirkten sich auf die Ausbildung aus und zerrten an den Nerven der Polizisten.

Lange vor Beginn des Polenfeldzugs bereitete sich die Polizeischule auf den späteren Luftkrieg vor. Schon in der Übergangsphase von der Weimarer Republik zum NS-Staat war der Luftschutz in der Ausbildung der Ordnungshüter ziemlich bedeutend gewesen. Dieses Fach wurde aber, wie bereits geschildert, vor allem während des Krieges immer wichtiger.[2341] Nicht nur die Schüler, sondern auch die Lehrer mussten sich auf dem Gebiet des Luftschutzes fortbilden. Bereits Mitte 1935 absolvierten daher der damalige Kommandeur der Brucker Schule, Dr. Oskar Lossen, und einige Vertreter des Stammpersonals einen Kurs im Flugmelde-

2340 Zu seinen Schriften zählen etwa folgende Werke: Alfons Illinger, Die Polizeifibel. Leitfaden des Polizeiunterrichtes für den Polizeianwärter, Eichstätt 1932; Ders., Der Unterführer in der Polizeiverwendung, 2., unveränd. Aufl., Lübeck 1938.

2341 Siehe dazu Kapitel 3.2 und 5.1.1.6.

dienst.[2342] Auch Luftschutzübungen in nahegelegenen Standorten, wie etwa in Augsburg, sollten das polizeiliche Schulwesen auf den bevorstehenden Bombenkrieg vorbereiten. Diese Maßnahmen waren noch recht behelfsmäßig und liefen nicht systematisch ab. Spätestens ab 1937 sollte sich das jedoch grundlegend ändern. Denn nun veranstaltete der Luftschutz-Lehrstab des Chefs der Ordnungspolizei entsprechende Lehrgänge, an denen auch einzelne Lehroffiziere aus Fürstenfeldbruck teilnahmen.[2343]

Solche Kurse und der hauseigene Unterricht im Luftschutz reichten jedoch nicht aus, um die Polizeischule für den Ernstfall zu wappnen. Darüber hinaus legte der jeweilige Kommandeur großen Wert darauf, dass sich Lehrkräfte und Schüler dafür stark machten, das Schulgebäude zu schützen. Insbesondere bezog sich das auf den Brandschutz. Waren etwa Gegenstände nicht ordnungsgemäß abgestellt oder standen einfach in Fluren, Dachböden und Hauseingängen, konnten sie dadurch potentielle Fluchtwege versperren und solche Räumlichkeiten schnell in eine tödliche Feuerfalle verwandeln. Daher ordnete das Regime sogenannte Entrümpelungsaktionen an, die der Reichsluftschutzbund (RLB) organisierte, damit sich die Privat- und Geschäftshäuser sowie Behörden ihres überflüssigen Hausrats entledigten. Gleichzeitig konnte die NS-Volkswohlfahrt auf diesem Wege allerlei Gegenstände sammeln und an bedürftige Menschen verteilen, während aus dem Sperrmüll Rohstoffe für die Wirtschaft gewonnen wurden.[2344] Auch die Polizeischule Fürstenfeldbruck behandelte dieses Thema in ihrem Unterricht und entrümpelte das eigene Gebäude.[2345]

Um darüber hinaus für den Feind unsichtbar zu sein, musste sich die polizeiliche Lehrstätte genauso wie andere Behörden Materialien beschaffen, mit denen sie ihre Fenster abdecken konnte. Kein Lichtstrahl sollte feindlichen Flugzeugen im dunklen Nachthimmel den Weg zu ihr oder umliegenden Bauwerken weisen. Bereits vor dem Krieg hatte der NS-Staat damit begonnen, seine wichtigen Einrichtungen zu tarnen. Das dokumentiert etwa ein Rundschreiben des Reichsministers der Luftfahrt, Hermann Göring, das Himmler am 11. Juni 1937 per Runderlass innerhalb seines Polizeiapparats verbreitete. Es führt detailliert aus, wie die Dienststellen vor allem Papptafeln, Papierbahnen oder Kunststoffplatten verwenden sollten, um ein Gebäude so zu präparieren, dass es gegnerische Flieger in der Dunkelheit nicht mehr orten konnten.[2346] Auch wenn die Sicherheit der Polizeibeamten hohe Priorität genoss,

2342 Vgl. BayHStA München, Polizeischule FFB 47, Entwurf: Polizeischule FFB an StMdI: Zusammenstellung über die anfallenden Kosten für Ausbildung im Flugmeldedienst, [Juni 1935].

2343 Hauptmann Buchmann nahm z. B. am 4. Luftschutzlehrgang teil, der vom 17. bis 25. August 1937 in der Polizeikaserne Berlin-Schöneberg stattfand. Vgl. BayHStA München, Polizeischule FFB 47, Abschrift von Schnellbrief: I. A. und I. V. Winkler (RFSSuChdDtPol) an u. a. Polizeischule FFB: Lehrgänge für Luftschutz, 06.08.1937.

2344 Vgl. BayHStA München, Polizeischule FFB 10, von Rogner (Präsident des RLB): Richtlinien für die Entrümpelung, 20.07.1937. Neben der NSDAP war der RLB dafür zuständig, die deutsche Zivilbevölkerung auf den bevorstehenden Luftkrieg vorzubereiten. Als beide Organisationen um diese Aufgabe miteinander konkurrierten, konnte sich letztlich die Partei durchsetzen, weil der wenig einflussreiche RLB stets an die Luftwaffe gebunden war. Vgl. Jörn Brinkhus, Ziviler Luftschutz im „Dritten Reich" – Wandel seiner Spitzenorganisation, in: Dietmar Süß (Hrsg.), Deutschland im Luftkrieg. Geschichte und Erinnerung, Zeitgeschichte im Gespräch, Bd. 1, München 2007, S. 27–40, hier: S. 30.

2345 Vgl. BayHStA München, Polizeischule FFB 10, Abdruck: I. A. [unleserlich] (StMdI) an u. a. sämtliche Polizeipräsidien: Entrümpelung 1937, 11.08.1937.

2346 Vgl. RdErl. d. RFSSuChdDtPol. im RMdI. v. 11.06.1937, in: RMBliV, 16.06.1937, Nr. 24, Sp. 967–970. Mit weiteren Erlassen versuchte Himmler in der Folgezeit zu erreichen, dass sich die einzelnen Dienststellen schneller jene Materialien beschafften, die sie dazu benötigten, ihre Lichtquellen sowie auch Fenster und Türen abzudunkeln. Vgl. z. B. RdErl. d. RFSSuChdDtPol. im RMdI. v. 09.07.1937, in: RMBliV, 14.07.1937, Nr. 28, Sp. 1144d–1144f; RdErl. d. RFSSuChdDtPol. im RMdI. v. 28.10.1937, in: RMmussten nach Ansicht des Regimes die Prinzipien der NS-Weltanschauung dennoch eingehalten werden. Deshalb war darauf zu achten, „nur arische Firmen“ zu berücksichtigen, wenn sich die Behörden etwa Rollos beschafften, um ihre Gebäude zu verdunkeln.[2347] Auch die Polizeischule Fürstenfeldbruck kam nicht umhin, sich ebenfalls auf diese Weise zu schützen. Deshalb holte sie seit Herbst 1937 verschiedene Angebote von Firmen ein, die sie mit entsprechenden Matten beliefern konnten. So verhandelte die Brucker Institution mit den Münchner Papiergroßhandlungen Hartmann & Mittler sowie Friedrich Römer, wobei letzteres Unternehmen den Zuschlag für den Großauftrag bekam.[2348] Die Schule musste großflächige Pappmatten für insgesamt 413 Fenster erwerben, die im Ernstfall im gesamten Bau anzubringen waren.[2349]

Die „Verdunkelung“ war nicht nur deshalb ein so bedeutendes Thema an der Bildungsstätte, weil sie grundsätzlich fürchten musste, bombardiert zu werden. So unbegründet war diese Furcht nicht, weil sie in unmittelbarer Nachbarschaft zur „Hauptstadt der Bewegung“ und zum Fliegerhorst Fürstenfeldbruck ein potentielles Ziel für die alliierten Gegner darstellte.[2350] Schließlich war sie während des Krieges zur wichtigsten Lehranstalt der Ordnungspolizei aufgestiegen. Aus ihr gingen schon seit Mitte der dreißiger Jahre Führungskräfte hervor, die während des deutschen Rassen- und Vernichtungskriegs in den Einheiten und Dienststellen der uniformierten Staatsgewalt inner- und vor allem außerhalb des Deutschen Reiches tätig waren. Daneben war es aber vor allem die Ordnungspolizei, die überwachen musste, ob in den Kommunen auch wirklich alle Gebäude bei Nacht ordentlich abgedunkelt waren und ob damit die entsprechenden Vorschriften beachtet wurden. Weil Privatpersonen, Unternehmen und auch Behörden dies oftmals nicht gründlich genug taten, sah sich der Reichsführer-SS dazu genötigt, seine Staatsgewalt dazu anzutreiben, besser auf etwaige Verstöße zu achten und diese scharf zu sanktionieren.[2351]

Insofern musste dann aber auch die uniformierte Polizei mit gutem Beispiel vorangehen und ihre eigenen Häuser vorbildlich verfinstern. Umso schwerer wog es daher für die Brucker Institution, dass sich einige ihrer Bewohner keineswegs so akribisch darum bemühten, das Schulgebäude zu verdunkeln, wie es die Theorie vorsah. Oftmals kritisierte daher Martin Diez in seiner Funktion als Kommandeur des Polizeiausbildungsbataillons, wie schlampig seine Anwärter diese Maßnahme durchführten. Vor allem die Zimmerältesten in den

---

BliV, 03.11.1937, Nr. 44, Sp. 1720–1720b. Ferner: BayHStA München, Polizeischule FFB 46, Musterzeichnung für Verdunkelungsrollos für Dienstgebäude der staatl. Polizei. Anlage A, [1937]; BayHStA München, Polizeischule FFB 46, Beschreibung des Verdunkelungsrollos für Dienstgebäude der staatl. Polizei. Anlage B, [1937].

2347 BayHStA München, Polizeischule FFB 46, Richtlinien für die Beschaffung von Verdunkelungsrollos und Verdunklungspappen. Anlage C, [1937], S. 2.

2348 Vgl. BayHStA München, Polizeischule FFB 46, [unleserlich] (Hartmann & Mittler) an Polizeischule FFB: Verdunkelungspappe und Verdunkelungspapier, 25.02.1938; BayHStA München, Polizeischule FFB 46, Friedrich Römer an Polizeischule FFB: Verdunkelungspappen, 16.10.1937. Die Polizeischule teilte in einem internen Schreiben vom 2. Februar 1938 mit, dass die Firma Friedrich Römer den Zuschlag erhalten habe. Vgl. BayHStA München, Polizeischule FFB 46, Baumann (Polizeischule FFB): An das Kommando, 02.02.1938.

2349 Vgl. BayHStA München, MInn 71981, Dr. Schade (Polizeischule FFB) an Regierung von Oberbayern: Nachweisung über die erstmalige Beschaffung von Verdunkelungseinrichtungen für Polizeidienstgebäude weiter benötigten Mittel, 08.12.1937.

2350 Grundsätzlich bestand diese Angst in ganz Fürstenfeldbruck. Vgl. BayHStA München, Polizeischule FFB 46, Entwurf: Hagemann (Polizeischule FFB) an RFSSuChdDtPol: Luftschutzmaßnahmen, 05.10.1943. Ferner: Hoser, Kommunalpolitik, S. 63.

2351 Vgl. RdErl. d. RFSSuChdDtPol. im RMdI. v. 23.12.1939, in: RMBliV, 27.12.1939, Nr. 52, Sp. 2590.

Stuben machte er dafür verantwortlich, dafür zu sorgen, dass tatsächlich kein Licht mehr nach außen dringt.[2352] Auch dessen Nachfolger, Arno Hagemann, beanstandete häufig, dass die Verdunkelung nicht zufriedenstellend vonstatten ging, und mahnte daher seine Untergebenen zu größerer Sorgfalt.[2353] Der Kommandeur der Offiziersschule war vor allem dann erbost, wenn sich die Schulgemeinschaft sehr leichtfertig und unachtsam verhielt, was etwa beim Luftangriff auf München am 7. Januar 1945 dazu führte, dass mehrere Fenster überhaupt nicht abgedeckt waren. Für ihn war diese Nachlässigkeit „ein bodenloser Leichtsinn, durch den die Schule und deren Umgebung ernstlich gefährdet wurde".[2354]

Der Leiter der Polizeischule war aber auch deshalb bestrebt, das Dienstgebäude von der Schulgemeinschaft möglichst sorgfältig abdunkeln zu lassen, um als staatliche Institution der Zivilbevölkerung mit gutem Beispiel voranzugehen. Denn im Laufe des Krieges verstärkte sich die Angst vor Luftangriffen durch alliierte Bomber. Das führte dazu, dass gerade in München zahlreiche Gerüchte kursierten. So machte sich in der Öffentlichkeit aufgrund von „Mißverständnissen oder leichtfertiger Klatschsucht" der Glaube breit, dass die Tage für solche Attacken bereits feststünden und sogar in Deutschland bekannt seien, woraufhin Rüstungsbetriebe sowie Krankenhäuser vorgewarnt würden.[2355] Nach Ansicht des Münchner Polizeipräsidenten waren für dieses Gerede nicht nur Geltungssucht und Unvernunft der Bevölkerung verantwortlich. Auch Gegner der Nationalsozialisten setzten derartige Legenden in die Welt, um die Deutschen zu verunsichern und zu demoralisieren. Weil „das Volk gerade in den militärisch ruhigen Wintermonatenfür [sic!] die zersetzenden Einflüsse einer feindlichen Mundpropaganda besonders empfänglich ist", hatte die Polizei diese zu unterbinden und mit aller Schärfe gegen jene vorzugehen, die sie verbreiteten.[2356]

Wie wichtig es aus Sicht des Regimes während des Krieges war, dass sich die gesamte Bevölkerung weiterhin stoisch und widerspruchslos dem Regime unterwarf, wusste auch die NS-Führungsriege nur zu gut. Daher wollte sie alles vermeiden, was die „Volksgenossen" unnötig beunruhigt hätte und griff daher zu unkonventionellen Methoden. Nachdem ihn Reichsmarschall Hermann Göring dazu angeregt hatte, verbannte Himmler Anfang des Jahres 1944 das Wort „Katastrophe" aus dem Vokabular des gesamten Verwaltungsapparats, „da es sich psychologisch und politisch unerfreulich auswirkt". Von nun an sollten sich auch die Polizisten der Brucker Lehrstätte angewöhnen, nicht mehr von einem „Katastropheneinsatz", sondern stattdessen von einer „Soforthilfe" zu sprechen, wie ein Kommandobefehl Hage-

2352 Vgl. u. a. BayHStA München, Polizeischule FFB 14, Diez (PAB FFB): Bataillonsbefehl Nr. 15, 04.03.1940; BayHStA München, Polizeischule FFB 14, I. V. Meier (PAB FFB): Bataillonsbefehl Nr. 33, 05.06.1940; BayHStA München, Polizeischule FFB 14, Diez (PAB FFB): Bataillonsbefehl Nr. 54, 27.08.1940; BayHStA München, Polizeischule FFB 14, Diez (PAB FFB): Bataillonsbefehl Nr. 67, 09.11.1940; BayHStA München, Polizeischule FFB 14, Diez (PAB FFB): Bataillons-Befehl Nr. 68, 14.11.1940; BayHStA München, Polizeischule FFB 14, Diez (Polizeischule FFB): Kommando-Befehl Nr. 6, 14.01.1941.

2353 Vgl. u. a. BayHStA München, Polizeischule FFB 14, I. V. Diez (Polizeischule FFB): Kommandobefehl Nr. 16, 08.04.1941; BayHStA München, Polizeischule FFB 17, I. V. Hösl (Polizeischule FFB): Beleuchtung des Schulgebäudes, 27.08.1941; BayHStA München, Polizeischule FFB 17, Hagemann (Polizeischule FFB): Kommandobefehl Nr. 39, 01.11.1941; BayHStA München, Polizeischule FFB 16, Hagemann (Polizeischule FFB): Kommando-Befehl Nr. 3, 23.01.1945.

2354 BayHStA München, Polizeischule FFB 16, Hagemann (Polizeischule FFB): Kommandobefehl Nr. 1, 09.01.1945.

2355 BayHStA München, Polizeischule FFB 14, Diez (Polizeischule FFB): Kommando-Befehl Nr. 5, 10.01.1941, S. 2.

2356 Ebd., S. 3. Vgl. ferner ebd., S. 2 f.

manns mitteilte.[2357] Doch dieser euphemistische Begriff setzte sich nicht durch. Auf Initiative des Propagandaministeriums verwendete die Ordnungsmacht deshalb alsbald den Ausdruck „Luftkriegseinsatz“, der den ernsten Hintergrund ihrer Tätigkeit nicht mehr so stark verschleierte.[2358]

Um bei einem Bombenangriff die Schäden möglichst gering zu halten, musste die Polizeischule ferner Verhaltensweisen für den Notfall einstudieren. Dazu erließ Hagemann Vorschriften, nach denen sich der Offizier vom Dienst und der entsprechende Unterführer zu richten hatten. Diese Richtlinien behandelten z. B., wie die Brandwachen oder die Feuerlöschbereitschaften der Schule einzuteilen waren und vor allem welche Zuständigkeiten diese Diensthabenden wahrzunehmen hatten.[2359] Eine weitere wichtige Vorschrift war die Fliegeralarm-Ordnung der Schule, die genau festhielt, wie das Personal bei diesem Warnsignal zu reagieren hatte.[2360]

Doch vor allem die hauseigene Luftschutzordnung vom 15. August 1941 stellte einen Verhaltenskodex für den Ernstfall dar.[2361] Wie bedeutend sie war, zeigt sich darin, dass sie monatlich im Unterricht behandelt werden sollte. Zudem hatten Lehrer und Schüler die darin beschriebenen Verhaltensweisen und Vorgänge so einzuüben, dass jeder im Ernstfall wusste, was zu tun ist. Die Ordnung regelte deshalb noch deutlicher, wie sich das Personal bei einem Fliegeralarm oder einem Luftangriff zu verhalten hatte. So sollte etwa die Wache der Polizeischule mit einer Glocke Alarmsignale geben, um die Schulgemeinschaft zu warnen und ihre Einsatzkräfte zu mobilisieren. Ferner führte die Vorschrift aus, wer in welchem Luftschutzraum Zuflucht finden konnte und wie sich die Insassen darin zu benehmen hatten. Auch widmete sie sich präventiven Maßnahmen, die dem Schutz der Lehranstalt und ihrer Angehörigen dienten. Diese sprachen allgemeine Regeln des Brandschutzes an und bezogen sich darauf, das Schulgebäude regelmäßig zu entrümpeln. Die Ordnung regelte aber auch, wie die Gasmasken zu verteilen waren und wie die Schule ihre Löscheinheiten oder Sanitäter einzuteilen hatte. Außerdem war vorgesehen, dass sämtliche Zimmer des Lehrgebäudes verdunkelt werden mussten, damit die feindlichen Flieger ihr Ziel nicht aus der Luft erspä-

2357 BayHStA München, Polizeischule FFB 16, Hagemann (Polizeischule FFB): Kommando-Befehl Nr. 2, 04.02.1944. Vgl. ferner I. V. Diermann: RdErl. d. ChefsO. v. 22.07.1944, in: BefBlO, 29.07.1944, Nr. 30, S. 251.

2358 Vgl. BayHStA München, Polizeischule FFB 17, Hagemann (Polizeischule FFB): Kommando-Befehl Nr. 5, 22.03.1944.

2359 Vgl. BayHStA München, Polizeischule FFB 47, Hagemann (Polizeischule FFB): Luftschutzdienstanweisung für den Offizier vom Dienst, o. D. sowie BayHStA München, Polizeischule FFB 47, Hagemann (Polizeischule FFB): Luftschutzdienstanweisung für den Unterführer vom Dienst des Nebengebäudes, o. D. Das Amt des „Offiziers vom Dienst“ richtete die Schule im Jahre 1941 ein. Diesen stellte ein Vertreter des Stammpersonals, der täglich wechselte und u. a. die Aufgabe hatte, als Wachvorgesetzter zu fungieren und bei besonderen Vorkommnissen zu handeln, sofern der Kommandeur und sein Adjutant abwesend waren. Vgl. BayHStA München, Polizeischule FFB 17, Diez (Polizeischule FFB): Kommando-Befehl Nr. 4, 08.01.1940. Mit dem Jahr 1940 gab der Autor des Kommandobefehls eine falsche Jahreszahl an, da dieser auf den 8. Januar 1941 datiert werden muss, wie die entsprechende Dienstanweisung belegt. Vgl. dazu BayHStA München, Polizeischule FFB 19, Diez (Polizeischule FFB): Dienstanweisung für den Offizier vom Dienst, 08.01.1941. Ferner: BayHStA München, Polizeischule FFB 12, Hagemann (Polizeischule FFB) an Verteiler A: Dienstanweisung für den O.v.D., 30.06.1941.

2360 Vgl. BayHStA München, Polizeischule FFB 18, Diez (PAB FFB): Fliegeralarm-Ordnung, 02.07.1940.

2361 Vgl. BayHStA München, Polizeischule FFB 47, Hagemann (Polizeischule FFB): Luftschutz-Ordnung, 15.08.1941. Diese Novelle erfuhr in der darauf folgenden Zeit noch kleinere Änderungen: Vgl. BayHStA München, Polizeischule FFB 11, Hagemann (Polizeischule FFB), 18.11.1943.

hen konnten.[2362] Anfang des Jahres 1943 modifizierte die Schule sogar noch einmal ihre Luftschutzordnung, um noch effizienter auf einen Angriff durch alliierte Bomber vorbereitet zu sein.[2363] Zusätzlich beschloss Hagemann im September, dass sich die Schulgemeinschaft in der Nahkampfanlage sammeln sollte, sofern die Lehranstalt von einer Fliegerbombe getroffen werde.[2364]

Im Notfall hätte eine solche Maßnahme den Polizisten allerdings kaum Schutz geboten, sofern die Schule tatsächlich bombardiert worden wäre. Das war auch deren Leitung durchaus bewusst. Deshalb waren Himmler und seine Ministerialbeamten darum bemüht, die Brucker Einrichtung zu unterstützen, indem sie Gelder für den Luftschutz zur Verfügung stellten. Der Polizeiapparat genehmigte ihr beispielsweise, das Dachgeschoß imprägnieren zu lassen oder eine Kraftspritze zu kaufen, um damit Brände auf dem Gelände zu löschen.[2365] Noch wichtiger war es aber, Luftschutzräume im gesamten Gebäudetrakt auszubauen. Da das Regime zu Beginn des Krieges darauf drängte, Privathäuser und behördliche Bauwerke möglichst bombensicher umzubauen, mussten auch die polizeilichen Immobilien in diesem Sinne saniert und erweitert werden. Deshalb trieb der Reichsführer-SS die ihm unterstellten Dienststellen an, schnellstmöglich Schutzräume zu errichten, in denen die Ordnungshüter im Falle eines Luftangriffs in Deckung gehen konnten.[2366]

Über einen eigenen Luftschutzkeller verfügte die Polizeischule Fürstenfeldbruck bereits seit September 1938.[2367] Er sollte jedoch dem Stammpersonal und den Schülern bei Weitem nicht ausreichen, um sich wirklich vor dem „Tod von oben" in Sicherheit zu bringen. Zu diesem Zweck errichtete die Lehranstalt im November 1939 drei weitere Luftschutzräume, wobei sich zwei davon im hauseigenen Polizeikrankenhaus und im anliegenden Wohngebäude befanden. Der dritte Schutzraum lag im Nebengebäude des ehemaligen Klosters und war der wohl wichtigste Zufluchtsort der Schule, da er direkt vom Hauptgebäude aus erreicht werden konnte.[2368] Allerdings fanden nur 315 der rund 500 Mann in den Sicherheitsunterkünften Platz. Deshalb setzte sich die Schulleitung dafür ein, den Malzkeller im angrenzenden Brauereigebäude zu einem weiteren Schutzraum umzurüsten, den der Wittelsbacher Ausgleichsfonds an die Lehranstalt vermietete. Daran war praktisch, dass sich dieser direkt neben einem bereits bestehenden Schutzraum befand.[2369]

2362 Vgl. BayHStA München, Polizeischule FFB 47, Hagemann (Polizeischule FFB): Luftschutz-Ordnung, 15.08.1941, S. 1–6.

2363 Vgl. BayHStA München, Polizeischule FFB 11, Hagemann (Polizeischule FFB): Luftschutz-Ordnung, 18.01.1943.

2364 Vgl. BayHStA München, Polizeischule FFB 15, Hagemann (Polizeischule FFB): Kommando-Befehl Nr. 24, 09.09.1943.

2365 Vgl. BayHStA München, Polizeischule FFB 47, Abdruck: I. A. Dr. Brömse (RFSSuChdDtPol) an HSSPF beim StMdI in München: Luftschutzmaßnahmen in der Polizei-Offizier- und Schutzpolizeischule in Fürstenfeldbruck, 24.01.1941; StAM, Landbauamt München 3309, I. A. [unleserlich] (Polizeischule FFB) an Landbauamt München: Feuerschutzimprägnierung, 13.01.1943.

2366 Vgl. BayHStA München, Polizeischule FFB 47, Schnellbrief: I. A. Bracht (RFSSuChdDtPol) an u. a. Polizeischule FFB: Die Durchführung des Luftschutzraumbaues, 21.10.1939.

2367 Vgl. BayHStA München, Polizeischule FFB 13, Dr. Schade (Polizeischule FFB): Kommandobefehl Nr. 25, 23.09.1938.

2368 Vgl. BayHStA München, Polizeischule FFB 47, I. V. Diez (Polizeischule FFB) an den Regierungspräsidenten in München: Durchführung des Luftschutzraumbaues, 11.11.1939. Siehe die Lagepläne der Luftschutzräume im Schulgebäude, die sich ebenfalls in diesem Akt befinden.

2369 Vgl. BayHStA München, Polizeischule FFB 47, Entwurf: I. V. Diez (Polizeischule FFB) an u. a. den Regierungspräsidenten in München: Die Durchführung des Luftschutzraumbaues, 27.11.1939.

Als die alliierten Luftangriffe auf das Reichsgebiet und besonders auf München die Polizeischule von der Theorie in die Praxis holten, sah die Bildungsstätte die Sicherheit von Personal und Offiziersanwärtern gefährdet. Nach Ansicht der Schulleitung war es deshalb erforderlich, weitere Maßnahmen zum Luftschutz durchzuführen, weil sich die Schule in unmittelbarer Nähe zur Landeshauptstadt und damit in der Einflugschneise der alliierten Bomber befand. Aber auch der Nachtjagdflughafen der Brucker Luftkriegsschule würde das Risiko deutlich erhöhen, selbst Opfer eines Luftangriffs zu werden – noch dazu, weil die vorhandenen Luftschutzräume der Schule nicht mehr genügend Schutz böten. Im Oktober 1943 bemühte sich die Offiziersschule deshalb darum, Heinrich Himmler vom Bau eines neuen Luftschutzstollens zu überzeugen. Dieser 35 Meter lange Stollen sollte für ca. 100.000 RM unter dem Engelsberg unweit des Schulgebäudes auf einem Gelände der Reichsbahn errichtet werden, um bei einem Bombenangriff etwa 300 Polizisten genügend Schutz zu bieten.[2370]

Der Reichsführer-SS war mit dem Vorhaben einverstanden. Er stellte die benötigten Gelder für den Bergstollen aus dem Haushalt der Ordnungspolizei zur Verfügung, weil das zuständige Luftgaukommando für den Bau nicht aufkommen wollte.[2371] Die Münchner Baufirma Alfred Kunz & Co. hatte schon Blaupausen für den Stollen erstellt und sollte die Arbeiten durchführen.[2372] Als es jedoch darum ging, das Projekt zu verwirklichen, kam es fortan zu Verzögerungen, da es sowohl an Arbeitskräften als auch an Baumaterial mangelte. Auch der Baubevollmächtigte des Reichsministeriums von Albert Speer lehnte das Bauvorhaben ab, weil es zu aufwendig sei. Er bemerkte, „dass im Hinblick auf die derzeitige, äusserst angespannte Bauwirtschaftslage derartige umfangreiche Baumassnahmen als nicht vertretbar erscheinen".[2373] Anstelle des geplanten Luftschutzstollens sollten Deckungsgräben errichtet werden, die wesentlich kostengünstiger und schneller gebaut werden könnten.[2374] Obwohl die Polizeischule zunächst noch einwendete, dass der Grundwasserspiegel dafür zu hoch sei, realisierte sie dennoch den Bau der Splittergräben zur Jahreswende 1943/44.[2375] Doch allein mit dieser Behelfslösung wollte sie sich nicht zufrieden geben.

2370 Vgl. BayHStA München, Polizeischule FFB 46, Entwurf: Hagemann (Polizeischule FFB) an RFSSuChdDtPol: Luftschutzmaßnahmen, 05.10.1943. Mitte September 1943 hatte die Deutsche Reichsbahn der Schule genehmigt, das Gelände für den Bau des Stollens nutzen zu dürfen. Vgl. BayHStA München, Polizeischule FFB 46, [unleserlich] (Deutsche Reichsbahn) an Polizeischule FFB: Bau von Luftschutzstollen, 18.09.1943; BayHStA München, Polizeischule FFB 46, Hagemann (Polizeischule FFB) an den Vorstand des Reichsbahn-Betriebsamts München 3: Bau von Luftschutzstollen, 04.11.1943.

2371 Vgl. BayHStA München, Polizeischule FFB 46, Schnellbrief: I. A. Frank (RFSSuChdDtPol) an u. a. Polizeischule FFB: Bau eines Luftschutzstollens für die Polizei-Offizierschule in Fürstenfeldbruck, 28.10.1943; BayHStA München, Polizeischule FFB 46, I. A. Nagel (StMdI) an Polizeischule FFB: Bau eines Luftschutzstollens für die Polizeioffizierschule in Fürstenfeldbruck, 02.11.1943; BayHStA München, Polizeischule FFB 46, Lange (Polizeischule FFB): Besprechung mit dem LGK. München und dem Baubevollmächtigten betr. Stollenbau am 1. Nov. 1943, [November 1943].

2372 Vgl. BayHStA München, Polizeischule FFB 46, Bauunternehmung Alfred Kunz & Co.: Luftschutzstollen im Engelsberg. Lageplan und Schnitte, 28.09.1943.

2373 BayHStA München, Polizeischule FFB 46, I. A. [unleserlich] (Bebevollmächtiger des Reichsministeriums Speer) an Polizeischule FFB: Anlage eines Luftschutzstollens für die Offiziersschule der Ordnungspolizei, 08.11.1943.

2374 Vgl. ebd.

2375 Vgl. BayHStA München, Polizeischule FFB 46, Entwurf: Hagemann (Polizeischule FFB) an RFSSuChdDtPol: Luftschutzmaßnahmen, 05.10.1943; BayHStA München, Polizeischule FFB 46, I. A. Leppert (Polizeischule FFB) an den Baubevollmächtigten des Reichsministeriums Speer: Anlage eines Luftschutzstollens, 04.01.1944; BayHStA München, Polizeischule FFB 46, I. A. [unleserlich] (Baubevollmächtigter des Reichsministeriums Speer) an Polizeischule FFB: Anlage eines Luftschutzstollens

Damit der Luftschutzstollen dennoch wie geplant gebaut werden sollte, blieb die Bildungsanstalt hartnäckig. Nach weiterem Hin und Her wendete sie sich im April 1944 an die Zentralbauleitung der Waffen-SS und Polizei in Dachau, die das Gelände besichtigte. Danach kamen die Gutachter zu dem Schluss, dass die Baumaßnahme beschleunigt durchgeführt werden sollte. Da es jedoch nicht gewährleistet war, dass die Baufirma eine ausreichende Anzahl an Arbeitskräften zur Verfügung stellen konnte, sollten auf Wunsch der Polizeischule 40 Häftlinge des KZ Dachau die Bauarbeiten durchführen.[2376] Geplant war, dass Polizeireservisten aus Fürstenfeldbruck diese Arbeitssklaven dann auf der Baustelle bewachen sollten. Auch vereinbarte die Schule mit dem Konzentrationslager, wie die Zwangsarbeiter transportiert und verköstigt werden sollten. Während das SS-Wirtschaftsverwaltungshauptamt bereits ein Häftlingskommando in einer Stärke von 40 Mann genehmigt hatte, wartete die Zentralbauleitung jedoch immer noch auf die Baufreigabe.[2377]

Allerdings war das nicht das einzige Hindernis: Denn weder die Firma Alfred Kunz & Co. noch ein anderes Bauunternehmen, wie etwa Hochtief, wollten das Projekt realisieren.[2378] Ferner erteilte die Organisation Todt, die seit dem 1. August 1944 für das Genehmigungsverfahren zuständig war, dem Bau des Bergstollens eine Absage, da hierfür keine Kontingente oder eine Baufirma verfügbar seien.[2379] Ein erneuter Anlauf brachte Anfang 1945 das gleiche Ergebnis und führte somit zum endgültigen Scheitern des Projekts. Doch Kommandeur Hagemann gab immer noch nicht auf und versuchte in die Wagschale zu werfen, dass sich ein neuer Luftschutzstollen nicht nur für die Schulgemeinschaft lohne. Auch der HSSPF und der

für die Offiziersschule der Ordnungspolizei, 08.11.1943; BayHStA München, Polizeischule FFB 46, Abdruck: I. A. Nibler (Baubevollmächtigter des Reichsministeriums Speer) an Lenz & Co.: LS-Führerprogramm (Ausweitung); hier: Anlage von 2 Deckungsgräben für die Polizeioffiziersschule in Fürstenfeldbruck in Stahlbetonfertigteilen, 23.11.1943; BayHStA München, Polizeischule FFB 46, Entwurf: Polizeischule FFB an RFSSuChdDtPol: Bau eines LS-Stollens, 15.11.1943. Die Splittergräben wurden von den Teilnehmern gebaut, die Ende 1943/Anfang 1944 an der Schule ihre Offiziersausbildung erhielten. Vgl. BayHStA München, Polizeischule FFB 16, Hagemann (Polizeischule FFB): Kommando-Befehl Nr. 1, 10.01.1944.

2376 Vgl. BayHStA München, Polizeischule FFB 46, Entwurf: I. V. Saß (Polizeischule FFB) an u. a. RFSSuChdDtPol: LS-Stollen, 19.05.1944; BayHStA München, Polizeischule FFB 46, Entwurf: I. A. Saß (Polizeischule FFB) an Zentralbauleitung der Waffen-SS und Polizei München-Dachau: Bau eines Luftschutzstollens, 19.04.1944. Auch der Chef der Ordnungspolizei hatte gegen diese Maßnahme keine Einwände. Vgl. BayHStA München, Polizeischule FFB 46, I. A. Kochskämper (Chef der Ordnungspolizei) an Kommandeur der Polizeischule FFB: LS-Stollen, 27.05.1944.

2377 Vgl. BayHStA München, Polizeischule FFB 46, Gauster (Zentralbauleitung der Waffen-SS und Polizei München-Dachau) an Kommandeur der Polizeischule FFB: Fürstenfeldbruck – LS-Stollen für Offiziersschule – Dringlichkeitseinstufung – Häftlingseinsatz, 13.07.1944.

2378 Vgl. ebd. Auf der Suche nach einem geeigneten Bauunternehmen fanden auch Verhandlungen mit der Firma Hochtief in München statt. Doch nach einer Ortsbesichtigung Anfang August 1944 lehnte auch diese Baufirma den Auftrag ab, weil dringend benötigte Gerätschaften nicht zur Verfügung standen. Vgl. BayHStA München, Polizeischule FFB 46, Abschrift: [unleserlich] (Hochtief) an die Verwaltung des KZ Dachau: LS-Stollen Fürstenfeldbruck, 08.08.1944. Ferner: BayHStA München, Polizeischule FFB 46, I. A. Saß (Polizeischule FFB) an Zentralbauleitung der Waffen-SS und Polizei München-Dachau: Bau eines LS-Stollens, 28.07.1944. Dass noch eine ganze Reihe weiterer Baufirmen das Vorhaben ablehnten, geht hervor aus: BayHStA München, Polizeischule FFB 46, Gauster (Zentralbauleitung der Waffen-SS und Polizei München-Dachau) an Polizeischule FFB: Fürstenfeldbruck – LS-Stollen, 18.08.1944; BayHStA München, Polizeischule FFB 46, Liste der Baufirmen, [1944].

2379 Vgl. BayHStA München, Polizeischule FFB 46, [unleserlich] (Zentralbauleitung der Waffen-SS und Polizei München-Dachau) an Kommandeur der Polizeischule FFB: Fürstenfeldbruck – LS.-Stollen Engelsberg (Polizei), 26.08.1944.

BdO im Wehrkreis VII würden davon profitieren, weil die Polizeischule als deren Ausweichstelle ausgewählt sei.[2380] Aber auch dieses Argument vermochte nicht, den Bau der Zufluchtsstätte doch noch zu erwirken. Wenngleich der Luftschutzstollen nie gebaut wurde und die Polizeischule dies als Rückschlag für die Sicherheit des Personals wertete, steht in der Retrospektive fest: Alliierte Flieger bombardierten während des Zweiten Weltkriegs nie die Stadt Fürstenfeldbruck.[2381] Dass jedoch Häftlinge des KZ Dachau für den Bau herangezogen werden sollten, zeigt nur allzu deutlich, wie die Brucker Polizeischule von der Sklavenarbeit im NS-Staat profitieren wollte. Sie war sich also nicht nur der Möglichkeiten bewusst, die ihr Himmlers Imperium eröffnete, sondern auch durchaus bereit, diese in Anspruch zu nehmen.

Obwohl sich die Brucker Bildungsanstalt nicht im Fadenkreuz der alliierten Luftstreitkräfte befand, zeigte sich in der zweiten Kriegshälfte, dass der Bombenkrieg für sie keine graue Theorie blieb. Vielmehr holte er die Schüler aus den Hörsälen an die „Heimatfront" und konfrontierte sie dort mit dem wahren Gesicht des „Totalen Krieges". Die Lehrstätte war seit Herbst 1943 dem IdO in München unterstellt. Das ging auf einen Befehl des Chefs der Ordnungspolizei zurück, der mit dieser Maßnahme sicherstellen wollte, dass im Krisenfall einige Einsatzkräfte aus der Brucker Institution der „Hauptstadt der Bewegung" zur Hilfe eilten. Darum stellte die Bildungsanstalt zwei Kompanien auf, die sich aus Angehörigen des Stammpersonals und aus den gesamten Teilnehmern der jeweiligen Lehrgänge zusammensetzten.[2382] Auf das Stichwort „Fliegerangriff-Einsatz" hin mussten die alarmierten Helfer schnellstmöglich nach München fahren, wofür der übliche Dienstbetrieb zum Erliegen kam.[2383] Was in der Theorie einfach erschien, gestaltete sich in der Praxis jedoch recht schwierig. Bei einem Luftangriff auf München im Herbst 1943 gelang es der 1. Kompanie zwar, problemlos an den Einsatzort zu eilen. Doch die zweite Einheit konnte erst Stunden später in die Landeshauptstadt fahren, weil die Polizeischule nicht über die nötigen Fahrzeuge verfügte und die Beamten daher mit der Eisenbahn befördert werden mussten.[2384] Erst ein paar Wochen später erhielt die Schule zusätzlich zwei Lastwagen, um diesen Missstand zu beseitigen.[2385]

Wie nötig das war, zeigte sich mehrfach im Laufe des Jahres 1944, als mehrere Lehrgänge in München zum Einsatz kamen, nachdem die Stadt von amerikanischen Fliegern erneut

2380 Vgl. BayHStA München, Polizeischule FFB 46, [unleserlich] (Zentralbauleitung der Waffen-SS und Polizei München-Dachau) an Kommandeur der Polizeischule FFB: Fürstenfeldbruck – LS-Stollen für Offiziersschule – Baugenehmigung, 03.01.1945 sowie die Rückseite dieses Schreibens BayHStA München, Polizeischule FFB 46, Entwurf: Hagemann (Polizeischule FFB) an Zentralbauleitung der Waffen-SS und Polizei München-Dachau: LS-Stollen, 26.01.1945.

2381 Lediglich ein Teil des Fliegerhorsts wurde bei amerikanischen Luftschlägen am 9. April 1945 zerstört. Vgl. Hoser, Kommunalpolitik, S. 63; Wollenberg, Reich, S. 248.

2382 Vgl. BayHStA München, Polizeischule FFB 15, I. V. Koschmieder (Polizeischule FFB): Kommandobefehl Nr. 23, 01.09.1943.

2383 Ebd., S. 3.

2384 Vgl. BayHStA München, MInn 71982, I. V. [unleserlich] (IdO im Wehrkreis VII) an StMdI: Einsatz der Offizierschule der Ordnungspolizei Fürstenfeldbruck bei Fliegerangriffen, 20.10.1943. Wahrscheinlich handelte es sich um den schweren Luftangriff, den britische Bomber in der Nacht vom 2. auf den 3. Oktober 1943 flogen, wobei insgesamt 229 Menschen starben. Vgl. dazu Hans-Günter Richardi, Bomber über München. Der Luftkrieg von 1939 bis 1945, dargestellt am Beispiel der „Hauptstadt der Bewegung", München 1992, S. 178–180; Irmtraud Permooser, Der Luftkrieg über München 1942–1945. Bomben auf die Hauptstadt der Bewegung, 2., durchges. Aufl., Oberhaching 1997, S. 175–178; Richard Bauer, Fliegeralarm. Luftangriffe auf München 1940–1945, München 1987, S. 65–67.

2385 Vgl. BayHStA München, MInn 71982, I. A. Gareis (StMdI – Abteilung I) an StMdI – Abteilung VI: Bereitstellung von Kraftfahrzeugen durch den Fahrbereitschaftsleiter für den Einsatz der Offiziersschule Fürstenfeldbruck bei Fliegerangriffen, 30.11.1943.

bombardiert worden war. Die Polizisten beteiligten sich daran, Verschüttete zu bergen, Straßen abzusperren, den Verkehr zu regeln und Blindgänger zu entschärfen.[2386] Als etwa am 11. Juli 1944 ein Blindgänger in die Büroräume des Richard Boorberg Verlages in der Münchner Cuvilliéstraße eingeschlagen war, entfernten die zwei Offiziersanwärter Erich Stabenow und Theodor Kuklinski das gefährliche Gut aus dem Gebäude. Mithilfe einer Leiter transportierten sie die 150 kg schwere Fracht zu einem etwa 100 m entfernten Bombenkrater, wo sie den Sprengkörper sicher deponierten. Zum Dank erhielten die beiden Polizisten nicht nur je 50 RM von Verlagschef Boorberg, sondern vom Polizeiapparat auch noch das Kriegsverdienstkreuz (KVK) 2. Klasse mit Schwertern.[2387] Die Einsätze der Polizeischüler gestalteten sich in der Regel aber nicht so heroisch. Vielmehr waren die Beamten in der so wichtigen Phase ihrer Offiziersausbildung mit dem Leid ihrer „Volksgenossen" konfrontiert, die im Bombenhagel ihr Obdach oder gar ihr Leben verloren hatten. Wenngleich die Lehrgänge des letzten Kriegsjahres nicht mehr lange oder überhaupt nicht mehr an der Front eingesetzt werden sollten, ist davon auszugehen, dass ihre Teilnehmer von den Bildern geprägt waren, die sie zuvor in der zerstörten „Hauptstadt der Bewegung" zu Gesicht bekommen hatten.

Auch der Landrat von Fürstenfeldbruck wollte sich die Hilfe der Polizeischule für den Fall sichern, dass die Kreisstadt einem Luftangriff zum Opfer fallen sollte. Die Lehranstalt der Ordnungspolizei teilte dem Politiker mit, dass sie maximal etwa 180 Mann zur Verfügung stellen könne, die allerdings nur für Absperr- oder Hilfsmaßnahmen eingesetzt werden könnten. Der IdO des Wehrkreises VII könne die Beamten der Schule jedoch generell dazu einsetzen, in einem Katastrophenfall oder nach einem Luftschlag zu helfen und „zur Bekämpfung feindlicher Fallschirmabspringer und Luftlandetruppen" beizutragen.[2388] Für die Polizeischüler war das keineswegs ein völlig fremdes Szenario. Ganz stolz beschrieb schon Kommandeur Hagemann in seinem Erfahrungsbericht über den 25. OAL, dass die Abschlussbesichtigung die „Vernichtung einer notgelandeten Flugzeugbesatzung" zum Inhalt gehabt habe.[2389] Damit simulierten die Offiziersschüler in ihrer praktischen Prüfung also schon recht früh, die Mannschaft eines abgestürzten alliierten Flugzeugs zu ermorden. Grundsätzlich geschah das in der Endphase des Krieges an der „Heimatfront" zahlreiche Male und war als „Flieger-Lynch-Justiz" bekannt. Und an dieser beteiligte sich neben lokalen NS-Funktionären

2386 Vgl. BayHStA München, Polizeischule FFB 135, Entwurf: I. V. [unleserlich] (Polizeischule FFB) an RFSSuChdDt-Pol: Erfahrungsbericht (38. OAL.), 20.09.1944, S. 4 f.; BayHStA München, Polizeischule FFB 137, Entwurf: Hagemann (Polizeischule FFB) an RFSSuChdDtPol: Erfahrungsbericht über die Durchführung des 41. OAL, 22.03.1945, S. 6; BayHStA München, Polizeischule FFB 147, [unleserlich] (26. Reserve-OAL) an Kommando der Polizeischule FFB: Einsatz des 26. Res.-Offz.-Anwärter-Lehrganges in München, 18.07.1944.

2387 Vgl. BayHStA München, Polizeischule FFB 135, [unleserlich] (Polizeipräsident München) an Polizeischule FFB: Verleihung von Kriegsauszeichnungen, 18.07.1944; BayHStA München, Polizeischule FFB 135, Abschrift: Rasch (Polizeischule FFB), 22.07.1944; BayHStA München, Polizeischule FFB 135, Einschreiben: [unleserlich] (Richard Boorberg Verlag) an Polizeischule FFB, 26.07.1944; BayHStA München, Polizeischule FFB 135, I. V. Friedrichs (Polizeipräsident München) an Polizeischule FFB: Verleihung von Kriegsauszeichnungen im Schnellverfahren, 14.08.1944.

2388 BayHStA München, Polizeischule FFB 25, Entwurf: Hagemann (Polizeischule FFB) an Landrat in FFB: Wehrmachtshilfskommandos, 08.07.1941, S. 2. Vgl. ferner BayHStA München, Polizeischule FFB 25, I. A. [unleserlich] (Polizeischule FFB) an Landrat in FFB: Einsatz der Wehrmacht bei feindlichen Luftangriffen, 21.01.1943; BayHStA München, Polizeischule FFB 25, [unleserlich] (Landrat in FFB) an u. a. Polizeischule FFB: Einsatz der Wehrmacht bei feindlichen Luftangriffen, 18.01.1943.

2389 BayHStA München, Polizeischule FFB 126, Entwurf: Hagemann (Polizeischule FFB) an RFSSuChdDt-Pol: Erfahrungsbericht über die Durchführung des mit RdErl. vom 10.12.41 (MBliV. S. 2232 b) angeordnete 25. Offiz.Anw.Lehrg., 02.04.1942, S. 4.

und der Sicherheitspolizei sowie seltener die gewöhnlichen „Volksgenossen" auch gerade die uniformierte Staatsgewalt.[2390] Indem die Ordnungspolizei ihren Führungsbeamten in spe derlei beibrachte, institutionalisierte der NS-Staat diese völkerrechtswidrige Praxis und bereitete die angehenden Offiziere darauf vor, Kriegsverbrechen im eigenen Land zu begehen.

Nicht nur auf diese Weise offenbarte sich, dass die Folgen des nationalsozialistischen Vernichtungskrieges vor der Brucker Polizeischule nicht Halt machten. Vielmehr tangierte sie die deutsche Mangelwirtschaft im Laufe der Zeit immer mehr, weil sie mit wichtigen Utensilien einfach nicht mehr versorgt werden konnte. Seit Beginn des Krieges beklagten sich ihre Leiter darüber, dass zum Teil grundlegende Ausrüstungsgegenstände schlichtweg fehlten, obwohl sie für den Lehrbetrieb unabdingbar waren. Deshalb versuchte der Polizeiapparat aus der Not eine Tugend zu machen und nutzte jenes Material, das er in den besetzten Gebieten erbeutet hatte, was wiederum andere Probleme mit sich brachte. So monierte der Kommandeur des Polizeiausbildungsbataillons Fürstenfeldbruck, Martin Diez, die „zum Gefechtsdienst zu tragenden tschechischen Stahlhelme geben ein unschönes Bild" ab, und wünschte sich für seine Rekruten einen einheimischen Kopfschutz, was jedoch ohne Erfolg blieb.[2391] Erneut forderte er, dass seine Anwärter mit deutschen Helmen ausgestattet werden sollten, nachdem sie bei ihrer Ankunft am Truppenübungsplatz in Münsingen aufgrund ihrer ausländischen Kopfbedeckung ausgelacht worden waren.[2392] Ähnliche materielle Engpässe traten im Laufe des Krieges immer häufiger auf. So litt z. B. im Jahre 1943 die Nahkampfausbildung an einem großen Mangel an geeigneten Waffen, wobei insbesondere Säbel oder spezielle Fechtgewehre sowie die erforderliche Schutzausrüstung nicht vorhanden waren. Stattdessen musste sich die Schule mit Holzgewehren und Stangen begnügen, um den Kampf mit dem Bajonett zu simulieren, weil der Polizeiapparat nicht in der Lage war, das benötigte Gerät zu liefern.[2393] Zwar erhielt die Brucker Bildungsstätte einige wenige Ausrüstungen vom Inspekteur des SD in München. Doch das war nur der Tropfen auf den heißen Stein und konnte den akuten Mangel nur bedingt lindern.[2394]

Abbildung 38: Schießausbildung. Die Anwärter tragen tschechische Stahlhelme (Privatarchiv Sven Deppisch)

2390 Vgl. Heitmann, Polizei, S. 600; Barbara Grimm, Lynchmorde an alliierten Fliegern im Zweiten Weltkrieg, in: Süß, Deutschland, S. 71–84, hier: S. 81–84; Klaus-Michael Mallmann, „Volksjustiz gegen anglo-amerikanische Mörder". Die Massaker an westalliierten Fliegern und Fallschirmspringern 1944/45, in: Gottwaldt, NS-Gewaltherrschaft, S. 202–213, hier: S. 208.

2391 BayHStA München, Polizeischule FFB 173, Diez (PAB FFB) an Gruppenkommandeur der PAB Gruppe Süd: Tätigkeitsbericht gemäß Gruppenbefehl Nr. 13 Ziffer 9 vom 23.2.1940, 25.04.1940, S. 4.

2392 Vgl. BayHStA München, Polizeischule FFB 173, Diez (PAB FFB) an Gruppenkommandeur der PAB Gruppe Süd: Monatsbericht, 25.09.1940, S. 2.

2393 Vgl. BayHStA München, Polizeischule FFB 177, Entwurf: Hagemann (Polizeischule FFB) an RFSSuChdDtPol: Zuweisung von Bajonett-Gewehren und leichten Säbeln mit der entsprechenden Schutzausrüstung, 08.02.1943; BayHStA München, Polizeischule FFB 177, I. A. [unleserlich] (RFSSuChdDtPol) an Polizeischule FFB: Nahkampfausbildung, 16.02.1943.

2394 Vgl. BayHStA München, Polizeischule FFB 177, Entwurf: Hagemann (Polizeischule FFB) an den Inspekteur des SD Schmitz-Voigt, 29.06.1943.

Auch in der Polizeischule an der „Heimatfront" machten sich die Folgen des Krieges bemerkbar. Mit Ausnahme des Fliegerhorsts litt ganz Fürstenfeldbruck seit Ende 1939 darunter, dass die Zivilbevölkerung im Winter nicht mehr eine ausreichende Menge an Kohlen erhielt.[2395] Der Kommandeur der polizeilichen Lehranstalt musste sehr häufig darauf hinweisen, dass die Schüler und das Stammpersonal möglichst sparsam und effizient heizen sollten, da es bereits in den ersten Kriegsmonaten zu „großen Schwierigkeiten in der Kohlenversorgung" gekommen sei.[2396] Daher musste die Schulgemeinschaft den Stromverbrauch wesentlich reduzieren, um nicht unnötig viel Brennstoff zu verbrauchen und „dadurch die für die Kriegsproduktion so notwendigen Kohlen zu sparen", was ein Vertreter des Stammpersonals in der Schule streng zu kontrollieren hatte.[2397] Brennstoffe waren mitunter so knapp, dass die Schule schon einmal dazu gezwungen war, ganze Lehrgänge zu verkürzten. Der 8. Revier-OAL etwa musste eine Woche früher beendet werden, weil es der Schule schlicht an Kohlen mangelte.[2398] Darüber hinaus versorgte das Wirtschaftsamt die Polizeischule nur bis Anfang 1945 mit Kohlen, weil in diesem Jahr die Bestände so stark geschrumpft waren, dass die Lehranstalt nur noch äußerst sparsam heizen durfte. Manche Räume mussten von nun an kalt bleiben, damit die Schule mit den restlichen Vorräten so lange wie möglich auskam.[2399] Am Ende reichten diese jedoch nur noch ein paar Wochen aus, um warme Mahlzeiten zu kochen, während die übrigen Zimmer des Lehrgebäudes überhaupt nicht mehr beheizt werden konnten.[2400]

Mit ähnlichen Engpässen musste sich die Schulgemeinschaft auch arrangieren, wenn es darum ging, Waschmittel zu beziehen.[2401] Wesentlich schlimmer für den allgemeinen Dienstbetrieb war der Umstand, dass es infolge des Krieges an einfachem Büromaterial mangelte und dieses nicht problemlos geliefert werden konnte. Daher appellierte Hagemann besonders in der zweiten Kriegshälfte an seine Untergebenen, mit den Gerätschaften, wie etwa den Schreibmaschinen, behutsam umzugehen.[2402] Insbesondere der Papiermangel machte sich in der normalen Verwaltung deutlich bemerkbar, so dass das Personal seine Schreiben so

2395 Vgl. Helga Rueskäfer, Die Monatsberichte des Bezirksamtsleiters bzw. des Landrats von Fürstenfeldbruck 1933–1945, in: Jakob, Menschen, S. 204–217, hier: S. 212 und 216 f.; Hoser, Kommunalpolitik, S. 64.

2396 BayHStA München, Polizeischule FFB 14, Diez (PAB FFB): Bataillonsbefehl Nr. 12, 15.02.1940. Derartige Klagen des Kommandeurs kamen häufig vor. Vgl. BayHStA München, Polizeischule FFB 14, Hagemann (Polizeischule FFB): Kommandobefehl Nr. 38, 25.10.1941; BayHStA München, Polizeischule FFB 15, Hagemann (Polizeischule FFB): Kommando-Befehl Nr. 5, 06.02.1942; BayHStA München, Polizeischule FFB 15, Hagemann (Polizeischule FFB): Kommando-Befehl Nr. 26, 07.10.1943; BayHStA München, Polizeischule FFB 16, Hagemann (Polizeischule FFB): Kommando-Befehl Nr. 3, 16.02.1944; BayHStA München, Polizeischule FFB 17, Hagemann (Polizeischule FFB): Kommando-Befehl Nr. 29, 30.11.1944.

2397 BayHStA München, Polizeischule FFB 15, Hagemann (Polizeischule FFB): Kommandobefehl Nr. 17, 23.06.1943. Vgl. ferner BayHStA München, Polizeischule FFB 16, Hagemann (Polizeischule FFB): Kommando-Befehl Nr. 3, 23.01.1945.

2398 Vgl. BayHStA München, Polizeischule FFB 143, Hagemann (Polizeischule FFB) an RFSSuChdDtPol: Erfahrungsbericht über die Durchführung des 8.Rev.Offizieranwärterlehrganges, 09.03.1942, S. 1.

2399 Vgl. BayHStA München, Polizeischule FFB 16, Hagemann (Polizeischule FFB): Kommando-Befehl Nr. 4, 15.02.1945.

2400 Vgl. BayHStA München, Polizeischule FFB 16, Hagemann (Polizeischule FFB): Kommando-Befehl Nr. 7, 17.03.1945.

2401 Vgl. BayHStA München, Polizeischule FFB 14, Diez (PAB FFB): Bataillonsbefehl Nr. 20, 28.03.1940.

2402 Vgl. BayHStA München, Polizeischule FFB 15, Hagemann (Polizeischule FFB): Kommandobefehl Nr. 17, 23.06.1943.

kurz wie möglich abzufassen hatte. Weil das noch verfügbare Papier nicht ausreichte, mussten auch alte Dokumente oder Vordrucke verwendet werden, die nur einseitig beschrieben waren.[2403] Die gleiche Methode konnten die Lehrgangsteilnehmer allerdings nicht anwenden, als die Schule in der gleichen Zeit nur noch die halbe Menge an Toilettenpapier geliefert bekam.[2404]

Infolge des Krieges mussten die Polizeischüler auch bei der Verpflegung Abstriche machen und ihre Ansprüche herunterschrauben. Bereits in den ersten Kriegsjahren sah sich das hauseigene Kasino außerstande, eine so reichhaltige Auswahl an Gerichten anzubieten, wie es noch in Friedenszeiten möglich gewesen war. Denn nun hatte Kommandeur Hagemann keinen Einfluss mehr darauf, welche Kost seine Untergebenen erhalten sollten. Dieser Umstand trug keineswegs dazu bei, die Laune innerhalb der Schulgemeinschaft zu verbessern. Vielmehr führte das offenbar dazu, dass es zu Diskussionen unter den Offiziersanwärtern kam, denen die karge Kost missfiel. Da der Schulleiter am neuen Speiseplan jedoch nichts ändern konnte und sich mit derlei Nebensächlichkeiten abseits der Ausbildung nicht aufhalten wollte, appellierte er an die Disziplin seiner Männer und machte ihnen seine Position unmissverständlich klar: „Es wird das gegessen, was auf den Tisch kommt, dann werden die Leute auch satt. Gemüse ist besonders gesund."[2405] Im Herbst 1944 kürzte die Ordnungspolizei ihrer Offiziersschule zudem die wöchentlichen Portionen an Fleisch, Brot und Kartoffeln, wobei diese Produkte nicht durch andere Lebensmittel kompensiert werden durften. Zwar versuchte der Kommandeur Abhilfe zu schaffen, indem er seinen Untergebenen gestattete, an der Truppenverpflegung teilzunehmen, wenn sie dafür einen kleinen Betrag entrichteten. Doch scheint diese Maßnahme nur eine Notlösung gewesen zu sein, da auch sie nicht zu lindern vermochte, wie knapp viele Nahrungsmittel an der Schule mittlerweile geworden waren.[2406]

Fast zur gleichen Zeit mussten sich die Polizeischüler auch noch von den weiblichen Bedienungen verabschieden, die ihnen im Speisesaal bis dahin das Essen gebracht hatten. Stattdessen hatten die Ordnungshüter selbst den Tischdienst zu übernehmen. Grund dafür war, dass die Verwaltung der Polizeischule dazu angehalten war, Personal einzusparen, das in der Endphase des Krieges nicht unbedingt benötigt wurde. Diese Vorgabe traf auch die meisten Reinigungskräfte, was dazu führte, dass die Stuben und die Küche von den Teilnehmern der Offiziersanwärterlehrgänge selbst gesäubert werden mussten.[2407] So trivial diese Maßnahmen auch erscheinen mögen, verdeutlichen sie jedoch, wie sehr sich der Alltag an der Polizeischule durch die Kriegsfolgen veränderte. Und das ging an den Ordnungshütern sicherlich nicht spurlos vorbei, sondern wirkte sich wahrscheinlich auf ihre Moral aus.

Wenige Monate vor der deutschen Kapitulation verschlechterte sich diese besonders deutlich. Denn das Geschehen auf den Schlachtfeldern Europas beeinflusste nun besonders nach-

2403 Vgl. BayHStA München, Polizeischule FFB 15, Hagemann (Polizeischule FFB): Kommando-Befehl Nr. 26, 07.10.1943. Das ist auch der Grund dafür, warum besonders während des Krieges die Unterlagen der einzelnen Lehrgänge, aber auch der Schulverwaltung von ihrem Umfang her immer mehr abnahmen. Es zeigt sich auch heute an den Akten der Polizeischule Fürstenfeldbruck, dass ältere Dokumente oftmals einfach umgedreht und deren Rückseiten beschrieben wurden.

2404 Vgl. ebd.

2405 BayHStA München, Polizeischule FFB 12, Hagemann (Polizeischule FFB): Offizier-Besprechung vom 9.7.1942, 23.07.1942, S. 8.

2406 Vgl. BayHStA München, Polizeischule FFB 16, I. V. Koschmieder (Polizeischule FFB): Kommando-Befehl Nr. 22, 28.09.1944.

2407 Vgl. BayHStA München, Polizeischule FFB 16, I. V. Koschmieder (Polizeischule FFB): Kommandobefehl Nr. 20, 06.09.1944.

teilig den Lehrbetrieb in Fürstenfeldbruck. Die Teilnehmer des 41. OAL etwa konnten sich nach Ansicht von Kommandeur Hagemann auf den Lehrgang nicht wirklich konzentrieren, weil etliche von ihnen im Laufe des Kurses erfahren hätten, dass ihre Angehörigen ausgebombt oder gar getötet worden seien. Außerdem müssten die Familien der Anwärter sowohl im Osten als auch im Westen des deutschen Einflussbereichs vor der herannahenden Front ins Innere des Reichs flüchten. Die Kommunikation sei aber so stark eingeschränkt, dass viele der Polizisten nicht wüssten, wie es ihren Verwandten geht, weshalb sie sich große Sorgen machten. Trotz dieser Widrigkeiten hätten die Junker dem Unterricht so gut wie möglich folgen können und den Lehrgang großteils doch noch gemeistert.[2408]

6.6 Zwischen Lebensretter und Totschläger – Mustergültiges und undiszipliniertes Verhalten

Im Unterricht an der Polizeischule Fürstenfeldbruck versuchten die Lehrkräfte, ihren Schülern beizubringen, wie sie sich zu benehmen hatten, um die Polizei des NS-Staats bilderbuchmäßig zu repräsentieren.[2409] Dass Theorie und Praxis jedoch nicht immer deckungsgleich waren, belegte die Studie bereits mehrfach. Die Offiziersanwärter zeigten oftmals nicht die Leistungen, welche die Lehranstalt und auch Himmler von ihnen sehen wollten.[2410] Aber nicht nur vom fachlichen Know-how hing es ab, wie die Polizisten in der Öffentlichkeit wahrgenommen wurden. Vielmehr war entscheidend, ob sich die Schüler an der nationalsozialistischen Tugendlehre orientierten und daher mustergültig gegenüber ihren Kameraden und den „Volksgenossen“ verhielten. Es sind allerdings nur wenige Berichte überliefert, die darüber Auskunft geben, ob sich die Offiziersanwärter vorbildlich benahmen oder stattdessen unangenehm auffielen, weil sie falsch oder gar gesetzwidrig handelten. Deshalb ist davon auszugehen, dass die absolute Mehrheit der Polizisten während ihrer Ausbildungszeit nicht außergewöhnlich hervorstach. Demnach scheinen sie einfach ihren Lehrgang durchlaufen zu haben, ohne dass sie dabei Anlass zu großem Tadel boten. Offenbar verliefen die Kurse also meist problemlos, was aber auch jene Fälle einschließt, in denen Schüler außerordentlich engagiert waren. Besonders stolz war der Kommandeur, wenn er in seinem Erfahrungsbericht erklären konnte, dass „nicht *eine* Disziplinarstrafe ausgesprochen“ werden musste und sich die Lehrgangsteilnehmer vorbildlich verhalten hätten.[2411] Solche Hinweise auf ein tadelloses Benehmen finden sich häufiger.[2412] Sie zeugen davon, wie wichtig es dem Schulleiter war, dass sich seine Anwärter innerhalb der Lehranstalt beispielhaft betrugen, damit sie gegenüber der Öffentlichkeit als harmonischer Gesamtkomplex auftreten konnte. Daneben ereigneten sich aber einzelne Vorfälle, die ein anderes Licht darauf werfen, was sich inner- und außerhalb der Mauern von Fürstenfeldbrucks Polizeischule zutrug. Wenngleich es sich dabei nur um einzelne außergewöhnliche Ereignisse handelte, erleichtern sie es dem Betrach-

2408 Vgl. BayHStA München, Polizeischule FFB 137, Entwurf: Hagemann (Polizeischule FFB) an RFSSuChdDtPol: Erfahrungsbericht über die Durchführung des 41. OAL, 22.03.1945, S. 6 f.

2409 Siehe dazu Kapitel 5.1.2.5 und 5.1.4.2.

2410 Siehe dazu Kapitel 5.2.

2411 BayHStA München, Polizeischule FFB 126, Entwurf: Hagemann (Polizeischule FFB) an RFSSuChdDtPol: Erfahrungsbericht über die Durchführung des mit RdErl. vom 10.12.41 (MBliV. S. 2232 b) angeordnete 25. Offiz.Anw.Lehrg., 02.04.1942, S. 4. Hervorhebung im Original.

2412 Vgl. z. B. BayHStA München, Polizeischule FFB 127, Hagemann (Polizeischule FFB) an RFSSuChdDtPol: Erfahrungsbericht über die Durchführung des 27. Offiz.Anw.Lehrg., 07.08.1942, S. 3.

ter, den sozialen und moralischen Kosmos innerhalb der Schulgemeinschaft besser verstehen zu können.

Zur Freude des Kommandeurs kam es gelegentlich vor, dass Vertreter des Stammpersonals oder Offiziersanwärter mehr taten, als sie eigentlich mussten. Aus Sicht der Schule verhielten sie sich dadurch vorbildlich. Zwar darf nicht vergessen werden, dass es sich bei einigen von ihnen um erfahrene Polizeibeamte handelte, die lediglich ihren Dienst versahen, wenn sie etwa Straftaten vereitelten oder aufklärten. Dennoch ragten sie damit aus der Masse heraus, die sich nur um die eigene Ausbildung zu kümmern hatte, nicht aber um den polizeilichen Einzeldienst in Fürstenfeldbruck, für den naturgemäß das hiesige Revier zuständig war. Auf diese Weise konnten die Ordnungspolizisten aber zeigen, dass sie zu Recht die „Kaderschmiede" besuchten oder in ihr arbeiteten. Gleichzeitig war es ihnen möglich, sich gegenüber der Stadt Fürstenfeldbruck und ihren Bürgern als idealtypische Vertreter des nationalsozialistischen Polizeistaats zu präsentieren, die ihren „Volksgenossen" zur Seite stehen würden, wann immer sie Hilfe benötigten. Solche Beamte waren ein willkommenes Aushängeschild für die Brucker Polizeischule, die sich nach außen stets von ihrer besten Seite zeigen wollte.

Daher honorierte es der jeweils amtierende Kommandeur, wenn seine Untergebenen nicht nur ihren gewöhnlichen Dienst verrichteten, sondern herausragende Taten vollbrachten. Dr. Fritz Schade lobte etwa Otto Graswald ganz besonders, weil der Revieroberwachtmeister während seines Urlaubs am 9. August 1938 einen Einbrecher verhaftet hatte, der kurz zuvor den Opferstock der Brucker Pfarrkirche ausgeraubt hatte.[2413] Schulleiter Arno Hagemann freute sich über ein anderes Ereignis, bei dem ein weiterer Vertreter der Schule glänzen konnte. In der Nacht vom 17. auf den 18. Februar 1941 rettete der Zugwachtmeister Xaver Steiner einem Landwirt aus Holzhausen das Leben. Dieser hatte mit Freunden die Klosterwirtschaft besucht und war auf dem Nachhauseweg betrunken in den naheliegenden Werkkanal der Amper gefallen, wo er zu ertrinken drohte. Der Neffe des Bauern holte Steiner zu Hilfe, der sich ebenfalls im Wirtshaus befunden hatte und den Pechvogel aus dem kalten Wasser zog.[2414] Über derlei Erfolge berichteten die hauseigenen Kommandobefehle, durch welche die Schulgemeinschaft von den kleinen Heldentaten erfuhr und gleichzeitig zu ähnlich mutigem Verhalten motiviert werden sollte.[2415] Das war auch der Fall, als Johann Matschek in Himmlers Namen öffentlich belobigt wurde, weil der Gendarm mehrfach Touristen aus der Bergnot gerettet hatte. Deshalb verlieh der Reichsführer-SS ihm außerdem noch das Abzeichen für Bergführer. Die schriftlichen Berichte des Kommandeurs würdigten die Rettungsaktionen des Polizeimeisters und verschwiegen nicht, welche Ehre dem Teilnehmer des 22. OAL dafür zuteil geworden war.[2416]

Als Retter erwies sich auch der Polizeimeister Karl Delago, weil er eine mögliche Gewalttat vereitelt hatte, worüber er anschließend einen Bericht für die Polizeischule verfassen muss-

2413 Vgl. BayHStA München, Polizeischule FFB 13, Dr. Schade (Polizeischule FFB): Kommandobefehl Nr. 21, 13.08.1938. Ferner: Opferstockeinbrecher festgenommen, in: Fürstenfeldbrucker Zeitung, 09.08.1938, Nr. 183, S. 4; Opferstockmarder in Fürstenfeldbruck gefaßt, in: Fürstenfeldbrucker Zeitung, 05./06.11.1938, Nr. 259, S. 4.

2414 Vgl. u. a. BayHStA München, Polizeischule FFB 94, Steiner: Bericht, 22.02.1941.

2415 Vgl. BayHStA München, Polizeischule FFB 14, Hagemann (Polizeischule FFB): Kommandobefehl Nr. 23, 30.05.1941.

2416 Vgl. BayHStA München, Polizeischule FFB 14, I. V. Hösl (Polizeischule FFB): Kommandobefehl Nr. 32, 18.09.1941; BayHStA München, Polizeischule FFB 14, Hagemann (Polizeischule FFB): Kommandobefehl Nr. 43, 05.12.1941.

te. Am Abend des 8. Juli 1941 habe er auf dem Nachhauseweg zur Lehranstalt die Hilfeschreie einer Frau vernommen, die aus einem Waldstück nahe der Bahngleise stammten, wie der Anwärter des 4. Revier-OAL berichtete. Zusammen mit drei jungen Passanten sei er zum Tatort geeilt, wo er auf den Luftwaffenunteroffizier Müller und eine junge Kellnerin aus einem örtlichen Gasthaus gestoßen sei. Offensichtlich habe zwischen den beiden ein Kampf stattgefunden, da die 25-jährige Frau völlig erschöpft und stark mit Schlamm beschmutzt gewesen sei und der Soldat hingegen sein Seitengewehr sowie eine Schuhsohle verloren habe. Während die dazu geeilten Männer die junge Dame zur polizeilichen Bildungsstätte geleiteten, habe Delago den Soldaten verhaftet, den die Polizeischule letztlich an den Fliegerhorst übergeben habe. Als Müller vernommen worden sei, habe sich herausgestellt, dass es sich bei dem Vorfall um eine Beziehungstat gehandelt habe. Er sei mit der Bedienung in Streit geraten, weil sie ihm eröffnet habe, von ihm ein Kind zu erwarten. Der angebliche Vater habe dies jedoch in Abrede gestellt, da er zu wissen glaubte, dass er keineswegs ihr einziger Sexualpartner gewesen sei.[2417] Die Quellen geben keine Auskunft darüber, welche Konsequenzen dieser Vorfall nach sich zog. Doch zeigt er, dass einzelne Polizeischüler sogar während ihrer Ausbildung praktische Polizeiarbeit verrichteten.

Abseits solcher Fälle gab es aber auch Angehörige der Schulgemeinschaft, die sich berufen fühlten, darauf zu achten, dass sich die Brucker Bevölkerung an die nationalsozialistischen Verhaltensrituale hielt. Zwei ihrer Polizisten holten sogar Johann Edin von seinem Fahrrad und maßregelten den Leiter der Brucker Polizeiwache, weil er nicht den „Hitlergruß“ gezeigt hatte.[2418] Allerdings entfalteten manche Polizisten auch ein großes Engagement, wenn es darum ging, in Fürstenfeldbruck und Umgebung Menschen zu drangsalieren oder gar zu verfolgen, die das NS-Regime zu Feinden erklärt hatte. Kommandeur Hagemann lobte ausdrücklich seinen Schüler, Anton Schluppeck, weil er am 18. Mai 1942 „abends drei aus dem Lager Olching entwichene kriegsgefangene Franzosen bei Gelbenholzen festgenommen“ habe. Dem Revieroberwachtmeister vom 27. OAL sprach er „für sein tatkräftiges, umsichtiges Einschreiten [seine] volle Anerkennung aus“.[2419] Als Anfang Juni 1943 im Landkreis eine Großfahndung nach entflohenen Kriegsgefangenen stattfand, beteiligten sich daran sogar 115 Männer der Brucker Lehranstalt, ohne jedoch der Gesuchten habhaft zu werden. Bei der Gelegenheit wurden stattdessen einzelne ausländische Arbeitskräfte verhaftet.[2420] Dass das Brucker Lehrpersonal jenen Kriegsgefangenen ablehnend gegenüberstand, die während des Krieges zahlreich in Fürstenfeldbruck zum Einsatz kamen, zeigt sich auch in weiteren Fällen.[2421] So erinnerte Diez seine Untergebenen daran, „daß der Verkehr mit Kriegsgefangenen verboten ist“. Konkret untersagte er ihnen, mit jenen Häftlingen, die beispielsweise auf den Schießständen der Schule im Lager eingesetzt waren, „Gespräche anzuknüpfen, oder ihnen Waren zuzustecken“.[2422]

2417 Vgl. BayHStA München, Polizeischule FFB 140, Delago (Polizeischule FFB): Bericht, 09.07.1941, S. 1 f.

2418 Vgl. StAM, Spruchkammern Karton 2738 – Johann Edin, Edin: Beilage zum Fragebogen des Polizeioberkommissärs Johann Edin, 19.08.1945, S. 2. Ferner: Hoser, Kommunalpolitik, S. 61.

2419 BayHStA München, Polizeischule FFB 15, Hagemann (Polizeischule FFB): Kommando-Befehl Nr. 14, 20.05.1942, S. 1.

2420 Vgl. StAM, LRA 189352, Bezirksoberleutnant der Gendarmerie (Gendarmerie FFB) an Gendarmeriekreis: Erfahrungsbericht zur „Großfahndung“ anläßlich der Flucht von 67 engl. krigsgefangenen Offizieren aus dem Oflag Eichstätt u. 16 russ. kriegsgefangenen Offizieren aus dem Oflag Bamberg in der Nacht vom 4.6.43, 10.06.1943. Ferner: Bierl, Sepp, S. 223.

2421 Zum Einsatz von Kriegsgefangenen im Landkreis Fürstenfeldbruck vgl. Wollenberg, Reich, S. 260–262.

2422 BayHStA München, Polizeischule FFB 14, Diez (PAB FFB): Bataillonsbefehl Nr. 60, 16.09.1940, S. 3 f.

Ein Vorfall aus dem Jahre 1941 zeigt, wie sehr Angehörige des Stammpersonals von dieser diskriminierenden Facette der NS-Ideologie beseelt waren: Neben deutschen Arbeitern beschäftigte das Heeresbekleidungsamt in Fürstenfeldbruck in der ersten Kriegshälfte auch Kriegsgefangene, die dem Kriegsgefangenen-Sammellager in Moosburg unterstanden. Ein LKW brachte diese Arbeitskräfte täglich zu den Nebengebäuden der Polizeischule heran, wo sie ausgeladen wurden, was ein Soldat überwachen musste. An einem Tag im Februar 1941 beobachtete Polizeimajor Georg Hahn zusammen mit seiner Frau dieses Schauspiel. Dabei waren sie Zeugen, wie die kriegsgefangenen Ausländer mit vier oder fünf deutschen Frauen herumscherzten, die sich ebenfalls im Fahrzeug befanden. Die Kriegsgefangenen „griffen ihnen an die Beine usw.", was bei dem Ehepaar „einen übelen [sic!] Eindruck" hinterließ. Da die Wache nichts unternahm, „um die intimen Gespräche" zu unterbinden, versuchte Hahn nach eigenen Angaben selbst einzugreifen, wobei er jedoch dafür zu spät kam, da der Transporter bereits weitergefahren war.[2423] Weil er sich über diesen Vorfall so empörte und auch darüber, dass sich weder der Soldat noch die Kriegsgefangenen darum geschert hätten, dass ein uniformierter Polizeioffizier zugegen war, erstattete Hahn an seinen Chef darüber Bericht.[2424] Der damalige Kommandeur der Schule, Martin Diez, drohte daraufhin in einem Brief an das Sammellager für Kriegsgefangene in Moosburg, die Gestapo zu verständigen, sofern sich derartige Begebenheiten erneut zutragen sollten.[2425] Durch diese Intervention sorgte die Polizeischule nicht nur dafür, dass der Leiter der Gruppe Arbeitseinsatz des Stammlagers VII A in Moosburg die soldatische Wache des Transports scharf ermahnte und über ihre Aufgaben belehrte. Darüber hinaus wurden die Kriegsgefangenen und die deutschen Arbeitskräfte von nun an getrennt zu ihrem Arbeitsplatz gefahren.[2426] Die Beschwerde des Offiziers und seines Vorgesetzten führte also dazu, dass die Kriegsgefangenen von der deutschen Gesellschaft noch mehr isoliert wurden und sich ihre Lebensumstände weiter verschlechterten.

Zwei Jahre später ereignete sich ein weiterer Vorfall, der erkennen lässt, dass zumindest einzelne Polizisten in Fürstenfeldbruck recht offen diskriminierende Denk- und Verhaltensweisen an den Tag legten und damit ganz im Sinne des NS-Staats agierten. Am 21. Februar 1943 berichtete Erhard Zimmermann schriftlich an den 31. OAL, den er seinerzeit besuchte. Der Bezirksoberleutnant der Gendarmerie wollte sich tags zuvor im Laden von Josef Singer die Haare schneiden lassen. Neben dem Friseur und dessen Frau befanden sich dort noch zwei weitere Kunden. Nachdem der erste fertig bedient worden war, habe sich der zweite Kunde angeblich auf Wink der Frau auf den freien Stuhl gesetzt. Dabei habe Zimmermann diesen durch den Aufnäher an seiner Kleidung als Polen identifiziert. Obwohl der Gendarm mehrfach darauf bestanden habe, vor dem „Fremdarbeiter" bedient zu werden, seien Singer und seine Gemahlin nicht darauf eingegangen. Weil es sich seiner Ansicht nach „um ein das deutsche Volk schädigendes Verhalten Singers" handle, wendete sich der Kursteilnehmer an

2423 BayHStA München, Polizeischule FFB 94, Hahn (Polizeischule FFB) an Kommando: Kriegsgefangene, 11.02.1941.

2424 Vgl. ebd.

2425 Vgl. BayHStA München, Polizeischule FFB 94, Diez (Polizeischule FFB) an das Kriegsgefangenen-Sammellager Moosburg, 15.02.1941.

2426 Vgl. BayHStA München, Polizeischule FFB 94, [unleserlich] (Stalag VII A) an Diez: Schreiben vom 15.2.41., Kriegsgefangene, 19.02.1941.

seine Lehrstätte, die den Vorfall an die Geheime Staatspolizei weiterleiten sollte.[2427] In seiner Anzeige legte er ausführlich dar, warum er sich über diese Begebenheit so aufregte:

> „Das Verhalten Singers muß ich als eine Herausforderung betrachten, da ich Uniform trug. Singer ist, wie ich in Erfahrung bringen konnte, kürzere Zeit als Hilfspolizist eingezogen gewesen und hat in der Heimat Dienst verrichtet. Er hat somit auch zweifelsfrei meine Uniform als Polizeioffizieruniform erkannt. Ich bin durch diese Haltung eines Deutschen nicht nur beleidigt, sondern verwundert und empört, daß so etwas im 4. Kriegsjahre noch möglich ist. Ich komme aus jahrelangem Einsatz im Osten und habe für ein solches Verhalten kein Verständnis und muß annehmen, daß Singer Land und Leute im Osten nicht kennt und daß ihm die von Polen an Deutschen verübten Greueltaten [sic!] einschließlich der Bromberger Blutnacht unbekannt geblieben sind. Im Osteinsatz kann man einem Übelstand der geschilderte [sic!] Art durch rasche Selbsthilfe abstellen; im Reich steht man ihm befangen und sprachlos gegenüber. Man ist geneigt, anzunehmen, daß ein solcher Mensch die Zeitung nicht liest und vor allen Dingen die aufrüttelnde Rede des Reichsministers Dr. Goebbels nicht gehört hat, abgesehen davon, daß so ein Deutscher nur ein bedingtes Ehrgefühl haben kann. Jedenfalls berührt es mich, der ich die polnischen Verhältnisse genau kennen lernte, eigenartig, ja es verletzt mich, wenn eine deutsche Frau einem Polacken die Haare kämmt. Zu einer Zeit, wo der volle Einsatz jedes Deutschen verlangt wird, müssen Deutsche warten, bis Polen bedient sind. Ich kann nicht annehmen, daß andere deutsche Volksgenossen in diesem Geschäft den Vorrang haben, wenn sich dieser Zeitgenosse nicht einmal durch die Anwesenheit der Polizeiuniform in seinem Tun und Lassen beeinflussen läßt. Nach dem Aufruf der Reichsregierung dürfte ein solches Geschäft überzählig sein und könnte geschlossen werden, damit der Mann für den Osteinsatz frei würde. Bestimmt wäre der Osteinsatz für diesen Mann ein nachhaltiger Anschauungsunterricht.“[2428]

Auch Hagemann wollte die Angelegenheit nicht auf sich beruhen lassen und informierte darüber die Brucker Ortsgruppe der NSDAP.[2429] Nach einigem Hin und Her befasste sich schließlich die Münchner Gestapo mit dem Fall. Sie verhängte gegen Singer eine Geldbuße in Höhe von 300 RM und drohte ihm zugleich mit Haft, sofern er den Betrag an das Rote Kreuz nicht überweisen wolle.[2430] Das schüchterte den Friseur offenbar ein, weshalb er seine Strafe zahlte.[2431] Mit seiner Anzeige konnte sich Zimmermann also auch deshalb durchsetzen, weil die Brucker Bildungsanstalt dabei voll und ganz hinter ihm stand.

Die Polizeischule mag sich sehr über solche Fälle von „mustergültigem“ Betragen ihrer Angehörigen gefreut haben. Vielmehr ärgerte sie sich jedoch darüber, wenn Schüler unangenehm auffielen. Obwohl sich die meisten Offiziersanwärter grundsätzlich an die schulischen

2427 StAM, LRA 11208, Zimmermann (31. OAL) an 31. OAL: Anzeige gegen den Friseur Singer, Fürstenfeldbruck, 21.02.1943, S. 2. Vgl. ebd., S. 1.

2428 Ebd., S. 1 f.

2429 Vgl. ebd., S. 2.

2430 Vgl. StAM, LRA 11208, I. V. Trenker (Gestapo München) an Landrat FFB: Singer, Josef, 15.04.1943.

2431 Vgl. StAM, LRA 11208, Abdruck: Dr. Sepp (Landrat FFB) an Polizeischule FFB: Verhalten des Friseurs Singer in Fürstenfeldbruck, 27.07.1943. Zum Vorfall ferner: Elsbeth Bösl/Sabine Schalm, Der „andere“ Teil der Bevölkerung? Verfolgte, Ausgegrenzte und Unangepasste in Fürstenfeldbruck, in: Kramer, Fürstenfeldbruck, S. 281–343, hier: S. 325 f.

Benimmregeln hielten, ereigneten sich immer wieder kleine Episoden von undiszipliniertem Verhalten, mit denen sich die Brucker Institution auseinandersetzen musste. Wer sich etwa nach dem Zapfenstreich noch in der Innenstadt herumtrieb, musste mit gewissen Sanktionen rechnen.[2432] Ebenso erging es jenen Beamten, die ihren Urlaub eigenmächtig verlängerten und deshalb zu spät wieder zur Schule zurückkehrten.[2433] Die meisten Vergehen waren also relativ harmlos und führten allenfalls zu geringen Strafen. Doch zeigen sie, dass sich einige Beamte keineswegs so genau am Wertesystem des Himmlerschen Polizeiapparats orientierten.

Diebstähle tolerierten die Kommandeure aber grundsätzlich nicht, die sich stattdessen stets bemühten, Verdachtsfälle aufzuklären und die Schuldigen zur Verantwortung zu ziehen. Das war beispielsweise der Fall beim 8. OAL im Jahre 1938, über den Schulleiter Schade vermerkte, dass 30 RM aus dem verschlossenen Schrank eines Teilnehmers gestohlen worden seien, wobei selbst die Münchner Kriminalpolizei nicht in der Lage war, den Täter ausfindig zu machen.[2434] Einem Rekruten des Brucker Polizeiausbildungsbataillons konnte hingegen nachgewiesen werden, dass er Essen aus dem Schrank eines Kameraden gestohlen hatte, was er dennoch abstritt. Der Anwärter reagierte auf die Vorwürfe, indem er in den Amperkanal sprang, der sich neben der Bildungsstätte befand, aber nur etwa 1,50 m tief war. Angeblich handelte es sich bei der Tat um einen Suizidversuch. Doch Kommandeur Diez bemerkte in seinem Bericht ganz nüchtern, „daß der Wasserstand in diesem Kanal zu diesem Zweck viel zu niedrig ist", weshalb er diese Aktion „nicht als Selbstmordversuch, sondern als hysterische Demonstration" einschätzte.[2435] Diez bestrafte den Polizeischüler erst, nachdem dieser wieder genesen war. Denn der mutmaßliche Dieb hatte sich eine Erkältung zugezogen, nachdem er wieder aus dem Fluss gestiegen war.[2436] In Ungnade fiel auch Josef Braun, von dem sich die Polizeischule kurz vor Kriegsende sogar trennen musste. Der Junker des 41. OAL war in die Wohnung des Taktiklehrers eingebrochen, aus der er die Prüfungen samt Lösungen gestohlen hatte.[2437]

Nach einem weiteren Vorfall aus dem Jahre 1944 hatte ein Anwärter ebenfalls seine Sachen zu packen. Adolf Windfuhr musste den 39. OAL verlassen, weil der Gendarm zugegeben hatte, die Zigaretten eines Stubenkameraden gestohlen zu haben. Der damalige Schulleiter Hagemann informierte darüber hinaus das SS- und Polizeigericht in München, das sich des Sachverhalts annehmen sollte, da sich der Anwärter des „Kameradendiebstahls" schuldig gemacht habe.[2438] Die Angelegenheit beschäftigte die Polizeischule sogar noch im Jahre 1954.

2432 Ein solches Beispiel findet sich in: BayHStA München, Polizeischule FFB 13, Dr. Schade (Polizeischule FFB): Kommando-Befehl Nr. 9, 14.05.1938.

2433 Vgl. BayHStA München, Polizeischule FFB 13, Dr. Schade (Polizeischule FFB): Kommando-Befehl Nr. 11, 30.05.1938.

2434 Vgl. BayHStA München, Polizeischule FFB 122, Entwurf: Dr. Schade (Polizeischule FFB) an RFSSuChdDtPol: Erfahrungsbericht über die Durchführung der Ausbildung von Wachtm. (SB.) der Ordnungspolizei für die Offizierlaufbahn (8. Offz.-Anwärterlehrg.), 12.08.1938, S. 2.

2435 BayHStA München, Polizeischule FFB 173, [Diez] (PAB FFB) an Gruppenkommandeur der PAB Gruppe Süd: Tätigkeitsbericht gemäß Gruppenbefehl Nr. 13 Ziffer 9 vom 23.2.1940, 25.05.1940, S. 3 f.

2436 Vgl. ebd., S. 4.

2437 Vgl. BayHStA München, Polizeischule FFB 137, Entwurf: Hagemann (Polizeischule FFB) an RFSSuChdDtPol: Erfahrungsbericht über die Durchführung des 41. OAL, 22.03.1945, S. 6; BayHStA München, Polizeischule FFB 137, I. A. Abeßer (Chef der Ordnungspolizei) an u. a. Polizeischule FFB: 41. Offizier-Anwärter-Lehrgang, 22.02.1945.

2438 BayHStA München, Polizeischule FFB 136, Entwurf: I. V. [unleserlich] (Polizeischule FFB) an RFSSuChdDtPol: Rückbeorderung eines Teilnehmers des 39. Offiz.Anw.Lehrganges, 29.08.1944.

Wendelin Ostermeier, der zehn Jahre zuvor zum Stammpersonal der Lehranstalt gehört hatte, gab zu Protokoll, was danach geschah. Damals sei das Verfahren gegen Windfuhr vor dem Münchner Gericht ebenso im Sande verlaufen wie eine weitere Meldung an das Stuttgarter SS- und Polizeigericht. Der Polizist habe anscheinend keine weiteren Konsequenzen erfahren müssen und sei daraufhin nach Holland zum Fronteinsatz geschickt worden, weil die Gendarmerieschule Freiburg, an der Windfuhr tätig gewesen sei, im Sommer 1944 ihren Ausbildungsbetrieb eingestellt habe.[2439]

Ein ähnliches Vergehen erregte die Gemüter, als ein Lehrgangsteilnehmer seine Zigarettenschachtel vermisste, die angeblich ein Stubenkamerad gestohlen hatte. Ob der Beschuldigte sie tatsächlich entwendet hatte, konnte das Schulpersonal nicht restlos klären, auch wenn sich der betroffene Anwärter auffällig verhielt, weil er eigenmächtig die Spinde seiner Zimmergenossen durchsucht hatte. An diesem Fall ist allerdings viel interessanter, wie seine Kameraden mit der Situation umgingen und auf welche Weise sie den Konflikt lösen wollten. Denn als Lehrer sie zu dem Vorfall vernahmen, legten sie dem angeblichen Übeltäter nicht nur den mutmaßlichen Diebstahl der Glimmstängel zur Last. Vielmehr warfen sie ihm vor, erhebliche charakterliche Mängel zu besitzen. So soll er den Kollegen seine eigenen Tabakwaren zu einem Mehrpreis verkauft und sich obendrein abfällig über einen Kameraden geäußert haben, mit dem er sich die Stube teilte. Diese Lappalien reichten aus, die Zimmergenossen von seiner Schuld zu überzeugen und den angeblichen Diebstahl beim Stammpersonal anzuzeigen. Da es dafür aber keinerlei Beweise oder Zeugen gab, folgten keine disziplinarischen Maßnahmen. Das Ziel der Kameraden dürfte in erster Linie jedoch eher gewesen sein, den als Langfinger gebrandmarkten Polizisten aus dem gemeinsamen Schlafquartier herauszubekommen und ihn so loszuwerden.[2440]

Auch bei weiteren Vorgängen argumentierte die Schulgemeinschaft damit, dass bei einzelnen Polizeischülern bestimmte mangelhafte Charakterzüge vorlägen. So fiel ein Teilnehmer des 12. OAL unangenehm auf, weil er während der Zugfahrt von München nach Fürstenfeldbruck ganz stolz ein Bierglas umhergezeigt habe, das er aus einem Wirtshaus in der Landeshauptstadt entwendet hatte. Die Lehranstalt fürchtete um ihren Ruf, weil weitere Fahrgäste mitbekommen hätten, dass es sich bei dem Mann um einen ihrer Schüler handelte. Da er die Tat zunächst abgestritten und damit weitere „Charaktermängel" offenbart hatte, musste er die Rückreise zu seiner Heimatdienststelle antreten.[2441] Ein weiterer Offiziersanwärter aus demselben Lehrgang musste ebenfalls seine Ausbildung abbrechen, weil er seiner schwangeren Frau ein Abtreibungsmittel empfohlen hatte, was eines Polizeibeamten unwürdig gewesen sei, wie die Polizeischule erklärte.[2442] Damit hatte sich der Kursteilnehmer gegen Himmlers Wunsch versündigt, dass seine Mannen möglichst viele „arische" Kinder zeugen sollten.[2443]

2439 Vgl. BayHStA München, Polizeischule FFB 136, Ostermeier (Bayerische Polizeischule): Zum Ermittlungsverfahren gegen den Polizeimeister Adolf Windfuhr, 19.07.1954.

2440 Vgl. BayHStA München, Polizeischule FFB 127, Möller und Jaspers an Polizeischule FFB: Meldung, 10.03.1942. Da es keinerlei Beweise oder Zeugen für den Diebstahl gab, folgten auch keine disziplinarischen Maßnahmen für den Beschuldigten.

2441 Vgl. BayHStA München, Polizeischule FFB 123, Schnellbrief: I. A. Hitzegrad (RFSSuChdDtPol) an den Regierungspräsidenten in Düsseldorf, 13.02.1939. Vgl. ferner BayHStA München, Polizeischule FFB 123, Abschrift: Brändel (Polizeischule FFB) an III. Ausbildungsabteilung: Meldung, 25.01.1939.

2442 Vgl. BayHStA München, Polizeischule FFB 123, Entwurf: I. A. Hahn (Polizeischule FFB) an Polizeipräsidium Bochum: Ausschluß des Offz.-Anwärters u. Junkers der Schutzpol. Herbert Wulff von der Teilnahme am 12. Offz.-Anwärterlehrg., 21.06.1939.

2443 Siehe dazu Kapitel 5.1.2.5.

Den Reichsführer-SS und die Polizeischule Fürstenfeldbruck beschäftigte im Sommer 1937 ein weiterer Fall von inakzeptablem Verhalten, bei dem Arthur Schmitz gänzlich in Ungnade fiel. Ein abschließender Bericht vermerkte, er besitze „keine charakterliche und moralische Eignung für den Beruf eines Polizeioffiziers".[2444] Schmitz verbreite Unwahrheiten und sei außerdem unkameradschaftlich, wie seine Kameraden übereinstimmend aussagten. So habe er mehrfach etwas versprochen, seine Zusagen jedoch nie gehalten. Besonders schwerwiegend sei der Umstand, „dass er nicht reuig für seine Fehltritte einsteht, sondern vielmehr noch weitere wahrheitswidrige Angaben macht".[2445] Aber was war genau geschehen?

Schmitz verabredete sich öfters mit seinen Stubenkameraden, nach Dienstschluss gemeinsam auszugehen. Da der Teilnehmer des 6. OAL während seiner Ausbildung in Fürstenfeldbruck eine Frau kennengelernt hatte, versetzte er jedoch seine Kollegen, um sich stattdessen mit ihr zu treffen. Eines Tages gab er gegenüber seinen Zimmergenossen vor, sich mit seiner Angebeteten verlobt zu haben, wobei er voller Stolz einen Ring umherzeigte. Als sich jedoch herausstellte, dass die junge Dame bereits verheiratet war und ihr Mann die beiden Liebenden in flagranti erwischt hatte, wollten ihn seine Vorgesetzten und seine Kameraden dazu drängen, sich von seiner Geliebten zu trennen. Obwohl Schmitz versprach, die Beziehung zu beenden, und nun bestritt, überhaupt verlobt gewesen zu sein, traf er sich weiterhin mit der Frau. Zwei andere Offiziersanwärter, die sich mit Schmitz das Zimmer teilten und von der Affäre wussten, wollten es nicht darauf beruhen lassen. Eines Tages gingen sie ihm hinterher, um ihn und seine weibliche Begleitung zur Rede zu stellen. Daraufhin brach ein Streit zwischen den Polizisten aus, der rasch eskalierte, als Schmitz seinen Polizeisäbel zog und auf einen der beiden Verfolger, Alois Etthöfer, losging. Nachdem er diesen in die Flucht schlagen konnte, lieferte er sich mit dem zweiten Stubenkameraden, Walter Wolfrum, eine Schlägerei, bei der Schmitz unterlag und sich anschließend mit seiner Angebeteten zurückzog. Erst einige Monate nachdem sich dieser Vorfall ereignet hatte, beschäftigte er die Polizeischule, die alle Beteiligten vernahm.[2446]

Letztlich kamen die Verantwortlichen zu dem Schluss, dass sich Schmitz als unwürdig erwiesen habe, den Rang eines Polizeiführers zu bekleiden. Dieses Urteil begründeten die Gutachter auch damit, dass er es „an dem erforderlichen soldatischen Benehmen vollkommen fehlen" ließ, weil er etwa „den Gruss zivilmässig schlapp" vollzogen habe.[2447] Das gab wenigstens Revieroberwachtmeister Karl Heber zu Protokoll, der beim Lehrgang die Geschäfte des Hauptwachtmeisters führte. Ferner erklärte er, dass sich ein Kollege bei ihm über Schmitz mit den Worten beschwert habe: „Der hat direkte Zivilmanieren, es hat aber keinen Zweck, da noch etwas zu sagen."[2448] Der Ausdruck „Zivilmanieren" kann gewissermaßen als Beleidigung verstanden werden, da er zusätzlich diskreditieren sollte, wie sich der Beschuldigte grundsätzlich verhielt. Offensichtlich war sich zumindest das Stammpersonal der Brucker Polizeischule einig, dass sich ein „Gesetzeshüter" des NS-Staats nicht wie ein gewöhnlicher Zivilist benehmen dürfe, weil dies als ungehobelt und lasch galt. Hebers Aussage zeigt, dass der Ausbildungsbetrieb eher danach strebte, den Rekruten ein solch „unsoldatisches" Geba-

2444 BayHStA München, Polizeischule FFB 121, [unleserlich] (Polizeischule FFB) an RFSSuChdDtPol, 19.04.1938, S. 4.

2445 Ebd., S. 3.

2446 Vgl. ebd., S. 1–5. Aufschluss über den Sachverhalt geben ferner die Vernehmungsprotokolle, die sich im gleichen Akt befinden.

2447 BayHStA München, Polizeischule FFB 121, [unleserlich] Polizeischule FFB: Aussage Karl Heber, 19.03.1938, S. 13.

2448 Ebd., S. 14.

ren auszutreiben. Augenscheinlich wollte sich der „Freund und Helfer" von den einfachen „Volksgenossen" schon allein dadurch abheben, dass er ein mustergültiges „soldatisches" Benehmen an den Tag legte. Aus dieser elitären Sichtweise heraus erschien das Verhalten der Zivilisten nicht standesgemäß und geradezu minderwertig. Über ihren Status sollten sich die Ordnungspolizisten immer gewiss sein und sich dementsprechend auch betragen.

Als verwerflich sahen es die Zuständigen ferner an, dass sich Schmitz mit einer bereits vermählten „Volksgenossin" eingelassen hatte. Nach eigener Aussage hatte Etthöfer als Klassenältester seinem Kollegen sogar verboten, „sich auch nur noch einmal mit dieser Frau zu treffen".[2449] Dass die junge Dame aus Jugoslawien stammte, tangierte ebenfalls das Selbstverständnis der Polizei. Ein weiterer Anwärter des 6. OAL, Hans-Wilhelm Schweizer, erklärte dazu, er „habe ihm sofort und auch später wiederholt geraten, jeglichen Verkehr abzubrechen, da es sich um eine Ausländerin handelte und sich für ihn möglicherweise daraus Verwicklungen ergeben könnten".[2450] Zudem hielt er es in der Vernehmung für erforderlich, zu erwähnen, dass sie „Sekretärin bei einem Juden" gewesen sei.[2451] Obgleich weitere Berichte auf diesen Punkt nicht eingehen, zeigt er jedoch recht deutlich, dass das Denken bestimmter Polizeischüler durchaus von der NS-Ideologie mitgeprägt war. Es ist unmöglich festzustellen, ob sich Schweizer und seine Kollegen derlei Ansichten während ihrer Ausbildung oder schon vorher angeeignet hatten. In erster Linie echauffierten sich die Ordnungshüter jedoch darüber, dass einer ihrer Kollegen einen Ehebruch begangen hatte und partout nicht daran dachte, sein Liebesverhältnis zu beenden.

Auf ähnliche Verhaltensweisen wurde die Brucker Schule auch im Sommer 1942 aufmerksam, als zwei Teilnehmer des 28. OAL mit einem Unteroffizier der benachbarten Luftkriegsschule in Streit gerieten.[2452] Dieser fühlte sich von den beiden Polizisten und ihren Begleiterinnen belästigt, da sie sich alle an die Amper nahe der Stelle setzten, an welcher der Soldat und seine Gemahlin nackt ein Sonnenbad nahmen. Es kam zu einem heftigen Wortgefecht, wobei hernach beide Seiten behaupteten, beleidigt worden zu sein. Weil nun Aussage gegen Aussage stand, wollten weder der ermittelnde Gerichtsoffizier noch Kommandeur Hagemann diesen Fall weiter verfolgen. Wie aus seinem abschließenden Vermerk ersichtlich wird, störten den Schulleiter weniger die angeblichen Drohungen, welche die Offiziersanwärter ausgesprochen haben sollen. Vielmehr nahm er Anstoß daran, dass die beiden Wachtmeister, „obwohl sie verheiratet sind, in ihrer dienstfreien Zeit mit fremden weiblichen Personen Spaziergänge gemacht haben" und dabei das erforderliche Taktgefühl vermissen ließen, das von einem angehenden Offizier verlangt werde.[2453] Dieses Beispiel verdeutlicht, dass die Polizeischule nicht nur im Lebenskundeunterricht sehr darauf achtete, wie sich ihre Schüler gegenüber Frauen verhielten – noch dazu wenn dabei Ehen auf dem Spiel standen.

2449 BayHStA München, Polizeischule FFB 121, [unleserlich] Polizeischule FFB: Aussage Alois Etthöfer, 18.03.1938, S. 4.

2450 BayHStA München, Polizeischule FFB 121, [unleserlich] Polizeischule FFB: Aussage Hans Wilhelm Schweizer, 19.03.1938, S. 11.

2451 Ebd., S. 12.

2452 Vgl. BayHStA München, Polizeischule FFB 128, Krumme (Polizeischule FFB) an Stabs- und Wirtschaftskompanie: Meldung, 07.06.1942; BayHStA München, Polizeischule FFB 128, Herzog (Polizeischule FFB): Vernehmung der Wachtmeister Karl Lohmeier und Otto Köhler, 15.06.1942 sowie BayHStA München, Polizeischule FFB 128, Herzog (Polizeischule FFB): Stellungnahme des Gerichtsoffiziers, 16.06.1942.

2453 BayHStA München, Polizeischule FFB 128, Hagemann (Polizeischule FFB): Abschließender Vermerk, 20.06.1942.

Wie ernst der Kommandeur die Vorbildfunktion seiner Polizei nahm, machte er auch in einem Kommandobefehl deutlich, der Ende August 1939 erschien. In ihm wies er eigens darauf hin, dass die polizeilichen Vorschriften von den Gesetzeshütern peinlich genau befolgt werden sollten. Das galt insbesondere für den Straßenverkehr, der ohnehin ein Sorgenkind der Polizei war, weil es durch das steigende Verkehrsaufkommen immer häufiger zu schweren Unfällen kam. Um die Bevölkerung für eine sichere Fahrweise zu sensibilisieren, mussten die Staatsdiener mit gutem Beispiel vorangehen und ihre eigenen Regeln tadellos befolgen. Damit seine Untergebenen das nicht vergaßen, erinnerte er sie daran, dass polizeiliche Verkehrssünder schwer bestraft würden, indem der Staat ihnen beispielsweise das Fahrzeug entzog oder sie mindestens ein Jahr lang in ein Konzentrationslager sperrte, sobald sie gegen die StVO verstießen.[2454] Da dieses Thema dem Polizeiapparat, aber auch der Schulleitung besonders am Herzen lag, wiesen beide wiederholt darauf hin.[2455]

Verstöße gegen die „Manneszucht" gab es jedoch in vielfältiger Form. Polizeimeister Georg Schorrer musste z. B. vorzeitig zu seinem Bonner Standort zurückgeschickt werden, weil er betrunken in der Bildungsanstalt randaliert hatte. Dabei habe der Teilnehmer des 6. Revier-OAL, laut Hagemann, seine Zimmergenossen beschimpft, weil sie die Kirche verraten hätten. Schorrer habe darauf beharrt, ins Gotteshaus zu gehen, wann es ihm passe, wobei er sich in dieser Angelegenheit nicht hineinreden lasse. Wer sich jedoch von der Kirche abwende, sei nach Ansicht des Krawallmachers ein Lump.[2456] Dieser Vorfall lässt erahnen, dass zumindest manche Brucker Polizeischüler antikirchlich eingestellt waren.

Bei kirchenfeindlichen und blasphemischen Aktionen taten sich besonders Offiziersanwärter hervor, die zuvor eine SS-Junkerschule besucht hatten und künftig in der Ordnungspolizei ihren Dienst verrichten sollten. Diese Männer nahmen in Fürstenfeldbruck nun an einem der wenigen Offiziersausbildungslehrgänge teil, die es vor Kriegsbeginn gab.[2457] Während eines solchen Kurses kam es zwischen Mai und August 1938 zu mehreren Ereignissen, mit denen sich auch der Berliner Polizeiapparat eingehender beschäftigte.[2458] Weil Oberkommissär Johann Edin beispielsweise am 16. Juni der Fronleichnamsprozession beiwohnte, fotografierten ihn Polizeischüler, als er die Gebetshaltung eingenommen hatte. Anschließend hetzten sie gegen den Leiter der Brucker Polizei und titulierten ihn als „Judenknecht", wobei sie drohten, das Bild an Himmler zu senden, damit ihn dieser aus dem Dienst entfernen sollte. Edin verblieb zwar in seinem Amt. Er war aber davon überzeugt, das Foto sei tatsächlich an den Reichsführer-SS gelangt, weil er in einer Vorschrift wenige Wochen später angeordnet habe, „daß die Polizei bei solchen Anlässen aus dem Wege zugehen [sic!] und wenn

2454 Vgl. BayHStA München, Polizeischule FFB 13, Korsemann (Polizeischule FFB): Kommandobefehl Nr. 32, 29.08.1939.

2455 Vgl. z. B. BayHStA München, Polizeischule FFB 13, I. A. Schwahn (Polizeischule FFB): Kommandobefehl Nr. 34, 28.10.1939; BayHStA München, Polizeischule FFB 14, Diez (Polizeischule FFB): Kommando-Befehl Nr. 8, 28.01.1941.

2456 Vgl. BayHStA München, Polizeischule FFB 141, Hagemann (Polizeischule FFB) an RFSSuChdDtPol: Erfahrungsbericht über die Durchführung des mit RdErl.v.14.5.41 (RMBliV.S.932 b) angeordneten 6.Rev.Offizieranwärterlehrganges, 20.11.1941, S. 4 f.

2457 Siehe dazu Kapitel 4.3.

2458 Vgl. u. a. BAB, R 19/1308 – Hans-Joachim Thomsen, Vermerk: Daume (RFSSuChdDtPol): Vorkommnisse im Hotel Post und in der Klosterwirtschaft in Fürstenfeldbruck, 13.01.1939, Bl. 30. Zu antikirchlichen Aktionen der NSDAP in Fürstenfeldbruck allgemein und speziell seitens der Polizeischule: Forstner, Kirche, S. 244–247.

dies nicht möglich, mit dem Hitlergruß zu grüßen habe".[2459] Einige Schüler verspotteten außerdem das hohe Kirchenfest, indem sie im Schulhof eine eigene Feier veranstalteten, mit der sie die Prozession parodierten.[2460]

Darüber hinaus besuchten eines Abends etwa zehn Offiziersanwärter das Hotel Post, wobei einer von ihnen das dort hängende Kruzifix von der Wand nahm, damit in die Küche ging und es in die Bratröhre warf, wo es die Wirtsleute am nächsten Morgen verkohlt vorfanden.[2461] Auch in der Klosterwirtschaft tobten sich drei Kursteilnehmer an zwei Kreuzen aus, indem sie diese Glaubenssymbole verspotteten und vom Wirt verlangten, sie abzuhängen. Dieser erstattete Anzeige, weil sie sich im Beisein anderer Gäste über den gekreuzigten Jesus lustig gemacht hätten, indem sie ihn etwa als „der arbeitslose Baumgucker" beschimpften.[2462] Die angehenden Polizeiführer losten dann untereinander aus, „wer den ‚Hungerkünstler' und ‚Judenbuben' herunterreißt", „werdas [sic!] Kreuz zusammenschlägt", „wer es in die Abortgrube wirft" und schließlich „wer darüber als erster die Nodurft [sic!] verrichtet", woraufhin dann die übrigen folgten.[2463] Brucker Offiziersanwärter standen des Weiteren im Verdacht, eines Nachts im Jahre 1938 vor die Eingangstüre der Klosterkirche „28 Haufen menschlichen Unrats hingesetzt" zu haben.[2464] Im Jahre 1939 verunstaltete jemand zudem die Inneneinrichtung des Gotteshauses mit roter Ölfarbe, indem er etwa den Heiligenfiguren und Engeln Bärte aufmalte und auf den Altar ein Hakenkreuz pinselte. Als der Mesner ihn in flagranti erwischte, türmte er über den Sakristeieingang. Der Kommandeur zitierte daraufhin den Stadtpfarrer Dr. Martin Mayr zu sich, der per Unterschrift bekunden musste, dass es sich bei dem Übeltäter ausdrücklich nicht um einen Angehörigen der Polizeischule gehandelt habe.[2465] Ein Polizeioffizier soll ferner seine Untergebenen davon abgehalten haben, in die Kirche zu gehen, wobei er sie stattdessen dazu genötigt habe, „Gottlosenversammlungen" abzuhalten.[2466]

An der Brucker Polizeischule kam es sogar mehrfach zu Fällen von Gewalt, die sich jedoch meistens gegen Sachen richtete. Kommandeur Schade leitete etwa eine Untersuchung ein, die sich im Juli 1938 gegen acht Teilnehmer des 8. OAL richtete, nachdem sie eines Nachts im Rausch einige „elektrische Lampen an der Klosterwirtschaft durch Werfen von Steinen"

2459 Archiv des Erzbistums München und Freising (AEM), Dekanat Fürstenfeldbruck, Fragebogen vom Sommer 1946, Fragebogen B. Nationalsozialistische Verfolgung katholischer Laien, Seelsorgsbezirk Fürstenfeldbruck. Anlage I: Aus der amtlich beglaubigten Abschrift: Johann Edin, 19.08.1946, S. 2.

2460 Vgl. ebd., S. 3.

2461 Vgl. BAB, R 19/1308 – Hans-Joachim Thomsen, Vermerk: Daume (RFSSuChdDtPol): Vorkommnisse im Hotel Post und in der Klosterwirtschaft in Fürstenfeldbruck, 13.01.1939, Bl. 30; AEM, Dekanat Fürstenfeldbruck, Fragebogen vom Sommer 1946, Fragebogen C. Nationalsozialistische Verfolgung. Antikirchliche Maßnahmen sachlicher Art, Seelsorgsbezirk Fürstenfeldbruck: Martin Mayr. Anlage II, 15.09.1946, S. 1.

2462 BAB, R 19/1308 – Hans-Joachim Thomsen, Vermerk: Daume (RFSSuChdDtPol): Vorkommnisse im Hotel Post und in der Klosterwirtschaft in Fürstenfeldbruck, 13.01.1939, Bl. 30.

2463 AEM, Dekanat Fürstenfeldbruck, Fragebogen vom Sommer 1946, Fragebogen C. Nationalsozialistische Verfolgung. Antikirchliche Maßnahmen sachlicher Art, Seelsorgsbezirk Fürstenfeldbruck: Martin Mayr. Anlage II, 15.09.1946, S. 1.

2464 Ebd., S. 1.

2465 Vgl. ebd., S. 2; AEM, Dekanat Fürstenfeldbruck, Fragebogen vom Sommer 1946, Fragebogen B. Nationalsozialistische Verfolgung katholischer Laien, Seelsorgsbezirk Fürstenfeldbruck. Anlage I: Aus der amtlich beglaubigten Abschrift: Johann Edin, 19.08.1946, S. 3.

2466 BAB, R 19/1308 – Hans-Joachim Thomsen, Vermerk: Daume (RFSSuChdDtPol): Vorkommnisse im Hotel Post und in der Klosterwirtschaft in Fürstenfeldbruck, 13.01.1939, Bl. 30.

zerstört hatten.[2467] Da der Schaden der nächtlichen Randale jedoch gering war und die Schuldigen die Summe rasch beglichen hatten, verwarnte sie der Schulleiter zwar, sah aber zusammen mit der Staatsanwaltschaft davon ab, die Polizisten noch härter zu bestrafen.[2468] Trotzdem betonte Kommandeur Schade, es müsse „von Polizeiwachtmeistern, die Offiziere werden wollen [...] verlangt werden, daß sie sich in der Öffentlichkeit auch in der sogenannten Bierlaune anständig aufführen".[2469]

Der 1. Offiziersausbildungslehrgang aus demselben Jahr gab ihm noch mehr Anlass zur Kritik, da sich einige seiner Teilnehmer ebenfalls deutlich danebenbenahmen. Besonders auffällig ist dabei, dass sich dieser Kursus auch aus Männern zusammensetzte, die ursprünglich aus der SS stammten und nicht ganz freiwillig in die Ordnungspolizei gelangt waren. Sie hatten sich stattdessen eine Karriere in Himmlers Elitegarde vorgestellt und brachten nun ganz frustriert zum Ausdruck, dass sie den Dienst in der uniformierten Staatsmacht äußerst geringschätzten. Obwohl es dem Selbstbild der Männer eindeutig widersprach, hätten sie recht häufig die Krankenstation aufgesucht, was Schade auf eine „übermäßige Weichheit" der unfreiwilligen Polizisten zurückführte.[2470] Nach dem „Anschluss" Österreichs, bei dem ein Teil des Lehrgangs zum Einsatz gekommen war, habe sich das ohnehin üble Benehmen der Schüler noch weiter verschlechtert. Während manche Schulden angehäuft und nicht daran gedacht hätten, diese zurückzuzahlen, hätten andere den Unterricht geschwänzt oder sich Schlägereien geliefert. Vier der Beamten hätten sogar mit Pistolen auf Schränke in ihrer eigenen Stube geschossen und anschließend versucht, die Löcher mit einem Brotgemisch zu kaschieren. Aber nicht nur in der Schule selbst, sondern auch in der Stadt Fürstenfeldbruck hätten einige Lehrgangsteilnehmer ziemlich gewütet.[2471]

Weil es an seiner Schule seinerzeit mehrere solcher Vorfälle gab, sah sich Schade sogar dazu genötigt, am 14. Juli 1938 einen Sonderbefehl zu veröffentlichen. Diesem Schreiben zufolge habe sich der Bürgermeister zusammen mit einzelnen Einwohnern bei ihm beschwert, dass Angehörige der Schule mehrfach straffällig geworden seien. Schüler hätten offensichtlich die Gäste der lokalen Wirtshäuser und einige Anwohner durch Lärm belästigt, daneben aber auch in den Gaststätten einzelne Möbelstücke zerstört. Darüber hinaus habe es mehrere andere Fälle von Sachbeschädigungen und sogar von Körperverletzungen gegeben. Anscheinend konnte der Kommandeur die Täter jedoch nicht ausfindig machen, weshalb er es dabei beließ, die Schüler nur in dringenden Sonderfällen vom Zapfenstreich zu befreien. Zudem ordnete er an, peinlich genau darauf zu achten, dass die Ausgangszeiten befolgt werden. Daneben befahl Schade, eine Streife in die beliebten Gaststätten der Stadt zu schicken, die nach dem Rechten sehen und ihre eigenen Leute kontrollieren sollte.[2472] Erstaunlich ist an diesen Ereignissen, dass der Kommandeur trotz der groben Verstöße gegen das Gesetz und die Ver-

2467 BayHStA München, Polizeischule FFB 122, [unleserlich] Polizeischule FFB: Vorgang, 21.07.1938, S. 1.

2468 Vgl. BayHStA München, Polizeischule FFB 122, [unleserlich] Polizeischule FFB: Vorgang. Vernehmung von Wilhelm Niemann, 21.07.1938, S. 1 f. Die übrigen Vernehmungs- und Untersuchungsunterlagen weisen die gleiche Struktur auf wie bei Wilhelm Niemann und sind ebenfalls in BayHStA München, Polizeischule FFB 122 enthalten.

2469 BayHStA München, Polizeischule FFB 122, Entwurf: Dr. Schade (Polizeischule FFB) an RFSSuChdDtPol: Erfahrungsbericht über die Durchführung der Ausbildung von Wachtm. (SB.) der Ordnungspolizei für die Offizierlaufbahn (8. Offz.-Anwärterlehrg.), 12.08.1938, S. 2.

2470 BayHStA München, Polizeischule FFB 120, Abdruck: Dr. Schade (Polizeischule FFB) an RFSSuChdDtPol: Erfahrungsbericht über die Durchführung des 1. Offz.-Ausbildungslehrg. für Ltn.d.Schutzpolizei, 01.07.1938, S. 5. Vgl. ferner ebd., S. 3–5.

2471 Vgl. ebd., S. 3 f.

2472 Vgl. BayHStA München, Polizeischule FFB 13, Dr. Schade (Polizeischule FFB): Sonderbefehl, 14.07.1938.

haltensregeln der Schule zu keinen schärferen Sanktionen griff. Schließlich besaß er die Strafbefugnis über seine Untergebenen, wozu auch die Teilnehmer der Lehrgänge zählten.[2473] Umso bemerkenswerter ist es, dass er nicht entschlossener auf diese Vorfälle reagierte. Immerhin waren ihre Alkoholexzesse in Gewalt ausgeartet, womit sie die gesamte Polizei und ihre Vorzeigeschule in Verruf brachten. Obwohl der Kommandeur auf das Image seiner oberbayerischen Institution so sehr bedacht war, ließ er aber Gnade vor Recht ergehen.

Schades nachsichtiger Führungsstil sollte aber bald weitaus schlimmere Folgen haben, wie der Brucker Landrat, Dr. Sepp, in einem Bericht für den April 1939 festhielt. Im Vollrausch habe Erhard Kröner Anfang des Monats ohne ersichtlichen Grund einen älteren Mann so schwer misshandelt, dass dieser wenig später seinen Verletzungen erlegen sei. Dass der gewalttätige und straffällige Teilnehmer des 10. OAL verhaftet und vor Gericht gestellt worden sei, habe den enormen Imageschaden der Polizeischule nicht verhindern können, wie Dr. Sepp meinte:

> „Die Erregung bei der gesamten Bevölkerung über diesen Vorfall war umso grösser, als ihm eine Reihe ähnlicher Ausschreitungen durch Junge [sic!] aus Norddeutschland zum Kurs an der Schule abkommandierte Polizeioffiziere in den letzten Monaten vorangegangen sind, welche das Ansehen der Polizeischule überhaupt schwer geschädigt und nicht gerade zur Ueberbrückung des im Volk noch nicht durchwegs überwundenen Gegensatzes Bayern – Preussen beigetragen haben."[2474]

Seiner Ansicht nach waren diese Zustände sogar mit dafür verantwortlich, dass die Lehranstalt mit Gerret Korsemann seinerzeit einen neuen Kommandeur erhielt.[2475]

Wenngleich diese extreme Form von Gewalt einzigartig bleiben sollte, musste auch der frisch gebackene Schulleiter bald erkennen, dass es einigen Schülern an Disziplin mangelte. Bereits Ende Mai 1939 erbosten ihn nämlich mehrere Fälle von mutwilliger Sachbeschädigung. Im hauseigenen Schwimmbad hatten Unbekannte mehrere Duscharmaturen zerstört und einige Wandplatten gelöst. Korsemann wollte die Schuldigen ausfindig machen, indem er die Suche nach ihnen an alle Anwärter delegierte, die sie binnen 24 Stunden zu präsentieren hatten.[2476] Da sich diese Methode als nicht besonders erfolgreich erwies, bestrafte er sämtliche Lehrgangsteilnehmer „aus erzieherischen Gründen" und ließ jeden eine Geldbuße von einer Reichsmark entrichten.[2477]

In einzelnen Fällen mussten Polizisten sogar eine Freiheitsstrafe absitzen, mit der die Polizeischule gröberes Fehlverhalten sanktionierte. Zu dieser Maßnahme griff etwa Martin Diez,

2473 Über die Strafbefugnis informiert ausführlich: BayHStA München, Polizeischule FFB 34, Dr. Schade (Polizeischule FFB): Dienststrafverfahren, 25.02.1938.

2474 StAM, LRA 189352, Abdruck: Dr. Sepp (Landrat FFB) an Regierungspräsidenten in München: Monatsbericht für April 1939, 02.05.1939, S. 2. Vgl. dazu auch ebd., S. 1 f. Ferner: Rueskäfer, Monatsberichte, S. 209 f.

2475 Vgl. StAM, LRA 189352, Abdruck: Dr. Sepp (Landrat FFB) an Regierungspräsidenten in München: Monatsbericht für April 1939, 02.05.1939, S. 2. Weil Daluege ihn aber bereits am 29. März 1939 in seine neue Stelle versetzte, ist es wenig wahrscheinlich, dass Korsemann aus diesem Grund an die Polizeischule gelangte. Vgl. dazu u. a. BayFHVR Pol FFB, Ordner 15d – Gerret Korsemann, Abschrift von Abschrift des Schnellbriefs: I. V. Daluege (RFSSuChdDtPol) an u. a. Polizeischule FFB, 29.03.1939.

2476 Vgl. BayHStA München, Polizeischule FFB 13, Korsemann (Polizeischule FFB): Kommandobefehl Nr. 21, 31.05.1939.

2477 BayHStA München, Polizeischule FFB 13, Korsemann (Polizeischule FFB): Kommandobefehl Nr. 22, 03.06.1939.

als der Polizeianwärter Heinrich Berndl einen Sonderurlaub mit der Lüge erschwindelt hatte, dass sein Vater und sein Bruder in Norwegen gefallen seien.[2478] In einem weiteren Fall saßen zwei Rekruten eine geringe Strafe in der Arrestzelle ab, „weil sie gemeinsam einem schlafenden Kameraden Papier zwischen die Zehen steckten und anzündeten, so dass bei diesem Verbrennungen auftraten".[2479] Ihren Arrest hatten die Täter jedoch im benachbarten Fliegerhorst zu verbüßen, da die polizeiliche Lehranstalt über solche Zellen nicht selbst verfügte.[2480] Die ordnungspolizeilichen Bildungsanstalten berichteten spätestens ab Frühjahr 1943 monatlich dem Reichsführer-SS, welche Dienststrafen sie gegen Polizeioffiziere ausgesprochen hatten. Kurz, aber anschaulich musste auch die Brucker Institution an ihren obersten Chef melden, was genau vorgefallen war und weshalb zu einer solchen Maßnahme überhaupt erst gegriffen werden musste.[2481] Dadurch informierte sich Himmler darüber, wie sich seine Polizeiführer benahmen und wie sehr sie sich in sein gedachtes „Staatsschutzkorps" einfügten. Auch wenn sie noch so klein und harmlos erschienen, besaßen die Vorfälle an der Polizeischule daher eine nicht zu unterschätzende Tragweite, weil sie die gesamte Karriere der späteren Offiziere beeinflussen konnten.

Besonders pikant war es dann, wenn die Gesetzeshüter eben mit diesem Gesetz in Konflikt gerieten, so dass sie sogar vor einem Gericht erscheinen mussten. Von einem solchen Fall berichtete Diez, bei dem der Anwärter Herbert Knopik sogar aus der Ordnungsmacht ausschied. Das SS- und Polizeigericht in München habe ihn am 14. November 1940 zu zweieinhalb Jahren Haft verurteilt, weil er vorsätzlich eine Meldung falsch erstattet, sich eine Woche lang unerlaubt vom Dienst entfernt und sich mehrfach des Betrugs schuldig gemacht habe.[2482] Aber auch Ausbilder des Bataillons verhielten sich nicht immer so, wie es der Polizeiapparat von ihnen erwartete. Wie ein weiterer Bericht besagt, sei der Hauptwachtmeister Ernst Wolf aus Erding „wegen eines Vergehens nach § 183 RStGB. am Hindenburgplatz in Fürstenfeldbruck festgenommen" und an das Münchner SS- und Polizeigericht gemeldet worden.[2483] Dieses verurteilte den Polizisten also wegen einer „unzüchtigen Handlung" zu einem zweimonatigen Gefängnisaufenthalt, weshalb seine Abordnung aufgehoben und er durch den Kommandeur entlassen wurde.[2484] Um sittliche Vergehen ging es ebenfalls bei einer anderen Begebenheit. Ein Anwärter musste sich wegen Hausfriedensbruch und Verführung Minderjähriger verantworten, wovon ihn das SS- und Polizeigericht in der Landeshauptstadt allerdings freisprach.[2485] In einem weiteren Fall beging ein Rekrut des Ausbildungsbataillons Fahnenflucht, indem er von seinem Urlaub einfach nicht mehr zurückkehrte. Außerdem erschlich er sich von einer jungen Frau einen hohen Geldbetrag, weshalb er insgesamt zweieinhalb Jahre hinter Gittern verbüßen musste. Und schließlich

2478 Vgl. BayHStA München, Polizeischule FFB 14, Diez (PAB FFB): Bataillonsbefehl Nr. 45, 19.07.1940.
2479 BayHStA München, Polizeischule FFB 14, Diez (PAB FFB): Bataillonsbefehl Nr. 64, 23.10.1940.
2480 Vgl. BayHStA München, Polizeischule FFB 14, Diez (PAB FFB): Bataillonsbefehl Nr. 25, 25.04.1940.
2481 Vgl. BayHStA München, Polizeischule FFB 34, Schnellbrief: I. A. Geibel (Chef der Ordnungspolizei) an u. a. alle Kommandeure der Schulen: Meldung von Disziplinarstrafen gegen Polizeioffiziere an den Reichsführer SS, 26.02.1943.
2482 Vgl. BayHStA München, Polizeischule FFB 14, Diez (PAB FFB): Bataillonsbefehl Nr. 71, 03.12.1940.
2483 BayHStA München, Polizeischule FFB 173, Diez (PAB FFB) an Gruppenkommandeur der PAB Gruppe Süd: Tätigkeitsbericht gemäß Gruppenbefehl Nr. 13 Ziffer 9 vom 23.2.1940, 24.06.1940, S. 2.
2484 Vgl. BayHStA München, Polizeischule FFB 173, Diez (PAB FFB) an Gruppenkommandeur der PAB Gruppe Süd: Tätigkeitsbericht gemäß Gruppenbefehl Nr. 13 Ziffer 9 vom 23.2.1940, 30.07.1940, S. 4.
2485 Vgl. ebd., S. 4.

musste ein Polizeireservist für neun Monate ins Gefängnis gehen, weil er gegen das Heimtückegesetz verstoßen hatte.[2486]

All diese Begebenheiten veranschaulichen, dass es durchaus Einzelfälle gab, welche die Routine des Ausbildungsalltags durchbrachen, weil sich Vertreter der Brucker Lehranstalt besonders rühmlich oder unrühmlich verhielten. Dabei schien es zwar geradezu selbstverständlich zu sein, wenn Polizisten einen Verbrecher verhafteten oder Hilfsbedürftige aus einer Notsituation retteten. Trotzdem lobte der Kommandeur, dass sich seine Männer so engagiert hatten, weil sie damit der Schulgemeinschaft zum Vorbild dienten und die Polizeischule öffentlich in ein günstiges Licht rückten. Hinzu kamen Situationen, in denen einzelne ihrer Vertreter ganz im Sinne der NS-Ideologie handelten und somit dazu beitrugen, dass das Regime vor Ort noch stärker seine Macht entfalten konnte. Wesentlich häufiger kam es aber vor, dass einzelne Beamte am guten Image der Institution kratzten, indem sie gegen ihren Verhaltenskodex und das Gesetz verstießen. Die aufgeführten Vorfälle mögen meist recht harmlos wirken. Da tausende Männer die Brucker Bildungsanstalt besuchten oder in ihr arbeiteten, war es unwahrscheinlich, dass sie sich alle immer genau so verhielten, wie es dem NS-Staat vorschwebte. Es darf aber nicht vergessen werden, dass hier Männer am Werk waren, welche die Ordnungspolizei des „Dritten Reichs" repräsentieren sollten. Obwohl der Reichsführer-SS deren Wertesystem okkupiert hatte, konnte das aber nichts daran ändern, dass er letztlich auf Menschen angewiesen war, die den nationalsozialistischen Polizeistaat verkörperten.

2486 Vgl. BayHStA München, Polizeischule FFB 173, Diez (PAB FFB) an Gruppenkommandeur der PAB Gruppe Süd: Tätigkeitsbericht gemäß Gruppenbefehl Nr. 13 Ziffer 9 vom 23.2.1940, 25.10.1940, S. 2; BayHStA München, Polizeischule FFB 173, Diez (PAB FFB) an Gruppenkommandeur der PAB Gruppe Süd: Tätigkeitsbericht gemäß Gruppenbefehl Nr. 13 Ziffer 9 vom 23.2.1940, 25.11.1940, S. 13.

7. Akteure des „Täterorts" – Das Personal der Polizeischule Fürstenfeldbruck

7.1 Nicht nur Statistik – Vier Offiziersanwärterlehrgänge in Zahlen

Während die vorangegangenen Ausführungen bereits erahnen lassen, welche Menschen die Polizeischule Fürstenfeldbruck besuchten oder in ihr arbeiteten, soll diese Perspektive nun vertieft werden. Bevor einzelne Lehrer und Schüler biographisch näher betrachtet werden, lohnt es sich aber zunächst, ausgewählte Lehrgänge sozialstatistisch zu durchleuchten. Dieses Unterfangen gestaltet sich jedoch schwierig, weil die überlieferten Quellen nicht immer aussagekräftige Informationen liefern.[2487] Darüber hinaus sollen die Ergebnisse der folgenden Analyse zumindest partiell mit denen weiterer Studien verglichen werden, die sich mit den Führungskräften anderer Waffenträger des NS-Staats befassen. Anders als die vorliegende Arbeit konzentrieren sich die meisten dieser Werke aber nicht gesondert auf die Gruppe der auszubildenden Nachwuchsführer, weshalb ein unmittelbarer Vergleich nur bedingt möglich ist. Des Weiteren darf auch nicht vergessen werden, dass die untersuchten Personengruppen aus Fürstenfeldbruck nur einen kleinen Teil des gesamten Offizierskorps der Ordnungspolizei ausmachten und daher nur eingeschränkt repräsentativ sind.

An anderer Stelle konnte die Studie bereits zeigen, dass alle Offiziersschulen der Ordnungspolizei zwischen 1936 und 1945 insgesamt 48 Offiziersanwärterlehrgänge durchführten.[2488] 22 davon fanden allein in Fürstenfeldbruck statt, von denen vier im Folgenden eingehender analysiert werden, um eine Antwort auf die Frage zu finden, aus was für Männern sich ein solcher Kurs an der oberbayerischen Polizeischule zusammensetzte. Es handelt sich dabei zunächst einmal um den 4. OAL, der vom 7. Januar bis 18. Dezember 1937 stattfand und mit 40 Teilnehmern begann, von denen 39 den Kurs erfolgreich absolvierten. Ihn genauer zu betrachten, lohnt sich deshalb, weil er der erste Lehrgang für angehende Polizeiführer des NS-Staats war, den die Brucker Bildungsanstalt abhielt. Als nächstes fiel die Wahl auf die beiden Kurse, die einerseits auf den 4. OAL folgten, sich andererseits jedoch phasenweise mit ihm sogar zeitlich überlappten: Der 6. OAL dauerte vom 1. April 1937 bis 23. März 1938 und umfasste insgesamt 73 Anwärter, wobei drei von ihnen den Lehrgang nicht bestehen konnten. Vom 3. August 1937 bis 28. Juli 1938 fand dann der 7. OAL statt, den immerhin 33 von 34 Teilnehmern meisterten.

Diesen drei Lehrgängen ist gemein, dass die Brucker Schule sie nicht nur in den Friedensjahren, sondern dadurch auch in jener Phase abhielt, in der Himmlers Polizeiapparat rege damit experimentierte, wie er seinen Führungsnachwuchs bestmöglich ausbilden konnte. Darüber hinaus standen sie zwar einerseits für sich allein, waren andererseits aber zweige-

2487 Zur recht schwierigen Quellenlage und zu Problemen der sozialstatistischen Verfahren siehe Kapitel 1.3.

2488 Siehe dazu Kapitel 4.4.2.

teilt, weil fast zeitgleich in Berlin-Köpenick ebenfalls Kurse durchgeführt wurden, die dieselben Nummern aufwiesen wie ihre süddeutschen Pendants.[2489] Grundsätzlich fanden gerade sie Eingang in die Studie, da sie die drei ersten Offiziersanwärterlehrgänge in Fürstenfeldbruck waren. Das ist deshalb wichtig, weil sie damit Prototypen für die nachfolgenden Lehrgänge waren. Zugleich hatten ihre Absolventen am längsten Zeit, um hernach im NS-Staat weiter beruflich aufzusteigen. Da die Polizisten bereits ab den Jahren 1937 und 1938 einen Offiziersrang bekleideten, konnten sie bis zum Ende des „Dritten Reichs“ unter Umständen eine beachtliche Machtfülle entfalten.

Abbildung 39: Lehrabteilung des 21. OAL (BayFHVR Pol)

Zudem wurde noch der 21. OAL eingehender analysiert, den 147 von 213 Anwärtern als Oberbeamte verlassen konnten, die dafür vom 3. März bis 16. August 1941 in Fürstenfeldbruck zugebracht hatten. Dieser Kurs ist schon allein deshalb interessant, weil er der erste war, der an der oberbayerischen Bildungsstätte stattfand, nachdem das Brucker Polizeiausbildungsbataillon aus ihr abgezogen war. Im Gegensatz zu den anderen drei Lehrgängen erfolgte er während des Krieges. Dabei begann er wenige Monate vor dem deutschen Überfall auf die Sowjetunion, überdauerte jedoch den Beginn des Russlandfeldzugs. Er endete also zu einer Zeit, als die paramilitärischen Einheiten der uniformierten Polizei bereits tief im „Osten“ eingesetzt waren und deshalb erst recht einen großen Personalbedarf hatten. Deswegen ist anzunehmen, dass sich die neuen Offiziere ziemlich schnell in den Besatzungsapparat integrieren und dort bedeutende Führungspositionen besetzen konnten. Die Anzahl der Schüler des 21. OAL lag vermutlich schon allein deswegen wesentlich höher als bei den übrigen untersuchten Kursen, weil er nicht zwischen Fürstenfeldbruck und Berlin-Köpenick aufgeteilt war. Ferner weist sein Umfang darauf hin, wie sehr Dalueges Polizei in dieser Phase des Krieges versuchte, dem Mangel an dringend benötigten Führungskräften entgegenzusteuern. Daher mag es zunächst überraschen, dass diesen Kurs nur knapp 70 % der Teilnehmer bestanden, während die Erfolgsquote in den früheren Lehrgängen weitaus höher gelegen hatte. Allerdings darf an dieser Stelle nicht vergessen werden, dass sich parallel zur wachsenden Nachfrage nach geeigneten Offizieren aber nicht die Qualität der Kandidaten erhöhte.[2490]

2489 Siehe dazu Kapitel 4.4.1 und 4.4.2.
2490 Siehe dazu Kapitel 4.3, 4.4 und 5.2.

Tabelle 9: Verhältnis von Teilnehmern zu Absolventen der OAL			
OAL	**Teilnehmer**	**Absolventen**	**in %**
4. OAL	40	39	97,50
6. OAL	73	70	95,89
7. OAL	34	33	97,06
21. OAL	213	147	69,01
Gesamt:	360	289	80,28

Insgesamt 360 Teilnehmer besuchten also die vier ausgewählten Offiziersanwärterlehrgänge, die 289 Männer erfolgreich bewältigen konnten, was eine Quote von rund 80 % ausmacht. Sie lag damit ein wenig höher als die der gesamten Lehrgänge, welche die Ordnungspolizei zwischen 1936 und 1945 veranstaltete. Dabei entsprach sie ziemlich genau dem Mittelwert der Polizeischule Fürstenfeldbruck. Im Folgenden sollen aber tatsächlich nur die Absolventen der vier ausgewählten Kurse interessieren, weil sie es waren, die ihre Ausbildung meisterten und anschließend zum Offizierskorps der uniformierten Polizei gehörten. Dadurch war es ihnen möglich, im „Dritten Reich" und nach dessen Zusammenbruch wirklich Karriere zu machen. Von den insgesamt 289 Offizieren konnten in den BDC-Beständen die Unterlagen und damit auch valide Daten von 216 Oberbeamten ermittelt werden, was eine Ausbeute von rund 75 % bedeutet. Sozialstatistisch relevante Informationen über diese Männer beinhalten dabei vorwiegend die Personalakten der SS-Führer (SSO) sowie des Rasse- und Siedlungshauptamts der SS (RS). Ergänzt werden konnten sie mit jenen aus der Reichsrangliste der Offiziere der Ordnungspolizei (RRL), die für verschiedene Jahre und Dienstgrade vorliegt.[2491] Zwar sind aus den Lehrgangsakten der Polizeischule Fürstenfeldbruck auch noch die Geburtstage sowie die Geburts- und Dienstorte der gesamten Absolventengruppe des jeweiligen Kurses bekannt. Dennoch wurden diese Informationen nicht berücksichtigt, weil das ansonsten die übrigen Ergebnisse nur verzerrt hätte.

Tabelle 10: Verhältnis von Absolventen der OAL zu Treffern in BDC-Beständen			
OAL	**Absolventen gesamt**	**davon Treffer**	**in %**
4. OAL	39	26	66,67
6. OAL	70	44	62,86
7. OAL	33	20	60,61
21. OAL	147	126	85,71
Gesamt:	289	216	74,74

2491 Vgl. z. B. Reichsrangliste der Offiziere der Ordnungspolizei, 4. Teil: Hauptleute, Berlin 1944 [Künftig: RRL].

Ein erster wichtiger Aspekt ist der Zeitraum, in dem die einzelnen Vertreter der untersuchten Kurse zur Welt kamen. Die meisten dieser Brucker Absolventen wurden in den Jahren zwischen 1900 und 1910 geboren, womit sie der sogenannten „Kriegsjugendgeneration" angehörten. Meist waren sie damit einerseits zu jung, um selbst auf die Schlachtfelder des Ersten Weltkriegs zu ziehen, aber andererseits zu alt, um von den Erfolgen und schließlich vom Scheitern der deutschen Armee nichts mitzubekommen. Gerade der verlorene Krieg prägte sie maßgeblich, weil er in ihrer Jugend als zentrales Thema dominierte. Denn auf die infantile Kriegseuphorie im Sommer 1914 folgten prekäre Zeiten, in denen die ihnen vertraute Lebenswelt letztlich zusammenbrach. Sie brachten zunächst unfreiwillige Opfer dar, weil ihre Väter und älteren Brüder von zuhause fort waren, da sie an den Fronten kämpften und viele von dort nie mehr zurückkehrten. Zum Ende des Krieges und in der Folgezeit mussten sie aber auch materiellen Wohlstand entbehren und in ihren Jugendjahren häufig einen sozialen Abstieg aus dem bürgerlichen Milieu erfahren. Deshalb brachen sie demonstrativ mit der Vätergeneration, indem sie sich betont rational, kühl, hart und dadurch wenig einfühlsam gegenüber ihren Mitmenschen gaben. Trotzdem oder gerade deswegen verfielen sie selbst einer realitätsfremden Kriegsromantik, in der sie den Frontkämpfer zu ihrem Männlichkeitsideal erhoben. Außerdem wurden sie schon sehr früh politisiert und dabei auch radikalisiert, weshalb sie oftmals völkischem Gedankengut zugeneigt waren.[2492]

Wenngleich sich für das untersuchte Sample quellenbedingt nur wenige dieser Eigenschaften nachweisen lassen, ist allerdings klar, dass über 62 % der analysierten Offiziersanwärter dieser „Kriegsjugendgeneration" zugeordnet werden können. Mit 124 Mann stammten allerdings etwas mehr als 91 % von ihnen allein aus dem 21. OAL, in dem sich im Durchschnitt deutlich ältere Beamte befanden. Die ersten drei Kurse rekrutierten sich dagegen hauptsächlich aus der „Nachkriegsgeneration". Diese umfasste jene Männer, die ab 1911 geboren wurden und sich daher an den Krieg selbst nicht mehr erinnerten. Deshalb wussten sie schon gleich gar nicht, welche vergleichsweise stabilen Verhältnisse zuvor im Kaiserreich geherrscht hatten. Stattdessen verlebten sie ihre Kindheit zumeist in den mitunter recht turbulenten Jahren der Weimarer Republik. Nur ein einziger Polizist gehörte stattdessen streng genommen der „jungen Frontgeneration" an, die im Jahrzehnt vor 1900 das Licht der Welt erblickte, in vielen Fällen auch noch am Ersten Weltkrieg teilnahm und durch das dabei Erlebte tief geprägt war.[2493] Allerdings kam Georg Bauer vom 21. OAL erst am 2. Dezember 1899 zur Welt, weshalb es eigentlich auch denkbar wäre, ihn zu seinen übrigen Kollegen zu zählen. Da er aber selbst im Jahre 1918 aktiv kämpfender Soldat im Ersten Weltkrieg war, repräsentiert er zu Recht die ihnen vorausgehende „junge Frontkämpfergeneration".[2494] Während er der älteste der untersuchten Absolventen war, wurde als jüngster Hans Ott vom 4. OAL erst am 8. November 1915 geboren.[2495]

2492 Vgl. dazu u. a. Herbert, Best, S. 43–45.

2493 Vgl. ebd., S. 44. Das Konzept der drei genannten Generationen stammte von Ernst Günther Gründel, der es in seinem im Jahre 1933 erschienenen Buch „Die Sendung der Jungen Generation" darlegte. Vgl. Ernst Günther Gründel, Die Sendung der Jungen Generation. Versuch einer umfassenden revolutionären Sinndeutung der Krise, München 1933, S. 22–63. Ferner: Schmidt, Polizisten, S. 131–136.

2494 Vgl. BAB, RS – Georg Bauer.

2495 Vgl. BAB, SSO und RS – Hans Ott.

Tabelle 11: Absolventen nach Generation			
OAL	**bis 1899**	**1900–1910**	**1911–1915**
4. OAL	0	0	26
6. OAL	0	4	40
7. OAL	0	8	12
21. OAL	1	124	1
Gesamt:	1	136	79
in %:	0,46	62,96	36,57

Grundsätzlich zeigt sich, dass in den „frühen" Lehrgängen meist auch die jüngste der drei Generationen überwog, während das Regime im Zweiten Weltkrieg offener eingestellt war gegenüber älteren Offiziersanwärtern.[2496] Dessen ungeachtet kann trotzdem attestiert werden, dass es bei den Nachwuchskräften der Ordnungspolizei einen generationellen Schwerpunkt gab. Ähnlich wie das Führerkorps der Sicherheitspolizei und des SD waren sie vorwiegend nach 1900 zur Welt gekommen.[2497] Allerdings ist dieser Befund nicht wirklich überraschend, da der Führungsnachwuchs im NS-Staat organisationsübergreifend möglichst jung sein sollte. Während aber die Offiziersriege der Ordnungspolizei kriegsbedingt zunehmend ältere Angehörige aufnehmen musste, war das bei der Waffen-SS genau andersherum, deren Führerkorps sich zunehmend „verjüngte", obwohl die beiden Altersstrukturen doch recht ähnlich waren.[2498]

Als ihr Offiziersanwärterlehrgang begann, waren sämtliche aufgefundenen Ordnungspolizisten des Samples im Schnitt 30 Jahre alt. Dieser Gesamtwert täuscht jedoch darüber hinweg, dass das Durchschnittsalter in den ersten drei analysierten Kursen deutlich niedriger war als im letzten. Der „jüngste" Lehrgang war der 4. OAL, zu dem die späteren Absolventen im Alter von durchschnittlich 22½ Jahren reisten.[2499] Bei den nachfolgenden Kursen nahm der Altersdurchschnitt zunächst langsam und dann abrupt zu. Den 21. OAL meisterten reifere Männer, die mit durchschnittlich 35 Jahren wesentlich älter waren als ihre Vorgänger. Darin schlägt sich die Tatsache nieder, dass die Ordnungspolizei in der Anfangsphase noch unter jungen Kandidaten auswählen konnte. Kriegsbedingt musste Dalueges Machtapparat jedoch zunehmend auf ältere Beamte zurückgreifen, die zwar im Polizeiberuf bereits erfahren, dafür aber nicht mehr ganz so jung waren. Das war ein unverkennbares Symptom des seinerzeit stark ausgeprägten Personalmangels, der sich während des Zweiten Weltkriegs zunehmend verschlimmerte. Davon abgesehen verrät aber ein Blick auf den 6. und 7. OAL, dass das Altersniveau der Offiziersanwärter bereits in den Friedensjahren nicht konstant blieb. Insgesamt kann aber ausgesagt werden, dass die Beamten schon in recht jungen Jahren an die Polizeischule Fürstenfeldbruck und anschließend in verantwortungsvolle Positionen gelangten. Während die drei ersten Gruppen jeweils rund ein Jahr lang dort zubrachten, ende-

2496 Siehe dazu auch Kapitel 4.3.

2497 Vgl. dazu Wildt, Generation, S. 24; Banach, Elite, S. 325.

2498 Vgl. Wegner, Soldaten, S. 214–216.

2499 Jens Westemeier zeigt am Beispiel eines Lehrgangs an der SS-Junkerschule Braunschweig, dass seine späteren Absolventen zu dessen Beginn einen ähnlichen Altersdurchschnitt besaßen. Vgl. Westemeier, Krieger, S. 63.

te der 21. OAL für seine Teilnehmer deutlich früher, was offensichtlich auf das reformierte Ausbildungskonzept während des Krieges zurückzuführen war.

Tabelle 12: Durchschnittsalter bei Beginn und Ende des OAL

OAL	Beginn	Ende
4. OAL	22,58	23,54
6. OAL	23,14	24,11
7. OAL	25,65	26,65
21. OAL	35,25	35,65
Gesamt:	30,37	31,01

Ein Blick auf die geographische Herkunft der untersuchten Offiziersanwärter offenbart, dass rund 30 % von ihnen in Bayern geboren wurden, was den größten Anteil ausmachte. Danach folgten Sachsen mit 16,67 % sowie Badener und Württemberger mit jeweils 6,48 %. Wenngleich es geradezu belanglos erscheinen mag, woher die einzelnen Beamten gebürtig stammten, lässt eine solche Analyse erkennbar werden, welche regionalen Schwerpunkte sich in den Lehrgängen ergaben. Zwar kann meist nur darüber spekuliert werden, welche Folgen es für einen Kursus hatte, wenn Schüler aus einem bestimmten Herkunftsgebiet zahlenmäßig dominierten. Allerdings ist bereits an anderer Stelle deutlich geworden, dass die Teilnehmer kleine Grüppchen bildeten, je nachdem woher sie kamen. Das konnte zuweilen den Integrationsprozess untereinander erschweren.[2500] Eben das stand dem Bestreben von Himmlers Polizeiapparat entgegen, eine möglichst homogene Führungsriege zu schaffen, in der sich ein umfassender Korpsgeist entwickeln sollte. Allerdings ist nicht bekannt, ob es dahingehend auch in den vier untersuchten Lehrgängen irgendetwas zu beanstanden gab.

2500 Vgl. dazu BayHStA München, Polizeischule FFB 123, Dr. Schade (Polizeischule FFB) an RFSSuChdDtPol: Erfahrungsbericht über die Gruppen- und Zugführerausbildung des 12. Offz.-Anwärterlehrg., 22.02.1939, S. 2. Siehe dazu auch Kapitel 5.2.

Tabelle 13: Geburtsorte nach Region						
Gebiet	4. OAL	6. OAL	7. OAL	21. OAL	Gesamt	in %
Anhalt	0	0	0	1	1	0,46
Baden	4	5	2	3	14	6,48
Bayern	11	18	6	30	65	30,09
Berlin/Brandenburg/Westpreußen	0	0	0	8	8	3,70
Elsass-Lothringen	0	0	1	0	1	0,46
Hannover	0	1	0	6	7	3,24
Hessen	1	6	3	2	12	5,56
Hohenzollern	0	1	0	0	1	0,46
Mecklenburg	0	0	0	3	3	1,39
Ober- und Niederschlesien	0	0	0	6	6	2,78
Österreich	1	0	0	6	7	3,24
Ostpreußen	0	0	0	5	5	2,31
Pommern	0	0	0	2	2	0,93
Posen	0	0	0	2	2	0,93
Rheinprovinz	0	5	1	6	12	5,56
Saargebiet	1	1	0	0	2	0,93
Sachsen	5	1	6	24	36	16,67
Schleswig-Holstein	0	0	0	3	3	1,39
Thüringen	2	0	0	1	3	1,39
Tschechoslowakei/Sudetenland	0	2	0	0	2	0,93
Westfalen	0	1	0	9	10	4,63
Württemberg	1	3	1	9	14	6,48
Gesamt:	26	44	20	126	216	100,00

Während die Absolventen der ersten drei Lehrgänge überwiegend aus Süddeutschland kamen, waren im 21. OAL deutlich mehr Schüler aus anderen Teilen des Deutschen Reichs vertreten. Einige von ihnen stammten sogar aus Regionen, die zumindest zur Zeit ihrer Geburt noch nicht zum deutschen Einflussbereich gehörten. Noch deutlicher zeigt sich dies, wenn man untersucht, von welchen Polizeiverwaltungen die einzelnen Beamten zur oberbayerischen Lehranstalt abgeordnet waren, da bestimmte Quoten dann noch höher ausfallen. Demnach arbeiteten sogar 35,65 % der angehenden Führungskräfte in bayerischen Dienststellen, während 17,59 % in Sachsen tätig waren. Nun hatten jedoch 9,72 % der Männer eine württembergische Arbeitsstätte, wobei weitere 6,94 % aller untersuchten Polizisten dienstlich aus dem Gebiet Berlin, Brandenburg und Westpreußen kamen. Daneben waren im 21. OAL aber auch deutsche Ordnungspolizisten zu finden, die zuvor noch an Dienststellen in Österreich, im Sudetenland und sogar im Generalgouvernement beheimatet waren.

Insofern war dieser Lehrgang personell noch wesentlich stärker durchmischt, so dass sich die älteren Beamten im Jahre 1941 gegenseitig davon erzählen konnten, was sie bisher im Polizeidienst und vor allem während des noch jungen Krieges erlebt hatten. Einige von ihnen kamen nach Fürstenfeldbruck bereits als erfahrene „Praktiker", die sich zuvor schon auf irgendeine Weise im „auswärtigen Einsatz" befunden hatten. Der 34 Jahre alte Herbert Kanigowski etwa war in Königsberg geboren und vom polnischen Sosnowitz zur Brucker Lehranstalt abgeordnet. Kurz zuvor hatte er noch der Feldgendarmerieabteilung 685 angehört.[2501] Bis wenige Tage vor Beginn des Lehrgangs dienten in der Militärpolizei auch einige seiner Kameraden, zu denen etwa Franz Bohnes, Adolf Froböse und Hans-Heinrich Kluge zählten.[2502] Andere waren vor ihrem Lehrgang hingegen in der SS-Polizei-Division eingesetzt, in der sich beispielsweise Gerhard Franzke, Heinrich Lienhard oder Thomas Reith befunden hatten.[2503]

Auch wenn nicht immer ganz klar ist, was sie in diesen Einheiten taten, steht jedoch fest, dass sie darin bereits praktische Erfahrungen sammeln konnten, noch ehe sie wieder die Schulbank drückten. Im Gegensatz zu ihnen kann das von den anderen drei Kursen nicht behauptet werden. Deren Teilnehmer besuchten die polizeiliche Lehranstalt in den Vorkriegsjahren, in denen Himmlers Bürokraten noch damit experimentierten, wie sie ihr angehendes Führungspersonal überhaupt erst auf den Krieg vorbereiten konnten. Je weiter der Krieg jedoch voranschritt, umso häufiger fanden sich in Fürstenfeldbruck Männer, die zuvor schon mehr oder minder stark in die deutschen Eroberungsfeldzüge und möglicherweise auch in Verbrechen involviert waren. Spätestens in der zweiten Kriegshälfte sollten sie aber tunlichst aus der „Praxis" kommen. Denn der Reichsführer-SS hatte in seinem Erlass vom 28. März 1943 bestimmt, dass die Offiziersanwärter bereits in Polizeieinheiten eingesetzt gewesen sein mussten, bevor sie überhaupt an die wichtigsten Bildungsstätten der Ordnungspolizei gehen konnten.[2504]

2501 Vgl. BAB, SSO – Herbert Kannigowski.

2502 Vgl. BAB, SSO – Franz Bohnes, Adolf Froböse und Hans-Heinrich Kluge.

2503 Vgl. BAB, SSO – Gerhard Franzke, Heinrich Lienhard und Thomas Reith.

2504 Vgl. BAB, R 19/10, I. V. [unleserlich] (RFSSuChdDtPol) an u. a. die Schulen: Offiziernachwuchs, 28.03.1943, Bl. 111–113 und 116. Siehe dazu auch Kapitel 4.3.

Tabelle 14: Herkunft nach Polizeiverwaltungen in den Regionen						
Gebiet	**4. OAL**	**6. OAL**	**7. OAL**	**21. OAL**	**Gesamt**	**in %**
Anhalt	0	0	0	1	1	0,46
Baden	2	2	1	5	10	4,63
Bayern	12	31	7	27	77	35,65
Berlin/Brandenburg/Westpreußen	0	0	0	15	15	6,94
Braunschweig	0	0	0	1	1	0,46
Bremen	0	0	0	1	1	0,46
Generalgouvernement	0	0	0	1	1	0,46
Hamburg	0	0	0	1	1	0,46
Hannover	0	0	0	3	3	1,39
Hessen	1	2	3	0	6	2,78
Mecklenburg	0	0	0	2	2	0,93
Ober- und Niederschlesien	0	0	0	5	5	2,31
Österreich	0	0	0	7	7	3,24
Ostpreußen	0	0	0	1	1	0,46
Rheinprovinz	0	0	0	11	11	5,09
Saargebiet	1	0	0	0	1	0,46
Sachsen	4	1	9	24	38	17,59
Thüringen	3	0	0	3	6	2,78
Tschechoslowakei/Sudetenland	0	0	0	3	3	1,39
Westfalen	0	0	0	5	5	2,31
Württemberg	3	8	0	10	21	9,72
Gesamt:	26	44	20	126	216	100,00

Es kommt bestimmt nicht von ungefähr, dass die ersten drei Offiziersanwärterlehrgänge regional in sich noch relativ homogen waren. Das lässt darauf schließen, dass der Polizeiapparat anfänglich seinen Zuständigkeitsbereich geographisch zweigeteilt hatte, um seine Anwärter aus dem Norden nach Berlin-Köpenick zu schicken, während die süddeutschen Schüler nach Fürstenfeldbruck gelangten. Darauf weist auch eine Liste von Absolventen des 5. OAL hin, der vom 4. Januar bis 30. Juni 1937 in der Reichshauptstadt fast ausschließlich norddeutsche Beamte beherbergte.[2505] Aber noch vor Beginn des Krieges mischten sich beide Sphären, so dass Polizisten seither aus dem gesamten Reichsgebiet in einem Lehrgang vereint waren, zu dem ab 1938 auch österreichische Polizisten kamen.[2506] Es muss jedoch dahingestellt bleiben, inwieweit sich das auf die Atmosphäre in den Kursen auswirkte.

Ferner waren knapp 92 % der untersuchten Beamten verheiratet. Dieser hohe Anteil kommt nicht zuletzt dadurch zustande, dass sich bis auf zwei alle der insgesamt 126 ermittelten Absolventen des 21. OAL nachweislich in einer Ehe befanden. Dabei muss jedoch berücksichtigt werden, dass diese Polizisten im Schnitt auch deutlich älter waren als ihre Kollegen in

2505 Vgl. BAB, R 19/19b, Schnellbrief: Frick (RuPrMdI) an u. a. Polizeischule Berlin-Köpenick, 01.07.1937, Bl. 2–4. Ferner: RdErl. d. RFSSuChdDtPol. im RMdI. v. 11.12.1936, in: RMBliV, 16.12.1936, Nr. 53, Sp. 1640k f., hier: Sp. 1640k.

2506 Darauf deuten z. B. die Unterlagen des 8. und 12. OAL hin, die beide im November 1938 in Fürstenfeldbruck anliefen. Vgl. dazu BayHStA München, Polizeischule FFB 122 und 123.

den drei anderen Lehrgängen. Doch auch diese jüngeren Ordnungshüter waren während des „Dritten Reichs" großteils den Bund fürs Leben eingegangen. Sie taten dies in der Regel, nachdem sie den Kurs bewältigt hatten, während die gestandenen Männer des 21. OAL bereits in der Weimarer Republik oder zumindest noch vor ihrem Lehrgang geheiratet hatten. Das war ganz im Sinne ihres obersten Chefs, dessen Propagandaapparat auch in den Reihen der Ordnungspolizei dafür warb, dass seine Untergebenen möglichst früh vor den Traualtar treten sollten.[2507] Dafür hatte Himmler bereits am 31. Dezember 1931 einen „Heiratsbefehl" für die SS erlassen, der vorschrieb, dass seine noch ledigen Mannen ihre Partnerinnen behördlich überprüfen lassen mussten. Erst wenn das spätere RuSHA die angehenden Bräute für „rassisch" wertvoll befand und die Heirat genehmigte, konnten sich die Angehörigen des „Schwarzen Korps" überhaupt erst mit ihnen verloben.[2508] Auch die SS-Mitglieder unter den Offiziersanwärtern der uniformierten Polizei mussten ihre Frauen dieser elitären Auslese unterziehen.

Tabelle 15: Familienstand

OAL	verheiratet	ledig	k.A.	Gesamt	in %
4. OAL	21	5	0	26	80,77
6. OAL	37	7	0	44	84,09
7. OAL	16	3	1	20	80,00
21. OAL	124	2	0	126	98,41
Gesamt:	198	17	1	216	91,67
in %:	91,67	7,87	0,46	100,00	91,67

Es war ganz im Sinne der NS-Familienpolitik, dass über 68 % der Polizeioffiziere im Laufe der Zeit mehr oder minder viele Kinder in die Welt setzten. Allerdings blieben dagegen 61 der ermittelten Oberbeamten während des „Dritten Reichs" durchgehend kinderlos. Das lief Himmlers Plänen entgegen, dass seine Mannen möglichst viele neue Soldaten zeugen sollten, noch ehe sie in den Krieg zogen. Deutlich mehr als ein Viertel der neuen Führungskräfte verfügte seinerzeit also nicht über einen entsprechenden Stammhalter. Von den Vätern hatten 79 allerdings für zwei oder mehrere Nachkommen gesorgt, wobei sechs von ihnen sogar auf jeweils vier Kinder kamen. Kurt Sennewald vom 21. OAL war jedoch der einzige unter den untersuchten Offiziersanwärtern, von dem nachgewiesen werden kann, dass er sogar fünf Kinder gezeugt hatte.[2509]

2507 Vgl. USHMM, LM0223, NCY-1706.12, SS-Mann, S. 61. Ferner: Browning, Männer, S. 237.
2508 Vgl. Hein, Elite, S. 99 f.; Harten, Lehrer, S. 42.
2509 Vgl. RRL, 4. Teil: Hauptleute, 1944, S. 345.

Tabelle 16: Verteilung nach Anzahl der Kinder							
OAL	**keine Kinder**	**1 Kind**	**2 Kinder**	**3 Kinder**	**≥ 4 Kinder**	**k.A.**	**Ø Kinder**
4. OAL	9	8	5	0	0	4	0,85
6. OAL	24	13	4	1	1	1	0,98
7. OAL	8	6	3	1	1	1	0,95
21. OAL	20	42	38	20	5	1	0,99
Gesamt:	61	69	50	22	7	7	0,94
in %:	28,24	31,94	23,15	10,19	3,24	3,24	

Die meisten Offiziersanwärter waren mehr oder minder stark konfessionell geprägt. Von den insgesamt 216 Männern befanden sich 183 nachweislich in einer christlichen Kirche. 103 von ihnen waren protestantisch und 73 katholisch. Von sieben weiteren Polizisten ist lediglich bekannt, dass sie zwar einer der beiden Glaubensgemeinschaften angehörten, aber nicht ersichtlich, welche das jeweils war. 21 Schüler scheinen zudem seit jeher konfessionslos gewesen zu sein, sofern diese Angaben aus den verwendeten Akten zutreffend sind. Denkbar ist jedoch auch, dass die SS-Bürokraten die entsprechenden Daten nicht immer so sauber aufnahmen, wie sie es eigentlich sollten.

Tabelle 17: Konfession						
OAL	**konfessionell**	**davon katholisch**	**davon protestantisch**	**durchgehend konfessionslos**	**k.A.**	**Gesamt**
4. OAL	17	8	7	7	2	26
6. OAL	32	17	14	6	6	44
7. OAL	15	5	10	4	1	20
21. OAL	119	43	72	4	3	126
Gesamt:	183	73	103	21	12	216
in %:	84,72	33,80	47,69	9,72	5,56	100,00

Von den 183 Gläubigen konnte hingegen ermittelt werden, dass mit 93 etwas mehr als die Hälfte aus der Kirche austrat. Noch deutlich höher lag diese Quote beim Führerkorps der Sicherheitspolizei, in dem sich 81 % von ihrer ursprünglichen Glaubensgemeinschaft abwendeten, wobei die meisten zuvor ebenfalls Protestanten gewesen waren.[2510] Die Absolventen eines Lehrgangs der SS-Junkerschule Braunschweig konnten Mitte der dreißiger Jahre sogar diesen Wert übertrumpfen, da fast alle von ihnen den Kirchenaustritt vollzogen.[2511] Auch die höhere Spitzenriege der Waffen-SS war mehrheitlich protestantisch gewesen, bevor ein Großteil von ihr abtrünnig wurde.[2512]

Interessant an den Befunden über die Brucker Offiziersanwärter ist vor allem, dass nachweislich nur zwei der Männer noch vor der „Machtergreifung" diesen Schritt vollzogen hatten. Die allermeisten Beamten ließen sich jedoch entweder während ihres Offiziersanwär-

2510 Vgl. Banach, Elite, S. 142 f.
2511 Vgl. Westemeier, Krieger, S. 64.
2512 Vgl. Wegner, Soldaten, S. 220–222 und 250–253.

terlehrgangs oder nach dessen Ende „gottgläubig“ erklären. Nur der 21. OAL weicht davon etwas ab, weil die meisten seiner Teilnehmer ihre Konfession änderten, noch bevor der Kurs überhaupt begonnen hatte. Während für den gesamten Lehrgang insgesamt 50 Personen ermittelt werden konnten, die ihre Kirche verließen, taten dies allein 30 Mann, noch bevor sie an die Polizeischule Fürstenfeldbruck gelangten. Dieser Umstand ist aber vor allem darauf zurückzuführen, dass der 21. OAL erst Anfang März 1941 begann, was vergleichsweise spät war. Darüber hinaus handelte es sich bei einem Großteil von seinen Teilnehmern um erfahrene Beamte, die bereits seit der Weimarer Republik in der Polizei arbeiteten. Bis sie im zweiten Kriegsjahr zu ihrem Brucker Lehrgang gelangten, hatten sie bereits über mehrere Jahre hinweg erfahren, welche Vorteile sich für „Gesetzeshüter“ im NS-Staat ergeben konnten, wenn sie ihrer Kirche den Rücken kehrten.

Tabelle 18: Konfessionelle Entwicklung

OAL	In der Kirche verblieben	Kirchenaustritte	Gesamt
4. OAL	5	12	17
6. OAL	14	18	32
7. OAL	2	13	15
21. OAL	69	50	119
Gesamt:	90	93	183
in %:	49,18	50,82	100,00

Die jüngeren Anwärter der übrigen untersuchten Kurse wendeten sich wahrscheinlich auch nur aus opportunistischen Motiven heraus von ihrer ursprünglichen Konfession ab, in der sie von Kindesbeinen an sozialisiert waren. Dafür spricht vor allem die Tatsache, dass ein Großteil von ihnen noch während des Lehrgangs den Kirchenaustritt vollzog. Das konnte aber selbst in der zweiten Kriegshälfte noch geschehen. Wie Stadtpfarrer Dr. Martin Mayr zu berichten wusste, habe die Polizeischule Fürstenfeldbruck stets unter ihren Schülern für den Kirchenaustritt geworben. Nach einem entsprechenden Vortrag am 30. August 1944 seien insgesamt 30 Teilnehmer des damaligen Kurses diesem Aufruf gefolgt, wobei neun von ihnen zuvor katholisch und 21 protestantisch gewesen seien.[2513] Zwar kann nicht ausgeschlossen werden, dass die untersuchten Schüler ganz generell damit auch demonstrativ unterstreichen wollten, wie nahe sie der nationalsozialistischen Weltanschauung standen, die antikirchlich ausgerichtet war.[2514] Indem die jungen Beamten sich als „gottgläubig“ registrieren

2513 Vgl. AEM, Dekanat Fürstenfeldbruck, Fragebogen vom Sommer 1946, Fragebogen C. Nationalsozialistische Verfolgung. Antikirchliche Maßnahmen sachlicher Art, Seelsorgsbezirk Fürstenfeldbruck: Martin Mayr. Anlage II, 15.09.1946, S. 4; Forstner, Kirche, S. 244 f.

2514 Vgl. u. a. Christoph Strohm, Die Kirchen im Dritten Reich, München 2011, S. 62–85. Ferner: Wenzl, Reich, S. 410–412. Heinz Höhne weist darauf hin, dass Himmlers kirchenfeindliche Ideologeme nur einen geringen Teil der SS-Angehörigen erreichten und sich die Mitglieder der Allgemeinen SS mehrheitlich konfessionell nicht veränderten. Umgekehrt stelle sich das zumindest bis zum Krieg bei der Waffen-SS und in den Totenkopfverbänden dar. Allerdings lassen sich diese Erkenntnisse nicht einfach mit den Befunden vergleichen, die für die Offiziersanwärter aus Fürstenfeldbruck vorliegen, da Höhne dabei nicht nur das Führerkorps der SS betrachtet. Vgl. Höhne, Orden, S. 147 f.

ließen, konnte das aber vielmehr hilfreich dabei sein, die Karriereleiter emporzusteigen. Pragmatische und ideologische Beweggründe schlossen sich jedoch ohnehin nicht aus. Dennoch zeigt die Analyse auch, dass es durchaus möglich war, einen prestigeträchtigen Offiziersposten zu bekleiden, ohne dafür seine religiösen Wurzeln zu verleugnen. Nur von 50 Polizisten aus dem 21. OAL ist bekannt, dass sie irgendwann zu „gottgläubig“ wechselten, während eine Mehrheit von 69 der älteren Beamten weiterhin ihrer Konfession treu blieb.

Tabelle 19: Kirchenaustritte nach Zeitraum

OAL	vor 30.01.1933	vor OAL	während OAL	nach OAL	k.A.	Gesamt
4. OAL	0	0	6	4	2	12
6. OAL	0	3	6	5	4	18
7. OAL	0	1	5	4	3	13
21. OAL	2	30	0	12	6	50
Gesamt:	2	34	17	25	15	93
in %:	2,15	36,56	18,28	26,88	16,13	100,00

Weil es als unkameradschaftlich galt, durfte ein Polizist zwar offiziell in seinem Beruf nicht benachteiligt werden, nur weil er gläubig war und einer Kirche oder sonstigen Glaubensgemeinschaft angehörte. Ebenfalls neutral sollte sich der Polizeiapparat verhalten, wenn ein Beamter aus einer solchen austrat und damit „gottgläubig“ wurde, was sich auch in seiner Personalakte wiederfand. Diese Regelung war aber nur scheinbar tolerant. Denn tatsächlich versuchte Himmler, den Einfluss der christlichen Kirchen innerhalb seines Machtbereichs so stark wie möglich zurückzudrängen. Er verbannte einerseits Seelsorger und religiöse Schriften aus den Einrichtungen der Polizei und untersagte den Staatsdienern andererseits, dienstlich und uniformiert an konfessionellen Zeremonien teilzunehmen. Auch verlangte er von seinen Männern, ihren Glauben in der Öffentlichkeit zurückhaltend zu praktizieren sowie stets zwischen Beruf und Privatleben zu trennen. Die Brucker Schulgemeinschaft kannte diese Vorschriften bestens. Sie behandelte einen entsprechenden Erlass Himmlers vom 13. Juli 1938 vierteljährlich im Unterricht.[2515] Auf diese Weise war sie mit einem weiteren Sachverhalt konfrontiert, der dem obersten Polizeichef sogar noch wichtiger erschien. Dieser wollte außerdem, dass ihm seine Dienststellen sämtliche Polizisten meldeten, die sich als „glaubenslos“ oder „gottlos“ einstuften.[2516] Das war nicht zuletzt darauf zurückzuführen, dass Himmler dem Atheismus noch ablehnender gegenüberstand als dem Christentum, weshalb er auch in den Reihen der Schutzstaffel keine „Ungläubigen“ duldete.[2517]

Um sich ein noch genaueres Bild von den Brucker Offiziersanwärtern verschaffen zu können, ist es hilfreich, danach zu fragen, aus welchem gesellschaftlichen Umfeld sie stammten.

2515 Vgl. BayHStA München, Polizeischule FFB 188, Himmler (RFSSuChdDtPol) an u. a. Polizeischule FFB: Bekenntnis der Angehörigen der uniformierten Ordnungspolizei zu Religions- und Weltanschauungsgemeinschaften und Teilnahme an Veranstaltungen derselben, 13.06.1938. Ferner: Steiner, Glaubensbekenntnis, S. 220 f.

2516 Vgl. BayHStA München, Polizeischule FFB 188, Himmler (RFSSuChdDtPol) an u. a. Polizeischule FFB: Bekenntnis der Angehörigen der uniformierten Ordnungspolizei zu Religions- und Weltanschauungsgemeinschaften und Teilnahme an Veranstaltungen derselben, 13.06.1938, S. 4.

2517 Vgl. Longerich, Himmler, S. 229; Steiner, Glaubensbekenntnis, S. 214.

Selbstverständlich lassen sich so komplexe Verhältnisse nur ansatzweise anhand der verwendeten Quellen rekonstruieren, was zudem nicht frei von methodischen Schwierigkeiten ist.[2518] Indem zunächst betrachtet wird, welchen Berufen die Väter der einzelnen Polizeischüler nachgingen, kann dennoch etwas über den sozialen Status des Elternhauses ausgesagt werden. Diese Tätigkeitsfelder können zumindest ganz grob verschiedenen gesellschaftlichen Ständen zugeordnet werden. Angelehnt an Jens Banachs Studie zum Führerkorps der Sicherheitspolizei und des SD unterscheidet auch die vorliegende Studie zwischen den folgenden drei Schichten: Zur Unterschicht zählten ganz allgemein Arbeiter, angestellte Handwerker, niedere Beamte, Soldaten und sonstige Hilfskräfte. Die untere Mittelschicht setzte sich dagegen zusammen aus Handwerksmeistern, Landwirten, Kaufleuten, Angestellten und mittleren Staatsbediensteten. Zu guter Letzt gehörten noch zur oberen Mittelschicht die leitenden Angestellten und Beamten, Offiziere, Hochschulabsolventen, Unternehmer und Fabrikanten sowie Gutsbesitzer und Selbstständige.[2519]

Allerdings muss zunächst einmal festgestellt werden, dass für nur 85 der 216 gefundenen Polizisten solche Angaben überhaupt vorliegen. Von diesen wenigen Offiziersanwärtern lässt sich aber eine deutliche Mehrheit von rund 62 % der unteren Mittelschicht zuordnen. Viele ihrer Väter arbeiteten z. B. als Kaufleute, Handwerksmeister oder Landwirte. Immerhin sieben der späteren Polizisten entstammten einer Familie, deren Oberhaupt bereits selbst ein Gesetzeshüter war. Dagegen kam knapp ein Viertel der ermittelten Polizeischüler aus der Unterschicht, da ihre Väter etwa als Lageristen, Fabrik- und Vorarbeiter tätig waren. Immerhin rund 13 % können der oberen Mittelschicht zugerechnet werden, die unter anderem durch drei Ingenieure, einen Fabrikanten, einen Elektrizitätswerksbesitzer oder einen Industriedirektor repräsentiert war. Beim Führerkorps der Sicherheitspolizei und des SD gestalteten sich die sozialen Verhältnisse ganz ähnlich. Diese Vertreter des NS-Polizeistaats stammten zu 59 % auch überwiegend aus der unteren Mittelschicht, zu 22 % aus der Unterschicht und zu 18 % aus der oberen Mittelschicht.[2520] Wenngleich sich keine signifikanten Unterschiede feststellen lassen, kann zumindest angenommen werden, dass die meisten Offiziersanwärter der Ordnungspolizei in geordneten Verhältnissen lebten.

2518 Zu den Problemen der Berufsklassifikation vgl. u. a. Jürgen Genuneit, Methodische Probleme der quantitativen Analyse früher NSDAP-Mitgliederlisten, in: Reinhard Mann (Hrsg.), Die Nationalsozialisten. Analysen faschistischer Bewegungen, Historisch-Sozialwissenschaftliche Forschungen. Quantitative sozialwissenschaftliche Analysen von historischen und prozeß-produzierten Daten, Bd. 9, Stuttgart 1980, S. 34–66.

2519 Vgl. Banach, Elite, S. 41 f.

2520 Vgl. ebd., S. 43.

Tabelle 20: Sozialer Status des Elternhauses nach Berufen der Väter

OAL	Angaben	k.A.	Angaben in Schichten		
			Unterschicht	Untere Mittelschicht	Obere Mittelschicht
4. OAL	22	4	2	18	2
6. OAL	28	16	4	19	5
7. OAL	12	8	2	8	2
21. OAL	23	103	13	8	2
Gesamt:	85	131	21	53	11
in %:	39,35	60,65	24,71	62,35	12,94

In diesen konnten sie sich jedoch nicht ausruhen, sondern mussten vielmehr an der eigenen Karriere arbeiten, die in der Volksschule begann. Daher ist es wahrscheinlich, dass alle untersuchten Männer sie durchliefen, obwohl das nur bei 206 von ihnen eindeutig erwiesen ist. Daraufhin besuchten die meisten von ihnen eine weiterführende Schule. Die späteren Absolventen der ersten drei Lehrgänge zog es vor allem an eine höhere Lehranstalt, worunter die Oberrealschule und das Realgymnasium fielen. Abgesehen von wenigen Ausnahmen machten sie alle ihr Abitur, was eine Voraussetzung dafür war, um sich überhaupt für die Offizierslaufbahn bei der Polizei bewerben zu können.[2521] Lediglich 29 Mann aus dem 21. OAL waren an diesen Schulen vertreten, wobei es anscheinend nur zwei Schülern gelang, das Abitur zu erlangen. Offensichtlich lag der Bildungsgrad der späteren Absolventen dieses Kurses deutlich niedriger als bei ihren Kollegen aus den anderen Lehrgängen.

Nachdem sie von der Volksschule abgegangen waren, zog es die älteren Jahrgänge des 21. OAL viel häufiger als diese an andere Lehranstalten. Hauptsächlich handelte es sich dabei um Berufsschulen für ganz unterschiedliche Branchen, in denen die jungen Männer zumeist einen handwerklichen Beruf erlernten. Dazu zählten vor allem Techniker-, Baufach-, Landwirtschafts-, Bergfach-, kaufmännische Handels-, Gewerbe-, Drogistenfach- sowie sonstige Fach- und Fortbildungsschulen. Dass sie eine solche Bildungseinrichtung besuchten, lässt sich für insgesamt 60 spätere Ordnungshüter belegen, wobei allein 50 davon einmal zum 21. OAL gelangten. Des Weiteren findet sich bei insgesamt 40 Kursteilnehmern der Hinweis, dass sie auf einer Polizeischule waren, noch bevor sie zu ihrem Offiziersanwärterlehrgang kamen. 30 von ihnen repräsentierten abermals den 21. OAL. Allerdings dürfte dieser Wert tatsächlich deutlich höher ausfallen, weil bezweifelt werden darf, dass nur so wenige vor ihrem Brucker Kurs bereits eine polizeiliche Lehranstalt aufgesucht hatten. Von allen Beamten des Samples ist bekannt, dass mindestens sechs ihrer bayerischen Vertreter schon einmal in Fürstenfeldbruck ausgebildet wurden. Seinerzeit beherbergte sie noch die Gendarmerie- und Polizeischule, die sie für den Einzeldienst in der bayerischen Landespolizei vorbereitet hatte. Zu ihnen gehörten etwa der im fränkischen Volkersdorf geborene Michael Wittmann vom 21. OAL oder dessen Kurskamerad, Rudolf Illig, der in Aidhausen zur Welt

2521 Vgl. RdErl. d. RuPrMdI. v. 16.03.1936, in: RMBliV, 25.03.1936, Nr. 15, Sp. 396g–396aa, hier: Sp. 396g. Siehe dazu auch Kapitel 4.3.

kam.[2522] Ihnen war ihr Studienort daher bereits bestens bekannt, als sie Jahre später dort auch zu Offizieren der Ordnungspolizei geschult werden sollten.

Nur 17 der späteren Offiziersanwärter besuchten eine Hochschule. Dabei ist jedoch nicht ganz klar, wie viele von ihnen ihr Studium erfolgreich absolvieren konnten. Das scheint nur bei insgesamt vier Polizisten der Fall gewesen zu sein. Nach seinem Abitur ließ sich etwa Werner Kiehne vom 4. OAL sieben Semester lang am Dolmetscherinstitut in Heidelberg ausbilden.[2523] Der spätere Hauptmann Eduard Oedekoven studierte acht Semester lang Maschinenbau, ehe er zum 7. OAL kam.[2524] Sein Lehrgangskamerad, Georg Kirsch, arbeitete nach seinem Jurastudium zunächst als Gerichtsreferendar am Amtsgericht Ober-Ingelheim, bevor er sich bei der Schutzpolizei bewarb.[2525] Bei 13 Männern scheint es hingegen klar zu sein, dass sie ihr Studium abbrachen. Bevor Hans-Wilhelm Schweizer zum 6. OAL gelangte, studierte er vier Semester lang Germanistik, Philosophie und Kunstgeschichte, was er allerdings nicht zu Ende führte.[2526] Aus finanziellen Gründen konnte Johann Wendlinger sein Studium der Forstwissenschaften ebenso wenig abschließen.[2527] Auf zehn Semester brachte es Robert Biner, der sich der Medizin widmete, womit er aber letztlich scheiterte.[2528] Insofern verfügten gerade einmal 1,85 % der Polizeioffiziere über einen Hochschulabschluss, was eine immens niedrige Quote darstellt. Dagegen studierte etwa die Hälfte der Führer aus Sicherheitspolizei und SD, die sich großteils den Rechtswissenschaften widmeten. 73 % von ihnen beendeten ihr Studium erfolgreich, wobei 30 % davon sogar promoviert waren.[2529] Im Vergleich dazu waren die Offiziersanwärter der Ordnungspolizei gewiss keine intellektuelle Elite. Anders als Heydrichs Männer wurde aber auch kaum einer von ihnen in den radikal antisemitischen und völkischen Zirkeln sozialisiert, die sich an den deutschen Universitäten der Weimarer Jahre tummelten.[2530] Allein dieser Umstand verdeutlicht, dass sich allzu pauschale Aussagen über generationelle Eigenheiten der Brucker Absolventen verbieten.

Tabelle 21: Verteilung nach Bildungsstationen (mit Mehrfachnennungen)[2531]

OAL	Volksschule	Höhere Lehranstalt	Abitur	Hochschule	Examen	Sonstige Schulen	Polizeischule	k.A.
4. OAL	25	25	25	7	1	1	3	1
6. OAL	41	40	39	5	0	1	2	3
7. OAL	18	16	12	4	3	8	5	2
21. OAL	122	29	2	1	0	50	30	4
Gesamt:	206	110	78	17	4	60	40	10
in %:	95,37	50,93	36,11	7,87	1,85	27,78	18,52	4,63

2522 Vgl. BAB, SSO und RS – Michael Wittmann; BAB, SSO und RS – Rudolf Illig.
2523 Vgl. BAB, RS – Werner Kiehne.
2524 Vgl. BAB, SSO – Eduard Oedekoven.
2525 Vgl. BAB, RS – Georg Kirsch.
2526 Vgl. BAB, SSO – Hans-Wilhelm Schweizer.
2527 Vgl. BAB, SSO – Johann Wendlinger.
2528 Vgl. BAB, SSO – Robert Biner.
2529 Vgl. Banach, Elite, S. 78–80.
2530 Vgl. Wildt, Generation, S. 81–89.

Die beruflichen Biographien der untersuchten Führungskräfte offenbaren ferner, dass für überraschend viele von ihnen der Polizeidienst anscheinend nicht die erste Wahl war. Insgesamt 141 Ordnungshüter hatten einen anderen Beruf erlernt, bevor sie sich dazu entschlossen, für die uniformierte Ordnungsmacht tätig zu werden. Sie machen einen Anteil von rund 65 % aus. Mit 111 Mann stammten die meisten von ihnen jedoch aus dem 21. OAL, der sich aus älteren Jahrgängen zusammensetzte. Naturgemäß mussten sie sich schon einige Jahre früher als ihre Kollegen aus den übrigen Kursen fragen, was sie einmal arbeiten sollten. Dennoch ist es erstaunlich, dass sich so viele dieser Männer zuvor in anderen Berufsfeldern versucht hatten, bevor sie in den Polizeidienst wechselten.

Ein genauerer Blick auf die erlernten Berufe lässt erahnen, warum sie das taten. Verglichen mit dem sozialen Status ihres Elternhauses konnten sich nur die wenigsten Männer verbessern oder das Niveau halten. Nur noch 3,55 % der Polizisten waren demnach in der oberen Mittelschicht vertreten, da sie z. B. als Offiziere in der Armee, Ingenieure oder Schriftleiter arbeiteten. Dabei fällt jedoch auf, dass niemand mehr aus dem 21. OAL in diesem gesellschaftlichen Stand vertreten war. Insgesamt 47 spätere Offiziersanwärter waren dagegen in der unteren Mittelschicht zu finden, in der auch die meisten Schüler aus dem 4., 6. und 7. OAL angesiedelt waren. Rund 33 % aller späteren Polizeiführer waren vorher etwa als Kaufleute, Bankbeamte, Angestellte oder Landwirte tätig. Mit 89 der untersuchten Lehrgangsteilnehmer gehörten aber rund 63 % nun der Unterschicht an, der besonders viele Schüler des 21. OAL zuzurechnen sind. Großteils arbeiteten sie als einfache Handwerker, Arbeiter und Gehilfen, wozu konkret vor allem Schlosser, Schreiner, Schmiede, Dreher, Elektriker und Bergleute zählten. Gemessen an den Lebensumständen in ihren Elternhäusern erfuhren viele von ihnen in der Weimarer Republik also einen rapiden sozialen Abstieg. Dagegen konnten sich die künftigen Führer der Sicherheitspolizei und des SD insgesamt in ihrer sozialen Schicht halten oder sogar noch verbessern.[2532] Der Polizeidienst eröffnete den späteren Brucker Absolventen eine Chance, um sich aus ihrer unvorteilhaften Lage zu befreien, als Beamte über ein sicheres Einkommen zu verfügen und damit erstmals oder wieder gesellschaftlich aufzusteigen. Denn ein Polizeioffizier war dem oberen Mittelstand zuzurechnen, womit die Oberbeamten meist sogar noch den sozialen Status ihrer Väter überragten. Viele Führer der Sicherheitspolizei und des SD sowie der Waffen-SS traten nicht zuletzt deshalb ihren Organisationen bei, weil auch sie in ihnen Karriere machen und zugleich ihren gesellschaftlichen Rang verbessern oder zumindest absichern wollten.[2533]

Daneben dürfte es für zahlreiche Männer reizvoll gewesen sein, nicht bloß im deutschen Staatsdienst unterzukommen, sondern gleichzeitig uniformiert zu sein und damit eine autoritäre Position zu bekleiden. Auch für die Anwärter der drei anderen Lehrgänge scheint es durchaus attraktiv gewesen zu sein, da sie meist unmittelbar nach ihrem Wehrdienst in die Polizei wechselten. Wenngleich die Ordnungsmacht in den zwanziger und auch noch in den frühen dreißiger Jahren immer noch als zweitklassige Armee galt, gefiel ihnen offenbar der Gedanke, künftig einen Offiziersrang und damit eine angesehene Führungsposition innezuhaben.[2534] Damit gehörten sie zur oberen Mittelschicht, in die sie es dann aus eigener Kraft

2531 In dieser Tabelle sind sämtliche Stationen des schulischen Werdegangs von allen Absolventen des Samples zusammengefasst und nicht nur ihre höchsten Schulabschlüsse, weil zahlreiche Kandidaten mehrere Lehranstalten besuchten, oftmals jedoch nicht erfolgreich von ihnen abgingen.

2532 Vgl. Banach, Elite, S. 84–86; Wildt, Generation, S. 75–78.

2533 Vgl. Schulte, SS-Mentalität, S. 103.

2534 Doch selbst die NS-Führung unterschied zwischen Offizieren der Polizei und der Wehrmacht, wobei sie letztere bedeutungsmäßig favorisierte. Das befeuerte die Minderwertigkeitskomplexe vieler Poligeschafft hatten. Gleichzeitig konnten sich alle Anwärter von der „Macht“ der Uniform berauschen lassen und ihre militärisch geprägten Kindheitsträume erfüllen. Sofern dieser Befund zutrifft, unterschieden sich die Offiziersanwärter von zahlreichen einfachen Staatsdienern, die weniger aus solchen Motiven in die Ordnungsmacht eintraten. Vielmehr meldeten sich viele von ihnen freiwillig zur Polizei, um so dem Wehrdienst zu entgehen.[2535]

Tabelle 22: Eigener sozialer Status nach ursprünglich erlerntem Beruf

OAL	einen anderen Beruf erlernt	k.A.	Angaben in Schichten		
			Unterschicht	Untere Mittelschicht	Obere Mittelschicht
4. OAL	9	6	2	5	2
6. OAL	9	11	3	5	1
7. OAL	12	7	5	5	2
21. OAL	111	3	79	32	0
Gesamt:	141	27	89	47	5
in %:	65,28	12,50	63,12	33,33	3,55

Die meisten der jüngeren Anwärter traten binnen nur weniger Monate in den Dienst der Staatsgewalt, nachdem Reichsinnenminister Frick seinen Erlass vom 16. März 1936 veröffentlicht hatte. Als dieser dafür warb, das Offizierskorps der Schutzpolizei durch junges Personal zu ergänzen, fühlten sie sich offensichtlich angesprochen.[2536] Da sie zuvor meist in der Wehrmacht gedient hatten, bot es sich für sie an, danach zügig den Waffenrock zu wechseln, wie es zunächst Frick und später Himmler vorgeschwebt hatte. Beide beabsichtigten, gezielt junge Männer anzusprechen, die zuvor ihre militärische Pflicht erfüllt hatten und gleich anschließend für den Polizeidienst bereitstanden.[2537] Das erklärt auch, warum die meisten Teilnehmer des 4., 6. und 7. OAL nur wenige Monate, nachdem sie aus der Armee ausgeschieden waren, in die Ordnungsmacht gelangten.

Beim 21. OAL war das jedoch ganz anders. Seine deutlich reiferen Schüler begannen überwiegend bereits in den zwanziger Jahren, in der Polizei zu arbeiten. Bemerkenswert ist es deshalb, weil damit rund 89 % von ihnen schon einige Jahre lang in dieser Institution tätig gewesen und beruflich sozialisiert worden waren, bevor sie an dem Brucker Kurs teilnahmen. Insofern handelte es sich bei diesen Männern um erfahrene Polizisten, die aufgrund des kriegsbedingten Personalmangels zu Offizieren ausgebildet werden sollten. Wegen dieses Hintergrunds waren aber wahrscheinlich die Möglichkeiten des Regimes ziemlich beschränkt, die alten „Haudegen“ noch zu beeinflussen.

zeiführer zusätzlich. Vgl. Schmidt, Polizisten, S. 223–225.

2535 Vgl. Campbell, SS-Polizei, S. 14; Klemp, Freispruch, S. 111.

2536 Vgl. RdErl. d. RuPrMdI. v. 16.03.1936, in: RMBliV, 25.03.1936, Nr. 15, Sp. 396g–396aa. Siehe dazu Kapitel 4.3.

2537 Vgl. ebd., Sp. 396g–396i; RdErl. d. RFSSuChdDtPol. im RMdI. v. 13.04.1938, in: RMBliV, 20.04.1938, Nr. 17, Sp. 724a–724g, hier: Sp. 724b f.

Tabelle 23: Zeitraum für den Eintritt in die Polizei				
OAL	**Weimarer Republik**	**1933–1935**	**vor dem OAL**	**k.A.**
4. OAL	0	0	22	4
6. OAL	3	0	35	6
7. OAL	5	2	10	3
21. OAL	112	9	4	1
Gesamt:	120	11	71	14
in %:	55,56	5,09	32,87	6,48

Sie waren bereits seit der Weimarer Republik dahingehend geprägt, was Polizeiarbeit theoretisch wie praktisch bedeutete. Mehr oder minder gewollt wertete sie Himmlers Polizeiapparat auf, da sie nun ihre Wachtmeisterlaufbahnen überwinden und zu Führungskräften aufsteigen konnten, was ihnen zuvor nicht möglich war. So gesehen ist es denkbar, dass die „Gefälligkeitsdiktatur“ aus der personellen Not eine Tugend machte, indem sie sich die Loyalität ihrer uniformierten Staatsdiener auch auf diesem Wege sichern wollte.[2538] Dadurch konnten sie nicht nur gesellschaftlich aufsteigen, sondern waren zugleich stärker in den nationalsozialistischen Polizeiapparat integriert.

Obwohl die verwendeten Quellen nur wenig darüber aussagen, wie genau sich der berufliche Werdegang der einzelnen Polizisten vollzog, ist jedoch ersichtlich, dass über 83 % der Oberbeamten bis Kriegsende zum Hauptmann aufstiegen. Während knapp 10 % aller untersuchten Absolventen nicht über den Dienstgrad des Oberleutnants hinauskam, erreichten 16 ihrer Kollegen sogar den Majorsrang, was einen Anteil von 7,41 % ausmacht. Damit erfüllte eben diese Minderheit ein zentrales Kriterium, um ein Polizeibataillon führen zu können. Daran zeigt sich, dass sogar recht junge Führungskräfte innerhalb Himmlers Polizeiapparat eine beträchtliche Machtfülle entfalten konnten. Als Bataillonskommandeure waren sie nämlich für etwa 500 Untergebene verantwortlich und konnten in den besetzten Gebieten oftmals über Leben und Tod entscheiden. Aber auch die Großzahl der Hauptleute konnte in den ordnungspolizeilichen Einheiten sehr einflussreich sein. Ihnen kam häufig die Aufgabe zu, einzelne Kompanien in einer Stärke von etwa 150 Mann zu befehligen, was in der Vorkriegszeit einer Hundertschaft entsprochen hatte.[2539]

2538 Den Begriff der „Gefälligkeitsdiktatur“ prägte der Historiker Götz Aly. Vgl. Götz Aly, Hitlers Volksstaat. Raub, Rassenkrieg und nationaler Sozialismus, Bundeszentrale für politische Bildung. Schriftenreihe, Bd. 487, Bonn 2005, S. 36.

2539 Vgl. Buhlan, Organisation, S. 175.

Tabelle 24: Verteilung nach bis Kriegsende zuletzt erreichten Dienstgraden				
OAL	Oberleutnant	Hauptmann	Major	Gesamt
4. OAL	3	21	2	26
6. OAL	4	31	9	44
7. OAL	3	13	4	20
21. OAL	10	115	1	126
Gesamt:	20	180	16	216
in %:	9,26	83,33	7,41	100,00

Eine zentrale Frage lautet außerdem, wann und in welchem Umfang sich die Brucker Polizeioffiziere in Hitlers Partei und ihren Organisationen betätigten. Dabei ist zunächst festzustellen, dass insgesamt 83,33 % der untersuchten Oberbeamten in der NSDAP waren. Von fünf Männern ist dabei vermerkt, dass sie lediglich Parteianwärter waren. Ob das zutreffend oder eher auf eine mangelhafte Pflege der Personalunterlagen zurückzuführen ist, muss dahingestellt bleiben. Unabhängig davon ist jedoch bemerkenswert, dass der Anteil an „Parteigenossen" innerhalb der untersuchten Lehrgänge so hoch war. Denn verglichen mit den Zahlen aus Dalueges Polizeiapparat für das gesamte Offizierskorps der Ordnungspolizei lag er damit sogar deutlich höher. Demnach befanden sich im Januar 1939 rund 70 % aller uniformierten Führungsbeamten in der NSDAP.[2540] Im Jahre 1941 waren es etwa 66 %.[2541] Dagegen wurden bis Kriegsende knapp 88 % aller Führer der Sicherheitspolizei und des SD in ihr Mitglied.[2542] Das entsprach in etwa dem Wert, der für die untersuchten Absolventen ermittelt werden konnte, was zeigt, dass erstaunlich viele ehemalige Offiziersanwärter aus Fürstenfeldbruck ein Parteibuch besaßen. Die vorhandenen Zahlen sprechen dafür, dass die Staatsdiener sehr darauf bedacht waren, sich entweder aus weltanschaulichen Motiven heraus auf die neuen Machthaber einzulassen oder sich zumindest mit ihnen aus karrieristischen Gründen zu arrangieren. Für letzteres spricht der Umstand, dass die allermeisten Beamten, wie bereits festgestellt, dank des NS-Regimes sozial aufsteigen konnten. Das große Bekenntnis zur Partei muss daher nicht zwangsläufig darauf hindeuten, dass die Offiziere mit ihr ideologisch übereinstimmten. Allerdings stehen sich beide Positionen auch in diesem Fall keinesfalls im Wege. Aber es genügt selbstverständlich nicht, einzig auf die Mitgliedschaft in der NSDAP zu blicken, um daraus auf die Mentalität der Beamten schließen zu können.

2540 Vgl. Kopitzsch, Polizeibataillon 307, S. 13; Westermann, Police Battalions, S. 100.
2541 Vgl. Mallmann, Fußvolk, S. 376.
2542 Vgl. Banach, Elite, S. 136.

Tabelle 25: NSDAP-Mitglieder				
OAL	Mitglieder	OAL in %	davon Parteianwärter	nicht Mitglied/k.A.
4. OAL	23	88,46	2	3
6. OAL	31	70,45	2	13
7. OAL	18	90,00	0	2
21. OAL	108	85,71	1	18
Gesamt:	180		5	36
in %:	83,33		2,78	16,67

Daher scheint es durchaus lohnenswert, zu bestimmen, wann genau sie in die Partei eintraten. Entsprechende Daten liegen von 173 der insgesamt erfassten 180 Mitglieder vor. Ein ziemlich beachtlicher Anteil von 16,18 % befand sich noch vor der „Machtergreifung" in der NSDAP, womit von diesen 28 Ordnungspolizisten angenommen werden kann, dass sie deutlich mit der NS-Ideologie konform gingen. Dass allein 15 von ihnen im 21. OAL zu finden waren, ist nicht weiter erstaunlich. Schon aufgrund ihres geringeren Alters war es weniger wahrscheinlich, dass sich die Teilnehmer der drei anderen Lehrgänge bereits während der Weimarer Zeit parteipolitisch betätigten. So verwundert es auch nicht, dass im Vergleich zu den untersuchten Brucker Kursen zu Beginn des Jahres 1939 sogar 26 % aller Vertreter des polizeilichen Offizierskorps den „alten Kämpfern" zuzurechnen waren.[2543]

Nachdem Reichspräsident Paul von Hindenburg den „Gefreiten" Hitler am 30. Januar 1933 zum Reichskanzler ernannt hatte, traten 44 weitere Beamte in die NSDAP ein, bis sie sich entschloss, ab 1. Mai 1933 vorerst keine weiteren Mitglieder mehr aufzunehmen. So versuchte sie sich vor den opportunistischen „Märzgefallenen" zu schützen, die nach der Reichstagswahl vom 5. März 1933 massenhaft in die Partei eintreten wollten.[2544] Acht Männern des Samples gelang dies noch, selbst nachdem die Mitgliedersperre offiziell in Kraft getreten war. Anscheinend verdankten sie das dem Umstand, dass sie in dieser Phase noch anderen NS-Organisationen angehörten. Den Mitgliedern von Gliederungen der NSDAP sollte der Zugang zur Partei auch weiterhin nicht verwehrt werden.[2545] Von dieser Ausnahme profitierte etwa Werner Keller vom 6. OAL, der trotz offiziellem Aufnahmestopp wahrscheinlich deshalb noch im Januar 1934 in die Partei gelangte, weil er seinerzeit gleichzeitig in der SA war.[2546] Als sich die Sperre am 1. Mai 1937 wieder lockerte, fand sich mit 87 Mann ein Großteil des untersuchten Samples in der NSDAP ein. Dieses Datum bezog sich jedoch pauschal auf sämtliche „Parteianwärter", die zunächst keine ordentliche Mitgliedschaft erhalten, sondern sich um eine solche lediglich beworben hatten. Bis die NSDAP am 1. Mai 1939 ihre Sperre wieder vollständig aufhob, blieb dieser Zustand bestehen. Daher lässt sich aus den verwendeten Quellen nicht ermitteln, wann genau jemand eine Mitgliedschaft beantragt und tatsächlich erhalten hatte.[2547] Ungeachtet dessen dürfte es recht unwahrscheinlich sein, dass die Gruppe

2543 Vgl. Westermann, Police Battalions, S. 100.

2544 Im Frühjahr 1933 strömten in ganz Deutschland erstaunlich viele Polizisten in die NSDAP, auch weil sie sich dadurch wahrscheinlich Karrierechancen ausrechneten. Vgl. Schmidt, Polizisten, S. 338 f.

2545 Vgl. Kurt Pätzold/Manfred Weißbecker, Geschichte der NSDAP. 1920–1945, Köln 2002, S. 261 f.

2546 Vgl. BAB, RS – Werner Keller.

2547 Zur Mitgliedersperre und der Parteianwärterschaft vgl. Hans Buchheim, Mitgliedschaft bei der NSDAP, in: Gutachten, Bd. I, S. 313–322, hier: S. 316.

der genannten Männer aus purem Idealismus in die Partei eintrat. Es scheint eher so zu sein, dass sowohl die jüngeren Anwärter als auch ihre älteren Kollegen genau wussten, welche Möglichkeiten sich für sie daraus ergaben. Anscheinend gingen sie davon aus, dass es unvorteilhaft für die eigene Karriere sein würde, politisch neutral zu bleiben und sich nicht demonstrativ der Partei anzunähern. Insgesamt sechs Staatsdiener vollzogen diesen Schritt auch noch nach Kriegsbeginn erfolgreich.

Tabelle 26: NSDAP-Mitglieder nach Zeitraum des Eintritts

OAL	vor 30.01.1933	bis 01.05.1933	bis 30.04.1937	ab 01.05.1937	ab 01.09.1939
4. OAL	1	6	1	13	0
6. OAL	3	7	2	14	1
7. OAL	9	4	2	3	0
21. OAL	15	27	3	57	5
Gesamt:	28	44	8	87	6
in %:	16,18	25,43	4,62	50,29	3,47

Bei der SA hielten sich die Beamten hingegen eher zurück. In ihr befand sich aber immerhin knapp ein Viertel der analysierten Brucker Absolventen. Interessanterweise waren den „braunen Bataillonen" vor allem die Teilnehmer des 4. OAL zugeneigt, von denen sich fast 58 % in der parteieigenen Schlägertruppe befanden. Im Vergleich dazu engagierten sich nicht einmal 7 % der Offiziersanwärter aus dem 21. OAL in der Sturmabteilung, obwohl angenommen werden könnte, dass gerade sie aufgrund ihres höheren Alters in ihr häufiger anzutreffen sein sollten. Vermutlich war das darauf zurückzuführen, dass die erfahrenen Polizisten von der SA abgeschreckt oder gar angewidert waren. Viele von ihnen hatten in ihren ersten Dienstjahren miterleben können, wie brutal die Straßenschlachten zum Ende der Weimarer Republik verlaufen waren, die sich die von Ernst Röhm geleitete Truppe mit den Kommunisten seinerzeit geliefert hatte. Nach der Machtübernahme der Nationalsozialisten schlossen sich ihr dagegen vor allem die Anwärter des 4. und 6. OAL an. Allerdings dauerte diese Mitgliedschaft nicht allzu lange, weil die meisten aller untersuchten Männer wieder austraten, noch bevor ihr Lehrgang überhaupt begonnen hatte. Dabei ist es naheliegend, dass der „Röhm-Putsch" vom 30. Juni 1934 und der damit einhergehende Aufstieg der SS mit dafür verantwortlich waren. Nachdem sie entmachtet worden war, brachte es den Polizisten keine karrieristischen Vorteile mehr, der SA weiter anzugehören. Das könnte auch erklären, warum etwa Joachim Schäfer vom 7. OAL zwar bis zum 30. Juni 1939 in ihr Mitglied war, aber gleich tags darauf in die SS wechselte. Anders als der ehemalige Angehörige des sächsischen SA-Feldjägerkorps traten die meisten Beamten jedoch bis Mitte 1936 aus der SA aus.[2548]

2548 Vgl. BAB, RS – Joachim Schäfer.

Tabelle 27: SA-Mitglieder					
	Anzahl			nach Zeitraum des Eintritts	
OAL	Mitglieder	in %	nicht Mitglied/k.A.	vor 30.01.1933	seit 30.01.1933
4. OAL	15	57,69	11	2	13
6. OAL	19	43,18	25	6	13
7. OAL	11	55,00	9	7	3
21. OAL	8	6,35	118	7	1
Gesamt:	53		163	22	30
in %:	24,54		75,46	42,31	57,69

Die meisten Ordnungspolizisten zog es ebenso wenig in die Hitler-Jugend hinein. Es lässt sich nur für 25 aller untersuchten Polizeiführer nachweisen, dass sie ihr irgendwann angehört hatten, was einen Anteil von rund 12 % ausmacht. Ein etwas anderes Bild ergibt sich zwar, wenn die durchschnittlich älteren Beamten des 21. OAL ausgeklammert werden, von denen lediglich zwei eine Mitgliedschaft in der NS-Jugendorganisation besaßen. Die vergleichsweise jüngeren Absolventen des 4. und 6. OAL waren in ihr mit jeweils rund 30 % zu einem doch recht hohen Prozentsatz vertreten. Grundsätzlich traten sie in die HJ sowohl während der Weimarer Republik als auch nach dem 30. Januar 1933 ein, ohne dass dies einen markanten Unterschied bedeutet hätte. Während die allermeisten Absolventen des 21. OAL ihr ganz offensichtlich schon allein aus Altersgründen fernblieben, ist es dagegen weniger augenscheinlich, warum ihr die jüngeren Jahrgänge nicht noch stärker zusprachen. Nicht auszuschließen ist, dass ihre Eltern ihnen zumindest in den Weimarer Jahren untersagten, sich in der NS-Organisation zu betätigen. Möglicherweise hatten sie aber auch selbst schlicht kein Interesse daran. Da sie bei Hitlers Regierungsantritt größtenteils bereits das 18. Lebensjahr erreicht oder sogar überschritten hatten, dürften sich die meisten der späteren Polizisten darüber hinaus eher nach anderen Gliederungen und Verbänden der NSDAP umgesehen haben. Schließlich mussten sie in diesem Alter allmählich aus der HJ ausscheiden.[2549]

Wer jedoch von den Offiziersanwärtern nach der „Machtergreifung“ in die NS-Jugendorganisation gelangte, konnte dort unter Umständen recht lange bleiben. Am 1. September 1933 trat ihr etwa der damals bereits 39-jährige Friedrich Kurz bei, der sie erst genau sieben Jahre später wieder verließ, als er am 1. September 1940 in die SS wechselte, noch bevor er zum 21. OAL kam.[2550] Allerdings handelte es sich bei ihm um einen Sonderfall, der auch quellenbedingt sein könnte. Die meisten Männer verweilten in der HJ nur um die zwei Jahre lang und kehrten ihr in der Anfangsphase des Regimes wieder den Rücken. Dennoch lässt sich für einen kleinen Teil der Beamten konstatieren, dass sie auch noch in jungen Jahren der HJ angehörten und in ihr schon in den zwanziger Jahren mit der NS-Ideologie konfrontiert waren. Am 6. August 1927 trat ihr etwa Hans Knoll bei, der dort bis zum 3. November 1931 blieb. Am selben Tag noch wechselte er in die SA.[2551] Inwieweit er und die wenigen übrigen HJ-Mitglieder dadurch weltanschaulich wirklich prädisponiert waren, bleibt jedoch rein spekulativ.

2549 Vgl. William L. Shirer, Aufstieg und Fall des Dritten Reiches, Frechen 2000, S. 247.
2550 Vgl. BAB, SSO – Friedrich Kurz.
2551 Vgl. BAB, RS – Johann Knoll.

Festzuhalten ist aber, dass die Mehrheit der Lehrgangsabsolventen nicht in dieser nationalsozialistischen Organisation tätig war.

Tabelle 28: Mitglieder in der Hitler-Jugend (HJ)					
Anzahl				nach Zeitraum des Eintritts	
OAL	Mitglieder	in %	nicht Mitglied/k.A.	vor 30.01.1933	nach 30.01.1933
4. OAL	8	30,77	18	2	6
6. OAL	13	29,55	31	9	4
7. OAL	2	10,00	18	1	1
21. OAL	2	1,59	124	0	2
Gesamt:	25		191	12	13
in %:	11,57		88,43	48,00	52,00

Enorm hoch ist hingegen die Anzahl derjenigen Männer aus Fürstenfeldbruck, die in der Schutzstaffel waren. Das ist nicht weiter verwunderlich, stammten doch die erhobenen Datensätze hauptsächlich aus den Personalakten der SS-Führer. Für 206 der 216 untersuchten Offiziere lässt sich daher definitiv eine Mitgliedschaft in Himmlers Eliteorden nachweisen, was einen Anteil von knapp über 95 % bedeutet. Bei insgesamt 289 Absolventen der einzelnen Lehrgänge entspricht das einer Quote von etwas mehr als 71 %. Es befanden sich also bemerkenswert viele Polizisten in der SS. Denn lediglich von zehn Führungskräften ist bekannt, dass sie ihr bestimmt nicht angehörten. Weil die absolute Mehrheit ihrer Kollegen im „Schwarzen Korps" jedoch vertreten war, weist das einerseits darauf hin, wie sehr der Offiziersnachwuchs der Ordnungspolizei mit ihm sympathisierte. Andererseits liegt die Vermutung nahe, dass Himmler zumindest dahingehend seine Vision vom „Staatsschutzkorps" verwirklichen konnte, als es ihm tatsächlich gelang, besonders viele Polizeiführer mit der SS zu „verschmelzen".[2552] Allerdings scheint das in erster Linie auf jene zuzutreffen, die im „Dritten Reich" ausgebildet wurden. Verglichen mit dem gesamten Offizierskorps der uniformierten Polizei waren die Brucker Absolventen außergewöhnlich häufig in Himmlers Elitegarde vertreten. Im Jahre 1941 befanden sich in dieser lediglich rund 30 % aller aktiven polizeilichen Oberbeamten des gesamten NS-Staats.[2553] Mit insgesamt etwa 78 % waren verglichen damit bis 1944 aber erheblich mehr Führungskräfte aus Sicherheitspolizei und SD in die Schutzstaffel eingetreten.[2554] Fraglich ist jedoch, welche Motive die Offiziere aus Fürstenfeldbruck überhaupt hatten, um der Parteitruppe beizutreten. Eine Antwort lässt sich nur ansatzweise finden, wenn genauer betrachtet wird, wann genau sie diesen Schritt unternahmen.

2552 Das hatte bereits Dieter Pohl angenommen. Vgl. Pohl, Holocaust, S. 118.

2553 Vgl. Mallmann, Fußvolk, S. 376; Westermann, Police Battalions, S. 102; Carsten Dams/Klaus Dönecke, Eine erstklassige Truppe? Die Offiziere der Düsseldorfer Schutzpolizei im Nationalsozialismus, in: Dams, Dienst, S. 235–258, hier: S. 241.

2554 Vgl. Banach, Elite, S. 131.

Tabelle 29: SS-Mitglieder			
OAL	Mitglieder	in %	nicht Mitglied/k.A.
4. OAL	23	88,46	3
6. OAL	40	90,91	4
7. OAL	18	90,00	2
21. OAL	125	99,21	1
Gesamt:	206		10
in %:	95,37		4,63

Nur zwei Offiziersanwärter hatten sich noch vor der „Machtergreifung" der SS angeschlossen. Beide besuchten den 6. OAL. Einer von ihnen war der am 7. August 1912 in Mannheim geborene Karl-Heinz Bühler, der seit dem 27. Dezember 1932 unter den Sigrunen diente, nachdem er zuvor rund ein Jahr lang der HJ angehört hatte.[2555] Er war damit zuerst Mitglied der Schutzstaffel geworden, wobei auf ihn nur wenige Tage später ein weiterer Kollege aus seinem Kurs folgen sollte. Nachdem Hitler zum Reichskanzler ernannt worden war, gelangten weitere 28 Männer in die SS, noch bevor ihr Offiziersanwärterlehrgang begann. Dass allein zehn von ihnen ebenfalls den 6. OAL besuchen sollten und die meisten von ihnen noch im Jahre 1933 in das „Schwarze Korps" eintraten, deutet daraufhin, wie sehr einige seiner Teilnehmer der NS-Ideologie zugeneigt waren. Wie auch beim 4. und 7. OAL befanden sich insgesamt rund 90 % seiner Absolventen in der elitären Parteiformation, zu der sich die meisten erst gesellten, nachdem sie ihren Kurs gemeistert hatten.

Fast zu 100 % waren dagegen die Männer des 21. OAL in der SS vertreten. Ihr gehörten noch vor Beginn des Lehrgangs immerhin zwölf an. Bis auf einen ist von allen 125 Schülern dieses Kurses bekannt, wann genau sie der Parteigliederung beitraten. Allein 108 von ihnen erhielten genau am 15. August 1941 ihre Mitgliedschaft in Himmlers Garde. Es war jedoch kein Zufall, dass es sich dabei genau um den Tag handelte, bevor der Offiziersanwärterlehrgang offiziell endete. Denn ein Erlass Himmlers hatte im November 1940 geregelt, dass jeder Oberbeamte der Ordnungspolizei beantragen konnte, in die SS aufgenommen zu werden, sofern er nach dem 1. Juni 1940 in einen Offiziersdienstgrad befördert worden war.[2556] Zwar kann es nicht vollständig ausgeschlossen werden, dass der Polizeiapparat dabei etwas nachhalf und auf die designierten Polizeiführer nachdrücklich einwirkte.[2557] Während des Krieges war Himmler offensichtlich darauf aus, ganze Lehrgänge möglichst geschlossen in die SS einzugliedern. Deshalb drängte er etwa die Brucker Lehranstalt bereits einen Monat vor Ende des 22. OAL dazu, dessen Teilnehmern das Aufnahmeformular auszuhändigen, das sie mög-

2555 Vgl. BAB, SSO – Karl-Heinz Bühler.

2556 Vgl. RdErl. d. RFSSuChdDtPol. im RMdI. v. 12.11.1940, in: RMBliV, 04.12.1940, Nr. 49, Sp. 2167.

2557 Hans Buchheim vermutet zumindest, „daß im Bereich der Ordnungspolizei ganz allgemein ein gewisser Druck zum Eintritt in die SS ausgeübt wurde". Buchheim, Aufnahme, S. 181. Himmler setzte, Friedrich Wilhelm zufolge, gerade Offiziere der uniformierten Exekutive, die sich in exponierten Posten befanden, seit 1938 gehörig unter Druck, der Schutzstaffel beizutreten. Vgl. Wilhelm, Polizei, S. 95. Ferner: Curilla, Ordnungspolizei, S. 55.

lichst bald auszufüllen hatten.[2558] Nach ähnlichem Muster verlief die Massenaufnahme auch beim 25. OAL.[2559] Ausgeschlossen ist hingegen, dass die Beamten automatisch oder gar ohne ihr Zutun in die Schutzstaffel gelangten, da sie dazu immer noch selbst einen Antrag stellen mussten. Erst danach erhielten sie über die sogenannte Dienstgradangleichung analog zu ihrem Polizeidienstgrad einen entsprechenden SS-Rang.[2560]

Tabelle 30: Verteilung der SS-Mitglieder nach Zeitraum des Beitritts

OAL	vor 30.01.1933	vor OAL	während OAL	nach OAL
4. OAL	0	4	1	16
6. OAL	2	10	1	20
7. OAL	0	2	0	15
21. OAL	0	12	109	3
Gesamt:	2	28	111	54
in %:	1,03	14,36	56,92	27,69

Ähnlich wie bereits für die Parteimitgliedschaft festgestellt, dürften insgesamt gesehen also sowohl ideologische als auch karrieristische Motive dazu geführt haben, dass sich so viele der untersuchten Brucker Offiziersanwärter der SS anschlossen. Dabei darf nicht vergessen werden, dass in den Friedensjahren nur diejenigen Männer für den Offiziersersatz in der Schutzpolizei infrage kamen, die der NSDAP oder einer ihrer Gliederungen angehört hatten, noch bevor sie sich bei der Ordnungsmacht bewarben.[2561] Obwohl sie es nicht mussten, trat aber die absolute Mehrheit der Polizeiführer in die SS ein. Erich Weidig vom 6. OAL z. B. tat dies am 15. Februar 1933 und damit genau an jenem Tag, an dem er sich auch der Partei anschloss.[2562] Während die Absolventen der drei ersten Lehrgänge anscheinend freiwillig und eigeninitiativ in die Schutzstaffel gelangten, lief das beim 21. OAL weitgehend institutionalisiert ab. Von einem Zwang kann jedoch keine Rede sein, weil drei der SS-Mitglieder aus diesem Kurs auch nach dessen Ende in ihr aktiv wurden. Darüber hinaus konnten von den insgesamt 289 Absolventen des gesamten Samples „nur" 206 als Angehörige von Himmlers Elitetruppe identifiziert werden. Es kann zwar nicht vollständig ausgeschlossen werden, dass daneben auch noch weitere Beamte der SS angehörten. Doch von rund 29 % der Absolventen des gesamten Samples ist dahingehend nichts bekannt. Sie zeigen, dass es durchaus möglich war, als Polizeioffizier zu arbeiten, ohne zwangsläufig Mitglied der SS sein zu müssen. Hauptmann Friedrich Großer aus dem 7. OAL etwa trat zwar bereits am 15. März 1933 in die NSDAP ein und wirkt damit wie ein opportunistischer „Märzgefallener". Doch in die Schutzstaffel zog es ihn hingegen nicht.[2563]

2558 Vgl. BayHStA München, Polizeischule FFB 125, Schnellbrief: I. A. Lenger (RFSSuChdDtPol) an Polizeischule FFB, 15.11.1941.

2559 Vgl. BayHStA München, Polizeischule FFB 126, Kleinhans (Chef der Ordnungspolizei): SS-Aufnahmeunterlagen für die Teilnehmer des 25. Offizieranwärterlehrganges, April 1942.

2560 Vgl. Buchheim, Aufnahme, S. 175.

2561 Vgl. RdErl. d. RuPrMdI. v. 16.03.1936, in: RMBliV, 25.03.1936, Nr. 15, Sp. 396g–396aa, hier: Sp. 396g.

2562 Vgl. BAB, SSO – Erich Weidig.

2563 Vgl. BAB, RS – Friedrich Großer; RRL, 4. Teil: Hauptleute, 1944, S. 186.

Verglichen mit den Mitgliedschaften in der SS gab es wiederum nur recht wenige Polizeiführer, die sich in den übrigen nationalsozialistischen oder militärischen Organisationen betätigten. Zumindest sind die verwendeten Quellen so zu deuten. Es ist aber ebenso möglich, dass die SS-Bürokratie derartige Angaben nicht immer konsequent in die Akten eintrug. Dass sie Mitglieder anderer Organisationen waren, lässt sich insgesamt nur für knapp ein Drittel der analysierten Offiziersanwärter nachweisen. Während rund 58 % der Absolventen des 4. OAL in einer oder mehreren Vereinigungen aktiv war, nahm in den nachfolgenden Lehrgängen die Bereitschaft stetig ab, sich anderweitig zu engagieren. Dazu waren nur 71 von insgesamt 216 Beamten gewillt. Das galt jedoch nicht nur für das „Dritte Reich“, sondern lässt sich bereits in der frühen Weimarer Republik feststellen. Deshalb wurden in der Analyse auch Mitgliedschaften berücksichtigt, die außerhalb der NSDAP und ihrer Gliederungen anzusiedeln sind. Einzelne der späteren Offiziersanwärter waren etwa in militärischen Verbänden und Gruppierungen organisiert.

Tabelle 31: Anzahl der Mitglieder in sonstigen militärischen und nationalsozialistischen Organisationen

OAL	Mitglieder	in %
4. OAL	15	57,69
6. OAL	22	50,00
7. OAL	7	35,00
21. OAL	27	21,43
Gesamt:	71	
in %:	32,87	

Zwar lässt sich mit den verwendeten Quellen nicht ermitteln, wie viele der untersuchten Beamten vor der „Machtergreifung“ in einer anderen als Hitlers Partei tätig waren. Zumindest für die Teilnehmer der drei ersten Kurse kann jedoch angenommen werden, dass sie sich schon aufgrund ihres geringen Alters parteipolitisch wenig engagiert hatten. Ob das auch beim 21. OAL der Fall war, kann nicht so einfach überprüft werden, da entsprechende Unterlagen nicht verfügbar sind. Auszuschließen ist es jedoch keineswegs.

Tabelle 32: Verteilung der sonstigen Mitgliedschaften nach Organisationen

	Organisationen						
OAL	Freikorps	Stahlhelm	RAD	SA-Feldjäger	NSS/NSDStB	NSKK/NSFK	Sonstiges
4. OAL	1	2	11	0	3	2	3
6. OAL	0	3	18	0	2	1	4
7. OAL	0	2	3	3	1	2	0
21. OAL	4	1	1	2	0	4	29
Gesamt:	5	8	33	5	6	9	36
in %:	7,04	11,27	46,48	7,04	8,45	12,68	50,70

Von den 71 ermittelten Männern, die nachweislich in einer oder mehreren anderen Organisationen tätig waren, befanden sich fünf zu Beginn der Weimarer Jahre in einem Freikorps.

Unter ihnen befand sich beispielsweise Paul Sperling von Mai bis September 1919 im Freikorps Lettow-Vorbeck.[2564] Zur gleichen Zeit gehörte sein Kollege vom 21. OAL, Georg Kaiser, dem Freikorps „Eiserne Schar Berthold" an.[2565] So konnten sie erste paramilitärische Erfahrungen sammeln, die ihnen wahrscheinlich auch in ihrem späteren Polizeidienst zugute kamen. Zumindest ist nur von zwei weiteren Männern bekannt, dass sie zuvor schon im Ersten Weltkrieg gekämpft hatten. Alfred Braetsch etwa diente ab 16. Februar 1919 etwas mehr als ein Jahr lang im Freikorps Roßbach, nachdem er tags zuvor aus dem Infanterieregiment 21 ausgeschieden war.[2566] Wesentlich häufiger als die Brucker Offiziersanwärter betätigten sich hingegen die späteren Vertreter des RSHA-Führungspersonals in Freikorps.[2567]

Acht Brucker Polizeiführer waren ferner im reaktionären Stahlhelm organisiert, obwohl keiner von ihnen im Ersten Weltkrieg gedient hatte. Trotzdem traten alle bis auf einen dem „Bund der Frontsoldaten" zum Ende der Weimarer Republik bei. Das deutet darauf hin, dass sie dem Frontkämpferideal nacheiferten, wie es für die „Kriegsjugendgeneration" typisch war.[2568] Altersmäßig zählten die meisten von ihnen jedoch zur „Nachkriegsgeneration". So wurde der spätere Hauptmann Gottfried Seif vom 4. OAL erst am 18. Juli 1915 geboren, engagierte sich aber seit dem 5. Oktober 1931 mit gerade einmal 16 Jahren in dem Wehrverband.[2569] Wenngleich er der jüngste aus dieser Gruppe war, ist es auffallend, wie lange diese bizarre Kriegsromantik noch nachwirkte. Dennoch befanden sich nur sehr wenige Vertreter des gesamten Samples im Stahlhelm, weshalb sein Einfluss auf die Beamten auch nicht überbewertet werden darf. An dieser Stelle sollte aber nicht vergessen werden, dass dieser paramilitärische Verband zusammen mit SA und SS die Hilfspolizei stellte, welche die neuen Machthaber im Jahre 1933 aufstellten, um die eigentliche Polizei bei der Gegnerverfolgung zu unterstützen.[2570] Zwar konnte für keines der ermittelten Mitglieder nachgewiesen werden, dass sie bereits in dieser genuin nationalsozialistischen Ordnungsmacht tätig waren. Ähnlich wie die Angehörigen der Freikorps waren sie aber zumindest militärisch vorgeprägt, obgleich auch sie eine kleine Minderheit verkörperten.

Die meisten Mitgliedschaften gab es ohnehin in Organisationen des NS-Staats. Allen voran im RAD fanden sich insgesamt 33 Mann, die dort in der Anfangsphase der Diktatur mehrere Monate lang arbeiteten. Unmittelbar bevor sie ihrer Wehrpflicht nachkamen, mussten seit Juni 1935 jedoch alle Männer im Alter zwischen 18 und 25 Jahren einen sechsmonatigen Pflichtdienst im RAD verrichten. Dabei sollten sie aber nicht nur körperlich arbeiten und dabei ihre Leistungsfähigkeit verbessern, sondern auch ideologisch auf Kurs gebracht werden, wofür sie in entsprechenden Arbeitslagern untergebracht waren.[2571] Dieser Prozedur unterzogen sich die meisten der gefundenen Beamten jedoch freiwillig, da sie ihren Arbeitsdienst absolvierten, schon lange bevor er obligatorisch wurde. Zu ihnen zählte Johann Graml

2564 Vgl. BAB, SSO – Paul Sperling.
2565 Vgl. BAB, SSO – Georg Kaiser.
2566 Vgl. BAB, SSO – Alfred Braetsch.
2567 Vgl. Wildt, Generation, S. 54–57.
2568 Vgl. Herbert, Best, S. 44.
2569 Vgl. BAB, SSO – Gottfried Seif.
2570 Vgl. Ansgar Sebastian Klein, Bonner Polizeiführung und Polizeiorganisation 1933–1945, in: Schloßmacher, Farbe, S. 41–73, hier: S. 53; Faatz, Staatsschutz, S. 417; Immo Opfermann/Joachim Schröder, Die Machtübernahme der Nationalsozialisten und die Installierung des Terrorapparates, in: Schröder, Polizei, S. 57–65, hier: S. 61.
2571 Vgl. Bauer, Nationalsozialismus, S. 280.

vom 4. OAL, der von Anfang Mai bis Mitte Oktober 1934 im RAD tätig war, bevor er am 30. Oktober seinen einjährigen Wehrdienst antrat.[2572]

Fünf Offiziersanwärter kamen aus dem SA-Feldjägerkorps, das Ende 1935 die Schutzpolizei verstärkte.[2573] Heinz Meyer vom 7. OAL war ab März 1934 in dieser Parteipolizei beschäftigt, bevor er in die eigentliche Ordnungsmacht wechselte.[2574] Das lässt vermuten, dass er und seine vier Kollegen dem NS-Regime ideologisch ziemlich nahe standen, obschon es wie bei den Angehörigen des RAD auch möglich ist, dass sie einfach nur der Arbeitslosigkeit zu Beginn der dreißiger Jahre entfliehen wollten. Wie so oft schlossen sich weltanschauliche und pragmatische Motive keineswegs aus. Eine große Sympathie für das Gedankengut der „Herrenmenschen" kann jedoch noch mehr von jenen Männern angenommen werden, die im Nationalsozialistischen Schülerbund (NSS) oder im Nationalsozialistischen Deutschen Studentenbund (NSDStB) organisiert waren. Das trifft auf insgesamt sechs spätere Polizisten zu, die alle aus den ersten drei Lehrgängen stammten. Von 1931 bis 1933 war z. B. der spätere Absolvent des 6. OAL, Erich Weidig, in der Schülerorganisation der Partei.[2575] Dagegen gehörte Johann Krausmann aus dem 4. OAL von November 1935 bis Ende Juli 1936 zum NS-Studentenbund in Darmstadt, solange er dort Chemie studierte.[2576]

Insgesamt neun spätere Polizeioffiziere befanden sich in Parteiorganisationen, die thematisch auf jene „Volksgenossen" zugeschnitten waren, die sich für Fortbewegungsmittel zu Land und in der Luft interessierten. Hans-Heinrich Kluge war etwa vom 22. Juni 1931 an fünf Jahre lang im Nationalsozialistischen Kraftfahrkorps (NSKK), bevor er zum 21. OAL gelangte.[2577] Zum Nationalsozialistischen Fliegerkorps (NSFK) zählte sein Lehrgangskamerad Karl Herdtle. Bis zum 7. Mai 1938 gehörte er ihm ein Jahr lang an.[2578] In diesen Organisationen sollten die Mitglieder paramilitärisch trainiert und wieder einmal weltanschaulich an der NS-Ideologie ausgerichtet werden. Letzteres galt auch für die meisten der übrigen Organisationen, für die sich insgesamt 36 Mitgliedschaften ausmachen lassen, wobei auch hier einige Männer mehrfach involviert waren. Kurt Merk aus dem 4. OAL war beispielsweise einer von zwei Mitgliedern des Lebensborn.[2579] Seit 1. Juni 1939 betätigte sich der am 26. April 1903 geborene Heinrich Müller vom 21. OAL als Zellenleiter in der NSDAP-Ortsgruppe Jena-Süd.[2580] Sein Kollege Otto Trott fungierte einerseits als Blockhelfer der NSDAP in Braunschweig und andererseits als Sportwart in einem Polizeisportverein.[2581] Auch Hans Oesterreich aus dem 21. OAL war mehr als nur ein einfaches Parteimitglied. Der Major amtierte seit 1934 als politischer Leiter beim Kreisschulungsamt in der Ortsgruppe Coswig, bevor er dort am 31. Oktober 1938 parteilicher Filmstellenleiter wurde. Daneben war er als Mitglied im RLB, im Reichskolonialbund (RKB) und in der NSV noch intensiver mit dem Regime verbunden als die meisten seiner Kameraden.[2582]

All das zeigt, dass die einzelnen Offiziersanwärter sich mehr oder minder stark in der NSDAP oder ihren Unterorganisationen betätigten. Insbesondere in der Partei und der SS

2572 Vgl. BAB, SSO – Johann Graml.
2573 Siehe dazu auch Kapitel 3.4.
2574 Vgl. BAB, SSO – Heinz Meyer.
2575 Vgl. BAB, RS – Erich Weidig.
2576 Vgl. BAB, RS – Johann Krausmann.
2577 Vgl. BAB, SSO – Hans-Heinrich Kluge.
2578 Vgl. BAB, SSO – Karl Herdtle.
2579 Vgl. BAB, SSO – Kurt Merk.
2580 Vgl. BAB, SSO – Heinrich Müller.
2581 Vgl. BAB, SSO und RS – Otto Trott.
2582 Vgl. BAB, SSO und RS – Hans Oesterreich.

waren die meisten von ihnen vertreten, wobei 172 Männer beide Mitgliedschaften besaßen. Zog es nur wenige in die SA und die HJ, konnten auch die übrigen NS-Organisationen nur eine Minderheit der Beamten für sich gewinnen. Insofern ist gewiss anzunehmen, dass die untersuchten Absolventen dem Regime keineswegs ablehnend gegenüberstanden. Indes ist jedoch fraglich, ob deswegen auch für sie zutrifft, dass sie „hochgradig nazifiziert" waren, wie es Dieter Pohl für diejenigen Offiziere der Ordnungspolizei konstatiert, die in der Sowjetunion eingesetzt waren.[2583] Bis auf wenige Ausnahmen engagierten sich die Brucker Polizeischüler zumeist erst nach der „Machtergreifung" in den diversen Organisationen der neuen Herrscher. Das dürfte jedoch allzu häufig aus opportunistischen und pragmatischen Gründen erfolgt sein, weil die meisten gerade zu einer Zeit in die NSDAP oder die SS eintraten, in der ihr Lehrgang stattfand oder bereits beendet war. Darüber hinaus gab es aber nur wenige, die sich in mehreren NS-Organisationen gleichzeitig betätigten. Unter ihnen befand sich Paul Eckert vom 6. OAL, der nicht nur in der NSDAP und der Schutzstaffel, sondern auch in der SA, der HJ und im RAD war, wobei er 1935 außerdem einen Kurs an einer Motorsportschule des NSKK absolvierte.[2584] Insofern kann davon ausgegangen werden, dass er dem Nationalsozialismus ideologisch stärker verbunden war als viele seiner Kameraden. Dennoch können sie deswegen nicht exkulpiert werden, da sie in vielen Fällen zu eng mit dem Parteiapparat verflochten waren und persönlich die „Verschmelzung" von SS und Polizei vorantrieben. Wenngleich sie dabei in erster Linie an ihre eigene Karriere gedacht haben dürften, nutzten sie äußerst rege jene Möglichkeiten, die ihnen das NS-Regime bot. Das sicherte ihnen den sozialen Aufstieg. Daher kann zumindest ausgesagt werden, dass sie sich ohne Weiteres von den braunen Machthabern korrumpieren ließen. Wahrscheinlich sympathisierten aber einige von ihnen auch weltanschaulich mit dem totalitären Staat.

Wer im „Dritten Reich" etwas werden wollte, musste zuvor jedoch seinen militärischen Pflichten nachkommen. Die jungen wehrpflichtigen Männer dienten daher größtenteils in der Wehrmacht. Von 17 der insgesamt 90 Mann in den ersten drei Lehrgängen ist allerdings nicht bekannt, ob sie wie ihre Kollegen ihren Pflichtdienst in Hitlers Armee absolvierten, bevor sie nach Fürstenfeldbruck gelangten. Diese leisteten ihn im Zeitraum zwischen 1934 und 1936 ab. Ohne die obligatorischen Reserveübungen beanspruchte er durchschnittlich etwas mehr als ein Jahr. Mehr als doppelt so lange verbrachten die Anwärter des 21. OAL in der Armee, wobei sie zu ganz unterschiedlichen Zeiten unter Waffen standen. Doch bei diesem Kurs konnten lediglich 60 von insgesamt 126 Anwärtern ermittelt werden, die nachweislich in den deutschen Streitkräften dienten. Zusammengenommen waren es also nur 133 Polizisten, von denen bekannt ist, wann genau sie ihnen angehörten. Allerdings scheint diese geringe Zahl quellenbedingt zu sein und nicht den realen Verhältnissen zu entsprechen. Dennoch lohnt es sich, den Militärdienst dieser Schüler etwas näher zu betrachten.

2583 Pohl, Herrschaft, S. 351.

2584 Vgl. BAB, SSO – Paul Eckert.

Tabelle 33: Militärdienst (ohne Reserveübungen)			
OAL	**abgeleistet**	**Ø Dauer in Monaten**	**nicht abgeleistet/k.A.**
4. OAL	25	13,44	1
6. OAL	39	14,33	5
7. OAL	9	13,40	11
21. OAL	60	25,32	66
Gesamt:	133		83
in %:	61,57		38,43

Von allen 133 militärisch versierten Männern waren nur fünf bereits im Ersten Weltkrieg eingesetzt, wobei alle jedoch erst im Jahre 1918 in die alte Armee gelangten und später den 21. OAL besuchten. Einer von ihnen war der am 16. April 1900 geborene Alfons Saile, der von Mai bis November 1918 als Musketier an der Front eingesetzt und hernach bis September 1919 in der neuen Reichswehr aktiv war.[2585] Nur noch ein weiterer „Polizeisoldat" wählte diesen Weg, indem er nach Ende des Kaiserreichs auch noch in der Weimarer Frühphase beim Militär blieb. Insgesamt zwölf Männer aus dem 21. OAL dienten in den zwanziger Jahren in der stark reduzierten Nachkriegsarmee, wobei sich allein vier von ihnen im österreichischen Bundesheer befanden. Diesem gehörte der in Krems an der Donau geborene August Joksch sogar von Anfang 1921 bis Mitte 1927 an.[2586] Der absolute Großteil seiner Kollegen sammelte jedoch erste militärische Erfahrungen, als sie in Hitlers Wehrmacht kamen. Das galt auch für sämtliche Absolventen der anderen drei Kurse, deren militärischen Dienstzeiten bekannt sind. Während sie ausschließlich erst im NS-Staat dienen mussten, stand erneut ein Teil jener Männer unter Waffen, die das bereits zuvor getan hatten.[2587] So befand sich Josef Falter aus dem 21. OAL vom 1. April 1926 bis zum 1. November 1938 in der Armee und wechselte erst am nächsten Tag in die Polizei.[2588]

Tabelle 34: Einsatzzeit (mit Mehrfachnennung)			
OAL	**1. Weltkrieg**	**1919–1932**	**nach 30.01.1933**
4. OAL	0	0	25
6. OAL	0	0	39
7. OAL	0	0	9
21. OAL	5	12	48
Gesamt:	5	12	121

2585 Vgl. BAB, SSO – Alfons Saile.

2586 Vgl. BAB, SSO – August Joksch.

2587 Aus diesem Grund kommt die nachfolgende Tabelle nicht nur auf 131, sondern auf 138 Zähler. Diese Diskrepanz kommt dadurch zustande, dass der Militärdienst einer Person mehrfach gezählt wurde, sofern sie in mehr als einer Epoche in der Armee eingesetzt war.

2588 Vgl. BAB, SSO – Josef Falter.

Die verwendeten Akten der BDC-Bestände sind so beschaffen, dass es leider nur möglich ist, für einzelne Absolventen der Brucker Polizeischule zumindest partiell festzustellen, an welchen militärischen Einsätzen sie vor und besonders nach Kriegsbeginn teilnahmen. Auch wenn in diesen Unterlagen für einige Polizeioffiziere festgehalten ist, wann sie wo eingesetzt waren, sind diese Angaben unvollständig und erlauben es daher nicht, den gesamten dienstlichen Werdegang bis Kriegsende zu rekonstruieren. In anderen Fällen liegen dazu überhaupt keine Informationen vor. Das bedeutet aber nicht, dass diese Männer nicht im „auswärtigen" Einsatz waren. Ob sie jedoch in Polizeibataillonen oder sonstigen Formationen dienten oder ob sie vielmehr in Dienststellen an der „Heimatfront" tätig waren, lässt sich auf diesem Wege also nicht immer klären. Über mögliche Verbrechen der „Polizeisoldaten" schweigen sich die Personalakten der SS-Führer und erst recht die RuSHA-Unterlagen vollständig aus. Aus all diesen Gründen kann nur punktuell herausgearbeitet werden, was die Brucker Schüler vor und besonders nach ihrem Lehrgang taten. Daher muss auch darauf verzichtet werden, genau darzustellen, wie sich ihre Einsätze und Zugehörigkeiten zu bestimmten Einheiten prozentual verteilten. Es gibt mit Sicherheit einige blinde Flecke, die statistisch gar nicht erfasst werden können. Sie könnten allenfalls durch Personal- und sonstige personenbezogene Akten erhellt werden, die allerdings für nur wenige Teilnehmer der untersuchten Offiziersanwärterlehrgänge vorliegen. Schon allein deshalb verbietet es sich, dahingehend allzu verallgemeinernde Aussagen über dieses Sample anzustellen. Weil aber dennoch von einigen Polizeiführern bekannt ist, in welchen Gebieten und Einheiten sie eingesetzt waren, soll das für einzelne Beamte im Folgenden nicht vorenthalten werden.

Mindestens 154 der insgesamt 216 Polizisten waren zwischen 1938 und 1945 bei wenigstens einem „auswärtigen Einsatz". Von 32 Beamten konnte ermittelt werden, dass sie beim „Anschluss" Österreichs mitmachten. Zu ihnen zählte etwa Rudolf Leipold vom 4. OAL, der vom 11. März bis 26. April 1938 im annektierten Nachbarland eingesetzt war.[2589] Dort befand sich fast zur gleichen Zeit sein Schulkamerad, Max Weis, der anschließend vom 2. Oktober bis 8. Dezember 1938 im Sudetenland eingesetzt war.[2590] Damit gehörte er zu einem vom insgesamt nur 20 „Polizeisoldaten", die sich erwiesenermaßen daran beteiligten, das Grenzgebiet zur Tschechoslowakei im Herbst 1938 zu annektieren. Ein weiterer war Theo Sorg vom 6. OAL, der Anfang Oktober mit dem Polizeibataillon III/1 dort einrückte.[2591] Sein Kollege Arno Lang arbeitete derzeit hingegen als Adjutant des Kommandeurs für den Einzeldienst im Gebiet Egerland.[2592]

Während des Zweiten Weltkriegs waren mindestens 141 Mann nachweislich außerhalb des deutschen „Altreichs" eingesetzt, wobei sie zusammengenommen an allen Schauplätzen vertreten waren. Bei nur 61 Offiziersanwärtern wurde in den verwendeten Akten vermerkt, dass sie im Laufe des Krieges in einem Polizeibataillon oder später einem Regiment dienten. Diese Angaben können jedoch nicht den tatsächlichen Verhältnissen entsprechen, weil der Anteil – wie sich noch zeigen wird – weitaus höher liegen müsste. Dabei muss jedoch berücksichtigt werden, dass Himmlers Bürokraten solche Informationen in den Personalakten der SS-Führer aber ohnehin nur spärlich aufnahmen, weil das vielmehr Angelegenheit der Ordnungspolizei war. Sie vermerkten aber für Josef Schöpperle vom 4. OAL, dass er sich mit der 3. Kompanie des Reserve-Polizeibataillons 41 im polnischen Posen befand.[2593] Hermann Uh-

2589 Vgl. BAB, SSO und RS – Rudolf Leipold.
2590 Vgl. BAB, RS – Max Weis.
2591 Vgl. BAB, RS – Theo Sorg.
2592 Vgl. BAB, SSO – Arno Lang.
2593 Vgl. BAB, RS – Josef Schöpperle.

lemann aus dem 21. OAL gehörte dem II. Bataillon des SS-Polizeiregiments 4 an.[2594] Der ehemalige Teilnehmer des 7. OAL, Heinz Görner, landete hingegen in der 7. Kompanie des SS-Polizei-Infanterie-Regiments 3.[2595]

Den BDC-Unterlagen zufolge befanden sich zumindest 32 der untersuchten Männer in der SS-Polizei-Division, die eine besondere Formation der Ordnungspolizei darstellte. Das Hauptamt Ordnungspolizei hatte sie noch als Polizei-Division auf Hitlers Befehl am 1. Oktober 1939 aufgestellt. Nach Ende des Westfeldzugs gelangte sie nach Russland in das Gebiet der Heeresgruppe Nord, wo sie ab August 1941 südlich von Leningrad zum Einsatz kam.[2596] Bereits zum Ende ihres Wirkens in Frankreich hatte die Einheit den Zusatz „SS" erhalten, wobei er nichts daran änderte, dass die SS-Polizei-Division weiterhin eine Einheit der Ordnungspolizei blieb.[2597] Obwohl sie bereits seit 17. Januar 1941 der Waffen-SS unterstand, gliederte Himmler die Division erst am 24. Februar 1942 offiziell in seine weltanschauliche Elitetruppe ein. Sie musste sich reorganisieren, erhielt im Jahre 1943 einen neuen Namen und trat fortan als 4. SS-Polizei-Panzergrenadier-Division in Erscheinung.[2598] Teile dieses Verbandes blieben weiterhin in Nordrussland stationiert, während einzelne Regimenter nach Südosten entsendet wurden. Die Division vereinigte sich im April 1944 in Griechenland, zog jedoch wieder Richtung Norden und geriet 1945 auf der polnischen Halbinsel Hela in sowjetische Kriegsgefangenschaft.[2599]

Unter den Angehörigen der SS-Polizei-Division war Kurt Rühl vom 6. OAL, der ihr seit 6. Mai 1940 als Batterieoffizier angehörte.[2600] Vom 7. OAL stammte hingegen Karl Liecke, der in ihr vom 1. Oktober 1939 bis 4. September 1943 diente und danach in den Stab der Kroatischen 13. SS-Freiwilligen-Gebirgs-Division kam.[2601] Damit wirkte er wie mindestens 20 seiner analysierten Kollegen in einer Einheit der Waffen-SS.[2602] In der SS-Gebirgsdivision Nordland diente etwa der am 25. Dezember 1913 in Augsburg geborene Rudolf Gräul vom 6. OAL.[2603] Ebenfalls von diesem Lehrgang fand auch der im oberfränkischen Selb geborene Hermann Kaschner seinen Weg in die Waffen-SS. Er war seit 7. April 1943 als Kompaniechef in der SS-Panzer-Jäger-Ausbildungs- und Ersatz-Abteilung 1 tätig, bevor er in die 14. Kompanie des SS-Polizei-Schützenregiments 1 kam.[2604] Ein solcher Branchenwechsel war nicht ungewöhn-

2594 Vgl. BAB, SSO – Hermann Uhlemann.

2595 Vgl. BAB, SSO – Heinz Görner.

2596 Vgl. Tessin, Stäbe und Truppeneinheiten, S. 24; Ders., Die Stäbe und Truppenteile der Ordnungspolizei 1936–1945, in: Ders./Norbert Kannapin, Waffen-SS und Ordnungspolizei im Kriegseinsatz 1939–1945. Ein Überblick anhand der Feldpostübersicht, Osnabrück 2000, S. 527–665, hier: S. 547 [Künftig: Tessin, Stäbe und Truppenteile]; Ders., Verbände und Truppen der deutschen Wehrmacht und Waffen-SS im Zweiten Weltkrieg 1939–1945, Bd. 14: Die Landstreitkräfte: Namensverbände/Die Luftstreitkräfte (Fliegende Verbände)/Flakeinsatz im Reich 1943–1945, Osnabrück 1980, S. 287 f. [Künftig: Tessin, Verbände und Truppen].

2597 Vgl. Michaelis, Einsatz, S. 107 f.

2598 Vgl. Tessin, Verbände und Truppen, Bd. 14, S. 287 f. Ferner: Ders., Die Waffen-SS. Entwicklung, Gliederung und Feldpostnummern, in: Ders., Waffen-SS, S. 3–524, hier: S. 42–47.

2599 Vgl. Ders., Verbände und Truppen, Bd. 2: Die Landstreitkräfte 1–5, Frankfurt am Main 1966, S. 275.

2600 Vgl. BAB, RS – Kurt Rühl.

2601 Vgl. BAB, SSO – Karl Liecke.

2602 Zur Kroatischen 13. SS-Freiwilligen-Gebirgs-Division vgl. Kurt Mehner (Hrsg.), Die Waffen-SS und Polizei 1939–1945. Führung und Truppe, Schriftenreihe Führung und Truppe, Bd. 3, Norderstedt 1995, S. 141.

2603 Vgl. BAB, SSO – Rudolf Gräul.

2604 Vgl. BAB, SSO und RS – Hermann Kaschner.

lich, da einige Führer der Waffen-SS ihre Karriere in der Ordnungspolizei begonnen hatten.[2605]

Überdurchschnittlich viele Informationen liegen über den beruflichen Werdegang von Hauptmann Kurt Merk vor. Als Absolvent des 4. OAL gelangte er nicht nur an verschiedene Schauplätze des Krieges, sondern auch in ganz unterschiedliche Einheiten. Nachdem er in Österreich eingesetzt und ab 7. Juli 1939 als Bataillonsadjutant im Protektorat Böhmen und Mähren beschäftigt gewesen war, nahm er mit dem Polizeibataillon 63 am Polenfeldzug teil und kehrte am 25. Februar 1940 zurück nach Deutschland. Der gebürtige Traunsteiner diente vom 28. Mai bis 15. Juli 1940 in einem Sonderkommando in Belgien und arbeitete anschließend als Luftschutzoffizier im elsässischen Kolmar. Seit dem 24. Mai 1943 befand er sich im Stab des Polizei-Schützenregiments 32, mit dem er nach Radzyn Podlaski in den Distrikt Lublin gelangte. Wenig später wechselte er in das Galizische SS-Freiwilligen-Regiment 5, wo er seit 21. Juli 1943 als Adjutant der Einheit fungierte. Fast genau ein Jahr später kommandierte er ab 10. Juli 1944 persönlich das Schuma-Ersatz-Bataillon 212 in Krakau.[2606]

Nicht alle der untersuchten Polizeioffiziere überlebten ihren „auswärtigen Einsatz“. Der am 7. Januar 1914 im sächsischen Leisnig geborene Hauptmann Walter Haferkorn fiel am 18. August 1941 im „Osten“.[2607] Sein ranggleicher Kollege vom 4. OAL, Hans Ott, starb am 14. Februar 1943 ebenfalls im Einsatz, während er die 3. Kompanie des SS-Polizei-Pionier-Bataillons führte, das zur SS-Polizei-Division gehörte.[2608] Der ehemalige Teilnehmer des 6. OAL, Peter Gobmeier, erhielt am 12. September 1941 einen tödlichen Kopfschuss.[2609] Der Absolvent des 21. OAL, Paul Lang, fand den Tod am 23. November 1944 im kroatischen Nasice, als er als Stabsoffizier in einem Bataillon diente, das dem SS-Polizeiregiment „Todt“ angehörte.[2610]

Weil die BDC-Unterlagen bestenfalls nur bis Kriegsende geführt wurden, schweigen sie sich darüber aus, wie es den Überlebenden in der Nachkriegszeit erging. Das kann aber wenigstens für einzelne Brucker Absolventen rekonstruiert werden, deren Personalakten vorliegen. Sie ermöglichen einen genaueren Einblick in den beruflichen Werdegang der polizeilichen Führungskräfte. Das ist etwa bei Helmut Teske der Fall, der den 4. OAL absolviert hatte.[2611] Der am 20. Januar 1913 im westpreußischen Glauchau geborene Sohn eines Gärtners und späteren Revierförsters wurde nach seinem Abitur am 10. Juli 1936 als Wachtmeister und Offiziersanwärter in die Schutzpolizei eingestellt. Zwar wollte er ebenfalls Förster im höheren Dienst werden, konnte aber das dafür erforderliche Studium nicht beginnen, weil er dazu nicht zugelassen wurde. Dafür betätigte er sich jedoch schon recht früh politisch. Zwischen September 1927 und Oktober 1929 war er Mitglied im Jungstahlhelm und trat dann am 1. Oktober 1933 sowohl der SA als auch dem NSKK bei, denen er bis zu seinem Dienstantritt bei der Ordnungsmacht angehörte. Zwischenzeitlich absolvierte er von April 1934 bis Oktober 1935 freiwillig seinen Wehrdienst. Nach seinem Kurs in Fürstenfeldbruck wurde er Anfang 1938 nach Frankfurt am Main versetzt, wo er bis auf eine knapp dreimonatige Dienst-

2605 Vgl. dazu Wegner, Soldaten, S. 225.
2606 Vgl. BAB, SSO und RS – Kurt Merk.
2607 Vgl. BAB, SSO – Walter Haferkorn.
2608 Vgl. BAB, SSO und RS – Hans Ott.
2609 Vgl. BAB, SSO – Peter Gobmeier.
2610 Vgl. BAB, SSO – Lang Paul.
2611 Zu den folgenden Ausführungen über Helmut Teske sofern nicht anders angegeben vgl. ISG Frankfurt, 22/75, 123.208–210 – Helmut Teske; BAB, SSO und RS – Helmut Teske.

zeit in Wiesbaden durchgehend bis 1945 verblieb und in der Vorkriegszeit hauptsächlich als Luftschutzoffizier und Zugführer arbeitete.

Ab Mitte 1939 diente Teske dann in diversen Einheiten der uniformierten Staatsgewalt. Mit dem Polizeibataillon V/1 befand er sich vom 21. Juli bis 4. September 1939 im Protektorat Böhmen und Mähren, um sich danach bis 30. September 1939 im Polizeiregiment 3 am Polenfeldzug zu beteiligen. Bis zum 11. November 1940 war er Kompanieführer in den Polizeibataillonen 72 und 92, leitete danach in Frankfurt einen Lehrgang für das schwere Maschinengewehr und führte von Frühjahr 1941 bis zum 10. September 1943 erneut verschiedene Kompanien. Tags darauf kam er in das SS-Polizei-Gebirgsjäger-Regiment 18, in dem er bis zum 25. November 1944 im „auswärtigen Einsatz“ blieb. Zurück in Frankfurt arbeitete er bis Kriegsende beim Kommando der Feuerschutzpolizei als Ausbildungsoffizier.

Die hiesige Spruchkammer stufte ihn 1948 als Mitläufer ein, woraufhin sich der ehemalige Hauptmann noch im gleichen Jahr bei seinem alten Arbeitgeber darum bewarb, wieder in den Staatsdienst eingestellt zu werden. Das scheiterte aber, weil er Parteiorganisationen angehört hatte, zu denen am 30. Januar 1942 auch noch die SS hinzugekommen war.[2612] Deshalb musste er sich eine andere Tätigkeit suchen und fand sie zunächst als Hilfsarbeiter in einer Ziegelei und später als selbstständiger Leiter einer Abrichteanstalt für Hunde. Anschließend arbeitete er in einem Reparaturwerk und in einem Nachschubdepot der US-Armee in Frankfurt, wo er vom 26. April 1949 bis 31. Dezember 1953 beschäftigt war, obwohl er ab April 1945 ein Jahr lang in amerikanischer Kriegsgefangenschaft verbracht hatte. Erst am 1. April 1957 erhob ihn die Polizeiverwaltung in der Mainmetropole wieder in den Beamtenstand, bis sie den Bezirkskommissar Ende März 1973 regulär pensionierte. Teske starb am 8. Dezember 1987.

Er war nur einer von vielen Brucker Schülern, die während des Zweiten Weltkriegs in den „auswärtigen Einsatz“ gelangten. In den Polizeieinheiten übten sie dabei recht unterschiedliche Funktionen aus. Ab 4. April 1940 befand sich etwa Heinrich Meiswinkel vom 6. OAL im Polizeiregiment Krakau, um darin als dessen Nachrichtenoffizier eingearbeitet zu werden.[2613] Der am 1. Juli 1911 in Straßburg geborene Alfred Leidenroth aus dem 7. OAL war im Stab des Polizeibataillons 310 tätig und stieg Mitte September 1944 sogar zum Major auf.[2614] Hauptmann Gustav Hösterey vom 21. OAL diente ab dem 7. Dezember 1944 als Kompanieführer im SS-Polizeiregiment 2.[2615]

Für einige Männer lässt sich also durchaus nachweisen, dass sie während des Zweiten Weltkriegs in diversen Polizeieinheiten eingesetzt waren. Es ist jedoch unmöglich, sämtliche Schüler der untersuchten Lehrgänge dahingehend zu überprüfen, ob sie in Verbrechen verstrickt waren. Derartige Analysen gestalteten sich schon für die Strafverfolger in und außerhalb von Deutschland sehr problematisch.[2616] Ein pauschales Urteil verbietet sich aber nicht nur deshalb, sondern auch weil kaum davon gesprochen werden kann, dass sämtliche in den besetz-

2612 Diese Angabe aus seiner Personalakte widerspricht jedoch dem Eintrag in seinem SSO-Personalbogen, der Teskes SS-Eintritt bereits auf den 1. Mai 1939 datiert. Vgl. dazu ISG Frankfurt, 22/75, 123.208–210 – Helmut Teske, Personalbogen; BAB, SSO – Helmut Teske, Personalbogen.

2613 Vgl. USHMM, RG-11.001M.15, Reel 409, Fond 1323-2-363, I. V. Spaethen (BdO beim Generalgouverneur): Tagesbefehl Nr. 21, 05.04.1940, Bl. 83.

2614 Vgl. BAB, SSO und RS – Alfred Leidenroth. Zu seiner Tätigkeit im Polizeibataillon 310 vgl. Klemp, Oranienburger Polizeieinheiten, S. 87.

2615 Vgl. USHMM, RG-11.001M.15, Reel 407, Fond 1323-2-33, Kommando-Befehl Nr. 1, [Dezember 1944], Bl. 7.

2616 Siehe dazu auch Kapitel 2.3.

ten Gebieten eingesetzten Ordnungspolizisten zu Tätern wurden. Es gibt jedoch einzelne Polizeioffiziere, die durchaus an Massenverbrechen beteiligt oder sogar für diese verantwortlich waren, wofür sie nach Kriegsende schließlich vor Gericht standen.

Der wohl bekannteste Absolvent der Brucker Polizeischule war dahingehend der am 3. Juni 1913 in Dresden geborene und spätere Hauptmann Julius Wohlauf, der den 4. OAL besucht hatte.[2617] Zweifelhafte Berühmtheit erlangte er durch die Arbeiten von Christopher R. Browning und Daniel Jonah Goldhagen.[2618] Nachdem er bereits beim „Anschluss“ Österreichs zum Einsatz gekommen war und von Mai 1940 bis Februar 1941 als Kraftfahroffizier im Bremer Polizeibataillon 105 in Norwegen gedient hatte, leitete Wohlauf ab 1. Februar 1942 die 1. Kompanie des Reserve-Polizeibataillons 101 aus Hamburg, als dessen stellvertretender Kommandeur er auch tätig war.[2619] Diese Einheit hatte schon zuvor einige Verbrechen begangen, als sie sich z. B. ab Mai 1940 im Raum Posen und später in Lodz daran beteiligte, die polnische Bevölkerung zwangsweise umzusiedeln und die Juden dabei in Ghettos zu pferchen. Von Ende November 1940 bis Ende März 1941 bewachte sie das Ghetto von Lodz und kehrte danach zu ihrem Heimatstandort zurück. Dort half sie im Herbst 1941 dabei mit, Hamburger Juden in verschiedene osteuropäische Ghettos zu deportieren.[2620]

Nachdem Wohlauf seine Teileinheit übernommen hatte, mordete das Reserve-Polizeibataillon 101 ab Mitte 1942 in Polen massenhaft. Am 13. Juli 1942 etwa erschoss vor allem seine 1. Kompanie bis zu 1.500 Juden aus Jozefow in einem nahegelegenen Wald und deportierte den arbeitsfähigen Rest in ein Lager nach Lublin. Die 2. Kompanie exekutierte dann zusammen mit hilfswilligen „Trawniki“ am 17. August 1942 in Lomazy bis zu 1.700 Juden. Besonders tat sich wieder die 1. Kompanie unter Wohlauf hervor, als das Bataillon am 25. und 26. August 1942 das Ghetto von Miedzyrzec Podlaski auflöste und dabei etwa 10.000 Menschen ins Vernichtungslager Treblinka deportierte. Während dieser Aktion brachten die Hamburger Polizisten 960 Opfer aber noch an Ort und Stelle um.[2621] Letztlich war das Reserve-Polizeibataillon 101 auch an der „Aktion Erntefest“ maßgeblich beteiligt, bei der es zusammen mit anderen SS- und Polizeieinheiten am 3. November 1943 im Vernichtungslager Majdanek rund 18.000 Juden ermordete. Tags darauf beteiligte es sich daran, etwa 14.000 jüdische Opfer im Lager von Poniatowa zu töten. Hernach führte die Einheit vor allem Unternehmen gegen „Banden“ durch. Insgesamt wirkte das Reserve-Polizeibataillon 101 an der Erschießung von über 38.000 Juden mit und deportierte noch einmal über 45.000 jüdische Opfer nach Treblinka.[2622] Bereits ab Mai 1943 fungierte Wohlauf jedoch als Kompanieführer und schließlich als Kommandeur des Wiesbadener Polizeibataillons 123, das innerhalb des SS-Polizeiregiments 7 in Norwegen eingesetzt war. Weil er aber im nordeuropäischen Besatzungsland mit dem SD in Konflikt geraten war, wurde er nach einem Gerichtsprozess seines Amtes enthoben und an die Polizei-Waffenschule Dresden-Hellerau zu einem Bataillonsführerlehrgang abkommandiert. So weilte er auch noch bei Kriegsende in der Elbstadt.[2623]

2617 Zu den folgenden Ausführungen über Julius Wohlauf sofern nicht anders angegeben vgl. BAB, SSO und RS – Julius Wohlauf; Kiepe, Reservepolizeibattaillon, S. 143–145.

2618 Vgl. Browning, Männer, besonders: S. 67 f. und 130–132; Goldhagen, Vollstrecker, besonders: S. 287 f.

2619 Vgl. Kaiser, Schranken, S. 235; Martin Hölzl, Julius Wohlauf – die Nachkriegskarriere eines Hamburger Polizisten und NS-Täters, in: Diercks, Polizei, S. 173–182, hier: S. 174; Kiepe, Reservepolizeibattaillon, S. 135 und 143 f.

2620 Vgl. Curilla, Judenmord, S. 706 f.

2621 Vgl. ebd., S. 708–714.

2622 Vgl. ebd., S. 725–729.

2623 Vgl. Kiepe, Reservepolizeibattaillon, S. 144.

Nachdem er in seinem Spruchkammerverfahren letztlich als „unbelastet" eingestuft worden war, gelangte Julius Wohlauf am 1. Juli 1955 als „131er" wieder in den Dienst der hanseatischen Polizei und stieg dort auf bis zum Referatsleiter für Verkehrserziehung und Verkehrssicherheit. Allerdings beurlaubte ihn seine Dienststelle am 30. Januar 1963, nachdem die Hamburger Staatsanwaltschaft im Oktober des Vorjahres gegen ihn und weitere ehemalige Angehörige des Reserve-Polizeibataillons 101 ein Verfahren eröffnet hatte.[2624] Daraufhin tagte das Hamburger Schwurgericht vom 30. Oktober 1967 bis zum 8. April 1968 und verurteilte Wohlauf zu acht Jahren Haft. Ende Oktober 1974 wurde er vorzeitig entlassen. Am 17. März 2002 verstarb er in Hamburg.[2625] Er war einer der wenigen Brucker Polizeibeamten, die sich für ihre Taten verantworten mussten, obschon seine Strafe geradezu lächerlich gering ausfiel.

Ebenfalls sehr glimpflich sollte Hauptmann Rolf-Joachim Buchs davonkommen, der am 12. September 1914 in Kaiserswerth geboren wurde.[2626] Nachdem er den 6. OAL absolviert hatte, gelangte er im Juli 1939 zum Polizeibataillon 63 ins tschechische Brünn, um mit dieser aus Wuppertal stammenden Einheit zunächst im Polen- und danach im Frankreichfeldzug eingesetzt zu werden.[2627] Im August 1940 wurde er zum Polizeiausbildungsbataillon Köln versetzt, aus dem das Polizeibataillon 309 hervorging, in dem er bis Anfang 1942 als Kompanieführer fungierte.[2628] Kurz nach Beginn des „Unternehmens Barbarossa" rückte dieser Polizeiverband am 27. Juni 1941 ins ostpolnische Bialystok ein und richtete dort ein Massaker hauptsächlich an der männlichen jüdischen Bevölkerung an. Die „Ordnungshüter" trieben die Opfer zunächst aus ihren Häusern, um sie auf dem Marktplatz zusammenzuscharen, was von selbstinitiierten Gewaltakten und sogar Morden begleitet war. Während die meisten Täter zahlreiche Menschen einfach erschossen, verübten Teile des Bataillons ein besonders bestialisches Verbrechen. Sie pferchten mindestens 800 jüdische Männer, aber vermutlich auch Frauen und Kinder in die städtische Hauptsynagoge und brachten sie um, indem sie das vollbesetzte Bauwerk anschließend in Brand steckten. Weil die Flammen auf die umliegenden Gebäude des jüdischen Viertels übergriffen und von den Polizisten nicht mehr gelöscht werden konnten, starben zahlreiche weitere Opfer in diesem Großfeuer. Insgesamt tötete das Polizeibataillon 309 an diesem Tag in Bialystok deutlich mehr als 1.000 Juden.[2629]

Seit Beginn des Jahres 1942 diente Buchs als Kompanieführer in verschiedenen anderen Einheiten, wozu etwa das Polizei-Lehrbataillon III in Gotenhafen zählte, mit dem er ein Jahr später nach Den Haag kam. Nach Kriegsende schlug er sich zunächst in der Privatwirtschaft durch, bis er nach einem zuvor gescheiterten Versuch dann im August 1953 von der Polizei in Solingen wieder in den Dienst gestellt wurde. Zunächst zum Hauptwachtmeister degradiert, erlangte er schnell seinen alten Rang zurück, der in der Bundesrepublik nun Polizeihauptkommissar lautete. Noch befremdlicher mutet es an, dass er ab 1957 sogar als Lehrer an der Landespolizeischule „Erich Klausener" in Düsseldorf fungierte und seit 1962 die Wuppertaler Bereitschaftspolizei im Fach Staatsbürgerkunde unterrichten durfte. Es erscheint ge-

2624 Vgl. Hölzl, Julius Wohlauf, S. 175–177.

2625 Vgl. ebd., S. 179–181.

2626 Zur Person von Rolf-Joachim Buchs ganz allgemein vgl. BAB, SSO – Joachim Buchs.

2627 Vgl. LAW – STAM, PP, Sammlung Primavesi 285, 12 Ks 1/67 7/67 S: Landgericht Wuppertal: Urteil, S. 6 f.; Stefan Klemp, „Daluege geht sehr energisch vor". Das Massaker von Lidice, der Einsatz der Ordnungspolizei im „Protektorat Böhmen und Mähren" und die Ermittlungen gegen die Täter, Münster 2011, S. 46.

2628 Vgl. LAW – STAM, PP, Sammlung Primavesi 285, 12 Ks 1/67 7/67 S: Landgericht Wuppertal: Urteil, S. 7.

2629 Vgl. Lichtenstein, Helfer, S. 74–78; Okroy, Wuppertaler Bialystok-Prozeß, S. 301 f.; Noethen, Kameraden, S. 400 f.

radezu zynisch, dass ein führender „Polizeisoldat" des NS-Regimes nun einer neuen Generation von Staatsdienern demokratische und rechtsstaatliche Werte vermitteln sollte.[2630]

Bald holte ihn jedoch seine Vergangenheit ein. Wegen des Massenmords in Bialystok ermittelten die zuständigen Strafverfolger unter anderem gegen Buchs, weshalb er seit März 1966 vorläufig vom Dienst suspendiert war. Gemeinsam mit letztlich elf weiteren Angehörigen des Polizeibataillons 309 saß er ab Oktober 1967 auf der Anklagebank, weil sie sich vor dem Landgericht Wuppertal wegen Mordes und Beihilfe zum Mord sowie schwerer Brandstiftung verantworten mussten.[2631] Wie das Gericht feststellte, war Buchs dafür verantwortlich, dass seine 3. Kompanie die männlichen Juden aus ihren Häusern gejagt hatte, um sie zusammenzutreiben und systematisch zu ermorden, was er dann auch persönlich überwacht hatte. Danach habe er zwar nicht selbst veranlasst, die jüdischen Opfer zu verbrennen. Doch als diese barbarische Maßnahme bereits angelaufen gewesen war, habe er seine Männer nicht nur gewähren, sondern auch die Synagoge umstellen lassen. Sie hätten dann jeden erschossen, der aus dem brennenden Gebäude zu fliehen versucht hatte. Dabei habe eine karrieristische Attitüde, so das Gericht, sein Handeln wesentlich stärker bestimmt als etwa Antisemitismus und Rassenhass, wobei er dazu bereit gewesen sei, auf seinem Weg nach oben buchstäblich über Leichen zu gehen.[2632] „Er wog indes die Vernichtung der Juden gegen die Möglichkeit einer Gefährdung seines Ansehens und seiner Karriere ab und entschloss sich für die Karriere und gegen die Juden", wie es im Urteil heißt.[2633]

Da Buchs maßgeblich am Massenmord in Bialystok beteiligt gewesen war, verurteilte ihn das Gericht am 12. März 1968 zu einer lebenslangen Haftstrafe.[2634] Während noch zwei weitere Angeklagte das gleiche Strafmaß erhielten, gingen sechs der ehemaligen Kameraden straffrei aus, obwohl das Gericht sie der Beihilfe zum Mord schuldig befand. Drei der Mitbeschuldigten wurden indes freigesprochen. Weil sich aber nachträglich herausstellte, dass ein Geschworener geistig unzurechnungsfähig war, kassierte der Bundesgerichtshof 1971 das Urteil gegen die zu lebenslanger Haft verurteilten Männer, ohne die übrigen Rechtssprüche anzutasten. Wegen des Verfahrensfehlers musste ein neuer Prozess stattfinden, der jedoch unter keinem guten Vorzeichen stand. Denn eine mittlerweile in Kraft getretene Strafrechtsnovelle sorgte dafür, dass viele NS-Täter von ihr profitierten und auch die polizeilichen Mörder von Bialystok jetzt nur noch als Gehilfen eingestuft wurden. Deshalb verurteilte das Gericht Buchs und seinen mitangeklagten Weggefährten nun zu Bewährungsstrafen, die jedoch als schon verbüßt galten. Danach konnten also auch sie wieder ihre Freiheit genießen.[2635]

Andere ehemalige Schüler aus Fürstenfeldbruck mussten sich überhaupt nicht darum sorgen, ins Fadenkreuz von Justitia zu geraten. Stattdessen machten sie nahezu unbehelligt Karriere in den Sicherheitsorganen der noch jungen Bundesrepublik, die sie als erfahrene Offiziere gerne in die Gesellschaft wieder integrierte. Der am 29. Juli 1913 im saarländischen Holz geborene Paul Boullay aus dem 4. OAL etwa war während des Krieges als Nachrichtenfüh-

2630 Vgl. Noethen, Kameraden, S. 401 f.; Lichtenstein, Helfer, S. 71.

2631 Vgl. Okroy, Wuppertaler Bialystok-Prozeß, S. 315–317.

2632 Vgl. LAW – STAM, PP, Sammlung Primavesi 285, 12 Ks 1/67 7/67 S: Landgericht Wuppertal: Urteil, S. 62–65.

2633 Ebd., S. 63.

2634 Vgl. ebd., S. 4.

2635 Vgl. Okroy, Wuppertaler Bialystok-Prozeß, S. 302 und 317; Lichtenstein, Helfer, S. 88 f. und 93 f. Zum Prozess ferner: Michael Okroy, „Nach 26 Jahren nun Mammutprozess gegen Polizisten". Die justitielle Aufarbeitung von NS-Verbrechen der Ordnungspolizei am Beispiel der Wuppertaler Bialystok-Verfahren, in: Jan Erik Schulte (Hrsg.), Die SS, Himmler und die Wewelsburg, Schriftenreihe des Kreismuseums Wewelsburg, Bd. 7, Paderborn 2009, S. 449–469.

rer tätig, wobei er im Kommandostab des Reichsführers-SS und beim Chef der Bandenkampfverbände, Erich von dem Bach-Zelewski, diente.[2636] Da er in dessen Stab arbeitete, befand er sich in einer exponierten Position innerhalb eines Apparats, dessen Aufgabe es war, die SS- und Polizeieinheiten in ihrem Vernichtungsfeldzug gegen osteuropäische Partisanen zu koordinieren.[2637] Obwohl der ehemalige Hauptmann der Schutzpolizei zugleich SS-Hauptsturmführer war, konnte er seine Karriere in der Bundesrepublik fortführen und stieg sogar zum General des BGS auf. Darüber empörte sich besonders der Bund der Antifaschisten, der innerhalb der Vereinigung der Verfolgten des Naziregimes (VVN) angesiedelt war. „Wir halten das Verbleiben dieses ehemaligen SS-Würdenträgers an solch entscheidender Stelle für einen Skandal und fordern erneut seine Entfernung", wie der Interessensverband in der Pressemeldung 1972 erklärte.[2638]

Über Boullays Vergangenheit klärte die Öffentlichkeit bereits das in der DDR im Jahre 1965 erschienene „Braunbuch" auf, das generell über „Kriegs- und Naziverbrecher in der Bundesrepublik und in Berlin (West)" informieren wollte.[2639] Nach Kriegsende habe er zunächst als „Referent im Bundesinnenministerium Abteilung VII" gearbeitet, bevor er „verantwortlich für die Bewaffnung des Grenzschutzes und der Bereitschaftspolizei" wurde.[2640] Er war jedoch keineswegs der einzige unter den Brucker Alumni, welche die sozialistischen Aufklärer in ihrem propagandistischen Werk aufführten. Neben Boullay stellten sie über 30 weitere ehemalige und wieder aktive Polizisten bloß, ohne dabei freilich auf ihren Besuch in Fürstenfeldbruck einzugehen. So erfuhr der Leser unter anderem, dass sein früherer Schulkamerad, Karl Starrock, mittlerweile in der baden-württembergischen Polizei untergekommen war.[2641] Bevor er in der Bundesrepublik den Kommissariatsleiter der bayerischen Grenzpolizei vertrat, hatte Epimach Lachauer vom 21. OAL im III. Bataillon des Polizei-Gebirgsjäger-Regiments 18 als stellvertretender Kompanieführer agiert.[2642] Sein Lehrgangskollege, Hauptmann Anton Hertel, hatte während des Zweiten Weltkriegs im Galizischen SS-Freiwilligenregiment 7 gedient, bevor er als bundesdeutscher Hauptkommissar den Polizeiabschnitt in Wolfsburg führte.[2643] Ebenfalls in Niedersachsen konnte der ehemalige Polizeimajor Friedrich Wittenmayer vom 6. OAL eine leitende Position ausüben und war nun für den Polizeiabschnitt im Landkreis Burgdorf verantwortlich, obwohl er sich ab April 1942 in der Waffen-SS befunden hatte.[2644] Ihre Karrieren scheinen unter der NS-Vergangenheit keineswegs gelitten zu haben. Damit befanden sie sich in guter Gesellschaft.

Der am 25. März 1912 in Kaiserslautern geborene Julius Wannemacher absolvierte den 7. OAL erfolgreich. Ab September 1939 leitete der damalige Leutnant den 1. Zug innerhalb

---

2636 Zu den folgenden Ausführungen über Paul Boullay sofern nicht anders angegeben vgl. LAW – STAM, PP, Sammlung Primavesi 141 – Paul Boullay; BAB, SSO – Paul Boullay; NARA, IRR – RG 319, A1 134-B, 97 – Paul Boullay.

2637 Vgl. LAW – STAM, PP, Sammlung Primavesi 141 – Paul Boullay, RFSSuChdDtPol – Chef des Stabes an Schlake, 07.12.1944. Ferner zum „Chef der Bandenkampfverbände" u. a.: Wette, Krieg, S. 33; Richter, Herrenmensch, S. 58.

2638 Vgl. LAW – STAM, PP, Sammlung Primavesi 141 – Paul Boullay, Pressedienst VVN – Bund der Antifaschisten: NS-Prozesse Januar 1972, Bl. 22.

2639 Podewin, Braunbuch, S. III. Das war auch der Untertitel des „Braunbuchs". Vgl. Klemp, Polizeibataillone, S. 457–460.

2640 Podewin, Braunbuch, S. 370.

2641 Vgl. ebd., S. 376.

2642 Vgl. ebd., S. 373.

2643 Vgl. ebd., S. 372.

2644 Vgl. ebd., S. 377.

der 1. Kompanie des Reserve-Polizeibataillons 61 aus Dortmund und führte später als Hauptmann dessen 2. Kompanie.[2645] In den Jahren 1939 und 1940 beteiligte sich das Bataillon bereits an der deutschen Terrorherrschaft in Polen, indem es aus dem Warthegau etwa 77.500 Polen und Juden ins Generalgouvernement deportierte, wobei es auch zu Exekutionen kam. Nachdem sie sich ab Juni 1940 wieder in Deutschland aufgehalten hatte, bewachte die Einheit von Januar bis Oktober 1942 das Warschauer Ghetto. Dabei führten Angehörige seiner Kompanien zahlreiche Massenerschießungen durch. Die 1. Kompanie unterhielt dort sogar eine eigene Bar, in der ihre Polizisten mit reichlich Alkohol feierten und eine eigene Strichliste führten, wie viele Juden sie erschossen hatten. Obwohl es verboten war, gingen einige von ihnen nach solchen Saufgelagen manchmal ins Ghetto, wo sie ein Wettschießen auf dessen Bewohner veranstalteten. Ab Oktober 1942 war das Polizeibataillon 61 in den nördlichen russischen Gebieten zur „Partisanenbekämpfung" eingesetzt. Nach dem Krieg gab es zwar insgesamt vier Verfahren gegen Angehörige dieser Einheit. Trotz der ungeheuren Verbrechen wurde jedoch nicht einer von ihnen verurteilt.[2646] Wannemacher machte da keine Ausnahme, wenngleich er dafür verantwortlich war, dass seine 2. Kompanie sowohl in Posen als auch in Warschau Exekutionen durchgeführt hatte. Im Nachkriegsdeutschland setzte er seine Karriere einfach fort und arbeitete als Polizeiinspektor in München.[2647] Zuvor hatte ihn die Münchner Spruchkammer im September 1947 lediglich als Mitläufer eingestuft, weil er zwar weder in der Partei noch in der SS, aber zwischen 1933 und 1937 ein Mitglied im NSKK gewesen war.[2648] Wie so vielen gelang es auch ihm, daher wieder rasch in den Staatsdienst zurückzukehren, als sei nichts geschehen.

Ebenfalls zu den Absolventen des 7. OAL zählte der spätere Hauptmann Hans Gaier, der am 10. Februar 1902 in Mannheim geboren wurde. Seit dem 4. Juli 1940 leitete er die Schutzpolizei in Kielce im Distrikt Radom, die unter anderem die jüdische Bevölkerung zu überwachen hatte. Dieser Aufgabe widmete sie sich noch intensiver, nachdem am 5. April 1941 in der polnischen Stadt ein Ghetto eingerichtet worden war. In seiner exponierten Position war Gaier nicht nur dafür verantwortlich, dass die ihm untergebenen Polizisten Juden malträtierten. Er selbst misshandelte Menschen, indem er beispielsweise häufiger älteren Männern brutal ihre Bärte bis aufs Fleisch herausriss. Der Polizeioffizier amüsierte sich zusammen mit anderen Staatsdienern darüber, dass zwei jüdische Mädchen im Alter von zehn und 14 Jahren zunächst auf dem Revier zum Sex mit den Polizeihunden genötigt und danach erschossen wurden. Ab dem 9. Juni 1941 leitete er die Polizeidirektion in Kielce kommissarisch. Seine Männer hielt er dazu an, Juden zu erschießen, die aus dem ihnen aufgezwungenen Wohnviertel zu fliehen versuchten. Er selbst ermordete auch im Beisein seiner Freundin einige dessen Bewohner, worunter sogar Kinder waren. Als die Besatzer das Ghetto im August 1942 im Rahmen der „Aktion Reinhardt" auflösten und den deportierten Juden dabei ihr Eigentum raubten, verprügelte Gaier einen Sonderdienstmann. Dieser hatte sich geweigert, ihm dabei behilflich zu sein, polnische Jugendliche zu verjagen, die sich am deutschen Diebesgut zu schaffen machen wollten. Der anschließende Prozess vor dem SS- und Polizeigericht in Krakau wurde eingestellt, weil sich Himmler persönlich für den Hauptmann eingesetzt hatte. Ab Herbst 1944 kommandierte Gaier ein Polizeibataillon und galt seit

2645 Vgl. Klemp, Freispruch, S. 25.

2646 Vgl. Ders., Polizeibataillone, S. 137–142. Zum Polizeibataillon 61 und seinen Verbrechen ferner: Ders., Freispruch, S. 31–70; Curilla, Judenmord, S. 566–585.

2647 Vgl. Klemp, Freispruch, S. 25.

2648 Vgl. StAM, Spruchkammern Karton 1906 – Julius Wannemacher, Abschrift: Grassl (Spruchkammer München IV): Sühnebescheid, 11.09.1947.

Kriegsende als vermisst, weshalb ihn das Mannheimer Amtsgericht am 16. Dezember 1954 für tot erklärte.[2649]

Inwieweit sich Netzwerke bereits in den Offiziersanwärterlehrgängen bildeten, lässt sich nur im Einzelfall rekonstruieren. Dass es sie gab, steht jedoch außer Zweifel. Das belegt beispielsweise der 7. OAL, dessen Teilnehmer auch noch lange nach Kriegsende in Kontakt blieben und sogar zu regelmäßigen Treffen zusammenkamen. Erstmals trafen sich die Ehemaligen im Jahre 1956 in Frankfurt am Main. Danach kam es zu 27 weiteren dieser Zusammenkünfte, die in ganz Westdeutschland stattfanden. In den Jahren 1968 und 1977 beherbergte sogar die Polizeischule Fürstenfeldbruck ihre einstigen Schüler für solche Wiedersehensfeiern. Bei diesen Gelegenheiten brachten die früheren Polizeioffiziere ihre Familien mit. Aber auch einige Lehrkräfte von damals gesellten sich mehrfach zu ihnen.[2650]

Anfang Juli 1988 feierte der Lehrgang im Hotel-Restaurant Kloster Arnsburg „Alte Klostermühle" dann sogar sein 50. Jubiläum, bei dem Hans Karl Bruder als Lehrgangssprecher auftrat. Anlässlich dieses Ereignisses ließ er in einer Rede den gemeinsamen Kurs Revue passieren. Zunächst gedachte er der Toten, insbesondere Fritz Fischer, der am 1. Mai 1988 verstorben sei.[2651] Sodann wies Bruder darauf hin, dass von den 34 Anwärtern rund vier Fünftel bereits aktive Polizisten oder SA-Feldjäger gewesen seien, während sich der Rest aus Studenten und Abiturienten zusammengesetzt habe.[2652] Er schwelgte in Erinnerungen, indem er etwa erzählte, wie die Truppe jenen Kameraden Streiche gespielt habe, die erst etwas später zum Lehrgang gekommen seien.[2653] Die Reitausbildung ließ, seiner Ansicht nach, sehr zu wünschen übrig, da das Münchner Polizeipräsidium seine Pferde nicht an die Brucker Schüler ausleihen wollte. Besonders im Gedächtnis blieb dem Lehrgangssprecher auch ein Skikurs in Oberjoch, dem der Chef der Ordnungspolizei, Kurt Daluege, einen Besuch abgestattet habe.[2654]

Ebenso erinnerte Bruder daran, dass sich während des Lehrgangs einige weitere Begebenheiten ereignet hätten, die für das gesamte Deutsche Reich immens wichtig waren. Dazu zählte er etwa den Einmarsch in Österreich, einen Staatsbesuch von Benito Mussolini oder die Einweihung des Hauses der Deutschen Kunst in München. Zumindest bei den letzten beiden Anlässen war auch der Kurs zugegen. Nach dessen Ende hätten die Polizeioffiziere, laut Bruder, in ihren jeweiligen Dienststellen eine schöne Zeit verlebt, bis der Zweite Weltkrieg ausbrach.[2655] Auch über diese Phase des „Dritten Reichs" schwieg er sich nicht aus, wenngleich er nichts über das konkrete Kriegsgeschehen aussagte.

„Fast ausnahmslos fanden wir im Kriegseinsatz Verwendung", wie Bruder erklärte.[2656] Dabei verheimlichte er auch nicht, dass einige Lehrgangsteilnehmer ausgezeichnet worden seien. So habe etwa Karl Liecke das Ritterkreuz und Thilo Beck das Deutsche Kreuz in Gold erhalten. Aber auch zahlreiche Träger des Eisernen Kreuzes (EK) I. Klasse, des Verwundetenabzeichens und des KVK mit Schwertern zählten zu den Ehemaligen des 7. OAL.

2649 Vgl. Jacek Andrzej Mlynarczyk, Hans Gaier – ein Polizeihauptmann im Generalgouvernement, in: Mallmann, Karrieren, S. 86–94, hier: S. 86–91.

2650 Vgl. im Folgenden BayHStA München, Polizeischule FFB 122, Bruder (Ansbach): 50-jähriges Polizei-Offiziers-Jubiläum des 7. Pol.OAL 1937/38, Juni 1988, hier: S. 1 und 6 f.

2651 Vgl. ebd., S. 1.

2652 Vgl. ebd., S. 2.

2653 Vgl. ebd., S. 2 f.

2654 Vgl. ebd., S. 3.

2655 Vgl. ebd., S. 4.

2656 Ebd., S. 5.

Der Kontakt unter den Polizeioffizieren sei während des Krieges jedoch auseinandergebrochen. Nur zufällig hätten sich einige wenige in dieser Zeit getroffen. Bloß zwei seiner Kollegen habe Bruder an der Ostfront oder in den Westgebieten angetroffen. Seinem Kameraden Fritz Rehder etwa sei er „im Partisaneneinsatz" begegnet.[2657] Gerade vor diesem Hintergrund gibt eine weitere Passage in der Rede des Brucker Absolventen zu denken:

> „Ein sehr bitterer Wermutstropfen war für uns junge Polizeioffiziere der Beginn der massiven Judenverfolgung; über Beschränkungen und Sondergesetze führte der Weg zum ersten Pogrom (9./10.11.38, Kristallnacht). Ab 1941 mußten die Juden den Judenstern öffentlich tragen und ab 1942 begannen die Deportationen.
> Für das deutsche Volk eine große seelische Belastung und glücklich die, die mit der Lösung der Judenfrage damals nicht unmittelbar konfrontiert wurden. Aber auch diese Zeit fällt in ‚unsere 50 Jahre Polizeioffiziere'."[2658]

Es überrascht schon sehr, dass er anlässlich des Ehemaligentreffens überhaupt an die Verfolgung der Juden erinnerte, wenngleich er die Massenmorde nicht explizit erwähnt.

Nach dem Zweiten Weltkrieg und „einem mörderischen Kampf, den unsere Frauen in der Heimat erdulden mußten", seien viele der ehemaligen Polizeischüler, laut Bruder, in Kriegsgefangenschaft geraten, aus der sie teilweise erst 1950 wieder entlassen worden seien.[2659] Ein Fünftel der Lehrgangsteilnehmer sei jedoch schon im Krieg gefallen. Genau die Hälfte der Offiziere des 7. OAL sei wieder in der Polizei oder im Öffentlichen Dienst untergekommen. Andere hätten sich in der freien Wirtschaft erst wieder eine Existenz aufbauen müssen und dann durchaus Karriere machen können, wie das Beispiel von Erwin Winnes zeige. Der ehemalige Ordnungshüter habe in der Bundesrepublik sein Jurastudium beendet, das er bereits vor dem gemeinsamen Kurs begonnen hatte, und sich „eine blühende Anwaltskanzlei" in Baden-Württemberg aufgebaut.[2660] So erfolgreich es den einstigen Oberbeamten des NS-Polizeistaats auch gelang, sich wieder in das öffentliche Leben zu integrieren, habe sich nicht jeder Absolvent des 7. OAL dafür interessiert, seine alten Kameraden wiederzusehen. Denn ein paar von ihnen hätten die Veranstaltungen nur einmal oder gleich gar nicht besucht, da sie, so Bruder, ihre „Jugenderlebnisse nicht mehr wahr haben" wollten.[2661] Am Ende seiner Rede gab Bruder seinen Rücktritt vom Amt des Sprechers bekannt und betonte zudem voller Stolz, er „trete in Reih' und Glied als überzeugter 7. PolOALer zurück".[2662]

Diese Episode veranschaulicht nicht nur, dass zahlreiche Lehrgangsteilnehmer nach 1945 wieder in den Staatsdienst gelangten und ihre Karriere offenbar ungehindert fortführen konnten. Vielmehr zeigt sie auch, dass die ehemaligen Schüler aus Fürstenfeldbruck selbst nach ihrem Kurs über viele Jahre hinweg in Kontakt blieben. Zwar scheint es, als wollten Einzelne mit ihrer Vergangenheit abschließen, weshalb sie sich von ihren Weggefährten von einst abwendeten. Ob das an der kryptisch umschriebenen „seelischen Belastung" lag, lässt sich nicht mehr ermitteln. Die Mehrheit hingegen pflegte weiterhin ihre Kameradschaft und romantisierte dabei ihren Kurs. Der Krieg wirkte dabei geradezu so, als handle es sich bei ihm lediglich um eine bedauerliche Etappe ihrer Lebenswege, die der in Fürstenfeldbruck gebil-

2657 Ebd., S. 5.
2658 Ebd., S. 5.
2659 Ebd., S. 5. Vgl. ferner ebd., S. 5 f.
2660 Ebd., S. 6.
2661 Ebd., S. 7.
2662 Ebd., S. 7.

deten Gemeinschaft kaum etwas anhaben konnte. Als so stark sollte sich also offenbar das „Brucker Netzwerk" erweisen.

Wie lassen sich diese Befunde zusammenfassen? Die meisten Schüler der untersuchten Offiziersanwärterlehrgänge gehörten der „Kriegsjugendgeneration" an und waren insgesamt durchschnittlich 30 Jahre alt, als sie zu ihrem Kurs kamen. Sowohl nach ihrem Geburts- als auch ihrem Dienstort stammten sie mehrheitlich aus Süddeutschland, waren meist verheiratet und hatten großteils mindestens ein Kind. Obwohl die meisten von Kindesbeinen an konfessionell geprägt waren, trat etwa die Hälfte von ihnen während des „Dritten Reichs" wohl aus opportunistischen Gründen aus der Kirche aus. Nachdem ein Großteil der späteren Offiziersanwärter in einem Elternhaus aus der unteren Mittelschicht aufgewachsen war, erlebten sie vor allem in der Weimarer Republik einen sozialen Abstieg, den sie wahrscheinlich im Polizeidienst kompensieren wollten. Besonders die jüngeren Jahrgänge verfügten über ein Abitur, wobei die älteren Kollegen oftmals schon von der Volksschule abgegangen waren. Darum gehörten die späteren Polizeiführer nicht gerade zu einer intellektuellen Elite. Dennoch gelang es den meisten aller Absolventen, zu Hauptleuten oder sogar zu Majoren aufzusteigen, was ein erhebliches Prestige und einen großen Einfluss im Polizeiapparat mit sich brachte. Viele scheinen dies jedoch Himmlers Personalpolitik zu verdanken zu haben, da sie überwiegend während der NS-Herrschaft in die Partei oder in sonstige NS-Organisationen eingetreten waren. Offensichtlich war ihnen bewusst, dass mehr oder minder enge Kontakte zur NSDAP und ihren Gliederungen auf dem Weg nach oben keineswegs schaden konnten. Außerdem scheinen einige dem Regime auch aus ideologischen Gründen ziemlich nahegestanden zu haben. Weltanschauliche und karrieristische Motive bedingten sich dabei wahrscheinlich wechselseitig. Daher war es nur konsequent, dass viele von ihnen bereits vor und gerade nach Beginn des Zweiten Weltkriegs in den „auswärtigen Einsatz" gelangten und zumindest Einzelne dort auch an den Verbrechen des NS-Staats maßgeblich beteiligt waren. Dabei lässt sich jedoch nicht genau ermitteln, auf wie viele ehemalige Brucker Schüler das insgesamt zutrifft.

7.2 Die Mörder von der ersten Bank – Polizeischüler aus anderen Lehrgängen

Es ist unmöglich, genau zu sagen, wie viele der insgesamt 1.693 Absolventen aller Brucker Offiziersanwärterlehrgänge in den besetzten Gebieten eingesetzt waren, bevor oder nachdem sie ihren Kurs absolvierten. Erst recht gilt das, wenn in die Analyse auch noch die 768 Männer einbezogen werden, von denen bekannt ist, dass sie einen Kurs für Reserve- oder Revieroffiziere oder aber einen Offiziersausbildungslehrgang an der oberbayerischen Polizeischule meisterten. Zu viele Unterlagen vernichtete der Polizeiapparat noch vor Kriegsende.[2663] Die Anzahl dürfte jedoch immens hoch gewesen sein. Das lässt zumindest ein Erlass des Chefs der Ordnungspolizei, Alfred Wünnenberg, aus dem Frühjahr 1944 vermuten, der darin an einen Befehl Himmlers vom 20. Oktober 1943 erinnerte. In diesem hatte der Reichsführer-SS angeordnet, dass im Jahre 1944 sämtliche aktiven Polizeiführer und Reserveoffiziere, die jünger als 44 Jahre waren, ein halbes Jahr im Kriegseinsatz oder ein ganzes Jahr in einem gefährdeten Luftschutzort zubringen mussten, sofern sie das noch nicht getan hatten. Das bedeutet nichts anderes, als dass eine Mehrheit der Polizeioffiziere entweder an der Front oder im „Bandenkampf" eingesetzt war oder aber in Städten an der „Heimatfront" diente,

2663 Vgl. z. B. Huck, Ausweichstellen, S. 142 und 144.

die ständig damit zu rechnen hatten, von den Alliierten bombardiert zu werden. Außerdem war es ihrem obersten Chef noch wichtig, dass sie dabei eine Tapferkeits-, Kampf- oder Verwundetenauszeichnung verliehen bekamen. Indirekt verlangte er damit also, dass sich die Oberbeamten zu bemühen hatten, in diesen Einsatzbereichen durch ein besonders großes Engagement hervorzustechen.[2664] Insgesamt scheint die Anzahl aller Polizeiführer der Ordnungspolizei, die sich im Laufe der Zeit im „auswärtigen Einsatz" befanden, riesig gewesen zu sein. So zeigt z. B. ein Blick auf die Düsseldorfer Schutzpolizei, dass über 90 % ihrer Offiziere in den letzten Monaten des Krieges von ihrem Heimatstandort abgeordnet waren.[2665]

Wenngleich es sich relativ schwierig gestaltet, für die Brucker Schüler konkret nachzuzeichnen, wer von ihnen während des Zweiten Weltkriegs in einer Polizeieinheit oder einer anderen Formation diente, geben die Quellen darüber dennoch einige Hinweise. Zu solchen zählen beispielsweise Beurteilungsnotizen, in denen die Einheitsführer regelmäßig festhalten mussten, wie sich die Untergebenen unter ihrer Obhut betrugen. Dabei konnten sie auch geeignete Kandidaten für eine Beförderung vorschlagen. Am 3. Mai 1944 wurde so Herbert Karwetzki von seinem Vorgesetzten empfohlen, zum Oberleutnant der Reserve ernannt zu werden. Nachdem er am 17. Reserve-OAL teilgenommen hatte, war er seit dem 12. Februar 1943 als Ordonanz- und Gerichtsoffizier im II. Bataillon des SS-Polizeiregiments 23 eingesetzt, mit dem er sich seinerzeit in Krakau befand.[2666] Auch Leutnant der Reserve Wilhelm Isensee sollte in den nächsthöheren Rang befördert werden, während er als Adjutant des KdO in Litauen tätig war. In diese Position war er am 5. Juni 1943 knapp ein Jahr nach Ende des 15. Reserve-OAL gelangt, der vom 14. April bis 18. Juli 1942 stattgefunden hatte.[2667] Im Frühjahr desselben Jahres hatte Ferdinand Koller zuvor den 12. Reserve-OAL besucht, um daraufhin in der Feldgendarmerie zunächst als Zug- und später als Kompanieführer eingesetzt zu werden. Ab 28. September 1943 führte er sogar den Feldgendarmerie-Trupp 252, wie aus einer turnusmäßig angelegten Beurteilung hervorgeht.[2668]

Schon der 21. OAL zeigte überdies, dass sich zahlreiche seiner Teilnehmer im Kriegseinsatz befunden hatten, noch ehe ihr Kurs überhaupt begann.[2669] Himmler war während des Krieges daran gelegen, möglichst erfahrene „Praktiker" zu Oberbeamten ausbilden zu lassen. Sie wussten also bereits oder ahnten zumindest, welche Aufgaben auf sie zukämen, sobald sie ins Offizierskorps aufgenommen waren. Daran änderte sich im Laufe des Zweiten Weltkriegs wenig. Das führte dazu, dass die Heimatstandorte nun seltener geeignet erscheinende Beamte nach Berlin meldeten, um sie als potentielle Offiziersanwärter vorzuschlagen, wie das in der Vorkriegszeit eben die jeweiligen Kommandos der Schutzpolizei getan hatten.[2670] Da während des Kriegs immer mehr Wachtmeister in die besetzten Gebiete gelangten, überrascht es nicht, dass mittlerweile vielmehr die mobilen Einheiten oder lokalen Dienststellen der Polizei aussichtsreiche Kandidaten vorschlugen, damit sie bald den so dringend benötigten Offiziersersatz bilden konnten. Zum 39. OAL kam der Hauptwachtmeister Emil Menzel, nachdem ihn sein Führer von der 3. Kompanie des Polizei-Wachbataillons Dresden

2664 Vgl. BAB, R 19/69, m. d. F. b. Wünnenberg (Chef der Ordnungspolizei) an u. a. die HSSPF: Kampfeinsatz der Offiziere der Ordnungspolizei, 11.03.1944, Bl. 32.

2665 Vgl. Dams, Truppe, S. 247.

2666 Vgl. BAB, R 19/19, von Rosenberg (II./SS-Polizeiregiment 23): Beurteilungsnotiz, 03.05.1944, Bl. 25.

2667 Vgl. BAB, R 19/18, [unleserlich] (KdO Litauen): Beurteilungsnotiz, Februar 1944, Bl. 87.

2668 Vgl. BAB, R 19/19, [unleserlich] (252. Infanterie-Division): Beurteilung zum 1. April 1944, 20.03.1944, Bl. 135.

2669 Siehe dazu Kapitel 7.1.

2670 Siehe dazu Kapitel 4.3.

gemeldet hatte, während es sich in Reichenberg im Sudetengau befand.[2671] Auf Vorschlag seines Vorgesetzten besuchte den gleichen Kurs auch Walter Simmank, der zuvor als Gruppen- und Zugführer eines Schützenzuges eingesetzt war, der zur 7. Kompanie des SS-Polizeiregiments 26 gehörte.[2672] Zu ihnen sollte auch Herbert Köpping stoßen, der seit 1. Mai 1943 in der 1. Kompanie des SS-Polizeiregiments 20 als Zugführer agierte, nachdem er jahrelang zunächst als Zugführer und während des Krieges in verschiedenen anderen Einheiten eingesetzt gewesen war.[2673]

An bestimmten Gedenk- und Festtagen des NS-Regimes erhoben Himmler oder der Chef der Ordnungspolizei recht gerne ihre Polizeioffiziere in einen höheren Dienstgrad.[2674] Ein solches Datum war etwa der 9. November, an dem sie jährlich die Toten des Hitler-Putsches würdigen wollten, der 1923 stattgefunden hatte. Aus diesem Anlass beförderte Wünnenberg auch 1944 zahlreiche Oberbeamte, wie ein entsprechender Schnellbrief zeigt.[2675] Allein zehn von ihnen hatten in Fürstenfeldbruck vom 16. April 1939 bis 30. März 1940 den 12. OAL besucht. Sie wurden am 9. November 1944 zu Hauptleuten der Schutzpolizei und SS-Hauptsturmführern ernannt. Zu den Beförderten zählte etwa Hans-Günther Primke, der seinerzeit im SS-Polizeiregiment 2 eingesetzt war, während Heinrich Seimann beim BdO in Krakau und Willi Greggers beim BdO in Kroatien diente. In dem Balkanland befand sich auch Erich Wendt, der aber im I. Bataillon des Polizei-Freiwilligen-Regiments 2 weilte, während Paul Mankowski in der Slowenischen Landeswehr eine führende Position innehatte. Dagegen war Hubert Hartmaier von der Polizeiverwaltung Berlin zum 19. Kompanieführerlehrgang abgeordnet, der an der Polizei-Waffenschule I in Dresden-Hellerau stattfand. Sein Kollege, Paul Lehmann, lehrte indes an der Polizeischule Fürstenfeldbruck.[2676]

Den gleichen Rang erhielt eine Reihe von Männern am 21. Dezember 1944, um ihnen damit das Julfest zu verschönern. Sie hatten vom 1. September bis 20. Dezember 1941 am 22. OAL teilgenommen und dienten derzeit in sehr unterschiedlichen Einheiten. Kurt Fritzsche etwa befand sich im SS-Polizeibataillon „Niederlande", Kurt Abraham hingegen im III. Bataillon des SS-Polizeiregiments 20, Otto Nachtigal im SS-Polizeiregiment 4, Rudolf Hilke im III. Bataillon des SS-Polizeiregiments 17 und Friedrich van de Berg in der Polizei-Geschützbatterie des SS-Polizeiregiments 6. Aber die Liste war noch deutlich länger und führte z. B. Friedrich Weickgenannt auf, der im III. Bataillon des SS-Polizeiregiments 10 tätig war, während Herbert Blum im I. Bataillon des Polizei-Freiwilligen-Regiments 1 in Serbien eine leitende Funktion ausübte. Seinen ehemaligen Schulkameraden, Johannes Quehl, verschlug es ins SS-Polizeiregiment „Brixen", wobei Georg Huber in der Polizeireiter-Ersatzabteilung Posen von nun an als Hauptmann wirkte.[2677]

2671 Vgl. BAB, R 19/31, [Unterschrift] (Kommando der Schutzpolizei in Reichenberg): Vorschlag zur Teilnahme des Hauptwachtmeisters d.Sch. Emil Menzel an einem Offizier-Lehrgang, 24.05.1943, Bl. 17.

2672 Vgl. BAB, R 19/31, [Unterschrift] (Polizeipräsident in Dresden): Vorschlag zur Offizier-Laufbahn für Zugw.d.SchP. Walter Simmank, 13.08.1943, Bl. 56 f.

2673 Vgl. BAB, R 19/31, Heimatstandort Chemnitz: Vorschlag des Hauptwachtmeisters d.Sch. Herbert Köpping, zur Teilnahme an einem Vorbereitungslehrgang für Offizier-Anwärter, [Mai 1943], Bl. 73.

2674 Zu solchen Anlässen zählte etwa Hitlers Geburtstag, an dem schon 1933 die ersten Polizisten befördert wurden. Vgl. Schmidt, Prügelknaben, S. 253; Ders., Polizisten, S. 385.

2675 Vgl. BAB, R 19/8, Beglaubigte Abschrift von Schnellbrief: m. d. F. b. Winnenburg (Chef der Ordnungspolizei) an u. a. alle HSSPF, 09.11.1944, Bl. 73–79. Höchstwahrscheinlich handelt es sich bei „Winnenburg" um einen Tippfehler im Dokument, da es Wünnenberg sein müsste.

2676 Vgl. ebd., Bl. 74 f.

2677 Vgl. BAB, R 19/8, Beglaubigte Abschrift von Schnellbrief: m. d. F. b. Wünnenberg (Chef der Ordnungspolizei) an u. a. alle HSSPF, 21.12.1944, Bl. 98 f.

Aus diesen und noch zahlreichen weiteren Dokumenten ließen sich noch viele andere Führungsbeamte der Ordnungspolizei auflisten, die dank der Polizeischule Fürstenfeldbruck überhaupt erst in den Offiziersstand erhoben werden konnten. Allerdings sollen die aufgezählten Männer genügen, um zu verdeutlichen, dass der „auswärtige Einsatz" für sie weniger ein Ausnahmezustand als vielmehr der Normalfall war. So konnte es auch nicht anders erwartet werden. Himmler und seine Paladine stellten mit ihren Erlassen sicher, dass sich ihre führenden „Polizeisoldaten" garantiert im Einsatz „bewährten".[2678] Allerdings sei auch noch erwähnt, dass keineswegs alle Offiziere in paramilitärischen Einheiten dienten. Nachdem der 12. Reserve-OAL nach dreimonatiger Dauer am 1. April 1942 zu Ende gegangen war, arbeitete Josef Hinterneder seither an diversen innerdeutschen Standorten als Luftschutzoffizier.[2679] Wenngleich er nur ein Reserve- und nicht ein aktiver Berufsoffizier war, beweist sein Fall erneut, dass es nicht *den* Polizeiführer gab und zu pauschale Aussagen den durchaus unterschiedlichen Werdegängen dieser Männer nicht gerecht würden.

In diesem Sinne konnte das vorangegangene Kapitel bereits zeigen, dass nicht alle Absolventen der Polizeischule Fürstenfeldbruck längerfristig in der Ordnungspolizei wirkten. Noch bevor er den 31. OAL besuchte, war der in Godesberg geborene Valentin Göbel bereits am 15. Dezember 1939 in die Feldgendarmerie gelangt. Auch nach seinem Kurs blieb er in dieser Militärpolizei, bis der Oberleutnant in russische Kriegsgefangenschaft geriet, in der er am 18. Mai 1950 starb. Der gelernte Möbelschreiner war schon im Juli 1930 in die SA und im Dezember 1931 in die NSDAP eingetreten, was es ihm erleichtert hatte, überhaupt in den regulären Gendarmeriedienst einzutreten. Denn in diesen war er erst gelangt, nachdem er vom 1. Februar 1934 bis 31. März 1936 im SA-Feldjägerkorps gedient hatte.[2680]

Auch der spätere Hauptmann Edmund Berke begann seine Karriere in der Ordnungspolizei, nachdem er jahrelang in NS-Parteiorganisationen tätig gewesen war.[2681] Nachdem er im April 1932 im oberschlesischen Leobschütz sein Abitur gemacht und von Mai 1933 bis August 1934 dem RAD von Oppeln angehört hatte, diente er anschließend bis Ende März 1938 in der Leibstandarte SS Adolf Hitler. Am 20. April 1938 stellte ihn die Polizei Bochum als Leutnant ein, um den Beamten nur wenige Tage später zu einem Kurs nach Fürstenfeldbruck zu schicken, den er jedoch abbrach. Weniger als ein Jahr später nahm Berke jedoch am 3. Offiziersausbildungslehrgang teil, den er an der Brucker „Kaderschmiede" im Sommer 1939 erfolgreich meisterte.

Dass gerade in der zweiten Kriegshälfte immer häufiger erfahrene „Praktiker" nach Fürstenfeldbruck gelangten, schlug sich auch in ihren Personalakten nieder. Martin Schönrath etwa war seit dem 12. April 1942 „zur Bandenbekämpfung eingesetzt", noch ehe der damalige Zugführer des Schutzmannschaftsbataillons 202 zum 38. OAL kam.[2682] Bevor er ab dem 18. November 1941 am 8. Revier-OAL teilnahm, hatte Joseph Klüber vom 19. September 1940 bis 3. April 1941 als Fach- und Schießlehrer in der 2. Kompanie des Polizeibataillons 301 ge-

2678 Siehe dazu auch Kapitel 4.3.

2679 Vgl. BAB, R 19/18, [unleserlich] (Regierung Koblenz): Beurteilungsnotiz, 03.11.1943, Bl. 7 f.

2680 Zu den folgenden Ausführungen über Valentin Göbel sofern nicht anders angegeben vgl. ISG Frankfurt, 22/75, 111.609–611 – Valentin Göbel.

2681 Zu den folgenden Ausführungen über Edmund Berke sofern nicht anders angegeben vgl. LAW – STAM, PA, 22/6 – Edmund Berke.

2682 LAW – STAM, PP, 300, Polizeipräsident in Bochum an Regierungspräsident in Arnsberg: Offiziernachwuchs, 25.06.1943. Dass es sich um das Schutzmannschaftsbataillon 202 handelte, konnte über die Feldpostnummer ermittelt werden. Vgl. Norbert Kannapin, Die deutsche Feldpostübersicht 1939–1945. Vollständiges Verzeichnis der Feldpostnummern in numerischer Folge und deren Aufschlüsselung, Bd. 3: Nrn. 41992 bis 87919, Osnabrück 1982, S. 99.

dient, das seinerzeit in Ostrow Mazowiecka im Generalgouvernement stationiert war.[2683] Als Zugführer in der 3. Kompanie wirkte hingegen Walter Herrmann. Er war mit seinem Kameraden zwar zeitgleich zum „auswärtigen Einsatz" ausgezogen, kehrte jedoch erst am 1. Juli 1941 wieder nach Hause zurück, um mit ihm dann gemeinsam den Kursus in Fürstenfeldbruck zu besuchen.[2684] Mit Edmund Berke leitete sogar ein ehemaliger Brucker Schüler die 4. Kompanie des Bataillons, bis er wie Klüber schon im April 1941 zu seinem Heimatstandort zurückkam. Die drei Beamten gehörten somit einer Einheit an, die im November 1940 in Warschau einrückte und dort ihr Quartier bezog. In der Folgezeit beteiligte sich das Polizeibataillon 301 unter anderem daran, das hiesige Ghetto zu bewachen und polnische Zivilisten in Massenerschießungen umzubringen.[2685] Unklar ist indes, ob die genannten Polizisten in diese Verbrechen involviert waren.

Nüchtern betrachtet stellte der Einsatz in diesem paramilitärischen Verband allerdings nur eine Station ihres beruflichen Werdegangs dar, da ihre Karrieren nahtlos weitergingen. Klüber arbeitete nach seiner Rückkehr in der Dortmunder Polizei, in der er auch nach Kriegsende tätig war.[2686] Ähnlich war es auch bei Herrmann, der nach dem 8. Revier-OAL jedoch nicht nur an der „Heimatfront", sondern vom 16. Februar 1943 bis zum 1. Mai 1945 beim KdO in Minsk diente. In dieser Zeit fungierte er als Kompanieführer und befand sich zumindest zeitweise im Schutzmannschaftsbataillon 118. Während er nach Weißrussland abgeordnet war, tat er sich dadurch hervor, dass er an verschiedenen osteuropäischen Schauplätzen gegen Partisanen kämpfte, wofür er sogar das Bandenkampfabzeichen in Silber erhielt. Anfang Dezember 1951 stellte die Polizei in Dortmund auch ihn wieder ein, wobei er dort jedoch als Polizeiwachtmeister neu anfangen musste.[2687] Genauso erging es auch Berke, als er Anfang März 1952 ebenfalls in die gleiche Behörde gelangte. Zuvor war er bis Kriegsende in Bochum tätig gewesen, bis ihn der Oberbürgermeister der Ruhrstadt am 11. Juli 1945 entließ, während er sich vom 18. Mai 1945 bis 21. Februar 1948 in einem britischen Internierungslager befand. Anschließend schlug er sich zunächst in der Privatwirtschaft durch, bis ihn schließlich Anfang März 1952 die Polizei in Dortmund erneut einstellte, die ihn aber zum Polizeiwachtmeister zurückstufte. Der ehemalige Hauptmann arbeitete sich in seinem deutlich niedrigeren Dienstgrad rasch wieder nach oben und bekleidete bald darauf im Oktober 1962 den Rang eines Kommissars.[2688]

Nicht jedem gelang es jedoch, nach Kriegsende wieder in den Polizeidienst eingestellt zu werden. Der am 18. Juni 1909 in Berlin geborene Walter Birkhan etwa bewarb sich nach 1945 erfolglos bei seinem alten Dienstherrn.[2689] Die Frankfurter Polizei nahm den ehemaligen

2683 Vgl. LAW – STAM, PP, Sammlung Primavesi 173 – Joseph Klüber, Personalbogen, S. 3 sowie LAW – STAM, PP, Sammlung Primavesi 173 – Joseph Klüber, Polizeibataillon 301–2. Kompanie: Beurteilung, 30.11.1940

2684 Vgl. dazu die Unterlagen zu Walter Herrmann in LAW – STAM, PP, Sammlung Primavesi 280, Polizeibataillon 301 – Walter Herrmann.

2685 Vgl. Klemp, Polizeibataillone, S. 242 und 508; Curilla, Judenmord, S. 673.

2686 Vgl. LAW – STAM, PP, Sammlung Primavesi 173 – Joseph Klüber, Personalbogen, S. 3; LAW – STAM, PP, Sammlung Primavesi 173 – Joseph Klüber, Abschrift: Hall (Public Safety (SB), SK Dortmund) an Chef der Polizei: Einstufung, 12.01.1948.

2687 Vgl. dazu die Unterlagen zu Walter Herrmann in LAW – STAM, PP, Sammlung Primavesi 280, Polizeibataillon 301 – Walter Herrmann.

2688 Zu den folgenden Ausführungen über Edmund Berke sofern nicht anders angegeben vgl. LAW – STAM, PA, 22/6 – Edmund Berke.

2689 Zu den folgenden Ausführungen über Walter Birkhan sofern nicht anders angegeben vgl. ISG Frankfurt, 22/75, 108.443–108.446 – Walter Birkhan.

Leutnant nicht mehr in ihre Reihen auf, weshalb die Stadt ihn am 30. September 1961 in den Ruhestand versetzte.[2690] Warum er nicht mehr zu seiner einstigen Wirkungsstätte zurückkehren konnte, ist nicht klar. Denn zuvor hatte er jahrelang in der Ordnungsmacht in Frankfurt gedient, für die er seit dem 1. Oktober 1942 tätig war, nachdem er den 28. OAL absolviert hatte. Vom 25. Oktober 1943 bis Kriegsende hatte sich Birkhan im „auswärtigen Einsatz" befunden, den er im II. Bataillon des SS-Polizeiregiments 14 als dessen Adjutant mitgemacht hatte.[2691] Ohne in der Bundesrepublik je wieder in den Staatsdienst aufgenommen worden zu sein, verstarb er am 27. Februar 1975.[2692]

In der Nachkriegszeit kam es sogar zu Fällen, in denen westdeutsche Strafverfolgungsbehörden ehemalige Brucker Schüler ins Visier nahmen, die bereits erfahrene „Praktiker" waren, noch bevor sie während des Krieges an die Lehranstalt gelangten. Während Gustav Abeska vom 1. November 1943 bis 28. April 1944 den 36. OAL besuchte, nahmen Max Galle und Franz Unseld am 38. OAL teil, der vom 3. April bis 15. September 1944 dauerte. Sie verband, dass sie zuvor gemeinsam in einer Einheit gedient hatten, die an einem der schlimmsten Massaker des Zweiten Weltkriegs beteiligt gewesen war. Die späteren Offiziersanwärter waren alle im Polizeibataillon 45 eingesetzt. Dieses hatte zusammen mit anderen Einheiten daran mitgewirkt, am 29. und 30. September 1941 in der Schlucht von Babij Jar insgesamt 33.771 Kiewer Juden umzubringen.[2693] An diesem und weiteren Verbrechen hatten sich die drei Polizisten in unterschiedlichem Umfang beteiligt, wie ein Ermittlungsverfahren der Staatsanwaltschaft Regensburg Ende der sechziger Jahre hervorbrachte.[2694]

Der am 2. September 1913 im tschechischen Giebau geborene Gustav Abeska war als Zugwachtmeister in der 3. Kompanie tätig gewesen. An den beiden Tagen hatte er mit seiner Gruppe jüdische Männer, Frauen und Kinder aus ihren Häusern zusammengetrieben und zur Erschießungsstätte gebracht.[2695] Als Reserveoberwachtmeister und stellvertretender Zugführer der 2. Kompanie hatte der am 19. August 1913 in Heida im Kreis Böhmisch-Leipa geborene Max Galle bei dieser Mordaktion mindestens 200 Menschen mit einer Maschinenpistole erschossen. Bei einem weiteren Massaker der Einheit an etwa 1.303 Juden im ukrainischen Berditschew hatte er bereits am 12. September 1941 gleiches mit zirka 50 Männern und Frauen getan, „wobei die zur Erschießung heranstehenden Opfer sich teilweise in der Grube auf die vor ihnen liegenden Toten legen mußten, bevor sie getötet wurden".[2696] Zeitweise als Zugführer in der gleichen Kompanie hatte mit ihm Franz Unseld gedient, der am 12. September 1914 in Laupheim zur Welt gekommen war.[2697] In Babij Jar hatte er „zum Exekutionskommando gehört und mindestens 20 Minuten lang als *Schütze* an den Erschie-

2690 Vgl. ISG Frankfurt, 22/75, 108.446 – Walter Birkhan, Stadt Frankfurt am Main: Urkunde, 30.11.1961.

2691 Vgl. ISG Frankfurt, 22/75, 108.444 – Walter Birkhan, Polizeipräsident an Personalamt Frankfurt: Regelung der Rechtsverhältnisse des ehemaligen Leutnants der Schutzpolizei Walter Birkhan nach dem Gesetz zu Art. 131 GG., 14.04.1954

2692 Vgl. ISG Frankfurt, 22/75, 108.446 – Walter Birkhan, Personalamt Frankfurt an Stadtarchiv, 05.09.1975.

2693 Vgl. u. a. Benz, Holocaust, S. 62–66; Welzer, Täter, S. 165–173; Rhodes, Mörder, S. 262–275; Pohl, Verfolgung, S. 77.

2694 Vgl. dazu im Folgenden Bundesarchiv Ludwigsburg (BAL), B 162/6669 (II 204 AR-Z 1251/65), Schmucker (Staatsanwaltschaft beim Landgericht Regensburg): Das Ermittlungsverfahren gegen Rene Rosenbauer, Regenburg und andere (58) wegen Mordes (NSG) I 4 Js 1495/65; hier: Antrag auf Zustimmung zur Einstellung des Verfahrens gegen 16 Beschuldigte gemäß § 153a StPO in Verbindung mit § 47 Abs. 2 MStGB., 04.11.1969.

2695 Vgl. ebd., S. 60 f.

2696 Ebd., S. 30.

2697 Vgl. ebd., S. 36.

ßungen teilgenommen“.[2698] Diese Funktion hatte der gelernte Bierbrauer auch unter anderem in Berditschew ausgeübt.[2699] Wie viele Menschen sie tatsächlich auf dem Gewissen hatten, konnten auch die deutschen Nachkriegsermittler nicht mehr klären.

Galle und Unseld gelangten Ende 1943 zunächst zu einem Vorbereitungslehrgang nach Mariaschein, bevor sie gemeinsam am Brucker Lehrgang teilnahmen.[2700] Letzterer wurde in Jugoslawien von den Amerikanern gefangengenommen, die ihn 1946 entließen. 1951 gelangte er wieder in den Staatsdienst und diente seither in der Dortmunder Polizei, in der er anschließend Karriere machte.[2701] Auch Abeska war nach dem Krieg wieder in der Exekutivgewalt tätig und diente als Oberkommissar in Berlin.[2702] Anders war das bei Galle. In Österreich gelangte er bei Kriegsende in britische Gefangenschaft, aus der er 1948 wieder freikam. Seither arbeitete er als Werkschutzleiter bei einer Firma nahe Limburg und wurde beim hiesigen Schwurgericht 1968 sogar zum Geschworenen berufen. In die Ordnungsmacht kehrte er nicht mehr zurück, da ihm „die Lust hierzu vergangen war und er nicht vergessen konnte, wie man die Polizei während des Krieges mißbraucht hatte“.[2703]

Wenn auch nicht im gleichen Maße waren alle drei Beschuldigten bei ihren Vernehmungen geständig, bekräftigten aber, keine andere Wahl gehabt zu haben, als die verbrecherischen Befehle zu befolgen. Ansonsten wären sie angeblich vor ein SS- und Polizeigericht gestellt worden, dessen strenge Urteile sie gefürchtet hätten. Sie beriefen sich also auf einen Befehlsnotstand, der jedoch faktisch nicht vorgelegen hatte, wie die Strafverfolger selbst betonten, die auch den Putativnotstand ausschlossen. Nach Ansicht der Staatsanwaltschaft waren vor allem Hitler, Himmler und Heydrich sowie der HSSPF Russland-Süd Friedrich Jeckeln die Haupttäter, während sie die insgesamt 16 beschuldigten ehemaligen Angehörigen des Polizeibataillons 45 nur als Gehilfen einstufte. Sie beantragte beim Gericht, das Verfahren einzustellen, was im Frühjahr 1970 auch geschah.[2704] Den Ermittlern zufolge hätten sich die Polizisten durch den großen Befehlsdruck innerhalb ihrer Einheit zumindest „in einer notstandsähnlichen Konfliktsituation befunden“, weshalb sie von einer Strafe absahen, da eine solche „für jeden der Beschuldigten nicht gerecht und unerträglich hart wäre“.[2705]

Ähnliche Lebenswege könnten noch von zahlreichen anderen Brucker Absolventen skizziert werden. Die exemplarischen Biographien sollen aber an dieser Stelle genügen, um eines klar zu machen: Die Karrieren der „Polizeisoldaten“ konnten sehr unterschiedlich verlaufen. Doch obwohl es den archetypischen Oberbeamten der Ordnungspolizei nicht gab, vereinte viele von ihnen, dass sie insbesondere während des Zweiten Weltkriegs häufig bedeutende Positionen innerhalb des Polizeiapparats bekleideten. In den Dienststellen an der „Heimatfront“ und in den besetzten Gebieten sowie in den dort stationierten Polizeieinheiten entfalteten viele eine beträchtliche Machtfülle. Gerade in den mobilen Verbänden waren einige als Kompanieführer tätig, denen somit eine Einheit von mehreren duzend Mann unterstand. Während des Krieges gelangten die Schüler erst an die Polizeischule Fürstenfeldbruck, nachdem sie in subalternen Positionen den „auswärtigen Einsatz“ hautnah mitgemacht hatten. Sie mussten also genau wissen, auf welche Aufgaben sie der Lehrgang

2698 Ebd., S. 37. Hervorhebung im Original.
2699 Vgl. ebd., S. 36 f.
2700 Vgl. ebd., S. 31 und 37 f.
2701 Vgl. ebd., S. 38.
2702 Vgl. ebd., S. 60.
2703 Ebd., S. 32.
2704 Vgl. ebd., S. 69–80.
2705 Ebd., S. 88.

vorbereiten sollte. Dabei war für mehrere die Ordnungspolizei keineswegs die erste und auch nicht die letzte Station ihres Werdegangs, weil sie sich zuvor in anderen Organisationen befunden hatten. Wer jedoch auch später seine Uniform tauschte, konnte an Hitlers Rassen- und Vernichtungskrieg in ganz unterschiedlichen Positionen und Regionen teilnehmen. So mancher ehemaliger Schüler beteiligte sich dabei auch am „Bandenkampf", auf den ihn die Polizeischule Fürstenfeldbruck gezielt ausgebildet hatte. Während nach Kriegsende Einzelnen der Weg zurück in den Staatsdienst zeitlebens versperrt blieb, meisterten ihn andere nach einer mehr oder minder kurzen Pause. Aber selbst dann mussten viele von ihnen in niedrigeren Dienstgraden anfangen und ihre Karriere quasi von „Neuem" beginnen. Zweifelsohne scheinen alle von Himmlers Polizeipolitik deutlich mehr profitiert zu haben. Insgesamt trugen sie aber nicht nur dazu bei, dass die Nationalsozialisten überhaupt erst eine solche Terrorherrschaft entfalten konnten. Sie wirkten in erschreckend vielen Fällen auch am „auswärtigen Einsatz" mit, von dem wahrscheinlich eine enorm große Zahl als Täter zurückkehrte.

7.3 Leiter der „Kaderschmiede" – Die Kommandeure

Auch innerhalb des Personals der Polizeischule Fürstenfeldbruck befanden sich einige Beamte, die in Himmlers Polizeiapparat ganz außerordentliche Karrieren hinlegten. Erst recht gilt dies für ihre Kommandeure, die nun eingehender betrachtet werden sollen: Der spätere Generalmajor der Polizei Dr. Oskar Lossen wurde am 17. Juni 1887 in München als Sohn des Historikers Professor Dr. Maximilian Lossen geboren.[2706] Nach dem Abitur trat er in das 5. bayerische Feld-Artillerie-Regiment ein und nahm darin am Ersten Weltkrieg teil. Danach befand er sich im Jahre 1919 im Freikorps „Bamberg" und im Freikorps „Wehrregiment München", trat dann aber in die Polizeiwehr Bayern ein, mit der er Ende November 1920 in die Bayerische Landespolizei übernommen wurde. Während er in der Ordnungsmacht der Landeshauptstadt tätig war, unterrichtete er zwischen 1920 und 1933 nebenamtlich Polizeiverwendung und Rechtsfächer an der hiesigen Offiziersschule der Bayerischen Landespolizei. Außerdem studierte er in München ab 1919 parallel dazu Rechtswissenschaften, worin er Mitte Februar 1925 auch promovierte. Nach der „Machtergreifung" übernahm er dann am 1. August 1933 das Kommando über die Polizeihauptschule Fürstenfeldbruck, die er offiziell bis zum 31. Januar 1937 leitete.

Als Oberstleutnant der bayerischen Gendarmerie musste er sich jedoch schon vom 14. bis 23. Dezember 1936 beim Stab des Chefs der Ordnungspolizei einarbeiten, zu dem er am 10. Januar 1937 endgültig abgeordnet wurde. Vom 1. Februar 1937 bis Anfang Mai 1938 war er in Dalueges Hauptamt tätig und leitete darin das Ausbildungsamt, kommandierte aber ab Ende März 1938 eine Polizeieinheit, mit der er ins annektierte Österreich marschierte. Während er in dieser Phase mit Wirkung vom 1. Mai 1937 als Mitglied in die NSDAP aufgenommen wurde, trat er am 1. Juli 1938 auch der SS und 1939 sogar dem „Lebensborn" bei. Nach seinem Dienst in Berlins oberster Polizeibehörde und seinem „auswärtigen Einsatz" fungierte er als IdO zunächst in Münster bis zum 1. April 1939, in Magdeburg bis zum 1. Juni 1939 und in Hannover bis zum 21. Februar 1941. Danach diente er als Oberst in der Feldgendarmerie, die ihn im März 1941 in ihre Reihen als Stabsoffizier übernahm und zum Militärbefehlshaber

2706 Zu den folgenden Ausführungen über Oskar Lossen sofern nicht anders angegeben vgl. Schulz/Zinke, Generale, Bd. 3, Bissendorf 2008, S. 80–90; BAB, SSO – Oskar Lossen.

Belgien-Nordfrankreich versetzte, bei dem er bis September 1944 blieb. Weil er sich jedoch mit Himmler und Daluege überwarf, versetzte ihn der Reichsführer-SS am 14. Juli 1944 in den Ruhestand, den er im Dezember als Generalmajor der Polizei und SS-Standartenführer antrat, wozu ihn Himmler zuvor noch ernannt hatte. Nach Kriegsende lebte Dr. Oskar Lossen in den oberbayerischen Orten Burghausen und Tutzing. In der jungen Bundesrepublik diente er in der neu aufgestellten Bereitschaftspolizei des Freistaats und leitete deren Schule in Rothenburg, die am 9. Mai 1951 ihren Betrieb aufnahm.[2707] Lossen starb am 8. November 1963 im nordrhein-westfälischen Königswinter.[2708]

Als Leiter der Brucker Polizeischule folgte auf ihn Dr. Fritz Schade, dem sie vom 6. Dezember 1936 bis 31. März 1939 unterstand.[2709] Der spätere Polizeioberst kam am 22. März 1894 im sächsischen Neustadt als Sohn eines Kaufmanns zur Welt. Er begann nach seinem Abitur damit, Medizin zu studieren, bevor er seit August 1914 mit dem 19. Bayerischen Infanterie-Regiment freiwillig am gesamten Ersten Weltkrieg teilnahm. Nach der deutschen Niederlage führte er an der Universität Erlangen sein Studium zu Ende, wobei er nun im März 1922 in den Rechtswissenschaften promovierte. Bereits im September 1920 war er aus der Armee ausgeschieden und in die Bayerische Landespolizei übergetreten, in der er zunächst in Regensburg und dann in Bamberg tätig war. Von September 1924 bis Juni 1933 leitete er die Polizei im fränkischen Hof und kam danach als Hundertschaftsführer nach Nürnberg. Dort wechselte er dann auch in die Schutzpolizei über, als die kasernierten Verbände der Landespolizei in die Wehrmacht eingegliedert wurden. Nachdem er am 1. April 1936 zum Major ernannt worden war, gelangte er Ende des Jahres an die Polizeischule in Fürstenfeldbruck. In ihr habe er, nach eigenen Angaben, aber keinen leichten Stand gehabt, weil ihm die Offiziersanwärter Probleme bereitet hätten und er sogar aufgrund seiner politischen Einstellung von seinem eigenen Adjutanten überwacht worden sei.[2710] Nach seiner Amtszeit in Fürstenfeldbruck kam er nach München, um dort die Ausbildungsabteilung zu kommandieren. Vom 29. September bis 14. November 1939 leitete er dann das Polizeibataillon 203 in Mährisch-Ostrau und arbeitete anschließend im bayerischen Innenministerium, in dem er bis zum 8. März 1943 als Referent für die Schutz- und Luftschutzpolizei tätig war.[2711]

2707 Vgl. Helmut Reis, Chronik der Jägerkaserne Eichstätt, Bd. 3: II. Polizeiabteilung 1951–1988, Eichstätt 1989, S. 21 [Künftig: Reis, Chronik, Bd. 3].

2708 Sein genaues Sterbedatum ist jedoch umstritten. Christoph Spieker nennt hierfür dagegen den 15. Juni 1964. Vgl. Christoph Spieker, Die Befehlshaber der Ordnungspolizei im Wehrkreis VI – biographische Skizzen, in: Kenkmann, Auftrag, S. 192–199, hier: S. 192. Bei Phil Nix und Georges Jerome ist indes zu lesen, er sei erst am 15. August 1964 verstorben. Vgl. Nix, Police Forces, S. 318.

2709 Zu den folgenden Ausführungen über Fritz Schade sofern nicht anders angegeben vgl. BayFHVR Pol FFB, Ordner 15d – Fritz Schade; StAM, Spruchkammern Karton 2781 – Fritz Schade.

2710 Vgl. StAM, Spruchkammern Karton 2781 – Fritz Schade, Lugmair (Spruchkammer FFB): Protokoll der öffentlichen Sitzung am 27.Jan. 1948, 07.03.1948, S. 3.

2711 Abweichende Angaben zu Schades Einheit finden sich in Kommandobefehlen der Polizeidirektion München. So besagt ein Dokument, dass Schade seit Ende September 1939 das Polizeibataillon II/2 in Mährisch-Ostrau leitete. Vgl. StAM, Polizeidirektion München 8218, Hille (Kommandeur der Schutzpolizei München): Kommando-Tagesbefehl Nr. 94, 27.09.1939, S. 2. Ein weiteres Schriftstück führt hingegen aus, dass Schade das Polizeibataillon III/2 kommandierte, das nun in Polizeibataillon 209 umbenannt wurde. Vgl. StAM, Polizeidirektion München 8218, Hille (Kommandeur der Schutzpolizei München): Kommando-Tagesbefehl Nr. 100, 18.10.1939, S. 1. Wenige Tage später änderte sich erneut der Name der Einheit, die seitdem Polizeibataillon 208 hieß. Vgl. StAM, Polizeidirektion München 8218, Hille (Kommandeur der Schutzpolizei München): Kommando-Tagesbefehl Nr. 103, 28.10.1939, S. 1. Ferner: Klemp, Daluege, S. 46; Ders., Ordnungspolizei, S. 42.

Warum er sich in Fürstenfeldbruck letztlich nicht behaupten konnte, offenbart sein Entnazifizierungsverfahren. In der Weimarer Republik war er, nach eigener Aussage, in Bayern zunächst in die nationalliberale Deutsche Volkspartei (DVP) eingetreten und gehörte später der rechtskonservativen Deutschnationalen Volkspartei (DNVP) an, welche die Demokratie entschieden ablehnte.[2712] Nachdem ihn die Brucker Ortsgruppen- und Kreisleitung, aber auch Polizeidienststellen mehrfach dazu gedrängt hätten, befand er sich seit 1. Mai 1937 in der NSDAP, obwohl er ihr ablehnend gegenübergestanden habe. Bereits seit der „Machtergreifung" habe er sich in einem Zirkel von Gegnern des Nationalsozialismus befunden. Während seiner Zeit in Fürstenfeldbruck habe er auch die Kirche in ihrem Kampf gegen das Regime unterstützt, indem er etwa einem Pater des Benediktinerordens vertrauliche Informationen zukommen ließ. Darüber hinaus habe er seit 1941 der Münchner Widerstandsbewegung von Minister Franz Sperr angehört, den die Gestapo am 23. Januar 1945 wegen Hochverrats gehängt hatte. Dieser war im Kontakt mit Claus Schenk Graf von Stauffenberg und habe Schade am 6. Juni 1944 sogar in dessen Attentatspläne gegen Hitler eingeweiht.

Seit 9. März 1943 fungierte Schade als Kommandeur der Schutzpolizei Nürnberg-Fürth und knüpfte auch dort konspirative Beziehungen. Sobald die Nationalsozialisten zu Fall kämen, sollte er zunächst das Polizeipräsidium und schließlich das Regierungspräsidium von Ober- und Mittelfranken übernehmen, wie es Sperr geplant habe. In den letzten Kriegsmonaten half er auch mehrfach Menschen, welche die „Herrenmenschen" aus politischen oder rassistischen Gründen verfolgten, und rettete sogar einige davor, ins Konzentrationslager gebracht zu werden. Er wollte sogar Nürnberger Juden vor dem Tod bewahren, indem er mit ihnen plante, sie mit seinem Auto vor einer anstehenden Verhaftungsaktion in Sicherheit zu bringen. Obwohl es zu dieser Reise anscheinend nicht mehr kam, hatte er sich dadurch trotzdem auf außergewöhnliche Weise für sie eingesetzt.[2713] Als der Gauleiter Karl Holz im April 1945 befahl, die Schutzpolizei einzusetzen, um das Polizeipräsidium Nürnberg vor den herannahenden Amerikanern zu schützen, sei es Schade gelungen, dagegen erfolgreich zu intervenieren.[2714] „Er hat unter Einsatz seines Lebens aktiv gegen die Diktatur Hitlers gekämpft und stand dauernd unter der Gefahr, daß er seine Gegnerschaft zum Nts. mit seinem Leben bezahlen müsse", wie die Spruchkammer hervorhob und ihn deshalb am 26. Januar 1948 entlastete.[2715] Am 20. April 1945 hatten ihn in Nürnberg die amerikanischen Truppen verhaftet,

2712 Zu den Parteien vgl. z. B. Ursula Büttner, Weimar. Die überforderte Republik 1918–1933. Leistung und Versagen in Staat, Gesellschaft, Wirtschaft und Kultur, Bundeszentrale für politische Bildung. Schriftenreihe, Bd. 729, Bonn 2010, S. 87–103.

2713 In seinem Spruchkammerverfahren schilderte Schade die Begebenheit so, als ob er insgesamt drei Juden in seinem Auto weggebracht habe. Vgl. StAM, Spruchkammern Karton 2781 – Fritz Schade, Lugmair (Spruchkammer FFB): Protokoll der öffentlichen Sitzung am 27.Jan. 1948 – Anlage zum Sitzungsprotokoll im Falle Dr. Fritz Schade, 07.03.1948, S. 1. In ihren eidesstattlichen Erklärungen für Schade gaben zwei der Männer allerdings an, dass er diese Aktion zwar geplant habe, es aber nicht mehr dazu gekommen sei. Vgl. StAM, Spruchkammern Karton 2781 – Fritz Schade, Abschrift: Schmidt, 20.10.1945; StAM, Spruchkammern Karton 2781 – Fritz Schade, Abschrift: Sachs: Erklärung, 20.11.1945.

2714 Vgl. StAM, Spruchkammern Karton 2781 – Fritz Schade, Abschrift: Lugmair (Spruchkammer FFB): Spruch, 26.01.1948, S. 1; StAM, Spruchkammern Karton 2781 – Fritz Schade, Lugmair (Spruchkammer FFB): Protokoll der öffentlichen Sitzung am 27.Jan. 1948 – Anlage zum Sitzungsprotokoll im Falle Dr. Fritz Schade, 07.03.1948; StAM, Spruchkammern Karton 2781 – Fritz Schade, Schade an Vorsitzenden der Spruchkammer FFB: Verteidigungsschrift, Herbst 1946, S. 3 f.

2715 StAM, Spruchkammern Karton 2781 – Fritz Schade, Abschrift: Lugmair (Spruchkammer FFB): Spruch, 26.01.1948, S. 2.

woraufhin er sich bis zum 30. Juni 1945 im Internierungslager in Heilbronn befand. Danach kehrte er nach Fürstenfeldbruck zurück, wo er seither lebte.

Einen ganz anderen Charakter besaß hingegen sein Nachfolger. Vom 1. April bis Anfang Oktober 1939 herrschte Gerret Korsemann über die Polizeischule Fürstenfeldbruck.[2716] An ihr konnte er zwar nur ein halbes Jahr lang wirken und dabei versuchen, ihr seinen Stempel aufzudrücken. Der spätere Generalleutnant der Polizei und SS-Gruppenführer war dennoch der bedeutendste Funktionär des NS-Polizeistaats, der jemals an der Brucker Lehranstalt tätig war. Korsemann wurde am 8. Juni 1895 in Nebel auf der Nordseeinsel Amrum geboren. Er meldete sich nach der Volksschule freiwillig für den Fronteinsatz, den er von November 1914 bis November 1918 mit dem Reserve-Infanterie-Regiment 215 und dem Füsilier-Regiment 35 absolvierte. Vom 17. Dezember 1918 bis Oktober 1919 gehörte er dem Freikorps „Brigade Südlitauen" an. Im Mai 1920 schied er aus der Armee aus, um danach ein Volontariat in der Speditionsbranche zu machen. Zwischen Ende 1921 und August 1923 war er daraufhin im lettischen Riga für ein schwedisches Unternehmen tätig, für das er als Filialleiter und als Prokurist arbeitete. Anscheinend stand er seinerzeit auch anderweitig Skandinavien recht nahe, was sich darin manifestiert, dass er am 20. Dezember 1922 eine Dänin heiratete.

Korsemann trat am 26. November 1926 in die NSDAP ein und schloss sich am selben Tag auch der SA an, in der er bis Anfang 1938 aktiv diente und am 29. Januar 1939 ganz ausschied, um am nächsten Tag in die SS überzuwechseln. Im Übergang von der Weimarer Republik zum NS-Staat verschlug es ihn kurzzeitig in die Politik, als er vom 24. April 1932 bis 14. Oktober 1933 für Hitlers Partei im preußischen Landtag saß. Im Jahre 1932 fungierte er zudem als stellvertretender Gauleiter von Südhannover-Braunschweig. Zwischen 1934 und 1935 befand er sich in verschiedenen oberschlesischen Grenzschutzbataillonen. Als er dann am 30. Januar 1937 in die Berliner Schutzpolizei eintrat, wurde er sogleich zum Hauptamt Ordnungspolizei abgeordnet, in dem er bis zum 1. April 1939 für verschiedene Ämter und Generalinspekteure tätig war. Nachdem er dann die Polizeischule Fürstenfeldbruck geleitet hatte, kam er nur kurzzeitig zur Zentralbehörde zurück. Denn Korsemann amtierte bereits vom 25. Oktober 1939 bis 1. Februar 1941 als KdO im polnischen Lublin, womit er wie auch all seine Nachfolger in Personalunion das Polizeiregiment Lublin führte, aus dem im Juli 1942 das Polizeiregiment 25 hervorging.[2717] Während dieser Zeit war die Brucker Lehranstalt jedoch noch immer seine Heimatdienststelle.[2718] Unter ihm führte das Polizeiregiment Lublin mehrfach Razzien durch und konfiszierte dabei massenhaft Lebensmittel, die jüdische und polnische Bürger aus dem Distrikt bringen wollten. Seine Angehörigen beschlagnahmten währenddessen zahlreiche Rinder und Schweine sowie eine hohe Geldsumme. Ferner stellten sie einige Juden für einen Tag lang unter Arrest, wenn die Polizisten sie ohne Armbinde antrafen, die sie als solche kennzeichnete. Darüber hinaus kooperierte das Polizeiregiment Lublin mit dem SD, indem sie am 7. Januar 1940 gemeinsam „eine größere Aktion gegen Berufsverbrecher" vornahmen.[2719] Dabei kam es zu einer Schießerei, bei der die polizeilichen Besatzer fünf der bewaffneten Gegner unmittelbar erschossen. Zwei weitere verbrannten in einem

2716 Zu den folgenden Ausführungen über Gerret Korsemann sofern nicht anders angegeben vgl. Schulz/Wegmann/Zinke, Generale, Bd. 2, Bissendorf 2005, S. 569–576; BayFHVR Pol FFB, Ordner 15d – Gerret Korsemann; BAB, SSO und SA – Gerret Korsemann; BAB, R 19/2536 – Gerret Korsemann; NARA, IRR – RG 319, A1 134-B, 426 – Gerret Korsemann; Birn, Höheren SS- und Polizeiführer, S. 339.

2717 Vgl. dazu Curilla, Judenmord, S. 687 sowie 698.

2718 Vgl. USHMM, RG-11.001M.15, Reel 409, Fond 1323-2-363, I. V. von Peschke (BdO beim Generalgouverneur): Tagesbefehl Nr. 3, 22.01.1941, Bl. 44.

2719 BAB, R 19/334, I. V. von Bomhard (Chef der Ordnungspolizei): Lagebericht, 28.01.1940, Bl. 18.

Haus, das angeblich infolge des Feuergefechts in Flammen aufgegangen war.[2720] Daneben soll Korsemann in seiner exponierten Funktion dafür verantwortlich gewesen sein, die Juden in Lemberg, Krakau und Lublin zu eliminieren.[2721]

Während er als KdO im Generalgouvernement tätig war, kommandierte er aber nicht nur das Polizeiregiment Lublin. Als die Wehrmacht im April 1940 in Dänemark einmarschierte und das Land besetzte, gerieten kurzzeitig auch sechs dänische Polizeibataillone in seine Obhut. Am 1. Februar 1941 trat er jedoch von der Ordnungspolizei zur Waffen-SS über, in der er zunächst in Kopenhagen die 14. SS-Totenkopfstandarte führte und danach bis zum 29. Oktober 1942 im Kommandoamt der „politischen Soldaten" agierte. In dieser Zeit konnte er im Machtapparat des Reichsführers-SS steil aufsteigen. So war er vom 1. August 1941 bis 1. Januar 1942 als SSPF im ukrainischen Rowno tätig und wurde währenddessen am 5. November 1941 zum HSSPF z. B. V. beim Reichskommissar für die Ukraine ernannt. Den einflussreichen Posten als Himmlers direkten Vertreter in diesem Teil der Sowjetunion bekleidete er bis zum 6. August 1942.[2722] Indes war er für zahlreiche Massaker an der jüdischen Bevölkerung verantwortlich, bei denen die ihm unterstellten Einheiten etwa in Rowno und Charkow einige tausend Juden ermordeten.[2723] Während Korsemann den HSSPF Russland-Süd, Hans Adolf Prützmann, vertrat, erschossen das Sonderkommando 4a und das Polizeibataillon 314 von Ende Dezember 1941 bis Anfang Januar 1942 unter seiner Obhut rund 15.000 Juden aus Charkow in einer nahegelegenen Schlucht. Darüber hinaus steht er auch in dem Verdacht, daran beteiligt gewesen zu sein, das Massaker von Babij Jar vorzubereiten, bei dem bereits am 29. und 30. September 1941 insgesamt 33.771 Juden aus Kiew ermordet worden waren.[2724]

Während seines „auswärtigen Einsatzes" geriet Korsemann an der „Heimatfront" in Verruf. Der ehemalige Kommandeur der Brucker Polizeischule ließ sich mit der Reichsbahn ganze Kisten mit Spirituosen aus Frankreich nach Hause zu seiner Frau transportieren. Der Spediteur meldete dies beim Landrat von Fürstenfeldbruck, Dr. Karl Sepp, der sich gleich an das Landesernährungsamt Bayern wendete, weil „die Versorgung eines einzelnen mit dieser grossen Menge bei der bestehenden Knappheit in der allgemeinen Versorgung mit alkoholischen Getränken begreiflicherweise eine grosse Misstimmung hervorgerufen hat".[2725] Diese Angelegenheit sollte alsbald die Berliner Behörden beschäftigen. Korsemann musste sich sogar vom Kommandeur der Polizei-Nachschubdienste bescheinigen lassen, dass dabei alles mit rechten Dingen zugegangen war.[2726] Den Beauftragten des Reichsnährstandes für die Trinkbranntweinwirtschaft ließ er wissen, dass er sich lediglich 99 Flaschen a 750 ml und nicht wie behauptet insgesamt 160 l nachhause in seine Dienstwohnung habe kommen lassen, wo er den Branntwein nur zwischenlagern wolle. Schließlich sei der Alkohol nur für den Stab des HSSPF z. B. V. bestimmt und könne erst nachgeschickt werden, sobald seine Män-

2720 Vgl. ebd., Bl. 18.

2721 Das meinten zumindest amerikanische Geheimdienste gerüchteweise erfahren zu haben. Vgl. NARA, IRR – RG 319, A1 134-B, 426 – Gerret Korsemann, Bush (Region XII, 66th CIC Detachment): Summary of Information – Korsemann, Geret, 18.01.1952.

2722 Vgl. Schulz/Wegmann/Zinke, Generale, Bd. 2, Bissendorf 2005, S. 572.

2723 Vgl. Mallmann, Mißgeburten, S. 80.

2724 Vgl. Dieter Pohl, Schauplatz Ukraine. Der Massenmord an den Juden im Militärverwaltungsgebiet und im Reichskommissariat 1941–1943, in: Hartmann, Krieg, S. 155–196, hier: S. 169 f.

2725 BayFHVR Pol FFB, Ordner 15d – Gerret Korsemann, Abdruck: Dr. Sepp (Landrat FFB) an Landesernährungsamt Bayern: Verkehr mit Branntwein, 28.05.1942.

2726 Vgl. BayFHVR Pol FFB, Ordner 15d – Gerret Korsemann, Abschrift: Kommandeur der Polizei-Nachschubdienste an Korsemann, 09.07.1942.

ner den Standort erreicht hätten.[2727] Wenngleich Korsemann diesen Vorfall aufklären konnte, verfolgte er ihn auch in der Folgezeit. Denn auch in der SS ging nun das Gerede um, der Generalleutnant der Polizei neige dazu, „grössere Feste mit reichelichem [sic!] Alkohol und grösserem Aufwand zu veranstalten“.[2728]

Korsemann sollte ab 6. August 1942 als HSSPF Kaukasien mit Sitz in Woroschilowsk fungieren. Zwar bemühte sich Himmlers Apparat, diesen neuen Amtsbereich schnellstmöglich aufzubauen. Doch das Projekt blieb in Ansätzen stecken und scheiterte letztendlich. Offiziell löste der Reichsführer-SS diese Dienststelle jedoch erst am 31. März 1943 auf.[2729] Es ist nicht ganz klar, wie lange Korsemann vorher vor Ort weilte. Solange er jedoch zugegen war, konnte er auf alte Weggefährten zählen, die mit ihm zusammen bereits in Fürstenfeldbruck gedient hatten. Zu diesem Brucker Netzwerk gehörten vor allem die beiden Hauptleute Werner Mundhenke und Johannes Deutschbein, die in seinem neuen Stab agierten.[2730] Im Reststab hielten sie auch noch in Lemberg die Stellung, als Korsemann längst abgereist war.[2731]

Ab 1. Oktober 1942 war er zeitgleich tätig im Stab des HSSPF Russland-Mitte, Erich von dem Bach-Zelewski, bis er am 24. März 1943 zu dessen Stellvertreter berufen wurde und seither auch dessen Amtsgeschäfte übernahm.[2732] In dieser Funktion war Korsemann für einige Operationen verantwortlich, die sich gegen „Banden“ richteten. Zu diesen zählte unter anderem das „Unternehmen Zauberflöte“, bei dem seine Einheiten in Minsk in der Zeit vom 17. bis 22. April 1943 gegen angebliche Partisanen und Kommunisten vorgingen, aber auch hunderte Menschen für die Zwangsarbeit in Deutschland zusammentrieben.[2733] Nach dem Rückzug aus dem Kaukasus kursierten unter anderen SS-Funktionären nun Gerüchte, Korsemann sei vollkommen überstürzt und feige abgezogen.[2734] Der Betroffene wendete sich daraufhin am 30. Juni 1943 in einem anbiedernden Brief an den Oberbefehlshaber der Heeresgruppe A, Generalfeldmarschall Ewald von Kleist. Der sollte ihm schriftlich bestätigen, beim Rückzug alles richtig gemacht zu haben, um damit seinen Ruf rehabilitieren zu können. Dabei klagte Korsemann gleichzeitig, das gesteigerte „Bandenunwesen“ in seinem Machtbereich berechtige dazu, „ernstlich besorgt zu sein“.[2735] Diese verzweifelte Aktion spielte jedoch seinen Widersachern in die Karten, weil Himmler von ihr erfuhr, der den stellvertretenden HSSPF Russland-Mitte daraufhin am 5. Juli 1943 entließ und zur Waffen-SS versetzte. In ihr sollte sich Korsemann an der Front bewähren, um „nunmehr durch persönlichsten Einsatz von dem ihm anhaftenden Vorwurf der mangelnden Tapferkeit sich rein zu waschen“.[2736] Zum

2727 Vgl. BayFHVR Pol FFB, Ordner 15d – Gerret Korsemann, Abschrift: Olftermann (HSSPF z. B. V.) an den Beauftragten des Reichsnährstandes für die Trinkbranntweinwirtschaft, 11.07.1942.

2728 BAB, SSO – Gerret Korsemann, Ch – vH/No an von Kleist, 05.07.1943.

2729 Vgl. USHMM, RG-11.001M.15, Reel 81, Fond 1323-2-260, I. V. Dreier (HSSPF Kaukasien): Tagesbefehl Nr. 8, 31.03.1943, Bl. 3.

2730 Vgl. u. a. USHMM, RG-11.001M.15, Reel 81, Fond 1323-2-260, Korsemann (HSSPF Kaukasien): Tagesbefehl Nr. 15, 11.12.1942, Bl. 18. Ferner zu Werner Mundhenke: BayFHVR Pol FFB, Ordner 12g – Werner Mundhenke. Zu Johannes Deutschbein: BayFHVR Pol FFB, Ordner 15c – Johannes Deutschbein.

2731 Vgl. u. a. USHMM, RG-11.001M.15, Reel 81, Fond 1323-2-260, I. A. Mundhenke (HSSPF Kaukasien): Tagesbefehl Nr. 9, 08.04.1943, Bl. 2.

2732 Vgl. Schulz/Wegmann/Zinke, Generale, Bd. 2, Bissendorf 2005, S. 573.

2733 Vgl. Blood, Bandit Hunters, S. 184–186.

2734 Vgl. Schulz/Wegmann/Zinke, Generale, Bd. 2, Bissendorf 2005, S. 573 f.

2735 BAB, SSO – Gerret Korsemann, Abschrift: Korsemann (HSSPF Russland-Mitte und Weißruthenien) an von Kleist, 30.06.1943, S. 3.

2736 BAB, SSO – Gerret Korsemann, Himmler (RFSSuChdDtPol) an Chef des SS-Personalhauptamtes, 06.07.1943.

SS-Hauptsturmführer degradiert kam er anschließend zur SS-Panzer-Division „Leibstandarte SS Adolf Hitler“.[2737] Nachdem er Anfang April 1944 zur Führerreserve der Waffen-SS versetzt worden war und sich damit im SS-Führungshauptamt befunden hatte, übernahm er am 7. Januar 1945 eine Kompanie in der 3. SS-Panzerdivision „Totenkopf“.[2738]

Am 8. Mai 1945 verhafteten ihn die Amerikaner in Enns bei Linz und brachten ihn nach weiteren Stationen letztlich in das Internierungslager nach Dachau, von wo aus sie ihn am 2. September 1946 als Kriegsverbrecher an Polen auslieferten.[2739] Bemerkenswert ist, dass das polnische Gericht Korsemann zunächst zum Tode verurteilt hatte, ihn dann aber Mitte November 1949 freiließ. Später gab er an, dass es dazu gekommen sei, weil er während der Haft einige Bilder für die Gefängniswachen gemalt habe. Darunter habe sich das Portrait eines polnischen Kindes befunden, das gestorben sei. Aus Dankbarkeit habe dessen Mutter ihm einen Anwalt besorgt, dem es gelungen sei, das Verfahren wieder aufzurollen und Korsemanns Freilassung zu erwirken. Amerikanische Geheimdienste glaubten seiner Geschichte aber nicht. Sie vermuteten, dass er nur deswegen aus der Haft entlassen worden war, weil er sich von den Sowjets als Agent habe anwerben lassen.[2740]

Nach seiner Rückkehr nach Deutschland bewegte sich Korsemann jedoch in ganz anderen Kreisen. In den frühen fünfziger Jahren ermittelten deshalb das Innenministerium von Nordrhein-Westfalen (NRW), das Bayerische Landesamt für Verfassungsschutz und die Münchner Kriminalpolizei gegen ihn. Er war Mitbegründer des „Schutzbundes ehemaliger deutscher Soldaten“ (BDS), der in Bayern entstanden war und mit Korsemanns Hilfe auch in anderen Bundesländern eigene Landesverbände einrichtete, in die er rechtsradikale Ex-Soldaten integrieren wollte. Für das im Münchner Schild-Verlag erschienene Verbandsorgan des BDS, die „Deutsche Soldaten-Zeitung“, war er zeitweise sogar als Prokurist tätig. Nachdem sich der BDS im Jahre 1951 mit anderen Veteranenvereinen zum „Verband deutscher Soldaten e. V.“ (VdS) zusammengeschlossen hatte, leitete er dessen bayerische Sektion und engagierte sich in der neuen Organisation weiterhin für frühere Angehörige von Wehrmacht und Waffen-SS. Darüber hinaus war er Mitglied der rechtsradikalen Deutschen Reichspartei (DRP). Die Behörden nahmen ihn gerade deshalb ins Visier, weil er mit zahlreichen Größen der rechtsextremen Szene eng befreundet gewesen sein soll. Zu ihnen zählten unter anderem der ehemalige Vorsitzende der seit 1952 verbotenen Sozialistischen Reichspartei (SRP) Daumenlang und vor allem Dr. Werner Naumann.[2741] Letzterer war einst Staatssekretär im Propagandaministerium von Joseph Goebbels und leitete Anfang der fünfziger Jahre einen konspirativen Zirkel. Dieser sogenannte „Naumann-Kreis“ hatte erfolgreich versucht, aus seinen eigenen Reihen heraus ehemals ranghohe NS-Funktionäre unter anderem in den NRW-Landesverband der Freien Demokratischen Partei (FDP) einzuschleusen. Weil die britische Besatzungsmacht fürchtete, Nationalsozialisten könnten auf diesem Wege letztlich wieder an die Macht in Deutschland gelangen, verhaftete sie Naumann und führende Mit-

2737 Vgl. Longerich, Himmler, S. 352.

2738 Vgl. Schulz/Wegmann/Zinke, Generale, Bd. 2, Bissendorf 2005, S. 575.

2739 Vgl. NARA, IRR – RG 319, A1 134-B, 426 – Gerret Korsemann. Dagegen schreiben Schulz, Wegmann und Zinke, Korsemann sei 1945 von den Sowjets gefangengenommen und an Polen ausgeliefert worden. Vgl. Schulz/Wegmann/Zinke, Generale, Bd. 2, Bissendorf 2005, S. 575.

2740 Vgl. NARA, IRR – RG 319, A1 134-B, 426 – Gerret Korsemann.

2741 Vgl. ebd. Zum VdS ferner: Karsten Wilke, Die „Hilfsgemeinschaft auf Gegenseitigkeit“ (HIAG) 1950–1990. Veteranen der Waffen-SS in der Bundesrepublik, Paderborn 2011, S. 41–46. Zur DRP: Oliver Sowinski, Die Deutsche Reichspartei 1950–1965. Organisation und Ideologie einer rechtsradikalen Partei, Europäische Hochschulschriften, Reihe XXXI: Politikwissenschaft, Bd. 337, Frankfurt am Main 1998.

glieder seiner Gruppe Anfang 1953. Selbst nachdem der Bundesgerichtshof (BGH) das Verfahren im Sommer eingestellt hatte, gelang es dem Netzwerk nicht mehr, einen besonderen Einfluss auf die deutsche Politik zu erlangen.[2742]

Dass Korsemann selbst den Denkweisen der jüngsten Vergangenheit nicht abgeschworen hatte, legt ein Interview nahe, das die Amerikaner Ende Januar 1951 mit ihm führten. Darin befragten sie ihn als Interessensvertreter der ehemaligen deutschen Militärs unter anderem zur möglichen deutschen Wiederbewaffnung und zum Koreakrieg.[2743] Letzteren lehnte er zwar ab, befürwortete aber ein Vorgehen gegen den Kommunismus, „denn wo der Bolschewismus gefasst werden kann, muss er gefasst werden. Das ist eine Prestigefrage."[2744] Korsemann sah darüber hinaus die Angehörigen der deutschen Wehrmacht in einer Opferrolle. Ihm zufolge „muesste ein Schlusstrich gezogen werden, weil wir letzten Endes alle im gleichen Topf sind. Der amerikanische Besatzungssoldat und amerikanische Politiker in Deutschland konnten sich ueberzeugen, das [sic!] alles gar nicht so schlimm war [sic!] wie es gleich nach Kriegsende propagiert wurde."[2745] Außerdem sprach er sich dafür aus, ehemalige Offiziere der Waffen-SS dabei einzusetzen, eine neue deutsche Armee aufzubauen. Denn das seien „die schneidigsten Leute der deutschen Wehrmacht".[2746] Die tatsächliche Gründung der Bundeswehr überlebte er nur um wenige Jahre. Er starb in München am 16. Juli 1958.[2747]

Auf Korsemann folgte Martin Diez, der zunächst das Polizeiausbildungsbataillon und anschließend die Polizeischule in Fürstenfeldbruck leitete.[2748] Er wurde am 20. Oktober 1896 in Erlangen als Sohn eines Arztes geboren, machte sein Kriegsabitur, trat daraufhin am 1. September 1915 in die Armee ein und zog mit dem 7. bayerischen Infanterie-Regiment an die Front. Aus diesem schied er am 31. März 1920 als Leutnant aus und wurde am 15. Dezember in die Bamberger Polizei eingestellt.[2749] Seitdem war er an weiteren Dienststellen in ganz Bayern tätig und befand sich zuletzt in Kaiserslautern, von wo aus Daluege ihn am 24. November 1938 zur Polizeischule Fürstenfeldbruck versetzte.[2750] Seit dem 1. Mai 1933 befand er sich in der NSDAP. Dabei liegt der Gedanke nahe, dass er damit lediglich ein opportunistischer „Märzgefallener" war. Allerdings trat er bis Kriegsende auch noch weiteren parteilichen Organisationen bei, zu denen z. B. der RLB, der RKB, der Volksbund für das Deutschtum im Ausland und die NS-Kriegsopferversorgung zählten.

2742 Zur SRP und der „Naumann-Affäre" vgl. Frei, Vergangenheitspolitik, S. 326–396. Zur SRP ferner: Henning Hansen, Die Sozialistische Reichspartei (SRP). Aufstieg und Scheitern einer rechtsextremen Partei, Beiträge zur Geschichte des Parlamentarismus und der politischen Parteien, Bd. 148, Düsseldorf 2007. Bei der Recherche konnte ein SRP-Vorsitzender namens Daumenlang nicht gefunden werden.

2743 Vgl. NARA, IRR – RG 319, A1 134-B, 426 – Gerret Korsemann, Schroder (Headquarters Munich Military Post) an Headquarters 66th CIC Det: Interview of General Korsemann, 01.02.1951.

2744 Ebd., S. 2.

2745 Ebd., S. 3.

2746 Ebd., S. 6.

2747 Vgl. Schulz/Wegmann/Zinke, Generale, Bd. 2, Bissendorf 2005, S. 569.

2748 Zu den folgenden Ausführungen über Martin Diez sofern nicht anders angegeben vgl. BayHStA München, MInn 98773 – Martin Diez; BayFHVR Pol FFB, Ordner 15c – Martin Diez.

2749 Vgl. BayFHVR Pol FFB, Ordner 15c – Martin Diez, Personalbogen.

2750 Vgl. BayHStA München, MInn 98773 – Martin Diez, Handschriftliche Notizen der Ehefrau, o. D.; BayFHVR Pol FFB, Ordner 15c – Martin Diez, Auszug von Schnellbrief: I. V. Daluege (RFSSuChdDtPol) an u. a. Polizeischule FFB, 24.11.1938.

Abbildung 40: Oberst Martin Diez (Privatarchiv Daniel Popielas, Welzow/Großräschen)

Nach Kriegsbeginn diente er im Stab des BdO von Lodz, kam aber im November 1939 wieder zur oberbayerischen Bildungsstätte zurück.[2751] Nun übernahm er dort zunächst die Aufgabe, das neue Polizeiausbildungsbataillon zu kommandieren, bis ihn Major Herbert Scholz am 6. Dezember 1940 darin ablöste.[2752] Danach blieb er noch kurz an der Brucker Lehranstalt, die er ab 9. Januar 1941 als Interimskommandeur leitete.[2753] Seit 21. April war Major Diez zur Polizeischule Berlin-Köpenick abgeordnet.[2754] Seit dem 20. Januar 1942 fungierte er jedoch als Kommandeur des Polizeibataillons 325, wobei er im Februar 1942 zur Polizeiverwaltung Stettin versetzt wurde.[2755] Dieses Bataillon war zuvor schon im Winter 1941/42 mit anderen Einheiten daran beteiligt, größere Schläge gegen Partisanen in Slowenien zu unternehmen. Dort führte es auch unter dem Kommando von Martin Diez derartige Aktionen durch, bevor es dann nach Garmisch verlegt und im Juli 1942 in Polizei-Gebirgsjäger-Bataillon 325 umbenannt wurde.[2756] Das Polizeibataillon 325 erlangte Bekanntheit, weil in ihm seit April 1941 Erwin Strittmatter diente, der später als gefeierter Schriftsteller in der DDR Karriere machte.[2757]

Seit April 1943 fungierte Diez als Kommandeur des Polizei-Schützenregiments 34, das in Nürnberg aufgestellt wurde.[2758] Als Oberstleutnant befehligte er damit eine Einheit, die sich aus deutschen Offizieren und Unterführern zusammensetzte, während seine Mannschaften sowohl aus deutschen als auch aus ukrainischen Angehörigen bestanden. Am 16. August 1943 vernichtete das Polizei-Schützenregiment 34 gemeinsam mit dem Polizeiregiment 26 das jüdische Ghetto in Bialystok. Bei dieser Aktion wurden etwa 2.000 seiner Bewohner direkt erschossen, während 10.000 Menschen in Arbeitslager und die übrigen 13.000 nach Treblinka und Auschwitz kamen, wo sie ermordet wurden. Kein Angehöriger der beiden Verbände wurde nach Kriegsende für diese Verbrechen strafrechtlich belangt.[2759] Bereits Anfang Mai 1943 hatte das I. Bataillon des Polizei-Schützenregiments 34 ein ukrainisches Dorf zerstört und

2751 Vgl. BayFHVR Pol FFB, Ordner 15c – Martin Diez, Abschrift von Schnellbrief: I. A. von Bomhard (RFSSuChdDtPol) an u. a. Polizeischule FFB, 01.11.1939.

2752 Vgl. BayHStA München, Polizeischule FFB 14, Diez (PAB FFB): Bataillonsbefehl Nr. 73, 05.12.1940.

2753 Vgl. BayFHVR Pol FFB, Ordner 15c – Martin Diez, Abschrift: I. V. Daluege (RFSSuChdDtPol) an u. a. Polizeischule FFB, 09.01.1941.

2754 Vgl. BayFHVR Pol FFB, Ordner 15c – Martin Diez, Abschrift: I. A. von Bomhard (RFSSuChdDtPol) an u. a. Polizeischule FFB, 15.04.1941.

2755 Vgl. BayFHVR Pol FFB, Ordner 15c – Martin Diez, Auszug von Abschrift: I. A. von Grolman (RFSSuChdDtPol) an u. a. Polizeischule Berlin-Köpenick: Fernschreiben, 20.01.1942.

2756 Vgl. Arico, Ordnungspolizei, S. 497 f.; Tessin, Stäbe, S. 100; Michaelis, Einsatz, S. 51 und 53.

2757 Vgl. Werner Liersch, Die Geschichte der Ordnungspolizei, keine Geschichte der DDR – eine Skizze am Beispiel der verschwiegenen Zugehörigkeit des namhaften DDR-Autors Erwin Strittmatter zur Orpo, in: Schulte, Polizei, S. 159–177, hier: S. 163.

2758 Vgl. BayHStA München, Polizeischule FFB 29, Schnellbrief: I. A. Grünwald (Chef der Ordnungspolizei) an u. a. Polizeischule FFB: Aufstellung von Regimentsstäben für die Polizei-Schützen-Regimenter 31, 33, 34 und 35, 21.04.1943, S. 3.

2759 Vgl. Klemp, Polizeibataillone, S. 361 f. und 532; Curilla, Ordnungspolizei, S. 702; Ders., Judenmord, S. 327–329. Zur Auflösung des Bialystoker Ghettos und zu den Nachkriegsverfahren ferner: Katrin Stoll, Die „Räumung" des Bialystoker Ghettos in den Aussagen von „Täter-Zeugen", in: Schulte, Polizei, S. 263–304.

dabei seine mindestens 180 Bewohner ermordet.[2760] Am 15. November 1943 wurde Oberstleutnant Diez als Regimentskommandeur abgelöst.[2761] Anschließend befehligte er das SS-Polizeiregiment 1, als ihn Wünnenberg am 22. Januar 1945 zum Oberst der Schutzpolizei beförderte.[2762] Daran konnte er sich jedoch nicht mehr lange erfreuen, da er noch im Januar 1945 bei Budapest fiel.[2763]

Während sich Diez im Krieg lange im „auswärtigen Einsatz" befand, ist von seinem Nachfolger an der Polizeischule Fürstenfeldbruck dahingehend nichts bekannt. Arno Hagemann wurde am 18. August 1892 im schlesischen Oberleisersdorf geboren.[2764] Nachdem er in Liegnitz bis 1905 das städtische Gymnasium besucht hatte, diente er im Kadettenkorps in Köslin und in Groß-Lichterfelde südwestlich von Berlin. Ab Anfang April 1911 befand er sich als Fähnrich im Hamburger Infanterie-Regiment 76, in dem er schon im Jahr darauf zum Leutnant aufstieg. Von 1914 bis 1918 nahm er an dessen Einsatz im Ersten Weltkrieg teil, bei dem er zweimal verwundet wurde. Die Armee verließ er offiziell Ende des Jahres 1920 als hochdekorierter Oberleutnant, der sowohl das EK I. als auch II. Klasse sowie das Hamburger Hanseatenkreuz und das Verwundetenabzeichen in schwarz erhalten hatte. Schon zuvor war er jedoch am 19. Oktober 1920 im gleichen Rang in die Berliner Schutzpolizei eingetreten, in der er bis 1928 als Hundertschaftsführer und Reviervorsteher tätig war. Danach wechselte er bis 1929 nach Schleswig, um dort ebenfalls eine Polizeieinheit zu führen. Das tat er anschließend auch in Halle an der Saale, wobei er dort und in Magdeburg bis 1935 auch andere Aufgaben wahrnahm und z. B. im Stab einer Landespolizeiinspektion eine Abteilung leitete. Der bereits am 20. April 1934 zum Major ernannte Polizeioffizier kam zwischen 1935 und 1939 als Abschnitts- und Abteilungskommandeur nach Köln, um hernach bis 1941 die Chemnitzer Schutzpolizei zu kommandieren. Das tat er als Oberstleutnant, zu dem er am 30. Januar 1939 befördert worden war.[2765] Im gleichen Jahr kam er vier Wochen lang ins Sudetenland, um dort Grenzschutz zu leisten.[2766]

Während er in Chemnitz seinen eigentlichen Standort hatte, war er zunächst zur Polizeischule Berlin-Köpenick und ab 4. März 1941 zur Brucker „Kaderschmiede" erst nur abgeordnet.[2767] Letztlich versetzte Daluege den neuen Kommandeur am 1. Juli 1941 auch dorthin, womit die oberbayerische Lehranstalt seitdem als Hagemanns neue Heimatdienststelle fungierte.[2768] Dort wurde er am 21. Juni 1942 zum Oberst der Schutzpolizei ernannt und leitete die Polizeischule in diesem Rang, bis sie das Hauptamt Ordnungspolizei kurz vor Kriegs-

2760 Vgl. Curilla, Ordnungspolizei, S. 732.

2761 Vgl. Der., Judenmord, S. 328.

2762 Vgl. BAB, R 19/8, Schnellbrief: m. d. F. b. Wünnenberg (Chef der Ordnungspolizei) an u. a. BdO Stettin, 22.01.1945, Bl. 109.

2763 Vgl. BayHStA München, MInn 98773 – Martin Diez, Entwurf: I. A. Brandl (StMdI) an Landrat FFB: Hinterbliebenenbezüge für die Angehörigen des Obersten der Schupo Martin Diez, 06.04.1948; BAL, B 162/26624 (1 AR 2476/64), Bezirksfinanzdirektion München an Zentrale Stelle der Landesjustizverwaltungen: Vollzug des § 3, 3 a G 131, 23.11.1964, Bl. 75.

2764 Zu den folgenden Ausführungen über Arno Hagemann sofern nicht anders angegeben vgl. BayFHVR Pol FFB, Ordner 8b – Arno Hagemann; StAM, Spruchkammern Karton 2747 – Arno Hagemann.

2765 Vgl. BayFHVR Pol FFB, Ordner 8b – Arno Hagemann, Abschrift: Hagemann: Lebenslauf, 18.03.1948.

2766 Vgl. StAM, Spruchkammern Karton 2747 – Arno Hagemann, Matzinger (Spruchkammer FFB): Protokoll der öffentlichen Sitzung am 15. März 1948 – Anlage zum Sitzungsprotokoll im Falle Hagemann, Arno, Emmering, 22.03.1948, S. 1.

2767 Vgl. BayFHVR Pol FFB, Ordner 8b – Arno Hagemann, Abschrift: I. V. Daluege (RFSSuChdDtPol) an u. a. Polizeischule FFB, 19.02.1941.

2768 Vgl. BayFHVR Pol FFB, Ordner 8b – Arno Hagemann, Abschrift: I. V. Daluege (RFSSuChdDtPol) an u. a. Polizeischule FFB: Sofort!, 15.06.1941.

ende außer Betrieb stellte. Am 21. Mai 1945 nahmen ihn dann die Amerikaner gefangen.[2769] Die Besatzer hielten ihn daraufhin 15 Monate lang in Haft, worüber er sich später arg beschwerte: „Ich habe genug am eigenen Leibe die Rechtshandhabung der Amerikaner erfahren müssen, um zu wissen, daß selbst ihr so gepriesenes angeblich höchstes Gut der persönlichen Freiheit keinen Schuß Pulver wert ist, wenn es ihnen in den Kram paßt", wie Hagemann schrieb. Obwohl er über ein ärztliches Attest verfügt habe, das ihm bescheinigt habe, dass er haftunfähig sei, hätten ihn die Amerikaner zuhause an Pfingsten „im Jahre des Heils 1945" verhaftet. Deswegen habe er auch seine Wohnung verloren und „hause noch heute – nach 5 Jahren! – mit 3 Personen in meiner Stellung nach, nicht nur unzulänglichen, sondern – unwürdigen Verhältnissen (1 Zimmer u. 1 Speicherdurchgang, letzterer mit schrägen Wänden u. 2 kleinen, schmalen Oberlichtfenstern, wie in einem Gefängnis)".[2770] Im Jahre 1946 hatte er sich jedoch noch im Brucker Kriegsgefangenenlazarett befunden, das damals in seiner alten Wirkungsstätte untergebracht war.[2771]

Am 15. März 1948 musste Hagemann vor der Spruchkammer Fürstenfeldbruck erklären, welche Rolle er in der ordnungspolizeilichen Lehranstalt während des „Dritten Reichs" gespielt hatte. Wie das Sitzungsprotokoll offenbart, verklärte er diese gehörig. So habe er sich als Kommandeur zunächst einmal darum gekümmert, dass seine Schule auf Vordermann gebracht und dabei sauber und ordentlich wurde. Soweit es ihm möglich war, habe er außerdem „politisches gänzlich ausgeschieden [...] und mehr Wert auf die Fachausbildung gelegt".[2772] Weil er nicht mit den Nationalsozialisten konform gegangen sei, hätten sie ihn deshalb benachteiligt. Nach Köln sei er seinerzeit etwa strafversetzt worden, weil er zuvor Beamte noch einmal besonders exerzieren ließ und sie dadurch bestraft habe, nachdem sie auf dem Hof der Kaserne nationalsozialistische Lieder gesungen hatten. Darüber hinaus deutete er die Dienstgradangleichung allgemein um und behauptete einfach, die Polizisten seien befördert und „ohne besonderen Antrag" in die Schutzstaffel aufgenommen worden.[2773] Ferner sei er irgendwann mit Gerret Korsemann aneinandergeraten. Da sich dieser angeblich „ganze Eisenbahnwaggone mit Sachen aus Russland" und aus Frankreich nach Fürstenfeldbruck kommen ließ, habe Hagemann interveniert, weshalb sein Vorgänger versetzt worden sei.[2774] Was ihr ehemaliger Chef dem Brucker Laiengericht berichtet hatte, bestätigten Robert Schwahn und Dr. Helmut Herzog, die bei dem Verfahren als Zeugen geladen waren.[2775]

Die Spruchkammer stufte Hagemann daraufhin noch am gleichen Tag als vom Befreiungsgesetz nicht betroffen ein, weil er nur in der NSV, nicht aber in der NSDAP oder einer Parteigliederung gewesen sei. Er habe sich auch nicht für den Nationalsozialismus eingesetzt, sondern lediglich seinen polizeifachlichen Dienst verrichtet. Außerdem habe er als Kommandeur „nazistische Gedankengänge nicht vertreten". Stattdessen habe er es vielmehr abgelehnt, „Schüler und Anwärter zu parteipolitischen Zwecken zu missbrauchen". Dabei habe

2769 Vgl. BayFHVR Pol FFB, Ordner 8b – Arno Hagemann, Abschrift: Hagemann: Lebenslauf, 18.03.1948.

2770 BayHStA München, MInn, 99635 – Arno Hagemann, Hagemann an StMdI: Nachzahlung v. Dienstbezügen, 16.04.1950.

2771 Vgl. StAM, Spruchkammern Karton 2747 – Arno Hagemann, Hagemann: Meldebogen auf Grund des Gesetzes zur Befreiung von Nationalsozialismus und Militarismus vom 5. März 1946, 08.05.1946.

2772 StAM, Spruchkammern Karton 2747 – Arno Hagemann, Matzinger (Spruchkammer FFB): Protokoll der öffentlichen Sitzung am 15. März 1948, 22.03.1948, S. 2.

2773 StAM, Spruchkammern Karton 2747 – Arno Hagemann, Matzinger (Spruchkammer FFB): Protokoll der öffentlichen Sitzung am 15. März 1948 – Anlage zum Sitzungsprotokoll im Falle Hagemann, Arno, Emmering, 22.03.1948, S. 1.

2774 Ebd., S. 2.

2775 Vgl. ebd., S. 2.

er „oftmals unter schwierigsten Umständen seinen Standpunkt gegenüber der Partei in heftigster Weise und unter Einsatz seiner Person durchgesetzt“. Mehr noch habe er sich sogar dagegen verwehrt, „dass die sogenannte politische Schulung, die vom Staat vorgeschrieben war [sic!] sich nur auf parteiliche Propaganda und Ausnutzung für nazistische Ideologien auswirkte, sondern er hat jedesmal sofort [sic!] wenn er derartige Bestrebungen einzelner Fachlehrkräfte bemerkte [sic!] dagegen Stellung genommen und sich bis zu seiner Dienststelle hinauf für die Absetzung derartiger Kräfte eingesetzt“.[2776] Hagemann gelang es also nicht nur, sich selbst, sondern auch gleich die weltanschauliche Schulung zu entnazifizieren, die in seiner Dienststelle stattgefunden hatte. Daraufhin versetzte ihn das bayerische Innenministerium am 15. Mai 1948 auf seinen eigenen Antrag hin in den Ruhestand, weil er dienstunfähig sei.[2777] In den fünfziger Jahren zog er nach Niederpöcking bei Starnberg, wo er als „131er“ finanziell versorgt war.[2778] Wie die allermeisten Polizeibeamten des NS-Regimes konnte auch er sein Leben unbehelligt weiterführen.

Insgesamt ergeben sich einige Gemeinsamkeiten unter den Kommandeuren der Polizeischule Fürstenfeldbruck: Allesamt waren sie höhere Polizeioffiziere, die zumindest teilweise schon im Ersten Weltkrieg und hernach in Freikorps gedient hatten, bevor sie in der Weimarer Republik in die Ordnungsmacht gelangten. Vom Volksschulabgänger über Abiturienten bis hin zu promovierten Akademikern waren alle Bildungsniveaus vertreten. Unabhängig von ihren Abschlüssen konnten sie alle rasch die Karriereleiter nach oben steigen, was ihnen Himmlers Personalpolitik zusätzlich erleichterte. Alles andere als hinderlich war es dabei für die Oberbeamten, dass sie der Partei und ihren Unterorganisationen mehr oder minder nahestanden. Jedoch diente ihnen gerade auch die Brucker „Kaderschmiede“ als Sprungbrett. Denn nachdem sie diese geleitet hatten, erlangten sie alle – abgesehen von Hagemann – vor allem während des Krieges recht hohe Posten, die meist mit einem „auswärtigen Einsatz“ verbunden waren. Einige von ihnen entwickelten dabei eine enorme Machtfülle und waren sogar für Massenverbrechen in ihrem Einflussbereich verantwortlich. Das kennzeichnet sie als skrupellose Karrieristen, die für ihren Aufstieg durchaus bereit waren, über Leichen zu gehen. Einzig Dr. Fritz Schade fügte sich nicht in diese Reihe ein, stand er dem NS-Regime doch so ablehnend gegenüber, dass er sich sogar im Widerstand betätigte und Juden sowie anderen Verfolgten half. Sein heldenhaftes Engagement war unter sämtlichen untersuchten Polizisten von Fürstenfeldbruck einzigartig und beweist ferner, dass niemand zwangsläufig zu einem Täter werden musste. Er steht für die nur allzu wenigen Beamten, die sich gegen eine mit allen Mitteln vorangetriebene Karriere und für die Menschlichkeit entschieden.

2776 StAM, Spruchkammern Karton 2747 – Arno Hagemann, Abschrift: Hantke (Spruchkammer FFB): Spruch, 15.03.1948, S. 1 f.

2777 Vgl. BayFHVR Pol FFB, Ordner 8b – Arno Hagemann, Abschrift von Abdruck: I. A. von Lex (StMdI) an Regierung von Oberbayern: Ruhestandsversetzung des Oberst d. Schutzpolizei Arno Hagemann, 15.05.1948.

2778 Vgl. BayFHVR Pol FFB, Ordner 8b – Arno Hagemann, Abdruck: Bischoff (Bayerische Polizeischule) an StMdI: Vollzug des Gesetzes zur Regelung der Rechtsverhältnisse der unter das Bayer.Gesetz zu Art. 131 GG vom 31.7.1952 (GVBl.S.285) fallenden Personen, 15.06.1954.

7.4 Von der Tafel an den Tatort – Die Lehrer

Nicht nur die Kommandeure der Polizeischule Fürstenfeldbruck durchliefen verschiedene Positionen im nationalsozialistischen Polizeistaat und halfen maßgeblich dabei mit, ihn überhaupt erst Realität werden zu lassen. Auch zahlreiche Lehrkräfte prägten die oberbayerische „Kaderschmiede“, da sie es waren, die insgesamt Tausende von Offiziersanwärtern auf ihren Dienst in Himmlers Reich und auf den „auswärtigen Einsatz“ vorbereiteten. Während sich die Angehörigen der kasernierten Einheiten im Truppendienst befanden, war das Lehr- und Stammpersonal an den polizeilichen Bildungsstätten hingegen grundsätzlich dem Einzeldienst zugeordnet.[2779] Allerdings war das Stammpersonal in Fürstenfeldbruck kein in sich geschlossener Kreis, der über Jahre hinweg unverändert blieb. Verantwortlich dafür war der Umstand, dass ein Großteil der Lehrerschaft ständig wechselte, weil das Hauptamt Ordnungspolizei sie einerseits mit neuen Männern verstärkte und andererseits erfahrene Brucker Beamte zu anderen Standorten und Einheiten inner- wie außerhalb des Deutschen Reichs abberief. Daher kann nicht von *dem* Personal gesprochen werden, das an der Lehranstalt in Fürstenfeldbruck wirkte. Denn es lässt sich nicht vollständig ermitteln, wie viele Fachkräfte sie im Laufe der Zeit überhaupt beherbergte. Mitte Juni 1941 gab das Hauptamt Ordnungspolizei an, dass an dieser Institution insgesamt 59 Beamte tätig waren, von denen 17 auf das Kommando, 33 auf das Lehrpersonal, fünf auf den Kraftfahr- und vier auf den Sanitätsdienst entfielen.[2780]

Allerdings war das nur eine Momentaufnahme. Zu Beginn des Jahres 1942 erstellte Kommandeur Hagemann eine Liste über seine Schulgemeinschaft, aus der entnommen werden kann, dass sich das Stammpersonal aus 68 Offizieren und sonstigen Polizeibeamten, acht Angestellten und 33 Lohnempfängern zusammensetzte.[2781] Ein Stellenplan für das Rechnungsjahr 1942 hingegen liefert wieder andere Angaben, die noch für den 8. Mai 1945 galten und daher für die Polizeischule offenbaren, wie viele Polizisten an ihr noch bei Kriegsende besoldet waren. Von nun insgesamt 70 Staatsdienern waren 60 in der Schutzpolizei und sieben im Verwaltungsdienst, zu denen noch zwei technische Beamte und ein Mediziner hinzukamen.[2782] All diese Zahlen können jedoch nicht darüber hinweg täuschen, dass nur die wenigsten von diesen Männern dauerhaft an der Schule blieben.[2783] Dieses Phänomen beschränkte sich jedoch nicht auf die Brucker Bildungsstätte oder die Ordnungspolizei. Denn auch die Angehörigen anderer Institutionen mussten häufig ihre Dienststellen wechseln, damit sie sich einerseits in ihren jeweils neuen Standorten einbrachten und weiterqualifizierten. Andererseits sollten sie vor Ort nicht allzu enge persönliche Beziehungen zu anderen unterhalten, sondern sich vielmehr auf ihre beruflichen Aufgaben konzentrieren. Eine solche Personalpolitik zielte darauf ab, dass sie Geborgenheit stattdessen in den kameradschaftlichen

2779 Vgl. Deuster, Polizei-Uniformen, S. 26.

2780 Vgl. DHPol, PG 5.2.2–5/1941, Stellenpläne der Inspekteure der Ordnungspolizei und Sachbearbeiter bei den Regierungen pp und Gliederungen der Schutzpolizei für das Rechnungsjahr 1941, S. 144.

2781 Vgl. BayHStA München, Polizeischule FFB 62, Hagemann (Polizeischule FFB): Gliederung der Verwaltungspolizei und den Personaleinsatz bei der Polizei-Offizier-Schule in Fürstenfeldbruck, 17.01.1942.

2782 Vgl. BayHStA München, Polizeischule FFB 64, I. V. Deuringer (Bayerische Polizeischule – IVc) an L III: Ehemalige bayer. Polizeibeamte, die am 8.5.45 planmäßig im Stellenplan der bayer. Polizei (rechts des Rheins) geführt wurden und für die die Landpolizei die Abwicklungsaufgaben zu übernehmen hat, 07.02.1951, S. 1.

2783 Wie stark die Personalfluktuation innerhalb der Brucker Lehranstalt war, verraten die zahlreichen Kommandobefehle, die recht häufig von Zu- und Abgängen berichteten. Vgl. dazu BayHStA München, Polizeischule FFB 11–19.

Organisationen und Zusammenschlüssen des lokalen SS- und Polizeiapparats suchen und in ihnen aufgehen sollten. Im Durchschnitt verweilten z. B. die allermeisten Leiter der Staatspolizeistellen deshalb nur knapp eineinhalb bis zwei Jahre in einer Behörde, um dann in die nächste zu gelangen.[2784] Insofern ist es kaum möglich, sämtliche Beamten zu ermitteln oder gar deren Werdegänge eingehend zu untersuchen, die an der Polizeischule Fürstenfeldbruck daran mitwirkten, die neuen Offiziere des NS-Staats heranzubilden. Dennoch sollen einzelne Vertreter ein wenig näher betrachtet werden, die sich durch ihre beruflichen Lebenswege besonders hervortaten.

Zu ihnen gehörte ein Mann, der Korsemanns steile Karriere phasenweise begleitete und mit ihm gemeinsam an der Brucker Lehranstalt tätig war. Werner Mundhenke wurde am 13. März 1907 in Berlin als Sohn eines Vollstreckungssekretärs geboren und studierte von April 1925 dort auch Rechtswissenschaften, was er jedoch im März 1926 abbrach.[2785] Am 3. April 1929 trat er in die Schutzpolizei Brandenburg an der Havel ein und war nach seiner Ausbildung bis Ende März 1934 zunächst in Berlin beschäftigt. Anschließend ging er bis 31. März 1936 zur Landespolizeiinspektion Brandenburg in den Innendienst, um hernach erneut in die Reichshauptstadt zu gelangen, wo er bis Ende Juni 1939 beispielsweise an der Polizeischule Berlin-Köpenick tätig war. Während dieser Zeit konnte er am 1. April 1934 zum Leutnant, am 1. Juli 1936 zum Oberleutnant und am 10. September 1937 zum Hauptmann aufsteigen. Nachdem er im Jahre 1923 noch als Schüler in die Bismarckjugend der DNVP eingetreten war, wechselte er 1927 in die NSDAP und zugleich in die SA. Beide Mitgliedschaften beendete er im Jahre 1929, trat jedoch am 1. April 1933 wieder Hitlers Partei bei. Parteipolitisch war der „Alte Kämpfer“ also etwas wankelmütig und opportunistisch veranlagt.[2786] Am 1. Juli 1939 wurde Mundhenke zur Polizeischule Fürstenfeldbruck versetzt, die bis Kriegsende seine Heimatdienststelle blieb, wobei er dann am 1. November 1942 auch noch zum Major aufsteigen konnte.[2787] An der oberbayerischen Lehranstalt unterrichtete er diverse rechtliche Fächer, wozu vor allem das Polizeirecht und das Beamtenrecht zählten.[2788]

Während des Zweiten Weltkriegs stand er aber weniger an der Tafel, sondern gelangte vielmehr an zahlreiche Schauplätze des deutschen Besatzungsterrors. Seit 8. November 1939 fungierte er als Adjutant im Polizeiregiment Lublin, dessen Kommandeur zunächst sein Chef, Gerret Korsemann, war.[2789] In dieser Funktion trat Mundhenke mit Wirkung vom 1. Juni 1940 auch der SS bei, nachdem sich mindestens einer seiner Kameraden für ihn beim SS-Personalhauptamt stark gemacht hatte. Denn der Regimentsadjutant habe eines Abends gegenüber SS-Obergruppenführer August Heißmeyer, SS-Brigadeführer Odilo Globocnik und anderen darüber geklagt, dass er sich als „alter Nationalsozialist“ schon mehrfach erfolglos für

2784 Vgl. Gerhard Paul, Ganz normale Akademiker. Eine Fallstudie zur regionalen staatspolizeilichen Funktionselite, in: Ders., Gestapo (2003), S. 236–254, hier: S. 245 f.

2785 Zu den folgenden Ausführungen über Werner Mundhenke sofern nicht anders angegeben vgl. BAB, SSO und RS – Werner Mundhenke; BayHStA München, MInn 101546 – Werner Mundhenke; BayFHVR Pol FFB, Ordner 12g – Werner Mundhenke.

2786 Vgl. dazu BAB, SSO und RS – Werner Mundhenke.

2787 Vgl. BayHStA München, MInn 101546 – Werner Mundhenke, Kalmer (StMdI): Berechnung des Besoldungsdienstalters für Major der Schutzpolizei z.Wv. Werner Mundhenke bei der Offz.-Schule der Ordnungspolizei in Fürstenfeldbruck, 05.03.1956.

2788 Vgl. BayHStA München, Polizeischule FFB 14, I. V. Diez (Polizeischule FFB): Kommandobefehl für die Durchführung des II. Teils des mit RdErl. vom 6.2.1941 RMBLiV.S.248c angeordneten 21. Offizieranwärter-lehrganges, 10.04.1941.

2789 Vgl. BayFHVR Pol FFB, Ordner 12g – Werner Mundhenke, Abschrift von Schnellbrief: I. V. Daluege (RFSSuChdDtPol) an Polizeischule FFB, 04.11.1939.

die SS beworben habe.[2790] Am 15. April 1941 kam er wieder nach Fürstenfeldbruck zurück, um dort nun als „Praktiker" wieder zu unterrichten.[2791] Doch bereits am 28. Oktober 1941 wurde er wieder in den „Osten" abgeordnet, wo er zunächst bis 31. August 1942 in der Ukraine eingesetzt war und anschließend bis zum 27. März 1943 nach Kaukasien kam.[2792] Unmittelbar danach befand er sich vom 1. April bis zum 16. Mai 1943 im Generalgouvernement und daraufhin in Minsk, wo er für den HSSPF Russland-Mitte und Weißruthenien bis Ende September 1943 tätig war.[2793] In dessen Stab fungierte Mundhenke als Major z. B. V., konnte aber nicht als Bataillonskommandeur arbeiten, weil er dafür noch keinen entsprechenden Kurs besucht hatte.[2794] Daher sollte er vom 20. September bis 30. Oktober 1943 den 15. Taktiklehrgang für Offiziere der Ordnungspolizei absolvieren, den die Polizei-Waffenschule I in Dresden-Hellerau veranstaltete.[2795]

Doch es kam anders: Seit dem 19. September 1943 fungierte Mundhenkes alter Kollege, SS-Gruppenführer und Generalleutnant der Polizei Odilo Globocnik, als HSSPF für die Operationszone „Adriatisches Küstenland" mit Sitz in Triest.[2796] Himmler befahl daraufhin am 22. September, einen BdO in diesem Gebiet einzurichten und mit Oberstleutnant Hermann Kintrup zu besetzen, der zuvor noch das SS-Polizeiregiment 25 geleitet hatte. Kintrups Stabschef wurde nun Major Mundhenke, der seinen militärtaktischen Lehrgang deshalb nicht mehr abschließen konnte.[2797] Er leitete den Führungsstab für die „Bandenbekämpfung", wobei er sich anscheinend so hervortat, dass er sogar gleich zweimal das Bandenkampfabzeichen erhielt, das seinen Einsatz gegen Partisanen würdigen sollte.[2798] Denn gerade in der Operationszone „Adriatisches Küstenland" gab es eine recht starke Partisanentätigkeit. Deshalb verübten die deutschen Besatzer dort einen brutalen Terror gegen echte Partisanen und die unschuldige Zivilbevölkerung.[2799] Mundhenke bekam außerdem noch das EK I. sowie II. Klasse und hatte während des Zweiten Weltkriegs auch am 20. April 1941 in Krakau das KVK 2. Klasse mit Schwertern, am 19. August 1942 die Ostmedaille und am 1. September 1942 das

2790 BAB, SSO – Werner Mundhenke, Tondock an Chef des SS-Personalhauptamtes: Wiederholte Gesuche des Hauptmanns der Schutzpolizei Mundhenke um Aufnahme in die SS, 28.06.1940.

2791 Vgl. BayHStA München, Polizeischule FFB 14, I. V. Diez (Polizeischule FFB): Kommandobefehl Nr. 16, 08.04.1941; Deutsche Dienststelle (WASt), Karteikarte – Werner Mundhenke.

2792 Vgl. BayHStA München, Polizeischule FFB 100, I. A. [unleserlich] (HSSPF Kaukasien – Reststab): Bescheinigung, 17.05.1943.

2793 Vgl. BayHStA München, Polizeischule FFB 100, I. A. [unleserlich] (HSSPF Russland-Mitte und Weißruthenien): Bescheinigung, 12.09.1943.

2794 Vgl. BayFHVR Pol FFB, Ordner 12g – Werner Mundhenke, Abschrift von Fernschrift: Schindlmeier (Polizeischule FFB), [09.06.1943].

2795 Vgl. BayFHVR Pol FFB, Ordner 12g – Werner Mundhenke, Abschrift von Schnellbrief: I. A. Pretzell (RFSSuChdDtPol) an u. a. Polizeischule FFB: 15. Taktik-Lehrgang für Offiziere der Ordnungspolizei, 30.08.1943.

2796 Vgl. Birn, Höheren SS- und Polizeiführer, S. 334.

2797 Vgl. BayHStA München, Polizeischule FFB 29, Schnellbrief: I. A. Winkelmann (RFSSuChdDtPol) an u. a. Polizeischule FFB: Aufstellung eines Stabes für den Befehlshaber der Ordnungspolizei für das adriatische Küstenland mit Dienstsitz in Triest, 22.09.1943, S. 2.

2798 Vgl. BayHStA München, Polizeischule FFB 17, Hagemann (Polizeischule FFB): Kommando-Befehl Nr. 29, 30.11.1944; BayHStA München, Polizeischule FFB 16, Hagemann (Polizeischule FFB): Kommando-Befehl Nr. 5, 02.03.1945.

2799 Vgl. Karl Stuhlpfarrer, Die Operationszonen „Alpenvorland" und „Adriatisches Küstenland" 1943–1945, Publikationen des österreichischen Instituts für Zeitgeschichte und des Instituts für Zeitgeschichte der Universität Wien, Bd. 7, Wien 1969, S. 92–96.

KVK 1. Klasse mit Schwertern erhalten.[2800] Als Deutschland am 8. Mai 1945 bedingungslos kapitulierte, war er immer noch bei der Polizeischule beschäftigt, was sich bis zum 7. Juli 1945 nicht änderte. Denn offiziell sollte er erst an diesem Tag außer Dienst gestellt werden.[2801] In Cham geriet er jedoch schon am 13. Juni 1945 in amerikanische Kriegsgefangenschaft, die er bis zum 10. Oktober 1946 im Internierungslager Moosburg verbrachte, bis er den deutschen Behörden übergeben wurde.[2802] Nachdem er entlassen worden war, wohnte er im Forsthaus Schöngeising.[2803] Aus seinem Spruchkammerverfahren ging er Mitte Januar 1949 als „Mitläufer" hervor.[2804] In den fünfziger Jahren zog er ins fränkische Hof und konnte als „131er" durch ein Übergangsgehalt vom bayerischen Staat versorgt werden.[2805] Dort arbeitete Mundhenke als Geschäftsführer der Scala und des Regina-Filmtheaters, bis er am 23. Februar 1958 an den Folgen eines Schlaganfalls starb. Sein Sterbekärtchen trägt die Widmung: „Sein Leben war aufopfernde Güte und Pflichterfüllung".[2806]

Der am 10. April 1911 in Speyer geborene Hauptmann Theodor Brecht befand sich offiziell seit 1935 bis Kriegsende fast durchgehend im Dienste der Brucker Polizeischule, leitete zwischenzeitlich jedoch eine Kompanie des Polizeibataillons 253.[2807] Diese in Fürstenfeldbruck aufgestellte Einheit sollte jedoch nicht seine einzige Station im „auswärtigen Einsatz" bleiben. Am 1. Oktober 1943 befahl Himmler dem BdO in Italien, aus Freiwilligen das Polizeiregiment Südtirol aufzustellen, das Ende des Monats in Polizeiregiment Bozen umbenannt wurde und seinen Heimatstandort in Innsbruck hatte.[2808] Dem Regimentskommandeur, Oberst Alois Menschik, diente Brecht als Adjutant, der zuvor noch zum Polizeiausbildungsregiment Oranienburg nach Bergzabern abgeordnet war. Vom Stammpersonal der Schule kam auch Hans Zentgraf, der nun die 9. Kompanie leitete. Ehemalige Schüler aus Fürstenfeldbruck verrichteten ebenfalls ihren Dienst im Polizeiregiment Bozen. Dazu gehörten etwa der Teilnehmer des 28. OAL, Hans Mülich, von der Gendarmerieschule Fraustadt, der als Adjutant des 1. Bataillons zum Einsatz kam, und Anton Zachbauer vom 22. OAL, der von der gleichen Schule der Gendarmerie nun als Adjutant des II. Bataillons wirkte.[2809] Auch in sol-

2800 Vgl. WASt, Karteikarte – Werner Mundhenke; BayHStA München, Polizeischule FFB 14, Hagemann (Polizeischule FFB): Kommandobefehl Nr. 24, 17.06.1941; BayHStA München, Polizeischule FFB 16, Hagemann (Polizeischule FFB): Kommando-Befehl Nr. 2, 04.02.1944; BayHStA München, Polizeischule FFB 16, Hagemann (Polizeischule FFB): Kommando-Befehl Nr. 7, 17.03.1945.

2801 Vgl. BayHStA München, MInn 101546 – Werner Mundhenke, Dr. Hacker (Bayerische Polizeischule) an StMdI: Vollzug des Bayer.Gesetzes zur Regelung der Rechtsverhältnisse der unter § 63 des Gesetzes zu Art. 131 GG fallenden Personen vom 31.7.1952 (GVBl. S. 235), 16.02.1956.

2802 Vgl. WASt, Kriegsgefangenenakte – Werner Mundhenke.

2803 Vgl. BayHStA München, Polizeischule FFB 87, Entwurf: Wirth (Leiter der Landpolizeischulen) an u. a. Mundhenke: Versorgung nach Gesetz 131, 15.06.1951.

2804 Vgl. BayFHVR Pol FFB, Ordner 12g – Werner Mundhenke, Abschrift von Abschrift: Dr. Lochner (Berufungskammer für Oberbayern – Senat Freising): Spruch, 19.01.1949.

2805 Vgl. BayHStA München, MInn 101546 – Werner Mundhenke, Dr. Hacker (Bayerische Polizeischule) an StMdI: Vollzug des Bayer.Gesetzes zur Regelung der Rechtsverhältnisse der unter § 63 des Gesetzes zu Art. 131 GG fallenden Personen vom 31.7.1952 (GVBl. S. 235), 16.02.1956.

2806 Vgl. BayFHVR Pol FFB, Ordner 12g – Werner Mundhenke, Sterbekarte, [Februar 1958]; BayFHVR Pol FFB, Ordner 12g – Werner Mundhenke, Schreiben der Witwe an Bayerische Polizeischule, 28.02.1958.

2807 Vgl. StAM, Spruchkammern Karton 2733 – Theodor Brecht.

2808 Vgl. BayHStA München, Polizeischule FFB 29, Schnellbrief: I. A. Winkelmann (RFSSuChdDtPol) an u. a. Polizeischule FFB: Aufstellung des Polizei-Regiments Bozen, 01.10.1943. Ferner: Klemp, Polizeibataillone, S. 53 und 531.

2809 Vgl. BayHStA München, Polizeischule FFB 29, Schnellbrief: I. A. Winkelmann (RFSSuChdDtPol) an u. a. Polizeischule FFB: Aufstellung des Polizei-Regiments Bozen, 01.10.1943, S. 3–5.

chen Episoden offenbart sich, wie der „auswärtige Einsatz" ehemalige Schüler und Lehrer wiedervereinen konnte.

Der am 1. August 1893 in Weißhof im Kreis Koschmin geborene Bruno Koschmieder war ab Juni 1941 an der Polizeischule Fürstenfeldbruck tätig. Er war Weltkriegsveteran und ein erfahrener Offizier der Weimarer Staatsgewalt, der bereits im Frühjahr 1922 seinen Lehrgang an der Höheren Polizeischule in Eiche erfolgreich absolviert hatte. Danach arbeitete er an verschiedenen Standorten in Norddeutschland unter anderem als Fachlehrer und Revierführer. Am 1. Mai 1937 trat er in die NSDAP ein, nachdem er in den Anfangsjahren des „Dritten Reichs" anderen NS-Organisationen wie der NSV oder dem RLB sowie dem RKB beigetreten war. Am 2. März 1938 erhielt er seine Beförderung zum Major und leitete ab Mitte November 1939 zunächst das Polizeiausbildungsbataillon Spandau und ab 26. Mai 1940 das Polizeiausbildungsbataillon Oranienburg. Nachdem es im August 1940 in das Polizeibataillon 310 umfunktioniert worden war, fungierte Koschmieder offiziell vom 1. Oktober 1940 bis 3. Juni 1941 als dessen Kommandeur.[2810] Ab 15. Oktober 1940 war seine Einheit in Tschenstochau und Umgebung innerhalb des Generalgouvernements eingesetzt, wo seine Angehörigen nicht nur polizeiliche Sicherungs- und Bewachungsaufgaben ausführten, sondern auch zahlreiche Verbrechen verübten. Sie trieben beispielsweise Polen und Juden zusammen, um sie Zwangsarbeit für verschiedene deutsche Behörden verrichten zu lassen. In Tomaszow waren sie daran beteiligt, ein Ghetto einzurichten und anschließend zu bewachen, wobei letzteres auch in Petrikau geschah. Währenddessen raubten sie Waren, die den Juden gehörten. Außerdem wirkten sie daran mit, über 100 Menschen ins KZ Auschwitz zu deportieren. Darüber hinaus verhafteten sie Mitglieder des polnischen Widerstands und erschossen zahlreiche polnische „Geiseln" zwecks „Sühnemaßnahmen" sowie angebliche Verbrecher, die das Sondergericht Tschenstochau oder der BdS zum Tode verurteilt hatte. Koschmieder war als Chef seiner Einheit für deren Gräueltaten verantwortlich. Nachdem er seinen Posten in Fürstenfeldbruck übernommen hatte, wütete das Polizeibataillon 310 unter seinem neuen Kommandeur Bruno Holling vor allem in Weißrussland und in der Ukraine aber noch schlimmer gegen Juden und angebliche Partisanen.[2811] Vom 4. Juni 1941 bis Kriegsende war Koschmieder an der Brucker Lehranstalt als Taktiklehrer und Lehrgangsleiter tätig. Hitler ernannte ihn am 18. November 1943 zum Oberstleutnant. Nach Kriegsende entlastete ihn die Spruchkammer in Fürstenfeldbruck durch die Weihnachtsamnestie von 1946. Dort lebte er weiterhin unbehelligt, wobei er am 15. Mai 1948 wieder in die Polizei eingestellt und aus gesundheitlichen Gründen gleichzeitig in den Ruhestand versetzt wurde.[2812] Koschmieder war jedoch keineswegs der einzige Vertreter des Brucker Personals, der dem Polizeibataillon 310 angehörte.

Ein weiterer Exponent der Polizeischule Fürstenfeldbruck war der am 3. März 1913 in Leipzig geborene Kurt Brändel, der ihr als Ausbilder und Sportlehrer erhalten blieb, nachdem er den 4. OAL bestanden hatte.[2813] Vom 13. Oktober bis 5. November 1938 war er mit dem III. Ba-

2810 Vgl. dazu BayFHVR Pol FFB, Ordner 10k – Bruno Koschmieder.

2811 Zum Polizeibataillon 310 und seinen Verbrechen vgl. Curilla, Ordnungspolizei, S. 655–675; Ders., Judenmord, S. 428–434; Klemp, Polizeibataillone, S. 279–281; Ders., Oranienburger Polizeieinheiten, S. 88 f.

2812 Vgl. dazu BayFHVR Pol FFB, Ordner 10k – Bruno Koschmieder. Zum Spruchkammerverfahren vgl. StAM, Spruchkammern Karton 2759 – Bruno Koschmieder.

2813 Zur Biographie von Kurt Brändel vgl. im Folgenden BayFHVR Pol FFB, Ordner 15c – Kurt Brändel, Abschrift von Abschrift: I. A. Lenger (RFSSuChdDtPol): Auszug, 16.12.1937.

taillon des Polizeiregiments 1 im jüngst besetzten Sudetenland eingesetzt.[2814] Nach seiner Rückkehr zur Lehranstalt war er dort bis zum 3. September 1939 tätig, um danach bis zum 15. November dienstlich in Augsburg zu wirken. Anschließend fungierte er als Kompanieführer und Ausbilder im Polizeiausbildungsbataillon Fürstenfeldbruck. Nachdem es zum Polizeibataillon 253 umfunktioniert worden war, marschierte er mit ihm nach Norwegen und führte darin bis zum 1. April 1941 eine Kompanie. Brändel kam sodann nach Oranienburg, wo er letztlich als Lehroffizier an der Kolonialpolizeischule tätig war. Vom 30. Juni 1942 bis 1. Februar 1943 war er dann zum Polizeibataillon „Oranienburg" abgeordnet.[2815] Dabei handelte es sich um das Polizeibataillon 310, das in diesem Zeitraum zahlreiche Verbrechen beging und seit 9. Juli 1942 mit zwei anderen Bataillonen zum Polizeiregiment 15 zusammengefasst war. Im September 1942 ermordeten Angehörige der Einheit in Weißrussland zahlreiche Zivilisten, was unter dem Deckmantel der „Partisanenbekämpfung" geschah. Daneben tötete das Polizeibataillon 310 allein 1.163 Menschen, als es die Dörfer Borki, Borysowka und Zablocie zerstörte. Außerdem war es Mitte Oktober gegen das Judenghetto von Brest eingesetzt. Die 1. Kompanie des Polizeiregiments 15 war dann Ende Oktober 1942 darin involviert, das Ghetto von Pinsk völlig zu vernichten.[2816]

Nachdem er als Weltkriegsveteran bereits Mitte 1920 zum Polizeioffizier avanciert war und dann von September 1922 bis Januar 1923 einen Lehrgang in Eiche absolviert hatte, war der am 11. Juni 1896 in Birmingham geborene Konrad Rheindorf an den Standorten Kassel und Bochum tätig.[2817] Mitte der dreißiger Jahre ermittelte der SD gegen ihn, weil er vor der „Machtergreifung" angeblich zu wohlwollend mit Juden umgegangen, dafür aber gegen die NSDAP eingeschritten sein soll. Die Vorwürfe scheinen für ihn jedoch folgenlos geblieben zu sein.[2818] Mit Wirkung vom 1. Januar 1942 wurde er zur Polizeischule Fürstenfeldbruck versetzt, die bis Kriegsende seine Heimatdienststelle blieb.[2819] Dort unterrichtete er unter anderem Polizeitaktik und Lebenskunde.[2820] Obwohl er im Sommer 1942 zum Oberstleutnant aufgestiegen war, versuchte Hagemann, ihn wenig später loszuwerden, indem er ihm eine schlechte Beurteilung ausstellte und damit Himmler ersuchte, ihn andernorts einzusetzen. Im Frühjahr 1943 wurde Rheindorf daraufhin nach Lublin abgeordnet, wo er zunächst als stellvertretender Kommandeur und Ia-Offizier im Polizeiregiment 25 tätig war.[2821]

Von September 1943 bis Juli 1944 fungierte Rheindorf dann als KdO in Lublin, dem eine Reihe von Einheiten unterstand, die daran beteiligt waren, Juden innerhalb seines Zustän-

2814 Vgl. BayFHVR Pol FFB, Ordner 15c – Kurt Brändel, Auszugsweise Abschrift: I. A. Hitzegrad (RFSSuChdDtPol), 13.10.1938 sowie I. A. von Bomhard (RFSSuChdDtPol) an u. a. Polizeischule FFB, 05.11.1938.

2815 Vgl. BayFHVR Pol FFB, Ordner 15c – Kurt Brändel, Personalkarte zu Beförderungen und Versetzungen sowie Diez (Polizeischule FFB): Beurteilung über den Oberleutnant der Schutzpolizei Kurt Brändel in Fürstenfeldbruck, 30.08.1941. Siehe zu Kurt Brändel auch Kapitel 5.3.

2816 Vgl. Klemp, Polizeibataillone, S. 279–281.

2817 Vgl. LAW – STAM, PP, 153, Personalbogen Conrad Rheindorf. In den Quellen findet sich die Schreibweise „Conrad" oder „Konrad", wobei letztere häufiger vorkommt, weshalb sie auch im Folgenden gewählt wurde.

2818 Vgl. Stefan Klemp, „Aktion Erntefest": Mit Musik in den Tod. Rekonstruktion eines Massenmords, Villa ten Hompel Aktuell 19, Münster 2013, S. 20.

2819 Vgl. BayHStA München, Polizeischule FFB 15, Hagemann (Polizeischule FFB): Kommando-Befehl Nr. 8, 18.03.1942.

2820 Vgl. BayHStA München, Polizeischule FFB 12, I. V. Lange (Polizeischule FFB): Kommandobefehl für die Durchführung des mit RdErl.vom 10.12.41 (RMBliV. S.2232 i) angeordneten 12. Reserve-Offizieranwärter-Lehrganges für Wachtm. (SB) der Schutzpolizei und Gendarmerie, 06.01.1942, S. 2.

2821 Vgl. Klemp, Aktion, S. 21.

digkeitsbereichs in Vernichtungslager zu deportieren oder direkt zu ermorden. In dieser Position war er gleichzeitig Kommandeur des SS-Polizeiregiments 25, das im Juli 1942 aus dem Stab des Polizeiregiments Lublin sowie den Reserve-Polizeibataillonen 65, 67 und 101 hervorgegangen und seither für zahlreiche Massenverbrechen verantwortlich war. Nachdem Rheindorf sein neues Amt übernommen hatte, führte diese Truppe ihr mörderisches Treiben fort, indem sie eine große Anzahl von Juden und angeblichen Partisanen umbrachte.[2822] Am 26. Juli 1944 geriet er bei Lublin in russische Kriegsgefangenschaft, aus der er erst am 16. Oktober 1955 freikam.[2823] Anschließend kehrte er zu seiner Frau nach Fürstenfeldbruck zurück.[2824] Wenig später wollte er wieder an seiner alten Arbeitsstätte tätig werden. Aber die Bayerische Polizeischule teilte ihm mit, dass sie über keine freie Planstelle verfüge. Damit war Rheindorfs Karriere bei der deutschen Ordnungsmacht offenbar beendet.[2825]

In den sechziger und siebziger Jahren interessierte sich für den ehemaligen Oberstleutnant allerdings die Justiz, die gegen ihn wegen seiner möglichen Rolle unter anderem bei der „Aktion Erntefest“ vom 3. und 4. November 1943 ermittelte. An diesen beiden Tagen erschossen vor allem SS- und Polizeieinheiten im KZ Majdanek sowie in den beiden Zwangsarbeitslagern Trawniki und Poniatowa mehr als 42.000 Menschen, womit der als „Aktion Reinhardt“ bezeichnete Massenmord an den Juden im Generalgouvernement beendet war.[2826] Als Rheindorf dazu vernommen wurde, stritt er jede Verantwortung ab und behauptete, von den Taten seiner Polizeiverbände nichts gewusst zu haben. „Von der Teilnahme an Exekutionen ist mir nichts bekannt“, wie er aussagte und zugleich bekräftigte, dass er sie „in Krakau schon abgelehnt“ habe.[2827] Als KdO von Lublin habe seine „Hauptaufgabe in der Durchführung von Partisanen- und Bandeneinsätzen“ gelegen, wobei unter solchen „damals nicht etwa die Durchführung von Judenerschießungen zu verstehen“ gewesen sei. „Daß jemals Juden von Angehörigen der mir unterstellten Einheiten getötet worden seien, ist mir nicht bekannt geworden“.[2828] Seiner Aussage nach habe er sich während der „Aktion Erntefest“ auf einer Dienstreise befunden und erst nach deren Ende davon erfahren. Weil die Staatsanwaltschaft Frankfurt ihm das Gegenteil nicht nachweisen konnte, stellte sie im April 1970 das Ermittlungsverfahren gegen ihn ein.[2829]

Noch höher in der Hierarchie stand Emil Höring. Er wurde am 1. Dezember 1890 in Westheim in der Pfalz geboren und besuchte seit 1897 die Volksschule und dann das Gymnasium

---

2822 Vgl. Curilla, Judenmord, S. 687–690 und 698–704.

2823 Vgl. WASt, Karteikarte – Conrad Rheindorf. Ferner: Joseph Poprzeczny, Odilo Globocnik. Hitler's Man in the East, Jefferson/London 2004, S. 139.

2824 Vgl. dazu BayFHVR Pol FFB, Ordner 12w – Konrad Rheindorf, Besoldungsbogen.

2825 Vgl. BayHStA München, Polizeischule FFB 245, Entwurf: Dr. Hacker (Bayerische Polizeischule) an StMdI: Wiederverwendung des Oberstleutnants der Schutzpolizei Konrad Rheindorf, geb. am 11.6.1896 von der ehemaligen Offizierschule der Ordnungspolizei in Fürstenfeldbruck, 06.12.1955, S. 3. Im „Braunbuch“ findet sich der Hinweis, Rheindorf habe nach Kriegsende als „Stellvertretender Leiter der Landespolizeidirektion Schwaben“ fungiert. Podewin, Braunbuch, S. 98. Es ist jedoch äußerst fraglich, ob er nach seiner Rückkehr aufgrund seines Alters überhaupt wieder in den Polizeidienst gelangte.

2826 Vgl. Jochen Böhler, Totentanz. Die Ermittlungen zur „Aktion Erntefest“, in: Klaus-Michael Mallmann/ Andrej Angrick (Hrsg.), Die Gestapo nach 1945. Karrieren, Konflikte, Konstruktionen, Veröffentlichungen der Forschungsstelle Ludwigsburg der Universität Stuttgart, Bd. 14, Darmstadt 2009, S. 235–254, hier: S. 235–238.

2827 BAL, B 162/6242 (II 208 AR-Z 33/63), Boixen (Hessisches LKA): Vernehmung, 29.03.1962, Bl. 321.

2828 BAL, B 162/6246 (II 208 AR-Z 33/63), Dr. Schoreit (Staatsanwaltschaft Frankfurt am Main): Vernehmung von Konrad Rheindorf, 23.02.1970, Bl. 1152.

2829 Vgl. BAL, B 162/6246 (II 208 AR-Z 33/63), Dr. Rahn (Leiter der Staatsanwaltschaft Frankfurt am Main): Einstellungsverfügung, 19.04.1970, Bl. 1141–1150. Ferner: Böhler, Totentanz, S. 240.

Abbildung 41: Generalleutnant der Polizei und SS-Gruppenführer Emil Höring (BayFHVR Pol)

in Eichstätt.[2830] Nach seinem Abitur trat er 1909 in die königlich-bayerische Armee ein und nahm von Anfang August 1914 bis Mitte November 1918 als Frontkämpfer am Ersten Weltkrieg teil, verließ aber erst am 30. September 1920 das Militär, um daraufhin in die Bayerische Landespolizei in Würzburg einzutreten. Der Sohn eines Studienprofessors studierte zwischen 1921 und 1924 sechs Semester Rechtswissenschaften, ohne jedoch seinen Abschluss zu machen. Allerdings erwiesen sich seine juristischen Kenntnisse im Polizeidienst durchaus nützlich. Denn der Ordnungshüter wurde im September 1932 zur Polizeischule Fürstenfeldbruck versetzt. Dort war er bis Oktober 1935 als Lehrabteilungsführer tätig und trat in dieser Zeit zur Gendarmerie über. Danach war er bis Dezember 1938 Kommandeur der Gendarmerie des Regierungsbezirkes Mainfranken in Würzburg und nahm während dieser Zeit vom 11. März bis 25. April 1938 als Führer der Polizeigruppe Salzburg am Einsatz in Österreich teil. Nicht ganz ein Jahr lang führte Höring sodann die Dienstgeschäfte zunächst des BdO und dann des IdO im Reichsgau Sudetenland in Reichenberg. Während er Anfang Mai 1937 der NSDAP beigetreten war, nahm ihn die SS auf eigenen Antrag am 20. April 1939 auf. Noch vor Kriegsbeginn hatte ihn Himmlers System damit nicht nur mit einflussreichen Ämtern betraut, sondern auch komplett in den NS-Polizeiapparat integriert. Das wirkte sich auf seine Karriere äußerst vorteilhaft aus. Denn ab 1. Oktober 1939 bekleidete er den Posten des BdO im Generalgouvernement mit Sitz in Krakau, den er jedoch nach knapp einem Monat wieder aufgeben musste.[2831]

Stattdessen fungierte Höring am gleichen Ort für kurze Zeit als KdO und leitete außerdem vom 25. Oktober bis 15. Dezember 1939 das Polizeiregiment Krakau. Anschließend versah er rund zwei Jahre lang Dienst als IdO im sächsischen Innenministerium in Dresden, wurde aber auch ab 16. August 1941 für knapp einen Monat in der SS-Polizei-Division zum Divisionskommandeur geschult. Ab 16. Januar 1942 trat er seinen Dienst als BdO beim HSSPF Nord in Oslo an. Anfang Juni 1943 avancierte er zum Generalinspekteur der Gendarmerie und Schutzpolizei der Gemeinden, womit ihm auch die Aufsicht über sämtliche Gendarmerieschulen oblag. Höring kehrte am 23. März 1944 zurück nach Krakau, um dort bis zum 19. Januar 1945 erneut als BdO für das Generalgouvernement tätig zu sein.[2832] Während seiner Amtszeit kam es zum Warschauer Aufstand, bei dem sich der polnische Widerstand zwischen August und Anfang Oktober 1944 gegen die deutschen Besatzer zur Wehr setzte. Besonders SS- und Polizeieinheiten schlugen ihn äußerst brutal nieder, was etwa 170.000

2830 Zu den folgenden Ausführungen über Emil Höring sofern nicht anders angegeben vgl. BayHStA München, MInn 99950 – Emil Höring; BAB, SSO – Emil Höring; RRL, 1. Teil: Generale und Oberste, 1944, S. 8; Schulz/Wegmann/Zinke, Generale, Bd. 2, Bissendorf 2005, S. 304–307. Geringfügig abweichende Angaben zum 2. Band finden sich im 3. Band von Schulz und Zinke: Schulz/Zinke, Generale, Bd. 3, Bissendorf 2008, S. 639–644.

2831 Zu Hörings Amtszeiten als BdO im Generalgouvernement vgl. BAL, B 162/5820 (206 AR-Z 6/62), Zeug (Staatsanwalt): Vermerk, 07.03.1962, Bl. 13 f.; Curilla, Judenmord, S. 53.

2832 Vgl. Schulz/Wegmann/Zinke, Generale, Bd. 2, Bissendorf 2005, S. 306.

Einwohnern der Stadt das Leben kostete.[2833] In einer Vernehmung vom 7. Juli 1972 gab Höring zu, dass er sich in der Zeit des Aufstands in Warschau befunden hatte. Er wies aber jegliche Verantwortung von sich und betonte, dass er von Vernichtungsbefehlen keine Kenntnis erlangt habe. Stattdessen gab er zu Protokoll, dass HSSPF Erich von dem Bach-Zelewski die alleinige Befehlsgewalt über die eingesetzten Einheiten innegehabt habe. Die Ermittler konnten Höring auch nichts Gegenteiliges nachweisen.[2834] Seine Karriere in Himmlers Machtappart beendete er als Generalinspekteur der Schulen. Zugleich leitete er noch den Arbeitsstab Nord des Hauptamts Ordnungspolizei, der sich kurz vor Kriegsende nach Flensburg begeben hatte. Nach der deutschen Kapitulation lebte der ehemalige Generalleutnant der Polizei und SS-Gruppenführer in Würzburg, wo er am 2. Juni 1973 verstarb.[2835]

Ein weiterer bedeutender Vertreter des Brucker Lehrkörpers war der am 31. Januar 1896 in München geborene Hans Hösl.[2836] Nach seinem Schulbesuch wurde er seit 2. Januar 1914 in der Polizeidirektion der bayerischen Landeshauptstadt eingearbeitet, bevor er ab 20. Oktober 1915 am Ersten Weltkrieg teilnahm. Anschließend übernahm er ab 1. März 1919 in der Münchner Ordnungsmacht zahlreiche Aufgaben und war dort zunächst als Hilfsarbeiter tätig, um dann im Kriminal- und schließlich im Polizeidienst aufzusteigen. Am 1. August 1937 wurde er zum Major befördert und Anfang 1938 zur Brucker Polizeischule versetzt. Seither unterrichtete er dort z. B. Strafrecht und Unterrichtslehre oder leitete vom 4. November 1938 bis 30. März 1939 den 10. OAL.[2837] Daneben fungierte er als Stellvertreter von Kommandeur Hagemann.[2838]

Während er in Fürstenfeldbruck seine Heimatdienststelle besaß, kommandierte Hösl zunächst das Polizeiausbildungsbataillon München. Nachdem es in Polizeibataillon 302 umbenannt worden war, führte er es vom 7. Oktober 1940 bis zum 18. Januar 1941 in Norwegen. Danach kam er nach Deutschland zurück und unterrichtete an den Polizeischulen Berlin-Köpenick und Fürstenfeldbruck, bis er Anfang 1942 zur Polizeiverwaltung München versetzt wurde. Vom 10. April bis 2. Juli 1942 kommandierte er zunächst das Polizeibataillon 317 und anschließend sein altes Polizeibataillon 302, das er bis zum 28. Juli 1943 leitete.[2839] Zusammen mit den Bataillonen 312 und 325 formierte sich dieses am 23. Mai 1942 jedoch zum Polizei-Gebirgsjäger-Regiment 18, als dessen Kommandeur Oberst Hermann Franz fungierte. Von seinem Heimatstandort Innsbruck rückte es nach Slowenien aus, um im Sommer 1942 verschiedene Einsätze gegen „Banden“ durchzuführen, bei denen Angehörige der Einheit in der Oberkrain mehrere Dörfer niederbrannten und hunderte Zivilisten erschossen. Von Dezember 1942 bis Mitte 1943 befand sich das Regiment dann in Finnland, wo es zu Frontkämpfen eingesetzt war. Dabei ermordete es aber auch etwa 110 Menschen, um den Tod von fünf ei-

2833 Vgl. dazu Pohl, Verfolgung, S. 121.

2834 Vgl. BAL, B 162/19311 (II 201 AR 178/71), Landgericht Hamburg: In der Voruntersuchungssache gegen Dr. Hahn, 07.07.1972, Bl. 978 f.

2835 Vgl. Schulz/Wegmann/Zinke, Generale, Bd. 2, Bissendorf 2005, S. 304 und 306.

2836 Zu den folgenden Ausführungen über Hans Hösl sofern nicht anders angegeben vgl. BayFHVR Pol FFB, Ordner 8d – Hans Hösl; WASt, Akte – Hans Hösl; WASt, Karteikarte – Hans Hösl.

2837 Vgl. BayFHVR Pol FFB, Ordner 8d – Hans Hösl, Unterordner A, Melde- und Personalbogen, 02.02.1959. Ferner zu seiner Lehrtätigkeit in Fürstenfeldbruck: BayHStA München, Polizeischule FFB 14, I. V. Diez (Polizeischule FFB): Kommandobefehl für die Durchführung des II. Teils des mit RdErl. vom 6.2.1941 RMBLiV.S.248c angeordneten 21. Offizieranwärter-lehrganges, 10.04.1941; BAB, R 20/69, Schade (Polizeischule FFB): Lehrplan, 05.11.1938, S. 1.

2838 Vgl. BayHStA München, Polizeischule FFB 14, Hagemann (Polizeischule FFB): Kommandobefehl Nr. 23, 30.05.1941.

2839 Vgl. BayFHVR Pol FFB, Ordner 8d – Hans Hösl, Unterordner A, Melde- und Personalbogen, 02.02.1959.

genen Männern zu rächen. Anschließend zog die Einheit weiter nach Griechenland, wo sie sich vom 2. August 1943 bis Ende Oktober 1944 aufhielt, bis sie sich zurückziehen und dabei erhebliche Verluste erleiden musste. Während sie in Griechenland stationiert war, beteiligten sich viele ihrer Angehörigen an zahlreichen Massenverbrechen. Das SS-Polizei-Gebirgsjäger-Regiment 18 führte einen brutalen Feldzug gegen echte und vermeintliche Partisanen. Es exekutierte dabei zahlreiche Zivilisten und „Geiseln", nahm mehrfach Razzien sowie Plünderungen vor und vernichtete einige Dörfer, indem es sie in Brand setzte. Einzelne Einheiten beteiligten sich auch am Holocaust, indem sie zu Ostern 1944 dabei mithalfen, insgesamt 1.700 Athener Juden zu verhaften und ins Polizei-Durchgangslager Chaidari zu pferchen, von wo aus sie Anfang April nach Auschwitz kamen. Einige Polizei-Gebirgsjäger eskortierten auch den Deportationszug ins polnische Vernichtungslager.[2840]

Weil Hermann Franz aber bereits im August 1943 aus gesundheitlichen Gründen sein Amt als Kommandeur nicht mehr wahrnehmen konnte, löste ihn Hans Hösl darin ab.[2841] Seit dem 20. September 1943 leitete er also das SS-Polizei-Gebirgsjäger-Regiment 18, bis er am 7. Oktober 1944 schwer verwundet wurde und sich dann bis zum 10. April 1945 im Lazarett befand.[2842] Alle in Griechenland begangenen Verbrechen seiner Einheit ereigneten sich daher, während er die Kommandogewalt innehatte. Nach dem Krieg meinte Hösl, dass sie eine „bestdisziplinierte Truppe war und sich im Gegensatz zu ihrem Gegner, dem bolschewistischen Bandentum, an das Kriegsrecht gehalten hat".[2843] Am 26. September 1947 stufte ihn die Brucker Spruchkammer lediglich als Mitläufer ein.[2844] Anschließend kam er wieder in den Polizeidienst und war zunächst vom 1. Juli 1948 bis zum 1. April 1953 Chef im Ausbildungswesen der Bayerischen Grenzpolizei. Danach leitete er den Ausbildungsbetrieb an der Bayerischen Polizeischule, bis er am 31. Juli 1959 in den Ruhestand ging.[2845]

Erst jetzt geriet er ins Visier der Staatsanwaltschaft München, die aufgrund der in Griechenland begangenen Verbrechen des SS-Polizei-Gebirgsjäger-Regiments 18 gegen ihn ermittelte. Griechische Strafverfolger hatten Hösl bereits am 30. August 1952 bezichtigt, dafür verantwortlich zu sein, dass zwischen Februar und Mai 1944 insgesamt 129 „Geiseln" aus dem Gefängnis von Lewadia exekutiert worden waren. Außerdem beschuldigten sie ihn, seine Einheit veranlasst zu haben, das Dorf Vrastamites am 10. August 1944 zu plündern und zu

2840 Vgl. Ralph Klein, Das SS-Polizei-Gebirgsjäger-Regiment 18, in: Schulte, Polizei, S. 201–218, hier: S. 202–217; Ders., Das Polizei-Gebirgsjäger-Regiment 18. Massaker, Deportation, Traditionspflege, in: ZfG 55/1 (2007), S. 41–64, hier: S. 43–61. Ferner: Klemp, Polizeibataillone, S. 368–372. Mit Vorsicht ist dagegen das verklärende Werk des ehemaligen Regimentskommandeurs zu genießen, wobei es einzelne Daten und Hintergründe zum „auswärtigen Einsatz" dieser Einheit liefert: Hermann Franz, Gebirgsjäger der Polizei. Polizei-Gebirgsjäger-Regiment 18 und Polizei-Gebirgs-Artillerieabteilung 1942 bis 1945, Bad Nauheim 1963.

2841 Vgl. Klein, SS-Polizei-Gebirgsjäger-Regiment 18, S. 212.

2842 Vgl. BayFHVR Pol FFB, Ordner 8d – Hans Hösl, Unterordner A, Melde- und Personalbogen, 02.02.1959.

2843 BayFHVR Pol FFB, Ordner 8d – Hans Hösl, Unterordner B, Hösl an die Direktion der Bayerischen Landesgrenzpolizei: Auswärtiger Kriegseinsatz, 27.08.1948.

2844 Vgl. BayFHVR Pol FFB, Ordner 8d – Hans Hösl, Unterordner B, Abschrift: Baumgärtner (Spruchkammer FFB): Spruch, 26.09.1947. Zum Spruchkammerverfahren vgl. auch StAM, Spruchkammern Karton 2752 – Hans Hösl.

2845 Vgl. BayFHVR Pol FFB, Ordner 8d – Hans Hösl, Beihilfen und Sonstiges, Abschrift: I. A. Brunner (StMdI) an Polizeischule FFB: Polizeirat Hans Hösl, 11.05.1959; Marcus Schreiner-Bozic, Dienst zwischen Bewachungsaufgaben, Partisanenbekämpfung und Massenmord: Münchner Ordnungspolizei im auswärtigen Einsatz, in: Schröder, Polizei, S. 129–137, hier: S. 136; Joachim Schröder, Prozesse, personelle Kontinuitäten und der Umgang mit der NS-Vergangenheit, in: Ders., Polizei, S. 187–195, hier: S. 190.

zerstören, wobei mindestens zwei Griechen ums Leben gekommen seien.[2846] Als er im Frühjahr 1960 zweimal dazu vernommen wurde, stritt Hösl vehement ab, etwas mit der Geiselerschießung zu tun zu haben und machte stattdessen die Geheime Feldpolizei dafür verantwortlich, der die Haftanstalt angeblich unterstanden habe.[2847] Ferner gab er zwar zu, für die Zerstörung von Vrastamites verantwortlich zu sein und sie auch selbst befohlen zu haben, wobei er von getöteten Griechen nichts wissen wollte. Er begründete die Aktion damit, dass Partisanen zuvor angeblich eine Kompanie des Regiments angegriffen hätten. Um den militärstrategisch wichtigen Ort beim Abzug der Truppe nicht den „Freischärlern" in die Hände fallen zu lassen, habe Hösl angeordnet, ihn durch seine Einheit niederbrennen zu lassen, wobei die Bevölkerung und das Vieh zuvor evakuiert worden seien.[2848] Er ließ es sich aber auch nicht nehmen, extra darauf hinzuweisen, „dass die als Widerstandsgruppen bezeichneten Organisationen nach unseren Informationen wohl organisierte und wohl bewaffnete kommunistische Banden" gewesen seien.[2849] Die Vernichtung des Ortes stellte er also als „eine reine taktische Maßnahme zur Partisanenbekämpfung und zur Sicherung der eigenen Truppe" dar.[2850] Weil die Münchner Strafermittler ihm nicht das Gegenteil beweisen konnten, folgten sie seiner Version der Geschehnisse und stellten das Verfahren bereits am 4. Juli 1960 wieder ein.[2851] Im Ruhestand verfasste der Oberpolizeirat a. D. verschiedene Werke in bayerischer Mundart, zu denen etwa „Die Kindstauf" oder „D'Stangerltrambahn" gehören. Dabei habe er dem Apostroph als einer „unausrottbaren Plage" den Kampf angesagt, wie ihn ein Zeitungsartikel würdigt.[2852] Die Literatengruppe der Münchner „Turmschreiber" nahm ihn im Jahre 1975 in ihre Reihen auf und verlieh ihm 1981 ihren „Poetentaler". Hans Hösl starb am 18. Oktober 1987 in Fürstenfeldbruck im Alter von 91 Jahren.

Derlei Biographien finden sich zur Brucker Polizeischule zuhauf, waren doch einige von ihren Angehörigen im „auswärtigen Einsatz", wo sie oftmals große Polizeiverbände befehligten. Als Himmler am 9. Juli 1942 aus jeweils drei Polizeibataillonen große Polizeiregimenter schuf, unterstellte er gleich zwei davon ehemaligen Lehrern aus Fürstenfeldbruck. Oberstleutnant Albert Buchmann kommandierte das Polizeiregiment 14, das sich ursprünglich aus den Polizeibataillonen 51, 63 und 122 zusammensetzte und in Mannheim seinen Heimatstandort besaß.[2853] In der zweiten Jahreshälfte 1942 befand sich diese Einheit im Einflussbereich des HSSPF Russland-Mitte, Erich von dem Bach-Zelewski. Unter Buchmanns Kommando führte sie in der Region um Mogilew einige Operationen zur „Bandenbekämpfung"

2846 Vgl. StAM, Staatsanwaltschaften 21450, [unleserlich] (Leiter des königlich-griechischen Kriegsverbrechensbüros) an Oberstaatsanwalt beim Landgericht Bonn: Antrag, 30.08.1952; StAM, Staatsanwaltschaften 21450, Dr. Stanglmair (Staatsanwaltschaft beim Landgericht München): Aktenzeichen: 3a Js 8/60, 04.07.1960, S. 1. Ferner zu den Verbrechen des SS-Polizei-Gebirgsjäger-Regiments 18 in Lewadia und Vrastamites: Klemp, Polizeibataillone, S. 372.

2847 Vgl. StAM, Staatsanwaltschaften 21450, Beckerbauer (Staatsanwaltschaft beim Landgericht München): Niederschrift: Über die Vernehmung des Beschuldigten Hans Hösl, Polizeirat a. D., 18.03.1960, S. 1.

2848 Vgl. StAM, Staatsanwaltschaften 21450, [unleserlich] (Amtsgericht FFB): Beschuldigten-Vernehmung in der Untersuchung gegen Hösl Hans wegen Kriegsverbrechen, 08.02.1960, S. 1 f.

2849 Ebd., S. 2.

2850 StAM, Staatsanwaltschaften 21450, Beckerbauer (Staatsanwaltschaft beim Landgericht München): Niederschrift: Über die Vernehmung des Beschuldigten Hans Hösl, Polizeirat a. D., 18.03.1960, S. 1.

2851 Vgl. StAM, Staatsanwaltschaften 21450, Dr. Stanglmair (Staatsanwaltschaft beim Landgericht München): Aktenzeichen: 3a Js 8/60, 04.07.1960.

2852 BayFHVR Pol FFB, Ordner 8d – Hans Hösl, Fürstenfeldbrucker Neueste Nachrichten, 22.10.1987, S. 1.

2853 Vgl. BAB, R 19/103, Schnellbrief: I. V. Daluege (RFSSuChdDtPol) an u. a. alle HSSPF: Zusammenfassung der Pol.bzw.Res.Pol.Batl. zu Pol.-Regimentern und Bestimmung neuer Heimatstandorte – Anlage, 09.07.1942, S. 7.

durch.[2854] Bereits im Juni 1942 waren zu diesem Zweck beispielsweise die Bataillone 51 und 122 zusammen mit der Sicherungsdivision 203 nördlich von Bobruisk eingesetzt, wobei sie etwa 300 unbewaffnete Zivilisten massakrierten, die kurzerhand zu „Partisanen" erklärt wurden.[2855] Am 17. Dezember 1942 überrannte die Rote Armee östlich von Iwanowka den Gefechtsstand des Regiments, wobei Buchmann gefangengenommen oder gar getötet wurde.[2856] Posthum ernannte ihn Hitler zum SS-Standartenführer und Oberst der Schutzpolizei.[2857] Doch nicht nur er hatte einst zur Brucker Schulgemeinschaft gehört, sondern auch einige ehemalige Schüler, die irgendwann ebenfalls im Polizeiregiment 14 dienten, das sich bis April 1943 wieder formieren konnte.[2858] Zu ihnen zählten etwa der Hauptmann Johannes Schöne vom 7. OAL,[2859] der damalige Oberleutnant Heinrich Müller aus dem 21. OAL,[2860] der am 27. Juni 1915 in Wien geborene Oberleutnant Vinzenz Sedlak vom 12. OAL[2861] sowie die zwei Leutnante Hans Lenke[2862] und Bernhard Rehorst, die zusammen vom 6. Januar bis 1. August 1942 den 27. OAL besucht hatten.[2863] Zum Regiment war auch der Zahnarzt Dr. Friedrich Mucha abkommandiert, der ebenso zu den Brucker Alumni gehörte. Er hatte vom 14. April bis 18. Juli 1942 den 15. Reserve-OAL besucht, der auch gezielt Zahnärzte ausgebildet hatte.[2864]

Oberstleutnant Georg Attenberger befehligte dagegen das Polizeiregiment 21, das in Brünn seinen Heimatstandort hatte.[2865] Über diese Einheit ist allerdings nur sehr wenig bekannt. Beispielsweise soll das III. Bataillon mehrfach Deportationszüge von Theresienstadt nach Auschwitz eskortiert haben, ohne dass jedoch klar ist, ob der Regimentskommandeur darin involviert war.[2866] Mehr Informationen liegen indes über Attenberger selbst vor, der am 23. Oktober 1897 in Regensburg zur Welt kam.[2867] Nachdem er im Ersten Weltkrieg gedient hatte,

2854 Vgl. Klemp, Polizeibataillone, S. 322.

2855 Vgl. Musial, Partisanen, S. 98.

2856 Vgl. Klemp, Polizeibataillone, S. 322.

2857 Vgl. BAB, R 19/284, Chronik der Polizeioffiziersschule Berlin-Köpenick, [1936–1943], Bl. 45; RRL, 1. Teil: Generale und Oberste, 1944, S. 65.

2858 Vgl. Klemp, Polizeibataillone, S. 322–324.

2859 Vgl. BAB, R 20/30, Namentliches Verzeichnis der Angehörigen des ehem. III./Pol. Regiment 14 (frühere Res.Pol.Batln. 313), o. D.

2860 Vgl. BAB, R 20/30, Namentliches Verzeichnis der Angehörigen der ehem. 15./ Nachrichten Komp. Pol.-Regt. 14 (früher Pol. Nachr. Komp. 72), o. D.

2861 Vgl. BAB, R 20/30, Namentliches Verzeichnis der Angehörigen des ehem. I./Pol. Regiment 14 (frühere Res.-Pol.-Batln. 51), o. D.

2862 Vgl. BAB, R 20/30, Namentliches Verzeichnis der Angehörigen der ehem. Panzerjägerkompanie Polizei-Regiment 14, o. D.

2863 Vgl. BAB, R 20/30, Namentliches Verzeichnis der Angehörigen der ehem. schweren Granatwerferkompanie Polizei-Regiment 14, o. D.

2864 Vgl. BAB, R 20/178, I. A. [unleserlich] (Polizeiregiment 14) an RFSSuChdDtPol: Obltn.d.Sch.d.Res. Dr. Friedrich Mucha, 29.03.1943. Zum 15. Reserve-OAL ferner u. a.: BayHStA München, Polizeischule FFB 145, Schnellbrief: I. A. Lenger (RFSSuChdDtPol) an u. a. Polizeischule FFB: Abordnung von Zahnärzten, 04.06.1942, S. 1.

2865 Vgl. BAB, R 19/103, Schnellbrief: I. V. Daluege (RFSSuChdDtPol) an u. a. alle HSSPF: Zusammenfassung der Pol.bzw.Res.Pol.Batl. zu Pol.-Regimentern und Bestimmung neuer Heimatstandorte – Anlage, 09.07.1942, S. 8.

2866 Vgl. Curilla, Judenmord, S. 210. Ferner: Klemp, Polizeibataillone, S. 528.

2867 Zu den folgenden Ausführungen über Georg Attenberger sofern nicht anders angegeben vgl. BayHStA München, MInn 98163 – Georg Attenberger; BayFHVR Pol FFB, Ordner 15c – Georg Attenberger; BAB, SSO und RS – Georg Attenberger; NARA, IRR – RG 319, A1 134-B, 28 – Georg Attenberger. Ferner: Klemp, Ordnungspolizei, S. 49; Ders., Daluege, S. 69.

Abbildung 42: Oberstleutnant Georg Attenberger (BayFHVR Pol)

gelangte er im September 1920 als Leutnant in den bayerischen Polizeidienst und wechselte im Jahre 1925 zur Gendarmerie. Vom 1. September 1933 bis 25. August 1936 war er an der Polizeischule Fürstenfeldbruck als Adjutant und Fachlehrer tätig, bis er zum Chef der Ordnungspolizei abgeordnet wurde.[2868] Dort sollte er sich jedoch nicht lange halten können. Daluege entließ ihn im Frühjahr 1937 sogar aus dem Dienst, weil Attenberger nicht in die Partei eintreten wollte und auch schon im Jahre 1932 gegen die Nationalsozialisten bei ihrem Parteitag in Cham vorgegangen war. Nicht einmal ein Jahr später wurde er aber wieder in die Gendarmerie eingestellt und gleichzeitig zum Major ernannt, um daraufhin zunächst in Österreich und schließlich in Tschechien eingesetzt zu werden. Ende 1938 trat er der SS und während des Krieges dann doch der NSDAP bei, denen er bis 1945 angehörte. Nachdem er in den Jahren 1941 und 1942 als Stabschef beim BdO in Oslo gedient hatte, führte er das Polizeiregiment 21 bis Kriegsende und war gleichzeitig KdO und Inspekteur der uniformierten Protektoratspolizei in Mähren. In der unmittelbaren Nachkriegszeit befand sich Attenberger von Mai 1945 bis April 1947 in amerikanischer Internierungshaft und arbeitete hernach zunächst als Versicherungsvertreter. Im Mai 1948 entlastete ihn die Regensburger Spruchkammer. Nachdem das bayerische Innenministerium ihm gegenüber trotzdem anfänglich erst Vorbehalte hatte, weil er Mitglied in der Partei, der SS und im Lebensborn gewesen war, gelangte er in den frühen fünfziger Jahren jedoch recht schnell wieder in den Polizeidienst. Seine Rückkehr in die Ordnungsmacht verdankte er nicht zuletzt dem Bundestagsabgeordneten der Christlich-Sozialen Union (CSU), Dr. Max Solleder, der sich dafür mehrfach beim bayerischen Ministerpräsidenten, Dr. Hans Ehard, stark gemacht hatte. Schließlich kenne er den Oberst a. D. schon seit Jahrzehnten als verlässlichen Polizeibeamten, wie der Wahlkreisvertreter aus Regensburg an seinen Parteikollegen schrieb.[2869] Der Politiker war jedoch nicht sein einziger Fürsprecher. Auch ehemalige Angehörige der Polizeischule Fürstenfeldbruck verbürgten sich in eidesstattlichen Erklärungen für ihn.

Dazu gehörte etwa der am 3. Juni 1908 in München geborene Fritz Bach, der seit November 1941 an der Lehranstalt Straf- und Polizeirecht unterrichtet hatte. Der studierte Jurist hatte sich zuvor ab Oktober 1939 in der Feldgendarmerie im „auswärtigen Einsatz“ befunden, zu dem er im Juni 1943 erneut kam. Ab August 1943 befand sich der Major in einer Offiziersschule dieser Militärpolizei in Lodz, wo er als Inspektionschef arbeitete. Ein Jahr später kommandierte er eine ihrer Abteilungen, in der er bis Kriegsende diente. Danach versuchte er

2868 Vgl. BayHStA München, MInn 73280, I. A. Martius (StMdI) an Kommando der Gendarmerie: Versetzung von Gendarmerieoffizieren, 28.08.1933; BayHStA München, MInn 73280, I. A. Martius (StMdI) an RFSSuChdDtPol: Personalien der Gendarmerie-Offiziere, 22.12.1936.

2869 Vgl. BayHStA München, MInn 98163 – Georg Attenberger, Dr. Solleder (Deutscher Bundestag) an Dr. Ehard: Wiederverwendung des Oberst der Gendarmerie a.D. Georg Attenberger, Regensburg, 12.04.1950.

als Hilfsarbeiter erfolglos, sich und seine Familie durchzubringen, bevor er wieder in die Polizei kam.[2870]

Abbildung 43: Major Fritz Bach (Bayerisches Polizeimuseum, Fotosammlung)

Für Attenberger setzte sich auch der ehemalige Oberstleutnant der Gendarmerie Max Lagerbauer ein, der am 13. April 1904 in Vilshofen geboren wurde und während des „Dritten Reichs" hauptsächlich Polizeischüler ausgebildet hatte.[2871] Dafür befand er sich beispielsweise seit dem 16. April 1935 an der Polizeischule Fürstenfeldbruck. Bereits zuvor war der Weimarer Offizier schon an der Polizeivorschule Eichstätt und an der Münchner Offiziersschule der Landespolizei tätig gewesen. Anfang November verließ er die Brucker Lehranstalt jedoch wieder und kam zur Gendarmerieabteilung der Regierung Oberfranken und Mittelfranken. In den Jahren 1937 und 1938 wurde er jedoch mehrfach wieder zur Brucker Institution abgeordnet und war darüber hinaus an diversen anderen Polizeischulen tätig, an denen er Lehrgänge führte. Lagerbauer kommandierte während des Krieges auch die Gendarmerieschule Deggingen, von der er jedoch am 1. November 1942 zum KdO für Georgien nach Tiflis gelangte, um dort als Kommandeur der Gendarmerie zu fungieren. Ab 21. März 1943 führte er dann ein Polizeiausbildungsbataillon in Deggingen. Hauptsächlich leitete er dort in der zweiten Kriegshälfte jedoch weiterhin die Lehranstalt. Nach dem Krieg stufte ihn die Münchner Spruchkammer im März 1948 als Mitläufer ein, weil er seit 1. Mai 1933 NSDAP-Mitglied gewesen war. Wenige Monate später profitierte er jedoch von der Weihnachtsamnestie und galt nun als unbelastet.

Abbildung 44: Oberstleutnant der Gendarmerie Max Lagerbauer (Bayr. Polizeimuseum, Fotosammlung)

Sein Ehrenwort für Attenberger gab sogar ein früherer Kollege ab, der innerhalb der uniformierten Staatsgewalt eine noch wesentlich höhere Position bekleidet hatte und nach Kriegsende zu einem der renommiertesten Experten für die Ordnungspolizei avancierte. Es handelte sich um den ehemaligen Generalleutnant der Polizei, Adolf von Bomhard.[2872] Der ehemalige Kommandoamtschef in Daluegеs Zentralbehörde fungierte seit Herbst 1942 als BdO in Kiew und vertrat zeitweilig auch noch den HSSPF Russland-Süd, Hans-Adolf Prützmann, womit er auch über dessen Polizeiverbände verfügte. Diese schickte er in den „Bandenkampf", bevor

2870 Vgl. BayFHVR Pol FFB, Ordner 2i – Fritz Bach, Bach an Präsidium der Landpolizei: Versorgung, 17.01.1949.

2871 Zu den folgenden Ausführungen über Max Lagerbauer sofern nicht anders angegeben vgl. BayHStA München, MInn 101106 – Max Lagerbauer; WASt, Karteikarte – Max Lagerbauer.

2872 Vgl. BayHStA München, MInn 98163 – Georg Attenberger, Bomhard: Eidesstattliche Erklärung, 12.09.1948.

ihn Himmler Ende des Jahres 1943 zum Generalinspekteur der Schulen quasi degradierte, weil sich einige hohe Polizeifunktionäre über ihn beschwert hatten. Nach dem Untergang des „Dritten Reichs" prägte er dann wie kaum ein anderer die Legende von der „sauberen" Polizei und machte es sich zur Aufgabe, sich für ehemalige Polizisten des NS-Staats einzusetzen, die sich vor Gericht verantworten mussten. Dazu unterstützte er auch einen kleinen und regelrecht konspirativen Kreis von ehemaligen Polizeioffizieren, der Mitte der sechziger Jahre eine sogenannte „Kameradenhilfe" gegründet hatte. Dieser Zirkel setzte sich für zahlreiche „Polizeisoldaten" ein, damit sie die Prozesse möglichst straffrei überstanden, welche die bundesdeutsche Justiz gegen ihre Einheiten führte. Als gegen von Bomhard deswegen ermittelt wurde, scheiterten alle Versuche, ihn für sein zweifelhaftes Engagement zu belangen. Stattdessen war schon zuvor sein Renommee gewachsen, weil er von 1960 bis 1966 Bürgermeister in Prien am Chiemsee war, wo er sich nach Kriegsende niedergelassen hatte und im Jahre 1976 verstarb.[2873] Außer zu Attenberger hatte er vor seinem Tode auch Kontakte zu weiteren Offizieren gepflegt, die einst an der Brucker Polizeischule gewirkt hatten.

Zu ihnen gehörte der am 26. Juni 1899 in Mittenwalde geborene Kurt Jampert.[2874] Der ehemalige Oberstleutnant war bereits am 20. Oktober 1920 in die Polizei eingetreten und hatte von 1925 bis 1926 seinen Offiziersanwärterlehrgang absolviert. Vom 12. November 1940 bis 7. Juni 1943 kommandierte er als Major das Reserve-Polizeibataillon 74, das seinen Heimatstandort in Augsburg hatte und ab Juli 1942 als II. Bataillon im Polizeiregiment 17 eingegliedert war. Diese Einheit befand sich seit März 1941 in Krakau, wo sie bis August 1942 blieb, um anschließend an der nordrussischen Front zu kämpfen. Während ihres Aufenthalts in der polnischen Stadt waren Angehörige des Reserve-Polizeibataillons 74 daran beteiligt, in der Zeit vom 1. bis 8. Juni 1942 zusammen mit anderen Kräften von Schutzpolizei und SS insgesamt etwa 7.000 Juden aus dem hiesigen Ghetto ins Vernichtungslager Belzec zu deportieren. Es handelte sich dabei vor allem um Menschen, welche die deutschen Besatzer als untauglich befanden, in kriegswichtigen Firmen zu arbeiten. Jamperts Männern kamen dabei unter anderem die Aufgaben zu, das Einsatzgebiet inner- und außerhalb des Ghettos abzusperren, die Opfer zum Bahnhof und letztlich auch in die Mordstätte zu bringen. Einzelne von ihnen sollen Juden gleich an Ort und Stelle erschossen haben.[2875]

Noch vor dieser Tat trug Jampert gewissermaßen dazu bei, dass die Ordnungspolizei neue Offiziere erhielt, indem er einzelne seiner Männer zu Kursen an die Brucker Schule schickte, an der er zuvor selbst etwa das Fach Luftschutz unterrichtet hatte. Den 12. Reserve-OAL besuchten so z. B. Heinrich Buggele, Hermann Caesperlein, Wilhelm Göppner und Franz Schilberth, die zuvor als Oberwachtmeister der Reserve im Polizeibataillon 74 eingesetzt waren.[2876] Seit Frühjahr 1944 arbeitete ihr ehemaliger Kommandeur zunächst im Hauptamt Ordnungspolizei. Mitte des Jahres landete er in einem Lazarett, in dem er mehrere Monate lang

2873 Vgl. Hölzl, Rock, S. 22–43. Zur „Kameradenhilfe" ferner: Klemp, Polizeibataillone, S. 461–469; Ders., Freispruch, S. 117; Hölzl, Legenden, S. 100; Weinhauer, Schutzpolizei, S. 127; Ders., NS-Vergangenheit und struktureller Wandel der Schutzpolizei der 1950/60er Jahre, in: Schulte, Polizei, S. 139–158, hier: S. 143.

2874 Zu den folgenden Ausführungen über Kurt Jampert sofern nicht anders angegeben vgl. BayFHVR Pol FFB, Ordner 15c – Kurt Jampert; IfZ Archiv, Einzeldokumente (ED) 488/1 und 488/2 – Kurt Jampert; BayHStA München, MInn 101572 – Kurt Jampert; BAB, SSO und RS – Kurt Jampert; WASt, Karteikarte – Kurt Jampert; StAM, Spruchkammern Karton 2754 – Kurt Jampert.

2875 Vgl. Curilla, Judenmord, S. 342–345; Schreiner-Bozic, Dienst, S. 131–133.

2876 Vgl. z. B. BayHStA München, Polizeischule FFB 144, [unleserlich] (Kommando der Schutzpolizei Augsburg) an u. a. Polizeischule FFB: Abordnung zum 12. Res.-Offizieranwärter-Lehrgang für Wachtm. (SB.) der Schutzpolizei, 02.01.1942. Zu Jamperts Lehrtätigkeit vgl. u. a. BayHStA München, Polizeieine Verletzung auskurieren musste, die er zuvor schon im Einsatz seines Bataillons erlitten hatte. Daraufhin war Jampert seit Januar 1945 als Stabschef beim BdO in München tätig und lebte nach dem Krieg in Fürstenfeldbruck. Dort stufte ihn die Spruchkammer im Februar 1948 wegen seiner seit April 1940 bestehenden Parteimitgliedschaft als Mitläufer ein, wobei das Verfahren gleichzeitig durch die Weihnachtsamnestie eingestellt wurde. Zu diesem milden Urteil dürfte es auch gekommen sein, weil einige seiner einstigen Kollegen und Untergebenen für ihn eidesstattliche Erklärungen abgegeben hatten, die Jampert als unpolitischen und anständigen Beamten darstellten. Das beweist erneut, dass das „Brucker Netzwerk“ auch nach dem Krieg intakt blieb. Jamperts Kontakte reichten aber weiter nach oben. Denn zu seinem „Kameradenkreis“ gehörte eben auch Adolf von Bomhard, mit dem er besonders in den fünfziger Jahren einen regen Schriftverkehr unterhielt und dabei diverse Informationen über die Ordnungspolizei austauschte.[2877] Der alte Klüngel überstand den Systemwechsel anscheinend problemlos.

Ehemaligen Lehrern der oberbayerischen „Kaderschmiede“ gelang es auch deshalb, ein starkes soziales Geflecht zu unterhalten, weil einige von ihnen nach Kriegsende weiterhin in Fürstenfeldbruck lebten. Zu ihnen gehörten unter anderem die Majore Fritz Bach und Karl Lange, die Hauptleute Theodor Brecht und Heinrich Emschermann sowie der ehemalige Polizeiinspektor Johannes Schmitz.[2878] Ebenfalls in der Nähe seiner alten Wirkungsstätte blieb Hauptmann Paul Lehmann wohnen. Anfang der fünfziger Jahre zog es Fritz Bach jedoch nach Rothenburg ob der Tauber, wo sich auch Hauptmann Siegfried Ludewig niederließ. Der ehemalige Oberstabsarzt der Polizei, Dr. Florian Schenk, hielt sich dagegen in Burghausen auf, wo auch Dr. Oskar Lossen lebte.[2879]

In der Nachkriegszeit konnte der ehemalige Brucker Kommandeur sogar darauf Einfluss nehmen, wie die demokratische Ordnungsmacht und ihre Ausbildung organisiert werden sollten. Das Bundesministerium des Innern betraute Lossen damit, ab dem 18. September 1950 die Auswahllehrgänge für die neu entstehende Bereitschaftspolizei an der Landpolizeischule Traunstein zu leiten.[2880] An der oberbayerischen Lehranstalt tagte er außerdem vom 8. bis 30. Januar 1951 mit anderen altgedienten Beamten, um Dienstvorschriften auszuarbeiten, in denen bestimmt war, welche Inhalte in der künftigen Bereitschaftspolizei unterrichtet werden sollten. Bei diesem verantwortungsvollen Projekt konnte er auf alte Bekannte aus der Polizeischule Fürstenfeldbruck zurückgreifen. Unter den Teilnehmern befanden sich etwa der ehemalige Kommandeur des Polizeiregiments 21, Georg Attenberger, der frühere Offizier der Feldgendarmerie, Fritz Bach, Siegfried Ludewig, Ludwig Zeiler von der Bayerischen Grenzpolizei und der einstige Leiter der Gendarmerieschule Deggingen, Max Lagerbauer.[2881]

---

schule FFB 122, [Korsemann] (Polizeischule FFB) an RFSSuChdDtPol: Erfahrungsbericht über die Durchführung des 8. Offz.-Anwärter-Lehrg., 08.05.1939, S. 2.

2877 Vgl. dazu IfZ Archiv, ED 488/2 – Kurt Jampert. Zum Spruchkammerverfahren ferner: StAM, Spruchkammern Karton 2754 – Kurt Jampert; BayHStA München, MInn 101572 – Kurt Jampert.

2878 Vgl. BayHStA München, Polizeischule FFB 244, Entwurf: I. A. Deuringer (Leiter der Landpolizeischulen): Betrueung von ehem. Angehörigen der Offiziersschule der Ordnungspolizei Fürstenfeldbruck, 14.11.1950.

2879 Vgl. BayHStA München, Polizeischule FFB 87, Entwurf: Wirth (Leiter der Landpolizeischulen) an u. a. Bach: Versorgung nach Gesetz 131, 15.06.1951.

2880 Vgl. Hauptstaatsarchiv Stuttgart (HStA Stuttgart), Innenministerium: Personalakten (EA 2/150), Bü 1071 – Oskar Lossen, Lossen an StMdI Württemberg-Baden, 04.12.1950.

2881 Vgl. BayHStA München, MInn 101106 – Max Lagerbauer, Abdruck: I. A. Brandl (StMdI) an Lossen: Ausarbeitung von Vorschriften für die Bereitschaftspolizei, 02.01.1951. Ferner: Reis, Chronik, Bd. 3,

Während Lossen ab dem 9. Mai 1951 die Bereitschaftspolizeischule in Rothenburg leitete, gehörten unter anderem Bach, Zeiler und Ludewig zu deren Lehrpersonal. Letzterer wurde am 15. September 1915 im schlesischen Brockendorf geboren. Während des Zweiten Weltkriegs hatte er als Oberleutnant seit Anfang Oktober 1940 eine Kompanie eines Polizeibataillons geführt und sich ab dem 4. Juli 1941 mit dem Polizeiregiment Nord in Nordrussland befunden. Von Mai 1942 bis Kriegsende hatte er als Lehroffizier in Fürstenfeldbruck fungiert, bis er in amerikanische Kriegsgefangenschaft geriet, aus der er erst im März 1947 entlassen wurde. Nachdem er anschließend unter anderem als Hilfsarbeiter tätig gewesen war, unterrichtete er ab Frühjahr 1951 in Rothenburg Polizeiverwendung. Ein Jahr später übernahm er die 7. Hundertschaft der Bereitschaftspolizei, die er seither leitete. Anfang Oktober 1956 wechselte Ludewig mit dem Dienstgrad eines Hauptmanns in die Bundeswehr, aus der er am 30. September 1972 als Oberstleutnant in den Ruhestand trat.[2882]

Abbildung 45: Oberleutnant Albert Rieg (Privatarchiv Sven Deppisch)

Zwar ist es schwer zu sagen, wie sehr ehemalige Brucker Oberbeamte tatsächlich die Ausbildungskonzepte der neuen Bereitschaftspolizei beeinflussen oder ihnen zumindest den Weg bereiten konnten. Unzweifelhaft ist jedoch, dass sie durch ihr Wirken in der Staatsgewalt der Nachkriegszeit dieser ihren Stempel aufdrückten. Zu ihnen gehörte ein Mann, der mit der polizeilichen Ausbildung in verschiedenen staatlichen Systemen bestens vertraut war. Albert Rieg wurde am 7. Februar 1917 in Schöngeising nahe Fürstenfeldbruck geboren und am 1. April 1935 in die Landespolizei in München eingestellt, nachdem er zunächst eine Kaufmannslehre absolviert hatte.[2883] Nur wenige Monate später trat er jedoch seinen verpflichtenden Wehrdienst an und gelangte dann Anfang 1937 an die Brucker Polizeischule, in der er einen Lehrgang für Anwärter der Schutzpolizei besuchte.[2884] Nachdem er anschließend ab 1. Juni 1937 im Einzeldienst in der Würzburger Polizei tätig gewesen war, kam er bereits Anfang 1938 zur Lehranstalt zurück und gehörte seitdem ihrem Stammpersonal an, wobei er als Ausbilder arbeitete. In dieser Funktion wirkte er im Jahre 1940 auch im Polizeiausbildungsbataillon Fürstenfeldbruck, bis er Anfang August ebenfalls als Ausbilder zum Polizei-Lehrbataillon Dresden-Hellerau abgeordnet wurde. Vom 15. Oktober 1940 bis 20. Mai 1941 nahm er erfolgreich am 18. OAL in Berlin-Köpenick teil. Damit gehörte er zu den wenigen Offizieren, die beide „Kaderschmieden" der uniformierten Ordnungsmacht besucht hatten.

Danach kam er nach Wien-Kagran und lehrte an der hiesigen Polizeischule, bis er ab 15. November 1941 als Adjutant des KdO im ukrainischen Dnjepropetrowsk tätig war und

S. 18.

2882 Vgl. Reis, Chronik, Bd. 3, S. 21 und 443 f.

2883 Zu den folgenden Ausführungen über Albert Rieg sofern nicht anders angegeben vgl. Privatarchiv Sven Deppisch (PSD), Persönliche Unterlagen – Albert Rieg; BAB, SSO – Albert Rieg.

2884 Es kam durchaus häufiger vor, dass Landespolizisten nach ihrem Wehrdienst wieder in die Schutzpolizei zurückkehrten. Vgl. Buhlan, Organisation, S. 176.

dort eine Lehranstalt für einheimische Polizisten leitete. Im Oktober 1943 musste er seinen bisherigen Standort verlassen und war seit 12. März 1944 zum KdO Krim abgeordnet. Seitdem führte er die Kompanie eines nicht genauer definierten Polizeibataillons, mit dem er zum Fronteinsatz kam und bei Sewastopol verwundet wurde. Nach seinem Lazarettaufenthalt diente er vom 10. Mai 1944 bis April 1945 erneut als Kompaniechef in verschiedenen Einheiten, zu denen vor allem das SS-Polizei-Schützenregiment 38 zählte, aus dem das SS-Polizeiregiment 8 hervorging, mit dem er in Rumänien eingesetzt war.[2885] Kurz vor Kriegsende kam er erneut in Militärkrankenhäuser nach Neubrandenburg und Ratzeburg. Danach floh er in den Westen Deutschlands, wo der Oberleutnant dann am 10. Mai 1945 im niedersächsischen Uelzen in amerikanische Kriegsgefangenschaft geriet.

Anschließend arbeitete Rieg ab 15. Januar 1946 nur wenige Wochen in der Kriminalaußenstelle in München-Pasing, bis er auf Geheiß der Militärregierung am 22. Februar wieder entlassen wurde. Am 27. Februar 1947 erfolgte sein Entnazifizierungsverfahren vor der Brucker Spruchkammer, die in ihm einen Aktivisten sah.[2886] Damit zählte sie ihn zu den Belasteten, weil er sich seit Ende seines Offiziersanwärterlehrgangs in der SS befunden und damit auch einen entsprechend hohen Rang in Himmlers Elitetruppe erhalten hatte. Das Laiengericht verurteilte ihn daher zu eineinhalb Jahren Arbeitslager, die er in Augsburg-Göggingen verbüßen sollte. Während seiner Haft ging Rieg jedoch in Berufung und erreichte schließlich, dass die Spruchkammer Starnberg am 8. September 1947 das erstinstanzliche Urteil aufhob und ihn als vom Befreiungsgesetz nicht betroffen einstufte. In den Staatsdienst konnte er aber noch lange nicht zurückkehren. Er arbeitete stattdessen zunächst als Schnitzer und später als Buchhalter.

Erst Anfang des Jahres 1950 stellte ihn die bayerische Polizei wieder als Kommissär ein und versetzte ihn im September zur Kriminalaußenstelle Fürstenfeldbruck. Von da an folgten zahlreiche weitere Stationen, in denen Rieg die Karriereleiter weit nach oben steigen konnte. So fungierte er beispielsweise seit dem 1. November 1951 als Zug- und stellvertretender Hundertschaftsführer bei der Bereitschaftspolizei in Rebdorf, in der er auch Staatsbürgerkunde unterrichtete. Die gleichen Ämter übte er auch aus, als er genau ein Jahr später nach Fürstenfeldbruck versetzt wurde, wo sich seinerzeit ebenfalls eine Hundertschaft befand. Ab 1. Oktober 1962 führte er dann in Würzburg die 13. Hundertschaft und vom 1. April 1963 bis Mitte 1964 die 6. Hundertschaft in Eichstätt.

Während er danach bereits einen neuen Posten bekleidete, erreichte die Zentrale Stelle in Ludwigsburg ein anonym verfasstes Schreiben, das auf den 22. Mai 1965 datiert ist. Der unbekannte Autor behauptet darin, Rieg sei zu Beginn des Krieges damit beauftragt gewesen, nahe Lublin untergetauchte Juden und Polen aufzuspüren und diese an die Gestapo oder den SD zu übergeben. Auch in Wien sei er in den Jahren 1944 und 1945 auf ähnliche Weise gegen Juden vorgegangen.[2887] Die Münchner Staatsanwaltschaft stellte die Ermittlungen jedoch am 21. November 1967 wieder ein, weil sich diese Vorwürfe als haltlos erwiesen hätten. Der Beschuldigte habe glaubhaft machen können, dass er sich weder am Polenfeldzug be-

2885 Vgl. dazu u. a. PSD, Persönliche Unterlagen – Albert Rieg, Rieg: Polizeilicher Werdegang des ehem. LtPD. Albert Rieg, o. D., S. 1 f. Zu dieser Einheit liegen leider kaum Informationen vor. Vgl. Klemp, Polizeibataillone, S. 533.

2886 Zum Spruchkammerverfahren vgl. auch StAM, Spruchkammern Karton 1429 – Albert Rieg.

2887 Vgl. BAL, B 162/27295 (VI AR 414/65), Beglaubigte Abschrift: Anonym an Zentrale Stelle der Landesjustizverwaltungen, 22.05.1965, Bl. 4 f.

teiligt habe, noch in den letzten beiden Kriegsjahren in Wien eingesetzt gewesen sei.[2888] Da Rieg zusammen mit anderen Angehörigen der Eichstätter Hundertschaft denunziert worden war, vermutete er, dass der unbekannte Briefschreiber selbst aus diesem Umfeld komme und sich für irgendetwas rächen wolle.[2889] Wenn das zutreffen sollte, ist es bemerkenswert, dass jemand versuchte, Polizisten oder sogar ehemaligen Kollegen zu schaden, indem er dazu gezielt die verbrecherische Rolle der Staatsgewalt im Zweiten Weltkrieg instrumentalisierte.

Im Münchner Landesamt der Bereitschaftspolizei leitete Rieg derweil von Anfang Juni 1964 bis Ende Juni 1972 das Sachgebiet „Ausbildung". Während dieser Zeit war er phasenweise aber auch zum Polizeiinstitut Münster-Hiltrup abgeordnet, wo er an der obersten Lehranstalt der deutschen Ordnungsmacht das Fach Polizeiverwendung unterrichtete. Anschließend gelangte er abermals an die Brucker Bildungsstätte und führte dort sogar rund ein halbes Jahr lang die Lehrabteilung, um danach der Bereitschaftspolizei dabei zu helfen, eine neue Abteilung aufzubauen, der er dann auch vorstand. Am 1. Oktober 1974 wurde er zur Direktion der Bereitschaftspolizei beordert, in der er erneut die Abteilung „Aus- und Fortbildung" leitete und ab 19. August 1975 sogar als Stellvertreter des Präsidenten tätig war. Den Leitenden Polizeidirektor versetzte das Innenministerium dann am 28. Februar 1977 in den Ruhestand. Bis dahin war Rieg also in den unterschiedlichsten Positionen und Epochen maßgeblich daran beteiligt, Polizeibeamte auszubilden oder dafür vom behördlichen Schreibtisch aus den Weg zu ebnen.[2890] Albert Rieg starb in Fürstenfeldbruck am 14. Dezember 2014.

Er war jedoch nicht der einzige ehemalige Brucker Lehrer, der nach dem Krieg wieder im polizeilichen Ausbildungsapparat tätig war. Auch der am 23. Februar 1898 in Freiburg geborene Oberstleutnant Karl Heizmann machte in der Bundesrepublik auf diesem Gebiet erst richtig Karriere, nachdem er im „Dritten Reich" bereits verantwortungsvolle Posten bekleidet hatte. Von der Schutzpolizeischule Jena war er am 3. Juni 1941 zur Brucker Lehranstalt gelangt und am 1. September 1941 auch dorthin versetzt worden.[2891] An der oberbayerischen „Kaderschmiede" hatte er seither die Aufgabe, das Fach Weltanschauliche Schulung zu unterrichten, bis er Ende November 1944 als Kommandeur der Schutzpolizei nach Potsdam kam.[2892] Dort habe er sich im Frühjahr 1945 heimlich für politische Gefangene eingesetzt, weshalb die Gestapo gegen ihn ermittelte, wie er in seinem Entnazifizierungsverfahren angab. Dieses stellte die Brucker Spruchkammer nicht nur deshalb gegen ihn ein, sondern auch weil er

2888 Vgl. BAL, B 162/27295 (VI AR 414/65), Weiß (Staatsanwaltschaft München): Verfügung, 21.11.1967, Bl. 103.

2889 Vgl. BAL, B 162/27295 (VI AR 414/65), Stiegler (Bayerisches LKA): Beschuldigten-Vernehmung, 01.03.1967, Bl. 39 f.

2890 Vgl. u. a. PSD, Persönliche Unterlagen – Albert Rieg, Rieg: Polizeilicher Werdegang des ehem. LtPD. Albert Rieg, o. D., S. 2–4.

2891 Vgl. BayFHVR Pol FFB, Ordner 8b – Karl Heizmann, I. A. von Bomhard (RFSSuChdDtPol) an u. a. Polizeischule FFB: Sofort!, 03.06.1941; BayFHVR Pol FFB, Ordner 8b – Karl Heizmann, Abschrift von Abschrift: I. A. von Grolman (RFSSuChdDtPol) an u. a. Polizeischule FFB, 20.08.1941. Zu weiteren Stationen des beruflichen Werdegangs von Heizmann ferner: BayHStA München, MInn 99808 – Karl Heizmann.

2892 Vgl. u. a. BayHStA München, Polizeischule FFB 16, Hagemann (Polizeischule FFB): Kommandobefehl für die Durchführung des mit RdErl.v.27.3.44 O-Kdo. I Ausb. (1) 3a Nr. 141-2/44 angeordneten 26. Res.Offizieranwärterlehrgang, 25.05.1944; BayFHVR Pol FFB, Ordner 8b – Karl Heizmann, Fernschreiben: m. d. F. b. Wünnenberg (Chef der Ordnungspolizei) an u. a. Polizeischule FFB: Besetzung der Stelle des Kdo.d.Schutzpol. Potsdam, 23.11.1944.

„auf seine Untergebenen in der Polizeischule politisch keinen Druck ausgeübt, nicht für die Partei geworben und Andersgesinnten kein Leid zugefügt" habe. Zwar sei er am 1. Mai 1933 sowohl der NSDAP als auch der SS beigetreten, zugleich sei er „innerlich aber der Naziideologie ablehnend gegenüber gestanden".[2893] Von 1957 bis 1960 leitete er als Polizeioberrat dann die Landes-Polizeischule Baden-Württemberg in Freiburg, welche die hiesigen Beamten des mittleren und gehobenen Dienstes ausbildete.[2894] In diesem exponierten Amt war also jemand dafür verantwortlich, die Polizisten der neuen Generation dazu zu erziehen, die Demokratie, das Grundgesetz und die Menschenrechte zu schützen, der zuvor noch Führerprinzip, Rassenhass und Antisemitismus gelehrt hatte. Sofern er sich zum nahenden Ende des Krieges tatsächlich für politische Häftlinge eingesetzt haben sollte, was zumindest seine Spruchkammerakte nahelegt, scheint er dies möglicherweise nicht aus uneigennützigen Motiven getan zu haben. Ohne seinen möglichen Einsatz schmälern zu wollen, wirkt sein Handeln so, als wollte er kurz vor der deutschen Niederlage etwas leisten, mit dem er sich gegenüber den Siegermächten als Gegner der NS-Terrorpolitik inszenieren konnte. Das gelang ihm offenbar, weil auch die Spruchkammer nichts davon wusste, dass er zuvor noch an der obersten Lehranstalt der Ordnungspolizei dafür zuständig war, deren Offiziersnachwuchs ideologisch auf den Nationalsozialismus einzuschwören. Sein Verhalten war also über die Epochen hinweg von einer erstaunlichen moralischen Flexibilität gekennzeichnet.

Auch der ehemalige Oberstleutnant Josef Deuringer konnte nach Kriegsende seine Karriere problemlos fortführen.[2895] Er war am 6. Dezember 1893 in München zur Welt gekommen. Seit Mitte 1913 arbeitete er für die Polizei der bayerischen Landeshauptstadt, in der er bis auf ein paar Unterbrechungen fast durchgehend bis Kriegsende verblieb. Nach der „Machtergreifung" stieg der Verwaltungsbeamte im Juni 1933 zum Hauptmann auf, ohne dass der Weltkriegsveteran einen Offiziersanwärterlehrgang besucht hatte. Ab 11. Juni 1942 befand er sich als Ia-Offizier im Stab des Polizei-Gebirgsjäger-Regiments 18, bevor er Ende August 1943 zum BdO in München und bei Kriegsende zum BdO in Hannover gelangte. Weil es ihm gelang, sich trotz seiner auf den 1. Mai 1937 datierten Parteimitgliedschaft als regelrechter Nazigegner zu inszenieren, stufte ihn die Münchner Spruchkammer im November 1946 als Mitläufer ein, was das Berufungsverfahren Mitte Februar 1948 bestätigte. Damit er schnellstmöglich entnazifiziert werden konnte, hatte sich sogar die Arbeitsgemeinschaft der KPD, SPD und CSU München-Ramersdorf wegen seines angeblich widerständigen Verhaltens für ihn eingesetzt. So habe er z. B. 1932 eine Razzia im „Braunen Haus" durchgeführt und Krawalle von nationalsozialistischen Studenten in der Münchner Universität aufgelöst. Außerdem habe er sich in der zweiten Kriegshälfte sogar dafür eingesetzt, dass seine Untergebenen per Fallschirm abgesprungene alliierte Flieger nicht an die NSDAP, sondern an die Wehrmacht auslieferten.

Im Spruchkammerverfahren kam allerdings nicht zur Sprache, dass er auch maßgeblich an der Deportation von Münchner Juden beteiligt gewesen war.[2896] Deuringer hatte aus den

2893 StAM, Spruchkammern Karton 2750 – Karl Heizmann, Pollak (Spruchkammer FFB): Spruch, 08.04.1948, S. 2. Vgl. ebd., S. 1 f. Zu seinem Einsatz für politische Häftlinge vgl. StAM, Spruchkammern Karton 2750 – Karl Heizmann, Entlastungsmaterial.

2894 Vgl. 50 Jahre Akademie, S. 15 f. und 25.

2895 Zu den folgenden Ausführungen über Josef Deuringer sofern nicht anders angegeben vgl. BayFHVR Pol FFB, Ordner 4b – Josef Deuringer; StAM, Spruchkammern Karton 275 – Josef Deuringer. Ferner: Heike Mattern/Joachim Schröder, Handlungsspielräume, in: Schröder, Polizei, S. 159–165, hier: S. 159–161.

2896 Vgl. Mattern, Handlungsspielräume, S. 160 f.

Reihen seiner Beamten Begleitkommandos organisiert, welche die Züge auf ihrem Weg zu den osteuropäischen Todesstätten bewachten. Auch war er dabei, als seine Männer beim ersten dieser Transporte am 20. November 1941 rund 1.000 jüdische Münchner vom Güterbahnhof Milbertshofen ins litauische Kaunas verschleppten, wo sie alle umgebracht wurden. Obwohl es in den ersten Nachkriegsjahren deswegen Ermittlungen gab, scheint das seiner Karriere nicht geschadet zu haben.[2897] Denn seit 1. Juni 1948 befand er sich wieder im Polizeidienst, wobei er zunächst in der Landpolizeigrundschule Fürstenfeldbruck und ab April 1949 als Mitarbeiter für Ausbildungsfragen im Präsidium der Bayerischen Landpolizei tätig war. Vier Jahre später kam er zur gerade erst gegründeten Bayerischen Polizeischule. Mit Wirkung vom 1. Mai 1957 wurde er zur Bayerischen Grenzpolizei abgeordnet. Deuringer trat am 1. Oktober 1958 als Polizeirat in den Ruhestand und starb am 10. Dezember 1959 in München.

Der am 7. Januar 1905 in Münster geborene Hauptmann Heinrich Emschermann konnte nach dem Krieg auch in der Bayerischen Polizeischule tätig werden.[2898] Nachdem der gelernte Kaufmann Mitte November 1923 in die Polizei eingetreten war, absolvierte er im August 1941 erfolgreich den 21. OAL. Bereits zum 1. Mai 1937 wurde er in die NSDAP aufgenommen und befand sich während des „Dritten Reichs" noch in einer Reihe weiterer NS-Organisationen wie etwa dem Kameradschaftsbund Deutscher Polizeibeamten, dem RKB oder der NSV. Wie die allermeisten Absolventen seines Lehrgangs war er seit 15. August 1941 auch Mitglied der SS. Am 1. April 1942 kam er von der Polizeiverwaltung Bochum zur Brucker Lehranstalt, die bis Kriegsende sein Heimatstandort blieb. Dort arbeitete er unter anderem als Sportlehrer, gelangte jedoch recht bald in den „auswärtigen Einsatz". Von März bis Juli 1943 war er als Kompanieführer zum III. Bataillon des SS-Polizeiregiments 2 abgeordnet. Seit Oktober 1943 leitete er ein Jahr lang erneut eine Kompanie, die sich nun im I. Bataillon des SS-Polizeiregiments 7 befand, das in Norwegen eingesetzt war. Nach dem Krieg kam der Polizeioffizier in automatischen Arrest, in dem er vom 17. Juli 1945 bis 3. Dezember 1947 in verschiedenen Internierungslagern blieb. Aus diesem Grund sah die Brucker Spruchkammer im Mai 1948 davon ab, über ihn eine Sühnemaßnahme zu verhängen, obwohl sie ihn als Mitläufer einstufte. Seit 1. August 1951 war er in der Registratur des Landesamts für die Bayerische Bereitschaftspolizei angestellt, nachdem er zuvor als Hilfsarbeiter tätig gewesen und anschließend arbeitslos geworden war. Am 1. Februar 1958 kehrte er nach Fürstenfeldbruck zurück, wo er die Registratur und Kanzlei der Bayerischen Polizeischule leitete, bei der er blieb, bis er am 31. Januar 1970 in den Ruhestand ging.

Solche Biographien ließen sich noch sehr viele aufzählen. Es sollte jedoch bereits deutlich geworden sein, dass die Lebenswege der Schüler, Lehrer und Kommandeure der Polizeischule Fürstenfeldbruck zwar unterschiedlich verliefen. Insgesamt waren sie aber dadurch gekennzeichnet, dass sich erschreckend viele dieser Männer im „auswärtigen Einsatz" befunden und dort entsetzliche Massenverbrechen zu verantworten hatten. Sowohl im „Dritten Reich" als auch in der Nachkriegszeit legten sie innerhalb der deutschen Polizei beachtliche Karrieren hin. Für ihre Taten wurden nur wenige von der bundesrepublikanischen Justiz strafrechtlich verfolgt, wobei die allermeisten Verfahren in Freisprüchen oder allenfalls in

2897 Vgl. Joachim Schröder, Münchner Polizei und Judenverfolgung, in: Ders., Polizei, S. 121–127, hier: S. 126 f.

2898 Zu den folgenden Ausführungen über Heinrich Emschermann sofern nicht anders angegeben vgl. BayFHVR Pol FFB, Ordner 15v – Heinrich Emschermann; StAM, Spruchkammern Karton 2739 – Heinrich Emschermann.

lächerlich geringen Strafen endeten. Ihr Beitrag am nationalsozialistischen Rassen- und Vernichtungskrieg blieb für sie in der Regel folgenlos.

8. Facetten der Polizeiausbildung in der Nachkriegszeit – Der Schwerpunkt Bayern

8.1 Die Reorganisation des polizeilichen Ausbildungswesens nach 1945

In die deutsche Nachkriegspolizei gelangte eine große Zahl von Männern, die bereits im NS-Staat in grüner Uniform gedient hatten. Obwohl viele von ihnen zum Teil erheblich belastet waren, konnten die meisten ihre Karrieren unbehelligt fortführen.[2899] Es waren keineswegs nur ehemalige Offiziere aus Fürstenfeldbruck, die nach 1945 in der neuen demokratischen Ordnungsmacht tätig werden konnten. Insgesamt etwa drei Viertel aller bayerischen Polizisten, die nach Kriegsende wegen ihrer Rolle im „Dritten Reich" zunächst aus dem Amt entfernt worden waren, gelangte später wieder in den Staatsdienst.[2900] Wie beeinflusste die Vergangenheit speziell in Bayern das Ausbildungswesen der Nachkriegspolizei? Welche Relikte der Weimarer Demokratie und der NS-Diktatur konnten sich in diesen Bereich hineinretten? Fanden sich in ihm nicht nur belastete Ausbilder und Lehrer wieder, sondern auch Inhalte von einst? Zwar können solche wichtigen Fragen an dieser Stelle nicht erschöpfend beantwortet werden. Doch der folgende knappe Überblick soll zumindest skizzieren, wie sich die Ausbildung gerade an der Polizeischule Fürstenfeldbruck in den ersten Jahrzehnten nach Kriegsende entwickelte und welche „Altlasten" aus der Zeit vor 1945 dabei zum Vorschein kamen.

Unmittelbar nach Ende des Zweiten Weltkriegs suchten die Alliierten händeringend nach neuem Personal für die deutsche Ordnungsmacht, konnten den hohen Bedarf aber kaum decken. Für viele potentielle Kandidaten war die gefährliche Tätigkeit in Uniform nach dem Untergang des „Dritten Reichs" wenig attraktiv. Einerseits war die Polizei bei ihnen recht unbeliebt und andererseits schien sie ihnen als Arbeitgeber wegen des geringen Gehalts zudem unrentabel zu sein. Im Jahre 1945 erhielten die wenigen Anwärter in den einzelnen Besatzungszonen zunächst nur eine recht notdürftige Ausbildung, die nur wenige Monate dauerte.[2901] In dieser Umbruchphase entstanden dort auch die ersten Polizeischulen, deren Lehrgänge noch ziemlich improvisiert und behelfsmäßig organisiert waren.[2902] In den frühen Kursen bildete die Staatsgewalt aber nicht nur neue Anwärter aus, sondern frischte auch die beruflichen Kenntnisse bei einigen Polizisten auf, die sich längst schon im Dienst befanden.[2903] Dennoch war es beispielsweise den Briten sehr wichtig, das polizeiliche Ausbildungswesen in ihrem Einflussbereich grundlegend zu reformieren. Wenngleich sie besonders erpicht da-

2899 Siehe dazu Kapitel 2.3 und 7.

2900 Vgl. Susanne Meinl/Joachim Schröder, „Einstellung zum demokratischen Staat: Bedenkenfrei". Zur Frühgeschichte des Bayerischen Landesamtes für Verfassungsschutz (1949–1965), hrsg. v. Bündnis 90/Die Grünen im Bayerischen Landtag, München 2013, S. 4.

2901 Vgl. Zimmermann, Sicherheit, S. 341 f.

2902 Vgl. Falter, Chronik, S. 103; Linck, Ordnung, S. 269 f.; Groh, Polizei, S. 80–84.

2903 Vgl. Linck, Ordnung, S. 270.

rauf waren, den neuen Gesetzeshütern durch ihre deutschen Lehrkräfte ein demokratisches und rechtsstaatliches Wertesystem zu vermitteln, verlief der entsprechende Unterricht nur unbefriedigend. Auch nachdem die Hoheit über die polizeilichen Lehranstalten im Januar 1947 auf die Länder der Zone übergegangen war, änderte sich daran kaum etwas. Weil die Allgemeinbildung bei vielen Anwärtern ebenfalls äußerst zu Wünschen übrig ließ, bemühte sich etwa die Polizei in NRW darum, diese Missstände zu beseitigen, indem sie das bisherige Lehrkonzept überarbeitete und neue Vorschriften erließ. Wirklich fruchten konnten diese Initiativen jedoch nicht. Weiterhin standen militärische Inhalte und Denkweisen im Vordergrund, was sich noch deutlich verstärkte, nachdem das westdeutsche Bundesland ab 1951 seine eigene Bereitschaftspolizei aufgestellt hatte.[2904]

In den Folgejahren änderte sich in der Bundesrepublik an solchen Zuständen recht wenig. Die Ausbildung an den Lehranstalten und in der kasernierten Bereitschaftspolizei war in einigen Ländern nach wie vor stark militärisch geprägt und auf den geschlossenen Einsatz bei Unruhen im Innern ausgerichtet. Sogar der Polizeisport trug immer noch entsprechende Charakterzüge, die nicht zuletzt darauf zurückzuführen waren, dass sich viele Ausbilder an den Einsätzen der Weimarer und der nationalsozialistischen Polizei orientierten. In den ersten Jahrzehnten nach Ende des Zweiten Weltkriegs bemühten sie sich, ihre Untergebenen in ein Normensystem zu integrieren, in dem Ordnung, Disziplin, Härte, Männlichkeit und Kameradschaft weiterhin zentrale Größen darstellten. Die alten antikommunistischen Feindbilder lebten ebenfalls fort. Sie zeigten sich besonders im allgemeinbildenden und im Fachunterricht, der den Anwärtern rechtliche Kenntnisse vermitteln und sie politisch schulen sollte. Obwohl sich schon Mitte der fünfziger Jahre dazu kritische Stimmen innerhalb der Staatsgewalt und seit den frühen sechziger Jahren auch in der Politik sowie unter den jungen Polizeianwärtern fanden, kamen notwendige Reformen bis zu Beginn der siebziger Jahre nur schleppend voran.[2905]

Im Sommer 1945 veranlasste die amerikanische Militärregierung, in ganz Bayern eine neue Ordnungsmacht für den ländlichen Raum zu etablieren, nachdem sie zuvor die Gendarmerie abgeschafft hatte. Zu Beginn setzte sich das Personal der so geschaffenen bayerischen Landpolizei zusammen aus ehemaligen Angehörigen der Weimarer Landespolizei, Gendarmen des „Dritten Reichs“ und vor allem Soldaten der Wehrmacht, die allesamt weitgehend unbelastet schienen. Frisch eingestellte Berufsneulinge musste sie allerdings erst einmal polizeilich schulen. In ihrer Frühphase entstanden deshalb zahlreiche Lehranstalten, die in den einzelnen Regierungsbezirken neue Polizisten provisorisch ausbildeten. Die meisten dieser Einrichtungen existierten nur kurze Zeit, da das seit April 1946 bestehende Präsidium der Landpolizei schnell daranging, das bayerische Ausbildungswesen umzustrukturieren. Auf diesem Wege entstanden einige neue Bildungsanstalten, zu denen z. B. die Höhere Landpolizeischule Wallenburg gehörte, die zwischen Mai 1946 und April 1947 damit betraut war, die Beamten des gehobenen Dienstes auszubilden. Diese Aufgabe übernahm anschließend die Lehranstalt auf dem Sudelfeld. Dort hatte seit 1946 auch der Leiter der Landpolizeischulen seinen Sitz. Er war dafür zuständig, die Ausbildung an den einzelnen Standorten zu überwachen und zu vereinheitlichen. Ein Jahr später verlagerte sich seine Dienststelle nach Fürstenfeldbruck, wo die hiesige Schule bereits am 25. August 1946 wieder ihren Lehrbetrieb aufgenommen hatte, nachdem sie erst rund einen Monat zuvor in die Obhut der Landpolizei gelangt war. Zunächst hielt sie Kurse ab, die Bewerbern aus ganz Bayern eine mehrmonati-

2904 Vgl. Noethen, Kameraden, S. 421–439.

2905 Vgl. Weinhauer, Schutzpolizei, S. 173–201.

ge Grundausbildung vermittelten. Später gesellten sich dazu Lehrgänge für den gehobenen Dienst, die sie aus Sudelfeld übernahm.[2906] Die Lehrpläne lassen erkennen, dass die frühen Kurse der bayerischen Landpolizei inhaltlich stark von der amerikanischen Militärregierung beeinflusst waren und dadurch nach Ende des Krieges deutlich moderatere Töne anschlugen als vorher.[2907] Abseits der Landpolizei unterhielt aber auch die kommunalisierte Ordnungsmacht in Bayern eigene Bildungsstätten. So existierte etwa in München seit September 1947 eine Stadtpolizeischule, an der unter anderem Beamte für den mittleren und gehobenen Dienst in der Landeshauptstadt ausgebildet wurden.[2908] Wie schon in der Weimarer Republik und im „Dritten Reich" bildeten die einzelnen Dienststellen darüber hinaus ihre Staatsdiener vor Ort in den unterschiedlichsten Disziplinen weiter. Sie bauten damit auf dem Wissensschatz auf, den die Männer zuvor in der kasernierten Truppe und der Polizeischule erworben hatten.[2909]

Zu Beginn der fünfziger Jahre sollte sich dieses System jedoch erneut ändern. Der Artikel 8 des am 28. Oktober 1952 beschlossenen Polizeiorganisationsgesetzes (POG) regelte das Polizeischulwesen im Freistaat neu. Durch einen Entschluss des bayerischen Innenministeriums waren die einzelnen Lehranstalten von Land-, Grenz- und Bereitschaftspolizei ab Anfang 1953 in der „Bayerischen Polizeischule" vereinigt, die dem Ministerium unmittelbar unterstand. Nach dem darauffolgenden Reformprozess umfasste sie folgende Lehrabteilungen: Die Bayerische Polizeischule bestand nun aus den Standorten Ainring, Traunstein, Sudelfeld und Rothenburg sowie Fürstenfeldbruck, wo ab 1957 außerdem noch die Schulleitung ansässig war. Um ihre Kapazitäten von 160 auf 460 Ausbildungsplätze zu erhöhen, gab der Staat ab Mitte der fünfziger Jahre umfangreiche Erweiterungs- und Umbauarbeiten am Brucker Standort in Auftrag.[2910]

Der Bayerischen Polizeischule kam allgemein die Aufgabe zu, die Gesetzeshüter des süddeutschen Bundeslandes aus- und fortzubilden. Gemäß der nach dem Krieg eingeführten Einheitslaufbahn musste jeder Beamte seine Karriere in der Bereitschaftspolizei beginnen, in der er rund zweieinhalb Jahre zubrachte. Anschließend konnte sich ein geeigneter Kandidat dafür entscheiden, ob er entweder in der kommunalen oder in der staatlichen Polizei dienen wollte. Fiel seine Wahl auf letztere Sparte, hatte er einen Anstellungslehrgang für den mittleren Polizeivollzugsdienst zu absolvieren, der elf Monate lang dauerte. Danach wurde er je nach Bedarf im Einzeldienst in der Land- oder in der Grenzpolizei oder auch im Stammpersonal der Bereitschaftspolizei verwendet.[2911] Wer sich in den nächsten sechs oder mehr

2906 Vgl. Fritz Stauß, Das Ausbildungswesen bei der Bayerischen Landpolizei, in: 12 Jahre Bayerische Landpolizei, München 1957, S. 31–49, hier: S. 31–42. Zu den einzelnen Lehranstalten der Landpolizei vgl. auch Die Schulen der Landpolizei von Bayern, Bd. 1: Leistungsbericht des Leiters der Landpolizeischulen (L IV) beim Präsidium der Landpolizei von Bayern, o. O. 1949; Die Schulen der Landpolizei von Bayern, Bd. 2: Jahresbericht des Leiters der Landpolizeischulen beim Präsidium der Landpolizei von Bayern für die Zeit vom 1.7.1949–31.12.1950, o. O. 1950. Ferner: Canoy, Charm, S. 99 f.

2907 Solche Lehrpläne finden sich etwa in StAM, PP Oberbayern 252, 253, 261, 262 und 263.

2908 Vgl. Falter, Chronik, Bd. 1, S. 104, 113–115.

2909 Vgl. Groh, Polizei, S. 86–89.

2910 Vgl. Erwin Hacker, 10 Jahre Bayerische Polizeischule, in: Boxberger, 10 Jahre, S. 7–18, hier: S. 7–10.

2911 Vgl. ebd., S. 10–12. Die Angaben zur Dauer der einzelnen Ausbildungsabschnitte gelten für das Jahr 1963. Wenngleich sich während des Bestehens der Bayerischen Polizeischule keine fundamentalen Unterschiede ergaben, konnten die genannten Zeiträume durchaus variieren. So betrug z. B. zu Beginn der fünfziger Jahre die Ausbildungsdauer in der Bereitschaftspolizei noch drei Jahre, schrumpfte 1962 auf zweieinviertel Jahre, um 1965 auf zweieinhalb Jahre zu steigen. Vgl. Albert Rieg, Die Ausbildung in der Bayerischen Bereitschaftspolizei, in: Direktion der Bayerischen Bereitschaftspolizei

Jahren besonders bewährte und zum Polizeimeister befördert worden war, konnte an einem sechsmonatigen Aufstiegslehrgang zum gehobenen Dienst teilnehmen. Das war ihm aber nur möglich, sofern er im Lehrgang für den mittleren Dienst mindestens die Note „gut" in der Anstellungsprüfung sowie einen Platz unter den besten 20 % der Teilnehmer erzielt hatte. Zudem mussten ihn seine Vorgesetzten in den letzten beiden Beurteilungen überdurchschnittlich gut bewertet haben. In diesen Kursen zum gehobenen Dienst bildete der Freistaat seine neuen Inspektoren und Kommissare aus.[2912] Zwischen 1953 und 1962 fanden fünf solcher Lehrgänge statt, die insgesamt 166 Schüler besuchten. Daneben veranstaltete die Bayerische Polizeischule noch eine Reihe weiterer Fortbildungs- und Spezialkurse, zu denen unter anderem diverse Kriminal-, Verkehrs- und Skilehrgänge zählten. In den meisten Fächern unterrichteten erfahrene Polizeibeamte, wobei Volksschullehrer hingegen für die allgemeinbildenden Disziplinen und die Staatsbürgerkunde zuständig waren.[2913]

An anderer Stelle konnte bereits gezeigt werden, dass sich in der Nachkriegszeit innerhalb des polizeilichen Ausbildungswesens einige Personen wiederfanden, die bereits während des „Dritten Reichs" in ihm oder anderweitig in Himmlers Polizei tätig gewesen waren.[2914] Auch im Freistaat war das nicht anders, wie Personalverzeichnisse und Geschäftsverteilungspläne der Bayerischen Polizeischule dokumentieren. Als diese Behörde zu Beginn des Jahres 1953 gegründet wurde, befand sich deren Zentrale noch in der Winzererstraße 9 in München. Sie leitete der Oberregierungsrat Dr. Erwin Hacker, der gemeinsam mit seinen Untergebenen mit Wirkung vom 1. April 1953 offiziell zur Bayerischen Polizeischule versetzt wurde. Zu ihnen gehörten z. B. die beiden Polizeiräte Josef Deuringer und Hans Hösl, die gemeinsam im SS-Polizei-Gebirgsjäger-Regiment 18 gedient hatten.[2915] Letzterer war in seiner neuen Dienststelle zunächst mit Fragen der Allgemeinbildung, wenig später aber mit der Fernausbildung betraut.[2916] Deuringer hingegen fungierte wahrscheinlich so lange als Hackers Stellvertreter

(Hrsg.), 20 Jahre Bayerische Bereitschaftspolizei, München 1971, S. 20–27, hier: S. 20. Für Details über diese Anstellungslehrgänge für den mittleren Dienst vgl. auch Georg Boxberger, Der Anstellungslehrgang für den mittleren Polizeivollzugsdienst, in: Ders., 10 Jahre, S. 39–42. Die Einheitslaufbahn existierte auch in anderen Ländern, wie das Beispiel Baden-Württembergs zeigt, wo Polizisten aber einen etwas anderen Werdegang als in Bayern besaßen. Vgl. Rüdiger Spiegelberg, Einige Daten zur Rekrutierung und Ausbildung der Polizei, in: Johannes Feest/Rüdiger Lautmann (Hrsg.), Die Polizei. Soziologische Studien und Forschungsberichte, Opladen 1971, S. 107–121, hier: S. 107. Ferner: Raible, Geschichte, S. 173–180. Zur Ausbildung für den mittleren Dienst in NRW und Hamburg vgl. Weinhauer, Schutzpolizei, S. 64–66.

2912 Vgl. Georg Boxberger, Der Aufstiegslehrgang für den gehobenen Polizeivollzugsdienst, in: Ders., 10 Jahre, S. 43–47, hier: S. 43 f. Weitere, aber teilweise abweichende Angaben zu den einzelnen laufbahnrechtlichen Regelungen finden sich in BayHStA München, Polizeischule FFB 232.

2913 Vgl. Hacker, 10 Jahre, S. 12–15 und 17.

2914 Siehe dazu Kapitel 7.4.

2915 Vgl. BayHStA München, MInn 86242, Abdruck: I. A. Dr. Kääb (StMdI) an Bayerische Polizeischule: Versetzung von Beamten, Angestellten und Arbeitern zur Bayer. Polizeischule. 1. Rate der Erstbesetzung, 03.09.1953, S. 1. Zu den Biographien von Hans Hösl und Josef Deuringer auch im Folgenden siehe Kapitel 7.4.

2916 Vgl. BayHStA München, MInn 86240, I. A. Platz (StMdI): Mit 2 weiteren Abdrucken an die Bayerische Polizeischule München 13 Winzererstr. 9 zur Kenntnis und weiteren Veranlassung, 31.01.1953; BayHStA München, MInn 86241, Entwurf: I. A. Platz (StMdI) an Bayerische Polizeischule: Besetzung der Arbeitsgebiete der Bayer. Polizeischule, 16.03.1953.

und Sachgebietsleiter für „Ausbildung allgemein", bis er am 1. Mai 1957 zur Bayerischen Grenzpolizei abgeordnet wurde.[2917]

Denn am gleichen Tag zog die Leitung der Bayerischen Polizeischule von München nach Fürstenfeldbruck.[2918] Stellvertretender Leiter der Institution wurde nun Hösl, der zugleich das „Ausbildungs- und Prüfungsreferat" führte. In diesem Amt war er unter anderem verantwortlich für „Lehrgänge aller Art an den Lehrabteilungen", die „Lehr- und Stoffverteilungspläne", die „Auswahl von Lehr- und Unterrichtsmaterial für den Polizeifachunterricht" und die „Fortbildung der Polizeifachlehrer".[2919] Innerhalb des bayerischen Polizeischulwesens bekleidete er damit eine Schlüsselposition, die es ihm ermöglichte, auf die Ausbildungsinhalte Einfluss zu nehmen. Während er am 31. Juli 1959 in den Ruhestand ging, war bereits am 1. Februar 1958 Heinrich Emschermann nach Fürstenfeldbruck gekommen, wo er zuvor während des Krieges den 21. OAL absolviert und danach als Lehrer fungiert hatte, bevor er ebenfalls in den „auswärtigen Einsatz" gelangt war. Bis er am 31. Januar 1970 pensioniert wurde, leitete er die Registratur und Kanzlei der Bayerischen Polizeischule.[2920] Von den personellen Kontinuitäten darf zwar nicht ohne Weiteres darauf geschlossen werden, dass sie automatisch zu inhaltlichen und mentalen Konstanten innerhalb der polizeilichen Ausbildung führten. Ein solcher Zusammenhang wird sich auch kaum beweisen lassen. Allerdings ist es bemerkenswert, dass mit Deuringer und Hösl ausgerechnet zwei ehemalige belastete Polizisten des „Dritten Reichs" für die Ausbildungsbelange der demokratischen Ordnungshüter zuständig waren. Ein Blick in die Lehr- und Stoffverteilungspläne der bayerischen Nachkriegspolizei lässt jedenfalls erkennen, dass viele Relikte aus Himmlers Staatsgewalt in der bundesdeutschen Ordnungsmacht zu finden waren.

Abbildung 46: Kriminallehrgang (1959) (In der vordersten Reihe mit Fliege: Hans Hösl) (Bayerisches Polizeimuseum, Fotosammlung)

8.2 Die Kursinhalte an der Polizeischule Fürstenfeldbruck

Genauso wenig wie zuvor die Nationalsozialisten vermochten es die Väter der jungen deutschen Demokratie, das polizeiliche Ausbildungswesen neu zu erfinden. In der Nachkriegszeit bestanden deshalb zahlreiche Fächer und Inhalte fort, die bereits seit den zwanziger Jah-

2917 Vgl. BayHStA München, Polizeischule FFB 199, Polizeischule FFB: Geschäftsverteilungsplan für die Leitung der Bayer.Polizeischule, 01.02.1954, S. 1 und 5. Ferner: BayHStA München, MInn 86240, I. A. Platz (StMdI): Mit 2 weiteren Abdrucken an die Bayerische Polizeischule München 13 Winzererstr. 9 zur Kenntnis und weiteren Veranlassung, 31.01.1953.

2918 Vgl. BayHStA München, MInn 86240, Ausschnitt aus dem Ministerialamtsblatt der bayer. inneren Verwaltung Nr. 13 vom 29. April 1957.

2919 BayHStA München, Polizeischule FFB 199, Polizeischule FFB: Geschäftsverteilungsplan für die Bayerische Polizeischule in Fürstenfeldbruck, 01.12.1957, S. 2 und 5.

2920 Zu den Funktionsträgern der Bayerischen Polizeischule sowie ihren Aufgaben vgl. BayHStA München, Polizeischule FFB 199 und 200. Zur Biographie von Heinrich Emschermann siehe Kapitel 7.4.

Abbildung 47: Hundertschaft vor der Klosterkirche in Fürstenfeldbruck (1955) (Privatarchiv Sven Deppisch)

ren existierten. Wenngleich nicht zu erwarten war, dass die polizeiliche Ausbildung nach Kriegsende inhaltlich vollkommen neu ausgerichtet werden konnte, überlebten jedoch zahlreiche Versatzstücke des „Dritten Reichs" dessen totalen Zusammenbruch. Besonders deutlich zeigte sich das in der bayerischen Bereitschaftspolizei, die der Freistaat wie andere Länder als quasimilitärischen Verband aufbaute. Neben weiteren Standorten beherbergte auch die Polizeischule Fürstenfeldbruck eine Abteilung der Bereitschaftspolizei, die dort von Anfang November 1951 bis Juni 1956 weilte.[2921]

Wie schon in den Jahrzehnten vor Kriegsende waren die verantwortlichen Behörden über einen längeren Zeitraum damit beschäftigt, Lehr- und Stoffpläne nicht nur einmalig aufzustellen, sondern diese immer wieder zu überarbeiten. So tüftelte das Landesamt für die Bayerische Bereitschaftspolizei seit Anfang der fünfziger Jahre daran, eine entsprechende Richtschnur für ihre kasernierten Verbände zu schaffen. Nach zahlreichen Entwürfen und provisorischen Versionen lag eine richtunggebende Fassung jedoch erst am 28. Juli 1960 vor. An ihr hatten sich die einzelnen Lehrabteilungen in ganz Bayern zu orientieren.[2922] In ihrer Ausbildung innerhalb der Bereitschaftspolizei waren die Anwärter mit zahlreichen Fächern konfrontiert, von denen einige zumindest in ähnlicher Form bereits vor 1945 existiert hatten. Zu ihnen gehörten Körperschule, Waffen- und Schießausbildung, Praktischer Polizeidienst, Polizeitruppendienst, Dienstunterricht, Lebenskunde, Staatsbürgerkunde, Rechtskunde, Deutsch, Geschichte, Erdkunde, Rechnen, Kurzschrift und Maschinenschreiben. Außerdem gesellten sich zu diesen Disziplinen noch der Innere und auch der Technische Dienst sowie eine umfangreiche Sonderausbildung, die unter anderem aus der Kraftfahrausbildung, dem Verkehrs- und dem Notstandsdienst, der Skiausbildung und der Ersten Hilfe bestand.[2923]

Wenngleich hier nicht der Platz ist, um die Ausbildungsinhalte des mittleren Dienstes genau zu analysieren, verdient aber besonderes Augenmerk, welche Wege die Bayerische Bereitschaftspolizei fand, um ihre Anwärter an die jüngste Vergangenheit heranzuführen. Es bedürfte einer eigenen Studie, um dies adäquat zu erforschen. Im Folgenden soll ein Lehrplan aus dem Jahre 1967 zumindest erste exemplarische Befunde liefern. Nachdem sich die Schüler im Geschichtsunterricht mit der Besatzungszeit seit Kriegsende auseinandergesetzt hatten, standen stichpunktartig die Themen „Flüchtlingselend – Demontagen und Hungersnot – Morgenthauplan – Marschallplan – Osteuropa wird kommunistisch" auf dem Lehr-

2921 Vgl. Schwarz, Geschichte, S. 30. Ferner: Otto Ernst Breibeck, Bayerische Bereitschaftspolizei 1951–1971, in: Direktion, 20 Jahre, S. 8–19, hier: S. 10 und 14; BayHStA München, Präsidium der Bayerischen Bereitschaftspolizei (Präsidium der Bepo) 150 und 151.

2922 Vgl. BayHStA München, Polizeischule FFB 312, Remold (Landesamt für die Bayerische Bereitschaftspolizei) an Polizeischule FFB: Ausbildungsplan für die Bayer.Bereitschaftspolizei, 28.07.1960. Ferner: BayHStA München, Polizeischule FFB 312, Heß (Landesamt für die Bayerische Bereitschaftspolizei) an Polizeilehrer Schwarz, 03.05.1956; BayHStA München, Polizeischule FFB 312, I. V. Hurt (Landesamt für die Bayerische Bereitschaftspolizei) an Bayerische Polizeischule München: Unterrichtspläne der Bayer.Bereitschaftspolizei, 24.04.1957. Weitere Entwürfe finden sich in BayHStA München, Präsidium der Bepo 173.

2923 Vgl. BayHStA München, Polizeischule FFB 312, Ausbildungsplan für die Bayerische Bereitschaftspolizei – Teil II: Ausbildung im 2. und 3. Ausbildungsjahr, 28.07.1960.

plan.[2924] Aus heutiger Sicht erscheint es ziemlich merkwürdig, dass die Bereitschaftspolizei im Jahre 1967 solche Schwerpunkte setzte. Zweifelsohne war die Lage der Flüchtlinge und Vertriebenen ebenso tragisch wie die Tatsache, dass große Teile der deutschen Bevölkerung in der unmittelbaren Nachkriegszeit Hunger litten. Wenn die Ordnungsmacht aber diese Sachverhalte und ausgerechnet den „Morgenthauplan“[2925] im Unterricht in dieser Form behandelte, scheint sie den jungen Polizeianwärtern jedoch eher vermittelt zu haben, dass sich Deutschland nach dem Krieg in einer Opferrolle befunden habe. Das wirkt umso befremdlicher, wenn man sich vor Augen hält, dass der Lehrplan zuvor die NS-Herrschaft dagegen eher nüchtern beschreibt. Ein Blick auf den „Weg zur Machtergreifung durch Hitler“ leitete diesen Themenkomplex ein. Die Lehrer behandelten anschließend „Innenpolitische Maßnahmen“ und die „Außenpolitik“ sowie die „Arbeits- und Sozialpolitik“ des „Dritten Reichs“. „Das ‚Großdeutsche Reich‘“ war danach ebenso Gegenstand des Fachs wie der Beginn und die wichtigsten Ereignisse des Zweiten Weltkriegs sowie die deutsche „Kapitulation“.[2926] Bemerkenswert ist, dass dieses Geschichtskapitel offensichtlich schloss, indem der Unterricht noch auf den Holocaust einging. Der Lehrplan schweigt sich darüber aus, was die Lehrkräfte ihren Schülern dabei genau vermittelten. Allerdings drückten sich seine Schöpfer ziemlich unpassend aus, indem sie sich des NS-Vokabulars bedienten und diesen sensiblen Abschnitt der Geschichte schlicht mit „Die Judenfrage“ betitelten.[2927]

Obwohl die Polizeischule Fürstenfeldbruck in den fünfziger Jahren auch Bereitschaftspolizisten ausbildete, hielt sie aber ab Dezember 1949 vor allem Kurse für angehende Kommissare ab und knüpfte dadurch an ihre eigene Tradition an. Bis 1972 dauerten diese Aufstiegslehrgänge für den gehobenen Dienst meist etwa sechs Monate, in denen die Anwärter bis zu 36 Stunden pro Woche Unterricht hatten.[2928] In der Anfangsphase untergliederten sie ihre Fächer in sechs Gruppen: Rechts- und Gesetzeskunde, Kriminalistik, Allgemeinbildung, Kör-

2924 BayHStA München, Polizeischule FFB 324, 3. Berichtigungsnachtrag zum Lehr- und Stoffverteilungsplan für den Anstellungslehrgang für den mittleren Polizeivollzugsdienst vom 1.3.1966 – Geschichte, 01.03.1967, S. 6.

2925 Der Morgenthauplan war im August und September 1944 entstanden. In ihm skizzierte der US-amerikanische Finanzminister Henry Morgenthau jr., wie seiner Ansicht nach die Alliierten später mit dem besetzten Deutschland umgehen sollten. Indem er unter anderem vorschlug, das verkleinerte Land dreizuteilen, hohe Reparationen einzuführen und die Industrie vollständig zu demontieren, wollte er dafür sorgen, dass von dem dadurch erheblich geschwächten Staat keine kriegerische Politik mehr ausgehen könnte. Amerikaner und Briten verwarfen das radikale Konzept jedoch schnell. In der Endphase ihres Regimes instrumentalisierten die Nationalsozialisten es dennoch für ihre antiamerikanische und antisemitische Propaganda. Das lag nicht nur am Plan selbst, sondern auch an dem Umstand, dass Morgenthau ein Jude war. Vgl. dazu z. B. H. G. Gelber, Der Morgenthau-Plan, in: VfZ 13/4 (1965), S. 372–402; Wolfgang Benz, Morgenthau-Plan, in: Ders. (Hrsg.), Legenden, Lügen, Vorurteile. Ein Wörterbuch zur Zeitgeschichte, 12. Aufl., München 2002, S. 154 f.

2926 BayHStA München, Polizeischule FFB 324, 3. Berichtigungsnachtrag zum Lehr- und Stoffverteilungsplan für den Anstellungslehrgang für den mittleren Polizeivollzugsdienst vom 1.3.1966 – Geschichte, 01.03.1967, S. 6.

2927 Ebd., S. 6.

2928 Vgl. dazu die Lehr- und Stoffverteilungspläne in den Akten BayHStA München, Polizeischule FFB 305 und 327.

perausbildung, Einzelvorträge und Praktischer Polizeidienst, zu dem unter anderem die Polizeiverwendung gehörte.[2929] Der erste dieser Kurse umfasste konkret folgende Disziplinen:[2930]

Tabelle 35: Fächerplan eines Lehrgangs für den gehobenen Polizeivollzugsdienst (Stand: 1949)		
Fach	**Wochenstunden**	**Gesamtstunden**
Deutsche Rechtsgeschichte	-	10
Polizeirecht	3	69
Strafrecht	4	92
Strafnebengesetze	4	92
Bürgerliches Recht	2	46
Rechtspflege	-	10
Verwaltungslehre	-	15
Kriminalistik	4	92
Der Dienst des Bezirksinspektors	1	23
Polizeiverwendung	4	92
Deutsche Sprache – Literaturgeschichte	3	69
Unterrichtslehre	1	23
Wirtschaftsgeographie	1	23
Staatsbürgerkunde	1	23
Geschichte	1	23
Lebenskunde	1	23
Zeitgeschehen	1	23
Körperausbildung	4	92
Gesamt:	35	840

Bei diesem Lehrgang scheint es beinahe so, als hätten sich einzelne Fächer der Weimarer Offiziersanwärterlehrgänge mit jenen von Himmlers Ordnungspolizei vermischt, zu denen sich nur wenige neue gesellten.[2931] Allerdings war er zu einem großen Teil von den militärischen Elementen befreit und besaß eindeutig polizeidienstliche sowie rechtliche Schwerpunkte. Zudem warteten die einzelnen Disziplinen mit demokratisierten Inhalten auf. Das polizeiliche Ausbildungswesen blieb aber seiner Linie dahingehend treu, dass es wie bisher Lehrpläne und einzelne Fächer ständig veränderte. Schon in den fünfziger Jahren verschwand beispielsweise die Rechtsgeschichte als eigenständiges Fach, um von anderen Rechtsgebieten absorbiert zu werden. Die Unterrichtslehre verband sich hingegen mit dem Deutschunterricht.[2932] Darüber hinaus stellte die Lebenskunde für die Anwärter weiterhin einen Benimmunterricht dar, nachdem er in „Grundfragen des Lebens und Berufs“ umgetauft worden war.[2933]

2929 Vgl. BayHStA München, Polizeischule FFB 305, Lehrplan des Lehrgangs für den gehobenen Dienst – Übersicht der Unterrichts- und Ausbildungsfächer, 01.12.1949.

2930 Die folgende Tabelle beruht auf BayHStA München, Polizeischule FFB 305, Lehrplan des Lehrgangs für den gehobenen Dienst – Stoffverteilungsplan, 01.12.1949.

2931 Siehe dazu Kapitel 3.2 und 5.

2932 Vgl. BayHStA München, Polizeischule FFB 305, Bayerische Polizeischule: Lehrplan für einen 5-monatigen Lehrgang für den gehobenen Polizeivollzugsdienst, 01.07.1956, S. 2.

2933 Ebd., S. 16.

Ab dem Jahre 1960 bündelte das Fach „Allgemeinbildung“ all jene Themen, die zuvor noch in Geschichte, Deutsch und Wirtschaftsgeographie jeweils eingehender behandelt worden waren, mit den Jahren aber an Bedeutung eingebüßt hatten.[2934] Nur drei Jahre später zerfiel diese Liaison wieder und die Allgemeinbildung als solche verschwand. Stattdessen gab es nun erneut einen separaten Geschichtsunterricht und eine neu eingerichtete „Aufsatzlehre“, die sich dem schriftlichen Teilbereich des Deutschunterrichts widmete.[2935] Seinerzeit gab es auch wieder eine „Allgemeine Unterrichtslehre“, die künftig jedoch nicht regelmäßig Gegenstand der Kurse sein sollte.[2936] Zu ihr gesellte sich zeitgleich ein kleiner Einblick in die Psychologie, der die Schüler mit den Grundzügen des menschlichen Seelenlebens vertraut machen sollte.[2937] Da dieser Unterricht nach den „Schwabinger Krawallen“ vom Sommer 1962 immer wichtiger wurde, baute die Bayerische Polizeischule ihn ab 1964 deutlich aus. Dadurch wollte sie die Ordnungsmacht des Freistaats zu einer bürgernahen Institution reformieren, die ihre eigene Rolle und das Verhältnis zum Bürger kritisch reflektieren sollte.[2938] In den Folgejahren befassten sich die Beamten daher unter anderem mit den Themen „Wesen und Unwesen der Vorurteile“ sowie „Entstehung und Ablauf von Affekthandlungen“, aber auch mit der Frage „Welche Hypotheken der Vergangenheit lasten auf der deutschen Polizei?“.[2939] Dass sich die Ordnungsmacht dabei objektiv mit ihrer Rolle im nationalsozialistischen Vernichtungskrieg auseinandersetzte, darf jedoch bezweifelt werden.

Hatte es zuvor das Polizeirecht, die Strafrechtspflege und die Strafnebengesetze gegeben, rückte im Jahre 1962 an ihre Stelle das Allgemeine sowie das Besondere Sicherheitsrecht, ohne aber inhaltlich etwas grundlegend anderes zu bieten.[2940] Von nun an waren jedoch die beiden Sphären wieder getrennt, so wie schon die nationalsozialistische Ordnungspolizei zwischen Allgemeinem und Besonderem Polizeirecht unterschieden hatte.[2941] Das Besondere Sicherheitsrecht behandelte erneut die zahlreichen speziellen Aufgabengebiete der uniformierten Polizei. Ferner schloss es noch die Verkehrskunde mit ein, die ab 1963 einen

2934 Vgl. BayHStA München, Polizeischule FFB 305, Bayerische Polizeischule: Lehrplan für einen 5-monatigen Lehrgang für den gehobenen Polizeivollzugsdienst, 01.01.1960, S. 3 und 16.

2935 Vgl. BayHStA München, Polizeischule FFB 305, Bayerische Polizeischule: Lehrplan für einen Lehrgang für den gehobenen Polizeivollzugsdienst (Laufbahnrichtungen: uniformierter Dienst und Kriminaldienst), 01.04.1963, S. 5 und 19.

2936 Vgl. ebd., S. 5; BayHStA München, Polizeischule FFB 327, Bayerische Polizeischule: Lehrplan für einen Lehrgang für den gehobenen Polizeivollzugsdienst (Laufbahnrichtungen: uniformierter Dienst und Kriminaldienst), 01.10.1967, S. 5; BayHStA München, Polizeischule FFB 327, Bayerische Polizeischule: Lehrplan für einen Lehrgang für den gehobenen Polizeivollzugsdienst (Laufbahnrichtungen: uniformierter Dienst und Kriminaldienst), 01.06.1970, S. 4.

2937 Vgl. BayHStA München, Polizeischule FFB 305, Bayerische Polizeischule: Lehrplan für einen Lehrgang für den gehobenen Polizeivollzugsdienst (Laufbahnrichtungen: uniformierter Dienst und Kriminaldienst), 01.04.1963, S. 21.

2938 Vgl. BayHStA München, Polizeischule FFB 317, Entwurf: Dr. Hacker (Bayerische Polizeischule) an StMdI: Ausbildung für den mittleren Polizeivollzugsdienst; hier Überprüfung des Lehrstoffes, 06.06.1964, S. 1–3.

2939 BayHStA München, Polizeischule FFB 327, Bayerische Polizeischule: Lehrgang für den gehobenen Polizeivollzugsdienst (Laufbahnrichtungen: uniformierter Dienst und Kriminaldienst). Stoffverteilungsplan, 01.06.1970, S. 33.

2940 Vgl. BayHStA München, Polizeischule FFB 305, Bayerische Polizeischule: Lehrgang für den gehobenen Polizeivollzugsdienst (mit Schwergewicht für Beamte im Kriminaldienst). Stoffverteilungspläne, 01.01.1962, S. 2–4 und 7–10.

2941 Siehe dazu Kapitel 5.1.2.2 und 5.1.2.3.

separaten Platz im Lehrplan fand.[2942] Seit Mai 1965 wurden die Beamten dann im Fach „Staatliche Wirtschafts- und Haushaltsführung, Bestandsverwaltung, Kostenrecht" unterrichtet.[2943] Es entsprach dem „Haushalts- und Wirtschaftswesen" der früheren Offiziersanwärterlehrgänge und befasste sich mit den administrativen Aufgaben des Polizeiapparats.[2944] Im Jahre 1971 wurde die „Führungsdienstkunde" neu in den Lehrplan aufgenommen. Sie eröffnete den künftigen Angehörigen des gehobenen Dienstes, welche Aufgaben ihnen als Dienststellenleiter und gegenüber ihren Untergebenen erwuchsen.[2945] Zu Beginn der siebziger Jahre bildete die Bayerische Polizeischule ihre Kommissaranwärter in folgenden Fächern aus:[2946]

Tabelle 36: Fächerplan eines Lehrgangs für den gehobenen Polizeivollzugsdienst

Fach	Gesamtstunden	
	uniformierter Dienst	Kriminaldienst
Grundfragen des Lebens und des Berufs	5	5
Strafrecht	55	55
Bürgerliches Recht	25	25
Allgemeines Sicherheitsrecht, Ordnungswidrigkeitenrecht, Gerichtsverfassungs- und Strafverfahrensrecht	55	55
Besonderes Sicherheitsrecht	20	20
Verkehrskunde	40	15
Führungsdienstkunde	70	70
Polizeiverwendung	80	40
Kriminalistik	40	105
Beamtenrecht	10	10
Verwaltungsrecht	15	15
Staatsbürgerkunde und Fragen der Zeit	40	40
Angewandte Psychologie	15	15
Körperausbildung	35	35
Gesamt:	505	505
Klausuren:	15	15

2942 Vgl. BayHStA München, Polizeischule FFB 305, Bayerische Polizeischule: Lehrgang für den gehobenen Polizeivollzugsdienst (mit Schwergewicht für Beamte im Kriminaldienst). Stoffverteilungspläne, 01.01.1962, S. 11 f.; BayHStA München, Polizeischule FFB 305, Bayerische Polizeischule: Lehrplan für einen Lehrgang für den gehobenen Polizeivollzugsdienst (Laufbahnrichtungen: uniformierter Dienst und Kriminaldienst), 01.04.1963, S. 4 und 15.

2943 BayHStA München, Polizeischule FFB 381, I. A. Dr. Stoll (StMdI) an u. a. die Bayerische Polizeischule: Ausbildung der Teilnehmer an Lehrgängen für den gehobenen Polizeivollzugsdienst im Haushalts-, Kassen- und Rechnungswesen, 10.05.1965.

2944 Vgl. ebd. Siehe dazu auch Kapitel 5.1.3.4.

2945 Vgl. BayHStA München, Polizeischule FFB 327, Bayerische Polizeischule: Lehrplan für einen Lehrgang für den gehobenen Polizeivollzugsdienst (Laufbahnrichtungen: uniformierter Dienst und Kriminaldienst), [1971], S. 13.

2946 Die folgende Tabelle beruht auf BayHStA München, Polizeischule FFB 327, Bayerische Polizeischule: Lehrplan für einen Lehrgang für den gehobenen Polizeivollzugsdienst (Laufbahnrichtungen: uniformierter Dienst und Kriminaldienst), [1971], S. 3 f.

8.3 Die Staatsbürgerkunde und die Altlasten der Vergangenheit

Wenngleich die Polizeiausbildung der ersten Nachkriegsjahrzehnte im Vergleich zu den vorangegangenen Epochen wesentlich zivilisierter und demokratisierter war, blieb sie von politisch-weltanschaulichen Einflüssen aber nicht verschont. Vor allem zeigt sich das an der Staatsbürgerkunde, die bereits in den Weimarer Lehranstalten zu finden war und schon damals einen dezidiert politischen Kern besessen hatte. Deshalb stellte sie gewissermaßen die Vorläuferin der weltanschaulichen Schulung dar, mit der die Nationalsozialisten ihre Polizisten zu ideologisch gefestigten Kämpfern für das „Dritte Reich" erziehen wollten. Dessen totaler Zusammenbruch bereitete auch Himmlers Prestigedisziplin ein Ende, deren Nachfolge nach 1945 die wieder eingeführte Staatsbürgerkunde antrat. Das war dem deutschen Polizeiapparat durchaus bewusst. Deshalb kam es mitunter sogar vor, dass innerhalb der bayerischen Landpolizei beide Begriffe synonym verwendet wurden. Noch im Jahre 1957 bezeichnete etwa Oberpolizeirat Fritz Stauß den polizeilichen Staatsbürgerkundeunterricht als „Weltanschauliche Schulung".[2947] Daraus sollte aber nicht leichtfertig geschlossen werden, dass im Unterricht auch die gleichen Inhalte fortlebten, wie sie noch in der NS-Diktatur existiert hatten.

Im Nachkriegsdeutschland erlebte stattdessen die Staatsbürgerkunde ihre Wiedergeburt. Wie in der Weimarer Zeit zielte sie darauf ab, aus den neuen Gesetzeshütern überzeugte Demokraten zu formen. In den ersten bayerischen Lehrgängen für den gehobenen Dienst informierte das Fach die Teilnehmer darüber, wie die Bundesrepublik systemisch-strukturell aufgebaut war und welche Aufgaben ihre einzelnen Organe besaßen. Zudem stellte die reaktivierte Disziplin dar, welche wesentlichen Inhalte sowohl die neue deutsche als auch die bayerische Verfassung kennzeichneten.[2948] Ergänzt wurde sie durch das neue Fach „Zeitgeschehen", das ganz so neu wiederum auch nicht war. Denn wie schon in der weltanschaulichen Schulung mussten die Lehrgangsteilnehmer selbst kurze Vorträge halten, in denen sie nach der Lektüre von Zeitungen und Zeitschriften wöchentlich über aktuelle politische, wirtschaftliche und kulturelle Belange referierten.[2949] Damit sollten sie „das Verständnis für die Lage unseres Volkes und Vaterlandes vertiefen", wie es im Lehrplan aus dem Jahre 1949 heißt.[2950] Inhaltlich waren beide Fächer eng miteinander verknüpft. Daher war es nur konsequent, dass sie in den Kursen für den gehobenen Dienst ab dem Jahre 1956 gemeinsam ein Themengebiet bildeten.[2951] Insgesamt konzentrierte sich die Staatsbürgerkunde in den ersten Nachkriegslehrgängen also darauf, Faktenwissen zur neuen demokratischen Ordnung zu vermitteln.

Ähnliche thematische Schwerpunkte fand bereits Wolfgang Schulte für dieses Fach in der ehemaligen britischen Besatzungszone. Mithilfe der politischen Bildung erhofften sich zu-

2947 Stauß, Ausbildungswesen, S. 41.

2948 Vgl. BayHStA München, Polizeischule FFB 305, Lehrplan des Lehrgangs für den gehobenen Dienst – Stoffverteilungsplan, 01.12.1949, S. 36–39.

2949 Vgl. BayHStA München, Polizeischule FFB 305, Lehrplan des Lehrgangs für den gehobenen Dienst, 01.12.1949, S. 7.

2950 BayHStA München, Polizeischule FFB 305, Lehrplan des Lehrgangs für den gehobenen Dienst – Stoffverteilungsplan, 01.12.1949, S. 45.

2951 Vgl. u. a. BayHStA München, Polizeischule FFB 305, Bayerische Polizeischule: Lehrplan für einen 5-monatigen Lehrgang für den gehobenen Polizeivollzugsdienst, 01.07.1956, S. 2. Seit 1963 findet sich in den Quellen auch der Titel „Staatsbürgerkunde und Fragen der Zeit". Vgl. u. a. BayHStA München, Polizeischule FFB 305, Bayerische Polizeischule: Lehrplan für einen Lehrgang für den gehobenen Polizeivollzugsdienst (Laufbahnrichtungen: uniformierter Dienst und Kriminaldienst), 01.04.1963, S. 5.

nächst die Briten und dann die einzelnen Länder, ihre Anwärter zu zivilisierten und bürgernahen Hütern des demokratischen Rechtsstaats zu erziehen. In der Praxis war der Unterricht jedoch eher oberflächlich und holzschnittartig. Die Konzentration auf institutionelle und historische Themen war ebenso abträglich wie die mangelnde fachliche Qualifikation vieler teilweise politisch belasteter Lehrer und der Fortbestand der althergebrachten Ausbildungskonzepte. Diese Faktoren beeinträchtigten die neuen Polizisten dahingehend, wirklich ein demokratisches Bewusstsein zu entwickeln, anstatt sich nur formal zur neuen Staatsform zu bekennen.[2952] Bis Mitte der sechziger Jahre änderte sich daran kaum etwas. Die Staatsbürgerkunde zielte nach wie vor darauf ab, aus den Anwärtern überzeugte Verfechter der Demokratie zu machen. Viele von ihnen nahmen diese Rolle aber nur pro forma ein. Das Weltbild zahlreicher Staatsdiener war weiterhin von althergebrachten Denkweisen bestimmt. Aus ihrer Sicht sollte die Polizei unangepasste Bürger zur Konformität gegenüber Staat und Gesellschaft erziehen, bei Bedarf aber auch mit militärischer Gewalt gegen protestierende Menschenmassen vorgehen. Außerdem verharmlosten oder glorifizierten einige Gesetzeshüter sogar die Rolle der Polizei im NS-Staat, die ihnen zufolge von den Nationalsozialisten instrumentalisiert worden sei, zugleich aber Menschen geholfen habe, die vom Regime verfolgt wurden. Mit der demokratischen Bundesrepublik konnten sich viele Polizisten allenfalls dadurch identifizieren, dass sie diese demonstrativ von der DDR abgrenzten und so ein Freund-Feind-Denken kultivierten. Diese Mentalität fußte darauf, dass die Ordnungsmacht wie bisher einen teilweise recht dogmatischen Antikommunismus pflegte.[2953]

Der westdeutschen Polizei galt insbesondere in den fünfziger und sechziger Jahren der „linke Feind“ also noch immer als oberste Bedrohung. Das erleichterte es ihr, sich in das neue demokratische System zu integrieren. Zwar hatte die jüngste Vergangenheit gezeigt, dass es vielmehr der Rechtsextremismus gewesen war, der sich in Deutschland als eigentliche Gefahr für den demokratischen Staat und den Weltfrieden entpuppt hatte. Doch bereits die Weimarer Polizei war auf dem „rechten Auge“ größtenteils blind gewesen und deshalb nur äußerst unzureichend gegen die braunen Antidemokraten vorgegangen.[2954] Als es diesen dann nicht zuletzt auch deswegen gelungen war, ihr „Drittes Reich“ zu errichten, hatten sie letztlich auch die Deutungshoheit über die polizeilichen Gegner an sich gerissen. Naturgemäß waren die politischen Rechten damit aus dem Fadenkreuz von Hitlers „grünen Soldaten“ verschwunden. Wahrscheinlich trug gerade das dazu bei, dass sich die bundesdeutschen Sicherheitsbehörden in den ersten Nachkriegsjahrzehnten eher selten mit rechtsextremen Umtrieben befassten. So informierte zwar das Bayerische Staatsministerium des Innern im November 1956 unter anderem die Bayerische Polizeischule darüber, dass sich jüngst wieder Hetzschriften im Umlauf befänden, die das NS-Regime verherrlichten und antisemitische Botschaften verbreiteten. Sofern die Beamten auf derlei Fälle stießen, sollten sie das Material beschlagnahmen und dafür sorgen, dass deren Urheber strafrechtlich verfolgt würden.[2955] Denn oftmals versuchten derartige Postillen, „die nationalsozialistischen Verfolgungsmaßnahmen gegen die Juden für gerechtfertigt zu erklären“.[2956] Allerdings wendete sich das Mi-

2952 Vgl. Wolfgang Schulte, Politische Bildung in der Polizei. Funktionsbestimmung von 1945 bis zum Jahr 2000, Frankfurt am Main 2003, S. 69–99.

2953 Vgl. ebd., S. 131–135 und 138–149.

2954 Siehe dazu Kapitel 2.1.

2955 Vgl. BayHStA München, Polizeischule FFB 319, I. A. Platz (StMdI) an u. a. Bayerische Polizeischule: Wiederaufkommen von rechtsradikalem und rassehetzerischem Schrifttum, 19.11.1956, S. 1–3.

2956 Ebd., S. 1.

nisterium nur selten an seine untergeordneten Behörden, um sie über Vorfälle mit rechtem Hintergrund aufzuklären.[2957]

Ganz anders war das hingegen, wenn es um die angebliche Gefahr von links ging. Ihr widmete sich das Bayerische Innenministerium wesentlich intensiver und versendete dazu zahlreiche Rundschreiben, die gerade an die Lehranstalten des Freistaats adressiert waren. Diese befassten sich überwiegend mit kommunistischen Aktivitäten und Organisationen.[2958] Dazu gehörte ein Bericht des „Untersuchungsausschusses Freiheitlicher Juristen", der im Juli 1956 auch die Bayerische Polizeischule erreichte. Er warnte davor, dass Kommunisten versuchten, die Bundesrepublik zu unterwandern und ideologisch zu beeinflussen, weshalb er auch Ratschläge unterbreitete, wie das zu verhindern sei.[2959] Die allgemeine Furcht vor der kommunistischen Infiltration machte also auch vor dem bayerischen Ausbildungsapparat nicht Halt. Besonders sensibel reagierten die Behörden daher auf linksradikale Propaganda. Es kam durchaus vor, dass kommunistische Pamphlete gezielt an bayerische Polizeischüler und Gesetzeshüter geschickt wurden. Mehrere Beamte berichteten etwa an ihre Rothenburger Lehrabteilung, wiederholt entsprechende Materialien aus der DDR postalisch erhalten zu haben, wobei sie angaben, den Absender nicht zu kennen.[2960] Die Lehrabteilung in Ainring informierte ferner im Mai 1957 ihre Brucker Zentrale darüber, dass einer ihrer Lehrgangsteilnehmer kürzlich ein „Verhetzungsschreiben" erhalten habe. Die Beamten hielten es für notwendig, den in Hannover abgestempelten Brief nach Fürstenfeldbruck zu schicken, weil er ihrer Ansicht nach „deutlich den von Osten her gesteuerten Versuch verrät, die kommunistische Wühlarbeit in die Reihen unserer jungen Polizeibeamten zu tragen".[2961] Solche Episoden, der darin zutage tretende Jargon und die eindeutige Konzentration auf linksradikale Kampagnen lassen darauf schließen, dass das alte Feindbild vom kommunistischen Gegner in der bundesdeutschen Polizei nahezu ungebrochen fortlebte.[2962]

Die Lehrpläne der ersten Nachkriegsjahrzehnte dokumentieren ebenfalls, dass es dem Polizeiapparat nicht ausschließlich um eine wertneutrale politische Bildung ging. Antikommu-

2957 Vgl. u. a. BayHStA München, Polizeischule FFB 319, I. A. Platz (StMdI) an u. a. Präsidium der Landpolizei: Urteil des Landgerichts Braunschweig gegen Remer wegen übler Nachrede, 20.08.1952; BayHStA München, Polizeischule FFB 319, I. A. Vetter (StMdI) an u. a. Bayerische Polizeischule: Antidemokratische Ausschreitungen, 12.10.1953; BayHStA München, Polizeischule FFB 321, Dr. Geislhöringer (StMdI) an u. a. Bayerische Polizeischule: Hilfsgemeinschaft auf Gegenseitigkeit der Europäischen Soldaten der ehem.Waffen-SS (HIAG), 07.01.1955; BayHStA München, Polizeischule FFB 320, I. A. Dr. Ziegler (StMdI) an Bayerische Polizeischule: Rechtsradikalismus; hier Erfahrungsbericht des Bundesministeriums des Innern für das Jahr 1965, 30.03.1966.

2958 Vgl. dazu insgesamt die zahlreichen Dokumente in BayHStA München, Polizeischule FFB 319, 320 und 321.

2959 Vgl. BayHStA München, Polizeischule FFB 319, I. A. Dr. Stoll (StMdI) an u. a. Bayerische Polizeischule: Kommunistische Infiltration, 05.07.1956.

2960 Vgl. u. a. BayHStA München, Polizeischule FFB 319, Entwurf: Dr. Hacker (Bayerische Polizeischule) an StMdI: Sowjetzonale Propaganda, 16.06.1958; BayHStA München, Polizeischule FFB 319, Beck (6. Anstellungslehrgang – Lehrabteilung Rothenburg) an Bayerische Polizeischule – Lehrabteilung Rothenburg: Wiederholte Zusendung von Propagandamaterial aus der Ostzone, 24.10.1958; BayHStA München, Polizeischule FFB 319, Dürrschmidt (6. Anstellungslehrgang – Lehrabteilung Rothenburg) an Bayerische Polizeischule – Lehrabteilung Rothenburg: Wiederholte Zusendung von Propagandamaterial aus der Ostzone, 24.10.1958.

2961 BayHStA München, Polizeischule FFB 319, Haunschild (Bayerische Polizeischule – Lehrabteilung Ainring) an Bayerische Polizeischule FFB: Kommunistische Zersetzungsversuche bei den Polizeiorganisationen in der Bundesrepublik Deutschland, 21.05.1957.

2962 Siehe dazu auch Kapitel 2.3.

nistische Botschaften fanden sich gerade in den Lehrgängen für den gehobenen Dienst. So befasste sich die Staatsbürgerkunde etwa im Jahre 1956 mit dem „Menschenbild des Ostens“ und der „Lage in der Sowjetzone“, um die Bundesrepublik speziell von der DDR, aber auch allgemein vom „Ostblock“ abzugrenzen.[2963] 1962 thematisierte der Unterricht das Verhältnis von „SBZ und Sowjet-Union“, die negativ apostrophierten „Errungenschaften“ des Sozialismus oder die „Erscheinungsformen der militanten Ideologie“.[2964]

Die Ordnungsmacht des Freistaats begnügte sich aber nicht damit, ihre Angehörigen nur in Laufbahnkursen der Bayerischen Polizeischule staatsbürgerkundlich zu belehren. Daher richtete sie bereits zu Beginn der fünfziger Jahre spezielle Kurse ein, in denen vor allem Beamte des gehobenen Dienstes ihre Kenntnisse auf diesem Gebiet vertiefen sollten.[2965] Seit 1955 veranstaltete die Bayerische Polizeischule staatsbürgerkundliche Kurzlehrgänge, in denen sich den Teilnehmern thematisch ein weites Feld bot.[2966] Solche dreitägigen Seminare standen unter einem übergeordneten Motto, wozu z. B. „Öffentliche Meinung und Meinungsbildung“, „Der Kampf um Recht und Gerechtigkeit“, „Geld – Fluch, Segen oder Notwendigkeit“, „Blick über den Zaun der Landesgrenzen“ oder „Notstände des Einzelmenschen“ zählten.[2967] Die Kurse versuchten aber auch, einen Weg zu finden, mit der jüngsten Vergangenheit umzugehen. „Über das deutsche Ansehen im Ausland nach zwei Weltkriegen“ und der „Versorgung und Selbsthilfe der Kriegsopfer“ machte sich ein Lehrgang zum Thema „Der heutige Staat als Erbe eines totalen Krieges“ ebenso Gedanken wie über die Fragen, ob „es ein Problem der Besatzungskinder“ gebe oder „[w]arum noch Wiedergutmachung“ geleistet werden solle.[2968] Anlässlich eines weiteren Seminars im April 1959 hielt der Historiker Hans Buchheim einen Vortrag, in dem er „Die Wirklichkeit des III. Reiches“ behandelte.[2969] Diese thematische Vielfalt darf jedoch nicht darüber hinwegtäuschen, dass zahlreiche weitere Referate abermals den Gegner im „Osten“ beschworen. Bereits im Frühjahr 1955 fanden beispielsweise zwei Kurzlehrgänge in Tutzing und Nürnberg statt, die sich unter anderem den „Beziehungen zwischen Deutschland und Rußland 1917–1945“ oder der „Dynamik des Bolschewismus“ widmeten.[2970] Zehn Jahre nach Kriegsende kursierten innerhalb der bayerischen Ordnungsmacht noch immer Feindbilder und Vokabeln, die bereits in der Weimarer Republik und erst recht im „Dritten Reich“ geläufig waren. Auch in den folgenden Jahren sollte sich daran kaum etwas ändern. Bei einem ähnlichen Kurs sprach Dr. Stefan Marinoff vom

2963 BayHStA München, Polizeischule FFB 305, Bayerische Polizeischule: Lehrplan für einen 5-monatigen Lehrgang für den gehobenen Polizeivollzugsdienst, 01.07.1956, S. 14.

2964 BayHStA München, Polizeischule FFB 305, Bayerische Polizeischule: Lehrgang für den gehobenen Polizeivollzugsdienst (mit Schwergewicht für Beamte im Kriminaldienst). Stoffverteilungspläne, 01.01.1962, S. 34.

2965 Vgl. u. a. BayHStA München, Polizeischule FFB 417, Entwurf: I. A. Platz (StMdI) an Bayerische Polizeischule: Staatsbürgerliche Lehrgänge für die Polizei, 18.11.1953.

2966 Zu den staatsbürgerkundlichen Kurzlehrgängen vgl. Klaus Schwarz, Die politische Bildung in der staatlichen Polizei Bayerns, in: Boxberger, 10 Jahre, S. 53–59, hier: S. 57 f.

2967 BayHStA München, Polizeischule FFB 417, Bayerische Polizeischule: Lehrgangsprogramm der staatsbürgerlichen Kurzlehrgänge auf dem Sudelfeld von Juni 1956–November 1957, [1956], S. 1 f.

2968 Ebd., S. 2.

2969 BayHStA München, Polizeischule FFB 418, Abdruck: Dr. Hacker (Bayerische Polizeischule) an u. a. Präsidium der Bayerischen Landpolizei: Kurzlehrgänge für Staatsbürgerkunde, 07.03.1959, S. 2.

2970 BayHStA München, Polizeischule FFB 417, Entwurf: Dr. Hacker (Bayerische Polizeischule) an Landesverband für freie Volksbildung: Staatsbürgerkundliche Kurzlehrgänge für die Polizei; hier: Referenteneinsatz, 25.01.1955, S. 1.

„Volksbund für Frieden und Freiheit" im Oktober 1963 über „Sendungsglaube, Heilslehre und Terror des Kommunismus".[2971]

Abseits der speziellen Lehrgänge für einen begrenzten Teilnehmerkreis sollten sämtliche Polizisten des Freistaats politisch weitergebildet werden. Seit Frühjahr 1958 war die Bayerische Polizeischule dafür zuständig, sämtliche Fortbildungsmaßnahmen auf diesem Feld zu vereinheitlichen und fachlich zu beaufsichtigen.[2972] Bereits im Vorjahr hatte sie eine Anleitung für die einzelnen Inspektionen des Freistaats herausgearbeitet, mit deren Hilfe sie staatsbürgerkundliche Dienstversammlungen durchführen sollten. Die einzelnen Dienststellen waren dazu gehalten, zweimal jährlich einen Tag lang solche Zusammenkünfte abzuhalten und ihre Beamten über ein Leitthema zu unterrichten. Danach mussten sie an die Bayerische Polizeischule berichten, wann und wo wer über welche Gegenstände referiert hatte, wie viele Teilnehmer zugegen und wie erfolgreich die einzelnen Veranstaltungen verlaufen waren.[2973] Die Brucker Zentralinstanz wertete die Ergebnisse aller Berichte statistisch aus und erstellte regelmäßig Erfahrungsberichte für das Innenministerium.[2974] Es verbietet sich zwar, leichtfertig Parallelen zwischen diesem Konzept und der weltanschaulichen Schulung des „Dritten Reichs" auszumachen. Dennoch offenbaren sich gewisse Gemeinsamkeiten. Denn in beiden Fällen vermittelten Vortrags- und Diskussionsveranstaltungen dezentral in den einzelnen Inspektionen die politischen Themen und Inhalte.

In einem Aufsatz schilderte Polizeischulrat Klaus Schwarz anhand von Beispielen, mit welchen Sachverhalten sich einzelne Dienstversammlungen auseinandersetzen konnten. Die Themenpalette reichte von „Inflation oder Deflation – Was ist schlimmer?" über „Die unangenehme Grundpflicht des Steuernzahlens" bis hin zur Frage „Wie kann die Bevölkerung zur Zusammenarbeit mit der Polizei gewonnen werden?".[2975] Ein thematischer Streifzug allein durchs Jahr 1961 zeigt jedoch, dass der Kalte Krieg auch in die Dienststellen der bayerischen Ordnungsmacht eindrang. In ihnen referierten die Gastredner etwa über „Der Wirtschaftswettkampf zwischen West und Ost", „Politik, Wirtschaft und Erziehung in der Sowjetzone", „Anmaßung, Leistung und Schwächen des Kommunismus" sowie „Die kommunistische Propaganda als Drohmittel, Täuschungsversuch und Symptom der Schwäche".[2976] Der Präsident der Bayerischen Landpolizei, Kraus, plädierte Mitte 1963 sogar dafür, die Staatsbürgerkunde hauptsächlich auf den Ost-West-Konflikt auszurichten. Die Beamten des Freistaats müssten

2971 BayHStA München, Polizeischule FFB 418, Entwurf: Dr. Hacker (Bayerische Polizeischule) an StMdI: Staatsbürgerkundliche Fortbildung der Polizeibeamten; hier Kurzlehrgänge der Bayerischen Polizeischule – Programm für den 4. Staatsbürgerkundlichen Kurzlehrgang 1963 vom 8.10.–10.10.1963, 12.07.1963.

2972 Vgl. BayHStA München, Polizeischule FFB 417, I. V. Junker (StMdI) an u. a. Bayerische Polizeischule: Staatsbürgerliche Fortbildung der Beamten der staatlichen Polizei, 28.01.1958. Ferner: Schwarz, Bildung, S. 53.

2973 Vgl. BayHStA München, Polizeischule FFB 417, Dr. Hacker (Bayerische Polizeischule): Anleitung für die Durchführung staatsbürgerlicher Dienstversammlungen im Inspektionsbereich, Oktober 1957. Zu den staatsbürgerkundlichen Dienstversammlungen ferner: Schwarz, Bildung, S. 58 f.

2974 Vgl. u. a. BayHStA München, Polizeischule FFB 417, Entwurf: Dr. Hacker (Bayerische Polizeischule) an StMdI: Staatsbürgerkundliche Dienstversammlungen; hier: Erfahrungsbericht, 12.11.1958; BayHStA München, Polizeischule FFB 417, Entwurf: Dr. Hacker (Bayerische Polizeischule) an StMdI: Staatsbürgerkundliche Dienstversammlungen; hier Erfahrungsbericht über die 5. und 6. Versammlung des Jahres 1960, Dezember 1960.

2975 Schwarz, Bildung, S. 59.

2976 Ebd., S. 59.

ihm zufolge stets über die „Ziele und die zu ihrer Erreichung eingeschlagenen Wege unseres potentiellen Gegners im Osten" informiert werden.[2977]

Damit war das bayerische „Auge des Gesetzes" aber keineswegs allein. Zum Leitthema „Der Absolutheitsanspruch des Bolschewismus in der Auseinandersetzung mit den Prinzipien der westlichen Welt" fand vom 25. Juni bis 5. Juli 1957 sogar eine Tagung des Polizeiinstituts Hiltrup statt, der auch Klaus Schwarz beiwohnte. Die Teilnehmer sprachen unter anderem über „Die Entwicklung in der Sowjetzone", „Die Erziehung zum sozialistischen Bewußtsein in der Sowjetzone" und „Die sowjetische Deutschlandpolitik". Aber auch die „Kommunistische ‚Taktik des Volkskampfes' in der Bundesrepublik" und „Die kriminalpolizeiliche Abwehr der kommunistischen Unterminierungsversuche" standen auf dem Programm.[2978] In ihrer Ausbildung wie im Dienstbetrieb begegneten deutschen Polizisten also Feindbilder, die in der Ordnungsmacht eine lange und verhängnisvolle Tradition besaßen.

8.4 Das militärische Erbe der Nachkriegspolizei und sein Wandel

Der Fortbestand der alten Feindbilder innerhalb der bundesrepublikanischen Staatsgewalt war mit dafür verantwortlich, dass auch die traditionellen Einsatzmuster das Kriegsende überdauerten. Das kam nicht von ungefähr. Nach 1945 gelangten zahlreiche Beamte wieder in den Polizeidienst, die zuvor noch in der „Bandenbekämpfung" tätig gewesen waren und die dabei gewonnenen Erfahrungen in die Ausbildung der demokratischen Ordnungshüter einbrachten. In den ersten Nachkriegsjahrzehnten galt daher wie bisher dem geschlossenen Einsatz eine besondere Aufmerksamkeit. Dabei besann sich die Staatsmacht wieder auf die Weimarer Polizei zurück und wollte ihrem Modell folgen. Insbesondere deren militärisches Vorgehen gegen den kommunistischen Gegner diente ihr als Muster für die Polizeiausbildung in der noch jungen Bundesrepublik. Bis in die späten sechziger Jahre hinein stellten sich die Anwärter weiterhin darauf ein, gegen linke Kräfte und bewaffnete „Banden" zu kämpfen.[2979]

Selbst exponierte Vertreter der Weimarer Polizei versuchten, die Ausbildung der neuen deutschen Ordnungsmacht an jenen Mustern auszurichten, die in den zwanziger Jahren existiert hatten. Das „Weimarer Modell" verherrlichten beispielsweise der ehemalige preußische Innenminister Carl Severing und Ernst van den Bergh, der einst das Polizeiinstitut in Berlin-Charlottenburg geleitet hatte. An ihm sollte sich ihnen zufolge die Staatsgewalt nach 1945 orientieren, um dessen Tradition fortzuführen.[2980] Im jungen Nachkriegsdeutschland fielen solche Positionen auf fruchtbaren Boden. Als Ikone der preußischen Schutzpolizei wurde Severing insbesondere von Innenpolitikern und Ordnungshütern in NRW verehrt. Während die Beteiligten ausblendeten, dass sein damaliges Polizeikonzept weitgehend gescheitert war, idealisierten sie dessen angeblichen Vorbildcharakter für den Neubeginn der deutschen

2977 BayHStA München, Polizeischule FFB 418, Abdruck: Kraus (Präsidium der Bayerischen Landpolizei) an StMdI: Staatsbürgerkundliche Schulung in der Bayer. Landpolizei, 26.07.1963, S. 2.

2978 BayHStA München, Polizeischule FFB 417, Schwarz (Bayerische Polizeischule) an Leitung der Bayerischen Polizeischule: 8. Arbeitstagung für staatspolitische Bildung des Polizeiinstituts Hiltrup; hier: Erfahrungsbericht über Teilnahme – Arbeitstagung „Der Absolutheitsanspruch des Bolschewismus in der Auseinandersetzung mit den Prinzipien der westlichen Welt", 23.07.1957, S. 1–3. Zu den Arbeitstagungen des Polizeiinstituts Hiltrup ferner: Schulte, Bildung, S. 83–85.

2979 Vgl. Weinhauer, Schutzpolizei, S. 165 f., 168 f. und 173.

2980 Vgl. Knatz, Heer, S. 378.

Staatsgewalt nach 1945. Auf diese Weise wollten sie es den Polizisten ermöglichen, sich nach der unrühmlichen Epoche des „Dritten Reichs" und dessen totalem Zusammenbruch dennoch mit ihrer demokratischen Institution zu identifizieren. Der Personenkult reichte soweit, dass das Land am 26. April 1949 sogar seine bedeutende Lehranstalt in Münster nach dem SPD-Politiker benannte, der nach dem Krieg als Landtagsabgeordneter von NRW tätig war. Doch weder der „Landespolizeischule Carl Severing" noch einer anderen Bildungsstätte gelang es nachhaltig, dass sich diese größtenteils fiktive Tradition innerhalb der Beamtenschaft etablierte.[2981]

Dennoch orientierten sich die bundesrepublikanischen Polizeischulen gerade in den ehemals preußischen Ländern am „Weimarer Modell". So bedienten sie sich in den fünfziger Jahren der Methoden, die Severings Lehranstalten bereits drei Jahrzehnte zuvor angewendet hatten. Wie damals kam die eigentliche Fachausbildung zu kurz, während vor allem Waffenausbildung und Körperschulung in den Lehrgängen dominierten. Die Ausbildung der neuen westdeutschen Polizeianwärter litt in ihrer Frühphase ebenfalls unter den eindeutig militärischen Schwerpunkten, einem überzogenen Drill und entwürdigenden Schikanen ihrer Vorgesetzten. Selbst in der bayerischen Bereitschaftspolizei existierten derlei fragwürdige Praktiken, die der Freistaat erst im Jahre 1965 zumindest offiziell untersagte.[2982]

Während die Polizeien der ehemals preußischen Länder ihr Weimarer Erbe feierten, grenzte sich die Ordnungsmacht in Bayern davon demonstrativ ab, wie Michael Sturm betont. Ihm zufolge habe sie sich stattdessen am bayerischen Militär des 19. Jahrhunderts orientiert. Dass sich die Exekutive des Freistaats dieses Vorbild nahm, habe sich z. B. bemerkbar gemacht, wenn sie in den fünfziger Jahren ihre neuen Bereitschaftspolizisten vereidigte. Zu einer solchen Zeremonie hätten dann schon einmal das „Bayerische Militärgebet" oder alte bayerische Armeemärsche gehört.[2983] Der für ihre Ausbildung zuständige Albert Rieg bekräftigte 1971 allerdings, dass sich die Bereitschaftspolizei des Freistaats in ihrer Anfangsphase maßgeblich an der Bayerischen Landespolizei der Weimarer Zeit ein Beispiel genommen habe.[2984] Insofern kann nicht klar zwischen einer preußischen und einer bayerischen Traditionslinie unterschieden werden.

Dessen ungeachtet zeigte sich insbesondere an der Polizeiverwendung, wie sehr die bayerische Polizeiausbildung der Nachkriegsjahre immer noch von der Vergangenheit geprägt war. Der Polizeitruppendienst der Bereitschaftspolizei in den frühen sechziger Jahren entsprach der früheren Polizeitaktik und sollte wie bisher den Anwärtern beibringen, wie sie im geschlossenen Verband zu agieren hatten. Dazu zählte weiterhin der „Große Aufsichtsdienst", innerhalb dessen sie etwa lernten, Versammlungen und Demonstrationen zu sichern sowie Räume und Gebäude, aber auch Wälder zu durchsuchen. Daneben bereiteten sie sich darauf vor, Großfahndungen durchzuführen, wichtige Personen und Objekte zu schützen oder bei Streiks, Transporten sowie „Meutereien und Ausbrüchen in Strafanstalten und Arbeitshäusern" eingesetzt zu werden.[2985] Doch auch der „Kampfeinsatz" war weiterhin Teil der

2981 Vgl. Noethen, Kameraden, S. 440–444.

2982 Vgl. Franz-Josef Menker, Berufsausbildung der Polizeianfänger im Land Nordrhein-Westfalen in den Jahren 1947–1968. Drill – Profession – Bildung, in: Nitschke, Polizei, S. 190–206, hier: S. 196–205.

2983 Vgl. Michael Sturm, Zwischen Apologetik, Traditionsbildung und kritischer Reflexion. Der Gebrauch von „Geschichte" in der Polizei der Bundesrepublik, in: Oranienburger Schriften 1 (2015), S. 23–37, hier: S. 28.

2984 Vgl. Rieg, Ausbildung, S. 20.

2985 BayHStA München, Polizeischule FFB 312, Ausbildungsplan für die Bayerische Bereitschaftspolizei – Teil II: Ausbildung im 2. und 3. Ausbildungsjahr – Anlage 3: Polizeitruppendienst, 28.07.1960, S. 2.

Ausbildung. Als wäre die Zeit stehen geblieben, brachten die Lehrer ihren Schützlingen immer noch bei, ihre Einheit zu sichern, egal ob diese rastete oder marschierte. Sie hatten auch die Lage und das Gelände zu erkunden, falls es zu einem Einsatz im geschlossenen Verband kommen sollte. Laut Lehrplan gehörte zu diesem Fach nach wie vor der „Ansatz von Stoßtrupps", der „Bandenkampf (Jagdkommando, Kampf um Verbrechernester und Barrikaden in und außerhalb von Ortschaften)" sowie die „Befriedung nach [einem] Kampfeinsatz".[2986]

Angesichts solcher Lehrinhalte ist es kaum überraschend, dass auch die bayerischen Polizeianwärter einem starken militärischen Drill ausgesetzt waren. Das dokumentiert beispielsweise Lutz Ellermeyer, der in seinem autobiographisch angelegten Werk schildert, wie er und seine Kollegen seit Februar 1962 in der Münchner Bereitschaftspolizei ausgebildet wurden.[2987] Er führt darin aus, dass sie unter anderem exerzieren und Märsche absolvieren mussten, aber auch im Gelände ausgebildet wurden, wobei sie etwa lernten, ihre Umgebung zu erkunden und genau zu beschreiben.[2988] Außerdem berichtet er, dass die künftigen Staatsdiener auch in den sechziger Jahren noch ein Gefechtsschießen veranstalteten und sogar übten, Handgranaten zu werfen und mit dem Maschinengewehr sowie dem Granatwerfer zu schießen.[2989]

Wie hartnäckig sich die alten Denk- und Verhaltensweisen in den ersten Nachkriegsjahren hielten, zeigt ein besonderes Dokument, das die Bayerische Bereitschaftspolizei hervorbrachte. Im Februar 1954 erarbeitete sie „Ausbildungshinweise für das Verhalten im Wald", welche die Beamten für einen solchen Einsatz polizeitaktisch schulen sollten.[2990] Dabei wirkt diese 17-seitige Schrift beinahe so, als wäre sie bereits mindestens zehn Jahre früher entstanden. Das drückt sich bereits darin aus, wenn sie eingangs neben dem deutschen Volkslied „... denn im Wald, da sind die Räuber ..." auch daran erinnert, dass diese Landschaft außerdem „das Element der Partisanen" sei.[2991] Ebenfalls nicht neu waren die taktischen Grundsätze, die der Text darstellt. Die Ordnungsmacht des Freistaats bezeichnete ihren polizeilichen Gegner darin zwar als „*Störer*", doch habe dieser „möglicherweise Qualitäten, wie sie der Bandenkampf zeitigte".[2992] Während eine Einzelperson dabei recht hinterlistig sein könne, agiere eine Gruppe eventuell ziemlich brutal, weshalb die Polizeieinheit sehr vorsichtig sein müsse.[2993] Wenn etwa ein einzelner Zug einen Wald durchkämmt, solle er dabei die Formation eines „Breitkeils" einnehmen.[2994] Gegebenenfalls könnten die Gesetzeshüter auch einen Polizeihund einsetzen, der vor der Einheit mitläuft. Bei einem solchen Einsatz im Wald sollten die Polizisten aber vor allem mit Pistolen und Maschinenpistolen oder auch Karabinern und Maschinengewehren sowie Handgranaten operieren.[2995]

Obwohl die Parallelen zur polizeilichen Praxis im „auswärtigen Einsatz" während des Zweiten Weltkriegs ohnehin schon evident genug waren, wird die Schrift noch deutlicher. In bestimmten Situationen könne sogar „der Einsatz der Polizeitruppe, ähnlich dem der *Jagdkommandos* in der Bandenbekämpfung, nur auf eingehendes Kartenstudium und die Aussagen

2986 Ebd., S. 3.
2987 Vgl. Lutz Ellermeyer, Und sie gingen in seltsamen Gewändern ... Ausbildung bei der Bayerischen Polizei in den Sechzigern, Norderstedt 2009, S. 13.
2988 Vgl. ebd., S. 24–26.
2989 Vgl. ebd., S. 111–114.
2990 Vgl. BayHStA München, Polizeischule FFB 414, Landesamt für die Bayerische Bereitschaftspolizei: Ausbildungshinweise für das Verhalten im Wald, Februar 1954.
2991 Ebd., S. 1.
2992 Ebd., S. 3. Hervorhebung im Original.
2993 Vgl. ebd., S. 3.
2994 Ebd., S. 4.
2995 Vgl. ebd., S. 5 und 16.

vertrauenswürdiger Personen gestützt sein".[2996] Der Text erinnert aber nicht nur an die Methoden von einst, sondern weist auch auf einen besonders wichtigen Gesichtspunkt hin:

> „Wenn auch die Kriegserfahrungen der Polizeitruppe für den Kampfeinsatz im Walde, besonders bei der Bandenbekämpfung, wertvolle Ausbildungs- und Führungshinweise liefern können, so darf dabei doch nicht übersehen werden, daß das *polizeiliche Verhalten im eigenen Land* hinsichtlich des *Waffengebrauchs auch beim Waldkampf* an die allgemein gültigen *gesetzlichen Bestimmungen gebunden* ist. Der erhöhten Gefahr steht zwar die Überlegung gegenüber, daß ein Störer mit Schußwaffe im Wald als ein dauernd gegenwärtiger Angriff angesehen werden muß, der es der Polizei ermöglicht, sich weitgehend auf das *Notwehrrecht* zu berufen. Es verträgt sich dagegen nicht mit den polizeilichen Grundsätzen, im Waldkampf einfach die Regeln des Feuereinsatzes anzuwenden, die in der Bandenbekämpfung im Krieg notwendig waren. Die polizeiliche Taktik wird das gebührend berücksichtigen müssen."[2997]

Insgesamt erweckt die Schrift damit den Anschein, als bemühte sich die Bayerische Bereitschaftspolizei darum, ehemalige „Bandenkämpfer" zu zivilisierten Hütern des deutschen Rechtsstaats zu erziehen.

Abbildung 48: Polizeitaktische Übung in den sechziger Jahren (Privatarchiv Anton Pröbstl)

Die Polizei der Bundesrepublik begnügte sich keineswegs damit, solche Themen nur theoretisch zu behandeln. Wie schon in der Weimarer Republik und im NS-Staat übte sie polizeitaktische Manöver praktisch ein und hielt dazu diverse Planspiele ab. Im Gebiet zwischen den oberbayerischen Orten Burghausen, Töging und Trostberg trainierte beispielsweise die 14. Hundertschaft der bayerischen Bereitschaftspolizei am 18. Februar 1964 den geschlossenen Einsatz. Das im Lageplan skizzierte Szenario hätte auch während des Krieges so geübt werden können: Nachdem die Staatsgewalt einige Aufstände in Südbayern niedergerungen habe, bestehe die Gefahr, dass mehrere „Bandentrupps" die beiden Wasserkraftwerke in Jettenbach und Töging in die Luft sprengen könnten.[2998] Bei ihnen handle es sich um „fanatische Anhänger einer Untergrundpartei", die an ihren Tatorten politische Pamphlete ausländischer Herkunft hinterlassen hätten.[2999] Auch weil diese extremistischen Gruppierungen, die sich in den umliegenden Wäldern versteckten, zudem die Zivilbevölkerung überfallen und bei ihr geplündert hätten, müssten die beteiligten Polizeieinheiten sie nun unschädlich machen.[3000] Die bayerische Polizei hielt aber auch weniger martialische Planspiele ab. Am 5. Juni 1963 übte etwa die schwäbische Landpolizei in Günzburg, eine

2996 Ebd., S. 14. Hervorhebung im Original.
2997 Ebd., S. 10 f. Hervorhebung im Original.
2998 BayHStA München, Polizeischule FFB 474, Bayerische Bereitschaftspolizei – 14. Polizeihundertschaft: I. Lage für die Sandkastenübung der 14. Polizeihundertschaft am 18.2.1964, 16.02.1964, S. 1.
2999 BayHStA München, Polizeischule FFB 474, Bemerkungen zur Lage, [16.02.1964], S. 1.
3000 Vgl. BayHStA München, Polizeischule FFB 474, Bayerische Bereitschaftspolizei – 14. Polizeihundertschaft: I. Lage für die Sandkastenübung der 14. Polizeihundertschaft am 18.2.1964, 16.02.1964, S. 1 f.

Kundgebung abzusichern und diese aufzulösen, woran auch Vertreter aus Fürstenfeldbruck teilnahmen.[3001]

Es war nicht nur für die Bereitschaftspolizei wichtig, sich auf den geschlossenen Einsatz vorzubereiten, zu dem sie letztlich der bayerische Innenminister entsendete. Tat er dies nicht, mussten zu einem solchen vielmehr Landpolizisten des Einzeldienstes ausrücken, weshalb sie sich ebenfalls intensiv mit der Polizeiverwendung zu befassen hatten.[3002] Offenbar wussten die Anwärter der Nachkriegspolizei aber um die Vergangenheit dieses polizeilichen Tätigkeitsfeldes. „Die Bayerische Polizeischule ist in ihren Lehrgängen bemüht, jene Ressentiments zu zerstreuen, die gegen das Fach Polizeiverwendung seit dem Zusammenbruch aus hinlänglich bekannten Gründen gehegt werden", wie es 1963 vonseiten der Brucker Institution dazu hieß. Auch seien „die Erfahrungen der Bayerischen Polizei nach dem Kriege bei geschlossenen Einsätzen nicht immer sehr glücklich" gewesen.[3003]

Die Altlasten der Vergangenheit kamen auch in der Aus- und Weiterbildung der bayerischen Kommissare zum Vorschein. Das bekam die Polizeischule Fürstenfeldbruck gleich in mehrerlei Hinsicht zu spüren. Denn abseits des regulären Lehrbetriebs veranstaltete sie seit Oktober 1954 spezielle Kurse, die sich exklusiv der Polizeiverwendung widmeten und an die Leiter von Land- und Grenzpolizeiinspektionen sowie kommunalen Polizeien adressiert waren.[3004] Im ersten Lehrgang waren diese Führungskräfte mit mehreren Aufgaben konfrontiert. Sein Lehrplan behandelte unter anderem den rechtlichen Rahmen, „Übungen am Sandkasten, am Plan und im Gelände" sowie „Geländekunde und Meldedienst".[3005] Die „Polizeitaktik" vermittelte den Teilnehmern z. B. neben dem „Räumungsdienst" und „Durchsuchungen im Rahmen von Großfahndungen" auch das „Ausheben eines Verbrechernestes". „Der Kampfeinsatz der Polizei wird bei diesem Lehrgang *nicht* behandelt", wie der Leitfaden abschließend explizit klarstellte.[3006] Während des Kurses mussten sich die leitenden Polizisten einigen fiktiven Situationen stellen. In einer Aufgabe sollten sie etwa eine Kundgebung der KPD in der Brucker Jahnhalle schützen, damit diese nicht eskaliere, weil ein radikaler Parteimann als Redner erwartet werde.[3007] In einem anderen Fall hatten sie ein konspiratives Treffen von kommunistischen Organisationen zu unterbinden, die von der DDR aus gelenkt waren und umfangreiche Propagandamaßnahmen in Westdeutschland starten wollten.[3008] Durch einen schnellen Angriff sollten die Beamten in einem weiteren Szenario eine mindes-

3001 Vgl. BayHStA München, Polizeischule FFB 474, Dr. Keller (Bayerische Landpolizei – Landpolizeidirektion Schwaben) an Boxberger (Bayerische Polizeischule): Planübung, 27.05.1963.

3002 Vgl. Boxberger, Aufstiegslehrgang, S. 45.

3003 Ebd., S. 45.

3004 Vgl. u. a. BayHStA München, Polizeischule FFB 414, Bayerische Polizeischule: Lehrplan für Lehrgänge in der Polizeiverwendung für Inspektionsleiter der Land- und Grenzpolizei sowie Leiter kleinerer Stadtpolizeien, 01.09.1954; BayHStA München, Polizeischule FFB 414, Dr. Hacker (Bayerische Polizeischule) an u. a. Präsidium der Bayerischen Landpolizei: Polizeiverwendungslehrgang Nr. 21/61, 24.03.1961.

3005 BayHStA München, Polizeischule FFB 414, Bayerische Polizeischule: Lehrplan für Lehrgänge in der Polizeiverwendung für Inspektionsleiter der Land- und Grenzpolizei sowie Leiter kleinerer Stadtpolizeien, 01.09.1954, S. 1.

3006 Ebd., S. 3. Hervorhebung im Original.

3007 Vgl. BayHStA München, Polizeischule FFB 414, Bayerische Polizeischule: Lage für polizeitaktische Aufgabe. Thema: Schutz und Auflösung einer politischen Versammlung, Oktober 1954.

3008 Vgl. BayHStA München, Polizeischule FFB 414, Bayerische Polizeischule: Lage für polizeitaktische Aufgabe. Thema: Durchsuchung eines Gehöfts, Oktober 1954.

tens dreiköpfige „Bande" überrumpeln, die im Raum zwischen der bayerischen Landeshauptstadt, Augsburg und dem Ammersee mehrere Einbrüche sowie Raubüberfalle verübt habe.[3009]

Auch in den Lehrgängen für den gehobenen Polizeidienst spielte die Polizeiverwendung eine zentrale Rolle. Der Stoffplan unterschied sich inhaltlich kaum von jenen, die schon in der Weimarer Republik existiert hatten und seither nahezu unverändert die unterschiedlichen Einsatzgebiete der geschlossenen Polizeiformationen aufführten.[3010] In den ersten Nachkriegsjahren listete er wie selbstverständlich den „Einsatz gegen bewaffnete Banden" auf, den die Kommissaranwärter in einer Planübung praktisch zu erproben hatten.[3011] An dieser Tradition änderte sich in den folgenden Jahren herzlich wenig.[3012] Im Jahre 1960 distanzierte sich die Bayerische Polizeischule jedoch allmählich von ihr und trainierte die Schüler nun stattdessen im „Einsatz gegen bewaffnete Verbrecher".[3013] Ab 1963 übten sie in diesem Sinne nur noch die „Festnahme gefährlicher Verbrecher nach Durchsuchung von Wäldern und Gebäudekomplexen".[3014] Zu Beginn der siebziger Jahre verschwanden selbst diese nicht näher gekennzeichneten Kriminellen aus den Stoffplänen. Stattdessen widmeten sie sich nunmehr nur noch dem geschlossenen Einsatz bei Demonstrationen, Streiks und Razzien, beim Objektschutz oder im Katastrophenfall.[3015] Zu letzterem zählte die Bayerische Polizeischule seinerzeit unter anderem den „Einsatz in verstrahlten Gebieten", was eindeutig dem Kalten Krieg geschuldet war.[3016]

Dass sich dieser allmähliche Wandel vollzog, hing auch mit der jugendlichen Protestkultur zusammen. Denn innerhalb der Ordnungsmacht führten gerade die „Schwabinger Krawalle" ganz langsam zu einem Umdenken. Ihr wurde klar, dass die traditionellen Einsatzkonzepte gegenüber dem zivilen Demonstrationsgeschehen nicht mehr zeitgemäß waren. Daher trafen sich führende Vertreter des bayerischen Polizeiapparats am 20. Dezember 1962 im Innenministerium des Freistaats, um darüber zu beraten, wie die Staatsgewalt künftig besser auf solche Unruhen reagieren könnte. Wie das Protokoll zur Konferenz verrät, einig-

3009 Vgl. BayHStA München, Polizeischule FFB 414, Bayerische Polizeischule: Lage für polizeitaktische Aufgabe. Thema: Ausheben eines Verbrechernestes, Oktober 1954.

3010 Vgl. BayHStA München, Polizeischule FFB 305, Lehrplan des Lehrgangs für den gehobenen Dienst – Stoffverteilungsplan, 01.12.1949, S. 22–25.

3011 Ebd., S. 24.

3012 Vgl. z. B. BayHStA München, Polizeischule FFB 305, Bayerische Polizeischule: Lehrplan für einen 5-monatigen Lehrgang für den gehobenen Polizeivollzugsdienst – Polizeiverwendung, 01.02.1955, S. 9.

3013 BayHStA München, Polizeischule FFB 305, Bayerische Polizeischule: Lehrplan für einen 5-monatigen Lehrgang für den gehobenen Polizeivollzugsdienst – Polizeiverwendung, 01.01.1960, S. 11. Vgl. auch BayHStA München, Polizeischule FFB 305, Entwurf: Bayerische Polizeischule: Lehrplan für einen Lehrgang für den gehobenen Polizeivollzugsdienst (mit Schwergewicht für Beamte im Kriminaldienst) – Polizeiverwendung, 01.01.1962, S. 8.

3014 BayHStA München, Polizeischule FFB 305, Bayerische Polizeischule: Lehrplan für einen Lehrgang für den gehobenen Polizeivollzugsdienst (Laufbahnrichtungen: uniformierter Dienst und Kriminaldienst) – Polizeiverwendung, 01.04.1963, S. 12; BayHStA München, Polizeischule FFB 327, Bayerische Polizeischule: Lehrplan für einen Lehrgang für den gehobenen Polizeivollzugsdienst (Laufbahnrichtungen: uniformierter Dienst und Kriminaldienst) – V. Polizeiverwendung, 01.10.1967, S. 12.

3015 Vgl. BayHStA München, Polizeischule FFB 327, Bayerische Polizeischule: Lehrgang für den gehobenen Polizeivollzugsdienst (Laufbahnrichtungen: uniformierter Dienst und Kriminaldienst). Stoffverteilungsplan, 01.06.1970, S. 17 f.; BayHStA München, Polizeischule FFB 327, Bayerische Polizeischule: Lehrgang für den gehobenen Polizeivollzugsdienst (Laufbahnrichtungen: uniformierter Dienst und Kriminaldienst). Stoffverteilungsplan, [1971], S. 16.

3016 BayHStA München, Polizeischule FFB 327, Bayerische Polizeischule: Lehrgang für den gehobenen Polizeivollzugsdienst (Laufbahnrichtungen: uniformierter Dienst und Kriminaldienst). Stoffverteilungsplan, 01.06.1970, S. 18.

ten sich die Teilnehmer auf einzelne Reformen.[3017] Der Leiter der Bayerischen Polizeischule, Dr. Erwin Hacker, merkte beispielsweise an, es sei wichtig, sich „auch einmal ernsthaft mit den psychologischen Problemen" auseinanderzusetzen, die solche Polizeiaktionen für die Gesetzeshüter mit sich brächten. Schließlich müsse berücksichtigt werden, „daß junge Polizeibeamte offensichtlich oft Ressentiments gegen Studenten haben".[3018] Daraufhin erklärte der Münchner Polizeidirektor, Dr. Heinrich Martin, er wolle ohnehin einen Polizeipsychologen in der Landeshauptstadt beschäftigen, was er bereits dem Oberbürgermeister vorgeschlagen habe.[3019] Noch wichtiger war, dass das Plenum beschloss, besondere Lehrgänge einzurichten, die Hundertschafts- und Zugführer in der Polizeiverwendung ausbilden sollten. Die Anwesenden waren sich darüber einig, für diesen Zweck neue Richtlinien zu benötigen, welche die Polizeitaktik auf eine neue Grundlage stellen sollten. Obwohl sie dabei polizeiliche Operationen der jüngsten Vergangenheit, wie etwa anlässlich der Münchner Krawalle oder der Hamburger Sturmflut von 1962, einbezogen wissen wollten, lieferte das „Weimarer Modell" eine weitere wichtige Vorlage.[3020] „Auch die Erfahrungen der preußischen Schutzpolizei bei ihren Einsätzen in den unruhigen zwanziger Jahren und bis 1933 sollten berücksichtigt werden", wie Dr. Martin extra betonte.[3021]

Nachdem eine Arbeitsgemeinschaft der Länderinnenministerien einige Jahre lang daran gearbeitet hatte, konnte die „Vorschrift für den Großen und den Außergewöhnlichen Sicherheits- und Ordnungsdienst" (VfdP 1) im Jahre 1965 in Kraft treten.[3022] So neu waren ihre einzelnen Inhalte aber nicht. Im allgemeinen Teil drehte sich zunächst alles um „Führungsgrundsätze", aber auch Themen wie „Beurteilung der Lage, Entschluß und Befehlsgebung". Solche und weitere Begrifflichkeiten wie „Aufklärung und Erkundung, Sicherung" und „Marsch" erinnern schon sehr an jene Sprache, die schon vor 1945 die Polizeitaktik dominiert hatte. Diesen Eindruck erhärtet ein Blick in das nächste Kapitel. Es beschrieb nicht nur, wie sich die Polizeieinheiten bei „Ansammlungen", „Veranstaltungen", „Fahndungen und Durchsuchungen" sowie Streiks und in besonderen Notfällen zu verhalten hatten. Auch auf „Truppenbewegungen" wollte der Leitfaden seine Leser vorbereiten. Neu war hingegen, dass sich die Polizei nicht mehr mit „Banden" herumschlagen musste, sondern stattdessen der „Einsatz gegen gewalttätige Verbrecher" im Vordergrund stand. Dennoch fanden sich im letzten Abschnitt erneut altbekannte Themen wieder, die etwa die Felder „Aufklärung und Erkundung", „Sicherung", „Angriff", „Abwehr" und „Befriedung" behandelten.[3023] Hinsichtlich des Einsatzes gegen studentische Protestler war diese Vorschrift also keineswegs innovativ. Wenngleich sie verglichen mit anderen Richtlinien etwas entschärft war, hantierte die Polizei darin zwei Jahrzehnte nach Kriegsende noch immer mit einem sehr militärischen und belasteten Vokabular.

In den folgenden Jahren sollten weitere Reformen dazu führen, dass die polizeitaktischen Bestandteile ihr streng paramilitärisches Gepräge noch weiter verlieren und gleichzeitig an

3017 Vgl. BayHStA München, Polizeischule FFB 473, I. A. Dr. Stoll (StMdI): Niederschrift über die Besprechung am 20.12.1962 im Bayer.Staatsministerium des Innern: Einsatz der Polizei zur Bekämpfung von Krawallen und Unruhen, 09.01.1963.

3018 Ebd., S. 5.

3019 Vgl. ebd., S. 6.

3020 Vgl. ebd., S. 2–5.

3021 Ebd., S. 2 f.

3022 BayHStA München, Polizeischule FFB 473, I. A. Schmidtkonz (StMdI) an u. a. Bayerische Polizeischule: Richtlinien für die Polizeiverwendung, 08.09.1964, S. 1.

3023 BayHStA München, Polizeischule FFB 473, VfdP 1: Vorschrift für den Großen und den Außergewöhnlichen Sicherheits- und Ordnungsdienst, [1965].

Gewicht in der gesamten Ausbildung einbüßen sollten. Das begrüßten aber nicht alle Beamten. Anlässlich ihres 20-jährigen Bestehens plädierte etwa der damalige Oberpolizeirat Albert Rieg im Jahre 1971 dafür, die Bereitschaftspolizei des Freistaats wieder intensiver in der Polizeiverwendung auszubilden.[3024] Innerhalb dieser zwei Jahrzehnte habe sich ihre gesamte Ausbildungszeit von 48 auf 42 Wochenstunden verringert. Diese zeitlichen Einschnitte seien hauptsächlich zulasten der truppenpolizeilichen Ausbildung gegangen. Der Leiter des Sachgebiets „Ausbildung" im Landesamt der Bereitschaftspolizei bewertete das kritisch und sprach sich dagegen aus, diesen Bereich noch weiter einzuschränken.[3025] Stattdessen sprach er sich für eine Kehrtwende aus:

> „Was die geschlossene Ausbildung angeht, sollte man auch nicht übersehen, daß polizeiliche Einsätze sowohl im taktischen Entscheid wie in der Durchführung immer schwieriger geworden sind. Diese Entwicklung erfordert ebenfalls häufigeres Üben. Man hat jedoch manchmal das Gefühl, daß die geschlossene Ausbildung nur so weit durchgeführt werden soll, wie sie allgemein gefällt."[3026]

Trotzdem konnte auch er nicht verhindern, dass die Reformen der späten sechziger und vor allem der siebziger Jahre vor der Polizeiverwendung nicht Halt machten und den geschlossenen Einsatz der Bereitschaftspolizei liberalisierten. Doch bis dahin war es ein weiter Weg. Das lag nicht zuletzt daran, dass sich ihre Lehrkräfte an Schriften orientierten, nach denen bereits in der Vergangenheit ausgebildet worden war.

Mangels neuer Lehrbücher arbeitete die westdeutsche Staatsgewalt mit Werken zur Polizeiverwendung, deren Autoren bereits in der Weimarer Demokratie zum Thema publiziert hatten.[3027] So hatten sich etwa die unterfränkischen Bezirksinspektoren der Landpolizei im Herbst 1951 selbstständig über dieses Sachgebiet zu informieren, indem sie den Text „Der Einsatz stärkerer Polizeikräfte" von Max Kreutzer studieren sollten.[3028] Die bundesdeutsche Ordnungsmacht nutzte sogar die zentrale Fachliteratur des „Dritten Reichs", um sich auf den geschlossenen Einsatz vorzubereiten. Eine der populärsten Schriften war weiterhin „Der Unterführer in der Polizeiverwendung" von Alfons Illinger, die selbst noch im Jahre 1962 überarbeitet in der mittlerweile 11. Auflage erschien.[3029] Obwohl diese im Vergleich zur Originalfassung des Jahres 1938 entschärft war, fanden sich in ihr viele der ursprünglichen Aufgaben lediglich in etwas abgeänderter und angepasster Form wieder. Sie unterrichtete den Leser über die ideale Vorgehensweise zum „Einsatz gegen eine Verbrecherbande auf dem Lande"[3030]

3024 Zur Biographie von Albert Rieg siehe Kapitel 7.4.

3025 Vgl. Rieg, Ausbildung, S. 21 f.

3026 Ebd., S. 22.

3027 Nicht nur in der Polizeiverwendung, sondern auch in anderen Disziplinen griff die bundesdeutsche Polizei für ihre Ausbildung zunächst auf Literatur aus der Weimarer Republik zurück. Vgl. Schulte, Bildung, S. 94.

3028 BayHStA München, Polizeischule FFB 414, I. V. Kundinger (Landpolizei Bayern – Chefdienststelle Unterfranken) an Präsidium der Landpolizei: Lehrgänge für Polizeiverwendung, 07.09.1951. Vgl. ferner Max Kreutzer, Der Einsatz stärkerer Polizeikräfte, 5. Aufl., München 1950. Siehe dazu auch Kapitel 3.3.

3029 Vgl. Alfons Illinger, Der Unterführer in der Polizeiverwendung. Ein polizeitaktisches Lehr- und Übungsbuch für Einzel- und Truppenpolizei. Neubearbeitet von Wilhelm Schell, 11., erw. Aufl., Lübeck 1962.

3030 Ebd., S. 131.

oder zur „Bekämpfung einer Terror- und Plündererbande"[3031] sowie „Säuberungsmaßnahmen".[3032] Für den Unterricht im geschlossenen Einsatz entstanden in der Nachkriegszeit allerdings auch neue Publikationen, die auf einen solch martialischen Wortschatz verzichteten.

In der frühen Bundesrepublik erschienen darüber hinaus auch andere Schriften, die aus der Feder von Polizisten stammten und die alten Feindbilder pflegten. In seinem 1958 erschienenen Buch „Mörder, Räuber und Banditen" schwadronierte etwa Herbert Kosyra über das „polnisch-oberschlesische Bandenwesen während des zweiten Weltkrieges 1939/45". Gerade dem polizeilichen Nachwuchs präsentierte der Kriminalinspektor seinerzeit eine Mischung aus reißerischen Gaunergeschichten und heroisierender Selbstbeweihräucherung der Kriminalpolizei. In diesem Sinne überhöhte und kriminalisierte er jene Gegner, mit denen es die deutsche Staatsgewalt im besetzten Polen und im „Altreich" aufgenommen hatte. Dabei betonte er, dass es zwar schon immer Verbrecher gegeben habe. Im Grenzgebiet seien sie aber besonders zahlreich und gefährlich gewesen.[3033] Die Lehren aus den damaligen Ereignissen könnten für die Polizei, laut Kosyra, nun auch in der Nachkriegszeit von großem Nutzen sein:

> „Die im Zuge der Bandenbekämpfung in Oberschlesien und Polen gemachten Erfahrungen, die Kenntnis der Eigenarten des oberschlesischen und polnischen Verbrechers, die Beherrschung der Sprache und ihre akzentfreie Wiedergabe führten nach dem Zusammenbruch im Jahre 1945 zu besonders guten Erfolgen, als die Polen und Angehörigen anderer Ostvölker im Westen Deutschlands ihr Unwesen trieben, Morde, Raubüberfälle und andere Straftaten begingen."[3034]

Dass das apologetische Machwerk nicht dafür gedacht war, sich mit der polizeilichen Praxis in der Region objektiv auseinanderzusetzen, lässt bereits der Regierungs- und Kriminaldirektor a. D. Willy Gay in seinem Geleitwort durchblicken. Ihm zufolge ziele das Buch darauf ab, „den Kampf der Ordnungselemente, der Polizei, gegen ein entfesseltes Untermenschentum, gegen Verbrecher, denen fremdes Leben ebenso wenig galt wie ihr eigenes, noch einmal zu vergegenwärtigen".[3035]

Auch im militärhistorischen Schrifttum der ersten Nachkriegsjahrzehnte fand sich das Motiv des „Bandenkampfes", mit dem der „auswärtige Einsatz" der Ordnungspolizei verharmlost wurde. In der Zeitschrift „Feldgrau" glorifizierte beispielsweise Hauptmann Horst-Adalbert Koch in einem Aufsatz aus dem Jahre 1957 die Polizeiregimenter und -bataillone des Zweiten Weltkriegs. So schrieb er in pathetischen Worten, dass sie „Schulter an Schulter mit den Verbänden der Wehrmacht an der Front und in Partisanengebieten ihre soldatische Pflicht erfüllten".[3036] Ähnlich klang es auch bei Herbert Golz, als er seine Gedanken zum „Bandenkrieg" in der Zeitschrift „Wehrkunde" im Jahre 1955 zu Papier brachte. In Form eines resümierenden Erfahrungsberichts sinnierte er über die osteuropäischen Partisanen und deren Kampfesweise, aber auch über das taktische Vorgehen insbesondere von Kräften der

3031 Ebd., S. 181.
3032 Ebd., S. 221.
3033 Vgl. Herbert Kosyra, Mörder, Räuber und Banditen. Das polnisch-oberschlesische Bandenwesen während des zweiten Weltkrieges 1939/45, Hamburg 1958, S. 10–61.
3034 Ebd., S. 61.
3035 Ebd., S. 9.
3036 Koch, Organisationsgeschichte, S. 141.

Ordnungspolizei und strategischen Fehlern der deutschen Besatzer.[3037] Ihm zufolge handelte es sich bei den „Banden“ um „alle irregulären Zusammenschlüsse von politisch oder ideologisch fanatisierten Menschen, die, ohne sich als Kämpfer kenntlich zu machen, Kleinkrieg führten“.[3038] Deswegen seien sie als Kombattanten nicht anerkannt gewesen und hätten sich bei ihren Aktionen auch sonst nicht an das Kriegsvölkerrecht gehalten. Dementsprechend unterstrich Golz, wie gefährlich diese Gegner gewesen seien:

> „Die Bandenangehörigen kannten aus Selbsterhaltung nur einen Richtsatz, nämlich den Gegner auf jeden Fall wirklich auszulöschen. Kein lebender Zeuge sollte von den Banden und ihren Taten später berichten können. Daraus ergab sich dann zwangsläufig eine allgemeine Verrohung und Grausamkeit im Verhalten der Banden. Es wurden unglaubliche Akte der Massenvernichtung und triebbedingte Unmenschlichkeiten an den Opfern begangen. Derartiger Handlungen ist ein anständiger Mensch normalerweise nicht fähig.“[3039]

Seiner Ansicht nach seien die deutschen Truppen auf das „*Bandenunwesen*“ überhaupt nicht vorbereitet gewesen, weshalb es sich bei ihren ersten Reaktionen bloß um „*Notwehrmaßnahmen*“ gehandelt habe.[3040] Zwar räumte Golz ein, dass auch vonseiten der Besatzer „die Vorschriften des Völkerrechtes nicht befolgt wurden“.[3041] Aber weder er noch Koch erwähnten, dass diese die „Bandenbekämpfung“ auch dazu genutzt hatten, um massenweise Zivilisten und vor allem Juden umzubringen.

Die westdeutsche Gesellschaft hinterfragte die Narrative der „Bandenkämpfer“ nicht weiter. Das dürfte nicht zuletzt daran gelegen haben, dass Autoren aus der DDR den sowjetischen Partisanenkrieg in den sechziger Jahren regelrecht romantisch überhöhten. Peter Kolmsee etwa gab ganz offen zu, seine Schrift „Der Partisanenkampf in der Sowjetunion“ aus dem Jahre 1963 beabsichtige nicht bloß, den Leser für das Thema zu interessieren. „Sie soll seine Hochachtung gegenüber dem heldenhaften Kampf des Sowjetvolkes, aber zugleich auch seinen Haß gegen die in Westdeutschland wiedererstandenen Kräfte des Imperialismus erwecken und verstärken“, wie der Militärhistoriker erklärte.[3042] Ähnliche Töne schlug zwei Jahre später Heinz Kühnrich an, der in seinem Buch „Der Partisanenkrieg in Europa 1939–1945“ diesen zu einer Erfolgsgeschichte des Kommunismus verklärte:

> „Der aktive Kampf der Volksmassen und die Befreiungsbewegung in den von den Naziokkupanten besetzten Ländern Europas verwandelten den Krieg allmählich in einen gerechten Befreiungskrieg gegen den faschistischen Staatenblock. [...] Unter der Führung der Kommunisten kämpften Millionen Menschen in allen vom Faschismus unterjochten europäischen Ländern gegen die faschistischen Räuber und leisteten damit einen wichtigen Beitrag zur Niederlage des deutschen Imperialismus.“[3043]

3037 Vgl. Herbert Golz, Erfahrungen aus dem Kampf gegen Banden, in: Wehrkunde 4/4 (1955), S. 134–140.
3038 Ebd., S. 134.
3039 Ebd., 137.
3040 Ebd., S. 137. Hervorhebung im Original.
3041 Ebd., S. 140
3042 Peter Kolmsee, Der Partisanenkampf in der Sowjetunion. Über Charakter, Inhalt und Formen des Partisanenkampfes in der UdSSR 1941–1944, Militärhistorische Studien, Bd. 6, Berlin 1963, S. 5 f.
3043 Heinz Kühnrich, Der Partisanenkrieg in Europa 1939–1945, Berlin 1965, S. 5.

Offensichtlich wusste die bundesdeutsche Öffentlichkeit mit solchen Interpretationen der marxistischen Geschichtsschreibung herzlich wenig anzufangen, sofern diese überhaupt den „Eisernen Vorhang" überwinden konnten. Großteils pflegte sie weiterhin einen traditionsreichen Antikommunismus, der im Kalten Krieg eine neue Stoßrichtung erhielt. Sein Fortbestand kam den „Polizeisoldaten" von einst äußerst gelegen. Denn auch ihm war es zu verdanken, dass ihre Reintegration in das demokratische Deutschland so reibungslos vonstatten ging. Noch in den siebziger Jahren existierte ein vertrautes Vokabular in polizeilichen Publikationen der Bundesrepublik, das sich begrifflich auf den „Bandenkampf" bezog.[3044]

Bis in die siebziger und frühen achtziger Jahre hinein befasste sich die deutsche Staatsgewalt mit Gedankenspielen und Szenarien, wie sie schon vor Kriegsende in der Polizeitaktik bestanden hatten.[3045] In den ersten Nachkriegsjahrzehnten veranstaltete z. B. der BGS allein oder oft auch gemeinsam mit Einheiten der Bereitschaftspolizei verschiedene Planspiele. Wie Falco Werkentin zu berichten weiß, waren diese sehr häufig vom „Banden-Motiv" und ähnlichen Konstrukten geleitet.[3046] An der Mosel trainierten beide Institutionen Mitte Oktober 1958 etwa den „Kampf gegen eingeschleuste und ‚landeseigene' politische Banden". Ein Jahr später probten sie zusammen in Schleswig-Holstein auch „Kämpfe im Waldgebiet".[3047] Einen „Einsatz gegen rote Agenten und Aktionsgruppen" studierte die spätere Bundespolizei im Herbst 1965 bei Kiel ein.[3048] Als Grenzschutzoffiziere im April 1970 einen Lehrgang im unterfränkischen Fladungen besuchten, hatten sie in einer polizeitaktischen Aufgabe gegen bewaffnete Revolutionäre einzuschreiten, indem sie eine „Säuberung des Ortes im Häuserkampf" durchführen sollten.[3049] Obwohl der BGS und die Länderpolizeien mit solchen Szenarien seitdem deutlich seltener konfrontiert waren, fanden derartige Kooperationen noch zehn Jahre später statt. In der gemeinsamen „Stabsrahmenübung ‚Roter Hahn'" übten sie in Baden-Württemberg sogar noch Ende Oktober 1980 den „Kampf gegen terroristische Aktivitäten", wozu etwa „Bandenüberfälle, illegale Reisebewegungen" und „Schießübungen in Wäldern" zählten.[3050]

Die siebziger Jahre brachten für die deutsche Polizei zahlreiche Reformen, die mit dazu beitrugen, dass sie sich von den martialischen Relikten der Weimarer und der NS-Zeit allmählich löste, an denen im Nachkriegsdeutschland immer wieder Kritik aufkam. Mitverantwortlich dafür waren nicht zuletzt der damals stattfindende innenpolitische Wandel in der Bonner Republik sowie die neue Ostpolitik der sozialliberalen Koalition, die dem westdeutschen Antikommunismus großenteils den Boden entzog. Die Staatsgewalt löste sich allmählich von dem Standpunkt, sich auf einen Bürgerkrieg vorbereiten zu müssen. Sie konzentrierte sich stattdessen wesentlich stärker darauf, den alltäglicheren Formen von Kriminalität entgegenzutreten. Nachdem die Ordnungsmacht zuvor damit gescheitert war, gegen die Studentenbewegung an einer anachronistischen Polizeitaktik festzuhalten, sah sie sich in dieser Umbruchphase genötigt, ihre Einsatzkonzepte zu überdenken und zu erneuern. Obwohl der linksextremistische Terrorismus und neue Protestkulturen in den siebziger Jahren die Gesetzeshüter auf eine harte Probe stellten und dadurch diese Reformwelle zu bedrohen schienen, ließ sie sich letztlich nicht aufhalten. So baute die Polizei beispielsweise ihren Personal-

3044 Vgl. Weinhauer, Partisanenkampf, S. 250 f.
3045 Vgl. Knatz, Heer, S. 378.
3046 Vgl. Werkentin, Restauration, S. 211–219.
3047 Ebd., S. 216.
3048 Ebd., S. 217.
3049 Ebd., S. 218.
3050 Ebd., S. 219.

stand deutlich aus, etablierte in ihren Reihen moderne Technologien wie etwa computergestützte Datenbanken und verzichtete auf Kriegsgerät wie Maschinengewehre, Granatwerfer und Panzerfäuste.[3051]

In dieser Phase des Wandels erhielt die deutsche Ordnungsmacht auch eine zentrale Lehranstalt für ihre Führungskräfte. Um möglichst rasch geeignete Lehrer für die polizeilichen Bildungsstätten ihrer gesamten Besatzungszone zu erziehen, hatten die Briten bereits Mitte 1945 die Zentral-Polizeischule im westfälischen Hiltrup gegründet. Als sie die benötigte Anzahl an deutschen Lehrern erreicht hatten, hielten sie seit Februar 1946 spezielle Kurse ab, in denen sie Oberbeamte der Ordnungsmacht weiterbildeten. An dieser Aufgabe änderte sich auch nichts, nachdem die Kontrolle über die bedeutende Lehranstalt im Sommer 1947 auf das Land NRW übergegangen war und sich damit auch der britische Einfluss deutlich reduziert hatte. Seither unterstand sie einem deutschen Schulleiter, dem vorschwebte, am Standort zusätzlich ein Forschungsinstitut zu errichten, wie es im Preußen der Weimarer Republik existiert hatte. In Form eines neuen Statuts konnte dieses ambitionierte Vorhaben am 5. August 1948 realisiert werden. Seitdem veranstaltete die Zentral-Polizeischule nicht nur unterschiedliche Lehrgänge, in denen sie Führungskräfte der Staatsgewalt aus- und fortbildete. Sie machte sich auch daran, die verschiedenen Themen- und Einsatzfelder der deutschen Ordnungsmacht wissenschaftlich zu erforschen – ähnlich wie es einst in Berlin-Charlottenburg geschehen war. Außerdem öffnete sie sich zunehmend für Teilnehmer aus der amerikanischen und der französischen Zone.[3052] Seit 15. Dezember 1949 hieß sie „Polizei-Institut Hiltrup“, wobei sich an ihren Kompetenzen nichts änderte. In der Folgezeit sollte sie sich zur wichtigsten polizeilichen Lehranstalt in ganz Deutschland entwickeln. Nachdem sie im Jahre 1969 an den Bund und die einzelnen Länder die Aufgabe abgegeben hatte, die Beamten des gehobenen Dienstes auszubilden, entstand aus ihr Anfang des Jahres 1973 die „Polizei-Führungsakademie“ (PFA). Dadurch stieg sie zur obersten Polizeischule der Bundesrepublik auf, da letztlich nur sie die Anwärter des höheren Dienstes heranbildete.[3053] Während sie sich nach Erlass eines entsprechenden Gesetzes im Jahre 2005 sogar zur Deutschen Hochschule der Polizei (DHPol) wandelte, erledigt sie diese Aufgabe bis heute.[3054]

Die Polizei professionalisierte seit den siebziger Jahren insgesamt die Ausbildung ihrer Anwärter. Zudem öffnete sie sich inner- wie außerhalb der eigenen Institution ambitionierten Initiativen, die zum Ziel haben, die Staatsgewalt wissenschaftlich zu erforschen.[3055] Seinerzeit drangen in den Unterricht zunehmend sozialwissenschaftliche Konzepte ein, die auf eine Kommunikation mit dem Bürger und auf Deeskalation ausgerichtet sind.[3056] Als besonders innovativ erwies es sich, dass die einzelnen Bundesländer bereits Mitte der siebziger Jahre spezielle Fachhochschulen einrichteten, welche die Anwärter seither in einem Studium für den gehobenen Polizeidienst ausbilden.[3057] Zu ihnen gehört auch die Polizeischule Fürstenfeldbruck, die bis dahin einen tiefgreifenden Wandel erfuhr. War sie während des „Dritten

3051 Vgl. ebd., S. 187–201.
3052 Vgl. Kemmerich, Entstehung, S. 79 f., 94–105 und 110–117.
3053 Vgl. Wolfgang Birkenstock, Die Polizei-Führungsakademie, in: 100 Jahre, S. 98–117, hier: S. 99.
3054 Vgl. Frevel, Polizei, S. 7.
3055 Vgl. Werkentin, Restauration, S. 197–200.
3056 Vgl. 100 Jahre, S. 69 f. Ferner: Schulte, Bildung, S. 203–215.
3057 Vgl. Josef Falter/Rainer Stolle, Chronik des Polizeipräsidiums München, Bd. 2, Hildburghausen 1998, S. 22; 100 Jahre, S. 92. Ferner: Kaiser, Schranken, S. 38. Zu Aspekten des heutigen Fachhochschulstudiums der Polizei in NRW: Ulrike Neuhoff, Akademische Freiheiten im Korsett eines verschulten Studienbetriebs – Das Studium für Polizeivollzugsbeamte an der Fachhochschule für öffentliche Verwaltung Nordrhein-Westfalen, in: Leßmann-Faust, Polizei, S. 179–205.

Reichs" eine der wichtigsten Pflegestätten des nationalsozialistischen Geistes, entwickelte sie sich in der Nachkriegszeit zu einer demokratischen Vorzeigelehranstalt und zur bedeutendsten Bildungseinrichtung der bayerischen Ordnungsmacht. Nachdem sie von 1946 bis 1952 als Landpolizeischule gedient hatte, fungierte sie von 1953 bis 1975 als Bayerische Polizeischule. Seit 1975 existiert sie als Fachhochschule der bayerischen Polizei, wobei sie in der allgemeinen Bayerischen Beamtenfachhochschule angesiedelt war. Im Jahre 2003 wurde sie schließlich in „Bayerische Fachhochschule für öffentliche Verwaltung und Rechtspflege – Fachbereich Polizei" umbenannt, wie sie seither offiziell heißt.[3058] Fanden vor einigen Jahrzehnten noch Offiziersanwärterlehrgänge innerhalb ihrer Mauern statt, ist sie heute die zentrale Lehranstalt für alle bayerischen Gesetzeshüter, die zu Polizei- und Kriminalkommissaren aufsteigen wollen. Die Aspiranten des gehobenen Dienstes absolvieren in ihr ein anspruchsvolles Studium, das insgesamt inklusive eines praktischen Semesters zwei bis drei Jahre lang dauert und 25 Fächer umfasst. Phasenweise übernimmt sie auch die Aufgabe, die Anwärter des höheren Dienstes auszubilden, die dann an der Deutschen Hochschule der Polizei in Münster-Hiltrup ihr Masterstudium fortführen.[3059] Nichts deutet mehr darauf hin, dass die Brucker Institution einst für zahlreiche Polizeioffiziere ein Drehkreuz zum Vernichtungskrieg war. In ihr regiert nicht mehr der totalitäre Maßnahmenstaat, sondern nur noch der demokratische Rechtsstaat. Die Geschichte der Polizeischule Fürstenfeldbruck verdeutlicht, dass sich historisch kontaminierte Orte wandeln können, sofern ein politischer und gesellschaftlicher Wille dazu vorhanden ist.

3058 Vgl. Homepage der Fachhochschule für öffentliche Verwaltung und Rechtspflege in Bayern – Fachbereich Polizei. Chronik: Vom Kloster zur Polizeischule. URL: http://www.fhvr-polizei.bayern.de/de/wir-ueber-uns/chronik.html (zuletzt eingesehen am: 15.07.2017).

3059 Vgl. Hermann Vogelgsang, 40 Jahre Fachbereich Polizei. Polizei(ausbildung) im Wandel, in: Berichte, Fakten, Hintergründe aus dem Fachbereich Polizei 1 (2015), S. 3–8, hier: S. 3 f.

9. Vom „Bandenkampf" zum Völkermord – Die Relevanz der Ausbildung für die berufliche Sozialisation der Polizeioffiziere

Die Polizeischule Fürstenfeldbruck war ein zentraler Täterort. Erschreckend viele Lehrer und Schüler zogen in den „auswärtigen Einsatz", von dem einige als Kriegsverbrecher und Judenmörder zurückkehrten. Nun stellt sich die Frage, warum sie sich anscheinend so bereitwillig daran beteiligten, die nationalsozialistische Vernichtungspolitik zu vollstrecken. Auch an dieser Stelle können keine Antworten gegeben werden, die ihre Motive und Taten vollständig zu erklären vermögen. Diesen Anspruch verfolgt die vorliegende Studie auch gar nicht. Der einleitende Überblick verwies bereits auf zahlreiche Theorien, welche die Täterforschung seit Kriegsende entwickelte. Allein deren Zahl und Spannbreite verdeutlichen, weshalb sich monokausale Erklärungen verbieten. Zudem darf nicht vergessen werden, dass es in den Reihen der Ordnungspolizei einige tausend Männer gab, die am Holocaust und an weiteren Massenverbrechen mitwirkten. Nicht zuletzt darum kann keine universelle Interpretation dafür gefunden werden, wieso sie das taten und welche Charaktereigenschaften sich daraus ableiten lassen. Fanatische Nationalsozialisten und Antisemiten gab es sicherlich ebenso wie Sadisten, Opportunisten, Karrieristen und Autoritätsgläubige.[3060]

Ohne dies pauschal auf sämtliche Offiziere der uniformierten Polizei übertragen zu wollen, führt die vorangegangene Analyse jedoch zu dem Ergebnis, dass das Massenmorden in den besetzten Gebieten nicht nur mit individual- und kollektivbiographischen sowie sozialen und situativen Faktoren erklärt werden kann. Stattdessen konnte gezeigt werden, dass innerhalb der deutschen Polizei ein traditionsreiches Normengefüge existierte, das die Nationalsozialisten vereinnahmen und radikalisieren konnten. Deshalb mussten die Führungskräfte der Ordnungspolizei nicht unbedingt dem Idealtypus des ideologisch sattelfesten „Polizeisoldaten" entsprechen, um in den besetzten Ostgebieten zu „funktionieren".

Eingangs verwies die Studie auf das Modell von Rafael Behr, das eine Dichotomie zwischen einer übergeordneten *Police Culture* und einer informellen *Cop Culture* aufzeigt.[3061] Es sollte dabei helfen, die Offiziersausbildung der Ordnungspolizei von „oben" nach „unten" zu analysieren. Dabei offenbarte sich, dass die nationalsozialistische Polizeikultur kein absolutes Novum darstellte, weil sie sich sehr stark an ihrer Weimarer „Vorgängerin" orientierte. So waren bereits die angehenden Polizeiführer in den zwanziger Jahren mit erstaunlich ähnlichen Fächern und Inhalten konfrontiert, wie es später auch in Himmlers Machtbereich der Fall sein sollte. Zwar konnten die Nationalsozialisten das polizeiliche Ausbildungswesen und dessen Fächerkanon nicht vollständig neu erfinden. Es ist aber durchaus überraschend, wie viele Komponenten des „Weimarer Modells" sie in ihrem totalitären Polizeistaat integrierten.

3060 Zur breiten Palette an Motiven vgl. Curilla, Judenmord, S. 875–890. Siehe dazu auch Kapitel 1.1 und 1.2.

3061 Siehe Kapitel 1.3.

Das lag nicht zuletzt daran, dass die Polizei schon lange vor der „Machtergreifung" gegen Gegner gekämpft hatte, die auch bei den neuen Machthabern verhasst waren. Den militärisch ausgerichteten Kampf gegen linke Gruppen und „Banden" konnten sie in ihr Konzept übernehmen, womit sich der Ordnungsmacht gewohnte Orientierungsmuster boten.

Um die Polizei noch stärker zu vereinnahmen, baute die nationalsozialistische Polizeikultur darauf auf, den Oberbeamten als solchen nicht nur wertzuschätzen, sondern ihn regelrecht zu glorifizieren. Dabei handelte es sich gewissermaßen um eine Facette der deutschen „Gefälligkeitsdiktatur", die sich stets bemühte, die Loyalität der „Volksgenossen" durch ideelle und materielle Geschenke zu sichern.[3062] Auch die Führungsriege der Ordnungsmacht ließ sich nur allzu gerne von den Nationalsozialisten korrumpieren. Seit der „Machtergreifung" begaben sie sich daran, das deutsche Beamtentum insgesamt normativ aufzuwerten und gleichzeitig militärisch auszurichten. Gerade aber die Polizeioffiziere waren besonders empfänglich für diese „Wiederbelebung eines gewissen Ständestolzes".[3063] Indem sich die neuen Machthaber darum bemühten, nicht nur eine neue starke Armee zu errichten, sondern auch das Berufsethos der polizeilichen Oberbeamten noch wesentlich stärker militärisch aufzuladen, erkauften sie sich deren Ergebenheit.[3064] Allgemein boten sich den Polizisten seit 1933 bessere Karrierechancen und Arbeitsbedingungen, da sie anders als in der Weimarer Republik nun unter anderem nicht mehr gegen politisch motivierte Aufständische auf den Straßen einschreiten und ihren Kopf herhalten mussten.[3065] Besonders mit den antikommunistischen und militaristischen Komponenten der neuen Staatsdoktrin konnte sich die Ordnungsmacht sehr leicht anfreunden.[3066] Das vermochte selbst denjenigen Gesetzeshütern zu gefallen, die der NSDAP eingangs ihrer Herrschaft noch skeptisch gegenüberstanden. Besonders ältere Polizeioffiziere begrüßten den neuen Kurs, weil sie von ihm recht schnell profitierten. Für viele von ihnen erfüllte sich ein langgehegter Wunsch, als sie 1935 wieder zurück in die Armee gelangten und dort ihre Karrieren fortsetzen konnten.

Allerdings benötigte der NS-Staat ein weiteres gemeinschaftsstiftendes Moment, um all jene Staatsdiener für sich zu gewinnen, die noch im polizeilichen Offizierskorps verblieben waren oder sich ab 1936 zu ihm gesellten. Insbesondere seitdem er zum obersten Polizeichef aufgestiegen war, verfügte Heinrich Himmler über einen solchen Integrationsfaktor, der in seiner Vision innewohnte, die SS mit der Polizei zu „verschmelzen". Denn von nun an reizte es zahlreiche Oberbeamte der Ordnungsmacht, jener neuen Elite anzugehören, als die sich die Schutzstaffel verstand. Sie basierte auf einer primär rassisch definierten Auslese, was generell auf viele Männer äußerst attraktiv wirkte, für die bislang der Weg zu anderen elitären Kreisen versperrt war.[3067] Auf diese Weise verstanden es Himmler und seine Entourage, auch jene Polizeibeamten anzusprechen, die sich immer noch so fühlten, als dienten sie nur in einer „Armee zweiter Klasse". Stattdessen firmierten sie nun gedanklich unter dem Etikett der „grünen Soldaten" innerhalb einer ideologisch aufgeladenen „inneren Wehrmacht". Dabei halfen dem Reichsführer-SS also nicht nur die rassischen und weltanschaulichen, sondern vor allem die militaristischen Elemente des SS-Elitekonzepts. Diese waren aber keineswegs exklusiv im „Schwarzen Korps" anzutreffen. Solche Tugenden wie etwa Treue, Gehorsam,

3062 Aly, Volksstaat, S. 36.
3063 Fangmann, Parteisoldaten, S. 84.
3064 Vgl. Martin Hölzl, Walter Nord – Polizeisoldat und Weltanschauungskrieger, in: Mallmann, Karrieren, S. 166–175, hier: S. 167; Schmidt, Bürgerkriegsarmee, S. 216.
3065 Vgl. Höhne, Orden, S. 191.
3066 Vgl. Schmidt, Prügelknaben, S. 255.
3067 Vgl. Höhne, Orden, S. 54; Dierl, Ordnungspolizei, S. 36; Schmidt, Polizisten, S. 402.

Loyalität, Leistungsfähigkeit und -bereitschaft existierten auch in anderen Institutionen, wenngleich die SS sie besonders pflegte.[3068] Während sie den älteren Polizeioffizieren bereits in der Reichswehr und in der Weimarer Ordnungsmacht begegnet waren, hatten die jüngeren Nachwuchskräfte sie entweder im Wehrdienst oder zuvor schon in anderen NS-Organisationen eingehend kennengelernt. Selbst wer sich nur aus opportunistischen und karrieristischen Gründen auf Hitlers Partei und ihre Gliederungen einließ, konnte sich mit einem solch vertrauten Wertesystem arrangieren.

Mit allen Inhalten und Idealen von Himmlers Wertesystem konfrontierte die Männer aber besonders die Ausbildung, die sie an den Offiziersschulen der Ordnungspolizei erhielten. Es war gewissermaßen ihre herausragende Aufgabe, die *Police Culture* des NS-Staats in eine *Cop Culture* seiner führenden Ordnungshüter zu transferieren. So zeigte sich an der Polizeischule Fürstenfeldbruck, dass die Lehrer ihren Schülern ausgiebig einzutrichtern versuchten, welche Rollen sie künftig einzunehmen und welche Werte sie darin zu kultivieren hatten.[3069] Diese Botschaften waren entweder in den jeweiligen Fächern oder interdisziplinär zu finden: Die theoretisch angelegte Polizeiverwendung konzentrierte sich vor allem auf den im geschlossenen Verband auszufechtenden Kampf, der weniger polizeilich, sondern gerade während des Krieges vielmehr militärisch geprägt war. Das Fach zielte also darauf ab, die Offiziersanwärter zu Kämpfern zu formen, die in einer polizeilichen Einheit harmonisch und taktisch klug miteinander zu interagieren hatten. Mehr noch sollten die Männer in die Lage versetzt werden, einen solchen Verband selbst zu führen. Praktisch einstudieren mussten sie dies in der Exerzier- und Geländeausbildung, die außerdem beabsichtigte, die Schüler körperlich abzuhärten. Auch die Körperschulung forderte sie dazu auf, stets diszipliniert an sich zu arbeiten und zu demonstrieren, was sie physisch zu leisten imstande waren. Gerade im Kampfsport und im Nahkampf übten sie, über sich hinauszuwachsen und sich im Wettbewerb sowie im späteren Ernstfall auch kämpferisch zu behaupten, wobei hauptsächlich das Recht des Stärkeren galt. Indem sie daneben auch noch Reiten und Fechten lernten, untermauerten die angehenden Führungskräfte damit ihren elitären Status. Diesen sollten sie gedanklich in der Kriegsgeschichte pflegen, die ihnen bewusst zu machen versuchte, dass sie sich in der jahrhundertealten Tradition einflussreicher militärischer Führungsfiguren befänden und dazu verpflichtet seien, ihr historisches Erbe gemeinsam zu bewahren. Dadurch wollten ihnen die Lehrkräfte klarmachen, dass sie als Angehörige der Polizeielite nicht nur attraktive Privilegien genießen dürften, sondern ihnen daraus auch verantwortungsvolle Aufgaben erwüchsen. Insgesamt waren die Offiziersanwärterlehrgänge also dadurch charakterisiert, dass sie ihren Teilnehmern recht archaische und martialische Männlichkeitsbilder vermittelten.

Andere Fächer schrieben dem idealen Polizeioffizier noch weitere Rollen und Eigenschaften zu. Der Unterricht im Nachrichten-, Waffen- und Kraftfahrwesen sah in ihm einen Experten, der technisch, militärisch und organisatorisch sehr versiert war. Darüber hinaus gab es noch eine ganze Reihe von Disziplinen, die ihn buchstäblich zum Gesetzes- und Ordnungshüter stilisierten. Obwohl diese idealistische Botschaft an Polizisten adressiert war, handelte es sich dabei nicht bloß um eine überflüssige Binsenweißheit. Vielmehr hob sie den eigentlichen Zweck ihres beruflichen Daseins hervor und wirkte somit sinnstiftend. In erster Linie waren es die rechtlichen Disziplinen, die den Schülern verdeutlichen sollten, dass ihnen die essentielle Aufgabe zufiel, genau zu kontrollieren, ob sich auch wirklich jedermann

3068 Vgl. Hein, Elite, S. 92–95.
3069 Siehe dazu auch Kapitel 5.

an die Gesetze hielt, oder einzuschreiten, wenn die bestehende Ordnung bedroht war. Gleichzeitig vermittelten sie ihnen ein fundiertes Wissen darüber, in welchem gesetzlichen und normativen Rahmen sie selbst agieren konnten. Das bot ihnen eine Orientierung und ordnete ihren Dienstalltag. Diesen Zweck erfüllten auch bürokratische Fächer, wozu z. B. die Revierkunde sowie das Haushalts- und Wirtschaftswesen zählten. Sie skizzierten eine dienstliche Routine, in welcher der Polizeiführer nicht nur als fachkundiger Beamter, sondern gegenüber den Bürgern auch als „Freund und Helfer" auftreten sollte. Dazu gesellte sich das Motiv des Beschützers, der sich fürsorglich um seine „Volksgenossen" zu kümmern und sich um ihr Wohlergehen zu sorgen hatte. Den Schülern erschien dieses Ideal vor allem im Luftschutz und in der Kriminalistik. Diese Fächer offenbarten ihnen, dass sie auch verpflichtet waren, die deutsche Bevölkerung zum einen vor feindlichen Fliegern und zum anderen vor Verbrechern zu beschützen.

In ihrer Ausbildungszeit waren die Offiziersanwärter darüber hinaus mit einer ganzen Reihe von Tugenden konfrontiert, die nicht nur innerhalb der Polizei, sondern in allen militärisch ausgerichteten Organisationen und sonstigen Männerbünden kultiviert wurden. Sie begegneten den Schülern über die Fachgrenzen hinweg, aber besonders in den militärischen und politisch-weltanschaulichen Disziplinen. Zu ihnen gehörten all jene Werte, die in einem hierarchisch gegliederten System unabdingbar waren, wie etwa Gehorsam, Disziplin und die Fähigkeit, Befehle befolgen oder selbst welche erteilen zu können. Hinzu kamen Tapferkeit, Mut, Loyalität sowie ein ausgeprägtes Selbst- und Pflichtbewusstsein, aber auch eine bedingungslose Treue gegenüber Vorgesetzten und Kollegen, der übergeordneten Organisation wie den in ihr geteilten Prinzipien. Nicht zuletzt sollten die angehenden Offiziere penibel auf die „Manneszucht" achten. Beinahe als ihren höchsten Wert würdigte die Ordnungsmacht aber die Kameradschaft. Denn die Beamten mussten sich nicht nur in den Lehrgängen aufeinander verlassen können, sondern auch in den Amtsstuben und Polizeieinheiten im „auswärtigen Einsatz". Sozialwissenschaftlich betrachtet kommt der Kameradschaft daher gerade in militärischen Formationen eine wichtige integrative Funktion zu, worauf etwa Hans-Joachim Heuer hinweist. Durch sie entwickeln sich Individuen zu einer relativ homogenen Einheit. Besonders wenn eine solche Gruppe einem kämpferischen Zweck dient, versteht sie sich als verschworene Gemeinschaft, in der die einzelnen Mitglieder gegenseitig aufeinander angewiesen sind und deshalb füreinander einstehen müssen.[3070] Nach Udo Behrendes gaben die Männer immer mehr von ihrer Individualität auf und banden sich gleichzeitig immer enger an ihre Truppe und damit auch an die polizeiliche Organisation sowie deren Normensystem, je stärker sie während des „auswärtigen Einsatzes" von der Außenwelt abgeschnitten waren. Das eigene Gewissen trat letztlich hinter der kollektiv geteilten Moral der Organisation zurück.[3071]

Mit dieser Palette an dezidiert militärischen Tugenden begnügten sich die vorwiegend ideologisch bestimmten Fächer jedoch nicht, die sie deshalb noch durch eigene Normen ergänzten. Insbesondere die Lebenskunde und später die Pflichtenlehre taten sich dabei hervor. Sie präsentierten den Anwärtern den gesamten Tugendkatalog der SS, in dem vor allem die Ehre einen zentralen Stellenwert besaß. Sie sollten innerhalb der Polizei und in der Öffentlichkeit jederzeit als mustergültige Repräsentanten des NS-Staats auftreten. Einen Schritt weiter ging die weltanschauliche Schulung, die sich bemühte, den Schülern zu vermitteln,

3070 Vgl. Hans-Joachim Heuer, Über das polizeiliche Töten im Dritten Reich, in: Schulte, Polizei, S. 389–405, hier: S. 399 f.

3071 Vgl. Behrendes, Bürger, S. 65.

dass sie als ideologisch gefestigte Kämpfer für das „Großdeutsche Reich" sowie als Hüter der „arischen" Rasse und deren „Lebensgesetze" fungieren müssten. Dadurch vermengte sie politisch-weltanschauliche und polizeilich-militärische Motive miteinander. Somit konnte das Regime eigene ideelle Akzente setzen und sich auf diese Weise von der Weimarer Polizeikultur abgrenzen. Himmlers Machtapparat verfügte damit zugleich über ein Bindemittel, das all diese Elemente zusammenhalten sollte.

Diese Wertefusion erleichterte ihm zudem das Konstrukt des „Staatsschutzkorps", das darüber hinaus integrativ wirken und unpolitische Gesetzeshüter sowie ideologisch motivierte SS-Männer gedanklich zu politischen „Polizeisoldaten" formen sollte. Melanie Becker weist für die Sicherheitspolizei darauf hin, dass dieses abstrakte Gebilde es den Führungskräften ermöglichte, sich mit ihrer Institution zu identifizieren. Organisationspsychologisch betrachtet zielte das Leitmotiv des „Staatsschutzkorps" also darauf ab, „die Kongruenz zwischen organisationaler und personaler Identität" zu begünstigen.[3072] Heydrichs Männer sollten sich dementsprechend möglichst stark über ihre Organisation definieren, indem das Regime sie unter anderem auf eine Stufe mit der Armee stellte und in den elitären Kreis der SS integrierte, wie das auch analog für Dalueges Ordnungsmacht geschah. Im Unterschied zu ihr betrachtete sich die Sicherheitspolizei jedoch als „Arzt am Volkskörper", der seine kriminalpräventiven Aufgaben aus einer biologistischen Perspektive heraus erledigte. Um ihre Führer an diesen Idealen auszurichten, wurden die handverlesenen Kandidaten in den institutionseigenen „Kaderschmieden" und sonstigen Stationen ausgebildet, wo sie eingehend mit den Wertekatalogen der Sicherheitspolizei und der SS konfrontiert waren.[3073] Einmal abgesehen von den spezifischen Aufgaben dieses Polizeizweigs ergaben sich insgesamt also recht viele normative und prozedurale Parallelen zur Offiziersausbildung der Ordnungspolizei.

Damit sich das ideelle Modell des „Staatsschutzkorps" selbst reproduzieren konnte, mussten die angehenden Polizeiführer es nicht nur selbst verinnerlichen, sondern auch noch fähig sein, seine Prinzipien an Untergebene zu vermitteln. Deshalb schulten die Kurse an der Polizeischule Fürstenfeldbruck solche Kompetenzen ebenfalls. Die Lebenskunde und später die Pflichtenlehre, aber vor allem die Unterrichtslehre pochten deswegen darauf, dass jeder einzelne Schüler lernte, selbst als Führer, Lehrer und Erzieher aufzutreten. Für ihre Schützlinge sollten sie später einmal alle als Vorbilder und damit gleichzeitig als Multiplikatoren der NS-Tugendlehre fungieren. Weil diese Aufgabe für die Staatsgewalt so bedeutungsschwer war, zeigte ihnen auch die SS- und Polizeigerichtsbarkeit auf, wie sich der Polizeioffizier des „Dritten Reichs" idealerweise zu betragen hatte. Zugleich offenbarte das Fach, welche Konsequenzen es für Himmlers Ordnungshüter nach sich ziehen könnte, wenn sie gegen den Moralkodex der SS verstießen. Damit arbeiteten die Lehrer darauf hin, abweichendes, illoyales und angeblich unehrenhaftes Verhalten von vornherein im Keim zu ersticken. Denn eine zentrale Botschaft lautete dabei, dass die angehenden Führungskräfte sehr schnell wieder aus der Elite ausgeschlossen werden konnten, sofern sie sich nicht an deren Regeln hielten. Es drohte ihnen also, rasch jenen Status und die damit verbundenen Privilegien einzubüßen, mit denen der NS-Staat viele von ihnen überhaupt erst geködert hatte.

Damit sich der einzelne Offiziersanwärter in die polizeiliche Institution integrieren und mit ihren Werten identifizieren konnte, genügte es für die Ordnungsmacht aber nicht, nur das eigene positive Selbstbild zu pflegen, das ihre Polizeikultur maßgeblich bestimmte. Ihm

3072 Melanie Becker, Organisationskultur der Sicherheitspolizei im Nationalsozialismus, in: Lüdtke, Polizei, S. 249–278, hier: S. 252.

3073 Vgl. ebd., S. 253–257.

stellte sie deshalb einen Widerpart gegenüber, durch den die uniformierten Staatsdiener genauer definieren konnten, was sie selbst ausmacht. Allerdings gestaltete sich dieses Unterfangen nicht gerade leicht. Denn der polizeiliche Gegner war meist recht diffus und durch das verwendete Vokabular nur schwer greifbar. Im genuin polizeilichen Kontext erschien er als Verbrecher, Krimineller, Gesetzesbrecher, Verkehrssünder oder schlicht als Gauner. Solch eine Wortwahl fand sich insbesondere in den rechtlichen Fächern und in der Kriminalistik. Im militärischen Kontext zeigte sich der Gegner hingegen als militärischer Kontrahent oder ausländische Armee, vorwiegend jedoch als Aufständischer, Kriegsgefangener, Partisan, „Bandit" oder Kommunist. Genau daran konnten die politisch-weltanschaulichen, aber auch bestimmte rechtliche Disziplinen andocken, welche die Kollage der Antagonisten erweiterten. Sie behandelten insbesondere „Bolschewisten", „Plutokraten", Spione, Freimaurer, Ausländer, „Volksschädlinge", Homosexuelle, „Zigeuner" und Juden. Einen weiteren Opponenten prägten noch die Lebenskunde, die Pflichtenlehre sowie die SS- und Polizeigerichtsbarkeit. Sie richteten sich vor allem gegen all jene Angehörigen des Himmlerschen Apparats, die sich von ihm, seinen Gesetzen, Regeln und Tugenden abwendeten und damit gegen die als heilig erachtete Ordnung verstießen.

Wenn es also darum ging, subversive Elemente in einem größeren Kontext auftreten zu lassen, mobilisierte der Unterricht ganze Armeen oder sogar Staaten. Das kam jedoch eher selten vor. Auf dem Papier oder im Übungsgefecht kämpften die Schüler stattdessen meist gegen Gegner, die allesamt als „Feind im Innern" identifiziert werden können und sich unter diesem Oberbegriff subsumieren lassen. Dabei war es nebensächlich, ob sie es mit Straftätern, Aufrührern, Kommunisten oder „Bandenmitgliedern" aufnehmen mussten. Als viel wichtiger stellte es sich dar, dass diese Gegner stets die bestehende Ordnung und damit den Status quo gefährdeten, den die Staatsgewalt zu verteidigen hatte – nicht zuletzt deshalb, weil sie selbst von ihm profitierte. Ein essentielles Wesensmerkmal dieses Gegenparts bestand darin, dass er sehr diffus und gedanklich nur schwer zu fassen war. Allerdings stellte das kein neues Phänomen dar, weil es bereits die Weimarer Exekutive mit relativ abstrakt gehaltenen Kontrahenten zu tun hatte. Dadurch existierte bereits ein traditionsreiches Feindbild, das der nationalsozialistische Polizeiapparat weitgehend übernahm, ideologisch aber hauptsächlich durch *den* Juden erweiterte. Zu Recht weist Jürgen Matthäus darauf hin, dass das Regime diesen bereits in der Vorkriegszeit sowohl durch seine ständig wachsende Anzahl antisemitischer Gesetze als auch durch seine judenfeindliche Propaganda zunehmend kriminalisierte und so zum polizeilichen Ziel machte. Denn ein beliebtes Motiv der medialen Hetze war es, Juden und Verbrecher miteinander gleichzusetzen.[3074]

Der „Feind im Innern" erhielt so scheinbar schärfere Konturen, blieb aber weiterhin nebulös. Vielmehr sorgten NS-Ideologen dafür, dass sie noch stärker verblassten und letztlich zu austauschbaren Chiffren verkamen. Der Gegner musste auch gar nicht konkret und plastisch sein, damit die Ordnungspolizei gegen ihn vorgehen konnte. Stattdessen sollte er sogar diffus sein, weil er ansonsten greifbar, durchschaubar und nicht mehr so gefährlich gewesen wäre. Doch wenn es keinen Anlass gegeben hätte, sich vor diesem angeblich übermächtigen Feind zu fürchten, wäre es den „Polizeisoldaten" nicht so dringlich erschienen, ihn derart engagiert und rigoros zu bekämpfen. Und einen solchen Kampf hätten sie auch nicht als so heldenhaft wahrgenommen. Denn es griff ein einfaches Prinzip: Je stärker der Schurke ist, desto größer ist auch der Held. Die Polizei steigerte im „Dritten Reich" also nicht zuletzt deshalb ihren Einfluss, weil der Nationalsozialismus den „Feind im Innern" deutlich aufwertete. Um

3074 Vgl. Matthäus, Front, S. 150.

Beckers organisationspsychologischer Interpretation der Sicherheitspolizei zu folgen, konnten sich die Staatsdiener wahrscheinlich umso stärker mit ihrer ordnungspolizeilichen Organisation identifizieren, je mehr sie sich von diesem Gegner bedroht fühlten.[3075]

Insbesondere das Konstrukt der „Bande“ eignete sich hervorragend, um diese diffuse Bedrohung aufrechtzuerhalten und damit Teil der *Cop Culture* werden zu lassen. Dieser Begriff verriet nicht genau, um was für eine Art von gegnerischem Zusammenschluss es sich dabei handelte. Ihre Angehörigen verschwanden lediglich in einem anonymen Kollektiv. Dabei ging dieses Feindbild nicht auf die Nationalsozialisten zurück, sondern stellte vielmehr eine Konstante der deutschen Geschichte dar, die sich mindestens bis in die Frühe Neuzeit zurückverfolgen lässt. Über viele Jahrhunderte hinweg war die Mentalität der Armee von der Furcht vor heimtückisch aus dem Hinterhalt operierenden „Freischärlern“ geprägt gewesen, die auch das Ende des Ersten Weltkriegs überstanden hatte. Als „Bande“ hatte dann die Weimarer Polizei eine Gruppe bezeichnet, deren Angehörige sich deswegen zusammenfanden, um gemeinsam eine Straftat zu begehen. So hatte sie z. B. von Diebes-, Räuber-, Einbrecher- oder Mörderbanden gesprochen. Daneben hatte sie den Terminus aber auch verwendet, um damit dezidiert politisch links orientierte und gemeinschaftlich organisierte Gegner zu benennen, die den bewaffneten Kampf gegen den demokratischen Staat und seine Ordnungsmacht aufgenommen hatten. Obwohl oder gerade weil er so schwammig war, hatte der „Banden-Begriff“ nachhaltig die polizeiliche Gedankenwelt der zwanziger Jahre geprägt und den erneuten Systemwechsel überlebt, um sich dann sogar noch größerer Popularität zu erfreuen.[3076] Ähnlich verhielt es sich mit verwandten Vokabeln, zu denen besonders der einzelne „Bandit“ zählte. Die Propaganda des NS-Regimes griff sie ebenfalls auf, verwendete sie aber nicht nur im polizeilichen Kontext.[3077] Solche Ausdrücke dienten vor allem Himmlers Machtapparat dazu, seinen Angehörigen sprachlich zu suggerieren, dass die so bezeichneten Personen per se kriminell und deshalb scharfe Maßnahmen gegen sie gerechtfertigt seien.[3078]

Für die Nationalsozialisten war es sehr vorteilhaft, dass ihre fiktiven Gegner lediglich grobe Orientierungsmuster vorgaben. Ihnen genügte es vollkommen, nicht nur im polizeilichen Bereich, sondern generell mit einer einfachen Dichotomie zu operieren, die auf dem existentialistischen Kampf zwischen „Gut“ und „Böse“ basierte. „Ganovenjäger“ brauchten ihre „Verbrecher“ ebenso sehr wie „Polizeisoldaten“ ihre „Partisanen“. Da die selbsternannten „Herrenmenschen“ jedoch die Furcht vor dem „Feind im Innern“ noch stärker befeuerten, benötigten sie aber auch geeignete Kräfte, die ihm Einhalt gebieten konnten. Weil die Ordnungsmacht naturgemäß damit beauftragt war, diesen Kampf auszufechten, wirkte allein die mögliche Existenz ihres Widersachers für sie sinnstiftend. Denn ohne ihn wäre nicht nur die Polizei obsolet geworden. Ohne dieses interdependente Verhältnis hätte auch die NS-Herrschaft nicht funktioniert, weil sie wesentlich auf einem Wechselspiel zwischen Exklusion und Inklusion fußte. Wie Hans Mommsen konstatiert, war die braune Diktatur grundsätzlich auf den „inneren Feind“ angewiesen, um es den „Volksgenossen“ und vor allem den eigenen Parteiaktivisten zu ermöglichen, sich in das neue Gesellschaftsprojekt zu integrieren.[3079] Am Ende dieses Prozesses sollte dann eine deutsche „Volksgemeinschaft“ stehen, unter deren Angehörigen egalitäre Verhältnisse herrschten. Damit dieses Konstrukt realisiert werden konnte, mussten sich seine Propagandisten daranmachen, all jene tatsächlich aus der deutschen

3075 Vgl. Becker, Organisationskultur, S. 271.
3076 Siehe dazu besonders Kapitel 3.3.
3077 Vgl. Brewing, Alltagspraxis, S. 512; Matthäus, Welle, S. 267.
3078 Vgl. Westermann, Friend, S. 648.
3079 Vgl. Mommsen, Polizeistaat, S. 70.

Bevölkerung auszusondern, denen sie absprachen dazuzugehören. Die „Volksgemeinschaft" existierte also gewissermaßen erst durch „die Chimäre der sozialen Gleichheit und die Praxis der rassistischen Ungleichheit".[3080] Und eben diese Praxis fungierte gerade für die Vollstrecker des staatlichen Willens „als korrumpierendes Partizipationsangebot" und „Vehikel sozialen Aufstiegs".[3081]

All diese ideellen Schemen und Deutungsmuster können aber über eine Tatsache nicht hinwegtäuschen: Im Gegensatz zur Führungsriege der Sicherheitspolizei und des SD bildeten die Offiziere der Ordnungspolizei keineswegs eine intellektuelle oder gar weltanschauliche Elite. Zwar sollten sie sich nach dem Willen des Regimes als solche verstehen. Doch bereits in den Friedens- und erst recht in den Kriegsjahren mussten Himmler und seine bürokratische Gefolgschaft ernüchtert feststellen, dass Wunsch und Wirklichkeit nur allzu häufig weit auseinanderklafften. Diese Erkenntnis stammte besonders aus den Offiziersschulen, die eben nicht in der Lage waren, jeden Kandidaten zu einem führenden „Polizeisoldaten" zu erziehen. Den Kommandeuren zufolge waren viele Schüler dafür gänzlich ungeeignet, weil sie weder über die notwendigen Erfahrungen noch über die geistigen Fähigkeiten verfügten. Um die Expansion des „Dritten Reichs" abzusichern, benötigte der Polizeiapparat trotzdem dringend neues Führungspersonal. Deshalb musste er seine Ansprüche immer weiter herunterschrauben, um überhaupt zu einem Offiziersersatz zu gelangen. Dass viele Anwärter auch noch ideologisch ziemlich unbedarft waren, zeigte dem System der weltanschaulichen Schulung seine Grenzen auf. Wer in die Polizei eingetreten war, um seine soziale Situation zu verbessern und von den Chancen zu profitieren, die ihm das Regime bot, musste nicht zwangsläufig dessen Prinzipien teilen. Zudem war es den Schulen ohnehin wesentlich wichtiger, die Kursteilnehmer polizeitaktisch und militärisch auszubilden, damit sie in den „auswärtigen Einsatz" geschickt werden konnten. Aber gerade in den entsprechenden Fächern begegneten den Offiziersanwärtern die traditionellen Feindbilder, an denen sie sich ebenfalls in den Polizeieinheiten orientieren konnten.

Obwohl viele Kandidaten den Anforderungen nicht vollends entsprachen und vielmehr bestimmte Defizite aufwiesen, absolvierten zahlreiche Beamte trotzdem ihre Lehrgänge. Ein erheblicher Teil von ihnen gelangte dann in die besetzten Gebiete, um sich am deutschen Terror zu beteiligen. Das war es, was ihre Polizistenkultur in erster Linie prägte. Zwar lässt sich nicht genau bestimmen, wie sehr die Ausbildung in Fürstenfeldbruck oder Berlin-Köpenick sie auf diesem Weg beeinflusst hatte. Aber offensichtlich reichte ihr darin erworbenes Know-how aus, um mit ihren Einheiten im „auswärtigen Einsatz" bestehen zu können. Politisch-weltanschauliche Botschaften waren dafür anscheinend nicht ausschlaggebend. Allerdings dürften sie mit dazu beigetragen haben, dass die jungen Offiziere ein elitäres Selbstverständnis entwickeln konnten, in dem der Gemeinschaftsgeist eine zentrale Größe darstellte. Der Zusammenhalt innerhalb einer Polizeieinheit war lebenswichtig für jeden einzelnen ihrer Angehörigen. Für diesen hatten aber gerade die vorgesetzten Offiziere zu sorgen, zu denen zahlreiche Brucker Absolventen und Lehrkräfte gehörten.

Wenn die Führungskräfte der Ordnungspolizei es dann auch noch verstanden, sich gegenüber ihren Untergebenen zumindest so ähnlich zu verhalten, wie es Himmlers Polizeiapparat vorschwebte, konnten sie auf diese und damit die gesamte Einheit deutlich einwirken.

3080 Ulrich Herbert, „Volksgemeinschaft": Gleichheit und Ungleichheit, in: Winfried Nerdinger (Hrsg.), München und der Nationalsozialismus. Katalog des NS-Dokumentationszentrums München, München 2015, S. 408–418, hier: S. 418.

3081 Mallmann, Fußvolk, S. 382.

Durch einen entsprechenden Habitus gelang es ihnen, ihre Männer wesentlich stärker zu beeinflussen, als es der theoretische Unterricht oder die politische Indoktrination vermochten. Ihre eigenen Motive konnten durchaus ideologisch begründet sein. Unabhängig davon waren es häufig gerade die Oberbeamten, die bei den Massenverbrechen als treibende Kraft fungierten und ihre Truppe dabei durch ihr „Vorbild" animierten.[3082] Auch waren sie es, „die ihre Männer motivierten, anstachelten, ihnen Freiräume ließen oder auch entsprechende Befehle erteilten" und dadurch die „Hauptverantwortung für die Gewaltausübung" trugen.[3083]

Unter solchen Umständen offenbarte sich, dass zumindest ein Teil der in Himmlers Staatsgewalt kursierenden Tugenden durchaus einflussreich sein konnte. Das scheint insbesondere jene betroffen zu haben, die auf den Zusammenhalt der Einheiten abzielten. Während des „auswärtigen Einsatzes" zeigte sich, dass oftmals die Loyalität der Männer vor allem zu ihren Vorgesetzten, aber auch untereinander entschied, ob Polizisten am Judenmord teilnahmen. Obwohl etwa der Kommandeur des Reserve-Polizeibataillons 101, Major Wilhelm Trapp, seinen Untergebenen vor der ersten Massenerschießung eingeräumt hatte, sich nicht unbedingt daran beteiligen zu müssen, sofern sie sich nicht dazu imstande sahen, nahmen lediglich zwölf von rund 500 Mann dieses Angebot an. Wie Harald Welzer meint, wirkten die meisten Polizisten auch deshalb an der Mordaktion mit, weil sie weder ihren Kommandeur noch ihre Kameraden mit dieser schweren Aufgabe im Stich lassen wollten. Wer sich dem Töten dagegen entzogen hätte, hätte gegen die Werte seiner Gruppe und damit unsolidarisch gegenüber ihren Mitgliedern gehandelt, sich dadurch illoyal verhalten und letztlich sozial isoliert.[3084] So gesehen existierte innerhalb der Polizeieinheiten also gewissermaßen ein sozialer Befehlsnotstand.

In puncto Loyalität galt darüber hinaus für die Offiziere der Ordnungspolizei sicherlich auch, was Klaus-Michael Mallmann für einen Teil der Führungskräfte in den Einsatzgruppen konstatiert. Ihm zufolge waren sie dem NS-Staat treu ergeben, weil sie ihm ihren beruflichen Aufstieg verdankten. Daher nutzten sie den „auswärtigen Einsatz" dazu, sich zu „bewähren" und ihre Karrieren durch ein erbarmungsloses Vorgehen gegen die vom Regime vorgegebenen Feinde noch weiter voranzutreiben.[3085] Auf diesem Wege konnte sich analog dazu ein uniformierter Polizeiführer gleichzeitig bei seinem Dienstherrn für seine exponierte Position und die damit verbundenen Privilegien revanchieren. Zwischen beiden Akteuren herrschte folglich eine Form von Reziprozität. Das bedeutet nichts anderes, als dass sich die Oberbeamten der Ordnungspolizei und Himmlers Machtapparat durch ein abwechselnd kooperatives Verhalten beieinander erkenntlich zeigten.[3086] Es existierte also ein System des gegenseitigen Gebens und Nehmens, in dem die Offiziere meist deutlich stärker von den Gratifikationen der Diktatur profitierten als die Mannschaften. Denn die größere Höhe von Dienstgrad und Sold sowie die reichhaltigere Fülle von Macht und Ansehen banden die Führungskräfte enger an ihren Dienstherrn. Deshalb hätte es für sie schwerwiegendere Konse-

3082 Vgl. Hölzl, Nord, S. 172; Klemp, Freispruch, S. 113 f. Ferner: Jürgen Matthäus, Das „Unternehmen Barbarossa" und der Beginn der Judenvernichtung, Juni–Dezember 1941, in: Browning, Entfesselung, S. 360–448, hier: S. 375; Pohl, Schauplatz, S. 195.

3083 Klemp, Vernichtung, S. 41.

3084 Vgl. Harald Welzer, Wer waren die Täter? Anmerkungen zur Täterforschung aus sozialpsychologischer Sicht, in: Paul, Täter, S. 237–253, hier: S. 244–246.

3085 Vgl. Klaus-Michael Mallmann, Die Türöffner der „Endlösung". Zur Genesis des Genozids, in: Paul, Gestapo (2000), S. 437–463, hier: S. 461.

3086 Zum Phänomen der Reziprozität vgl. Gerd Gigerenzer, Bauchentscheidungen. Die Intelligenz des Unbewussten und die Macht der Intuition, München 2008, besonders: S. 226.

quenzen gehabt, diese Annehmlichkeiten wieder zu verlieren. Im Gegenzug pochte das Regime auf permanenten Gehorsam und bedingungslose Konformität. Die Teilnahme am Judenmord war demzufolge sowohl für die Polizeiführer als auch für ihre Untergebenen eine Gegenleistung in Extremform.

Diese zu erbringen, erleichterte ihnen der Umstand, dass das NS-Regime besonders während des Zweiten Weltkriegs den bereits vorhandenen „Freischärlerwahn" noch weiter schürte, mit dem sich auch die traditionellen Feindbilder der Polizei verbinden ließen. Gerade die deutsche Armee rechnete noch vor Kriegsbeginn damit, es im polnischen Nachbarland mit „Franktireurs" zu tun zu bekommen. Als sie dann dorthin einmarschierte, reagierte sie daher auf jede noch so kleine Form von tatsächlichem oder angeblichem Widerstand mit brutaler Waffengewalt. Dass auch die Einsatzgruppen schon damals von dieser häufig Gebrauch machten, zeigen nicht zuletzt die Ereignisse um den „Bromberger Blutsonntag".[3087] Mallmann weist darauf hin, dass die Ordnungspolizei im Polenfeldzug erst deshalb zum Einsatz gekommen sei, weil die Wehrmacht Anfang September 1939 nach ihr verlangt habe, um im rückwärtigen Gebiet aufkeimende „Bandenkämpfe" im Keim zu ersticken. Denn nicht zuletzt in den oberschlesischen Aufständen von 1919 bis 1921 habe die deutsche Armee bereits erfahren, was sich nun zu Beginn des Zweiten Weltkriegs zu wiederholen schien.[3088] Aus Furcht vor Partisanen ermordeten deutsche Truppen polnische Zivilisten, von denen sie fälschlicherweise glaubten, dass sie mit der regulären Armee zusammen gegen die Invasoren kämpften. Weil sie deren Taktik des Wald- und Häuserkampfs als feige und hinterhältig ansahen, töteten Wehrmachtseinheiten außerdem Soldaten der polnischen Armee, unmittelbar nachdem sie in Kriegsgefangenschaft gegangen waren.[3089] Der „Freischärlerwahn" innerhalb der Wehrmacht war also mit dafür verantwortlich, dass sich die uniformierte Polizei schon in der Frühphase des Krieges darauf fokussierte, angebliche Partisanen zu bekämpfen.

Auf diese Aufgabe hatte sich die Staatsgewalt jedoch bereits bedeutend früher vorbereitet. Edward B. Westermann glaubt zwar, die Ordnungspolizei habe in den Friedensjahren nicht damit gerechnet, dass es ihre Einheiten später einmal mit Einsätzen zur Partisanenbekämpfung zu tun bekämen. Deswegen seien sie in den Krieg gezogen, ohne wirklich zu ahnen, welche neuen Aufgaben sie dort erwarteten. Durch ihre militärische Ausbildung in den Vorkriegsjahren hätten sie sich allerdings auf diese umstellen können.[3090] Die vorliegende Studie konnte aber zeigen, dass Westermann hier irrt. Denn in der gesamten Zwischenkriegszeit bereitete sich die uniformierte Ordnungsmacht durchaus darauf vor, in paramilitärischen Operationen gegen „Banden" zu kämpfen.

Mit diesem Know-how zogen die Ordnungspolizisten in den „auswärtigen Einsatz". Dort setzten sie dann in die Tat um, was sie zuvor einstudiert hatten. Dazu mussten sie aber nicht zwingend auf bewaffneten Widerstand stoßen. In der Frühphase des „Unternehmens Barbarossa" verübten die ersten, noch wenigen russischen „Freischärler" zwar tatsächlich kleinere Anschläge. Auf sie reagierten die deutschen Besatzer jedoch mit übermäßiger Gewalt gegen Zivilisten, weil sie den eigentlichen Urhebern kaum habhaft werden konnten. Diesen nach militärischen Gesichtspunkten vollkommen sinnlosen Terror interpretiert Hannes Heer sogar als einen „Partisanenkampf ohne Partisanen".[3091] Christian Gerlach wendet demgegen-

3087 Vgl. dazu Wildt, Generation, S. 435–447. Siehe dazu auch Kapitel 2.2.
3088 Vgl. Mallmann, Mißgeburten, S. 71.
3089 Vgl. Böhler, Auftakt, S. 19 f.
3090 Vgl. Westermann, Friend, S. 652 und 655.
3091 Heer, Logik, S. 107. Vgl. ebd., S. 106–111. Dieses Motiv findet sich z. B. auch bei Bernd Greiner. Vgl. Bernd Greiner, Partisanenkampf ohne Partisanen. Über die Rückkehr der Moral in die Geschichte, in:

über zu Recht ein, dass dies so auch nicht gesagt werden könne, da es etwa in Weißrussland bereits im Sommer 1941 eine beachtliche Anzahl von Guerillakämpfern gegeben habe.[3092] Eben weil die Polizisten bereits in dieser Phase des Ostkriegs stattdessen eher gegen zivile Opfer äußerst brutal vorgingen, spielte es in der Selbstrechtfertigung der Täter keine oder höchstens nur eine untergeordnete Rolle, wie viele „echte“ Partisanen wirklich vorhanden waren. Die Ordnungspolizei führte einen Partisanenkampf, der keine Partisanen benötigte.

Das erbarmungslose Vorgehen der deutschen Besatzer konnte allerdings nichts daran ändern, dass Anschläge aus dem Hinterhalt für sie tatsächlich ein Problem darstellten, das ihr Sicherheitsbedürfnis stark tangierte. Ihr Anliegen war es daher, die Widerstandsbewegung so schnell wie möglich auszuschalten. Gerade das gestaltete sich jedoch äußerst schwierig. Besonders in Osteuropa drangsalierten sie stattdessen die Zivilbevölkerung immer brutaler, weil sie kaum unterscheiden konnten, wer wirklich zu den „Banditen“ gehörte, einer ihrer Helfer war oder mit keinem von beiden etwas zu schaffen hatte. In dieser diffusen Gefahrenlage fühlten sie sich ständig von allen Seiten bedroht.[3093] SS- und Polizeieinheiten scheinen auch deshalb massenhaft unbewaffnete Juden getötet zu haben, weil sie so „ihr Versagen bei der Partisanenbekämpfung zu kaschieren versuchten“.[3094]

Das war jedoch keineswegs der einzige Grund, warum Himmlers Männer im Rahmen ihrer paramilitärischen Operationen gegen Guerillakämpfer gezielt jüdische Zivilisten exekutierten. Ohne Zweifel gab es unter ihnen viele, die bei solchen Taten von einem mehr oder minder stark ausgeprägten Hass auf Juden getrieben waren. Das war aber kein Phänomen, das sich exklusiv im „Schwarzen Korps“ und in der „grünen Staatsgewalt“ finden ließ. Laut Konrad Kwiet hätten „Antisemitismus und Rassismus zusammen mit antikommunistischen Stereotypen als Kernelemente nationalsozialistischer Mobilisierungs- und Rechtfertigungsideologie“ gedient. Sie hätten nicht nur seit der „Machtergreifung“ als politische Leitlinien fungiert und die weltanschauliche Schulung bestimmt, sondern „auch die Denk- und Verhaltensweisen deutscher Täter und Zuschauer“ beeinflusst.[3095] Insbesondere für die Wehrmacht weist die Forschung darauf hin, dass das NS-Regime gegenüber ihren Angehörigen schon in den Friedensjahren ein diffuses Sammelsurium aus antislawischen, antibolschewistischen und antisemitischen Ideologemen propagiert habe. Derartige Feindbilder hätten an ältere Denkweisen über den „Osten“ und seine Menschen anknüpfen können, die lange vor der nationalsozialistischen Machtübernahme in der Armee und vor allem in ihrem Offizierskorps kursiert hätten. Solche traditionellen und neu ausgerichteten Vorurteile seien dann im Zweiten Weltkrieg mit dafür verantwortlich gewesen, dass die Truppe in Polen und besonders in der Sowjetunion so radikal gegen die Bevölkerung vorging.[3096] Es ist zwar davon aus-

Mittelweg 36 7/4 (1998), S. 19–27, hier: S. 21 f.

3092 Vgl. Gerlach, Morde, S. 860 f. Ferner: Peter Lieb, Täter aus Überzeugung? Oberst Carl von Andrian und die Judenmorde der 707. Infanteriedivision 1941/42, in: Hartmann, Krieg, S. 271–304, hier: S. 291; Dieter Pohl, Das deutsche Militär und die Verbrechen an den Juden im Zweiten Weltkrieg, in: Clemens Vollnhals (Hrsg.), Wehrmacht – Verbrechen – Widerstand. Vier Beiträge zum nationalsozialistischen Weltanschauungskrieg, Berichte und Studien, Bd. 40, Dresden 2003, S. 45–61, hier: S. 48 f.

3093 Vgl. Brewing, Alltagspraxis, S. 512 f.

3094 Hans-Heinrich Wilhelm, Die „nationalkonservativen Eliten“ und das Schreckgespenst vom „jüdischen Bolschewismus“, in: ZfG 43/4 (1995), S. 333–349, hier: S. 346.

3095 Konrad Kwiet, Erziehung zum Mord – Zwei Beispiele zur Kontinuität der deutschen „Endlösung der Judenfrage“, in: Grüttner, Geschichte, S. 435–457, hier: S. 435 f.

3096 Vgl. z. B. Jochen Böhler, „Tragische Verstrickung“ oder Auftakt zum Vernichtungskrieg? Die Wehrmacht in Polen 1939, in: Mallmann, Genesis, S. 36–56, hier: S. 38 f.; Ders., Auftakt, S. 35–41 und 242 f.; Dieter Pohl, Die Wehrmacht und der Mord an den Juden in den besetzten sowjetischen Gebieten, in:

zugehen, dass ähnliche Mechanismen ebenfalls in der Ordnungspolizei aufgetreten sein könnten. Allerdings lassen sie sich beim Gros der Polizeioffiziere und ihrer Untergebenen nicht zweifelsfrei belegen. Das NS-Regime scheint bei ihnen ohnehin eine ganz andere Strategie verfolgt zu haben.

Im Laufe ihrer Herrschaft vollbrachten es die Nationalsozialisten offenbar, der „Bandenbekämpfung" eine antisemitische Stoßrichtung zu verleihen. Das polizeiliche Feindbild reicherten sie mit judenfeindlichen Komponenten an. Es gelang ihnen anscheinend, Juden und „Banden" mehr oder minder stark miteinander zu verknüpfen, wodurch den Ordnungshütern ein neuer, aber insgesamt doch allzu bekannter Gegner begegnete. Wenngleich es nicht ein zentrales Thema der Polizeikultur des „Dritten Reichs" war, vermittelte gerade die weltanschauliche Schulung dennoch entsprechende Botschaften. Insofern griff dabei ein einfaches, aber effizientes Prinzip: „Die Propaganda war insbesondere dort wirkungsvoll, wo sie sich auf bestehende Werte und Einstellungen stützte, anstatt ihnen entgegenzuarbeiten", wie Ian Kershaw allgemein feststellt.[3097] Den traditionsreichen Kampf gegen kommunistische „Banden" erweiterte das NS-Regime zu einem alles entscheidenden „Rassenkrieg" gegen von Juden gelenkte „bolschewistische" Partisanen in den besetzten Gebieten.

Zumindest Teile der Ordnungspolizei, aber auch weiterer Besatzungsinstitutionen waren mehr oder minder stark davon überzeugt, dass das fiktive Bündnis zwischen Juden und Partisanen wirklich existierte. Dafür gibt es zahlreiche Belege: Schon in der Anfangsphase des Zweiten Weltkriegs gingen Polizisten tatsächlich davon aus, dass Juden für solche Akte des Widerstands verantwortlich seien, die angeblich aus dem Hinterhalt erfolgten.[3098] Um das Geschehen in den besetzten Gebieten zu deuten, bedienten sie sich auch im weiteren Verlauf des Krieges dieser antisemitischen Interpretation. Dass sie den grün uniformierten Vollstreckern der „Endlösung" nicht fremd war, zeigt etwa der Brief eines Angehörigen des Bremer Reserve-Polizeibataillons 105. Am 18. November 1941 schrieb er seiner Frau, dass seine Einheit tags zuvor acht junge Partisanen erschossen habe.[3099] „Sie wollten also deutsche Soldaten töten, im Auftrag ihrer Kommissare und Juden", wie er ihre angeblichen Absichten und Hintermänner charakterisierte.[3100] Besonders während des Krieges gegen die Sowjetunion waren solche Ansichten ebenfalls in der Wehrmacht weit verbreitet.[3101] „Das Judentum bildet den Mittelsmann zwischen dem Feind im Rücken und den noch kämpfenden Resten der Roten Wehrmacht und der Roten Führung", wie der Oberbefehlshaber der 11. Armee, Erich von Manstein, in einem Befehl vom 20. November 1941 erklärte.[3102] Ihm zufolge säßen Juden in der UdSSR an den Schalthebeln der Macht und seien für alle Formen von potentiellem Widerstand verantwortlich. Daher forderte er von seinen Männern ein drastisches Vorgehen: „Das jüdisch-bolschewistische System muss ein für allemal ausgerottet werden."[3103] „Für

Kaiser, Täter, S. 39–53, hier: S. 39 f. und 49 f.; Ders., Judenverfolgung, S. 304; Wette, Krieg, S. 22–30; Chiari, Herrschaft, S. 146–148; Matthäus, Beteiligung, S. 175; Ders., Unternehmen, S. 362–365.

3097 Ian Kershaw, Der Hitler-Mythos. Führerkult und Volksmeinung, Stuttgart 1999, S. 17.

3098 Vgl. Mallmann, Fußvolk, S. 379 f.

3099 Vgl. BayHStA München, Office of Military Government for Germany (U.S.) (OMGUS) 170, Gieschen an Ehefrau: Feldpostbrief, 18.11.1941, S. 561–566, hier: S. 564 f. Der transkribierte Brief ist ebenfalls enthalten in: Eiber, Wahrheit, S. 82 f.

3100 BayHStA München, OMGUS 170, Gieschen an Ehefrau: Feldpostbrief, 18.11.1941, S. 561–566, hier: S. 565. Der transkribierte Brief ist ebenfalls enthalten in: Eiber, Wahrheit, S. 83.

3101 Vgl. u. a. Manoschek, Partisan, S. 171 f.; Hasenclever, Wehrmacht, S. 351.

3102 Dokument 4064-PS: Befehl von Mansteins vom 20. November 1941, in: IMT, Bd. 34, Nürnberg 1949, S. 129–132, hier: S. 130.

3103 Ebd., S. 130.

die Notwendigkeit der harten Sühne am Judentum, dem geistigen Träger des bolschewistischen Terrors, muss der Soldat Verständnis aufbringen. Sie ist auch notwendig, um alle Erhebungen, die meist von Juden angezettelt werden, im Keime zu ersticken", wie von Manstein weiter ausführte.[3104] Auch unter Heydrichs „Rassekriegern" fanden sich derartige Standpunkte.[3105] Der Abteilungsleiter des SD beim KdS in Minsk, Kurt Burkhardt, glaubte Anfang 1942 zu wissen, „daß gerade das Judentum nach wie vor der verläßlichste Träger der bolschewistischen Idee" sei und es besonders nahe jüdischer Siedlungen vermehrt Guerillakämpfer gebe. „Wenn der Jude auf Grund seiner rassisch bedingten Charaktereigenschaften auch nicht selbst als Partisan tätig wird oder aktiv gegen die Deutschen vorgeht, so unterstützt er doch die Kräfte des Widerstandes nachrichtendienstlich und durch Stellung von Kleidung usw.", wie Burkhardt festhielt.[3106]

Derlei Fiktionen konnten sich sogar noch weiter steigern. Innerhalb des deutschen Besatzungsapparats kursierte darüber hinaus die Ansicht, dass Juden und Partisanen nicht nur miteinander kooperierten, sondern auch geradezu identisch seien. Bereits in der Frühphase des „Unternehmens Barbarossa" offenbarte sich, dass etwa die Wehrmacht ganz bewusst nicht mehr zwischen beiden Feindgruppen unterschied.[3107] Auch berichtete die Einsatzgruppe A darüber, dass in Weißrussland „von der Wehrmacht bis Dezember 1941 ungefähr 19.000 Partisanen und Verbrecher, d. h. also in der Mehrzahl Juden erschossen worden" seien.[3108] Als der Befehlshaber des rückwärtigen Heeresgebietes Mitte, Max von Schenckendorff, Ende September 1941 einen Lehrgang zur Partisanenbekämpfung in Mogilew veranstaltete, brachten gleich mehrere Referenten die aufkeimende Guerillabewegung mit der jüdischen Bevölkerung in Verbindung. Einer von ihnen war der Kommandeur des 2. SS-Kavallerieregiments, Gustav Lombard, der seine Ansichten zum Thema folgendermaßen auf den Punkt brachte: „Man kann vielleicht über die Maßnahmen verhandeln, wie der Jude am zweckmäßigsten aus den uns anvertrauten Gebieten verschwinden soll, aber dass er beseitigt werden muss, steht fest, denn der Jude ist der Partisan!"[3109] Obwohl beide Gegner nicht generell gleichgesetzt wurden und antisemitische Gesichtspunkte nicht per se im Zentrum standen, vermittelte der

3104 Ebd., S. 131.

3105 Vgl. u. a. Mallmann, Türöffner, S. 445 und 447.

3106 Dok. 50: Der Kommandeur der Sicherheitspolizei in Minsk berichtet Anfang 1942 über die Geschichte der weißrussischen Juden und die Lage in den Gettos, in: Die Verfolgung und Ermordung der europäischen Juden durch das nationalsozialistische Deutschland 1933–1945 (VEJ), Bd. 8: Sowjetunion mit annektierten Gebieten II, Berlin/Boston 2016, S. 175–180, hier: S. 178. Zu Kurt Burkhardt vgl. ferner ebd., S. 175.

3107 Vgl. dazu u. a. Manoschek, Partisan, S. 170–175; Hannes Heer, Killing Fields. Die Wehrmacht und der Holocaust, in: Ders., Vernichtungskrieg, S. 57–77, hier: S. 64–67; Helmut Krausnick, Die Einsatzgruppen vom Anschluß Österreichs bis zum Feldzug gegen die Sowjetunion. Entwicklung und Verhältnis zur Wehrmacht, in: Ders., Truppe, S. 11–278, hier: S. 247 f.; Andreas Hillgruber, Der Ostkrieg und die Judenvernichtung, in: Gerd R. Ueberschär/Wolfram Wette (Hrsg.), Der deutsche Überfall auf die Sowjetunion. „Unternehmen Barbarossa" 1941, Frankfurt am Main 2011, S. 185–205, hier: S. 196 f.; Hasenclever, Wehrmacht, S. 351.

3108 Dokument 2273-PS: Undatierter Geheimbericht über die von Einsatzgruppe A systematisch durchgeführte Massenermordung von Juden in West- und Weissrussland sowie in den baltischen Staaten, mit Angabe von Zahlen, in: IMT, Bd. 30, Nürnberg 1948, S. 71–80, hier: S. 79.

3109 Zit. nach Einleitung, in: VEJ, Bd. 7: Sowjetunion mit annektierten Gebieten I. Besetzte sowjetische Gebiete unter deutscher Militärverwaltung, Baltikum und Transnistrien, München 2011, S. 34. Vgl. dazu auch Martin Cüppers, Gustav Lombard – ein engagierter Judenmörder aus der Waffen-SS, in: Mallmann, Karrieren, S. 145–155, hier: S. 145. Zum Partisanenlehrgang ferner: Krausnick, Einsatzgruppen, S. 248; Blood, Bandit Hunters, S. 167.

Kursus seinen Teilnehmern eine unmissverständliche Botschaft: „Wo der Partisan ist, ist der Jude, und wo der Jude ist, ist der Partisan.“[3110]

Es ist aber wenig überraschend, dass das NS-Regime nicht häufiger und vehementer versuchte, beide Feindgruppen auf eine Stufe zu stellen. Denn das hätte die ideologische Stringenz gefährdet. Aus Sicht der Nationalsozialisten waren Juden zu feige und unfähig, Mann gegen Mann zu kämpfen. Solch ein Glaubenssatz passte nicht zusammen mit dem Gedanken, dass sie sich aktiv und mit Waffengewalt gegen die deutschen Invasoren zur Wehr setzten. Die „Herrenmenschen“ scheint es jedoch wenig irritiert zu haben, dass sich beide Motive widersprachen. Vielmehr verstärkte es bei ihnen das Gefühl der Bedrohung und die diffuse Furcht davor, dass Juden mit den „Banden“ irgendwie im Bunde seien. Ob sie nun gedanklich als deren Hintermänner oder als kämpfende Angehörige fungierten, war dabei zweitrangig.

Solche Ansichten fanden sich jedoch nicht exklusiv unter den Repräsentanten des Besatzungsapparats. Selbst Führungsfiguren des NS-Staats verknüpften beide Feindgruppen miteinander. Um den Exekutoren der Vernichtungspolitik klarzumachen, wie sie mit Juden verfahren sollten, genügte ihnen zuweilen ein Verweis auf die „Banden“. Als er zusammen mit Daluege am 8. Juli 1941 nach Bialystok reiste, habe Himmler, nach Aussage von Erich von dem Bach-Zelewski, gegenüber Führungskräften aus SS und Ordnungspolizei sogar erklärt, dass „grundsätzlich jeder Jude als Partisan anzusehen“ sei.[3111] Bereits zu Beginn des „Unternehmens Barbarossa“ baute der Reichsführer-SS damit gedanklich eine Brücke vom „Bandenkampf“ zum Holocaust. Anders als Dieter Pohl meint, handelte es sich so gesehen also nicht wirklich um „eine neue Variante des Judenmords“, wenn die Besatzer etwa im Distrikt Lublin ab Mai 1942 im Zuge der Partisanenbekämpfung auch Juden töteten.[3112] Denn das Konzept dazu hatte der SS- und Polizeiapparat schon mindestens ein knappes Jahr zuvor entwickelt und intern in Umlauf gebracht.

Es gibt Hinweise darauf, dass das „Banden-Motiv“ sogar von Adolf Hitler höchst persönlich verwendet wurde, um damit den millionenfachen Mord an den europäischen Juden als einen angeblich rechtmäßigen Akt von Notwehr darzustellen. Anlässlich eines Vortrags im Führerhauptquartier „Wolfsschanze“ notierte Himmler am 18. Dezember 1941 in seinem Dienstkalender stichpunktartig „*Judenfrage.* | als Partisanen auszurotten“.[3113] In diesen Worten vermerkte er sich wahrscheinlich das zentrale Ergebnis seines Gesprächs mit dem „Führer“. Darin hatte dieser dem Reichsführer-SS offenbar mitgeteilt, unter welcher Perspektive sämtliche Juden in Europa ermordet werden sollten. Christian Gerlach geht davon aus, dass diese Unterredung nur wenige Tage später stattfand, nachdem sich Hitler zur „Endlösung der Judenfrage“ entschlossen hatte. In seinem antisemitischen Wahn sei er mit Blick auf die

---

3110 2 Ks 2/54: Urteil des Landgerichts Darmstadt vom 08.04.1954, in: Fritz Bauer/Karl Dietrich Bracher/Ch. J. Enschedé u. a. (Hrsg.), Justiz und NS-Verbrechen. Sammlung deutscher Strafurteile wegen nationalsozialistischer Tötungsverbrechen 1945–1966, Bd. 12: Die vom 04.12.1953 bis zum 17.11.1954 ergangenen Strafurteile Lfd.Nr. 383–410, Amsterdam 1974, S. 369–385, hier: S. 374. Im Prozess gegen Angehörige des Infanterieregiments 691 sagte ein Zeuge dies über einen Bericht aus, den Teilnehmer aus dieser Einheit über den Lehrgang verfasst hatten. Vgl. ebd., S. 374.

3111 Zit. nach Longerich, Himmler, S. 543 sowie Ders., Der ungeschriebene Befehl. Hitler und der Weg zur „Endlösung“, München 2001, S. 102.

3112 Pohl, Judenpolitik, S. 131.

3113 Heinrich Himmler, Der Dienstkalender Heinrich Himmlers 1941/42, im Auftrag der Forschungsstelle für Zeitgeschichte in Hamburg bearbeitet, kommentiert und eingeleitet von Peter Witte, Michael Wildt, Martina Voigt u. a., Hamburger Beiträge zur Sozial- und Zeitgeschichte. Quellen, Bd. 3, Hamburg 1999, S. 294. Hervorhebung im Original.

angespannte Kriegslage Ende 1941 davon überzeugt gewesen, die Juden fungierten auf dem von Deutschland beherrschten Kontinent tatsächlich als Partisanen.[3114]

Denkbar ist aber auch, dass Hitler selbst nicht so recht daran glaubte und diesen Zusammenhang stattdessen nur konstruierte. Vielmehr könnte er Himmler bei dem Treffen jene Parole ausgegeben haben, mit der die Vollstrecker aus SS und Polizei den allumfassenden Judenmord durchzuführen und gleichzeitig zu tarnen hatten. Es ist jedoch ebenfalls möglich, dass sich Himmler bei dieser Gelegenheit vom deutschen Diktator bloß nachträglich absegnen ließ, was vielen Tätern bereits seit Monaten als Scheinlegitimation für antisemitische Verbrechen diente. Die NS-Führung machte die wehrlosen Opfer so offiziell zu gefährlichen Tätern, womit sie ihnen mehr Macht verlieh. Das „Banden-Motiv" avancierte zu einem zentralen Kennwort, das von den Exekutoren der Shoah kollektiv geteilt werden sollte. Wahrscheinlich ermöglichte es ihnen, die menschenverachtende Politik ihres obersten Chefs auszuführen und gleichzeitig für sich zu reklamieren, dass ein solches Vorgehen zwar schlimm, aber völlig legitim sei. „Judenaktionen" seien tatsächlich, so die dahinterstehende Logik, gegen aktuelle und künftige Partisanen gerichtet, wodurch sie sich in den traditionellen Deutungskontext der deutschen Polizeikultur einfügten. Sozialwissenschaftlich ausgedrückt gelang es dem Regime offenbar, Juden in den polizeilich-militärischen Referenzrahmen der Staatsdiener zu rücken.[3115] Dafür war es gar nicht notwendig, die Beamten jahrelang mit einer nationalsozialistischen und vor allem antisemitischen Propaganda zu indoktrinieren. Anscheinend reichte es vollkommen aus, sie in der Ausbildung und im Dienst lediglich mit den „Spielregeln" des NS-Staats zu konfrontieren.

Juden gerieten nicht zuletzt deshalb zum Gegenstand der Polizeiarbeit, weil der NS-Staat seine Rechtsordnung dahingehend bewusst verwässerte und flexibel auslegte. Stefan Kühl betont völlig zu Recht, dass Polizisten ganz allgemein in ihrer Ausbildung lernen, staatlich legitimierte und rechtlich definierte Gewalt ausüben zu müssen, sobald dies erforderlich sei. Dazu berechtige sie das staatliche Gewaltmonopol, weil sie als Mitglieder der polizeilichen Organisation fungierten, die nun einmal darauf spezialisiert sei, auf Kommando notfalls gewaltsam gegen Gegner vorzugehen. Im „Dritten Reich" habe es auch gültige Befehlsstrukturen, Gesetze und Vorschriften gegeben, die den Aktionsbereich der Staatsdiener determiniert hätten. Trotzdem sei die Ordnungsmacht im NS-Staat faktisch aber nicht mehr an das Recht gebunden gewesen, da sie sich stattdessen am diffusen „Führerwillen" und am angeblichen Wohl der „Volksgemeinschaft" orientiert habe. Deshalb hätten ihre Angehörigen nicht immer vollkommen sicher sein können, ob sich die erhaltenen Befehle tatsächlich mit dem geltenden Gesetz deckten. Um ihnen derlei Zweifel an der Rechtmäßigkeit zu nehmen, wenn sie jüdische Männer, Frauen und Kinder töten sollten, habe das NS-Regime deshalb seine Opfer kriminalisiert. So habe es ihnen einfach ein illegales Verhalten unterstellt, das ein polizeiliches Eingreifen als gerechtfertigt erscheinen ließ, obwohl diese Menschen in Wirklichkeit nichts Strafbares getan hatten. Die Ordnungspolizisten hätten dieses vorgegebene Schema jedoch nicht passiv übernommen, sondern ihre Tätigkeit mit seiner Hilfe selbst so umgedeutet, dass sie ihr Wirken mit dem eigentlichen polizeilichen Aufgabenspektrum in Einklang bringen konnten. Vor allem in Osteuropa hätten die Besatzer dementsprechend die für Juden geltenden Vorschriften solange verschärft, bis diese gar nicht anders konnten, als

3114 Vgl. Christian Gerlach, Die Wannsee-Konferenz, das Schicksal der deutschen Juden und Hitlers politische Grundsatzentscheidung, alle Juden Europas zu ermorden, in: WerkstattGeschichte 18 (1997), S. 7–44, hier: S. 22–27.

3115 Zum Begriff des Referenzrahmens vgl. z. B. Neitzel, Soldaten, S. 16–19; Welzer, Täter, S. 80.

sie zu verletzen. Wer sich dann etwa verbotenerweise außerhalb des Ghettos aufgehalten habe, sei von den „Gesetzeshütern" als „Gesetzesbrecher" erschossen worden. Die Beamten hätten solche Taten gegenüber sich und anderen als legitime und legale staatliche Maßnahmen gegen Verbrecher darstellen können, die sie berufsbedingt zu vollstrecken hätten. Selbst wenn die Vorwürfe in den konkreten Situationen auch noch so absurd gewesen seien und die Täter selbst kleine Kinder umgebracht hätten, habe nach ähnlichem Muster auch die Strategie gegriffen, Juden und Partisanen miteinander gleichzusetzen.[3116]

Das „Banden-Motiv" ermöglichte es den Tätern zugleich, über den Judenmord zu sprechen, ohne ihn explizit zu erwähnen. Um ihr radikales Vorgehen gegen Widerstandskämpfer und Zivilisten in den Besatzungsgebieten zu bemänteln, bedienten sich die Täter ganz allgemein einer Tarnsprache.[3117] Beschönigende Vokabeln kaschierten während des Zweiten Weltkriegs vor allem aber Mordaktionen gegen Juden, wie Kwiet richtig bemerkt. Dazu zählte beispielsweise, wenn die Opfer angeblich in „Befriedungsmaßnahmen" und „Säuberungsaktionen" oder als „Partisanen" und „Banditen" erschossen wurden.[3118] Gleichzeitig war das NS-Regime darauf bedacht, seine Gegner begrifflich so zu kennzeichnen, dass an ihrem angeblich verbrecherischen und illegitimen Charakter kein Zweifel bestehen sollte. Wie etwa das Verordnungsblatt der Waffen-SS verlautbarte, befahl Himmler im Sommer 1942 sogar, „daß in Zukunft das von den Bolschewisten eingeführte und verherrlichte Wort ‚Partisan' nicht mehr zu gebrauchen ist. Es ist der Ausdruck ‚Banden' anzuwenden."[3119] Dadurch kriminalisierte er den Widerstand gegen die deutschen Truppen zusätzlich und gliederte dessen Repression mithilfe dieses psychologischen Tricks in den polizeilichen Kontext ein. Denn ein Polizist kämpfte naturgemäß gegen „Banditen".[3120]

Es konnte sogar vorkommen, dass Juden und „Banden" begrifflich miteinander verschmolzen. Das schlug sich auch im Schriftverkehr des SS- und Polizeiapparats nieder, der sich eines entsprechenden Vokabulars bediente. So informierte z. B. Anfang Januar 1943 ein Fernschreiben des HSSPF Ost an den Kommandostab des Reichsführers-SS über eine Operation im Wald des polnischen Brudzewice. Im Ergebnis konnte „eine 14 koepfige judenbande [sic!], die sich in einem erdbunker [sic!] aufhielt, restlos vernichtet werden".[3121] In einem anderen Telegramm war sogar die Rede von „banditenjuden [sic!]", denen zuvor schon im Distrikt Krakau ein ähnliches Schicksal widerfahren sei.[3122] Wenigstens für einen Teil von Himmlers Untergebenen waren „Banden" offenbar ohne Juden überhaupt nicht mehr denkbar. Aber nicht nur der SS- und Polizeiapparat, sondern auch die Wehrmacht verwendete derlei Begriffe, um antisemitische Gewalt zu camouflieren. Das tat sie sogar deutlich früher, wie etwa ein Eintrag im Kriegstagebuch des OKW vom 12. November 1941 zeigt. Der Befehlshaber des rückwärtigen Gebiets der Heeresgruppe Mitte habe ihm zufolge für diesen Tag ge-

3116 Vgl. Kühl, Organisationen, S. 261–268 und 272–295.

3117 Vgl. u. a. Matthäus, Erziehung, S. 321 f.

3118 Kwiet, Erziehung, S. 438.

3119 IfZ Archiv, 11/Dc 050.001, Kdo.d.W.-SS/Ia: 304. Gebrauch des Wortes „Partisan", in: Verordnungsblatt der Waffen-SS (V.Bl.d.W.-SS), hrsg. v. SS-Führungshauptamt, 01.09.1942, Nr. 17, S. 71.

3120 Vgl. dazu auch u. a. Blood, Bandit Hunters, S. 76; Heer, Logik, S. 125; Kühl, Organisationen, S. 279.

3121 BAB, R 19/321, I. A. Specht (HSSPF Ost) an Kommandostab Reichsführer-SS: bandenvernichtung. bezug: fs. des ss- und polizeifuehrers radom nr. 66 v. 7.1.43, 08.01.1943.

3122 BAB, R 19/321, I. A. Specht (HSSPF Ost) an Kommandostab Reichsführer-SS: bandenvernichtung. bezug: bes.-bericht vom 3.1.1943, 08.01.1943.

meldet, dass „erfolgreiche Aktionen gegen stärkere Partisanengruppen" gelungen seien und dabei sogar „eine bewaffnete Judenbande im Kampf vernichtet" worden sei.[3123]

Jüdische Partisanengruppen formierten sich jedoch erst in einer Zeit, in der die „Endlösung" längst in vollem Gange war. Denn ab Mitte 1942 jagten die mobilen Tötungseinheiten nicht nur „Freischärler". Sie durchkämmten zudem vermehrt die Wälder nach untergetauchten Juden, die dort schlichtweg ums Überleben kämpften, dazu aber auch vereinzelt bewaffnete Partisanengruppen gebildet hatten.[3124] Durch diese Zweckgemeinschaften kam es für die Deutschen gewissermaßen zu einer *self-fulfilling prophecy*.[3125] Denn die Invasoren gingen nicht zuletzt deshalb äußerst gewaltsam gegen Juden vor, weil die NS-Führung in ihnen eben die Strippenzieher hinter den bolschewistischen „Banden" zu erkennen glaubte oder dies den Vollstreckern zumindest suggerierte. In der verschwörungstheoretischen Gedankenwelt der Nationalsozialisten war das internationale Judentum nämlich für alles Übel in der Welt verantwortlich.[3126] Während des Ostkriegs begingen Himmlers Mannen deshalb den „Judenmord als prophylaktische Partisanenbekämpfung".[3127] Es waren aber nun einmal diese Gräueltaten, die einige Juden überhaupt erst in den Untergrundkampf trieben. Als es die „Polizeisoldaten" dann tatsächlich mit „bewaffneten Judenbanden" zutun bekamen, schloss sich also der Kreis und die Prophezeiung erfüllte sich selbst.

Jürgen Matthäus meint, dass die im Laufe des Krieges erstarkte Partisanenbewegung so manchem Täter als „Vorwand" gedient haben könnte, um den Mord an wehrlosen jüdischen Zivilisten zu rechtfertigen.[3128] Das ist sicherlich nicht von der Hand zu weisen, greift aber zu kurz. Denn die „Herrenmenschen" brachten bereits als „Banden" charakterisierte Juden um, noch ehe sich überhaupt nennenswerte Partisanengruppen formieren und gegen die Besatzer zur Wehr setzen konnten. Der Beginn des systematischen Judenmords ging dem eigentlichen „Bandenkampf" in Osteuropa praktisch voraus, nicht aber theoretisch. Auf dem Papier, im Planspiel und im Geiste kämpften die Polizeioffiziere gegen die oftmals abstrakt erscheinenden „Freischärler", lange bevor der Krieg überhaupt begonnen hatte.

Ordnungspolizisten und Angehörige anderer Besatzungsorgane mussten aber nicht wirklich davon überzeugt sein, dass Juden und Partisanen miteinander interagierten oder gar identisch waren. Es reichte völlig aus, wenn sie diese postulierte Kooperation respektive Kongruenz als Dogma des NS-Staats akzeptierten. Offenbar fand sich auch niemand, der diesem widersprach. Unabhängig davon, ob er selbst an die angebliche Allianz zwischen jüdischen Zivilisten und „Banden" glaubte oder nicht, signalisierte das kollektive Schweigen jedem einzelnen „Rassenkrieger", dass es aber alle seine Kameraden und Vorgesetzten taten. Er musste also davon ausgehen, dass er mit seiner abweichenden Ansicht allein dasteht. Wer sich aber nicht von der Masse abwenden und dadurch aus ihr negativ hervorstechen wollte, konnte gar nicht anders, als sich ihr anzuschließen und dem fiktiven Zusammenspiel zwischen Juden und Partisanen hinzugeben.[3129] Das bedeutet aber keineswegs, dass sich das „Fußvolk

3123 Percy E. Schramm (Hrsg.), Kriegstagebuch des Oberkommandos der Wehrmacht. Wehrmachtführungsstab. 1. August 1940–31. Dezember 1941, Bd. 1. Zweiter Halbband, Augsburg 2005, S. 754.

3124 Vgl. Pohl, Judenpolitik, S. 168 f.; Hilberg, Vernichtung, Bd. 2, S. 400–404; Matthäus, Welle, S. 266.

3125 Vgl. Klaus-Michael Mallmann, „Aufgeräumt und abgebrannt". Sicherheitspolizei und „Bandenkampf" in der besetzten Sowjetunion, in: Paul, Gestapo (2000), S. 503–520, hier: S. 517.

3126 Vgl. Hilberg, Vernichtung, Bd. 3, S. 1090.

3127 Mallmann, Türöffner, S. 447.

3128 Matthäus, Beteiligung, S. 182.

3129 Zum Phänomen der Konsensfiktion vgl. Kühl, Organisationen, S. 100–105.

der ‚Endlösung'"[3130] zu den Verbrechen verführen ließ. Die Täter waren keine willenlosen Werkzeuge des NS-Regimes und seiner Propagandisten. Selbst im hierarchisch geordneten Verhältnis von Befehl und Gehorsam handelten sie stets eigenverantwortlich, obwohl ein bestimmter Gruppendruck in den einzelnen Einheiten und der gesamten Organisation der Ordnungspolizei nicht von der Hand zu weisen ist. An ihrer Schuldfähigkeit und Schuldhaftigkeit ändert das aber nichts.

Offenbar fiel es vielen Polizisten deutlich leichter, ihre Opfer zu töten, wenn sie diese zu Partisanen deklarierten, als Juden umzubringen, die sie klar als solche identifizieren konnten.[3131] Wenn die Einheitsführer gegenüber ihren Untergebenen nicht hinreichend begründeten, warum sie als Polizisten plötzlich unbewaffnete jüdische Zivilisten umzubringen hatten, scheinen die Beamten selbst die Lücken in der Logik gefüllt zu haben. Um diesen Schritt zu vollziehen, könnten sie sich der Motive der nationalsozialistischen „Behauptungspropaganda" bedient haben, wie Raul Hilberg es formuliert. Demnach rationalisierten sie möglicherweise ihre Taten, indem sie Juden als Inkarnation des Bösen auffassten.[3132] An solche vom Regime vorgegebenen oder bereits vor der „Machtergreifung" in der deutschen Gesellschaft kursierenden Ideologeme mussten sie aber ebenso wenig glauben wie an die fiktive Liaison von Juden und Partisanen. Vielmehr wirkten sie wie „ein nachträgliches Beruhigungsmittel".[3133]

So gesehen scheint zumindest bei manchen Staatsdienern während des „auswärtigen Einsatzes" ein scheinbar widersprüchliches Phänomen aufgetreten zu sein: Die Polizisten töteten die Juden nicht, weil sie diese hassten, sondern die Täter hassten ihre jüdischen Opfer, weil sie diese töteten. Spätestens nach den Mordaktionen stand für Himmlers Männer fest, dass die Exekutierten tatsächlich gefährliche „Banditen" oder zumindest deren Hintermänner gewesen sein und deshalb umgebracht werden mussten, um das von ihnen ausgehende Sicherheitsrisiko möglichst präventiv zu beseitigen. Sie hätten sie ja sonst nicht erschossen. Mithilfe dieser Logik rechtfertigten die Vollstrecker der Vernichtungspolitik ihre Verbrechen und verorteten sie im polizeilichen Kontext. Juden wurden für sie spätestens durch ihren gewaltsamen Tod zu Partisanen.[3134]

Mit Blick auf den „auswärtigen Einsatz" der SS- und Polizeieinheiten wird aber letztlich auch klar, dass weder die weltanschauliche Schulung noch die übrigen Ausbildungsfächer in ihrer Wirkungsmacht überschätzt werden dürfen. Obwohl es Himmlers Tugendkatalog und den Prinzipien seiner besonderen Gerichtsbarkeit zuwiderlief, nutzten viele Staatsdiener jene Gelegenheiten aus, die sich ihnen in den besetzten Gebieten auftaten. Wenn die sich dort allmächtig fühlenden Täter etwa jüdische Frauen vergewaltigten oder sich finanziell und materiell an den Habseligkeiten ihrer Opfer bereicherten, widersprach das zentralen Normen des SS- und Polizeiapparats. Seine antisemitischen und rassistischen Ideologeme waren für die „Herrenmenschen" vor Ort dennoch wichtig, weil sie sich diese für ihre eigenen Zwecke mehr oder minder bewusst aneigneten. Sie privatisierten die juden- und fremdenfeindlichen Dogmen, die ihnen der NS-Staat institutionell und kollektiv vorgab, um dadurch ihre Verbrechen zu rechtfertigen und ihre individuellen Bedürfnisse zu befriedigen. Dazu mussten

3130 Mallmann, Fußvolk.

3131 Vgl. Christopher R. Browning, Judenmord. NS-Politik, Zwangsarbeit und das Verhalten der Täter, Frankfurt am Main 2001, S. 249.

3132 Hilberg, Vernichtung, Bd. 3, S. 1087.

3133 Mallmann, Fußvolk, S. 388.

3134 Vgl. Ders., Der Einstieg in den Genozid. Das Lübecker Polizeibataillon 307 und das Massaker in Brest-Litowsk Anfang Juli 1941, in: Archiv für Polizeigeschichte 29 (1999), S. 82–88, hier: S. 86.

die Männer nicht unbedingt inhaltlich mit ihnen übereinstimmen.[3135] Zum Judenhass echter Überzeugungstäter gesellte sich so ein „Antisemitismus der Profiteure“, wie Mallmann feststellt.[3136]

Es sei dahingestellt, in welche Kategorie von Tätern sich jene Absolventen der ordnungspolizeilichen Offiziersschulen primär einordnen lassen, die für Verbrechen verantwortlich waren. Fest steht nur, dass es sich bei den meisten von ihnen nicht um fanatische Weltanschauungskrieger handelte. Stattdessen waren bemerkenswert viele von ihnen Opportunisten, die keineswegs alle Inhalte und Werte vorbehaltlos adaptierten, die ihnen Fürstenfeldbruck und Berlin-Köpenick zu vermitteln versuchten. Wenngleich sie sich als Offiziere in einer exponierten Position befanden und bereits vor ihrer Ausbildung durchaus weltanschaulich mehr oder minder stark an das Regime andocken konnten, scheint für sie aber auch die ideologische „Legitimationsfassade für private Bedürfnisse“[3137] attraktiv gewesen zu sein.

Die polizeiliche Ausbildung zielte anscheinend gar nicht darauf ab, aus den Polizisten fanatische Judenhasser zu machen, die sich zu Exzesstaten hinreißen ließen. Ihr oberster Chef lehnte solche ohnehin ab. Derlei Fälle betrachtete er als „Ausnahmen menschlicher Schwächen“, wohingegen die meisten Täter des Holocaust seiner Ansicht nach „anständig geblieben“ seien, wie Himmler in seiner berühmten Posener Rede vom 4. Oktober 1943 erklärte.[3138] Dieses bizarre Verständnis von „Anständigkeit“ bezog sich also darauf, dass das Gros der „Polizeisoldaten“ die Massentötungen auf geordnete Weise durchführte, ohne sie durch auffallend eigeninitiatives oder besonders grausames Handeln eskalieren zu lassen.[3139] Um Juden umzubringen, mussten die Täter noch nicht einmal Antisemiten sein. Denn Judenhass war in der uniformierten Polizei keineswegs allgegenwärtig, wie Mallmann berechtigterweise anmerkt.[3140] Himmlers Machtapparat integrierte deshalb seine Ideologeme in das aus Weimar übernommene Ausbildungssystem der Ordnungsmacht, weil er hoffte, ihre Angehörigen vielmehr zu weltanschaulich gefestigten „Polizeisoldaten“ erziehen zu können. Dadurch ermöglichte er es ihnen, ihre Verbrechen an Juden und anderen Opfern im Kontext der eigentlichen Polizeiaufgaben zu verorten und so zu legitimieren. Für diesen außergewöhnlichen Dienst zeigte sich der NS-Staat wiederum erkenntlich, indem er bereitwillig wegsah, wenn sich seine Staatsdiener in den eroberten Territorien nicht immer so verhielten, wie er es ihnen verordnet hatte.

Es ist durchaus möglich, dass die Botschaften der weltanschaulichen Schulung ihnen eine Orientierungshilfe boten, mit der sie ihre Eindrücke in den besetzten Ostgebieten verarbeiten konnten.[3141] Das galt dann aber erst recht sowohl für das traditionelle Feindbild der „bolschewistischen Banden“ als auch für die Maßnahmen zu deren Bekämpfung. Mit beiden waren die deutschen Ordnungspolizisten in ihrer Ausbildung immer wieder konfrontiert und beruflich sozialisiert worden. Während des „auswärtigen Einsatzes“ besaßen sie damit nicht nur ein ideologisch aufgeladenes Deutungsmuster für das Geschehen vor Ort, sondern auch Verhaltensregeln dafür, wie sie mit ihren Gegnern polizeitaktisch verfahren sollten.

3135 Vgl. Ders., „Mensch, ich feiere heut’ den tausendsten Genickschuß“. Die Sicherheitspolizei und die Shoah in Westgalizien, in: Paul, Täter, S. 109–136, hier: S. 124–128.

3136 Ebd., S. 128.

3137 Paul, Psychopathen, S. 65.

3138 Dokument 1919-PS: Rede Himmlers bei der SS-Gruppenführertagung in Posen am 4. Oktober 1943, in: IMT, Bd. 29, Nürnberg 1948, S. 110–173, hier: S. 145.

3139 Vgl. Welzer, Täter, S. 165.

3140 Vgl. Mallmann, Fußvolk, S. 383.

3141 Vgl. Heinemann, Rasse, S. 98.

Es waren also weniger die antisemitischen und rassistischen Elemente der weltanschaulichen Schulung, sondern vielmehr die bis zur Routine eingeübte polizeitaktische Praxis, die es den Ordnungshütern erleichterte, Massaker an Juden durchzuführen. Den Nationalsozialisten gelang es, die grün uniformierten Polizisten in den Genozid zu involvieren, indem sie unter anderem deren Aufgabe der Gefahrenabwehr instrumentalisierten und sämtliche Juden in den besetzten Gebieten zu einem allgegenwärtigen Sicherheitsrisiko in Form von „Banden" erklärten. Auf die vermeintlichen Partisanen reagierten sie daher genauso wie auf echte. Um den Holocaust zu vollstrecken, so Kühl, hätten die staatlichen Gewaltorganisationen während der NS-Herrschaft insgesamt die gleichen Programme angewendet, die auch sonst geregelt hätten, was genau in welchem Fall zu tun war. In der Praxis seien die Polizeieinheiten daher beispielsweise gegen Juden nach dem gleichen zuvor festgelegten und bewährten Schema vorgegangen wie gegen echte „Bandenmitglieder". Mit Ausnahme der Führungskräfte sei es auch gar nicht notwendig gewesen, extra für den Judenmord ein außergewöhnliches Personal zu rekrutieren, das sich eigens für diesen Zweck besonders geeignet hätte. Denn es sei letztlich nur eine von vielen Aufgaben der Ordnungspolizei gewesen, daran mitzuwirken, die europäischen Juden zu vernichten.[3142]

Die Ordnungspolizisten verübten ihre Massaker an Juden daher meist nach dem gleichen Muster. Sie gingen schematisch vor, wenn sie Ortschaften und Ghettos umzingelten, deren Bewohner zusammentrieben und zu entlegenen Plätzen abführten, um sie dort zu erschießen.[3143] Dass sie ihre Opfer einkesselten, war ebenfalls die bevorzugte Taktik, welche die Polizeieinheiten bei ihren Einsätzen zur „Bandenbekämpfung" verfolgten.[3144] Hinsichtlich der von ihnen angewendeten Methoden war es für Hitlers „grüne Soldaten" zweitrangig, ob sie nun gegen Juden oder gegen Partisanen einschritten. Obwohl es faktisch zwei verschiedene Gegnergruppen waren, unterschied sich die polizeiliche Vorgehensweise kaum. Vielmehr wies sie erstaunlich viele Parallelen auf. Anscheinend trug der standardisierte Ablauf auch dazu bei, dass es den Staatsdienern leichter fiel, ihre Mordaktionen so erschreckend routiniert durchzuführen. Bei ihnen zeigte es offenbar Wirkung, dass sie ähnliche taktische Manöver schon zuvor in den Schulen und Einheiten der Ordnungspolizei immer und immer wieder theoretisch wie praktisch einstudiert hatten. Im „auswärtigen Einsatz" mussten sie die erlernten Denk- und Verhaltensmuster nur noch abrufen – unabhängig davon, gegen welche Gegner sie konkret vorgingen. Als die Vollstrecker dann in den besetzten Gebieten massenhaft jüdische Opfer töteten, hatte das für sie bald „den Charakter von Arbeit angenommen", wie Welzer konstatiert.[3145] Dabei darf zwar nicht übersehen werden, dass die Polizeischüler in den Lehranstalten nicht sämtliche Schritte übten, die sie später bei den „Judenaktionen" durchführten. Dazu zählten vor allem die Erschießungen von unbewaffneten Menschen. Doch offensichtlich bereitete es den Oberbeamten keine Probleme, ihren Männern das neben all den herkömmlichen polizeitaktischen Einzelmaßnahmen auch noch zu befehlen. Die Ausbildung in Fürstenfeldbruck und Berlin-Köpenick diente also zumindest indirekt und partiell dazu, die Offiziersanwärter auf ihre künftige Führungsrolle beim Judenmord vorzubereiten. Insofern trainierten die Polizisten tatsächlich für den Holocaust.

All das dürfte mit dazu beigetragen haben, dass die Führungskräfte der Ordnungspolizei es insgesamt als legitim erachteten, was sie im „auswärtigen Einsatz" taten. In der Nach-

3142 Vgl. Kühl, Organisationen, S. 302 f. und 305 f.

3143 Vgl. Peter Nitschke, Polizei im NS-System, in: Lange, Staat, S. 51–63, hier: S. 60.

3144 Vgl. Blood, Bandit Hunters, S. 177 f.

3145 Welzer, Täter, S. 202.

kriegszeit stellte die „Bandenbekämpfung“ daher ein Thema dar, über das ehemalige Polizeibeamte und ranghohe Offiziere des NS-Regimes ungeniert sprechen konnten. So fiel es etwa Paul Riege nicht besonders schwer zuzugeben, dass die Einheiten der Ordnungspolizei „zur Sicherung der rückwärtigen Verbindungen gegen Partisanen und Banden und zur Verstärkung der militärischen Fronttruppen eingesetzt“ gewesen seien.[3146] Damit sollten nicht nur die monströsen Verbrechen vertuscht werden. Hitlers „grüne Soldaten“ versuchten dadurch zugleich, sich in der bundesdeutschen Öffentlichkeit als unbelastet darzustellen, was über viele Jahrzehnte sogar sehr erfolgreich gelang. Sie konnten daneben den Deckmantel des „Bandenkampfes“ dazu nutzen, um ihren Taten einen Sinn und eine Rechtmäßigkeit zu verleihen, die ihrem elitären und pflichtbewussten Selbstbild nicht zuwiderliefen.

Sobald es die Umstände erforderten, distanzierten sich die ehemaligen „Polizeisoldaten“ zudem von allen heiklen Punkten ihrer beruflichen Werdegänge, die dieses Image gefährdeten. Wenn beispielsweise frühere Angehörige eines Polizeibataillons für dessen Verbrechen vor Gericht standen, äußerten sie sich nur in Ausnahmefällen zur weltanschaulichen Schulung, weil sie sich nicht selbst belasten wollten. Wer doch darüber sprach, versuchte damit meist nur seine eigene Schuld zu relativieren, indem er auf die ausweglose Situation hinwies, in der er sich in ideologischer Hinsicht angeblich befunden habe.[3147] Häufiger kam es aber vor, dass sich Polizisten in Vernehmungen oder im Prozess über die „Bandenbekämpfung“ ausließen. Dabei verwendeten sie nicht nur das belastete Vokabular der NS-Tarnsprache, sondern versuchten auch die Verbrechen gegen Juden zu legitimieren, indem sie diese zu widerständigen wie gefährlichen „Banditen“ und „Partisanen“ stilisierten. Das zeigte sich z. B. im Verfahren gegen das Reserve-Polizeibataillon 101. Anders als Jan Kiepe es für die meisten solcher Fälle deutet, war das nicht nur eine pragmatische Strategie von Beschuldigten und Zeugen, um sich möglichst schadlos zu halten.[3148] Das war zwar sicherlich ihr zentrales Anliegen. Vielmehr ordneten die Männer ihr Handeln aber immer noch in jene Deutungsmuster ein, die ihnen der NS-Staat einst vorgegeben hatte. Wie ein Blick auf die Ausbildung der bundesdeutschen Ordnungsmacht verdeutlicht, blieben sie auch noch dann intakt, als der Krieg und damit der „auswärtige Einsatz“ schon längst vorbei waren.

Es ist dennoch verblüffend, wie leicht es den Beamten fiel, von einem staatlichen System zum anderen zu wechseln. Viele Oberbeamte hatten offenbar keine Probleme damit, sich den jeweiligen Verhältnissen anzupassen, die zunächst in der Weimarer Demokratie, dann im „Dritten Reich“ und schließlich in der Bundesrepublik herrschten. Mit Blick auf ihre Werdegänge erscheinen diese Männer tatsächlich als Diener des Staates – egal von welchem. Das „Funktionieren im Apparat“ sei, laut Udo Behrendes, anscheinend „der rote Faden aller polizeilicher Farbenwechsel im 20. Jahrhundert“ gewesen.[3149] Fraglich bleibt, ob diese opportunistische Mentalität noch immer in den Köpfen deutscher Gesetzeshüter existiert.

Aus all dem lassen sich zwar keine induktiven Schlüsse ziehen. Weitere Studien müssen künftig der Frage nachgehen, ob die fiktive Verbindung von Partisanen und Juden auch in der Ausbildung von Wehrmacht, Waffen-SS und Sicherheitspolizei ähnlich stark wie in jener der Ordnungspolizei präsent war. Es ist jedoch äußerst unwahrscheinlich, dass Hitlers „grüne Soldaten“ mit diesem wichtigen Sujet exklusiv konfrontiert waren. So bedeutend sein Stellenwert auch war, darf dieser aber nicht überschätzt werden. Die hier entworfene „Ban-

3146 Riege, Polizei-Geschichte, S. 47.
3147 Vgl. Kwiet, Tätern, S. 129 f.
3148 Vgl. dazu z. B. Kiepe, Reservepolizeibattaillon, S. 114–121.
3149 Behrendes, Orientierungspunkte, S. 419.

den-Theorie“ ist keine Universalerklärung. Sie kann nicht für jeden einzelnen Täter aus den Reihen der Ordnungspolizei erklären, warum er sich am Holocaust beteiligte. Ebenso wenig lässt sie sich auf die darin involvierten Angehörigen aller anderen Waffenträger und NS-Organisationen übertragen. Trotzdem macht sie begreifbar, wie es den Nationalsozialisten gelang, „Gesetzeshüter“ mithilfe ihrer eigenen Polizeikultur mental zu vereinnahmen und diese gleichzeitig mit antisemitischen Ideologemen aufzuladen, um polizeiliche „Bandenkämpfer“ zu Vollstreckern des Judenmords zu machen. Diese Interpretation erklärt das Verhalten der „Polizeisoldaten“ selbstverständlich nicht allumfassend. Das große und komplexe Mosaik von den Tätern der Shoah erhält durch sie lediglich einen weiteren Stein.

10. Training für den Holocaust – Zusammenfassung

Manche Legenden sind äußerst langlebig. Das gilt auch für die der angeblich „sauberen" Polizei des „Dritten Reichs". In den ersten vier Nachkriegsjahrzehnten tat sich die Forschung ziemlich schwer, dieses Image der nationalsozialistischen Ordnungsmacht kritisch zu hinterfragen. Das erstaunt umso mehr, weil verschiedene Prozesse gegen Angehörige von Polizeibataillonen zwischenzeitlich bereits gezeigt hatten, dass zahlreiche „Gesetzeshüter" während des Zweiten Weltkriegs selbst entsetzliche Verbrechen verübt hatten. Weder das NS-Regime noch der millionenfache Judenmord wären ohne die Polizei möglich gewesen. Es waren jedoch Impulse von „außen" nötig, damit das die deutsche Geschichtswissenschaft erkannte, die sich erst seit den neunziger Jahren zunehmend für dieses Thema interessierte. Während sie seither immer deutlicher aufzeigte, wie eng die Exekutivkraft in Himmlers System eingebunden war, entstanden einige Kontroversen darüber, warum sie sich so weitreichend am Holocaust beteiligt hatte. Eine Frage lautet, ob das „Dritte Reich" seine Waffenträger zu willfährigen Massenmördern erziehen konnte, indem es sie weltanschaulich schulte, wobei sich dies nicht allein auf die Polizei beschränkte. Der Gesamtkontext der polizeilichen Ausbildung wurde bisher aber kaum beleuchtet.

Um das zu ändern, betrachtete die vorliegende Studie zunächst, wie die Ordnungsmacht in der Weimarer Republik ihre Oberbeamten ausbildete. Nach Ende des Ersten Weltkriegs taten sich die einzelnen Länder der jungen Demokratie zunächst recht schwer, zu einem effizienten System zu gelangen, das ihre uniformierten Staatsdiener adäquat auf den Dienst vorbereiten sollte. Doch schon bald entwickelten sie ihre eigenen Konzepte, die sich strukturell zwar unterschieden, aber letztlich einem gemeinsamen Zweck dienten. Sie wollten fachlich versierte Polizeioffiziere heranbilden, die zugleich fähig sein sollten, für ihre Untergebenen ein geeignetes Vorbild abzugeben. Während das preußische Modell in den zwanziger Jahren anscheinend relativ konstant bestehen blieb, erachtete es Bayern für notwendig, sein eigenes System häufig zu reformieren. Beide Länder verband jedoch, dass sie spezielle Lehranstalten einrichteten, aus denen einfache Polizisten als neue Führungskräfte hervorgehen sollten. Es dauerte jedoch bis Mitte der zwanziger Jahre, bis auch die Bayerische Landespolizei über eine eigene Offiziersschule verfügte, die in München ansässig war. Auch sie musste sich damit zurechtfinden, dass das Innenministerium immer wieder neue Richtlinien ausarbeitete, die den Nachwuchs an Polizeiführern betrafen. Das änderte aber nichts daran, dass deren Ausbildung seinerzeit stets stark militärisch ausgerichtet war.

Aus dem gesamten Fächerkanon ragte dabei die „Polizeitaktik" heraus, die für die Staatsgewalt ganz allgemein einen besonderen Stellenwert besaß. In der Frühphase der Weimarer Republik war es zu diversen Großeinsätzen gekommen, bei denen die noch unerfahrene Ordnungsmacht hauptsächlich gegen linke Aufständische geschlossen einschreiten musste. Diese Ereignisse prägten das polizeiliche Bewusstsein nachhaltig, weil sie die Schwächen der Exekutive offenlegten und es notwendig machten, eine eigene Polizeiverwendungslehre zu entwickeln. Seit Mitte der zwanziger Jahre entstanden daher zahlreiche Fachbücher, die sich vorwiegend darauf konzentrierten, die Fehler der vergangenen Einsätze zu analysieren und

Alternativen aufzuzeigen, die jedoch darauf abzielten, härter gegen Unruhestifter vorzugehen. Das polizeiliche Gegenüber beschrieben sie in einem Jargon, der sich erst richtig im nationalsozialistischen Polizeiapparat manifestieren sollte. In Gedanken- und Planspielen kämpfte die Polizei gegen ein „Bandenunwesen", bewaffnete „Partisanen", „kommunistischen Terror" und die „bolschewistische Gefahr", gegen die sie „Befriedungsaktionen" und „Säuberungsunternehmungen" durchführte. Für die Weimarer Ordnungsmacht war bereits klar: Der Feind steht links, formiert sich zu „Banden", ist bewaffnet und gefährlich.

Eine solche Denkweise, aber auch der starke militärische Drill in den Polizeischulen und Bereitschaften sollten nicht folgenlos bleiben. Ende der zwanziger Jahre eskalierte die Gewalt auf den Straßen, auf welche die Ordnungshüter scharf reagierten und sich dabei selbst radikalisierten. Schuld daran war außerdem die desolate Bildungs- und Personalpolitik, durch die ins polizeiliche Offizierskorps alte Militärs gelangten, die gar nicht willens waren, ihre martialische Gesinnung abzulegen und stattdessen den demokratischen Rechtsstaat zu verteidigen. Auch deswegen fiel es den Nationalsozialisten leicht, sie nach der „Machtergreifung" in das neue politisch-polizeiliche System zu integrieren. Dieses mussten die neuen Machthaber aber gar nicht erst neu erfinden, da sie sich in der Anfangsphase des „Dritten Reichs" noch sehr stark an den militärisch ausgerichteten Ausbildungskonzepten der Weimarer Polizei orientierten. Von ihnen konnten sie ebenfalls profitieren, als sie zunächst daran interessiert waren, eine neue schlagkräftige Armee aufzubauen, wofür sie sich der neuen Landespolizei als Personalreservoir bedienten. Bis Oktober 1935 überführten sie in die Wehrmacht rund 56.000 Mann aus den kasernierten Bereitschaften, die bereits militärisch ausgebildet waren und daher beim Aufbau der neuen Streitkräfte helfen konnten. Während sie sogar die Lehranstalten der „alten" Ordnungsmacht für ihre Zwecke vereinnahmten, begannen die Nationalsozialisten bereits, das polizeiliche Schulsystem zu vereinheitlichen und nach ihren Vorstellungen umzugestalten.

Nachdem Adolf Hitler am 17. Juni 1936 den Reichsführer-SS Heinrich Himmler auch zum „Chef der Deutschen Polizei" ernannt hatte, reformierte dieser die Organisation der Polizei und ihr Ausbildungswesen. Mit dem Hauptamt Ordnungspolizei verfügte er über eine zentrale Behörde, in der zahlreiche Funktionäre und Ämter damit betraut waren, einen Rahmen dafür zu schaffen, dass die uniformierten Staatsdiener möglichst effizient auf ihre Aufgaben im NS-Staat vorbereitet werden konnten. Dieser sich ständig wandelnde Verwaltungskomplex kümmerte sich jedoch nicht nur um ihre fachlichen Kompetenzen, sondern sollte es auch dezentralen Akteuren vor Ort ermöglichen, die Ordnungspolizisten ideologisch in Himmlers Imperium zu integrieren. Deshalb legte der Reichsführer-SS großen Wert darauf, dass jeder seiner Untergebenen intensiv weltanschaulich geschult wurde, wofür ein großangelegtes System zu sorgen hatte. In der Praxis ging das jedoch nicht immer einheitlich vonstatten. In den Friedensjahren sollten die Beamten zunächst einmal auf eine einheitliche Linie gebracht werden, womit insbesondere Schulungsredner beauftragt waren. Noch vor und besonders nach Beginn des Krieges führte der Polizeiapparat zahlreiche propagandistische Maßnahmen durch, um seine Angehörigen an der „Heimatfront" sowie vor allem im „auswärtigen Einsatz" zu erreichen und letztlich auf den „Endsieg" einzuschwören. Doch scheint dies nicht immer die Erfolge erzielt zu haben, die sich Himmler erhoffte.

Bereits vor seinem Amtsantritt als oberster Polizeichef klagte die Staatsgewalt über einen enormen Personalmangel. Seit Mitte der dreißiger Jahre war sie permanent darauf bedacht, neue Offiziere zu rekrutieren, weshalb die NS-Führung entsprechende Richtlinien veröffentlichte. Anfangs pochte die Ordnungspolizei noch darauf, dass die Bewerber tatsächlich den recht strengen Kriterien entsprachen, wobei sie vor allem jung, geistig wie körperlich fit, militärisch vorgebildet und linientreu sein sollten. Bis auf die ideologische Nähe zum Nationalsozialismus war dieses Konzept aber nicht wirklich neu. Vielmehr ähnelte es sehr jenem, das schon in der Weimarer Republik gegolten hatte. In den folgenden Jahren sollten Himmler und seine Entourage allerdings diese Vorschriften immer wieder überarbeiten. Während die Offiziersanwärter vor dem Polenfeldzug noch im praktischen Revierdienst ausgebildet wurden, mussten sie nach Kriegsbeginn stattdessen an die Front, um dort die „Praxis" kennenzulernen. Gleichzeitig sah sich die Ordnungspolizei dazu gezwungen, ihre Maßstäbe deutlich herabzusetzen, was die Qualität des Offiziersnachwuchses anbelangt. Weil sie so dringend neue Führungskräfte besonders in den besetzten Gebieten benötigte, musste sie mit Kandidaten vorliebnehmen, die sie in den Vorkriegsjahren keinesfalls ausgewählt hätte. Dadurch wurde das Offizierskorps jedoch immer heterogener, das neben den etablierten Polizeiführern nun zunehmend ältere und weniger befähigte Männer beherbergte.

Seit Mitte der dreißiger Jahre waren die beiden wichtigsten Lehranstalten der Ordnungspolizei in Berlin-Köpenick und Fürstenfeldbruck damit beauftragt, einfache Anwärter zu Polizeiführern in Himmlers Machtapparat auszubilden. Sie hatten dabei aber nicht nur mit einem unterschiedlich qualifizierten Personal, sondern auch mit den recht chaotischen Maßnahmen aus Dalueges Zentralbehörde zurechtzukommen. Das Hauptamt Ordnungspolizei regelte zwar minutiös, wie ein Offiziersanwärterlehrgang organisiert sein sollte. Doch waren es die Lehrer, die den Unterricht inhaltlich zu gestalten hatten. Neben den zahlreichen rechtlichen, polizeidienstlichen und politisch-weltanschaulichen Fächern dominierten besonders die militärischen Themenschwerpunkte die Ausbildung in Fürstenfeldbruck. Offensichtlich sollten die angehenden Polizeiführer vor allem auf den „auswärtigen Einsatz" vorbereitet werden, noch ehe der Krieg überhaupt begonnen hatte. Gerade der „Bandenkampf" erschien dabei als interdisziplinäres Sujet und tauchte sogar in Fächern auf, die dahingehend unverdächtig schienen. Da die Ordnungsmacht seit jeher gegen den „Feind im Innern" vorgehen musste, orientierte sich dieses Ausbildungskonzept lediglich an einer älteren polizeilichen Tradition. Denn bereits die Weimarer Staatsgewalt hatte gegen linke Gegner gekämpft und dabei „Befriedungsaktionen" und „Säuberungsunternehmungen" durchgeführt.

Auch der NS-Ideologie gelang es, fächerübergreifend in den Unterricht einzudringen und die Schüler mit den Grundsätzen des Nationalsozialismus sowie seinen politischen Folgen zu konfrontieren. Die Ausbildung zielte also ebenso darauf ab, die angehenden Offiziere in Himmlers weltanschaulichen Kosmos einzuführen. Der Brucker Lehrerschaft kam die Aufgabe zu, sie zu Multiplikatoren seines Wertesystems und damit zu idealen Repräsentanten des „Dritten Reichs" zu erziehen. Dabei stellten antisemitische und rassistische Botschaften wichtige, aber keineswegs die einzigen Komponenten dar. Anscheinend sollte die weltanschauliche Schulung vielmehr an die militärischen Inhalte anknüpfen, indem sie den „inneren Feind" noch weiter ideologisch auflud. Dadurch erweiterte sie den gewohnten Kampf gegen linke „Banden" zu einem alles entscheidenden „Rassenkrieg" gegen von Juden gelenkte „bolschewistische" Partisanen in den besetzten Gebieten. Die führenden „Polizeisoldaten" sollten nicht so sehr auf einzelne Paragraphen fixiert sein. Stattdessen hatten sie in Aktion zu treten, wenn es darauf ankam. Aus diesem Grund versuchten insbesondere die politisch-weltanschaulichen Disziplinen, das Selbstbild der Männer zu prägen, indem sie sich weniger auf die Gegner, als vielmehr auf den eigenen Wertekanon von Himmlers SS- und Polizeiapparat konzentrierten.

Allerdings waren Theorie und Praxis häufig nicht miteinander vereinbar. Wie die Erfahrungsberichte des jeweiligen Kommandeurs offenbaren, schnitten recht viele Schüler schlecht ab oder konnten nur mit Mühe und Not ihren Kurs bestehen. Die Schulleiter beklagten, dass zahlreiche Kandidaten unzureichend vorgebildet, geistig überfordert und insgesamt nicht qualifiziert genug gewesen seien. Während des Krieges verschlimmerte sich die Lage noch weiter, weil die Lehrgänge personell immer heterogener beschaffen waren. Besonders gravierend war es, wenn die Schüler in den militärischen Bereichen nicht überzeugen konnten und stattdessen mitunter erhebliche Defizite aufwiesen. Insofern überrascht es nicht, dass die ohnehin schon dominanten militärischen Fächer gerade in der zweiten Kriegshälfte alle anderen überragten und besonders die rechtlichen Disziplinen verdrängten. Aber auch die weltanschauliche Schulung erwies sich keineswegs so einflussreich, wie es sich Himmler und seine Propagandisten vorstellten. Insofern hatte sich die Ordnungspolizei einzugestehen, dass sie ihre Ansprüche herunterschrauben musste, weil kein anderes Personal vorhanden war. Gleichzeitig setzte sie jedoch darauf, die bereits aktiven Offiziere permanent weiterzubilden, um ihre Fähigkeiten zu verbessern, da sie dringend für Hitlers Rassenkrieg benötigt wurden.

Während die oberbayerische Lehranstalt keineswegs omnipotent war, wenn es darum ging, nur bedingt geeignete Kandidaten zu idealtypischen Polizeioffizieren zu erziehen, fungierte sie aber zweifelsohne als lokaler Machtfaktor. Fürstenfeldbruck profitierte vor allem wirtschaftlich und kulturell immens von seiner prestigeträchtigen Institution und verdankte ihr sogar, zu einer Stadt aufgestiegen zu sein. Die Schulgemeinschaft gehörte zu jenen Kräften, welche die Feierlichkeiten und deren Choreographie sowie das soziale Leben in der Kommune stark mitprägten. Die regelmäßig stattfindenden Feste des NS-Staats sollten darüber hinaus die Kameradschaft untereinander stärken und den einzelnen Angehörigen dabei helfen, sich noch stärker mit dem polizeilichen Wertesystem zu identifizieren. Das galt insbesondere für Feiern, die dem SS-Kult entsprangen und Himmlers Normenkosmos auch in die ordnungspolizeiliche Lebens- und Gedankenwelt integrierten. Bestimmte Anlässe ermöglichten es der Lehranstalt zudem, sich gegenüber den Brucker „Volksgenossen" als bürgernaher „Freund und Helfer" zu inszenieren, worauf besonders der „Tag der Deutschen Polizei" abzielte. Dadurch gelang es ihr, den nationalsozialistischen Polizeistaat vor Ort real werden zu lassen.

Oftmals war das aber nur Fassade, hinter der das idealistische Selbstbild Kratzer aufwies. Obwohl oder gerade weil die Polizeischule innerhalb von Fürstenfeldbruck durchaus sehr einflussreich war, musste sie sich immer wieder behaupten. So konkurrierte sie mit dem hiesigen Fliegerhorst um attraktive Grundstücke, Anlagen und Immobilien in der Stadt sowie in der näheren Umgebung. Sie bemühte sich dabei zwar um ein gutes Verhältnis zur Wehrmacht und den lokalen Parteiorganisationen. Das führte allerdings nicht dazu, dass Konflikte gänzlich ausblieben. Ihnen ging der langjährige Kommandeur Arno Hagemann aber lieber aus dem Weg, wie ein indirekt ausgetragener Streit zeigt, der kurz vor Kriegsende zwischen seiner Schule und NSDAP-Kreisleiter Franz Emmer entstand. Gerade in der zweiten Kriegshälfte offenbarte sich den Lehrern und Schülern darüber hinaus, wie gefährlich ihr Dienst im „Dritten Reich" sein konnte. Zwar mussten sie sich ohnehin berufsbedingt mit dem Tod auseinandersetzen. Als sie jedoch damit konfrontiert wurden, dass tatsächlich Kollegen und Freunde starben, machte das für viele ein bislang relativ abstraktes Thema greifbar und drang zunehmend in ihre eigene Lebens- und Gedankenwelt ein. An der Polizeischule Fürstenfeldbruck zeigte sich exemplarisch, dass Himmler selbst innerhalb der Ordnungspolizei versuchte, mithilfe seines SS-Totenkults diesen Prozess zu beeinflussen. Gleichzeitig bot sich ihm dadurch eine weitere Möglichkeit, die uniformierten Beamten in seinen Wertekosmos einzugliedern. An die eigene Vergänglichkeit erinnerte sie aber auch ein anderes Thema, das besonders in der zweiten Kriegshälfte ständig präsent war. Denn obwohl sie fernab der Fronten lag, musste sich die Schule in der Nähe zur „Hauptstadt der Bewegung" davor fürchten, von alliierten Flugzeugen bombardiert zu werden. Der Luftkrieg sollte sie zwar letztendlich verschonen, aber bereits vor und besonders nach Kriegsbeginn den schulischen Alltag dennoch mitbestimmen. Doch selbst dabei machte sich die NS-Ideologie bemerkbar, als etwa geplant war, KZ-Häftlinge zum Bau eines Luftschutzstollens einzusetzen. Damit hatte der Schulleiter offensichtlich keinerlei Probleme. Diese bereiteten ihm allenfalls die schlechte Versorgungslage, die sich bei Kriegsende immer stärker bemerkbar machte und den Lehrbetrieb tangierte.

Die jeweiligen Schulleiter konnten sich hingegen darüber freuen, wenn sich ihre Untergebenen vorbildlich und in besonderen Situationen sogar „mustergültig“ verhielten. Das war vor allem dann der Fall, wenn Angehörige der Brucker Schulgemeinschaft andere Menschen in einer Notlage helfen oder ihr Leben retten konnten. Solche Taten instrumentalisierten die Kommandeure nur allzu gerne, um einerseits die eigene Schulgemeinschaft zu motivieren und andererseits nach außen hin mit ihnen für die Lehranstalt zu werben. Denn die Polizeischule war stets an einem möglichst guten Image interessiert, das keinesfalls beschädigt werden sollte. Deshalb war sie auch darauf bedacht, sich strikt an die Prinzipien der NS-Weltanschauung zu halten, wie ihr Umgang mit Kriegsgefangenen zeigt. Dennoch konnten die Kommandeure nicht verhindern, dass sich einzelne Schüler und Lehrer danebenbenahmen oder sogar Straftaten verübten, worunter zuweilen das Ansehen der gesamten Bildungsanstalt litt. Von kleinen Streichen über Diebstähle bis hin zu brutalen Gewaltakten gab es einige Fälle, die darauf schließen lassen, dass nicht jeder Polizist dazu geeignet war, sich tatsächlich für „Recht und Ordnung“ im NS-Staat einzusetzen. Darüber hinaus waren anscheinend nicht alle „Gesetzeshüter“ willens, sich nahtlos in Himmlers Normengefüge einzuordnen. Darum warf ihnen die Schule vor, charakterliche Mängel zu besitzen und sich unkameradschaftlich zu verhalten. Besonders negativ fiel dabei eine Reihe jener Schüler auf, die aus der Schutzstaffel unfreiwillig in die Ordnungspolizei gelangt waren und sich daher degradiert sahen. Gerade ihre kirchenfeindlichen Taten zeigen, dass sie offenbar nicht nur die antiklerikalen Grundsätze der NS-Ideologie teilten, sondern sich auch weiterhin als Angehörige einer Elite verstanden, die praktisch über dem Gesetz stehen würde. Wenn dann aber einzelne Brucker Polizisten eben mit diesem in Konflikt gerieten, warf das weder auf die oberbayerische Bildungseinrichtung noch auf Himmlers Polizeiapparat ein gutes Licht.

In das Imperium des Reichsführers-SS scheinen sich jedoch die meisten Beamten problemlos eingefügt zu haben. Das lässt zumindest eine sozialstatistische Analyse einzelner Lehrgänge und deren Schüler vermuten. Die meisten der untersuchten Offiziersanwärter gehörten der „Kriegsjugendgeneration“ an und waren junge, aber dennoch reife Männer, als sie aus dem gesamten Reichsgebiet, aber schwerpunktmäßig aus Süddeutschland nach Fürstenfeldbruck kamen. Sie waren überwiegend in einem christlich geprägten Elternhaus in der unteren Mittelschicht aufgewachsen und stammten damit aus geordneten Verhältnissen. Ihre eigene Situation verschlechterte sich jedoch besonders in der Weimarer Republik deutlich. Vor allem die jüngeren Teilnehmer der frühen Offiziersanwärterlehrgänge verfügten zwar über ein Abitur. Doch nur sehr wenige gelangten an eine Universität, wobei kaum einer sein Studium erfolgreich beenden konnte. Erst recht galt das für die älteren Anwärter, die während des Krieges ihren Kurs an der Brucker Lehranstalt besuchten. Im Vergleich zum Führerkorps von Sicherheitspolizei und SD stellten die Offiziersanwärter der Ordnungspolizei keine intellektuelle Elite dar.

Aus eigener Kraft gelang es vielen von ihnen nicht, sich eine Karriere aufzubauen, mit der sie das mittelständische Niveau ihres Elternhauses halten konnten. Um den sozialen Abstieg zu kompensieren, versuchten sie im Polizeidienst ihr Glück, der ihnen bereits in der Weimarer Republik und gerade während des „Dritten Reichs" zahlreiche Türen öffnete. Der permanente Personalmangel des Regimes bot ihnen die Möglichkeit, in das prestigeträchtige Offizierskorps und dadurch gesellschaftlich aufzusteigen. Damit sie möglichst von den neuen Verhältnissen im „Dritten Reich" profitieren konnten, suchten viele von ihnen mehr oder minder intensiv die Nähe zur Partei. Ein Großteil dieser Beamten befand sich nicht nur in der NSDAP, sondern auch in der SS und einigen weiteren NS-Organisationen, in die sie meist nach, aber in einigen Fällen auch schon vor der „Machtergreifung" eingetreten waren. Zweifellos gab es eine beachtliche Anzahl an „Alten Kämpfern", die mit der NS-Ideologie wahrscheinlich verhältnismäßig stark sympathisierten oder deren Prinzipien sogar teilten. Dennoch überragten zahlenmäßig jene Männer, deren Mitgliedschaft in der Partei oder Himmlers Elitetruppe mit ihrem Lehrgang zusammenzuhängen scheint. Offensichtlich versprachen sie sich davon weitere Vorteile für ihre Karriere. Deshalb traten bemerkenswert viele von ihnen auch aus der Kirche aus, was ganz im Sinne von Himmlers antikirchlicher Politik war. Es könnte durchaus möglich sein, dass weltanschauliche Motive dabei ebenfalls eine Rolle spielten, wobei sich opportunistische und ideologische Beweggründe keineswegs ausschlossen.

Wie es sich das Regime wünschte, hatten viele Brucker Schüler bereits vor ihrem Kurs in der Armee gedient. Einzelne der älteren Anwärter hatten sogar noch im Ersten Weltkrieg gekämpft. Wenngleich es sich für die einzelnen Lehrgänge nur lückenhaft nachweisen lässt, scheinen erschreckend viele dann in den „auswärtigen Einsatz" gelangt zu sein. Das zeigt zumindest ein Blick auf weitere Kurse und deren Teilnehmer, die während des Zweiten Weltkriegs in verschiedenen Einheiten und Positionen tätig waren. Sowohl an der „Heimatfront" als auch in den annektierten Gebieten halfen sie dabei mit, Himmlers Besatzungsapparat und somit das NS-Regime zu stützen. Dabei konnte es durchaus vorkommen, dass sie ihre Uniform wechselten und in der Wehrmacht oder in der Waffen-SS dienten. Zahlreichen Schülern gelang es, in ihrem „auswärtigen Einsatz" eine beträchtliche Machtfülle zu erlangen. Viele von ihnen befehligten ganze Kompanien und damit einige Dutzend Männer. Exemplarische Biographien zeigen darüber hinaus, dass einige Absolventen der Polizeischule Fürstenfeldbruck auch an Massenverbrechen beteiligt waren oder sie sogar selbst zu verantworten hatten. Mit ihren Einheiten terrorisierten sie ganze Landstriche und gingen brutal gegen Juden sowie angebliche Partisanen vor. „Bandenkampf" und Judenmord waren dabei häufig miteinander verknüpft. Während des Krieges gelangten an die „Kaderschmiede" zahlreiche „Praktiker", die bereits darin erfahren waren, gegen „Banditen" und ihre „Helfer" zu kämpfen. Die Brucker Schule bereitete sie nun darauf vor, dies nach dem Lehrgang auch in einer Führungsposition zu tun.

Aber nicht nur Schüler, sondern auch Lehrer und Kommandeure der Polizeischule sollten in den „auswärtigen Einsatz" gelangen. Dabei führten viele von ihnen ganze Polizeibataillone oder sogar -regimenter. Andere konnten im Hauptamt Ordnungspolizei oder in anderen Behörden bedeutende Positionen bekleiden, während Gerret Korsemann sogar Himmler unmittelbar unterstellt war und zumindest zeitweise als HSSPF fungierte. Wenngleich ihre Karrieren recht unterschiedlich verliefen, waren nur allzu viele von ihnen für Besatzungsterror, „Partisanenbekämpfung" und Judenmord mitverantwortlich. Aus dieser Masse ragte lediglich Kommandeur Dr. Fritz Schade heraus, der ein leuchtendes Beispiel dafür darstellt, dass niemand alternativlos oder automatisch zum Massenmörder wurde. Nach Kriegsende konnten zahlreiche Absolventen und Lehrkräfte aus Fürstenfeldbruck ihre Karrieren im Staatsdienst fortführen und sogar noch steil aufsteigen. Nur Einzelne gerieten dabei ins Visier der deutschen Justiz, wobei nur sehr wenige für ihre Verbrechen verurteilt wurden, die

Strafen dann aber lächerlich gering ausfielen. Die allermeisten konnten stattdessen ihr Leben weiterführen, ohne jemals für ihre Untaten belangt worden zu sein. Wenn auch nicht alle, so landeten jedoch sehr viele wieder in der Ordnungsmacht, in der sie teilweise in einflussreiche Ämter gelangten und in Einzelfällen sogar dafür verantwortlich waren, neue Generationen von Polizisten auszubilden. Dabei konnten ihnen auch jene Netzwerke behilflich sein, die sich noch im NS-Staat herausgebildet hatten. So kam es durchaus vor, dass Schüler miteinander in Kontakt blieben, noch Jahrzehnte nachdem sie ihren gemeinsamen Kurs beendet hatten. Aber auch die Brucker Lehrerschaft nutzte ihre Beziehungen untereinander und zu ehemals hochrangigen Vertretern des Himmlerschen Polizeiapparats, um sich nach Kriegsende zu helfen, indem sie sich gegenseitig eine weiße Weste verschafften. Reue zeigte keiner von ihnen.

Obwohl die alliierten Besatzungsmächte ursprünglich andere Pläne hatten, gestaltete sich die Ausbildung der Nachkriegspolizei weiterhin sehr militärisch und orientierte sich an den alten Traditionen. Daran änderte sich auch in der jungen Bundesrepublik herzlich wenig. Das lag nicht zuletzt daran, dass die neue demokratische Staatsgewalt durch die Bereitschaftspolizei eine truppenmäßige Organisation erhielt. Hinzu kommt, dass viele Entscheidungsträger und Ausbilder innerhalb des Polizeiapparats mehr oder minder stark belastet waren und ihre alten Konzepte auf die bundesdeutsche Beamtenschaft anwenden wollten. Einige von ihnen wirkten an der Polizeischule Fürstenfeldbruck daran mit. Sie stieg in den ersten Nachkriegsjahrzehnten erneut zur führenden polizeilichen Lehranstalt Bayerns auf, wodurch sie im Freistaat abermals eine herausragende Position dabei einnahm, neue Staatsdiener heranzubilden. Obwohl sich die deutsche Ordnungsmacht demonstrativ von der NS-Vergangenheit abzugrenzen versuchte, konnte sie sich ihrer historischen Altlasten nicht vollständig entledigen. Um sich eine Identität aufzubauen, die ihre Rolle im „Dritten Reich" bewusst aussparte, glorifizierte sie die Weimarer Staatsgewalt. An ihr versuchte sie sich zu orientieren. Da die Nationalsozialisten jedoch die Polizeikultur der zwanziger Jahre weitgehend übernommen hatten, konnte sich die bundesrepublikanische Exekutive von der braunen Vergangenheit nicht komplett lösen. Weiterhin unterrichtete sie ihre Angehörigen im „Bandenkampf" und warnte vor der angeblich großen Gefahr des Kommunismus, der es entgegenzutreten galt. Erst in den siebziger und achtziger Jahren fanden Reformen statt, welche die Polizei von einer paramilitärischen zu einer zivileren Institution transformierten. Dieser Wandel machte vor der Brucker Bildungsstätte nicht Halt. Während sie im NS-Staat noch als Pflegestätte nationalsozialistischen Geistes fungiert hatte, ist sie heute eine Vorzeigeanstalt des demokratischen Rechtsstaats.

Welche Rolle spielten nun die Offiziersschulen der Ordnungspolizei des „Dritten Reichs"? Die Polizeischule Fürstenfeldbruck war für Himmlers Führungskräfte keineswegs nur eine Durchgangsstation. Sie fungierte nicht nur als eine Stufe unter vielen auf der Karriereleiter zahlreicher Staatsdiener. Vielmehr diente sie als Schnittstelle, um die Polizeikultur des NS-Staats mit der informellen Polizistenkultur zu verbinden. Es war gerade diese zentrale Lehranstalt, die einer beachtlichen Anzahl von Männern jenes Wissen, Know-how und Wertebewusstsein vermittelte, das sie während des Zweiten Weltkriegs zu führenden „Polizeisoldaten" machte. So brachte die „Kaderschmiede" zahlreiche Offiziere hervor, die mehr oder minder stark von der absolvierten Ausbildung geprägt waren und in den Polizeieinheiten und Dienststellen im Besatzungsgebiet „funktionierten". Dazu dürften zwar auch politisch-weltanschauliche Ideale beigetragen haben, weil sich das Offizierskorps als verschworene und elitäre Gemeinschaft begriff, für die vor allem eine gute Kameradschaft wichtig war. Aber gerade der Rückgriff auf die traditionellen Feindbilder scheint es den Polizeiführern ermöglicht zu haben, Juden unter dem Etikett des „Bandenkampfs" umzubringen. Eben dieses Deutungsmuster erlaubte es ihnen, die Verbrechen gegenüber sich selbst zu rechtfertigen. Es war weniger die weltanschauliche Schulung, die Hemmschwellen bei den Tätern herabsenkte, als vielmehr die routinemäßig eingeübten und gewohnten polizeilichen Verhaltensmuster, an denen sie sich im „auswärtigen Einsatz" festhalten konnten. Sie boten den Beamten eine Möglichkeit, sich an etwas zu orientieren, was ihnen vertraut war und ihrem beruflichen Aufgabenspektrum sowie Erfahrungsschatz entsprang. Für die Staatsdiener war es daher deutlich wirkungsvoller, ihre jüdischen Opfer gedanklich zu Partisanen zu machen und sich an den in der Ausbildung einstudierten Vorgehensweisen zu halten. Denn die „Bandenbekämpfung" folgte stets dem gleichen Schema, so dass es für die Polizisten geradezu unerheblich war, welche Gegner sie in ihren Operationen bekämpften. Keineswegs alle Lehrer und Absolventen aus Fürstenfeldbruck beteiligten sich an den Verbrechen des Regimes. Doch erschreckend viele von ihnen taten es – nachdem oder sogar noch bevor sie zur Brucker „Kaderschmiede" gelangten und in ihr jene polizeilichen Denk- und Verhaltensweisen kultivierten, die sowohl den Besatzungsterror als auch den Judenmord erst ermöglichten. Himmlers Machtapparat schickte seine Offiziersanwärter zu ihr, um sie hernach an die verschiedensten Schauplätze in ganz Europa zu entsenden, die viele von ihnen dann in Tatorte des Jahrhundertmords verwandelten. Die oberbayerische Bildungsstätte besaß innerhalb der Ordnungspolizei nicht zuletzt deshalb eine so exponierte Position, weil sie als Alma Mater für erschreckend viele Massenmörder und Kriegsverbrecher fungierte. Daraus ergibt sich folgende bittere Erkenntnis: Die Polizeischule Fürstenfeldbruck war ein zentraler Täterort des „Dritten Reichs" und zugleich ein bedeutender Knotenpunkt auf dem Koordinatensystem des Holocaust.

Abkürzungsverzeichnis

a. D.	außer Dienst
AEL	Arbeitserziehungslager
AEM	Archiv des Erzbistums München und Freising
APuZ	Aus Politik und Zeitgeschichte
BAB	Bundesarchiv Berlin-Lichterfelde
BAL	Bundesarchiv Ludwigsburg
BayFHVR Pol	Fachhochschule für öffentliche Verwaltung und Rechtspflege in Bayern – Fachbereich Polizei
BayHStA	Bayerisches Hauptstaatsarchiv
BDC	Berlin Document Center
BDM	Bund Deutscher Mädel
BdO	Befehlshaber der Ordnungspolizei
BdS	Befehlshaber der Sicherheitspolizei
BDS	Schutzbund ehemaliger deutscher Soldaten
BefBlO	Befehlsblatt des Chefs der Ordnungspolizei
Bepo	Bereitschaftspolizei
Bezirks-OAL	Bezirks-Offiziersanwärterlehrgang
BGB	Bürgerliches Gesetzbuch
BGH	Bundesgerichtshof
BGS	Bundesgrenzschutz
BKA	Bundeskriminalamt
BRD	Bundesrepublik Deutschland

BVP	Bayerische Volkspartei
CSU	Christlich-Soziale Union
DAF	Deutsche Arbeitsfront
DDR	Deutsche Demokratische Republik
DHM	Deutsches Historisches Museum
DHPol	Deutsche Hochschule der Polizei
DJ	Deutsches Jungvolk
DNVP	Deutschnationale Volkspartei
DP	Displaced Person
DRP	Deutsche Reichspartei
DVP	Deutsche Volkspartei
EK	Eisernes Kreuz
FDJ	Freie Deutsche Jugend
FDP	Freie Demokratische Partei
FFB	Fürstenfeldbruck
Gestapo	Geheime Staatspolizei
GfK	Gesellschaft für Konsumforschung
GG	Grundgesetz
GSG 9	Grenzschutzsondergruppe 9
HAR	Hamburger Arbeitskreis für Regionalgeschichte
HDv	Heeresdienstvorschrift
HJ	Hitler-Jugend
HSSPF	Höherer SS- und Polizeiführer
I. A.	Im Auftrag
I. V.	In Vertretung
IdO	Inspekteur der Ordnungspolizei

IdS	Inspekteur der Sicherheitspolizei
IfZ	Institut für Zeitgeschichte in München/Berlin
IMKK	Interalliierte Militärkontrollkommission
IMT	Internationales Militärtribunal in Nürnberg
IRR	Investigative Records Repository
ISG Frankfurt	Institut für Stadtgeschichte in Frankfurt
KdF	Kraft durch Freude
KdO	Kommandeur der Ordnungspolizei
KdS	Kommandeur der Sicherheitspolizei
KPD	Kommunistische Partei Deutschlands
KPdSU	Kommunistische Partei der Sowjetunion
KRiG	Krieg in der Geschichte
KVK	Kriegsverdienstkreuz
KVP	Kasernierte Volkspolizei
KZ	Konzentrationslager
LAW – STAM	Landesarchiv NRW Abteilung Westfalen – Staatsarchiv Münster
LDv	Luftwaffendienstvorschrift
m. d. F. b.	mit der Führung beauftragt
MBliV	Ministerialblatt der inneren Verwaltung
MdI	Ministerium/Minister des Innern
MEK	Mobiles Einsatzkommando
MInn	Bayerisches Staatsministerium des Innern (Archivsignatur)
MNN	Münchner Neueste Nachrichten
NARA	National Archives and Records Administration
NRW	Nordrhein-Westfalen
NSDAP	Nationalsozialistische Deutsche Arbeiterpartei

NSDStB	Nationalsozialistischer Deutscher Studentenbund
NSFK	Nationalsozialistisches Fliegerkorps
NSFO	Nationalsozialistischer Führungsoffizier
NSKK	Nationalsozialistisches Kraftfahrkorps
NSL	Nationalsozialistische Lehre
NSS	Nationalsozialistischer Schülerbund
NSV	Nationalsozialistische Volkswohlfahrt
NVA	Nationale Volksarmee
OAL	Offiziersanwärterlehrgang
OKH	Oberkommando des Heeres
OKW	Oberkommando der Wehrmacht
Orpo	Ordnungspolizei
PAB	Polizeiausbildungsbataillon
Pak	Panzerabwehrkanone
PDV	Polizeidienstvorschrift
PFA	Polizei-Führungsakademie
PG	Polizeigeschichtliche Sammlung der DHPol
PID	Politischer Informationsdienst
POG	Polizeiorganisationsgesetz
PP	Polizeipräsidium/Polizeipräsidien
PSD	Privatarchiv Sven Deppisch
PVD	Polizeidienstvorschrift
PVG	Preußisches Polizeiverwaltungsgesetz
RAD	Reichsarbeitsdienst
RAF	Rote Armee Fraktion
RDB	Reichsbund der Deutschen Beamten

RdErl	Runderlass
Reserve-OAL	Reserve-Offiziersanwärterlehrgang
Revier-OAL	Revier-Offiziersanwärterlehrgang
RFSSuChdDtPol	Reichsführer-SS und Chef der Deutschen Polizei
RGBl	Reichsgesetzblatt
RKB	Reichskolonialbund
RLB	Reichsluftschutzbund
RMBliV	Reichsministerialblatt der inneren Verwaltung
RMdI	Reichsministerium des Innern
RRL	Reichsrangliste der Offiziere der Ordnungspolizei
RS	Rasse- und Siedlungshauptamt (Archivsignatur)
RSHA	Reichssicherheitshauptamt
RuPrMdI	Reichs- und Preußischer Minister des Innern
RuSHA	Rasse- und Siedlungshauptamt
SA	Sturmabteilung
SBZ	Sowjetische Besatzungszone
Schuma	Schutzmannschaft
SD	Sicherheitsdienst der SS
SEK	Sondereinsatzkommando
SHD	Sicherheits- und Hilfsdienst
Sipo	Sicherheitspolizei
SPD	Sozialdemokratische Partei Deutschlands
SRP	Sozialistische Reichspartei
SS	Schutzstaffel
SSO	SS-Offizier
SSPF	SS- und Polizeiführer

StadtA FFB	Stadtarchiv Fürstenfeldbruck
StAM	Staatsarchiv München
StMdI	Bayerisches Staatsministerium des Innern
StVO	Straßenverkehrsordnung
Teno	Technische Nothilfe
UdSSR	Union der Sozialistischen Sowjetrepubliken
USHMM	United States Holocaust Memorial Museum
V. Bl. d. W.-SS	Verordnungsblatt der Waffen-SS
VdS	Verband deutscher Soldaten e. V.
VEJ	Die Verfolgung und Ermordung der europäischen Juden durch das nationalsozialistische Deutschland 1933–1945
V.f.d.P.	Vorschrift für die staatliche Polizei Preußens
VfZ	Vierteljahrshefte für Zeitgeschichte
VPS	Verstärkter Polizeischutz
VVN	Vereinigung der Verfolgten des Naziregimes
WE-Offizier	Offizier für die Weltanschauliche Erziehung
WHW	Winterhilfswerk
z. B. V.	zur besonderen Verwendung
ZfG	Zeitschrift für Geschichtswissenschaft

Abbildungsverzeichnis

Tabellenverzeichnis

Quellen- und Literaturverzeichnis

Archivalien

Archiv des Erzbistums München und Freising (AEM):

- Fragebogen zur nationalsozialistischen Verfolgung

Bayerisches Hauptstaatsarchiv München (BayHStA München):

- Bayerisches Staatsministerium des Innern (MInn)
- Office of Military Government for Germany (U.S.) (OMGUS)
- Polizeischule Fürstenfeldbruck (Polizeischule FFB)
- Präsidium der Bayerischen Bereitschaftspolizei (Präsidium der Bepo)
- Reichsstatthalter Epp

Bayerisches Hauptstaatsarchiv München – Kriegsarchiv (BayHStA München – Kriegsarchiv):

- Amtsbücherei (AB)
- Landespolizeiamt
- Landespolizei Fürstenfeldbruck (Landespolizei FFB)
- Landespolizei Inspektion
- Landespolizei München

Bundesarchiv Berlin-Lichterfelde (BAB):

- Berlin Document Center (BDC)
    - RS
    - SA
    - SSO
- Deutscher Gemeindetag (R 39)
- Hauptamt Ordnungspolizei (R 19)
- Reichsfinanzministerium (R 2)
- Truppen und Schulen der Ordnungspolizei/Chef der Bandenkampfverbände (R 20)

Bundesarchiv Ludwigsburg (BAL):

- B 162/5820 (206 AR-Z 6/62)
- B 162/6242 und 6246 (II 208 AR-Z 33/63)
- B 162/6669 (II 204 AR-Z 1251/65)

- B 162/19311 (II 201 AR 178/71)
- B 162/26624 (1 AR 2476/64)
- B 162/27295 (VI AR 414/65)

Deutsche Dienststelle (WASt):

- Akten
- Karteikarten
- Kriegsgefangenenakten

Deutsche Hochschule der Polizei in Münster-Hiltrup (DHPol):

- Polizeigeschichtliche Sammlung (PG)

Fachhochschule für öffentliche Verwaltung und Rechtspflege in Bayern – Fachbereich Polizei in Fürstenfeldbruck (BayFHVR Pol FFB):

- Ordner – Personalakten

Hauptstaatsarchiv Stuttgart (HStA Stuttgart):

- Innenministerium: Personalakten (EA 2/150)

Institut für Stadtgeschichte Frankfurt (ISG Frankfurt):

- Personalakten (22/75)

Institut für Zeitgeschichte – Archiv (IfZ Archiv):

- Gedruckte Quellen/Primärliteratur in der Druckschriftensammlung des Archivs: Deutsches Reich – Oberste Reichsbehörden 1871 bis 1945 (Da)
- Gedruckte Quellen/Primärliteratur in der Druckschriftensammlung des Archivs: SS und Polizei 1925 bis 1945 (Dc)
- Einzeldokumente (ED)

Landesarchiv NRW Abteilung Westfalen – Staatsarchiv Münster (LAW – STAM):

- Personalakten (PA)
- Polizeipräsidien (PP)
- Sammlung Primavesi

National Archives and Records Administration in College Park/Maryland (NARA):

- Investigative Records Repository (IRR) – RG 319

Privatarchiv Sven Deppisch (PSD):

- Persönliche Unterlagen

Staatsarchiv München (StAM):

- Landbauamt München
- Landratsamt (LRA)
- Polizeidirektion München
- Polizeipräsidium Oberbayern (PP Oberbayern)
- Spruchkammern Karton
- Staatsanwaltschaften

Stadtarchiv Fürstenfeldbruck (StadtA FFB):

- Akten (A)
- Kraus, Gotthard, Chronik von Fürstenfeldbruck (für die Jahre 1900–1937), Fürstenfeldbruck 1938
- Reiss, Josef, Chronik der Stadt Fürstenfeldbruck
- Sammlungsgut (S)

United States Holocaust Memorial Museum in Washington D. C. (USHMM):

- Osobyi Archive (Moscow) records: RG-11.001M.15 – Records of German Police Agencies in the Occupied Territories (Fond 1323)
- Nazi Propaganda Literature from the YIVO Institute for Jewish Research (LM0223)
- Schrifttum des Befehlshabers der Ordnungspolizei im Generalgouvernement (LM0443)

Zeitungen und Zeitschriften

- Bayerische Staatszeitung und Bayerischer Staatsanzeiger.
- Befehlsblatt des Chefs der Ordnungspolizei (BefBlO).
- Der Deutsche Polizeibeamte/Die Deutsche Polizei.
- Deutsches Polizei-Archiv.
- Deutsches Recht.
- Die Bayerische Polizei.
- Die Polizei.
- Fürstenfeldbrucker Tagblatt.
- Fürstenfeldbrucker Zeitung.
- Ministerialblatt der inneren Verwaltung (MBliV).
- Mitteilungsblätter für die weltanschauliche Schulung der Ordnungspolizei. Gruppe A, hrsg. v. Chef der Ordnungspolizei – Gruppe „Weltanschauliche Erziehung".
- Mitteilungsblätter für die weltanschauliche Schulung der Ordnungspolizei. Gruppe B, hrsg. v. Befehlshaber der Ordnungspolizei im Generalgouvernement.

– Politischer Informationsdienst. Gruppe B, hrsg. v. Befehlshaber der Ordnungspolizei beim Generalgouverneur.
– Reichsministerialblatt der inneren Verwaltung (RMBliV).
– Reichsgesetzblatt (RGBl).
– Schriftenreihe für die weltanschauliche Schulung der Ordnungspolizei.
– Verordnungsblatt der Waffen-SS (V.Bl.d.W.-SS).

Internetseiten

– Aussonderung von Personalakten bei der Polizei. URL: http://www.landesarchiv-bw.de/sixcms/media.php/120/47207/Behoerden_Auswahl_PolizeiPersonalakten.pdf. (zuletzt eingesehen am: 15.07.2017).
– Homepage der Fachhochschule für öffentliche Verwaltung und Rechtspflege in Bayern – Fachbereich Polizei. Chronik: Vom Kloster zur Polizeischule. URL: http://www.fhvr-polizei.bayern.de/de/wir-ueber-uns/chronik.html. (zuletzt eingesehen am: 15.07.2017).
– Homepage des Finanzamts Treptow-Köpenick. URL: http://www.berlin.de/sen/finanzen/steuern/finanzaemter/treptow-koepenick/. (zuletzt eingesehen am 15.07.2017).
– Kersten, Joachim, „Polizeiwissenschaft". Eine programmatische Standortbestimmung, in: SIAK-Journal – Zeitschrift für Polizeiwissenschaft und polizeiliche Praxis 1 (2012), S. 4–18. URL: http://www.bmi.gv.at/cms/BMI_SIAK/4/2/1/2012/ausgabe_1/files/Kersten_1_2012.pdf. (zuletzt eingesehen am: 15.07.2017).
– Richtlinien zur Übernahme von Personalakten der staatlichen Behörden des Landes Rheinland-Pfalz durch die Landesarchivverwaltung Rheinland-Pfalz. URL: http://www.landeshauptarchiv.de/unser-auftrag/staatliche-behoerden/anbietung-und-aussonderung/richtlinien-fuer-die-anbietung-von-personalakten/. (zuletzt eingesehen am: 15.07.2017).
– Schmidt, Christoph, Richtlinien zur Anbietung und Archivierung von Personalakten und Unterlagen des LBV. Erarbeitet von der Projektgruppe „Archivierungsmodell Personalverwaltung" des Landesarchivs Nordrhein-Westfalen, Düsseldorf 2009–2014. URL: http://www.archive.nrw.de/lav/abteilungen/fachbereich_grundsaetze/BilderKartenLogosDateien/Behoerdeninformation/Beh__rdeninfo_Personalverwaltung_Stand_2014.pdf. (zuletzt eingesehen am: 15.07.2017).
– Wühle, Eberhard, Die Reichsfeuerwehrschule in Eberswalde, in: Feuerwehrchronik 3 (2010), S. 61–65. URL: http://www.fw-chronik.de/PDF-Rundbrief/FC-2010-03.pdf. (zuletzt eingesehen am 15.07.2017).

Veröffentlichte Quellen, Editionen und zeitgenössische Publikationen

25 Jahre. 1894–1919. B. Unteroffizierschule Fürstenfeldbruck, Fürstenfeldbruck [1919].

Adressbuch für Stadt und Landkreis Fürstenfeldbruck, Fürstenfeldbruck 1930.

Adressbuch für Stadt und Landkreis Fürstenfeldbruck, Fürstenfeldbruck 1936.

Adressbuch für Stadt und Landkreis Fürstenfeldbruck, Fürstenfeldbruck 1939.

Adressbuch für Stadt und Landkreis Fürstenfeldbruck, Fürstenfeldbruck 1949.

Albrecht, Karl I., Der verratene Sozialismus. Zehn Jahre als hoher Staatsbeamter in der Sowjetunion, 11. Aufl., Berlin/Leipzig 1941.

Altrichter, Friedrich/Eichendorff, Friedrich Wilhelm, Die kampfbereite Kompanie. Praktische Anleitung für die Gefechtsausbildung, 4., neubearb. Aufl., Berlin 1940.

Ambrosius, Hans Heinrich, Die Schlacht im Atlantik, Schriftenreihe für die weltanschauliche Schulung der Ordnungspolizei 1942/3, hrsg. v. Chef der Ordnungspolizei (Gruppe „Weltanschauliche Erziehung“), Hamburg 1942.

Archives of the Holocaust. An international collection of selected documents, Vol. 11: Berlin Document Center, Part 1, edited by Henry Friedlander/Sybil Milton, New York/London 1992.

Bader, Kurt, Aufbau und Gliederung der Ordnungspolizei, Reichspolizeirecht (RPR), Sammlung reichsrechtlicher Polizeivorschriften, Berlin 1943.

Bauer, Fritz/Bracher, Karl Dietrich/Enschedé, Ch. J. u. a. (Hrsg.), Justiz und NS-Verbrechen. Sammlung deutscher Strafurteile wegen nationalsozialistischer Tötungsverbrechen 1945–1966, Bd. 12: Die vom 04.12.1953 bis zum 17.11.1954 ergangenen Strafurteile Lfd.Nr. 383–410, Amsterdam 1974.

Bauerntum, Schriftenreihe für die weltanschauliche Schulung der Ordnungspolizei 1943/2, hrsg. v. Chef der Ordnungspolizei (Gruppe „Weltanschauliche Erziehung“), Berlin 1943.

Bericht über die Tätigkeit des Polizeiinstituts in Berlin-Charlottenburg für die Zeit vom 1.6.1933 bis 31.3.1935, hrsg. v. Polizeiinstitut Berlin-Charlottenburg, [Berlin 1935].

Best, Werner, „Der Reichsführer SS und Chef der Deutschen Polizei“, in: Deutsches Recht, 15.07.1936, Nr. 13/14, S. 257 f.

— Ders., Die Deutsche Polizei, Darmstadt 1941.

— Ders., Die deutsche Polizei, Forschungen zum Staats- und Verwaltungsrecht, Bd. 5, Darmstadt 1940.

Bolschewismus – jüdisches Untermenschentum, Schriftenreihe für die weltanschauliche Schulung der Ordnungspolizei 1941/8, hrsg. v. Chef der Ordnungspolizei (Gruppe „Weltanschauliche Erziehung“), Berlin 1941.

Buddrus, Michael (Hrsg.), Mecklenburg im Zweiten Weltkrieg. Die Tagungen des Gauleiters Friedrich Hildebrandt mit den NS-Führungsgremien des Gaues Mecklenburg 1939–1945. Eine Edition der Sitzungsprotokolle, Quellen und Studien aus den Landesarchiven Mecklenburg-Vorpommerns, Bd. 10, Bremen 2009.

Daluege, Kurt, Die Ordnungspolizei und ihre Entstehung im Dritten Reich, in: Pfundtner, Dr. Wilhelm Frick, S. 133–145.

— Ders., Nationalsozialistischer Kampf gegen das Verbrechertum, München 1936.

— Ders., Tag der deutschen Polizei 1934, München 1935.

Das Reich und Europa, Schriftenreihe für die weltanschauliche Schulung der Ordnungspolizei 1943/8, hrsg. v. Chef der Ordnungspolizei (Gruppe „Weltanschauliche Erziehung“), Berlin 1943.

Der Chef der Ordnungspolizei, hrsg. v. Hauptamt Ordnungspolizei, [Berlin 1941].

Der Dollar rollt, Schriftenreihe für die weltanschauliche Schulung der Ordnungspolizei 1942/6, hrsg. v. Chef der Ordnungspolizei (Gruppe „Weltanschauliche Erziehung“), Berlin 1942.

Der „Polizei-Fünfkampf“, in: Schoenfelder, 15 Jahre, S. 235–248.

Der Reichsführer-SS und Chef der Deutschen Polizei/Hauptamt SS-Gericht (Hrsg.), Die SS- und Polizeigerichtsbarkeit. Ein Leitfaden, Leipzig 1944.

Der Weg der NSDAP. Entstehung, Kampf und Sieg, Schriftenreihe für die weltanschauliche Schulung der Ordnungspolizei 1943/7, hrsg. v. Chef der Ordnungspolizei (Gruppe „Weltanschauliche Erziehung“), Berlin 1943.

Der Weg zum Reich, hrsg. v. Reichsführer-SS – SS-Hauptamt, Berlin 1942.

Deutschland ordnet Europa neu!, Schriftenreihe für die weltanschauliche Schulung der Ordnungspolizei 1942/4, hrsg. v. Chef der Ordnungspolizei (Gruppe „Weltanschauliche Erziehung“), Berlin 1942.

Die anglo-amerikanische Welt, Schriftenreihe für die weltanschauliche Schulung der Ordnungspolizei 1941/7, hrsg. v. Chef der Ordnungspolizei (Gruppe „Weltanschauliche Erziehung“), Berlin 1941.

Die Blutsgemeinschaft der germanischen Völker und Das großgermanische Reich, Schriftenreihe für die weltanschauliche Schulung der Ordnungspolizei 1941/5, hrsg. v. Chef der Ordnungspolizei (Amt „Weltanschauliche Erziehung“), Berlin 1941.

Die Entwicklung des deutschen Polizeiboxsports, in: Schoenfelder, 15 Jahre, S. 287–301.

Die lebensgesetzlichen Grundlagen der nationalsozialistischen Weltanschauung und Der Kampf um das Reich, Schriftenreihe für die weltanschauliche Schulung der Ordnungspolizei 1942: Doppelheft 8 und 9, hrsg. v. Chef der Ordnungspolizei (Gruppe „Weltanschauliche Erziehung“), Berlin 1942.

Die Märzunruhen 1921 und die preußische Schutzpolizei. Mit einem Beiheft: Von der Schutzmannschaft zur Schutzpolizei. Amtliche Denkschrift des Ministeriums des Innern, Berlin 1921.

Die Neuordnung des Balkans und seine Bedeutung für Deutschland, Schriftenreihe für die weltanschauliche Schulung der Ordnungspolizei 1940/5, hrsg. v. Chef der Ordnungspolizei (Amt „Weltanschauliche Erziehung“), Berlin 1940.

Die Polizei-Fußballmannschaften im Deutschen Fußballbund, in: Schoenfelder, 15 Jahre, S. 303–312.

Die Polizei-Reitschule in Potsdam, in: Schoenfelder, 15 Jahre, S. 265–271.

Die Polizei-Sportschule, in: Schoenfelder, 15 Jahre, S. 249–264.

Die Schulen der Landpolizei von Bayern, Bd. 1: Leistungsbericht des Leiters der Landpolizeischulen (L IV) beim Präsidium der Landpolizei von Bayern, o. O. 1949.

Die Schulen der Landpolizei von Bayern, Bd. 2: Jahresbericht des Leiters der Landpolizeischulen beim Präsidium der Landpolizei von Bayern für die Zeit vom 1.7.1949–31.12.1950, o. O. 1950.

Dieser Krieg ist ein weltanschaulicher Krieg, Schriftenreihe für die weltanschauliche Schulung der Ordnungspolizei 1942/1, hrsg. v. Chef der Ordnungspolizei (Gruppe „Weltanschauliche Erziehung"), Berlin 1942.

Die Verfolgung und Ermordung der europäischen Juden durch das nationalsozialistische Deutschland 1933–1945 (VEJ), Bd. 7: Sowjetunion mit annektierten Gebieten I. Besetzte sowjetische Gebiete unter deutscher Militärverwaltung, Baltikum und Transnistrien, München 2011.

Die Verfolgung und Ermordung der europäischen Juden durch das nationalsozialistische Deutschland 1933–1945 (VEJ), Bd. 8: Sowjetunion mit annektierten Gebieten II, Berlin/Boston 2016.

Die Zeitschrift „Deutscher Polizeisport", in: Schoenfelder, 15 Jahre, S. 359–363.

Drobnig, Walter, Der mitteldeutsche Aufstand 1921. Seine Bekämpfung durch die Polizei, Lübeck/Berlin/Hamburg 1929.

Ehringhaus, Friedrich/Münscher Heinrich, Staatsbürgerkunde und Volkswirtschaftslehre (früher „Kleine Staatsbürgerkunde"). Ein übersichtliches Lehr- und Lernbuch für die Fachschulen des Heeres, der Marine und Polizei, sowie für Beamte, Studenten und Schüler, 5. verb. und vermehrte Aufl., Göttingen 1926.

Elster, Botho/Jilski, Herbert, Polizei-Taktik. Übungsbuch für den praktischen Unterricht, Berlin 1928.

Europas Schicksalskampf gegen den Bolschewismus, Schriftenreihe für die weltanschauliche Schulung der Ordnungspolizei 1941/6, hrsg. v. Chef der Ordnungspolizei (Gruppe „Weltanschauliche Erziehung"), Berlin 1941.

Europa unterm Hakenkreuz. Die Okkupationspolitik des deutschen Faschismus (1938–1945). Achtbändige Dokumentenedition, Bd. 5: Die faschistische Okkupationspolitik in den zeitweilig besetzten Gebieten der Sowjetunion (1941–1944), Berlin 1991.

Fendel-Sartorius, Karl, Die Schutzpolizei und ihre Gefechtsgrundsätze, 2. Aufl., Darmstadt 1922.

Fischer, Karl, Waffen- und Schießtechnischer Leitfaden für die Ordnungspolizei, Graz 1975.

Franz, Hermann, Gebirgsjäger der Polizei. Polizei-Gebirgsjäger-Regiment 18 und Polizei-Gebirgs-Artillerieabteilung 1942 bis 1945, Bad Nauheim 1963.

Friedmann, T. (Hrsg.), SS-Obergruppenführer und General der Polizei Kurt Daluege. Der Chef der Ordnungspolizei. Dokumentensammlung, Haifa 1997.

Geleitwort des Herrn Reichsministers Dr. Frick, in: Roden, Polizei, S. 5.

Geschichte der deutschen Polizeisportbewegung, in: Schoenfelder, 15 Jahre, S. 29–151.

Grenzkampf Ost. Der Kampf um die deutsche Ostgrenze. Ein Längsschnitt von der frühgermanischen Zeit bis zur Jetztzeit, Schriftenreihe für die weltanschauliche Schulung der Ordnungspolizei 1941: Sonderheft, hrsg. v. Chef der Ordnungspolizei (Gruppe „Weltanschauliche Erziehung"), Berlin 1941.

Gründel, Ernst Günther, Die Sendung der Jungen Generation. Versuch einer umfassenden revolutionären Sinndeutung der Krise, München 1933.

Hartenstein, Wilhelm, Der Kampfeinsatz der Schutzpolizei bei inneren Unruhen, Charlottenburg 1926.

Heindl, Robert, Der Berufsverbrecher. Ein Beitrag zur Strafrechtsreform, 5. Aufl., Berlin 1927.

Heydrich, Reinhard, Aufgaben und Aufbau der Sicherheitspolizei im Dritten Reich, in: Pfundtner, Dr. Wilhelm Frick, S. 149–153.

Herse, Henrik, Wahr' dich Garde, der Bauer kommt!, Berlin 1939.

Himmler, Heinrich, Aufgaben und Aufbau der Polizei des Dritten Reiches, in: Pfundtner, Dr. Wilhelm Frick, S. 125–130.

– Ders., Der Dienstkalender Heinrich Himmlers 1941/42, im Auftrag der Forschungsstelle für Zeitgeschichte in Hamburg bearbeitet, kommentiert und eingeleitet von Peter Witte, Michael Wildt, Martina Voigt u. a., Hamburger Beiträge zur Sozial- und Zeitgeschichte. Quellen, Bd. 3, Hamburg 1999.

– Ders., Rede, in: Hans Frank/Ders./Werner Best u. a., Grundfragen der deutschen Polizei. Bericht über die konstituierende Sitzung des Ausschusses für Polizeirecht der Akademie für Deutsches Recht am 11. Oktober 1936, Hamburg 1937, S. 11–16.

Hinweise für die dienstliche Körperschulung in der SS und Polizei, bearb. v. der SS-Reichsschule für Leibeserziehung, Berlin 1944.

Illinger, Alfons, Die Polizeifibel. Leitfaden des Polizeiunterrichtes für den Polizeianwärter, Eichstätt 1932.

– Ders., Der Unterführer in der Polizeiverwendung, Lübeck [1938].

– Ders., Der Unterführer in der Polizeiverwendung, 2., unveränd. Aufl., Lübeck 1938.

– Ders., Der Unterführer in der Polizeiverwendung. Ein polizeitaktisches Lehr- und Übungsbuch für Einzel- und Truppenpolizei. Neubearbeitet von Wilhelm Schell, 11., erw. Aufl., Lübeck 1962.

Der Prozess gegen die Hauptkriegsverbrecher vor dem Internationalen Militärgerichtshof Nürnberg 14. November 1945–1. Oktober 1946 (IMT), Bd. 29, 30, 34, 38 und 42, Nürnberg 1948/49.

Jansen, Werner, Das Buch Treue. Nibelungenroman, Hamburg 1916.

Kampf ums Mittelmeer, Schriftenreihe für die weltanschauliche Schulung der Ordnungspolizei 1940/3, hrsg. v. Chef der Ordnungspolizei (Amt „Weltanschauliche Erziehung"), Berlin 1940.

Kehrl, Hans (Hrsg.), Jahrbuch der deutschen Polizei 1936, Leipzig 1936.

Klee, Ernst/Dreßen, Willi/Rieß, Volker (Hrsg.), „Schöne Zeiten". Judenmord aus der Sicht der Täter und Gaffer, 3. Aufl., Frankfurt am Main 1988.

Koschorke, Hellmuth, Das „Goldene Buch" der deutschen Polizei. Ein Dokument von stillem Heldentum deutscher Polizeibeamten, in: Kehrl, Jahrbuch, S. 154–162.

– Ders., Die Polizei – einmal anders!, München 1937.

– Ders., Jederzeit einsatzbereit. Ein Bildbericht von der neuen deutschen Polizei, Berlin 1939.

– Ders., Polizei greift ein! Kriegsberichte aus Ost, West und Nord, Berlin 1941.

– Ders., Polizeireiter in Polen, Berlin/Leipzig 1940.

Kosyra, Herbert, Mörder, Räuber und Banditen. Das polnisch-oberschlesische Bandenwesen während des zweiten Weltkrieges 1939/45, Hamburg 1958.

Kreutzer, Max, Der Einsatz der Schutzpolizei im Stadtgebiet, München 1932.

– Ders., Der Einsatz stärkerer Polizeikräfte, 5. Aufl., München 1950.

Kühlwein, Fritz, Die Gruppe im Gefecht (Einheitsgruppe). Ein Handbuch für Lehrer und Schüler (Fortsetzung des „Felddienst-ABC für den Schützen"), 9., durchges. Aufl., Berlin 1937.

– Ders., Gefechtstaktik des verstärkten Bataillons, Berlin 1936.

Lankenau, Bernhard Heinrich, Polizei im Einsatz während des Krieges 1939/1945 in Nordrhein-Westfalen, Bremen 1957.

Lauer, Klaus, Die Polizei im nationalsozialistischen Staat, Hamburg 1935.

Lehrplan für die weltanschauliche Erziehung in der SS und Polizei, hrsg. v. SS-Hauptamt, Berlin o. J.

Liepelt, Adolf, Über den Umfang und die Bedeutung der Polizeigewalt im nationalsozialistischen Staat, Würzburg 1938.

Major Rosenfeld, Die deutsche Polizeisportbewegung und der Kameradschaftsbund. Vortrag bei der Reichstagung des Kameradschaftsbundes deutscher Polizeibeamten, in: Schoenfelder, 15 Jahre, S. 273–285.

Major Stöwe, Die Körperschulung in der Polizei, in: Kehrl, Jahrbuch, S. 74–81.

Major Wenner, Ausbildung der Schutzpolizei, in: Kehrl, Jahrbuch, S. 60–73.

Maunz, Theodor, Gestalt und Recht der Polizei, Hamburg 1943.

Merkblatt für die Ausbildung der geschlossenen Polizeieinheiten im Polizeikampf, hrsg. v. Chef der Ordnungspolizei, Berlin 1941.

Montigny, Cassian Freiherr von/Beyer, Franz, Aufgaben aus der Polizeiverwendungslehre, 2 Bde., Berlin 1931.

Neese, Willi, Das Lehrbuch für die Polizeischulen, 3. verb. u. vermehrte Aufl., Berlin 1923.

– Ders., Das Lehrbuch für die Polizeischulen, 4. verb. u. vermehrte Aufl., Berlin 1924.

– Ders., Das Lehrbuch für die Polizeischulen, 10. verb. u. vermehrte Aufl., Berlin 1930.

Oven, Karl von, Polizeiverwendung dargestellt an Aufgaben. Buch I: Im landespolizeilichen Einsatz, Lübeck 1927.

– Ders., Straßenkampf – Gedanken zur Polizeiführerausbildung – Die Tätigkeit der beteiligten Polizeikommandos bei der Vorbereitung des großen Aufsichtsdienstes – Vorausdisponieren in Kampfverhältnissen, 2. Aufl., Berlin/Lübeck/Hamburg 1928.

Palm, Erwin, Die Polizeischule. Eine soziologische Studie, Dissertation, Berlin 1933.

PDV 41: Vorschrift für die Führung und Verwendung der Polizeitruppe. Entwurf, Lübeck 1943.

Pfundtner, Hans (Hrsg.), Dr. Wilhelm Frick und sein Ministerium. Aus Anlaß des 60. Geburtstages des Reichs- und Preußischen Ministers des Innern Dr. Wilhelm Frick am 12. März 1937, München 1937.

Polizeibeamtengesetz vom 12.04.1928 und Verordnung über die uniformierte Staatspolizei vom 12.04.1928, in: Bayer. Beamtengesetz und Polizeibeamtengesetz, bearb. v. Heinrich Schmitt, München 1931.

Prüfungsordnung für die Offizierschulen der Ordnungspolizei und die Polizeischulen (Schutzpol. u. Gend.), hrsg. v. Reichsführer SS und Chef der Deutschen Polizei im Reichsministerium des Innern. O-Kdo. I Ausb. (1) 6 Nr. l-2/43 vom 26. März 1943, Lübeck 1943.

Rassenpolitik, Schriftenreihe für die weltanschauliche Schulung der Ordnungspolizei 1943/4–6, hrsg. v. Chef der Ordnungspolizei (Gruppe „Weltanschauliche Erziehung"), Berlin 1943.

Reichsrangliste der Offiziere der Ordnungspolizei (RRL), 1. Teil: Generale und Oberste, Berlin 1944.

Reichsrangliste der Offiziere der Ordnungspolizei (RRL), 4. Teil: Hauptleute, Berlin 1944.

Retzlaff, Friedrich, Polizei-Handbuch, 33. Aufl., Lübeck 1928.

Richter, Hans, Einsatz der Polizei. Bei den Polizeibataillonen in Ost, Nord und West, Berlin 1941.

— Ders., Ordnungspolizei auf den Rollbahnen des Ostens. Bildbericht von den Einsätzen der Ordnungspolizei im Sommer 1941 im Osten, ergänzt durch kurze Erlebnisberichte, Berlin 1943.

Riebe, Peter Artur, Weltkrieg im Pazifik. Gründe und Hintergründe der japanisch-amerikanischen Spannung und ihre Wechselbeziehungen zum englischen Kriege, Schriftenreihe für die weltanschauliche Schulung der Ordnungspolizei 1942/2, hrsg. v. Chef der Ordnungspolizei (Gruppe „Weltanschauliche Erziehung"), Oldenburg 1942.

Riege, Paul, Die preußische Polizei. Kurze Darstellung ihrer Entwicklung und heutigen Form, 3., wesentlich erw. Aufl., Berlin 1932.

— Ders., Kleine Polizei-Geschichte, Kleine Polizei-Bücherei, Bd. 15/16, Lübeck 1954.

Roden, Hans, Polizei greift ein. Bilddokumente der Schutzpolizei, Leipzig 1934.

Rote Weltrevolution. Pläne und Organisationen der III. Internationale – „Komintern" – Zur Diktatur der Minderwertigen, Schriftenreihe für die weltanschauliche Schulung der Ordnungspolizei 1941/9, hrsg. v. Chef der Ordnungspolizei (Gruppe „Weltanschauliche Erziehung"), Berlin 1941.

Rumler, Günther/Holzmann, Otto, Freigemachtes Grenzland. Erlebnisberichte, Berlin 1942.

Schoenfelder, Roland (Hrsg.), 15 Jahre deutsche Polizei-Sportbewegung, Berlin 1936.

Seibert, Theodor, Das amerikanische Rätsel, Schriftenreihe für die weltanschauliche Schulung der Ordnungspolizei, 1941: Sonderheft, hrsg. v. Chef der Ordnungspolizei (Amt „Weltanschauliche Erziehung"), Berlin 1941.

Sicherung Europas, Schriftenreihe für die weltanschauliche Schulung der Ordnungspolizei 1943: Doppelheft 1 und 3, hrsg. v. Chef der Ordnungspolizei (Gruppe „Weltanschauliche Erziehung"), Berlin 1943.

Schäfer, Karl/Wichards, Ernst/Wille, Kurt, Das Polizeiverwaltungsgesetz vom 1. Juni 1931 (GS. S. 77) nebst Ausführungsbestimmungen v. 1.10.1931 (MBliV. S. 923), Berlin 1931.

Schoenfelder, Roland/Kasper, Karl/Bindewald, Erwin, Vom Werden der deutschen Polizei. Ein Volksbuch, Leipzig 1937.

Schramm, Percy E. (Hrsg.), Kriegstagebuch des Oberkommandos der Wehrmacht. Wehrmachtführungsstab. 1. August 1940–31. Dezember 1941, Bd. 1. Zweiter Halbband, Augsburg 2005.

SS-Mann und Blutsfrage. Die biologischen Grundlagen und ihre sinngemäße Anwendung für die Erhaltung und Mehrung des nordischen Blutes, Schriftenreihe für die weltanschauliche Schulung der Ordnungspolizei 1942: Sonderheft, hrsg. v. Chef der Ordnungspolizei (Gruppe „Weltanschauliche Erziehung"), Berlin 1942.

Stellenpläne der Inspekteure der Ordnungspolizei und Sachbearbeiter bei den Regierungen pp und Gliederungen der Schutzpolizei für das Rechnungsjahr 1941.

Stenographischer Bericht über die Verhandlungen des Bayerischen Landtags, Bd. 8, 01.08.1923, Nr. 211.

Verhandlungen des Reichstags, Bd. 460, Stenographische Berichte 1939–1942, 1. Sitzung: 30.01.1939.

Vor neuen Aufgaben, in: Schoenfelder 15 Jahre, S. 19–27.

Vorschrift für die staatliche Polizei Preußens (V.f.d.P.), Nr. 8/I: Polizeiverwendung Teil I, Berlin 1929.

Vorschrift für die staatliche Polizei Preußens (V.f.d.P.), Nr. 23: Bestimmungen über Einstellung und Beförderung der Polizeiwachtmeister und Polizeimeister und Ergänzung der Polizeioffiziere, 1. Neudruck, Berlin 1930.

Wegweiser durch die Polizei, 5. Aufl., [Berlin] 1931.

Wolfstieg, Friedrich/Schmahel, Otto, Der preußische Polizeibeamte. Eine Einführung in den Polizeiberuf, Lübeck/Berlin 1930.

Zinßer, Christian, Deutsche Staatsbürgerkunde. Eine leicht verständliche Einführung in die Staatsbürgerkunde des neuen Deutschlands zum Gebrauch an Grund-, Fortbildungs- und Fachschulen, Lehrlingskursen, Arbeitslagern usw., Leipzig 1933.

Zwingelberg, Werner, Die Erziehung des Polizeibeamten zum Nationalsozialisten, in: Kehrl, Jahrbuch, S. 15–24.

Literatur

10 Jahre Polizei-Institut Hiltrup, Jubiläumsausgabe der Mitteilungen 2/3 (1955).

100 Jahre Bildungsarbeit in der Polizei. Katalog zur Dauerausstellung, hrsg. v. der Polizei-Führungsakademie, Münster 2002.

20 Jahre Polizei-Institut Hiltrup 1945–1965, Die Polizei 7 (1965).

40 Jahre Hessische Polizeischule (HPS) 1951–1991, hrsg. v. Direktor der Hessischen Polizeischule, Wiesbaden 1991.

50 Jahre Akademie der Polizei Baden-Württemberg 1953–2003. Festschrift zum Jubiläum, hrsg. v. Akademie der Polizei Baden-Württemberg, Freiburg 2003.

50 Jahre Hessische Polizeischule, hrsg. v. Hessische Polizeischule, Wiesbaden-Kohlheck 2000.

50 Jahre Landespolizeischule Niedersachsen in Hann. Münden 1946–1996, hrsg. v. Landespolizeischule Niedersachsen, Hann. Münden 1996.

50 Jahre Polizeiliche Bildungsarbeit in Münster-Hiltrup. Festschrift, Schriftenreihe der Polizei-Führungsakademie 3/4 (1995).

Ackermann, Josef, Heinrich Himmler – „Reichsführer-SS", in: Smelser, Elite 1, S. 115–133.

Aly, Götz, Hitlers Volksstaat. Raub, Rassenkrieg und nationaler Sozialismus, Bundeszentrale für politische Bildung. Schriftenreihe, Bd. 487, Bonn 2005.

Angrick, Andrej/Voigt, Martina/Ammerschubert, Silke u. a., „Da hätte man schon ein Tagebuch führen müssen". Das Polizeibataillon 322 und die Judenmorde im Bereich der Heeresgruppe Mitte während des Sommers und Herbstes 1941. Mit einer Auseinandersetzung über die rechtlichen Konsequenzen, in: Helge Grabitz/Klaus Bästlein/Johannes Tuchel (Hrsg.), Die Normalität des Verbrechens. Bilanz und Perspektiven der Forschung zu den nationalsozialistischen Gewaltverbrechen, Festschrift für Wolfgang Scheffler zum 65. Geburtstag, Reihe Deutsche Vergangenheit, Bd. 112, Berlin 1994, S. 325–385.

— Ders., Das Beispiel Charkow: Massenmord unter deutscher Besatzung, in: Hartmann, Verbrechen, S. 117–124.

— Ders., Die Einsatzgruppe D und die Kollaboration, in: Kaiser, Täter, S. 71–84.

— Ders., Otto Ohlendorf und die SD-Tätigkeit der Einsatzgruppe D, in: Wildt, Nachrichtendienst, S. 267–302.

— Ders., Im Windschatten der 11. Armee. Die Einsatzgruppe D, in: Paul, Gestapo (2000), S. 481–502.

Arendt, Hannah, Eichmann in Jerusalem. A Report on the Banality of Evil, New York 1963.

— Dies., Eichmann in Jerusalem. Ein Bericht von der Banalität des Bösen, München 1964.

— Dies., Eichmann in Jerusalem. Ein Bericht von der Banalität des Bösen, 2. Aufl., München 2007.

Arico, Massimo, Ordnungspolizei. Ideological war and Genocide on the East front 1941–1942, Stockholm 2012.

— Ders., Ordnungspolizei vol 1.: Encyclopedia of the German Police Battalions September 1939/July 1942, Stockholm 2011.

Arlt, Kurt, Zur Aufstellung militärisch ausgebildeter Polizeiformationen in der SBZ/DDR 1948 bis 1952, in: Nitschke, Polizei, S. 207–230.

Aronson, Shlomo, Reinhard Heydrich und die Frühgeschichte von Gestapo und SD, Stuttgart 1971.

Auerbach, Hellmuth, Arbeitserziehungslager 1940–1944 mit besonderer Berücksichtigung der im Befehlsbereich des Inspekteurs der Sicherheitspolizei und des SD Düsseldorf liegenden, speziell des Lagers Hunswinkel bei Lüdenscheid, in: Gutachten, Bd. II, S. 196–201.

Aust, Stefan, Der Baader-Meinhof-Komplex, Hamburg 1985.

Ayaß, Wolfgang, „Asoziale" im Nationalsozialismus, Stuttgart 1995.

— Ders., „Asoziale" – die verachteten Verfolgten, in: Dachauer Hefte 14 (1998), S. 50–66.

— Ders., Die Einweisung von „Asozialen" in Konzentrationslager. Die „Aktion Arbeitsscheu Reich" und die kriminalpolizeiliche Praxis bei der Verhängung von Vorbeugungshaft, in: Dietmar Sedlaczek/Thomas Lutz/Ulrike Puvogel u. a. (Hrsg.), „minderwertig" und „asozial". Stationen der Verfolgung gesellschaftlicher Außenseiter, Zürich 2005, S. 89–103.

— Ders., „Ein Gebot der nationalen Arbeitsdisziplin". Die Aktion „Arbeitsscheu Reich" 1938, in: Ders., Feinderklärung, S. 43–74.

— Ders./Gilsenbach, Reimar/Körber, Ursula u. a., Feinderklärung und Prävention. Kriminalbiologie, Zigeunerforschung und Asozialenpolitik, Beiträge zur nationalsozialistischen Gesundheits- und Sozialpolitik, Bd. 6, Berlin 1988.

Bach, Thorsten Bastian, Die Ordnungspolizei 1936–1945 und ihre weltanschauliche „Schulung", dargestellt an regionalen Beispielen, Magisterarbeit, Münster 1997.

Bachmann, Christoph, Die Münchner Gendarmerie 1798–1898, in: Farin, Polizeireport, S. 12–35.

Bahro, Berno, Der Sport und seine Rolle in der nationalsozialistischen Elitetruppe SS, in: Historical Social Research 32/1 (2007), S. 78–91.

— Ders., Der SS-Sport. Organisation – Funktion – Bedeutung, Paderborn 2013.

Bajohr, Frank (Hrsg.), Norddeutschland im Nationalsozialismus, Forum Zeitgeschichte, Bd. 1, Hamburg 1993.

Banach, Jens, Die Rolle der Schulen der Sicherheitspolizei und des SD, in: von Buttlar, Fürstenberg-Drögen, S. 88–96.

— Ders., Heydrichs Elite. Das Führerkorps der Sicherheitspolizei und des SD 1936–1945, 3., durchges. u. erw. Aufl., Paderborn 2002.

Barelkowski, Matthias, Vom „Schlagetot" zum „Kronzeugen" nationalsozialistischer Verbrechen. Die Karriere des Erich von dem Bach-Zelewski, in: Hans-Jürgen Bömelburg/Eugeniusz Cezary Król/Michael Thomae (Hrsg.), Der Warschauer Aufstand 1944. Ereignis und Wahrnehmung in Polen und Deutschland, Paderborn 2011, S. 129–170.

Bauer, Kurt, Nationalsozialismus. Ursprünge, Anfänge, Aufstieg und Fall, Wien/Köln/Weimar 2008.

Bauer, Richard, Fliegeralarm. Luftangriffe auf München 1940–1945, München 1987.

Baumann, Ursula, Suizid im „Dritten Reich" – Facetten eines Themas, in: Grüttner, Geschichte, S. 482–516.

Bauschinger, Gerhard, Das Verhältnis von städtischer Selbstverwaltung und königlicher Polizei in München im 19. Jahrhundert, Dissertation, München 1968.

Becker, Melanie, Organisationskultur der Sicherheitspolizei im Nationalsozialismus, in: Lüdtke, Polizei, S. 249–278.

Behr, Rafael, Cop Culture – Der Alltag des Gewaltmonopols. Männlichkeit, Handlungsmuster und Kultur in der Polizei, 2. Aufl., Wiesbaden 2008.

– Ders., Cop-Culture – Rahmenbedingungen historisch-politischen Lernens aus der Sicht der Polizeikulturforschung, in: Kaiser, Schranken, S. 14–20.

– Ders., Polizeiarbeit – immer noch Männersache? Tradition, Hegemonie und die Folgen der Geschlechterdebatte in der Polizei?, in: Leßmann-Faust, Polizei, S. 117–147.

Behrendes, Udo/Stenner, Manfred, Bürger kontrollieren die Polizei?, in: Leßmann-Faust, Polizei, S. 45–88.

– Ders., Orientierungspunkte auf dem Weg von der Staats- zur Bürgerpolizei, in: Schloßmacher, Farbe, S. 411–462.

Benz, Wolfgang, Der Holocaust, 7. Aufl., München 2008.

– Ders./Houwink ten Cate, Johannes/Otto, Gerhard (Hrsg.), Die Bürokratie der Okkupation. Strukturen der Herrschaft und Verwaltung im besetzten Europa, Nationalsozialistische Besatzungspolitik in Europa 1939–1945, Bd. 4, Berlin 1998.

– Ders./Graml, Hermann/Weiß, Hermann (Hrsg.), Enzyklopädie des Nationalsozialismus, 4. Aufl., München 2001.

– Ders., Morgenthau-Plan, in: Ders. (Hrsg.), Legenden, Lügen, Vorurteile. Ein Wörterbuch zur Zeitgeschichte, 12. Aufl., München 2002, S. 154 f.

– Ders., Was ist Antisemitismus?, Bundeszentrale für politische Bildung. Schriftenreihe, Bd. 455, Bonn 2004.

Bergen, Bernard J., The Banality of Evil. Hannah Arendt and „The Final Solution", Lanham 1998.

Bergmann, Werner, Geschichte des Antisemitismus, München 2002.

Berliner Geschichtswerkstatt (Hrsg.), Arbeitserziehungslager Fehrbellin. Zwangsarbeiterinnen im Straflager der Gestapo, Brandenburgische Historische Hefte der Brandenburgischen Landeszentrale für politische Bildung, Bd. 17, Potsdam 2004.

Bernett, Hajo, Der Weg des Sports in die nationalsozialistische Diktatur. Die Entstehung des Deutschen (Nationalsozialistischen) Reichsbundes für Leibesübungen, Beiträge zur Lehre und Forschung im Sport, Bd. 87, Schorndorf 1983.

Bessel, Richard, Die „Modernisierung" der Polizei im Nationalsozialismus, in: Bajohr, Norddeutschland, S. 371–386.

– Ders., Volkspolizei zwischen Krieg und Sozialismus, in: Archiv für Polizeigeschichte 11 (1993), S. 86–92.

Biereigel, Hans, Oranienburg. Eine Stadt mit vielen Gesichtern, Erfurt 2010.

Bierl, Peter, Karl Sepp – loyaler Beamter, völkischer Umweltschützer, Mitläufer, Täter und Helfer, in: Jakob, Menschen, S. 218–229.

Biernath, Manfred, Die Bayerische Polizei. Geschichte, Sozialstruktur und Organisation, Dissertation, München 1977.

Biewer, Ludwig, Der Preußenschlag vom 20. Juli 1932. Ursachen, Ereignisse, Folgen und Wertung, in: Blätter für deutsche Landesgeschichte 119 (1983), S. 159–172.

Birkenstock, Wolfgang, Die Polizei-Führungsakademie, in: 100 Jahre, S. 98–117.

Birn, Ruth Bettina, Die Höheren SS- und Polizeiführer. Himmlers Vertreter im Reich und in den besetzten Gebieten, Düsseldorf 1986.

– Dies., „Neue" oder alte Täterforschung? Einige Überlegungen am Beispiel von Erich von dem Bach-Zelewski, in: Totalitarismus und Demokratie 7/2 (2010), S. 189–212.

Black, Peter, Ernst Kaltenbrunner – Chef des Reichssicherheitshauptamtes, in: Smelser, Elite 1, S. 159–172.

Blass, Thomas, Psychological Perspectives on the Perpetrators of the Holocaust: The Role of Situational Pressures, Personal Dispositions, and Their Interactions, in: Holocaust and Genocide Studies 7/1 (1993), S. 30–50.

Blood, Philip W., Hitler's Bandit Hunters. The SS and the Nazi Occupation of Europe, Washington D. C. 2006.

Blumenwitz, Dieter, Okkupation und Revolution in Slowenien (1941–1946). Eine völkerrechtliche Untersuchung, Studien zu Politik und Verwaltung, Bd. 81, Wien/Köln/Graz 2005.

Böhler, Jochen, Auftakt zum Vernichtungskrieg. Die Wehrmacht in Polen 1939, Bundeszentrale für politische Bildung. Schriftenreihe, Bd. 550, Bonn 2006.

– Ders., Totentanz. Die Ermittlungen zur „Aktion Erntefest", in: Klaus-Michael Mallmann/Andrej Angrick (Hrsg.), Die Gestapo nach 1945. Karrieren, Konflikte, Konstruktionen, Veröffentlichungen der Forschungsstelle Ludwigsburg der Universität Stuttgart, Bd. 14, Darmstadt 2009, S. 235–254.

– Ders., „Tragische Verstrickung" oder Auftakt zum Vernichtungskrieg? Die Wehrmacht in Polen 1939, in: Mallmann, Genesis, S. 36–56.

Böhme, Helmut, „Kirdorf, Emil", in: Neue Deutsche Biographie 11 (1977), S. 666–668.

Böhne, Clemens, Die ersten Jahre des Klosters Fürstenfeld, in: Amperland 1 (1965), S. 28–30.

Bösl, Elsbeth/Schalm, Sabine, Der „andere" Teil der Bevölkerung? Verfolgte, Ausgegrenzte und Unangepasste in Fürstenfeldbruck, in: Kramer, Fürstenfeldbruck, S. 281–343.

Boldt, Erwin B., Die verschenkte Reform. Der Neuaufbau der Hamburger Polizei zwischen Weimarer Tradition und den Vorgaben der britischen Besatzungsmacht (1945–1955), Veröffentlichungen des Hamburger Arbeitskreises für Regionalgeschichte (HAR), Bd. 12, Hamburg 2002.

Bonwetsch, Bernd, Sowjetische Partisanen 1941–1944. Legende und Wirklichkeit des „allgemeinen Volkskrieges", in: Gerhard Schulz (Hrsg.), Partisanen und Volkskrieg. Zur Revolutionierung des Krieges im 20. Jahrhundert, Göttingen 1985, S. 92–124.

Borodziej, Wlodzimierz, Terror und Politik. Die deutsche Polizei und die polnische Widerstandsbewegung im Generalgouvernement 1939–1944, Veröffentlichungen des Instituts für Europäische Geschichte Mainz Abteilung Universalgeschichte, Beiheft 28, Mainz 1999.

Bothien, Horst-Pierre, Kreuzbergweg 5. Zur Bonner Gestapo (1938–1945), in: Schloßmacher, Farbe, S. 291–310.

Boxberger, Georg (Hrsg.), 10 Jahre Bayerische Polizeischule, hrsg. v. Bayerischen Polizeischule, Bad Godesberg 1963.

— Ders., Der Anstellungslehrgang für den mittleren Polizeivollzugsdienst, in: Ders., 10 Jahre, S. 39–42.

— Ders., Der Aufstiegslehrgang für den gehobenen Polizeivollzugsdienst, in: Ders., 10 Jahre, S. 43–47.

Bracher, Karl Dietrich/Funke, Manfred/Jacobsen, Hans-Adolf (Hrsg.), Nationalsozialistische Diktatur 1933–1945. Eine Bilanz, Bundeszentrale für politische Bildung. Schriftenreihe, Bd. 192, Bonn 1986.

Brakel, Alexander, „Das allergefährlichste ist die Wut der Bauern." Die Versorgung der Partisanen und ihr Verhältnis zur Zivilbevölkerung. Eine Fallstudie zum Gebiet Baranowicze 1941–1944, in: VfZ 55/3 (2007), S. 393–424.

— Ders., Der Holocaust. Judenverfolgung und Völkermord, Augsburg 2012.

Brebeck, Wulff E./Huismann, Frank/John-Stucke, Kirsten u. a. (Hrsg.), Endzeitkämpfer. Ideologie und Terror der SS, Schriftenreihe des Kreismuseums Wewelsburg, Bd. 8, Berlin/München 2011.

Brechtken, Magnus, Die nationalsozialistische Herrschaft 1933–1939, 2., durchges. und bibliogr. akt. Aufl., Darmstadt 2012.

Breibeck, Otto Ernst, Bayerische Bereitschaftspolizei 1951–1971, in: Direktion, 20 Jahre, S. 8–19.

— Ders., Bayerns Polizei im Wandel der Zeit. Achthundert Jahre bayerische Polizeigeschichte, München 1971.

Breitman, Richard, „Gegner Nummer eins". Antisemitische Indoktrination in Himmlers Weltanschauung, in: Matthäus, Ausbildungsziel, S. 21–34.

— Ders., Staatsgeheimnisse. Die Verbrechen der Nazis – von den Alliierten toleriert, München 2001.

Brewing, Daniel, „Wir müssen um uns schlagen". Die Alltagspraxis der Partisanenbekämpfung im Generalgouvernement 1942, in: Jochen Böhler/Stephan Lehnstaedt (Hrsg.), Gewalt und Alltag im besetzten Polen 1939–1945, Einzelveröffentlichungen des Deutschen Historischen Instituts Warschau, Bd. 26, Osnabrück 2012, S. 497–520.

Brinkhus, Jörn, Ziviler Luftschutz im „Dritten Reich" – Wandel seiner Spitzenorganisation, in: Süß, Deutschland, S. 27–40.

Bröhl, Peter, Die Bonner Wasserschutzpolizei in der NS-Zeit, in: Schloßmacher, Farbe, S. 323–357.

— Ders., Wasserschutzpolizei in drei Zeitepochen. Zur Geschichte der Wasserschutzpolizei auf dem Rhein von 1920 bis 1953, Villa ten Hompel Aktuell, Bd. 8, Frankfurt am Main 2006.

Broszat, Martin/Präg, Werner, Grundzüge der Besatzungspolitik und Judenverfolgung, der Verwaltungs- und Polizeiorganisation im Generalgouvernement, mit besonderer Berücksichtigung des Distrikts Lublin und der Beteiligung der Ordnungspolizei (Gendarmerie) an Tötungsaktionen gegen Juden. Gutachten von Dr. Martin Broszat und Werner Präg für die Staatsanwaltschaft bei dem Landgericht Amberg im Ermittlungsverfahren gegen Bruno Muttersbach, [München] 1967.

– Ders., Nationalsozialistische Polenpolitik. 1939–1945, Schriftenreihe der Vierteljahrshefte für Zeitgeschichte, Bd. 2, Stuttgart 1961.

Browder, George C., Foundations of the Nazi Police State. The Formation of Sipo and SD, Kentucky 1990.

– Ders., Hitler's Enforcers. The Gestapo and the SS Security Service in the Nazi Revolution, Oxford 1996.

– Ders., The SD: The Significance of Organization and Image, in: Mosse, Police Forces, S. 205–229.

Browning, Christopher R., Der Weg zur „Endlösung". Entscheidungen und Täter, Bonn 1998.

– Ders., Die Debatte über die Täter des Holocaust, in: Ulrich Herbert (Hrsg.), Nationalsozialistische Vernichtungspolitik 1939–1945. Neue Forschungen und Kontroversen, Frankfurt am Main 1998, S. 148–169.

– Ders., Die Entfesselung der „Endlösung". Nationalsozialistische Judenpolitik 1939–1942, Berlin 2006.

– Ders., Ganz normale Männer. Das Reserve-Polizeibataillon 101 und die „Endlösung" in Polen, 5. Aufl., Reinbek bei Hamburg 2009.

– Ders., Judenmord. NS-Politik, Zwangsarbeit und das Verhalten der Täter, Frankfurt am Main 2001.

Brunbauer, Wolfgang, Bayerische Skandalchronik. Polizei und Kriminalität im München des frühen 19. Jahrhunderts, Rosenheim 1984.

Buchheim, Hans/Broszat, Martin/Jacobsen, Hans-Adolf u. a., Anatomie des SS-Staates, 6. Aufl., München 1994.

– Ders., Befehl und Gehorsam, in: Ders., Anatomie, S. 213–320.

– Ders., Die Aufnahme von Polizeiangehörigen in die SS und die Angleichung ihrer SS-Dienstgrade an ihre Beamtenränge (Dienstgradangleichung) in der Zeit des Dritten Reichs, in: Gutachten, Bd. II, S. 172–181.

– Ders., Die Höheren SS- und Polizeiführer, in: VfZ 11/4 (1963), S. 362–391.

– Ders., Die Organisation der Sondergerichtsbarkeit der SS und Polizei, in: Gutachten, Bd. I, S. 343–348.

– Ders., Mitgliedschaft bei der NSDAP, in: Gutachten, Bd. I, S. 313–322.

– Ders., SA-Hilfspolizei, SA-Feldpolizei und Feldjägerkorps und die beamtenrechtliche Stellung ihrer Angehörigen, in: Gutachten, Bd. I, S. 335–340.

– Ders., SS und Polizei im NS-Staat, Staatspolitische Schriftenreihe, Duisdorf bei Bonn 1964.

Buder, Johannes, Die Reorganisation der preußischen Polizei 1918–1923, Europäische Hochschulschriften. Reihe III: Geschichte und ihre Hilfswissenschaften, Bd. 294, Frankfurt am Main/Bern/New York 1986.

Büttner, Ursula, Weimar. Die überforderte Republik 1918–1933. Leistung und Versagen in Staat, Gesellschaft, Wirtschaft und Kultur, Bundeszentrale für politische Bildung. Schriftenreihe, Bd. 729, Bonn 2010.

Buhlan, Harald, Organisation, Personal und Standorte der staatlichen Polizeiverwaltung Köln in der NS-Zeit. Mit einer Skizze zur Aufgabenwahrnehmung durch Schutz- und Verwaltungspolizei, in: Ders., Freund, S. 145–197.

– Ders./Jung, Werner (Hrsg.), Wessen Freund und wessen Helfer? Die Kölner Polizei im Nationalsozialismus, Schriften des NS-Dokumentationszentrums der Stadt Köln, Bd. 7, Köln 2000.

Bundeskriminalamt (Hrsg.), Das Bundeskriminalamt stellt sich seiner Geschichte. Dokumentation einer Kolloquienreihe, Köln 2008.

Burgmair, Wolfgang/Wachsmann, Nikolaus/Weber, Matthias M., „Die soziale Prognose wird damit sehr trübe …" – Theodor Viernstein und die Kriminalbiologische Sammelstelle in Bayern, in: Farin, Polizeireport, S. 250–287.

Busley, Hejo/Drexler, Toni/Hoffmann, Carl A. u. a. (Hrsg.), Der Landkreis Fürstenfeldbruck. Natur – Geschichte – Kultur, Fürstenfeldbruck 1992.

Buttlar, Florian von/Endlich, Stefanie/Leo, Annette (Hrsg.), Fürstenberg-Drögen. Schichten eines verlassenen Ortes, Reihe Deutsche Vergangenheit, Bd. 106, Berlin 1994.

Cadle, Caron, Kurt Daluege – Der Prototyp des loyalen Nationalsozialisten, in: Smelser, Elite 2, S. 66–79.

– Dies., My honor is loyalty. The biography of S.S. General Kurt Daluege, Princeton 1979.

Campbell, Stephen, SS-Polizei. Memories of Poland, Washington D. C. 2007.

Canoy, Jose Raymund, The Discreet Charm of the Police State. The Landpolizei and the Transformation of Bavaria 1945–1965, Studies in Central European Histories, Vol. 41, Leiden/Boston 2007.

Chapman, Brian, Der Polizeistaat, München 1972.

Chiari, Bernhard, Deutsche Herrschaft in Weißrussland. Überlegungen zum lokalen und historischen Umfeld, in: Kaiser, Täter, S. 137–159.

Cüppers, Martin, „… auf eine so saubere und anständige SS-mäßige Art". Die Waffen-SS in Polen 1939–1941, in: Mallmann, Genesis, S. 90–110.

– Ders., Gustav Lombard – ein engagierter Judenmörder aus der Waffen-SS, in: Mallmann, Karrieren, S. 145–155.

– Ders., Wegbereiter der Shoah. Die Waffen-SS, der Kommandostab Reichsführer-SS und die Judenvernichtung 1939–1945, Veröffentlichungen der Forschungsstelle Ludwigsburg der Universität Stuttgart, Bd. 4, Darmstadt 2005.

Curilla, Wolfgang, Der Judenmord in Polen und die deutsche Ordnungspolizei 1939–1945, Paderborn 2011.

– Ders., Die deutsche Ordnungspolizei und der Holocaust im Baltikum und in Weißrussland 1941–1944, 2., durchges. Aufl., Paderborn 2006.

– Ders., Schutzpolizei und Judenmord. Die Dienststelle des Kommandeurs der Schutzpolizei in Riga, in: Gottwaldt, NS-Gewaltherrschaft, S. 247–264.

Dams, Carsten/Stolle, Michael, Die Gestapo. Herrschaft und Terror im Dritten Reich, München 2008.

– Ders./Dönecke, Klaus/Köhler, Thomas (Hrsg.), „Dienst am Volk"? Düsseldorfer Polizisten zwischen Demokratie und Diktatur, Forum Polizeigeschichte. Schriftenreihe der Dokumentations- und Forschungsstelle für Polizei- und Verwaltungsgeschichte der Fachhochschule für öffentliche Verwaltung NRW, Bd. 1, Frankfurt am Main 2007.

Dams, Carsten, Die Polizei in Deutschland 1945–1989, in: APuZ 48 (2008), S. 9–14.

– Ders./Dönecke, Klaus, Eine erstklassige Truppe? Die Offiziere der Düsseldorfer Schutzpolizei im Nationalsozialismus, in: Dams, Dienst, S. 235–258.

– Ders., Vom „Dienst am Volk" zum „Tag der deutschen Polizei" – Öffentlichkeitsarbeit und Selbstinszenierung der Düsseldorfer Polizei in der Weimarer Republik und im Nationalsozialismus, in: Ders., Dienst, S. 145–165.

Daenekas, Bernhard, Verbrechen deutscher Polizeieinheiten im Zweiten Weltkrieg – aus der Sicht eines Ermittlungsbeamten, in: Archiv für Polizeigeschichte 9 (1993), S. 21–24.

Danner, Lothar, Ordnungspolizei Hamburg. Betrachtungen zu ihrer Geschichte 1918 bis 1933, Hamburg 1958.

Das „Hausgefängnis" der Gestapo-Zentrale in Berlin. Terror und Widerstand 1933–1945, hrsg. v. der Stiftung Topographie des Terrors, Berlin 2005.

Davis, Belinda, Polizei und Gewalt auf der Straße. Konfliktmuster und ihre Folgen im Berlin des 19. und 20. Jahrhunderts, in: Lüdtke, Polizei, S. 81–103.

Dean, Martin C., Collaboration in the Holocaust. Crimes of the Local Police in Belorussia and Ukraine, 1941–44, New York 2000.

– Ders., The German Gendarmerie, the Ukrainian Schutzmannschaft and the „Second Wave" of Jewish Killings in Occupied Ukraine: German Policing at the Local Level in the Zhitomir Region, 1941–1944, in: German History 14/2 (1996), S. 168–192.

Deschner, Günther, Reinhard Heydrich. Biographie eines Reichsprotektors, 5., überarb. und erg. Aufl., Wien 2008.

– Ders., Reinhard Heydrich – Technokrat der Sicherheit, in: Smelser, Elite 1, S. 98–114.

Determann, Andreas, Wegbegleiter in den Tod. Zur Funktion der Ordnungspolizei bei den Deportationen jüdischer Bürger „in den Osten", in: Kenkmann, Villa, S. 28–53.

Deuster, Dieter, Deutsche Polizei-Uniformen 1936–1945, Stuttgart 2009.

Die Geschichte der Polizeischule Münster (Westf.) 1920–1960, hrsg. v. Landes-Polizeischule „Carl Severing" Münster, Ahlen 1961.

Die Kontroverse Hannah Arendt, Eichmann und die Juden, München 1964.

Diehl, Paula, Macht – Mythos – Utopie. Die Körperbilder der SS-Männer, Politische Ideen, Bd. 17, Berlin 2005.

Diercks, Herbert, Dokumentation Stadthaus. Die Hamburger Polizei im Nationalsozialismus. Texte, Fotos und Dokumente, Hamburg 2012.

Dierl, Florian, Adolf von Bomhard – „Generalstabschef" der Ordnungspolizei, in: Mallmann, Karrieren, S. 56–65.

– Ders., Das Hauptamt Ordnungspolizei 1936 bis 1945. Führungsspitze und die Befehlshaber in den Wehrkreisen, in: Kenkmann, Auftrag, S. 159–175.

– Ders., Die Ordnungspolizei, in: Ders., Ordnung, S. 30–41.

– Ders./Hausleitner, Mariana/Hölzl, Martin u. a. (Hrsg.), Ordnung und Vernichtung. Die Polizei im NS-Staat. Eine Ausstellung der Deutschen Hochschule der Polizei, Münster, und des Deutschen Historischen Museums, Berlin, 1. April bis 31. Juli 2011, Dresden 2011.

Dierske, Ludwig, Sicherheitskräfte in Preußen zu Beginn der Weimarer Republik, in: APuZ 47 (1969), S. 31–55.

– Ders., War eine Abwehr des „Preußenschlages" vom 20. Juli 1932 möglich?, in: Zeitschrift für Politik 17/3 (1970), S. 197–245.

Dietrich, Anette/Heise, Ljiljana (Hrsg.), Männlichkeitskonstruktionen im Nationalsozialismus. Formen, Funktionen und Wirkungsmacht von Geschlechterkonstruktionen im Nationalsozialismus und ihre Reflexion in der pädagogischen Praxis, Zivilisationen & Geschichte, Bd. 18, Frankfurt am Main 2013.

Diewald-Kerkmann, Gisela, Denunziantentum und Gestapo. Die freiwilligen „Helfer" aus der Bevölkerung, in: Paul, Gestapo (2003), S. 288–305.

– Dies., Politische Denunziation im NS-Regime oder Die kleine Macht der „Volksgenossen", Bonn 1995.

Direktion der Bayerischen Bereitschaftspolizei (Hrsg.), 20 Jahre Bayerische Bereitschaftspolizei, München 1971.

Ditzel, Kai, Polizeientwicklung in der Weimarer Republik. Die Ausbildung in der preußischen Schutzpolizei, Seminararbeit für das Seminar: Entwicklungszüge der Polizei in Deutschland und die Konsequenzen für das professionelle Selbstverständnis und Handlungsentscheidungen, Münster 1996.

Dmitrow, Edmund, Die Einsatzgruppen der deutschen Sicherheitspolizei und des Sicherheitsdienstes zu Beginn der Judenvernichtung im Gebiet von Lomza und Bialystok im Sommer 1941, in: Ders./Pawel Machcewicz/Tomasz Szarota (Hrsg.), Der Beginn der Vernichtung. Zum Mord an den Juden in Jedwabne und Umgebung im Sommer 1941. Neue Forschungsergebnisse polnischer Historiker, Veröffentlichungen der Deutsch-Polnischen-Gesellschaft Bundesverband e.V., Bd. 4, Osnabrück 2004, S. 95–208.

Dobler, Jens, Zwischen Duldungspolitik und Verbrechensbekämpfung. Homosexuellenverfolgung durch die Berliner Polizei von 1848 bis 1933, Schriftenreihe der Deutschen Gesellschaft für Polizeigeschichte e.V., Bd. 6, Frankfurt am Main 2008.

Dönecke, Klaus/Spix, Hermann, Das Reserve-Polizeibataillon 67 und die „Aktion Zamość". Ein Rechercheberich, in: Medaon – Magazin für jüdisches Leben in Forschung und Bildung 13 (2013), S. 1–8.

– Ders., Polizeireiter und Judenmord in der Ukraine – Die 1. Schwadron der Polizei-Reiterabteilung II, in: Dams, Dienst, S. 279–299.

Dörner, Bernward, Nationalsozialistische Monatshefte (1930–1944), in: Wolfgang Benz (Hrsg.), Handbuch des Antisemitismus. Judenfeindschaft in Geschichte und Gegenwart, Bd. 6: Publikationen, Berlin/Boston 2013, S. 481–483.

Dossa, Shiraz, Hannah Arendt on Eichmann. The Public, the Private and the Evil, in: The Review of Politics 46/2 (1984), S. 163–182.

Dreßen, Willi, Probleme und Erfahrungen der Ermittler bei der Aufklärung von NS-Gewaltverbrechen, in: Archiv für Polizeigeschichte 14 (1994), S. 75–83.

Eckert, Jörn, Vom Rechtsstaat zum Polizeistaat – Die NS-Justiz und ihre Opfer, in: Förderverein, Täter, S. 51–98.

Eckhardt, Albrecht/Hoffmann, Katharina, Gestapo Oldenburg meldet ... Berichte der Geheimen Staatspolizei und des Innenministers aus dem Freistaat und Land Oldenburg 1933–1936, Veröffentlichungen der Historischen Kommission für Niedersachsen und Bremen, Bd. 209, Hannover 2002.

Eiber, Ludwig, „... ein bißchen die Wahrheit". Briefe eines Bremer Kaufmanns von seinem Einsatz beim Reserve-Polizeibataillon 105 in der Sowjetunion 1941, in: 1999. Zeitschrift für Sozialgeschichte des 20. und 21. Jahrhunderts 6/1 (1991), S. 58–83.

Ellermeyer, Lutz, Und sie gingen in seltsamen Gewändern ... Ausbildung bei der Bayerischen Polizei in den Sechzigern, Norderstedt 2009.

Faatz, Martin, Vom Staatsschutz zum Gestapo-Terror. Politische Polizei in Bayern in der Endphase der Weimarer Republik und der Anfangsphase der nationalsozialistischen Diktatur, Studien zur Kirchengeschichte der Neuesten Zeit, Bd. 5, Würzburg 1995.

Fachhochschule für öffentliche Verwaltung und Rechtspflege in Bayern – Fachbereich Polizei, Die Rolle der Polizei in München zur NS-Zeit, unveröffentlichter Projektabschlussbericht, Fürstenfeldbruck 2011.

Falter, Josef, Chronik des Polizeipräsidiums München, hrsg. v. Münchner Sicherheitsforum e.V., 2. Aufl., München 1995.

– Ders./Stolle, Rainer, Chronik des Polizeipräsidiums München, Bd. 2, Hildburghausen 1998.

Fangmann, Helmut, Faschistische Polizeirechtslehren, in: Reifner, Strafjustiz, S. 173–207.

– Ders./Reifner, Udo/Steinborn, Norbert, „Parteisoldaten". Die Hamburger Polizei im „3. Reich", Hamburg 1987.

Farin, Michael (Hrsg.), Polizeireport München 1799–1999, München 1999.

Felsch, Philipp, Volkssport. Zur Ökonomie der körperlichen Leistungsprüfung im Nationalsozialismus, in: SportZeit 1/3 (2001), S. 5–30.

Finszter, Géza/Korinek, László, Polizeiwissenschaften. Strukturen des polizeilichen Berufs am Beispiel ungarischer Entwicklungen, in: Monatsschrift für Kriminologie und Strafrechtsreform 92/5 (2009), S. 454–470.

Finzsch, Norbert, Städtische Sicherheit und ländliche Unsicherheit. Soziale Probleme und Stadt-Land-Beziehung im Rheinland im frühen 19. Jahrhundert, in: Reinke, Sicherheit, S. 137–157.

Förderverein „Freundeskreis zur Unterstützung der Polizei Schleswig-Holstein e.V." (Hrsg.), Täter und Opfer unter dem Hakenkreuz. Eine Landespolizei stellt sich der Geschichte. Eine Dokumentation der gemeinsamen Veranstaltungsreihe des Innenministeriums des Landes Schleswig-Holstein und der Verwaltungsfachhochschule Altenholz „Staatsgewalt ohne Moral – Täter und Opfer unter dem Hakenkreuz", Kiel 2001.

Förster, Jürgen, Die weltanschauliche Erziehung in der Waffen-SS. „Kein totes Wissen, sondern lebendiger Nationalsozialismus", in: Matthäus, Ausbildungsziel, S. 87–113.

Forstner, Thomas, Römisch-katholische und evangelisch-lutherische Kirche in Fürstenfeldbruck 1933–1945, in: Kramer, Fürstenfeldbruck, S. 224–280.

Fraenkel, Ernst, Der Doppelstaat, 2., durchges. Aufl., Hamburg 2001.

Frei, Norbert, Der Führerstaat. Nationalsozialistische Herrschaft 1933 bis 1945, 6., erw. und akt. Neuaufl., München 2001.

– Ders., Goldhagen, die Deutschen und die Historiker. Über die Repräsentation des Holocaust im Zeitalter der Visualisierung, in: Sabrow, Zeitgeschichte, S. 138–151.

– Ders., Vergangenheitspolitik. Die Anfänge der Bundesrepublik und die NS-Vergangenheit, 2. Aufl., München 2003.

Frese, Fabian/Schröder, Joachim, Die „Dienststelle für Zigeunerfragen" der Münchner Kriminalpolizei, in: Schröder, Polizei, S. 103–109.

Frevel, Bernhard, Polizei, Politik und Wissenschaft, in: APuZ 48 (2008), S. 3–9.

Fricke, Dieter, Bismarcks Prätorianer. Die Berliner politische Polizei im Kampf gegen die deutsche Arbeiterbewegung (1871–1898), Berlin 1962.

Friedländer, Saul, Das Dritte Reich und die Juden. Verfolgung und Vernichtung 1933–1945, Bundeszentrale für politische Bildung. Schriftenreihe, Bd. 565, Bonn 2007.

Fürmetz, Gerhard, „Besondere Gefährdung der Polizeibeamten" – Alltägliche Gewalt gegen Polizisten im frühen Nachkriegsdeutschland, in: Lüdtke, Polizei, S. 131–144.

– Ders., „Kampf um den Straßenfrieden". Polizei und Verkehrsdisziplin in Bayern zwischen Kriegsende und beginnender Massenmotorisierung, in: Ders., Nachkriegspolizei, S. 199–228.

– Ders./Reinke, Herbert/Weinhauer, Klaus (Hrsg.), Nachkriegspolizei. Sicherheit und Ordnung in Ost- und Westdeutschland 1945–1969, Forum Zeitgeschichte, Bd. 10, Hamburg 2001.

– Ders./Reinke, Herbert/Weinhauer, Klaus, Nachkriegspolizei in Deutschland. Doppelte Polizeigeschichte 1945–1969, in: Dies., Nachkriegspolizei, S. 7–33.

– Ders. (Hrsg.), „Schwabinger Krawalle". Protest, Polizei und Öffentlichkeit zu Beginn der 60er Jahre, Villa ten Hompel. Schriften, Bd. 6, Essen 2006.

Funk, Albrecht, Die Entstehung der modernen Polizei in Preußen 1870–1890. Bezugspunkte einer historischen Polizeianalyse, in: Reinke, Sicherheit, S. 56–70.

Gelber, H. G., Der Morgenthau-Plan, in: VfZ 13/4 (1965), S. 372–402.

Geldmacher, Thomas, „Wir als Wiener waren ja bei der Bevölkerung beliebt". Österreichische Schutzpolizisten und die Judenvernichtung in Ostgalizien 1941–1944, Wien 2002.

Gellately, Robert, Allwissend und allgegenwärtig? Entstehung, Funktion und Wandel des Gestapo-Mythos, in: Paul, Gestapo (2003), S. 47–70.

– Ders., Die Gestapo und die deutsche Gesellschaft. Die Durchsetzung der Rassenpolitik 1933–1945, Paderborn 1993.

– Ders., Die Gestapo und die „öffentliche Sicherheit und Ordnung", in: Reinke, Sicherheit, S. 94–115.

– Ders., Hingeschaut und weggesehen. Hitler und sein Volk, Bundeszentrale für politische Bildung, Schriftenreihe, Bd. 416, 2. Aufl., Bonn 2004.

Gentile, Carlo, Wehrmacht und Waffen-SS im Partisanenkrieg: Italien 1943–1945, KRiG, Bd. 65, Paderborn 2012.

Genuneit, Jürgen, Methodische Probleme der quantitativen Analyse früher NSDAP-Mitgliederlisten, in: Reinhard Mann (Hrsg.), Die Nationalsozialisten. Analysen faschistischer Bewegungen, Historisch-Sozialwissenschaftliche Forschungen. Quantitative sozialwissenschaftliche Analysen von historischen und prozeß-produzierten Daten, Bd. 9, Stuttgart 1980, S. 34–66.

Gerlach, Christian, Die Wannsee-Konferenz, das Schicksal der deutschen Juden und Hitlers politische Grundsatzentscheidung, alle Juden Europas zu ermorden, in: WerkstattGeschichte 18 (1997), S. 7–44.

– Ders., Kalkulierte Morde. Die deutsche Wirtschafts- und Vernichtungspolitik in Weißrußland 1941 bis 1944, Hamburg 1999.

– Ders., Kontextualisierung der Aktionen eines Mordkommandos – die Einsatzgruppe B, in: Kaiser, Täter, S. 85–95.

Gigerenzer, Gerd, Bauchentscheidungen. Die Intelligenz des Unbewussten und die Macht der Intuition, München 2008.

GfK Verein, Jahresbericht 2012/13, Nürnberg 2013.

Goch, Stefan (Hrsg.), Städtische Gesellschaft und Polizei. Beiträge zur Sozialgeschichte der Polizei in Gelsenkirchen, Schriftenreihe des Instituts für Stadtgeschichte. Beiträge, Bd. 12, Essen 2005.

Götz, Volkmar, Polizei und Polizeirecht, in: Jeserich, Verwaltungsgeschichte, Bd. 4, S. 397–420.

– Ders., Polizei und Polizeirecht, in: Jeserich, Verwaltungsgeschichte, Bd. 4, S. 1017–1031.

Golczewski, Frank, Organe der deutschen Besatzungsmacht: die ukrainischen Schutzmannschaften, in: Benz, Bürokratie, S. 173–196.

Goldhagen, Daniel Jonah, Hitlers willige Vollstrecker. Ganz gewöhnliche Deutsche und der Holocaust, München 2000.

– Ders., Schlimmer als Krieg. Wie Völkermord entsteht und wie er zu verhindern ist, München 2009.

Golz, Herbert, Erfahrungen aus dem Kampf gegen Banden, in: Wehrkunde 4/4 (1955), S. 134–140.

Gotto, Bernhard, Die NSDAP in Fürstenfeldbruck, in: Kramer, Fürstenfeldbruck, S. 117–173.

Gottwaldt, Alfred/Kampe, Norbert/Klein, Peter (Hrsg.), NS-Gewaltherrschaft. Beiträge zur historischen Forschung und juristischen Aufarbeitung, Publikationen der Gedenk- und Bildungsstätte Haus der Wannsee-Konferenz, Bd. 11, Berlin 2005.

Graf, Christoph, Politische Polizei zwischen Demokratie und Diktatur. Die Entwicklung der preußischen Politischen Polizei vom Staatsschutzorgan der Weimarer Republik zum Geheimen Staatspolizeiamt des Dritten Reiches, Einzelveröffentlichungen der Historischen Kommission zu Berlin, Bd. 36, Berlin 1983.

Greiner, Bernd, Partisanenkampf ohne Partisanen. Über die Rückkehr der Moral in die Geschichte, in: Mittelweg 36 7/4 (1998), S. 19–27.

Grenkevich, Leonid D., The Soviet Partisan Movement 1941–1944. A Critical Historiographical Analysis, London/Portland 1999.

Grimm, Barbara, Lynchmorde an alliierten Fliegern im Zweiten Weltkrieg, in: Süß, Deutschland, S. 71–84.

Groh, Christian, Kommunale Polizei im Wiederaufbau. Sozialgeschichte der Pforzheimer und Heilbronner Polizei von 1945 bis 1959, Quellen und Studien zur Geschichte der Stadt Pforzheim, Bd. 4, Ubstadt-Weiher 2003.

Groß, Hermann/Frevel, Bernhard/Dams, Carsten (Hrsg.), Handbuch der Polizeien Deutschlands, Wiesbaden 2008.

Grotum, Thomas, Autoritätsverlust? Die westdeutsche Polizei und jugendliches Protestverhalten in den 1950er Jahren, in: Ute Schneider/Lutz Raphael (Hrsg.), Dimensionen der Moderne. Festschrift für Christof Dipper, Frankfurt am Main 2008, S. 529–546.

– Ders., Jugendliche Ordnungsstörer. Polizei und „Halbstarken“-Krawalle in Niedersachsen 1956–1959, in: Fürmetz, Nachkriegspolizei, S. 277–302.

Gruchmann, Lothar, Der Zweite Weltkrieg. Kriegführung und Politik, 11., durchges. und akt. Aufl., München 2005.

Grüttner, Michael/Hachtmann, Rüdiger/Haupt, Heinz-Gerhard (Hrsg.), Geschichte und Emanzipation. Festschrift für Reinhard Rürup, Frankfurt am Main/New York 1999.

Günnewig, Markus, Rassenwahn und Massenmord – Die Gestapo im Zweiten Weltkrieg am Beispiel der Staatspolizeistelle Dortmund, in: Schulte, Polizei, S. 105–137.

Gutachten des Instituts für Zeitgeschichte, Bd. I, Stuttgart 1958.

Gutachten des Instituts für Zeitgeschichte, Bd. II, Stuttgart 1966.

Haberer, Erich, The German police and genocide in Belorussia, 1941–1944. Part I: Police deployment and Nazi genocidal directives, in: Journal of Genocide Research 3/1 (2001), S. 13–29.

– Ders., The German police and genocide in Belorussia, 1941–1944. Part II: The „second sweep“: Gendarmerie killings of Jews and Gypsies on January 29, 1942, in: Journal of Genocide Research 3/2 (2001), S. 207–218.

Hacker, Erwin, 10 Jahre Bayerische Polizeischule, in: Boxberger, 10 Jahre, S. 7–18.

Hansen, Henning, Die Sozialistische Reichspartei (SRP). Aufstieg und Scheitern einer rechtsextremen Partei, Beiträge zur Geschichte des Parlamentarismus und der politischen Parteien, Bd. 148, Düsseldorf 2007.

Hansen, Willy, Zwischen Selbstdarstellung und Propaganda-Aktion: „Verkehrserziehungswochen" und „Tage der Deutschen Polizei" als Beispiele der polizeilichen Öffentlichkeitsarbeit im NS-Staat, in: Buhlan, Freund, S. 230–262.

Harnischmacher, Robert/Semerak, Arved, Deutsche Polizeigeschichte. Eine allgemeine Einführung in die Grundlagen, Stuttgart 1986.

Harten, Hans-Christian, Himmlers Lehrer. Die Weltanschauliche Schulung in der SS 1933–1945, Paderborn 2014.

Hartmann, Christian/Hürter, Johannes/Lieb, Peter u. a. (Hrsg.), Der deutsche Krieg im Osten 1941–1944. Facetten einer Grenzüberschreitung, Quellen und Darstellungen zur Zeitgeschichte, Bd. 76, München 2009.

– Ders., Unternehmen Barbarossa. Der deutsche Krieg im Osten 1941–1945, München 2011.

– Ders./Hürter, Johannes/Jureit, Ulrike (Hrsg.), Verbrechen der Wehrmacht. Bilanz einer Debatte, München 2005.

– Ders., Verbrecherischer Krieg – verbrecherische Wehrmacht? Überlegungen zur Struktur des deutschen Ostheeres, in: Ders., Krieg, S. 3–71.

– Ders., Verbrecherischer Krieg – verbrecherische Wehrmacht? Überlegungen zur Struktur des deutschen Ostheeres 1941–1944, in: VfZ 52/1 (2004), S. 1–75.

– Ders., Wehrmacht im Ostkrieg. Front und militärisches Hinterland 1941/42, Quellen und Darstellungen zur Zeitgeschichte, Bd. 75, München 2009.

Hasenclever, Jörn, Wehrmacht und Besatzungspolitik in der Sowjetunion. Die Befehlshaber der rückwärtigen Heeresgebiete 1941–1943, KRiG, Bd. 48, Paderborn 2010.

Hatheway, Jay, In Perfect Formation. SS Ideology and the SS-Junkerschule Tölz, Atglen 1999.

Hausleitner, Mariana, Die Polizei in der Weimarer Republik, in: Dierl, Ordnung, S. 16–29.

Hausner, Gideon, Gerechtigkeit in Jerusalem, München 1967.

Hausser, Paul, Soldaten wie andere auch. Der Weg der Waffen-SS, Osnabrück 1966.

Hecker, Hans-Joachim, Strafjustiz und Polizei in Bayern im 19. und 20. Jahrhundert, in: Farin, Polizeireport, S. 106–111.

Heer, Hannes, Die Logik des Vernichtungskrieges. Wehrmacht und Partisanenkampf, in: Ders., Vernichtungskrieg, S. 104–138.

– Ders., Killing Fields. Die Wehrmacht und der Holocaust, in: Ders., Vernichtungskrieg, S. 57–77.

– Ders./Naumann, Klaus (Hrsg.), Vernichtungskrieg. Verbrechen der Wehrmacht 1941–1944, Hamburg 1995.

Hefter, Tom, Historisch-politische Bildungsarbeit für die Polizei im Geschichtsort Villa ten Hompel – Erfahrungen und Perspektiven, in: Schulte, Polizei, S. 687–703.

Hehemann, Rainer, Die „Bekämpfung des Zigeunerunwesens" im Wilhelminischen Deutschland und in der Weimarer Republik, 1871–1933, Frankfurt am Main 1987.

Hein, Bastian, Elite für Volk und Führer? Die Allgemeine SS und ihre Mitglieder 1925–1945, Quellen und Darstellungen zur Zeitgeschichte, Bd. 92, München 2012.

Heinemann, Isabel, „Rasse, Siedlung, deutsches Blut". Das Rasse- und Siedlungshauptamt der SS und die rassenpolitische Neuordnung Europas, Moderne Zeit. Neue Forschungen zur Gesellschafts- und Kulturgeschichte des 19. und 20. Jahrhunderts, Bd. 2, Göttingen 2003.

Heiß, Stephan R., Die Polizei und Homosexuelle in München zwischen 1900 und 1933. Schlaglichter auf ein schwieriges Verhältnis zwischen Obrigkeit und Subkultur, in: Farin, Polizeireport, S. 194–207.

Heitmann, Clemens/Lemke, Bernd, Die deutsche Polizei und der totale Krieg. Sicherheitsapparate sowie Staats- und Gesellschaftssysteme im Spiegel von Luft- und Zivilschutzorganisationen, in: Schulte, Polizei, S. 589–620.

Heller, Karl-Heinz, The Remodeled Praetorians: The German Ordnungspolizei as Guardians of the „New Order", in: Otis C. Mitchell (Hrsg.), Nazism and the Common Man. Essays in German History (1929–1939), 2. Aufl., Washington D. C. 1981, S. 45–64.

– Ders., The Reshaping and Political Conditioning of the German Ordnungspolizei. 1933–1945. A Study of Techniques used in the Nazi State to conform Local Police Units to National Socialist Theory and Practice, Michigan 1971.

Helsper, Werner/Böhme, Jeanette (Hrsg.), Handbuch der Schulforschung, 2., durchges. und erw. Aufl., Wiesbaden 2008.

Hemler, Stefan, Aufbegehren einer Jugendszene. Protestbeteiligte, Verlauf und Aktionsmuster bei den „Schwabinger Krawallen", in: Fürmetz, Krawalle, S. 25–57.

Herbert, Ulrich, Best. Biographische Studien über Radikalismus, Weltanschauung und Vernunft, 1903–1989, Bonn 1996.

– Ders., Wer waren die Nationalsozialisten? Typologien des politischen Verhaltens im NS-Staat, in: Gerhard Hirschfeld/Tobias Jersak (Hrsg.), Karrieren im Nationalsozialismus. Funktionseliten zwischen Mitwirkung und Distanz, Frankfurt am Main/New York 2004, S. 17–42.

– Ders., „Volksgemeinschaft": Gleichheit und Ungleichheit, in: Winfried Nerdinger (Hrsg.), München und der Nationalsozialismus. Katalog des NS-Dokumentationszentrums München, München 2015, S. 408–418.

Herz, Rudolf/Halfbrodt, Dirk, Revolution und Fotografie München 1918/19, Berlin 1988.

Heuer, Hans-Joachim, Über das polizeiliche Töten im Dritten Reich, in: Schulte, Polizei, S. 389–405.

Hielscher, Almut, „Wir haben ja nichts mehr". Die machtlosen Helfer, in: Stephan Burgdorff/Christian Habbe (Hrsg.), Als Feuer vom Himmel fiel. Der Bombenkrieg in Deutschland, Bundeszentrale für politische Bildung. Schriftenreihe, Bd. 447, Bonn 2004, S. 189–195.

Hilberg, Raul, Die Vernichtung der europäischen Juden, 3 Bde., 10. Aufl., Frankfurt am Main 2007.

— Ders., The Destruction of the European Jews, London 1961.

Hill, Alexander, The War behind the Eastern Front. The Soviet Partisan Movement in North-West Russia 1941–1944, London/New York 2005.

Hillgruber, Andreas, Der Ostkrieg und die Judenvernichtung, in: Gerd R. Ueberschär/Wolfram Wette (Hrsg.), Der deutsche Überfall auf die Sowjetunion. „Unternehmen Barbarossa" 1941, Frankfurt am Main 2011, S. 185–205.

Höhne, Heinz, Der Orden unter dem Totenkopf. Die Geschichte der SS, München 2002.

Hörath, Julia, Terrorinstrument der „Volksgemeinschaft"? KZ-Haft für „Asoziale" und „Berufsverbrecher" 1933 bis 1937/38, in: ZfG 60/6 (2012), S. 513–532.

Hölzl, Martin, Buer und Belzec. Die Polizeibataillone 65 und 316 und der Mord an den Juden während des Zweiten Weltkrieges, in: Goch, Gesellschaft, S. 260–285.

— Ders., Grüner Rock und weiße Weste: Adolf von Bomhard und die Legende von der sauberen Ordnungspolizei, in: ZfG 50/1 (2002), S. 22–43.

— Ders., Julius Wohlauf – die Nachkriegskarriere eines Hamburger Polizisten und NS-Täters, in: Diercks, Polizei, S. 173–182.

— Ders., Legenden mit Langzeitwirkung. Die deutsche Polizei und ihre NS-Vergangenheit, in: Dierl, Ordnung, S. 90–101.

— Ders., Walter Nord – Polizeisoldat und Weltanschauungskrieger, in: Mallmann, Karrieren, S. 166–175.

Hoffmann, Alfred, Heidenheim an der Brenz, in: Wolfgang Benz/Barbara Distel (Hrsg.), Der Ort des Terrors. Geschichte der nationalsozialistischen Konzentrationslager, Bd. 2: Frühe Lager, Dachau, Emslandlager, München 2005, S. 347–349.

— Ders., Heidenheim an der Brenz, in: Wolfgang Benz/Barbara Distel (Hrsg.), Der Ort des Terrors. Geschichte der nationalsozialistischen Konzentrationslager, Bd. 6: Natzweiler, Groß-Rosen, Stutthof, München 2007, S. 108–109.

— Ders., Verschwunden, aber nicht vergessen. KZ-Nebenlager in der Polizeischule Heidenheim. Eine Dokumentation, Heidenheim 1996.

Holler, Martin, Ausmaß und Verlauf der Roma-Verfolgung im Operationsgebiet der Heeresgruppe Nord 1941–1944, in: Schulte, Polizei, S. 239–261.

Holthusen, Hans E., Hannah Arendt, Eichmann und die Kritiker, in: VfZ 13/2 (1965), S. 178–190.

Hoser, Paul, Kommunalpolitik in Fürstenfeldbruck 1933–1945, in: Kramer, Fürstenfeldbruck, S. 24–116.

Houwink ten Cate, Johannes/Kenkmann, Alfons (Hrsg.), Deutsche und holländische Polizei in den besetzten niederländischen Gebieten. Dokumentation einer Arbeitstagung, Villa ten Hompel Aktuell, Bd. 2, Münster 2002.

Hürter, Johannes, Die Wehrmacht vor Leningrad. Krieg und Besatzungspolitik der 18. Armee im Herbst und Winter 1941/42, in: Hartmann, Krieg, S. 95–153.

Huck, Jürgen, Jürgen, Ausweichstellen und Aktenschicksal des Hauptamtes Ordnungspolizei im 2. Weltkrieg, in: Neufeldt, Geschichte, S. 117–144.

Ingressi, Michel, Die Ordnungspolizei. Les Forces de l'Ordre sous le 3éme Reich, Pulnoy 1996.

Ivanov, Miroslav, Das Attentat auf Heydrich, Augsburg 2000.

Jacobs, Tino, Himmlers Mann in Hamburg. Georg Henning Graf von Bassewitz-Behr als Höherer SS- und Polizeiführer im Wehrkreis X 1943–1945, Veröffentlichung der Forschungsstelle für Zeitgeschichte in Hamburg, Hamburg 2001.

Jakob, Reinhard, Überlegungen zu den Reichstagswahlen im Bezirksamt Fürstenfeldbruck 1928 bis 1933, in: Ders., Menschen, S. 14–33.

– Ders. (Hrsg.), „... was Menschen fähig sind". Nationalsozialismus im Brucker Land, Ausstellung im Bauernhofmuseum Jexhof 28. Mai 2010 bis 9. Januar 2011, Jexhof-Hefte 26, Fürstenfeldbruck 2010.

Jarausch, Konrad H./Arminger, Gerhard/Thaller, Manfred, Quantitative Methoden in der Geschichtswissenschaft. Eine Einführung in die Forschung, Datenverarbeitung und Statistik, Darmstadt 1985.

Jaschke, Hans-Gerd, Geschichte der deutschen Polizei vor und nach 1945: Kontinuitäten und Brüche, in: Bundeskriminalamt, Bundeskriminalamt, S. 37–61.

Jellonnek, Burkhard/Lautmann, Rüdiger (Hrsg.), Nationalsozialistischer Terror gegen Homosexuelle. Verdrängt und ungesühnt, Paderborn 2002.

– Ders., Staatspolizeiliche Fahndungs- und Ermittlungsmethoden gegen Homosexuelle. Regionale Differenzen und Gemeinsamkeiten, in: Paul, Gestapo (2003), S. 343–356.

Jeserich, Kurt G. A./Pohl, Hans/von Unruh, Georg-Christoph (Hrsg.), Deutsche Verwaltungsgeschichte, Bd. 4: Das Reich als Republik und in der Zeit des Nationalsozialismus, Stuttgart 1985.

Jessen, Ralph, Polizei im Industrierevier. Modernisierung und Herrschaftspraxis im westfälischen Ruhrgebiet 1848–1914, Kritische Studien zur Geschichtswissenschaft, Bd. 91, Göttingen 1991.

– Ders., Polizei, Wohlfahrt und die Anfänge des modernen Sozialstaats in Preußen während des Kaiserreichs, in: Geschichte und Gesellschaft 20 (1994), S. 157–180.

– Ders., Preußische Polizei und Arbeiterschaft im Kaiserreich, in: Nitschke, Polizei, S. 46–71.

Jochims, Frank, Auf dem Weg zu einer demokratischen Polizei. Gelsenkirchener Schutzpolizei 1918–1928, in: Goch, Gesellschaft, S. 98–153.

Johnson, Eric A., Der nationalsozialistische Terror. Gestapo, Juden und gewöhnliche Deutsche, Berlin 2001.

– Ders./Reuband, Karl-Heinz, Die populäre Einschätzung der Gestapo. Wie allgegenwärtig war sie wirklich?, in: Paul, Gestapo (2003), S. 417–436.

Josten, Ulrich, Preußische Polizei und nationalsozialistische Machtergreifung in Bonn, in: Schloßmacher, Farbe, S. 25–40.

Jung, Werner, Ein gleitender Übergang. Die Kölner Polizeiführung zwischen „Preußenschlag" und Machtergreifung, in: Buhlan, Freund, S. 64–144.

Jureit, Ulrike, Erziehen, Strafen, Vernichten. Jugendkriminalität und Jugendstrafrecht im Nationalsozialismus, Münster/New York 1995.

Kailer, Thomas, Vermessung des Verbrechers. Die Kriminalbiologische Untersuchung in Bayern, 1923–1945, Bielefeld 2011.

Kaiser, Wolf, Die Wannsee-Konferenz. SS-Führer und Ministerialbeamte im Einvernehmen über die Ermordung der europäischen Juden, in: Lichtenstein, Täter, S. 24–37.

— Ders./Köhler, Thomas/Gryglewski, Elke, „Nicht durch formale Schranken gehemmt". Die deutsche Polizei im Nationalsozialismus, Materialien für Unterricht und außerschulische politische Bildung, hrsg. v. Bundeszentrale für politische Bildung u. Deutsche Hochschule der Polizei, Bonn 2012.

— Ders. (Hrsg.), Täter im Vernichtungskrieg. Der Überfall auf die Sowjetunion und der Völkermord an den Juden, Berlin/München 2002.

Kannapin, Norbert, Die deutsche Feldpostübersicht 1939–1945. Vollständiges Verzeichnis der Feldpostnummern in numerischer Folge und deren Aufschlüsselung, Bd. 3: Nrn. 41992 bis 87919, Osnabrück 1982.

Kaufmann, Stefan, Stunde Null? Abgelehnte Wiedereinstellungsgesuche Düsseldorfer Polizisten 1945–1951, in: Dams, Dienst, S. 357–379.

Kemmerich, Dinah, Entstehung, Entwicklung und Bedeutung der „Zentral-Polizeischule Hiltrup/Westf." im Kontext der Reorganisation der deutschen Polizei durch die britische Besatzungsmacht 1945–1949, Schriftenreihe der Deutschen Hochschule der Polizei III/2008, Dresden 2008.

Kenkmann, Alfons/Spieker, Christoph (Hrsg.), Im Auftrag. Polizei, Verwaltung und Verantwortung. Begleitband zur gleichnamigen Dauerausstellung, Villa ten Hompel. Schriften, Bd.1, Essen 2001.

— Ders., Störfaktor an der „Heimatfront". Jugendliche Nonkonformität und die Gestapo, in: Paul, Gestapo (2000), S. 179–200.

— Ders. (Hrsg.), Villa ten Hompel. Sitz der Ordnungspolizei im Dritten Reich. Vom „Tatort Schreibtisch" zur Erinnerungsstätte?, Agenda Geschichte, Bd. 9, Münster 1996.

— Ders., Vom Ordnungshüter zum Ordnungspartner. Ein Streifzug durch die Polizei im 20. Jahrhundert, in: Goch, Gesellschaft, S. 36–52.

— Ders, Vom Schreibtischtäterort zum Lernort. Überlegungen zur Nutzung der Ordnungspolizei-Residenz in der historisch-politischen Bildungsarbeit, in: Ders., Villa, S. 115–137.

Kershaw, Ian, Der Hitler-Mythos. Führerkult und Volksmeinung, München 2002.

— Ders., Der NS-Staat. Geschichtsinterpretationen und Kontroversen im Überblick, 3. Aufl., Reinbek bei Hamburg 2002.

Klein, Ralph, Das Polizei-Gebirgsjäger-Regiment 18. Massaker, Deportation, Traditionspflege, in: ZfG 55/1 (2007), S. 41–64.

— Ders., Das SS-Polizei-Gebirgsjäger-Regiment 18, in: Schulte, Polizei, S. 201–218.

Klingenschmidt, Rolf, Motive und Entwicklung der allgemein-schulischen Unteroffiziersausbildung in der königlich bayerischen Armee von 1866 bis 1914, Diplomarbeit, Neubiberg 1997.

Kilian, Jürgen, Das Zusammenwirken deutscher Polizeiformationen im „Osteinsatz" am Beispiel des rückwärtigen Gebietes der Heeresgruppe Nord, in: Schulte, Polizei, S. 305–335.

– Ders., Wehrmacht und Besatzungsherrschaft im russischen Nordwesten 1941–1944. Praxis und Alltag im Militärverwaltungsgebiet der Heeresgruppe Nord, KRiG, Bd. 75, Paderborn 2012.

Kiekenap, Bernhard, SS-Junkerschule. SS und SA in Braunschweig, Braunschweig 2008.

Kiepe, Jan, Das Reservepolizeibattaillon 101 vor Gericht. NS-Täter in Selbst- und Fremddarstellungen, Veröffentlichungen des Hamburger Arbeitskreises für Regionalgeschichte (HAR), Bd. 25, Hamburg 2007.

Kirsch, Hans, Sicherheit und Ordnung betreffend. Geschichte der Polizei in Kaiserslautern und in der Pfalz 1276–2006, Studien zur pfälzischen Geschichte und Volkskunde, Bd. 1, Kaiserslautern 2007.

Kitterman, David H., Those Who Said „No!": Germans Who Refused to Execute Civilians during World War II, in: German Studies Review 11/2 (1988), S. 241–254.

Klein, Ansgar Sebastian, Bonner Polizeiführung und Polizeiorganisation 1933–1945, in: Schloßmacher, Farbe, S. 41–73.

Klemp, Stefan, „50 Kommunisten aufgehängt, 350 Häuser niedergebrannt". Der Einsatz des Reserve-Polizei-Bataillons 64 auf dem Balkan 1941–1943, in: Kenkmann, Auftrag, S. 200–224.

– Ders., „Aktion Erntefest": Mit Musik in den Tod. Rekonstruktion eines Massenmords, Villa ten Hompel Aktuell 19, Münster 2013.

– Ders., „Daluege geht sehr energisch vor". Das Massaker von Lidice, der Einsatz der Ordnungspolizei im „Protektorat Böhmen und Mähren" und die Ermittlungen gegen die Täter, Münster 2011.

– Ders., Die Oranienburger Polizeieinheiten von 1936 bis 1945. Stand der Forschung, in: Oranienburger Schriften 1 (2015), S. 86–97.

– Ders., Einsatz im Westen – Deutsche Polizeibataillone in Holland 1940 bis 1945, in: Houwink ten Cate, Polizei, S. 29–66.

– Ders., Freispruch für das „Mord-Bataillon". Die NS-Ordnungspolizei und die Nachkriegsjustiz, Studien zum Nationalsozialismus, Bd. 5, Münster 1998.

– Ders., „I Would Have Liked to Travel Once on Such a Transport". German Policemen as Guards on Deportation Trains from Italy to Auschwitz, in: Yad Vashem Studies 41/1 (2013), S. 99–127.

– Ders./Reinke, Herbert, Kölner Polizeibataillone in den Niederlanden während des Zweiten Weltkrieges, in: Buhlan, Freund, S. 263–276.

– Ders., „Nicht ermittelt". Polizeibataillone und die Nachkriegsjustiz. Ein Handbuch, Villa ten Hompel. Schriften, Bd. 5, 2., überarb. und erw. Aufl., Essen 2011.

– Ders., Rücksichtslos ausgemerzt. Die Ordnungspolizei und das Massaker von Lidice, Villa ten Hompel Aktuell, Bd. 17, Münster 2012.

– Ders., Vernichtung. Die deutsche Ordnungspolizei und der Judenmord im Warschauer Ghetto 1940–43, Münster/Berlin 2013.

Klink, Manfred, Bundeskriminalamt, in: Groß, Handbuch, S. 516–554.

Kluge, Ulrich, Die Weimarer Republik, Paderborn 2006.

Knatz, Christian, „Ein Heer im grünen Rock“? Der Mitteldeutsche Aufstand 1921, die preußische Schutzpolizei und die Frage der inneren Sicherheit in der Weimarer Republik, Quellen und Forschungen zur Brandenburgischen und Preußischen Geschichte, Bd. 19, Berlin 2000.

– Ders., Ein Sieg über Aufrührer und Reformer. Der Mitteldeutsche Aufstand von 1921 als verpaßte Chance der preußischen Schutzpolizei, in: ZfG 46/1 (1998), S. 28–39.

Knoch, Habbo, Verschobene Schuld. Täterbilder und historische Fotografien in einem Illustriertenbericht zum Eichmann-Prozess, in: Gerhard Paul (Hrsg.), Visual History. Ein Studienbuch, Göttingen 2006, S. 303–316.

Knoll, Albert, Ein Schandfleck für das dritte Reich. Homosexuelle als Opfer von Verfolgung und Vernichtung während der Diktatur des Nationalsozialismus in Bayern, in: Farin, Polizeireport, S. 220–239.

Knopp, Guido, Die SS. Eine Warnung der Geschichte, München 2003.

Koch, Horst-Adalbert, Die Landespolizei 1932. Standortübersicht der kasernierten Polizeieinheiten (einschl. Schulen) der Länderpolizei 1932. Ein Beitrag zur Organisationsgesichte der deutschen Polizei 1920–1932, in: Feldgrau. Mitteilungen einer Arbeitsgemeinschaft 9/2 (1961), S. 42–44.

– Ders., Die Landespolizei 1932, in: Feldgrau. Mitteilungen einer Arbeitsgemeinschaft 9/3 (1961), S. 91 f.

– Ders., Zur Organisationsgeschichte der deutschen Polizei 1927–1939, in: Feldgrau. Mitteilungen einer Arbeitsgemeinschaft 5/5 (1957), S. 141–143.

Koehl, Robert Lewis, The Black Corps. The Structure and Power Struggles of the Nazi SS, Madison 1983.

Köhler, Thomas, Anstiftung zu Versklavung und Völkermord. „Weltanschauliche Schulung“ durch Literatur. Lesestoff für Polizeibeamte während des „Dritten Reichs“, in: Kenkmann, Auftrag, S. 130–156.

– Ders., Himmlers Weltanschauungselite: Die Höheren SS- und Polizeiführer West – eine gruppenbiographische Annäherung, in: Schulte, Polizei, S. 51–79.

– Ders., Himmlers verlängerter Arm in Rheinland und Westfalen – Die Höheren SS- und Polizeiführer West, in: Dams, Dienst, S. 203–233.

– Ders., „Mama, wieso löscht die Feuerwehr denn nicht?“ Die Feuerwehren als Pogromakteure am 9. und 10. November 1938 – eine Fallstudie aus Nordwestdeutschland, in: KZ-Gedenkstätte Neuengamme, Polizei, S. 50–60.

König, Gerhard/König, Inge, Das Polizeipräsidium Berlin-Alexanderplatz. Seine Geschichte – Seine Polizei – Seine Häftlinge (1933–1945), Berlin 1997.

Kogon, Eugen, Der SS-Staat. Das System der deutschen Konzentrationslager, 44. Aufl., München 2006.

Kohler, Eric D., The Crisis in the Prussian Schutzpolizei 1930–32, in: Mosse, Police Force, S. 131–150.

Kolmsee, Peter, Der Partisanenkampf in der Sowjetunion. Über Charakter, Inhalt und Formen des Partisanenkampfes in der UdSSR 1941–1944, Militärhistorische Studien, Bd. 6, Berlin 1963.

Koop, Volker, „Dem Führer ein Kind schenken". Die SS-Organisation Lebensborn e.V.", Köln/Weimar/Wien 2007.

Kopitzsch, Wolfgang, Bandenbekämpfung, Geiselerschießungen, Umsiedlungen, Endlösung. Hamburger Polizeibataillone im Zweiten Weltkrieg, in: Förderverein, Täter, S. 247–273.

– Ders., Das Polizeibataillon 307 (Lübeck) „im Osteinsatz" 1940–1945. Eine Ausstellung der Landespolizei Schleswig-Holstein, Polizeidirektion Schleswig-Holstein Süd (Lübeck) in Zusammenarbeit mit der Landespolizei Hamburg, Landespolizeischule, Lübeck [2002].

– Ders., Hamburger Polizeibataillone im Zweiten Weltkrieg, in: Angelika Ebbinghaus/ Karsten Linne (Hrsg.), Kein abgeschlossenes Kapitel: Hamburg im „Dritten Reich", Hamburg 1997, S. 293–318.

– Ders., Hamburger Polizeibataillone im Zweiten Weltkrieg. Broschüre zur Ausstellung „Keine Bilder des Vergessens – Hamburger Polizeibataillone im Zweiten Weltkrieg" der Landespolizeischule Hamburg in der Diele des Hamburger Rathauses vom 6. bis 27. Februar 1998, Hamburg 1998.

– Ders., Polizeieinheiten in Hamburg in der Weimarer Republik und im Dritten Reich, in: Nitschke, Polizei, S. 139–167.

Kopp, Fritz, Chronik der Wiederbewaffnung in Deutschland. Daten über Polizei und Bewaffnung 1945–1958, Rüstung der Sowjetzone – Abwehr des Westens, Sonderausgabe für das Bundesministerium für gesamtdeutsche Fragen, Köln 1958.

Korte, Detlef, Das „Arbeitserziehungslager Nordmark" in Kiel (1944/45), in: Bajohr, Norddeutschland, S. 266–279.

Krabbe, Wolfgang R., Die lokale Polizeiverwaltung in der preußischen Provinz Westfalen (1815–1914), in: Blätter für deutsche Landesgeschichte 119 (1983), S. 141–157.

– Ders., Von der „guten Policey" zur gegliederten Lokalverwaltung. Die Verwaltung deutscher Städte seit dem 18. Jahrhundert, in: Reinke, Sicherheit, S. 158–169.

Kramer, Ferdinand/Latzin, Ellen (Hrsg.), Fürstenfeldbruck in der NS-Zeit. Eine Kleinstadt bei München in den Jahren 1933 bis 1945, Fürstenfeldbrucker Historische Studien, Bd. 1, Regensburg 2009.

– Dies., Fürstenfeldbruck in der NS-Zeit – zur Einführung, in: Ders., Fürstenfeldbruck, S. 9–23.

Kraus, Kurt, Geschichte der Frankfurter Polizei in Wort und Bild, Frankfurt 1981.

Krausnick, Helmut, Die Einsatzgruppen vom Anschluß Österreichs bis zum Feldzug gegen die Sowjetunion. Entwicklung und Verhältnis zur Wehrmacht, in: Ders., Truppe, S. 11–278.

– Ders./Wilhelm, Hans-Heinrich, Die Truppe des Weltanschauungskrieges. Die Einsatzgruppen der Sicherheitspolizei und des SD 1938–1942, Quellen und Darstellungen zur Zeitgeschichte, Bd. 22, Stuttgart 1981.

Krausnick, Michail, Der nationalsozialistische Völkermord an den Sinti und Roma, in: Lichtenstein, Täter, S. 223–254.

Kühl, Stefan, Ganz normale Organisationen. Zur Soziologie des Holocaust, Berlin 2014.

Kühne, Thomas, Kameradschaft – „das Beste im Leben des Mannes". Die deutschen Soldaten des Zweiten Weltkriegs in erfahrungs- und geschlechtergeschichtlicher Perspektive, in: Geschichte und Gesellschaft 22 (1996), S. 504–529.

Kühnrich, Heinz, Der Partisanenkrieg in Europa 1939–1945, Berlin 1965.

Kuropka, Joachim, Meldungen aus Münster 1924–1944. Geheime und vertrauliche Berichte von Polizei, Gestapo, NSDAP und ihren Gliederungen, staatlicher Verwaltung, Gerichtsbarkeit und Wehrmacht über die politische und die gesellschaftliche Situation in Münster, Münster 1992.

Kwiet, Konrad, Auftakt zum Holocaust. Ein Polizeibataillon im Osteinsatz, in: Wolfgang Benz/Hans Buchheim/Hans Mommsen (Hrsg.), Der Nationalsozialismus. Studien zur Ideologie und Herrschaft, Frankfurt am Main 1993, S. 191–208.

– Ders., Erziehung zum Mord – Zwei Beispiele zur Kontinuität der deutschen „Endlösung der Judenfrage", in: Grüttner, Geschichte, S. 435–457.

– Ders., From the Diary of a Killing Unit, in: John Milfull (Hrsg.), Why Germany? National Socialist Anti-Semitism and the European Context, Providence/Oxford 1993, S. 75–90.

– Ders., Paul Zapp – Vordenker und Vollstrecker der Judenvernichtung, in: Mallmann, Karrieren, S. 252–263.

– Ders., Von Tätern zu Befehlsempfängern. Legendenbildung und Strafverfolgung nach 1945, in: Matthäus, Ausbildungsziel, S. 114–138.

KZ-Gedenkstätte Neuengamme (Hrsg.), Polizei, Verfolgung und Gesellschaft im Nationalsozialismus, Beiträge zur Geschichte der nationalsozialistischen Verfolgung in Norddeutschland, Bd. 15, Bremen 2013.

Lambrecht, Rainer, Von der Kaserne zum Behördensitz. Aus der Geschichte einer Militär- und Polizeiunterkunft in Potsdam-Eiche, Potsdam 2010.

Lange, Hans-Jürgen (Hrsg.), Staat, Demokratie und Innere Sicherheit in Deutschland, Studien zur Inneren Sicherheit, Bd. 1, Opladen 2000.

Langguth, Gerd, Die Protestbewegung in der Bundesrepublik Deutschland 1968–1976, Köln 1976.

Large, David Clay, The Politics of Law and Order. A History of the Bavarian Einwohnerwehr, 1918–1921, Transactions of the American Philosophical Society, Bd. 70/2, Philadelphia 1980.

Latzin, Ellen, Das Schulwesen in Fürstenfeldbruck 1933–1945, in: Kramer, Fürstenfeldbruck, S. 174–223.

Leppert, Adam, Kleine Chronik der bayerischen Polizei. Mit einem Vorspann und drei Einschüben, in: Farin, Polizeireport, S. 130–148.

Leo, Annette, Dienst, Verwaltung, Unterricht. Alltag in der Sicherheitspolizeischule Drögen, in: von Buttlar, Fürstenberg-Drögen, S. 97–119.

Leßmann, Peter, Die Besatzung des „Bollwerks Preußen". Personal und personalpolitische Probleme der preußischen Schutzpolizei in der Weimarer Republik, in: Geschichte im Westen 8/1 (1993), S. 7–23.

– Ders., Die preußische Schutzpolizei in der Weimarer Republik. Streifendienst und Straßenkampf, Düsseldorf 1989.

– Ders., Mit „Manneszucht" gegen „irregeleitete Volksgenossen". Bildung und Ausbildung der preußischen Schutzpolizei in der Weimarer Republik, in: Reinke, Sicherheit, S. 71–93.

– Ders. (Hrsg.), Polizei und Politische Bildung, Wiesbaden 2008.

– Ders., Weimarer Republik: Polizei im demokratischen Rechtsstaat am Beispiel Preußens, in: Lange, Staat, S. 29–50.

Lewy, Guenter, „Rückkehr nicht erwünscht". Die Verfolgung der Zigeuner im Dritten Reich, München/Berlin 2001.

Liang, Hsi-Huey, Die Berliner Polizei in der Weimarer Republik, Veröffentlichungen der Historischen Kommission zu Berlin, Bd. 47, Berlin/New York 1977.

– Ders., The rise of modern police and the European state system from Metternich to the Second World War, Cambridge 1992.

Lichtenstein, Heiner, Himmlers grüne Helfer. Die Schutz- und Ordnungspolizei im „Dritten Reich", Köln 1990.

– Ders./Romberg, Otto R. (Hrsg.), Täter – Opfer – Folgen. Der Holocaust in Geschichte und Gegenwart, Bundeszentrale für politische Bildung. Schriftenreihe, Bd. 335, 2., erw. Aufl., Bonn 1997.

Lieb, Peter, Konventioneller Krieg oder NS-Weltanschauungskrieg? Kriegführung und Partisanenbekämpfung in Frankreich 1943/44, Quellen und Darstellungen zur Zeitgeschichte, Bd. 69, München 2007.

– Ders., Täter aus Überzeugung? Oberst Carl von Andrian und die Judenmorde der 707. Infanteriedivision 1941/42, in: Hartmann, Krieg, S. 271–304.

Lieber, Helmut, Geschichte der Polizei des Birkenfelder Landes. Vom Fürstentum zum Landkreis, Schriftenreihe der Kreisvolkshochschule Birkenfeld, Bd. 20, Birkenfeld 1987.

Liersch, Werner, Die Geschichte der Ordnungspolizei, keine Geschichte der DDR – eine Skizze am Beispiel der verschwiegenen Zugehörigkeit des namhaften DDR-Autors Erwin Strittmatter zur Orpo, in: Schulte, Polizei, S. 159–177.

Lilienthal, Georg, Der „Lebensborn e.V.". Ein Instrument nationalsozialistischer Rassenpolitik, erw. Neuausg., Frankfurt am Main 2003.

Lindenberger, Thomas, Öffentliche Polizei im Staatssozialismus: Die Deutsche Volkspolizei, in: Lange, Staat, S. 89–110.

– Ders., Straßenpolitik. Zur Sozialgeschichte der öffentlichen Ordnung in Berlin 1900 bis 1914, Politik- und Gesellschaftsgeschichte, Bd. 39, Bonn 1995.

– Ders., Vaters kleine Helfer. Die Volkspolizei und ihre enge Verbindung zur Bevölkerung 1952–1965, in: Fürmetz, Nachkriegspolizei, S. 229–253.

– Ders., Volkspolizei. Herrschaftspraxis und öffentliche Ordnung im SED-Staat 1952–1968, Zeithistorische Studien, Bd. 23, Köln 2003.

Linck, Stephan, Der Ordnung verpflichtet: Deutsche Polizei 1933–1949. Der Fall Flensburg, Paderborn 2000.

– Ders., „Festung Nord" und „Alpenfestung". Das Ende des NS-Sicherheitsapparates, in: Paul, Gestapo (2000), S. 569–595.

– Ders., „Ordnung und Sauberkeit …" Briefe Flensburger Ordnungspolizisten 1944, in: Sozialwissenschaftliche Informationen 26/1 (1997), S. 42–44.

– Ders., „… schon allein wegen des Schmutzes …" Wie Polizisten über ihren Einsatz schrieben: Das Mitteilungsblatt der Schutzpolizei Flensburg 1944/45, in: Archiv für Polizeigeschichte 25 (1998), S. 51–55.

Link, Ludwig, Rückblick auf die Ausbildung der staatlichen Polizei in Bayern, in: Boxberger, 10 Jahre, S. 31–37.

Linne, Karsten, Deutschland jenseits des Äquators? Die NS-Kolonialplanungen für Afrika, Schlaglichter der Kolonialgeschichte, Bd. 9, Berlin 2008.

Lisken, Hans/Lange, Hans-Jürgen, Die Polizeien des Bundes, in: Lange, Staat, S. 151–166.

Löhken, Ingo, Polizei-Uniformen der Süddeutschen Staaten 1872–1932. Baden, Bayern, Hessen, Württemberg, Reichslande, Friedberg 1988.

Longerich, Peter, Der ungeschriebene Befehl. Hitler und der Weg zur „Endlösung", München 2001.

– Ders., Heinrich Himmler. Biographie, München 2010.

– Ders., Politik der Vernichtung. Eine Gesamtdarstellung der nationalsozialistischen Judenverfolgung, München 1998.

– Ders., Tendenzen und Perspektiven der Täterforschung. Essay, in: APuZ 14/15 (2007), S. 3–7.

Lotfi, Gabriele, Der Befehlshaber der Ordnungspolizei in Münster und der Luftschutz im Zweiten Weltkrieg, in: Kenkmann, Villa, S. 78–98.

– Dies., Der Einsatz der Ordnungspolizei in Arbeitserziehungslagern der rheinisch-westfälischen Gestapo, in: Kenkmann, Villa, S. 11–27.

– Dies., KZ der Gestapo. Arbeitserziehungslager im Dritten Reich, Stuttgart/München 2000.

– Dies., Stätten des Terrors. Die „Arbeitserziehungslager" der Gestapo, in: Paul, Gestapo (2000), S. 255–269.

Lozowick, Yaacov, Hitlers Bürokraten. Eichmann, seine willigen Vollstecker und die Banalität des Bösen, Zürich/München 2000.

Luchterhandt, Martin, Der Weg nach Birkenau. Entstehung und Verlauf der nationalsozialistischen Verfolgung der „Zigeuner", Schriftenreihe der Deutschen Gesellschaft für Polizeigeschichte e.V., Bd. 4, Lübeck 2000.

Ludewig, Hans-Ulrich, Sport und Nationalsozialismus, in: Neue politische Literatur 30 (1985), S. 401–420.

Lück, Moritz Felix, Partisanenbekämpfung durch SS und Polizei in Weißruthenien 1943: Die Kampfgruppe von Gottberg, in: Kenkmann, Auftrag, S. 225–248.

Lüdtke, Alf/Reinke, Herbert/Sturm, Michael (Hrsg.), Polizei, Gewalt und Staat im 20. Jahrhundert, Studien zur Inneren Sicherheit, Bd. 14, Wiesbaden 2011.

– Ders., „Willkürgewalt des Staates"? Polizeipraxis und administrative Definitionsmacht im vormärzlichen Preußen, in: Reinke, Sicherheit, S. 35–55.

März, Peter, Der Erste Weltkrieg. Deutschland zwischen dem langen 19. Jahrhundert und dem kurzen 20. Jahrhundert, Berlin & München. Studien zu Politik und Geschichte, Bd. 1, München 2004.

Mai, Gunther, Die Weimarer Republik, München 2009.

Maiwald, Stefan/Mischler, Gerd, Sexualität unter dem Hakenkreuz. Manipulation und Vernichtung der Intimsphäre im NS-Staat, Wiesbaden 2002.

Majer, Diemut, Das Verhältnis von Staatsanwaltschaft und Polizei im Nationalsozialismus, in: Reifner, Strafjustiz, S. 121–160.

Mallmann, Klaus-Michael, „Aufgeräumt und abgebrannt". Sicherheitspolizei und „Bandenkampf" in der besetzten Sowjetunion, in: Paul, Gestapo (2000), S. 503–520.

– Ders., Der Einstieg in den Genozid. Das Lübecker Polizeibataillon 307 und das Massaker in Brest-Litowsk Anfang Juli 1941, in: Archiv für Polizeigeschichte 29 (1999), S. 82–88.

– Ders./Paul, Gerhard, Die Gestapo. Weltanschauungsexekutive mit gesellschaftlichem Rückhalt, in: Paul, Gestapo (2000), S. 599–650.

– Ders., Die Türöffner der „Endlösung". Zur Genesis des Genozids, in: Paul, Gestapo (2000), S. 437–463.

– Ders./Musial, Bogdan (Hrsg.), Genesis des Genozids. Polen 1939–1941, Veröffentlichungen der Forschungsstelle Ludwigsburg der Universität Stuttgart, Bd. 3, Darmstadt 2004.

– Ders./Böhler, Jochen/Matthäus, Jürgen, Einsatzgruppen in Polen. Darstellung und Dokumentation, Veröffentlichungen der Forschungsstelle Ludwigsburg der Universität Stuttgart, Bd. 12, Darmstadt 2008.

– Ders./Paul, Gerhard (Hrsg.), Karrieren der Gewalt. Nationalsozialistische Täterbiographien, Veröffentlichungen der Forschungsstelle Ludwigsburg der Universität Stuttgart, Bd. 2, Darmstatt 2004.

– Ders., „Mensch, ich feiere heut' den tausendsten Genickschuß". Die Sicherheitspolizei und die Shoah in Westgalizien, in: Paul, Täter, S. 109–136.

– Ders., Menschenjagd und Massenmord. Das neue Instrument der Einsatzgruppen und -kommandos 1938–1945, in: Paul, Gestapo (2000), S. 291–316.

– Ders., „... Mißgeburten, die nicht auf diese Welt gehören". Die deutsche Ordnungspolizei in Polen 1939–1941, in: Ders., Genesis, S. 71–89.

– Ders., „Volksjustiz gegen anglo-amerikanische Mörder". Die Massaker an westalliierten Fliegern und Fallschirmspringern 1944/45, in: Gottwaldt, NS-Gewaltherrschaft, S. 202–213.

– Ders., Vom Fußvolk der „Endlösung". Ordnungspolizei, Ostkrieg und Judenmord, in: Tel Aviver Jahrbuch für deutsche Geschichte 26 (1997), S. 355–391.

Manke, Sabine, Die Bilderwelt der Goldhagen-Debatte. Kulturwissenschaftliche Perspektiven auf eine Kontroverse um Geschichte, Marburg 2004.

Manoschek, Walter (Hrsg.), Die Wehrmacht im Rassenkrieg. Der Vernichtungskrieg hinter der Front, Wien 1996.

– Ders., Partisanenkrieg und Genozid. Die Wehrmacht in Serbien 1941, in: Ders., Wehrmacht, S. 142–167.

– Ders., „Wo der Partisan ist, ist der Jude, und wo der Jude ist, ist der Partisan". Die Wehrmacht und die Shoah, in: Paul, Täter, S. 167–185.

Mattern, Heike/Schröder, Joachim, Handlungsspielräume, in: Schröder, Polizei, S. 159–165.

Matthäus, Jürgen, An vorderster Front. Voraussetzungen für die Beteiligung der Ordnungspolizei an der Shoah, in: Paul, Täter, S. 137–166.

– Ders./Kwiet, Konrad/Förster, Jürgen u. a., Ausbildungsziel Judenmord? „Weltanschauliche Erziehung" von SS, Polizei und Waffen-SS im Rahmen der „Endlösung", Frankfurt am Main 2003.

– Ders., Ausbildungsziel Judenmord? Zum Stellenwert der „weltanschaulichen Erziehung" von SS und Polizei im Rahmen der „Endlösung", in: ZfG 47/8 (1999), S. 677–699.

– Ders., Das „Unternehmen Barbarossa" und der Beginn der Judenvernichtung, Juni–Dezember 1941, in: Browning, Entfesselung, S. 360–448.

– Ders., Die Beteiligung der Ordnungspolizei am Holocaust, in: Kaiser, Täter, S. 166–185.

– Ders., Die „Judenfrage" als Schulungsthema von SS und Polizei. „Inneres Erlebnis" und Handlungslegitimation, in: Ders., Ausbildungsziel, S. 35–86.

– Ders./Kwiet, Konrad/Förster, Jürgen u. a., Einleitung, in: Dies., Ausbildungsziel, S. 7–17.

– Ders., Jenseits der Grenze. Die ersten Massenerschießungen von Juden in Litauen (Juni - August 1941), in: ZfG 44/2 (1996), S. 101–117.

– Ders./Browning, Christopher R., Evidenz, Erinnerung, Trugbild – Fotoalben zum Polizeibataillon 101 im „Osteinsatz", in: Martin Cüppers/Matthäus/Andrej Angrick (Hrsg.), Naziverbrechen. Täter, Taten, Bewältigungsversuche, Veröffentlichungen der Forschungsstelle Ludwigsburg der Universität Stuttgart, Bd. 25, Darmstadt 2013, S. 135–190.

– Ders., „Reibungslos und planmäßig". Die zweite Welle der Judenvernichtung im Generalkommissariat Weißruthenien (1942–1944), in: Jahrbuch für Antisemitismusforschung 4 (1995), S. 254–274.

– Ders., „Warum wird über das Judentum geschult?“ Die ideologische Vorbereitung der deutschen Polizei auf den Holocaust, in: Paul, Gestapo (2000), S. 100–124.

– Ders., „Weltanschauliche Erziehung“ in Himmlers Machtapparat und der Mord an den europäischen Juden, in: Theresienstädter Studien und Dokumente (2004), S. 306–336.

Maus, L. Donald, History Writ in Steel. German Police Markings 1900–1936, Galesburg 2009.

Meershoek, Guus, Machtentfaltung und Scheitern. Sicherheitspolizei und SD in den Niederlanden, in: Paul, Gestapo (2000), S. 383–402.

Mehner, Kurt (Hrsg.), Die Waffen-SS und Polizei 1939–1945. Führung und Truppe, Schriftenreihe Führung und Truppe, Bd. 3, Norderstedt 1995.

Meinl, Susanne/Schröder, Joachim, „Einstellung zum demokratischen Staat: Bedenkenfrei“. Zur Frühgeschichte des Bayerischen Landesamtes für Verfassungsschutz (1949–1965), hrsg. v. Bündnis 90/Die Grünen im Bayerischen Landtag, München 2013.

Menges, Franz, Vom Freistaat zur Reichsprovinz (1918–1933), in: Manfred Treml (Hrsg.), Geschichte des modernen Bayern. Königreich und Freistaat, 3. neu bearb. Aufl., München 2006, S. 161–286.

Menker, Franz-Josef, Berufsausbildung der Polizeianfänger im Land Nordrhein-Westfalen in den Jahren 1947–1968. Drill – Profession – Bildung, in: Nitschke, Polizei, S. 190–206.

– Ders., Polizeigrundausbildung in der demokratischen Frühphase der preußischen Polizei. Drill kontra Bildung – dargestellt am Beispiel der Polizeischulen in Münster, in: Archiv für Polizeigeschichte 8 (1992), S. 70–76.

Michaelis, Rolf, Der Einsatz der Ordnungspolizei 1939–1945. Polizei-Bataillone – SS-Polizei-Regimenter, Dresden 2010.

– Ders., Die Volksdeutschen in Wehrmacht – Waffen-SS – Ordnungspolizei, Berlin 2011.

– Ders., Letten in der Ordnungspolizei und Waffen-SS 1941–1945, Berlin 2009.

Milgram, Stanley, Das Milgram-Experiment. Zur Gehorsamsbereitschaft gegenüber Autorität, Hamburg 1974.

Milton, Sybil, Vorstufe zur Vernichtung. Die Zigeunerlager nach 1933, in: VfZ 43/1 (1995), S. 115–130.

Mix, Andreas, Erfolgsstory oder Skandalgeschichte? Die strafrechtliche Aufarbeitung der Polizeiverbrechen, in: Dierl, Ordnung, S. 78–89.

– Ders., Organisatoren und Praktiker der Gewalt. Die SS- und Polizeiführer im Distrikt Warschau, in: Timm C. Richter (Hrsg.), Krieg und Verbrechen. Situation und Intention: Fallbeispiele, Villa ten Hompel Aktuell, Bd. 9, München 2006, S. 123–134.

Mlynarczyk, Jacek Andrzej, Hans Gaier – ein Polizeihauptmann im Generalgouvernement, in: Mallmann, Karrieren, S. 86–94.

Mlynek, Klaus, Gestapo Hannover meldet … Polizei- und Regierungsberichte für das mittlere und südliche Niedersachsen zwischen 1933 und 1937, Veröffentlichungen der Historischen Kommission für Niedersachsen und Bremen, Bd. 39, Hildesheim 1986.

Möller, Horst, Die preußischen Oberpräsidenten der Weimarer Republik als Verwaltungselite, in: VfZ 30/1 (1982), S. 1–26.

– Ders., Die Weimarer Republik. Eine unvollendete Demokratie, 9. Aufl., München 2008.

Model, Hansgeorg, Der deutsche Generalstabsoffizier. Seine Auswahl und Ausbildung in Reichswehr, Wehrmacht und Bundeswehr, Frankfurt am Main 1968.

Mokros, Reinhard, Polizeiwissenschaft und Polizeiforschung in Deutschland. Versuch einer kritischen Bestandsaufnahme, Kriminologischpolizeiwissenschaftliche Arbeitspapiere der Ruhr-Universität Bochum, Bd. 2, 2., überarb. und erg. Aufl., Holzkirchen 2013.

Mommsen, Hans, Der nationalsozialistische Polizeistaat und die Judenverfolgung vor 1938, in: VfZ 10/1 (1962), S. 68–87.

– Ders., Hannah Arendt und der Prozeß gegen Adolf Eichmann, in: Arendt, Eichmann (2007), S. 9–48.

Moritz, Erhard/Kern, Wolfgang, Aggression und Terror. Zur Zusammenarbeit der faschistischen deutschen Wehrmacht mit den Einsatzgruppen der Sicherheitspolizei und des SD bei der Aggression gegen Polen, in: ZfG 22/12 (1974), S. 1314–1325.

Mosse, George L. (Hrsg.), Police Forces in History, Sage Readers in 20th Century History, Bd. 2, London/Beverly Hills 1975.

Mühlhäuser, Regina, „Mannestrieb“ und „Manneszucht“. NS-Politiken im Umgang mit Vergewaltigung, Prostitution, hetero- und homosexuellen Verhältnissen deutscher Soldaten während des Kriegs in der Sowjetunion (1941–1945), in: Dietrich, Männlichkeitskonstruktionen, S. 99–119.

Müller, Jürgen, „Bekämpfung der Homosexualität als politische Aufgabe!“ Die Praxis der Kölner Kriminalpolizei bei der Verfolgung der Homosexuellen, in: Buhlan, Freund, S. 492–518.

Müller, Norbert, Zum Charakter und zum Kriegseinsatz der faschistischen Ordnungspolizei, in: Militärgeschichte 23 (1984), S. 515–520.

Müller, Philippe, Zusammenarbeit im Vernichtungskrieg. Einsatzgruppe B und Polizeibataillon 322 in Weissrussland 1941–42, Saarbrücken 2010.

Mulisch, Harry, Strafsache 40/61. Eine Reportage über den Eichmann-Prozeß, 3. Aufl., Berlin 2002.

Musial, Bogdan, Die Verfolgung und Vernichtung der Juden im Generalgouvernement. Die Zivilverwaltung und die Shoah, in: Paul, Täter, S. 187–203.

– Ders., Sowjetische Partisanen 1941–1944. Mythos und Wirklichkeit, Paderborn 2009.

– Ders. (Hrsg.), Sowjetische Partisanen in Weißrußland. Innenansichten aus dem Gebiet Baranovici 1941–1944. Eine Dokumentation, Schriftenreihe der Vierteljahrshefte für Zeitgeschichte, Bd. 88, München 2004.

Naas, Stefan, Die Entstehung des Preußischen Polizeiverwaltungsgesetzes von 1931. Ein Beitrag zur Geschichte des Polizeirechts in der Weimarer Republik, Beiträge zur Rechtsgeschichte des 20. Jahrhunderts, Bd. 41, Tübingen 2003.

Neitzel, Sönke/Welzer, Harald, Soldaten. Protokolle vom Kämpfen, Töten und Sterben, Bundeszentrale für politische Bildung. Schriftenreihe, Bd. 1139, Bonn 2011.

Neliba, Günter, Wilhelm Frick. Der Legalist des Unrechtsstaates. Eine politische Biographie, Paderborn 1992.

— Ders., Wilhelm Frick – Reichsinnenminister und Rassist, in: Smelser, Elite 2, S. 80–90.

Neufeldt, Hans-Joachim, Entstehung und Organisation des Hauptamtes Ordnungspolizei, in: Ders., Geschichte, S. 3–115.

— Ders./Huck, Jürgen/Tessin, Georg, Zur Geschichte der Ordnungspolizei 1936–1945, Schriften des Bundesarchivs, Bd. 3, Koblenz 1957.

Neuhoff, Ulrike, Akademische Freiheiten im Korsett eines verschulten Studienbetriebs – Das Studium für Polizeivollzugsbeamte an der Fachhochschule für öffentliche Verwaltung Nordrhein-Westfalen, in: Leßmann-Faust, Polizei, S. 179–205.

Neusüß-Hunkel, Ermenhild, Die SS, Hannover/Frankfurt am Main 1956.

Nickmann, Walter, Der Hitler-Ludendorff-Putsch, in: Schröder, Polizei, S. 39–45.

— Ders., Die Auswüchse des „Pöhner-Systems": Polizei und Fememorde, in: Schröder, Polizei, S. 25–29.

— Ders./Schröder, Joachim, Die Münchner Polizei und die NSDAP, in: Schröder, Polizei, S. 31–37.

— Ders., Die Münchner Polizei und die Republik (1923–1933), in: Schröder, Polizei, S. 47–53.

— Ders./Schröder, Joachim, Revolution und „Ordnungszelle Bayern", in: Schröder, Polizei, S. 17–22.

Niekisch, Wieland, Von Oranienburg nach Afrika? Die kurze Geschichte der „Kolonialpolizeischule" im hiesigen Schloss von 1941–1943. Einblick in ein Arbeitsthema des Zentrums für Zeitgeschichte, in: Oranienburger Schriften 6 (2011), S. 51–55.

Nitschke, Peter (Hrsg.), Die Deutsche Polizei und ihre Geschichte. Beiträge zu einem distanzierten Verhältnis, Schriftenreihe der Deutschen Gesellschaft für Polizeigeschichte e.V., Bd. 2, Hilden 1996.

— Ders., Die Polizierung aller Lebensbereiche: Sozialdisziplinierung und ihre polizeilichen Implikationen in der Prämoderne, in: Ders., Polizei, S. 27–45.

— Ders., Polizei im NS-System, in: Lange, Staat, S. 51–63.

— Ders., Polizei und Gestapo. Vorauseilender Gehorsam oder polykratischer Konflikt?, in: Paul, Gestapo (2003), S. 306–322.

Nix, Phil/Jerome, Georges, The Uniformed Police Forces of the Third Reich 1933–1945, 2. ed., 3. print., Stockholm 2006.

Noethen, Stefan, Alte Kameraden und neue Kollegen. Polizei in Nordrhein-Westfalen 1945–1953, Villa ten Hompel. Schriften, Bd. 3, Essen 2003.

— Ders., Die Bonner Polizei 1945–1953, in: Schloßmacher, Farbe, S. 371–410.

— Ders., Die Bonner Polizei und das Kriegsende 1945, in: Schloßmacher, Farbe, S. 359–369.

— Ders., Die Gelsenkirchener Polizei zwischen Kriegsende und Verstaatlichung 1945–1953, in: Goch, Gesellschaft, S. 286–313.

– Ders., Die Reorganisation der Polizei im Nachkriegsdeutschland am Beispiel der Stadt Bonn, in: Thiel, Dienste, S. 45–46.

Ogorreck, Ralf, Die Einsatzgruppen und die „Genesis der Endlösung", Reihe Dokumente – Texte – Materialien. Zentrum für Antisemitismusforschung der Technischen Universität Berlin, Bd. 12, Berlin 1996.

Okroy, Michael, „Man will unserem Batl. was tun ..." Der Wuppertaler Bialystok-Prozeß 1967/68 und die Ermittlungen gegen Angehörige des Polizeibataillons 309, in: Kenkmann, Auftrag, S. 301–317.

– Ders., „Nach 26 Jahren nun Mammutprozess gegen Polizisten". Die justitielle Aufarbeitung von NS-Verbrechen der Ordnungspolizei am Beispiel der Wuppertaler Bialystok-Verfahren, in: Jan Erik Schulte (Hrsg.), Die SS, Himmler und die Wewelsburg, Schriftenreihe des Kreismuseums Wewelsburg, Bd. 7, Paderborn 2009, S. 449–469.

Opfermann, Immo/Schröder, Joachim, Die Machtübernahme der Nationalsozialisten und die Installierung des Terrorapparates, in: Schröder, Polizei, S. 57–65.

Orth, Karin, Die Konzentrationslager-SS. Sozialstrukturelle Analysen und biographische Studien, München 2004.

– Dies., Egon Zill – ein typischer Vertreter der Konzentrationslager-SS, in: Mallmann, Karrieren, S. 264–273.

– Dies., Experten des Terrors. Die Konzentrationslager-SS und die Shoah, in: Paul, Täter, S. 93–108.

Pätzold, Kurt/Weißbecker, Manfred, Geschichte der NSDAP. 1920–1945, Köln 2002.

Paul, Gerhard, „Diese Erschießungen haben mich innerlich gar nicht mehr berührt." Die Kriegsendphasenverbrechen der Gestapo 1944/45, in: Ders., Gestapo (2000), S. 543–568.

– Ders., Die Gestapo, in: Dierl, Ordnung, S. 54–65.

– Ders./Mallmann, Klaus-Michael (Hrsg.), Die Gestapo. Mythos und Realität, Darmstadt 2003.

– Ders./Mallmann, Klaus-Michael (Hrsg.), Die Gestapo im Zweiten Weltkrieg. „Heimatfront" und besetztes Europa, Darmstadt 2000.

– Ders. (Hrsg.), Die Täter der Shoah. Fanatische Nationalsozialisten oder ganz normale Deutsche?, Dachauer Symposien zur Zeitgeschichte, Bd. 2, Göttingen 2002.

– Ders./Primavesi, Alexander, Die Verfolgung der „Fremdvölkischen". Das Beispiel der Staatspolizeistelle Dortmund, in: Paul, Gestapo (2003), S. 388–401.

– Ders., Ganz normale Akademiker. Eine Fallstudie zur regionalen staatspolizeilichen Funktionselite, in: Ders., Gestapo (2003), S. 236–254.

– Ders./Mallmann, Sozialisation, Milieu und Gewalt. Fortschritte und Probleme der neueren Täterforschung, in: Dies., Karrieren, S. 1–32.

– Ders., Von Psychopathen, Technokraten des Terrors und „ganz gewöhnlichen" Deutschen. Die Täter der Shoah im Spiegel der Forschung, in: Ders., Täter, S. 13–90.

Peilert, Andreas/Kösling, Willy, Bundespolizei – vormals Bundesgrenzschutz, in: Groß, Handbuch, S. 555–590.

Perels, Joachim/Pohl, Rolf (Hrsg.), NS-Täter in der deutschen Gesellschaft, Diskussionsbeiträge des Instituts für Politische Wissenschaft der Universität Hannover, Bd. 29, Hannover 2002.

Permooser, Irmtraud, Der Luftkrieg über München 1942–1945. Bomben auf die Hauptstadt der Bewegung, 2., durchges. Aufl., Oberhaching 1997.

Pfister, Peter, Kirchengeschichte: Kloster Fürstenfeld, katholische Pfarreien in der Neuzeit, Wallfahrten, in: Busley, Landkreis, S. 366–394.

Podewin, Norbert (Hrsg.), Braunbuch. Kriegs- und Naziverbrecher in der Bundesrepublik und in Berlin (West). Reprint der Ausgabe 1968 (3. Aufl.), Berlin 2002.

Pohl, Dieter, Das deutsche Militär und die Verbrechen an den Juden im Zweiten Weltkrieg, in: Clemens Vollnhals (Hrsg.), Wehrmacht – Verbrechen – Widerstand. Vier Beiträge zum nationalsozialistischen Weltanschauungskrieg, Berichte und Studien, Bd. 40, Dresden 2003, S. 45–61.

– Ders., Die deutsche Militärbesatzung und die Eskalation der Gewalt in der Sowjetunion, in: Hartmann, Krieg, S. 73–93.

– Ders., Die Herrschaft der Wehrmacht. Deutsche Militärbesatzung und einheimische Bevölkerung in der Sowjetunion 1941–1944, Quellen und Darstellungen zur Zeitgeschichte, Bd. 71, 2. Aufl., München 2009.

– Ders., Die Holocaust-Forschung und Goldhagens Thesen, in: VfZ 45/1 (1997), S. 1–48.

– Ders., Die Kooperation zwischen Heer, SS und Polizei in den besetzten sowjetischen Gebieten, in: Hartmann, Verbrechen, S. 107–116.

– Ders., Die Wehrmacht und der Mord an den Juden in den besetzten sowjetischen Gebieten, in: Kaiser, Täter, S. 39–53.

– Ders., Holocaust. Die Ursachen – das Geschehen – die Folgen, Freiburg im Breisgau 2000.

– Ders., Nationalsozialistische Judenverfolgung in Ostgalizien 1941–1944. Organisation und Durchführung eines staatlichen Massenverbrechens, Studien zur Zeitgeschichte, Bd. 50, München 1996.

– Ders., Schauplatz Ukraine. Der Massenmord an den Juden im Militärverwaltungsgebiet und im Reichskommissariat 1941–1943, in: Hartmann, Krieg, S. 155–196.

– Ders., Ukrainische Hilfskräfte beim Mord an den Juden, in: Paul, Täter, S. 205–234.

– Ders., Verfolgung und Massenmord in der NS-Zeit 1933–1945, Darmstadt 2003.

– Ders., Von der „Judenpolitik" zum Judenmord. Der Distrikt Lublin des Generalgouvernements 1939–1944, Münchner Studien zur neueren und neuesten Geschichte, Bd. 3, Frankfurt am Main 1993.

Pohl, Rolf, Ganz normale Massenmörder? Zum Normalitätsbegriff in der neueren NS-Täterforschung, in: Markus Brunner/Jan Lohl/Ders. u. a. (Hrsg.), Volksgemeinschaft, Täterschaft und Antisemitismus. Beiträge zur psychoanalytischen Sozialpsychologie des Nationalsozialismus und seiner Nachwirkungen, Gießen 2011, S. 19–56.

– Ders., Gewalt und Grausamkeit. Sozialpsychologische Anmerkungen zur NS-Täterforschung, in: Perels, NS-Täter, S. 69–117.

Poprzeczny, Joseph, Odilo Globocnik. Hitler's Man in the East, Jefferson/London 2004.

Preu, Peter, Polizeibegriff und Staatszwecklehre. Die Entwicklung des Polizeibegriffs durch die Rechts- und Staatswissenschaften des 18. Jahrhunderts, Göttinger Rechtswissenschaftliche Studien, Bd. 124, Göttingen 1983.

Primavesi, Alexander, Die Ordnungspolizei als Bewachungsmannschaft von jüdischen Ghettos, in: Nitschke, Polizei, S. 168–173.

Radchenko, Yuri, „We Emptied our Magazines into Them". The Ukrainian Auxiliary Police and the Holocaust in Generalbezirk Charkow, 1941–1943, in: Yad Vashem Studies 41/1 (2013), S. 63–98.

Radecke, Erich, Die Landespolizei als Kadertruppe für die Wehrmacht – Anmerkungen zur Uniformierung, in: Archiv für Polizeigeschichte 4 (1991), S. 41–43.

Rahn, Kerstin/Köhler, Astrid, „Der Ordnung verpflichtet …". Polizeiliches Handeln in Hannover zwischen Weimarer Republik und Gründung der Bundesrepublik Deutschland, Katalog zur Ausstellung „Der Ordnung verpflichtet …" im Niedersächsischen Hauptstaatsarchiv Hannover. Oktober – Dezember 2003, Veröffentlichungen der Niedersächsischen Archivverwaltung Inventare und kleinere Schriften des Hauptstaatsarchivs in Hannover, Heft 6, Hannover 2003.

Raible, Eugen, Geschichte der Polizei. Ihre Entwicklung in den alten Ländern Baden und Württemberg und in dem neuen Bundesland Baden-Württemberg unter besonderer Berücksichtigung der kasernierten Polizei (Bereitschaftspolizei), Stuttgart 1963.

Raith, Josef, Am Anfang stand der königl.bayerische Gendarm… Geschichte der Ludwigshafener Polizei, Ludwigshafen 1986.

Raithel, Thomas/Strenge, Irene, Die Reichstagsbrandverordnung. Grundlegung der Diktatur mit den Instrumenten des Weimarer Ausnahmezustands, in: VfZ 48/3 (2000), S. 413–460.

Reeve, Simon, Ein Tag im September. Die Geschichte des Geiseldramas bei den Olympischen Spielen in München 1972, München 2006.

Regenberg, Werner, Panzerfahrzeuge und Panzereinheiten der Ordnungspolizei 1936–1945, Wölfersheim-Berstadt 1999.

Reichelt, Katrin, Kollaboration und Holocaust in Lettland 1941–1945, in: Kaiser, Täter, S. 110–124.

Reifner, Udo/Sonnen, Bernd-Rüdeger (Hrsg.), Strafjustiz und Polizei im Dritten Reich, Frankfurt am Main/New York 1984.

Reimar Gilsenbach, Die Verfolgung der Sinti – ein Weg, der nach Auschwitz führte, in: Ayaß, Feinderklärung, S. 11–41.

Rein, Leonid, Das 322. Polizeibataillon und der Mord an den weißrussischen Juden, in: Schulte, Polizei, S. 219–237.

Reinhart, Kai/Krüger, Michael, Funktionen des Sports im modernen Staat und in der modernen Diktatur, in: Historical Social Research 32/1 (2007), S. 43–77.

Reinicke, Wolfgang, Instrumentalisierung von Geschichte durch Heinrich Himmler und die SS, Deutsche Universitätsedition, Bd. 20, Neuried 2003.

Reinke, Herbert, Die deutsche Polizei und das „Dritte Reich". Anmerkungen zur Geschichte und Geschichtsschreibung, in: Buhlan, Freund, S. 51–63.

– Ders. (Hrsg.), „...nur für die Sicherheit da..."? Zur Geschichte der Polizei im 19. und 20. Jahrhundert, Frankfurt am Main 1993.

– Ders., Polizeigeschichte in Deutschland. Ein Überblick, in: Nitschke, Polizei, S. 13–26.

– Ders./Fürmetz, Gerhard, Polizei-Politik in Deutschland unter alliierter Besatzung, in: Lange, Staat, S. 67–86.

– Ders., „Restauration" oder „Ein neuer Anfang": Zur Polizeigeschichte und -geschichtsschreibung des „Dritten Reiches" und der Bundesrepublik, in: Bundeskriminalamt (Hrsg.), Das Bundeskriminalamt stellt sich seiner Geschichte. Dokumentation einer Kolloquienreihe, Köln 2008, S. 143–159.

Reis, Helmut, Chronik der Jägerkaserne in Eichstätt von der Planung 1893 bis zum Jahre 1933, Eichstätt 1986.

– Ders., Chronik der Jägerkaserne Eichstätt, Bd. 3: II. Polizeiabteilung 1951–1988, Eichstätt 1989.

Reitlinger, Gerald, Die Endlösung. Hitlers Versuch der Ausrottung der Juden Europas 1939–1945, Berlin 1956.

– Ders., The Final Solution. The Attempt to Exterminate the Jews of Europe 1939–1945, London 1953.

Rhodes Richard, Die deutschen Mörder. Die SS-Einsatzgruppen und der Holocaust, Bergisch Gladbach 2004.

Richardi, Hans-Günter, Bomber über München. Der Luftkrieg von 1939 bis 1945, dargestellt am Beispiel der „Hauptstadt der Bewegung", München 1992.

Richardson, James F., Berlin Police in the Weimar Republic: A Comparison with Police Forces in Cities of the United States, in: Mosse, Police Force, S. 79–93.

Richter, Jeffrey S., „Entpolizeilichung" der öffentlichen Ordnung. Die Reform der Verwaltungspolizei in der britischen Besatzungszone 1945–1955, in: Fürmetz, Nachkriegspolizei, S. 35–50.

Richter, Timm C., „Herrenmensch" und „Bandit". Deutsche Kriegsführung und Besatzungspolitik als Kontext des sowjetischen Partisanenkrieges (1941–44), Zeitgeschichte – Zeitverständnis, Bd. 3, Münster 1998.

Rieg, Albert, Die Ausbildung in der Bayerischen Bereitschaftspolizei, in: Direktion, 20 Jahre, S. 20–27.

Rieß, Volker, Zentrale und dezentrale Radikalisierung. Die Tötungen „unwerten Lebens" in den annektierten west- und nordpolnischen Gebieten 1939–1941, in: Mallmann, Genesis, S. 127–144.

Roeseling, Severin, Konkurrenz, Arbeitsteilung, Kollegialität – Zum Verhältnis von Polizei und Gestapo in Köln, in: Buhlan, Freund, S. 198–229.

Rohrkamp, René, „Weltanschaulich gefestigte Kämpfer". Die Soldaten der Waffen-SS 1933–1945. Organisation – Personal – Sozialstrukturen, KRiG, Bd. 61, Paderborn 2010.

Roth, Andreas, Jugendlichdelinquenz, Polizei und Strafjustiz in Berlin während des Kaiserreiches, in: Reinke, Sicherheit, S. 222–241.

Roth, Thomas, Bildteil II: Der „Tag der deutschen Polizei" in Bonn, in: Schloßmacher, Farbe, S. 193–220.

– Ders., Die „Asozialen" im Blick der Kripo – Zur kriminalpolizeilichen Verfolgung von Landstreichern, Bettlern, „Arbeitsscheuen" und Fürsorgeempfängern nach 1933, in: Buhlan, Freund, S. 424–464.

– Ders., Die Kölner Kriminalpolizei: Organisation, Personal und „Verbrechensbekämpfung" eines lokalen Kripo-Apparates 1933–1945, in: Buhlan, Freund, S. 299–369.

– Ders., Die Kriminalpolizei, in: Dierl, Ordnung, S. 42–53.

– Ders./Schröders, Michael, Sozialstruktur und Einsatzprofil der Bonner Schutzpolizei: die „Stammrolle Ordnungspolizei". Ein Werkstattbericht, in: Schloßmacher, Farbe, S. 137–192.

– Ders., „Verbrechensbekämpfung" und soziale Ausgrenzung im nationalsozialistischen Köln. Kriminalpolizei, Strafjustiz und abweichendes Verhalten zwischen Machtübernahme und Kriegsende, Schriftenreihe des NS-Dokumentationszentrums der Stadt Köln, Bd. 15, Köln 2010.

– Ders., Verbrechensbekämpfung und Verfolgung sozialer Randgruppen – zur Beteiligung lokaler Kriminalpolizeien am NS-Terror, in: Schulte, Polizei, S. 539–588.

– Ders., „Verbrechensbekämpfung" und Verfolgung. Zur Praxis der Bonner Kriminalpolizei 1933–1945, in: Schloßmacher, Farbe, S. 221–289.

Rueskäfer, Helga, Die Monatsberichte des Bezirksamtsleiters bzw. des Landrats von Fürstenfeldbruck 1933–1945, in: Jakob, Menschen, S. 204–217.

Rusinek, Bernd-A., Unsicherheit durch die Organe der Sicherheit. Gestapo, Kriminalpolizei und Hilfspolizei im „Dritten Reich", in: Reinke, Sicherheit, S. 116–133.

– Ders., „Wat denkste, wat mir objerümt han." Massenmord und Spurenbeseitigung am Beispiel der Staatspolizeistelle Köln 1944/45, in: Paul, Gestapo (2003), S. 402–416.

Sabrow, Martin/Jessen, Ralph/Große Kracht Klaus (Hrsg.), Zeitgeschichte als Streitgeschichte. Große Kontroversen nach 1945, München 2003.

Sagerer, G./Schuler, Emil, Die Bayerische Landespolizei von 1919–1935, München 1954.

Sandkühler, Thomas, Von der „Gegnerabwehr" zum Judenmord. Grenzpolizei und Zollgrenzschutz im NS-Staat, in: Christian Gerlach (Hrsg.), „Durchschnittstäter". Handeln und Motivation, Beiträge zur Geschichte des Nationalsozialismus, Bd. 16, Berlin 2000, S. 95–154.

Schäfer, Torsten, „Jedenfalls habe ich auch mitgeschossen". Das NSG-Verfahren gegen Johann Josef Kuhr und andere ehemalige Angehörige des Polizeibataillons 306, der Polizeireiterabteilung 2 und der SD-Dienststelle von Pinsk beim Landgericht Frankfurt am Main 1962–1973. Eine textanalytische Fallstudie zur Mentalitätsgeschichte, Villigst Perspektiven, Bd. 11, Hamburg 2007.

Scheffler, Wolfgang, Zur Praxis der SS- und Polizeigerichtsbarkeit im Dritten Reich, in: Günther Doeker/Winfried Steffani (Hrsg.), Klassenjustiz und Pluralismus. Festschrift für Ernst Fraenkel zum 75. Geburtstag am 26. Dezember 1973, Hamburg 1973, S. 224–236

Schenk, Bernadette, Die Verfolgung der Homosexuellen, in: Schröder, Polizei, S. 111–119.

Schenk, Dieter, Auf dem rechten Auge blind. Die braunen Wurzeln des BKA, Köln 2001.

Schirmann, Léon, Altonaer Blutsonntag 17. Juli 1932. Dichtungen und Wahrheit, Hamburg 1994.

– Ders., Der Verlauf des Altonaer Blutsonntags vom 17. Juli 1932 und die Geschichtsschreibung, in: Informationen zur Schleswig-Holsteinischen Zeitgeschichte 22 (1992), S. 45–64.

Schloßmacher, Norbert (Hrsg.), „Kurzerhand die Farbe gewechselt". Die Bonner Polizei im Nationalsozialismus, Veröffentlichungen des Stadtarchivs Bonn, Bd. 66, Bonn 2006.

Schmid, Hans-Dieter, Die Geheime Staatspolizei in der Endphase des Krieges, in: Geschichte in Wissenschaft und Unterricht 51/9 (2000), S. 528–539.

Schmidt, Daniel, Das preußische Polizeioffizierskorps zwischen Weimarer Republik und NS-Staat. Eine polizeiliche Funktionselite auf dem Weg in die Diktatur, in: Oranienburger Schriften 1 (2015), S. 56–65.

– Ders., Die Bürgerkriegsarmee. Gelsenkirchener Schutzpolizei und politischer Extremismus 1928–1932, in: Goch, Gesellschaft, S. 212–231.

– Ders., Die Straße beherrschen, die Stadt beherrschen. Sozialraumstrategien und politische Gewalt im Ruhrgebiet 1929–1933, in: Lüdtke, Polizei, S. 225–248.

– Ders., Keine Kommissare. Preußische Polizeioffiziere zwischen soldatischem Selbstverständnis und polizeilicher Professionalität 1919 bis 1935, in: Militärgeschichtliche Zeitschrift 69 (2010), S. 37–58

– Ders., Schützen und Dienen. Polizisten im Ruhrgebiet in Demokratie und Diktatur 1919–1939, Villa ten Hompel. Schriften, Bd. 9, Essen 2008.

– Ders., „Vom Prügelknaben eines verrotteten Systems zum ersten Instrument des Staates". Die Eingliederung der Gelsenkirchener Schutzpolizei in den NS-Staat 1933–1938, in: Goch, Gesellschaft, S. 232–259.

– Ders., Weichenstellung für das „Dritte Reich" – Die Landespolizeiinspektion West in Düsseldorf, in: Dams, Dienst, S. 115–144.

Schneider, Christoph, Täter ohne Eigenschaften? Über die Tragweite sozialpsychologischer Modelle in der Holocaust-Forschung, in: Mittelweg 36. Zeitschrift des Hamburger Instituts für Sozialforschung 20/5 (2011), S. 3–23.

Schneider, Karl, „Auswärts eingesetzt". Bremer Polizeibataillone und der Holocaust, Essen 2011.

– Ders., Zwischen allen Stühlen. Der Bremer Kaufmann Hans Hespe im Reserve-Polizeibataillon 105, Schriftenreihe Erinnern für die Zukunft, Bd. 4, Bremen 2007.

Schoeps, Julius H. (Hrsg.), Ein Volk von Mördern? Die Dokumentation zur Goldhagen-Kontroverse um die Rolle der Deutschen im Holocaust, 2. Aufl., Hamburg 1996.

Schreiber, Gerhard, Der Zweite Weltkrieg, 4. Aufl., München 2007.

Schreiner-Bozic, Marcus, Dienst zwischen Bewachungsaufgaben, Partisanenbekämpfung und Massenmord: Münchner Ordnungspolizei im auswärtigen Einsatz, in: Schröder, Polizei, S. 129–137.

Schröder, Joachim, Die Münchner Polizei und der Nationalsozialismus. Ausstellungskatalog, hrsg. v. Polizeipräsidium München/Kulturreferat der Landeshauptstadt München, Veröffentlichungen des Bayerischen Polizeimuseums, Bd. 1, Essen 2013.

— Ders., Münchner Polizei und Judenverfolgung, in: Ders., Polizei, S. 121–127.

— Ders., Neue Polizei - neues Denken? Kontinuitäten und Wendepunkte, in: Ders., Polizei, S. 179–185.

— Ders., Prozesse, personelle Kontinuitäten und der Umgang mit der NS-Vergangenheit, in: Ders., Polizei, S. 187–195.

— Ders., Vorgehen gegen „Gemeinschaftsfremde“, „Volksschädlinge“ und ausländische Zwangsarbeiter, in: Ders., Polizei, S. 93–101.

Schuler, Emil, Die Bayerische Landespolizei 1919–1935. Kurze geschichtliche Übersicht, München 1964.

Schult, Horst, 40 Jahre „Hiltrup“. Von der Zentral-Polizeischule zur Polizei-Führungsakademie. Inhalt, Geschichte und Perspektiven einer Idee, Schriftenreihe der Polizei-Führungsakademie 3/4 (1985).

Schulte, Jan Erik/Lieb, Peter/Wegner, Bernd (Hrsg.), Die Waffen-SS. Neue Forschungen, KRiG, Bd. 74, Paderborn 2014.

— Ders., SS-Mentalität und Karrierismus. Das SS-Führerkorps als neue Funktionselite im nationalsozialistischen Staat, in: Till Kössler/Helke Stadtland (Hrsg.), Vom Funktionieren der Funktionäre. Politische Interessenvertretung und gesellschaftliche Integration in Deutschland nach 1933, Veröffentlichungen des Instituts für soziale Bewegungen. Schriftenreihe B: Darstellungen, Bd. 30, Essen 2004, S. 77–108.

Schulte, Rainer, „100 Jahre Bildungsarbeit in der Polizei“. Die Tradition der Polizeigeschichte an der Polizei-Führungsakademie, in: 100 Jahre, S. 5–7.

Schulte, Wolfgang (Hrsg.), Die Polizei im NS-Staat. Beiträge eines internationalen Symposiums an der Deutschen Hochschule der Polizei in Münster, Schriftenreihe der Deutschen Gesellschaft für Polizeigeschichte e.V., Bd. 7, Frankfurt am Main 2009.

— Ders., Die Polizei im NS-Staat: Ein dreijähriges Projekt der Deutschen Hochschule der Polizei zur Entgrenzung staatlicher Gewalt im Nationalsozialismus, in: Kaiser, Schranken, S. 8 f.

— Ders., Politische Bildung in der Polizei. Funktionsbestimmung von 1945 bis zum Jahr 2000, Frankfurt am Main 2003.

Schulz, Andreas/Wegmann, Günter/Zinke, Dieter, Die Generale der Waffen-SS und der Polizei. Die militärischen Werdegänge der Generale, sowie der Ärzte, Veterinäre, Intendanten, Richter und Ministerialbeamten im Generalsrang, Deutschlands Generale und Admirale. Teil V: Die Generale der Waffen-SS und der Polizei 1933–1945, Bd. 1–6, Bissendorf 2003–2012.

Schulze-Kossens, Richard, Führernachwuchs der Waffen-SS. Die SS-Junkerschulen, in: Deutsches Soldatenjahrbuch 27 (1979), S. 386–399.

— Ders., Militärischer Führernachwuchs der Waffen-SS. Die Junkerschulen, Osnabrück 1982.

Schwartz, Michael (Hrsg.), Homosexuelle im Nationalsozialismus. Neue Forschungsperspektiven zu Lebenssituationen von lesbischen, schwulen, bi-, trans- und intersexuellen Menschen 1933 bis 1945, Zeitgeschichte im Gespräch, Bd. 18, München 2014.

Schwarz, Klaus, Die Geschichte des Klostergebäudes Fürstenfeld nach 1803, in: Boxberger, 10 Jahre Bayerische Polizeischule, S. 19–30.

— Ders., Die politische Bildung in der staatlichen Polizei Bayerns, in: Boxberger, 10 Jahre, S. 53–59.

Schwarze, Johannes, Die bayerische Polizei und ihre historische Funktion bei der Aufrechterhaltung der öffentlichen Sicherheit in Bayern von 1919–1933, Miscellanea Bavarica Monacensia, Bd. 72, München 1977.

Schweer, Thomas/Strasser, Hermann, Einblick: Cop Culture und Polizeikultur, in: Schweer/Strasser/Steffen Zdun (Hrsg.), „Das da draußen ist ein Zoo, und wir sind die Dompteure". Polizisten im Konflikt mit ethnischen Minderheiten und sozialen Randgruppen, Wiesbaden 2008, S. 11–38.

Schwegel, Andreas, Der Polizeibegriff im NS-Staat. Polizeirecht, juristische Publizistik und Judikative 1931–1944, Beiträge zur Rechtsgeschichte des 20. Jahrhunderts, Bd. 48, Tübingen 2005.

Semerak, Arved F., Entstehung und Entwicklung des Bundesgrenzschutzes bis zum Einsatz in Mogadischu, in: Nitschke, Polizei, S. 258–274.

Siemann, Wolfram, „Deutschlands Ruhe, Sicherheit und Ordnung". Die Anfänge der politischen Polizei 1806–1866, Studien und Texte zur Sozialgeschichte der Literatur, Bd. 14, Tübingen 1985.

Siggemann, Jürgen, Die kasernierte Polizei und das Problem der inneren Sicherheit in der Weimarer Republik. Eine Studie zum Auf- und Ausbau des innerstaatlichen Sicherheitssystems in Deutschland 1918/19–1933, Frankfurt am Main 1980.

Shirer, William L., Aufstieg und Fall des Dritten Reiches, Frechen 2000.

Sladek, Oldrich, Standrecht und Standgericht. Die Gestapo in Böhmen und Mähren, in: Paul, Gestapo (2000), S. 317–339.

Smelser, Ronald/Syring, Enrico/Zitelmann, Rainer (Hrsg.), Die braune Elite 1. 22 biographische Skizzen, 4., akt. Aufl., Darmstadt 1999.

— Dies. (Hrsg.), Die braune Elite 2. 21 weitere biographische Skizzen, 2., akt. Aufl., Darmstadt 1999.

Smith, Gary (Hrsg.), Hannah Arendt Revisited. „Eichmann in Jerusalem" und die Folgen, Frankfurt am Main 2000.

Sowinski, Oliver, Die Deutsche Reichspartei 1950–1965. Organisation und Ideologie einer rechtsradikalen Partei, Europäische Hochschulschriften, Reihe XXXI: Politikwissenschaft, Bd. 337, Frankfurt am Main 1998.

Sparing, Frank, Die Dienststelle für Zigeunerfragen bei der Kriminalpolizeileitstelle Köln, in: Buhlan, Freund, S. 519–574.

– Ders., NS-Verfolgung von „Zigeunern" und „Wiedergutmachung", in: APuZ 22/23 (2011), S. 8–15.

– Ders., Verwaltungspolizei und Verfolgung – Beispiele aus Düsseldorf, in: Dams, Dienst, S. 175–202.

Spiegelberg, Rüdiger, Einige Daten zur Rekrutierung und Ausbildung der Polizei, in: Johannes Feest/Rüdiger Lautmann (Hrsg.), Die Polizei. Soziologische Studien und Forschungsberichte, Opladen 1971, S. 107–121.

Spieker, Christoph, Die Befehlshaber der Ordnungspolizei im Wehrkreis VI – biographische Skizzen, in: Kenkmann, Auftrag, S. 192–199.

– Ders., Enttäuschte Liebe: Funktionswandel der Ordnungspolizei in den Niederlanden, in: Houwink ten Cate, Polizei, S. 67–83.

– Ders., Export von Münster nach Den Haag: BdO Dr. Heinrich Lankenau (1891–1983), in: Kenkmann, Auftrag, S. 176–191.

– Ders., Traditionsarbeit. Eine biografische Studie über Prägung, Verantwortung und Wirkung des Polizeioffiziers Bernhard Heinrich Lankenau 1891–1983, Villa ten Hompel. Schriften, Bd. 12, Essen 2015.

Springfeld, Bernhard/Wrobel, Hans, Polizei. Gewalt. Bremens Polizei im Nationalsozialismus, hrsg. v. Senator für Inneres und Sport der Freien Hansestadt Bremen, Bremen 2011.

Stang, Knut, Kollaboration und Massenmord. Die litauische Hilfspolizei, das Rollkommando Hamann und die Ermordung der litauischen Juden, Frankfurt am Main 1996.

Stauß, Fritz, Das Ausbildungswesen bei der Bayerischen Landpolizei, in: 12 Jahre Bayerische Landpolizei, München 1957, S. 31–49.

Steiner, John M., Über das Glaubensbekenntnis der SS, in: Bracher, Diktatur, S. 206–223.

Steinwascher, Gerd, Gestapo Osnabrück meldet … Polizei- und Regierungsberichte aus dem Regierungsbezirk Osnabrück aus den Jahren 1933 bis 1936, Osnabrücker Geschichtsquellen und Forschungen, Bd. 36, Osnabrück 1995.

Stoll, Katrin, Die „Räumung" des Bialystoker Ghettos in den Aussagen von „Täter-Zeugen", in: Schulte, Polizei, S. 263–304.

Stolleis, Michael, Theodor Maunz – Ein Staatsrechtslehrerleben, in: Kritische Justiz 26/4 (1993), S. 393–396.

Stopper, Sebastian, „Die Straße ist deutsch." Der sowjetische Partisanenkrieg und seine militärische Effizienz, in: VfZ 59/3 (2011), S. 385–411.

Strähhuber, Alfons, Volk ohne Heim. Bauen im Frieden und im Krieg am Beispiel Gernlindens, in: Jakob, Menschen, S. 326–347.

Strohm, Christoph, Die Kirchen im Dritten Reich, München 2011.

Stuhlpfarrer, Karl, Die Operationszonen „Alpenvorland" und „Adriatisches Küstenland" 1943–1945, Publikationen des österreichischen Instituts für Zeitgeschichte und des Instituts für Zeitgeschichte der Universität Wien, Bd. 7, Wien 1969.

Sturm, Michael, Tupamaros München: „Bewaffneter Kampf", Subkultur und Polizei 1969–1971, in: Weinhauer, Terrorismus, S. 99–133.

– Ders., „Unter mir wird alles weich" – Eine Geschichte des Polizeischlagstocks, in: Lüdtke, Polizei, S. 325–347.

– Ders., „Wildgewordene Obrigkeit"? Die Rolle der Münchner Polizei während der „Schwabinger Krawalle", in: Fürmetz, Krawalle, S. 59–105.

– Ders., Zwischen Apologetik, Traditionsbildung und kritischer Reflexion. Der Gebrauch von „Geschichte" in der Polizei der Bundesrepublik, in: Oranienburger Schriften 1 (2015), S. 23–37.

Süß, Dietmar (Hrsg.), Deutschland im Luftkrieg. Geschichte und Erinnerung, Zeitgeschichte im Gespräch, Bd. 1, München 2007.

Tessin, Georg, Deutsche Verbände und Truppen 1918–1939. Altes Heer, Freiwilligenverbände, Reichswehr, Heer, Luftwaffe, Landespolizei, Osnabrück 1974.

– Ders., Die Stäbe und Truppeneinheiten der Ordnungspolizei, in: Neufeldt, Geschichte, S. 3–110.

– Ders., Die Stäbe und Truppenteile der Ordnungspolizei 1936–1945, in: Ders./Norbert Kannapin, Waffen-SS und Ordnungspolizei im Kriegseinsatz 1939–1945. Ein Überblick anhand der Feldpostübersicht, Osnabrück 2000, S. 527–665.

– Ders., Die Waffen-SS. Entwicklung, Gliederung und Feldpostnummern, in: Ders., Waffen-SS, S. 3–524.

– Ders., Verbände und Truppen der deutschen Wehrmacht und Waffen-SS im Zweiten Weltkrieg 1939–1945, Bd. 2: Die Landstreitkräfte 1–5, Frankfurt am Main 1966.

– Ders., Verbände und Truppen der deutschen Wehrmacht und Waffen-SS im Zweiten Weltkrieg 1939–1945, Bd. 14: Die Landstreitkräfte: Namensverbände/Die Luftstreitkräfte (Fliegende Verbände)/Flakeinsatz im Reich 1943–1945, Osnabrück 1980.

Tetzlaff, Petra, Das Ausbildungswesen der preußischen Polizei zur Zeit der Weimarer Republik, Schriftliche Hausarbeit zur Ersten Staatsprüfung für das Lehramt an der Grundschule und Hauptschule, Münster 1973.

Teufel, Manfred, Die südwestdeutsche Polizei im Obrigkeits- und Volksstaat. Zur Geschichte der Polizei in Baden, Württemberg und Hohenzollern. Daten – Fakten – Strukturen. 1807–1932, Holzkirchen 1999.

– Ders., Land- und Stadtwacht – eine kriegsbedingte Polizeiverstärkung, in: Archiv für Polizeigeschichte 28 (1999), S. 53–66.

– Ders., Vom Werden der deutschen Kriminalpolizei. Ein polizeihistorischer Abriß mit prosopographischen Anmerkungen, in: Nitschke, Polizei, S. 72–97.

Thalhofer, Elisabeth, Entgrenzung der Gewalt. Gestapo-Lager in der Endphase des Dritten Reiches, Paderborn 2010.

Theel, Christopher, Der moralische Rigorismus der Unmoral. Die SS-Sonderstrafgerichtsbarkeit, in: Wolfgang Bialas/Lothar Fritze (Hrsg.), Ideologie und Moral im Nationalsozialismus, Schriften des Hannah-Arendt-Instituts für Totalitarismusforschung, Bd. 50, Göttingen 2014, S. 329–346.

– Ders., „Parzifal unter den Gangstern“? Die SS- und Polizeigerichtsbarkeit in Polen 1939–1945, in: Schulte, Waffen-SS, S. 61–79, hier: S. 63.

Thiel, Egon/Wensing, Gregor (Hrsg.), Im Dienste der Sicherheit. Die Polizei in Deutschland nach 1945. Begleitschrift zur 15. Ausstellung des Rheinischen Sammlerkreises in Zusammenarbeit mit der Deutschen Gesellschaft für Polizeigeschichte im Kultur- und Medienzentrum der Stadt Pulheim vom 4.–5. Mai 2013, Pulheim 2013.

Tiemann, Katharina (Hrsg.), Archivischer Umgang mit Personalakten. Ergebnisse eines spartenübergreifenden Fachgesprächs im Westfälischen Archivamt, Texte und Untersuchungen zur Archivpflege, Bd. 16, Münster 2004.

Timmermann, Helmut, Die Polizei im Regierungsbezirk Arnsberg 1816–1988, hrsg. v. Regierungspräsidenten Arnsberg, Arnsberg 1989.

Tippelt, Rudolf/von Hippel, Aiga (Hrsg.), Handbuch Erwachsenenbildung/Weiterbildung, 4., durchges. Aufl., Wiesbaden 2010.

Tobias, Jim G., „Ihr Gewissen war rein; sie haben es nie benutzt“. Die Verbrechen der Polizeikompanie Nürnberg, Hefte zur Regionalgeschichte, Bd. 1, Nürnberg 2005.

Transparenz und Schatten. Düsseldorfer Polizisten zwischen Demokratie und Diktatur. Katalog zur Dauerausstellung im Polizeipräsidium Düsseldorf, hrsg. v. Verein Geschichte am Jürgensplatz e.V., Düsseldorf 2008.

Trolle, Jörgen, Die verschwundene Ordnungsmacht. Gestapo-Terror gegen die dänische Polizei vom 19.09.1944 bis Mai 1945, Frankfurt am Main 1994.

Unger, Joachim, Die sächsische Schutzpolizei zwischen 1919 und 1933. Historischer Abriss und Bestandsaufnahme, in: Oranienburger Schriften 1 (2015), S. 66–85.

Ullrich, Volker, Eine produktive Provokation. Die Rolle der Medien in der Goldhagen-Kontroverse, in: Sabrow, Zeitgeschichte, S. 152–170.

Veld, Nanno in ’t, Höhere SS- und Polizeiführer und Volkstumspolitik: ein Vergleich zwischen Belgien und den Niederlanden, in: Benz, Bürokratie, S. 121–138.

Vieregge, Bianca, Die Gerichtsbarkeit einer „Elite“. Nationalsozialistische Rechtssprechung am Beispiel der SS- und Polizei-Gerichtsbarkeit, Juristische Zeitgeschichte, Bd. 10, Baden-Baden 2002.

Vogelgsang, Hermann, 40 Jahre Fachbereich Polizei. Polizei(ausbildung) im Wandel, in: Berichte, Fakten, Hintergründe aus dem Fachbereich Polizei 1 (2015), S. 3–8.

Volk, Christian, Urteilen in dunklen Zeiten. Eine neue Lesart von Hannah Arendts „Banalität des Bösen“, Berlin 2005.

Volpert, Michael, Kirchliches Leben in bedrängten Zeiten. Zur Rolle der katholischen Kirche im Landkreis Fürstenfeldbruck während der NS-Zeit, in: Jakob, Menschen, S. 116–131.

Vossler, Frank, Propaganda in die eigene Truppe. Die Truppenbetreuung in der Wehrmacht 1939–1945, KRiG, Bd. 21, Paderborn 2005.

Wagner, Heinz, Die Polizei im Faschismus, in: Reifner, Strafjustiz, S. 161–172.

Wagner, Patrick, Das Gesetz über die Behandlung Gemeinschaftsfremder. Die Kriminalpolizei und die „Vernichtung des Verbrechertums“, in: Ayaß, Feinderklärung, S. 75–100.

– Ders., Der Kern des völkischen Maßnahmenstaates – Rolle, Macht und Selbstverständnis der Polizei im Nationalsozialismus, in: Schulte, Polizei, S. 23–48.

– Ders., Die Resozialisierung der NS-Kriminalisten, in: Ulrich Herbert (Hrsg.), Wandlungsprozesse in Westdeutschland. Belastung, Integration, Liberalisierung 1945–1980, Moderne Zeit. Neue Forschungen zur Gesellschafts- und Kulturgeschichte des 19. und 20. Jahrhunderts, Bd. 1, Göttingen 2002, S. 179–213.

– Ders., Ehemalige SS-Männer am „Schilderhäuschen der Demokratie"? Die Affäre um das Bundesamt für Verfassungsschutz 1963/64, in: Fürmetz, Nachkriegspolizei, S. 169–198.

– Ders., Ein ziemlich langer Abschied. Das Bundeskriminalamt und die konzeptionellen Traditionen der NS-Kripo, in: Bundeskriminalamt, Bundeskriminalamt, S. 95–110.

– Ders., Feindbild „Berufsverbrecher". Die Kriminalpolizei im Übergang von der Weimarer Republik zum Nationalsozialismus, in: Frank Bajohr/Werner Johe/Uwe Lohalm (Hrsg.), Zivilisation und Barbarei. Die widersprüchlichen Potentiale der Moderne, Hamburger Beiträge zur Sozial- und Zeitgeschichte, Bd. 26, Hamburg 1991, S. 226–252.

– Ders., Hitlers Kriminalisten. Die deutsche Kriminalpolizei und der Nationalsozialismus zwischen 1920 und 1960, München 2002.

– Ders., Kriminalpolizei und „innere Sicherheit" in Bremen und Nordwestdeutschland zwischen 1942 und 1949, in: Bajohr, Norddeutschland, S. 239–265.

– Ders., Volksgemeinschaft ohne Verbrecher. Konzeptionen und Praxis der Kriminalpolizei in der Zeit der Weimarer Republik und des Nationalsozialismus, Hamburger Beiträge zur Sozial- und Zeitgeschichte, Bd. 34, Hamburg 1996.

Waite, Robert G., „Eine Sonderstellung unter den Straftaten": Die Verfolgung der Abtreibung im Dritten Reich, in: Gottwaldt, NS-Gewaltherrschaft, S. 104–117.

Weber, Harald, Klumpengröße und Varianz beim Klumpenstichproben-Verfahren, Dissertation, Trier 1981.

Wegner, Bernd, Die Sondergerichtsbarkeit von SS und Polizei. Militärjustiz oder Grundlegung einer SS-gemäßen Rechtsordnung?, in: Ursula Büttner (Hrsg.), Das Unrechtsregime. Internationale Forschung über den Nationalsozialismus, Bd. 1: Ideologie – Herrschaftssystem – Wirkung in Europa, Festschrift für Werner Jochmann zum 65. Geburtstag, Hamburger Beiträge zur Sozial- und Zeitgeschichte, Bd. 21, Hamburg 1986, S. 243–259.

– Ders., Hitlers Politische Soldaten: Die Waffen-SS 1933–1945. Leitbild, Struktur und Funktion einer nationalsozialistischen Elite, 9. Aufl., Paderborn 2010.

Wego, Maria, Die Geschichte des Landeskriminalamtes Nordrhein-Westfalen, Schriftenreihe der Deutschen Gesellschaft für Polizeigeschichte e.V., Bd. 1, Hilden 1994.

– Dies., Entstehung und Entwicklung des Landeskriminalamtes Nordrhein-Westfalen, in: Nitschke, Polizei, S. 174–189.

Weinhauer, Klaus, NS-Vergangenheit und struktureller Wandel der Schutzpolizei der 1950/60er Jahre, in: Schulte, Polizei, S. 139–158.

– Ders., Schutzpolizei in der Bundesrepublik. Zwischen Bürgerkrieg und Innerer Sicherheit: Die turbulenten sechziger Jahre, Paderborn 2003.

– Ders./Requate, Jörg/Haupt, Heinz-Gerhard (Hrsg.), Terrorismus in der Bundesrepublik. Medien, Staat und Subkulturen in den 1970er Jahren, Campus Historische Studien, Bd. 42, Frankfurt am Main 2006.

– Ders., Zwischen „Partisanenkampf“ und „Kommissar Computer“: Polizei und Linksterrorismus in der Bundesrepublik bis Anfang der 1980er Jahre, in: Ders., Terrorismus, S. 244–270.

Weinke, Annette, Die Nürnberger Prozesse, München 2006.

Weitbrecht, Dorothee, Ermächtigung zur Vernichtung. Die Einsatzgruppen in Polen im Herbst 1939, in: Mallmann, Genesis, S. 57–70.

Welzer, Harald, Täter. Wie aus ganz normalen Menschen Massenmörder werden, 5. Aufl., Frankfurt am Main 2011.

– Ders., Wer waren die Täter? Anmerkungen zur Täterforschung aus sozialpsychologischer Sicht, in: Paul, Täter, S. 237–253.

Wensing, Gregor, Belastete Polizeibeamte im Nachkriegsdeutschland, in: Thiel, Dienste, S. 41–44.

Wenzl, Gerhard, „Das Reich und Europa“. Der Reichsgedanke der Schutzstaffel, in: Markus Raasch/Tobias Hirschmüller (Hrsg.), Von Freiheit, Solidarität und Subsidiarität – Staat und Gesellschaft der Moderne in Theorie und Praxis. Festschrift für Karsten Ruppert zum 65. Geburtstag, Beiträge zur Politischen Wissenschaft, Bd. 175, Berlin 2013, S. 403–425.

Werkentin, Falco, Die Restauration der deutschen Polizei. Innere Rüstung von 1945 bis zur Notstandsgesetzgebung, Frankfurt am Main/New York 1984.

Werner, Frank, „Hart müssen wir hier draußen sein“. Soldatische Männlichkeit im Vernichtungskrieg 1941–1944, in: Geschichte und Gesellschaft 34 (2008), S. 5–40.

– Ders., „Noch härter, noch kälter, noch mitleidloser“. Soldatische Männlichkeit im deutschen Vernichtungskrieg 1941–1944, in: Dietrich, Männlichkeitskonstruktionen, S. 45–63.

Werner, Sebastian, Werner Best – Der völkische Ideologe, in: Smelser, Elite 2, S. 13–25.

Westberg, Lennart, Zwei Polizistenschicksale im Zweiten Weltkrieg – Befehlsverweigerung und Widerstand, in: Archiv für Polizeigeschichte 5 (1991), S. 80–83.

Westemeier, Jens, Die Junkerschulgeneration, in: Schulte, Waffen-SS, S. 269–285.

– Ders., Himmlers Krieger. Joachim Peiper und die Waffen-SS in Krieg und Nachkriegszeit, KRiG, Bd. 71, Paperborn 2014.

Westerkamp, Carsten, Weltanschauliche Schulung und Veränderung der Lehrpläne der Polizei im Dritten Reich und deren Auswirkung auf die Polizei, Seminararbeit im Rahmen des Seminars „Hundert Jahre Bildungsarbeit in der Deutschen Polizei, Münster 2000.

Westermann, Edward B., „Friend and Helper“: German Uniformed Police Operations in Poland and the General Government, 1939–1941, in: The Journal of Military History 58/4 (1994), S. 643–662.

– Ders., Hitler's Police Battalions. Enforcing Racial War in the East, Lawrence 2005.

– Ders., „Ordinary Men“ or „Ideological Soldiers“? Police Battalion 301 in Russia, 1942, in: German Studies Review 21/1 (1998), S. 41–68.

– Ders., Stone-Cold Killers or Drunk with Murder? Alcohol and Atrocity during the Holocaust, in: Holocaust and Genocide Studies 30/1 (2016), S. 1–19.

Wette, Wolfram, Der Krieg gegen die Sowjetunion – ein rassenideologisch begründeter Vernichtungskrieg, in: Kaiser, Täter, S. 15–38.

– Ders., Einleitung: Zivilcourage. Empörte, Helfer und Retter in den bewaffneten Formationen des NS-Staates, in: Ders. (Hrsg.), Zivilcourage. Empörte, Helfer und Retter aus Wehrmacht, Polizei und SS, Frankfurt am Main 2004, S. 15–32.

– Ders., Sowjetische Erinnerungen an den deutschen Vernichtungskrieg, in: Paul Kohl, Der Krieg der deutschen Wehrmacht und der Polizei 1941–1944. Sowjetische Überlebende berichten, Frankfurt am Main 1995, S. 315–337.

Whitfield, Stephen J., Into the dark. Hannah Arendt and totalitarianism, Philadelphia 1980.

Wild, Klaus, Die Polizeiorganisation in Nürnberg und Fürth von 1919 bis 1945. Der Weg vom Staatspolizeiamt zum Polizeipräsidium, Masterarbeit, Münster 2011.

Wildt, Michael, Generation des Unbedingten. Das Führungskorps des Reichssicherheitshauptamtes, Hamburg 2002.

– Ders. (Hrsg.), Nachrichtendienst, politische Elite, Mordeinheit. Der Sicherheitsdienst des Reichsführers SS, Hamburg 2003.

– Ders., Radikalisierung und Selbstradikalisierung 1939. Die Geburt des Reichssicherheitshauptamtes aus dem Geist des völkischen Massenmords, in: Paul, Gestapo (2000), S. 11–41.

– Ders., Von Apparaten zu Akteuren. Zur Entwicklung der NS-Täterforschung, in: Angelika Benz/Marija Vulesica (Hrsg.), Bewachung und Ausführung. Alltag der Täter in nationalsozialistischen Lagern, Geschichte der Konzentrationslager 1933–1945, Bd. 14, Berlin 2011, S. 11–22.

Wilhelm, Friedrich, Der Neuaufbau der Polizei in der amerikanischen Besatzungszone Baden-Württembergs, in: Archiv für Polizeigeschichte 14 (1994), S. 83–88.

– Ders., Die Polizei im NS-Staat. Die Geschichte ihrer Organisation im Überblick, 2., durchges. und verb. Aufl., Paderborn 1999.

– Ders., Die württembergische Polizei im Dritten Reich, Dissertation, Stuttgart 1989.

Wilhelm, Hans-Heinrich, Die Einsatzgruppe A der Sicherheitspolizei und des SD 1941/42. Eine exemplarische Studie, in: Krausnick, Truppe, S. 279–636.

– Ders., Die Einsatzgruppen und die „Endlösung der Judenfrage“, in: Bracher, Diktatur, S. 591–617.

– Ders., Die „nationalkonservativen Eliten“ und das Schreckgespenst vom „jüdischen Bolschewismus“, in: ZfG 43/4 (1995), S. 333–349.

Wilhelm, Hermann, Dichter, Denker, Fememörder. Rechtsradikalismus und Antisemitismus in München von der Jahrhundertwende bis 1921, Berlin 1989.

Wilke, Karsten, Die „Hilfsgemeinschaft auf Gegenseitigkeit" (HIAG) 1950–1990. Veteranen der Waffen-SS in der Bundesrepublik, Paderborn 2011.

Williamson, Gordon, World War II German Police Units, Men-at-Arms, Bd. 434, Oxford 2006.

– Ders., German Military Police Units 1939–45, Men-at-Arms, Bd. 213, London 1989.

Windisch, Stefan, Die Entstehung der ersten Polizeischulen am Beispiel Preußens, Seminararbeit für das Seminar „Hundert Jahre Bildungsarbeit in der Deutschen Polizei", Münster 2001.

Winkler, Heinrich August, Der lange Weg nach Westen. Deutsche Geschichte 1806–1933, Bundeszentrale für politische Bildung. Schriftenreihe, Bd. 385, Bonn 2002.

Winter, Sebastian, Sippengemeinschaft statt Männerbund. Über die historische Genese der Männlichkeitsentwürfe in der SS und die ihnen unterliegende Psychodynamik, in: Dietrich, Männlichkeitskonstruktionen, S. 65–81.

Witter, Robert E., Die deutsche Militärpolizei im Zweiten Weltkrieg, Wölfersheim-Berstadt 1995.

Wojak, Irmtrud, Eichmanns Memoiren und die „Banalität" des Bösen, in: Perels, NS-Täter, S. 17–39.

Wollenberg, Klaus, Reich und Republik. Die Entwicklung von Weimar bis Bonn (1918–1992), in: Busley, Landkreis, S. 220–335.

Wucher, Albert, Eichmanns gab es viele. Ein Dokumentarbericht über die Endlösung der Judenfrage, München/Zürich 1961.

Wühle, Eberhard, Die Reichsfeuerwehrschule in Eberswalde, in: Eberswalder Jahrbuch für Heimat-, Kultur- und Naturgeschichte 2009, S. 80–89.

Zaika, Siegfried, Polizeigeschichte. Die Exekutive im Lichte der historischen Konfliktforschung. Untersuchungen über die Theorie und Praxis der preußischen Schutzpolizei in der Weimarer Republik zur Verhinderung und Bekämpfung innerer Unruhen, Polizei Praxis, Bd. 1, Lübeck 1979.

– Ders., Polizeiliche Einsatzlehre von der Jahrhundertwende bis zum Dritten Reich, in: Nitschke, Polizei, S. 98–118.

Zeck, Mario, Das Schwarze Korps. Geschichte und Gestalt des Organs der Reichsführung SS, Medien in Forschung und Unterricht, Bd. 51, Tübingen 2002.

Zilkenat, Reiner, „Am Ende dieses Krieges steht das judenfreie Europa". Die „Mitteilungsblätter für die weltanschauliche Schulung der Ordnungspolizei" und der Holocaust, in: Horst Helas/Dagmar Rubisch/Ders. (Hrsg.), Neues vom Antisemitismus: Zustände in Deutschland, Rosa Luxemburg Stiftung, Texte, Bd. 46, Berlin 2008, S. 151–172.

Zimbardo, Philip, Das Stanford-Gefängnis-Experiment. Eine Simulationsstudie über die Sozialpsychologie der Haft, 3. Aufl., Goch 2005.

Zimmermann, John, Der Fliegerhorst Fürstenfeldbruck im „Dritten Reich", in: Kramer, Fürstenfeldbruck, S. 385–435.

Zimmermann, Volker, Sicherheit und Ordnung in der Übergangsgesellschaft – Die Schutzpolizei in Düsseldorf nach dem Zweiten Weltkrieg (1945/46), in: Dams, Dienst, S. 335–356.

Zoepf, Arne W. G., Wehrmacht zwischen Tradition und Ideologie. Der NS-Führungsoffizier im Zweiten Weltkrieg, Europäische Hochschulschriften, Reihe III: Geschichte und ihre Hilfswissenschaften, Bd. 366, Frankfurt am Main 1988.

Personenverzeichnis

A

B

C

D

E

F

G

H

I

M

N

O

P

Q

R

S

T

U

V

W

Z

Ortsverzeichnis

Nicht aufgenommen wurden Berlin-Köpenick und Fürstenfeldbruck.

A

B

C

D

E

F

G

H

Z

Stadtplan
von
Fürstenfeldbruck.
Nach Lindach
Nach Augsburg
Nach Puch
Nach Landsberg
Marthabräu Str.
Schiller Str.
Landsberger Str.
Bismark Str.
Goethe Str.
Aicher Str.
Kaiser-Ludwig-Str.
Zeppelin-Str.
Holz Str.
Schöngeisinger Str.
Äußere
Sport-Pl.
AMPER
Fürstenfeld
Alpen-Str.
Siedler-Str.
Siedlung
Zugspitz-Str.
Rothschwaiger Str.
Am Sulzbogen
Buchenauer-Str.
Zum Ammersee
Nach Lindau
Zellhof-Str.